U0922473

1998

北京教育年鉴

□ 北京市教育委员会

□ 航空工业出版社

图书在版编目（CIP）数据

北京教育年鉴 1998/北京市教育委员会编．—北京：航空工业出版社，1998.9

ISBN 7—80134—389—1

Ⅰ．北… Ⅱ．北… Ⅲ．教育事业—北京—1998—年鉴 Ⅳ．G527.1—54

中国版本图书馆 CIP 数据核字（98）第 26644 号

责任编辑 黄苏桥
封面设计 尚云波
彩图设计 郑军平
英文翻译 张 强

航空工业出版社出版
（北京市安定门外小关东里 14 号）
邮政编码：100029
北京强华印刷厂印刷 全国各地新华书店经销
1998 年 9 月第 1 版 1998 年 9 月第 1 次印刷
开本：787×1092 1/16 印张 45 字数：1527 千字
ISBN 7—80134—389—1/Z·013
印数 1—5000 国内定价：125.00 元

北京教育年鉴编辑部

编辑说明

一、《北京教育年鉴》是一部大型专业性资料工具书。在中共北京市委教育工委、北京市教委领导下，由北京教育年鉴编辑部主持编纂。

二、本年鉴以文章和条目为基本体裁，条目为主，使用规范的语体文、记述体，直陈其事，文字力求言简意赅。

三、本年鉴继续原《北京市高等教育年鉴》、《北京市普通教育年鉴》和《北京成人教育大事典》的编纂原则，从1997年开始，逐年编纂。当年出版的年鉴，记述在上一年度里，北京教育事业各个方面所发生的新情况，为领导决策提供依据，为各教育部门规划发展提供资料，为国内外各方面人士了解、研究北京教育事业提供最新的信息。

四、本年鉴除记述北京市属各教育部门情况外，对北京境域内中央部门所属各级各类教育也全面记述，力求反映北京教育事业的全貌。

五、本年鉴的文字内容，设有法规、文献、调查研究、专文、北京教育总述、各级各类教育、校园生活、统计表共8个基本栏目。其中，各级各类教育是本年鉴的主体。

六、本年鉴所载各级各类教育采用分类编纂法。本年度设有党的工作、综合管理、教育督导、高等教育、学前教育、基础教育、职业教育、成人教育、社会力量办学、德育、科学技术、体育·卫生、学生管理、招生·考试、干部·教师、教育研究、音像·报刊·图书、对外事务、校办产业、教育团体、区县（单位）教育21个类目。类目下条目均以事件发生时间为序排列。

七、调查研究是本年鉴重要内容，本年度收有中等职业学校生均教育培养成本、中小学教职工工资收入状况、北京地区高等学校课程改革等内容。

八、本年鉴共收录专文六篇。这些专文均由各部门负责同志撰写，代表了当代教育工作者对北京教育事业某些重大问题的看法。

九、北京教育总述由北京教育事业简况和北京教育大事记组成。其中所载重大事件及评述观点，均经过北京教育主管领导审核。

十、本年鉴收有北京各级教育行政部门主要负责人名录，所列均以1997年内任职为限，其中任免情况分别予以注明。

十一、选进本年鉴的文章和条目，均由各级教育行政部门确定专人负责提供，并经主要负责人审核。北京市教育事业统计资料由市教委计划处提供。

十二、本年鉴记述货币名称，人民币直书元，其它货币采用通用名称。

十三、本年鉴反映1997年1月1日至12月31日期间情况（部分内容依据实际情况时限前后略有延伸），凡1997年事情，在条目中除概况外，均直书月、日，不再书写年份。

EDITOR'S REMARKS

1. *Beijing Education Yearbook* is an overall specialized reference book. Led by Education Working Committee of Beijing Commission of CPC and Beijing Municipal Education Commission, Beijing Education Yearbook editorial staff takes charge of its editing.

2. This yearbook takes passages and items as its types of writing with the type of items as the main form. It uses standard narratives to state the facts and tries to be concise and comprehensive.

3. This yearbook continues to follow the editing principle of the former *Beijing High Education Yearbook*, *Beijing Compulsory Education Yearbook* and *Beijing Adult Education Chronicle* and writes annually from 1997. Each yearbook states the historical events and new things happened in the last year in all aspects of Beijing's educational undertakings. It provides reliable basis for leaders to make decisions, valuable materials for various educational institutions to make their plans and up—to—date information for all people at home and abroad to know Beijing's educational undertakings.

4. With the focus on things and events of various educational institutions of Beijing, this yearbook also includes overall information on all kinds of educational institutions of the central government in Beijing and tries to represent all aspects of Beijing's educational undertakings.

5. In the section of passages, eight parts are set including laws and regulations, documents, investigation and research, special articles, generality of Beijing education education of various levels and kinds, campus life and statistical data, in which education of various levels and kinds are the main parts of this yearbook.

6. Items under the part of education of various levels and kinds are compiled according to different categories. There are 21 categories as follows: the Party Commission's work, comprehen-

左图：国家主席江泽民接见参加九七新年京剧晚会演出的北京戏曲（艺术）学校小演员

下图：国务院总理李鹏在中南海接见中华女子学院负责人

国务院副总理朱镕基出席清华大学经济管理学院伟伦楼落成典礼

国务院副总理李岚清视察平谷县城“园丁”小区

市委市政府领导关心教育工作

①市委、市政府召开北京市教育工作会议

②市委书记、市长贾庆林给“金帆奖”“银帆奖”获得者颁奖

③市委、市政府领导出席国家教委与北京市政府共建四所高校座谈会议

④市委、市政府领导出席市属高校调整工作总结会

⑤市委书记、市长贾庆林会见受到表彰的北京高校先进党委书记、校长

⑥市委、市政府领导出席北京联合大学培训转岗职工计算机操作班开学典礼

⑦副市长胡昭广出席市科委和北航共建“北京新材料高科技孵化器”仪式

⑧副市长林文漪视察北京第二外国语学院

⑨市委书记、市长贾庆林出席西城区北营房小学开学典礼，并为该校新落成教学楼剪彩

⑩市委副书记李志坚视察牛栏山一中

⑪副市长胡昭广出席北京市加强基础薄弱学校建设工作经验交流会

⑫副市长胡昭广到房山区大安山中学慰问教师

⑬市委市政府召开北京市庆祝教师节暨优秀教师表彰大会

⑭市委副书记李志坚参加广渠门中学宏志班开学典礼

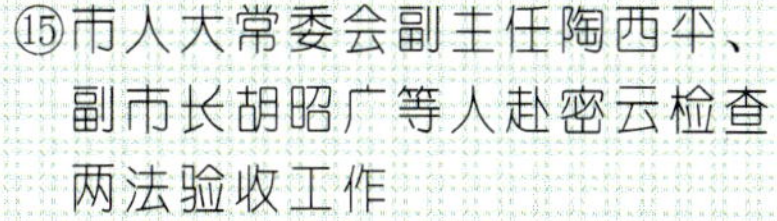

⑮市人大常委会副主任陶西平、副市长胡昭广等人赴密云检查两法验收工作

⑯市政协副主席、市委教育工委书记陈大白等人到中央民族大学参加211工程部门预审

教育督导和管理

北京市人民政府教育督导室召开1997年教育法律法规检查工作会议

北京市人民政府教育督导室召开职业高中教育督导评估工作研讨会

市教育执法检查组在崇文区检查

市教育执法检查组在海淀区检查

①北京教育音像报刊总社挂牌仪式

②崇文区教工委、教委和政府教育督导室成立

③宣武区教工委、教委和政府教育督导室成立

④北京教育音像报刊总社首届党员大会胜利召开

①召开北京市优秀教师事迹报告会
②优秀教师孙维刚等人在报告会上作报告
③市教委召开1997年教学成果奖评审会
④国家教委本科教学合格评价专家到北京针灸骨伤学院检查工作

①有关领导视察成人高考考场
②高等教育自学考试报名站一景
③开展高等教育招生咨询活动
④北京市特约监察员了解中招录取工作

高等教育

①北京语言文化大学
②北京大学新落成的光华管理学院大楼
③中国人民大学图书馆
④中国人民公安大学教学办公楼

①全国政协常委王光美参加中国地质大学（北京）45周年校庆并题词祝贺

②北京医科大学85周年校庆上，校长向杰出校友王忠诚院士颁发证书和纪念品

③著名作曲家、小提琴家、音乐教育家、中央音乐学院首任院长马思聪诞辰85周年纪念会

④北京师范大学庆祝建校九十五周年

纪念活动

高等教育

艺术实践

◀北京舞蹈学院学生实习演出
古典芭蕾舞剧《胡桃夹子》

▲中央戏剧学院音乐班学生演出
美国音乐剧《西区故事》

◀北京服装学院’97中日时装
联合表演

高等教育

学子英姿

协和医大护理学院的学生们

中国科学技术大学研究生院（北京）已培养研究生一・三万余人

中国人民公安大学军事校阅

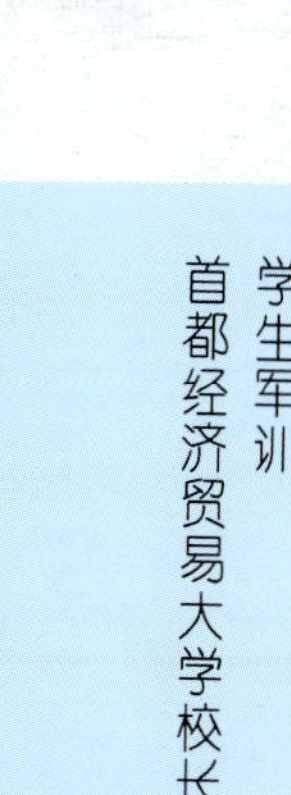

首都经济贸易大学校长检阅学生军训

▲参加迎接香港回归联欢晚会的中央民族大学师生在等待升国旗

▶中国协和医大药学系博士研究生在倒计时牌前期盼香港回归

高等教育 报国情深

▲清华大学师生欢庆香港回归

▶北京邮电大学组织学生参观芦沟桥抗日纪念馆

外交学院举办第二期非洲国家外交官讲习班

世界著名小提琴家、中央音乐学院名誉教授耶胡迪·梅纽因来院讲学

对外交流

高等教育

中韩友好温室在中国农业大学落成

北京工业大学与美国纽约州立大学布法罗分校理工学院续签两校交流协议

高等教育

产学研

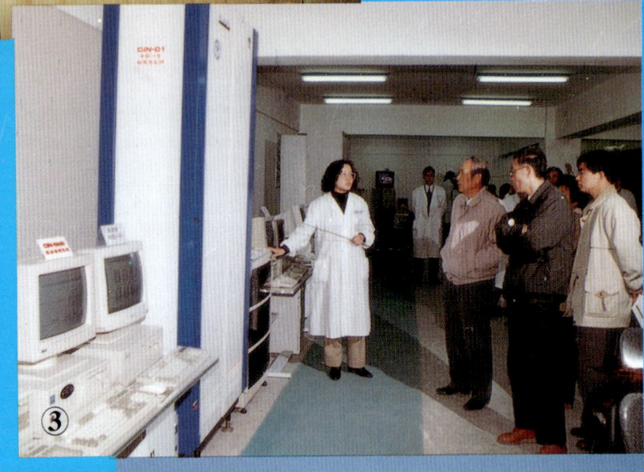

①北方交大与永济电机厂、铁道科学院产学研合作签字仪式

②石油大学（北京）与大港油田集团有限责任公司长期合作协议签字仪式

③北京邮电大学“863”项目智能网

④北京航空航天大学研制的蜜蜂—16单座共轴直升机

⑤北京工业大学学生参加1997年全国大学生电子设计竞赛获得的奖杯和证书

⑥北京航空航天大学研制的立体定向脑外科机器人

实习基地

北京电影学院与三家计算机公司合建图形图像培训中心

中国青年政治学院在宁夏华西村建立教学实习基地

北京物资学院开设期货模拟交易所

北京农学院深入京郊为农业服务

基础教育

校园环境

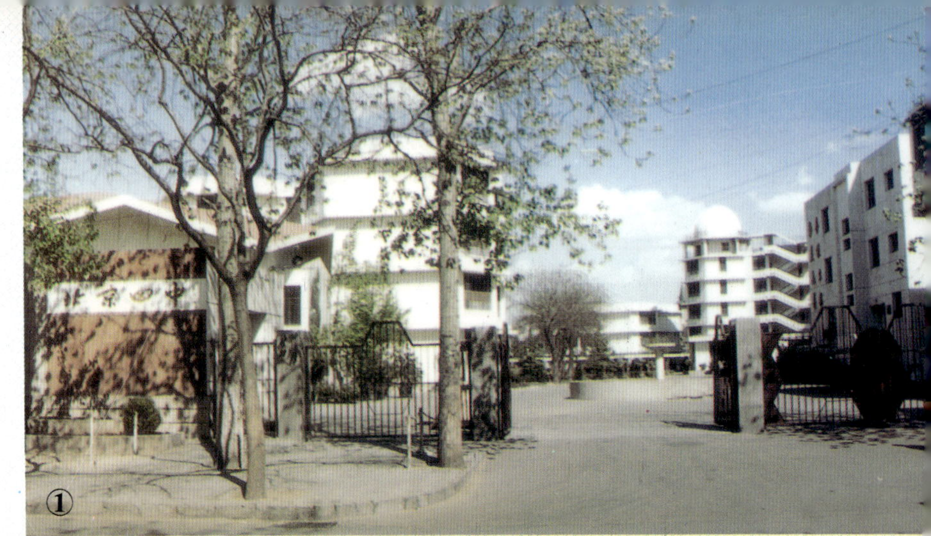

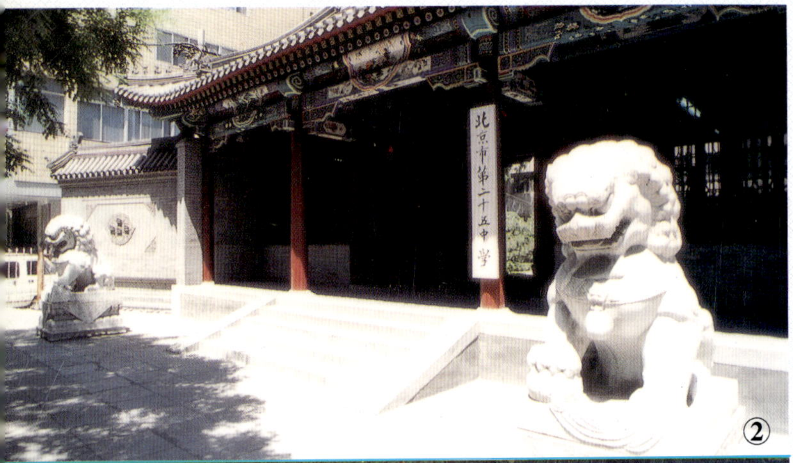

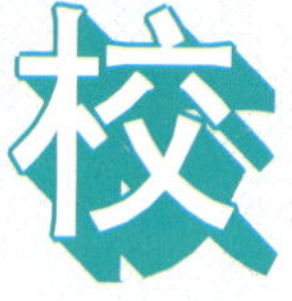

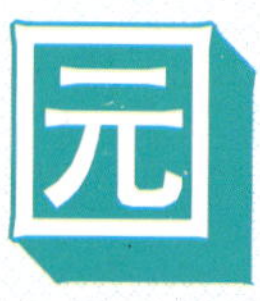

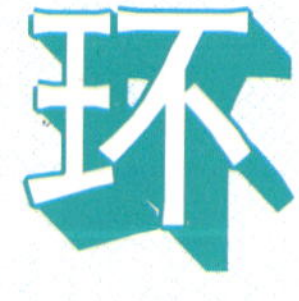

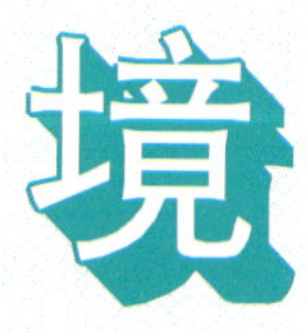

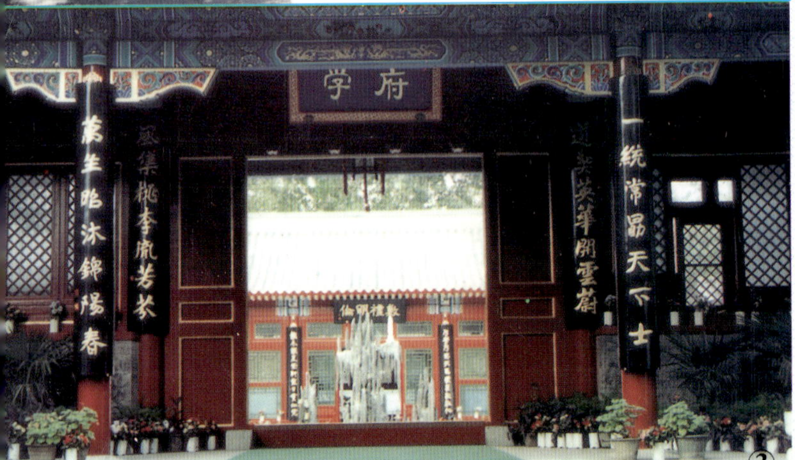

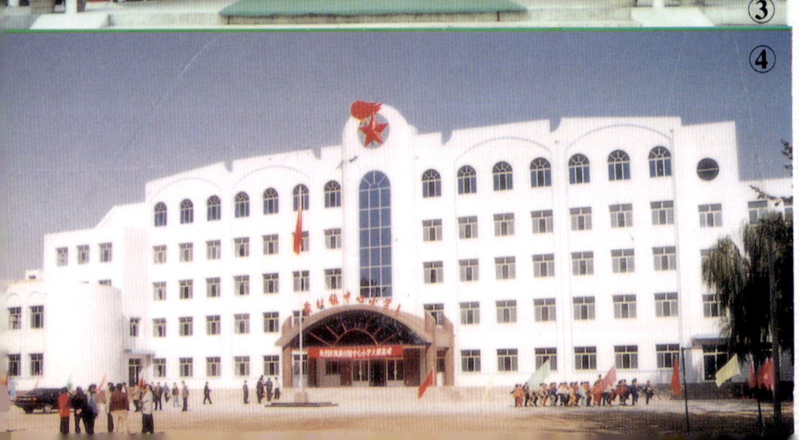

①北京四中校景
②北京市第二十五中学
③府学胡同小学古朴的校门
④新建大兴黄村镇中心小学教学楼

⑤北京第二实验小学藏书八万册的图书馆

⑥府学胡同小学计算机教室

⑦一六一中学一角

⑧北京一中校园一角

素质

①海淀区召开中学JIP实验第二轮第二阶段总结表彰暨培训会

②门头沟区教师座谈实施素质教育的体会

③昌平县教育局召开实施《评价方案》推进素质教育工作会议

④石景山区召开实施素质教育提高教育质量现场会

教　育

⑤召开北京素质教育研讨会

⑥召开推进首都中小学素质教育座谈会

⑦燕山地区东风中学学生参加中央电视台素质教育专辑演出

⑧崇文区召开美育和素质教育专题报告会

基础教育

⑨金帆奖、银帆奖颁奖会

⑩市教委举办1997年学生定向越野比赛

⑪宣武区康乐里小学成为北京师范大学教育实验基地

⑫金帆艺术团成立十周年暨第四届学生艺术节开幕式文艺晚会

⑬北京第二实验小学重视提高青年教师教学水平

⑭延庆县召开小学主题班会评优总结会

⑮宣武区召开贯彻《中小学教师职业道德规范》和《宣武区小学教师行为规范》大会

⑯崇文区爱国主义教育基地建成揭幕

基础教育

▲北京市第二十六中学学生军训

校园生活

▼北京一中召开 97 春季运动会

▼北京八中举办学生艺术作品展览

▼燕山地区东风小学电子兴趣小组活动

基础教育

北京四中举办 97 新年音乐会

中国音乐学院附中学生演出

朝阳区和平村一小学生在长城上为中外游客演

校园生活

顺义县东风小学民乐团在演出

▲北京城市建设学校综合楼

▲北京民族职业高中

▼北京铁路机械学校校园一景——水中亭

◀通州区新落成的职业教育中心

教育

▶北京护士学校护士生宣誓

▲北京市第三人民警察学校女子方队
参加市监狱管理局阅警式

▼外宾参观北京市外事服务职业
高中烹饪专业学生实习

▼北京市卫生职业学校学生义务为民服务

▶门头沟区职业高中烹饪班学生街头展示技艺

▼密云县开展宣传《中华人民共和国职业教育法》活动

职业

▲北京卫生学校检验专业学生在上实验课

▲北京市首家台球运动学校

◀平谷县学习宣传《中华人民共和国职业教育法》

▼朝阳区求实职业高中学生在平西根据地进行社会实践

教育

▲大兴县第一职业学校农学专业的学生正在培育新的西瓜品种

▲朝阳区农机学校的学员参加"三夏麦收"生产实习

成人教育

▲北京教育学院综合教学楼

▲北京广播电视大学教学楼

▼海淀职工大学主楼

▼中国科技经营管理大学教学主楼

成人教育

▲顺义县职工中专学生在多媒体语音教室上英语听力课

▲平谷县成人教育学员在上计算机课

◀延庆县新建农民科学技术、成人中等专业学校校貌

▼中华女子学院教学楼

成人教育

◀房山区举办高级经营管理国际交流研讨班

▶崇文区召开成人教育工作会议

◀西城区实施成人教育“双培”工程

▶东城区召开推进成人培训工程大会

成人教育

▶大兴县电视中专工民建专业学生在实习

◀北京市建设职工大学毕业学员参加京昌高速公路设计

▶北京市轻工职工大学设计艺术系实用美术专业学生在上课

◀密云县成人学校教师给果农讲授板栗技术

学前教育

▲门头沟区幼儿园教师基本技能竞赛

▲总政幼儿园小朋友在图书角看书

◀六一活动 朝阳区三里屯幼儿园庆祝

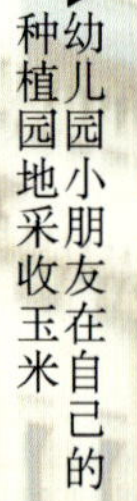

▶幼儿园小朋友在自己的种植园地采收玉米

学前教育

计算机从娃娃抓起

北海幼儿园身着园服的小朋友们

认识浮力

汇集中外儿童读物的阅览室是孩子们的乐园

特殊教育

▲举行北京市首届培智学校健身操比赛

▲国家教委基础教育司负责人参观北京市盲人学校计算机室

▼北京市第四聋人学校举办的美术作品展

▲北京市第四聋人学校美术职高班教师指导聋生作画

校外教育

①中日儿童合唱团联合演出音乐会
②少年宫艺术部小学员在进行时装表演
③少年宫艺术部学员和美国佛蒙特州少儿舞蹈团团员联欢
④庆祝六一国际儿童节游园联欢活动

教育研究

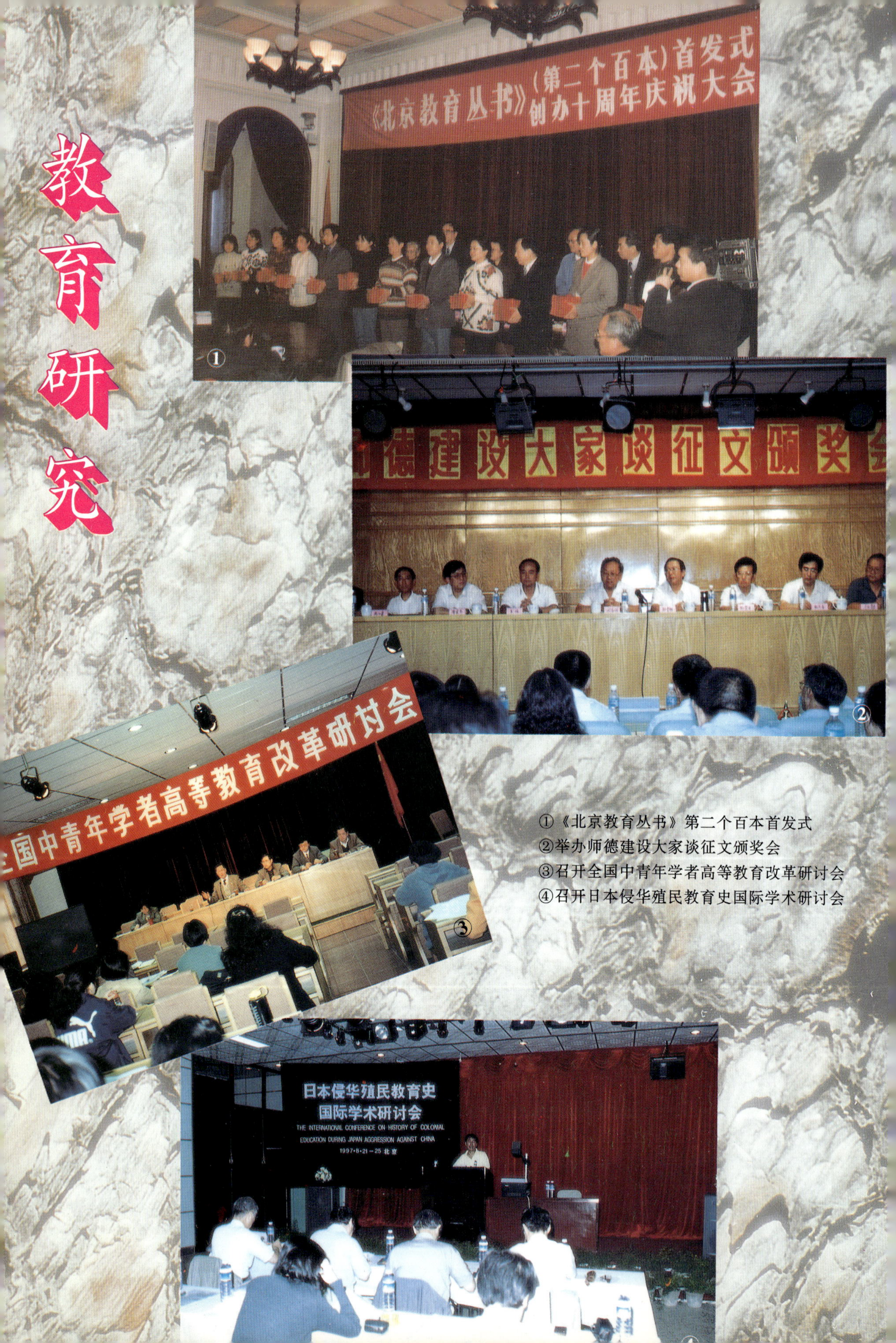

①《北京教育丛书》第二个百本首发式
②举办师德建设大家谈征文颁奖会
③召开全国中青年学者高等教育改革研讨会
④召开日本侵华殖民教育史国际学术研讨会

校办产业

①北大方正与柯达（中国）有限公司联合召开新产品新闻发布会

②北京京精医疗设备公司与北京医科大学第一医院研制的自体—2000型血液回收机

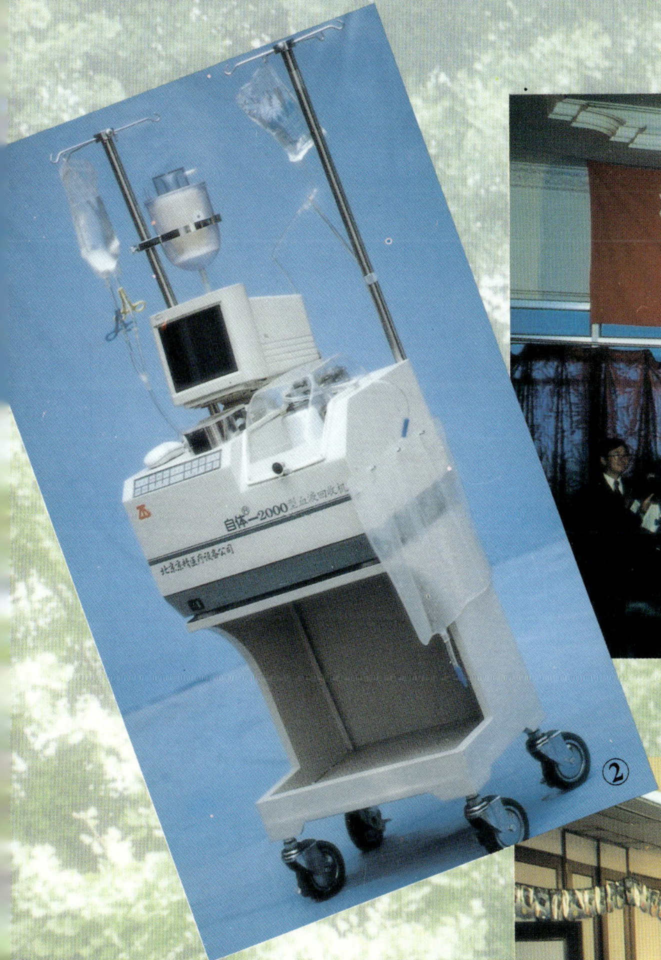

③清华紫光集团公司与美国DIGITAL公司合作及总代理签约仪式

④清华紫光集团新产品发布及展示会

交流与合作

▲京津沪教育督导学术交流会在北京召开

▲澳门教育代表团到房山区考察教育

▲德国教育参观团与顺义师生合影

▲北京四中学生和来访的美国中学生进行篮球比赛

▲北京教育音像报刊总社主办京港教师联谊会

▲日本友人正木龙树先生在中华社会大学设立“正木龙树”奖学金

▲英国皇家教育督导团到顺义县牛栏山中心小学考察课堂教学活动

▲市教委举办德国汉高资助北京高校特困生仪式

交流与合作

交流与合作

▲北京八中教师出席第十二届世界超常儿童教育大会

▲北京市第二十五中学与德国科隆市三五中学建立友好学校

▼北京一中组织中外学生书法绘画交流活动

▲美国小朋友与昌平县少林体校学生在一起

社会力量办学

▲燕京华侨大学聘请著名国际金融专家陶湘教授讲授国际金融课

▲北京中加学校成立大会

中华社会大学学生在进行军事训练

▲北京兴华大学学生在上语音课

教书育人经验交流会

东方财经日语大学

校长许嘉璐

组织学生植树

哲学课堂上

目　　录

北京教育总述

党的工作

统战工作

纪检·监察

保卫·保密

老干部工作

中共北京市委教育工作委员会

中共北京市教育纪律检查工作委员会

综合管理

总　类

建议提案办复

教育督导

普通高等教育

·中国人民大学·

·清华大学·

学前教育

基础教育

小学教育

民族教育

特殊教育

教学实验园地

职业教育

成人教育

课程建设

德育活动

队伍建设

文明校园

家庭教育

工读教育

科学技术

体育·卫生

社区教育

社会实践

学生管理

总　类

学籍管理

学位管理

留学生

·外派留学生·

·来华留学生·

毕业·就业

招生・考试

干部·教师

教育研究

教育科学研究

·高等教育科学研究·

·基础教育科学研究·

·职业教育科学研究·

对外事务

校办产业

工业企业

商贸企业

教育团体

群众团体

·北京市教育工会·

·红十字会·

学术团体

·北京市高等教育学会·

朝阳区

海淀区

·基础教育·

·职业教育·

·成人教育·

丰台区

·基础教育·

·职业教育·

·成人教育·

门头沟区

·基础教育·

通州区

顺义县

·基础教育·

·职业教育·

·成人教育·

怀柔县

·基础教育·

·职业教育·

·成人教育·

密云县

·基础教育·

·职业教育·

·成人教育·

平谷县

·基础教育·

· 职业教育 ·

· 成人教育 ·

大兴县

· 基础教育 ·

北京铁路分局

校园生活

风　尚

好人好事

校园文化

服务社会

人　物

·烈　士·

·先　进·

·逝世人物·

统　计　表

CONTENTS

INVESTIGATION AND RESEARCH

SPECIAL ARTICLES

GENERALITY OF BEIJING EDUCATION

PARTY WORK

COMPREHENSIVE ADMINSTRATION

EDUCATION SUPERVISION

HIGHER EDUCATION

PRE—SCHOOL EDUCATION

FUNDAMENTAL EDUCATION

VOCATIONAL EDUCATION

ADULT EDUCATION

SOCIAL FORCE SCHOOLING

MORAL EDUCATION

SCIENCE AND TECHNOLOGY

ACHIEVEMENTS OF EDUCATION RESEARCH

PHYSICAL EDUCATION AND PUBLIC HEALTH

ARTS AND AFTER—SCHOOL EDUCATION

STUDENTS ADMINISTRATION

STUDENT ENROLLING AND TESTING

CADRES AND TEACHERS

EDUCATION RESEARCH

NEWSPAPERS, PERIODICALS, AUDIO—VISUAL AND BOOKS

FOREIGN AFFAIRS

SCHOOL—RUN ENTERPRISES

EDUCATION GROUPS

MASS ORGANIZATION

· *BEIJING EDUCATION LABOUR UNION* ·

EDUCATION IN DISTRICTS AND COUNTIES

STATISTIC TABLE

法　规

北京市人民代表大会常务委员会关于修改《北京市未成年人保护条例》的决定

北京市人民代表大会常务委员会公告

第 72 号

《北京市人民代表大会常务委员会关于修改〈北京市未成年人保护条例〉的决定》已由北京市第十届人民代表大会常务委员会第三十六次会议于 1997 年 4 月 16 日通过，现予公布，自 1997 年 6 月 1 日起施行。

北京市第十届人民代表大会常务委员会
1997 年 4 月 16 日

北京市第十届人民代表大会常务委员会第三十六次会议，根据《中华人民共和国行政处罚法》的规定，结合本市实际情况，决定对《北京市未成年人保护条例》作如下修改：

一、第三十八条修改为："营业性舞厅、歌厅等不适宜未成年人活动的场所，应当设置明显的未成年人禁入标志，不得允许其进入。"

二、第五十二条第一款修改为："少年犯管教所与各区、县人民政府之间，应当签定帮教安置协议，对正在服刑和接受收容教养的以及刑满释放、解除收容教养的未成年人进行帮教安置。"

三、第五十三条修改为："少年犯管教所应当对正在服刑和接受收容教养的未成年人加强管理教育和思想改造工作，组织他们参加力所能及的劳动、参加文化技术学习，并根据社会需要，定向培训，为他们就学、就业创造条件。"

四、第五十四条修改为："审判机关、检察机关、公安机关以及少年犯管教所应当依法保护违法犯罪的未成年人的合法权益，尊重他们的人格。严禁辱骂、体罚。

五、第五十六条修改为：

违反本条例有下列行为之一的，依照《北京市实施〈中华人民共和国义务教育法〉办法》的有关规定处理：

"（一）未经批准，不送适龄子女或者被监护人接受义务教育的；

（二）招用尚未受完九年义务教育的未成年人做工、经商或者从事其他雇佣性劳动的。"

六、第六十条修改为："违反本条例第三十八条的规定，营业性舞厅、歌厅等不适宜未成年人活动的场所，不设未成年人禁入标志的，由文化行政管理部门责令改正；明知是未成年人仍允许其进入的，依照《北京市文化娱乐市场管理条例》的有关规定予以处罚。"

此外，根据本决定对部分条文的文字作相应的调整和修改。

本决定自 1997 年 6 月 1 日起施行。

《北京市未成年人保护条例》根据本决定作相应的修正，重新公布。

北京市未成年人保护条例

（1988年10月20日北京市第九届人民代表大会常务委员会第五次会议通过　根据1992年2月14日北京市第九届人民代表大会常务委员会第三十二次会议《关于修改〈北京市未成年人保护条例〉的决定》第一次修正　根据1997年4月16日北京市第十届人民代表大会常务委员会第三十六次会议《关于修改〈北京市未成年人保护条例〉的决定》第二次修正）

第一章　总　　则

第一条　为了维护未成年人的合法权益，优化未成年人成长环境，保护未成年人健康成长，根据《中华人民共和国宪法》和有关法律、法规的规定，结合本市的实际情况，制定本条例。

第二条　本条例所称未成年人是指未满18周岁的公民。

第三条　本条例保障未成年人享有宪法、法律赋予的权利不受侵犯；培养未成年人在德、智、体、美、劳各方面全面发展，成为有理想、有道德、有文化、有纪律的社会主义建设者。

第四条　培养、教育和保护未成年人是国家机关、政党、社会团体、部队、企业事业单位、学校、居民委员会、村民委员会以及家庭和每个成年公民的共同责任。

对侵犯未成年人合法权益的行为，任何组织和个人都有权予以劝阻、制止，并有权向未成年人保护委员会或者有关部门投诉、举报。

第五条　未成年人应当奋发向上，自尊自爱，遵守社会规范。未成年学生应当遵守学生守则。

第二章　未成年人保护委员会

第六条　市和区、县设立未成年人保护委员会，由人民政府及其有关部门、审判机关、检察机关和工会、共青团委员会、妇女联合会、文学艺术界联合会、科学技术协会、律师协会等社会团体的负责人及社会知名人士组成。

委员会的主任委员由人民政府的主要负责人担任。

委员会的办事机构由有关部门和共青团委员会派员组成。

第七条　乡、镇及街道设立未成年人保护委员会。委员会及其办事机构的组成，参照前条规定。

第八条　未成年人保护委员会的职权：

（一）宣传国家保护未成年人的法律、法规；

（二）监督国家有关保护未成年人的法律、法规的实施；

（三）协调有关部门对未成年人的教育保护工作；

（四）接受对侵犯未成年人合法权益行为的投诉、举报，交由有关部门查处，为受害者提供或者寻求法律帮助；

（五）对因国家机关和国家机关工作人员的违法、失职行为致使未成年人合法权益受到严重损害的，有权建议有关机关对责任人员给予行政处分，直至依法追究刑事责任；

（六）研究保护未成年人工作中的重大事项，并可向主管机关和部门提出意见和建议。

第九条　居民委员会、村民委员会应当参照前条规定，发动和组织居民、村民做好对未成年人的教育、保护工作。

第三章　家庭和学校的保护

第十条　父母、养父母、有抚养关系的继父母（以下通称父母），对未成年的子女、养子女、有抚养关系的继子女（以下通称未成年子女），应当依法履行监护职责，保护他们的人身、财产及其他合法权益。

未成年人的父母已经死亡或者没有监护能力的，依法由其他监护人履行监护职责。

第十一条　父母或者其他监护人必须保证适龄子女或者其他被监护人依法接受九年制义务教育，不得让子女中途退学。因特殊情况不能继续学习的，须经区、县教育行政部门批准。

第十二条　父母或者其他监护人应当教育制止未成年子女或者其他未成年被监护人的下列行为：

（一）擅自夜不归宿；

（二）不满16周岁，未经父母或者其他监护人许可于22时以后外出；

（三）未经父母或者其他监护人允许离家远游。

第十三条　父母或者其他监护人应当以身作则，学校教师应当为人师表。

学校应当与家庭互相配合，密切联系，共同对未成年人进行理想教育、品德教育、文化知识教育和遵纪守法教育。

第十四条　中学应当开设劳动教育课，组织学生参加勤工俭学和社会公益劳动。

小学应当开设手工课，并可组织学生参加力所能及的社会公益劳动。

第十五条　学校和教师应当执行国家教育行政部门规定的课时和学业量，保证学生必要的休息时间和参加文娱、体育活动的时间。

第十六条　父母或者其他监护人及学校教师对进入青春期的未成年人应当正确地给予生理上、心理上的关心、教育和指导。

第十七条　父母或者其他监护人和学校教师应当教育制止未成年人的下列行为：

（一）吸烟；

（二）饮酒；

（三）打架、斗殴、辱骂他人；

（四）赌博；

（五）阅读、观看、收听宣扬色情、淫秽的书报、杂志、音像制品。

第十八条　学校、幼儿园、托儿所教职员应当尊重未成年人的人格尊严，不得对未成年学生和儿童实施体罚、变相体罚或者其他侮辱人格尊严的行为。

第十九条　对旷课、逃学的未成年学生，学校、父母或者其他监护人应当规劝其返校受课。

学校办理学生转学、复学、退学或者开除学生学籍，应当依照市人民政府的有关规定执行。

第二十条　对扰乱学校秩序的或者对学生进行拦截强索财物、侮辱、殴打的，学校、教师应当教育制止，或者向公安机关报告。公安机关应当与学校配合，采取有效措施，维护学校秩序，保护学生的人身安全。

第二十一条　学校应当支持、引导本校共青团、少先队、学生会及其他学生组织开展有利于学生身心健康的活动，听取他们的意见与建议。

第二十二条　禁止学校、教师违反国家规定向学生滥收费用和以罚款手段惩处违反校规的学生。

第二十三条　幼儿园、托儿所应当做好保育、教育工作，组织有利于幼儿健康成长的文化娱乐等活动，促进幼儿在体质、智力、品德等方面和谐发展。组织幼儿活动，应当防止发生人身安全事故。

第四章　国家机关和社会保护

第二十四条　各级人民政府对未成年人的保护工作，应当全面规划，组织实施。

教育、文化、劳动、卫生、民政、工商行政管理等政府部门应当按照各自的职责，贯彻执行法律、法规有关保护未成年人的规定和本条例。

第二十五条　审判机关、检察机关、公安机关应当依法保护未成年人的合法权益不受侵犯。对侵犯未成年人合法权益行为的投诉、举报应当及时处理。对强奸、拐卖未成年人的，对诱骗、裹胁、组织未成年人参加流氓集团或者教唆未成年人进行犯罪活动的，必须依法严惩。

第二十六条　各级工会、共青团委员会、妇女联合会应当发挥各自组织的作用，并动员社会力量，从多方面对未成年人进行培养教育，维护未成年人的合法权益。

第二十七条　学校、居民委员会、村民委员会以及劳动改造、收容教养单位，可以聘请热心于未成年人保护工作的离、退休干部、工人，解放军军官、士兵，知名人士及其他公民担任辅导员，对未成年人进行帮助教育。

第二十八条　各级人民政府支持和鼓励学校、社会组织以及个人兴办家长学校和采取其他形式对家长培养教育未成年人进行指导。

各级人民政府支持和鼓励社会组织为培养教育未成年人开展生理咨询、心理咨询、法律咨询、教育咨询等服务活动。

第二十九条　各级人民政府应当关心未成年人的人身安全和身体健康，为未成年人提供必要的卫生保健条件。

对危险校舍必须及时进行维修、翻建；教室采光必须符合视力卫生保健标准；学生使用的课桌椅应当按规格配备。

定期为中小学生进行体格检查并提供优惠条件。

第三十条　市和区、县人民政府应当维护并有计划地开辟、新建、扩建供青少年文化娱乐、体育、科技等活动的场所。

各级人民政府鼓励企业事业单位及其他社会组织和个人提供或者兴建有利于未成年人健康成长的活动场所及设施。

任何组织和个人不得以任何借口侵占供未成年人活动的场所及设施。

第三十一条　任何单位或者个人不得招用应当接受义务教育的未成年人。

第三十二条　市和区、县人民政府对完成义务教育不再升学的未成年人，应当统筹安排，由教育、劳动等部门组织就业前的职业技术培训。

第三十三条　各级人民政府支持和鼓励科学家、艺术家和作家及其他创作人员，创作有利于未成年人健康成长的精神产品。

新闻出版、广播、电影、电视等部门和文艺团体应当出版、发行、播映、演出有益于未成年人身心健康的书报、杂志、图书、影视、音像制品和文艺节目。

第三十四条　图书、报刊、音像制品的出版、发行、经销部门、个体销售摊点和图书管理等部门，不得出版、发行、销售、出租、出借宣扬色情、淫秽等有害于未成年人身心健康的视、听、读物。

电影、电视部门不得播映宣扬色情、淫秽的影视节目。

第三十五条　广播电台、电视台应当为未成年人开辟专题节目，并在适宜未成年人收听、收看的时间播出。

第三十六条　博物馆、纪念馆、科技馆、文化馆、美术馆、影剧院、体育场（馆）、动物园、公园等场所应当对中小学生和学龄前儿童优惠开放。

第三十七条　工业和商业部门应当组织生产和经营适合未成年人的日常生活用品。

儿童食品、玩具、用具和游乐设施，不得有害于儿童的安全和健康。

第三十八条　营业性舞厅、歌厅等不适宜未成年人活动的场所，应当设置明显的未成年人禁入标志，不得允许其进入。

第三十九条　任何人不得在中小学、幼儿园、托儿所的教室、寝室、活动室和其他未成年人集中活动的室内吸烟。

第四十条　任何组织和个人不得披露未成年人的个人隐私。

对未成年人的信件，任何组织和个人不得隐匿、毁弃；除因追查犯罪的需要由公安机关或者人民检察院依照法律规定的程序进行检查，或者对无行为能力的未成年人的信件由其父母或其他监护人代为开拆外，任何组织或者个人不得开拆。

第四十一条　各级人民政府应当积极发展托幼事业，努力办好托儿所、幼儿园，鼓励和支持国家机关、社会团体、企业事业组织和其他社会力量兴办哺乳室、托儿所、幼儿园，提倡和支持举办家庭托儿所。

各级人民政府和有关部门应当采取多种形式，有计划地培养和训练幼儿园、托儿所的保教人员，加强对他们的政治思想和业务教育。

第四十二条　卫生部门应当对儿童实行预防接种证制度，积极防治儿童常见病、多发病，加强对传染病防治工作的监督管理和对托儿所、幼儿园卫生保健的业务指导。

第五章　几种未成年人的特殊保护

第四十三条　任何人不得歧视、戏弄、侮辱、虐待和遗弃生理有缺陷的或者精神有障碍的未成年人。

第四十四条　人民政府的教育、民政、劳动等部门应当根据盲、聋、哑、弱智和有其他残疾的未成年人的不同情况，进行定向培训。对具有一定劳动能力的，应当安排就业。

人民政府鼓励社会组织和个人兴办盲、聋、哑、弱智和有其他残疾的未成年人的福利事业。

第四十五条　对有特殊天赋或者突出成就的未成年人，有关组织和个人应当为他们的发展创造条件，关心他们的身心健康，保护他们的智力成果或者其他成果不受侵犯。

第四十六条　未成年女子在入学、就业、劳动报酬等方面同未成年男子享有同等的权利。

第四十七条　人民法院审理离婚案件、婚姻登记机关办理离婚登记应当照顾未成年子女的权益，保护他们受抚养、受教育等权利。

第四十八条　对有违法或者轻微犯罪行为的中学生，不宜留在原校学习的，应当按照国家有关规定送工读学校学习。家长应当支持，不得阻拦。

工读学校应当对学生加强管理教育，对接近就业年龄的学生，根据社会需要，进行职业技术培训。

工读学校的学生在升学、就业等方面，同普通学校的学生享有同等的权利。

第六章　对违法犯罪未成年人的司法保护

第四十九条　对未成年人的犯罪案件，公安机关、检察机关和审判机关应当分别组成专门的预审组、起诉组、合议庭，采取适合未成年人特点的方式进行讯问、审查、审理。

人民法院审理未成年人犯罪案件，可以从当地聘请教育工作者和共青团、妇联、工会干部为特邀陪审员。

人民法院对14周岁以上不满16周岁的未成年人犯罪案件一律不公开审理，对16周岁以上不满18周岁的未成年人犯罪案件，一般也不公开审理；被告人没有委托辩护人的，人民法院应当为其指定辩护人，并可以通知被告人的法定代理人到场。

第五十条　对判决前的未成年人犯罪案件和其他违法案件，新闻报道、影视节目、公开出版物不得披露其姓名、住所和照片及可能推断出该未成年人的资料。

第五十一条　对羁押或者服刑的未成年人，应当同羁押或者服刑的成年人分押、分管。

第五十二条　少年犯管教所与各区、县人民政府之间，应当签订帮教安置协议，对正在服刑和接受收容教养的以及刑满释放、解除收容教养的未成年人进行帮教安置。

人民检察院免予起诉、人民法院免除刑事处罚或者宣告缓刑的和服刑期满释放、被解除收容教养的以及受过行政处罚的未成年人，复学、升学、就业不受歧视。

第五十三条　少年犯管教所应当对正在服刑和接受收容教养的未成年人加强管理教育和思想改造工作，组织他们参加力所能及的劳动，参加文化技术学习，并根据社会需要，定向培训，为他们就学、就业创造条件。

第五十四条　审判机关、检察机关、公安机关以及少年犯管教所应当依法保护违法犯罪的未成年人的合法权益，尊重他们的人格。严禁辱骂、体罚。

第七章　奖励与处罚

第五十五条　市和区、县人民政府以及有关部门，对有下列情形之一成绩显著的单位或者个人，给予精神鼓励、物质奖励：

（一）保护未成年人合法权益免受不法侵害的；

（二）组织、指导未成年人开展文化、体育、科技活动的；

（三）创作有利于未成年人健康成长的优秀精神产品的；

（四）为未成年人提供、兴建活动场所及设施或者提供经济资助的；

（五）积极兴办幼儿园、托儿所、哺乳室的；

（六）对违法犯罪的未成年人进行教育、挽救的；

（七）培训、安置盲、聋、哑、弱智和有其他残疾的未成年人及工读学校毕业生就学、就业的；

（八）培训、安置刑满释放、解除收容教养的未成年人就学、就业的。

第五十六条　违反本条例有下列行为之一的，依照《北京市实施〈中华人民共和国义务教育法〉办法》的有关规定处理：

（一）未经批准，不送适龄子女或者被监护人接受义务教育的；

（二）招用尚未受完九年义务教育的未成年人做工、经商或者从事其他雇佣性劳动的。

第五十七条　学校、幼儿园、托儿所的教职员对未成年学生和儿童实施体罚、变相体罚的，视情节轻重，由其所在单位或者上级机关给予批评教育或者行政处分。

第五十八条　违反本条例第三十条第三款的规定，侵占供未成年人活动的场所及设施的，依照《中华人民共和国民法通则》第一百一十七条的规定处理。

第五十九条　违反本条例第三十四条规定的，依照《国务院关于严禁淫秽物品的规定》和国务院批准的《关于重申严禁淫秽出版物的规定》以及国家有关法律、法规的规定处理。

第六十条　违反本条例第三十八条的规定，营业性舞厅、歌厅等不适宜未成年人活动的场所，不设未成年人禁入标志的，由文化行政管理部门责令改正；明知是未成年人仍允许其进入的，依照《北京市文化娱乐市场管理条例》的有关规定予以处罚。

当事人对前款规定的罚款决定不服的，可以在接到处罚通知之日起十五日内，向上一级行政机关申请复议；对复议决定不服的，可以在接到复议决定之日起十五日内，向人民法院提起诉讼；也可以直接向人民法院提起诉讼。逾期不申请复议，也不提起诉讼又不履行的，作出处罚决定的机关可以申请人民法院强制执行，或者依法强制执行。

第六十一条　侵犯未成年人的合法权益，对其造成财产损失或者其他损失、损害的，应当依法赔偿或者承担其他民事责任，属于违反治安管理的行为，依照《中华人民共和国治安管理处罚条例》处理；构成犯罪的，依法追究刑事责任。

第八章　附　　则

第六十二条　本条例具体应用中的问题，由北京市人民政府负责解释。

第六十三条　本条例自1989年1月1日起施行。

北京市人民代表大会常务委员会关于修改《北京市职工教育条例》的决定

北京市人民代表大会常务委员会公告

第76号

《北京市人民代表大会常务委员会关于修改〈北京市职工教育条例〉的决定》已由北京市第十届人民代表大会常务委员会第三十六次会议于1997年4月16日通过，现予公布，自1997年6月1日起施行。

北京市第十届人民代表大会常务委员会

1997年4月16日

北京市第十届人民代表大会常务委员会第三十六次会议根据《中华人民共和国行政处罚法》、《中华人民共和国教育法》、《中华人民共和国职业教育法》决定对《北京市职工教育条例》作如下修改：

一、第七条第一款修改为："市教育委员会是本市职工教育的行政主管机关，负责制定职工教育的发展规划，综合、协调职工教育工作，监督、检查职工教育法律、法规和方针政策的执行情况，管理职工学历教育和社会力量举办的职工教育。"

二、第三十七条修改为："违反本条例第十二条规定，不建立岗位培训制度，不实行先培训后上岗和不实行持证上岗的，由上级业务主管部门责令改正；情节严重的，由上级业务主管部门或者所在单位给予单位负责人和直接责任者行政处分。"

三、第四十一条修改为："对以办学为名，骗取财物，非法牟利，违反治安管理的，由公安机关依照《中华人民共和国治安管理处罚条例》的规定予以处罚；情节严重构成犯罪的，依法追究刑事责任。"

四、删除第四十二条。

五、第四十四条修改为："本条例具体应用中的问题由市教育委员会负责解释。"

此外，根据本决定对部分条文的顺序作相应的调整。

本决定自1997年6月1日起施行。

《北京市职工教育条例》根据本决定作相应的修正，重新公布。

北京市职工教育条例

（1991年6月15日第九届北京市人民代表大会常务委员会第二十七次会议通过　根据1997年4月16日北京市第十届人民代表大会常务委员会第三十六次会议《关于修改〈北京市职工教育条例〉的决定》修正）

第一章　总　　则

第一条　为提高职工队伍的素质，培养建设人才，适应社会主义现代化建设的需要，根据《中华人民共和国宪法》、国家有关法律和规定，结合本市情况，制定本条例。

第二条　本条例所称职工教育，是指对本市全民所有制、集体所有制企业（含乡镇企业）事业单位（以下简称企业事业单位）在职人员进行的政治、文化、科学、技术、业务方面的教育和培训。

第三条　职工教育是我国教育事业的重要组成部分，是经济建设、社会发展和科学技术进步的必要条件。

第四条　职工教育必须贯彻国家的教育方针，坚持为社会主义建设服务，坚持教育与生产、工作的实际需要相结合，培养有社会主义觉悟、有文化、有专业知识和技能，守纪律的劳动者。

第五条　职工教育的主要任务是：

（一）对职工进行思想政治教育，加强国情教育、爱国主义教育、社会主义教育、法制教育和国防教育；

（二）对职工进行适应岗位要求的职业道德、文化知识、专业技术、工作能力和操作技能的培训；

（三）对从事专业技术工作的职工进行知识增新、补充、扩展和加深的继续教育；

（四）根据需要，对职工进行高等、中等学历教育。

第二章　领导和管理

第六条　市人民政府领导本市的职工教育工作，制定职工教育工作的方针、政策。区、县人民政府领导本区、县的职工教育工作。

各级人民政府应当把职工教育纳入本地区国民经济和社会发展规划和年度计划。

第七条　市教育委员会是本市职工教育的行政主管机关，负责制定职工教育的发展规划，综合、协调职工教育工作，监督、检查职工教育法律、法规和方针、政策的执行情况，管理职工学历教育和社会力量举办的职工教育。

市劳动局、人事局和科技干部局按照各自的职责范围，分别负责管理工人、干部和专业技术人员的教育培训工作，制定相应的教育规划和培训、考核、使用办法，并组织实施和监督检查。

第八条　市人民政府各业务主管部门负责管理本系统职工教育工作，制定教育培训规划、专业技术标准和岗位规范，组织教材编写和技术等级考核，并对本行业的职工教育进行业务指导。

各业务主管部门应当把职工教育纳入所属单位主要负责人的任期目标责任制，作为考核企业事业单位及其主要负责人的一项重要内容和评选先进的重要条件。

第九条　工会组织应当参与职工教育的管理工作，发挥监督作用，维护职工受教育的权利。

第三章　企业事业单位的职责

第十条　企业事业单位按照本地区、本行业的职工教育发展规划和自身发展的需要，确定本单位职工教育培训的任务，制定职工教育培训计划，并组织实施。

企业事业单位应当将职工接受教育培训的情况作为对其使用和奖惩的重要依据。

第十一条　企业事业单位应当建立健全职工教育的管理机构或者配备专人，负责具体实施职工教育培训计划。

企业事业单位应当为职工教育提供必要的条件和经费。

第十二条　企业事业单位应当建立岗位培训制度。对职工应当实行先培训后上岗制度；对专业性、技术性岗位的职工，必须经考核取得岗位资格证书方准上岗。

第十三条　企业事业单位应当支持和鼓励职工在实践中刻苦学习，自学成才，互帮互学，共同提高。

第十四条　企业事业单位负责人应当定期向职工代表大会或者职工大会报告职工教育工作，提请审议本单位职工教育的发展计划。

第四章　职工受教育的权利和义务

第十五条　职工有根据本职工作的需要接受教育培训的权利和义务。

劳动模范、先进生产（工作）者在同等条件下有权优先接受教育培训。

第十六条　职工参加学习的时间，企业事业单位应当统筹安排。专业技术人员每年接受继续教育的脱产学习时间累计不少于12日。班组长、技术工人每年脱产学习时间累计不少于7日。5年内脱产学习的时间，可以集中使用。

由企业事业单位根据生产工作需要安排参加学习的职工，学习期间的工资、福利待遇不变。

第十七条　按照企业事业单位安排参加学习的职工，必须遵守有关规章制度，按期完成学习任务，接受有关部门的检查和考核，服从企业事业单位工作的安排。

第十八条　经企业事业单位批准脱产学习半年以上或者半脱产学习一年以上的职工，应当与本单位订立书面协议。协议中应当载明职工学习结束后为本单位服务的年限以及双方违反协议应当承担的责任。

第十九条　职工对本单位的职工教育工作有权提出建议和批评。

职工受教育的权利受到侵害时，有权向企业事业单位或者上级业务主管部门提出申诉。接受申诉者应当在30日内作出处理决定，并答复本人。

第五章 办 学

第二十条 市人民政府各业务主管部门，区、县人民政府和大型企业事业单位，应当建立职工学校或者培训机构，承担本系统、本地区或者本单位的职工教育培训任务。

不具备单独办学条件的企业事业单位，应当采取联合办学或者委托代培的方式完成职工教育培训任务。

鼓励其他社会力量依照国家有关规定举办职工教育。

第二十一条 大型企业事业单位用于职工教育的校舍面积，应当不低于职工人均0.3平方米的标准。校舍不得改作他用。

新建大型企业应当同时规划建设职工教育设施。

第二十二条 建立或者撤销国家承认学历的职工高等学校、中等专业学校，必须按照国家有关规定办理。

建立或者撤销其他职工学校、培训机构，必须按照本市有关规定办理。

第二十三条 职工学校和培训机构应当按照按需施教、学用结合、讲求实效的原则，改革教育内容和方法，加强教学管理，制定教学计划，选编教材，建立考核制度，提高教育质量。

第二十四条 具备条件的各级各类学校应当在师资、校舍和教学设施等方面，为职工教育提供便利条件。

第六章 教师和管理人员

第二十五条 职工教育教师的配备，实行专职、兼职相结合。专职教师应当不少于职工总数的3‰，可以从有实践经验的专业技术人员中选调，也可以由市计划、人事部门按照计划，从高等学校和中等专业学校毕业生中分配。

第二十六条 职工教育的教师和管理人员应当具有良好的政治思想品质和职业道德，热爱职工教育事业，具有相应的文化程度、业务知识和教学、工作能力。

职工高等、中等教育的教师，应当分别具有大学本科、大学专科毕业以上的学历。从事技术、业务培训的教师，应当具有与教学内容要求相适应的文化、专业知识、实践经验和操作技能。

第二十七条 职工教育的管理机构应当有计划地组织教师和管理人员进修，提高其政治和业务素质。企业事业单位应当为教师进修创造条件。

具备条件的普通高等学校和成人高等学校应当承担职工教育的教师和管理人员的进修任务。

教师和管理人员的进修时间每年不少于12日，5年内可以集中使用。

第二十八条 职工学校、培训机构专职教师和管理人员的专业技术职务，应当根据国家规定纳入相应的系列。上述人员在专业技术职务评聘、晋级、调资、奖励和生活福利等方面的待遇与同层次的专业技术人员和科室人员相同。

第七章 经 费

第二十九条 企业事业单位必须保证职工教育经费。职工教育经常费用按照不低于职工工资总额的1.5%提取，并按照国家和本市的其他有关规定办理。

第三十条 企业事业单位工会经费中的业余教育费应当用于职工教育。

第三十一条 企业事业单位的职工教育经费，由本单位教育机构掌握使用，财务机构监督，当年用不完的允许结转。

对不具备单独办学条件的企业事业单位，由上级业务主管部门按照隶属关系组织统一办学的，所需经费从这些单位的职工教育经费中支付。

职工教育经费必须专款专用，任何组织和个人不得截留或者挪用。

第三十二条 地方财政拨款的职工教育经费，应当根据经济发展和财政经常性收入的增长相应增长。

第三十三条 鼓励社会团体和个人捐资助学。

第八章 奖励和处罚

第三十四条 对职工教育作出显著成绩的组织和个人，由各级人民政府和主管部门给予表彰奖励。

第三十五条 对按照生产工作需要参加学习，学用结合、成绩优异或者自学成才的职工，由所在企业事业单位给予表彰奖励。

第三十六条 企业事业单位有下列行为之一的，由上级业务主管部门责令改正，拒不改正的，追究单位主要负责人的行政责任：

（一）不制定和实施职工教育培训计划的；

（二）不按照要求建设职工教育设施的；

（三）侵占职工教育校舍的；

（四）不按照规定标准拨付职工教育经常费用的；

（五）侵犯职工受教育权利的。

第三十七条 违反本条例第十二条规定，不建立岗位培训制度，不实行先培训后上岗和不实行持证上岗的，由上级业务主管部门责令改正；情节严重的，由上级业务主管部门或者所在单位给予单位负责人和直接责任者行政处分。

第三十八条 违反本条例第十七条规定，无故不按期完成学习任务，学习期满后不服从工作安排的职工，由其所在单位视不同情节予以批评教育、追偿培训费和给予行政处分。

第三十九条 违反本条例第二十二条规定，未经批准擅自建立或者撤销职工学校和培训机构的，由负责审批的部门责令其停办或者恢复；情节严重的，由其上级主管部门追究直接责任者的行政责任。

第四十条 违反本条例第三十一条第三款规定，截留、挪用职工教育经费的，由上级主管部门责令改正，并追究直接责任者的行政责任；情节严重构成犯罪的，依法追究刑事责任。

第四十一条 对以办学为名，骗取财物，非法牟利，违反治安管理的，由公安机关依照《中华人民共和国治安管理处罚条例》的规定予以处罚；情节严重构成犯罪的，依法追究刑事责任。

第四十二条 当事人对本条例规定的行政处罚决定不服的，可以在接到处罚决定之日起15日内，向作出处罚决定的机关的上一级行政机关申请复议。复议机关应当在收到申请书之日起两个月内作出复议决定。当事人对复议决定不服的，可以在接到复议决定之日起15日内向人民法院起诉。当事人也可以在接到处罚通知之日起三个月内直接向人民法院提起诉讼。当事人逾期不申请复议，也不向人民法院起诉，又不履行处罚决定的，由作出行政处罚决定的机关申请人民法院强制执行。

第九章 附 则

第四十三条 本条例具体应用中的问题由市教育委员会负责解释。

第四十四条 本市外商投资企业和港、澳、台商投资企业以及私营企业，可以参照本条例执行。

第四十五条 本条例自1991年11月1日起施行。

北京市人民代表大会常务委员会关于修改《北京市实施〈中华人民共和国教师法〉办法》的决定

北京市人民代表大会常务委员会公告

第77号

《北京市人民代表大会常务委员会关于修改〈北京市实施中华人民共和国教师法办法〉的决定》已由北京市第十届人民代表大会常务委员会第三十六次会议于1997年4月16日通过，现予公布，自1997年6月1日起施行。

北京市第十届人民代表大会常务委员会

1997年4月16日

北京市第十届人民代表大会常务委员会第三十六次会议根据《中华人民共和国行政处罚法》、《中华人民共和国教师法》决定对《北京市实施〈中华人民共和国教师法〉办法》作如下修改：

一、第七条第三款修改为："取得成人教育教师资格应当具备的学历，由市教育行政部门根据国家有关规定具体确定。”

二、第八条第一款修改为：“中小学教师资格由市教育行政部门和区、县普通教育行政部门认定；中等专业学校教师资格由市教育行政部门组织有关部门认定；技工学校（含劳动部门举办的职业技术学校）教师资格由市劳动行政部门组织有关部门认定；成人教育学校教师资格由市教育行政部门认定或者组织有关部门认定；市属高等院校教师资格由市教育行政部门或者委托有关院校认定；中央部委属在京院校教师资格，由其主管部门认定，也可以委托市教育行政部门或者学校认定。”

三、第二十三条第二款修改为：“师范毕业生违反本办法第十二条第三款规定未完成服务年限的，由教育或者劳动行政部门责令改正；拒不改正的，追缴在校期间的专业奖学金和培养费，具体办法由市人民政府制定。”

本决定自1997年6月1日起施行。

《北京市实施〈中华人民共和国教师法〉办法》根据本决定作相应的修正，重新公布。

北京市实施《中华人民共和国教师法》办法

（1994年7月22日北京市第十届人民代表大会常务委员会第十一次会议通过　根据1997年4月16日北京市第十届人民代表大会常务委员会第三十六次会议《关于修改〈北京市实施中华人民共和国教师法办法〉的决定》修正）

第一条　为实施《中华人民共和国教师法》（以下简称《教师法》），加强教师队伍建设，保障教师的合法权益，促进本市教育事业发展，适应首都经济建设和社会发展需要，结合本市实际，制定本办法。

第二条　适用本办法的教师是指本市行政区域内各级各类学校和其他教育机构中具有教师资格、专门从事教育教学工作的人员。法律、法规另有规定的除外。

第三条　教师承担教书育人、培养社会主义事业建设者和接班人、提高民族素质的使命，应当忠诚于人民的教育事业，履行《教师法》规定的义务，遵守教师的职业道德，为人师表。

第四条　市和区、县教育行政部门按照各自权限主管教师工作。

市和区、县劳动行政部门负责技工学校和劳动部门举办的职业技术学校教师的管理工作。

计划、财政、人事、科技干部等政府部门应当按照《教师法》的规定，负责有关的教师工作。

国家机关、社会团体、企业事业单位等举办的学校和教育机构，由其主管部门负责教师工作。

第五条　市和区、县人民政府应当制定教师队伍建设规划，对实施规划所需经费予以保障。

第六条　各级人民政府及其教育行政部门、各有关部门、学校和其他教育机构，应当保障教师依法享有的权利。

各级教育工会应当依法维护教师的合法权益。

全社会都应当尊重教师。

第七条　在本市取得教师资格应当具备的条件，按照《教师法》第十条、第十一条的规定执行。

取得中等职业学校实习指导教师资格应当具备中等职业学校毕业以上文化程度或者同等学历，还应具有中级技术人员或者中级技工以上水平。

取得成人教育教师资格应当具备的学历，由市教育行政部门根据国家有关规定具体确定。

非师范毕业生取得中等及中等以下学校教师资格，应当接受教育学、心理学和教学法等教育基本理论的培训。本办法实施前已经取得教师职务的除外。

第八条　中小学教师资格由市教育行政部门和区、县普通教育行政部门认定；中等专业学校教师资格由市教育行政部门组织有关部门认定；技工学校（含劳动部门举办的职业技术学校）教师资格由市劳动行政部门组织有关部门认定；成人教育学校教师资格由市教育行政部门认定或者组织有关部门认定；市属高等院校教师资格由市教育行政部门或者委托有关院校认定；中央部委属在京院校教师资格，由其主管部门认定，也可以委托市教育行政部门或者学校认定。

经认定具备教师资格的人员，由认定部门授予教师资格证书。

取得教师资格的人员首次任教，应当有1年的试用期。

第九条　教师受到开除公职处分或者其教师资格是通过不正当方式取得的，由教师资格认定部门予以撤销。

丧失或者撤销教师资格的，由认定的部门或者学校收回教师资格证书。

第十条 已经在学校或者其他教育机构中任教，不具备合格学历又未取得教师职务的，由教育、劳动行政部门、有关办学部门和学校安排进修培训；5年之内仍未取得合格学历或者未通过国家资格考试的，调离教学岗位。

学校和其他教育机构不得聘任未取得教师资格的人员任教。

第十一条 教育行政部门应当制定教师考核的原则、内容、标准、程序和方法，对考核工作进行指导、监督。

学校和其他教育机构应当建立健全教师年度考核制度。考核结果记入考绩档案，作为晋升工资和职务、续聘或者不予晋升工资、解聘、低聘教师职务以及实施奖惩的依据。

第十二条 市和区、县人民政府应当根据教育事业发展需要和国家标准，规划、建设师范院校，提高师范教育质量。

师范院校和非师范院校中接受师范教育的学生免交学杂费，享受专业奖学金。专业奖学金应当保障学生基本生活需要，具体标准由市教育行政部门和财政部门制定，所需经费由财政部门、有关部门予以保障。

本市实行师范毕业生服务期制度，服务期为5年。鼓励师范毕业生终身从教。服务期未满的师范毕业生，任何单位不得聘用。

非师范高等院校应届毕业生到中小学任教，应当履行聘任协议规定的义务，工作满5年的，由区、县人民政府参照师范生在校专业奖学金标准，发给一次性奖金。

第十三条 市和区、县人民政府及其教育行政部门、有关部门和学校应当采取措施，提高现有教师的学历水平，并有计划、有步骤地使新补充的高等院校教师具有研究生学历，高级中等学校教师具有本科或者研究生学历，初中教师具有本科学历，小学教师具有大专以上学历。

第十四条 市和区、县人民政府及其教育、劳动行政部门应当划拨专项经费，办好教师进修院校和培训基地。

教育行政部门、学校和其他教育机构应当有计划地安排教师参加进修，培训、接受继续教育，重点培养教育教学骨干和青年教师。教师应当按照规定完成学习任务。

第十五条 市人民政府应当采取措施，不断提高教师的工资，使本市教师的平均工资水平高于国家公务员的平均工资水平。

第十六条 本市各级各类学校和其他教育机构的教师享受教龄津贴，教龄津贴标准按照国家和本市的规定执行。

第十七条 凡在本市山区工作的中小学教师，工资在原有等级工资基础上向上浮动一个档次，每满5年的予以固定，并再向上浮动一个档次。

市和区、县人民政府应当对从城镇地区到山区工作的中小学教师，给予奖励性补贴。

第十八条 市和区、县人民政府应当加快教师住房建设，划拨专款建设教师住房，优先、优惠纳入“康居工程”计划，在1997年前解决好城近郊区教师中人均住房在5平方米以下的困难户，逐步使教师家庭人均住房面积高于本市居民平均水平。

对于住房困难的中小学特级教师，市和区、县人民政府应当拨专款专项解决。建设计划由市和区、县计划、建设部门会同教育部门制定。

本市行政区域内的国家机关、社会团体、企业事业和驻军单位为职工分配住房时，夫妻一方为中小学教师的，在同等条件下应当优先予以照顾。

第十九条 市和区、县人民政府、有关部门应当增加教师公费医疗经费，建立教师医疗周转金，教师医疗费应当及时予以报销，不得超过3个月，并逐步建立和发展社会保险制度，为教师提供医疗保障。

各级各类学校和其他教育机构应当每两年至少组织教师进行一次健康检查，所需经费由各级人民政府或者办学部门予以保障。

市和区、县人民政府应当对中小学特级教师提供特殊医疗保健。

第二十条 教龄满30年（女满25年）的中小学退休教师享受100%的退休金待遇，有条件的其他学校也可以对退休教师在原有退休金的基础上给予补贴。

第二十一条 本市行政区域内的图书馆、科技馆、体育馆、艺术馆、博物馆、纪念馆等各类公共文化设施，应当对教师实行减免费或者其他优待。

第二十二条 各级人民政府和有关部门应当对优秀教师给予表彰和奖励；在教育教学工作中做出重大贡献的教师，由市人民政府授予“人民教师”称号。

第二十三条 违反本办法规定，《教师法》和国家有关法律、法规已规定处理的，依照《教师法》和国家有关法律、法规的规定处理。

师范毕业生违反本办法第十二条第三款规定未完成服务年限的，由教育或者劳动行政部门责令改正；拒不改正的，追缴在校期间的专业奖学金和培养费，具体办法由市人民政府制定。

违反本办法第十九条第一款规定拖欠教师应予报销的医疗费的，由各级人民政府责令限期改正；情节严重的，对直接责任者给予行政处分。

第二十四条 市和区、县人民政府及其教育、劳动行政部门、有关部门，应当指定相应的职能机构按照《教师法》第三十九条的规定，接受教师申诉。申诉的具体办法由市人民政府制定。

教师对申诉处理决定不服的，属于行政复议、行政诉讼受案范围的，可以依法申请行政复议或者提起行政诉讼。

第二十五条 教育、劳动行政部门工作人员滥用职权、徇私舞弊、玩忽职守，侵犯教师合法权益的，由其主管部门给予行政处分；构成犯罪的，依法追究刑事责任。

第二十六条 本办法具体应用中的问题，由市人民政府负责解释。

第二十七条 本办法自1994年9月10日起施行。

北京市实施《中华人民共和国职业教育法》办法

北京市人民代表大会常务委员会公告

第95号

《北京市实施〈中华人民共和国职业教育法〉办法》已由北京市第十届人民代表大会常务委员会第三十九次会议于1997年9月5日通过，现予公布，自1997年10月1日起施行。

北京市第十届人民代表大会常务委员会
1997年9月5日

第一条 为实施《中华人民共和国职业教育法》，结合本市实际，制定本办法。

第二条 本办法适用于本市行政区域内各级各类职业学校教育和各种形式的职业培训。法律、法规另有规定的除外。

第三条 实施职业教育必须贯彻国家教育方针，坚持为社会主义现代化建设服务。

本市根据经济、社会发展和劳动力市场需求，发展中、高等职业学校教育和各类职业培训，建立、健全职业学校教育与职业培训并举，并与其他教育相互沟通、协调发展的职业教育体系。

第四条 本市推进职业教育体制改革，建立适应社会主义市场经济体制和社会进步需要的、符合职业教育特点和规律的管理体制和运行机制，提高教育质量和办学效益。

第五条 市和区、县人民政府应当加强对本行政区域内职业教育工作的领导，把发展职业教育纳入国民经济和社会发展规划，并制定本地区改革和发展职业教育的规划、计划和措施。

第六条 市教育行政部门负责本市行政区域内职业教育工作的统筹规划、综合协调、宏观管理。

教育行政部门、劳动行政部门和其他有关部门在规定的职责范围内，分别负责有关的职业教育工作。

第七条 市和区、县人民政府应当建立、完善职业教育督导制度，加强教育督导机构和督导队伍建设。

市和区、县人民政府教育督导机构应当按照有关规定，对职业教育工作进行督导评估。

第八条 政府各主管部门、行业组织应当履行下列职责：

（一）制定本部门、本行业职业教育发展规划，并组织实施；

（二）按照国家有关规定举办或者联合举办职业学校和职业培训机构；

（三）对本部门、本行业的企业、事业组织的职业教育工作进行管理、组织、协调和指导；

（四）参与编订本部门、本行业专业（工种）的教学计划、教学大纲和教材；

（五）改善所属职业学校和职业培训机构的办学条件，对其教育质量和办学效益进行检查监督。

第九条　企业、事业组织应当履行下列职责：

（一）提供条件，依法保障本单位职工和准备录用人员接受职业教育的权利；

（二）建立、健全本单位职业教育规章制度；

（三）按照本单位中、长期发展规划和年度计划，制定职业教育计划，并组织实施；

（四）把职业培训工作纳入本单位负责人的工作目标责任制，并进行考核；

（五）建立培训、考核、使用与待遇相结合的制度；

（六）按照国家和本市的有关规定，承担对本单位职工和准备录用人员进行职业教育的费用。

第十条　在本市行政区域内设立职业学校和职业培训机构应当具备法律规定的基本条件，并经过审批。职业学校和职业培训机构设立、变更、终止的审批办法，由市人民政府规定。

第十一条　各级人民政府、办学主管部门应当在设置专业（工种）、制定教学计划、选编教材、组织实施教育教学活动、使用经费、聘用教师和招生等方面，逐步扩大职业学校和职业培训机构的自主权。

第十二条　职业学校和职业培训机构应当对受教育者加强思想政治教育、职业道德教育和职业知识、职业技能教育，保证教育质量，对学业成绩合格者颁发相应的学历证书或者培训证书。

第十三条　本市劳动者和外地来京务工经商人员，就业前或者上岗前应当接受相应的职业学校教育或者职业培训。

从事国家规定的技术工种、特种作业的人员，上岗前必须通过职业技能鉴定、考核，取得相应的职业资格证书；必须取得职业资格证书方能上岗的技术工种、特种作业工种，由市劳动行政部门定期向社会公布。

第十四条　本市有计划地发展高等职业学校教育和高级职业培训，培养高层次的实用型、技能型人才。

发展高等职业教育应当充分利用现有教育资源，并按照培养目标配备师资和教学设备。

高等职业学校可以从普通高中毕业生、中等职业学校毕业生和具有同等学历的在职人员中招生。

第十五条　本市发展农村职业教育应当坚持经济、科技、教育相结合，职业教育和其他教育相统筹以及面向农村、面向农业、面向农民的原则。

郊区（县）人民政府应当建立区（县）、乡（镇）、村三级职业教育网络，组织和举办多种形式的农业实用技术培训和非农产业的职业培训。

各级人民政府应当对农业职业学校和职业培训机构给予扶持，对农业专业的学生可以适当放宽入学条件，减免学费，并在从业等方面给予优先优惠。

第十六条　市和区、县人民政府应当扶持少数民族职业教育事业的发展，举办民族职业学校（班），开展适合少数民族特点的职业培训。

各级人民政府、有关部门应当扶持残疾人职业教育事业的发展。职业学校和职业培训机构应当接受符合条件的残疾人入学。特殊教育学校应当加强对残疾人的职业技能培训。

第十七条　本市行业、企业组织应当负责安排下岗待工人员和企业富余人员的转岗、转业培训。

建立现代企业制度的企业和进行经济结构调整的行业、企业，应当把下岗待工人员和企业富余人员转岗、转业培训纳入现代企业制度方案和经济结构调整方案，把职业指导和实际技能操作作为转岗、转业培训的主要内容。

第十八条　市和区、县人民政府有关部门应当把职业教育教师的培养和培训工作，纳入教师队伍建设规划，并组织实施。

市人民政府和有关部门应当选定一批高等学校、具备条件的职业学校、职业培训机构和企业，作为培养和培训职业教育的专业教师和实习指导教师的基地。

第十九条　市和区、县人民政府、有关部门应当加强职业教育科学研究和教学研究以及教材建设，提供并发布职业需求的信息，开展职业咨询、职业指导和职业介绍，建立、健全职业教育服务体系。

第二十条　市和区、县人民政府、有关部门用于职业教育的财政性经费应当逐步增长，并划拨专款用于发挥骨干、示范作用的职业学校和职业培训机构以及生产实习基地的建设。

任何组织和个人不得挪用、克扣职业教育的经费。

第二十一条　本市依法征收的教育费附加，应当安排一定比例用于发展职业教育。

市人民政府按照教育法的有关规定决定开征的用于教育的地方附加费，可以专项或者安排一定比例用于职业教育。

第二十二条　企业按照不低于职工工资总额1.5%提取的职工教育经费，应当主要用于职工的职业培训。

进行经济结构调整的企业，应当从盘活资金中提取一定比例用于职工转岗、转业培训；兼并企业以及转让国有企业产权的企业，应当安排专项资金，用于职工的转岗、转业培训。

劳动行政部门应当从失业保险基金中提取一定比例的经费，用于补助失业人员和企业下岗待工人员的转岗、转业培训。

第二十三条　用人单位委托职业学校和职业培训机构培养、培训学生的费用，由双方协议商定。

教育行政部门举办的职业高中，可以向录用其毕业生的单位收取培训费。培训费标准，由市教育行政部门、市物价管理部门、市财政部门制定。

第二十四条　职业学校和职业培训机构可以对接受职业教育的学生收取学费。收费标准由市教育行政部门、市劳动行政部门、市物价管理部门、市财政部门制定。对于经济困难的学生和残疾学生以及艰苦行业的专业（工种）的学生，可以酌情减免学费。

第二十五条　市和区、县人民政府、有关部门应当采取优惠政策，鼓励、支持职业学校和职业培训机构举办校办产业，开展社会服务，所得收入主要用于发展职业教育。

第二十六条　企业违反本办法第九条规定，未对本单位职工和准备录用人员实施职业教育的，由政府主管部门或者行业组织责令改正；拒不改正的，经市或者区、县人民政府批准，收取企业应当承担的职业教育经费，用于组织实施职业教育。

第二十七条　违反本办法第十条规定，擅自设立职业学校和职业培训机构的，由教育行政部门或者劳动行政部门予以撤销；有违法所得的，没收违法所得；对直接负责的主管人员和其他直接责任人员，依法给予行政处分；造成受教育者损失的，依法承担民事责任。

第二十八条　职业学校和职业培训机构违反本办法第十二条规定，给学业成绩不合格者颁发学历证书、培训证书的，由教育行政部门或者劳动行政部门宣布证书无效，责令收回或者予以没收；有违法所得的，没收违法所得；情节严重的，取消其颁发证书的资格；对直接负责的主管人员和其他直接责任人员，依法给予行政处分。

第二十九条　违反本办法第二十条规定，挪用、克扣职业教育经费的，由上级机关责令限期归还，对直接负责的主管人员和其他直接责任人员，依法给予行政处分；构成犯罪的，依法追究刑事责任。

第三十条　职业学校和职业培训机构违反本办法第二十四条规定，超过标准向受教育者收取费用的，由教育行政部门、劳动行政部门或者物价管理部门依照《中华人民共和国教育法》和《北京市行政性事业性收费管理条例》处理。

第三十一条　本办法具体应用中的问题，由市人民政府负责解释。

第三十二条　本办法自 1997 年 10 月 1 日起施行。1990 年 1 月 19 日北京市第九届人民代表大会常务委员会第十七次会议通过的《北京市中等职业技术教育条例》同时废止。

文献

振奋精神　开拓前进　努力实现首都教育现代化

北京市代市长　贾庆林

同志们：

这次全市教育工作会议，是新形势下市委、市政府召开的一次重要会议。会议的主要任务是进一步落实科教兴国和教育优先发展的战略，动员全市各级党委、政府和全社会，为完成我市今后5年以至15年教育改革和发展的任务，早日实现首都教育现代化而努力奋斗。胡昭广同志代表市委、市政府做了报告，希望各区县、各部门认真贯彻执行。

“八五”期间，在各级党委和政府的领导下，经过社会各界和广大教育工作者的共同努力，全市教育事业有了明显的发展，教育改革全面展开，教育工作成绩显著，提高了市民素质，培养了大量人才，对首都的物质文明和精神文明建设做出了重大贡献。借此机会，我代表市委、市政府，向辛勤工作在教育战线的广大教师和教育工作者致以崇高的敬意，向关心、支持教育工作的社会各界人士表示衷心的感谢！

首都教育事业经过“八五”期间的努力，继续走在全国前列。但距离中央对北京提出的总体目标和人民群众对高水平教育的期望，距离首都地位和功能的需要，距离21世纪国民经济、社会发展和科技进步对教育的要求，还有相当的差距。我们应当保持清醒的头脑，切不可盲目乐观，固步自封。

从现在起到21世纪头10年，是我国社会主义现代化建设的一个极其重要的历史时期。我们将迎来一个前所未有的信息时代和高科技时代。高新科学技术将在经济、社会发展中处于主导地位，发挥难以估量的作用。在这一进程中，经济实力和科技水平始终是国际竞争的焦点，而竞争的核心问题归根结底是教育和人才。现在，多数国家都把建设高质量、高效益、高水平的教育作为赢得挑战、争取主动的重大战略举措，并不断采取了一系列实质性的行动。北京作为我国首都，是全国的政治、文化中心和重要的科技教育基地，首都的教育事业不仅对全市国民经济和社会发展至关重要，而且对全国的现代化建设具有重要影响。这要求我们必须在发展教育中走在全国的前列，起到带头作用和辐射作用。面对新的形势，全市各级党委、政府都要自觉地把教育放在建设有中国特色社会主义的总体战略中来考虑和研究，放在世界新的科技革命的大背景下来考虑和研究，放在各国教育改革发展的大环境下来考虑和研究，以高度的历史责任感和时代紧迫感，加快教育现代化的进程，努力把一个结构、布局、体制更加合理的，规模效益、办学效益、教学水平和质量更高的首都教育带进21世纪。

实现教育现代化，首先要有教育思想观念的现代化。邓小平同志提出，教育要“面向现代化、面向世界、面向未来”。这里强调的就是教育思想的更新和解放。当前，高技术的发展方兴未艾，随着信息高速公路为代表的信息时代的到来，社会发展的各个领域都会出现许许多多新的概念和新的内容，有些方面甚至会发生根本性的变革。我们必须在思想和行动上不断适应这种变化，自觉地破除陈旧的教育观念，积极地吸收和借鉴先进的教育思想，以思想观念的新突破，带动事业发展的新突破。

实现教育现代化，有赖于教育内容和教育手段的现代化。随着科学技术在世界范围内迅速发展，信息传播和知识积累的速度加快、方式更新，相应带来了教育内容和教育方式的深刻变化。我们应当抓紧进行有组织、有系统、大规模、高起点的教育教学改革，加速新专业、新课程和新教材的开发建设，认真研究21世纪所需人才的知识结构和能力结构，形成紧跟时代步伐、具有鲜明现代特色的教育内容，为各领域培养适应跨世纪要求的人才。这是一项不容迟缓的重大任务。除此以外，科技进步也带来了学习方式的变化，如教育领域中多媒体技术的应用，“远程教学”的开展，使人们可以在任何时间、任何地点，包括学校、工作场所和家庭进行学习活动，既便捷，又经济，还可以获得很高的效益。培养跨世纪的人才，就要加速更新教学方法，逐步实现教育手段的现代化。

实现教育现代化，离不开教育管理的现代化。教育和学习的环境和方式的改变，要求管理体制、管理形式相应地改变。要加强教育法制建设，转变政府职能，坚持依法治教，逐步建立政府宏观管理、社会广泛参与、学校依法办学的管理体制。同时运用现代信息技术等先进手段提高管理的科学水平。

实现教育现代化，从根本上讲还是取决于教师队伍的水平和素质。经济发展，教育为本；教育发展，教师为本。没有一支掌握现代知识的高水平、高素质、高度敬业的教师队伍，就不可能有现代化的教育事业。我们必须按现代化的要求去提高整个教师队伍的政治素质和业务水平，使他们切实能够担当起发展北京现代化教育的重任。这样，通过一流的管理，一流的学校，一流的教师，培养一流的人才，创造一流的科研成果，这就是首都教育现代化的真正内涵。

邓小平同志在谈到我国现代化建设的战略布局时曾经反复强调："我们国家要赶上世界先进水平，从何着手呢？我想，要从科学和教育入手"。这是我们这样一个发展中的大国跨入世界先进行列的必由之路。教育优先发展的战略地位，任何时候都不能动摇。当前摆在全市各级党委和政府面前的一项重要任务，就是要认真学习和贯彻邓小平同志关于教育问题的一系列重要论述，学习和贯彻江泽民总书记和李鹏总理在全国教育工作会议上的讲话，学习和贯彻国家《教育法》和其他教育法律、法规。各级领导要象抓好经济工作那样抓好教育，各部门、各单位乃至全社会都要关心和支持教育事业的发展。"八五"期间我市发展教育事业取得了一些成功的经验，形成了一些有效的做法，如"六个优先"、"五项制度"等，要继续坚持和完善。要组织好方方面面的力量，采取有效措施，大力推进北京十大教育工程的建设，保证全市教育事业的发展年年都有新变化。在加速北京教育现代化建设的过程中，我们还要注重解决好两个方面的问题，一是加大投入，迅速改变占全市面积三分之二以上的山区、半山区及边远农村地区教育相对落后的状况；二是加强基础薄弱校建设，改善办学条件，全面提高教育质量和办学效益，从而提高全市教育的总体水平，推进首都教育现代化的早日实现。

同志们，实现教育现代化，建设一流的教育，是实现北京城市建设总体目标的一项重大举措，需要各级党委和政府以及全市人民为之付出极大的努力。市委、市政府相信，随着首都改革开放和现代化建设的全面推进，经过各级党政部门、社会各界和广大教育工作者的共同努力。我市的教育事业一定会开创出新的局面，首都跨世纪的宏伟目标一定能够实现！

（本文是贾庆林同志于1997年1月20日在北京市教育工作会议上的讲话）

动员起来　为完成北京市教育事业发展“九五”计划实现2010年远景目标而奋斗

北京市副市长　胡昭广

同志们：

今天，市委、市政府在这里召开全市教育工作会议，这次会议的主要任务是：贯彻落实党的十四届五中、六中全会精神，实施科教兴国战略，研究部署北京市教育事业发展"九五"计划和2010年长远规划，明确近期和1997年全市的教育工作任务，进一步动员各级党委、政府、广大教育工作者和全市人民，把握大局，再接再厉，同心同德，开拓前进，把北京市教育事业的发展和改革推向一个新的阶段。

一、"八五"期间我市教育工作的回顾

"八五"期间，全市教育战线上的广大教育工作者和全市人民，在以江泽民同志为核心的党中央领导下，坚持邓小平建设有中国特色社会主义理论和党的基本路线，认真落实科教兴国战略，积极贯彻《中国教育改革和发展纲要》，解放思想，实事求是，深化改革，奋力开拓，完成了各项任务，首都教育事业得到持续、稳定、协调、健康地发展。

5年中，基础教育有了很大发展。我市在1993年通过了国家教委的验收，在全国率先普及了九年义务教育和扫除了青壮年文盲。全市初中毕业生考入高一级学校人数的比例已经连续三年达到85％以上。普通高中的办学规模逐步扩大。中小学布局结构调整取得明显成效。在小学和初中学生双高峰期间，避免了"二部制"的出现。中小学办学条件有了明显的改善，教育质量稳步提高。

职业教育迅速发展，进一步改变了中等教育结构单一化的局面。各类中等职业学校在校生1995年比1990年增加7.21万人，增长54％；1995年中等职业学校在校生占高中阶段教育在校生总数的68％，比1990年增长了11个百分点。为适应需要，我市对中等职业教育的科类结构和专业设置进行了调整，新增设了一批适应第三产业发展需要的专业。同时，积极进行

了高等职业教育试点，取得了明显进展。

高等教育稳步发展，办学效益明显提高。全市普通高校本、专科在校生1995年比1990年增长30%，在校研究生增长96%；成人高等学校的在校生增长43%。全市每10万人口中在校大学生达到3000人，居全国首位。“八五”期间，全市普通高校共培养本、专科毕业生18.76万人；毕业研究生2.78万人；成人高校培养本、专科毕业生18万多人。市属普通高等学校的布局结构调整取得了突破性进展，办学实体由26个调整为12个，校均规模由1100人增加到3300人。高等学校发挥人才和科研力量、科研成果的优势，积极开展直接的社会服务，取得了一定的成效。北京地区高等教育的发展，为首都和全国的经济建设和社会发展输送了大批合格人才。

成人教育蓬勃发展。岗位培训和继续教育等各类成人教育年培训规模超过250万人次。成人高、中等学历教育，高等教育自学考试规模进一步扩大，拓宽了在职人员的成才之路。社会力量办学有较大发展。积极开展高层次紧缺人才培训、转岗人员培训和乡镇企业职工培训，对首都的经济建设起到了促进作用。

全市学前教育、民族教育和特殊教育也有了较大发展。

回顾“八五”，我市在教育事业改革与发展中积累了宝贵的经验，主要有：

（一）坚持把教育放在优先发展的战略地位，努力做到发展教育的“六个优先”和“五项制度”

各级党委和政府重视教育，加强对教育工作的领导，把基础教育放在重中之重的地位。市委、市政府建立了教育联席会制度，定期研究全市教育发展中的重大问题。各级党政主要领导同志坚持联系学校和每年为教育办实事的制度，深入实际指导、检查教育改革和教育教学工作，解决学校办学中的实际问题。各区县政府和市政府各委办局、总公司，努力把教育发展纳入本地区和本系统的发展规划之中，把教育工作列入各级领导的工作目标，促进了教育与经济建设的紧密结合。

各级政府以实际行动落实教育优先发展的战略地位，在发挥政府投入的主渠道作用的同时，积极拓宽教育经费来源渠道，努力增加投入，切实保证做到“三个增长”。“八五”期间全市财政性教育经费达95.28亿元，年均递增20%。市政府决定相继征收“地方社会事业建设费”和“广告业教育事业发展费”；各区县都建立了人民教育基金；各行业、企事业单位积极投资兴办职业教育和成人教育；全市校办产业有了较快发展，总收入中用于补充教育经费部分达12.2亿元，比“七五”期间有大幅度增大。1995年我市大、中、小学学生生均预算内教育事业费为：市属普通高校生均7687元；普通中学生均1611元；职业高中生均2282元；小学生均788元；分别为1990年的167.8%、235.9%、259%和271.7%。

“八五”期间，全市各类学校新建、扩建校舍400多万平方米，基本消灭了危房。教师住房紧张状况有所缓解。各区县都建立了成人教育中心，教学设施得到加强。中小学和市属高校共新建住宅51万平方米。职业教育和成人教育也建设了一批教师住宅。在党中央、国务院的亲切关怀和大力支持下，高校“育新花园”教师住宅小区从1993年开始兴建，1996年竣工并交付使用。各级各类教育的教学设备、实验仪器资产总值和图书藏量都有显著增加。

（二）坚持教育改革，主动适应经济建设与社会发展的需要

在教育管理体制改革方面，基础教育实行市、区县、乡镇三级管理的体制，进一步发挥了区县、乡政府办学的积极性。职业教育、成人教育在市、区县人民政府的领导下，教育行政部门统筹、协调和宏观管理下，主要依靠行业、企事业单位办学，鼓励社会力量办学。

在办学体制改革方面，普通高等学校积极发展多种形式的联合办学。通过联合、共建等不同形式，逐步实现高等学校的资源共享、优势互补、协调发展；在基础教育中我市有8所中学进行了民办公助办学试点，作为政府办学的补充，探索新的具有活力的运行机制，也为解决择校问题开辟了新的渠道；此外，我市在15所民办高等学校中进行了国家学历文凭考试试点，取得了经验并向全国进行推广。

在招生考试和毕业生就业制度改革方面，我市对初中入学办法进行了改革；高中实行了会考；高校招生减少了考试科目。全地区的高校都进行了招生收费并轨改革。在高校毕业生就业工作中，坚持“搞好宏观调控，加强政策引导，培育就业市场，完善服务体系”的方针，实行“供需见面，双向选择”，加强了政策导向和思想政治工作，保证了国家的需要和毕业生的就业。

以建立和完善新的管理体制和运行机制为目的的学校内部管理体制改革，在实践中不断深化、完善。各级各类学校在转换运行机制的过程中，改善了管理，优化了队伍，提高了效率，调动了广大教师教书育人的积极性。

城市教育和农村教育综合改革实验，企业教育综合改革实验以及海淀教育改革试验区也取得了初步成果。

（三）加强德育工作，全面贯彻教育方针，全面提高教育质量

全市各级领导和广大干部教师，始终坚持教育的社会主义方向，把培养社会主义事业的建设者和接班人作为学校的根本任务。为贯彻落实《中共中央关于加强和改进学校德育工作的若干意见》和《爱国主义教育

实施纲要》的精神，1995年市委下发了《关于进一步加强和改进北京市学校德育工作的意见》，市委组织部、教育工委和市教育行政部门也制订了一系列实施意见，对各级各类学校的德育工作做了部署。区县教育行政部门也加强了德育工作的制度建设。到目前为止，全市建立了45个市级青少年教育基地，500多个区县级教育基地，5000多个校级基地，形成了市、区县、校的德育基地网络。为了促进中央和北京市德育工作文件精神的落实，市里组织力量对各级各类学校贯彻中央文件精神的情况进行了检查。

全市中小学广泛开展了教育思想、教育内容和教学方法的改革，中学为实现“打好基础，发展特长，减轻负担，提高质量”；小学为实现“坚持全面育人，减轻过重负担，提高教育质量”的教改总目标，积极进行教改实践，涌现出马芯兰、孙维刚等一批教学改革取得成效的教师，推广了“快乐教育”的一批教学改革先进典型经验。普通高校、职业学校和成人学校着眼于培养学生的实践能力，认真扎实地抓了教学基础建设。许多学校在学科建设、专业调整、系列课程建设，优秀教师联聘，学生跨校选课、实行学分制以及试办北工大实验学院等方面都取得了成绩。

（四）坚持依法治教，加强教育立法、执法和督导检查工作

随着我国《教育法》、《教师法》和《义务教育法》的相继出台和贯彻实施，“八五”期间我市各类教育依法治教的局面逐步形成。由于大力开展教育法律法规的宣传和学习，增强了干部群众的法制观念，为依法治教打下了良好的思想基础。我市陆续制定了《北京市实施〈中华人民共和国教师法〉办法》、《北京市职工教育条例》、《北京市专业技术人员继续教育的规定》、《北京市社会力量办学管理办法》等一系列地方性法规和行政规章，将法律规定的职责分解到各级政府和有关部门，各区县也研究制定了相应的实施办法。市人大常委会和市政府加强了对各级政府和部门以及教育机构执行教育法律法规情况的监督和检查，建立了督导机构和执法检查制度。

在总结成绩和经验的同时，我们还必须清醒地看到，与“教育必须为社会主义建设服务，社会主义建设必须依靠教育”的要求相对照，我市还存在着一定的差距。具体表现为：教育与经济的结合不够紧密，依据全市经济和社会发展进行人才需求预测不够，教育发展战略研究不够；教育结构需要调整优化，教育质量和办学效益有待进一步提高；教师队伍的建设滞后于教育事业的发展，教师的社会地位和生活待遇有待于进一步提高。合格教师的补充和教师素质的提高依然是十分艰巨的任务；教育投入不足，筹措教育经费的渠道亟待拓宽，各级各类学校经费紧张的状况依然存在并在一定程度上制约和影响着首都教育事业的改革与发展。我们还应看到，与兄弟省市相比，北京的教育在一些方面保持的相对优势正在减弱。这些问题要在今后的改革中加以解决。

二、“九五”和2010年我市教育事业发展的总体设想

未来15年是我国改革、开放和社会主义现代化建设事业承前启后、继往开来的重要时期；是我国建立社会主义市场经济，实现现代化建设第二步战略目标，并向第三步战略目标迈进的重要时期。发展教育事业，提高全民教育水平和人口素质，有效开发人力资源和培养大量专门人才，将成为实现经济和社会发展目标的关键。为了更好地适应经济与社会的发展，更好地为社会主义现代化建设服务，教育必须有一个大的发展和提高。

（一）今后15年我市教育发展的总目标

到2010年，经过15年的努力，北京市要形成与首都经济和社会发展相适应，结构合理、各类教育相互衔接、协调发展的具有中国特色、首都特点的社会主义现代化教育体系；形成与社会主义市场经济体制相适应的教育体制和运行机制；形成与首都地位相称的国内一流教育，使首都教育水平接近发达国家的教育水平。

“九五”期间教育事业发展的主要指标是：

——3岁以上学前儿童入园率达85%以上；

——保证有学习能力的儿童、少年全部接受九年义务教育，并进一步提高实施九年义务教育的标准和质量；

——高中阶段教育的普及率达到85%以上。其中，中等职业教育在校生数占高中阶段教育在校生总数的60%—70%。适当扩大普通高中规模，大力发展职业教育，到2000年普、职招生比例调整为4：6。

——本市18—21岁人口中，高等教育毛入学率达到35%左右。

——本市每10万人口中，在校大学生达到3300人；每10万人口中受过高等教育的人数达到15000人。

——本市户籍人口中新增劳动力平均受教育年限达到12年。

——岗位培训、继续教育和其他职业培训年平均达到300万人次。

（二）确定今后15年教育事业发展目标的主要依据

我市教育事业今后15年发展主要目标的确定，是经过一段时间的调查研究，充分考虑了教育外部和内部的诸多因素，认真分析了这些因素在我市教育发展中的不同作用和影响，力求使规划制订得比较科学、可行。这些因素主要是：

1. 中央的一系列指示精神，确定了我市教育发展的方向。

我市教育事业发展必须认真落实党的十四届五中、六中全会精神，认真实施《中国教育改革和发展纲要》以及《中华人民共和国教育法》等一系列法律、法规，认真贯彻邓小平同志“三个面向”的教育思想和江泽民总书记提出的“教育工作必须进一步解决好两大重要问题，一是教育要全面适应现代化建设对各类人才培养的需要，二是要全面提高办学质量和效益”的指示，努力实现教育的“两个重要转变”。要充分考虑社会主义市场经济发展过程中，教育面临的机遇和挑战，努力使教育体制改革与经济体制改革相适应。

2. 首都的城市性质和功能，要求我市教育发展具有较高的水平。

北京是我国的首都，是全国的政治中心和文化中心，这是北京与其它城市最根本的区别。教育是建设文化中心的重要内容，必须进一步发展。按照中央的要求，北京应成为经济繁荣、社会安定、文化、教育和科学技术最发达、道德风尚和民主法制建设最好的城市，成为全国社会主义精神文明建设的首善之区。北京的教育必须为实现这一目标发挥重要作用。要把北京的教育建设成为国内一流的教育，使北京教育的规划和布局，体系和机制，规模和速度，质量和效益，与建设现代化国际城市的总体目标相适应，使北京成为我国教育对外交流的中心，成为为全国社会主义现代化建设培养和输送人才的重要基地，在全国率先实现教育现代化。

3. 经济发展和人口的变化，影响着我市教育发展的结构、规模和速度。

今后15年，北京将实现经济体制从传统计划经济体制向社会主义市场经济体制转变，实现经济增长方式从粗放型向集约型转变，形成比较完善的适合首都特点的经济体系，使全市综合经济实力、社会发展水平和人民生活水平达到中等发达国家首都城市的水平。我市“九五”期间，国内生产总值要年均递增9%左右，到2000年达到2130亿元左右，下世纪前10年，国内生产总值递增8%左右。全市的经济要形成以高新技术产业为先导，第三产业发达，产业结构合理，高效益高素质的适合首都特点的发展模式。经济的增长和产业结构的优化，将对人才与劳动力需求结构、职业分布、知识技能以及学校的学科、专业等带来深刻的变化，这是我们对教育科类结构调整的基本依据。

北京市人口总量和分布变化，也是制订教育事业发展的重要因素。本市现有人口1080万人，2000年全市户籍人口将控制在1125万人以内。尽管我们实行了计划生育政策，但由于人口增长惯性作用，“九五”期间人口总量将继续增长，年平均递增率为0.1%。庞大的人力资源需要通过教育加以开发，再加上由于城市改造带来的人口迁移、人口分布发生变化，老市区人口呈扩散趋势，外来人口急剧增加，大量外来儿童来京借读，独生子女比例上升，家庭对子女求学期望值提高等因素，势必构成庞大的受教育需求和使教育增长的强劲拉力。“九五”期间，初中在校生和初中毕业生都正处在高峰期，各级政府和教育行政部门应下更大力量，加强初中建设。“九五”期间还要基本普及高中阶段教育，这势必要扩大高中阶段教育的规模。

经济与人口状况，既给教育发展带来了极好的机遇，又在很大程度上制约着教育的发展。经济实力和人口负担又限制了教育的发展。教育处在一个两极拉动和双重制约之中，我们只能在影响教育发展的这些因素之间寻求一个积极、动态的平衡，实现理想与现实的统一，科学地确定教育发展的规模与速度。

4. 北京教育事业现有发展水平是我们确定教育发展规划的基础。

北京是一个有3000多年建城史的文化名城和世界著名古都，经过历代的发展，特别是建国以来40多年的努力，教育事业已有一定的基础，有相当的规模和水平。我市在全国率先普及了九年义务教育；初中毕业生升学率居全国前列；中等职业教育已占高中阶段教育的68%；高等教育已有较强的优势，有一大批全国重点院校，人才聚集、学科齐全、设备先进，相当一部分是全国同类院校的排头兵。经过“八五”期间的努力，北京的教育事业有了长足的发展，即有一定的物质基础，又有比较丰富的教育工作经验。北京又是中央机关所在地，发展教育有许多得天独厚的优势，多年形成的基础为今后15年的发展创造了十分有利的条件。北京教育的发展，有必要、也有可能高标准地完成教育改革与发展的各项任务。根据以上几方面的因素确定的教育事业发展规划，有比较明显的北京特色。从发展程度、发展水平上看，我们是朝着世界先进水平、国内领先地位努力的。

（三）“九五”和2010年我市教育事业发展的指导思想

“九五”期间和下世纪初，北京教育事业发展的指导思想是：在马列主义、毛泽东思想和邓小平建设有中国特色社会主义理论、党的基本路线和中央对教育的一系列方针政策指导下，发展教育事业，强化基础教育重中之重的地位，坚定不移地推进教育的现代化，加强教育与社会、经济、文化、科技的结合，提高国民素质，开发劳动力资源，促进社会主义物质文明与社会主义精神文明建设，为实现北京和全国现代化建设的宏伟目标，提供智力支持和人才保证。在教育事业发展过程中，必须坚持以下指导原则：

1. 坚持把教育放在优先发展的战略地位，建设国内一流教育。

要把教育放在城市建设的总体战略中优先考虑和安排，继续坚持市委、市政府提出的发展教育的“六个优先”和“五项制度”。北京教育的发展要领先于全国，这是党中央、国务院对北京的希望与要求，也应该成为北京教育和其它战线上每一位同志的目标要求和自觉的行动。北京的教育在全国应该是一流的，这才无愧于全国的首都，无愧于全国的文化中心的特殊地位。坚持依法治教，坚持走高质量、高水平、高效益发展的道路，这必须成为我们的共识并落实到工作中去。

2. 坚持学校的社会主义方向，全面贯彻教育方针。

各级各类学校和其他教育机构，都是社会主义精神文明建设的重要基地，都要坚持党的领导，坚持教育的社会主义方向，加强德育工作，突出爱国主义、集体主义、社会主义思想教育。以实现江泽民总书记提出的“两个重要转变”为目标，全面贯彻教育方针，努力培养有理想、有道德、有文化、有纪律的社会主义公民。要加强教育系统的精神文明建设。把干部、青年教师和青年学生做为重点，突出抓好。

3. 坚持以改革促发展，正确处理改革、发展和稳定的关系。

按照与社会主义市场经济体制、政治体制、科技体制相适应的要求，继续深化教育体制的改革。通过改革，理顺教育内外部关系，建立新的运行机制，促进教育的发展。处理好改革、发展和稳定的关系，是改革开放以来的实践已经证明的经验，也是北京教育事业发展中必须长期坚持的指导思想。发展是目的，改革是动力，稳定是前提。要发展必须深化改革，而发展和改革必须有稳定的政治和社会环境。北京是首都，对全国影响很大，稳定是压倒一切的，没有稳定的局面，学校不可能有正常的教学秩序。政治和社会长期稳定，又必须通过深化改革和不断发展来实现。

4. 坚持教育现代化的方向，加强教育现代化建设。

首先是教育思想的现代化，各级领导和教师要有适应社会经济发展和为社会经济发展服务的强烈意识，并树立大教育观念和素质教育的思想。教育的现代化还包括：教育内容的现代化，要求教学内容特别是教材要适应现代化建设的需要；教育设施、教学方法、教学手段的现代化，要广泛运用现代科学技术成就，发展电化教育等现代化教育技术；教师队伍的现代化，教师应具有相应的能力，教师的知识结构和业务水平要适应教育现代化的需要；教育管理的现代化，更新管理方式，转变管理职能，要善于运用现代科学技术和信息手段提高管理水平。

三、当前我市教育改革和发展的主要任务和政策措施

为高标准实施我市教育事业发展“九五”计划，确保实现2000年教育事业发展的目标，当前在推进教育各项改革和发展中，我们必须采取切实有效的政策措施，出色地完成各项任务。

（一）深化教育体制改革

“九五”期间在已进行的各项教育改革的基础上，加大改革力度，加快改革步伐。

1. 进一步调整教育结构。

我市“九五”期间调整教育结构的任务是，使基础教育布局、结构更加完善，职业教育布局、结构趋于合理，市属高校和成人高校的布局、结构调整基本完成，中央在京院校的布局、结构调整初见成效。

进一步完善基础教育结构。为基本普及高中阶段教育，在巩固普及九年义务教育成果、提高实施标准的同时，按照“上脱下连”的思路，要把调整的重点转移到高中阶段教育。到本世纪末，要把重点中学的初、高中脱开，将部分条件较好的中学改办成独立建制的高级中学或大高中、小初中的完全中学；办好一批独立建制的初中校；在有条件的学校和新建住宅小区有计划地进行义务教育“九年一贯制”试点。要进一步加强和改进民族教育工作，办好一批民族学校和幼儿园。

积极调整职业教育、成人教育结构。中专、技校要根据全市产业结构变化而带来的对人才需求的变化，调整布局结构，扩大学校规模，提高教育质量和效益；各行业、各部门举办的成人中专，可以与普通中专、技校合并或联合办学；要稳步发展独立建制的职业高中，逐步调整职业高中和初中的合办校；每个郊区县要建成2至3所多功能、大容量、面向农村第一线的职业教育中心校和成人教育中心，实行职教、普教、成教三教统筹，做到职前培养、职后培训相协调。高等职业教育走内涵发展的道路，有计划地改建几所普通高校和成人高校为职业技术学院，改造成人高校若干个专业为高等职业教育专业，在具备条件的国家级重点中专校举办高职班。

继续调整高等教育结构。市属普通高校通过调整，使布局更加合理，办学规模更加适当，本科生规模略有发展，研究生规模有较大发展。中央在京高校要在国家教委和中央有关部委的统筹规划下，以合并、共建和联合办学等多种形式进行布局、结构的调整。成人高校通过调整，实现同一地区、同一行业（部门）重点办好一所。民办高等学校在评估的基础上进行调整。

2. 加快办学体制改革。

通过改革，进一步改变政府包揽办学的状况，形成政府办学为主与社会各界参与办学相结合的新体制。基础教育主要由政府办学，同时鼓励厂矿企业、事业单位和其他社会力量按国家的法律和政策多渠道、多形

式办学，有条件的地方，可实行“民办公助”、“公办民助”等办学形式。职业教育和成人教育要面向社会需要，在政府统筹管理下形成多元化的办学新体制及政府、行业、社会力量共同兴办的格局。市、区县政府要继续采取积极鼓励、大力支持、正确引导、加强管理的方针，促进多种形式办学的健康发展。

3. 继续深化中等及中等以下教育管理体制改革。

要进一步完善分级办学、分级管理的教育管理体制。我市基础教育继续实行市、区县、乡镇三级管理的体制，强化区县政府管理教育的责任，扩大区县管理教育的权限。我市职业教育和成人教育由市教育行政部门负责统筹规划、综合协调、宏观管理。市教育行政部门、劳动行政部门和其他有关部门在市政府规定的职责范围内，分别负责有关的职业教育和成人教育工作。区县教育行政部门、劳动行政部门按照各自的职责分工管理辖区内的职业教育和成人教育工作。

4. 继续深化高等教育管理体制改革。

通过共建和联合办学的形式，加大高校办学管理体制改革的力度。市政府要加强对在京高校的统筹、协调、服务。除继续共建北京航空航天大学外，市政府和国家教委还要对北京大学、清华大学、中国人民大学、北京师范大学实行共建。充分发挥在京高校的智力优势和科技优势，为北京经济和社会发展服务，进一步实现资源共享，优势互补，共同提高。

5. 继续推进学校内部管理体制改革。

进一步完善人事制度、考核制度、分配制度、监督制度和民主管理等方面的改革，不断优化教职工队伍。要继续扩大学校的办学自主权，帮助学校建立起主动适应经济和社会发展需要的、符合教育法律和政策规定的、自主办学、自我发展、自我约束的体制和机制。

6. 认真抓好教育综合改革。

继续加强教育综合改革试点的领导和指导。根据不同地区和行业经济和社会发展的需要及各类教育的不同特点，对经济、科技、教育的发展进行统筹规划，使之有机协调发展。要进一步推动海淀教育改革实验区、昌平农村教育综合改革试点县、朝阳区社区学院试点和30家大中型企业教育综合改革的实验。探索出“经、科、教”有机结合，普通教育、职业教育、成人教育三教统筹的有效途径。

7. 认真抓好高等学校和中等职业学校招生、收费和毕业生就业制度改革。

“九五”期间，进一步改革高等学校和中等职业学校奖学金、贷学金、助学金、减免学杂费和勤工俭学制度。全面实现公费生和自费生并轨。建立和完善除义务教育阶段外的各级各类学校学生缴费上学制度。随着劳动人事制度改革和招生制度的完善，建立在国家宏观政策指导下的毕业生自主择业制度。近期内主要实行“供需见面、双向选择”的就业办法。

在抓好以上改革的同时，政府教育行政管理机构要努力转变管理职能，由对学校的直接行政管理，逐步转变为运用立法、规划、拨款、信息服务、政策指导，加之必要的行政手段，进行宏观管理。“九五”期间要基本建成比较配套的地方教育法规体系和比较完善的教育信息系统、评估系统和督导系统，以保障教育改革的深入和教育事业的发展。

（二）全面贯彻教育方针，全面提高教育质量

提高教育质量是教育永恒的主题。各级各类学校都要更新教育观念，认真推行素质教育，加强德育，全面提高教育质量，把学生培养成德、智、体等方面全面发展的社会主义事业的建设者和接班人。

为使基础教育坚持实施素质教育，当前各级党委、政府和教育行政部门要重点抓好以下几方面工作：一是转变教育思想和观念，形成正确的社会舆论，在义务教育阶段强化普及意识，淡化选拔意识，努力创设实施素质教育的良好环境和条件。二是坚持义务教育阶段免试就近入学方向，继续完善小学毕业考试、初中入学办法改革。未完全实现小学毕业生免试就近升入初中的5个区，要在今后的3年内逐步到位。同时要继续推行中考制度改革。三是改革教学内容、方法，推行现代化教学手段，使学生掌握最基本、最核心的知识的同时，重在学会获取知识的方法，提高解决问题的能力，四是建立、完善基础教育评估制度和督导制度以及各学段的质量标准、评估指标体系，构建实施素质教育的有效的导向机制、有力的制约机制、科学的评估机制、广泛的社会参与机制，以确保基础教育目标的实现。

其它各类教育，要按照21世纪对人才的知识能力和结构要求，根据社会主义现代化建设的实际需要，用现代科学文化发展的最新成果更新教学内容，调整课程结构，运用现代化教学手段，加强基本知识、基础理论和基本技能的培养和训练，重视培养学生分析问题和解决问题的能力。职业教育和成人教育要紧密结合经济和社会的实际，注重职业道德教育和实际能力的提高。高等教育要根据社会需要拓宽专业服务面，提高适应性，注重实践环节的教学和训练，促进教育、科研、生产相结合。

为提高我市整体办学水平，必须抓好薄弱环节，特别是切实加强基础薄弱初中建设。继续落实市政府《关于加强基础薄弱学校建设的通知》精神，今明两年，在确保市每年下拨3000万元专款到位和各区县按1：2的配比投入专项经费到位的前提下，在加强硬件建设的同时，采取配套措施着力抓好软件建设。要积极选派优秀后备干部到薄弱学校任职；调整薄弱校中、高级教师职务比例，使之达到全市平均水平；返聘优秀退休干部、教师，派到薄弱校发挥作用；成立由特级教师和教

研人员组成的讲师团，定期到薄弱校支教、帮教，培养学科教研组长和骨干教师。要发挥名人、名校、特色等效应，果断地将那些难以改变面貌的学校撤销、合并，或与名校联合办学，提高其社会声誉，加快改变基础薄弱校面貌的速度。

各级各类教育都要努力实现教育现代化，其中一个重要方面，是在正确处理普及与提高关系的前提下，抓好提高。我市要重点建设一批学科专业、一批课程教材、一批实验室和实验基地，推广一批教学改革典型经验，创办一批高水平示范校，抓好“211工程”的建设，以此带动全市教育整体办学水平和教育质量的提高。

（三）大力加强教师队伍建设

建设一支具有良好政治和业务素质、数量适当、分布均衡、结构合理的教师队伍，是深化教育改革，提高教育质量的关键所在，是教育事业发展的根本大计。各级政府要按照提高思想水平、业务水平和生活待遇一起抓的原则，常抓不懈，把全市教师队伍建设好。

1. 加强教师的思想教育和师德建设。

进一步完善全市各级各类教育中教师思想政治工作的领导体制，健全教师政治学习制度，努力提高教师的思想政治水平和理论素养。组织教师认真学好《教师法》，使教师增强依法从教意识和师德观念，明确教育改革和发展对教师提出的更新、更高要求，更加严格地要求自己，教书育人，为人师表。组织青年教师参加形式多样的社会实践，引导他们树立忠诚人民教育事业的崇高职业理想。

2. 大力推进师范教育，充分发挥师范院校培养教师的主渠道作用及非师范院校培养教师的积极作用。

加快师范院校建设，改善办学条件，提高办学水平，扩大首都师大等高等师范院校的招生规模。不断提高师范生源质量，继续鼓励和吸引优秀高中毕业生报考师范院校。拓宽具有大专学历的小学教师的培养渠道。组织中央在京院校和其它市属高校支援基础教育，开办师资班，定向培养中学师资。打通高校毕业生通向成人学校和中等职业学校的渠道，每年从高校毕业生中补充一定数量的新教师。

3. 采取多种形式加强教师培训，提高现有教师队伍学历层次和业务素质。

各级政府、各主管部门和学校，要把实现我市教育事业发展“九五”计划和教师队伍建设工程确定的教师学历目标作为重要任务落实，做好规划，按照“学以致用，专业对口”的原则，鼓励中小学和中等职业学校教师分期分批接受成人高等教育，进行学习、深造。充分发挥教育学院、成人教育学院、教师进修学校和教师任职学校在师资培训中的作用。进一步完善各级各类学校教师继续教育制度，全面开展继续教育。加强学校之间教师的交流，促进教师和社会的密切联系，在实践中提高教师的教学、科研水平。

4. 抓紧优秀青年骨干教师和学科（教学）带头人的选拔和培养工作。

要贯彻德才兼备的方针，在实际工作中发现和掌握一批思想好、专业知识雄厚、能力较强、教学成就比较突出并立志献身教育事业的优秀青年教师。通过老年和中年骨干教师以及学科（教学）带头人的传帮带，对青年骨干教师重点培养。坚持在教学、科研实践中培养，工作中合理使用，委以重任，尽快培养一批跨世纪的骨干教师和学科（教学）带头人。

5. 努力提高教师的生活待遇。

各级政府要积极筹措资金，逐步提高教师工资水平。继续保证做到使教师平均工资水平略高于国家公务员的平均工资水平。进一步对城市地区基础薄弱学校和农村地区相对贫困乡镇实行倾斜政策，努力缩小校际之间教师实际收入的差距。市、区县政府逐步解决中小学教师结构工资自筹部分的困难，继续加强公费医疗改革和管理工作，做好及时报销教师医疗费和两年一次的体检工作。各级政府、主管部门要努力完成在“九五”期间全市150万平方米（其中中央在京院校45万平方米）的教师住房建设任务，到2000年全市教职工人均居住水平，要达到或略高于全市人均使用面积15平方米和人均居住面积10平方米的水平。

在加强教师队伍建设的同时，要继续加强学校干部队伍建设，坚持理论联系实际、政治培训与专业培训并重的原则，坚持普遍培训与重点提高相结合的原则，提高培训起点，突出培训重点，注重培训质量和效益，建设一支高素质的学校干部队伍。江泽民总书记在纪念建党75周年的座谈会上，对党的干部应当具备的基本政治、业务素质提出了五条要求。当前摆在我们面前的重要任务就是要以这些要求为目标，切实加强教育系统各级领导班子的思想政治建设。全市各级各类学校的领导干部都应当为达到这一目标而下决心提高自己、刻苦锻炼自己，努力提高自身素质。

（四）增加教育投入，改善办学条件

要把北京建成全国教育最发达，教育质量最高的城市，必须加大投资力度，拓宽筹资渠道，继续改善办学条件。

首先，要增加政府投入。逐步提高财政性教育经费支出在国内生产总值中所占的比例。在安排年度教育经费时，要继续保证做到三个增长：各级人民政府教育财政拨款的增长应当高于财政经常性收入的增长，并使按在校学生人数平均的教育费用逐步增长，保证教师工资和学生人均公用经费逐步增长。

其次，拓宽筹措教育经费渠道。要充分利用已有筹资渠道，尽可能的增加筹资数量并适当开征新税种。要进一步完善城乡教育费附加征收办法；适当提高义务教育阶段学杂费标准和非义务教育阶段学生学杂费标准；行业和企业要增加职业教育和职工教育经费；继续大力发展校办产业和社会服务；鼓励和提倡厂矿企业、事业、社会团体和个人根据自愿量力原则捐资助学，筹资办学。

第三，大力改善学校办学条件。努力提高新建校舍的建设标准和建筑质量。加快陈旧校舍的改造。各有关方面要严格按照市政府规定，保证建好新建小区配套教育设施。要按较高标准充实、更新学校教学仪器设备，加快教学设备、教育手段现代化建设步伐。高等学校和中等职业学校要加强实验基地、实习场所和图书馆建设。

（五）加强教育法制建设，实行和坚持依法治教

当前，首先要抓好各级领导教育法律法规的学习和宣传。江泽民总书记最近指出："广大干部，特别是各级领导干部一定要带头学好法律知识，这既是我们干部做好工作，提高领导能力和管理水平的需要，也是带领广大人民群众学法、用法和自觉遵守法律的需要"。我市各级领导干部要响应江泽民总书记的号召，努力学习、坚决执行教育法律法规，自觉运用法律的武器发展教育事业。其次，我市要进一步加强地方教育立法工作，做好与国家教育法律法规相适应、相配套的地方教育法规、行政规章和政策措施的制定工作，不断完善地方教育法律法规体系。第三，进一步加强和完善教育执法监督检查机制，做到有法必依，严格执法。要加强法制工作队伍和教育督导队伍建设，积极发挥教育督导机构的监督作用，坚持每年对各级政府及有关部门贯彻执行教育法律、法规情况进行监督检查的制度，确保教育法律法规的落实。

（六）重视教育科学研究，加强国际教育交流和合作

各级政府和教育行政部门要把教育科学研究工作摆上重要位置。要积极开展首都教育发展战略研究以及教育基础理论研究和应用理论研究，回答教育改革和发展中的理论问题和实际问题，为各级领导进行教育决策提供依据，为各学校教育教学改革提供服务。要加强北京教育科学研究院、区县教育研究机构和教育科研队伍的建设，努力完成《北京市教育科学研究"九五"规划》，提高北京教育发展水平。

要进一步扩大教育对外开放，加强国际教育交流与合作，吸收和借鉴世界各国发展和管理教育的成功经验。有条件的学校可以开展中外合作办学，与国外学校或专家联合培养人才、联合进行科学研究。要利用北京普通话的优势，大力开展对外汉语教学工作。

（七）加强党和政府对教育工作的领导

把北京的教育办成全国一流的教育是北京市迈向21世纪，实现经济社会发展战略目标的一项伟大工程，需要全社会为之付出极大的努力。办好教育是关系国家命运和前途的大事，是关系到全体市民的大事。办好教育不但教育行政部门和学校负有责任，各级党委、政府及全社会都负有不可推卸的责任。教育优先发展的战略地位必须始终坚持，不能动摇。

完成我市教育事业发展"九五"计划和实现2010年远景目标的关键是加强党对教育工作的领导。当前，要继续加强全市教育系统党的思想建设，坚定不移地学习、贯彻和执行党的基本理论、基本路线和基本方针，把它们变为各级党组织和广大党员的自觉行动，并且在广大教职工中落实。要加强党的组织建设，进一步把学校党委和基层党支部建设好，保证党的方针政策落实到基层，高质量地完成教育改革和事业发展任务。

当前，各级政府和有关部门要认真组织十大教育工程的实施。这次会议，经市委、市政府同意，市教委提出了十大教育工程的实施意见，对每个工程的目标、主要内容、措施提出了具体要求。市有关部门和各区县要把实施十大教育工程作为完成教育事业发展"九五"计划的重要举措，按照实施意见提出的要求，列出本部门、本地区实施工程的具体目标和措施，并在今后的工作中列入重要议事日程，定期研究，软件、硬件建设一起抓，确保十大教育工程在"九五"期间全面完成。

同志们，从现在起到本世纪末，是一个历史发展的重要阶段，市委、市政府号召全市党员、干部和全市人民，积极投身于科教兴国的伟大事业中，立足北京、面向全国、深化改革、优化结构、重在提高、争创一流，为全面完成教育事业发展"九五"计划和2010年远景目标而努力奋斗。

（本文是胡昭广同志于1997年1月20日在北京市教育工作会议上的讲话）

深化改革　优化结构
奋力开拓首都教育协调发展新局面

北京市教育委员会主任　徐锡安

一、1996年工作回顾

1996年是实施《北京市国民经济和社会发展“九五”计划和2010年远景目标纲要》的第一年，也是市教委成立的第一年。在市委、市政府领导下，以落实江泽民总书记提出的教育要实现“两个重要转变”和“两全”的指导思想，加大改革力度，加强统筹规划，全市各级各类教育取得了协调进展，实现了“九五”的良好开局。

（一）坚持依法治教，提高执法水平

我国先后颁布了《教育法》、《义务教育法》、《教师法》和《学位条例》，1996年又颁布了《职业教育法》。教育法规框架的基本建立，标志着我国教育走上了法治轨道。1996年我们坚持依法治教，并在实践中不断完善配套政策和提高执法水平，推动了教育的改革与发展。

1. 结合《教育法》颁布10周年。为推动依法治教，本市在4月份布置了执法检查工作，与全国人大、国务院六部委执法检查相结合，与评选全国“两基”工作先进区县相结合，在各区县、各部门自查基础上，由市人大、市委教育工委和市教委负责同志带队，分6组对全市18个区县和9个市属委、办、局进行了实地检查。检查组听取了各单位的自检汇报，对109所中学和17所中专、技校以及31个乡镇的依法治教情况、德育工作情况进行了全面了解，尤其突出对“五项指标”的检查。落实教育经费的“三个增长”，维护教师的合法权益。执法检查有力地推动了依法执教，落实了执法责任，促进了教育优先发展战略地位的落实。

2. 大力开展成人教育评估工作，加强学校建设。北京成人教育发展早、规模大，也存在着办学分散，质量不高的问题，特别是民办高校。1996年组织专家对142所成人教育大中专学校进行了评估，其中有33所普通高校的成人教育和109所成人中专校（部、站），同时对16所民办高校进行了全面评估。通过评估规范了规章制度，改进收费，加强学校管理，促进了成人教育办学水平的提高。从1996年下半年开始，筹备对成人高等教育专业的评估工作，建立了指标体系，并开始对专业设置、专业建设基本规律及重点专业建设进行了评估准备。

3. 学习贯彻《职教法》，推动全市职业教育的发展。去年是《职教法》颁布的第一年，我们在全市城乡开展了学习宣传活动。市、区县举办了培训班，印制了《职教法》单行本5万册，组织了2万余人次进行《职教法》的宣传咨询活动，发放宣传材料20多万份。通过调研提出了《贯彻〈职教法〉实施办法》（草案）及加快职业教育改革和发展的若干意见。还召开了北京市职业教育骨干校建设工作会议，命名了骨干示范校18所，对“职业教育工程”的5个项目——中等职业教育、高等职业教育、农村职业教育、师资队伍建设、骨干学校建设，逐项明确发展目标和办学责任，制定措施，依法办学，加快职业教育的发展。

4. 加强政策法规建设，完善教育法规体系。为提高广大干部的执法水平，组织教育行政部门进行了教育法规培训；对委机关干部和执法人员举办了法规培训班；结合实施《行政处罚法》，举办考试，促进学习；对旧法规进行了清理，并针对教育工作中存在的问题，经过调查研究制定了地方教育法规性文件100多件。特别是对今年一度成为社会“热点”的“择校生高收费”，依法制定了遏制措施，对有禁不止，对社会上造成严重影响的学校进行了严肃处理，维护了教育正常秩序和应有形象。

（二）贯彻“两个重要转变”，深化体制改革

1996年我们以贯彻“两个重要转变”为指导，进一步推进教育体制改革。

1. 高等学校开展共建、合作办学有了新的进展。北京地区50余所高校间开展了多边、双边合作办学，还与4所外地高校及55个企业单位开展了合作办学。北京市人民政府与中国航空工业总公司合办北京航空航天大学的项目在逐项落实，1996年又续签了新的项目共建协议。市教委与中国人民大学、北京师范大学已磋商拟定了共建项目方案，推进多种形式共建的开展，同时还在酝酿其他方式共建、合作办学及合并办学。

市属高校合并调整取得积极成果。办学实体由原

来的26个调整到目前的12个。1996年加强了合并调整院校的工作力度，加快了校内机构、学科专业设置的调整，减少重复，提高效益。经过合并调整，市属高校的办学规模和效益都有明显提高。在校生规模由原来的校均1580人，提高到3420人。其中有的学校已通过了国家“211工程”部门预审。

2. 基础教育体制改革积极探索新路子。依照《中国教育改革和发展纲要》中关于举办“公办民助”、“民办公助”学校的有关精神，在二十五中、十一学校、徐悲鸿中学、前门外国语学校、崇文实验中学等9所学校进行了“公办民助”、“民办公助”试点，使基础教育办学体制改革迈出了新的一步。

3. 结合实施全面素质教育，加强中小学布局结构调整。基础教育是提高全民族素质的奠基工程，必须致力办好每一所学校，为此，我们把加强基础薄弱校建设放在头等重要位置。去年结合布局调整，对办学条件差、效益低下的学校，进行合并、重组或对口支援，同时逐步扩大九年一贯制试点。部分完全中学的初中逐步实施“上脱下连”，适当扩大普通高中规模，办好一些纯高中，消除初中以下校际过大差别，从而有效地促进了九年义务教育办学水平和教育质量的普遍提高。

4. 认真做好招生体制改革及毕业生就业制度的改革。1996年北京高校本科专业招生全部实现并轨，专科部分实现并轨，为1997年高校招生全部实现并轨打下基础。在推行缴费上学的同时，大力完善奖、贷、勤、补、减等配套措施，提高了农林、师范等专业奖学金水平，保证了生活困难学生的正常学习条件，促进了学校稳定。进一步深化毕业生就业制度改革，积极培育高校毕业生就业市场。1996年5.5万名毕业生中有5.2万余人在双向选择的就业制度下落实了工作单位。高校毕业生就业逐步由在国家政策指导下供需见面、双向选择向在政策指导下的自主择业过渡。

（三）推动教育教学改革，努力提高教育质量

《中国教育改革和发展纲要》明确指出，中小学要由应试教育转向全面提高素质的轨道。高校也必须重视全面提高学生素质，培养出适应21世纪要求的人才。教育教学改革是实施素质教育的根本途径，而且素质教育的要求，必须从小学到大学都得到贯彻。

1. 基础教育以推进素质为重点，制定并实施《北京市基础教育实施全面素质教育的意见》和《北京市普通中学加强和改进教学管理工作的意见》以及《北京市中学教育工作指导意见》，改革教学内容、教学方法和教学管理。在高校中开始实施“面向21世纪的教学内容和课程结构体系改革”计划。去年在25所高校中投资192万元，确定了第一批高等教育教改项目88项。1996年起，着重深化课程设置和课程教材的改革，加强教学管理，加强重点学科、重点课程建设，加强基础教学并努力拓宽专业面。

2. 改革课堂教学方法，减轻学生课业负担。1996年研究制定了《关于加强中学教学管理工作的意见》等有关规定，进一步扩大推广马芯兰教学法等先进教学方法，表彰了二十二中孙维刚等先进典型。还抓了政治课、外语课的教学改革，推广张思中外语教学法，使学生在课堂上多角度感知和运用语言，从而提高了学生实际运用能力。为进一步推进教学方法改革，在全市开展了初级中学青年教师基本技能竞赛，同时推广现代技术在教学中的应用。在中小学积极开发教学软件，其中高中物理教材系列软件取得较好效果。通过抽样调查，采集了上万个数据，对进一步推进计算机教学提供了依据。

3. 加强教学计划和教学大纲的规范化建设。成人高校规范了教学计划的审批程序，继续组织编写了示范专业的课程教学大纲。成人中专完成了98门课程教学大纲的编审工作。高教组织了第二期教学工作合格评价交流研讨班，开展了北京地区普通高校教学成果奖评选工作。共评出市级奖291项，推荐国家级奖114项，其中国家一等奖17项。积极进行高等职业教育试点，在34所普通高校、6所大学郊区分校转向试办高等职业教育的基础上，通过“三改一补”，拓宽高职教育渠道，构建上下衔接左右沟通的职业教育体系，改革专业设置和课程设置，为社会培养大批高质量应用型人才。

4. 以全员德育意识、全方位德育格局、全过程德育管理为目标，深化德育改革。1996年采取措施继续推进高校“两课”改革和普教“两史一情”教育，利用课堂教学或课外讲座形式，深化爱国主义教育，并注重在实效性上下功夫。新建了一批青少年活动基地，广泛组织学生参加军训、社会实践及社会调研活动。加强文明校园建设，创造良好育人环境。高校文明校园建设经检查验收，已有37所获得了“文明校园”称号，中小学文明校园建设也制定了条件标准和评估办法，并已开始试点。同时开展了学习宣传《首都市民文明公约》和《首都市民文明守则》，争做现代文明北京人活动，广大师生精神面貌发生明显变化。

（四）推进“十大工程”建设，促进教育事业发展

为实现首都教育事业发展的宏伟目标，市政府在1994年全市教育工作会议上提出了实施教育“十大工程”建设。1996年我们坚持分项推进，安排专项资金1.6亿元，实现了年度阶段性目标。

首先是基础教育的“高标准基础教育工程”和“山区教育工程”。1996年我们花了相当多人力、物力，实现义务教育办法“5、4、1”目标（50%的学校办学条件达到基本标准，40%达到一般标准，10%达到较高标准）。加强基础薄弱校建设，市教委投入3000万元，加

上各区县投入的7400万元,共1亿多元,重点建设66所学校,建设项目153项。采取软件硬件相结合,软件先行,加强干部教师队伍建设。用签订责任书的形式明确了各级政府和部门的责任,学校建设有较大进展。“普及高中阶段教育工程”积极拓宽升学渠道,努力做好初中后分流工作,1996年升学率达到91%。各类教育都加强了“示范学校工程”的规划和建设,在设备配置、经费投入上给予保证,并成立了示范学校验收领导小组。“211工程”建设,在14所高校完成部门预审的基础上,1996年又有北京化工大学、北京外国语大学、北京中医药大学和北京工业大学、首都师范大学完成了部门预审和备案。高校“三重工程”有了新的进展,在调研和专家论证基础上落实了重点学科、重点课程和重点实验室的经费分配。高校“110工程”迈出了坚实的步伐。为加快工程进度,召开了北京高校面向首都经济建设研讨会;与市经委、市科委联合召开了企业难题招标和高校科技成果转让洽谈会。北京高校与企业签约96项,协议金额达1.1亿元。落实“110工程”项目7个,投资1000万元。北京大学校办产业试制的新药血脂康已投入批量生产,并列入中华医学会重点推广工程。

“成人教育培训工程”取得新的成绩。1996年共培训中高层紧缺人才15.3万人,有43.1万人参加转岗再就业培训,有36.1万乡镇企业职工参加岗位技能培训。为推动计算机和外语的培训工作,召开了“首都推进计算机和外语培训大会”,开办了计算机培训班,市委、市政府领导带头参加,在社会上产生强烈反响。目前全市计算机培训点发展到131个,考试点96个,参加计算机等级考试的达4.3万人。

“职业教育工程”,努力扩大规模办学,改善办学条件。到1996年全市建成中等职业学校434所,在校生达到28万人。全市共有重点职业学校61所,其中国家级重点校18所。1996年市教委投入900万元用于骨干示范校建设,深化教育教学改革,办学模式从原来的封闭、单一、学科型转变为开放、复合、职业型,开始走向多样化。中等职业学校普遍实行了校长负责制、教育目标责任制,学校增强了新的生机活力。高等职业教育有了初步发展。

“教师队伍建设工程”全面推进。全市中小学校长继续教育100学时计算机培训去年底全部结束,为提高小学教师学历层次,开设的“高等教育自学考试小学教育专业”1996年正式开考,采取“宽进严出,累计学分,优秀优先,学成有奖”的原则进行培训。全市有2万余名小学教师参加自学高考辅导班。还组织重点中学、中等师范学校、进修学校1000余名教师参加12个学科的硕士研究生主要课程学习。

(五)加强精神文明建设,解决社会关注问题

贯彻十四届六中全会精神,加强精神文明建设,教育系统担负着重要责任。随着教育改革的深化和教育事业的发展,加强精神文明建设,要特别注重解决社会关心的问题和为群众办实事,树立教育良好形象。

1. 采取有力措施,综合治理“择校生高收费”。年初提出了“标本兼治,重在治本,从严治标,综合治理”的基本思路,制定了择校生缴纳教育补偿金的标准和管理办法。实行“三限”,明确收费标准,严格交费手续,规范使用范围,同时严格制止和查处各种违章收费。截止9月底,共清退择校生高收费1800多万元,对违章单位进行了通报批评,严肃处理了责任人。由于态度坚决,措施得力,“择校生高收费”得到基本遏制。

2. 加大基础薄弱校建设力度。1996年建立了市委、市政府、市人大、市政协领导联系基础薄弱校制度;市政府与区县政府、市教委与区县教委(教育局)签订了改变基础薄弱校责任书;市、区分别制定了加强基础薄弱校建设的三年规划和年度工作目标;加强了学校管理;加大了学校建设资金的投入。1996年全市投入资金超过了前3年经费投入的总和,促进了学校办学整体水平的提高。

3. 贯彻《教师法》,加快教职工住房建设。1996年全市共完成基建投资3.1亿元。高校教师住宅小区——“育新花园”32万平方米建筑基本竣工,部分教师开始入住;“静淑苑”8万平方米建筑在加紧建设,“育新花园”二期和“望京小区”教师住宅共40万平方米建筑做了大量的前期准备,今春将全部开工;普教和成教教师住宅建设累计完成43万平方米。有效的缓解了教职工住房困难。在房改售房中还制定了对教师购房实行优惠的政策。

4. 拨出专款抢修危房。1996年市教委拨出专款319万元,完成了中小学34534平方米的危房抢修任务,保证了一部分危旧校舍的安全使用。同时,为改善边远山区中小学的教学条件,还拨出专款1000万元,限期在1996年入冬前为7个山区的26所小学和53所中学安装了土暖气,使山区寄宿制学校基本告别了多年使用煤炉取暖的历史,改善了办学条件。

5. 综合整治高校周边治安秩序。一个时期以来,高校一些校园内商业摊点成群,周边秩序混乱,不仅影响学校正常教学秩序,还引发一些社会矛盾,成为高校师生及社会关注的热点问题。今年4月全国开展“严打”以来,北京高校开展了校园周边治安秩序和环境的治理。在半年多的时间里,高校清理整顿各类治安重点问题91个,配合公安部门破获刑事案件127起,抓获犯罪嫌疑人179人,查处治安案件419起,违法人员697人,清理整顿校内外集贸市场35个,拆除违章建筑802间。经过治理,北京高校周边地区及校园治安秩序有了明显好转。

（六）加强对外交流，扩大合作办学

教委成立以来，十分重视对外交流与合作工作。10月份成立了高校对外交流委员会并召开了第一次会议，总结研究了对外交流工作的成绩和问题。明确了对外交流工作的方向。在调查研究的基础上，编制了《“九五”期间聘请外国专家规划》，制定了《关于与境外合作办学审批办法》、《中外教育合作项目的管理意见》、《机关人员因公出国赴港澳台管理办法》等规章，对外交流工作走上了规范化的轨道。

1996年教育系统向35个国家和地区派出考察人员769人次，办理赴港澳台团体40个，共155人次参加了各种学习交流和项目洽谈；接待境外来访833人次。通过学习交流，我们已与世界上40多个国家和地区的200多所学校建立了联系，进行了审批聘请外国专家资格学校和招收外国留学生的工作。1996年度审核中外合作办学10所，审核与台湾合作办学3所，完成了13个项目交流。这些对推动北京教育事业的改革与发展发挥了积极作用。

（七）加强机关建设，转变行政职能

委党组坚持把加强机关建设作为完成各项任务的重要保证。市教委一成立，委党组坚持把组织建设放在首位。4月份选举建立了委机关各级党组织，调整健全了委直属单位的党组织并召开了中共北京市教育委员会第一届党代会，建立了工会，共青团基层组织。根据市委、市政府的统一部署，开展了机关职位分类工作，确定职位，明确职责，为机关向公务员过渡做了基础性工作。

加强思想建设，开展“三讲”、“三基”、“三观”教育。坚持讲学习、讲政治、讲正气；学习基本理论、基本路线和基本方针；坚持对干部进行世界观、人生观、价值观的教育；树立大教育意识，现代化意识，首都意识和服务意识，开展学习孔繁森、李润五及李素丽等活动，还利用多种形式宣传机关内部的典型人物和先进事迹，教育全体干部职工立足本职，胸怀全局，振奋精神，开拓进取，创一流业绩，为全面实现北京市教育事业的现代化目标努力工作。

转变机关职能，加强宏观管理。为保证机关有序运转，先后制定了北京市教育委员会机关各项工作制度，编制了《北京市教育委员会机关工作手册》等，尤其加强了教育法规建设，拟定了指导各级各类教育发展的政策规章，进一步规范了各种办学行为。委机关内部逐步理顺工作职责和任务分工，并在实践中注重摸索和总结宏观管理的经验，逐步学会运用立法、政策、规划、信息、评估和必要的行政手段促进北京市各级各类教育事业的协调发展。

对委直属单位进行了机构调整、撤销、合并工作，使教委归口管理及直属的事业单位由原来的68个减少到目前的32个。同时筹建成立了北京市普通高校工作咨询委员会；北京市学位委员会；北京市研究生教育学会及各类教育评价机构。实行政事分开，通过咨询、检查、评估、指导工作来推动教育发展，同时为行政决策提供科学依据。

回顾一年的工作，北京市教育事业取得不少成绩，但仍存在一些需要研究解决的问题。目前存在的主要问题，一是适应经济建设两个根本转变，教育要落实“两个重要转变”从认识到措施都还不够，要进一步加大管理改革力度，深化教育教学改革，提高办学质量和效益；二是市教委要进一步转变职能，提高水平，加强宏观调控和统筹管理，促进各级各类教育协调发展；三是对社会关注的一些热点问题，还需要下大力气抓好，如“择校生高收费”问题，虽得到基本遏制，要从根本上解决还需进一步努力。教育系统的精神文明建设需要大力加强。

二、做好1997年教育工作的几点意见

正确认识1997年教育工作面临的形势，是我们制订今年工作计划的出发点。当前，北京教育发展遇到的困难，一是教育规模与经费短缺的矛盾突出，二是教育客观条件和办学水平与社会对教育较高期望的差距；首都“两个中心”的地位更要求教育必须是高质量、高水平、高效益。三是现代化建设对各类人才的需求与现有教育结构、体制、模式的矛盾。旧有体制下条块分割，资源闲置的状况，限制了教育资源作用的充分发挥，应试教育倾向影响着素质教育的提高。面对当前的大规模城市建设和人口变化带来的影响，教育必须增强活力，改进自身，坚决实行总书记提出的“两个重要转变”，优化结构，改革体制，提高办学质量和效益，全面适应现代化建设提出的要求。1997年与1996年相比，预计高中毕业生增加0.85万人，初中毕业生增加3万人，而初中入学人数将减少1.6万人，小学入学人数将减少3.7万人。“双高峰”的上移大大增加了初中后和高中后两级分流的压力，而小学和初中新生的持续减少，再加上分布的变化，又给教育结构的调整、教育资源的流动提出新的课题。“教育的根本出路在改革”。北京要建设一流的教育必须深化改革，优化结构，市、区县两级领导必须认真搞好对各类教育的统筹协调，奋力开拓一个具有内在生机活力的新局面。

1997年教育工作指导思想是：

——坚持邓小平建设有中国特色社会主义理论和党的基本路线，全面贯彻党的十四届六中全会精神和党的教育方针，切实加强社会主义精神文明建设；

——坚持依法治教，妥善处理改革、发展、稳定的关系，深化改革，稳中求进，促进各类教育的协调发展；

——落实“两个重要转变”，优化教育结构，调整资源配置，认真实施《北京教育事业发展“九五”计划和2010年远景规划》，不断提高办学质量和效益，努力开创教育工作新局面，迎接香港回归和党的十五大的召开。

下面我想着重讲几点意见：

（一）继续深化改革，努力提高教育质量

面对21世纪北京教育事业要有一个较大的发展，必须继续贯彻《中国教育改革和发展纲要》，进一步深化教育体制改革和教育教学改革。

继续推进办学管理体制改革。要努力推进高等学校的共建、合作、合并等多种形式的办学体制改革，淡化单一行政隶属，做好地区总体规划，发挥资源优势，努力提高办学效益；鼓励社会参与办学，抓好“民办公助”试点，规范管理，逐步改变单一依靠财政拨款的体制，走出一条多渠道投资办学的路子；中小学结合办学体制改革，加强布局结构调整，在加强基础薄弱校建设的同时，对办学条件差、教育质量低的学校进行合并调整，扩大义务教育九年一贯制试点。充分利用好现有资源并努力扩大资源增量，为北京整个教育水平的提高创造有利条件。

进一步深化教育教学改革。1997年基础教育要重点抓好应试教育向全面素质教育转轨。首先各级干部和教育界内外思想和认识要统一到教育法规和“两全”（全面贯彻党的教育方针，全面提高教育质量）方针上来，不要把分数和升学率当成评价教育质量的唯一标准，要进一步加强和改进中、小学德育工作，加强学生个性特长、兴趣爱好、创造能力的培养；在学生思想道德素质、文化素质、身体素质和心理素质诸方面加强教学研究，总结课程、教材改革试点经验，加强教材建设。改革教学质量评价指标体系，推广先进教学方法和使用现代教学手段，调动学生自觉的积极性和创造性，使教师成为教学的主体、学生成为学习的主人。高等教育、成人教育、职业教育都要以课程体系改革为主攻方向，构筑面向21世纪的课程体系和教学计划，形成适应需要，各具特色的教学体系。

改革人事制度，加强教师队伍建设，造就一支数量适当，素质较高的师资队伍。这也是实施素质教育的关键。现在北京各级各类教育有专任教师18.6万人，中学师资不足，每年大约需补充近4000人，而小学超编6000人，近几年还有上升的趋势；同时在现有教师队伍中约有11.7%没有达到规定学历标准。从学校看，有的学校教师严重缺乏，有的人浮于事，但又没有形成人才流动的有效机制。上述问题不解决，将严重制约教育质量和办学效益的提高，也影响教师待遇的进一步改善。为此，要进一步深化以中小学人事和分配制度改革为重点的内部管理改革，依据教育事业的发展规模和在校学生的变化趋势对师资加强宏观调控；针对目前初中、高中处在入学高峰期教师紧缺和小学入学人数下降与教师超编的状况，采取合理定编，择优聘任，建立教师的合理流动机制；深化学校内部管理体制改革，把提高待遇与提高工作效率与质量紧密结合起来，以充分调动教师的积极性。

加强继续教育，提高干部、教师的业务水平。在进一步加强干部、教师学历教育，实现学历达标的同时，要加强岗位培训和教学研究，结合实际提高管理水平和教学水平，特别要加强骨干教师和学科带头人的培养。我们面临新老交替的高峰，老教师是我们的宝贵财富，要充分发挥他们的作用，通过以老带新、重点培养，教学技能竞赛、教学评优课等途径，促进中青年教师成长，逐步形成老中青相结合的学科带头人队伍。还要培养一批优秀校长、优秀班主任和优秀团队干部，他们是创建首都一流教育的基本依靠力量。

（二）优化结构，调整资源配置，提高北京教育的整体效益

北京作为首都，无论从城市性质和功能看，还是从经济与社会发展的需要看，都要求北京教育具有高质量、高水平、高效益。教育不仅要为经济建设服务，还要为满足人们的全面发展、广大群众文化素质的提高服务。为此，北京教育要走以内涵发展为主的道路，发挥内在潜力，增强自身效能。这就要求我们，要进一步优化结构，调整资源配置，进一步发挥教育的整体效益。

基础教育要结合全面推进素质教育，进行布局结构调整，逐步建立起相对稳定合理的基础教育结构。义务教育要取消重点学校，加强初中与小学的衔接，完全中学的初中逐步“上脱下连”，并且要有计划地建设一批九年一贯制学校。普通高中教育要适当扩大办学规模，1997年适当增加招生计划。继续发展中等职业教育，改进专业设置和课程设置以适应社会的实际需要。加强职高办学，合理规划各类比例，同时加强高中后教育，做好高中后分流工作。积极发展高等职业教育，使职业教育重心适当上移，从而为首都培养一批具有较高文化素质和职业技能的实用人才。发展高职途径，主要通过现有职业大学、高等专科、独立设置的成人高校改革办学模式、调整专业方向和培养目标来实现，特别鼓励大专办高职的探索，少数具备条件的国家级重点中专经批准可转制试办高职班作为必要的补充，即实行以改革为重点的“三改一补”。也鼓励某些具备条件的社会力量举办高等职业教育。

高等教育不仅要为首都培养更多的高质量、高层次人才，还要加快科研成果转化，为首都经济发展服务。优化高等教育结构的基本思路是，在层次结构方面，适度扩大大学本科教育，积极发展高等职业教育，改造大学专科教育，发挥培养人才的结构效益。现在北京普通高校在校生22.7万人，其中专科生3.5万人，

“九五”期间每年在京就业的研究生、本科生、专科生约为5万人。从社会需要看，应用型、技能型人才明显偏少。高等教育还要进一步解决好人才通向基层、急需和重点岗位的途径问题。发展高等职业教育，要重点抓好联合大学、海淀走读大学等院校和6所大学郊区分校开展高等职业教育的试点。在专业结构方面，专业设置要紧密结合社会需求，加强信息沟通，发挥计划的宏观调控作用，减少长线专业招生，增加短线专业招生，同时要拓宽专业面，改革专业目录，较大幅度地减少研究生和本科生的专业数量。新开设的高职专业，一开始就要注意从专业设置、课程教材建设到技能培养符合高职规格的要求，认真研究制定发展规划和实施方案。高等专科教育要改变本科“压缩饼干”式的办学模式，大部分专业要逐步改制为高等职业教育。要努力促进北京各类高层次人才培养与社会需求总体平衡，要使未来人才的思想面貌、知识结构、能力素质更好地适应面向21世纪的首都经济和社会发展的需要。

要加强统筹规划，合理调整资源配置。推动多种形式的“共建”，提倡校企、校社联合办学，鼓励教师互聘，创造条件支持教师根据需要合理流动。要采取切实措施促进学校间优势互补，资源共享，克服各种封闭、割裂、小而全的旧观念，充分发挥优化结构、融通资源，提高效益的作用，弥补教育经费不足，提高整体水平。

（三）落实“两个重要转变”，努力为经济建设和社会发展服务

《中共中央关于教育体制改革的决定》中明确要求，教育必须为社会主义建设服务，社会主义建设必须依靠教育；《中国教育改革和发展纲要》指出，必须把经济建设转到依靠科技进步和提高全体劳动者素质的轨道上来。江总书记1996年又提出了教育要实现“两个重要转变”。各级各类教育如何更好地为经济建设和社会发展服务，是摆在我们面前的一个重要任务。

高等教育作为教育的龙头，首先要研究如何把学校办成更加符合改革开放和社会主义市场经济需要的人才培养的基地，有的还应是科技成果基地，以更好适应我国实施科教兴国战略、可持续发展战略和转变经济增长方式的需要，在学科建设、专业设置、人才培养模式上进一步密切联系社会的实际需要。这不仅是社会发展的要求，也是学校自身发展和生存的需要。高校的科技发展必须面向经济建设主战场，加速科研成果的转化，尤其是要面向首都建设和发展的实际，许多高校已作出了显著的成绩，首都感谢他们。1997年要进一步加大高校与社会联系的力度，加强学校与企业联合，推动高校科技直接为经济建设服务。以推动“110工程”建设为契机，进一步组织高校科技人员深入大中型企业研究解决难题，今年再选20至30项优秀成果在北京转化实施。高校教师要走出校门，主动加强横向联系，从经济建设、社会发展、企业技术进步和市场需求中寻找课题，加强学科合作，联合攻关，争取获得较大成果。要积极探索加强学校与社会、企业联系的形式，建立一种有效的运行机制，走出一条密切产学研合作的新路，为促进经济建设和社会发展做出贡献。

基础教育由应试教育转向全面素质教育轨道，是时代赋予的历史责任。也是教育工作者应有的新的人才观，办好每一所学校是摆在我们面前的紧迫任务，必须消除校际间过大差距，年内实现改变32所基础薄弱校面貌的工作目标。全面启动远郊区县农村中学规范化建设，今后义务教育阶段不设重点校、重点班、快慢班，从根本上逐步消除义务教育阶段的择校现象。同时进一步统筹规划，抓好高中阶段教育，使基础教育真正引导学生“加强基础，拓宽知识，培养能力，全面发展”。

职业教育是规模最大的成材教育，与经济建设和社会发展联系最为紧密，职业学校的专业设置必须根据社会需求来确定，并及时调整，真正按需办学，按需施教，重视实践技能的培养，逐步建立起具有职业教育特色的课程体系和办学机制。要加强职业教育师资队伍建设，重视从企业聘任具有较扎实技术理论基础和丰富实践经验的专业技术人员任教。

北京的中等职业教育，已经具有相当的规模和较好的基础，今后要继续发展，但重点应该在质量和结构上。高等职业教育要本着统筹规划、合理布局、面向基层、办出特色、积极试点、逐步规范的原则来进行，防止一哄而起，保证健康、稳步、协调、持续地发展。

成人教育要以岗位培训和继续教育为重点，要分行业、分专业制定教学大纲，编写具有成人特点的教材，形成具有成人教育特色的学科专业结构和教学方法，要突出按需培养，克服成人教育中某些片面追求提高学历，不重视提高岗位技能和业务水平倾向。面对产业结构的调整，成人教育要担负起下岗、转岗人员的培训任务。今年要以提高择业技能、传授新技术、新知识为重点，继续动员全社会完成60万人的培训任务，继续推动中高层紧缺人才培训工作的开展，以提高管理人员和技术工人素质，实行持证（资格证书）上岗为重点，推进乡镇企业职工培训。

（四）加强思想道德建设，把学校办成社会主义精神文明建设的基地

党的十四届六中全会决议为全国加强社会主义精神文明建设指明了方向，教育系统要带头模范执行。教育系统精神文明建设指导思想是：以马克思列宁主义、毛泽东思想和邓小平建设有中国特色社会主义理论为指导，坚持党的基本路线和方针，加强思想道德建设和科学文化建设，坚决贯彻“科教兴国”战略，大力推进教育改革和发展，努力提高教育系统广大党员、干部和

全体师生的思想道德素质和科学文化素质，用科学的理论，正确的舆论和高尚的情操武装、引导、塑造青少年，培养德、智、体等方面全面发展的社会主义事业的建设者和接班人。充分发挥各级各类学校在社会主义精神文明建设中的作用，为把我国建设成为富强、民主、文明的社会主义现代化国家而努力。

当前教育系统要在认真学习好关于社会主义精神文明建设的决议的基础上，重视抓好下列工作：

1. 贯彻党的教育方针，坚持社会主义办学方向。社会主义国家性质决定各级各类学校都要把培养德、智、体全面发展的社会主义事业建设者和接班人作为根本任务，这是我们必须坚持的办学方向，任何时候都不能动摇。在经济体制转轨中，一些同志错误地把市场经济规律和原则泛化到教育领域中来，淡化政治，不问方向，是非常危险的。在扩大对外交流中，我们要吸收全人类的精神文明财富，但决不能不辨是非，不讲原则立场，盲目的趋从国外，统称“接轨”。首都的教育是我国的窗口，一定要坚持正确的办学方向，讲政治、讲学习、讲正气，办出具有中国特色的社会主义一流教育水平来。

2. 加强思想道德建设，提高广大干部、教师的职业道德水平。把师德教育作为教师和教育工作者思想道德建设的重点，切实加强教职工思想政治工作。各学校、各区县教育部门都要开展职业道德、职业责任、职业纪律和敬业精神教育，提倡爱岗敬业和“红烛”精神，身正为范，树立为人师表的良好风尚，维护教师的社会形象。坚决纠正少数中小学时有发生的体罚或变相体罚学生的错误做法。加强教师和教育工作者的行为规范，使学校各项工作都体现出教书育人，管理育人，服务育人，环境育人。今年要继续大力表彰和宣传教书育人的先进人物和先进事迹。

3. 加强德育工作，突出思想道德教育在素质教育中的重要地位，培养“四有”新人。要坚持理论联系实际，结合社会生活和学生思想实际，对学生加强思想道德教育，提高德育的实效性。中小学教育要以为人民服务为核心，以集体主义为原则，以“五爱”为基本要求，进行思想路线和道德品质教育。要总结“两课”试点经验，进一步提高“两课”效果。抓住香港回归和“七七”卢沟桥事变60周年等有利时机，深化爱国主义教育。对青少年进行“两史一情”教育，还要加强法制教育和养成教育，发挥班主任、少先队、共青团组织的作用，通过开展丰富多彩的活动陶冶学生的情操，提高他们的思想道德水平。

4. 开展争创文明校园活动，创造良好的育人环境。进一步提高学校管理水平，建立良好的教学秩序，进一步综合治理校园，完善校园设施，开辟学生活动场所，建设一个安定、整洁、文明、优美的校园环境，形成一种良好的教风、学风和校风，促使学生提高品质修养，养成文明守纪的行为习惯。

5. 继续抓好精神文明建设办实事工作。今年要继续采取有力措施，防止和遏制中小学“择校高收费”和“乱收费”。同时，要继续加强基础薄弱校建设。进一步完善各级领导联系基础薄弱校制度。除加大经费投入、改善办学条件外，更重要的是增加软件投入。要大力加强领导班子和教师队伍建设，启动内部活力，开拓变弱为强的多种途径，要重视宣传各区、各校的成功经验和先进典型。

加快教师住房建设。今年要完成中小学教师33万平方米住宅建设任务。高校教师住宅“育新花园”二期和“望京小区”共40万平方米的住宅建设，春天将全面动工，各区县、各学校都要注意重点解决人均5平方米以下困难户教职工的住房问题。同时，认真落实在房改中对教师的优惠购房政策。

加强教育基础设施建设，做好社会服务工作。制定具体措施，对新建居住区加强教育配套设施的规划、建设和管理。开展社区教育，在18个区县建立文明市民中心校并指导城区各街道和郊区乡、镇建立文明市民校。同时要组织全市成人高校、成人中专校及各民办学校对因产业结构调整和企业减员等原因下岗、待业人员进行转岗培训（10个点，培训5000人次以上），对来京务工、经商的青年开展业务培训（20个点，培训近1万人），并抓好都市外来儿童的义务教育试点。

1997年我们面临的任务十分繁重，做好今年工作对贯彻六中全会精神，加强精神文明建设，以及对完成“九五”计划都有着至关重要的意义。牛年将至，让我们发扬拓荒牛那种“不用扬鞭自奋蹄”的精神，在市委、市政府的领导下，把握全局，同心同德，再接再厉，开拓奋进，开创首都教育改革和发展的新局面，迎接香港回归和党的十五次全国代表大会的胜利召开。

（本文是徐锡安同志于1997年1月20日在北京市教育工作会议上的讲话）

中共北京市委组织部　中共北京市委教育工作委员会关于实施《中国共产党普通高等学校基层组织工作条例》的办法

关于转发市委组织部市委教育工委《关于实施〈中国共产党普通高等学校基层组织工作条例〉的办法》的通知

各高等院校党委：

为了认真执行《中国共产党普通高等学校基层组织工作条例》，全面加强北京高等院校党的建设和党的工作，经市委领导同意，现将市委组织部、市委教育工委《关于实施〈中国共产党普通高等学校基层组织工作条例〉的办法》转发给你们，请结合本校实际贯彻落实。

中共北京市委办公厅
1997年1月16日

总　则

第一条　根据《中国共产党普通高等学校基层组织工作条例》(以下简称《条例》)，结合北京高等学校的实际情况，制定本实施办法。

第二条　高等学校的党组织必须以马克思列宁主义、毛泽东思想和邓小平建设有中国特色社会主义理论为指导，全面贯彻执行党的基本路线和教育方针，加强党的自身建设，推进学校的改革发展和保持稳定，培养德、智、体等方面全面发展的社会主义事业的建设者和接班人，为社会主义现代化建设服务。

第三条　高等学校实行党委领导下的校长负责制。试行校长负责制的高等学校要适时地改为党委领导下的校长负责制。

学校党的委员会

第四条　高等学校党的委员会(简称党委)是学校的领导核心，统一领导学校工作，支持校长按照《中华人民共和国教育法》的规定积极主动、独立负责地开展工作。

第五条　党委由党员大会或党员代表大会选举产生，任期四年。党员人数较少的学校设党委委员5至9人；党员人数在500人以上的学校，党委委员人数可适当增加，一般不超过11人。规模比较大、党员人数在1000人以上的学校，经上级党组织批准，党委可设常务委员会(简称常委)。设常委的学校党委委员人数15至21人，常委委员人数5至9人。书记、副书记、常委委员由党委全体会议选举产生。选举结果报上级党组织批准。

党委每年至少召开一次党员大会，汇报工作，听取意见。设立常委的党委每学期至少召开一次党委全体会议，讨论、研究学校重要工作和党的建设中的重大问题。

第六条　党委的组成应有利于加强和改善党对学校的领导，除正、副书记外，应考虑有党员正副校长、党委主要部门负责人和工会、共青团负责人等参加。设立常委的学校，党员校行政主要领导一般应进常委会。党务干部在党委常委中一般应占1/2左右。要保证有一定数量的年轻干部，形成合理的年龄梯队和专业知识结构。

第七条　党委应本着精干、高效和有利于加强党的建设的原则设置工作机构。中等规模以上的学校设立办公室、组织部、宣传部、统战部、学生工作部、保卫部、武装部、老干部处等机构，配备必要的工作人员，包括配备一定数量的组织员。规模较小的学校一般应设立办公室、组织部、宣传部等机构，其他机构可适当合并，但工作必须有人分管。

党委应成立党校，并配备必要的工作人员。党校校长由党委书记兼任，主持党校日常工作的副校长按党委部门正职干部选配。

第八条　党委要认真履行《条例》规定的职责。

（一）学习、宣传和执行党的路线、方针、政策，坚持社会主义办学方向，依靠全校师生员工推进学校的改革发展和保持稳定，培养有理想、有道德、有文化、有纪律的社会主义事业的建设者和接班人。

（二）按照从严治党的方针，加强学校党组织的思想、组织、作风建设，发挥党的总支部的政治核心作用、党支部的战斗堡垒作用和党员的先锋模范作用。

1. 用马克思列宁主义、毛泽东思想和邓小平建设有中国特色社会主义理论教育和武装党员，进行党的基本路线和党的基本知识教育，引导党员坚定共产主义理想信念，努力掌握科学文化知识和专业技能，不断提高政治和业务素质。

2. 加强党的全心全意为人民服务的宗旨教育，坚持党的群众路线和群众观点，一切以人民利益为重，保持党组织、党员同人民群众的血肉联系。

3. 健全和严格党内生活制度。坚持党员领导干部的学习制度、过双重组织生活制度、同领导干部谈话制度和民主评议领导干部制度等。掌握和运用好批评与自我批评的武器，做好民主评议党员工作，大力表彰先进，妥善处置不合格党员，严格执行党的纪律。

4. 按照坚持标准、保证质量、改善结构、慎重发展的方针和有关规定，做好发展党员工作。制定发展党员工作规划和年度计划，加强对入党积极分子的教育、培养和考察工作的指导、检查，重点做好在大学生、研究生和青年教师中发展党员的工作。指导共青团组织做好推荐优秀团员做党的发展对象的工作。

（三）讨论决定学校改革和发展以及教学、科研、行政管理等工作中的重大问题。

1. 学校工作的重大问题主要是指：办学方针和指导思想、发展规划、年度工作计划、重大改革方案、重要规章制度、队伍建设、机构设置、专业调整、中层干部的任免和奖惩、年度财务预决算、大额度资金使用、国内外重要合作交流协议的审定、德育工作、学校基本建设规划、维护稳定、校园综合治理，以及其它涉及群众切身利益的重要问题等。

2. 要认真贯彻执行民主集中制的原则，重大问题必须经党委（常委）集体讨论决定。事先应充分调查研究，听取各方面意见，提出可供选择的方案。书记和校长要主动交换意见，统一认识。会上认真讨论，集思广益，做出决策。讨论中如有重大分歧，一般应暂缓做出决定，但不能久拖不决。对集体做出的决定，必须坚决贯彻执行。

（四）领导学校的思想政治工作和德育工作。

1. 对师生员工进行马克思列宁主义、毛泽东思想特别是邓小平建设有中国特色社会主义理论的教育，党的基本路线教育，爱国主义、集体主义和社会主义思想教育，中国近现代史、中共党史和国情教育，社会主义民主和法制教育，形势政策教育，中华民族优秀传统和革命传统教育，职业道德教育，国防和国家安全教育等。加强和改进德育工作，帮助青年学生树立正确的世界观和人生观，坚定走有中国特色社会主义道路的信念。

2. 坚持理论联系实际的原则，紧紧围绕学校的根本任务和中心工作，密切结合师生员工的思想实际，分别不同层次，采取多种方式进行思想政治工作。积极创造条件，注意结合专业，有计划地组织师生参加社会实践，引导他们自觉走与工农群众相结合的道路。

3. 建立校党委统一领导，党、政、工、团齐抓共管的思想政治工作格局和校长、行政系统为主实施的德育管理体制。校党委负责统一规划、组织协调和督促检查。

4. 建立一支以专职人员为骨干、专兼职干部相结合的又红又专的党务工作和思想政治工作队伍。专职党务工作人员和思想政治工作人员的配备一般占全校师生员工总数的1%左右；规模较小的学校，可视情况适当增加比例。要挑选高素质人员充实党务和思想政治工作队伍。党委要关心这支队伍的建设，做好培养教育工作，不断提高他们的思想政治素质和业务工作水平。要采取措施，解决他们的专业职务评聘和生活待遇等方面的问题。

（五）按照干部管理权限，负责干部的选拔、任免、教育、培养、考核和监督。

1. 对学校党政干部实行统一管理。按照干部队伍革命化、年轻化、知识化、专业化的方针和德才兼备的原则选拔任用干部，任人唯贤，注重工作实绩和群众公论。

2. 加强对干部的教育和培养，制定规划，落实措施。通过理论培训、岗位锻炼、社会实践、业务进修等环节，全面提高干部的素质，特别是思想政治素质。

3. 中层干部的任免，要经过民主推荐、民意测验，由党委组织部负责考察，征求纪委意见，经校党委（常委）集体讨论决定，按规定程序办理任免手续。中层行政干部的任免，在党委讨论前，应听取校行政领导的意见。

4. 对党政管理干部和校办产业及附设机构的干

部实行分类管理，加大干部岗位交流力度，实行干部任期制，做好中层干部的年终考核和届中考察等工作。

5. 加强后备干部队伍建设，协助上级干部主管部门做好校级后备干部工作。重视优秀年轻干部以及妇女干部、非中共党员干部的培养选拔。

6. 做好离退休老干部工作，认真落实党中央和北京市委关于离退休干部的方针、政策。

（六）领导学校的工会、共青团、学生会等群众组织和教职工代表大会。

1. 定期研究群众组织工作中的重要问题，支持他们依照国家法律和各自的章程独立自主地开展工作。

2. 支持教职工代表大会正确行使职权，在参与学校的民主管理和民主监督、维护教职工的合法权益等方面发挥作用。

（七）做好统一战线工作。对学校内民主党派的基层组织实行政治领导，支持他们按照各自的章程开展活动。

1. 教育党员增强统战意识，学习和了解党的统战理论、方针和政策。

2. 经常向民主党派和无党派人士通报情况，听取意见，发挥他们在学校工作中的参与和监督作用。

3. 帮助民主党派加强自身建设，提高民主党派成员的思想政治素质。

（八）加强对学校稳定工作的领导，维护校园教学、科研及生活秩序。

1. 防止和抵御境内外敌对势力的渗透破坏活动。教育干部和党员树立维护稳定的意识，提高政治警觉性。

2. 正确把握改革发展和稳定的关系，妥善处理涉及群众利益的各种矛盾。关注国内外重大事件对师生思想的影响，有针对性地开展思想政治教育。

3. 定期研究校园治安秩序状况，妥善处理各类不安定事端，加强校园治安秩序综合治理。

第九条 党委要制定和完善必要的工作制度，如党委工作制度、党政领导班子议事规则、重大问题请示报告制度以及领导干部联系基层单位和群众制度等，每年要检查一次制度的执行情况。

第十条 切实加强对党的建设和思想政治工作的投入，所需经费列入学校年度经费预决算。

党的纪律检查委员会

第十一条 高等学校党的纪律检查委员会（简称纪委），在校党委和上级纪委的双重领导下进行工作，发挥保护、惩处、教育、监督作用，为加强党的建设，促进学校的改革发展和保持稳定服务。

第十二条 纪委由党员大会或党员代表大会选举产生，任期四年。纪委委员的人数不多于同级党委委员的人数。党的总支委员会设纪律检查委员。

第十三条 纪委全体会议选举产生书记和副书记各1人，由同级党委通过后报上级党委和纪委批准。纪委书记应配备同级党委副书记一级的干部，并应为党委委员，设常委的应为党委常委。纪委副书记应是学校中层正职一级的干部。如党委副书记兼任纪委书记，主持日常工作的纪委副书记可列席党委或常委会。

第十四条 纪委设办公室，并配备专职纪检干部。根据纪检工作的需要，可设处、科级纪检员职务，纪检员是实职。纪委和监察处（室）可合署办公。

第十五条 纪委要认真履行《条例》规定的职责。

（一）维护党的章程和其它党内法规，对党员进行遵纪守法教育。

（二）检查党组织和党员贯彻执行党的路线、方针、政策和决议的情况。对党员特别是党员干部实行党章和国家法律规定范围内的有效监督。

（三）协助党委加强党风建设。深入实际调查研究，及时向校党委和上级纪委汇报党风、党纪和廉政建设状况，总结交流典型经验，与校行政配合，搞好勤政廉政建设。

（四）检查、处理党组织和党员违反党的章程和其它党内法规的案件，按照有关规定决定或取消对这些案件中党员的处分。凡涉及政纪的案件，应与有关行政部门配合查处。凡发现同级党委及其成员有违反党的纪律的情况，有权进行初步核实，并直接向上级纪委报告。

（五）受理党员的控告和申诉，保障党的章程规定的党员权利不受侵犯。

第十六条 纪委要加强纪检干部队伍的自身建设，不断提高纪检干部思想政治水平和业务工作能力。

系级单位党的组织

第十七条 系级单位党的总支部委员会（简称党总支）、党的委员会（简称系级党委）、直属党支部委员会是本单位的政治核心，对本单位的改革发展和稳定与行政共同负有重要责任。

第十八条 党员50人以上的系级单位成立党的总支部。党员不足50人的系级单位，成立直属党支部。如工作需要，党员在30人以上，经校党委批准，也可成立党的总支部。党员100人以上的系级单位，经校党委批准，可成立系级党委。党总支、系级党委、直属党支部委员会，均由党员大会选举产生，接受校党委的领导。系级党委任期四年，党总支和直属党支部委员会任期三年。党员在100人以下的党总支设委员5—7人；党员在100人以上的党总支（系级党委）设委员5—9

人；直属党支部委员会设委员3—5人。党总支（系级党委）设书记1人，副书记1—2人；直属党支部委员会设书记1人，必要时也可增设副书记1人。系级单位党员行政主要负责人，一般应参加系级党组织的委员会。委员分工应设组织、宣传、统战、纪检、青年、保卫等委员，委员人数不够时可以兼任。党总支（系级党委）设办公室，并配备党务干事。

书记和副书记应以主要精力和时间做好党务工作，并积极发挥全体委员的作用。

第十九条　党总支（系级党委、直属党支部委员会）要认真履行《条例》规定的职责。

（一）保证监督党和国家的方针、政策及学校的各项决定在本单位的贯彻执行。

（二）参与讨论和决定本单位教学、科研、行政管理工作中的重要事项，支持本单位行政负责人在其职权范围内独立负责地开展工作。

1. 书记、副书记参加系务会议，与系行政负责人共同讨论本单位行政工作中的重要问题，主要是：教学科研的年度计划和远期规划、专业设置和学科建设、师资队伍建设、重要改革措施、科技开发、专业技术职务评聘和工资调整、机构调整和人事安排、人员的奖惩、德育工作和毕业生就业方案等。共同贯彻落实学校党委和行政的决定。

2. 把保证监督作用贯穿到行政业务工作的全过程，定期召开委员会或党员大会，听取行政负责人报告工作，并提出意见和建议。

3. 书记与行政负责人要经常沟通情况，团结协作。在重要问题上如发生意见分歧，应及时协商解决，必要时可向校党委请示。

（三）加强党组织的思想、组织、作风建设，具体领导党支部的工作。

1. 根据校党委的统一要求和本单位的实际情况，制定党员教育的实施计划，做好党员教育工作。

2. 根据党支部的不同特点，有针对性地指导他们过好组织生活和开展各项活动。总结和推广先进党支部的经验，整顿后进党支部。

3. 严格党员管理。定期检查组织生活会及民主生活会的情况，并及时通报。表扬和宣传党员中的先进事迹，对不履行党员义务和违反党纪的党员进行教育、批评，直至按组织程序进行处分。重视对流动党员的管理。

4. 制定发展党员规划和年度计划，加强对申请入党积极分子的培养、教育和考察工作。根据授权做好新党员的审批和预备党员转正审批工作。

（四）领导本单位的思想政治工作。

1. 及时传达和贯彻党的路线、方针、政策和上级党委的指示、决定。根据校党委学习教育计划，结合本单位具体情况，安排并落实思想政治教育的具体内容。

2. 引导党支部把思想政治工作渗透到教学、科研等各项工作中去，发动党员带头做好教书育人、管理育人、服务育人工作。

3. 经常关心了解党员和群众的思想、工作和生活情况，帮助他们解决思想问题和实际困难，做他们的知心朋友。

（五）做好本单位干部的教育和管理工作。

1. 加强系级领导班子自身建设，对系级行政领导班子的配备，向校党委提出建议，并协助组织部进行考察。对教研室、研究室、实验室和办公室等行政领导干部的任免，要与行政负责人共同研究提名，在听取党支部和群众意见的基础上，由系务会议讨论决定，按规定程序办理。

2. 按照党委的统一要求，做好本单位后备干部的选拔和培养工作。

3. 参与讨论和决定本单位师生员工在出国、晋升、毕业生就业等方面的工作，并负责政治审查。

4. 做好系级党组织的党务干部、团总支书记、学生政治辅导员、班主任的配备和管理工作。

（六）领导本单位工会、共青团、学生会等群众组织，支持他们开展工作。

机关党总支（机关党委、机关直属党支部委员会）和校办产业党总支等参照上述规定，结合各自特点，履行自己的职责。

党支部

第二十条　党支部在系级党总支的直接领导下开展工作，在贯彻党的路线、方针、政策和完成本单位的各项任务中发挥战斗堡垒作用。

第二十一条　凡有正式党员3人以上的单位都应建立党支部。党员7人以上的党支部设立支部委员会（简称支委会）。支委会一般由3人组成，由党员大会选举产生。支委会设书记1人，由支委会选举产生。党员不足7人的党支部，不设支委会，由党员大会选举支部书记1人，必要时可增选副书记1人。支委会和不设支委会的支部书记、副书记报党总支批准，每届任期二年。

第二十二条　教师党支部一般按教研室或研究室设置；学生党支部按年级或系设置，党员人数较多的可按班设置；机关、后勤等部门的党支部一般按部门设置。正式党员不足3人的，可与业务相近的部门或单位联合成立党支部。

第二十三条　教师党支部书记同本单位行政负责人一样，是本单位的主要负责人。教师党支部书记一般应兼任行政领导职务，根据党支部规模及工作任务，兼任党支部书记的教师，做支部工作的时间应不少于整个工作量的三分之一，同教研室、研究室主任做行政工作一样计算工作量。他们的党务工作实绩应作为年终考核的重要内容，并与专业技术职务评聘、奖惩制度挂钩。

第二十四条 党支部要认真履行《条例》规定的职责。

（一）宣传、执行党的路线、方针、政策和上级党组织的决议，团结师生员工，保证教学、科研等各项任务的完成。

（二）加强对党员的教育、管理和监督，定期召开组织生活会，开展批评与自我批评。向党员布置做群众工作和其他工作任务，并检查执行情况。

1. 坚持两周一次的组织生活会制度，开好每季度一次的民主生活会，不断改进组织生活会的内容和方法，增强思想性和原则性。

2. 认真做好民主评议党员工作，开展“争优创先”活动，激励先进，促进后进党员的转化。

3. 按规定收缴党费，及时接转党员组织关系，对出国党员和流动党员加强教育和联系。

（三）培养教育入党积极分子，做好发展党员工作。制定年度培养、教育和发展党员计划。指定专人同入党积极分子联系，重点进行帮助。坚持定期考察、入党前进行教育培养、征求党内外群众意见等制度和做法，做到成熟一个发展一个，严格履行入党手续，确保新党员的质量。做好预备党员的教育、考察和转正工作。

（四）经常听取党员和群众的意见和建议，了解、分析师生员工的思想情况，有针对性地做好思想政治工作。

1. 制定并实施本单位党员和群众思想教育计划，坚持政治学习制度。

2. 及时分析、了解本单位师生员工的思想状况并做好工作，对先进模范事迹要及时表扬宣传，对不良现象要敢于批评教育。

3. 主动关心帮助解决教职工和学生的思想问题和实际困难，积极为青年教师和大学生的顺利成长创造条件。

（五）不同类型的党支部，还应根据自身特点履行其职责。

1. 教工党支部要支持本单位行政领导的工作，对本单位的工作提出意见和建议，党支部书记应经常与他们沟通情况，参加室务会议，并参与讨论决定本单位的重要问题。

2. 学生党支部要根据青年学生的特点，积极开展形式多样的活动，提高学生的思想政治觉悟。及时向有关部门和领导反映学生的意见、要求和建议，并协助学校做好思想工作。对学生中的错误言论和不良风气要敢于进行批评教育，团结带领广大学生刻苦学习、积极向上，努力维护学校的稳定。

3. 机关党支部要协助本单位行政负责人完成任务，改进工作，对包括行政负责人在内的党员进行监督。

4. 离退休人员党支部要加强对离退休人员的教育和管理，反映老同志的意见和建议，协调老同志与在职人员的关系，增进相互理解，支持现任领导做好工作，发挥老同志的优势，积极参与两个文明建设，为教育事业的改革和发展做出新的贡献。

5. 校办产业、公司党支部要保证党的各项经济政策、法规、制度在本单位的落实，做好本部门聘任人员中党员的教育、管理工作，做好群众思想政治工作，参与讨论决定本单位的重要问题，积极支持本单位负责人抓好生产、经营等工作，完成各项任务。

附 则

第二十五条 各高等学校党委要认真学习和贯彻《条例》，并以《条例》和本办法为依据，建立健全各项制度，制定具体落实措施。

第二十六条 对各高等学校贯彻执行《条例》和本办法的情况，每两、三年进行一次全面检查。

第二十七条 本办法由中共北京市委组织部负责解释。

第二十八条 本办法自下发之日起施行。

北京市特殊教育事业“九五”发展规划

关于转发北京市特殊教育事业“九五”发展规划的通知

各区、县政府，市政府各委、办、局，各市属机构：

市教委等部门制定的《北京市特殊教育事业“九五”发展规划》已经市政府原则同意，现转发给你们，请认真组织实施。

北京市人民政府办公厅

1997年5月14日

“八五”期间，本市认真实施《北京市特殊教育事业发展规划（1990—1995）》，取得了可喜的成绩。为使这一事业得到进一步发展，特制订《北京市特殊教育事业“九五”发展规划》。

一、指导思想

认真贯彻落实1996年全国特殊教育专题会议和1996年北京市第一次残疾人事业工作会议精神，坚持“巩固、发展、完善、提高”的方针，巩固残疾儿童、少年的九年义务教育，大力发展中等职业技术教育，积极、稳妥发展普通高中和高等教育，进一步完善特殊教育体系，不断提高教育质量和效益，使北京市的特殊教育事业达到全国一流水平。

二、主要目标

——到2000年，城镇地区80%以上的视力、听力言语、智力等残疾幼儿要接受2至3年的学前教育；农村地区残疾幼儿的学前教育也要有较大发展。

——到2000年，全市可以接受普通教育的残疾儿童、少年入学率要达到与其他儿童、少年同等水平；视力、听力言语、智力残疾儿童、少年的九年义务教育阶段入学率达到97%以上。

——“九五”期间，有条件的区（县）培智中心学校要对接受了九年义务教育的轻度智力残疾学生增加1至2年的职业技术培训；视力、听力言语残疾学生经过九年义务教育后，80%以上要接受中等职业技术教育或普通高中教育。

——“九五”期间，要进一步巩固和完善以随班就读和特教班为主体、以特殊教育学校为骨干的残疾儿童、少年教育格局。普遍推行残疾儿童、少年随班就读；在残疾儿童、少年相对集中的普通学校开办特殊教育班。1998年底以前，没有特殊教育学校的区、县要新建或改建成一所特殊教育学校。

——到2000年，从事特殊教育的所有小学教师和95%以上的中学教师要达到国家规定的学历标准，其中，50%以上的小学教师达到大学专科学历，特殊教育学校（班）的教师要接受系统的特殊教育专业理论和技术的培训；特殊教育学校（班）的教学仪器设备全部达到国家有关规定要求，其中40%的特殊教育学校的教学仪器设备达到国家规定规范化学校要求；办好3至5所高标准、高质量、具有特色的特殊教育示范学校。

三、主要措施

（一）进一步完善残疾人教育体系

1. 积极发展残疾幼儿的学前教育。普通幼儿教育机构和普通小学附设的学前班应招收学龄前残疾儿童随班就读，并根据需要开设学龄前残疾儿童班；特殊教育学校、儿童福利院开设学前班；鼓励社会团体和公民个人举办残疾儿童学前教育、康复训练机构；与家庭结合，开展残疾儿童的早期教育。

2. 大力巩固残疾儿童、少年九年义务教育入学率。远郊区县要继续坚持普及与提高相结合，以普及为重点的原则，使视力、听力言语和智力残疾儿童、少年入学率在现有基础上有较大提高。在巩固残疾儿童、少年九年义务教育的同时，解决好随班就读的智力残疾学生完成普通小学教育年限后的出路问题。其中，对轻度智力残疾小学毕业生要继续开展普通初中随班就读；对继续在普通初中学习有困难的，区（县）培智中心学校或区（县）特殊教育中心、普通学校附设特殊教育班要对他们进行九年义务教育阶段后几年的初级职业技术教育。

3. 大力发展中等职业技术教育，积极稳妥地发展残疾人普通高中班。要将盲、聋学校的职业中专和职业高中班纳入普通职业教育体系，并要适时调整专业设置，以适应社会主义现代化建设的需要。

4. 积极稳妥地发展残疾人高等教育和成人教育。要选择有条件的普通高等院校试办视力、听力言语和肢体残疾人的高等特殊教育班。对符合国家录取标准的残疾考生，应按有关规定准予进入普通高级中等以上学校学习。要积极创造条件开办残疾人职业培训基地，使可以就业的残疾人基本得到职业教育和培训；鼓励残疾人参加电大、业大、函授等形式的中等或高等教育学习。

（二）千方百计提高特殊教育质量

“九五”期间，全市特殊教育事业的发展要坚持巩固与提高相结合，以提高为重点的原则，在教育教学改革方面取得新的进展。全市各类特殊教育学校（班）的教育教学质量、管理水平要逐步达到国家和本市的要求；在贯彻国家教委制定的特殊教育学校课程计划基础上，针对残疾学生的身心特点和特殊的学习需要，进一步开展课程设置、教学内容、教学方法、教学手段等的探索与实践；在切实加强思想品德教育、文化科技教育和身心补偿教育的同时，将加强劳动技能教育和职业技术教育作为重点，并力争取得突破性进展；要继续进行对中重度智力残疾、孤独症、综合残疾儿童的教育训练实验及扩大推广工作；广泛开展残疾儿童、少年随班就读实验研究；推行盲和低视力、聋和重听、轻度弱智和中度弱智生的分类教学。

（三）加强学校和教师队伍建设

1. 在全市特殊教育学校教师中实行特殊教育师资任职资格制度。各教育行政部门应选派思想作风过硬、业务能力强的干部和教师从事特殊教育工作。特殊教育专业毕业的学生原则上应分配到特殊教育学校（班）任教。对调配到特殊教育学校（班）工作的普通学校教师及应届普通师范学校毕业生，实行“先培训、后上岗”制度。加强对从事特殊教育教师的培训，不断提高他们的政治、业务水平和从事特殊教育工作的能力。重视优秀教师的培养，特别是要重视中、青年优秀教师的培养。不断提高从事特殊教育工作的教师的待遇及社会地位。

2. 将北京特殊教育师资培训中心开办的特殊教育专业中等师范班纳入全市中等师范“三加二”（中师毕业以后进行大专学历的培养，取得大专文凭）体系；在首都师范大学成人教育学院开办在职教师的特殊教育专业大专班；将提高特殊教育教师的学历层次纳入“全市教师队伍建设工程”。

3. 进一步加强北京特殊教育师资培训中心的建设，充实该中心的培训力量，增加经费投入，充实特殊教育专业教学设备，使其在特殊教育师资的培养、培训以及教研、科研等方面发挥更大的作用。

4. 为适应随班就读工作的需要，在普通中等师范学校设特殊教育专业的选修课程。

（四）增加经费投入，进一步改善办学条件

1. 各区、县政府应将残疾儿童、少年义务教育事业费列入当地财政预算，并按“三个增长”的原则（政府教育财政拨款的增长应当高于财政经常性收入的增长；在校学生人数平均的教育费用逐步增长；教师工资和学生人均公用经费逐步增长）逐年增加教育经费；已征收的教育费附加以及新开征用于教育的税费中，应按一定比例用于残疾儿童、少年义务教育。

2. 在修订各类学校事业公用经费定额标准和学生助学金办法时，要对特殊教育学校（班）加大政策倾斜，在现行事业公用经费定额标准基础上，有较大幅度的提高。

3. 采取综合措施，从根本上改善北京市盲人学校的办学条件，提高办学质量。

4. “九五”期间，市政府继续设立特殊教育专项补助经费，补助经费随着事业的发展逐年要有所增加；各区、县政府也应设立特殊教育专项补助经费。

5. 市、区县社会福利有奖募捐委员会应从募捐的资金中拨出一部分用于特殊教育；鼓励社会各界资助特殊教育事业。

（五）深入开展特殊教育教研、科研工作

1. 全市要形成以北京特殊教育师资培训中心为龙头，以市学科中心为骨干，以区、县教研室或特殊教育学校为依托的特殊教育教研体系。为进一步加强特殊教育的科研工作，市教育科学研究院应有专业研究人员研究特殊教育，各区、县也应有专门负责特殊教育的科研人员；要充分发挥北京市特殊教育研究会的作用，广泛开展群众性的科学研究；充分利用在京科研院、所的优势，主动争取专家、学者的指导。

2. “九五”期间，推进特殊教育的改革，提高特殊教育质量，重点要抓好：劳动技能和职业技术教育；实施分类教学；对残疾学生进行健康心理素质和社会适应能力的培养，开展缺陷补偿工作；开展“全纳性教育”实验研究；逐步加强专用教学设备和现代化教学设备的配备和应用。

3. 特殊教育学校在做好本校工作的同时，要充分发挥在本区、县或划定范围内的教研、科研、师资短期培训的骨干示范作用，并对普通学校附设特教班以及残疾儿童、少年随班就读进行业务指导和咨询。

（六）坚持依法治教，进一步完善督导、评估制度

制订《北京市实施〈残疾人教育条例〉的办法》及其它相应的配套规章。市、区县教育督导部门在执法检查中，要将残疾儿童、少年九年义务教育的入学率、特殊教育学校办学质量等纳入督导检查的内容。对于在特殊教育工作中取得优异成绩的个人、单位，给予表扬、奖励。

（七）理顺关系，加强管理

各区、县政府要从本区、县实际出发，切实将特殊教育列入工作议事日程，将残疾儿童、少年的九年义务教育工作纳入"高标准基础教育工程"和本区、县经济、社会发展的总体规划，并采取措施予以落实。各级教育行政部门要定期研究特殊教育改革和发展问题，主动向同级残疾人工作协调机构报告特殊教育工作情况，帮助基层解决工作中的困难。为了加强对全市特殊教育工作的指导、协调和统筹，在不增设机构和编制数额的前提下，在市教委内设立特殊教育办公室。

北京市教育委员会
北京市计划委员会
北京市财政局
北京市人事局
北京市劳动局
北京市卫生局
北京市民政局
北京市残疾人联合会
1997年3月17日

北京市教育事业发展"九五"计划和2010年长远规划

关于印发北京市教育事业发展"九五"计划和2010年长远规划的通知

各区、县人民政府，市政府各委、办、局，各市属机构：

《北京市教育事业发展"九五"计划和2010年长远规划》已经市政府原则同意，现印发给你们，请认真贯彻执行。规划的实施由市教委负责，各有关部门要积极配合，确保各项任务的落实。

北京市人民政府办公厅
1997年6月23日

"八五"期间，本市教育事业取得了显著成绩，各级各类教育稳步发展，教育质量进一步提高，教育结构不断调整，教育教学改革继续深入，教师队伍建设取得突出成绩，教育投入有较大增加，办学条件明显改善，教育法制建设得到加强。本市教育事业在发展中，依然存在与社会主义市场经济建设的需要，与首都经济和社会发展的需要不相适应的问题。为贯彻《北京市国民经济和社会发展"九五"计划和2010年远景目标纲要》，全面发展本市教育事业，特制定《北京市教育事业发展"九五"计划和2010年长远规划》。

一、指导思想

教育是社会发展的战略问题，是百年大计，必须摆在优先发展的地位。本市教育事业的发展，要坚持走高质量、高水平、高效益的道路，努力实现教育的现代化；必须全面贯彻党的教育方针，坚持社会主义方向，正确处理改革、发展和稳定的关系；坚持以政府办学为主，鼓励社会各界力量办学，形成全社会支持教育、发展教育的格局。

本市教育事业发展的总体思路是：立足北京，面向全国，深化改革，优化结构，重在提高，争创一流。

二、发展目标

(一) 2010 年教育事业发展总目标

经过15年努力，本市要形成与首都经济和社会发展相适应，各类教育相互衔接、结构合理、协调发展的现代化教育体系；形成与社会主义市场经济体制相适应的教育体制和运行机制；全面提高教育质量，达到与首都地位相称的国内一流的教育水平，并接近发达国家的教育水平。

(二) 2000 年教育事业发展目标

1. 主要指标：

——3岁以上学前儿童入园率达到85%以上。

——保证有学习能力的儿童、少年全部接受九年义务教育，并进一步提高九年义务教育的标准和质量。

——高中阶段教育的普及率达到85%以上。其中，中等职业教育在校生数占高中阶段在校生总数的60%至70%。适当扩大普通高中规模，到2000年普通教育、职业教育招生比例调整为4∶6。

——本市18至21岁人口中，高等教育毛入学率达到35%左右。

——本市每10万人口中，有3300名在校大学生；1.5万人受过高等教育。

——本市户籍人口中新增劳动力平均受教育年限达到12年。

——岗位培训、继续教育和其它职业培训年平均达到300万人次。

2. 具体目标：

基础教育

——建立0至6岁学前教育体系。加强幼儿园标准化、规范化建设，全市一级一类幼儿园发展到100所，合格的农村乡（镇）中心幼儿园发展到150所。

——继续巩固九年义务教育的入学率。到“九五”末，本市小学在校生达到80万人，初中在校生达到53万人左右。按照《北京市中小学办学条件标准》，在办学条件的主要项目上，10%的中小学达到较高标准；40%的中小学达到一般标准；其余50%中小学保持基本标准。

——进一步调整普通高中布局，增加独立设置的普通高中学校，重点建设30所示范性普通高中。普通高中在校生达到15万人左右。

——加强民族教育，推进民族学校和幼儿园规范化建设。

——加强特殊教育，改善办学条件，适应残疾儿童、少年受教育的需要。

——加快由“应试教育”向素质教育转变。

职业教育

——建立职业教育与职业培训并举，高、中等职业教育衔接，职业教育与普通教育相互沟通、协调发展的职业教育体系。

——各类中等职业学校在校生总数达到25万左右，其中中专生9万人左右、职业高中生10万人左右、技工学校生6万人左右。

——重点建设100所骨干中等职业学校，其中40所达到国家级示范学校水平。

——调整中等职业学校的布局和专业设置，扩大中专学校、职业高中和技工学校的平均办学规模。

——积极发展高等职业教育，选择部分普通高校、独立设置的成人高校和少数国家级重点中等专业学校承担高等职业教育的任务，使高等职业教育在校生达到3万人左右。

高等教育

——全市高等教育的在校生达到40万人，其中普通高校本科生、专科生共21万人，研究生4万人（其中市属普通高校本专科生和研究生在校人数达到5万人），成人高校本专科生15万人。

——进一步加快市属高等院校布局和专业结构调整，形成本市高等教育的特点和优势。采取措施支持在京高校进入国家“211”工程建设。

——建设一批高水平的重点学科、重点课程和重点实验室。在京高校中国家级重点学科和重点实验室要全部通过国家的重新认定；省部级重点学科和实验室要有较大增加；支持建设50个市级重点学科和10个市级重点实验室。

——在统筹规划的基础上，对北京地区部分普通高校和独立设置的成人高校进行院校布局和专业结构调整。

——促进在京高校，特别是重点高校，在高层次人才培养与科技成果转化方面，向优势互补与联合的方向发展。

成人教育

——全市形成结构合理、功能齐全的成人教育网络。每年有35%的专业技术人员接受继续教育，并培训紧缺人才3万至4万人。

——建立并完善岗位资格证书制度，大力开展岗位技术培训，每年参加岗位培训的职工达到250万人次左右。

——重点建设一批示范性学校，其中包括6所独立设置的成人高校、20所成人中专学校、10所成人培训中心、30所乡镇成人学校。

——重点抓好30个大中型企业教育综合改革实验，初步建立起现代企业教育制度。

三、重点工作

(一) 调整教育结构

一是根据可持续发展的原则和提高全体市民素质的需要，调整各级各类教育之间的比例；二是根据国家和本市经济发展与产业结构调整的需要，调整普通高等学校、成人高等学校和中等职业学校的布局和专业结构;三是根据城市住宅小区建设发展,安排好社区内的学前教育、义务教育等学校布局。在总结试点经验的基础上，建设一批九年一贯制学校和独立设置的普通高中，加强教育资源统筹，提高教育综合效益。

(二) 提高教育质量

要把全面贯彻党的教育方针,深化教育教学改革,提高教育质量作为教育改革和发展的核心问题，下大力量抓紧抓好。各级各类学校要加强德育工作,坚持用马列主义、毛泽东思想和邓小平建设有中国特色社会主义理论教育学生,引导学生逐步树立正确的世界观、人生观和价值观；要结合不同阶段教育的特点和学生年龄实际,加强爱国主义、集体主义和社会主义教育及中小学生的文明行为养成教育，把学生培养成为有理想、有道德、有文化、有纪律的一代新人。

进一步端正教育思想,确立现代教育观念。基础教育要全面推进由应试教育向素质教育的转变，改革教学内容和教学方法,加强基本知识、基础理论和基本技能训练,着重培养学生分析问题和解决问题的能力。高等教育及其它专业教育要根据社会需要拓宽专业，提高适应性,注重实践环节的教学和训练,促进教育、科研、生产相结合。职业教育和成人教育要紧密结合经济建设和社会发展的实际，提高质量，办出特色。

要加强教育教学研究和教材建设，推广先进的教育改革经验,发展现代教育技术,带动全市整体教育水平的提高。

(三) 加强教师队伍建设

要努力促进教师队伍的政治思想素质、业务素质、职业道德修养和身体素质的全面提高。一是进一步提高各级各类学校教育的生师比，提高教师的人均授课时数,充分发挥老教师和中年教师的作用;二是抓紧做好青年教师特别是优秀青年骨干教师和学科(教学)带头人的选拔和培养工作;三是采取切实措施,加强薄弱学校师资队伍建设和边远山区教师队伍建设工作，努力改善教师的工作条件和生活待遇,稳定教师队伍。进一步加强学校干部、职工队伍建设,不断提高他们的政治业务素质和管理水平。

(四) 深化教育体制改革

中小学教育体制改革的重点是：继续完善分级办学分级管理体制,义务教育阶段以政府办学为主,同时注意发挥城市街道在办学中的作用，鼓励社会力量和个人按照国家法律、法规、政策参与办学,作为政府办学的补充。

高等教育体制改革的重点是：以“共建”和合作办学为主要形式,扩大学校投资渠道和服务范围,加强条块结合。在国家教委指导下，对北京地区普通高校、成人高校进行统筹规划，推动有条件的学校进行实体合并，实现资源共享、优势互补、提高整体办学水平和办学效益。

教育综合改革要做好以下工作：一是在区县政府统一领导下，成立由计划、财税、教育、科技、劳动、人事等部门参加的教育统筹协调机构,实行普通教育、职业教育、成人教育“三教统筹”,促进经济、科技、教育协调发展。二是继续抓好海淀区教育综合改革实验,进一步推动城市教育综合改革。三是积极探索与现代企业制度相适应的现代企业教育制度。

学校内部管理体制改革的重点是：深化学校内部人事、分配等制度改革,实行政府管理,学校面向社会自主办学，逐步形成自我发展、自我约束的运行机制,增强学校办学活力，同时进一步推动学校生活后勤工作社会化。

招生、收费和毕业生就业制度的改革主要是:进一步完善高等学校和中等职业学校奖学金、贷学金、助学金、减免学杂费和勤工俭学制度;全面实现公费生和自费生并轨，建立和完善除义务教育阶段外的学生缴费上学制度；逐步建立在国家宏观政策指导下的毕业生自主择业制度;稳步推进小学毕业生就近入学、初中毕业生升学考试和高中毕业会考制度的改革。

五、主要政策措施

(一) 落实教育优先发展的战略地位实行“六个优先”，坚持“五项制度”

“六个优先”是：在制订经济和社会发展长远规划和年度计划时,要优先考虑教育事业发展;在安排年度财政预算时,要优先保证教育投入;在规划城市建设和制订年度基本建设计划时,要优先考虑学校建设布局、学校用地,保证学校的基本建设;在开发重点工程和高新科技产业时，要优先做好人才准备，保证培训经费；在配备干部时，要优先为教育工作选配德才兼备的干部;在改善职工住房、福利和医疗等方面待遇时,要优先保证教师待遇。

“五项制度”是：学习教育理论制度；研究教育工作的会议制度;领导干部联系学校制度;为教育办实事制度；评议考核教育政绩的制度。

(二) 实施“十大教育工程”

为实现本市教育事业发展目标,要抓住重点,集中必要的人力、物力、财力，组织实施“十大教育工程”,以此推动教育改革与发展，促进教育质量和办学效益的提高。

“十大教育工程”是：高标准基础教育工程、山区教育工程、普及高中阶段教育工程、职业教育工程、成人培训工程、高校“三重”工程、“110”工程、示范学校工程、教师队伍建设工程和教育综合改革实验工程。

(三) 增加教育投入

一是逐步提高财政性教育经费支出在国内生产总值中所占的比例。二是教育经费要做到三个增长，即各级政府教育财政拨款的增长高于财政经常性收入的增长；生均教育经费逐年增长；教师工资性收入和学生生均公用教育经费逐步增长。三是收好、用好城乡教育费附加、地方社会事业建设费，扩大教育经费来源渠道。依照法律，企业要保证对本单位职工和准备录用人员进行职业教育的费用，并保证按工资总额的1.5%提取和使用职工教育经常费用。积极发展校办产业，不断增加对教育经费的补充。适时调整义务教育学生杂费标准、非义务教育学生学杂费标准。积极争取国内外各界人士捐资助学，使市、区县人民教育基金有较大幅度增加。

要继续贯彻《教育法》和《预算法》，各级人民政府的教育经费支出，按照事权和财权相统一的原则，在财政预算中单独列项。教育部门要适应“两个根本性转变”的要求，优化资源配置，提高资源使用的效益。要加强教育经费的使用管理，严格遵守审批程序。坚持艰苦奋斗，勤俭办学的方针，建立健全财务制度，加强财务审计和监督。

（四）改善办学条件

“九五”期间，市、区县政府及有关部门计划建设各类学校教学用房100万平方米。其中，中小学50万平方米，职业学校25万平方米，市属高校20万平方米，成人学校5万平方米。积极抓好新建住宅小区配套校舍的建设，从规划、设计、施工、验收到使用，都要严格执行市政府有关规定，不准缩减配套校舍的占地面积和建筑面积，校舍建成后不准挪做它用。

“九五”期间，市属教育系统要新建100万平方米的教职工住宅，北京高校教职工住宅建设50万平方米。规划建设育新花园、望京小区、园丁小区等几个教职工住宅小区。

基础教育要积极推进学校标准化建设，要特别重视解决教具、实验设备、图书资料短缺问题。高等学校和中等职业学校要加强实验室、实验基地、实习场所和图书馆建设，充实仪器和文献资料。要加强校际合作，实行资源共享，提高使用效益。要加强计算机教学，逐步实现教学手段现代化。

要建立教育管理系统的计算机网络，充分运用现代科学技术手段提高管理水平。加强教育改革和发展的服务体系的建设。

（五）建立健全教育法规体系坚持依法治教

认真实施国家颁布的《教育法》、《教师法》、《义务教育法》、《职业教育法》等法律、法规。结合本市实际，制定实施国家教育法律、法规的具体办法，出台一批地方教育法规、行政规章和配套的规范性文件，形成较完备的教育法规体系的基本框架。加强教育执法队伍的建设，认真组织教育执法和执法监督检查工作，依法保证教育事业优先和健康发展。

（六）加强教育科研，教育督导、评估和国际教育交流合作

加强教育科学研究院所的建设，深入开展教育科学研究，特别是教育理论和改革实验研究，为各级领导决策提供科学分析，为学校教育教学的改革和发展服务。

充分发挥市、区县政府教育督导室的作用，加强对下级政府及其教育行政部门和中小学、中等职业学校、成人学校教育的督导检查。

逐步建立健全对各级各类学校教育质量的评估制度。

进一步扩大对外开放，加强国际教育交流与合作，吸收和借鉴世界各国发展和管理教育的成功经验。认真抓好中外合作办学和汉语教学。

为了保证《北京市教育事业发展“九五”计划和2010年长远规划》的顺利实施，各地区、各部门、各高等院校要制订本地区、本部门、本学校的教育事业发展计划，把各项教育事业发展任务分解落实。教育行政部门和教育科研部门，要对《规划》实施中的重大问题进行跟踪研究，及时提出对策和建议，供领导决策参考。建立规划实施进展情况监测制度，各级教育行政部门都要依据规划目标提出的监测指标体系，并按年度向市及区县政府提交监测报告。

北京市十大教育工程实施意见

关于同意北京市十大教育工程实施意见的通知

市教委：

你委《关于北京市十大教育工程实施意见》已经市政府原则同意，请认真组织实施。各有关部门要积极支持配合教育部门，确保各项教育工程的进度和质量。

北京市人民政府办公厅

1997年6月28日

为了加快北京教育现代化进程，增强教育的综合实力，更好地为北京经济和社会发展服务，根据1994年市教育工作会议精神，特提出十大教育工程实施意见。

（一）

1. 工程名称：高标准基础教育工程。

2. 目标：高标准实施九年义务教育，教育质量和办学条件居全国领先地位。

3. 主要内容：

(1)使具有学习能力的儿童、少年全部入学，完成九年义务教育。

(2)深化教育教学改革，促进“应试教育”向素质教育转变，建立中小学素质教育运行机制，全面提高中小学生的思想道德水平、文化科学知识水平、劳动技能和身体心理素质。

(3)全市中小学的校舍、教学设备、教学仪器、图书资料等在均能达到本市规定的基本标准的基础上，在办学条件的主要项目上，使其中40%的中、小学达到本市规定的一般标准，10%的中、小学达到较高标准。

(4)改变基础薄弱校面貌，办好每一所中小学，提高义务教育整体水平。

4. 主要措施：

(1) 1996年制定《北京市中小学进一步加强素质教育的意见》，1997年制定《北京市中小学素质教育目标管理及评价办法》，加强目标管理，建立评价机制，推进中小学素质教育。

(2)加强课程教材建设，加快初中入学办法、中考制度等项改革，有计划、有目的地推广一批教育教学改革经验。

(3)“八五”期间，我市中小学办学条件已有20%达到《一般标准》，2%达到《较高标准》。在此基础上，“九五”期间每年使达到《一般标准》和《较高标准》的中小学都分别提高5.6个和1.6个百分点。农村千所完小在5年期间有50%达到基本标准，50%达到一般标准。

(4)到1998年，使105所基础薄弱初中改变面貌。

（二）

1. 工程名称：山区教育工程。

2. 目标：配合山区“四四”攻坚计划，加快改善山区学校的办学条件，保证九年义务教育的实施和各项教育事业的发展，努力提高山区基础教育质量和办学效益，大力发展职业教育和成人教育，更好地为本地区经济和社会发展服务。

3. 主要内容：

(1)完成山区中小学合理布局，建设好山区寄宿制中小学，使山区每一所寄宿制中小学达到设备完善、管理规范。

(2)山区全部中小学办学条件达到《北京市中小学办学条件标准》中规定的基本标准。乡镇中学和中心小学办学条件比现在有较大改善。

(3)山区中小学校长、教师的学历全部达到合格标准，培养一批相对稳定的区县级教学骨干。

(4) 教育质量达到高标准普及九年义务教育的要求，接受高中阶段教育的学生占初中毕业生的80%以上。

(5)初步形成普及山区幼儿教育的格局。幼儿园园长和教师经过岗位培训，持证上岗。中心幼儿园教师专业合格率达到80%以上。到2000年，乡镇中心幼儿园办园条件达到市颁基本标准，其他园（班）均要通过合格验收。

(6) 积极发展适合山区特点的职业教育和成人教育。进一步改善山区乡校的办学条件，提高办学水平。

4. 主要措施：

(1)建立区县财政直接给山区学校拨款的机制。市财政给54个贫困山区乡镇的学校必要的经费支持。

(2)中小学校长的学历全部达到合格标准，中小学教师的学历分别有85%和95%达到合格标准，中心幼儿园教师专业合格率达到80%以上。对进山教师实施特殊津贴制度，依法解决一批山区代课教师同工同酬、医疗保险等问题，稳定山区教师队伍，提高山区中小学教育质量。

(3)制定山区寄宿制中小学学生助学金补助标准，落实补助经费和办法，保证山区中小学学生接受九年义务教育。

(4) 制订山区寄宿制中小学管理办法，规范管理，提高质量。

（三）

1. 工程名称：普及高中阶段教育工程。

2. 目标：到2000年基本普及高中阶段教育，初中毕业生升学率达到85%以上，适当扩大普通高中规模，积极发展高中阶段职业教育。

3. 主要内容：

(1) 到本世纪末，全市初中毕业生升学率达到85%以上，其中，城镇地区应在90%以上，农村地区在80%以上。

(2) 高中阶段教育在校生规模达到40万人。

(3) 各类中等职业学校在校生占整个高中阶段在校生的比重达到60%左右。

4. 主要措施：

(1)成立北京市普及高中阶段教育领导小组，组织协调教育、计划、人事、劳动、规划、城建等有关部门的工作。在教育内部，市教委的计划、装备、师资、基教、职教、成教等有关处室要共同努力完成任务，市、区（县）两级政府及其有关部门应承担各自的职责。

(2)根据社会经济发展和人才需求情况，制定好高中阶段各类教育事业发展规划、办学条件装备计划、充实师资计划、招生计划等，各区县据此研究、修订本区县的实施计划。

(3)坚持走以内涵为主的发展道路，通过不断调整中等教育结构、学校布局、深化办学体制、办学模式、教育教学、考试收费制度等方面的改革，扩大高中阶段各类学校的规模效益，提高教育质量。

(4) 加大高中阶段各类教育的投资力度，适当新建、改建一批普通高中和中等职业学校，使高中阶段各类学校从整体上具备普及高中阶段教育所需的条件。

（四）

1. 工程名称：职业教育工程。

2. 目标：建立适应首都经济和社会发展需要的职业教育体系的基本框架，进一步完善职业教育制度；重点建好100所中等职业学校；提高职业教育发展层次和水平，积极发展高等职业教育。

3. 主要内容：

(1) “九五”期间，中等职业学校年招生8万人（中专2.2万人，职高3.8万人，技校2万人），在校生24万人（中专9万人，职高10万人，技校5万人）。

(2)重点建好100所中等职业学校（中专30所、职高30所、技校20所、成人中专学校20所），办学条件达到省级重点校标准，培养能力占全市70%以上。

(3) 远郊区县各建成2～3所多功能、大容量的职教中心校（必须有一所达到国家级重点职业高中校标准），实行三教统筹，经科教结合。

(4) 在中等职业学校实行“双证”制度，在农村推行“三色证书”制度。

(5) 积极发展高等职业教育，年招生10000人左右，在校生规模30000人，有计划地将现有部分普通高校和独立设置的成人高校逐步改造成为高等职业学校，同时在部分国家重点中专举办高职班。

4. 主要措施：

(1) 深化职业教育办学体制和学校内部管理体制改革，扩大学校办学自主权，提高办学质量和办学效益。

(2) 多渠道筹措办学经费，切实改善办学条件。其中包括：财政性投入逐年增长；开征职业教育费附加；按生均教育培养成本的一定比例收取学费；加强实习场地建设。

（五）

1. 工程名称：成人教育培训工程。

2. 目标：以紧缺人才培训、转岗人员培训和乡镇企业职工培训为重点带动成人教育改革和发展，力争用3～4年时间培训出一批中高层次应用型、开放型复合人才。进一步完善自学考试制度。继续巩固和提高扫盲成果。

3. 主要内容：

(1)中高层次紧缺人才培训。建立北京市成人教育培训中心和10个行业与地区相结合的高层次紧缺人才培训中心，逐步建成复合型、外向型紧缺人才培训基地。

(2) 转岗人员培训。到2000年对全市50%以上的转岗人员进行职业道德、文化和专业知识、工作能力及操作技能的培训，提高其择业和竞争上岗的能力。全面开展对跨行业、跨产业、跨岗位职工的转岗、转业培训。逐步实行先培训后上岗、先培训后转岗的培训制度。努力建设一支具有较高文化素质和操作技能的职工队伍。

(3) 乡镇企业职工培训。充分利用区（县）乡村三级办学网络，实施乡镇企业职工培训，同时重点办好一批高质量高水平的能起骨干示范作用的乡镇成人学校。

4. 主要措施：

(1)鼓励支持行业投资，建设好9个高层次紧缺人才培训中心，市教委重点投资建设好北京市成人教育培训中心和北京市外语高级人才培训中心。

(2) 充分利用在京中央部委所属高等学校的师资和办学条件，与本市10个培训中心相结合，为本市各行业、各区县培训一批硕士研究生以上的高层次的跨世纪紧缺管理人才。

(3)建立全市成人教育培训咨询服务系统，为成人教育培训工程的实施和培训网络的建设提供必要的中介服务。

(4)建立专家评估机构，对本工程中的各项工作进展和成果进行评估。

(5) 根据工程的进展情况和工程的完成情况给予行业和区县一定的奖励性扶持。

（六）

1. 工程名称：高校“三重工程”。

2. 目标：在高等学校建设一批高水平的重点学科、重点课程和重点实验室，以带动高等教育质量、科研水平和技术装备水平的提高。

3. 主要内容：

(1)到2000年争取国家级重点学科和国家级重点实验室，通过国家重新认定。

(2) 重点建设北京市级重点学科50个左右，市级重点实验室10个，省部级重点实验室的数量比目前有较大增加，部分达到国家级水平。

(3)全面推进高等学校面向21世纪适应和满足北京及全国经济建设和社会发展需要的教育教学改革试点，形成面向21世纪的教学内容、课程体系的基本框架，使面向21世纪的教材覆盖面达到30%～50%，其中公共基础课、技术（专业）基础课和部分重点学科（专业）的主干课达到80%以上。

(4) 市属高校生均教学仪器设备值全部达到国家规定标准；生均设备费由1995年的0.55万元上升到1万元；计算机拥有量达到20台/百名学生。

(5) 北京地区高校科研经费达到每年9亿～10亿元，其中市属高校达到每年0.6亿～0.7亿元。

4. 主要措施：

(1) 深入调查研究，对重点学科、重点课程、重点实验室进行统筹规划和重点建设。

(2) 加强高校“三重工程”的管理工作，严格执行《北京市普通高等学校学科建设与管理办法》和《北京市普通高等学校教育教学改革试点项目管理办法》，使有限的经费发挥最大的效益。

(3) 采取项目立项的办法实施“三重工程”，统一规划、逐项论证、逐项申报、分批实施。其中重点课程建设以教改立项方式实施。

(4) 高校“三重工程”建设以市属高校为主，对于与北京市共建的部委高校及其他高校按项目共建的方式给予适当的支持。

（七）

1. 工程名称：北京普通高校“110工程”。

2. 目标：到本世纪末，以技术水平高、经济效益显著，具有国内市场前景并符合北京市经济建设和社会发展需要为标准，选择北京地区高等学校100项科技成果，在北京市推广应用，或实施产业化。组织高等学校参加北京市10项重大技术改造项目。发挥北京地区高等学校的科技优势，为北京市经济建设和社会发展服务。

3. 主要内容：

(1) 按年度分解“110工程”任务指标，逐年落实，加强科技成果的转化。

(2) 根据“110工程”实施意见和管理办法，滚动实施，增加宣传，扩大影响。

(3) 探索高等学校科技和市场经济紧密结合的运行机制，推进转化进程。

4. 主要措施：

(1) 成立由市领导，市教委、市经委、市科委、市计委、市财政局等有关部门领导组成的领导小组，指导工作。设立“110工程”办公室，由市教委牵头，上述委、局相关处室领导参加，负责具体工作的管理、协调及落实工作。

(2)设立北京市高等学校科技开发周转金。在"九五"期间，市财政每年投入1000万元用于滚动支持"110工程"项目的实施。

(3)抓高校科技与经济在源头的结合。在高校科研计划工作中,对应用型和技术开发型科研课题的选题，要充分考虑研究成果应符合经济建设及社会发展的需求。

(4)开展校企之间的多种联系活动,促进高校科技与经济的紧密结合，促进高校科研成果的转化。

(5) 组织研讨高校科研成果转化的机制与有效途径。

(6)与市经委、科委共同合作，互通信息，互相支持。

(7) 跟踪项目落实情况，总结经验，表彰先进。

（八）

1. 工程名称：示范学校工程。

2. 目标：各级各类教育都要建设一批质量、水平能够代表首都教育的示范学校。

3. 主要内容：

(1) 示范学校校舍和教学设备等办学条件达到较高标准；有一支素质优良、结构合理、教学水平较高的教师队伍；各方面管理工作好，教育质量和办学水平高，能在同类学校中起示范作用。

(2)到2000年全市建设200所示范学校，其中中学50所(争取有30所左右进入全国1000所示范普通高中行列)、小学40所、幼儿园10所、职业高中30所、中专30所、技工学校20所、成人学校20所。通过实施国家"211工程"将北京工业大学、首都师范大学建设成为具有地方特色、在国内同类院校中办学水平位丁前列的高等学校。

(3)制定和实施各级各类教育示范学校办学标准，确定市、区县重点建设学校，有计划地加强示范学校建设。

(4) 建立各级各类示范学校评审机构。

（九）

1. 工程名称：教师队伍建设工程。

2. 目标：到2000年基本建成一支规模适当、素质优良、结构合理、相对稳定，能适应首都各类教育改革和发展需要的具有良好业务水平和高尚职业道德的教师队伍。

3. 主要内容：

(1) 认真贯彻《教师法》，全面提高教师的政治素质和业务水平，高度重视师德培养。

(2) 农村小学教师要全部达到国家规定的合格学历标准；城镇地区小学教师有50%达到大专学历，多数区县新分配的小学教师要具有大专以上学历；城镇地区60%的初中教师要达到大学本科学历；普通高中教师100%达到大学本科学历，并有一定比例的研究生(含研究生主要课程班毕业生，下同)；中等职业学校教师要有80%达到本科学历，生产实习指导教师要取得中等以上技术等级证书。普通中专校青年骨干教师占青年教师总数的15%；成人高校教师100%达到本科学历，并有20%教师达到研究生学历，中青年骨干教师要占教师总数的20%。成人中等学校教师80%达到本科学历；普通高校教师50%达到研究生学历，青年学科带头人和青年骨干教师占青年教师总数20%。

(3) 全市培训出1000名中小学学科教学带头人。

(4) 市属高校争取拥有3～4名院士。

(5)继续提高教师待遇。教师工资高于国家公务员10%；到2000年，教师家庭人均住房使用面积达到15平方米；提高教师的医疗、保健水平，保证教师医疗经费。

4. 主要措施：

(1)优先发展师范教育,形成以师范教育为主渠道解决师资来源的格局。

(2)深化改革，加强管理，充分挖掘现有师资队伍潜力。

(3)采用多种形式加强在职培训，提高现有教师政治、业务素质和学历水平。

(4)抓紧青年优秀骨干教师和学科带头人的培训。

(5) 提高教师待遇，稳定教师队伍。

——按照《北京市实施〈中华人民共和国教师法〉实施办法》第19条规定：进一步加强教师公费医疗改革和管理，及时报销医疗费，每年进行一次体检，建立大病医疗保险制度；

——教师工资略高于国家公务员工资；

——1997年教师家庭人均住房使用面积达到14平方米，全部解决人均5平方米以下的困难户，2000年达到人均15平方米；

(6)加强领导，明确责任。市政府搞好统筹推动工作,教师队伍建设的主要责任在各级党委和政府及市、区县教育主管部门。

（十）

1. 工程名称：教育综合改革实验工程。

2. 目标：继续深化海淀教育改革实验区的各项改革；抓好昌平农村教育改革试点工作，搞好首钢集团等

30个大型企业综合教育改革试验，促进教育与地区经济和科技紧密结合，提高受教育者和劳动者的素质。

3. 主要内容：

(1)抓好海淀教育改革实验区的改革实验工作。充分发挥海淀区人才和高科技优势，通过实行经济、科技、教育三结合，普教、职教和成教统筹，实现教育资源的优化配置，推动区域教育与经济协调发展，从而把海淀区建设成为全市乃至全国教育最发达、教育质量最高的地区之一，为首都的教育改革和教育现代化提供经验。

(2)抓好昌平农村教育综合改革试点工作。根据当地经济社会发展的需要和各类教育的不同特点进行经济、科技、教育发展的统筹规划，推进农、科、教结合和普教、职教、成教统筹，并与“燎原计划”、“星火计划”、“丰收计划”有机地结合起来，探索发展农村教育事业的有效途径。

(3) 大型企业教育综合改革实验。通过在首钢集团、牡丹集团公司、王府井百货大楼集团等30家企业进行的实验，探索企业教育有效地为企业发展服务，企业的发展与提高自觉依靠教育的新机制。建立起适应社会主义市场经济需要的与现代企业制度配套的现代企业教育制度和现代企业教育培训体系。

4. 主要措施：

(1)调整完善各教育综合改革领导机构，加强对综合试点工作领导。市教委与各试点单位及时沟通信息，共同研讨改革思路和步骤，注意总结经验，保证改革沿着正确的方向逐步深化。

(2) 作好综合改革的规划工作。借目前教育编制“九五”计划和2010年远景规划之机，市教育行政部门要与教育综合改革试点区县和单位共同研究，编制出符合实际，思路清晰、周密、科学的发展规划，以指导综合改革工作。

(3) 对教育综合改革实验中的一部分单项改革实验给予一定的资助，促使其较快取得成果。

(4) 及时总结、交流、推广改革中的成功经验，扩大改革的影响。

关于进一步推进中小学素质教育的实施意见

转发市教委关于进一步推进中小学素质教育实施意见的通知

各区、县人民政府，市政府各委、办、局，各市属机构：

市教委《关于进一步推进中小学素质教育的实施意见》已经市政府原则同意，现转发给你们，请认真贯彻执行。

北京市人民政府办公厅

1997年6月28日

为贯彻落实《中华人民共和国国民经济和社会发展“九五”计划和2010年远景目标纲要》精神，切实改革人才培养模式，加快由“应试教育”向素质教育转变的步伐，不断提高教育质量，特提出以下实施意见。

一、创造实施素质教育的良好环境和条件

（一）转变观念，坚持正确的社会舆论导向

素质教育就是按照培养社会主义建设者和接班人的要求，促进全体学生德、智、体等素质全面、主动发展的教育。各级政府、各级教育行政部门及中小学校都要树立素质教育的新观念，全面贯彻党的教育方针，遵循教育的客观规律，努力办好每一所学校，引导学生全面、主动地发展。要多渠道增加教育投入，实现各中小学办学条件的标准化、均衡化。要强化基础教育的普及意识，逐步取消选拔性考试，引导中小学校形成办学特色，发展学生特长。要坚决纠正按考试分数对学校排队，把学生的考试成绩直接与教师的晋级及各种福利待遇挂钩等错误做法。

各舆论宣传部门要大力宣传科学先进的教育思想与实施素质教育的样板。

（二）加快结构调整，拓宽成才渠道

加强初中教育与小学教育的衔接工作，有计划地建设一批九年一贯制学校，在义务教育阶段取消重点学校；适度扩大普通高中办学规模，鼓励多种形式办学，建设好一批独立建制的高中学校或高中规模较大、初中规模较小的完全中学；大力发展职业技术教育，促进初中毕业生的合理分流。

做好中等教育、高等教育和成人教育的衔接工作，加强纵向横向连接，打破各类教育与各专业教育之间相互封闭的格局。

（三）加强基础薄弱学校和山区学校的建设

加强基础薄弱学校和山区学校的建设是本市实施素质教育工作的重点与难点。各级政府及其教育行政部门都要认真履行责任，使本地区每所中小学都达到修订后的义务教育办学条件标准，并在资金投入、干部选派和师资分配与管理等方面，加大对基础薄弱学校的政策倾斜力度。加强山区寄宿制小学和初中建设，努力改善山区学校办学条件，保证实施素质教育的基本需要。

（四）改革课程设置，加强教材建设

为适应素质教育的需要，必须加强中小学课程和教材的研究工作。要结合国内外教育改革、课程改革的新鲜经验，从迎接 21 世纪国际经济竞争与发展社会主义市场经济的需要出发，调整课程计划。今年，市教委要组织完成中小学课程改革方案的总体设计、论证和修订工作，同时也要加快各学科教学大纲的研究、制定工作。到本世纪末，基本完成课程设置与教材编写工作。

各中小学校要严格按照国家颁布的课程计划开课，特别要有针对性地开好活动课程和劳技课程。要为全面提高学生素质提供必要的时间和空间，切实做到课余时间和节假日（期）由学生自主支配，严格禁止利用节假日（期）给学生集体补课或上新课。

（五）切实搞好课堂教学

课堂教学是实施素质教育的主渠道。要认真落实各学科教学常规，深入开展教育教学改革实验，提高每一堂课的质量和效率，努力探索适合素质教育要求的教学方式方法。要坚决落实国家教委有关规定，严格控制学生家庭作业量和考试次数，切实减轻学生课业负担。课堂教学要努力体现学生的主体地位，调动学生的主动性、积极性，使学生爱学乐学，在增长知识的同时，学会学习，提高能力，全面发展自己。

二、构建实施素质教育的运行机制

（一）改革升学考试制度，形成正确的导向机制

基础教育升学考试制度改革包括小学升初中、中考和会考制度的改革。到 1998 年，全市实现义务教育阶段免试就近入学。逐步建立主要由区、县政府管理的初中毕业会考制度，同时建立升学指标分配与初中办学水平综合评价结果挂钩，多种升学办法并存的高级中等学校招生制度，推进学生合理分流，淡化升学考试竞争。进一步完善高中毕业会考制度。

（二）抓好试点，建立和完善督导与监控制度，形成有效的评价和监控机制

在全面开展素质教育过程中，要选择部分区县和学校进行试点，总结经验，探索规律。要继续完善对区、县政府和教育行政部门、中小学校实施素质教育的分级督导评价制度。市教委、市政府教育督导室负责《北京市区县政府巩固“两基”，落实“两全”，全面实施素质教育评价方案（试行）》等三个评价方案的实施工作，并对各区、县实施素质教育工作定期进行督导评价。各区、县政府负责对所属中小学校实施素质教育工作进行督导评价。

各级教育行政、科研部门要从转变教育思想入手，加强对义务教育质量的监控和研究工作。

（三）建立相应的奖惩制度，形成有力的制约机制

各级教育行政部门要结合实施素质教育，认真修订学校、教师工作奖励条例与办法等规章制度，并制订有利于实施素质教育的奖惩制度。对实施素质教育成效显著的区县、学校和个人要给予奖励；对工作不力的要给予批评；对严重违反规定的要追究有关负责人的责任。

（四）发展社区教育，形成广泛的社会参与机制

实施素质教育需要全社会的支持和参与，发展社区教育是一个重要环节。在今后几年里，要逐步建立由乡镇政府和街道办事处牵头的社区教育协调机构，组织协调本社区各方面力量支教兴教，帮助学校改善办学条件，配合学校动员家长与社区居民参与学校的教育教学改革，创造有利于实施素质教育的社会环境和条件。

三、加强教师队伍建设

要通过加强师德师风建设、业务培训、继续教育和在教育教学实践中培养、锻炼等多种途径，提高教师的政治素质、职业道德修养和教育教学水平。要采取有力措施，拓宽教师来源渠道，促进教师合理流动，吸引优秀人才从事基础教育工作。逐步规范教师工资收入和各种福利待遇的政策和措施，加大各级政府对教师工资收入和各种福利待遇的统筹力度。

实施素质教育是一项社会系统工程。各区、县要从实际出发，发挥优势，挖掘潜力，积极创造实施素质教育的良好环境和条件，努力实现“九五”期间由“应试教育”向素质教育的全面转轨。

关于1997年度教育法律法规执行情况的检查报告

市教育法律法规检查工作领导小组：

北京市1997年度教育法律法规检查工作从4月3日开始，10月30日结束。检查对象是各区县人民政府、市属有关委、办、局、总公司（企业集团）和有关大专院校。检查重点是：本市建立教育经费监测制度的情况，各区县政府实行教育经费预算单列、事权财权相统一的情况；1997年完成教师住宅建设情况，城近郊区解决1994年认定的教师中人均住房在5平方米以下的困难户的情况；《职业教育法》第六条贯彻实施情况；《北京市专业技术人员继续教育规定》第六条贯彻实施情况；1996年度教育执法检查中提出的问题解决情况。检查工作分两个阶段，首先由各区县人民政府、市属各有关委、办、局、总公司（企业集团）及各有关大专院校进行了自查，然后，市检查组从9月中旬至10月底深入到8个市属局和总公司、18个区县、44个乡镇、118所中小学、39所职业高中和成人学校、3个住宅小区、12个教师住宅建设工地，通过听取自查报告、召开座谈会和实地察看等形式进行了检查。

一、1997年检查工作的几个特点

根据市检查工作领导小组提出的“制度要坚持，方法要改进”的原则，今年的检查工作在总结过去经验的基础上进行了改进。主要有以下几个特点：

（一）检查重点更加突出

随着教育法律法规的不断完善，教育法律法规检查工作涉及的范围也在不断扩大，1997年检查工作涉及的教育法律法规就多达7项。为加强检查工作的实效性，市检查组遵照检查工作领导小组确定的一项法律法规检查一条的原则和由此确定的检查重点进行检查，具体到对每个区县的检查，又根据该区县实际，再有针对性地从中选择若干重点，即在重点中进一步突出重点。此外，市检查组还把对实施全面素质教育的检查从原定检查重点中分离出去，由教育行政部门另行安排。

（二）加大人大代表检查力度

组织人大代表进行执法检查是人大代表行使监督权的一种主要形式，也是加大检查力度的有效途径。为更好地发挥人大代表的作用，市人大常委会教科委组织部分市人大代表对市政府执行《北京市实施〈中华人民共和国教师法〉办法》中建设教师住房和解决教师中人均5平方米以下住房困难户的工作进行了集中检查，并分组到8个市属局、总公司和8个区县围绕检查的重点问题进行检查。检查中，人大代表对发现的问题依法提出自己的意见和建议。各区县也组织本区县的人大代表参加检查。

（三）加强重点问题的调查研究和随访督导

为加强对各区县、各单位自查工作的指导，5至8月，市教育法律法规检查工作领导小组办公室组织专、兼职督学到18个区县和17个市属有关部门进行调查研究和随访督导，并分别召开市属委、办、局、总公司（企业集团）、区县政府教育执法检查中期交流会和区县政府教育督导室执法检查工作汇报会。陶西平副主任和胡昭广副市长在7月25日的市属委、办、局、总公司（企业集团）和区县政府执法检查中期交流会上作了重要讲话。这些工作，推动自查工作健康、深入地进行。此外，为贯彻《中华人民共和国义务教育法》和国务院《关于〈中国教育改革和发展纲要〉的实施意见》中有关征收城乡教育费附加的规定，推动本市农村教育费附加足额征收工作的落实，市教育督导室与市教委在此期间还联合调查本市农村教育费附加的征收、管理、使用情况，并为此到山东省进行专题考察，在此基础上经反复研究，提出《北京市农村教育费附加征收、管理、使用方法（草案）》。

（四）检查方法上尝试新的检查程序

过去对区县政府的检查，一般是先听取自查报告，然后再通过有关部门汇报和实地察看深入进行了解。由于感性认识在后，所以在听自查报告和有关部门汇报时带有一定的盲目性。因此，1997年对区县政府的检查程序做了一些改变，在大多数区县采取先到基层了解情况，然后再听有关部门汇报和政府自查报告的程序。实践证明，这有利于提高检查工作的实效性。

（五）执法检查推动法律法规的落实

由于1997年的检查重点突出，要求严格，所以各区县政府和市属各有关单位的自查工作更加认真，更加重视落实执法责任，严格依法办事。这一点在落实教师住宅建设问题上尤为突出。1993年市政府下达的80万平方米中小学教师住宅建设任务应当在1997年完成，本市实施教师法办法第十八条规定的解决好城近郊区教师中人均住房在5平方米以下的困难户的任务也应当在1997年完成，但检查开始时，80万平方米的任务只完成61万平方米，1994年认定的人均住房在5

平方米以下的3350户才解决1612户，到年底完成这些任务困难相当大，特别是4个城区，建房用地十分难找，有的区建房资金还十分紧张。在这种情况下，市财政局、市教委和各区政府严格执法，下决心完成任务。市财政局在十分困难的情况下，保证市补助资金全部到位，各区政府和区财政局也在计划和资金上大力支持，仅西城区1997年就拿出1个亿的资金用于补贴教师住房建设。由于计划落实，资金有保证，到检查结束时，远郊区县的建房任务已经超额完成，城近郊区的建房任务也基本落实。年底前全市80万平方米的中小学教师住宅建设任务可以完成91万平方米，城近郊区教师中人均住房在5平方米以下的3350户的住房困难可望全部解决。

二、几个重点问题的执法情况

1997年重点检查的几个问题中，教师住房建设情况前面已有叙述，市教委也有专题报告，专业技术人员继续教育规定第六条贯彻实施情况，市科干局也将另行专题报告。其他几个重点问题的执法情况如下：

（一）关于教育经费的执法情况

1.8个城近郊区和昌平、顺义、怀柔、延庆、门头沟共13个区县教育事业经费支出做到预算单列、事权财权统一，且操作程序比较规范。远郊其他区县的教育经费支出，一般对直属学校可以做到预算单列、事权财权统一，但对乡镇学校，虽有按标准编制的经费预算，但多数乡镇不按预算拨款，学校实际上没有财权。密云、平谷两县的多数乡镇政府的教育经费支出除人头费外，只给学校拨教学行政费（初中每生每月2.77元，小学每生每月1.33元）。通州区对直属学校和乡镇学校均只拨人头费和教学行政费。

2.统计资料显示，1996年全市教育事业经费做到“三个增长”（见市教委、市统计局《关于北京市1996年教育事业经费执行情况监测公告》）。但是，通州区、延庆县没有完全做到“三个增长”。通州区财政普教事业费拨款增长率低于财政收入增长率5.6个百分点，普教生均公用经费支出下降3%，其中，中学生均公用经费支出下降8.3%，小学生均公用经费支出增长率为零。延庆县财政普教事业费拨款增长率低于财政收入增长率14.55个百分点，普教生均公用经费支出下降10%，其中中学生均公用经费支出下降6%，小学生均公用经费支出下降8.6%。

3.1996年又有崇文、延庆、门头沟3个区县公用经费支出达到《北京市普通教育事业公用经费定额标准》，连同过去已经达到定额标准的11个区县，现在已有14个区县达到定额标准，其中东城、西城、朝阳、海淀4个区的公用经费支出已超过定额标准。仍未达到定额标准的只剩下平谷、密云、通州、房山4个区县。

4.本市13个郊区县对乡镇企业和农村个体企业都征收农村教育费附加，但征收方法很不统一。对从事种植业和养殖业的农民个人，绝大多数区县没有征收农村教育费附加，进行征收的大兴、通州、顺义等区县，征收办法也不符合国务院《关于〈中国教育改革和发展纲要〉的实施意见》的有关规定。北京市农村教育费附加的征收总额离应征数额差距较大。

（二）关于《职业教育法》第六条贯彻执行情况

根据检查结果分析，北京市各区县政府和市属各有关委、办、局、总公司（企业集团）绝大多数做到将发展职业教育纳入国民经济和社会发展规划之中，并且多数制定职业教育发展规划。但是，总的看发展不平衡，在职业教育与国民经济和社会发展结合问题上，多数结合不够紧密，两张皮的现象较普遍存在，落实规划的措施不够有力，与法的要求差距较大。

结合较好的区县占16%，市属委、办、局、总公司（企业集团）占20%。例如，市政管委对贯彻《职业教育法》制订教育规划非常重视，一把手亲自抓，专门下发文件提出要求，并请专家和有关领导对所属局和总公司的教育规划进行评审。现在，所属11个局和总公司都制订与本行业经济和社会发展结合比较紧密的“九五”教育规划。又如，海淀区政府，不但重视职业教育规划的制订，而且重视根据情况变化调整规划。10月5日，区长办公会专题研究职业教育规划的调整与实施问题，提出延长规划时间、调整职教与普高招生比例、发展高等职业教育，加大职教经费投入等规划调整意见。

结合不够紧密还有差距的区县占74%，市属委办局总公司（企业集团）占70%。结合不紧密差距较大的区县和市属委、办、局、总公司（企业集团）均占10%。主要问题是发展职业教育与国民经济和社会发展两张皮。例如，市纺织控股集团责任有限公司在规划纺织一条街时，没有同时规划教育，对规划区内纺织工业学校校舍狭小、校址分散的问题没有提出解决办法。职业教育规划普遍存在的其他问题还有：专业重复设置，盲目开设热门专业；对师资队伍建设与学校管理等软件建设重视不够；职业教育经费投入不足等。

（三）关于1996年执法检查中对各区县提出的问题的解决情况

1996年执法检查中对各区县提出的问题因区县而异。集中起来看，城近郊区主要在高标准实施义务教育方面，远郊区县主要在教师医疗费待遇方面。经检查，绝大多数区县对解决1996年执法检查中提出的问题是重视的，有些问题的解决成效也是显著的。例如，石景山区教育局为解决个别学校办学条件尚有缺项的问题，把摸清学校设备达标情况列入1997年行政工作要点，成立装备中心，制订普查工作计划。现已调查5所基础薄弱校，并已根据调查结果，分两次拨款140万元，于9月按一般标准配齐所需设备。西城区为解决个别学校设备缺项问题，设备装备中心先后两次组织专门队伍进行达标工作检查，对个别学校未达标的项目集中力量予以配备。对图书数量少的学校，分别从国家教委和市教委组织书源以满足达标需要。又如，怀柔县为解决教师医疗费超支部分的按时报销问题，建立20万元教师住院周转金和60万元大病统筹基金。对1996年超支的135.35万元，也提出解决办法，并正在逐校落实。延庆县为解决部分教师节假日看病难问题，专门做出规定；教师假期急诊凭急诊证明和单位证明即可把非定点医疗的处方视为符合规定，予以按门诊报销规定报销。

需要提出的是，检查中也发现个别区县对1996年执法检查中提出的问题重视不够，纠正不力。例如，平谷县对执法检查时提出的教师公费医疗中的问题基本上没有解决。该县有的学校仍将医疗费发给个人，县里也没有建立教师医疗周转金。

三、几点建议

（一）教育经费监测公告的内容与时间应与教育经费监测制度的规定相一致

根据1997年建立的教育经费执行情况监测制度，北京市第一次发布教育经费监测公告。但公告内容不全，且发布时间较晚，到10月5日才刊登在《北京日报》上。建议今后的教育经费监测公告按国家教委和国家统计局及本市监测制度的要求扩充内容，并按时向社会公布。

（二）应尽快制订新的农村教育费附加征收办法

关于农村教育费附加的征收办法，北京市曾根据国务院有关政策，做出明确规定，但在财税体制改革后，本市没有相关的新办法出台，造成区县和乡镇的征收工作出现政策不统一的局面，严重影响这项费用的足额征收。1994年国务院为适应财税体制改革，在《关于〈中国教育改革和发展纲要〉的实施意见》中对农村教育费附加的征收办法做出新的规定，本市也在高标准实施《纲要》的决定中提出原则意见。现在的问题是，市政府应尽快出台农村教育费附加征收办法，以解决征收中存在的各种问题，保证足额征收。

（三）教育经费“三个增长”的计算口径应进一步明确

市督导室在5月的随访中发现各区县在教育经费的计算口径方面仍然很不统一，对《教育法》中规定的“三个增长”的统计欠科学的问题也仍然没有解决。因此，在1997年的教育经费监测中出现这样的现象：有个县没有实现“三个增长”，但该县却做出解释说，按他们的口径计算，实现了“三个增长”。为防止这类问题再度发生，市教委、市统计局、市财政局应以教育经费监测制度的计算口径为标准，要求各区县政府统一教育经费“三个增长”的计算口径。

（四）对教师住宅建设的执法情况应进行一次复查，同时应制订新的工作目标

1997年的执法检查，对各区县依法建设教师住宅，依法解决1994年认定的教师中人均住房在5平方米以下的困难户的工作起了很大的作用，但城近郊区到检查时毕竟没有最后完成任务。从执法检查的严肃性出发，应当在适当时机对此项工作进行一次复查。

此外，1997年在检查中还发现，教师中仍有相当数量的住房困难户和无房户存在，不少区县教师人均居住面积仍然低于居民人均水平。解决这些问题，在本市实施教师法办法中也有要求。为了建设高素质教师队伍，市政府应当在检查的基础上，对今后的教师住宅建设提出新的阶段性工作目标，并在适当时候，再次组织关于教师住宅建设工作的执法检查。

（五）加大对《职业教育法》贯彻实施工作的检查力度

1997年对《职业教育法》第六条贯彻实施情况的检查结果表明，多数区县和市属有关委、办、局、总公司（企业集团）的职业教育规划与国民经济和社会发展结合不够紧密，缺乏科学论证，缺乏落实的计划和措施。因此，对《职业教育法》贯彻实施工作应当加大检查力度。1998年是《北京市实施〈中华人民共和国职业教育法〉办法》施行1周年，应按照职教法和本市实施职教法办法的要求，有重点的进行一次检查，今后每年选择1—2个重点检查一次，促使本市的职业教育在贴近经济发展，适应现代化建设需要的基础上得到更大发展。

（六）1998年借北京市在全国率先实现“两基”（即基本扫除青壮年文盲，基本普及九年义务教育）五周年之机，按原标准对普及九年义务教育情况进行一次复查

从1996年和1997年的执法检查情况看，本市普及九年义务教育之后，部分区县办学条件有所滑坡。丰台区自查中发现本区1997年有71所中小学办学设施又出现达不到基本标准的情况。为巩固本市义务教育成果，很有必要在全市按原标准对普及九年义务教育工作进行一次复查。通过复查，也可以推动各区县高标准实施义务教育工作的加速进行，确保北京市高标准实施义务教育工作目标的实现。

北京市人民政府教育督导室

（1997年12月1日）

调 查 研 究

北京地区中等职业学校生均教育培养成本调研报告

一、调研方法、时间

1. 调研方法

调研采用问卷、统计、综合分析方法进行。

根据有关文件精神，课题组广泛征求市财政局、市物价局、市教委有关处室及部分专家意见，经过研究、调查，制订出中等职业学校教育培养成本核算办法，科学地界定教育培养成本费用项目，以此为依据，制定问卷及相应统计表格，下发被调研学校。由学校组成调研班子，对被调研专业进行教育培养成本的基础性调研，填写问卷及统计表格，写出学校被调研专业的生均教育培养成本调研报告，最后进行汇总统计、研究分析，完成最后调研报告。

2. 调研时间

1997 年 3 月至 1997 年 12 月底完成调研报告。

3. 调研对象

调研对象的选取是根据北京地区三类中等职业学校的具体情况并充分考虑：①调研专业的涵盖面应尽量宽。②学校的专业建设具有一定基础和代表性。③现有的相关方面研究成果状况。④征求教育行政主管部门、督导室、委办局、总公司及了解情况的专家意见等因素选定的。

中等专业学校：

北京市现有中等专业学校 98 所，共设有 200 多个专业门类，从中选取 16 所学校、12 个专业为调研对象。

职业高中：

北京市现有职业高中 177 所，共设有 200 多个专业门类。从中选取 11 所学校、6 个专业为调研对象。

技工学校：

北京市现有技工学校 148 所，其中局办（市财政拨款）技校 24 所，共设有 200 个专业门类工种，从中选取 9 所学校，11 个专业工种为调研对象。

二、教育培养成本与成本费用项目的界定

1. 教育培养成本的含义

教育培养成本是指在教育活动过程中，活劳动耗费与物化劳动耗费的货币表现形式的总合。也就是在学校正常运转条件下，培养 1 名特定目标与规格的学生所花费的全部费用。

广义地研究教育培养成本，进行教育成本的核算是复杂的，困难的。这次调研的教育培养成本是指在特定环境和教育条件下，培养 1 名特定目标和规格的中等职业学校学生所需要的个别成本。具体讲是以 1996 年北京地区中等职业学校教育条件、1996 年北京地区物价水平为基础，分中专、职高、技工三类职业学校，以不同门类专业为对象，研究培养 1 名特定目标和规格的学生所消耗的全部费用。这种成本称经常性教育培养成本。这里存在着两种不同情况：第一种情况是以 1996 年为基础，以各中等职业学校实际情况为条件，即教职工实际编制，教师、职称实际结构，1996 年实际在校生人数，学校的公共设备与专业设备实有状况，学校 1996 年实际运行状态等，这样核算出的教育培养成本称成本现状。第二种情况是以 1996 年为基础，以各中等职业学校相对标准情况为条件，即教职工人员为合理编制，教师、职称为合理结构，学校在校生人数为合理规模，学校公共设备为合理配置，专业设备按最新专业教学计划要求、最新课程教学大纲要求配置，学校按一定质量要求下运行等，这样核算出的教育培养成本称相对标准成本。

这种特定环境和教育条件是经过与相关部门，如：市财政局、市物价局、市劳动局与市教委财务处、条件装备处、基建处、职教处等协商、研究确定的，并得到一致的认可。因此，以上述条件做为核算教育培养成本的依据是可行的。

2. 经常性教育培养成本费用项目的界定

根据有关文件规定，教育培养成本包括以下项目：公务费、业务费、设备购置费、修缮费、教职工人员经费等正常办学费用支出。不包括灾害损失、事故、校办产业支出等非正常办学费用支出。参照国家事业单位财务会计科目设置规定，结合北京市中等职业学校经费支出实际情况，经常性教育培养成本费用项目为：

①人员经费

人员经费包含教职工工资、补助工资、福利费、离退休人员费用、人民助学金、医药费支出及其他。其中医药费支出列入人员经费项目，这是考虑到中等职业学校实际经费支出中含有除公费医疗和个人负担医药费以外的医疗费用而列入的。

②教学业务费

教学业务费包括实验费、教学实习费、生产实习与

毕业实习费、教师培训费及其他。

③公务费

公务费包括办公费、取暖费、水电费、邮电信费、车辆费用、设备修理费及其他。

④修缮费

修缮费主要指学校的房屋修理，其中包括锅炉修理及暖气、水、电管路修理。依据市教委基建处统计资料，1996年全市学校平均修缮费为18.10元/平方米，以此做为计算依据。

⑤设备购置费

根据北京地区中等职业学校经费状况，设备购置费无稳定的经费来源，故以学校1996年实际发生的设备购置费做为计算成本的依据，难以反映出学校教学活动中真实的物化劳动耗费，会给成本核算带来较大误差。调查组考虑到学校设备更新和国有资产保值的概念，参考财政部1993年颁发的《工厂企业财务制度》中，有关设备分类折旧年限表，以公共设备资产折旧与专业设备资产折旧，做为物化劳动耗费，计入教育培养成本，即做为学校正常运转下每年应投入的设备购置费计入成本。

综上所述：经常性教育培养成本费用项目界定为五类二十二项。

三、专业年生均经常性教育培养成本核算体系与核算步骤

1. 专业年生均经常性教育培养成本核算体系

根据中等职业学校办学体制、经费渠道和财务制度状况，经常性教育培养成本的核算应采用专业年生均教育培养成本体系计算办法为宜。即核算出某学校某类专业1个学生平均1年所消耗的成本费用。以这一成本费用制订对学生的收费标准是适宜的。

2. 专业年生均经常性教育培养成本计算方法：

$$\text{专业年生均经常性教育培养成本} = \frac{\text{人员经费}+\text{公务费}+\text{业务费}+\text{修缮费}+\text{公共设备资产折旧}}{\text{学校在校生人数}} + \frac{\text{专业设备资产折旧}}{\text{专业在校生人数}}$$

其中学校在校生人数与专业在校生人数均以1996年为统计依据（上、下学期学生人数平均值），其中校外办班、联合办班均不计入以上两项在校生人数之中。

3. 核算步骤

①制订专业年生均教育培养成本核算办法（略），并制订成本核算的具体操作方法和相应的统计表格（略），经市财政局、市物价局、市教委相关处室认可同意后，下发到被调研学校。

②各被调研学校进行基础性调研。由学校按制订的成本核算办法规定，进行财务数字统计及公共设备配置与专业设备配置调研，然后进行表格填写与核算，按要求核算出专业年生均成本（成本现状与相对标准成本），最后撰写出学校的成本调研报告。

③资料汇总与分析，撰写调研报告。各校成本调研结果首先进行汇总，经审核、校对后，对各调研对象的调研结果进行统计、制表、分析，最后写出总的调研报告。

中等专业学校部分专业年生均经常性教育培养成本基本数据表（略）

职业高中部分专业年生均经常性教育培养成本基本数据表（略）

技工学校部分专业年生均经常性教育培养成本基本数据表（略）

四、中等职业学校成本效益状况与结论

1. 中等专业学校

①成本效益状况见表1、2、3。

工程类：

表1

调研学校名称	调研专业	教育培养成本（元/生·年）		教职工与在校生人数之比例		专任教师与在校生人数之比例	
		现状	相对标准	现状	相对标准	现状	相对标准
北京市电信学校	电话交换机	21682	21682	1∶4.4	1∶4.4	1∶9	1∶9
北京市交通学校	汽车运用工程	8910	11000	1∶4	1∶5	1∶13	1∶12.5
北京市机械工业学校	机械制造	8893	10142	1∶5.7	1∶4	1∶17.7	1∶13
北京市仪器仪表工业学校	自动控制	7841	9380	1∶5.9	1∶5.2	1∶14	1∶12
北京市八一农业机械化学校	农业机械化	7652	9306	1∶6.1	1∶5.7	1∶13.4	1∶17.7
北京市无线电工业学校	无线电技术	7532	8721	1∶5.7	1∶5.9	1∶17	1∶14
北京市计算机工业学校	计算机及应用	7293	8459	1∶4.5	1∶4.8	1∶14.5	1∶9.5
北京市第一轻工业学校	食品工艺	6797	8091	1∶7.9	1∶6.9	1∶18.5	1∶18.7
北京市第二轻工业学校	电气	6691	7796	1∶5	1∶7.0	1∶12.5	1∶15.4
北京市汽车工业学校	汽车制造	6534	7762	1∶5.8	1∶7.4	1∶10.8	1∶13.1
北京市第一轻工业学校	工业企业电气化	4716	6681	1∶7.9	1∶4.8	1∶18.5	1∶9.5

农医类： 表2

调研学校名称	调研专业	教育培养成本（元/生·年）		教职工与在校生人数之比例		专任教师与在校生人数之比例	
		现状	相对标准	现状	相对标准	现状	相对标准
北京市卫生学校	药剂	8412	8811	1∶3.7	1∶3.7	1∶9.4	1∶9.4
北京市东城卫生学校	护理	7048	7975	1∶4	1∶4	1∶6	1∶8
北京市农业学校	畜牧	6477	7126	1∶5.6	1∶4.5	1∶15.3	1∶9
北京市护士学校	护理	6127	5855	1∶6	1∶7.0	1∶15.5	1∶18.4

财经类： 表3

调研学校名称	调研专业	教育培养成本（元/生·年）		教职工与在校生人数之比例		专任教师与在校生人数之比例	
		现状	相对标准	现状	相对标准	现状	相对标准
北京市商业学校	财务会计	5468	6951	1∶8	1∶7.0	1∶21	1∶14.8
北京市商贸学校	财务会计	5158	5280	1∶5.5	1∶6.4	1∶9.3	1∶10

②结论

北京地区中等专业学校规模效益是好的，这与目前北京地区大教育环境有关。有些学校的规模过大，“效益”过高，会影响教学质量。

经常性教育培养成本水平：如按北京市骨干示范校建设的学校规模1500人要求，师生比按国际一般水平1∶14考虑，北京地区中等专业学校专业年生均经常性教育培养成本水平大致为：

工程类：8000～9000元/生·年

农医类：6500～7500元/生·年

财经类：6000元/生·年

2. 职业高中

①成本、效益状况 见表4、5、6

工程类： 表4

调研学校名称	调研专业	教育培养成本（元/生·年）		教职工与在校生人数之比例		专任教师与在校生人数之比例	
		现状	相对标准	现状	相对标准	现状	相对标准
北京市信息管理学校	计算机及应用	5966	6384	1∶7.5	1∶8.3	1∶11.6	1∶11.1
西城电子电器职业高中	电子技术	5834	5694	1∶6	1∶6.6	1∶9	1∶10
崇文电子职教中心	电子技术	4500	4940	1∶8.8	1∶8.8	1∶13	1∶13
大兴县第三职业高中	汽车修理	4101	4295	1∶11	1∶8	1∶15	1∶11
昌平县农村职业学校	汽车修理	3207	3942	1∶6	1∶6.5	1∶15.5	1∶16

烹饪、服装类： 表5

调研学校名称	调研专业	教育培养成本（元/生·年）		教职工与在校生人数之比例		专任教师与在校生人数之比例	
		现状	相对标准	现状	相对标准	现状	相对标准
北京市实用美术职业高中	服装制作	7458	7878	1∶5	1∶5	1∶8	1∶8
北京市新源里职业高中	烹饪（西餐）	6245	7836	1∶8.1	1∶8.1	1∶12.9	1∶12.9
	烹饪（中餐）	6071	7450	1∶8.1	1∶8.1	1∶12.9	1∶12.9
北京市劲松职业高中	烹饪	5771	6411	1∶9.6	1∶13.8	1∶17.7	1∶22.4
北京市外事服务职业高中	烹饪	5535	6257	1∶8	1∶8	1∶14	1∶14
北京市黄庄职业高中	服装制作	3487	6132	1∶9.4	1∶8.8	1∶16.8	1∶14.7

园艺类：

表 6

调研学校名称	调研专业	教育培养成本（元/生·年）		教职工与在校生人数之比例		专任教师与在校生人数之比例	
		现状	相对标准	现状	相对标准	现状	相对标准
大兴县第一职业高中	园　艺	5315	4085	1∶5	1∶7.2	1∶9	1∶11.1
昌平县农村职业学校	园林花卉	3987	4067	1∶6	1∶6.5	1∶15.5	1∶16

②结论

北京地区职业高中规模效益是好的。

经常性教育培养成本水平：参照骨干示范学校规模1500人，师生比1∶14要求，北京地区职业高中专业年生均经常性教育培养成本水平大致在：

工程类：5000元/生·年

烹饪、服装类：6000～7000元/生·年

园艺类：4500元/生·年

3. 技工学校

①成本、效益状况　见表7、8

工程类：

表 7

调研学校名称	调研专业	教育培养成本（元/生·年）		教职工与在校生人数之比例		专任教师与在校生人数之比例	
		现状	相对标准	现状	相对标准	现状	相对标准
北京市实验技校	数控编程	14350	19998	1∶8.4	1∶5.6	1∶17.5	1∶8.5
北京市汽车工业技校	数控机床加工	13360	19100	1∶5.6	1∶8.4	1∶8.5	1∶17.5
北京市机械工业技校	车　工	11415	18580	1∶4.4	1∶8.4	1∶8.5	1∶17.5
北京市实验技校	电　工	10000	12537	1∶8.4	1∶5	1∶17.5	1∶8.9
北京市机械工业技校	钳　工	8670	8821	1∶4.4	1∶5	1∶8.5	1∶8.9
北京市公用局技校	维修电工	4827	6165	1∶7.8	1∶5.4	1∶14.1	1∶10
北京市公交技校	汽车修理	11706	13248	1∶3.7	1∶4.4	1∶8.1	1∶9.1
北京市汽车驾驶学校	汽车修理	6250	7580	1∶3.6	1∶4.2	1∶7.7	1∶8

服装、商贸类：

表 8

调研学校名称	调研专业	教育培养成本（元/生·年）		教职工与在校生人数之比例		专任教师与在校生人数之比例	
		现状	相对标准	现状	相对标准	现状	相对标准
北京市商业技校	商品经营	6120	8924	1∶7	1∶5	1∶12.2	1∶9
北京市实用技校	计算机及应用（电脑商务管理）	5203	5907	1∶6.8	1∶5.1	1∶9.6	1∶6.8
北京市第二轻工业技校	服装制作	5661	7084	1∶6.6	1∶5	1∶10.2	1∶9

②结论

技工学校与中专、职高相比，由于多数学校规模偏小，致使其规模效益偏低。

经常性教育培养成本：参照职高条件并考虑其“2+1”因素其专业年生均经常性教育培养成本水平大致在：

工程类：7000元/生·年

服装、商贸类：5000～6000元/生·年

五、中等职业学校成本内涵分析

1. 成本现状内涵分析　见表9

职业学校年生均成本及分项经费分析表

表 9　单位：元

学校	专业分类	年生均成本	成本分项经费及占百分比													
			人员经费		公务费		业务费		修缮费		设备折旧费				材料费	
											公共		专业			
			金额	%	金额	%	金额	%	金额	%	金额	%	金额	%	金额	%
中专	工程类	7117	3635	51	1236	17.4	588	8.3	135	1.9	440	6.2	1083	15.2		
	农医类	7005	4020	57.4	1090	15.6	521	7.4	606	8.6	451	6.4	317	4.6		
	财经类	5313	3018	56.8	1160	21.8	214	4	344	6.5	528	10	49	0.9		
	生均	6854	3630	53	1196	17.5	525	7.7	257	3.7	454	6.6	792	11.5		
职高	工程类	4877	1999	41	773	15.8	423	8.8	215	4.4	421	8.6	1046	21.4		
	服装烹饪	5761	2457	42.7	674	11.7	244	4.2	206	3.6	317	5.5	514	8.9	1349	23.4
	园林类	4651	1395	30	1097	23.5	232	5	254	5.5	265	5.7	1408	30.3		
	生均	5281	2127	40.3	777	14.7	301	5.7	217	4.1	343	6.5	841	15.9	675	12.8
技校	工程维修	8573	4226	49.3	1446	16.9	1112	12.9	325	3.8	461	5.4	1003	11.7		
	商贸服装	5661	2570	45.4	1126	19.9	591	10.4	193	3.4	355	6.3	735	13	91	1.6
	生均	7481	3605	48.2	1326	17.7	917	12.3	275	3.7	421	5.6	903	12.1	34	0.4

注：此统计分析为中专 14 所 15 个专业；职高 10 所 12 个专业；技校 7 所 8 个专业的数字。

从表 9 中看出三类中等职业学校运行状态。由于经费不足，专业设备不足，使中专、职高处于低质量运行，技工学校情况略好。

2. 相对标准成本内涵分析　见表 10（略）

（执笔　时　泓）

关于北京市中小学教职工工资收入状况的调查报告

市教委政策法规处、人事处对中小学教职工工资收入和校内结构工资制运行情况进行调查。

调查的目的是，基本弄清全市中小学教职工工资收入状况，分析存在的问题，提出进一步推动中小学分配制度改革，完善有效的工资管理机制，增强校内结构工资的激励作用，促进教师队伍建设的对策和建议，供领导决策参考。

现将调查结果和有关意见报告如下：

一、北京市中小学教职工工资收入状况

（一）中小学教职工工资收入水平

1、1996 年全市中小学在编正式教职工 160257 人，教职工人均年工资收入 9613 元；城近郊教职工 90981 人，人均年工资收入 10741 元；远郊教职工 69276 人，人均年工资收入 8130 元。城近郊、远郊中小学、幼儿园及普教系统其他教育机构教职工人均年工资收入见表（1）。

表（1）不同地区中小学、幼儿园教职工的人均工资收入　单位：元

地区	教职工人均年工资收入			
	中学	小学	幼儿园	其他单位
全市	10053	8625	9398	9910
城近郊	11525	9861	10463	11119
远郊	8358	7825	7900	8583

注：其他单位指教师进修学院（校）、教研室、少年宫等。

2、中小学教职工个人年最高收入、最低收入情况。见表（2）

表（2）中小学、幼儿园教职工个人年最高最低收入　　单位：元

地　区	中　学		小　学		幼儿园		其他单位	
	最高	最低	最高	最低	最高	最低	最高	最低
城近郊	35990	2312	21636	2335	18500	2100	27633	2568
远　郊	17088	4117	13960	4041	12030	3548	15426	4043

3、中小学各级职务教师人均年工资收入情况。见表（3）

表（3）中小学各级职务教师人均年工资收入　　单位：万元

地　区	职　务	学校 中　学	小　学	幼儿园
城近郊	高　级	1.3—1.5	1.2—1.4	1.3—1.8
	中　级	1.1—1.3	0.96—1.2	1.1—1.3
	初　级	0.9—1.3	0.75—0.95	0.9—1.1
	行政人员	1.0—1.15	0.85—1.3	0.98—1.12
	未定人员	0.6—0.93	0.5—0.65	0.4—0.73
远郊	高　级	0.95—1.1	1.0—1.15	1.2
	中　级	0.86—1.2	0.77—0.94	0.65—1.10
	初　级	0.70—0.82	0.68—0.82	0.52—0.90
	行政人员	0.80—0.95	0.80—0.98	0.70—1.00
	未定人员	0.6—0.7	0.55—0.66	0.45—0.75

4、中小学代课教师工资收入情况

全市中小学共有代课教师7304人，其中：中学2554人，小学4632人，幼儿园35人，其他单位83人。

代课教师人均年工资收入（包括基本工资和补贴）为3982元。中小学幼儿园、其他单位代课教师人均年工资收入分别为4008元、3968元、3479元、4147元，差距不大。

代课教师年工资总额为2908.2万元；其中：区县拨款占71%，乡镇补贴占23%，其他（包括学校自筹）占6%。

（二）中小学教职工工资资金的来源

1989年底，全市中小学普遍进行学校内部管理体制改革。为支持学校推进改革，实行校内结构工资制，提高教师的工资待遇，在原来教育事业费支出的基本工资之外增加结构工资补贴。市政府决定补贴资金由学校创收自筹、市或区县财政补贴、乡镇补贴等多渠道筹措，从此中小学的工资资金一直通过多渠道筹措。学校结构工资补贴资金来源分为学校全部自筹、部分自筹加上市、区县、乡镇补贴以及全部由市、区县、乡镇补贴三类。

1996年中小学教职工工资总额及来源见　表（4）

表（4）中小学教职工工资总额和资金来源　　单位：亿元

	学校数	教职工数	年工资总额和资金来源 工资总额	资金来源 国拨工资 金额	占总额（%）	学校自筹 金额	占总额（%）	财政补贴 市补贴金额	占总额（%）	区县补贴金额	占总额（%）	乡镇补贴金额	占总额（%）
	1	2	3	4	5	6	7	8	9	10	11	12	13
城近郊	1252	90981	9.77	4.826	49.38	2.767	28.32			2.161	22.11	0.0183	0.19
远　郊	1236	69276	5.63	4.265	75.08	0.214	3.91	0.2856	5.21	0.588	10.72	0.2789	5.08
合　计	2488	160257	15.40	9.091	59.02	2.981	19.35	0.2856	1.85	2.749	17.85	0.2972	1.93

注：本表不包含退休教职工、代课教师工资总额。以会计单位统计学校数，因此学校数小于教育事业统计数。

二、关于中小学教职工工资水平和校内结构工资制度实行情况的简要分析

（一）1996年全市中小学教职工人均工资9613元，比全市职工平均工资9550元高出63元。近两年中小学教职工的工资增长较快。宣武区中小学教职工工资在城近郊区处于中等水平。1996年宣武区中小学教师人均工资收入比1995年分别增加1984.8元和1668元（其中包括市政府给国家机关和事业单位工作人员增加的职务补贴和目标管理奖金1080元，以及1995年10月起每个教职工增加一挡职务工资）。其他区县中小学教职工工资收入增长幅度与宣武区相近。

《北京市实施〈中华人民共和国教师法〉办法》（以下简称《实施办法》）第十五条规定："市人民政府应当采取措施，不断提高教师的工资，使本市教师的平均工资水平高于国家公务员的平均工资水平"。由于市、区县政府的重视，近几年中小学教师的工资持续不断地有所提高。但是《实施办法》并未明确教师的平均工资水平是与市或是与区、县公务员平均工资水平比较，高多少为适当。此外，也没有公务员平均工资数据可作比较。因此，《实施办法》有关教师工资水平的规定是否已经全面落实，尚需教育、人事等有关部门专题调研，才能作出回答。

（二）地区之间平均工资水平差距较大。城近郊区教职工年人均工资为10741元，远郊为8130元，城近郊比远郊高出2611元；比较城近郊与远郊中学、小学教职工年平均工资，城近郊分别高出3167元和2036元。产生较大差距的原因主要有三点：一是城近郊中小学教师中具有高级、中级职务的人数较多，高中两级职务所占的百分数分别比远郊高出5至15%和5%。因此，城近郊中小学教师的基本工资（即职务工资和津贴等）比远郊高，基本工资差额按年计算就有几百元至近千元。这是一种合理的差距。二是政策规定的某些补贴以及山区教师享受的特殊补贴没有完全落实或补贴标准过低。主要表现在，工资套改后洗理费、书报费的标准都已提高，但是一些区县并未落实。山区津贴标准多年未变，山区教师平均工资水平偏低。一些区县尚未落实《实施办法》第十七条中关于"在山区工作的中小学教师，工资在原有等级工资基础上向上浮动一个档次"的规定。自实行校内结构工资制以来，市财政每年给延庆、密云、怀柔、平谷、门头沟五区县的体改补贴（即结构工资补贴），年年增加，但是仍以1989年起步时的人数核算，近几年事业发展教师人数增加，但是未按新人数核算拨付补贴，区县（如延庆、平谷等）又没有追加补贴。因此，人均结构工资补贴额达不到标准，平均工资水平较低。三是城近郊区94%的中小学有创收能力，能全部或部分自筹结构工资补贴，因此，投入分配的金额和补贴标准较高，教职工平均工资水平较高。远郊区县只有27%的学校有部分自筹结构工资能力，多数学校靠区县或乡镇补贴只能维持较低标准。

学校之间人均工资水平有较大差距，且近年来呈现差距继续拉大的趋势。学校年均工资按高、中、低三档区分，城近郊区少数学校年平均工资在12000至14000元，有的学校达到15000元以上，多数学校年平均工资在9000至11000元；一些办学条件差的学校或是薄弱学校年均工资在9000至10000元，个别小学年均工资在8000元左右。远郊区县学校年均工资也按高、中、低分类，每一类比城近郊区学校大致低2000元左右。年平均工资高的学校大多是市、区重点学校或办学条件好、知名度高的学校，校办企业实力强，效益较高，收到的教育捐资和教育补偿金较多。也有极少数管理水平、教育质量不高的学校，因房屋空闲可出租，或是有校办企业，能得到预算外收入，再加上学校教职工人数不多，所以稍有创收用于工资分配，教职工平均工资水平就显著提高。城近郊以宣武区为例，中学月平均工资最高和最低的差额为340元，小学为500元。这种现象在远郊区县同样存在，县城或平川地区学校的工资高于边远地区，特别是山区的学校，只是差额不大。

总体看来，地区之间、学校之间平均工资水平的差距有很大的不合理性，而且这种不合理的差距呈扩大趋势。主要表现是：工作多少、贡献大小与报酬待遇不一致；工资水平高低与学校管理水平，教育质量，办学效益不一致。地区、学校之间工资差距拉大，已经成为调整学校布局，盘活人才资源，合理调配教师的障碍。远郊、山区、薄弱学校需要补充优秀的教师，但是因为工资水平低，教师不愿去。一些教育质量、办学效益低，地理位置不好，无发展潜力的学校，本来应当调整撤并，但是因为有房屋可出租，有校企创收，校长教师工资收入不低，所以不愿成为调整、撤并对象。

（三）中小学教职工个人工资收入拉开差距，但是低工资和高工资的人数较少。全市中小学教职工，年工资为6000至11999元者占总人数的79.8%，年工资为12000至15999元的占总人数的12.51%，年工资16000至20000元以上者占总人数的2.64%。年工资在6000至11999元之间的教职工中，三分之二人员的年工资收入在10000元以下，按1000元一段分别统计，每段人数相差不多。

中小学教职工个人工资收入因学校和个人情况不同拉开差距。造成这种差距的原因主要有两点：一是前面提到的地区、学校之间工资水平不平衡、不合理。二是从学校内部看，由于教职工个人工作任务、数量、质量不同，从而使工资收入有明显的差距。这种工资差距体现校内结构工资制的原则，根据教职工个人的工作实绩和贡献适当拉开工资差距。中小学教师当不当班主任，月工资至少要差100多元，每周多教或少教一个课时月工资也会有几十元的差距，再加上依据教职工考核结果发给的奖励工资有差距，相同职务的教师年工资就会有上千元甚至更多的差距。

一些学校校内结构工资方案不够完善。突出的问题是，工资构成中固定部分增加，由工作数量、质量决定的浮动部分下降，导致结构工资的激励作用减弱。近两年市政府给事业单位工作人员增加的职务补贴和目标管理奖金以及工资套改后新工资中30%津贴基本上固定发放，没有体现多劳多得，少劳少得，不劳不得的分配原则。

（四）自筹结构工资补贴的学校和自筹资金的数额逐年增加，负担加重，日趋困难。1996年全市基础教育系统2488个单位（以会计单位统计，包括中小学、幼儿园及其他教育机构）中有1861个单位全部或部分自筹结构工资补贴和奖金，占单位总数的74.8%。自筹结构工资单位比1994年增加684个，增加24个百分点。

学校自筹结构工资数额，1993年比1992年增加0.5亿元，增加80.91%；1994年达到1.5亿元，比1993年增加0.38亿元，增加22.29%；1996年结构工资自筹奖金达到2.98亿元，比1994年增加1.46亿元，增加96%。学校自筹资金的来源见表（5）

表（5）中小学、幼儿园自筹结构工资资金来源　单位：亿元

地区	自筹资金	其中：校办企业收入	占总额（%）	校舍场地租金	占总额（%）	社会捐资及教育补偿金	占总额（%）	办班收入	占总额（%）	其他	占总额（%）
城近郊	2.767	0.7156	25.8	0.805	29.1	0.506	18.3	0.228	8.4	0.512	18.5
远　郊	0.214	0.0835	39.1	0.010	4.6	0.035	16.6	0.052	24.3	0.035	15.5
合　计	2.981	0.7991	26.81	0.815	27.8	0.541	18.2	0.280	9.39	0.545	18.3

1996年全市中小学工资总额中国拨工资所占的份额只占59.02%，比1994年下降11.26个百分点，国拨工资下降的情况在城近郊区表现得更为突出，仅占工资总额的49.38%。

学校为了维持教职工结构工资的发放，花费不少精力想方设法抓创收，增加结构工资自筹的份额，在校办企业创收日益困难的情况下，房屋场地租金、社会捐资和教育补偿金都成为重要的资金来源。由于管理不善，不时引发出一些经济纠纷、意外事故或违规收费的问题，分散校长的精力，影响甚至干扰学校正常的教育教学秩序。校长们反映：改革前，工资奖金几乎平均分配，起不到激励作用，重、难、累的工作难以落实到人，校长为安排教职工的工作发愁。实行校内结构工资制，一定程度上发挥工资的激励作用，基本改变原来的状况，但是又要为自筹结构工资发愁。校长们期盼政府能增加投入，帮助他们解除忧愁，集中精力抓好教育、教学和行政管理。

综上所述，近两年来中小学教职工收入有较大提高，但是在工资分配上存在的种种问题日渐显现出来。这些问题只是现象。蕴含在现象背后的实质是，工资资金构成不合理，校内分配制度不完善，调控手段软弱，管理工作松散。只有抓住问题的实质，采取多种有效的对策和措施，深化改革，加强管理，才能使中小学的工资分配逐步完善，达到进一步调动教职工的工作积极性，提高教育质量和办学效益的目的。

（执笔　邹甫昌）

北京地区高等学校课程改革调研报告

一、基本情况

1997年，北京地区高等学校课程改革的总思路是根据1996年市教委高教处的《面向21世纪，推进北京高等教育教学内容和教学方法改革的总体思路研究与实践》调研报告中的主要思想制订的，同时又根据形势发展和变化，有所充扩和筛梳。这就是：面向21世纪，在高教发展中，坚持规模、结构、质量、效益统一协调发展的方针，积极主动适应社会主义市场经济和社会发展的需要，适应首都发展的需要，坚持在教学工作中以教学改革为核心，坚持人才培养模式与培养规格、教学内容、教学方法、教学手段及课程体系改革的综合审视与统筹规划和分步实施，把课程改革的最终的着眼点放在人才质量上。

1. 1997年6月国家教委高教司在北京召开全国高等教育面向21世纪教学内容和课程体系改革经验交流会，参加会议的有国家教委计划立项的文科（含外语）、理科、工科、农林、医药、经济和综合6大学科40个项目的代表，有关省市教育行政部门和国务院有关部委教育部门及有关学校领导等近百人。这次研讨会标志着高等教育的教学改革向课程体系和教学内容扩展的新阶段的到来。提交到会议上的50多篇研究论文和经验材料及以多种CAI多媒体课件形式进行的现场演示，说明高等教育的教学改革已进入实质性的研究和改革阶段并已经取得阶段性成果。

2. 无论是高等教育的体制改革还是教学改革，首先要涉及到教育思想的转变和教育观念的更新，尤其是在推进教学改革的进程中就必须以更新教育思想和教育观念为先导，才能在教学领域中彻底或逐步摒弃那些传统的而又不适应现代经济和科技发展需求的陈旧内容。经过一年多的努力，从整体观察和所反映出来的现象已取得初步的阶段性成绩。

3. 由北京市教委高教处牵头的课程改革项目在1996年课题组建基础上已经进入开题论证和实施阶段，计有：

（1）教育思想、教育观念转变的理论和实践的研究；

（2）计算机基础教育教学改革的研究与实践；

（3）普通高校生产实习与社会实践教学环节改革的研究与实践；

（4）高等学校教学管理的研究与实践；

（5）大学英语课程教学模式改革的研究与实践；

（6）非计算机专业计算机基础教育的改革；

（7）金工课程体系改革的研究与实践；

（8）高校毕业环节的研究与实践；

（9）高职人才培养模式与实训基础建设的研究。

4. 市教委在成立之即就开始起动北京高校面向21世纪，以适应和满足北京市和全国建设与发展需要的教育教学改革立项工作（以下简称教改立项），并决定在“九五”期间每年以200万元专款的支持力度用于教改立项项目的补助经费，1997年继1996年的88项之后，又经申报、调查、论证审批等有关程序，批准102项教改立项项目，投入补助经费198万元，前后两批教改立项项目涉及理工、农医、财经、政法、文科（含外语）、综合与师范、艺术等多个学科门类，参与教改立项的教师和教学管理人员的人数已超过2000人，开展教改立项工作，进一步调动和激发了广大教师投身教育教学改革和搞好教育教学工作的积极性。

5. 1997年，北京工业大学、首都师范大学通过了“211工程”建设项目可行性论证及立项审核工作，北京市政府将对北京工业大学、首都师范大学分别给予1.2亿元的专款支持。

6. 从1990年开始对市属院校重点学科建设的支持，共设立68个市级重点学科，支持建设经费7491.5万元，从而带动市属高校教育质量、科研水平与技术装备水平的提高，构建了课程建设的基础平台。

7. 在1997年内，北京地区普通高校大学外语四、六级统测有三次共计20万以上的考生参加，以暑期统计为例，北京统测的平均级点分为254，居全国领先，从一个侧面反映出北京外语教学的质量。1997年8月市教委高教处召开大学外语教学工作交流研讨会，从层面上把大学外语教学工作向前推进一大步。

8. 在国家教委1994年正式提出并实施的“高等教育面向21世纪教学内容和课程体系改革计划”启动带领下，有2万名以上的教师积极参与“改革计划”的研究。在全部正式批准的221个大项目中，北京高校作为牵头单位或课题主持单位的有86项（占全部项目的38.9%）。北京市实施的教改立项受到北京地区高校的普遍关注，北京市教委高教处的工作经验也受国家教委的赞誉。由于国家教委的“改革计划”和北京市“教改立项”工作的开展，促使北京高校的课程改革进入一个新阶段。

9.1997年除艺术类院校之外，北京地区高校的工科、农林医、综合师范、财经政法、外语类院校都召开教学研究协作组年会，对一年来教学改革工作进行有针对性的交流和研讨，提交年会的论文达50余篇。北京地区已有5所高校参加国家教委的教学工作合格评价，1997年底，市教委高教处组织两次有16所参评院校参加的教学工作合格评价交流研讨会，大大提高参评院校的信心和工作效率。

10. 经过1996年对北京地区高校教育质量参数的确定、采集、分析与研究，1997年编辑出版《北京市高等教育统计年报》，首次正式推出利用数据对高校教育质量进行评价的研究成果。

11. 北京地区的高等职业教育由北京联合大学、海淀走读大学、北京青年政治学院及6所大学郊区分校所形成的高职教育网络得到进一步加强，1997年加大对高职实训基地建设的力度。

12. 北京市政府和国家教委正式签署共建北大、清华、人大、北师大4所国家教委委属高校的协议及包括和航天工业总公司共建北航的协议，使北京地区部门间的共建工作取得进展。

二、基本作法

1. 国家教委认为，教学内容和课程体系改革是教学改革的“突破口”，它对于推动整个教学改革具有“牵牛鼻子”的重要作用。因此，把教学内容和课程体系的改革作为重要工程来抓，起步早、起点高、力度大、高屋建瓴，并有其他工作与之配合，在全国产生较大的反响。具体的内容是：

(1) 以《面向21世纪教学内容和课程体系改革计划》的全面起动和推行带动各方的教学改革向纵深发展。

(2)修订专业目录，调整专业结构，拓宽专业面向，这对推动人才培养模式的改革，进一步促进教育质量的提高，必将产生积极影响。

(3) 建设基础学科人才培养基地和基础课程教学基地，拟建立文科基地51个，工科基地45个；理科基地的建设正在启动，国家将用每年6000万元的财政拨款（5年3个亿）给予支持。

(4) 加强大学生文化素质教育。全国52所高校参加的试点工作已经开展起来，引起各有关高校的高度重视和积极响应，有数百所高校积极要求参加试点工作。

2. 北京市教委的基本作法。市教委在市委市政府对首都高等教育要立足北京，服务全国，走向世界的明确方针指导下，高度重视高校的改革与发展，采取多种有力措施，积极促进教育教学质量的全面提高。其具体情况是：

(1)抓住关键推进高等教育体制改革的进程，为教学改革的深入奠定基础。

在高等教育改革中一个基本思路是“体制改革是关键”，它从深化高等教育体制改革的重要性和紧迫性上揭示出其在多种改革中的地位。北京市政府积极推进高校的共建工作，特别重视与国家教委的共建工作，根据协议北京市政府在“九五”期间拨1亿多元专款用于共建北大、清华、人大、北师大及北航等高校，到1997年底已有50多所在京高校进行多种形式的合作办学，有500多个企事业单位参与高校的体制改革，应聘进入校董事会的单位已达355个，在实现资源共享、优化配置、减少重复建设和重复购置等方面已初见成效。北京市政府年前召开市属高校调整工作总结会，经过几年的努力工作，使市属高校的结构布局趋于合理和优化，办学条件大大改善，提高了综合办学实力。

(2)以开展教改立项的方式，把教学改革不断引向深入，也把以教学内容与课程体系为教学改革主体内容的重要改革项目落在实实在在的位置上。

实施教改立项的主要思想在于：①切实加强教学工作的经常性中心地位，是把“教学改革是核心”落到实处的一个有效措施。②利用教改立项解决教学改革中的一个难点和重点问题就是使教改工作不断深入并取得实效，这也是进一步促使高校师生把主要精力投入到教学工作上来，调动他们参与教改积极性的一种有效措施和有益尝试。③可以加强地方教育行政部门对高等教育的统筹管理和服务水平。市教委在成立之日起，就以“大教育观”的思想指导自己的工作，本着办实事、促改革、上质量、出效益的原则努力为高校办好事、作贡献。这也符合国家教委关于淡化隶属关系，加强地方政府部门的宏观调控职能的原则。④积极响应国家教委的“改革计划”，使国家和地方两级立项互为依托、互为补充、相互激励、相互促进，为实现教育“两个重要转变”创造良好的氛围和有利条件。

实施教改立项的主要作法有以下几方面：

①坚持标准，使立项项目的改革力度较大，在进行立项申报时项目必须具备一定的条件。

②严格立项程序，初审的申报、考察、论证、修改、完善、评审、报批、公布。对申报项目全面考察以确定立项的初审项目，并择优立项，同时注意发挥评审专家的作用。

③重点项目给予重点支持，即经过改革实践在教学内容，课程体系、教学方法和手段上具有明显效果的教材、CAI课件及其它。

④补助经费落实并迅速到位以提高教改的时效性，不因经费而滞后。在落实过程中还要注意处理好几个关系，如：国家教委、部级课题立项与市级立项的关系；大小项目的关系；单门课程与课程体系、课群的关

系；文字教材与声像、课件的关系；教学改革与校内其它改革的关系；综合项目的单独立项分步实施与统一协调的关系等，以保证立项的最终成果得到落实。

(3)对综合性的课程改革项目，采取综合协调和委派牵头人以及充分发挥教学行政人员的职能等措施，以保证教改立项的实施质量。

根据市教委的指导，教改立项工作将到本世纪末连续5年用1000万元的经费，支持大约有500项左右教改立项项目，到时将有400种面向新世纪的教材和课件在高校中得到使用和推广，使高校的课程改革真正取得实际效果。

(4)课程改革的基础在高校内部，必须充分调动高校内的教师参予课程改革的积极性。由于实施教改计划和教改立项，在高校内产生积极的影响，带动学校内的教学改革工作。尤其是在课程改革方面，几年来取得较大的发展。

(5) 1997年，国家教委根据国务院颁布的《教学成果奖励条例》，组织第三次教学成果奖励工作。北京市共有289项教学成果获得市级奖励，有40项教学成果获得国家级奖励（其中有唯一1项特等奖、8项国家一等奖、31项国家二等奖），若包括各部委直接向国家教委申报后获奖的，则北京共有72项获奖，占全国获奖总数的17.1%，在北京市所有获奖的项目中有关课程改革的项目占85%以上，这从一个侧面反映出从1993年到1997年的4年中，北京地区高校在经过4年教学改革的努力之后，在1997年确实取得丰硕的教改成果。

(6) 与课程体系和教学内容相关的教学方法和教学手段（技术）的改革工作正在向现代教育技术和现代教学方法的方向上深入。

在更新教育思想的基础上，如何体现用先进的教育思想指导教学活动，建设一种能调动教师和学生创造精神，有利于发展学生个性的富有活力的教学机制，以及如何利用科技发展的成果支持教学活动，利用多种途径和手段开展生动活泼、内容丰富的改革实践，北京高校进行了大量有成效的探索和尝试，并已取得初步的阶段性的成果和积淀不少可借鉴的经验。

就大学本科的课程改革来讲，其主导思想应当是在优化面向21世纪的人才培养目标和培养模式的基础上，从主动全面地适应我国经济科技、社会发展的需要出发，根据学科和专业的布局调整和学校的实际情况，明确和树立现代科学的教学思想和观点，逐步推进课程体系和教学内容（包括方法、手段、技术等）的改革。1997年北京地区高校的课程改革实际上已经是进入一个新的阶段。

三、几点体会（略）

（执笔　刘春生）

转岗培训是解决失业问题的“金钥匙”

一、开展该调研的紧迫性

据北京市劳动部门统计，1996年全市失业人员7.15万人，下岗待工人员14.5万人；其中国有企业10.9万人，家庭生活费用平均每月不足170元的特困户12000人以上，在加快国有企业改革加大兼并、破产改组、改制的力度的同时，会有更多的人失业或下岗。据预测，仅下岗待业职工，本市1998年就将达到20万人左右。

对此，市教委成教处专门对市商委系统的食品工贸集团总公司和市经委系统的北京市机械工业局的下岗、转岗职工的培训需求状况进行调查。

二、调查方法及对象

1. 问卷法：考虑到调查范围的广泛性，调查内容的真实性，以及调查对象容易接受的一种形式，有利于从面上搜集到较为全面的反馈信息，在食品工贸集团就是采用此方法。

2. 座谈法：转岗人员的出现是一个复杂的社会现象，解决转岗人员的再就业需要行政部门的政策支持，问卷法只能解决转岗者的态度。因此该调研报告还采用座谈法，以取得点上的典型意义，在北京市机械工业局就是采用此方法。

企业富余人员是指企业生产经营情况发生变化，调整劳动组织和人员结构后生产不需要并撤离生产岗位的人员。大致包括以下三部分人：

一是待业人员。又称暂时下岗人员或暂时下岗待业人员。这部分人员的特点是关系仍在原单位，能从原单位领到生活费。他们包括提前退休人员（又称“内退”职工）、优化组合后下岗人员、停产半停产企业在家待业人员等。

二是失业人员。这部分人员已经失去工作，脱离单位，没有固定收入。他们主要包括解除或终止劳动合同人员，企业精简人员，辞退的富余职工，破产关闭企业的职工，自行辞退离岗人员，违纪辞退及被开除、除名的人员。

三是“隐性失业人员”。如果说待业、失业人员是明显的企业富余人员，那么，在岗职工中还有相当一部分隐性的富余人员，也称“隐性失业人员”。这部分职工虽然仍在上班，但因企业人浮于事，僧多粥少，他们实际上成了富余人员。

以上三部分企业富余人员中，下岗待业人员与“隐性失业人员”都是失业的后备军，是最需要引起关注的失业人员。

从下岗的原因来看，又可分为个人性下岗和社会性下岗两大类。个人性下岗是指因本人素质（包括身体、文化、技能等）相对较差，已不能适应本企业、本岗位工作，而被淘汰下岗；社会性下岗是指在市场竞争中企业停产、倒闭、破产而造成的下岗。这也可称为“结构性下岗”。据初步了解，在下岗人员中，个人性下岗人员的比例要多于社会性下岗人员。

三、调查结果及分析

（一）北京市食品工贸集团的基本情况

北京食品工贸集团总公司即原北京市第二商业局，主要从事副食品生产、加工、储藏、批发、零售等工作，辖二级单位26个。1996年主业在放开经营后出现逐年下滑的趋势，全年商品购进总额37.9亿元，同比增长0.87%，商品销售总额44.7亿元，同比增长6.7%，年末商品库存额6.1亿元，同比下降4.56%，商办工业产值按不变价5.78亿元计，同比下降12.5%，经济效益按帐面亏损额1.16亿元，如剔除限价补贴等因素，再加上盘活资产和多种经营收入，相抵后全公司盈利仅880万元，全公司职工人均收入达7368元，大大低于全市9600多元的人均收入水平。

总公司共有职工36438人；其中干部5516人，职工30922人，已下岗4575人，富余人员5481人，下岗、富余人员共计1万余人，占职工总数27.6%。

这次调查采用抽样问卷调查法，共涉及7个总公司，发放800份问卷，回收657份，回率达82%，调查样本结果如下：

1. 下岗职工基本情况：

（1）性别：男占40.3%　　女占59.7%

（2）年龄结构：29岁以下　5.7%

30～39岁　52.3%

40～49岁　37.6%

50岁以上　4.4%

（3）文化结构：小学以下　3.9%

初中　45.0%

技校　2.9%

高中　39.1%

中专　5.9%

大专以上　3.2%

（4）技术结构：无技术等级　40.4%

初级工　17.8%

中级工　33.9%

高级工　7.9%

从调查样本可以看出，女职工多于男职工；年龄绝大部分在30至49岁之间，占总人数的91.9%，尤其是30至39岁之间的下岗职工较多，占总人数的52.0%；文化程度大多数是初中或高中，占总人数的84.1%；从技术等级来看，下岗职工无技术等级的较多，占40.4%，其次是中级工33.9%，而初级工占17.8%，高级工则更少，而且大多数是退休人员；从家庭收入来看，约一半的家庭（48.9%）经常是支出大于收入。

从下岗时间来看，每年下岗的人数有逐渐增多的趋势，在1995年之前，每年下岗的人数占调查样本不足10%，到1996年增至29.3%，而1997年上半年就达33%。

2. 企业下岗转岗职工对培训的需求情况

（1）对培训的需求

通过调查发现，打算参加各种培训的人占调查样本的83%，而不打算参加培训的人占调查样本的17%，这说明企业下岗转岗职工对培训的需求还是较旺盛的。

（2）对培训内容的需求

从调查结果来看，下岗转岗职工最希望参加“实用技能培训”，占调查样本的54%，超过总样本的半数，其次是打算参加“技术等级培训”的人较多，占14%，而打算参加“高中、大中专学历教育”的人较少，占调查样本的6%。可见，下岗职工比较重视实际应用技术的提高，欢迎短期就能学会，学了就能用的技能。而至于学历文凭是他们较少考虑的方面。

（3）哪一类下岗职工更愿意参加“实用技能培训”

从上面的调查结果来看，希望参加“实用技能培训”的人较多，希望参加实用技能培训的职工，年龄都集中在30至49岁之间；从文化程度上看，文化程度较低者需求更为迫切；从技术等极上看，无技术等级的需求最大。

3. 不愿参加培训的主要原因

从上面的调查结果来看，不愿参加培训的人占17%，主要原因是“没钱学习”，占这类人的46.3%，其次是对培训不感兴趣和“没能力学习”的，分别占不愿参加培训人的16.1%和15.5%，少部分人认为“学了没用，”占9.35%。可见经济上的原因和观念的陈旧仍制约着培训积极性的提高。

（二）北京市机械局的基本情况

机械局系统现有职工99637人，企业单位83个，其中：国有企业42个，股份制企业1个，集体企业28个，合资合作企业12个，事业单位12个。全局系统工业企业职工96710人。下岗职工9359人，其中女职工4999人，占53.4%。

1. 原职业情况：

从事生产工作的	6042人	占64.6%
从事后勤、行政服务工作	1288人	占13.8%
其它人员	1077人	占11.5%
管理人员和技术人员	952人	占10.1%

2. 年龄结构：

35岁以下	2637人	占28.3%
36至40岁	1950人	占20.8%
41至45岁	2281人	占24.4%
46岁以上	2491人	占26.5%

3. 文化结构：

初中及以下	5820人	占62.2%
高中、中专	3186人	占33.5%
大专以上	403人	占3.3%

4. 技术结构：

无技术等级	4757人	占49.8%
初级工	1117人	占11.9%
中级工	3260人	占34.8%
高级工	225人	占3.5%

由此可见，市机械局系统下岗职工大部分集中在从事一线生产的技术工人；下岗职工从年龄上35至45岁之间占45.2%，近一半人；其次是35岁以下占28.3%；文化结构方面初中及以下占62.2%，几乎占下岗职工的三分之二；技术结构方面无技术等级的占49.8%，约一半以上。由此可以归纳出下岗职工是五多，即一线职工多，女职工多，30岁以上的人员多，初中及其以下文化程度多以及无技术等级的多。这些状况与食品工贸集团的抽样调查结果是一致的。

四、在下岗职工培训方面存在的主要问题

（一）配套制度改革严重滞后

由于整个劳动、人事制度改革滞后，使职工既无竞争上岗的压力又在下岗后产生极大的心理不平衡，认为社会不公平，多数人捧惯了"铁饭碗"，坐惯了"铁交椅"，处于心理失衡、自悲、失落，甚至绝望无心思参加培训，因而参加转岗培训，再就业的动力不足，再加上社会保障体系很不健全，尤其是医疗保险制度改革尚未完全到位，使职工一旦脱离企业，即感生活无保障，因此宁愿每月拿200元生活费"泡"在企业，也不愿到托管中心去过渡。

（二）培训机制建立严重滞后

实施再就业工程是解决下岗失业问题的重要措施。但在推行再就业工程方面还主要依靠行政手段和一些临时性、应急性的政策，而且偏重劳动行政管理，尤其缺乏通过劳动力资源开发推动就业的内容。一些实施再就业工程的干部和再就业者未能充分理解培训的重大意义。

1、有关方面对促进再就业的转岗培训迟迟未提上议事日程。一些部门和行业仍然采用计划经济条件下"谁的孩子谁抱走"、"政府出钱、企业出力"的行政安置就业的办法，重视职工的生活安置，而不重视其培训。即使成立行业"托管中心"，由于不重视培训，一方面职工进入托管中心的工作很难做，另一方面即便进入"托管中心"，培训的积极性仍然较低；如机械局系统托管中心1997年已达到2300余人，而愿意参加培训的仅400余人。因此可以说北京市的再就业工程在很大程度上还未走出"就失业论失业"、"治标不治本"的怪圈，一个根本原因就是未把失业人员的转岗培训放在应有的地位，没有为失业者的转岗培训建制和立法，致使失业的坚冰化解进程较为缓慢。

2、忽视培训导致失业者就业能力低下。北京市第三产业的发展，新增行业和岗位大量出现，产生劳动力结构性不足，应该说是扩大就业的理想阵地，但却未能直接解决调剂第二产业中劳动力结构性过剩的问题。究其原因，便是第二产业的富余人员中大部分都不具备这些知识和技术密集型行业所需要的专门知识和技能。由于许多富余人员在知识结构、文化水平和工作技能方面与新兴行业存在较大差异，使这种调剂存在很大困难。尤其是他们被动转行，或被以"失业"方式安排到劳务市场时，这种困难特别突出。因此对失业者和企业富余人员的再就业转岗培训，开发其职业技能，已成为解决失业问题的当务之急。

3、经费不足困扰转岗培训。企业富余人员的转岗培训多数是由社会承担的，劳动部门从失业保险金中拿出部分只补助到劳动部门指定的定点学校（20多所技工学校）且数额较少。而大量的行业办学、政府办学和社会办学都没有相应的培训经费渠道，他们挖掘潜力为企业少量免费培训是可能的，但数量大了就会产生问题，致使一些行业办学单位为了能免费培训下岗职工，而不顾条件举办招收应届初中生成人中专学历班，收取学费以补充经费不足。

（三）下岗职工就业观念的转变严重滞后

一是思想僵化。一些下岗人员仍持有传统的一技防身终身不误的就业观念，不重视接受新的技能培训，既要找条件好、待遇高、轻松安逸的工作，而对改变自身条件缺乏紧迫感。二是思想懒惰。有的下岗人员宁愿在家闲着、靠他人养活也不愿去学习一些技能，开发一项新的事业。三是缺乏自信心。没有勇气去改变现状，特别是通过提高素质，去体现自身的新价值。

五、今后实施转岗培训的主要对策

下岗富余人员是加快经济结构调整和深化国有企

业改革的伴生现象，这是在社会进步和发展中出现的无法避免的阶段性困难。从国内外成功的经验来看，实施转岗培训是企业富余人员重新获得新的职业技能的必由之路，也是打开再就业大门的“金钥匙”。因此，只有转岗培训才能最有效地调节富余人员流向社会最需要的岗位，达到人尽其才，才尽其用；形成“失业—培训—再就业”的良性运行机制。

(一) 要尽快建立转岗培训的保障体系（略）

(二)要有效地调动企业下岗人员参加培训的积极性（略）

(三)要选择好适用于企业富余人员的培训专业和培训模式（略）

(四)要动员各级各类学校尤其是成人学校积极参与培训，逐步建立企业富余人员的培训市场（略）

(五) 制定优惠政策，搞好转岗培训后的就业服务（略）

（执笔　史文龙）

专　文

在思想上和工作中牢固确立邓小平理论的指导地位

陈大白

1997年上半年，根据市委教育工委的部署，各教育单位对中心组学习情况进行自检，对照市委颁发的《北京市党委（党组）中心组理论学习暂行办法》，对本单位中心组学习情况进行分析和总结，既总结经验，也找出问题，并就如何改进中心组学习提出建议，有的单位还制订改进措施。从检查的情况看，绝大多数中心组能比较自觉地按照市委和教育工委的要求组织学习，基本做到有计划、有考勤、有讨论记录、有读书笔记；领导干部每年撰写一篇学习体会；党的主要领导干部每年讲一次党课或作一次辅导报告。通过中心组理论学习，领导干部认真学习马列主义、毛泽东思想特别是邓小平理论，先学一步，学深一点，学透一点，收到良好的效果，突出表现在促进干部的思想解放和转变观念；促进干部对改革、发展进行理论思考，为决策提供科学依据；促进干部队伍建设，提高干部思想理论素质；促进对广大师生员工的思想理论教育，统一大家的思想认识，把师生员工的力量凝聚到有中国特色社会主义教育事业的发展上来。可以说，北京各级各类教育的改革、发展所以能进展顺利，和教育系统广大领导干部认真学习理论，用科学的世界观和方法论指导工作是分不开的。

在多年坚持中心组理论学习的过程中，很多单位摸索、积累不少好的做法和经验，对提高学习实效起到重要作用。概括起来，对各中心组具有普遍借鉴意义的经验主要是：

一、坚持学习制度，是搞好中心组学习的基本前提

学校的工作头绪很多，任务很重，在这种情况下中心组能够坚持学习理论并不容易。困难来自两方面：第一，理论具有抽象性，对理论的理解和掌握非一日之功；第二，各级领导干部都担负着繁重的工作任务，工学矛盾比较突出，时间确实紧张。面对这种情况，很多单位首先抓建立健全学习制度，规范中心组学习，以制度来保证中心组的学习得以持之以恒，不流于形式。实践证明，凡是中心组学习搞得好的地方，首先是有一个要求比较具体的学习制度，这个制度不是制定给上级领导部门看的，不是装装门面的，而是实实在在要对中心组学习起规范、引导、制约作用的。如何坚持中心组的学习制度，也有不少好办法。办法之一是把中心组学习纳入校领导一周工作安排，提前一周对下周学习内容、组织方式做出规定，使各位领导心中有数，预先合理分配工作时间，保证届时能参加学习并预习学习内容。办法之二是坚持考勤，对各位成员参加学习情况记录在案，定期公布。办法之三是实行请假制度，确实安排不开的同志必须事先向组长请假，事后补习所学内容。办法之四是建立领导干部的学习档案，将领导干部参加学习的情况纳入干部考核范围。这些办法说到底是把中心组学习变成硬任务，保证领导干部在繁忙的日常工作中抽出一定时间用于理论学习，对一些重大问题进行理论思考，统一认识，提高领导、决策水平。

二、组长负责，是搞好中心组学习的关键

中心组学习，和其他工作一样，也需要强有力的领导、精心的组织和安排。其中，中心组组长是否尽心尽责，是否重视中心组学习，是搞好中心组学习的关键。这也是一些中心组的重要经验。

组长的关键作用主要体现在四个方面：

第一，对学习起组织作用。学习计划的制定，既要贯彻上级的学习要求，又要结合本单位的工作实际和领导干部的思想实际。因此，学习计划的制定，离不开组长的指导。学习组长是各单位的一把手，了解本单位的全局，了解工作上的当务之急，熟悉各位领导的工作状况和思想状况，在指导学习秘书制定学习计划上能够使学习计划适合客观需要。

第二，对学习起示范作用。组长对学习是真重视还是假重视，对学习是肯下功夫，还是少下功夫，对中心组成员的影响是很大的，某种程度上可以说，组长对中心组学习的态度决定和影响着其他成员对学习的态度，组长的学风体现着整个中心组的学风，组长的学习成效制约着中心组的学习成效。从这次检查看，凡是搞得好的中心组，组长在学习上都起到榜样和示范作用。他们都是学在先，思考在先，研讨发言在先，做辅导报告在先，写理论文章在先，遵守纪律在先。

第三，对学习起引导作用。不少优秀的组长，其作用不仅体现在以自己的模范行动带动其他同志的学习上，而且体现在对学习的引导上。一是引导大家围绕主题进行学习研讨，防止转移议题，起到聚焦作用；二是适时提出新问题，引导大学深化思考层次，起到深化作用；三是对大家的观点进行归纳、评价、总结，引导大家对研讨观点进行系统思考和总结，起到思想升华作用。这种引导作用是学习取得实效的一个不可或缺的环节。

第四，对学习起督促作用。检查中我们发现，学习好的中心组也是学习纪律严明、学习要求严格的中心组，其中，组长发挥着不可替代的作用。这些组长不仅自己遵守学习纪律和学习要求，认真参加每一次学习，而且对其他成员的学习状况十分关注，并敢于严格管理。他们支持学习秘书对各位领导严格考勤，对无故缺席的同志严肃地进行批评，对学习不主动积极、不愿下功夫的同志认真地进行帮助，通过安排重点发言等方式促其认真学习，深入思考。这种严格的管理，使这些中心组的成员都能像对待其他工作那样认真地对待学习，形成了良好的学习习惯和学习风气。

总之，组长是中心组的核心，组长对中心组学习负责是搞好中心组学习的一条重要经验。

三、理论联系实际，是搞好中心组学习的根本

中心组学习的实效，最终要体现在对理论的应用上，体现在领导班子领导工作的原则性、系统性、预见性和创造性提高上。这一切离不开理论学习要紧密联系实际，这是认识发展的规律，也是理论学习的规律，各中心组的学习实践反复证明这一点。

理论联系实际，首先要学习好理论。学习比较好的中心组都反映，中心组学习不能搞成工作会议，那种以研究具体工作取代学习理论的做法，实际上是对理论学习的取消，不能起到提高干部理论思维能力的作用。因此，不少中心组的一条共同经验就是一定要抓住“读书”这一环节，认认真真地钻研理论，读原著、读文件，体会马列、毛泽东、邓小平等革命领袖认识、观察、分析、解决问题的立场、观点、方法，力求触类旁通，举一反三。在此基础上，再选听、选看一些质量高的辅导报告和辅导资料。

其次，“读书”要与联系实际相结合。联系实际不是从本本出发，用理论去裁剪现实，不是简单地给现实贴“标签”，而是要对现实进行理论思考，对现实进行理论的概括和总结，用理论指导实际工作。不少中心组总结联系实际方面的三条经验：第一，理论学习要和思考重大现实问题相结合。所谓重大现实问题指的是改革开放中出现的事关全局的问题，比如，如何认识国有企业改革问题？如何认识地区发展不平衡和收入差距问题？如何认识腐败问题？如何认识“一手硬，一手软”问题等等。在这些重大的现实问题中，都蕴含着重大理论问题，从当代中国马克思主义——邓小平理论出发，还是从别的什么理论、观点出发，对这些重大现实问题的认识必然有截然不同的结论，解决这些问题的思路也会迥然有异。理论学习与思考这些重大现实问题相结合，有助于我们把马克思主义理论融会贯通，掌握其基本原理和精髓，而不是抓住只言片语，教条主义地对待马克思主义理论，在正确认识当代中国重大现实问题的过程中理解、掌握马克思主义的立场、观点、方法，学会应用马克思主义，提高执行党的基本路线不动摇的坚定性和自觉性。第二，理论学习要与思考、研究教育改革、发展的重大问题相结合。很多中心组认为，这既是学以致用的需要，也是学得更好的需要。改革开放以来，教育改革不断深化，各级各类教育都发展得很快，新情况、新问题层出不穷，各级领导干部都面临着巨大的压力。压力、动力同在，挑战、机遇并存。理论反映事物本质，理论反映事物发展规律，学习马克思主义，特别是邓小平理论，有助于我们认识当代中国改革、发展的基本规律和全局，从而在思考教育的重大问题时，不囿于局部和一时一事，思想开阔，具有系统性、预见性，而且，容易形成比较一致的看法，形成领导本单位教育改革和发展的合力。从不少中心组学习情况中可看到，由于把理论学习与思考教育改革、发展等重大问题相结合，这些单位的领导同志在转变教育观念、制定本单位发展规划、深化本单位各项改革举措上都有较大进展，取得明显成效。第三，理论学习要与领导干部思想实际相结合。中心组学习是加强领导班子思想政治建设的重要环节，学习的成效首先体现在干部思想政治素质的提高上，在这个基础上，才能做到应用理论来很好地指导我们的工作。因此，理论联系实际不仅要联系客观实际，还要联系主观实际，改造主观世界。不少中心组都注意做到这一点。他们有的针对领导干部中存在的思想理论困惑、糊涂观念甚至错误观点选择学习内容、辅导资料；有的对认识不统一的问题展开专题讨论，进行思想交流甚至交锋；还有的将学习理论与转变作风、廉洁自律相结合，促进干部自重、自省、自警、自律、自励，加强党性修养，加强一班人的团结。

四、采取有效方法，是搞好中心组学习的基本保证

学习的深化和取得实效不仅仅取决于理论联系实际，还必须采取有效的方法。在这方面，各单位中心组做出积极探索，积累成功的经验。比如，针对教育系统领导干部文化素质高的特点，很多中心组都把“读书”作为学习的一个基本环节，特别注重让干部静下心来，认真阅读一些原著、文章，直接系统了解革命领袖是如何分析现实、叙述和阐发理论问题的，并不完全依赖于二手资料。为了保证读书时间，一些单位除规定个人自学外，还安排集体自学时间，保证干部有最起码的时间用于阅读理论书籍。再比如，针对理论具有抽象性和不易理解的特点，很多中心组特别注意安排讨论，互相切磋，互相启发，达到对理论正确理解的目的。为避免讨论准备不足陷于一般化，一些中心组采取分专题确定重点发言人的方式。重点发言人围绕分给自己的题目，认真读书，广泛搜集资料，精心准备，在讨论时一般都能给其他同志以较大信息量和启发。而且，重点发言人通过对问题的系统化、逻辑化回答，把原先的不够清晰、不够深刻的思考和印象变成清晰的观点、论据，锻炼自己的理论思维能力，对深化学习有明显效果。另外，还有与专家、学者座谈、交流的方法；有撰写理论文章编辑成集发表的方法；有参观、实践、和一线工农交流的方法等等。实践证明，只要选择恰当的方式、方法，就能够对中心组学习起到推动作用。

上述主要经验及其他一些经验是一些中心组在学习实践中逐步创造、总结的，是我们加以借鉴和学习，进一步搞好中心组学习的宝贵财富，各个中心组都应当认真学习和汲取。

下面，就进一步搞好中心组学习谈几点意见。

一、高举邓小平理论的伟大旗帜，继续把邓小平理论作为中心组学习的中心内容

江泽民同志在十五大报告中指出："邓小平理论是当代中国的马克思主义，是马克思主义在中国发展的新阶段"，"在当代中国，马克思列宁主义、毛泽东思想、邓小平理论，是一脉相承的统一的科学体系。坚持邓小平理论，就是真正坚持马克思列宁主义、毛泽东思想；高举邓小平理论的旗帜，就是真正高举马克思列宁主义、毛泽东思想的旗帜"。十一届三中全会以来，我国改革开放事业在各条战线包括教育战线全面推进，取得了举世瞩目的成就，根本原因就是有了邓小平理论作指导，全党高举邓小平理论旗帜不动摇。在当代中国，只有邓小平理论而没有别的理论能够解决社会主义的前途和命运问题。邓小平理论为我们党认识世界和改造世界提供强大的思想武器。我国正处在一个承前启后、继往开来的重要时期，在前进中面临着许多复杂的新矛盾、新问题，需要正确处理；教育战线的深化改革也到了关键时期。抓住机遇而不丧失机遇，开拓进取而不因循守旧，仍然要靠高举邓小平理论旗帜不动摇，把我们的事业全面推向21世纪。正如江泽民同志所指出的："旗帜问题至关紧要。旗帜就是方向，旗帜就是形象"。他还告诫我们："邓小平同志逝世后，全党在这个问题上尤其要有高度的自觉性和坚定性"。教育战线的领导同志，也要有高度的自觉性和坚定性，无论遇到什么困难、什么风险，都要高举邓小平理论的伟大旗帜不动摇。这决定了中心组的学习必须要继续以邓小平理论为中心内容，继续落实以科学的理论武装人的任务。

继续把邓小平理论作为中心组学习的中心内容，就是要把学习十五大精神作为中心组的突出任务抓紧抓好，重点是学好江泽民同志的报告。江泽民同志的报告创造性地运用邓小平理论，阐述一系列重大的理论问题和实际问题，对我国政治、经济、文化等方面的建设和党的思想、组织、作风建设作出新的战略部署，对我国改革开放和现代化建设具有深刻的长远的指导意义。各中心组要集中安排一段时间学习，认真钻研报告原文，把功夫下在领会报告精神上。学习中，要注意着重把握以下内容：一是充分认识党的十五大召开的伟大历史意义，充分认识团结在以江泽民同志为核心的党中央周围，把邓小平开创的伟大事业全面推向21世纪的重要性；二是深入理解确立邓小平理论为全党指导思想的重大意义，深入理解在当代中国，只有邓小平理论而没有别的理论能够解决社会主义的前途和命运问题；三是深入学习社会主义初级阶段的理论，全面认识党在社会主义初级阶段的基本纲领和有中国特色社会主义经济、政治、文化的基本目标和基本政策；四是全面认识公有制经济的含义，深入理解公有制实现形式可以而且应当多样化的论断；五是认真学习坚持、加强和改善党的领导的有关论述，进一步认识把党建设好的极端重要性；六是正确认识当今时代主题和国际形势，深刻理解我国的外交政策；七是正确认识发展我国教育与社会主义事业全局的关系，深刻理解切实把教育摆在优先发展的战略地位的重要意义。我们提倡中心组成员结合自己学习十五大精神的体会讲党课，做辅导报告；提倡中心组成员参加一般干部、党员和师生的学习。各单位要注意学习中提出的认识问题，有针对性地搞好辅导，释疑解惑，把大家的思想统一到十五大精神上来。

二、坚持优良学风，推动各项事业的发展

用什么样的态度对待学习马克思主义理论，是个严肃问题。江泽民同志在十五大报告中做出精辟的论述。他指出："马克思列宁主义、毛泽东思想一定不能丢，丢了就丧失根本。同时一定要以我国改革开放和现代化建设的实际问题、以我们正在做的事情为中心，着眼于马克思主义理论的运用，着眼于对实际问题的理论思考，着眼于新的实践和新的发展。离开本国实际和时代发展来谈马克思主义，没有意义。静止地孤立地研究马克思主义，把马克思主义同它在现实生活中的生动发展割裂开来、对立起来，没有出路"。江泽民同志的精辟论述，对我们进一步搞好中心组学习具有重要的指导意义。

北京作为我国的首都，是全国政治、文化中心和重要的科技教育基地，首都的教育事业不仅对北京市国民经济和社会发展至关重要，而且对全国的现代化建设具有十分重要的影响。首都的教育事业经过"八五"

期间的努力，在改革和发展方面取得显著成绩，办学效益、管理水平、教学质量都有进一步提高。但是，这些成绩距离21世纪国民经济、社会发展和科技进步对教育的要求，距离首都地位和功能的需要还有相当的差距，教育事业与社会经济发展水平和社会主义市场经济体制之间还存在不适应，经费投入不足、师资队伍不稳、办学质量和效益不高等一系列问题仍然困扰着我们。因此，通过深化改革，特别是深化办学管理体制改革来进一步解决好教育资源的优化配置和提高办学质量、效益问题，是当前促进首都教育事业发展的一项重要而又紧迫的任务。中心组的学习，要结合对这一任务的思考与研究来进行。

首先，要继续认真学好邓小平同志关于社会主义初级阶段的理论，使广大干部能够对社会主义初级阶段的基本国情、特别是对教育面临的基本国情有一个清醒的认识和准确的把握，提高执行中央有关教育发展方针和政策的自觉性。

其次，要通过学习邓小平理论进一步解放思想、更新观念。教育改革同经济体制改革一样，已经进入深层次领域，处在攻坚阶段；既需要慎重从事，更需要大胆探索。首都教育的改革在多年探索和实践的基础上要进一步推进，就需要在观念上有所突破，以正确的教育思想和教育观念作为先导，转变重数量轻质量、重投入轻效益、重知识传授轻素质培养、“小而全”等落后陈旧的思想观念。

第三，要通过学习促进对深化教育改革的思考与研究，包括对办学管理体制改革、教学内容和课程体系改革、学校内部管理改革等的思考与研究。要把理论学习和调查研究紧密结合起来，以邓小平理论特别是邓小平教育思想为指导，正确分析校情和存在的问题，从大局出发，采取有力措施，积极推进学校的各项改革。

总之，各单位的中心组要努力按照江泽民同志所要求的，创造一种认真学习的风气，民主讨论的风气，积极探索的风气，求真务实的风气，坚持理论联系实际，多做艰苦踏实的工作，认真解决教育改革和发展中的突出矛盾，促进教育事业的健康发展。

三、进一步贯彻落实《北京市党委（党组）中心组理论学习暂行办法》

为进一步搞好中心组学习，需要进一步落实《北京市党委（党组）中心组理论学习暂行办法》。从这次检查中心组学习的情况看，绝大多数党委中心组都能够按照要求开展学习，但也有一些中心组学习开展得不够好，主要表现为制度不够健全、执行制度不够严格、学习不够深入、存在不遵守学习纪律的现象等等。如果用高标准要求，目前的学习从组织安排、内容形式到收获效果都很好的中心组还是少数，一般化的比较多，更有极少数单位中心组学习形同虚设。各单位要对照《北京市党委（党组）中心组理论学习暂行办法》，按照缺什么补什么的原则，进一步规范中心组学习，加强对学习的管理，吸取先进经验，全面贯彻落实《北京市党委（党组）中心组理论学习暂行办法》的各项要求，务求中心组学习有一个较大的进步。各中心组组长要亲自抓好这项工作。

加强党的思想建设，是十五大提出的一项重要任务。我们要认真响应十五大号召：“重视学习，善于学习，兴起一个学习马列主义、毛泽东思想特别是邓小平理论的新高潮”。让我们认真抓好党委（党组）中心组理论学习，进一步加强领导干部思想政治建设，把各级领导班子建设成为坚决贯彻党的基本理论和基本路线、全心全意为人民服务、具有领导现代化建设能力、团结坚强的领导集体，为首都教育事业的改革和发展做出更大的贡献！

（本文作者：市政协副主席、中共北京市委教育工委书记）

邓小平同志是科教兴国战略的奠基人

任彦申

邓小平同志去世了，任何语言都难以表达我对这位卓越领袖、世纪伟人的无限崇敬、感激和哀思。作为一名教育工作者，我经历过“文化大革命”科教凋蔽的灾难岁月，又经历近20年拨乱反正、科教复兴的不平凡过程，深深地懂得，没有邓小平就没有中国教育科技的春天，就没有今天广大知识分子的社会地位。小平同志作为科教兴国的奠基人、作为知识分子的良师益友，为振兴科教事业所建树的丰功伟绩是有口皆碑、永不磨灭的。

小平同志作为我国社会主义改革开放和现代化建

设的总设计师，始终是站在现代化事业兴衰成败的战略高度来认识教育和科技的重要地位和作用的，基于我国教育科技薄弱、落后的局面以及在观念、舆论、政策、投入等方面种种不如人意的状况，小平同志对教育和科技的改革、发展一直给予高度的关注和切实的支持，小平同志对科教兴国这一战略的尽早确定和加速推进起到巨大的作用。在振兴科教事业上，邓小平同志作出一系列的历史性贡献：

第一，坚决推倒“两个估计”，扫除教育发展的根本障碍，打碎长期禁锢知识分子的精神枷锁。1977 年，小平同志恢复工作后，面对积重难返、百废待举的局面，他自告奋勇抓教育和科技，他说：“我知道科学、教育是难搞的，但是我自告奋勇来抓。不抓科学、教育，四个现代化就没有希望，就成为一句空话”。小平同志采取的第一个果敢的行动就是推倒“两个估计”（“两个估计”系指“文化大革命”中“四人帮”捏造的“文化大革命”前 17 年教育战线是资产阶级专政，大多数知识分子是资产阶级知识分子）。这是向“两个凡是”展开的一个有力冲击，揭开教育领域拨乱反正的序幕，也从根本上扭转知识分子的历史命运。

第二，确定教育和科技在现代化建设中的重要地位，为后来制定科教兴国的战略打下思想理论基础。在小平同志亲自抓科教工作那段时间内，以他那种旗帜鲜明、大刀阔斧的作风，在端正指导思想、扭转舆论导向、调整政策措施等方面采取一系列重大行动。在 1978 年 3 月、4 月相继召开的全国科学大会、全国教育工作会议上，小平同志都发表历史性的重要讲话，以高屋建瓴，势如破竹之势，系统地阐述他的科教兴国思想。他明确地指出，实现四个现代化，科技是关键，教育是基础。科学技术是重要的生产力，后来又进一步指出科技是第一生产力。正是在小平同志的大力号召和倡导下，我国科学教育事业被逐步推到前所未有的优先发展地位，为制定科教兴国的战略奠定基础。

第三，小平同志系统地阐述新时期教育事业的指导思想和根本方针，为教育的改革、发展开辟广阔的前景。在邓小平建设有中国特色社会主义理论体系中，教育理论占有非常重要的位置。其中包括关于教育在社会主义现代化建设中的战略地位的论述，明确教育与经济建设之间“服务”和“依靠”的相互关系；关于教育必须坚持“三个面向”，即面向现代化，面向世界，面向未来；关于教育必须与国民经济发展的要求相适应，必须与生产劳动相结合；关于学校应当永远把坚定正确的政治方向放在第一位，培养有理想、有道德、有文化、有纪律的合格人才；关于重点大学要成为教育中心和科学研究中心，要出人才，出成果；关于提高人民教师的政治地位和社会地位，等等。近 20 年来，可以说是我国教育事业秩序稳定、方向明确、健康发展的最好历史时期。

第四，小平同志提出的“知识分子是社会主义劳动者”，“是工人阶级一部分”的论断是新时期党和国家制定知识分子政策的出发点，他倡导的“尊重知识，尊重人才”的思想，成为新时期党和国家知识分子政策的核心内容。知识分子政策是教育界和科技界最基本、最重大的政策，关系着科教事业的兴衰。小平同志十分珍惜人才，他坚决批判那种鄙薄知识、轻视人才的“左”倾思想和愚昧风气，大声疾呼：“一定要在党内造成一种空气：尊重知识，尊重人才”，“没有知识，没有人才，怎么上得去？”在策划经济体制改革，科技体制改革和教育体制改革的方案时，他一再强调：“最重要的、我最关心的，是人才”，“事情成败的关键就是能不能发现人才，能不能用人才”。正是小平同志带头开创“尊重知识，尊重人才”和尊师重教的时代新风，我国老中青几代知识分子无不为小平同志惜才重教的“开明思想”和“知遇之恩”而感动。

第五，小平同志以“少说空话，多办实事”的作风和真抓实干的精神，切实为教育和科技的发展排忧解难，解决知识分子工作和生活中的具体问题。他有两句名言：“领导就是服务”，“当好后勤部长”。他作为党和国家的最高决策者，在统帅全局、日理万机的情况下，非常体贴下情，深入细致地关心和解决知识分子的实际问题，确实令人感动。从粉碎“四人帮”至今 20 年来，我国陆续出台和正在实施许许多多有关教育、科技和知识分子的政策措施，如恢复高考制度，建立学位制度，恢复评定专业技术职称，评定特级教师，破格晋升拔尖人才，对有突出贡献的人才颁发特殊津贴，选派人才出国留学，聘请外国专家来华讲学，解决业务骨干夫妇两地分居，办好重点小学、重点中学、重点大学，等等。这一切都能在《邓小平文选》中找到依据，都铭刻着“邓小平”的名字。

邓小平同志虽然离开了我们，但他的伟大理论、伟大理想、伟大品格将永远照亮中国人民前进的征程。以江泽民同志为核心的党中央不负重托，励精图治，正在卓有成效地把小平同志开创的建设有中国特色的社会主义事业推向前进。小平同志的科教兴国思想日益深入人心，他所期望的科学事业兴旺发达、教育事业蒸蒸日上，一个人才辈出、群星灿烂的新时代正在到来。

（本文作者：北京大学党委书记）

解放思想　深化改革
加快北京教职工住房建设

耿学超

首都北京作为文化古都，高等学府林立，高科技人才密集，拥有30余万人的教职工队伍。由于历史的原因，北京教师住房欠帐多，供需矛盾十分突出。北京作为历史悠久的古老城市，旧城改造任务十分艰巨。象许多发展中国家大都市一样，首都北京作为国际性开放城市，人口稠密、地价昂贵、土地资源匮乏、基本建设资金紧张。凡此种种，首都北京教职工住房改革、住房建设就是在这种条件下，在不断解放思想、锐意改革中艰难起步的。

在1993年到1997年的5年中，北京市累计投资27亿元，建设完成教职工住房20500套，计160.3万平方米。其中，投资8.75亿元为中央在京高校建设住宅4362套，计40万平方米；投资2亿元，为市属高校教师建设住宅1700套，共计14万平方米；投资1.48亿元，为市属成人院校、中专学校和技工学校建设住宅1387套，计9.8万平方米；投资14.58亿元，为中小学教师建设住宅13000套，计96.5万平方米。到1997年底，北京教职工人均居住面积已达到8.23平方米，1994年北京市登记的3350户教职工住房困难户（人均居住面积在5平方米以下）已经实现解困。

北京教职工住房建设始终得到党中央、国务院及中共北京市委、市政府的高度重视。李岚清、尉健行、贾庆林等国务院和市委、市政府领导多次视察建设中的“育新花园”教师住宅小区，主持召开各级领导参加的部门联系会、现场办公会，及时研究解决建房过程中出现的问题。1994年市政府与各区县政府签订解决教师住房任务书，各区县先后成立由主管区县长挂帅的教职工住房建设领导小组，高校系统每所大学都指派一名校长主管教师住房建设。北京教师住房建设领导体制的确立，将教职工住房建设列入政府行为，有力地推动教师住房制度改革和住房建设。

为解决教师住房建设资金问题，北京市计委对教师住房实行统一安排，做到计划优先、资金保证优先，积极从市财政、教育费附加、广告费附加、社会事业建设费、审计罚没款等多种渠道筹集建设资金，保证建设资金的投入。截止1997年底，市政府补助教师住房建设资金总计2.88亿元。其中1997年上半年完成教师建房补助资金7308万元。在保证全部资金到位的同时，市财政局将应于1998年到位的补助资金6300万元以借款的方式提前一年拨付给各区县。在完成中小学教职工80万平方米住房建设中，市财政局将建设资金补助办法由五年平均分配调整为按各区县计划落实进度分配，调动了各区县积极性。此外，市政府筹集500万元奖励资金用以为表彰和鼓励超额完成80万平方米中小学住宅建设任务的区县。

北京教职工住房建设的过程，始终伴随着观念的更新、思想的解放。市政府采取一系列减免税收的优惠政策，在高校教育小区建设中执行10项税费减免政策，大大降低建设成本。在中小学教师住宅80万平方米建设中，改变土地有偿出让办法，实行建房用地行政划拨，在规划、用地、施工和税费方面全部享受安居工程各项优惠政策。市政府上述这些无形的投入总计达到十几个亿。在市政府的带动下，北京各区县先后制订优惠政策，10个远郊区县明确要求规划、设计、土地、供电和市政等各有关部门要为教师住房建设“开绿灯”，并且尽量减免各种市政配套费用。其中昌平县在教师住房建设过程中，共免交市政、绿化开工手续等费用达650万元。

在解决北京教师住房问题的实践中，市政府坚持把加快住房建设和深化住房改革统一起来，采用由国家、单位和个人多渠道筹集建设资金的做法，调动各方面积极因素，为住房建设注入活力。在城镇地区采用集资建房，利用学校周边土地与其他单位合作建房，购买安居住房，结合其他单位房改由市、区财政为教职工调整落实住房等方法；在农村地区采用利用土地优势为教职工兴建成套平房和将建房计划下达到教职工相对集中、规模较大的乡镇集中建设等方法，走出一条国家、单位和个人齐抓共管、社会各界积极参与的教职工住房建设新路。

1995年，随着全国住房改革的实施，北京教育系统实行住房租金改革，住房每平方米租金由过去的0.16元提高到1.3元，开始了向成本租金的过渡。同年1月1日，北京教育系统建立职工住房公积金，1997年公积金交存率已达到职工工资总额的7%。北京教职工住房改革正在积极稳妥地健康发展。

1996年10月市政府房改办公室、市教委联合制订《房改售房中对教师购房增加优惠的规定》，1997年8月市政府房改办公室、市教委再次联合发出《关于执行〈房改售房中对教师购房增加优惠的规定〉有关问题的通知》，明确在房改工作中对教师购房实行优惠的政策，在全社会形成尊师重教、优先优惠解决教师住房的意识。

按照北京现有教职工住房状况，"九五"计划后三年，北京市再安排100万平方米的住房建设计划，其中，中小学34万平方米，成人院校和市属中专、技工学校6万平方米，市属高校10万平方米，中央在京高校50万平方米，到本世纪末，北京教职工住房条件将会得到显著的改善。

在过去的几年里，北京在教职工住房建设方面取得令人瞩目的成绩，但是必须看到，由于首都北京的特殊地位，科技、教育事业发展迅速，旧的问题还没有彻底解决，新的问题又出现了。在社会主义现代化建设飞速发展的今天，北京教师住房建设还不适应形势的需要，教职工的平均住房水平目前仍然低于全市城镇人口人均居住水平，因此解决好教师住房建设问题仍然是一个长期而艰巨任务。要完成到2000年使全市教职工人均居住面积达到或略高于全市城镇人口人均居住水平，还要加倍努力。

（本文作者：北京市教育委员会副主任）

北京师范大学九十五年历程

陆善镇

1997年金秋时节，北京师范大学迎来95年华诞。在近一个世纪的风雨历程中，她逐步形成具有自身优势和特色的学科体系，凝聚着一大批具有很高学术水平的专家、教授，积累丰富的办学经验，已成为我国培养优秀教师和各类专门人才以及科学研究的重要基地之一。

北师大前身是京师大学堂的"师范馆"，始建于1902年，是我国最早建立的高等教育机构之一和最早建立的高等师范教育机构。1912年改名为北京高等师范学校。1923年正式命名为国立北京师范大学。这是中国教育史上的第一所师范大学。1952年在全国高等学校的院系调整中，中国人民大学的教育研究室、教育专修班和燕京大学的教育系、以及辅仁大学等先后并入北京师范大学。

北京师范大学是一所具有光荣革命传统和爱国主义传统的学校。在"五四"运动中，高师的学生，包括女高师的学生，成为"五四"运动的先锋。1922年，在李大钊的指导下，男、女高师先后建立共青团和共产党组织。在"一二九"爱国学生运动中，北师大学生始终站在最前列。全国解放前夕，在六十多个城市爆发的反内战、反饥饿、反暴行的学生运动中，北师大的进步学生纷纷组织社团，积极参加革命斗争。几十年来，北师大培养了一大批革命家和进步人士。

北师大具有优良的学术传统，为中华民族的教育事业培养大批优秀的教师和教育家，为社会造就大批合格人才，其中许多人成为我国教育界、文化界、科技界出类拔萃的人物。从最初的师范馆开始，学校就十分重视教育质量，聘请许多社会名流和著名学者担任教师，实行非常严格的考试制度。在教学方面，鼓励学生自学，重视实践，培养学生独立工作能力。在思想教育方面，明确提出"既变化其气质，复陶冶其性情，总期身心调和以造成完全之人格"的要求。早在1920年，学校就开办教育研究科，招收高师和专门学校的毕业生，这也是我国高等学校招收研究生的开始。

新中国成立后，党和政府十分重视北师大的建设。毛泽东主席亲自题写校名和学报刊名，并曾接见师生代表，亲莅北师大宿舍看望教师。1992年，江泽民主席亲莅北师大祝贺教师节，发表重要讲话，并题词："吸收和借鉴人类文明的一切优秀成果，谱写中国教育的新篇章"。作为国家重点投资建设的大学，北京师范大学在国家教委和北京市的领导下，依靠全校教职员工和学生的努力，各项事业均取得长足的进步，在教学质量、学术水平、学科建设以及整体实力等方面，一直处于国内同类院校的前列。

北师大坚持为教育服务的办学方向。长期以来，一直为培养高水平的师资默默耕耘，为基础教育的改革与实验奔波忙碌，为国家教育改革与发展出谋划策，为绘画各地区的教育发展蓝图呕心沥血。实际上，为教育服务已经成为北师大的特色所在。

为了更好地办出特色，办出水平，学校在“七五”之前就提出，经过20年的努力，把北师大建设成为“国内第一流，国际上有影响，高水平的重点师范大学”的奋斗目标，并率先提出“树立全员育人意识，开通全程育人途径，建立全方位育人格局”的工作模式。通过全校干部教师的努力，北师大围绕为教育服务，在人才培养、科学研究、学科建设以及师资队伍建设等方面，取得一系列可喜的成绩，成为我国培养各类师资和其它专门人才的教育中心，成为教育科学和其它基础科学的研究中心，并初步建成办学特色鲜明、学科门类齐全、学术水平较高和科研实力较强的重点师范大学。1997年，北师大共有10个学院，18个系，20个研究所，有全日制本专科在校生5400人，研究生1500多人（其中博士研究生400人），外国留学生600人，师资培训与进修生500人，夜大学和函授生6400人。

人才培养是学校各项工作的中心。经过多年的建设与发展，北师大已形成从学士、硕士到博士的人才培养体系，层次完备，门类齐全，质量水平较高。自1949年至今，北师大共培养各类毕业生近7万人，其中绝大多数人在教育战线工作。自1993年以来，师范专业的可分配毕业生在教育系统工作的人数占总数的比例都超过85%；非师范专业可分配的毕业生中，在1993年至1995年的三年间，也分别有59.1%，77.2%和77.3%的学生去教育系统工作。10多年来，北师大还为新疆、西藏等少数民族地区培养和输送近千名师资；为边远地区招收师资委培生3000余人。北师大的毕业生遍布祖国四面八方，成为教育战线，特别是基础教育中的重要力量，其中许多人都成为教学骨干、特级教师或学校及教育部门的领导。自1985年以来，北师大共培养研究生4528人，其中397人获博士学位。北师大毕业生很多已成为博士生指导教师，有的已当选为中国科学院院士、中国工程院院士。在全国高校第一、二、三届优秀教学成果评奖中，北师大获国家级特等奖1项、优秀奖2项，二等奖6项；获市级、局级优秀教学成果奖52项。3名教师获宝钢教育教学特等奖，3名教师获曾宪梓高校教师一等奖；在全国高校第一、二、三届优秀教材评奖中，获国家级特等奖1项，国家级优秀奖7项，二等奖17项，国家教委级优秀教材奖49项。

北师大近年来在教育科学、自然科学和人文社会科学方面，承担国家多项科研任务，取得一批具有重大意义和影响的成果。

在自然科学研究方面，“七五”和“八五”期间，北师大承担国家科技攻关项目66项；“863”高技术研究项目14项，国家攀登计划项目13项，国家自然科学基金项目311项；加上一批博士学科点专项研究基金、各种青年基金和国外基金项目，项目数达520余个，其中重点项目100余个。10余年来，出版专著393部，发表科研论文6681篇；1989至1996年美国三种检索系统收录北师大论文共774篇，SCI引证共367篇、631次。截止1997年底，获得国家级和省部级科研成果奖200多项，其中含国家三大奖16项。近几年来承担的科研项目总数和科研经费额增长较快，1997年自然科学科研经费达3600多万元。

在人文社会科学研究方面，自“七五”规划以来，北师大共承担国家级和省部级科研及横向项目625项，其中国家级重点科研项目42项；国家教委和省部级重点项目107项；出版专著2232部，在国内外学术刊物上发表论文11185篇。“八五”期间，北师大承担国家社科基金规划项目和中华基金项目数居全国高校第六位；教委规划项目和博士点基金项目数居全国高校第九位；北京市规划项目排序为并列第一；教育与心理科学规划项目数居全国高校第一位。进入“九五”不到两年，北师大人文社会科学纵向项目数已达176项，承担的横向项目也呈上升趋势。学校社科科研费从1993年的114.2万元升至1997年的250多万元。“七五”规划以来，文科共获国家和省部级科研成果奖133项，其中特等奖1项，荣誉奖1项，一等奖31项，二等奖74项，三等奖26项。

多年来，北师大一直十分重视学科建设。现有7个国家重点学科，7个博士后流动站，40个博士点学科，92个硕士点学科；有38个本科专业，7个国家文科及理科基础科学研究和教学人才培养基地，3个“师范生基地”；有1个国家级重点（联合）实验室，1个国家专业实验室，3个国家教委部门开放实验室。由此构成一个以教育、心理学科为特色，以文理基础学科为主干，覆盖面较广、水平较高的学科体系。

教育与心理学科是具有传统优势的特色学科，它拥有一大批在国内教育界享有很高学术地位、在国际上有重要影响的专家学者，覆盖几乎所有的教育子学科，包括教育基本原理、比较教育学2个国家重点学科，9个博士点学科，1个博士后流动站，16个硕士点。其综合实力在国内居领先地位。

文理基础学科是学科结构中的主干学科，它们具有历史悠久、力量雄厚、基础扎实的特点。文理基础学科包括中国民间文学、基础数学、概率论与数理统计、细胞生物学、生态学等5个国家重点学科和31个博士点学科，其中，有些学科达到或接近世界先进水平，有相当一批学科在国内居于前列，有的则初步形成自己的学术特色和学派。

在保持特色学科和发展基础学科的同时，北师大还建设和发展一批新兴学科、应用学科和交叉学科，通过各学科的相互渗透，推动全校学科结构的优化，促进学科综合水平的提高，也增强学科建设与发展的效益。

至1997年底，北师大有教师1868人，其中专职科研人员546人，具有正高职专业技术职称296人，副高职686人。教师中，有博士学位的245人，有硕士学位的530人，中国科学院院士3人，中国工程院院士1人，国务院学位委员会学科评议组成员12人，国家级有突出贡献中青年专家14人，博士生导师150余人。还有600余名硕士生导师。全校教师中，既有学术造诣精深，在国内外享有很高学术声誉的老一代专家学者，也有一批勤勉奋发，在学术界崭露头角的中青年学术骨干。有500余名教师先后在国外学成回校。丁肇中、普列高津、陈省身、邓昌黎、苏步青等应聘为名誉教授，还有一批中外著名学者应聘为学校客座教授、兼职教授。

改革开放以来，北师大先后与美国、日本、澳大利亚、法国、英国、俄罗斯、韩国、加拿大、意大利和比利时等近20多个国家和地区的50多所大学和科研机构建立了学术交流关系，聘请外籍专家来校任教、讲学和开展科学研究达1000多人次。与此同时，学校先后有3000人次到国外进修、讲学、开展合作研究或出席国际学术会议。近10年来，北师大主持召开30余次影响较大的国际学术会议，与会外国专家学者达1500余人，其中包括许多国际知名学者，如诺贝尔奖获得者福井谦一等。

北师大已发展成为一所本科教育和研究生教育并重、学科门类齐全、层次水平较高的国家重点大学，成为我国培养高层次专门人才的重要基地之一。

1996年，北师大顺利通过“211工程”部门预审，并获国家教委、北京市“文明校园”称号。1997年，被北京市委、市政府授予“北京市党的建设和思想政治工作先进普通高等学校”称号，并获首都精神文明建设委员会授予的“首都文明单位”称号。

在新世纪即将到来的时刻，北师大既面临着挑战，也面临着机遇。党的十五大胜利召开，我国改革开放和社会主义现代化建设进入全面发展的新阶段，为北京师范大学的发展提供广阔的前景。北师大正在实施“211工程”建设规划。我们的目标是，到2002年，即建校100周年，在教学改革、科学研究、学科建设与师资队伍建设等方面取得明显成果。再经过10年的努力，即建校110周年，全面实现“211工程”建设的总体目标，即把北京师范大学建成“以培养高水平师资和各类教育人才为主，整体教学质量和学术水平居国内一流大学前列，在国际上有重要影响的社会主义师范大学”。

（本文作者：北京师范大学校长）

前进中的海淀教育改革试验区

赵建忠

1994年8月19日，市委、市政府批准建立海淀教育改革试验区。并明确批复：“在保证完成国家及市政府下达的各项教育任务的基础上，进行各项教育改革试验”。“要充分发挥海淀区人才、智力和高科技优势，通过实行经济、科技、教育三结合，普教、职教、成教三统筹，实现教育资源的优化配置，推动区域教育与经济协调发展，从而把海淀区建成全市、乃至全国教育最发达、教育质量最高的地区之一，为首都的教育改革和教育现代化提供经验。”三年来，在海淀区委、区政府领导下，广大教育工作者和教师积极贯彻市委、市政府决定，解放思想，扎实工作，统筹规划，积极探索，分步实施，重点突破，各项教育改革试验进展顺利，管理体制改革、办学体制改革、结构布局调整、招生考试改革、教育教学改革等都有所突破。先后取得“全国幼儿教育先进区”、“全国少儿工作先进区”、“全国未成年人保护工作先进单位”和“全国‘三优工程’试点工作先进区”荣誉称号，被评为“全国‘两基’工作先进区”。

一、深化教育体制改革，努力建立适应社会主义市场经济体制需要的教育新体制。

第一，改革教育管理体制，加强党和政府对教育工作的领导。根据市委、市政府批复精神，撤销两办（文教办、托教办）两局（教育局、成教局），成立中共海淀区委教育工作委员会、海淀区教育委员会和海淀区人民政府教育督导室。形成党的领导、行政指挥、政府督导相结合的组织系统。教育委员会由包括区计委、科委、体委、农委、街工办、财政局、劳动局、人事局、文化局、卫生局和各级各类学校代表在内的24人组成，初步形成大教育格局。原督学室改为人民政府教育督导室，提高地位，扩大督导范围，强化依法治教的教育保障机制。通过体制改革，机关内设机构由原来的32个，减为14个，人员由288人减为169人，平均年龄由46.1岁下降到40.3岁。

第二，改革办学体制，调整学校布局，优化教育资源配置。海淀行政区域内，有50多所高等院校，上百个科研单位，3万多高级研究人员，还是新技术产业开发试验区，人才、智力、新科技产业密集，教育资源得天独厚。为发挥优势，充分利用教育资源，有步骤地进行办学体制改革。按照学校办学运行机制，形成并确认政企联办、企业承办、校长承办、政校联办、校际联办、校企自助、校地共建以及私立学校等8种办学模式。改革试点涉及大、中、小、幼、职、成各级各类学校53所，特别是民办学校发展迅速，中、小、职、成、幼共有15所。初步改变政府包揽办学的格局，建立部委院校与区属院校、城市学校与农村学校、区属学校与他办学校之间的横向联合，高等教育、成人教育、职业教育、普通教育之间的纵向联合并逐步形成网络。在改革办学体制的同时，进行学校布局调整。至1997年，区属128所学校，减少57个单位建制，全区三分之一以上的教育资源进行重新组合。多种形式办学和学校布局调整，实现教育资源优化配置，发挥名校效应，拓宽教育经费筹集渠道，改善办学条件。海淀区政府与锡华电子有限公司联办北京21世纪学校，引进企业资金1.45亿元，育英中学与驻区部队共建引进资金1.6亿元；调整后的71所学校，在校生2000人以上有6所，1000人以上有15所。全国重点职高海淀信息管理学校校园面积由1.33万平方米扩大到5.73万平方米，招生人数由1425人扩大到2170人。

第三，改革招生考试制度。小学升初中实行就近入学。1995年和1996年，全区划分15个招生片，各片从区题库选题组织毕业考试，毕业生在片内择校就近入学，三好生、特长生予以保送。1997年，改为各小学从区题库抽签选题自行组织毕业考试，城镇学生片内就近择校(一个志愿)入学，农村地区就近分配入学。初中升高中，考试科目由6科减为4科，区内独立命题、阅卷，并将4科成绩折合为全市6科统考成绩参加全市统一录取。

第四，实施三教统筹，大力发展职业教育和成人教育。实现城区职业教育与农村职业教育、中等职业教育与高等职业教育、职业高中教育与成人职业教育并举，形成适应海淀区经济与社会发展的职业教育网络。经过布局调整，原有21所职业高中调整为15所，其中纯职高校达9所，每所在校生均在1000人以上。至1997年，各级各类成人校发展到504所，包括成人高校1所，成人中等学校5所，职工学校6所，社会力量办学校391所，乡成人校11所，村成人校90所，全年完成各类培训17.56万人次。

二、深化教育教学改革，全面推进素质教育。

第一，加强学校德育工作，对青少年深入进行爱国主义、集体主义和社会主义教育，进行中华民族传统美德教育和礼仪常规教育，提高学生的思想道德素质。全区已建立德育基地400余处，在盘山抗日根据地遗址建立第一个区级爱国主义教育基地，已有近万名学生参加教育活动。在南口农场建立海淀区青少年劳动生产实习基地，已接待学生2400多名。全区所有的中学都开展军训活动，有近百所小学成立少年军校，通过严格的军营生活和军事训练，培养学生的组织纪律性和良好的行为作风。全区已有75所学校成为无烟校。进行政治课改革，编写初一政治课新教材和大批乡土教材，发挥政治课主渠道作用。推进社区教育，创造良好的社会教育环境。深入开展“警学共建”、“法学共建”、“检学共建”活动，加强对学生的法制教育。

第二，以科研为先导，深化教学改革。人大附中的《现代少年》课、十一学校的综合活动课、北大附中的科技论文课和思想品德课、八一中学的创造教育课受到普遍好评。二里沟中心试验学区在所辖24所小学内进行新世纪教材试验，力争在小学教材改革上，有新的突破。在推进素质教育的过程中，扎实、深入地开展教改课题实验。在基础薄弱学校进行“和谐教育”实验；在中等基础学校进行“JIP”实验，在市区重点类学校进行“三个面向”实验。在小学开展马芯兰教育改革实验和小学生主体性发展实验；在培智中心进行孤独症儿童教育训练的实验；在职业高中开展职高学生素质结构与评价标准实验，这些科研实验已经产生多方面的实际效果，教师的观念和教育教学方法得到更新，学生学习的主动性、积极性、创造性得到增强。《北京市海淀区教育发展战略研究》1996年通过全国教育科学规划领导小组专家鉴定，定为国家哲学社会科学“八五”规划重点课题。

第三，深入推进学校教育现代化工程，主要内容是实现教育思想、教育目标、课程教材、教育方法手段、干部教师素质、学校物质资源配置、外部环境、教育管理、教育评价的现代化。区教委制订中小学、职业学校、成人学校、学前教育4个现代化工程实施方案。1995年此项工程启动，经学校自评自报，区教委严格审查，1996年5月确定出第一批38所试点校。

第四，加强基础薄弱校建设。推进素质教育一个重要环节是办好每一所学校。1996年，经调查确定全区有16所基础薄弱学校。区政府制订《海淀区加强基础薄弱学校建设工作规划》，提出五年彻底改变面貌。主要措施是，加强学校领导班子建设，组织16所基础薄弱校校长参加市校长培训，选派退休的优秀校长到基础薄弱校工作；增加基础薄弱校经费投入，1996、1997

两年投入4060万元，16所基础薄弱校电化教育设备均已达到一般标准，个别学校达到较高标准；加强基础薄弱校科研教研、检查视导和指导帮助。

第五，加强干部教师队伍建设。委托高校对1600名小学教师进行大专自学考试培训，67名干部和235名中学教师参加研究生课程班学习。加强骨干校长、骨干教师培养，评选表彰1200余名全国及市区优秀教师和优秀教育工作者。加强青年教师队伍建设，制订《海淀区青年教师教学基本功分级达标标准》，表彰2157名青年先进教师和教育工作者，20名青年教师标兵。调整学校师生比，小学为1∶6，初中为1∶12，高中为1∶11，基本达到国家教委规定的到本世纪末中小学师生比例。请退40名长期不在岗人员，占应清理对象的40％。

深化教学改革，推行素质教育，试验区教育质量稳步提高。全区小学生毕业考试及格率、毕业率、升学率每年均在99.9％以上，初中毕业生总升学率均超过94％，高考录取人数保持在每年5000人以上，占全市录取人数25％以上，保持海淀区人口占全市七分之一，高考录取学生占四分之一的优势。在中学生国际奥林匹克学科竞赛中，获金牌2枚、银牌1枚。有18名学生获北京市金、银帆奖。在北京市小学生迎春杯数学竞赛和北京市中小学生田径运动会上，海淀区连续3年夺得团体总分第一。在1996年北京市第五届中小学生合唱节上，获得小学、初中、高中三个组别的全部一等奖。

三、区委区政府加强领导，为教育办实事，保证教改试验区健康发展。

教改试验区建立后，海淀区委、区政府在广泛听取各方面意见和反复科学论证后，制订《北京市海淀教育改革试验区规划》。这个《规划》以邓小平教育思想为指导，提出海淀区到本世纪末教育改革和发展的战略目标、总体设计和十项改革任务、十项建设工程。《规划》经区人民代表大会正式通过在全区贯彻执行，成为全区各行各业关心、支持教育的动员令，成为各级各类教育单位深入教育教学改革的行动指南。之后，区人大、区政府以及区教工委、区教委又相继制订与《规划》相配套的一系列规定、规章、制度，推动教改试验，规范教改试验。

保持教育投入“三个增长”。1995年区财政对教育投入2.24亿元，比上年增长29％，高于同期财政经常性收入增长率2.3个百分点；1996年财政对教育投入2.89亿元，比上年增长29.3％，高于区财政经常性收入增长率4.3个百分点；1997年区财政对教育投入3.4亿元，比上年增长18.1％，高于区财政经常性收入增长率1.6个百分点。生均教育费用，1994年为1016.9元，1995年为1256元，1996年为1570元，1997年为1820元；生均公用经费，1994年为229.88元，1995年为303元，1996年为439元，1997年为587元，两项均实现逐年增长。全区普通高中达到市颁综合定额标准的123％，初中达到127％，小学达到136％，农村中小学还要高些，分别达到182％和213％。

在全区开展教育思想大讨论。首先在区委扩大会上，区人大、区政协会议上，区政府教育工作会上，然后深入发动各行各业广大干部职工，尤其是教育战线教职工，认真学习邓小平理论和教育思想，党中央的一系列有关教育的决定、指示，围绕教育的根本任务展开广泛深入讨论。区教委召开5次教改论坛、5次大型教育思想讨论会，各类学校召开多种形式教育思想讨论会300余次。通过学习、讨论、实践，促进教育思想更新，现代教育思想和素质教育观的树立，既提高广大干部教师的认识，又形成正确的社会舆论导向。

完成教师住宅建设，解决教师人均居住面积5平方米以下的住房困难。区委、区政府把教师安居工程确定为全区基本建设的“一号工程”。结合学校布局调整，利用学校空地在厂洼街建住房1.95万平方米，在温泉二中建5000平方米，在白家疃新建1.2万平方米，花园路8号在建1.25万平方米购买昌平霍营乡1.25万平方米，在金顶街、阳光小区、采石路、花乡、西三旗等处购买3.4万平方米；利用教师配偶单位房改，为150户教师调房，约1万平方米；利用学校边角地在农大附中、工读学校、育英学校等地与它单位合建教工住宅1.5万平方米。截止1997年底，共完成教师住宅建设12万平方米，提供近1600套楼房住宅，超额完成市下达的10.3万平方米的任务，全部解决94年区房改办确认的人均5平方米以下教师住房困难户367个，近十个新出现的困难户拟在下一步分房中优先解决。

改革是一项艰巨、复杂、长期的过程。李志坚同志在一次教改实验区现场办公会上曾指出，建立海淀教改实验区，是市委、市政府的“一篇宣言、一面旗帜、一种舆论、一次动员”。“就是要不断地告诉人们：教育改革的任务还是非常繁重的，教育的根本出路在于改革，这是一个宏观效应。市委、市政府寄希望于海淀区”。我们的工作距市委、市政府的要求，到达教育改革的总目标，还有相当距离。我们决心努力工作，大胆试验，勇于探索，力争教改试验成功，不辜负市委、市政府的期望，不辜负全区人民的重托。

（本文作者：北京市海淀区教育委员会主任）

面向21世纪高等职业教育的探索

傅正泰

海淀走读大学创建于1984年，是在北京市和海淀区政府领导下的一所公有民办的综合性新型高等专科学校。建校14年来，为国家培养大专毕业生6000多人，各类资格培训14000余人。毕业生普遍受到用人单位好评和欢迎。

海淀走读大学现有6个学院，即理工学院、经济管理学院、国际语言文化学院、中国传统文化学院、管理信息学院和培训学院。学校设有工科、文科、经济、外语、医学、艺术等45个专业。

海淀走读大学自创建以来，注重探索发展高等职业教育的道路。1996年，根据李岚清副总理的指示精神，在国家教委大力支持下，开展高等职业教育试点，面向社会正式招生。从招生情况和学生入学就读情况看，社会反映是好的。

必须大力发展高等职业教育。

人类即将进入21世纪。中国经济和社会正在高速发展迎接21世纪。新的历史时期，对社会生活的每个方面都提出了新的要求，社会每个方面则对人才的结构和培养提出新的要求，这个新要求一个重要方面就是必须大力发展高等职业教育。

一、国民经济的发展，需要培养高等职业技术人才。

随着科学技术的迅速发展，我国已经能够综合运用多种先进技术，使生产达到高效化、精密化、自动化，生产设备技术含量越来越高，这便对劳动者提出更高的科技要求。比如过去的发电厂，用的是几万千瓦的发电机组，设备比较简单，值班人员有中专文化水平就够了。现在采用几十万千瓦的发电机组，这些机组效率高、污染少，但控制设备越来越复杂，至少需要大专文化水平的人才能操作；电子信息技术也渗透到医疗领域，过去医生治病靠听诊器，X光设备就算很高级了。现在医院添置引进许多技术很复杂的电子医疗设备。医生、护士是医务医疗的专业人才，不懂这方面的技术就不能胜任这方面工作。为了保证检测和诊断结果的准确可靠，必须另设专业，专门培养这方面的技术人才。

高等职业教育的培养目标主要不是培养科学家去发明新设备；而是要培养能正确运用、维护这些设备，保证设备正常运行的人。实际上，许多现代化设备是可以引进的，而且开发、引进的速度相当快。问题是教育跟不上，因而不能充分发挥效益。人才培养赶不上机器进步，已成为当前制约许多单位提高工作水平的重要因素。因此，国民经济的发展迫切需要高等职业教育。

二、参与世界竞争，需要培养高等职业技术人才。

当今世界，各国都很重视高等职业教育，像美国的社区大学，日本的短期大学等。一方面需要建设一些重点院校和学科，着重培养有雄厚理论基础的高级人才，担负重要岗位工作，这是少数；一方面需要大力发展一些较低层次的高等学校，培养一定理论基础和相当实干能力的应用型人才，从事第一线的实际工作，这是多数。后一种人才，构成整个社会文化技术基础，没有它，社会现代化根本无从提起。培养这部分人才，就需要高等职业教育，这是世界趋势。为了迎接21世纪，必须对这个世界趋势有足够的认识。

我国社会经济迅速发展，使我们有更多机会面向世界，更多地参与世界协作和竞争，企事业的经营管理难度日益增大。为了跟上时代步伐，跟上发达国家步伐，必须提高在职人员素质，必须发展高等职业教育。这种状况，不仅对厂长、经理的要求高了，而且对一般工作人员的要求也高了。比如过去选拔秘书，在知识方面主要看中文基础。现在除了中文基础之外，还要看外语水平、计算机的操作能力和公关、管理方面的知识与能力。为此，秘书学应运而生，全世界都有专门培养秘书的高等职业学校。过去领导部门收集情况，都采用报表方式，手工业作业。现在都采用计算机网络化管理，这对提高办公效率，辅助科学决策，起着重要的作用。将来信息高速公路的普及还可以在更广阔的范围内实现信息共享。为了充分发挥计算机网络管理的效益，一方面需要培养一大批计算机方面的人才，以保证网络正常运行。另一方面，还需要提高整个管理部门使用计算机网络的能力。这两方面都需要大力发展高等职业教育。1995年在北京召开世界妇女大会，在饭店接待大会秘书长蒙盖拉夫人的是海淀走读大学英语系的一位学生。为什么不用饭店服务员而用她呢?因为她是大学生，气质好，英语水平高。这个例子很有代表性。当代中国对管理、经营、销售、公关、服务等各方面人员都提出了更高的要求，要求他们有更高的专业水平和文化气质。正因为这个缘故，中等职业教育不够，还需要高等职业教育。

三、整个社会面临文化技术改造，需要培养高等职业技术人才

我国社会经济发展，人民生活水平提高，人们对衣、食、住、行等各行各业提出新的要求，整个社会面临文化技术改造。在市场经济作用下，用同样的木材做桌子，做工和式样不同，价格大不相同；用同样的布料做衣服，手工优劣、式样雅俗，价格也大不相同。什么东西都有个上档次问题，都对有关人员提出更高的文化要求。这样的事反映在社会的各个方面，这类例子俯拾皆是。随着生活水平的提高，人们对居住质量提出新的要求。为此，国家建设大批住宅，仅北京市就有5000个新建小区。但房子盖成了，不等于生活得舒适，加强物业管理就成为当务之急。物业管理涉及多种技艺，如水、暖、电、通风、土建、电梯、防火、环境美化、室内装饰、治安保卫等等，成为一门新的专业。培养掌握上述专门知识、又有一定组织能力和良好职业道德的管理人员，是搞好物业管理的重要步骤。

发展高等职业教育，办好高等职业教育，对规范目前的中等职业教育，提高学生学习职业技术的积极性，推动中等职业教育发展，建立科学的职业教育体系，会产生良好的作用。

总之，高等职业教育的范围十分广泛，大到政府机关、大型企业的宏观调控，合理决策，小到庭园布置、室内装饰、穿衣美发，都涉及高等职业教育问题。它渗透到社会的各个领域，它是现代国民教育的极其重要的组成部分。中国社会当前的一项重要任务是，尽快消化，吸收世界上已经成熟的先进技术（包括软科学成果），推动国家迅速摆脱落后状态，登上新台阶。这是社会生活的跃进。在这个特殊的历史时期，发展高等职业教育，培养新一代应用型人才，更具有特殊的重要意义，它应成为国家发展战略的重要组成部分。

探索有中国特色的高等职业教育体系

发达国家诸如美国、德国、加拿大、澳大利亚等，在发展高等职业教育方面，已有相当成功的经验。这些经验，对于刚刚起步的中国高等职业教育来说，自然是十分宝贵的。然而，外国的经验只有和中国的实际相结合，才能发生效力。因此，结合中国实际，探索和建立有中国特色的高等职业教育的总体框架，搞好战略布局，便成为面向21世纪的中国高等职业教育应当解决的重要问题。

一、探索适合国情的多种办学体制

为迎接21世纪的发展，国家要重视高等职业教育，拿出更多的资金和人力，推动高等职业教育的发展。中国是社会主义国家，发展教育事业主要依靠国家投资建设。由于高等职业教育刚刚起步，所以更应加大投入。特别需要花费较大力量建设若干重点职业大学，并对各项重大问题开展试点，取得经验，以便作为样板，提供借鉴，从而保证中国高等职业教育从一开始就建立在扎实可靠的基础上。

中国地方大，人口多，国家还很穷，穷国办大教育的根本国情，在相当长的一个时期内，都会成为制约高等职业教育发展的重要因素。发展高等职业教育，还应当发挥社会潜力，公办和民办相结合，两条腿走路。在国家加大投入的同时，充分调动社会各方面的积极性，提倡交费上学，发展民办公助、企业办学等多种形式的办学体制。

十几年来，海淀走读大学一直实行“民办公助、自负盈亏”的办学体制，效果很好。事实证明，以民办公助方式发展高等职业教育是可能的。海淀走读大学是借助清华、北大、人大等高校的支持，逐步办起来的。借助若干高校的支持办学，不仅启动快、质量好、费用低，而且还可以产生综合性的教育优势，在专业设置方面可以体现出综合性、先进性和灵活性，开设一些社会特别短缺、难度较大的专业（如高科技方面），还能根据社会需要的变化，及时调整专业设置，起到拾漏补缺、平衡社会需要的作用。这是一项成功的经验。从地域上看，北京高等职业教育的两个试点学校，北京联合大学和海淀走读大学都处在北四环路上，地理位置过于集中，显然不利于北京高等职业教育的开展。应当尽量创造条件，使学生能就近上学，当地就业，使高等职业教育的地域分布尽量趋于合理。

二、建立以学校为中心的社会办学网络

发展高等职业教育，一方面要大力加强学校自身建设，一方面要充分发掘社会教育资源的潜力。学校是专门培养人的地方，思想明确，教育经验丰富，必须以学校为教育活动的中心，以便发挥学校长处，协调各方面关系，保证教育质量。但决不能追求“大而全”、“小而全”，而要充分利用社会教育资源潜力。高等职业教育，每个专业都需要自己的专用技术设备，如果单靠学校解决，投资大，建设周期长。地方对人才的需求面很广，但批量不一定很大，某方面人才很容易饱和。什么都靠学校自己搞，不仅财力难以支持，而且一旦这方面的人才饱和，有关设备、师资也将难以安排。吸引企事业单位参与，建立以学校为中心的办学网络，可以充分利用社会教育资源（师资、设备）。许多专业性、技艺性强的专业，可以在企事业单位进行，增加教学的实践性，实行校企密切结合，吸引有实践经验的专家、企业家到学校讲课，可以使学生学到更实际、适用的知识技能，使学校更准确地掌握社会对人才的实际需求情况，把课教“活”，专业设置也更加灵活。这样可以使高等职业教育更贴近社会，更直接为社会服务，更适合社会

需要，也可以调动校内外各方面的积极性，使高等职业教育得到蓬勃发展。建立以学校为中心的社会办学网络，既是我国国情的需要，也是世界许多国家提供的经验。

三、形成高等职业教育自己的体系

高等职业教育，作为一门独立门类，应当有它自己的定位及相应的培养目标、招生对象和教学计划等。从我国的实际情况出发，高等职业教育应当与普通高等教育、中等职业教育、成人教育有联系也有区别。

普通高等教育，专业设置以学科分类，而职业岗位常常需要多方面专业知识，因此毕业生走上工作岗位，往往需要经过几年的自学和摸索才能适应工作需要。高等职业教育，应该按职业岗位的实际需要设置专业，制订教学计划，使高职毕业生更适合社会的需要。高职招生对象，不限于普通高中毕业生，还招收中专、职业高中和中技毕业生，这类学生已接受过中等职业教育，有可能扬长避短，培养高技艺型和复合型人才。

对于高职教育与中等职业教育的衔接问题，采取“3+2”入学考试（即考3门文化课、2门专业课）的办法是好的。问题是如何考专业课，应加强合作研究，使高、中职两类教育能够相互促进，形成合理的分工和联系。

巩固和发展高职教育特色

海淀走读大学遵循“改革探索，勤奋进取，艰苦创业，开拓前进”的校训，突破传统的高教办学模式，建立一套既坚持社会主义方向，又在办学体制上不同于国办高等学校的灵活机制，创出自己的特色。

一、学校实行民办公助，不拿国家事业费；学生自费走读，毕业不包分配。学校主要从四个渠道筹集资金：一是学费；二是毕业生培训费；三是校办公司利润；四是社会各界给予的资助。在多渠道筹集办学经费同时，打破“大而全”、“小而全”的行政及后勤管理方式，采取多种措施，减少不必要的开支。如学生全部走读上学，充分利用社会教育资源（如周围高等院校的师资、实验、实习设备）；精简行政和后勤管理人员等。使学校摆脱沉重的后勤生活负担，摒弃人浮于事和臃肿的机构设置，以较小的投入换取较大的效益，创造管理工作的高效率。

二、以社会需求为导向，灵活设置专业；以专业设置为导向，择优聘任教师。为使培养出的学生适应社会需要，学校对传统办学模式中，专业设置凝固化和教育“终身制”的弊端进行改革。首先，密切注视社会上人才需求的变化，灵活设置并及时调整专业。调整专业的主要方法是转轨、分解、增减、组合。由于学校始终关注社会的需要，努力填补社会需要的短缺和空白，使学校的专业设置处于最佳状态，造成学校在市场竞争中的优势。其次，按照专业设置的需要，调整教师结构，采用精干的专职教师和大批兼职教师相结合的方法，既保证教学质量，又能根据专业设置的需要，灵活地解聘或增聘教师。

三、以强化学生的竞争意识、强化学生的实践能力、强化学风校风建设，来提高学校的教育质量。为此，海淀走读大学制订一整套措施保证教育质量，如把竞争机制引入学生中间，注重培养学生的实际工作能力、加强思想政治工作、严格考核、严格组织纪律、建设良好的校风。十几年来，海淀走读大学紧紧围绕改革探索、艰苦创业的办学实践，进行坚持四项基本原则和改革开放的教育，为培养跨世纪的人才做出了显著的成绩。

四、努力提高教学质量，为发展我国的高职教育事业做出新贡献。学校各专业都着力组建有社会行业技术负责人参加的专家委员会，深入研究本专业的职业针对性，明确专业的培养目标，提出人才的知识结构、职业素质和职业技能的规格要求，并在此基础上以能力培养为中心，修订教学计划和培养方案；各专业进一步研究明确本专业的基本功，并落实相应的培养措施，强化职业能力的实践训练，增强实训所占的比例，各专业逐步做到在暑假和寒假期间都有实习；大力建设计算机实验室，全校各专业都重视和提高计算机应用能力的要求，使学生毕业时都能高水平地使用计算机从事专业工作。各学院大力开设选修课，减少必修课，充分调动学生学习的积极性和主动性，以便发展本人特长，增加就业选择的机会。

今后4年，海淀走读大学在高等职业教育专业设置上，将进一步面向21世纪，面向世界先进科学技术，从我国经济社会发展实际出发，更注意体现综合性、先进性和灵活性。1997年开设24个专业，设想1998年增加到32个专业，1999年增加到40个专业，到2000年增加到48个专业。每个专业招生约40人，学制2至3年，以3年为主。招生对象为25岁以下的高中、职业高中、中专、中技校毕业生。特别注意吸收已参加工作、有相当实践经验的人报考入学。

我国高等职业教育刚起步，实际工作中还有许多困难。海淀走读大学作为试点校，工作艰巨，任务重大，需要各方面关心、支持高等职业教育，共同把高等职业教育事业搞好。

（本文作者：北京海淀走读大学校长）

北京教育总述

1997年北京教育事业简况

1997年，北京市教育工作以邓小平理论为指导，全面贯彻党的教育方针，认真落实江泽民总书记对教育提出的两个“全面”，高标准实施《中国教育改革和发展纲要》，积极推进教育的各项改革，教育事业取得新的发展。

一、推进中小学实施素质教育取得明显进展

1997年，在中小学实施素质教育方面，有3项工作受到国务院和国家教委的肯定。①北京市提出《关于进一步推进中小学素质教育的实施意见》；②颁发对区县政府、教育行政部门和中小学全面实施素质教育的3个评价方案；③制订《北京市实施素质教育调整九年义务教育部分学科教学内容与教学要求的意见》。

推进中小学实施素质教育，在四个方面取得明显成效。

1. 推进初中入学办法改革。义务教育阶段初中实行免试就近入学，是保证实施素质教育的关键环节。1997年，全市有6区7县小学毕业生实现免试就近入学，其余5个区已将择校比例压缩到13%以下，为全面完成该项工作奠定了基础。

2. 加强基础薄弱校建设。1996年市政府办公厅下发《关于加强基础薄弱学校建设的通知》，在全市动员大会上，市政府与城八区政府、市教委与城八区教委（教育局）对口签订责任书，市、区分别建立主要领导联系薄弱校的制度。采取“加大投入、调整师资、改进管理、整体规划、深化改革、综合治理”的措施，至年底，共投资2.36亿元，新建校舍近10万平方米，调整基础薄弱校校级领导52名，中层干部62名，800多名骨干教师充实到教学第一线，对基础薄弱学校的3800名各类教师采取措施加强培训。城近郊区105所薄弱校中，有80所办学条件达到“一般标准”。

3. 推进中小学教育结构布局调整。按照调整结构布局，优化资源配置，适当扩大普通高中规模的思路，依托重点中学对基础薄弱校进行改造或联合办学，市区重点中学实行“上脱下联”，减少初中招生，扩大高中招生。全市58所市、区重点中学高中招生由年计划13000人增加到18500人，扩大招生42%。农村地区在小学生生源未减少的情况下，每年调整合并小学100所以上，促进规模办学，提高教育质量。

4. 总结一批实施素质教育的典型经验。各区县从实际出发，普遍重视教改项目的实验和试点。海淀、崇文、顺义3个素质教育实验联系区县，在调整教育结构布局、改革办学体制、改革教学内容和考试制度上大胆试验、积极探索，努力为推进区域性综合改革积累经验。一师附小、光明小学、北京八中和顺义县李桥中学等38所学校从本校实际出发，推出各具特色的实施素质教育的典型经验。

在特殊教育工作上，市教委确定的工作基本思路是：落实《北京市特殊教育事业“九五”发展规划》，抓好基础建设，提高特教质量。

1. 加强工作指导。检查、交流各区县落实北京市第二次特教工作会议情况，召开主管局长汇报会。汇报表明，第二次特教会后，大部分区县政府召开了有关部门会议，结合本区县实际制定特教发展规划；制定诸如稳定特教教师队伍等有关政策；增加特教经费投入等等，部分区县召开了特教工作会。

2. 抓好基础建设，制定好几个文件，提高特殊教育规范管理水平。在调查研究基础上正在拟定《特教学校综合质量评价办法》、《普通学校附设特教辅读班管理办法》、《残疾儿童随班就读管理办法》。

3. 提高特教质量。

(1)统筹规划，合理调整城区四所聋人学校的办学任务。拟定下发了《北京市教委关于统筹规划城区四所聋人学校办学任务的意见》，针对原四所聋校在完成义务教育普及任务之后都想发展高中阶段教育（包括普高、职高），从而造成生源不足，办学力量不足，小而全，教育资源浪费的问题，调整、明确了四所学校的办学任务，使全市的聋人教育从学前、义务教育、高中阶段教育形成一个较为合理的体系。

(2)调整盲人学校领导班子，落实改善盲人学校办学条件的规划，为全面提高盲校质量创造必要的条件。

(3) 加强特教师资队伍建设。先后举办弱智学校（班）教师培训班、区县特教干部、弱智学校教师心理测量班，请研究人员介绍国外特殊教育等。

二、适应首都经济和社会发展，加大改革力度，职业教育有新发展

1. 认真贯彻、宣传、落实《职教法》。《职教法》颁布后，市教委制定《北京市实施〈职教法〉办法》，召开执法动员大会，广泛开展社会宣传咨询活动，使职业教育依法治教有了法律依据和群众基础。

2. 努力实施“职教工程”。根据《北京市教育事业发展“九五”计划和2010年长远规划》，拟定职业教育工程目标和措施，提出了“骨干示范学校”标准与评估意见，到1997年底评出61所骨干示范校。中等职业学校在校生达23万人，占高中阶段在校生总数的68%。

3. 抓管理，促教学，提高教育教学质量。对全市普通中专进行教务管理评估，加强职业高中普通文化课教学管理，对财会类专业教学进行检查，及时总结推广典型经验，促进教育教学质量的提高。加强中等职业教育教材建设，成立职业教育教材建设领导小组及相应的专家评审委员会，启动职业高中专业目录整顿审定工作。

4. 发展高等职业教育。北京高等职业教育走内涵为主的发展道路，两年来在普通高等学校基本形成了以北京联合大学、海淀走读大学、北京青年政治学院为中心，六所大学郊区分校为京郊高等职业技术人才培养基地，其它普通高校、成人高校部分专业为补充的高等职业教育网络。有8所普通高校设置60余个高等职业教育专业，先后招收培养学生5000人。成人高等学校依托行业和企业开展高等职业教育，24所成人高校开设高等职业教育专业点78个。1997年开始启动高等职业教育实训基地建设，第一期投入400万元。同时批准高等职业教育教改立项15项，补助经费30万元，支持高等职业教育在培养目标、人才规格、办学模式等方面的研究工作及教材编写工作。在国家教委的支持下，教材编写工作走在全国的前列。

5. 推进农村教育综合改革。充分利用现有各类学校，灵活多样地普及农村实用技术，开展多层次、多规格、多种形式的职业教育和技术培训，发展“高产、优质、高效”农业，促进农村经济的发展。

三、以实施“成人教育培训工程”为龙头，带动全市成人教育的改革与发展

中、高层次紧缺人才培训工程突出了继续教育，逐步规范化，已成为成人教育的一个新的重点。至1997年底，已建立6个中高层次紧缺人才培训中心，培训中高层次人才15.6万人次。乡镇企业职工培训工程，全面完成培训任务，初步改变乡镇企业存在的“三低一少”(管理水平低、文化水平低、技术水平低和专业技术人员少)的状况。服务本市经济结构、产业结构、产品结构调整，开展转岗和再就业人员培训，从1994年到1997年，培训各类转岗转业人员108.6万人次，本年普通高校和成人高校免费为企业培训下岗职工5000名，在社会上起到了良好的作用。在实施“成人教育培训工程”的过程中，成人教育结构布局调整的宏观思路已经形成，社会化培训规模不断扩大，企业教育综合改革取得初步成效，社区教育改革以试办朝阳社区学院为标志取得显著进展。

四、高等教育贯彻“共建、联合、调整、合并”方针，管理体制改革取得进展

1. 条块结合，实行“共建”。在京部委院校数量多、基础好、实力强，是构成首都文化中心的重要组成部分，为首都及全国经济建设和社会发展做出了重要贡献。继1994年北京市人民政府与中国航空工业总公司共建北京航空航天大学之后，1997年北京市人民政府与国家教委签署协议共建北京大学、清华大学、中国人民大学和北京师范大学，为进一步发挥高校科技文化优势，促进首都经济和学校自身发展拓宽了道路。

2. 积极探索联合办学的有效运行机制。联合办学是北京高校管理体制改革的重要形式。据统计北京有50余所高校通过不同形式开展联合办学，北京高校与500多个企业、事业单位开展合作办学，有353个单位进入校董事会参与学校的办学与管理。清华大学成立了“大学与企业合作委员会”，有96家国内外企业参与学校办学。北京商学院与北京轻工业学院在隶属关系和投资渠道不变的情况下，联合招生，部分班合班上课，互聘教师，图书馆共用，计算机联网，联合举办运动会、文化节。东方大学城建设逐步推进，进行卓有成效合作；北方交大和北京建工学院打破条块界限实行多方面的合作等等。不同形式的联合办学，积极探索并改善了办学运行机制，增强了学校活力，拓宽了办学途径。

3. 市属高校布局结构调整取得阶段性成果。市委、市政府把市属高校布局结构调整做为一项重要工程来抓。在市属高校调整中先后投入资金7.2亿元，安排建设任务44项，新建校舍31.5万平方米，完成征地650亩，办学实体由原来的26个调整为12个，校均规模由1100人提高到3420人，生师比由原来的6∶1提高到8.9∶1，减少重复专业10%，减少专业点20多个，调整后学校结构布局及专业结构逐渐趋于合理，形成了自己的优势和特色，办学效益明显提高。布局调整初步解决了分散重复建设状况，突出了重点，使北工大、首师大“211工程”等重点建设项目得到资金保证，提高投资效益。

五、以提高教育质量为核心，教学改革成果丰硕

基础教育坚持全面贯彻党的教育方针，深化教学改革，努力推进“应试教育”向全面素质教育转变。规范办学行为并加强专项督导。坚持按教学计划开齐课程，开足课时，严格制止按分数排队，促进学生德、智、体、美、劳全面发展；认真落实北京市“三个教学文件”，扩大推广马芯兰教学法，深化学科课堂教学改革，提高课堂教学水平；改革学科教学内容，删除的、由必学改为选学的内容涉及709个知识点，为减轻学生过重的课业负担、加强学生个性特长培养创造了条件；加强教师基本功训练，努力提高现代化教育技术的应用水平，涌现出一批骨干教师，总结出一批教学经验。

成人教育围绕“两个根本性转变”推动教育内容和课程体系改革，先后审核批准14所成人学校、5所成人中专校20个专业教学改革立项，努力实现培养目标从学科理论型到实用型、教学模式由理论主导型到技能型的转变。积极开展学分制管理教学模式改革，对财经类、管理类专业，要求把政治理论、外语、计算机、应用文写作和经济应用教学作为统设课纳入教学计划，统一教材，试行水平测试。职业教育加强文化基础课教学，规范教学大纲，改进教学方法，加强教学评估工作，以促进办学质量的提高。

高等教育开展面向21世纪的教育教学改革试点立项工作，制定《北京市普通高等学校教育教学改革立项管理办法》。在45所普通高校申报的500多个项目中评选200余项，核拨项目补助款400多万元。这项工作，广泛调动了广大教师投身教学改革的积极性，加快教育教学改革进程。1997年在全国教学成果奖的评选中，北京有77项成果获奖，占全国获奖总数的18.24%，其中一项教学成果获全国唯一的国家特等奖、14项成果获国家级一等奖，62项获国家级二等奖，后两项分别占全国高校同类获奖总数的26.14%和16.84%。

六、加强教育宏观管理，检查评估制度逐步完善

高等教育对重点学科、重点课程、重点实验室建设进行检查评估，初步建立高等教育质量评价指标体系。按照国家教委的统一部署，1997年对北京地区前四批699个硕士点进行了合格评估，促进研究生教育的结构调整和学科建设，促进了学位教育质量的提高。成立北京高校工作咨询委员会，依靠专家和学校领导，对高等学校的布局结构调整、学科建设、专业设置、教学质量等重大问题进行论证，以使高等教育进一步适应市场经济和社会发展的需要。成人教育组织专家组对32所普通高等学校函授、夜大学教育进行评估，总结函授、夜大学教育办学规律。对独立设置的成人高等学校开展特色专业评估，共评出19所学校28个特色专业，规范专业设置、教学计划和教学大纲，加强专业基本建设。对109所成人中专学校进行教育教学评估。民办高校的办学质量综合评估工作对规范民办高校的办学思想和管理起到引导作用。职业教育创编教务管理软件，对全市普通中专开展教务管理评估工作，对职业高中的财会专业进行了教学检查。基础教育由市教委和市政府教育督导室颁发了全面实施素质教育的三个《评价方案》，得到国家教委的肯定。教育督导评价制度进一步得到完善。以评促建，以评促改，以评促发展成为教育管理部门转变职能，加强宏观管理的重要手段。

七、加强师资队伍建设，教师队伍素质稳步提高

根据《教师法》、《教师资格条例》和国家教委关于《教师资格认定的过渡办法》，市教委制定并印发了北京市相应的实施办法。对201820名教师审核发放教师资格证书。完成高校教师、中专教师、中小学教师等有关系列3200名晋升高级职称评审工作。重点加强中、青年教师的选拔培养。在中小学首次选拔市级中、青年骨干教师225人；中等专业学校选拔110名青年骨干教师；成人高校选拔青年骨干教师144人。普通高等学校中有2165名青年教师成长为学科带头人和骨干教师，约占青年教师总数的15%，其中市级青年学科带头人315名。为解决初中在校生高峰期师资严重不足，适当加大了补充师资的力度，共接收高校毕业生3063人，缓解了中学师资不足的矛盾。师资培训工作健康发展，参加自学高考的小学教师有11000人，高中教师参加硕士研究生课程学习已结业和正在培训的达2920人。高校教师参加进修和培训的人数也逐年增加。教师的年龄结构进一步改善，高校35岁以下青年教师占教师总数的51.4%；基础教育35岁以下青年教师约占53.8%。教师学历合格率逐年提高，小学教师中中师毕业以上学历，初中教师中大专以上学历，高中教师中本科以上学历的分别达到96.42%、87.65%和79.46%；高校专任教师中具有博士和硕士学位教师约占30%。教师的地位与待遇得到进一步提高。市十一届人代会和市政协第九届一次会议，教育系统的代表人数分别达到150人和200人，占代表总数的19.8%和28.6%。

教师住房条件得到明显改善。上届政府确定的为基础教育建80万平方米教师住宅的任务，到1997年底已超额完成。1994年确定的教师平均5平方米以下的住房困难户全部解困。在房改工作中，对教师购房实行优惠政策，受到了教师普遍欢迎。

结合学习贯彻十四届六中全会精神，大力加强精神文明建设，在教育战线广泛开展了职业道德、职业责任、职业纪律和敬业精神的教育。师德建设进一步得到加强，涌现出杜丽丽、冯长根、孙维刚、王希富、屠舜耘等一批先进教师典型。在1997年的教师节，全市共表彰优秀教师1397人，优秀教育工作者148人，优秀青年教师299人。

八、教育经费实现连续增长

市教委成立后，根据《教育法》要求，在全国率先实现教育事权、财权统一。1997年市教育事业费拨款达到35.77亿元，比1995年增加12.97亿元，年均递增25.26%。教育事业费实际支出三年累计102.7亿元，年均递增26.52%。大、中、小学学生生均教育事业费支出也有较大增长，市属高校生均经费从1995年的8182.9元增加到1997年的15066元，年均递增35.69%；中学生均支出由1995年的1586元增加到1997年2396元，年均递增22.91%；小学生均支出由1995年的789元增加到1997年的1236元，年均递增

25.16%，在全国处于领先地位。

2000年前教育工作展望：

朱镕基总理在回答记者提问时，把我们国家近期的工作重心概括为一个中心，三个到位，五项改革。贾庆林市长在北京市第八次代表大会上明确提出了首都面向新世纪的总的奋斗目标，到2000年，初步建立社会主义市场经济体制，全面完成现代化建设第二步战略部署，人均国内生产总值比1980年翻两番，城乡人民生活全面实现小康。因此要大力发展首都经济。实施科教兴国战略，最大限度地发挥首都科技、教育和人才优势，促进科学技术、人才培养同经济建设的紧密结合，带动全市各项事业的发展。国家和北京市的大政方针决定了北京市的教育必须坚持走高质量、高水平、高效益的发展道路。到2000年，北京要基本普及高中阶段教育，使高中阶段入学率达到90%，其中普通高中与中等职业教育在校生之比达到4：6。提高高等教育入学率，使全市18至21岁年龄人口中接受普通高等教育和成人高等教育的比重达到35%。逐步形成各类教育相互衔接、规模适当、结构合理、协调发展的现代化教育体系，形成与社会主义市场经济相适应的教育体制和运行机制，全面提高教育质量，达到与首都地位相称的国内一流的教育水平。

要实现上述目标，我们必须坚持教育改革，以改革促发展，在今后3年中，北京教育改革的重点是调整教育结构布局。各类教育要把调整结构布局、优化资源配置作为各项改革的突破口，加强前瞻性、科学性、实效性研究，建立符合北京市情的、合理的教育结构。

基础教育的结构布局调整重点是为基本普及高中阶段教育服务。按照“上脱下连”的思路，到本世纪末，要把重点中学的初、高中脱开，建设一批质量较好的高级中学，办好一批独立建制的初中校；城区小学要抓住在校生进入低谷期的机遇，调整布局、规模办学、改善办学条件、并建立一批综合教育或专项教育中心。在有条件的学校和新建住宅小区，加快义务教育“九年一贯制改革试点”。

要积极探索中专、职高、技校办学机制的改革，打通培养规格，改革专业设置，增强办学活力。各行业、各部门举办的成人中专，可以与普通中专、技校合并或联合办学。逐步调整职业高中和初中的合办学校，稳步发展独立建制的职业高中。努力建设100所多专业、大容量、专业对路、质量高、社会信誉好的骨干示范学校。面向经济建设主战场和广大农村，积极推动高等职业教育的发展。每个郊区县要建成2至3所多功能、大容量、面向农村第一线的职业教育中心校和成人教育中心，实行职业教育、成人教育、基础教育三教统筹，职前培养和职后培训相结合。以主要行业成人学校为基础，成立各类中高层次紧缺人才培训中心，以区属职工大学为基础，综合区属成人教育资源，向组建社区学院的方向发展，以普通高等学校成人教育学院为基础积极推进继续教育。

高等教育要深入贯彻“共建、联合、调整、合并”八字方针，加大统筹力度、加快步伐，淡化原有的单一隶属关系，加强北京市对北京地区高等教育的统筹管理。逐步形成政府统筹规划、宏观管理、学校面向社会、依法自主办学的局面，要研究政府机构以及行业、产业结构调整的情况下，部门办学体制和管理体制的深化改革问题。通盘考虑高等教育结构布局，1998年要拿出调整方案。高等学校的结构调整要按照类型结构、布局结构、学科结构进行。关于类型结构，根据社会对人才规格的不同需求，北京要建成两所争取进入世界一流的学院；建成一批既是教学中心又是科研中心，以本科教育为基础，同时承担研究生教育的教学、科研型院校；其它普通高等学校以本科教育为主，部分学校适量承担研究生教育任务；同时要办好一批高等职业院校和以服务京郊地区为主的社区学院。关于布局结构，为完成北京高等教育适应首都、服务全国的任务，按照全国性、区域性、地方性三个不同的招生、服务覆盖面，规划学校布局。关于学科结构，根据北京城市的基本功能、“首都经济”各产业、社会发展各方面的不同要求，以及各高等学校中学科门类的不同基础，北京应形成有综合性院校、多科性院校、单科性院校的合理布局和合理专业学科结构。

北京的一切改革和调整都必须紧紧围绕提高教学质量和办学效益这两个基本目的来进行，针对现实教育中存在的五个“过”的弊端，即过窄的专业设置和过强的共性制约，过弱的人文陶冶，过时的课程内容，过重的功利导向，抓住国家教育部新专业目录颁布的有利契机，认真做好专业设置的调整工作，拓宽专业面向，提高学生的适应能力。要大力提高教师队伍的政治业务素质和实际教学水平，改革和完善课程体系，积极推进素质教育。要继续加强基础薄弱学校建设，努力办好每一所学校，取消小学升入初中的统一考试制度，均衡生源实行就近分配入学，为实施素质教育创造条件。

首都教育界决心深入学习贯彻十五大精神，不断加深理解，提高认识，在邓小平教育理论指导下，在以江泽民同志为核心的党中央领导下，在市委、市政府的坚强领导和关心支持下，正确处理改革、发展和稳定的关系，解放思想，实事求是，开拓进取，努力实现教育事业发展的宏伟目标，为首都建设提供人才支持和知识贡献。

（高福勤）

1997年北京教育大事记

1　月

1至5日　21世纪国际汉学及其在中国的影响研讨会在清华大学召开。

6日　北京人民广播电台教育台教育热线开通(65150500)。

7日　首届拉萨市中小学赴京进修教师毕业。

8日　首届北京市中学惠普优秀教学管理专项奖颁奖。

10日　30名女部长考察清华大学工作。

12日　3000名在京学习的外国人参加汉语水平考试。

13至15日　北方交通大学通过国家教委检查，成为全国本科教学工作优秀学校。

14日　我国第一个银行卡研究培训机构——中国人民大学VISA研究培训中心成立。

15日　本市举办第一届中小学生汉字录入竞赛。

17日　国家信息中心与清华紫光集团“战略伙伴合作意向书”签字。

20日　北京市教育工作会议召开。

△　我国培养的第一位精神病学与精神卫生学博士后人员在北京医科大学毕业。

22日　国家教委领导看望二十二中特级教师孙维刚。

△　本市举办首都大学生计算机技能大赛。

24日　国家教委主任朱开轩、北京市代市长贾庆林到清华大学和北京大学考察，并向师生拜年。

27日　《北京教育丛书》(第二个百本)首发式举行。

28日　北京理工大学召开徐特立诞辰120周年纪念会。

29日　北京航空航天大学人文社会科学院成立。

31日　国家教委主任朱开轩看望北京大学教授闻家驷。

△　北京老教师活动中心成立。

1至7月　国务院学位委员会对本市1992年以前批准的博士、硕士学位点进行合格评估。

是月　北京高校第三届群众体育工作暨优秀论文交流会在北京理工大学召开。

△　中国人民大学与澳门大学法学领域交流与合作协议书签字。

△　北京航空航天大学、华北电力大学(北京)、北京林业大学和北京石油化工学院通过本市高校文明校园检查。至此北京已有37所大学获得该项称号。

△　北京市中小学生自制生物标本展在北京教学植物园举办。

△　北京林业大学学生朱育帆获第8届国际风景师联合会亚太地区年会比赛第一名。

△　本市成为国家教委英语等级考试第一批试点地区。

△　我国高校培养出的第一位外籍化学工程博士后在北京化工大学毕业。

△　市政府听取城8区关于加强基础薄弱校工作的汇报。

△　市教委、市人事局联合表彰29个优秀校办企业和29名优秀校办企业厂长（经理)。

△　在首届全国音乐教师基本技能大赛上，北京四十三中青年教师刘萍获一等奖。

△　在中国教育新闻工作者协会高校校报系列1994、1995年度好新闻评比中，首都高校校报获得金牌、奖牌和得奖率三个第一名。

△　我国第一个骨神经科在北京医科大学第二附属医院成立。

2　月

3日　国务院副总理李岚清到北京大学、清华大学、北京医科大学和北京中医药大学看望老教授。

8日　西藏中学师生庆祝藏历火牛新年。

9日　国务院副总理李岚清慰问平谷教师。

14日　国务院副总理李岚清与中国人民大学部分教师座谈人文社会科学。

15至16日　北京市基础教育领导干部会议召开。

20至24日　首都教育界人士连续集会悼念邓小平逝世。

28日　北京师范大学举行杨秀峰诞辰100周年座谈会。

是月　卫生部生育健康重点实验室在北京医科大

学建成。

△　北京工业大学与市城乡建设集团恒万公司联合组建高科技发展公司。

△　88个面向21世纪教育改革项目在首都25所大学启动。

△　市政府与中国航空工业总公司共建北京航空航天大学领导小组成立。

△　顺义县获全国教育先进县称号，这是该县继1988年后第二次获此荣誉。

△　北京化工大学博士生导师程源教授主持研究并设计开发成功国家火炬项目——尼龙橡胶复合平型传送带鼓式硫化机组。

△　北京林业大学研究出测试古松树势新方法。

3　月

1日　本市10万青少年开展义务服务日活动。

5日　本市高级中学考试招生会议宣布：本市初三毕业生总数达18万人，为历史最高点。

8至11日　在葡萄牙里斯本举行的第14届国际企业管理挑战赛决赛上，由北方交通大学5名硕士研究生组成的中国代表队夺得第三名。

11日　市委副书记李志坚到门头沟区看望师生。

15日　中共宣武区委教育工委、宣武区教委、宣武区政府教育督导室成立。

22日　北京航空航天大学动力系教授孙晓峰、北京气象学院包景东获第五届中国青年科技奖。

26日　美国副总统戈尔访问清华大学。

△　本市首所中外合作高中——北京中加学校成立。

30日　北京林业大学探险与生存协会成员及志愿者200人，在紫竹院公园日夜守候来此产卵孵化的斑头雁。

3至6月　本市集中整治中小学校园和周边治安秩序。

是月　市政府决定将北京联合大学办成首都高等职业教育中心。

△　昌平二中初三学生王瑞红剪纸作品获得国际第五届“小星星”杯少儿书画大赛特别金奖。

4　月

1日　北京市高校招生委员会召开会议部署高校招生工作。

2日　本市宣武区南菜园小学发生一起在校园内机动车轧死1名二年级学生的恶性事故。5日，市教委发出《关于进一步加强中小学、幼儿园安全工作的紧急通知》，要求各校加强安全工作。

3日　市人大、市政府召开1997年教育法律法规检查工作会。

9日　21时47分，我国杰出艺术家、美术教育家、中央美术学院前院长吴作人逝世。

10日　北京教育学会脑映像开发研究会成立。

14日　国家教委主任朱开轩、市长贾庆林到北京师范大学和中国人民大学调研。

15日　市委副书记李志坚到延庆县看望八达岭中心小学小浮坨分校教师陈生云。

16日　北京市人民代表大会常务委员会发布关于修改《北京市职工教育条例》、《北京市实施〈中华人民共和国教师法〉办法》和《北京市未成年人保护条例》的决定。

20至25日　北京市高校篮球联赛举行。

21日　北京航空航天大学研制的蜜蜂M3C和蜜蜂M11多用途超轻型飞机获得中国民航总局颁发的合格证书。

22日　北京教育系统纪检监察工作会议召开。

△　清华紫光集团召开清华紫光计算机辅助设计（CAD）应用工程大会。

23日　纪念著名幼儿教育家张雪门先生诞辰105周年幼儿教育思想研究会在京召开。

24日　北大方正集团获得中国工商银行北京分行贷款6000万元。

25日　本市举办’97北京青少年发明与制作电视大赛。

28日　新加坡总理吴作栋访问北京大学。

4至6月　本市举办圆梦在’97——北京市少年儿童迎接香港回归读书活动。

4至9月　本市为清华大学、北京师范大学、北京航空航天大学、北京理工大学、北京邮电大学、石油大学（北京）、华北电力大学（北京）、北京中医药大学、对外经济贸易大学、中央财经大学和北京商学院11所双管院校学生宿舍安装闭路电视。

是月　清华大学紫光集团研制成功世界上第一套汉化的高档大幅彩色喷绘系统。

△　我国第一个中学远程教育网在一〇一中学开通。

△　本市自学考试报考人数达136627人，其中新增考生、报考专业课程及科次分别比上年秋季增长10%和3%。

△　市政协副主席封明为视察北京体育大学民族体育工作。

△　本市科利华公司研制的CSC辅助教学系统软件通过国家教委鉴定。

△　中国专利局统计数字显示，1996年清华大学

专利申请量、专利授权量居全国大专院校之首。

△ 市委副书记李志坚检查北京八中素质教育工作。

△ 本市3所中学面向社会选拔副校长。

5 月

1至8日 北京高校男子篮球队参加在日本举行的第10届“能代杯”篮球大赛。

3日 首届双休日少儿京剧百场演出闭幕。该活动开始于1996年3月15日。

4日 国家教委、团中央和北京市教委联合举办首都大学生迎接我国对香港恢复行使主权形势报告会。

△ 北京——香港1997名中学生举行成年宣誓仪式。

5至7日 首都4000名大学生分别听取有关人权报告。

14日 本市举办“力迈杯”幼儿团体健身操表演赛。

15日 首都大学生举办迎香港回归英语演讲赛。

17日 西城区青少年国防教育学校成立。这是本市成立的第一所区级国防教育学校。

19日 北京市中招工作委员会、北京教育考试院发出《关于进一步加强中考考务管理,严肃考风考纪的通知》。

22日 清华紫光集团获得中国建设银行北京分行提供的900万元资金贷款。

△ 由北京航空航天大学研制的我国第一台立体定向脑外科机器人通过技术鉴定。

23日 市教委召开大会部署中招考试管理工作。

△ 日本株式会社利库路特购买北大方正集团研制的日文排版软件系统合同签字。这是我国首次大规模出口拥有自己知识产权和自有产品品牌的高科技应用软件。

24日 本市首批8个爱国主义纪念地暨国耻纪念地同时揭幕。

24、25和31日 北京市中小学生运动会在先农坛体育馆举行。

25日 北京金帆书画院成立。

△ 北京市教育学会第五届会员代表大会召开。

27日 12时20分,我国著名京剧艺术大师、戏剧教育家、中国戏剧学院顾问张君秋逝世。

30日 育英学校集会纪念毛泽东为该校题词“好好学习,天天向上”45周年。

△ 中央音乐学院与日本雅马哈株式会社共同举办第二届雅马哈双排键电子琴选拔赛。

31日 北京市爱国卫生运动委员会、市教委举行北京市中小学控烟工作表彰会暨20万名中小学生反烟签名仪式。

是月 市委副书记李志坚检查南口农场三分场学生劳动实践基地。

△ 我国第一个骨神经科在北京医科大学人民医院成立。

△ 市教委与18个区县教委(教育局)签订加强中招考试管理、严肃考风考纪责任书。

△ 本市中小学生“当一日小科学家”活动启动。

△ 北京大学中文系全体学生发出倡议:正确、规范、文明地使用祖国的语言文字,为民族语言的纯洁和健康而继续奋斗。

6 月

1至8日 北京市高等院校第35届学生田径运动会举行。中国农业大学获得女子团体总分第一、男子团体总分第一和男女团体总分第一名。

2日 清华大学举办高等研究中心成立大会暨21世纪基础科学的展望研讨会。

6日 京、沪、粤、港大学生迎香港回归英语演讲比赛在北京外国语大学举行。

△ 中国戏曲学院举行贯大元诞辰100周年纪念会。

14至18日 北京素质教育研讨会在北京教育科学研究院召开。

19日 中共北京市委教育工委、市教委联合召开中等职业教育学校职业道德教育经验交流会。

△ 市教育工会举办庆祝香港回归,歌颂伟大祖国大型文艺演出。

22日 中央音乐学院青年教师、女中音杨光在英国卡迪夫国际声乐大赛决赛中获得第一名,成为该项赛事首位获奖的中国选手。

23至25日 本市举办首次普通高等院校联合招收华侨、港澳台学生升学考试。

27日 清华同方股份有限公司成立。

27日至7月6日 ’97庆香港回归儿童书法绘画联谊赛获奖作品展举行。

28日 市政府转发《市教委关于进一步推进中小学素质教育实施意见》。

△ 北京体育大学首批11名港澳台体育硕士生毕业。

29日 昌平二中学生孟晓诺获得世界中学生田径赛选拔组(相当于专业队)女子跳高铜牌。

30日 本市1178所学校体育场地向社会开放。

是月 市教委召开会议表彰84名97届内地支边

高校毕业生。

7 月

3日 市政府办公会议批准海淀区红旗村小学教师杜丽丽为革命烈士。

7日 北京人民广播电台教育台“160广播之友教育咨询台”开通。

△ 本市普通高校本专科毕业生派遣工作结束，93%毕业生落实工作岗位。

11日 联合国粮农组织官员在大兴考察本市绿色证书培训工作。

14日 中国矿业大学北京校区成立。

18日 本市千名青少年赴井冈山社会实践。

24至26日 市委教育工委、市教委召开暑期北京高校领导干部会议。

△ 本市召开推进中小学实施素质教育座谈会。

25日 17时27分，清华大学登山队成功登上昆仑山脉的慕士塔格峰。

25至26日 北京广播电视大学首次招收视听生。

26日 市委、市政府授予北京师范大学、北京航空航天大学、北京理工大学和北京医科大学第二批“北京市党的建设和思想政治工作先进普通高等学校”称号。

30日至8月2日 全国大学生第五届田径运动会在清华大学举行。

是月 香港同胞陈达文向朝阳区政府捐资500万元兴建朝阳玉溪小学。

△ 北京京教老年大学成立。

△ 本市第一所民办自费寄宿制音乐专科学校——新世纪音乐学校成立。

8 月

2日 北京大学学生合唱团在西班牙第43届国际合唱比赛中获得一等奖。

4至6日 在全国青少年航空模型比赛中，北京十五中学生唐明获得“哥伦比亚”遥控模型飞机比赛第一名。

12日 北京航空航天大学研制成功我国第一架共轴式载人直升飞机。

14日 中国人民大学举行成仿吾诞辰100周年纪念会。

15至22日 北方工业大学举办《大学美育》讲习班，来自全国各地50位高校美育教师参加学习。

18日 中央民族大学尹武松研制的“二维动画快速制作技术”、北京信息工程学院“OCR－汉字文本自动录入系统”获首届国际爱因斯坦新发明、新技术（产品）博览会暨国际荣誉评奖会国际金奖。

19至21日 亚太地区首次师范教育国际研讨会在北京师范大学举行。

23日 我国第一个电子束物理气象沉积热障涂层研究及小批量生产的薄膜与涂层技术实验室在北京航空航天大学建成。

24日 本市高校统一招生录取工作结束，全国372所高校在北京共录取考生22549人。

26日 清华大学材料科学与工程系教授李建保当选第八届中国十大杰出青年。

29日 20名北京市中小学生分获最高荣誉奖“金帆奖”和“银帆奖”。

31日 首都师范大学附属育新学校挂牌成立。

是月 北京医科大学和北京京精医疗设备公司研制成功我国第一台自体血液回收机。

△ 中国建设银行向蓝旗营教师住宅项目提供2.75亿元周转贷款。

△ 北京大学向希望工程捐赠百万元新药。

△ 在全国大学生女子篮球邀请赛上，北京体育师范学院队获得第二名。

△ 在'97全国青少年业余电台竞赛上，北京宣武区青少年科技馆业余电台组获得亚军。

△ 市教委和市卫生局联合召开教育系统卫生防病工作会议。

9 月

1日 市长贾庆林，市人大常委会主任张健民，市政协主席王大明等市领导分别参加中小学新学年开学典礼。

△ 北京教育系统精神文明建设指导委员会颁布首都大学生文明公约。2日，60所高校学生会主席代表全市19万大学生在公约上签字。

△ 本市调整中小学和托幼院所收费标准。

△ 海淀区各小学实行“5分＋等级＋特长”的考核方式，替代百分制。

2日 本市首座外来流动人口子女寄宿制学校——北京华康学校在丰台区成立。

3日 本市召开普教系统师德群体表彰会。

4日 本市举行优秀教师事迹报告会。

5日 全国政协副主席何鲁丽，市委副书记张福森、李志坚，市人大常委会副主任陶西平，副市长胡昭广分别慰问本市山区教师。

6日 首都30万大中小学生走上街头，参加北京市青少年义务奉献日活动。

8日 市委教育工委、市教委和市教育工会联合发出通知,在全市教育系统中开展向孙维刚学习活动。

△ 本市10名特殊教育青年教师获得首届“文明工程奖”。

△ 刘让贤先进事迹报告团与怀柔、密云教师代表座谈。

△ 中共崇文区委教育工委、崇文区教委、崇文区政府教育督导室成立。

9日 首都大学生艺术教育活动中心成立。

10日 首都教育界庆祝教师节茶话会在政协礼堂举行。

△ 国务院副总理李岚清到海淀八里庄小学慰问教师。

17至20日 第三届全国大学生电子设计赛在北京邮电大学举行。

22日 市教委、市物价局、市财政局联合制订《北京市中小学学杂费减免办法(试行)》和《北京市义务教育阶段人民助学金制度(试行)》。

22至23日 中国协和医科大学举办建校80周年校庆。

23日 市教委首次颁发宏志奖学金。

25日 中共朝阳区委教育工委、朝阳区教委、朝阳区政府教育督导室成立。

26和29日 国家教委党组书记陈至立分别到中国人民大学和北京师范大学考察工作。

27至28日 北京四中庆祝建校90周年。

9至10月 本市举办第11届青少年日语竞赛。

是月 本市第六批青少年教育基地命名大会暨北京市青少年教育基地五周年成果展开幕。

△ 香港教师代表团一行14人首次参加北京教师节庆祝活动。

△ 市委、市政府召开北京市庆祝教师节暨优秀教师表彰大会。

△ 市教委、市统计局公布上年本市教育事业经费使用情况。1996年北京市财政拨教育事业费299802万元。

△ 复齐性域上的分析与几何及相关课题国际讲习班在首都师范大学举行。

△ 北京市学生常见病综合防治工作现场会在昌平召开。

10 月

1日 《北京市实施〈中华人民共和国职业教育法〉办法》实施。

4日 北京师范大学庆祝建校95周年。

7至9日 中央民族大学通过“211工程”部门预审。

8日 首都教育界召开学习贯彻中共十五大精神座谈会。

9日 我国高校第一个马克思主义理论与思想政治教育人才培养科研基地在中国人民大学成立。

11日 本市职业学校师生走上街头宣传职业教育法。

12日 北京体育大学学生周伟在全国第八届运动会上,分别以10″22和20″55成绩获得男子100米、200米两枚金牌。

15日 在广州中国出口商品交易会上,北大方正与马来西亚签订出口100万台计算机显示器协议,总值1亿美元;与日本签订200套飞腾排版软件排版系统,总值3.6亿日元。清华紫光与台湾签订出口20万台扫描仪协议,总值2430万元。

18日 通州区举办潞河中学建校130年校庆暨潞友体育馆落成典礼。

19日 本市召开首都少年军校训练成果表彰大会。

21日 本市部分人大代表检查教职工住房情况。

22日至11月20日 本市举办第15次爱科学月活动。

23日 市委副书记李志坚,市人大常委会副主任陶西平,副市长胡昭广和市政协副主席、市委教育工委书记陈大白调研市属高校调整和改革情况。

26日 北京医科大学庆祝建校85周年。

28日至11月20日 本市举行第四届中小学生艺术节。

是月 首批宝玉石中级鉴定师在东城商业学校毕业。

△ 中国人民大学财政金融学院成立。

△ 德国汉高公司出资12万元资助本市特困生。

△ 北京舞蹈学院青年舞蹈团演员刘震获得第十届世界威杰勃斯克国际现代舞比赛大奖。

△ 《北京市3至6岁幼儿体质测定标准》试行。

11 月

1日 中国人民大学举办建校60周年校庆。

4日 《北京教育年鉴》(1997)出版。

5日 本市颁发第十届“紫禁杯”优秀班主任奖。

8日 北京服装学院作品《生灵》获首届中国服装设计博览会唯一金奖。

9日 丰台区大红门中学更名赵登禹中学。

10日 国家法官学院成立。

11日 平谷残疾人职业教育培训中心落成。

12日 北京教育工会授予10名高校党委书记、校长“依靠教职工办好学校先进党支部书记、校长”称号。

△ 部分市人大代表视察青少年教育基地。

14日 中央财经大学首届博士生毕业。

△ 市教委召开加强基础薄弱校建设经验交流会。

△ 北京高校为下岗职工举办的第一个免费计算机培训班在北京联合大学自动化工程学院开学。

18至20日 全国第五届体育科学大会在北京体育大学举行。

20日 国务院副总理李岚清考察清华大学。

21日至12月10日 首都大学生交响乐团举行希望工程义演。

22日 本市万名高校师生参加江泽民主席访问美国情况报告会。

△ 北京市首届大专院校“永林杯”健美操比赛在北方交通大学举行。

25日 西藏中学举办10周年校庆。

29日 第六届“红星御酒”杯中小学足球赛开幕。

是月 北大方正集团入选全国首批技术创新试点企业。

△ 部分全国政协委员视察育新花园小区。

12月

1日 国家教委党组、中共北京市委联合举办北京高校、区县教委(教育局)负责人学习十五大报告会。

5日 第五届李四光地质科学奖颁奖。

8日 国家教委与北京市政府召开座谈会，决定共建北京大学、清华大学、中国人民大学和北京师范大学。

△ 首都大学生举办“一二九”活动62周年纪念文艺晚会。

10日 市委、市政府召开市属高校结构调整总结会。

11日 北方交通大学和北京建工学院签署合作办学协议。

12日 在国际企业管理挑战赛中国赛区决赛中，对外经济贸易大学获冠军。

15日 北京服装学院教师刘卫作品《脉》、学生尤珈作品《青鸟》获联合国教科文组织第二届21世纪设计大赛奖。

19日 北京高校游泳运动会举办。

△ 国家教委、市政府举办外国留学生新年晚会。

22日 首钢总公司与石景山区签订协议，将11所学校移交当地政府。

30日 北京市第三次教职工住房建设工作会召开。

31日 香港科技大学、香港浸会大学50多名大学生到京与首都大学生共度香港回归后的第一个新年。

是月 蔡元培铜像在二十七中落成。

△ 本市6名政治课教师被评为全国普通高校“两课”优秀教师。

△ 北京大学太平洋电子科技有限公司成立。

△ 市教委、市人事局表彰成人教育培训工程先进单位。

△ 本市召开农村教育综合改革现场会。

△ 北京成人高等教育改革与发展研讨会召开。

△ 北京医科大学临床药理研究所、中国医药依赖性研究所科学实验大楼落成。

是　年

△ 本市改善35所基础薄弱学校办学条件，并使这些学校教师学历合格率达90%。

△ 本市完成36.8万平方米教师住宅建设，其中中小学教师住宅33万平方米，成人教育、中专院校教师住宅3.8万平方米。

△ 本市成人高校、成人中专学校培训转岗职工32万人，培训下岗待业职工1.4万人以上。

△ 北京大学、清华大学科技产业技工贸总收入达74亿元。

△ 本市向社会输出各类高等教育人才5万人，中等专业技术人才1.9万人。招收研究生1.4万人，本科生和大专生5.7万人，中等专业教育3.6万人，普通中小学教育31.8万人。其中，市属普通高校和科研单位招收研究生684人，本科生和专科生1.45万人，地区中等专业学校招生3.06万人，技校招生2.43万人，普通高中招生4.45万人。

△ 本市教育事业费全年支出36.1亿元，为预算的105.7%，比上年增长22.2%。

（孟祥辉）

党的工作

综　　述

1997年，北京教育系统各级党组织认真贯彻中共十四届四中、五中、六中全会和党的十五大精神，用邓小平理论武装党员干部和师生员工，以实现江泽民总书记提出的“教育的两个重要转变”为目标，加强教育系统党的建设和思想政治工作，加强大中小学社会主义精神文明建设，推动教育改革和发展，继续维护学校局势稳定，党的工作取得新进展。

以沉痛悼念邓小平逝世、庆祝香港顺利回归和党的十五大胜利召开为契机，分阶段、分层次地组织一系列邓小平理论学习活动。从2月开始，各校通过组织师生员工学习《告全党全军全国各族人民书》、《悼词》、《邓小平同志伟大光辉的一生》和《人民日报》有关社论，观看大型电视文献纪录片《邓小平》，举办报告会、座谈会、研讨会等活动，使师生员工深入了解邓小平的革命风范和高尚品格，加深对邓小平理论的理解。从5月开始，以迎接香港回归为主题，集中学习邓小平“一国两制”理论。党的十五大闭幕后，市委教育工委下发《关于学习、宣传、贯彻党的十五大精神的通知》，要求教育系统各级党委结合实际，分层次、有重点、有计划地组织学习，结合干部、党员和师生员工思想实际，着重把握6方面内容：①充分认识团结在以江泽民为核心的党中央周围，把邓小平开创的伟大事业全面推向21世纪的重要性；②深入理解把邓小平理论确立为全党指导思想的重大意义；③深入学习社会主义初级阶段理论；④全面认识公有制经济的含义，深入理解公有制实现形式可以而且应当多样化的论断；⑤学习坚持、加强和改善党的领导的有关论述，进一步认识把党建设好的极端重要性；⑥正确认识发展教育与社会主义事业全局的关系，深刻理解切实把教育摆在优先发展战略地位的重要意义。通过学习，干部、党员和师生员工对十五大精神有了较全面了解，对邓小平理论的历史地位和现实指导意义有了进一步认识。

加强北京教育系统社会主义精神文明建设。根据《中共中央关于加强社会主义精神文明建设若干重要问题的决议》精神，制订下发《首都高校社会主义精神文明建设规划（1997年——2000年）》和《北京市中小学社会主义精神文明建设规划（1997年—2000年）》，对北京教育系统精神文明建设工作迈向新世纪做出总体部署。高校党委和区县教育部门党委根据《规划》要求，制订本单位实施意见和办法。

以加强大学生文明修养教育和师德建设工作为重点，加强校园文化建设和文明校园建设。市委教育工委组织编写《首都大学生文明公约》，对首都大学生应具有的文明修养提出明确要求。各高等院校、区县教育管理部门对本单位教职工，特别是对青年教师思想道德状况进行调查研究，制订师德规范标准，把师德建设作为一项系统工程来抓，促进教职工思想政治工作。推广高校“两课”改革试点经验，不断提高“两课”教学效果。

坚持对领导干部理论培训和“讲学习、讲政治、讲正气”为主要内容的党性党风教育，举办两期50岁以下中青年领导干部培训班，对所属62个单位开展党性党风活动情况进行阶段性检查。对52所高校（部委属院校34所，市属院校18所）进行调整和充实，共任免校级领导干部178人，其中，任命94人。在任命的94名校级领导干部中，50岁以下的34人。至年底，北京共有高校领导干部473人，平均年龄52.4岁。全年，共对12所院校领导班子进行届中或换届考察。

市委教育工委结合北京高校近年来党建工作经验和新情况、新问题，制订《北京市关于〈中国共产党普通高等学校基层党组织工作条例〉的实施办法》，以市委名义下发。为进一步提高基层党总支、党支部工作整体水平，适应新形势对高校基层党组织工作的要求，制订《北京高校系（院）党总支（党委）工作考核评估办法》和《北京高校教研室党支部工作考核评估办法》，下发各校实行。按照中共十四届四中、六中全会及《条例》等文件要求，充实党建先进校评估内容和办法，制订《关于评选党的建设和思想政治工作先进普通高等学校的意见》（修订稿）和《关于评选北京市党的建设和思想政治工作先进普通高等学校的实施办法》。对1995年申报党建和思想政治工作先进的14所学校进行正式评选，评出北京师范大学、北京航空航天大学、北京理工大学、北京医科大学4所先进校；北京化工大学、北京林业大学、北京中医药大学、对外经济贸易大学、北京工业大学、北京建工学院6所高校获提名奖；北方交通大学、北京广播学院、北京轻工业学院、首都医科大学4所高校获鼓励奖，在暑期高校领导干部会上进行表彰。开展评选表彰高校先进党总支、先进党支部活动，表彰2个先进党总支和10个先进党支部。加强大学生和青年教师发展党员工作，重点发展和培养青年学术骨干，使他们业务过硬，政治合格。本年，继续落实市委教育工委《关于加强和改进成人教育系统党的建设和思想政治工作的几点意见》，对民办高校党组织建设情况进行专门调研，对区县民办学校党组织建设情况进行了解，指导和督促区县成教局党委(教育工委)加强对属地社会力量办学党组织的领导和管理。

继续加强老干部工作，结合香港回归和十五大召开，组织老干部学理论；不断丰富老干部的业余生活，建立北京京教老年大学，并开始招生；对北京教育系统离退休干部管理状况进行调研，以探索加强老干部工作新思路。

1997年，市委教育工委在寒假领导干部会上明确提出统战工作5项任务，把统战工作纳入加强党建总体部署中。高校党委重视本校民主党派思想建设和组织建设，注意加强统战两支干部队伍建设，协助民主党派做好换届工作，与有关部门交换意见，反复与民主党派组织协商酝酿，为民主党派中央、市委推荐领导人选，加强高校民主党派成员在党派中的地位和作用。

党风廉政建设和反腐败斗争取得阶段性成果。坚持以领导干部廉洁自律、查处大案要案和治理中小学乱收费为重点，加强党风廉政建设，进一步补充、完善党风廉政建设责任制度，市委教育工委和市教委联合制定《北京高校领导干部廉政从政若干规定》和《北京高校领导干部经济责任审计暂行规定》。加强领导干部在住房申报、收入申报、礼品登记、个人重大事项报告及子女、亲友入学、就业和出国方面的监督检查。

加强对案件检查工作的指导协调和督促检查，推动案件特别是大要案的查处工作。共立案检查违纪案件48件，其中大要案30件，已结案43件，结案率85.80%。挽回经济损失156.48万元。受到党纪处分的党员26人，受到政纪处分的24人，受到刑事处分的7人。

坚持“加强建设，加强防范”的基本工作方针，继续保持和维护学校稳定局面。围绕邓小平逝世、香港回归和中共十五大召开3件大事，加强形势分析和预测，采取各种有力措施，确保学校局势持续稳定。继续巩固和深化高校治安秩序整治工作成果，首都社会治安综合治理委员会、市委教育工委和市公安局转发中央社会治安综合治理委员会、国家教委和公安部《关于进一步加强学校治安综合治理工作的意见》，上半年对中小学周边环境进行集中整治，取得阶段性成果。

加强调查研究。1997年，市委教育工委围绕全年中心工作，从高校党的领导、党的建设、德育工作、稳定工作及教育改革与发展等方面，进行调查研究。完成调研题目18个。市委教育工委对新进机关年轻干部进行调研工作培训。对1996至1997年各处室完成的27篇调研成果进行评优、表彰。评出1等奖2篇，2等奖4篇，3等奖8篇，青年奖1篇，特别奖1篇，分别发给荣誉证书和奖金。为保证和提高重点课题调研质量，制订《关于对年度重点调研课题的管理办法》。

(王志忠)

总　　类

【艺术院校党建工作研讨会召开】 1月9日，市委教育工委召开在京艺术院校贯彻落实《中国共产党普通高等学校基层组织工作条例》，加强党的建设研讨会。各艺术院校汇报学习贯彻《条例》情况和今后工作设想。石油大学（北京）党委、北京理工大学党委介绍学习贯彻《条例》，加强党建工作经验。陈大白在讲话中要求艺术院校领导要正确处理好业务工作和做党政管理工作的关系，把主要精力放在学校党政领导工作和加强党建工作上；要正确对待困难，提倡艰苦奋斗精神，增强搞好工作信心并培养好接班人。8所艺术院校党委主要领导和有关人员参加会议。

(孔凡娟)

【召开高校领导干部会议】 1月22至24日，市委教育工委、市教委召开寒假高校领导干部会议和北京高校工作咨询委员会会议。在高校领导干部会议上，市委教育工委和市教委部署1997年高校工作。在高校工作咨询委员会上，国家教委有关部门领导围绕直属高校工作咨询委员会的工作情况，高校体制改革、高等教育发展面临的困难和挑战等问题发言。北京高校工作咨询委员会各专业委员会代表就北京高校面临的管理体制改革、教师队伍建设及住房、教育思想讨论等问题进行讨论。67所高校的党委书记、校长及市委教育工委、市教委有关负责人近200人参加会议。李志坚、胡昭广、陈大白、徐锡安等领导到会。

(孔凡娟)

【李志坚在木城涧煤矿子弟小学调研】 3月6日，李志坚视察北京矿务局木城涧煤矿子弟小学。他鼓励教师努力工作，为矿区多做贡献；教导矿工子弟“好好学习，天天向上”。并拨款2万元。

(王树权)

【李志坚在牛栏山一中调研】 4月24日，李志坚到牛栏山一中调研。在牛栏山一中，李志坚参观校容校貌，听取该校基本情况及今后建设设想的汇报；并就如何办好寄宿制学校及进一步改善办学条件等问题与县领导进行研究。随后，李志坚还到顺义八中和城关一中，参观学生们的活动课作品展览，计算机室、语音室及学校图书馆。

（张福海）

【开展处级以上领导党性党风教育】 4月，市委教育工委举办领导骨干培训班，高校、各区县教育工委、各区县教育局、成教局及成教职教学校的有关负责人共200余人参加培训。9月，市委教育工委对所属62个单位（高校59所、事业单位3个）党性党风教育活动开展情况进行阶段性检查，听取各单位主管书记汇报，将阶段性检查情况上报市委组织部。推荐清华大学、北京理工大学党委向市委汇报党性党风教育开展情况及经验。

（孙凤兰）

【李志坚检查海淀青少年劳动基地】 5月9日，李志坚视察位于南口的海淀区青少年劳动生产基地和海淀教育城西区。视察中，李志坚指出，在德育基地中学习非常重要，是青少年成长的重要历程。他鼓励清华附中分校探索国有民办公助办学形式，既要解放思想又要多加论证。

（郭　涵）

【江泽民接见清华高等研究中心部分代表】 6月2日，清华大学高等研究中心成立大会暨21世纪基础科学的展望研讨会在清华大学召开。李岚清、宋健、朱光亚和杨振宁、丁肇中等科学家及首都各高校师生代表参加成立大会。下午，江泽民在人民大会堂接见出席成立大会的50余名特邀代表、院士代表和王大中、贺美英等清华领导。江泽民对清华大学成立高等研究中心表示祝贺和支持，对远道而来的海外著名科学家表示感谢，就基础科学研究问题发表讲话。

（何劲松　左海峰）

【完成十五大代表推荐考察工作】 6月24日，在中共北京市党员代表会议上，北京高校任彦申、贺美英、李文海、左铁镛、杨为民、冯长根、王传丽7人当选为中共十五大代表。市委教育工委陈大白当选为中共十五大代表。上年底，市委教育工委召开北京高校系统党委主管书记和组织部长会议，布置高教系统出席党的十五大代表候选人初步人选推荐提名工作。高校68个提名单位共推荐57人，其中领导干部37人，教学科研一线人员20人。1月23日市委教育工委召开高校党委书记会议，经讨论酝酿并采取无记名投票方式，确定9名考察人选。

（汪先永）

【召开暑期高校领导干部会】 7月24至26日，市委教育工委、市教委召开暑期北京高校领导干部会议。李志坚、胡昭广、陈大白及60余所高校党委书记、校长参加会议。会议学习江泽民5月29日在中央党校省部级干部进修班毕业典礼上的讲话和全国高校党建工作会议精神，对加强高校党建和思想政治工作，推动高校的改革、发展和稳定进行研讨。北京大学、清华大学、北京航空航天大学、北京医科大学、北京理工大学和北京建工学院介绍加强党建和思想政治工作经验。李志坚在讲话中指出，各校要抓住机遇，解放思想，推进高校的改革、发展和稳定；要适应改革发展的新形势，加强高校党的建设和精神文明建设；要用邓小平建设有中国特色社会主义理论武装头脑，紧密联系实际，“围绕中心抓党建，抓好党建为中心”；要加强党风廉政建设。他表示市委、市政府一定要努力贯彻中央对北京市的要求，为北京高校服务，与中央部委共建共管，进一步推进北京高校的改革、发展和稳定。

（王志忠）

【市领导在北京工业大学现场办公】 9月4日，李志坚、胡昭广、陈大白在北京工业大学，召开现场办公会，研究解决该校西门外西大望路1500米路段和南面左安东路路段建设问题。市政府办公厅、首规委、市计委、市教委、朝阳区等领导参加现场办公会。李志坚察看工大西侧西大望路和南侧左安东路建设情况，听取工大道路建设情况的汇报，市建委、市房地产开发经营总公司和市城市改建综合开发总公司有关负责人汇报道路建设进展情况。会议对两条道路的建设问题进行研究，对建设单位、工期和质量提出要求。

（王志忠　毕东明）

【李志坚慰问山区教师】 9月5日，李志坚到密云县不老屯镇中心小学慰问全体教师，并送去慰问品和慰问金。李志坚勉励教师继续发扬敬业精神和艰苦奋斗的优良传统，把孩子培养成合格的接班人。

（项启江）

【教育界座谈学习党的十五大】 10月8日，首都教育界举行学习、贯彻党的十五大精神座谈会。李岚清在座谈会上指出，教育界要认真学习、深刻领会江泽民在党的十五大所作的报告，高举邓小平理论伟大旗帜，在以江泽民为核心的党中央领导下，开创教育改革和发展的新局面。国家教委柳斌、国家计委叶青、北京市政府胡昭广分别发言。北京大学任彦申、北京十一学校李金初在发言中阐述抓住机遇，深化教育改革的体会。

（孟祥辉）

【市领导在两所市属高校调研】 10月23日，李志坚、陶西平、胡昭广、陈大白及有关委办局领导一行到北京工业大学和首都师范大学调研。在北京工业大学，领导们听取高校布局调整后该校有关情况汇报，并检查校园南区基本建设项目；在首都师范大学，领导们听取调整并校和基本建设工作情况汇报，观看首都师范大学电视片《建设中的校园》，并参观该校电教楼、家属住宅区和北校园。

（毕东明　王咏梅　甘　哲）

【李志坚检查计算机教学】 11月4日，李志坚在北京电大大兴县分校检查计算机教学工作。在听取汇报和实地察看后，李志坚对该分校工作表示满意，他勉励该校保持清醒头脑，参与竞争办成一流计算机培训基地。北京电大大兴分校设有3个标准计算机教学机房，配置计算机130台，全年举办各类计算机考试培训1140人。

（陈　平　马玉明）

【李志坚检查平谷黄松峪中学】 11月20日，李志坚到平谷县黄松峪中学视察工作。李志坚查看该校校园环境、专用教室建设、学生伙房和学生宿舍后，鼓励学校继续发扬好传统，进一步办好寄宿制学校。

（岳广顺）

【召开共建4所大学座谈会】 12月8日，在市委、市政府召开国家教委、北京市政府共建北京大学、清华大学、中国人民大学和北京师范大学座谈会。市领导贾庆林、李志坚、陶西平、胡昭广和国家教委领导陈至立、周远清出席会议。参加会议的还有国家教委有关部门、市委、市政府有关委办局和4所高校的主要领导。会上，胡昭广代表北京市政府发言。他介绍近年来北京高等教育改革的基本情况，总结北京市政府与中央部委合作共建院校工作，并对北大等4所高校多年来对北京市的建设和发展做出的贡献给予肯定。他表示，市政府将尽心尽力、尽职尽责地支持4所学校的改革和发展，为他们服好务。陈至立代表国家教委发言。她说，北京市政府多年来积极支持在京的中央部委院校的建设，特别是在市财政负担较重的情况下，拿出资金积极建设北大等四校，体现北京市积极贯彻党的十五大精神和落实《中国教育改革和发展纲要》决心，她代表国家教委对北京市政府表示感谢。贾庆林在讲话中说，这次合作是北京市的大事，4所全国著名的高校代表北京高校的办学水平，通过共建，可以加快4校的改革和发展，充分发挥它们在高层次人才培养、高新技术研究以及在理工、人文、经济、管理和高等师范教育等学科领域的优势和潜力，为北京市两个文明建设发挥重要作用。他表示，北京市将通过资金支持；支持学校走产学研结合的道路，尽快实现科研成果转化；帮助学校改善办学条件，提供社会化服务；提供好的生源，并帮助做好毕业生分配工作；与4校共同开展课题研究等途径，全面落实共建协议。希望通过共建，不断拓宽渠道，改善办学条件，发挥共建效益，把北京市真正建成全国的政治中心、文化中心和现代化国际大都市。

（王永东）

【完成八届市委市纪委人选推荐工作】 12月17日，在北京市第八次党代会上，北京教育系统任彦申、袁贵仁、冯长根当选为第8届市委委员，杜金香当选为第八届市委候补委员。徐锡安当选为第八届市委委员、常委。尹栋年当选为市纪委委员。

北京高校参加北京市第8次党代会代表名单（共74人）

陈大白	任彦申	石青云	陈　希
朱　静	严守权	袁贵仁	蒋人璧
楼士礼	邱菀华	焦文俊	费元春
刘建平	赵素贞	张永甡	刘继南
焦福岩	王惠玲	唐瑞昆	高　曙
李　燕	王晓纯	林少岩	田胜立
李去鹏	王守法	唐运新	杨明皓
林锦瑞	胡汉斌	王德炳	崔文志
钱昌年	陈乃芳	王金魁	张万增
哈经雄	郑玉顺	孙维炎	李保仁
许其立	苏志平	解战原	戴守英
陈　宏	王宏建	王次炤	李文珍
赵伟月	贺　岩	王凤生	王国宾
蔡少甫	马志成	张　雪	卢才辉
杜金香	文　魁	王淑贞	卢纹岱
熊家华	李月光	汪馥郁	梁绿琦
鲁永瑞	张秀国	李昌华	倪传荣
宋丽兰	梁小瑞	朱天麟	李凤琴
林浦生	耿学超		

（汪先永）

【完成教育系统人大代表候选人建议人选推荐提名工作】 年内，市委教育工委完成教育系统第9届全国人民代表大会代表候选人建议人选的推荐提名工作。北京教育系统王选、王润、王维城、毛达如、孙维刚、李文海、李金海、吴树青、余永宁、张恭庆、陆善镇、钱青、凌爱宜13人在北京市当选为第9届全国人民代表大会代表。北京高校有21人由中央提名在外省市当选为第9届全国人大代表。

（汪先永）

【完成全国政协委员候选人建议人选推荐提名工作】 年内，市委教育工委完成北京教育系统中国人民政治协商会议第9届全国委员会委员候选人建议人选推荐提名工作。北京教育系统共有130人当选为中国人民政治协商会议第9届全国委员会委员，其中，73人为北京市推荐。

（徐连春　汪先永）

【完成教育系统第11届市人大代表常委候选人建议人选推荐提名工作】 年内，市委教育工委完成教育系统北京市第11届人民代表大会代表、常务委员会委员候选人建议人选的推荐提名工作。教育系统63人当选为北京市第11届人民代表大会代表，14人当选为北京市第11届人民代表大会常务委员会委员。

（汪先永）

【完成教育系统第九届市政协委员常委候选人建议人选推荐提名工作】 年内，市委教育工委完成教育系统中国人民政治协商会议北京市第9届委员会委员、常务委员会委员候选人建议人选推荐提名工作。教育系统126人当选为中国人民政治协商会议北京市第9届委员会委员，27人当选为中国人民政治协商会议北京市第9届委员会常务委员会委员。

（徐连春　汪先永）

组 织 工 作

【概　况】 1997年，北京高校干部工作紧紧围绕迎接党的十五大和市八次党代会的召开，市委、市纪委、全国和市人大、政协换届的人事安排工作，做好涉及到教育系统有关人选的推荐考察工作。加大培养选拔跨世纪优秀年轻高校领导干部的力度。全年任命94名高校领导干部，其中，提拔任用67人，50岁以下34人，占50.7%，45岁以下21人，占31.3%。至年底，北京高校共有473名校级领导干部，平均年龄52.4岁，36所双管高校配备45岁以下年轻干部，市属高校全部配备45岁以下和35岁左右年轻干部，基本形成以55岁左右干部为骨干，50岁左右和少数45岁以下干部组成的梯次配备。

1997年，全市普教系统共有党总支172个，党支部1839个。其中教育局直属党总支104个，党支部1039个。乡镇管党总支68个，党支部746个。全市普教共有党员58781人，比上年增加2251人。

（汪先永　姚转珍）

【市委下发高校基层党组织工作条例】 1月16，中共北京市委制订《北京市关于〈中国共产党普通高等学校基层党组织工作条例〉的实施办法》。该条例要求各高校进一步提高基层党总支、党支部工作整体水平，使基层党组织工作紧密围绕学校的根本任务和中心工作，逐步达到规范化、制度化和科学化。

（孙凤兰）

【召开普教领导干部会议】 2月15至16日，市委教育工委、市教委联合召开寒假普教系统领导干部会议。倪益琛、陶春辉分别就党建工作和行政工作作报告。陈大白到会讲话。各区县委教育工委书记、教育局党委书记、教育局长（教委主任）、教育督导室主任180人参加会议。

（姚转珍）

【召开成教领导干部会】 3月2日，市委教育工委、市教委联合召开全市成教系统领导干部会议，会议总结上年全市成教系统开展成人教育三项培训工程等方面工作，部署1997年成人教育工作。对42个成人教育培训工程先进集体和86名优秀个人进行表彰。

（邵和平）

【普教党建研究会第3届年会召开】 3月27日，市普教党建研究会第3届年会召开。会议向本届年会获奖论文作者颁奖。市普教系统党建研究会全体理事、各区县委教育工委书记、教育局党委书记、区县普教系统党建研究会理事长、本届年会获奖论文作者共150人参加会议。

（姚转珍）

【印发向郑晓乐李超学习通知】 4月14日，市委教育工委、市教委、市劳动局印发《关于在全市中等职业学校中开展向郑晓乐、李超同志学习活动的通知》。郑晓乐烈士是市化工二厂技工学校的毕业生，在一次意外事故中舍己救人，英勇献身。李超是市二轻工业学校毕业生，为维护国家财产，勇斗歹徒，光荣负伤。

（邵和平）

【下发中小学精神文明建设规划】 4月，市委教育工委下发《北京市中小学社会主义精神文明建设规划（1997年——2000年）》。该规划分“中小学社会主义精神文明建设面临的形势和要求”、“中小学社会主义精神文明建设的指导思想、奋斗目标和工作重点”、“今后四年的主要任务”、“搞好中小学社会主义精神文明建设的几项重要保证”、“切实加强和改善党对社会主义精神文明建设的领导”5部分，共24条。

（姚转珍）

【调研普教系统青年教师思想道德情况】 4至5月，市委教育工委对北京市普教系统青年教师思想道德情况进行专题调研。调研采取问卷、座谈和访谈相结合的方式，形成《北京市普教系统青年教师思想道德情况调查报告》。

（姚转珍）

【举办高校年轻领导干部培训班】 4月和11月，市委教育工委举办2期以讲学习、讲政治、讲正气为主题的50岁以下高校年轻领导干部培训班。每期1个月，共培训55人。

（孙凤兰）

【党建先进校评审】 5月，市委教育工委、市教委、团市委等单位组成专项考察组，从整体工作、党建工作、德育工作3个方面分别对1995年申报党建和思想政治工作先进校的14所高校进行为期两天的考察。评出先进校4所，获提名奖6所，获鼓励奖4所。7月26日，在北京高校暑期领导干部会上，北京师范大学、北京航空航天大学、北京理工大学和北京医科大学被市委、市政府授予“北京市党的建设和思想政治工作先进普通高等学校称号”。这是继北京大学、清华大学、人民大学、首都师范大学、北京科技大学获表彰后，第二批获得表彰的高等学校。

（孙凤兰）

【表彰高校先进总支（支部）】 6月26日，市委教育工委下发关于表彰高校先进党总支、党支部的决定，表彰先进党总支2个、先进党支部10个，3个党委（支部）获提名表彰。该评选工作开始于3月，共有27所高校党委推荐15个党总支、34个党支部参加评选。

北京高校先进党总支
党支部一览表

北京科技大学机械工程学院冶金机械研究所党支部；

北京理工大学光电工程系党总支；

北京林业大学水土保持学院党总支；

北京大学国际关系学院92、93级本科生党支部；

清华大学电子工程系信号检测与处理教研组党支部；

中国人民大学国管系国民经济管理教研室党支部；

北京师范大学哲学系本科生党支部；

北京航空航天大学制造工程系机械制造工程教研室党支部；

北京化工大学化学工程学院反应工程教研室党支部；

北京医科大学第一医院儿科党支部；

首都师范大学数学系代数教研室党支部；

北京建筑工程学院离休党支部。

（王志忠）

【2人被公开选拔为副校级领导干部】 上半年，市委教育工委在北京建工学院、北京联合大学应用文理学院公开选拔副校级领导干部各1人。

（汪先永）

【组织优秀青年教师暑期社会实践】 7至8月，市委教育工委、市教委、市教育工会和团市委共同组织北京市普教系统优秀青年教师暑期社会实践活动。西城、海淀和延庆等9个区县180名优秀青年教师，分9路赴全国各地考察经济和教育改革发展情况，接受革命传统教育。

（姚转珍）

【举办暑期中专研讨会】 8月19至22日，市委教育工委、市教委、市中专教育研究会、市中专党建研究会联合举办暑期研讨会，与会代表就新形势下如何开展中专学校党建工作和教育教学改革等问题进行研讨。北京煤炭工业学校、市商贸学校、市农业学校、市交通学校代表中专党建研究会分别就加强中专学校领导班子政治、思想和理论建设；校园文化建设；加强社会主义精神文明建设和师德建设等问题进行大会交流。市城市建设学校、市仪器仪表工业学校、市建材工业学校、市经济管理学校代表中专教育研究会分别就如何建设面向21世纪的中专学校；新形势下中专学生应具备的基本素质；如何开展计算机辅助教学和中专数学教学等问题发言。

（邵和平）

【召开暑期普教系统党务领导干部会议】 8月22日，市委教育工委召开普教系统党务领导干部会议。倪益琛就加强党建工作作报告。各区县委教育工委书记、教育局党委书记60余人参加会议。

（姚转珍）

【发出向刘让贤学习的通知】 9月5日，市委教育工委和市教委联合发出《关于开展向刘让贤同志学习活动的通知》。号召全市教育战线的广大教师、干部和职工向刘让贤学习。9月8日，在怀柔县召开向刘让贤学习座谈会。刘让贤系青海省互助土族自治县东山乡什巴小学校长，全国教育系统先进人物。

（姚转珍　贺恩和）

【开展向孙维刚学习活动】 9月8日，市委教育工委、市教委和市教育工会开展向孙维刚学习活动。孙维刚是本市二十二中数学教师。他1962年参加教育工作以来，用自己的心血和智慧铸造一个新时期人民教师的形象，他所教的学生都能在德智体诸方面全面发展，素质得到全面提高。他的学生还获得第37届国际数学奥林匹克竞赛金牌。

（孟祥辉）

【召开暑期成教领导干部会议】 9月12日，市委教育工委、市教委联合召开1997年北京市成教系统暑期领导干部会议。马叔平、倪益琛分别作《为首都经济和社会发展服务，全面完成今年成人教育工作》和《高举邓小平建设有中国特色社会主义理论伟大旗帜，进一步加强我市成教系统党的建设、精神文明建设和德育工作》的报告。各区县政府文教办公室主任、成人教育局（教委）党委书记、局长（主任），部分区县委教育工委书记和市政府有关委、办、局（总公司）教育处长等参加会议。

（邵和平）

【召开高校组织部长座谈会】 9月，市委教育工委组织处、干部处分片组织召开高校组织部长座谈会。交流高校组织工作经验，到会80余人。

（汪先永）

【试行民主推荐校长】 9月，市委决定牛继升任首都师范大学党委书记。市委教育工委在首都师范大学试行民主推荐校长工作。10月，市委、市政府决定杨学礼任首都师范大学校长。

（汪先永）

【召开成教管理人员培训工作会】 10月14日，市委教育工委、市教委联合召开全市成人教育管理干部和教师培训工作会议，各区县委教育工委、教委（成人教育局），各委、办、局（总公司），各成人学校有关领导出席会议。会议印发《北京市成人教育管理干部和教师培训办法》

（邵和平）

【组团赴江苏浙江考察】 10月21至28日，中专党建研究会考察团一行15人，对张家港“两个文明”建设情况进行考察。考察团对张家港市梁丰中学、上海市机电工业学校、江苏省无锡市机械制造学校、无锡市无线电学校、常州市机械学校和常州市化工学校党建工作和教育教学改革情况进行考察。

（邵和平）

【调研普教系统党员“双学”活动情况】 10至11月，市委教育工委对北京市普教系统党员“双学”活动情况进行专题调研。调研采取问卷、座谈和访谈相结合方式，形成《北京市普教系统党员“双学”活动情况调查报告》。

（姚转珍）

【开展高校党建研究】 11月，市委教育工委、市高校党建研究会组织4个专题研讨会；组织评选高校党建论文活动，共评出优秀论文28篇，其中一等奖3篇、二等奖5篇、三等奖20篇。协助召开北京高校党建研究会1997年年会。

（孙凤兰）

【召开普教系统信息工作会】 12月10日，市委教育工委和北京教育学院联合召开北京市普教系统信息工作会议。各区县委教育工委、教育局党委办公室主任、宣传部长、教育党校负责人和通讯员共70余人参加会议。

（姚转珍）

【下发《北京市中小学党组织工作评估方案》（试行）】 12月，市委教育工委制订下发《北京市中小学党组织工作评估方案》（试行）。该方案从中小学党组织政治核心作用、党组织自身建设、思想政治工作、统一战线工作和党组织对群众组织的领导5方面进行评估。以5方面内容作为1级指标，下设14项2级指标，含45条评估要素。

（姚转珍）

【举办系列形势报告会】 年内，市委教育工委、中宣部宣教局、国家教委基础教育司、市教委联合举办5次形势报告会。全市普教、成教系统领导干部、中小学及中专学校干部、教师2000余人听取报告。

（姚转珍）

【任免校级领导干部178人】 年内，市委教育工委调整和充实52所高校领导班子，任免校级领导干部178人，其中任职94人，免职或离退休84人。

（汪先永）

【继续开展党员“双学”活动】 年内，市委教育工委完成党员“双学”第三专题教育，开展党员民主评议活动，至年底，高校系统开展民主评议的党员69303人，占总数90%；各高校对“双学”活动进行自检、验收总结，上报民主评议党员工作总结；多数学校制定党员行为规范。首都师范大学、北京航空航天大学、北京理工大学、清华大学4所学校4篇文章分获市委“双学”优秀论文一、二等奖。

（孙凤兰）

【12个单位党委换届选举】 年内，北京航空航天大学、北京邮电大学、北京医科大学、北京语言文化大学、北京服装学院、北京轻工学院、北京电影学院、北京舞蹈学院、北京联合大学职业技术师范学院、北京教育科学研究院、北京教育考试院、北京教育音像报刊总社12个单位党委和纪委完成换届选举工作。

（汪先永）

【进行高校领导班子届中或换届考察】 年内，市委教育工委对北京工业大学、北京体育师范学院党政领导班子进行届中或换届考察。配合中央主管部委对10所双管高校领导班子进行考察，以促进和加强高校领导班子建设。

（汪先永）

【组织高校年轻领导干部跨校交流】 年内，市委教育工委组织4名市属高校年轻领导干部跨校交流，采取高职低挂形式，帮助年轻领导干部积累高校系处级领导工作经验，学习兄弟高校先进经验。

（汪先永）

【完成校干部1996年度年终考核】 年内，市委教育工委完成市属教育系统校局级领导干部1996年度年终考核工作，其中，16名领导干部获优秀考核等次，12名领导干部被奖励晋升或提前晋升一级工资。

（汪先永）

【开展民办高校党建基本状况调研】 年内，市委教育工委、市教委联合对全市99所民办大学党组织建设情况进行调查，撰写出《关于在民办大学中建立党组织的建议》。

（邵和平）

【举办中专党建优秀论文评选】 年内，市中专党建研究会举行1997年度党建和思想政治工作论文评选。评委会对本年度35篇论文进行评审，共评出1等奖3篇，2等奖7篇，3等奖12篇。

（邵和平）

宣 传 工 作

【高校宣传教育工作会议召开】 2月19至20日，市委教育工委召开北京高校宣传教育工作会议。与会人员听取国际政治和国内经济形势报告，讨论高校宣传教育工作面临的形势和任务。总结上年宣传教育工作，部署1997年工作任务。各高校宣传部长、学工部长参加会议。

（徐艳国）

【调研高校师生思想政治状况】 3至5月，市委教育工委对11所高校教师和学生思想政治状况进行调查。调查采取问卷、座谈和访谈相结合方式，形成《首都高校教师思想政治状况》和《首都高校学生思想政治状况》调查报告，上报国家教委。

（冯 刚）

【评选首届高校对外报道好新闻】 4月，市委教育工委和北京高校校报研究会聘请有关方面专家进行首届北京高校对外报道好新闻及先进个人评选工作。参评作品40篇，共评出好新闻22篇，评出先进个人10名。

（姚　辉）

【宣传高校先进集体】 4至9月，市委教育工委先后推出北京大学国际关系学院92级本科班和清华大学信息网络研究中心两个先进群体典型，组织首都主要新闻单位对他们的先进事迹进行集中宣传报道。

（姚　辉）

【11所大学学生宿舍安装闭路电视】 4至9月，在市委教育工委组织协调下，清华大学、北京师范大学、北京航空航天大学、北京理工大学、北京邮电大学、石油大学（北京）、华北电力大学（北京）、北京中医药大学、对外经济贸易大学、中央财经大学、北京商学院11所双管院校为学生宿舍安装闭路电视。

（姚　辉）

【高校开展系列活动庆香港回归】 5月4日至6月30日，首都大学生开展系列活动喜迎香港回归。5月4日，在人民大会堂举行首都大学生迎接我国政府对香港恢复行使主权形势报告会，新华社香港分社社长周南为北京60余所高校大学生作香港问题形势报告。5月15日，在清华大学举办以“百年沧桑终有结　一国两制绘新图”为主题的首都大学生迎香港回归英语演讲比赛，来自北京高校10名选手参加比赛，北京外国语大学徐翌成、对外经济贸易大学袁园获一等奖，并代表北京赛区参加“京、沪、粤、港大学生迎接香港回归英语演讲比赛”。6月30日，首都高校近万名学生在天安门广场参加“北京市人民迎接香港回归祖国联欢晚会”。

（陈　炜）

【树立先进班集体典型】 上半年，市委教育工委在全市高校中开展树立先进班集体典型活动。确定北京大学国际关系学院92级本科班、北京林业大学英93班、北京工业大学931521班等10个先进班集体典型，作为学习对象。

（张望才）

【召开高校“两课”改革试点研讨会】 7月9至11日，市委教育工委、市教委联合召开北京高校“两课”改革试点工作总结研讨会，8所试点院校就前一阶段改革经验、存在的问题及如何进一步贯彻国家教委“两课”改革精神进行研讨，形成《北京高校“两课”改革试点工作总结报告》。会后，市委教育工委编印《北京高校“两课”改革试点工作经验汇编》，下发各高校。

（周志成）

【高校电视专题片在电视台播出】 7月，市委教育工委组织北京大学、清华大学、北京师范大学、北京理工大学、北京医科大学、北京工业大学、首都师范大学拍摄反映高校精神文明建设成果，展望高校师生精神风貌的电视专题片在北京电视台《京华长廊》栏目播出。

（姚　辉）

【召开“两课”备课会】 7至8月，北京高校哲学、政治经济学、中国革命史、世界政治经济与国际关系、思想品德等5个课程教学研究会分别召开备课会，交流各门课程改革情况，研讨各门课程教学重点、难点及如何贯彻国家教委“两课”改革精神。各校“两课”教研室主任和骨干教师参加备课会。

（周志成）

【组织参观“辉煌的五年”成就展】 9月7日至10月5日，市委教育工委组织34万名师生参观由中宣部、国家计委、国家经贸委、国家体改委、国家统计局主办的“辉煌的五年——十四大以来经济建设和精神文明建设成就展”。其中，高校师生25万人，中小学教师8万人，民办大学生近万人，中专学生4000余人。9月17日，国家教委、市委教育工委在北京大学联合举行首都高校师生参观“辉煌的五年”成就展座谈会，10所高校30名师生代表畅谈各自的观感。

（徐艳国　邵和平）

【举办理论中心组学习交流会】 10月14日，市委教育工委召开全市教育系统党委（党组）中心组理论学习经验交流会。北京航空航天大学、北京科技大学、对外经济贸易大学、房山区教育局、东城区成人教育局5个单位从提高领导班子思想认识水平、提高中心组学习效果、用理论指导实践提高决策水平等方面交流学习经验和做法。陈大白等领导到会讲话。各高校、各区县教育工委、教委、教育局、成人教育局及部分中专学校党委中心组组长和学习秘书共250人参加大会。

（陈　炜）

【举办宣传部长学习十五大研讨班】 10月29至31日，市委教育工委举办学习十五大精神研讨班，集中研讨各高校在学习十五大精神过程中师生提出的主要问题，参观考察3家实行股份制改造企业，邀请经济学家作辅导报告。北京大学、清华大学等高校宣传部长参加研讨。

（姚　辉）

【召开高校德育研究会年会】 11月7至8日，市委教育工委、北京高校德育研究会联合召开北京高校德育研究会1997年年会暨学习、宣传、贯彻十五大精神研讨会，会议听取有关专家所做的关于价值观和股份制的报告及北京大学、清华大学党委书记关于贯彻十五大精神、推动高校改革报告，就如何贯彻十五大精神、推动高校德育工作做了专题研讨。北京高校主管德育工作有关人员250余人参加会议。

（周志成）

【首都大学生座谈江泽民访美】 11月10日，国家教委、市委教育工委联合举办“首都大学生座谈江泽民主席访问美国重大意义暨学习江泽民主席在哈佛大学演讲辞座谈会”，北京大学、清华大学等8所院校50余名学生代表参加座谈会。

（张望才）

【举办江泽民访问美国情况报告会】 11月22日，国家教委、中共北京市委举办江泽民访问美国情况报告会。来自60余所高校的1万余名师生参加报告会。报告会全面介绍江泽民访问美国的背景、行程、主要活动和重大成果。朱开轩、李志坚等领导参加报告会。

（董洪亮）

【举办纪念一二九文艺晚会】 12月8日，市委教育工委、市教委、团市委在北京剧院联合举办纪念一二九文艺晚会。首都大学生1000人观看演出。贾庆林、陈至立、张福森、李志坚、龙新民、陶西平、胡昭广、陈大白、卢松华等出席。

（张望才）

【举办首都高校新年音乐会】 12月25至31日，国家教委、文化部、市委教育工委联合组织，中国青年交响乐团在北京剧院为首都高校师生免费演出"一曲难忘"——新年音乐会。音乐会主题为"音乐、情操、爱国"。

（张望才）

【举办系列形势报告会】 年内，国家教委、北京市委邀请驻德国(两德统一后)首任大使梅兆荣、中国驻联合国日内瓦办事处和瑞士其他国际组织代表吴建民、外交部部长助理杨洁篪分别就国际形势、人权问题及江泽民主席访问美国情况做报告，首都高校师生2万人听取报告。

（张望才）

统 战 工 作

【概 况】 1997年，北京高校的统战工作紧紧围绕党的十五大胜利召开和我国恢复对香港行使主权这两件大事组织活动、开展工作。协助民主党派和有关部门完成民主党派中央和市级领导班子以及全国和市人大、政协的换届做好推荐高校人选工作。各民主党派在北京高校共有成员4684人，比上年增加5.16%。共发展新成员230人。

（徐建春）

【贯彻市统战工作会议精神】 4月，市委教育工委召开部分高校统战部长联席会，检查各校贯彻市委统战工作会议情况。此前，市委教育工委在高校领导干部会上明确提出统战工作5项任务，要求把统战工作纳入加强党建工作总体部署。

（徐建春）

【协助民主党派做好换届工作】 上半年，北京高校党委协助各民主党派进行换届工作。这些高校认真学习、全面领会中央和市委的有关协助民主党派做好换届工作的指示精神，反复与民主党派组织协商酝酿，慎重地提出民主党派换届人事安排的建议。8个民主党派市委完成换届任务后，北京教育系统民主党派人员当选市委秘书长以上领导干部共有67人，在高校工作的31人，占46.3%

（徐建春）

【检查高校少数民族学生工作】 9月，市委统战部、市委教育工委、市民委联合下发《关于进一步加强北京高校少数民族学生工作的几点意见》贯彻落实情况进行检查的通知，要求学校对少数民族学生工作进行检查和总结。至年底，34所学校党委上报书面自查报告。

（徐建春）

【2所高校获市侨办先进】 年内，各高校侨联会分别召开会议，围绕贯彻中共十五大和市十一次侨代会精神，实施《中华人民共和国归侨侨眷权益保护法》进行研讨，就各校侨联工作经验进行交流。北京大学、清华大学等高校统战部被市侨办评为先进单位。

（徐连春）

纪 检·监 察

【概 况】 1997年，市教育纪工委组织开展领导干部廉洁自律、查处违纪案件、纠正行业不正之风，规范中小学收费管理执法监察、教育培训等方面的工作。全年，北京教育系统纪检监察部门共初查核实违纪线索488件，了结405件，转立案20件。共立案查处违纪案件48件；其中，大要案30件，结案26件，结案率86.7%。挽回经济损失156.48万元。对26名违纪人员给予党纪处分，对24名违纪人员给予政纪处分。

（张年武）

【组织高校案件审理达标验收】　3至4月，市委教育工委组织北京地区高校案件审理目标管理达标验收工作，16所高校参加验收，全部通过。其中，3所院校被市纪委评为优秀。教育纪工委获市纪委组织案件审理目标管理达标先进单位。

（张年武）

【召开纪检监察工作会议】　4月22日，市委教育工委、市教委联合召开北京教育系统纪检监察工作会议。会议传达中纪委八次全会精神和市纪委十二次全会精神及国家教委纪检监察工作会议精神，总结北京教育系统1996年党风廉政建设和反腐败斗争情况，部署本年教育系统反腐败斗争和党风廉政建设工作。各高等学校党委书记、纪委书记和各区、县教育工委（教育局党委、成教局党委）书记、纪工委（纪委）书记参加会议。国家教委、市纪委有关领导出席会议。

（张年武）

【召开高校领导班子廉洁自律民主生活会】　6月，市委教育工委、市教委及有关部门领导参加各高校领导班子民主生活会。其中，市委教育工委书记、副书记参加21所高校领导班子民主生活会，占全部高校的31%；市委教育工委干部处、联络室和纪工委共20人次参加63个单位民主生活会，占全部高校的94%。本市召开廉洁自律民主生活会的校（局）级领导班子68个，参加生活会的领导班子成员448人，占应参加人数的95.3%，因出国、出差、生病等原因未参加生活会的22人。

（张年武）

【调查高校领导干部住房情况】　上半年，市委教育工委对市属18所院校和市教委3个直属单位局级干部住房情况进行摸底调查。调查结果表明：在138位局级干部中，未发现在购房、建房、公款装修住房等方面有以权谋私行为。

（张年武）

【检查高校领导干部廉洁自律工作】

9至10月，市委教育工委对高校领导干部贯彻中央关于廉洁自律和厉行节约制止奢侈浪费规定、执行党风廉政建设责任制情况及《廉政准则》、《纪律处分条例》等6部法规的学习教育情况进行检查。检查组重点抽查14个单位，听取党委汇报，查阅有关资料，召开24个座谈会，听取200余名中层干部和教职工意见，抽查范围达到22%。检查结果表明：北京高校广大党员和教职工对校系两级领导干部执行廉洁自律规定和开展党风廉政建设工作评价较好。

（张年武）

【召开党风廉政建设经验交流会】

11月20日，市委教育工委召开高校党风廉政建设经验交流会，清华大学、北京理工大学、中国协和医科大学和北京建筑工程学院党委书记介绍经验，陈大白到会讲话。62所院校党委书记、纪委书记共120人参加会议。

（张年武）

【受理举报控告和申诉】　年底，市纪委教育工委共受理群众来信266件（次），来访7次。连同上年遗留件共办结局级干部信访件49件。直接进行初查核实的11件。要求区县报结果的38件。

（张年武）

【完成高校党风廉政建设课题调研】

年内，市纪委教育工委和教育纪检监察工作研究会完成《高等学校党风廉政建设研究》课题调研。该课题历时一年半，下设领导干部廉洁自律、高校发生重大经济损失问题原因与对策、预算外资金管理与使用、纪检监察干部队伍建设、党内监督制度的落实5个子课题，市纪委教育工委、市教委监察室和12所高校纪委书记、副书记共17人参加课题调研。

（张年武）

【发挥党风廉政监督员作用】　年内，市委教育工委邀请12名党风廉政监督员参加教育系统纪检监察工作会议，参加对高校领导干部执行廉洁自律有关制度情况的监督检查，使他们了解全系统党风廉政建设形势。并召开两次座谈会，听取监督员对加强教育系统党风廉政建设以及如何履行职责，开展工作的意见和建议。

（张年武）

【强化案件检查工作】　年内，北京市委教育工委、市教育纪工委对遗留案件和新立案件进行逐案排查，突出案件检查重点，与市纪委有关处室对高校一些疑难案件和久拖未结案件进行协审，共听取29所高校54人违法违纪案件查处工作汇报；召开高校纪委书记案件联席会，对典型和疑难案件进行集体研讨和审理，推动案件查处工作。教育纪工委直查4个案件，其中，涉及局级干部2件，2人；涉及处级干部2件，2人；涉及科级干部3人。现已结案3件，处分局级干部2人，处级干部1人。

（张年武）

【清理公款安装住宅电话】　年内，市委教育工委对高校领导干部公款安装住宅电话和移动电话进行清理。党的关系在市委的62个单位的副校级干部用公款安装的住宅电话均过户给个人，电话费实行对个人规定限额，超额自负制度。正局级干部电话取消国际长途直拨功能，有18所学校正局级干部电话过户给个人。各学校根据规定将本单位用公款购置的移动电话进行清理，登记造册。市属高校根据市财政局《关于党政机关配备使用移动电话的管理办法》，加强对移动电话的管理。

（张年武）

【制订廉洁从政责任审计规定】　年内，市委教育工委和市教委制订《北京高校领导干部廉洁从政若干规定（试行）》和《北京高校领导干部经济责任审计暂行规定》，下发各高校执行。

（张年武）

保卫·保密

【组织高校师生悼念邓小平同志】 2月19日，邓小平逝世。市委教育工委先后召开3次高校领导干部会，传达贯彻中央和市委精神，要求各校组织好悼念活动，确保高校稳定。各校党委高度重视，严密组织，精心安排，积极引导，纷纷召开各种类型的学习会、座谈会，组织广大师生学习《告全党全军全国各族人民书》、《悼词》和《邓小平同志伟大光辉的一生》等文章，观看大型文献纪录片《邓小平》，展出邓小平生平照片，发表悼念邓小平文章等，缅怀邓小平的丰功伟绩和伟大人格、高尚品质。2月24日，市委教育工委组织20所高校4000名师生代表，一大早到五棵松街道两旁，佩带白花，肃立街头，为邓小平送灵。2月25日，市委教育工委、市教委共同组织北京市教育系统330名干部、师生代表参加在人民大会堂举行的邓小平追悼大会。其中，高校领导干部和师生代表274人，中小学干部和师生代表56人。各校在当日清晨举行国旗降半旗仪式。上午，各校调整课程，布置追悼大会分会场，组织广大干部、师生员工收听、收看邓小平追悼大会实况转播。

(李致和)

【集中整治中小学治安秩序】 5至10月，市委教育工委、市教委对中小学治安秩序进行集中整治。首都综治委、市委教育工委、市教委先后召开5次会议，听取各区县汇报。保卫保密处先后到东城、西城、宣武等区调查整治工作情况。7月，对城区中小学治安秩序整治工作进行抽查。上半年的集中整治取得成效。①集中清理整顿学校周边摊群市场和流动商贩；②整顿中小学门前交通秩序；③公安机关密切配合，严厉打击流氓滋扰现象；④各区县教育行政部门和学校对校园内秩序进行整治，各校都取消校内机动车停车场。主要问题是一些学校门前商业摊点、流动商贩、机动车乱停乱放屡禁不止，个别区县动作缓慢，部分学校木结构房屋年久失修、电线老化，存在着火险隐患。

(李致和)

【完成庆香港回归各项任务】 6月30日至7月1日，北京69所高校和40所中专学校万名大中专学生参加在天安门广场举办的北京市人民迎接香港回归祖国联欢晚会。50余所高校4400余名大学生参加在北京工人体育场举办的首都各界庆祝香港回归祖国大会。为做好高校参加两个重大活动的组织和安全保卫工作，市委教育工委、团市委工作人员到各校指导工作，进行思想动员、节目组织、后勤保障和安全保卫等工作。各校党委迅速组成领导小组，制订方案，挑选人员，确定节目，反复演练，落实安全保卫措施，高校承担的各项任务圆满完成。

(李致和)

【召开高校保密工作会议】 11月21日，市委教育工委、市教委召开北京高校保密工作会议。会上清华大学、北京理工大学保密委员会介绍保密工作情况和经验，市委教育工委、市教委保密工作领导小组传达中央关于加强新形势下保密工作决定，以及全国和北京市保密工作会议主要精神。会议全面部署北京高校的保密工作。此前，市国家保密局对市委教育工委、北京大学、清华大学、北京理工大学和首都师范大学4所高校保密工作和领导责任制进行检查。

(李致和)

老干部工作

【概　况】 1997年，北京教育系统老干部工作贯彻市第10次、教育系统第8次老干部座谈会精神，坚持狠抓老干部工作领导责任制的落实，认真落实老干部的政治和生活待遇，充分发挥老同志在两个文明建设中的作用，老干部工作取得了新成绩。全年，市委教育工委机关老干部参观华西村、北京国际友谊博物馆。市教委机关老干部赴海南、平谷教工休养院等地健康疗养，参观工农业生产活动6次，262人次参加。为11名老干部过生日，走访慰问老干部100余人次，组织老干部为贫困户捐款1025元。

(张光一)

【开展送温暖活动】 1月27日，市教委召开机关老干部团拜会，徐锡安、林浦生、兰宏生等领导与市教委及直属单位老干部100余人参加团拜会。4月，市教委决定，为委机关老干部筹措5万元作为特困补助经费，为退休人员增加公用活动经费。

市委教育工委筹措5万元作为老干部特困补助经费。

（张肖林 刘文霞）

【召开第8次老干部座谈会】 3月18至19日，市委教育工委召开北京教育系统第8次老干部座谈会。会议传达北京市第10次老干部座谈会精神，3所高校代表发言，其中，北京教育学院介绍老干部工作经验和体会。陈大白、徐锡安、尹栋年参加会议并讲话。来自教育系统老干部代表、主管领导共120余人参加会议。

（刘文霞 杨 捷）

【举办迎香港回归读书班】 5月27日至6月6日，市委教育工委举办老干部读书班。读书班播放经济体制改革报告录像。市属高校、市委教育工委、市教委机关及直属单位离退休局、校级领导、老干部、党支部书记160人参加学习。

（张肖林 刘文霞）

【完成高校离退人员现状调研】 6月，市委教育工委、市教委对教育系统离退休干部管理状况、离退休干部党员党内生活状况进行调查，发问卷1060份，召开座谈会7次，完成以《关于北京高等院校离退休人员管理状况的调查及今后工作建议》为题的调查报告。

（刘文霞）

【举办迎回归迎十五大笔会】 6至7月，北京教育系统老干部围绕迎香港回归和十五大召开一系列活动。举行报告会、座谈会217场，9435人次参加；各高校举办书画展58次，老同志参展作品1880件；老同志参加演出节目306个，参加演出2470人次。其中，在6月17日至23日北京教育系统老干部迎回归和十五大召开画展上，共有82个单位211幅作品参展。

（张肖林 刘文霞）

【举办老干部工作人员研讨班】 7月29日至8月6日，市委教育工委、市教委老干部工作人员暑期研讨班召开，与会人员就进一步做好新形势下离退休干部管理工作，加强离退休人员党建问题进行交流和研讨。各高等学校、市教委直属单位的50名老干部处长和有关人员参加研讨。

（张肖林）

【京教老年大学成立】 9月9日，北京教育系统京教老年大学开学。陶西平、陈大白、尹栋年等到会祝贺。首期学习班开设书法、绘画、诗词、摄影、服装裁剪5个专业。该校于6月成立，校长由兰宏生兼任。

（张肖林）

中共北京市委教育工作委员会书记、副书记、委员

书　记　陈大白（12月免）
　　　　徐锡安（12月任）

副书记　尹栋年　徐锡安（12月免）　任彦申
　　　　朱全俊　倪益琛　夏　强

委　员　张恒生（3月免）　张来芬　张希文
　　　　张国义

直属部门负责人

办公室主任　徐永利
组织处处长　刘乃英
干部处处长　韩恩慈
宣教处处长　李　明
统战处处长　徐连春
普教处处长　张希平
职教成教处处长　黄海洋
老干部处处长　戴万云
高校联络室主任　张希文
研究室主任　张国义
保卫保密处处长　李致和

中共北京市教育纪律检查工作委员会书记、副书记

书　记　张恒生（3月免）
　　　　张来芬（3月任）

副书记　高云华　徐小珍

综合管理

总 类

【30名女部长视察清华】 1月10日，陈慕华、雷洁琼以及国家各有关部委的近30名女部长到清华大学考察工作。在主楼网络中心演示厅，王大中代表全校师生向女部长们表示欢迎。朱开轩介绍我国教育改革和进展的情况。女部长们参观CIMS、CERNET、计算机开放实验室和图书馆。

（左海峰）

【国家教委领导两次到北语调研】 1月21日，国家教委朱开轩等领导到北京外国语大学调研。在调研座谈中，朱开轩说，北京外国语大学是一所具有特殊作用和特殊地位的大学，形势的发展对学校非常有利。他希望北京外国语大学通过更改校名全面推动学校工作。12月31日，国家教委陈至立到北京外国语大学调研，她肯定北京外国语大学几年来的工作成绩，并对该校今后的发展提出要求。

（董立均）

【国家教委领导看望本市特级教师】 1月22日，柳斌等国家教委领导看望孙维刚、王麓平，向两位特级教师致以节日的问候。孙维刚是北京二十二中数学特级教师、市劳动模范、北京十大杰出教师之一，在30年的教学工作中，为国家输送大批优秀人才，在身患癌症的情况下，仍然坚持班主任工作。王麓平是东城区府学胡同小学美术特级教师。在20多年的时间里在美术课堂中弘扬民族美术教育，她的学生在国际大赛中多次获奖。

（苏 婷）

【朱开轩贾庆林考察清华北大】 1月24日，朱开轩、周远清等国家教委领导和贾庆林等北京市领导先后考察清华大学和北京大学。在清华大学，领导们听取该校“九五”规划和“211工程”的建设情况工作汇报，对清华大学建设发表讲话。在北京大学，领导们听取北京大学改革发展目标、措施，取得成绩和面临困难，学科建设和为北京市服务的设想，领导们表示，北京大学的规划、目标很鼓舞人心，北京大学发展中的困难，我们将尽可能帮助解决。

（谢 宁 左海峰）

【李岚清考察清华北大教师住房】 2月3日，李岚清分别考察清华大学、北京大学青年教师住房情况。在清华大学，李岚清考察该校青年教师住房情况，并看望建筑学家、建筑教育家吴良镛教授。在北京大学，李岚清考察畅春园55楼，慰问在场的青年教师，并听取关于筒子楼改造工程的设想。李岚清希望北京大学在这方面为全国高校探索出一条切实可行的新路。

（左海峰 谢 宁）

【李岚清考察平谷园丁小区】 2月9日，李岚清视察平谷县园丁小区并慰问教师代表。李岚清对园丁小区的各项建设给予肯定。

（张光存）

【李岚清与人大教师座谈人文社科】 2月14日，李岚清邀请中国人民大学校领导和部分教授共8人到中南海就人文社会科学建设与发展及德育教育工作举行座谈。座谈会围绕重视和加强人文社会科学建设、加强马克思主义理论教育、重视管理学基础理论研究、加强经济学科同社会实际结合、加强文理学科渗透、加强人文社会学科经费投入等问题展开讨论。李岚清指出，人文社会科学的教学与研究是不可替代的，要给予重视和支持。他强调，人文社会科学的教学与研究，要以党的基本理论和基本路线为指导，以改革开放和现代化建设的重大理论和实际问题为研究方向。

（李红宇）

【李岚清视察北京两所高校】 3月19日，李岚清视察北京物资学院和北京第二外国语学院。李岚清视察教师住宅、图书馆、校史展览室、学生食堂和实验室，听取两校关于学校改革和发展情况汇报，并就教师住房、校际之间合作办学、政治课和普通外语教学改革等问题发表讲话。在物资学院，李岚清勉励同学们，好好学习，他指示学校多组织文艺活动，培养学生文艺欣赏能力。在第二外国语学院，李岚清与师生们共同座谈，并共进午餐。

（王永东 李文俊 侯秀英）

【朱开轩贾庆林在北师大人大调研】 4月14日，朱开轩、贾庆林等国家教委、北京市领导先后到北京师范大学和中国人民大学调研。在听取北师大工作汇报后，贾庆林在讲话中表示愿意促成北京市同国家教委共建北京师范大学，认为该校规划建设的“两个中心”很好。他还表示北京市将会拿出更多的资金用于发展教育事业。朱开轩在讲话中指出，北师大基础学科强、发展潜力大，希望北京市在制订教育事业规划时，把北师大考虑在内。会后，朱开轩和贾庆林等参观该校模糊控制实验室。在听取中国人民大学工作汇报后，贾庆林说，众多的中央直属高校和科研单位，是北京市的科研优势和人才优势，北京市决定在“九五”期间拨1亿元专款，用于共建在京的5所部属院校。共建首先从项目建设抓起，逐步扩大到更广泛的领域。朱开轩说，人大是以人文社会科学为主的大学，有一些靠自身努力难以克服的困难，希望北京市帮助解决。调研活动中，朱开轩、贾庆林视察建设中的人大知识产权楼。

（马嘉宾　李红宇）

【朱镕基听取清华工作汇报】 5月6日，朱镕基听取清华大学工作情况汇报。王大中、贺美英汇报该校近年来在本科教育、研究生培养、学科建设及教学成果、科研工作、实验与研究基础建设、师资队伍、毕业生和精神文明建设等方面取得的成绩，介绍该校面向21世纪的发展目标和改革、发展规划，以及存在问题和困难。汇报会后，朱镕基参观清华大学网络中心和新落成的伟伦楼及内部设施。

（左海峰）

【司马义·艾买提检查民族大学工作】 5月16日，司马义·艾买提等国家民委领导到中央民族大学检查工作。司马义参观正在建设的教工宿舍、教学科研展览和校园，走访部分少数民族干部家庭，对工作在教学科研和管理第一线的人员表示慰问。听取学校教学情况汇报，对学校工作给予肯定。

（何劲松）

【研究解决“择校生”问题】 6月5日，胡昭广召开主管教育的区县长会议，传达学习中央有关治理中小学乱收费工作的精神及市政府规定，对解决义务教育阶段公办学校“择校生”工作进行研究和部署，要求主管区县长要亲自抓，纳入政府议事日程。

（高广乾）

【市领导在昌平农职校现场办公】 6月18日，陶西平、胡昭广等领导到昌平农职校现场办公。研究解决该校被评为国家级重点职业高中后进一步发展建设问题。市领导表示，昌平农职校是本市唯一国家级重点校，应给予建设上支持。现场会决定由市政府拨款200万元帮助该校建设。

（曹福来）

【市领导在北体师现场办公】 6月23日，市领导张百发、胡昭广及有关委办局领导，在北京体育师范学院现场办公。市领导肯定北京体育师范学院是培养体育师范的摇蓝，竞技人才的基地，体育科研人才的中心，首都体育教育与对外交流的窗口，活跃市民生活、开展全民健身活动场所的办学方向。办公会当场解决该校建设游泳综合馆急需的1500万元资金。

（毛忠良）

【市领导考察平谷三中学农基地】 6月27日，胡昭广来到平谷三中的学农基地考察工作。考察中，胡昭广对该校教育与劳动相结合的做法给予肯定。

（岳广顺）

【举办职教法宣传活动】 7月11日，市教委组织全市18个区县教育行政部门举办宣传《职教法》实施办法咨询活动。市教委在民族文化宫前设主会场，各区县在繁华地区设分会场，全市近2万名师生上街宣传、咨询服务。李志坚、胡昭广、陈大白等参加宣传咨询活动。

（陈　斌）

【市领导视察密云职业学校】 7月29日，胡昭广等市领导到密云职业学校视察工作。听取学校工作汇报并到施工现场巡视正在建设中的教学楼。对学校工作和教学楼的建设给予肯定。县委、县政府有关领导陪同视察。

（孙明朝　李玉奉　李广辉）

【市政府颁发第11届金帆奖】 8月29日，北京市第11届中小学生金帆奖、银帆奖颁奖大会在市政府举行。贾庆林、李志坚、陶西平、胡昭广、陈大白、范远谋、倪益琛等市领导参加颁奖会。杨翔宇、刘涛、侯勇、侯冬冬、汪鹊、刁为民6人获金帆奖，潮兴娟等14人获银帆奖。至此，本市已有56名学生获得金帆奖。244名学生获得银帆奖。

（殷　炎）

【市领导慰问山区教师】 9月5日，胡昭广到房山区大安山乡慰问山区教师。他代表市委、市政府向大安山中学捐赠4000元和1台洗衣机，向扎根山区从事教育工作21年的教师张永进赠送1台洗衣机和1000元。区政府向大安山中学赠送10台电风扇和2个保温桶。

（李继宗）

【何鲁丽看望民族学校师生】 9月5日，何鲁丽到怀柔县喇叭沟门满族小学慰问教师，并参加该乡桦林路通车典礼。这是何鲁丽第11次到本市最北端的山区民族小学慰问。

（张永凯　杜淑霞）

【邀请香港教师来京共庆教师节】 9月8至12日，市教委邀请香港敬师运动委员会组织教师代表来京共庆香港回归第一个教师节。香港敬师运动委员会教师代表团一行16人，在京参加国家教委和北京市政府举办的教师节庆祝大会，与市教委、音像报刊总社、各区县教师代表举行联谊活动，参观北京四中、房山区韩村河教育中心。

（杨明起　李继宗）

【李岚清到西八里庄小学慰问教师】 9月10日，李岚清到海淀区西八里庄小学，看望学校全体教师并作重要讲话。李岚清冒雨察看学校教室、办公室和操场，向教师们致以节日祝贺。他在讲话中指出，素质教育与应试教育相比，对教师提出更高要求，老师本身要发展，提高自身素质。基础教育、义务教育是全民教育、平等教育，是政府行为。对现有的薄弱学校，要一个一个地下决心，缩小差距。柳斌、胡昭广、陈大白、徐锡安等领导参加慰问。

（何劲松　郭　涵）

【市领导两次在农学院现场办公】 10月27日和12月8日，市领导胡昭广和岳福洪分别到北京农学院现场办公。10月27日，胡昭广来北京农学院现场办公分析该院迎接教学评价中的困难，决定在实验楼建设、学院维修等方面给予资助。12月8日，岳福洪在农学院现场办公，针对场站建设中的困难，决定由市财政拨款50万元给予支援。

（于兴海）

【市领导在北京电大现场办公】 11月6日，胡昭广、马叔平、耿学超及市计委、市教委、市财政局有关部门负责人到北京广播电视大学现场办公。胡昭广听取关于教学改革与发展、教学设备、二部迁址工程等情况汇报，并对该校改革与发展做出指示。

(张　红)

【李岚清检查清华筒子楼改建工程】

11月20日，李岚清以及国务院、国家教委、北京市的有关领导检查清华大学远程教育、大型集装箱检测系统和七公寓筒子楼改建工程，并听取该校青年教师公寓建设和北大清华蓝旗营教师住宅建设进展情况的汇报。李岚清对清华建设工作进展给予肯定，并就加快高校教师住宅建设、改善教师居住条件和促进高校科研工作与经济建设紧密结合、促进科技成果转化为现实生产力等问题发表讲话。

(左海峰)

【阿沛·阿旺晋美参加西藏中学10周年校庆】 11月25日，北京西藏中学举行建校10周年庆祝大会，阿沛·阿旺晋美、李志坚、陶西平等领导到会祝贺。10年来，西藏中学向高一级学校输送千余名毕业生，其中480名中专、大专毕业生返回西藏，成为建设新西藏的生力军。西藏自治区驻京办、市教委、市民委等单位为西藏中学奖励基金赠款40余万元。

(张永凯)

【市政府与国家教委共建4所大学】

12月8日，国家教委、北京市政府召开共建北京大学、清华大学、中国人民大学和北京师范大学座谈会，宣布双方共建4所大学。11月，市政府与国家教委签订协议书，决定共同建设北师大、人大。实行共建后，北师大、人大仍为国家教委直属高校，实行国家教委和北京市政府双重领导，共建共管、以国家教委为主的管理体制。市政府把两校的建设和发展纳入北京市经济和社会发展整体规划中，“九五”期间，对两校各投入共建经费2000万元，用于支持两校的建设和发展。国家教委支持两校在完成国家任务的同时，更多地面向北京招生；在人才培养和干部培训、科学研究和决策咨询等方面优先满足北京市发展的需要，支持北师大同首都师范大学、人大同首都经济贸易大学以及两校同其他市属高校的对口学科或相近学科建立支援、协作关系；支持两校与北京市有关方面共同建设协作项目。11月，市政府与国家教委签订协议书，决定共同建设北大、清华。实行共建后，北大、清华仍为国家教委直属高校，实行国家教委和北京市政府双重领导、共建共管、以国家教委为主的管理体制。市政府把两校的建设和发展纳入北京市经济和社会发展整体规划中，“九五”期间，北京市对两校各投入共建经费2500万元，用于支持两校的建设和发展。对于北大和清华改革和发展中需要政府协调解决的事宜，市各级政府和有关部门切实履行共建共管责任，积极帮助解决。国家教委支持两校在完成国家任务的同时，更多地面向北京招生；在高素质人才培养和输送以及各级各类干部培训、科学研究、科技成果转化的决策咨询等方面适应北京市发展的需要；支持两校同其他市属高校对口学科或相近学科建立支援、协作关系，支持两校与北京市有关方面共同建设协作项目。

(郭　静　左海峰
谢　宁　李红宇)

【朱开轩陈至立检查清华工作】 12月18日，朱开轩、陈至立等国家教委领导检查清华大学核研院高温气冷堆工程工地和部分实验室。在听取该院领导有关工程情况汇报后，朱开轩等领导对高温气冷堆工作进展表示满意，指出高校科研工作肩负培养高水平人才和出高水平成果的双重任务，对高温气冷堆这样大工程，国家教委要尽可能给予最大的帮助和支持。

(左海峰)

【举办外国留学生新年文艺晚会】

12月19日，国家教委、市政府主办，市教委承办的首都外国留学生新年文艺晚会在世纪剧院举行。钱正英、朱开轩、陈至立、胡昭广等领导出席，100多名外国驻华外交使节出席观看。16所高校的200多名留学生参加演出。

(丁红宇)

【召开农村教育综合改革现场会】

12月26日，市教委、市农办和市科委联合在昌平农职学校召开北京市农村教育综合改革现场会。昌平县政府、昌平崔村镇政府和昌平农村职业学校介绍经验。与会人员参观该校教育综合改革成果、专业技能表演。会议下发《北京市关于进一步加强农村教育综合改革的意见》(讨论稿)。陶西平、胡昭广等领导到会。

(李　敏)

【市第3次教职工住房建设工作会召开】 12月30日，北京市召开第3次教职工住房建设工作会，胡昭广作关于北京市教职工住房建设的工作报告，报告传达全国第3次教职工住房工作经验交流会精神，总结本市教职工住房建设工作的成绩和经验。确定“九五”计划后三年教职工住房建设计划，要求加快教职工住房建设。朝阳区、平谷县介绍教职工住房建设经验，市教职工住房建设领导小组对较好完成教职工住房建设的区县和支持教职工住房建设的有关委办局给予奖励和表彰。

(李华勇　赵登英)

【市属高校调整取得阶段性成果】

至年底，市属高校调整取得阶段性成果。调整后的市属高校形成以北京工业大学、首都师范大学为国家“211工程”建设学校，首都医科大学、首都经贸大学和北京联合大学为市重点建设学校的格局。市属高校办学实体由原来的26个调整合并为12个。调整后，市属高校校均规模由1100多人提高到3420人，师生比由原来的1：6提高到1：8。重复专业减少10%，专业点减少20多个，专业结构更加合理。五年来，市政府在市属高校调整中，先后共投入资金7.28亿元，安排建设任务44项，新建校舍31.5万平方米，完成征地650亩。

（郭 静）

建议提案办复

【概 况】 1997年，市政府交市教委办理的全国人大代表建议3件，全国政协委员提案1件，市人大代表建议84件；市政协提案委员会党派团体提案7件，市政协委员提案70件，总计165件。其中，市教委主办的建议73件，提案64件，党派团体提案6件，共143件。至年底，除3件党派提案尚在办理外，其它建议、提案全部办复。其中，市教委主办的建议、提案中，问题已经解决、实事实办的（A1类）9件；工作正在推进，向人大代表、政协委员做出汇报并听取人大代表、政协委员意见的（A2类）98件；对人大代表、政协委员提出的不同意见，经汇报且取得人大代表、政协委员理解的（A3类）26件；受条件及有关政策限制，短期内不能解决，已向人大代表、政协委员做解释的（C类）5件。在办理工作中当面答复人大代表、政协委员的92件。

（魏 强）

【在幼儿园和小学开设法制教育课建议办复】 5月4日，市教委办复市10届人大5次会议佟旌代表关于《在幼儿园和小学开设法制教育课》（第0701号）建议。办理情况报告认为，关于在幼儿园开设法制教育课的问题：现在主要在家长学校，对家长进行法律有关条文条款的讲解和宣传。对幼儿园的教师提供、推荐有关法律知识读本，提供这方面知识的教育内容。在小学开展法制教育内容：①市教委和团市委权益部共同举办千校普法活动。由公安、检察、法院、司法单位派出法律宣传员和学校签订普法协议书。定期对学生进行普法教育。②市教委和团市委开展“画说法律在我身边”的教学活动。让学生画一幅画来学习理解法律条文。③在小学品德课中增加有关法律的知识。法制教育已经进入课堂。佟旌代表意见：同意。

（魏 强）

【关于加强首师大建设议案办复】 6月23日，市教委办复市政协8届5次会议中国民主同盟北京市委《关于加强首都师范大学建设力度案》（第09—D14号），办复情况报告认为：①关于首都师范大学招收外省市学生问题。本市现有外地生源师资共9300人（含未分配在校生），占现有中学教师总数的17%。他们的婚姻、生育、住房等问题日显突出，将给中学教师队伍的稳定带来诸多矛盾。随着北京市教师地位不断提高，报考师范院校的本市考生逐年增长，特别是高师预备班的加强使首师大生源状况大有好转，连续两年出现上线考生多而无法录取现象。本市为首师大提供合格生源问题是能够解决的。②关于首都师范大学承担培训在职中学教师问题。首师大为中学培养具有硕士研究生水平教师任务已经落实。1995至1996年首都师范大学为中学举办两期硕士研究生主要课程班，培训教师1500余人。1997年继续举办培训班。首都师范大学成人教育学院每年为中学教师提高学历，招收在职中学教师。③关于教育经费投入问题。近几年，市委市政府对首师大教育投入不断增加。1996年度，经费拨款8865万元，不是“提案”中所说的4000万元。民盟北京市委意见：市教委对提案所涉及的问题以实事求是的态度答复，是中肯的，民盟北京市委完全同意。

（魏 强）

【人大代表政协委员关注教育8个方面问题】 年内，市教委承办的建议、提案主要内容涉及8个方面：有关“大教育”的内容，包括农村教育综合改革；教育法律体系建设；完善多种形式办学；香港回归的宣传教育；学生双休日活动安排等内容，占10%。有关普教方面的内容包括对学生进行素质教育、爱国主义教育、人文素质教育，国际知识教育、礼仪教育、交通安全教育、保健教育、心理健康教育、历史知识教育、法制教育、校外教育、禁止吸烟教育和科技教育等；减轻学生过重课业负担；加强体育、音乐、戏曲、棋类、民族艺术等课程和教学等内容，占20%。有关高教方面的内容包括加强信息工程教学；提高理科生的中文水平；加强高校共建和调整工作；对高校招生工作的意见；产学研结合；具体高校的建设问题等内容，占18%。有关职业教育方面的内容，包括对职教法落实情况进行检查；对中师办学的建议；华侨子女来京学习汉语的管理；加强高职建设等内容，占6%。有关成人教育方面的内容，包括成人高考的政策问题；为青年教师学历进修创造条件等内容，占1%。有关师资队伍建设方面的内容，包括教职工退休年限，要求延长的有2件，要求提前的有1件；建立中小教师轮校制度；加强职教师资队伍建设；教师继续教育；教师职称评定、住房、提高待遇、提高素质；加强师德教育等内容，占10%。有关语文文字工作方面的内容包括规范社会用字和净化语言文字等内容，占2%。有关教育行政管理方面的内容，包括制止考试作弊；加强薄弱校建设；加强民办教育管理，加强民族教育；加强学前教育；制止学校乱收费；治理中小学择校生；学校教科研工作；经费投入；会考工作；外来人口子女上学；教育附加费征收；台湾学生来京学习；教学植物园和青少年科技馆建设等内容，占33%。

（魏　强）

政　策　法　规

【概　况】　1997年，北京市教育委员会政策研究工作围绕教育改革和发展，运用调查研究，重点解决一批教育发展与改革重点、难点问题。全年共完成课题78项，比上年增长70%。并完成《北京市教育委员会调研成果汇编》编辑出版。在教育法制建设中各方面工作取得进展，组织《北京市实施〈中华人民共和国职业教育法〉办法》起草、送审、通过和实施工作，承办《北京市禁止使用童工实施办法》等9个地方性法规、规章起草和意见征询工作。在机构建设上，市教委先后组建行政复议委员会、教育行政处罚听证委员会和受理教师申诉委员会。崇文、朝阳两区在成立教委后，分别建立教育政策法规机构。至年底，本市教育政策法规机构共有8个，其中区县7个，专兼职政策法规研究人员共200人。

（李异军）

【成立市教育系统法制宣传领导小组】　1月，市委教育工委与市教委成立市教育系统法制宣传领导小组。该小组负责领导、统筹本市教育系统法制宣传教育工作。领导小组下设办公室，挂靠在市教委政策法规处。各区县教育行政部门和高等学校相继成立“三五”普法领导小组，制定“三五”普法规划实施意见，并组织实施。

（卜锡卿）

【表彰优秀调研成果】　4月，市教委完成1996年度调研成果评审。上年度，市教委机关共完成调研项目40项。共评出一等奖2项，二等奖5项，三等奖7项，鼓励奖11项，先进处室6个。

（李异军）

【270人获教育执法检查证】　5至10月，市教委对市教育执法检查员进行执法程序、行政处罚操作程序、行政处罚听证程序及法律业务培训。经考核全市有270人获北京市教育执法检查证。

（李开发）

【一起教师行政诉讼案结案】　7月3日，北京市第一轻工业学校一教师向法院起诉，不服市教委“不予受理裁决书”，要求市教委解决其自动离职遗留问题。此案由市教委政策法规处代理应诉，经北京市西城区人民法院一审，上诉至北京市第一中级人民法院二审审理。12月21日终审结案，市教委胜诉。

（李开发）

【一起学生行政诉讼案结案】　8月14日，北京市高级人民法院二审审理结案，市教委胜诉。1996年10月10日，解放军南京政治学院一学生向法院提起诉讼，要求市教委解决其高考志愿遗留问题。该案由市教委政策法规处代理应诉，经北京市第一中级人民法院一审，并上诉至北京市高级人民法院二审审理。

（李开发）

【召开教育司法问题专题研讨会】　11月，市教委与市高、中级人民法院及部分城区人民法院共同举办首次教育司法问题研讨会。近年来，北京市教育系统行政诉讼案件呈上升趋势，会议对全市教育行政部门所涉及的行政诉讼案件进行具体分析，对行政诉讼受案范围、程序以及容易引起教育行政诉讼案件的教师申诉等教育司法实践问题进行研讨。会议认为，教育行政部门应尽快完善涉及教师申诉、教育行政处罚等方面的规定，使各项工作规范化、制度化。

（宫丽茹）

【制订“三五”普法规划】　年内，市委教育工委和市教委联合制订《北京市教育系统法制宣传教育第三个五年规划》。该规划共计7000字，对“三五”普法目标、任务、对象和要求作出明确规定，制订相关措施。

（李开发）

【推进学校法制教育进展】　年内，全市大、中小学校均将法制教育纳入教学计划，保证课时，使学校的法制教育逐步走上正规化、制度化。高等学校法制教育以培养大学生社会主义法律意识为核心。内容包括法学基础理论、基本法律知识和法制观念教育。本市高等学校开设的法制教育课程，主要通过公共政治课、法律基础必修课、选修课和法制专题讲座等形式进行。全市中小学的法制教育课分别纳入思想品德课和思想政治课中，向学生传授必要的法律基本常识和基础理论知识。各中小学校还采取班队会、演讲会、模拟法院、法律知识竞赛等活动对学生进行法制宣传教育。

（卜锡卿）

【法制教育列为继续教育必修课】 年内，市教委将法制教育作为中小学教师继续教育必修课，通过培训、进修等形式及参观、交流、研讨等多种渠道使干部教师学到比较系统的法律科学知识。

（卜锡卿）

【为区县教育行政部门提供法律咨询服务】 年内，市教委对11个区县教育行政部门提供法律咨询服务数十次，内容涉及教育行政执法、教育行政处罚、教师申诉、教育行政复议、教育行政诉讼、学校及教育机构的民事诉讼等问题。

（李开发）

【规范教育行政处罚行为】 年内，市教育行政执法检查员全部实行持证上岗，进行教育行政执法检查和处罚。市教委统一规范印制行政处罚立案登记表、行政执法检查笔录、行政执法检查物品保存（退还）清单、行政执法检查物品保存（退还）通知书、行政处罚听证告知书、行政处罚听证通知书、行政处罚意见报告书、行政处罚决定书、送达回证等9种教育行政处罚文书。自1990起，全市教育行政部门行政执法人员根据有关教育法律法规共查处各种教育违法案件1000余起。

（李开发）

港澳台侨事务

【概　况】 1997年，北京市教委办理赴港澳台教育交流团组71个，共250人，分别比上年增长33.3%和40.4%，其中赴港团41个，201人；赴澳门团3个，6人；赴台湾团27个，43人。市教委直接接待来京交流港澳台访问团7个，共256人，比上年增加1倍多。1997年，香港顺利回归祖国，雪洗了百年耻辱，举国欢庆。北京市教育系统开展一系列活动，大力宣传邓小平“一国两制”理论，对广大师生和干部进行爱国主义教育，同时进一步推动内地与香港的教育交流。市教委邀请香港教师代表团15人来北京参加香港回归后的第一个教师节。代表团受到胡昭广等领导的接见，参加由国家教委和北京市政府共同举办的教师节庆祝大会。在对台事务工作中，市教委坚持“和平统一，一国两制”基本方针，积极推进两岸教育交流。北京市教委与市台办共同举办“北京长城夏令营”，邀请台湾40名中学生及教师代表参加。夏令营以弘扬中华民族传统文化为纽带，京台师生同吃同住同活动的方式，安排一系列参观、游览活动，增进了两岸学生的相互了解和友谊，使台湾学生增进了对祖国大陆的认同感。华侨事务坚持贯彻《归侨、侨眷权益保护法》，协助归侨解决住房、退休等实际问题，并积极推进广大海外华侨和外藉华人子女来京学习汉语的工作。

（谢　平）

【举办归侨侨眷新春联谊会】 1月21日，北京市教委在长安大戏院举办’97北京市教育系统归侨、侨眷新春联谊会。来自全市教育系统的归侨、侨眷近千人参加该活动。

（冯国江）

【批准举办北京西山国际语言学校】 4月24日，北京市教委批准国家人事部专家服务中心与台湾人士杨正江合作举办北京西山国际语言学校。

（任　军）

【澳门中学代表团访问北京】 5月13至17日，以澳门中华教育会理事长刘羡冰为团长的澳门中学教导主任代表团一行11人访问北京。代表团先后参观北京五中、东城区少年宫。北京市教委有关领导接见并宴请代表团全体成员。访问期间，该团还顺访天津市教育局，拜会国家教委。

（任　军）

【开展京港学生笔友交流活动】 6月19日，市教委组织汇文中学、师大附中学生开展迎回归两地学生笔友交流活动。7月14至18日，来自香港英皇书院、英华女校18名学生代表访问北京。在交流仪式上，接受北京学生148封回信，并参观学校、游览北京名胜古迹。

（任　军）

【批准汇文中学招收华侨外籍华人子女】 6月，根据《关于华侨、外籍华人学生来京学习汉语的规定》，市教委、市侨办、市公安局批准北京汇文中学为招收华侨、外籍华人子女来京学习汉语的定点学校。

（冯国江）

【为香港教师开设普通话辅导班】 7月20至28日，市教委举办普通话辅导班。来自香港的23名小学校长和教师参加普通话学习。

（谢　平）

【举办京台师生长城夏令营】 8月11至16日，市教委和市政府台办共同举办京台两地师生’97北京长城夏令营。来自台湾省台北、台中、台南、高雄四地区的30名初、高中学生和9名教师与北京四中、八中师生代表，共计近百人参加此次夏令营活动。整个夏令营活动围绕着弘扬中华传统文化，共同培养跨世纪人才为主题，组织师生参观学校、少年宫，听取老北京的专题讲座，并游览长城、故宫、颐和园、天坛等名胜古迹。

（任　军）

【批准创办北京岭南幼儿园】 9月23日，市教委批准北京市幼儿艺术教育基金会与香港北京幼儿教育事业发展有限公司合作创办北京岭南幼儿园。

（任 军）

【香港教育署官员访问北京】 11月19日至12月5日，香港教育署高级助理注册主任郑潘佩琴来京进行工作访问。郑潘佩琴此行旨在了解国家有关教师问题的法律法规、方针政策及教师培养、培训和职务聘任等项工作情况，并与国家教委、市教委及北京部分中学、小学的有关领导和教师进行座谈。

（任 军）

【制订教育系统对台交流管理办法】 12月2日，市教委制订《北京市属教育系统对台交流管理办法》。该办法就赴台交流手续申报立项、办理程序，在京对台交流申报审批程序及赴台前教育工作都做出规定。

（谢 平）

【受理来访20余人次】 至年底，市教委接待归侨、侨眷来访共20余人次。经协调，协助解决归侨人员子女在京就读、医疗及归侨人员的住房及退休等事宜，保护归侨、侨眷的合法权益。

（冯国江）

1997年市教委机关及直属单位因公赴港澳台地区人员一览表

单位	姓名	人数	日期	地区	内容
教育学会	汤世雄	1	1.19—1.28	台湾	赴台教育交流访问
市教委	陶春辉	2	3.17—3.30	台湾	两岸教育学术研讨会
市教委	徐锡安	2	3.20—3.29	台湾	两岸木球交流访问
市教委	曹 华	1	4.2—4.8	台湾	两岸艺术教育交流
高招办	董维祥	1	4.3—4.12	香港	组织研究生考试并监考
北京电大	靳春立	1	4.15—4.20	香港	参加成人教育研讨会
教育学院	李 方	1	4.21—4.28	台湾	两岸教育研讨会
教科院	徐 明	1	5.3—5.4	台湾	两岸幼教研讨会
教科院	宗福衡	1	5.27—5.29	台湾	两岸小学教育研讨会
督导室	徐绍忠	3	6.11—6.15	台湾	两岸职业教育训练研讨会
成教学院	关世雄	4	6.16—6.18	台湾	两岸成人教育学术研讨会
西藏中学	刘 东	3	8.10—8.14	香港	参加计算机竞赛
市教委	高 哲	3	8.19—9.13	香港	参加培训
成教学院	宋丽兰	3	10.13—10.19	香港	考察成人教育
教育学院	张亚新	1	10.24—10.26	台湾	魏晋南北朝文学研讨会
教育学会	侯维城	2	10.24—10.29	澳门	两岸及澳门地区研讨会
教育学院	王永昌	1	11.3—11.9	香港	地理学术讲座
市教委	陶春辉	24	11.29—12.2	香港	教育考察访问
盲校	何天柱	1	12.8—12.13	香港	参加教研人员研讨会
教科院	王鸿莲	1	12.17—12.20	香港	参加国际语文教育研讨会

（谢 平）

计 划

【概 况】 1997至1998学年，北京市共有中小学、幼儿园6353所，其中，中学735所、小学2696所、幼儿园2892所、特殊教育学校24所、工读学校6所。共有学生1864959人，其中，中学626208人，小学977323人，幼儿园253478人，特殊教育7115人，工读学校835人。

中等职业技术学校440所，其中，职业中学174所，中等专业学校118所，技工学校148所。共有学生260601人，其中，职业中学108308人，中等专业学校104135人，技工学校48158人。

普通高等学校65所，共有本专科在校学生195842人，其中，自费生8695人，委培生9257人，国家任务生177081人。全市有52所普通高校和132个机构培养研究生，共有在学研究生40036人，其中，博士生11470人，硕士生28509人。

成人学历教育学校902所，其中，成人高校84所，成人中专110所，成人技术培训学校671所。共有学员703397人，其中，成人高校在校生210746人(含普通高校举办的函授部、夜大学和成人脱产班学生140835人)，成人中等学校在校生492651人。另有成人非学历教育社会力量办学2082所，在校生870211人。

1997至1998学年，全市小学教职工75125人，其中专任教师62424人，师生比为1∶15.66；中学教职工71171人，其中专任教师47613人，师生比为1∶13.15。普通高校教职工101206人(含市属高校15445人)，专任教师36541人，其中正高级职称5978人，副高级职称11172人，中级职称12372人，初级职称5618人。

(车广文)

【小学招生人数下降21%】 9月，本市小学共招收适龄儿童124231人，比上年156898人减少32667人，减少20.82%。

(魏 强)

【教育事业计划完成】 截至年底，北京市小学入学12.4万人，比上年减少3.2万人；初中入学14.4万人，比上年减少1.7万人；高中阶段教育：全市初中毕业生总数17.2万人，高中阶段教育各类学校实际招生15.85万人，升学率为92%；其中，普通高中4.95万人，职业高中4.12万人，普通中专(含中师)3.06万人，技工学校2.42万人，成人中专1.3万人；普通高等学校：报名考生总数37867人，比上年增加7523人，招生计划总计为22488人，实际录取考生22549人，比计划增加61人。其中市属高校招生计划14501人，比上年增加1451人。成人高等教育吸收部分部委属院校招生计划，在招生过程中妥善解决师范类专升本计划不足和电大“大学基础班”招生计划问题，市属成人高等教育招生总数为22039人。

(周 彤)

【开展教育统计工作质量评估】 年内，市教委完成教育事业统计工作单位和个人统计工作质量评估。该评估工作依据《北京市教育事业统计工作质量评估办法》及《评估实施细则》的规定，在近300个统计单位(区、县、校)及其统计人员的范围进行。通过申报，有9所普通高校、1所成人高校、3所普通中等专业学校和5区县教育局共18个统计单位；14所普通高校、2所成人高校、6所普通中等专业学校和5区县教育局的共计27位统计干部符合评估获奖条件，评出优秀集体18个，其中一等奖5个，二等奖7个，三等奖6个；优秀个人27名，其中一等奖8名，二等奖9名，三等奖10名。

(车广文)

财 务

【概 况】 1997年，全市财政拨教育事业费357730万元，比上年299802.43万元，增加拨款57927万元，增长19.32%。全市财政经常性收入比上年增长15.4%。财政拨教育事业费增长率高于财政经常性收入增长率3.92个百分点。全市教育事业费实际支出420809万元，比上年343249.22万元，增加支出77559.78万元，增长22.60%；其中：公用经费支出159701万元，比上年113391万元，增加支出46310万元，增长40.84%；公用经费支出占实际支出比例的37.95%，比上年33.03%，增加4.92个百分点。北京市教育经费连续12年实现《教育法》规定的“三个增长”，保证教师工资的发放。

(全红生)

【调整北京地区高校学费标准】 5月28日，市物价局、市财政局、市教委联合发出《关于1997年度北京地区普通高等学校收取学费标准等有关问题的通知》。规定9月1日起，①凡1996年学费标准低于每生每学年2000元的专业，可调整到2000元。凡1996年学费标准达到或高于每生每学年2000元的专业，本年不作调整，各学校须持有关批准文件，经市物价局、市财政局、市教委批准后继续执行。②农林、师范、体育、航海、民族等享受国家专业奖学金专业招收的学生，仍按国家有关规定免缴学费。该类学校其他专业，参照第一条规定执行。③各学校要认真落实对家庭经济困难学生减免政策，保证学生不因经济原因而中断学业。④调整后的学费标准，按照“新生新办法，老生老办法”的原则，从1997年入学的新生开始执行，在校生仍执行原标准。

(全红生)

【调整普通中专学校艺术专业学杂费标准】 6月17日，市物价局、市财政局致函市教委，同意市教委提出的本市普通中等专业学校、职业中专(不含招收应届初中毕业生的成人中专)艺术类专业学杂费的收费标准。即：第一类专业(管理理论、工程技术等)每生每学年2100元；

第二类专业（美术、广告、设计等）每生每学年3200元；第三类专业（表演等）每生每学年4500元。上述标准从本年招收新生开始执行。1996年以前招收的在校生仍执行原标准。

（全红生 李国璐）

【调整中小学学杂费标准】 8月19日，市物价局、市财政局、市教委联合发出《关于调整中小学收费标准的通知》，决定9月1日起适当调整本市中小学、中等职业技术学校收费标准。该通知规定在义务教育阶段学杂费标准：小学城镇地区每生每学期50元；农村地区每生每学期20元。初级中学城镇地区每生每学期80元；农村地区每生每学期50元。非义务教育阶段学杂费标准：普通高中一般学校每生每学期160元；重点学校每生每学期330元。职业高中一般学校每生每学期200元；重点学校每生每学期260元；热门专业每生每学期400元。普通中专一般学校每生每学期330元；重点学校每生每学期450元。技工学校一般学校每生每学期200元；重点学校每生每学期260元。外省市学生在京借读费：小学每生每学期480元；初中每生每学期700元；高中每生每学期1200元。外国籍学生在京就读学费：小学每生每学期3000元；初中每生每学期4600元；高中每生每学期6000元。职业高中、技工学校、中专招收收费生比例扩大为100%，收费标准不变，仍按每生每学年职业高中1300元、技工学校1400元、普通中专1500元、成人中专1300元的标准执行。

（全红生）

【制订中小学学杂费减免办法】 8月22日，市教委、市财政局联合发出《关于印发〈北京市中小学学杂费减免办法（试行）〉的通知》，该通知规定减免条件：①学生确因家庭经济困难，缴纳学杂费有困难者，可视其实际情况予以免交或减半收取。②义务教育阶段凡享受人民助学金的学生免交杂费。③对革命烈士子女、社会优抚对象子女中家庭经济困难者，可适当放宽减免条件。④普通高中收费班学生缴纳的学费、外省市户口在京就读学生的学费和借读管理费不予减免。减免比例：学杂费减免比例，城镇地区可控制在5%左右，农村地区可控制在8%左右。具体减免比例由区县确定。该办法自9月1日起施行。

（全红生）

【修订人民助学金制度】 8月22日，市教委、市财政局联合发出《关于印发〈北京市义务教育阶段人民助学金制度（试行）〉的通知》，该通知规定，享受人民助学金的范围：全市普通初级中学、普通小学（含特殊教育学校）因家庭经济贫困就学困难的学生都可享受人民助学金。享受人民助学金的条件：人民助学金分为甲等人民助学金和乙等人民助学金两种。①城镇地区家庭人均月收入低于最低生活保障线（现行标准为人均月收入190元）的学生和农村地区家庭人均收入低于本区县制定的特困户标准的学生享受甲等人民助学金。②城镇地区家庭人均月收入低于210元的学生和农村地区家庭人均年收入低于本区县制定的贫困户标准的学生享受乙等人民助学金。③革命烈士子女、享受社会优抚待遇家庭的学生和残疾学生，享受人民助学金的条件可适当放宽，具体条件由各区县根据实际情况确定。人民助学金发放标准。①甲等人民助学金：城镇地区普通初级中学学生平均每月40元，普通小学学生平均每人每月30元；农村地区普通中学学生平均每人每月30元，普通小学学生每人每月20元。②乙等人民助学金：城镇地区普通中学学生平均每人每月30元，普通小学学生平均每人每月20元；农村地区普通中学学生平均每人每月20元，普通小学学生平均每人每月10元。③山区寄宿制学生平均每人每月发放伙食补助30元。④人民助学金和伙食补助每年按10个月计发。发放时可视学生家庭的实际情况，不平均使用。人民助学金的审批程序：①符合享受人民助学金条件的学生，由学生家长向学校提出书面申请。②学校向提出申请的学生发放《北京市义务教育阶段人民助学金申请表》。③学生家长须如实逐项填写申请表，持填写好的申请表，到家庭所在地区的民政部门签署审核意见，并交回学校。④学校按区县制定的发放办法，审批后通知学生家长，按月向学生发放。人民助学金的筹措：按照现行财政管理体制，人民助学金在区县当年教育事业费中安排。该制度9月1日起施行。

（全红生）

【颁布民办公助学校收费标准】 8月29日，市物价局批准民办公助学校收费标准。该标准规定，①本市民办公助学校收费标准（每生每学年）：小学：2500元，初中：5000元，高中：6000元。②今后民办公助学校收费等有关问题按市物价局发布的通知进行办理。③本市民办公助学校为北京市同仁中学（初中、高中）、北京市崇文实验中学（初中）、北京市兴涛学校（小学、初中、高中）、北京市三帆中学（初中）、北京市华康学校（小学、初中）、北京市文汇中学（初中）。

（全红生）

【调整托幼园所收费标准】 8月，市物价局、市财政局、市教委发出《关于调整托幼园所收费标准的通知》，决定9月1日起适当调整本市托幼园所收费标准。该标准规定保育费标准为：

日托收费标准（元/生月）

园所级类	三岁以上	三岁以下
一级一类	150	200
一级二类	100	150
二级一类	80	130
二级二类	60	100
二级三类	50	70

三级二类	50	70
三级三类	40	60
四级及没验收的	35	50

该通知还规定，寄宿儿童每生每月在此基础上加收100元。上述标准为最高限价，托补费不属这次调整范围，仍执行原政策规定；面向社会招收儿童的单位自办园所和街道园所的代办费仍维持每生每月20元至30元。

（全红生）

【建立教育经费监测制度】 9月11日，市教委、市统计局联合发出《关于印发〈北京市教育经费执行情况监测制度（试行）的通知》。该通知规定，本市教育经费执行情况监测的主要内容是各区县政府执行教育法律、法规和贯彻《中国教育改革和发展纲要》中有关教育经费投入规定的执行情况。监测指标为：①预算内教育经费占财政支出的比重；②预算内教育事业费增长速度与财政经常性收入增长速度的比例；③生均预算内教育事业费和公用经费的增长情况；④财政性教育经费占国内生产总值的比重。通知还规定教育经费执行情况监测结果，由北京市监测系统在每年6月前以监测公报的形式向社会公布。

（全红生）

【1996年教育经费监测公告发布】 9月，市教委、市统计局联合发出《关于北京市1996年教育事业经费执行情况监测公告》。该监测公告公布，①教育事业费拨款增长。1996年全市财政收入比1995年增长30.92%。全市财政拨教育事业费增长31.49%。教育事业费拨款增长率高于财政收入增长率0.57个百分点。1996年全市财政拨教育事业费299802万元，比1995年228011万元，增加拨款71791万元。其中：财政拨普通教育事业费250037.70万元，比1995年188577.77万元，增加拨款61459.93万元，增长32.59%；财政拨普通教育事业费增长率高于财政收入增长率1.1个百分点。1996年区县财政收入比1995年平均增长29.53%；区县财政拨教育事业费平均增长32.14%；区县教育事业费拨款平均增长率高于区县财政收入平均增长率2.61个百分点。个别区县对市级补助专项经费未能及时拨付给教育部门使用。②生均教育事业费支出增长。1996年区县普通教育事业费生年均支出1535.13元，比1995年1223.51元，增加支出311.62元，增长25.50%，其中，中学生平均教育事业费支出1846.65元，比1995年1523.79元，增加支出322.86元，增长21.19%。小学生生年均教育事业费支出966.61元，比1995年762.45元，增加支出204.16元，增长26.78%。③生均公用经费支出增长。1996年区县普通教育事业费生年均公用经费支出397.95元，比1995年283.72元，增加支出114.23元，增长40.26%。其中：中学生生年均公用经费支出482.79元，比1995年324.28元，增加支出140.51元，增长41.05%。小学生生年均公用经费支出183.05元，比1995年136.74元，增加支出46.31元，增长33.87%。

（全红生）

【高教事业费增长28.27%】 至年底，高等教育事业拨款49981万元，比上年42354.03万元，增加拨款7626.79万元，增长18.01%；高等教育事业费实际支出55117万元，比上年42970.56万元，增加支出12146.44万元，增长28.27%。其中：公用经费支出30457万元，比上年22875.81万元，增加支出7581.19万元，增长33.14%，公用经费支出占实际支出55.26%，比上年53.24%，增加2.02个百分点。

（全红生）

【市教委属高校事业费支出增长21.73%】 至年底，市教委属高校拨款41046万元，比上年36592.03万元增加拨款4453.97万元，增长12.17%。实际支出44467万元，比上年36530.56万元增加支出7936.44万元，增长21.73%；其中公用支出24298万元，比上年19685.81万元增加支出4612.19万元，增长23.43%，公用支出占实际支出54.64%，比上年53.89%，增加0.75个百分点。

（全红生）

【三院校事业费支出增长65.37%】 至年底，首都医科大学、北京建工学院、北京高等医专拨款6651万元，比上年的5762万元增加拨款889万元，增长15.43%。实际支出10650万元，比上年6440万元增加支出4210万元，增长65.37%；其中，公用经费支出6159万元，比上年3190万元增加支出2969万元，增长93.07%，公用支出占实际支出57.83%，比上年的49.53%增加8.3个百分点。

（全红生）

【普教事业费支出增长21.21%】 至年底，本市普通教育事业拨款291115万元，比上年250037.7万元，增加拨款41077.3万元，增长16.43%。普通教育事业费实际支出351218万元，比上年289751.56万元，增加支出61466.44万元，增长21.21%。其中：公用经费支出114800万元，比上年87170.84万元，增加支出27629.16万元，增长31.70%，公用经费支出占实际支出32.69%，比上年30.08%，增长2.61个百分点。

（全红生）

【成教事业费支出增长14.74%】 至年底，本市成人教育事业拨款8441万元，比上年7410.7万元，增加拨款1030.3万元，增长13.90%。成人教育事业费实际支出12079万元，比上年10527.1万元，增加支出1551.9万元，增长14.74%。其中：公用经费支出6319万元，比上年6186.1万元，增加支出132.9万元，增长2.15%，公用经费支出占实际支出52.31%。

（全红生）

【高等教育生年均支出增长40.19%】 至年底，北京高等教育事业费生年均支出14679元，比上年10470.53元，增加支出4208.47元，增长40.19%。其中；生年均公用经费支出7939元，比上年5774.27元，增加支出2164.73元，增长37.49%。市教委属高校生年均支出14276元，比上年的10417.56元增加3858.44元，增长37.04%；其中，生年均公用支出7801元，比上年的5615.18元增加2185.82元，增长38.93%。首医建工医专三院校生年均支出16987元，比上年的10963.57元增加6023.43元，增长54.94%；其中，生年均公用支出8727元，比上年的5338.02元增加3388.98元，增长63.49%。

（全红生）

【普教生年均支出增长20.63%】 至年底，本市普通教育事业费生年均支出2023元，比上年1667元，增加支出346元，增长20.63%。其中：生年均公用经费支出661元，比上年501元，增加支出160元，增长31.94%。普通中学生生年均支出2396元，比上年1941元，增加支出455元，增长23.44%，其中：生年均公用经费支出773元，比上年566元，增加支出207元，增长36.57%；小学生生年均支出1236元，比上年998元，增加支出238元，增长23.85%，其中：生年均公用经费支出296元，比上年204元，增加支出92元，增长45.10%。

（全红生）

1997年北京按教育类别分析财政拨款一览表

单位：万元

项目	1997年	1996年	97年比96年+−	97年比96年+−%
财政拨款	357730	299802.43	57927.57	19.32
(1) 高校	49981	42354.03	7626.97	18.01
其中：市教委属高校	41046	36592.03	4453.97	12.17
其他市属高校	6651	5762	889	15.43
(2) 普教	291115	250037.7	41077.3	16.43
(3) 成教	8441	7410.7	1030.3	13.90

（全红生）

1997年北京教育事业费实际支出情况分析表

单位：万元

项目	1997年	1996年	97年比96年+−	97年比96年+−%
教育事业费实际支出数	420809	343249.22	77559.78	22.60
其中：公用经费	159701	113391.69	46309.31	40.84
公用经费占实际支出的%	37.95	33.03	4.92	
1. 高校	55117	42970.56	12146.44	28.27
其中：公用经费	30457	22875.81	7581.19	33.14
公用经费占实际支出的%	55.26	53.24	2.02	
(1) 市教委属高校	44467	36530.56	7936.44	21.73
其中：公用经费	24298	19685.81	4612.19	23.43
公用经费占实际支出的%	54.64	53.89	0.75	
(2) 其他市属高校	10650	6440	4210	65.37
其中：公用经费	6159	3190	2969	93.07
公用经费占实际支出的%	57.83	49.53	8.30	
2. 普教	351218	289751.56	61466.44	21.21
其中：公用经费	114800	87170.84	27629.16	31.70
公用经费占实际支出的%	32.69	30.08	2.60	
3. 成教	12079	10527.1	1551.9	14.74
其中：公用经费	6319	6186.1	132.9	2.15
公用经费占实际支出的%	52.31	58.76	−6.45	

（全红生）

1997年北京教育事业费生均支出情况表

单位：元

项　　目	1997年	1996年	97年比96年+-	97年比96年+-%
1. 全市高校生年均支出	14679	10470.53	4208.47	40.19
其中：生年均公用支出	7939	5774.27	2164.73	37.49
A. 市属高校生年均支出	14276	10417.56	3858.44	37.04
其中：生年均公用支出	7801	5615.18	2185.82	38.93
B. 其它市属高校生年均支出	16987	10963.57	6023.43	54.94
其中：生年均公用支出	8727	5338.02	3388.98	63.49
2. 普教生年均支出	2023	1677	346	20.63
其中：生年均公用支出	661	501	160	31.94
A. 普通中学生年均支出	2396	1941	455	23.44
其中：生年均公用支出	773	566	207	36.57
B. 小学生年均支出	1236	998	238	23.85
其中：生年均公用支出	296	204	92	45.10

（全红生）

审　　计

【概　况】 1997年，北京教育系统有内审机构27个，专职审计人员83人；审计小组564个，兼职审计人员2659人。全年开展财务收支、经济责任、经济效益、基本建设项目等各项审计任务1410项，审计金额542626万元，查出违纪违规、损失浪费及账务处理不当资金1293.7万元（其中：违纪违规金额691.72万元），挽回经济损失488万元，促进增收节支203.6万元。全市教育系统审计机构提交了451篇审计报告，提出958条审计建议，被采纳861条；完成256项审计调查，提交审计调查报告64篇，其中被上级部门采用6篇，被新闻机构采用2篇。完成全市普教经费的拨入、管理、使用情况审计调查。对市属高校和委直属单位进行经济责任审计。依靠社会审计机构对民办学校和社会力量办学实体进行审计。对审计、会计人员进行业务培训，全年培训2427人次。

（唐富政）

【召开全市教育系统审计工作会议】 4月，市教委召开全市教育系统审计工作会议。国家教委审计局、市审计局和市教委领导出席大会讲话。会议传达全国审计工作会议和全国教育审计工作会议精神；总结上年的教育审计工作；部署全年工作任务。80个单位的主管审计工作的领导和审计机构负责人150余人参加大会。

（唐富政）

【首次审计高校领导干部经济责任】 4月，市教委首次承担对市属高校校级领导干部经济责任审计任务。该审计历时20余天，完成对9名校级干部经济责任审计任务。这次审计工作是配合市委教育工委对北京工业大学领导班子换届考核而进行的。

（唐富政）

【召开经济效益审计现场会】 5月，市教委组织全市教育系统90余个单位100余人到北京工业大学附中和新源里中学参加经济效益审计现场会。会上，北京工业大学附中介绍《科学管理，提高设备仪器使用率》经验，新源里中学介绍《加强食堂伙食审计，促进教育工作的开展》经验，与会者参观现场演示和实际管理规程。

（唐富政）

【经济责任审计数量增加】 至年底，全市教育系统共开展对校长、校办产业厂长、经理经济责任审计达257项，比上年增加94项。

（唐富政）

【开展内审制度建设情况自查】 年内，市教委对单位内审制度建设情况进行自查。结果表明：市属高校除北京青年政治学院外，均设有内审机构，并能独立开展工作。直属单位中，北京广播电视大学、北京教育科学研究院、北京教育考试院、北京教育报刊音像总社未建立独立内审机构，各项工作有待进一步完善。

（唐富政）

【对民办学校和社会力量办学实体进行审计】 年内，审计事务所对26所民办中小学、幼儿园和40所市属社会力量办学实体教育经费收支状况进行审计，结果表明：部分学校财务管理混乱，会计科目设置不统一，会计人员业务水平较低的现状仍未改变。

（唐富政）

【进行审计业务培训】 年内，市教委所属各单位对审计人员进行有关会计制度改革业务培训，以适应实行新的事业单位会计制度需要。此外，各单位还注意加强审计业务培训，共举办46期培训班，参加培训2427人次。

（唐富政）

【开展基本建设项目审计】 年内，市属高校审计机构对校内基建维修项目或小型项目进行审计。首都经贸大学审计处对配电室及低压线路改造、暖气干线更新等14项工程进行预算审计，审计资金总额231.2万元，经审计，核减投资19万元。首都医科大学审计处对配电室改造、学生宿舍楼修缮等3项工程项目共71.2万元资金进行审计，核减费用11.04万元（减少15.5%）。北京工业大学审计室对该校茶炉工程项目核减资金约2万元。

（唐富政）

监　　察

【概　况】 1997年，北京教育监察工作贯彻中纪委第八次全会和市纪委第十二次全体（扩大）会议精神，坚持党风廉政建设和反腐败斗争，以教育为主防范在先、关口前移，举办处级干部党风廉政建设学习班。贯彻落实中央、国务院《关于厉行节约制止奢侈浪费行为若干规定》和中央有关党风廉政建设的一系列规定，开展领导干部廉洁自律和查处违法违纪案件及执法监察工作。纠风工作结合北京教育实际，以解决义务教育阶段公办学校招收“择校生”为重点，开展治理工作，取得阶段性成果。全市共清退违规收费127.4万元。

（连树德）

【举办处级干部党风廉政学习班】 5月21日，市教委举办处级干部党风廉政学习班。徐锡安在讲话中强调，领导干部要增强党风廉政建设的自觉性。要进一步加强制度建设，要把查处案件，纠正不正之风同加强思想教育、制度防范和管理监督结合起来，继续完善各项制度，促进廉洁自律。按照中央对干部提出的“自重、自省、自警、自励”和“严格要求、严格管理、严格监督”的方针，管好自己、管好下属。开好廉洁自律专题民主生活会，坚持发扬艰苦奋斗的作风，反对奢侈浪费。学习班传达学习中纪委第八次全会和市纪委第十二次全体（扩大）会议精神。教委机关各处室领导和直属单位的党政负责人共130余人参加学习。

（连树德）

【原则取消择校生】 6月2日，市政府印发《关于加强中小学收费专项治理工作的通知》。该通知规定义务教育阶段公办学校原则取消“择校生”，区县要从严控制招收“择校生”的校数和人数，对“择校生”实行按学年度收教育补偿金，不允许一次收取一年以上费用。招收“择校生”的学校名册、招生办法和招收人数要送市教委审核。

（高广乾）

【高校招生执法监察经验交流会召开】 6月10日，市教委监察室和市教育纪工委召开北京地区高校招生执法监察工作经验交流会。清华大学等4单位交流招生执法监察工作经验。朱全俊、林浦生到会讲话。

（周亦慧）

【加强成人学校招生工作纪律】 6月12日，市教委、中共北京市纪委、市监察局印发《关于进一步加强成人高等学校招生工作纪律的规定》，要求成人高校招生工作人员不准以权谋私，不准向考生许愿，不准接受礼物，不准擅离职守等。

（周亦慧）

【加强中小学收费专项治理】 6月16日，市教委和市政府纠风办联合转发市政府关于加强中小学收费专项治理工作的通知，该通知要求各区县健全监督检查机构，制订监督检查办法，加大查处力度。教育补偿金按上年标准由区县教育行政部门统一收取，纳入预算管理。

（高广乾）

【传达治理“择校生”有关规定】 6月17日，陶春辉在全市中小学校长会上，以《高收费基本得到遏制；走得很艰难，付出了代价；还未从根本上解决》为题，对上年“择校生”治理情况进行总结。对市政府《关于加强中小学收费专项治理工作的通知》做出说明，提出具体要求。要求从严控制招生计划，任何一所学校无权突破班额、整建制增班，各学校不得自行收取择校生教育补偿金。

（高广乾）

【制止中小学乱收费】 6月18日，市教委和市政府纠风办召开18个区县教委主任、教育局长和8个城近郊区政府纠风办主任参加的会议。会议强调，坚决制止中小学乱收费行为，强调各单位组织机构人员不减，监督检查力度不减，查处力度不减。

（高广乾）

【要求高校招生人员遵纪守法】 6月28日，市教委监察室、教育考试院高校招生办公室召开高校招生纪律检查工作会。市监察局、市教委对招生工作人员提出纪律要求。林浦生到会讲话。

（周亦慧）

【制止奢侈浪费行为】 6月，市教委有关的七个处室经过调研，制订关于贯彻市委、市政府《关于贯彻〈中共中央、国务院关于党政机关厉行节约制止奢侈浪费行为的若干规定〉的实施办法》的实施意见。同时印发贯彻党政机关厉行节约制止奢侈浪费行为若干规定的实施意见的通知，对干部公务住宅电话、移动电话进行清理，制订公车使用办法、会议费管理办法和招待费标准。

（连树德）

【特约监察员视察录取现场】 7月28日，市特约监察员、特约教育督导员到高级中等学校招生录取现场视察。8月12日，市特约监察员和部分考生、考生家长到高校招生录取现场视察。听取有关招生工作情况汇报，进行座谈。

（周亦慧）

【回复领导批示件11件】 7至12月，北京信息、昨日市情、市长电话要情、市长电话摘要等多次反映乱办班、乱收费问题，经调查核实，市教委先后回复贾庆林、李志坚、胡昭广等市委、市政府领导批示查办件11件。

（高广乾）

【召开领导班子民主生活会】 8月1日，市教委领导班子按要求召开廉洁自律专题民主生活会。会前征求21个处室群众意见，领导成员写出书面发言提纲，对照检查。市教委机关及直属单位41个支部（总支）全部召开民主生活会，应参加自查218人，实际参加213人，因故未能参加的均写出书面自查报告。会后，向市委组织部和国家机关工委写出报告。

（连树德）

【加强中小学和中等职业学校收费管理】 8月19日，市教委印发《关于加强中小学、中等职业学校教育收费管理的通知》。该通知提出7条要求：①各学校严格执行收费标准，规范收费行为；②执行治理乱收费的各项规定；③严格收费制度；④控制代收费、服务收费项目；⑤严格执行已公布取消的收费项目；⑥加强监督检查；⑦加大查办违纪力度。

（高广乾）

【开展收费工作专项检查】 9月18日，市教委和市政府纠风办召开全市清理中小学收费工作办公室主任会，要求对全市中小学收费情况开展专项检查。会议印发《关于对中小学收费工作进行检查的通知》，要求学校自查，市、区县进行抽查。

（高广乾）

【取消一考生入学资格】 9月，市教委监察室接到举报，反映一外地考生在京参加高考被某校录取的问题。经查该生在京由有关单位造假户口、假高中毕业生档案被郊区分校录取。高校招生办公室取消该生入学资格。

（周亦慧）

【清退违规收费127.4万元】 10月，市教委和市政府纠风办联合对东城等6个城近效区10余所学校收费工作进行抽查。少数学校存在违规收费问题。本年，全市共清退违规收费127.4余万元。

（高广乾）

【择校生人数比上年减少64.48%】 年内，全市小学“择校生”2116人，占全市小学一年级新生总数的1.7%；全市初中“择校生”2120人，占全市初中一年级新生总数的1.5%。小学、初中“择校生”共4236人，与上年总数相比减少7691人，比上年减少64.48%。

（高广乾）

基　本　建　设

【概　况】 1997年，市教委系统固定资产投资计划44650万元，完成投资42902万元，占计划投资额的96.1%。全年施工面积39万平方米，其中，住宅8.8万平方米。竣工面积9.3万平方米，其中，住宅1.2万平方米。购买安居住房2.2万平方米。

（高桂芬）

【蓝旗营住宅建设获2.75亿元贷款】 8月，北京大学、清华大学蓝旗营教师住宅项目获得中国建设银行周转贷款2.75亿元。该教师住宅项目建筑总规模19万平方米。本市高校教师住宅建设资金采用由国家、单位和个人共同筹集解决的办法。

（孟祥辉）

【签订修缮费专项资金使用合同书】 12月，市教委同区县教委（教育局）签订《北京市普教系统修缮费专项资金使用合同书》。该合同书规定，由市、区（县）财政、审计、教育部门共同监督修缮费的专款专用。以保证投资效益。

（王士奇）

【校舍修缮投资4908万元】 至年底，市教委校舍修缮费共安排4908万元。其中，高校895万元，直属单位603万元，区县普教系统3310万元，成教100万元，共抢修危房37604平方米，综合维修楼房138栋，更新维修锅炉146台，电气线路更新232校，翻建迁建校舍18所，新建平房38436平方米，新建楼房76849平方米及部分楼房的防水工程，共完成投资额36493万元。

（王士齐）

【首批市属高校建设项目竣工 34 个】 至年底，北京工业大学、首都师范大学、首都医科大学、北京联合大学 4 所第一批市属调整院校四年共计完成建设项目 43 个，总建筑面积 34.2 万平方米。其中，竣工项目 34 个，建筑面积 26 万平方米，列入调整配套建设计划内的在施工项目 9 个，建筑面积 8.2 万平方米。北京工业大学、首都师范大学、首都医科大学三校 640 亩征地任务基本完成。

（高桂芬）

【教职工住房人均达 8.23 平方米】 至年底，北京市在 1993 年至 1997 年为中央在京高校教师建设住宅 40 万平方米，建成住房 4362 套，完成投资 8.75 亿元。为市属高校教师建设住宅 14 万平方米，建成住房 1700 套，完成投资 2 亿元。为市属成人院校、中专学校和技工学校建设教师住宅 9.8 万平方米，建成住房 1387 套，完成投资 1.48 亿元。为中小学教师建设住宅 96.5 万平方米，建成住房 13050 套，完成投资 14.58 亿元。总计建成住宅 160.3 万平方米，建成住房约 20500 套，累计完成投资 27 亿元。至 1997 年底，全市教职工人均居住面积 8.23 平方米。

（李华勇 赵登英）

【确定西藏中学扩建总体规划】 年内，市政府、市计委、市规划局等部门共同确定西藏中学扩建总体规划，其中，增建综合教学楼 3000 至 4000 平方米，教工住宅 1700 平方米，改建教室、扩建办公室和学生食堂等约 1000 平方米，总投资约 1300 万元。西藏中学拟增招藏族学生 100 人。

（袁 博）

【“九五”后三年教职工住房规划确定】 年内，北京市明确“九五”后三年教职工住房建设主要目标和措施。①到 2000 年，全市教职工人均居住水平达到或略高于全市人均居住面积 10 平方米，人均使用面积 15 平方米的居住水平。②在增加居住面积的同时，注意提高居住质量，到本世纪末，力争教职工住宅成套率达到 80%以上；③解决 1995 年登记的新增住房困难户的住房问题。④为市属学校安排 50 万平方米住宅建设任务。其中：中小学：34 万平方米；成人院校和市属中专、技工学校：6 万平方米；市属高校：10 万平方米。

（李华勇 赵登英）

【完成住宅任务 56.5 万平方米】 年内，全市教育系统完成住宅任务 56.5 万平方米，其中：普教 49.5 万平方米、成教、中专 3.8 万平方米、高教 2 万平方米、委直属单位 1.5 万平方米。至年底，市政府要求从 1993 年至 1997 年为普教教职工建 80 万平方米住宅任务实际完成 96.5 万平方米，超额完成 16.5 万平方米。

（高桂芬）

【教师购房增加优惠】 年内，市教委、市房改办制定《房改售房中对教师购房增加优惠的规定的有关问题的通知》，明确优惠的范围和对象。

（高桂芬）

学 校 后 勤

【概 况】 1997 年，北京学校后勤管理工作改革逐步推向社会化轨道。1997 年，北京地区普通高等学校有工勤人员 13580 人，其中，女性 5869 人。市属普通高校有工勤人员 2990 人。其中，女性 1368 人。中等专业学校工勤人员 2490 人，其中，女性 1041 人。普通中学工勤人员 5849 人，其中，女性 2641 人。职业中学工勤人员 1423 人，其中，女性 711 人。小学工勤人员 3264 人，其中，女性 1985 人。成人高等学校工勤人员 2951 人，其中女性 1031 人。成人中等专业学校工勤人员 1148 人，其中，女性 485 人。校外教育单位有工勤人员 257 人。

（宋玉珍 魏 强）

【举办高校学生宿舍管理论文报告会】 3 月 5 日，市教委在北京师范大学英东馆召开北京高校学生宿舍管理第 2 届论文报告会。4 所院校代表交流北京高校学生宿舍管理工作经验。青年教育艺术家李燕杰教授应邀到会作宿舍育人专题报告。市教委、北京师范大学、《中国高校后勤研究》等有关领导到会。

（宋玉珍）

【清华获绿化红旗单位称号】 3 月 18 日，在首都绿化美化积极分子表彰大会上，清华大学再次被授予花园式单位和绿化红旗单位的称号。

（左海峰）

【教育学院获花园式单位】 3 月 18 日，在首都绿化美化先进表彰大会上，北京教育学院被市政府授予北京市花园式单位光荣称号。

（杨 捷）

【连续 12 年获义务植树红旗单位】 3 月 18 日，在北京市绿化先进表彰大会上，北京师范大学再次获首都全民义务植树红旗单位称号，这是该校连续 2 年获此荣誉。北京师范大学一贯重视绿化，植树 32282 棵，成活率达 92%；在干旱的 1997 年，植树 14070 棵，成活率也达到 80%。

（马嘉宾）

【财经大学连续14年获首都绿化美化红旗单位称号】 3月18日，在首都绿化美化表彰大会上，中央财经大学被授予1996年度首都绿化美化红旗单位称号。1996年，该校在昌平十三陵乡参加义务植树，绿化面积13334平方米，植树9900棵，成活保存率达98%，超额完成任务。这是该校连续14年获这一荣誉。

（陈惠茹）

【获首都绿化美化花园式单位称号】 3月18日，在首都绿化美化先进单位和积极分子表彰大会上，服装学院被授予首都绿化美化花园式单位称号，该院大规模绿化工作始于1987年，至1997年，绿化面积已达近3万平方米，校园内有乔、灌木30多个品种。

（薛企东）

【青年政治学院获花园式单位称号】 3月18日，在北京市召开的首都绿化美化表彰大会上，北京青年政治学院获北京市1996年度绿化美化“花园式单位”称号。该院在校园绿化面积、环境卫生、花木品种、植物数量和绿化管理等项目上均达到或超过市爱卫会、市绿化办规定的标准。

（王爱华）

【高校伙专会第2届换届】 3月19日，北京高校后勤管理研究会、伙食专业委员会举办第二届换届会议。会议选举新一届伙专会领导。首届伙专会总结伙专会工作，第二届伙专会做第二届伙专会工作安排。市教委、北京高校后勤管理研究会、首师大有关领导到会讲话。

（宋玉珍）

【机械学院获绿化美化先进单位】 3月，市政府授予北京机械工业学院“首都绿化美化花园式单位”称号；国务院机关事务管理局授予该院“中央国家机关绿化美化先进单位”称号。

（汪敦梅）

【连续10年被评为花园式单位】 3月，商学院连续10年被首都绿化委员会评为花园式单位。10年来，该校共投入绿化建设100万元，栽种树木1659株，绿化覆盖率达36.5%。学院菊花连续12年获高校菊展第一名，曾代表北京市参加全国花卉博览会和3次参加国际花卉博览会，在香港获得金奖。年内又在市第十五届和市高校第十二届菊花展中夺冠，并代表北京市参加全国第四届花卉博览会。

（陈智民）

【表彰绿化美化先进】 5月5日，市教委下发关于表彰首都绿化美化先进单位、积极分子有关事宜的通知，表彰1996年度被授予“首都绿化美化花园式单位”、“首都全民义务植树红旗单位”、“首都绿化美化积极分子”称号的学校及个人。通知号召广大师生员工以先进为榜样，投身于“植树育人，绿化首都，美化校园的事业。”推动学校绿化美化工作的开展。

（宋玉珍）

【北师大北方交大获节水型学校称号】 11月4日，在全市创节水型单位活动中，北京师范大学、北方交通大学各项指标获满分，被评为全市节水型学校。其中，5月16日北京师范大学连续第10年被授予市节水先进单位。1989年，该校在北京高校中率先推广水平衡测试，节水效益显著，全校供水管网24小时的总泄漏率只有1.39%，远低于3%的国家规定标准。在6月6日召开的全市“三电”工作大会上，该校连续第10年被授予节约用电先进单位称号。11月3日北方交通大学以100分成绩通过北京市节水型单位的验收。市验收检查组检查中水处理工程，草坪灌溉系统，水泵房、浴室、食堂、学生宿舍楼等用水设备，所查的300多个水龙头无一漏水。该校把高科技用于节水工作，启动节水信息管理系统，应用多媒体技术直观反映用水情况，采用中水处理工程和各种节水措施以后，平均每年节约用水20万吨，十几年共节水360余万吨。连续12年被评为北京市节约用水先进单位，两次被评为全国节水先进单位，是全国唯一获此项荣誉的高校。

（宋玉珍　李永学　马嘉宾　蒋立红）

【举办高校第12届菊花展】 11月6至14日，市教委在清华大学举办北京高校第12届菊花展览。参展高校33所，展品2471盆，参展数量超过往届，养护质量及花型花色均有所创新。

（宋玉珍）

装备·图书

【概　况】 1997年，北京普通高等学校共有藏书4326.05万册，固定资产额共计947658.04万元，其中，教学仪器设备资产值295433.98万元，学校总占地面积24048761平方米，校舍建筑总面积12571396平方米。中等专业学校藏书388.79万册，固定资产额101887.03万元，其中，教学仪器设备资产值18690.00万元，学校占地总面积4482477平方米，校舍建筑总面积2117466平方米。普通中学学校占地面积17131866平方米，校舍建筑面积4863329平方米。职业中学占地面积2923007平方米，校舍建筑面积1082171平方米。小学占地面积19606769平方米，校舍建筑面积4783844平方米。成人高等学校藏书909.46万册，固定资产额179637.91万元，其中，教学仪器设备资产值37524.87万元，学校占地面积4989785平方米，校舍建筑总面积2702979平方米。成人中等专业学校自有校舍建筑总面积623096平方米，其中，教学用房230661平方米，非教学用房130554平方米，其他用房169806平方米，当年新增校舍1070平方米。租用校舍26867平方米，兼用教室45587平方米。

1997年，北京教育技术设备中心为中小学配备常规教学仪器250万元；为中小学教学仪器提高标准（四改二）配备教学仪器497.97万元；区县自筹教学仪器300万元；为千所完小、规范校配备电教设备1133.41万元；为成人教育配备计算机、电教等仪器设备1000万元；区县自筹图书款272万元；设备中心经营销售教学仪器700万元。

（魏　强　谭永萱　傅春华）

【举办国际质量认证系列标准学习班】 4月，市教育技术设备中心与北京教学仪器设备协会在平谷举办ISO9000系列标准学习班。34个会员单位参加学习。

（张　雍）

【教育技术设备中心成立】 5月19日，北京教育技术设备中心成立。该中心由原市教育局教育技术装备部和市高教局市高等学校仪器设备公司合并而成，主要职责：负责全市教育系统专用仪器设备的购入、质量检测、管理及提供技术咨询，工程维修服务等工作。经费全额拨款。该中心职工46人，其中高级技术职务7人。

（傅春华）

【18个区县普及实验教学】 5至6月，市政府督导室、教科院、市教委及市教育技术设备中心联合组成评估小组，按照《北京市中小学普及实验教学工作检查验收办法》及其补充意见，对丰台、房山、门头沟、延庆4个区（县）的40所中小学实验教学普及工作进行量化检查、验收，并对北京铁路分局普通教育处、北京矿务局教育培训处、燕山教育分局、清河办事处等四个非教育系统办学单位的8所中小学和市教委直属学校：北京市第一师范学校、北京市第三师范学校、北京市通州师范学校、北京市幼儿师范学校、北京市西藏中学的实验教学普及工作进行评估。至此，全市18个区县（含4个非教育办学单位及市教委部分直属学校）181所中小学分别达到“中小学实验教学普及县（区）”基本要求，通过验收。

（郝志勇）

【举办北京高校仪器设备展示订货会】 6月11至13日，市教育技术设备中心与北京高校技术物资研究会联合举办北京高校仪器设备展示订货会。全国各地100余家厂商参展，北京各大专院校、中专、成教系统的教授、实验室工作人员及物资采购人员参加订货会，共签订教学仪器订货合同500多万元。

（赵英斌）

【举行“希望实验室”揭牌仪式】 9月29日，市教育技术设备中心援助房山区十渡中心小学的“希望实验室”揭牌仪式在十渡中心小学举行。

（傅春华）

【捐赠圣哲笔】 11月25日，北京普新教育技术装备公司与北京圣哲黑板笔有限公司合作，将2000支圣哲黑板笔及4000瓶专用书写液赠送在京大中小学校及希望工程北京捐助中心。

（傅春华）

【市属高校实验室增加投入】 至年底，市教委为市属高校实验室增加投入1000万元，其中，北京联合大学270万元，首都医科大学163万元，首都经贸大学156万元，北京农学院123万元，北京建工学院103万元，北京体育师范学院78万元，北京高等医专54万元，北京青年政治学院48万元，机动5万元。近5年，市属高校每年1000万元的设备投入，加强基础课实验室建设。

（刘　丽）

【成人学校投入设备费1400万元】 至年底，市教委为81所各类成人学校投入设备费1400万元，重点用于普及计算机教学，购置计算机800余台。发展成人学校电化教学，其中，装备语音教室9套。

（肖燕平）

【科教免税金额略有下降】 至年底，北京地区共有7所高校、1所中学和1所成人培训中心申请科教免税。共办理科教免税申请36件。科教免税金额合计为104.1109万美元和0.261万英镑。科教免税金额与上年相比略有下降。

（时　阳）

【完成进口初审198.895万美元】 至年底，北京地区共有7所高校、1个校办公司申请进口，共办理机电进口申请63件，进口金额198.895万美元。其中，北京工业大学71.95万美元，北京京达电子有限公司47.68万美元，首都医科大学51.03万美元，首都师范大学18.87万美元，北京建工学院4.7万美元，北京农学院4.045万美元。联大职业技术师范学院0.5万美元，联大应用文理学院0.12万美元。高校进口特点是比较单一，主要是进口一些直接用于教学科研的实验和分析仪器。所用资金多数来自“211”工程专款、重点实验室、重点学科和重点课程专款。

（时　阳）

【普教系统投入设备专款1500万元】 至年底，市教委为普教投入设备专款1500万元。其中，按千所完小投入计划，安排200校，每校2万元，共计400万元，再由区县投入35%，计140万元，共计540万元；按农村中学规范化达标计划，安排

50所，每校5万元，共投入250万元。为全市中小学配备《近代文史选译丛书》、《人生十万个为什么》、《升旗大典》三套图书共计398万元；为全市初中购置“教学技能大赛”等音像资料，市教委投入103万元，区县按50%投入103万元，共计206万元；为学校配发《北京教育丛书》，共计10万元，《实验教学与管理》2500册，9.6万元，计19.6万元；为怀柔、密云、平谷、延庆县配备计算机，市教委投入100万元，各县匹配投入24万元；为大兴投入计算机50万元；为东城、西城、崇文、宣武、朝阳、海淀、丰台、石景山8个区电化教学开展较好学校，投入多媒体教学设备24套，市教委投入144万元，各区按20%匹配投入36万元，计180万元；为全市远郊部分小学配备“神通广大计算机挂图”1900套，8.6万元。为全市职业中学补充配备“教学技能大赛”音像资料170套，市教委投入22万元，区县投入22万元，计44万元；为区县电教馆、部分中学投入《爱国主义教育系列》、《跟我学微机系列》、《物理教学》软件计62万元；为中小学增投实验教学仪器费150.2万元（含上年电教、实验仪器、软件开发余额79.4万元。）

（李海波）

【统计高校教学仪器设备】　年内，市教委完成高校教学科研仪器设备统计工作。北京地区普通高校单价800元以上的教学科研仪器设备共有278544台，价值306149万元。其中：单价5万元的设备7617台，价值150172万元。本年增加40416台件仪器设备，价值66326万元，其中，单价5万元以上设备增加1943件，价值34446万元。

（郝亚清）

【2种教学仪器通过鉴定】　年内，市教育技术设备中心依据《北京市普通教育技术装备新产品试制和鉴定管理条例》对京海生物标本厂研制的小学动物、植物标本及圣哲黑板笔有限公司研制的黑板笔进行鉴定。两种仪器均通过鉴定，准予生产。

（张　雍）

1997年北京普通高校实验室数量及人员变动一览表

学校名称	实验室个数	房屋使用面积（平方米）	工作人员												
			合计	教师					实验技术人员					工人	其他
				专职				兼职	小计	高级工程师实验师	工程师实验师	其他技术人员	质量		
				小计	教授副教授	讲师	其他								
合计	3208	668451	11590	5571	2248	1272	742	1309	5082	958	2346	1444	334	614	323
北京大学	133	55548	1252	690	301	119	19	251	450	174	191	85	0	40	72
中国人民大学	17	9007	100	7	1	0	2	4	79	14	48	17	0	8	6
清华大学	143	94849	1196	602	267	65	27	243	462	74	264	118	6	107	25
北方交通大学	114	24806	424	186	76	39	28	43	179	25	79	69	6	55	4
北京工业大学	192	18817	401	252	101	29	53	69	138	24	72	37	5	11	0
北京航空航天大学	81	49460	534	132	98	23	11	0	314	127	135	52	0	88	0
北京理工大学	92	51965	589	328	190	104	34	0	210	51	106	53	0	50	1
北京科技大学	38	29673	289	4	4	0	0	0	252	62	124	66	0	33	0
北方工业大学	16	5851	64	10	8	2	0	0	46	5	26	15	0	6	2
北京化工大学	65	22127	172	43	19	10	3	11	100	19	41	40	0	15	14
北京轻工业学院	24	9762	212	162	7	2	0	153	45	7	27	11	0	3	2
北京服装学院	111	5312	28	6	0	0	0	6	21	4	17	0	0	1	0
北京邮电大学	34	10040	141	23	8	9	6	0	91	26	38	27	0	5	22
北京印刷学院	5	3668	21	4	0	2	2	0	17	2	6	9	0	0	0
北京建筑工程学院	17	9465	51	8	2	2	0	4	43	4	30	8	1	0	0
北京石油化工学院	123	5542	85	54	9	22	11	12	29	2	19	7	1	0	2
北京电子科技学院	7	1327	21	4	3	1	0	0	13	2	5	6	0	1	3

续表 1

学校名称	实验室个数	房屋使用面积（平方米）	工作人员												
			合计	教师					实验技术人员					工人	其他
				专职				兼职	小计	高级工程师实验师	工程师实验师	其他技术人员	质量		
				小计	教授副教授	讲师	其他								
中国农业大学	80	36368	653	297	31	63	36	167	212	17	107	70	18	74	70
北京农学院	80	10688	49	6	1	0	0	5	35	4	13	18	0	1	7
北京气象学院	8	370	8	4	2	2	0	0	4	0	3	1	0	0	0
北京林业大学	65	13735	81	16	11	4	1	0	63	3	42	18	0	2	0
中国协和医科大学	896	36290	2007	969	427	275	250	17	975	186	270	271	248	39	24
北京医科大学	31	4804	354	254	68	53	52	81	92	3	64	5	20	2	6
首都医科大学	47	9905	136	18	5	4	2	7	105	13	52	40	0	11	2
北京中医药大学	71	6055	212	137	84	41	12	0	70	11	41	18	0	2	3
北京师范大学	87	18654	613	461	204	97	81	79	142	20	76	46	0	9	1
首都师范大学	63	7302	194	105	5	7	0	93	74	17	48	8	1	4	11
北京体育师范学院	20	760	14	4	0	1	0	3	9	0	4	5	0	1	0
北京外国语大学	39	1169	222	210	88	111	6	5	7	1	6	0	0	3	2
北京第二外国语学院	34	2322	73	53	20	12	21	0	9	0	6	3	0	3	8
北京语言文化大学	27	1899	107	98	46	40	5	7	8	0	3	5	0	1	0
中央财金大学	8	860	11	1	0	1	0	0	8	1	4	3	0	2	0
对外经济贸易大学	2	1000	64	56	26	30	0	0	8	1	4	3	0	0	0
北京物资学院	9	1530	22	10	7	1	2	0	12	0	8	4	0	0	0
首都经贸大学	17	2526	19	0	0	0	0	0	18	0	15	3	0	0	1
中国人民公安大学	10	2061	32	17	6	9	2	0	13	1	10	2	0	0	2
北京体育大学	5	858	10	0	0	0	0	0	10	0	8	1	1	0	0
中央工艺美术学院	6	2577	30	1	1	0	0	0	20	3	10	5	2	9	0
中央民族大学	8	2230	47	19	4	3	5	7	27	4	16	7	0	0	1
中国政法大学	2	1420	11	0	0	0	0	0	10	0	6	4	0	0	1
华北电力大学（北京）	39	5058	63	4	4	0	0	0	51	10	15	26	0	2	6
北京信息工程学院	10	2618	23	5	1	0	0	4	18	4	12	2	0	0	0
中国人民警官大学	30	2398	47	20	4	3	0	13	21	0	8	13	0	5	1
北京机械工业学院	18	3298	68	20	1	1	0	18	48	2	26	20	0	0	0
石油大学（北京）	88	57667	450	137	70	36	28	3	294	30	98	165	1	17	2
中国地质大学（北京）	25	5252	36	6	4	2	0	0	28	1	18	9	0	0	2
北京联合大学	93	10651	157	11	2	6	3	0	128	3	92	33	0	3	15
海淀走读大学	3	362	8	0	0	0	0	0	5	0	2	3	0	0	3
北京针灸骨伤学院	11	1945	38	29	13	8	5	3	8	1	3	0	4	1	0
北京电力高等专科学校	33	4740	40	2	0	1	0	1	36	0	28	8	0	0	2
北京医学高等专科学校	31	1860	111	86	19	32	35	0	25	0	0	5	20	0	0
中国金融学院	9	1080	29	2	2	0	0	0	25	3	13	9	0	0	2

1997年北京普通高校教学、科研仪器设备变动情况一览表

学校名称	上年度末实有数				本年度增加数				本年度减少数				本年度末实有数			
	合计		其中五万元以上		合计		其中进口		合计		其中报废		合计		其中五万元以上	
	台件	金额	台件	金额	台件	金额	台件	金额	台件	金额	台件	金额	台件	金额	台件	金额
合计	324720	279096	6574	133109	40437	66684	8363	29475	82108	34800	17470	8204	283049	310980	7736	152669
北京大学	29222	31657	722	17648	3680	10131	1242	6700	7493	2736	1050	1100	25409	39052	976	23413
中国人民大学	3599	3357	86	1728	2066	2462	126	270	2360	2425	205	599	3305	3394	97	1397
清华大学	31066	34604	857	18629	4883	7991	707	2831	7445	3062	7292	2802	28504	39533	1070	21680
北方交通大学	13857	15828	353	8240	1539	3123	398	1594	3435	1402	384	160	11961	17549	399	9768
北京工业大学	13135	9134	186	2552	1194	1688	422	856	3113	410	256	75	11216	10412	256	3946
北京航空航天大学	17288	16739	401	8218	1386	5286	409	4374	3950	324	355	294	14724	21701	500	12463
北京理工大学	16574	19355	434	11266	1160	1366	3	95	3261	624	3261	624	14473	20097	448	11426
北京科技大学	12838	10557	215	4930	557	753	83	236	3041	617	331	275	10354	10693	215	5017
北方工业大学	3683	1874	28	418	283	191	40	23	992	141	0	0	2974	1924	30	433
北京化工大学	6404	5062	110	2612	604	288	47	11	1862	234	145	85	5146	5116	113	2638
北京轻工业学院	3814	1446	17	179	298	163	10	15	989	74	0	0	3123	1535	19	195
北京服装学院	3319	1703	39	554	74	45	0	0	832	52	14	3	2561	1696	39	555
北京邮电大学	12450	10874	269	4108	1108	1427	271	787	2948	618	646	454	10610	11683	278	4432
北京印刷学院	2010	1386	28	329	1897	1545	438	707	2060	1437	40	45	1847	1494	29	334
北京建筑工程学院	3125	1307	20	259	531	484	218	213	1095	205	1095	205	2561	1586	30	389
北京石油化工学院	2839	1463	24	471	221	6010	14	18	610	5851	0	0	2450	1622	31	531
北京电子科技学院	1189	854	20	407	315	320	82	66	252	19	7	1	1252	1155	19	401
中国农业大学	9257	5524	154	2141	3737	3642	731	2030	1921	118	0	0	11073	9048	251	3848
北京农学院	2469	683	15	138	84	747	46	41	747	621	4	2	1806	809	18	170
北京气象学院	1328	753	13	180	75	61	0	0	300	39	287	35	1103	775	14	193
北京林业大学	4687	3113	63	1384	369	234	25	22	1387	163	154	23	3669	3184	66	1391
中国协和医科大学	6618	5561	179	2112	238	517	0	0	674	35	0	0	6182	6043	190	2334
北京医科大学	11034	8713	286	4494	791	1850	204	1443	2763	411	176	56	9062	10152	317	5704
首都医科大学	4581	2679	83	1014	202	176	39	18	975	49	0	0	3808	2806	88	1092
北京中医药大学	3252	2349	82	1138	231	163	39	68	668	45	0	0	2815	2467	88	1180
北京师范大学	11780	8193	187	3604	850	908	140	393	2623	292	155	136	10007	8809	202	3888

续表 1

学校名称	上年度末实有数				本年度增加数				本年度减少数				本年度末实有数			
	合计		其中五万元以上		合计		其中进口		合计		其中报废		合计		其中五万元以上	
	台件	金额	台件	金额	台件	金额	台件	金额	台件	金额	台件	金额	台件	金额	台件	金额
北京体育师范学院	712	559	14	285	51	231	7	50	118	135	7	3	645	655	18	350
首都师范大学	7539	3385	74	835	1551	1207	435	469	2053	226	200	60	7037	4366	112	1114
北京外国语大学	1783	1133	41	413	393	287	100	147	665	153	3	1	1511	1267	45	493
北京第二外国语学院	1022	673	20	225	158	86	15	11	338	59	0	0	842	700	21	232
北京语言文化大学	1849	1601	37	667	170	191	90	76	261	29	6	1	1758	1763	38	681
北京广播学院	3923	3708	124	1949	919	1033	238	723	896	120	59	54	3946	4621	160	2522
中央财金大学	2756	2158	47	376	407	310	169	89	2195	1552	0	0	968	916	19	251
北京商学院	1140	669	13	158	155	464	54	52	16	8	12	6	1279	1125	25	373
对外经济贸易大学	1702	1812	49	833	61	89	24	58	378	157	109	150	1385	1744	52	908
北京物资学院	1627	1051	15	165	40	29	5	2	945	547	1	0	722	533	5	115
首都经贸大学	2168	1724	31	533	385	480	60	150	303	379	303	378	2250	1825	35	487
外交学院	558	702	13	324	106	160	5	10	83	20	0	0	581	842	18	381
中国人民公安大学	1601	661	7	113	194	93	37	27	642	158	119	18	1153	596	8	129
国际关系学院	802	367	6	47	21	27	5	14	142	7	0	0	681	387	7	56
北京体育大学	1580	884	21	193	156	117	38	22	457	60	28	8	1279	941	24	217
中央工艺美术学院	926	407	8	62	46	57	22	40	315	40	6	7	657	424	8	62
中央音乐学院	1837	1111	48	408	71	107	42	94	360	22	0	0	1548	1196	55	470
中国音乐学院	603	1178	8	999	250	15	16	6	72	737	0	0	781	456	14	109
中央美术学院	400	287	8	81	100	43	0	0	0	0	0	0	500	330	8	81
中央戏剧学院	452	308	6	96	39	15	1	0	56	6	0	0	435	317	6	96
中国戏曲学院	579	246	5	60	83	60	11	9	132	7	0	0	530	299	7	78
北京电影学院	2100	1677	59	697	246	979	128	868	672	149	176	110	1674	2507	77	1490
北京舞蹈学院	671	6182	46	5809	79	64	0	0	355	5917	1	1	395	329	7	88
中央民族大学	2705	1466	23	442	346	258	18	49	817	168	26	19	2234	1556	24	478
中国政法大学	572	227	4	34	113	56	0	0	217	15	0	0	468	268	4	34
华北电力大学	3190	1630	17	400	429	558	101	321	1815	909	125	230	1804	1279	21	444
北京信息工程学院	1404	1025	21	369	435	321	94	115	326	29	6	6	1513	1317	29	436
中国人民警官大学	2354	1419	29	555	64	31	3	5	520	50	0	0	1898	1400	29	567

续表 2

学校名称	上年度末实有数				本年度增加数				本年度减少数				本年度末实有数			
	合计		其中五万元以上		合计		其中进口		合计		其中报废		合计		其中五万元以上	
	台件	金额	台件	金额	台件	金额	台件	金额	台件	金额	台件	金额	台件	金额	台件	金额
北京机械工业学院	1751	712	9	99	85	360	62	125	0	0	0	0	1836	1072	16	229
石油大学（北京）	20507	23133	647	13198	2376	5186	373	2553	4219	393	315	136	18664	27926	774	16597
中国地质大学	4442	3780	110	2044	34	350	0	0	868	40	0	0	3608	4090	116	2232
北京联合大学	11273	4738	67	867	1039	762	182	325	2305	200	52	39	10007	5300	85	1058
海淀走读大学	287	119	1	6	173	107	9	7	58	2	58	2	402	224	2	23
北京针灸骨伤学院	916	494	17	201	78	52	7	5	96	10	0	0	898	536	17	201
中国新闻学院	301	136	4	107	198	220	124	92	158	145	0	0	341	211	3	27
中国青年政治学院	626	561	18	210	224	178	37	60	180	127	1	1	670	612	18	180
北京青年政治学院	336	155	0	0	91	75	35	27	75	15	0	0	352	215	0	0
北京电力高等专科学校	2515	1244	22	248	517	266	41	19	954	191	0	0	2078	1319	23	253
北京医学高等专科学校	1417	587	13	148	181	189	41	44	250	14	0	0	1348	762	22	209
中国金融学院	376	419	1	100	0	0	0	0	0	0	0	0	376	419	1	100

注：统计口径，上年度末实有数为单价 500 元以上仪器设备，本年度末实有数为单价 800 元以上仪器设备，本年度减少数中包含调整数。

信　访

【概　况】 1997 年，市教委信访室共受理群众来信、来访、来电 5695 件次，其中来信 2238 件，来访 1083 人次（含集体访 210 人次）；来电 2374 次。来信来访及电话的性质有，批评类 29%，求助解决类 36%，揭发检控类 12%，政策咨询类 10%，建议类 9%，申诉类 4%。市教委信访室全年结案率 100%，比上年提高 5 个百分点。

（张树黎）

【信访关注社会热点】 年内，市教委信访办接到群众信访主要是一些社会热点问题，其中主要表现在收费、招生、聘任教师、学校管理、课业负担重、体罚和变相体罚、领导作风、社会力量办学等 8 个方面。市教委信访办做到件件有交代，事事有结果。

（刘　伟）

【重申信访结案有关规定】 年内，市教委印发《关于重申信访结案有关规定的通知》，对信访立案件、报送时间、结案标准等重新进行界定。年内，市教委于十五大召开前印发《关于做好十五大期间信访工作的通知》，“两会”期间，又再次下发通知，确保不出现集体上访。

（刘　伟）

【制订两个信访文件】 年内，市教委制定《北京市教育系统分级处理群众上访办法（试行）》（征求意见稿）和《市教委处理信访办法》，对分级处理群众上访及处理信访的时间要求等作了明确规定。

（张树黎）

档　　案

【概　况】 1997年，市教委收集各类档案627卷，资料51册，其中，文书案卷332卷，会计档案227卷，照片档案113张，录像档案1盒，录音档案5盒，实物档案8件，科研档案1卷。根据档案实体进行总体分类，建立相应目录体系，制作检索工具4种23册，微机录入476条数据，上半年，提供档案利用21人次，59卷次，提供档案资料复印件785页。编制出《北京市教育委员会1996年机关工作大事记》、《北京市教育委员会组织沿革》，《北京市教育委员会全宗指南》等编研材料。

（王　薇）

【北工大通过国家二级档案标准验收】 4月28日，市教委、市档案局组成联合考评组对北京工业大学档案工作进行全面考评。该校通过国家二级档案工作先进标准验收。

（王　薇）

【指导实习生17人】 7月，市教委承担北京联合大学应用文理学院档案专业本科生有关课程设计辅导工作，指导学生进行专业实习，共接待实习生17人。

（王　薇）

【举办档案工作培训班】 8月，高校档案研究会举办高校档案信息开发利用培训班，请中国人民大学档案学院教授讲课，42所高校50人接受培训。

（王　薇）

【考评首医大档案工作】 10月，市教委、市档案局联合考评组，对首都医科大学档案工作进行全面考评，指导该校通过市级档案工作先进标准验收，成为市高校档案工作目录管理先进单位。

（王　薇）

【调研高校档案工具现代化情况】 11月，档案研究会对本市52所高校计算机应用情况进行调查统计，其中配置486机型以上的29校，软件使用达12种之多，在档案计算机管理中，已建立数据库并争取今后的入网工作，为加入校园信息网打下良好的基础，并为校际间的联网准备了条件。

（石小平　孙宁华）

【召开机关档案工作会】 12月，市教委召开机关档案工作会，总结本年档案工作，提出问题分析与解决对策，部署1998年档案工作。各有关处室共42人参加会议。

（王　薇）

【开展档案优秀学术论文评选】 年内，高校档案研究会召开档案优秀学术论文评选会，收到参评论文34篇，评出优秀论文11篇，其中1等奖1篇，2等奖3篇，3等奖7篇。

（张　霞　王　薇）

【进行档案课题论证】 年内，高校档案研究会进行《北京高校档案馆（室）评估指标体系大纲》和《高校艺术档案管理规范》两个课题论证和研究工作，学校档案工作逐步从经验型管理转向科学化管理。

（张　霞　王　薇）

【组织档案工作人员进修】 年内，高校档案研究会组织部分高校档案工作人员参加人民大学档案学院举办的档案学专业研究生课程进修班学习，共录取12人。

（王　薇）

【高校档案研究会加强建设】 年内，北京高校档案研究会召开理事会4次，会员大会1次，学术表彰会1次。明确理事人选及分工，按学科建立专业委员会，重新调整会员小组结构，将研究会7个会员小组改编为5个组。

（王　薇）

【建立档案研究会联系网络】 年内，市高校档案研究会建立工作、通讯联系网络，印发会员学校通讯录，规范研究会各种行文标印格式，为高校档案工作正常开展，提供可靠组织保障及信息渠道。

（王　薇）

【吸收6所高校为档案研究会成员】 年内，市高校档案研究会理事会审议吸收中央财经大学、中央戏剧学院、北京舞蹈学院、中央美术学院、中国新闻学院、北京电力高等专科学校6所高校加入市高校档案研究会。

（王　薇）

【培训档案管理人员】 年内，市教委对部分市属高校主管档案工作处级干部及专、兼职档案人员进行档案业务培训，提高了档案干部业务素质。

（王　薇）

【召开档案工作会】 年内，市教委召开北京普通高校1997年档案工作会、总结上年学校档案工作情况，组织高校考查汇报，部署年度高校档案工作。

（王　薇）

【听取高校档案工作汇报】 年内，市教委听取高校各档案协作组年度档案工作汇报，帮助学校解决实际工作中遇到的难点问题及专业理论认识方面的障碍，收到一定效果。

（王　薇）

北京市教育委员会
主任、副主任、秘书长、专职委员

主　　任 徐锡安
副 主 任 陶春辉　尹栋年　林浦生　马叔平
兰宏生　耿学超　范伯元（8月任）
秘 书 长 王　伟
专职委员 文　喆　贺向东
李洪飞　胡晓松

处（室）负责人

办公室主任 王秀卿
政策法规处处长 李　鏊
人事处处长 张　彪（副局级调研员）
师资处处长 纪晏华
计划处处长 线联平
财务处处长 廖万才
基建处处长 （空缺）
条件装备处处长 张林秋
基础教育一处处长 曹福海
基础教育二处处长 富凯宁
学前教育处处长 吴晓燕
高等教育处处长 关仲和（6月免）
职业教育处处长 时雅卿
成人教育处处长 吴晓川
学生处处长 甘北林
德育处处长 董柏林
艺术与校外教育处处长 曹　华
科研处处长 何德祥
体育卫生处处长 陈殿华
校办产业管理处处长 张洪臻
学校后勤管理处处长 王学崑
外事处处长 丁红宇
审计处处长 曹起祥
机关事务管理处处长 王维忠
机关党委办公室主任 符悦群
保卫保密处处长 李致和
老干部处处长 戴万云（8月免）
监察室主任 张恒生（3月免）
翟富安（7月任）

教育督导

综　　述

1997年，北京市教育督导工作，高举邓小平理论伟大旗帜，以国家教委督导办、市教委工作要点为指导，认真施行教育法律法规检查制度和教育督导评估制度，以高标准实施九年制义务教育和发展中等职业技术教育为工作重点，在全面推动实施素质教育，加强督导调研和科研以及教育督导机构和督导队伍建设等方面，开展多种形式的工作。

4至8月，本市各区县政府、市属委办局总公司(企业集团)根据市人大、市政府教育执法检查工作会议《关于1997年教育执法检查工作安排意见的通知》和《关于对区县1997年教育执法检查自查报告及有关材料具体要求的通知》要求，对本地区、本系统教育执法情况进行自查。此间，市督导室依据检查重点，组织专职督学，随访督导493人次，指导自查工作。组织召开区县执法领导小组办公室主任会议，交流自查工作。召开委办局总公司(企业集团）执法检查自查阶段中期经验交流会，推动边查边改，为全面检查做准备。9至10月，由市人大代表、市督导室专兼职督学、市特约教育督导员及市委教育工委、市教委有关人员组成6个执法检查组，分别深入到18个区县、1个办事处和8个市属局、总公司、44个乡镇、118所中小学、39所职业高中和成人学校、3个住宅小区、12个教师住宅建设工地进行检查。检查工作突出重点，加大人大代表的检查力度，加强重点问题的调研，尝试新的检查程序。检查后，完成26份回复意见(宣武区由市人大组织检查)，并于11月底完成《关于1997年度教育法律法规实施情况的检查报告》，呈送市教育法律法规检查工作领导小组。

执法检查推动本市教育法律法规的落实，截止到1997年底已有13个区县(占72.2%)教育事业经费支出做到预算单列，事权财权统一，操作程序比较规范。已有14个区县(占77.7%)完全达到《北京市普通教育事业公用经费定额标准》；推进《职教法》第六条的贯彻执行，摸清区县政府和市属委办局总公司(企业集团)对《职业教育法》第六条的贯彻执行的底数；解决教师住宅问题进展明显，1993年市政府下达的80万平方米中小学教师住宅建设任务，由于市财政局和市教委以及区县政府严格执法，多方筹措资金，年底前超额完成预定任务；城近郊区教师中人均住房在5平方米以下的3350户的住房困难户全部解决。

执法检查还促进1996年各区县提出问题的解决。石景山区为解决个别学校办学条件尚有缺项问题，成立装备中心，对已查明的五所基础薄弱校分两次拨款140万元，现已配齐所需设备。西城区对个别学校未达标的项目，也集中力量予以配备。怀柔县为解决教师医疗费超支部分按时报销，建立20万元教师住院周转金和60万元大病统筹资金。延庆县为解决部分教师节假日看病难问题，专门规定予以按门诊报销规定报销。

构建督导评估机制。1月，市督导室召开评估方案组专题会，布置制定《北京市区县政府巩固“两基”落实“两全”全面实施素质教育评价指标体系》、《北京市区县教委(教育局)全面贯彻教育方针全面实施素质教育评价指标体系》、《北京市中小学全面贯彻教育方针全面实施素质教育评价指标体系》等三个方案的起草工作。此后围绕三个方案的依据、内容、指标体系、实施程序、操作细则以及量化表，进行大量的调查研究，召开20余次座谈会，8易其稿终于完成任务。在完成三个方案起草的同时，市督导室还编辑《基础教育实施素质教育文件选编》(一)、制订《北京市普通中等职业学校综合评估指标体系(试行)》(草案)和《北京市职业高中评估指导纲要》(草案)，为首都职业教育的发展和评估工作奠定基础。至年底，市督导室完成大量细致的随访、调研工作，深入基层，完成8篇调研报告、7篇考察报告，为领导有关决策提供依据。

1997年，市督导室不断加强自身建设，共组织教育理论系列讲座8次，培训市、区县全体督学及工作人员200余人，编发《教育督导信息》17期，印发《教育督导》杂志6期约12万册，教育理论培训已形成制度。开展全国性的信息交流，举办首届京津沪三市教育督导学术交流会，不断开创教育督导工作新局面。

(田文生)

总　　类

【参加顺义实施素质教育研讨会】 1月7日，市政府教育督导室应邀参加顺义县实施中小学素质教育研讨会。研讨会上顺义县介绍该县中小学实施素质教育的情况和修订原评价方案的具体意见，与会人员表达各自看法。市督导室提出：顺义县首先应对原青年教师队伍培养、劳动技术教育等素质教育经验进行理论上总结，然后再从学生全面发展的要求出发制定高一层次的实施方案。

（田文生）

【召开发挥兼职督学作用研讨会】 1月9日，《教育督导》编辑部针对读者来信组织宣武区、海淀区督导室的代表及部分市督学，召开如何发挥兼职督学作用专题研讨会，市督导室在会上介绍北京市督导队伍建设情况，宣武、海淀分别介绍他们在兼职督学的聘任及发挥作用方面的作法，中国教育督导研究会理事长郑启明介绍其他省、市的成功经验。会后该编辑部撰写《浅议如何发挥兼职督学的作用》论文，刊登在《教育督导》第三期。

（田文生）

【赴天津考察素质教育】 2月27至28日，市督导室一行16人赴天津市教育局及和平区、静海县考察推进实施素质教育成功经验及体会。

（晨　阳）

【部署素质教育实验联系县工作】 2月27至28日，市督导室应邀参加国家教委督导办召开的构建督导评估机制、推动实施素质教育实验联系县工作研讨会。会后，市督导室及时传达会议精神并部署北京地区实验联系区县的工作。

（田文生）

【举办教育理论系列讲座】 4月9至11日，市督导室举办教育理论系列讲座。国家教委、高等院校和教育科研单位的领导、学者就学校素质教育的督导，加强校长、教师队伍建设，《教育法》实施若干问题，教育经费管理与监测，素质教育区域推进和评估，教育现代化与基础教育整体改革和教育科学研究方法等问题进行理论讲座。市督导室及市、区县全体督学200余人参加学习。

（高传霞）

【考察山东农村教育费附加工作】 4月16至23日，市督导室二处全体督学赴山东省烟台、德州、莱州等5市和柴棚、郭家店、龙口镇等8个乡镇就如何做好农村教育费附加工作进行考察。考察期间，督学们与所到市、乡镇政府、财政、税务和教育等部门负责人进行座谈，听取农村教育费附加征收、管理、使用的工作经验介绍，共考察8所中学和1所幼儿园。考察结束后，考察团完成《赴山东省考察农村教育费附加征、管、用工作情况报告》。

（刘士龙）

【与英国皇家督学进行学术交流】 4月21至23日，市督导室高玉琛参加中英两国教育督导理论与学术实践交流活动。交流活动期间发表《教育督导改革与发展》的学术论文，介绍北京市教育督导工作，并陪同英国同行考察市六十五中学、顺义牛栏山第一中学和牛栏山中心小学。英国教育标准局皇家督学一行5人是应国家教委督导团邀请前来参加教育督导理论、学术交流和研讨活动的。

（马　进）

【举办全国重点中专校长高级研修班】 5月23至31日、11月3至10日，市督导室受国家教委职教司委托，在北京举办两期全国重点中专学校校长教育理论高级研修班，国家教委、高等院校有关专家学者就中专教育教学改革、教育的现代化和二十一世纪职业教育与中专教育的发展趋势等专题进行阐述。来自全国的157名重点中专学校校长参加学习。

（刘常新）

【组织督学赴四川重庆考察】 5月29日至6月7日，市督导室组织城近郊区督导室副主任赴四川省成都市和重庆市进行素质教育和教育督导情况考察。考察组与两市教委（教育局）、区教育局、乡政府、重点中学等领导干部进行座谈，学习两市实施素质教育和教育督导工作的经验。考察结束后，考察组完成《关于赴四川、重庆考察素质教育和教育督导工作的报告》。

（师其鹤）

【培训主管教育乡镇干部】 5月、9月，市督导室参加密云县、门头沟区政府举办的主管教育乡镇长和乡镇教育干部培训班。市督学主讲分级管理的教育体制与乡镇政府管理教育的责任、教育法律法规在乡镇的落实、素质教育在乡镇的实施3个专题。

（闫长文）

【参加海峡两岸技职教育与训练学术研讨会】 6月11至18日，市督导室2名督学随中国职教学会代表团赴台湾省参加“海峡两岸技职教育与训练学术研讨会”，就海峡两岸教育发展的不同特色，进行交流。对高等职业技术教育的发展、中等职业技术教育的培养规格和教学模式、发展趋势等问题进行研讨。参观淡水商工等4所高级职业学校和高雄市的餐饮旅游高等专科学校、台北高等技术学院等单位。对各校的教学计划，实验、实习条件，教学活动安排等进行考察。

(刘常新)

【巡视中考会考考场】 6月24至26日，市督导室部分督学与市中招办负责人一起，到石景山、门头沟、西城、宣武、房山、丰台、大兴等区县和矿务局、燕山地区，巡视中考和高中会考考场。巡视中重点检查各考点保密室、考务办公室、保卫工作、考点秩序、考场纪律、监考情况、试卷弥封等情况，听取考点负责人汇报。

(李长禄)

【第三届市特约教育督导员召开首次会议】 6月27日，第三届市特约教育督导员召开首次会议。10名新聘请的市特约教育督导员出席会议，占全部12名新聘任督学的83%。会上市教委、市教育督导室领导介绍市教育工作和教育督导工作情况。新一届市特约教育督导员发言表示一定把特约督导工作搞好。市教委徐锡安、兰宏生、王伟和市督导室高玉琛、文教亨、章家祥、谢幼琅、刘莉及市委统战部党派处、市政府办公厅联络处有关领导到会。

1997年北京市特约教育督导员名单

姓名	性别	年龄	党派	职务及职称	工作单位
叶涛	女	56	致公党西城区工委委员	高级教师	西城区西绒线小学
肖幼谊	男	54	台盟市委文教支部委员	副校长、高级教师	北京六十五中
焦俊武	男	52	九三学社中信所支社主委	副研究员	国家科委科技信息所
侯凤玲	女	46	民革市委委员	区政协副秘书长	宣武区政协
黄源中	男	56	致公党市委副主委、秘书长	教研室主任、副教授	北京联合大学机械工程学院
梁捷	女	51	民进东城区委委员	区政协委员、高级教师	北京五中
余贤著	男	57	九三学社市委副秘书长	区人大代表、政协委员、副教授	北京建工学院土木系
肖鸣政	男	37	民进中央教委委员	副教授	中国人民大学劳动人事学院
解世隆	男	58	无党派人士	市政协委员、区政协副主席、朝阳区职工大学校务会副主任、副教授	朝阳区职工大学
王瑞昆	男	56	民盟市委委员	市人大代表、中学校长	北京服装学院附中
王永增	男	56	民进成员	市政协委员、小学副校长、高级教师	北京培新小学
白玉新	女	56	民建市委委员	西城区政协委员、教研室主任	西城区财贸干校

(赵志德)

【举办多种职业教育理论宣讲】 6月至12月，市督导室邀请国家教委职教研究所有关学者，先后到市电信培训中心、市供销学校、昌平卫校，市农业学校，举办教师中专教育理论专题宣讲共五讲。同时市督导室还应邀为市水利水电学校、八一农机学校和皮革工业学校，分别进行职教发展未来趋势的专题宣讲。

(刘常新)

【首次京津沪教育督导学术交流会召开】 7月14至16日，市督导室组织首次京津沪三市教育督导学术交流会。该研讨会交流教育督导工作的新进展，研究教育工作的指导思想。会议认为，“两基”工作完成之后，教育督导室应当进一步抓好依法治教，落实教育法律法规，巩固“两基”成果，不断完善教育督导制度。抓住构建督导评估机制，抓好教育督导评价，规范中小学办学行为，进一步拓宽教育督导工作领域，开创教育督导工作新局面。三市教育督导室的领导和督学出席会议。

(李长禄)

【考察四川部分地区教育情况】 7月20至30日，市督导室组织由远郊区县督导室人员参加的赴四川省阿坝藏族、羌族自治州和成都市温江县考察组，对四川省汶川、红源、南坪、茂县5个县和成都市温江县进行教育考察。共参观6所中学、3所小学、1所师范校和1所职业高中校，其中有2所希望中学、2所希望小学。阿坝藏族、羌族自治州地处青藏高原东南缘，平均在海拔3000米以上，气候寒冷，人民居住分散交通闭塞、经济落后，生产生活条件差，文化教育落后。该州党委、政府把国家扶植与自力更生结合起来，坚持管好、用好中央和省各项补助经费，坚持用足用够已出台的各种征收教育税费政策，坚持勤工俭学，坚持对州民族教育的宣传，成立阿坝州教育基金会，集资20万元资助贫困学校，救助失学儿童，奖励优秀教师，奖励教学质量突出的县和学校的成功经验和温江县坚持“科教兴农”开展职业技术教育和艺术教育的做法，给考察组以启示。考察后考察组完成《赴四川省阿坝藏族、羌族自治州、成都市温江县教育考察报告》。

（刘士龙）

【编辑基础教育实施素质教育文件】 7至9月，市督导室编辑出版《北京市基础教育实施素质教育文件选编（一）》一书，赠给市、区县委、人大、政府，各有关委办局主要领导等，供各级领导干部学习查阅。该文件选编分为《北京市区县政府巩固“两基”、落实“两全”，全面实施素质教育评价方案（试行）》、北京市1993年以来颁发的法规政策性文件和市领导的近期讲话3部分。

（刘任同）

【考察江苏职教及督导工作】 8月2至30日，市督导室及市财政局职教经费管理部门共8人，赴江苏学习考察。考察组学习考察江苏省在发展职业教育，积极推进职业教育现代化，加强职教中心建设的先进经验；关于开展督导工作推进教育现代化的状况以及中等专业学校改革与发展的状况。并完成《赴江苏进行职教及督导工作考察报告》。

（时 泓）

【研讨推进素质教育工作】 8月，市督导室召开贯彻实施三个素质教育评价方案研讨会。市督学、各区县督导室主任参加会议。会议就如何实施三个评价方案以及落实三个评价方案的步骤进行讨论。

（晨 阳）

【参加全国中小学素质教育经验交流会】 9月2至4日，高玉琛参加在烟台举行的全国中小学素质教育经验交流会。与会期间，听取北京市顺义县教育局等14个省、市单位的典型发言，下发42份交流材料；考察烟台二中，芝罘区工人子女小学、牟平区大窑镇初级中学以及龙口市实验小学等学校。李岚清发表《面向21世纪，开创基础教育新局面》的重要讲话并与全体代表合影留念。《教育督导》编辑《烟台专辑》。

（田文生）

【举办教师节座谈会】 9月10日，市督导室举办部分中专、职高离退休校长和专、兼职督学参加的教师节座谈会。座谈会向老校长们祝贺节日，希望老同志离岗后身体健康，继续关心职教事业。与会老同志表示要为首都职教事业继续奉献。

（顾寿林）

【国家教委督导团到怀柔调研】 9月19日，国家教委督导团、市督导室到怀柔调研落实《普通中小学督导评估工作指导纲要》及《北京市普通中小学教育质量综合评价方案》情况。调研组听取县督学室的汇报，对此项工作的做法给予肯定。

（孙久恕）

【教育评价与督导研究会暨第二届学术年会召开】 9月24日，北京市教育学会普通教育评价研究会召开第二届会员代表大会暨学术年会。大会听取第一届理事会工作报告，向31名第一届教育评价优秀科研成果获奖者颁发奖状。大会宣布普通教育评价研究会更名为北京市教育学会教育评价与督导研究会，通过新的章程，选举产生新的第二届理事会理事长，聘请陶西平为名誉理事长。中国教育学会教育督导研究会、全国普通教育评价专业委员会和北京市教育学会负责人及258名会员代表参加大会。陶西平到会讲话。

（刘任同）

【考察英国教育督导工作】 12月7至20日，市督导室领导随国家教委督导办访问团访问英国教育标准局。访问团听取英国皇家督学关于英国教育督导制度的介绍，就督导理论与实践问题进行研讨，并考察英国皇家督学的督导工作。

（郭春彦）

【参与制定市职教法实施办法】 年内，市督导室参与《北京市实施〈中华人民共和国职业教育法〉办法》起草和修改工作，其中章家祥参加市人大、市政府的起草、修改工作，谢幼琅及部分督学参加修改和征求意见会议，整理书面文字及时上报。

（徐绍忠）

督 导 检 查

【随访督导8所中专校】 1至8月，市督导室分别对8所中专学校进行随访督导。其中，1至7月先后到人民机器厂技工学校、西城区电子职高和市交通学校分别就深化教育教学改革、毕业答辩环节进行研究指导；3月赴北京市交通学校、北京汽车工业学校、供销学校、八一农机学校进行随访督导，就交通学校在接受交通部专业评估中存在的问题、供销学校提高办学水平问题、汽车工业学校深化内部改革问题和八一农机学校的发展问题进行研究指导。同时，市督导室还在1月10日、3月7日、8月14日三次到市商贸学校随访督导，重点检查该校60余名教师的教案，对6门课程进行听课评议。

（刘常新 王筱同）

【随访督导4所职业学校办学问题】

3至6月，市督导室先后赴西城区成人中专艺术分校和供销技校延庆分校、北京医药技术学校，就学生家长信访反映有关办学及收费等问题，进行随访督导。该随访督导采用召开学生家长座谈会，实地查看办学设施，听取学校及主管部门的汇报等方式进行。随访后及时与有关各方交换意见，并对学校提出加强宏观调控、制定分校班的标准和管理办法、严格收费标准、明确管理责任、加强教育质量监控、确保教学质量和按教育规律办学等建议，并将有关随访督导情况及时向上级进行汇报。

（顾寿林）

【部署教育执法检查工作】 4月3日，市教育法律法规检查工作领导小组召开1997年教育法律法规检查工作会议，市属各有关委、办、局、总公司（企业集团），各区县人大教科委、政府及其有关委、办、局，各区县政府教育督导室（督学室），各有关大专院校的负责人共330人参加会议。大会全面总结1996年教育执法检查工作，部署1997年教育执法检查工作重点。内容是：①本市建立教育经费监测制度的情况，各区县政府实行教育经费预算单列，事权财权相统一的情况；②1997年完成教师住宅建设计划情况，城近郊区解决教师中人均在5平方米以下住房困难户的情况；③实施素质教育年度阶段性目标落实情况；④《职业教育法》第六条贯彻实施情况；⑤《北京市专业技术人员继续教育规定》第六条贯彻实施情况；⑥1996年教育执法检查中提出的问题解决情况。会议强调，坚持严格执法，加强执法监督检查是一项长期而艰巨的任务，教育执法检查制度要继续坚持，决不能放松。同时不断改进检查方式，改变达标验收式的检查模式，在检查的深度和实效上下功夫。会议强调，执法检查一定要讲求实效，每检查一个问题，就促进一个问题的解决，查出的问题要抓住不放，直到解决为止。陶西平、胡昭广参加工作会并讲话。

（李长禄）

【开展对区县的随访督导】 5至6月，市督导室对18个区县关于教育法律法规执行情况自查工作进行随访督导。该随访督导首先听取各区县自查工作进展情况的汇报，然后就教育经费、教师住房、落实素质教育阶段性目标、中小学校干部和教师学历达标、办学条件等情况，召开有360人次参加的多种座谈会50个，并走访17个乡镇政府、50所中小学校，对140名中小学生进行关于素质教育阶段性目标落实情况的问卷调查。在形成意见后与各区县领导进行口头交换。

（陈兴江）

【参加实验教学普及工作检查验收】

5至6月，市督导室参加市检查组，对丰台、房山、门头沟、延庆的中小学校以及北京第一师范学校、北京第三师范学校、北京幼儿师范学校、北京通县师范学校、北京西藏中学实验教学普及工作进行检查、评估、验收。结果均达到市普及标准。该检查验收工作始于1995年，至此全部结束。

（陈兴江）

【随访检查职业教育执法情况】 5至8月，市督导室深入市属委办局（总公司）、各区县所属职业学校进行随访检查，共走访17个委办局（总公司）、17个区县的30多所学校。对于市政管委、市城建集团总公司、昌平县等好的典型给予肯定，对于普遍存在的问题及时向领导小组进行反馈，并提出具体建议。

（徐绍忠）

【召开区县教育执法自查汇报会】

6月25日，市督导室召开区县教育执法检查工作领导小组办公会议，听取各区县关于自查工作情况汇报。会上总结前一阶段工作情况，西城、宣武、石景山、怀柔介绍本区县工作情况。会议强调，要进一步加强检查工作领导小组办公室的工作，把区县教育执法检查工作搞好。市人大教科委负责人到会并对搞好教育执法检查工作提出要求。

（赵志德）

【专项督导电子工业学校】 6月25日，市督导室对电子工业学校进行专项督导。专项督导依据国家教委和北京市普通中等专业学校办学条件合格标准，对照该校逐一核查。结果表明：除一些实验台（套）尚有欠缺外，其他条件均达到或超过合格标准。督导结束后，市督导室与学校交换意见。

（顾寿林）

【交流《职教法》检查经验】 7月25日，市教育法律法规检查工作领导小组召开《职业教育法》执法检查自查中期经验交流会，来自本市84个委办局（总公司）、18个区县及燕山地区的领导和教育部门负责人参加会议。会上市政管委、城建集团和昌平县分别介绍学习《职业教育法》，搞好执法自查，根据本地区、本行业经济和社会发展需要制定和实施职业教育发展规划的做法和经验。会议对上述单位做法和经验给予肯定，同时对各单位进一步搞好自查，制定、修改和实施职业教育规划提出要求。会议强调各单位一把手要亲自抓好这项工作。陶西平、胡昭广到会并讲话。

（徐绍忠）

【联合检查中小学幼儿园收费情况】

9月3至10日，市督导室、市教委监察处、财务处、学前教育处联合，对东城、宣武、朝阳、石景山、顺义、通州等6个区县的11所中学、11所小学、4所市立幼儿园和2所职业高中的收费情况进行抽查。这次抽查以市物价局、市财政局和市教委联合颁发的有关文件规定为依据，重点检查文件落实情况。抽查结束后，检查组完成检查情况报告。这次检查是根据市教委和市督导室联合下发的《关于对中小学收费情况进行检查的紧急通知》进行的。

（刘士龙）

【参与农村完小抽查工作】 9月22至26日，市督导室参与市教委组织的对农村完小抽查工作。检查组由来自13个郊区县小教科长和市教委有关处室共20人组成，并分为两个小组同时进行。共抽查平谷、通州、怀柔、朝阳4个区县的16所完小。通过听取工作汇报，查阅材料，检查办学设备，深入课堂听课，召开区县、乡镇及学校领导、师生座谈会等形式，对各校按验收标准进行全面核查。最后，检查组进行总结并向被抽查区县反馈抽查意见。

（刘士龙）

【对职业教育执法情况进行检查】 9月22至29日，市检查组开展职业教育执法情况检查。该检查重点是《职教法》第六条的执行情况，范围有18个区县及市汽车工业集团总公司、市电子工业办公室、市住宅总公司、市供销合作总社、市纺织控股（集团）有限责任公司、市城乡建设集团总公司、市华都集团公司、市公共交通总公司8个局（总公司）。检查结果：84个市属委办局（总公司）中有78个上交自查报告，70个单位上交职业教育规划；18个区县全部上交自查报告和职业教育规划。其中，教育规划与经济和社会发展结合较好的市属委办局（总公司、企业集团）占20%，区县占16%；结合不够紧密的，市属委办局（总公司、企业集团）占70%，区县占74%；结合不紧密，差距较大的，市属委办局（总公司、企业集团）和区县均占10%。主要问题是职业教育发展规划与国民经济和社会发展规划脱节。具体问题是专业设置重复、盲目设置热门专业、师资队伍建设和学校管理跟不上、职业教育经费投入不足。检查结果已列入《关于1997年度教育法律法规执行情况的检查报告》中。

（徐绍忠）

【开展重点技工学校评估验收工作】 10月20日，市督导室、市计委和市劳动局联合发出通知，在全市开展市级重点技工学校评估验收工作。该评估工作自11月4日开始，12月15日结束，共评估验收22所技工学校，遴选省市级重点技校16所，并拟从中择优推荐2至5所重点技工学校，参加劳动部的国家级重点技校评估。

（顾寿林）

【参与东城成人教育督导】 10月21至22日，市督导室应东城区教育督导室邀请，对该区的成人教育和职工大学教育执法情况进行督导调研。督导调研中，听取东城区成人教育局的自查汇报；听取区煤炭公司、建筑公司、卫生局、北方服务公司、奥之光企业集团、建国门街道办事处、园林局等单位贯彻执行职工教育条例，开展职业培训的情况汇报；听取区职工大学校领导贯彻成人教育三项工程的情况介绍。并深入课堂听课，研究有关职工大学发展中的问题。最后参加东城区教育督导室的综合分析会。

（刘常新）

【检查市电信培训中心英语课程】 12月4至11日，市督导室应邀组成专家组，对市电信局培训中心10名英语教师进行检查。该检查采用实地听课、召开英语教师和部分学生座谈会等方式，对该培训中心英语教学现状进行全面分析，并就教学管理上存在的问题与培训中心领导和市电信局人事部有关人员交换意见。

（刘常新）

【检查中小学杂费减免和助学金执行情况】 12月16至20日，市督导室分两个小组深入到12个区县的20所中小学校，检查《北京市中、小学杂费减免办法（试行）》和《北京市义务教育阶段人民助学金制度（试行）》贯彻落实情况。检查结束后，完成检查报告。

（李淑英）

调　研　督　导

【中等师范招生调研完成】 2月17日，市督导室与市教委师资处完成对全市各区县中等师范教育招生数量调整问题调研。该调研听取各区县情况介绍，征求部分师范学校意见，并与市教委直属的3所中等师范学校进行座谈。调研认为：根据首都人口变化状况，应该适当减少中师招生规模，提高小学教师任职学历，达到大专水平。同时应逐步提高现任小学教师的任职学历起点。

（刘常新）

【开展农村教育费附加征管用情况的调查】 3至4月，市督导室与市教委政策法规处联合组织调查组，对本市13个郊区县农村教育费附加征收、管理、使用情况进行调研。调查组采取书面调查与抽样调查相结合的形式，深入到海淀、大兴、怀柔、通州及其8个乡镇部分村党支部，与乡镇长、财政所长，税务、征管站等部门负责人进行座谈。完成《北京市农村教育费附加征收、管理、使用情况调查报告》，并参与制订《北京市农村教育费附加征收、管理、使用办法》。

（李淑英）

【小学初中教师学历达标情况调研完成】 4至10月，市督导室组织对小学、初中专任教师学历达标实施情况专题调研。该调研通过随访、问卷等方式进行，完成《关于高标准实施九年义务教育中小学教师学历达标情况的调研报告》。报告显示：到2000年，全市小学专任教师预计为61105人，其中具备中师以上学历的预计达到55698人，占总数的91.15%。城市地区小学专任教师预计为27747人，其中具备大专以上学历的预计达到17336人，占总数的62.47%。全市初中专任教师预计为37865人，其中具备大专以上学历的预计达到36145人，占总数的95.45%。城市地区初中专任教师预计为18770人，其中具备大本以上学历的预计达到12623人，占总数的67.25%。该调研报告还对小学、初中专任教师学历达标情况进行分析，提出实施中存在的问题以及建议。

（师其鹤）

【专题调研教育经费预算单列情况】 5月，市督导室组织县、乡两级政府专题调研组，通过随访、访谈，召开区县督导室主任和教育局(教委)财基科长座谈会等形式，专题调研实行教育经费预算单列情况，并经教育执法检查进行核实后，以调研报告形式上报上级有关部门。

（李淑英）

【贫(特)困生跟踪调查完成】 5至8月，市督导室采取书面调查方式，完成全市九年义务教育阶段的贫困生、特困生人数调查。调查报告显示1996至1997学年度本市小学、初中共有贫困生25400人，占在校生总数的1.68%；特困生14374人，占在校生总数的0.95%；贫困生、特困生合计39774人，占在校生总数的2.63%。该跟踪调查是在上年基础上进行的。

（陈兴江）

【中小学办学达标情况调研完成】 5至12月，市督导室完成对城近郊8个区中小学办学条件达标情况调研。调研组先后到各区教委（教育局）和16所中小学，听取有关领导的介绍，并查看学校有关的设施、设备、仪器、图书资料等，了解办学条件改善工作情况。完成《关于城近郊区中小学办学条件达标情况的调查报告》。

（晨　阳）

【解决教师住房困难户情况普查完成】 5月、10月，市督导室成立调研组，完成全市18个区县的教师住房困难户普遍调查。普查结果表明：从1993年至1997年，本市、区县两级政府共完成中小学教师住宅建设91.13万平方米，占计划完成建房任务的113.9%。1994年至1997年城近郊区教师中人均住房面积在5平方米以下困难户（1994年统计入网的3350户）全部解困。

（马　进）

【推广密云回民小学素质教育经验】 7月9日，市督导室陪同北京广播电台赴密云县回民小学观摩素质教育课，就如何实施素质教育问题与学校领导进行座谈。月末，北京广播电台播放该小学实施素质教育主要做法。

（李淑英）

【实施素质教育专题调查完成】 11月11至19日，市督导室、市教委基教一处、二处组成调研组，到海淀、西城、东城、崇文、宣武5个区的10所中学和10所小学，检查落实本市实施素质教育年度阶段性目标情况。检查主要内容有按课程和计划开齐素质教育课程开足课时，不准利用节假日、双休日、寒暑假为学生集体补课，严格教学用书管理和制止按考试分数对学生排队等方面情况。调查采用听取学校领导汇报，随机抽样向学生问卷调查，查看学生书包，召开学生座谈会等。调查结果显示：绝大多数学校对落实本市年度实施素质教育阶段性目标比较重视。其中，小学落实情况普遍较好；中学有5所学校落实情况较好，3所学校有明显违规现象，2所学校问题比较严重，分别占调查总数的50%、30%和20%。

（李长禄）

督　导　评　价

【研讨密云乡镇教育督导评价修订方案】 1月30日，市督导室参加密云县修订乡镇政府教育督导评价方案研讨会。在听取该县汇报修订意见后，市督导室逐条逐句对方案进行研讨，对方案的指标、要素以及如何实施提出指导性的意见。

（李淑英）

【召开中专校内督导工作研讨会】 4月8日，市督导室召开中专学校校内督导工作研讨会，共有32所中专学校教研督导室主任及部分校长参加研讨会。会上交流中专校内督导工作开展情况和取得的经验，并对中专校内督导工作职责、督导人员构成以及与行政部门的协调关系进行研讨。

（时　泓）

【制订普通中专综合评估指标体系(试行)】 4月，市督导室完成《北京市普通中等专业学校综合评估指标体系（试行）》制订工作。该指标体系含8个一级指标，37个二级指标和附加奖励条件，是市督导室面向北京地区所有普通中专学校进行督导评估的依据。同时也是市教委评选中专示范校、骨干校的依据。

（刘常新　顾寿林）

【完成市经委育人质量评估】　5至8月，市督导室和市经委联合完成工业系统各类职业学校进行育人质量评估工作。该评估范围为工业系统36所职业学校，其中党干校5所、职工大学和职业中专6所、普通中专14所、技校11所。评估内容除对部分学校实地检查外，还对毕业生和用人部门进行调查。结果共评出13所市工业系统育人质量先进学校。其中市无线电工业学校等6所学校因连续三年评为先进学校，被授予育人质量信得过学校称号。

（顾寿林）

【研讨职高督导评估工作】　7月4日，市督导室召开全市职业高中督导评估工作研讨会。区县政府教育督导室、职教工作负责人共100人出席会议。会议就如何构建北京职业高中教育督导评估制度等问题，进行研讨。海淀、东城、西城、石景山、崇文、宣武等区督导室，平谷、怀柔等县职教科以及昌平农职校在会上作典型发言。马叔平到会讲话。

（王筱同）

【召开实施三个素质教育评价方案汇报会】　12月2至4日，市督导室召开实施3个素质教育评价方案汇报会。会议在听取各区县汇报后，对今后工作提出以下要求：①学习宣讲方案，搞好各级人员培训；②加强评价工作的领导，完善督导工作；③区县要制定实施素质教育的意见，制定或修订学校督评方案和实施计划；④部分开始试点的区县要及时总结经验，为全面实施市三个素质教育评价方案奠定基础。

（郭春彦）

【完成北京九中和法华寺小学督导评价】　12月9至12日和12月17至18日，市督导室分别参与石景山区督学室对北京九中、崇文区督导室对法华寺小学实施素质教育的督导评价。督导评价围绕办学方向、队伍建设、教学工作、德育工作、保卫后勤工作等问题，通过听校长的自查报告，观看师生升国旗仪式，查看专用教室、图书和教学仪器设备，听课，座谈和问卷调查等形式，全面了解学校实施素质教育和教育质量方面的情况。

（李长禄）

北京市人民政府教育督导室主任、副主任

主　任　徐锡安（兼）

副主任　高玉琛（常务）　文教亨　章家祥　谢幼琅　刘　莉

部门负责人

一处处长　庞万良

二处处长　朴荣亭

三处处长　徐绍忠

普通高等教育

综　　述

1997年，北京高等教育事业稳步发展。据统计，1997年北京地区高校本专科在校生达到195842人，研究生40036人，其中博士生11470人，分别比上年增长3.1%、31.9%和53.4%。高校教职工数减少1%。学校平均规模和生师比提高，各达到3013人/校（1996年为2835人/校）和5.36∶1（1996年为4.98∶1），其中市属高校校均规模提高到3631人/校（1996年为3420人/校），生师比提高到8.9∶1。在京留学生数也有很大增长，总数已达1.88万人（1996年为1.66万人），其中长期生1.08万人（1996年为1.03万人），短期生0.8万人（1996年为0.63万人），分别来自142个国家和地区。

到1997年，北京地区共有19所高校（不含校本部不在京的高校）通过"211工程"部门预审，居全国之首。在"211工程"部门预审基础上，各校"211工程"建设可行性研究报告和立项论证报告正在进行。

北京高等教育贯彻"联合、共建、调整、合并"方针，办学管理体制改革进一步深化。继与中国航空工业总公司共建北京航空航天大学之后，北京市人民政府又与国家教委签署协议，共建北京大学、清华大学、中国人民大学、北京师范大学，"九五"期间市政府支持上述5所高校经费1.05亿元。北京地区高校联合办学继续得到发展，在京高校与500多个企业、事业单位开展合作办学，353个单位进入学校董事会参与学校办学与管理。清华大学成立大学与企业合作委员会，有96家企业参与学校办学。北京商学院与北京轻工业学院联合办学在1997年实现联合招生、部分班级合班上课、图书馆共用、计算机联网等。

1997年，北京高校以十五大精神为指导，认真研究教育思想、教育观念的转变问题，召开6个座谈会、1次大规模综合性研讨会，对以下几个问题取得初步共识：

(1)转变教育思想、教育观念是先导，是有着显著社会背景、适应高等教育改革和发展要求的。

(2)教育思想、教育观念是分层次的，转变教育思想、教育观念需要全方位的。

体制改革是关键，教育教学改革是核心。1997年北京市高校教育教学改革的突出特点是扎扎实实抓好"两课"改革，继续开展"面向21世纪教学内容和课程体系改革"和教材建设计划。教学工作在高校的经常性中心工作的地位得到加强，广大教师、学生教与学的积极性得到提高。1997年，经过学校申请和北京市教改立项专家组评审，北京市教委批准北京市普通高等学校第二批教育教学改革试点立项项目共102项（实际独立设项110项），拨付试点立项补助经费198万元及时到位，正式启动。第二批教改立项共涉及北京地区43所高校，其中部委属高校33所，立项73项，占立项项目的71.6%，核拨立项补助经费133万元，占补助经费的67.2%。北京市的这项工作得到国家教委的肯定，1997年6月，在国家教委组织召开的面向21世纪教学内容和课程体系改革计划经验交流会上，北京市向全国代表介绍经验，一些部（委）、省（市）也向北京市咨询有关内容。

1997年，北京市普通高校高职改革进一步发展，招收高职学生2102人，比上年增长40%。新增高职专业20个，使北京市普通高校高职专业达58个。启动高等职业教育实训基地建设，经专家论证，市教委支持北京联合大学电子自动化学院电子与信息技术实训基地、北京联合大学化学工程学院精细化工中试实训基地、北京联合大学机械工程学院机电应用技术实训基地、北京联合大学应用文理学院综合信息网络管理服务实训基地共400万元。

随着社会步入信息时代，文献领域正在进入电子化和数字化的网络新时期。高等学校图书馆自动化建设越来越显示出其重要性和紧迫性。《中国教育改革和发展纲要》中指出，图书馆要走"共建网络平台，资源合理配置，密切馆际合作，共享文献信息"的道路，为高等学校图书馆自动化建设工作指明了方向。为此，北京市教委决定将北京地区高校图书馆自动化建设工作列为1997年北京市教委高等教育的重点工作之一，从资源共享着眼，从公共服务体系入手，从市属高校图书馆自动化工作起步，以教改立项的方式，组织课题组对北京地区高校图书馆的自动化工作开展研究和论证，摸清情况，推进工作。

针对北京市属高校图书馆自动化工作现状，1997年，北京市教委拨专款300万元，用于支持市属高校图书馆自动化建设。根据各校图书馆自动化建设的现状与水平，分别支持首都医科大学、北京联合大学、北京建筑工程学院等8所市属高校的图书馆自动化建设，促其图书馆自动化工作上台阶、上水平。

1997年，北京普通高校招生并轨改革顺利完成，所有本、专科招生全部实行并轨。共招生71157人，其中本专科生56884人，研究生14273人，分别比1996年增长7.2%、3%和28.5%。

1997年，北京高校毕业生为60173人，其中，研究生毕业生10200人，分别比1996年增长9%和27.5%。北京市积极探索和逐步建立在党的方针政策指导下毕业生自主择业、面向社会双向选择的就业新格局，并逐步健全培养过程中的“奖、贷、勤、补、减、缓”制度，建立有利于发挥学生主体作用的、激励学生刻苦学习的新机制。

经初步统计北京高校1997年科研经费超过12亿元（1996年为10.27亿元），比1992年至1996年平均增长1.2亿元的水平又有提高。

校办产业迅猛发展，1997年，仅清华大学、北京大学的校办产业产值即达74亿元（1996年北京地区高校校办产业总产值约55亿元）。1997年市政府投入高教的经费共4.1亿元，比上年增长9.25%。北京教育十大工程之一的“110工程”工作进一步推进，到年底，列入该工程的项目已达52项。

在党中央的直接关怀下，在国务院领导下，为解决中央在京高校教师住房困难，多方筹资、统一征地、集中建设高校教师住宅小区，第一期工程育新花园、静淑苑小区40万平方米住宅建筑已全部竣工并交付使用。1997年，育新花园二期工程、望京西区教工住宅相继开工，蓝旗营小区的搬迁工作正加快进行。两期工程将建设近百万平方米的住宅，仅北京市政府将投入5亿多元资金，使高校教职工原来的人均5平方米以下的困难户已全部解困。

（刘春生　徐宝力　李同铮）

总　　类

【21万人参加大学外语等级考试】 1月4日、6月14日和12月27日，在全国大学外语四、六级考试中，北京地区70个高校考点中，共有高校学生212110人次报名，分别参加大学英语、日语、俄语、德语、法语四级及大学英语六级考试。其中，1月4日报考英语四级34246人、英语六级30701人；6月14日报考英语四级52193人、英语六级25668人、法语四级73人、德语四级133人、日语四级582人、俄语四级725人；12月27日报考英语四级35535人、英语六级32218人。

（张树刚）

【商学院和轻工学院合作办学深化】 1月16日，北京商学院和北京轻工业学院共同召开两院合作办学两周年座谈会；4月8日，两院召开“两课”教学改革研讨会；两会肯定两年来合作办学取得的成绩和新教改方案，并对今后电化教学、合编教材、共同搞科研项目等方面的合作达成意向性意见。10月，发布两院合作办学的15项规章制度汇编和两院合办9个辅修专业的教学计划及38门选修课教学一览表。

（陈智民　陈　威）

【咨询委员会召开两次会议】 1月和6月，北京市高校咨询委员会分别召开全体会议和专门会议，就北京高校如何面向21世纪，适应我国及首都经济建设和社会发展深化体制改革和教育教学改革等问题进行研讨，特别是对市属高校布局结构调整问题发表很好的意见。

（林　虎）

【1.5万学生参加计算机水平测试】 3月，在'97北京地区普通高等学校非计算机专业计算机应用水平测试中，北京59所高校的15284名学生参加测试。应试科目共有文科类、FOXBASE、BASIC、FORTRAN、PASCAL、C 6类，结果：8562名学生合格，1201名学生优秀，通过率和优秀率达到56%和7.9%。

（金红莲）

【召开第三次高校教学工作研讨会】 4月3至4日，北京地区普通高等学校教学工作评价第三次交流研讨会在中国青年政治学院召开。国家教委、市教委有关领导、专家和北京地区16所参评院校的领导共60人参加会议。会议中心是要进一步明确教学评价工作的目的，端正办学指导思想，确立教学中心地位，处理好规模、质量、结构、效益的关系，坚持以评促建、以评促改、评建结合、重在建设的方针。会议强调评价工作是一个整顿、建设和发展过程，具有导向性、建设性和鉴定性。与会代表还参观该院的电教中心、图书馆、青少年研究资料检索系统和计算机实验室。

（王之伦）

【举办首都大学生迎香港回归英语演讲赛】 5月15日，由中共北京市委教育工委、市教委、北京电视台联合举办的首都大学生迎香港回归英语演讲比赛决赛在清华大学学生文化活动中心举行。来自清华大学、北京大学、北京外国语大学、中国人民大学、北京师范大学、北京第二外国语学院、对外经济贸易大学7所高校的10名选手参加决赛，北京外国语大学、对外经济贸易大学各1人获一等奖，北京大学等3所高校的选手获二等奖，5人获三等奖。本次比赛决赛选手是从北京10所高校英语专业的30名选送者中决出的优胜者。参加决赛的选手从香港历史回顾、一国两制的伟大构想、香港回归的历程和伟大意义、展望香港前景4个方面展开论述。国家教委、市政府、市委教育工委、国务院港澳办有关领导及首都高校学生代表共300多人观看比赛。

(左海峰)

【北京高校后勤管理年会召开】 5月16日,北京高教学会高校后勤管理研究会第七届年会在北京邮电大学召开。来自北京68所高校主管后勤工作的院(校)长、处长140人与会。会议收到交流材料22篇,5院校的代表作后勤工作经验介绍;会议对46名优秀工作者、29名优秀论文作者、5名优秀通讯员进行表彰。徐锡安等领导参加会议。

(金　华)

【清华与体育大学合作办学】 6月10日,清华大学与北京体育大学合作办学协议签字。根据协议,两校将在人才培养、科研合作、资源与设施共享等方面进行合作。两校将联合成立合作办学委员会,执行合作办学协议。该协议合作期限为8年。

(左海峰　石　凌)

【香港华懋集团捐助北京高校】 7月2日,香港华懋集团捐助北京3所高校。根据协议,香港华懋集团向北京航空航天大学、国际关系学院、中华女子学院分别捐赠500万元,支持祖国的教育事业。朱育理、黄启等领导参加捐赠仪式。

(陈　颖　刘平杰)

【高校机械原理研讨会召开】 7月8日,北京高等学校机械原理研讨会1997年度教学交流会在北京石油化工学院召开。会议就高校机械原理的教改情况、多媒体技术在机械原理教学中的运用等方面进行研讨。北京市高校机械原理研究会及北京高校教师共38人参加研讨会。

(薛爱武)

【开展转变教育思想教育观念研讨】

7月23日,市教委、教科院和北京高教学会共同召开转变教育思想、教育观念研讨会。北京地区高校的校(院)长、研究所(室)、教务处及教师参加研讨会。国家教委和北京市两级教改立项项目代表等共6人在研讨会上发言。会议认为教育思想应将社会本位和人本位结合起来,教育既要满足社会的需要,也要满足受教育者的需要;要处理好开门办学与关门办学的关系、基础教育和专业教育的关系、课内教育与课外教育的关系;培养人的问题始终是我国教育的最基本的出发点和制订教育方针和政策的依据,这也是研究问题的出发点。来自国家教委、市教委和北京高校63人参加研讨会。

(徐宝力　张霄娟)

【两大学生参加日航讲习班】 7至8月,北方交通大学电子工程专业和首都医科大学临床医学专业各1名学生在日本参加日本航空公司暑期讲习班。来自亚太地区12个国家及地区的40多名在校大学生参加该活动。至此,由日本航空公司赞助的该项活动已经在北京地区举行13次,共有26名学生参加。

(张树刚)

【16所高校完成“211工程”立项】

10月7至9日,中央民族大学通过“211工程”部门预审。至此,本市共有19所高校通过“211工程”预审,其中有14所高校完成“211工程”可行性研究报告论证和立项审核工作。“211工程”立项工作涉及到学校的建设目标、建设任务、建设资金和预期效益等重大问题。“211工程”可行性研究报告须经专家认真审核、论证后,国家委部属重点高校上报国家计委备案;地方院校上报隶属的省市计委备案才能实施。市属首都师范大学已于12月完成“211工程”立项工作。

(林　虎)

【举办基础教学实验室评估工作现场会】 11月14日,市教委在华北电力大学(北京)召开基础教学实验室评估工作现场会,国家教委、市教委有关负责人和北京43所高校的有关领导参加现场会,并参观华北电力大学(北京)通过合格评估的3个基础教学实验室。

(张紫娟)

【召开第四次高校教学工作研讨会】

11月24日,北京地区普通高等学校教学工作合格评价第四次交流研讨会在中国人民警官大学召开。公安部、北京市教委、北京地区16所高校和即将参评院校主管部委的领导参加会议。会上,警官大学汇报1年来“以评促改、以评促建、评建(改)结合,重在建设”过程中所进行的教学整改工作。会议希望各院校互相交流学习,力争通过评价。中国金融学院、北京印刷学院、北京针灸骨伤学院分别介绍已经参评的经验体会和迎接参评的准备情况。

(李亚娥)

【北方交大与建工学院联合办学】

12月11日,北方交通大学与北京建筑工程学院签署联合办学协议,根据该协议两校通过共商、共享、共建等多种方式进行全面合作,实行教师互聘、共同培训师资;实验室、实习基地、图书馆等资源共享;根据现有办学条件和各自教学计划,互选课程、互相承认成绩和学分,共同研讨教学计划和开展教育科学研究,共同申报科研课题和培养研究生以及联合组织国际性学术会议等。

(李永学　宋桂云)

【市属高校新增3个专业】 至年底,市属高校1997至1998年度新增专业3个。其中,本科2个(北京工业大学的商品学、首都师范大学的历史学),专科1个(首都医科大学的康复技术)。

(宋川月)

【两所高校通过教学工作合格评价】

至年底,中国人民警官大学和北京印刷学院通过国家教委高校本科教学工作合格评价。这是北京地区16所参评院校中首批通过合格评价的两所院校。国家教委已组织对全国65所高校本科教学工作的合格评价和对9所高校本科教学工作的复评和复查工作,确定32所高校为本科教学工作合格评价学校。

（张树刚）

【市属高校图书馆建设投入300万元】　至年底，市教委共拨专款300万元，支持市属高校图书馆自动化建设。其中，对首都医科大学图书馆、北京联合大学图书馆、北京建筑工程学院图书馆给予重点支持。

（李同铮）

【批准第二批教改立项项目】　至年底，市教委共批准第二批教改立项项目102个（实际独立设项110个），拨付补助经费198万元。共有43所高校获得教改立项项目，其中中央部（委）属高校的33所，立项73项，占71.6%，获得补助经费133万元，占67.2%。在教改立项工作中，市教委优先考虑已在本校立项的教改项目，坚持教改立项与教材建设相结合，坚持择优立项，对重点项目给予重点支持。

（李同铮）

【952名财会类在校生考取会计证】

年内，北京地区21所普通高校的1010名在校生参加首次会计证考试，952人通过《企业会计核算实务》与《珠算技术》的考试，毕业前将取得会计证。为使北京地区普通高校财会类本、专科及研究生、高等职业教育专业在校生能够取得会计上岗证，市教委与市财政局共同制订《关于对北京地区普通高等学校财会专业学生核发会计证的实施细则》及对该细则的“补充说明”。并联合下发《关于对北京地区普通高等学校财会专业学生核发会计证的通知》，在北京普通高校财会类专业在校生中举办会计证考试。

（段豫龙）

【探索合作办学运行机制】　年内，市教委努力探索合作办学运行机制。据统计，71所高校（指国内外高校）间进行各种形式的合作办学；同时，北京地区高校与500多个企业、事业单位开展合作办学，353个单位进入校董事会参与学校的办学与管理。

（郭　静）

1997年北京市属高校重点学科建设经费安排一览表

单位：万元

高校名称	学科名称	拨款
首都经济贸易大学		220
	企业管理	85
	劳动经济	65
	会计学	50
	经济信息管理	10
	区域经济	10
北京体育师范学院		150
	体育教育训练学	90
	运动人体科学	60
北京建筑工程学院		180
	供热、供燃气、通风与空调工程	95
	市政工程	85
北京联合大学		400
	机电应用技术实训基地	110
	精细化工中试实训基地	110
	电子与信息技术实训基地	110
	综合信息网络管理服务实训基地	70
首都医科大学		200
	人体解剖与组织胚胎	100
	生物医学工程	100
北京农学院		220
	农产品及贮藏工程加工	20
	园林植物	100
	果树学	100
北京青年政治学院		30
	思想政治教育（少儿教育）	30
总计		1400

（宋川月　杨　威）

普通高等学校

北京大学

党委书记 任彦申
校　　长 陈佳洱

【概　况】 1997年，北京大学设有数学学院、化学与分子工程学院、生命科学学院、经济学院、光华管理学院、国际关系学院、马克思主义学院和知识产权学院8个学院，物理学、心理学和中国语言文学等22个系，86个学士专业、3个第二学士学位专业、148个硕士专业、101个博士专业和53个研究所、72个研究中心、2个国家级工程研究中心、42个全国重点学科、12个国家重点实验室、4个国家重点学科专业实验室、15个博士后流动站。有教职工7317人，其中专任教师2438人，包括正高级职称866人、副高级职称801人、中级职称652人。有中国科学院院士29人（其中本年内逝世2人、增选1人），中国工程院院士2人（其中1人兼中国科学院院士），博士生导师530人。在校生23983人，其中本专科生9033人（本科生8733人、专科生300人），硕士生3986人，博士生1429人，函授生和夜大学在校生等8509人，来自66个国家和地区的留学生1026人。毕业生4200人，其中本科生2721人，专科生214人，第二学位学生48人，硕士生973人，博士生244人。招生4490人，其中本科生2426人，硕士生1558人，博士生506人。校园总占地面积231.9万平方米，总建筑面积97.73万平方米。图书馆藏书450.93万册。以北大方正集团公司为主的校办科技产业全年总营销额超过60亿元，上缴国家税利5000多万元，以各种方式回报学校近5000万元。至年底，北大已经同44个国家和地区的136所学校建立校际交流关系。

（谢　宁）

【潘文石获荷兰金质方舟奖】 1月30日，北大生命科学学院潘文石教授在荷兰驻华大使馆官邸获得荷兰金质方舟奖，该奖一年一度授予对环境保护作出突出贡献的专家。潘文石现年60岁，是我国著名的动物学家和大熊猫研究专家。多年来，他所领导的小组对四川卧龙、陕西秦岭保护区的大熊猫进行深入细致的研究，为保护野生大熊猫做出突出贡献。潘文石还曾获美国大熊基金会科学特别成就奖和圣地亚哥动物学会野生运动保护奖章。

（谢　宁）

【被授予留学工作先进单位】 1月，北大获得国家教委、国家人事部颁发的全国留学工作先进单位称号，赵新生等11人被评为全国优秀留学回国人员。全国共有25个单位获得该项荣誉。

（谢　宁）

【举办毕业研究生就业洽谈会】 2月27至28日，北大与清华大学、中国人民大学、北京师范大学、南开大学、天津大学、北京外国语大学、北京语言文化大学8所国家教委直属院校联合举办京津地区国家教委直属高校毕业研究生就业洽谈会，洽谈会在北大体育中心举行，280家用人单位参加洽谈会。

（谢　宁）

【剑桥大学教授在北大演讲】 4月17日，英国剑桥大学教授米尔利斯(Mirrlees James A.)访问北大。在电教报告厅米尔利斯以《非对称信息下的激励机制研究》为题发表学术演讲。北大400多名师生参加讲演会。米尔利斯是1996年度诺贝尔经济学奖获得者。

（谢　宁）

【世贸组织官员访问北大】 4月21日，世界贸易组织总干事鲁杰罗访问北大，在电教报告厅鲁杰罗做题为《世界贸易组织与中国》的主题演讲，并就中国入关等问题回答同学们的提问。北大500多名师生参加演讲会。

（谢　宁）

【召开精神文明工作会】 4月25至26日，北大召开精神文明建设工作会。会议作精神文明建设报告，数学学院等7个单位分别就加强教师队伍建设、加强党建、加强学生思想政治工作等做经验报告。会议还讨论《北京大学关于进一步加强学校社会主义精神文明建设的意见》等7个文件。

（谢　宁）

【举办建校99周年庆典】 5月4日，北大举行建校99周年庆典，雷洁琼、吴阶平等参加校庆日活动。活动中举行100周年纪念讲堂奠基仪式，并在南校门外设立电子倒计时钟，百年校庆筹备工作进入倒计时。

（谢　宁）

【举办凤凰杯书画作品展】 6月7日，由北大主办的"凤凰杯"祖国内地、香港、澳门、台湾大学生书画作品大展在中国革命博物馆开幕。雷洁琼、何鲁丽等领导参加开幕式并为展览剪彩。该活动以迎接香港回归和百年校庆为主题，历时4个月，共收到作品5000余件，展览展出的是其中的精品180件。

（谢　宁）

【欢庆香港回归】 6月30日，北大开放25个公共场所（不包括各院系组织的），供学生收看香港政权交接仪式的电视实况转播。另有250名学生参加晚上在天安门广场举行的庆祝香港回归大型联欢活动，还有100名学生7月1日晚参加工人体育场的庆回归大型文艺演出。

（谢　宁）

【段宝林获“彼得奖”】 6月，北大中文系段宝林教授获得1996年国际人类学研究中心的人类学研究成就奖“彼得奖”。彼得是意大利民俗学创始人，意大利国际人类学研究中心为纪念他而设该奖，该奖每年评1名外国人，奖金250万里拉（约合1万元人民币）。段宝林的主要获奖成就是《中国民间文学概要》、《笑话的喜剧艺术》、《民间文学词典》、《世界民俗大观》等著作。段宝林1954年入北大中文系，毕业留校后长期从事民间文学研究，出版多部教材和专著。

（谢　宁）

【研讨对外汉语教学】 7月12日，北京地区第一届对外汉语教学研讨会在北大举行。该研讨会是由中国对外汉语教学学会北京分会与北大海外教育学院共同主办，中国人民大学对外语言文化学院协办的。来自北京地区22个对外汉语教学单位的百名代表参加研讨会。

（谢　宁）

【学生合唱团获国际合唱奖】 8月2日，北大学生合唱团在第43届哈巴涅拉与复调音乐国际合唱比赛中获一等奖，特邀指挥高伟获得指挥奖。该项比赛每年在西班牙举行1次。本届共有11个国家的24个合唱团参赛。

（谢　宁）

【举办国际交流与合作研讨会】 8月19至22日，北大主办的’97大学国际交流与合作研讨会在北京国际会议中心召开。该研讨会是建国以来召开的首届以高等院校国际交流与合作为主题的国际会议，共有44个国外大学和教育机构的代表以及64所国内大学的代表参加会议。会议全面介绍中国高等教育状况，并就国际间学术交流与合作在促进教学、科研方面的作用等议题进行交流和研讨。

（谢　宁）

【光华管理学院大楼落成】 9月7日，北大光华管理学院大楼落成。该大楼是由台湾光华教育基金会出资兴建的，总建筑面积1万多平方米，设有各种教室、办公室、图书资料室等，配备有先进的讯息管理系统。

（谢　宁）

【授予罗马尼亚总统名誉博士】 9月9日，北大举行授予罗马尼亚总统康斯坦丁内斯库名誉博士学位仪式，陈佳洱向康斯坦丁内斯库颁发名誉博士证书。随后，康斯坦丁内斯库参观北大地质陈列馆。康斯坦丁内斯库是罗马尼亚政治家、教育家和地质学家，曾任布加勒斯特大学校长，并出版多部地质学著作。

（谢　宁）

【香港何氏集团向北大捐资4000万元】 9月9日，香港何氏泛华投资集团董事局主席何柱国代表其祖父、香港爱国实业家何英杰向北大捐资3500万元，同时，何柱国与泛华投资（香港）有限公司总经理聂海燕也向北大教育基金会捐资500万元。陈佳洱代表北大授予何英杰、何柱国、聂海燕教育贡献奖，并聘请他们担任北大教育基金会名誉理事。

（谢　宁）

【成立艺术学系】 9月17日，北大艺术学系成立。艺术学系设艺术学、文化艺术管理、广告学3个本科专业，并招收艺术学专业的硕士和博士研究生，同时还承担全校艺术类公共课的教学任务及组织辅导学生艺术团等工作。

（谢　宁）

【杨芙清获何梁何利奖】 9月23日，在第四届何梁何利基金颁奖大会上，北大计算机系主任、中科院院士杨芙清获科学与技术进步奖。杨芙清教授数十年来一直从事计算机研究和教学工作，其研究领域主要集中于系统软件、软件工程理论和软件工程环境、软件工业化生产等方面，取得多项科研成果。

（谢　宁）

【纳米科学与技术中心成立】 9月27日，北大纳米科学与技术研究中心成立。国家教委、国家科委、国防科工委、自然科学基金委、中科院领导和20多位科学院、工程院院士参加成立大会。该中心旨在充分发挥北大基础研究的综合优势，及时抓住科学发展机遇，推动我国纳米科技研究。以纳米电子学为代表的纳米科学与技术，是世纪之交高科技前沿基础学科。

（谢　宁）

【开设邓小平理论课】 9月，北大在5个院系的本科三年级学生中开设邓小平理论课。该课程由吴树青负责组织，在全校范围内聘请12名在邓小平理论研究方面有成果的专家学者和领导干部授课。至学期末，12名专家分别就《邓小平对社会主义本质的概括》等12个课题进行讲授。

（谢　宁）

【接待港台大学体育代表团】 10月19至25日，北大接待香港中文大学和台湾大学体育代表团。接待中，举办三校足球、篮球和排球比赛，三校体育工作者还召开体育学术交流会，并举办多项联谊活动。

（谢　宁）

【集中供暖二期工程运行】 11月1日，北大集中供暖二期工程开始供暖。该工程为北大年度重点工程，共投资4300多万元，安装3台300吨热水锅炉，主厂房和其它辅助设施总面积6700平方米，工程历时7个月完成。

（谢　宁）

【获得挑战杯团体第二名】 11月8至12日，在第五届“挑战杯”全国大学生课外学术科技作品竞赛中，北大获一等奖3项、三等奖2项、鼓励奖1项，并以总分400分获团体第二名。

（谢　宁）

【西校门维修工程竣工】 11月28日，北大西校门维修工程竣工，奔驰集团代表和北大师生在西校门前举行庆祝仪式。北大西校门一向被视为是北大的象征，此次维修是由奔驰集团赞助的。

（谢 宁）

【王铁崖当选前南法庭大法官】 11月，北大法律系王铁崖教授前往荷兰海牙，就任联合国前南斯拉夫国际刑事法庭大法官。该法庭是根据1993年5月联合国第827号决议设立的，负责审理在前南领土上的战争嫌疑犯。王铁崖，84岁，早年毕业于清华大学，后赴英国伦敦大学政治经济学院攻读国际法，1947年后任教于北大。现任中国国际法学会会长。5月20日，在纽约联合国总部当选现职。

（谢 宁）

【杨应昌增选为中科院院士】 12月4日，北大物理系杨应昌教授当选为中科院院士。杨应昌长期致力于物质的磁性的研究，揭示物质宏观磁性与微观结构的联系，并探索新型磁性材料，他还进行多种稀土材料、高温超导体等方面的研究。发表论文逾百篇，并得到广泛引用，曾多次获得国家级和部委级奖励。

（谢 宁）

【获教学成果奖41项】 年内，北大共获得教学成果奖41项。其中，国家级教学成果一等奖5项、二等奖11项；北京市教学成果一等奖7项、二等奖18项。

（谢 宁）

【获科技教材奖第一名】 年内，在国家教委科技进步奖暨科技教材奖评审中，北大获教材奖15项，占总数的42.5%，其中一等奖3项，二等奖7项，三等奖5项。

（谢 宁）

【理科楼施工工地发现古代文物】 年内，在北大理科楼群的施工工地发现一批古代文物。出土文物是从5至6米深的施工现场发现的，有陶片、石磨盘、石斧、动物骨骼和植物遗存，文物中还有1尊造型精美的元明年间的佛造像。据专家们初步判断，这批文物的出土说明早在四、五千年前燕园这块土地上就有古代先民从事生产劳动。

（谢 宁）

【优秀集体和个人获奖】 年内，北大国际关系学院92级本科班被国家教委和团中央评为全国三好先进班集体；法律系97级硕士生李岭获中国大学生跨世纪发展基金建昊奖学金优秀奖；国际关系学院97级博士生吴松获胡楚南优秀大学生奖学金最佳奖。

（谢 宁）

中国人民大学

党委书记 马绍孟
校　　长 李文海

【概 况】 1997年，中国人民大学共设有博士后流动站2个，博士学位学科点39个，硕士点76个，学士学位专业51个，第二学士学位7个。其中哲学、中国语言文学、历史学、马克思主义理论和思想政治教育4个学科为国家文科基础科学人才培养和科学研究基地。在校学生16484人，其中研究生2783人，本科生、第二学士学位生5475人，成人教育本专科生7726人，外国留学生近500人；招收学生5580人，其中研究生1075人，本科生、第二学士学位生1321人，成人教育本专科生2894人，外国留学生290人；毕业学生8168人，其中研究生668人，本科生、第二学士学位生1303人，成人教育本专科生5976人，外国留学生221人。教职工3474人，其中，专任教师1320人。教师中有国务院学位委员会委员和学科评议组成员15人。另有100名国外学者和210名国内学者担任名誉教授、客座教授和兼职教授。该校拥有教学科研机构12个，其中书报资料中心是中国收集、整理、存储、提供人文科学、社会科学、管理科学信息资源的学术机构，该中心编辑出版的年度报刊资料索引是全国四大索引之一。教学用图书馆藏书260万册，并设有国家教委文科文献信息中心。该校占地680425平方米，建筑面积497884平方米。

（李红宇）

【对外语言文化学院成立】 1月11日，人大对外语言文化学院成立。该学院任务是：开展外国人和华侨子弟汉语文化研修生、本科生、研究生的教学及汉语研究和国内汉语研究生教学；指导外国汉语教师及台湾省语言文化研修生；以对外汉语教学为主要内容的应用语言研究；汉学、华人文化研究及普通话教学与研究。

（李红宇）

【主办中国证券市场高级研讨会】 1月11日，人大金融与证券研究所举办中国证券市场’96回顾与展望高级研讨会。会议认为：1996年中国证券市场发展经历合理成长阶段(或者说理性投资阶段)、泡沫产生阶段(或过渡投机阶段)和强行灭泡阶段（或强行整理阶段）3个阶段；1997年中国证券市场将在宏观经济进一步转好和加强监管的环境中，走向更加规范、成熟和有序。

（李红宇）

【首家银行卡培训机构成立】 1月24日，我国第一家银行卡培训机构——VISA研究培训中心在人大成立。该培训中心由人大帮助提供教育资源，VISA国际组织提供信用卡方面技术和经验，中国人民银行提供政策指导。其宗旨为研究解决中国信用卡事业发展中遇到的问题，为银行界培养高级信用卡专业人才。VISA是世界上最大的信用卡组织，拥有2万余家会员银行。

（李红宇）

【召开精神文明工作会】 3月20日，人大召开精神文明工作会。会议认为，人大的精神文明建设要从爱岗敬业意识入手，加强教职工的职业道德建设，要制订完善教师职业道德规范、机关干部职业道德规范和后勤职工职业道德规范，并加强督促检查工作。继续坚持教书育人、管理育人、服务育人。

（李红宇）

【宋涛经济学基金奖首次颁奖】　4月1日，宋涛经济学基金奖首次颁奖，人大3名中青年教师、8名学生获奖。该基金奖是人大经济学系宋涛教授于1994年12月捐献9万元稿费设立，旨在奖励为经济学教学做出贡献的师生。在几年的发展中，该基金奖得到经济系师生、校友和中国金融教育基金会的支持。

（李红宇）

【设立奉化胡华教育基金】　6月10日，奉化胡华教育基金在人大设立。该基金是由中共浙江省奉化市委设立，总金额为10万元，用以奖励在中共党史、中国革命史教学领域取得突出成绩的教师与学生，奖励在胡华学术思想研究方面取得成绩者。胡华教授1921年12月生于浙江奉化。他长期在人大工作，是我国中共党史研究领域专家。1987年6月病逝。

（李红宇）

【研讨促进韩国企业来华投资】　6月18日，人大区域经济研究所与韩国中央大学产业经营研究所共同举办的促进韩国中小企业来华投资学术研讨会在汉城大韩商工会议所举行。人大有关学者参加会议，并就中国投资环境的新动向和韩国企业在华投资的现状、问题及发展趋势等发表论文。

（李红宇）

【设立大都会人寿保险管理与精算奖学金】　6月25日，美国大都会人寿保险公司在人大设立大都会人寿保险管理与精算奖学奖教金。该奖学奖教金在以后的3年中向人大风险管理、精算学与保险研究中心的8名学生和6名教师提供奖学奖教金，以鼓励在教学、科研和培训中做出突出成绩的教师和学习成绩优秀的本科生、硕士研究生及博士研究生。美国大都会人寿保险公司成立于1863年，处于北美保险业的领导地位，是世界历史最悠久、财力最雄厚的金融机构之一。

（李红宇）

【欧洲问题研究中心列入中欧高教合作项目】　7月，中欧高等教育合作项目学术委员会正式批准人大欧洲问题研究中心列入该合作项目并给予支持。人大欧洲问题研究中心在研究角度方面将侧重于欧洲政治、外交、法律、经济和哲学等学科，在研究国别上将侧重于英国和芬兰等国家，同时负责协调华北地区的研究工作，筹办学术刊物《欧洲研究动态》。中欧高等教育合作项目是由欧洲联盟和中国在1996年5月共同批准的，为期4年，旨在促进中国的欧洲问题研究。

（李红宇）

【纪念成仿吾诞辰100周年】　8月14日，人大举行成仿吾诞辰100周年纪念会。国家教委、市委教育工委、市教委领导，成仿吾生前战友、学生、亲属，人大校领导以及师生代表共300余人参加纪念会。成仿吾，湖北新化人，1897年出生，1928年在法国巴黎加入中国共产党，参加两万五千里长征。成仿吾青年时代投身反帝反封建文化运动，先后在中共中央党校、陕北公学、华北联合大学、华北大学、人大、东北师大和山东大学担任领导工作。

（李红宇）

【主办清代社会研究国际讨论会】　8月21至24日，人大清史研究所和烟台师范学院历史系联合举办的清代社会研究国际学术研讨会在烟台市召开。来自日本、韩国、德国以及我国北京、山东、上海、厦门、山西、内蒙古、香港、台湾的专家学者40余人，就清代社会历史有关灾荒、秘密结社、社区、村落、绅权、人口、流民、移民、婚姻家庭、教育、民间文化、少数民族、庙会、河神、宗教、传教士等诸多问题展开研究讨论。大会收到论文及论文提要40余篇。该学术讨论会是为纪念人大60周年校庆而举办的。

（李红宇）

【举办海峡两岸谭嗣同学术研讨会】　8月29至31日，人大哲学系和中华仁学会联合举办海峡两岸谭嗣同思想学术研讨会。与会学者认为：谭嗣同思想和实践最本质、最重要的特点集中表现在：①时刻关怀着国家、民族命运，全身心致力于挽救民族危亡、振兴中华；②不惜以自己的鲜血和生命作为代价来争取社会进步；③思想解放、勇敢无畏，大胆冲破封建主义思想束缚。会议认为：把谭嗣同思想同当今祖国统一事业结合起来，更显出重要的现实意义。何鲁丽参加研讨会并讲话。

（李红宇）

【在太行山革命老区举办扶贫培训班】　8月，人大部分教师到位于太行山区的内邱县脱贫与发展试验区，举办智力扶贫培训班。培训班讲授农业技术、独生子女教育、妇女权益保障法、营养学、公共卫生、农机技术6门课程。

（李红宇）

【美国财政部长在人大演讲】　9月25日，美国财政部部长罗伯特·鲁宾，在人大作题为《中美两国：双方利益与全球经济》的讲演，并回答同学们提出的问题。

（李红宇）

【国家级基本理论人才培养基地成立】　10月9日，我国高校第一个国家马克思主义理论与思想政治教育人才培养与科学研究基地在人大正式挂牌。该基地是在5月30日通过国家教委专家评审的。组建该基地旨在进一步推动马克思主义理论和思想品德课的教学改革和学科建设，培养21世纪需要的马克思主义理论与思想政治教育学科和科研骨干力量。

（李红宇）

【举办建校60周年校庆】 11月1日,人大举行建校60周年校庆暨第三届吴玉章奖金颁奖大会。大会宣读江泽民、李鹏、乔石、李瑞环、李岚清校庆题词和学校题为《肩负历史征途,经受时代考验》校庆贺词。国家教委、市政府领导讲话。大会宣读第三届吴玉章奖金、吴玉章教学、科研奖和吴玉章奖学金获奖者名单并颁奖,有20多种哲学社会科学著作获得奖励。会议宣布建立中国人民大学教育发展基金。VISA国际组织、广东恒丰投资集团有限公司、吉林省联合置业国际有限公司联合向人大捐资300万元。周远清、胡昭广及人大各地校友、在校师生共2万余人参加校庆活动。

(李红宇)

【成人高教学院新址落成】 11月2日,人大成人高等教育学院新院址落成。人大成人教育学院新院址位于海淀区清华东路,占地15334平方米,建筑面积12000平方米,设有50至300人的教室11个,附设180个床位的学生公寓,并配备报告厅、语音室、计算机房、多功能娱乐厅、健身房、球类室等设施。

(李红宇)

【与美国布法罗纽约州立大学联合办学】 11月24日,人大举行与美国布法罗纽约州立大学联合办学新闻发布会。该联合办学计划的内容包括:①人大选派6名教授赴美国,与布法罗纽约州立大学合作,编写中国管理教育学科教材,并寻找相关管理学领域的合作研究机会;②选择中国企业中的优秀管理人员,进行在职工商管理硕士培养,利用两年半时间首先在人大学习12门课程(中美教授各讲授6门),然后赴布法罗大学完成4门课程,并考察美国的企业,毕业生将获得布法罗大学学位;③开展市场营销、人力资源、金融和会计等学科的短期培训。美国普莱克斯公司出资20万美元资助该联合办学项目。

(李红宇)

【15项成果获国家级教学成果奖】 12月25日,在普通高等学校国家级教学成果奖发布会上,人大获一等奖2项,二等奖13项。获一等奖是《货币银行学》和《政治经济学》。

(李红宇)

【实施德育工作大纲】 年内,人大颁布实施《中国人民大学德育工作大纲》。该大纲规定目标是:加强马克思列宁主义、毛泽东思想和邓小平理论的教育,加强爱国主义、集体主义、社会主义教育为主要内容的思想道德建设,把学生培养成为有理想、有道德、有文化、有纪律的社会主义事业建设者和接班人,使人大成为全社会精神文明建设的排头兵和示范区。

(李红宇)

【成立思想政治教育研究所】 年内,人大思想政治教育研究所在该校马克思主义学院成立。该所旨在组织专职、兼职研究人员和思想政治工作干部,总结党的思想政治工作经验,探索思想政治工作的规律和在新时期更好地发挥思想政治工作优势的途径,搞好课程建设和教学改革,努力培养不同层次的思想政治工作人才,培训思想品德课师资。

(李红宇)

【人大参与三峡开发建设】 至年底,人大对三峡库区建设开发的许多政策建议已付诸实施。自1988年以来,该校区域经济研究所积极参与制订三峡库区开发规划,完成其中《工业与交通开发规划研究》部分。在工业开发规划方面,该课题提出:对不迁移而比较适应市场的工业企业采取提高边际效益和规模效益为主的政策目标取向与措施;对搬迁而适应的市场企业采取开发性转产替代性政策目标取向与措施;对搬迁又不适应市场的工业企业采取开发性转产替代性政策目标取向与措施;对众多迁移人口进行开发性移民、创建开发新型农业、乡村企业及社会服务网络系统和第三产业的政策措施。

(李红宇)

【22人入选文科教学指导委员会】 年内,人大22名学者受聘国家教委文科教学指导委员会。其中,李文海等6名教授分别受聘历史学科、哲学学科、社会学学科、新闻学学科、档案学学科和法学学科教学指导主任委员。组建国家教委文科教学指导委员会,是建国以来的第一次。该委员会任务是宣传高等文科教育在社会主义两个文明建设中的地位和作用,推动我国高校文科教育改革与发展,指导文科教学和专业人才培养等。

(李红宇)

【13名学者当选第四届学位委员】 年内,国务院学位委员会第四届学科评议组成员确定,人大13名学者入选,其中7人为学科评议组召集人。

(李红宇)

清华大学

党委书记 贺美英(女)
校　　长 王大中

【概　况】 1997年,清华大学在校学生总数16618人。其中本科生11040人,硕士生3452人,博士生1766人,第二学士学位生110人,专科生250人。另有外国留学生352人。毕业学生3753人,其中,本科生2287人,硕士生1005人,博士生245人,专科生216人。招生4336人,其中,本科生2387人,硕士生1372人,博士生527人,专科生50人。学校设有6个学院,31个系,其中有工科3个学院17个系,理学院4个系,经管学院5个系,人文社会科学学院5个系。还有1个体育教研部。本科专业37个,博士学位授予点60个,硕士学位授予点89个,重点学科29个；博士后流动站16个，在站人数达198人。拥有研究院(所）46个；实验室162个，其中，国家实验室15个，国家工程研究基地及中心7个；国家教委开放研究实验室5个；全校教职工总数7453人，其中，具有正高级专业技术职务830人，副高级1598人；博士生导师416人；中国科学院院士18人，中国工程院院士19人。至年底，全校科研经费为3.7亿元。学校占地面积达329万平方米，其中，校本部259.7万平方米，核研院69.3万平方米。学校建筑面积121.42万平方米，运动场面积12.21万平方米，校图书馆建筑面积2.78万平方米；学校藏书306万册。

（白永毅）

【召开国际汉学研讨会】 1月5至7日，清华国际汉学研究所召开20世纪国际汉学及其在中国的影响研讨会，来自日本、韩国、美国、法国、德国、意大利等国及我国台湾海峡两岸共20多名学者参加研讨会。与会学者就域内域外汉学研究的历史与现状、中国20世纪学术史中的域外影响、目前各国汉学关心的课题与方法等问题进行交流。清华国际汉学研究所成立于1992年，拥有硕士学位点，并与中国社会科学院联合培养博士生。

（左海峰）

【被评为全国留学回国工作先进】 1月21日，在国家人事部、国家教委联合召开的全国留学回国工作会上，清华被评为全国留学工作先进单位，该校电子系李星等11人受到表彰。1978至1996年底，该校公派教师出国留学工作共计1730人次，其中，1212人次学有所成并回校工作。此次会议中，全国共有25个单位、318人受到表彰。

（左海峰）

【惠普公司援建的电子学实验室落成】 1月22日，中国惠普公司与清华联合兴建的电子学实验室落成。国家教委、中国惠普公司及该校领导参加该实验室落成揭幕仪式。该实验室占地约180平方米，每年可接待校内1000多人次的学生和在职人员进行培训与实验。惠普公司为该实验室捐赠价值近20万美元的35套（150余台）HP基础测量仪器。

（左海峰）

【1670名考生参加硕士研究生考试】 1月24至26日，1670名考生在清华参加攻读硕士研究生入学考试，是近年来该校考场考生人数最多的一次。其中，参加统考、单考考生586人，参加工商管理（MBA）联考考生779人，首次组织来自国有大中型企业的骨干202人，本校报考外校考生99人，为北京体育大学组织考试13人。

（左海峰）

【实行党委领导下的校长负责制】 2月19日，中共清华大学第十届委员会第八次全体会议通过《清华大学管理体制条例（试行）》。该条例规定：清华自1997年春季学期开始由校长负责制改为党委领导下的校长负责制。

（左海峰）

【举办毕业生就业供需见面会】 2月24和26日，清华在东区体育馆举办1997年毕业生就业供需见面会。254家用人单位前来招聘，其中，北京地区的130家，全国其它地区124家。同北京用人单位签订就业协议的毕业生216人，其中本科生143人、研究生73人；全国其它地区签订就业协议的170人，其中本科生141人、研究生29人。本年清华毕业本科生2287人，研究生1250人，除去继续学习的学生，参加就业分配的1700人。1996年11月，该校已举办50余次小型校园招聘活动，共有400余名毕业生签约。根据年度用人单位需求信息，清华毕业生供需比仍保持1：5左右，研究生的供需比高于本科生。

（左海峰）

【校领导访问香港】 3月3至5日，清华校领导王大中率团赴香港访问。在港期间，校领导拜访董建华，讨论有关香港回归后，清华继续为香港特区政府培训公务员及为香港经济持续发展做贡献的问题；与永新企业有限公司签订清华——永新合作协议；还参观旭日公司并与该公司商谈合作事宜。

（左海峰）

【李国能受聘清华客座教授】 3月5日，清华举行聘请李国能为该校客座教授仪式。仪式上，李国能首先感谢这一聘任，表示要继续支持清华建设与发展。李国能是爱国爱港人士，现任香港行政局议员，曾为清华法律系建设做出重要贡献。

（左海峰）

【颁发首届曹光彪高科技发展基金】 3月11日，清华大学曹光彪高科技发展基金举行首届颁发仪式。清华26名个人和4个集体受到奖励，11项课题获得资助。清华大学曹光彪高科技发展基金由香港特别行政区爱国企业家、清华顾问教授曹光彪捐资1000万港元设立，旨在支持高科技研究，特别是基础性教学与科研的发展。曹光彪任基金理事会名誉理事长，王大中任理事长。

（左海峰）

【三名教授获中国青年科技奖】 3月24日，在第五届中国青年科技奖颁奖大会上，清华数学系步尚全、热能系彭晓峰、力学系符松3名教授获中国青年科技奖。共有100名青年科技工作者获得第五届中国青年科技奖。

（左海峰）

【举行激光研讨会】 3月25至27日，'97北京激光相位——多普勒粒子分析技术研讨会在清华举行，林文漪、王大中及国内外著名专家参加此研讨会。本次会议由清华力学系、美国金地公司、美国气动测试公司联合主办。激光相位——多普勒粒子分析技术（Phase－Doppler Particle Analysis——简称PDPA）是80年代中期在激光测试基础上发展起来的新技术。该校在激光测速研究与应用上居国内外领先水平。会议期间,还展示世界最先进三维 PDPA 测试系统及软件成果。

(左海峰)

【首次举行网络实时视频会议】 3月26日,清华从网络中心成功地通过 Internet 与美国加州大学伯克利分校、洛杉矶分校等9所学校进行一次实时视频会议,双方希望通过信息网络推进校际远程教学和科技的合作。伯克利加州大学校长田长霖和清华大学校长王大中在网上进行交谈。会议还交流各校在远程教学方面的经验和计划。伯克利加州大学电机工程学院院长布尔·格瑞(Paul Gray)、清华信息学院院长李衍达等参加技术讨论。

(左海峰)

【清华中日友好医学研究所成立】 3月28日,清华大学中日友好医学研究所在中日友好医院成立。清华校长王大中和中日友好医院院长陈绍武为该所铜牌揭幕。该医学研究所办公地点在中日友好医院,所长为清华生物系主任赵南明教授,执行所长为中日友好医院副院长左焕琮,其研究课题以神经生物学、心血管疾病发病机理与防治和肿瘤病因与防治为重点。

(左海峰)

【材料科学与工程研究院成立】 3月31日,清华大学材料科学与工程研究院成立。国家教委、国家科委、国家环保局、电子部、国家自然科学基金委等有关领导与20名材料学方面专家参加成立大会。材料力学与工程研究院是由材料系、化工系、物理系、材料学研究所等相关专业组成的跨系跨学科科研联合体,是一个可以进行各种材料研究和制备的加工基地。该研究院有硕士点6个,博士点6个,博士后流动站3个。全院有中国科学院院士1人,中国工程院院士1人,博士生导师25人,教授40人。院长为朱静院士。

(左海峰)

【谢志伟受聘为清华顾问教授】 3月31日,香港浸会大学校长谢志伟博士受聘为清华顾问教授。在授聘仪式上王大中向谢志伟颁发聘书。多年来,谢志伟及香港浸会大学与清华建立友好合作关系,为清华取得香港友好人士支持与捐助作出贡献。

(左海峰)

【建立中国材料科技信息网】 3月31日,国内首家国际互联网上的国家级专业网——中国材料科技信息网络在清华建立,材料科技信息网以 Cernet 网为依托,收集整理和散发国内外材料领域科技信息,是国内首家在国际互联网上的国家级专业网络,也是国际上第一个国家级的公共材料科技信息网。该网络由中国材料研究学会主办,挂靠在清华材料科学与工程学院和北京有色金属研究院,日常运行由管理委员会负责。

(左海峰)

【10名教师人选百千万人才工程】

3月,在首届全国"百千万人才工程"1995至1996年度第一层次、第二层次人选发布会上,清华土木系袁驷、电机系白净、力学系杨卫、力学系郑泉水、电子系罗毅、热能系江亿、水电系王光谦、材料系李建保、精仪系汪劲松、网络中心吴建平10人入选。"百千万人才工程"是国家人事部、国家科委、财政部、国家计委、中国科协和国家自然科学基金委员会联合组织实施的一项重大措施,其宗旨为在对国民经济和社会发展影响重大的自然科学和社会科学领域,造就一批不同层次的跨世纪学术和技术带头人及后备人选。该工程分三个层次,第一层次为上百名能进入世界科技前沿、在世界科技界有较大影响的青年科学家;第二层次为上千名具有国内先进水平、保持学科优势的学术和技术带头人;第三层次为上万名在各学科领域里有较高学术造诣、成绩显著、起骨干或核心作用的学术和技术带头人后备人选。清华入选的10人都是在各专业领域取得突出成绩的青年学术骨干。

(左海峰 董立均)

【"林枫奖"在清华设立】 4月3日,清华举行设立"林枫奖"协议签字仪式,林枫家属、校领导贺美英等参加签字仪式。该奖共20万元,主要由林枫夫妇补发工资及子女积蓄组成,用于奖励清华优秀的辅导员。林枫是老一辈的革命家,从"一二九"运动时期就与清华建立长期友好联系。

(左海峰)

【国家领导人作经济形势报告】 4月11日,朱镕基到清华为经济管理学院1500名师生作关于我国经济形势的报告,同时对该学院教学工作及学生的学习提出希望和要求。清华中层干部和两院院士参加报告会。报告前,朱镕基与王大中、贺美英等校领导进行座谈,并接见该学院学生叶乔波、伏明霞和黄志红。清华经济管理学院院长由朱镕基兼任。

(左海峰)

【深圳清华大学研究院成立】 4月20日,清华和深圳市联合组建的深圳清华大学研究院在深圳成立,国家领导人邹家华及深圳市长李子彬、清华校长王大中等参加该院奠基典礼。该研究院地址在深圳市高新技术产业园区,建筑面积3万多平方米。

(左海峰)

【清华58项成果获国家教委科技进步奖】 4月,国家教委1996年度科技进步奖评选结果揭晓,清华有58项成果获奖,其中一等奖8项、二等奖30项、三等奖20项。一等奖8个项目分别是:关于 ARMA 模型辨识与谐波恢复的研究;贝氏体的超精细结构、表面浮突及相变机制;流动噪声分析与测量应用;集中供热网热力学和动力学特征的在线识别与控制;染料工业废水综合治理技术与工艺;中国教育和科研计算机网（CERNET）示范工程；高能X、r辐射成像阵列探测装置；新型连集管及玻璃真空管太阳能家用热水器。

（左海峰）

【丹下健三受聘清华名誉教授】 5月5日，清华举行聘请日本建筑家丹下健三名誉教授仪式，王大中向丹下健三颁发聘书。国家建设部、中国建筑学会负责人及清华建筑学院师生共600多人参加聘请仪式。丹下健三是世界上著名建筑大师之一，曾于1987年获普利茨凯奖，其代表作品有东京都厅、东京奥运会代代木体育馆、广岛和平公园建筑群等。

（左海峰）

【经济管理学院伟伦楼落成】 5月6日，清华大学经济管理学院伟伦楼落成。全国政协、国务院参事室、国家对外贸易经济合作部、国家教委等领导，香港恒生银行董事长、清华名誉博士利国伟及夫人利易海伦等客人，清华王大中、贺美英等校领导及师生代表300多人参加落成仪式。伟伦楼位于该校主楼前新教学区，平面呈“工”字形，由北楼、中楼、南楼组成，占地7200平方米，建筑面积13000余平方米。该楼由香港伟伦基金有限公司和国家共同投资4000万元。为感谢利国伟夫妇支持内地经济管理教育事业的义举，清华将其命名为“伟伦楼”。

（左海峰）

【茅于杭获全国助残先进】 5月13日，在全国残疾人工作和助残先进与自强模范表彰大会上，清华自动化系茅于杭教授被评为全国助残先进个人。茅于杭自1989年开始研制盲人计算机及开发盲文转换软件，1992年研制成功，同年5月向北京市盲人学校无偿提供软件及计算机，并义务培训盲校教师和盲生。现在北京盲校已有6个年级开设计算机课。

（左海峰）

【举办闻一多与清华学术研讨会】 5月17日，闻一多基金会和清华中文系联合举办闻一多与清华学术研讨会。来自北京大学、中国人民大学、中国社会科学院和清华研究机构的专家以及韩国的30多名学者参加这次研讨会。与会代表就闻一多诗歌创作与学生时代社团活动、其学术研究与“清华学派”、闻一多在诗歌理论上对中国新诗发展的作用与贡献等问题进行探讨。

（左海峰）

【签订银行与企业合作协议】 5月22日，中国建设银行北京市分行与清华紫光集团签订银行与企业合作协议。多年来，紫光集团累计得到建行提供的13569万元资金。建行领导表示，建行将紫光集团作为重要的客户，优先为其提供各类信贷资金支持和全面的信贷服务、全方位的国际金融服务等，支持紫光集团的发展。

（左海峰）

【汪劲松获五四奖章】 5月，清华精仪系汪劲松获北京市第11届“五四”奖章。汪劲松生于1964年，1990年12月留清华任教，先后承担国家“863”高技术项目——CIMS课题，国家“863”高技术项目智能机器人课题，国家“八五”重点攻关项目等8个课题。发表论文80多篇。先后获国家专利2项、国家教委科技进步三等奖、宝钢教育基金会全国优秀教师和清华优秀青年教师一等奖等荣誉。汪劲松现任清华国家CIMS（计算机集成制造系统）工程研究中心副主任、制造工程研究所所长，教授、博士生导师。

（左海峰）

【举行高等研究中心成立大会】 6月2日，清华大学高等研究中心成立大会暨21世纪基础科学的展望研讨会在清华主楼接待厅举行。李岚清出席大会并讲话。宋健、朱光亚、周光召与诺贝尔奖获得者、美国国家科学院院士杨振宁、丁肇中，诺贝尔奖获得者、日本筑波大学江崎玲於奈，美国哈佛大学丘成桐，麻省理工学院林家翘、戴尼尔·克莱浦奈（Daniel Kleppner）、李雅达，伯克利加州大学沈元壤，斯坦福大学朱棣文，休斯顿大学朱经武等美国科学院院士，国家科委、国家教委、中国科学院、中国工程院、国家自然基金委近70名科学院、工程院院士，北京大学、复旦大学、浙江大学等校领导以及清华等师生代表共400多人参加成立大会。该中心侧重基础研究，在数、理、化和生命科学等学科及相关领域中，对未来科学研究发展可能产生重要影响、对探索自然规律有重要意义的前沿课题进行研究。该中心聘请杨振宁教授为名誉主任，聘请聂华桐教授为主任。

（左海峰　崔　超）

【举行21世纪基础科学展望研讨会】 6月2至3日，清华举行21世纪基础科学的展望研讨会。2日上午，杨振宁、朱棣文、沈元壤分别作题为《矢量势、规范场和纤维丛》、《原子分子激光俘获的应用：从精细原子干涉仪到DNA单分子实验》、《激光科学的新进展》的报告。3日上午，林家翘、戴尼尔·克莱浦奈（Daniel Kleppner）、黄昆、李雅达分别作题为《星系的整体螺旋体式：对密度波理论的评述》、《玻色——爱因斯坦凝聚和原子物理的复兴》、《半导体超晶格的光学振动模》、《揭示高温超导体机理：现代物理的挑战》的报告。3日下午，朱经武、江崎玲於奈、丁肇中、丘成桐分别作题为《高温超导氧化物及其他》、《革新与进展：科学一生的反思》、《寻找宇宙间的反物质和暗物质》、《中国数学的未来发展》的报告。

（左海峰）

【举办以色列现代建筑作品展】 6月18至27日，以色列现代建筑作品展（又名“光的殿堂——耶路撒冷以色列最高法院建筑图片展”）在清华建筑馆举办，建设部、以色列驻华大使南月明（ORA NAMIR），清华校长王大中、院士吴良镛等参加开幕式。该图片展由以色列驻华使馆文化处、中国建筑学会国际部和清华建筑学院联合举办，是首次在我国介绍以色列当代建筑文化的展览。

（左海峰）

【授予研究生学位1354人】 截至6月23日，清华研究生院共授予研究生学位1354人。其中，在4月1日研究生毕业暨学位授予典礼上共有116名博士、255名硕士获得学位证书；在6月23日该校学位评定委员会第二次会议上，又有132名博士、851名硕士获得学位证书。至此，该校累计授予博士、硕士学位11610人。其中博士学位1568人，硕士学位10042人。

（左海峰）

【举办“九七·恋曲”庆回归大型演唱会】 6月26日，中央电视台在清华大礼堂前草坪举办“九七·恋曲”庆回归大型演唱会。中央电视台、清华等领导与几万名师生一同参加演唱会。董文华、张明敏、刘德华等30多位知名歌手与清华200名学生、幼儿园小朋友一起用歌声喜迎香港回归。

（左海峰）

【保护知识产权的规定出台】 6月26日，清华1996至1997学年度第16次校务会会议审议通过《清华大学保护知识产权的规定(试行)》。该规定对专利、著作权、校名和商标、保密、知识产权管理等都做出规定。同时要求师生员工签署《关于执行清华大学保护知识产权的规定保证书》。

（左海峰）

【同创集团与清华共建实验室】 6月27日，清华举行清华——同创微机实验室和清华——同创CAD微机实验室铭牌揭幕仪式。至年底，两个实验室已全部建成，其中清华——同创微机实验室设立在计算机开放实验室内，由150台同创微机联网组成，为学生进行计算机基础课程教育服务；清华——同创CAD微机实验室设立在第一教学楼，由70台“同创”微机联网组成，为CAD教学提供更好条件。同创集团与清华达成共同建立两个实验室合作协议，以优惠价格向清华出售同创586/133计算机。

（左海峰）

【清华师生欢庆香港回归】 6月30日，清华上万名师生在大礼堂前草坪集会，欢庆香港回归祖国，共同等待7月1日0时到来。集会活动中，该校师生先后发言，表达喜悦心情。集会前，与会师生观看电影《鸦片战争》。同时，清华200多名师生参加天安门广场庆祝香港回归祖国活动。

（左海峰）

【与重庆签订科技合作协议】 7月19日，清华与重庆市签订关于开展科技合作的协议。重庆市市长蒲海清与清华校长王大中在协议书上签字。该协议规定，双方互相参加对方组织的经济、科技信息交流和科研活动，并向对方提供有关信息和便利条件。

（左海峰）

【技术创新战略与管理研究中心成立】 7月31日，国家科委技术创新战略与管理研究中心成立大会在清华召开。国家科委、北京市胡昭广及王大中等校领导参加成立大会。该中心以清华经管学院为依托，由中国科学技术促进发展研究中心和国家计委产业经济技术经济研究所共同参加，办公室设在清华经济管理学院。该中心是非盈利性机构，目标是建成开放性技术创新战略与管理研究基地、政府决策智囊团、信息中心和人才培养基地。

（左海峰）

【国家重点实验室以优良成绩通过评估】 7月，国家自然科学基金委员会实验室办公室公布1997年国家重点实验室评估结果，清华智能技术与系统国家重点实验室再次以优秀（即A级）成绩通过评估，该校摩擦学、集成光电子学和煤的清洁燃烧技术3个国家重点实验室获得良好（即B级）。来自全国材料与工程学科和信息学科的45个实验室参加评估，其中获A级7个，B级34个，C级4个。

（左海峰）

【获1996年度市科技进步奖7项】 8月6日，北京市科委召开科技管理工作会，清华的北京市平原节水型农业示范研究等7项成果获奖，其中：一等奖1项、二等奖4项、三等奖2项。1996年度北京市科技进步奖获奖项目共有214项，其中，一等奖9项、二等奖51项、三等奖154项。

（左海峰）

【设立“主讲教授”岗位】 9月10日，清华召开1997年教师节庆祝表彰大会。宣布清华首批核心课程主讲教授名单，并向他们颁发聘书。该校不断强化教学岗位聘任制，面向本科生和研究生培养设立核心课程，设立主讲教授、课程负责人和骨干讲员岗位。首批核心课程主讲教授岗位21个，上岗主讲教授22人，其中博士生导师12人；骨干讲员57人，其中教授12人。

（左海峰）

【胡昭广受聘清华兼职教授】 9月19日，清华举行聘请胡昭广为兼职教授仪式暨学术报告会。会上，宣读校务会议关于聘任胡昭广为兼职教授的决定，王大中向胡昭广颁发聘书。胡昭广发表关于资本运营与科技开发区建设演讲。

（左海峰）

【汪家鼎获科学与技术进步奖】 9月23日，1997年度何梁何利基金颁奖大会在香港举行。中科院院士、清华化工系汪家鼎教授获“科学与技术进步奖”。现年78岁的汪家鼎院士是我国化学工程学家、教育家，长期从事化学工程和放射化工方面的教学和科研工作，取得多项研究成果。

（左海峰）

【远程教育中心首次发送节目】 9

月23日，清华远程教育中心开始通过卫星向各接收站发送节目，播出向世界一流奋进中的清华大学等3小时节目。该校远程教学系统是由1个远程教育站和多个远程教育接收站组成，租用亚洲卫星公司的“亚卫二号”卫星的Ku波段转发器，信号通过卫星转发给各接收站。至年底，教育中心已在上海宝钢、广东深圳大亚湾核电站、广东顺德市科技局、广东南海市科委、广东省科技干部学院、湖南省委党校、山东齐鲁石化、江西省党史研究室教育培训中心和南京办学站建立9个接收站。

（左海峰）

【与清华永新公司合作项目签字】 9月30日，清华大学与清华永新公司合作项目签字仪式举行。双方共签署臭氧水发生器等7项合作协议，这是该校与永新签署的第二批合作协议。此前，清华科技处与清华永新公司签订协议，清华永新公司拨300万元专款，促进清华科技成果的转化。清华永新公司(即清华永新高科技投资控股公司)，由香港永新公司注册1亿港币在香港建成，以支持清华科技成果进行开发、中试和产业化。

（左海峰）

【开展教育思想讨论】 9至12月，清华开展关于教育思想的讨论。该校先后召开核心课程主讲教授和青年教师研讨会，系主任和党委书记会、教代会、教书育人研讨会等，就教育思想有关问题进行研讨。同时邀请国内外教育和科技专家，就教育思想问题组织专题报告会。学生班级召开世纪呼唤——学生全面素质培养主题班会。讨论主要围绕新形势下学校培养目标、学生全面素质培养、学生创新能力培养和个性发展、教学管理如何适应改革需要4个问题进行。有关领导和教育研究人员还就清华在我国经济建设和社会发展中的地位、作用及建设综合性、研究型、开放式大学的内涵等问题，结合进行“本硕贯通”教学改革试点举办专题研讨。

（左海峰）

【中医药合作研究计划签字】 10月3日，清华大学、香港浸会大学和北京中医药大学三校合作进行《中医药合作研究计划（1997—2001年)》协议签字。该合作研究计划利用三校合作优势，以中药研究为主，以攻克心脑血管病、癌症、自身免疫病等疑难病症为主要目标。中科院院士陈可冀、肖培根被聘为该计划顾问。

（左海峰）

【召开党员代表大会】 10月13日，中共清华大学党员代表大会举行。本次大会的正式代表275人，实到代表243人。会议作《关于本次大会准备工作的情况报告》，以无记名投票、差额选举方式，选举陈希、朱静(女)为该校出席中共北京市第八次代表大会的代表。会议部署清华进一步深入学习、贯彻党的十五大精神工作。

（左海峰）

【获全国高校国家级教学成果奖12项】 10月29日，国家级高校教学成果奖评审委员会公布1997年全国高校国家级教学成果奖获奖项目，清华电机系高景德院士(已故)、韩英铎院士、卢强院士和张仁豫教授、萧达川教授等申请的《面向国民经济主战场，培养高质量电工学科高层次人才》获本年度国家级教学成果奖唯一特等奖。此外，该校获一等奖3项、二等奖8项。国家级教学成果奖是国家教委1989年设立的，每4年评审1次，本届首次将此奖与国家三大科技奖并列，成为国家级奖励项目。

（左海峰）

【颁发年度奖学金】 10月31日，清华举行聘请张宗植为清华顾问教授暨1996至1997学年度清华大学特等奖学金、蒋南翔奖学金、“一二九”奖学金颁发仪式。校领导贺美英向“一二九”奖学金捐赠人张宗植颁发清华大学顾问教授聘书，会议宣布获特等奖学金6人，获蒋南翔奖学金10人和获“一二九”奖学金90人名单。1997年是清华设立“一二九”奖学金10周年。

（左海峰）

【颁发清泉助学金】 11月5日，清华大学教育基金会举行“清泉”助学金颁发仪式。自1996年清华实施“清泉工程”以来，清华共筹集资金50万元，共资助490名生活有困难学生，每人1000元。清华万余本科生中约有8%的人月生活费低于150元，2%的人低于90元。

（左海峰）

【获全国科技作品竞赛第一名】 11月12日，在南京举办的第五届“挑战杯”全国大学生课外学术科技作品竞赛中，清华以团体总分540分获第一名，夺回“挑战杯”。本次清华共有6件作品参赛，全部获奖。“挑战杯”全国大学生科技竞赛是清华倡议，联合部分兄弟院校共同发起的，开始于1989年，每2年举办1次。

（左海峰）

【中美能源环境技术中心成立】 11月15日，清华大学中美能源环境技术中心成立签字仪式在清华举行。该中心是经国家科委和美国能源部达成协议后决定建立的，由中美两国政府共同支持，通过中美双方各种渠道的交流，为中国能源与环境问题提供咨询、培训、研究与开发。国家科委、美国能源部、美国杜兰大学及清华校领导参加签字仪式。

（左海峰）

【举行首届京港企业管理经验交流会】 11月17日，首届京港工业家企业管理经验交流会在清华举行。会议由清华经管学院、香港青年企业家协会和深圳清华大学研究院联合举办。国家经贸委、清华大学、香港青年工业家协会、国务院港澳办公室有关负责人到会致辞。北京燕山石化等在京企业代表以及香港工业界上年业绩评比前10名青年工业家等企业界代表共200多人到会，其中香港企业代表30多人。会议围绕企业文化、市场营销管理、人力资源管理和发展高新技术产业等专题进行经验交流。

(左海峰)

【博士后进站达523人】 11月19日，清华召开庆祝清华大学博士后进站逾500名暨表彰优秀博士后大会，人事部、部分企业代表、校领导以及博士后、合作导师近300人到会。自1985年我国实行博士后制度以来，清华博士后流动站从7个发展到16个，在站人数超过180人，累计进站博士后已达523人，进站人数和在站人数居全国高校首位。会议还表彰20名取得突出成绩的博士后人员。

(左海峰)

【召开国有经济发展研讨会】 11月24至26日，清华召开国有经济发展研讨会暨'97清华大学与企业合作委员会年会。国家体改委、清华校领导及国内47家企业的70多名代表到会。会议就我国经济发展形势、企业改革与调整、技术——应用——市场的结合、资本经营与股份制改造、资产重组与股票上市等专题作报告。会议还向大学与企业合作委员会会员单位授牌。至年底，已有上海宝钢集团等73家国内知名企业和IBM等28家国外企业成为清华大学与企业合作委员会会员单位。

(左海峰)

【师德公约颁布实施】 11月，清华正式实施《清华师德》公约。该公约经清华第四届教代会第三次会议讨论通过，全文共32个字：敬业报国，育人爱岗，务实求真，进取自强，克己奉公，团结协畅，为人师表，仪态端庄。

(左海峰)

【五教授当选院士】 12月4日，中国科学院和中国工程院院士年度增选结果揭晓。清华力学系教授过增元当选为中科院院士，力学系教授杜庆华、土木系教授陈肇元、化工系教授金涌、材料系教授李龙土当选为中国工程院院士。至此，该校共有中科院院士18人，工程院院士19人。

(左海峰)

【共青团清华第18次代表大会召开】 12月6至7日，共青团清华大学第十八次代表大会召开。团中央、团市委领导到会祝贺。共青团清华第17届委员会作题为《高举邓小平理论的伟大旗帜，团结带领广大团员青年做跨世纪的有中国特色社会主义建设事业骨干人才》的工作报告。会议期间，代表们分成17个代表组，围绕大会报告和《清华大学学生素质拓展规划》进行讨论，并参观该校的教学、科研及产业基地，了解学校教育改革情况和学校的整体发展。会议通过关于校团委工作报告的决议，选举新一届委员会。会议表彰56个甲级支部、11个进步显著支部。

(左海峰)

【举办'98希望工程新年音乐会】 12月10日，清华学生艺术团交响乐队(又名北京大学生交响乐团)在北京音乐厅举办“Aptiva音乐之声——北京大学生交响乐团'98希望工程新年音乐会”。雷洁琼、李岚清、万国权、陈至立、李志坚、胡昭广、陈大白等观看音乐会。清华校长王大中在音乐会上致词，并接受中国青少年发展基金会赠送的“希望工程”纪念牌。所有参加音乐会的领导均自费购票，演出的门票收入全部捐赠“希望工程”。

(左海峰)

【微软公司董事长来访】 12月12日，美国微软公司董事长比尔·盖茨等访问清华。王大中等校领导会见比尔·盖茨一行。访问中，比尔·盖茨参观网络中心，并发表关于微软公司Windows平台发展演讲，该校500多名师生参加演讲会。

(左海峰)

【科技论文发表再次取得好成绩】 12月19日，国家科委信息研究所发布1996年我国科技论文统计结果，在高校系统内，清华在SCI上发表论文273篇，被引证论文253篇、467次，均排名第三；在EI上发表论文511篇，在ISTP(国际会议论文)上发表论文238篇，在国内科技刊物上发表论文1783篇，均排名第一。

(左海峰)

【毛主席纪念堂维修工程通过验收】 12月19日，清华承担的毛主席纪念堂维修更新改造工程“中央集中检测管理系统”通过领导小组办公室专家委员会验收。专家委员会肯定该系统工作质量，并对清华所作贡献表示感谢。该系统由清华科技处组织CIMS中心、同方控制工程公司、计算机系、电机系、档案馆等单位通力合作，完成系统设计、集成开发、调试、试运行等任务。清华于1996年8月接受毛主席纪念堂维修更新改造工程“中央集中检测管理系统”制作任务。

(左海峰)

【两教授获全国优秀科技工作者称号】 12月22日，中国科协首次评选全国优秀科技工作者，清华电子系殷志强教授和经管学院傅家骥教授获奖。殷志强，62岁，是北京名牌产品全玻璃真空太阳集热管传热器的主要设计开发人，在促进科技成果产业化方面成绩显著。发明渐变铝、氮/铝选择性吸收涂层，采用单磁控阴极溅射技术，改变世界上采用溅射建设时只能用两极制备选择性吸收涂层。傅家骥，66岁，从教42年，是我国价值工程的早期研究者、我国设备更新理论的主要创立者、我国技术创新研究的先驱者和重要代表人物，其研究成果的应用产生很大的经济效益。全国优秀科技工作者评选由中国科协主办，评选对象为常年工作在工农业生产、科研、卫生、教育、国防第一线，从事科技研究与开发、普及与推广、科技人才培养或促进科技与经济结合，作出显著成绩和贡献的科技工作者。评选工作每2年进行1次，每次表彰人数不超过300人。此次评选291人。

（左海峰）

【徐端颐获王丹萍科学奖】 12月，清华精仪系徐端颐教授获第六届王丹萍科学奖。王丹萍科学奖金由香港爱国华侨王丹萍于1992年捐资设立，是一项面向我国中青年科研人员和工程技术人员的永久性奖金，每年奖励5名，每人奖励10万，获奖人从相关年度内获得国家科技进步奖和国家发明奖的优秀获奖人中选拔产生。

（左海峰）

【二项目获中国专利优秀奖】 12月，清华工物系陈弟恭等完成的《一种高可靠性的离心纺丝电锭》、核研院朱永赠等完成的《铟和锔与裂变产物稀土分离的方法》两项科技成果获中国专利优秀奖。此次，中国专利局共授予61项发明专利、实用新型专利和外观设计专利作为中国专利优秀奖。

（左海峰）

【五青年学者获国家基金资助】 年内，清华力学系符松（数理科学部）、化工系魏飞（化学科学部）、生物系昌增益（生命科学部）、核研院池汝安（工程与材料学部）、计算机系吴建平（信息科学部）5名青年学者获国家杰出青年基金资助。根据该基金会规定，获奖者将得到60万元经费资助。国家杰出青年基金是根据李鹏倡导于1994年设立的，自该奖设立以来，清华已有14人获得基金。

（左海峰）

【设立青年教师教学优秀奖】 年内，清华设立青年教师教学优秀奖，杨怀宇、李秀等13名青年教师获奖，每人奖励金4000元。该奖每年评选1次，以表彰在教育教学改革和教学工作中作出突出成绩的青年教师。在晋升高级职务时，有关部门将给予重点推荐。

（左海峰）

【128个科研项目获奖】 年内，清华有19个项目获1997年度国家科学技术奖励，其中：国家自然科学奖2项（分别为三等奖和四等奖），国家技术发明奖3项（均为三等奖），国家科技进步奖14项；有109个项目获1997年度部委级科技奖。累计，清华历年获上述各项奖总数分别为：21项、77项、134项和921项。

（左海峰）

北京师范大学

党委书记　袁贵仁
校　　长　陆善镇

【概　况】 1997年，北京师范大学各类学生总数14096人。其中本科生5110人，硕士生1157人，博士生388人，专科生269人，外国留学生581人，进修生253人，函授夜大学生6338人。共录取本专科生1511人，其中女生876人，占58%，比往年比例增高。共录取硕士研究生422人，博士生155人。毕业博士生93人，硕士生387人，本科生1124人，专科生212人。学校有10个学院，18个系，还有研究生院、公共体育教研部和公共外语教研部，有20个研究所，20个研究中心，83个基础及专业实验室，其中含1个国家级重点（联合）实验室，1个国家专业实验室，3个国家教委部门开放实验室。本科专业38个，硕士学位授予点92个，博士学位授予点40个（其中重点学科7个），博士后流动站7个。中文、历史及数学、生物、物理、地理、心理7学科已分别被确定为国家文科及理科基础科学研究和教学人才培养基地。学校图书馆是全国教育中心馆，藏书280余万册。全校教职工总数4304人，其中从事教学与科研教师1868人。教师中具有正高级专业技术职务296人，副高级686人。教师中有博士学位的245人，有硕士学位的530人，中国科学院院士3人，中国工程院院士1人。国务院学位委员会学科评议组成员12人，国家级有突出贡献的中青年专家14人，博士生导师167人。该校与20多个国家和地区的50多所大学和科研机构建立交流协作关系。至年底，到位科研经费3900多万元，获国家科技进步奖2项（合作完成），部委级科技奖励10项，获全国师范院校基础教育改革实验研究项目优秀成果奖4项；5名教师获宝钢优秀教师奖，15名教师获曾宪梓优秀教师奖，获国家普通高等学校优秀教学成果奖5项。

（蒋立红）

【获“鲁迅杯”文学艺术5项奖】 1月5日，在“鲁迅杯”中华青少年文学艺术作品大赛颁奖会上，北师大学生获5项奖。其中，艺术系94级学生王可然创作的戏剧小品《恋爱三章》以其丰富、新颖的艺术表现力获该大赛创作一等奖，毓枫、王可然共同创作的小品《江山如梦》获得创作二等奖，艺术系95级学生齐凡创作的歌曲《我的理想》获得音乐创作三等奖。同时，由王可然执导，艺术系学生潘粤明、张二丹表演的小品《恋爱三章》获得演员表演一等奖。艺术系还被此次大赛组委会授予组织奖。该赛由中国延安鲁艺校友会主办，光明日报社等8家单位联合举办。

（马嘉宾）

【纪念杨秀峰诞辰100周年】 2月28日，北师大举行纪念杨秀峰诞辰100周年座谈会，杨秀峰的学生、生前共同工作过的老同志与北师大师生代表参加会议。杨秀峰，1897年2月27日出生，河北省迁安县人，曾留学法国、苏联。参加革命后，任晋冀鲁豫边区政府主席、华北人民政府副主席。新中国成立后，历任河北省人民政府主席、中央高等教育部部长、教育部部长兼国务院文教办公室副主任、最高法院院长、全国政协副主席，为新中国的教育事业和法律事业做出重要贡献。

(马嘉宾)

【举办中英多媒体理科教学研讨会】 3月10日，英国文化委员会理科CAI专家代表团到北师大研讨理科计算机辅助教学的有关理论、技术和推广等方面的问题。北师大CAI协作组负责人介绍该校CAI工作自70年代以来的发展过程和目前的情况。英国专家分别就CAI在化学中的应用、物理教学中的多媒体技术应用、生命科学方面的项目和软件等专题作演示。中英双方还分数学、物理、化学、生物、地理5个小组交流各自开发的软件，并就学科教学中怎样更好地发挥计算机和多媒体的作用进行讨论。

(马嘉宾)

【邱季端捐资300万元助教】 4月12日，北师大校友邱季端向母校捐资300万元支持学校发展建设，同时请母校为家乡培养更多的优秀师资。邱季端原籍福建省泉州市，60年代毕业于北师大中文系，现任香港喜荣发展有限公司董事长。

(马嘉宾)

【举办国际汉语认知研讨会】 4月14至16日，北师大心理系和中国科学院心理所共同举办第三届国际汉语认知研讨会。来自澳大利亚、美国、英国、中国香港和内地的40多名学者参加会议。与会学者汇报近年来各自最新的研究成果，并就汉语语音知觉、句子与课文理解、汉语心理词典的结构等议题展开讨论。

(马嘉宾)

【举办中美出版工作研讨会】 4月23至24日，北师大出版社和美国新闻署联合举办中美出版工作研讨会。来自全国各省78家出版社的100余名代表参加研讨会。国务院知识产权办公室有关负责人作《中国出版史与版权保护研究》的报告。美国出版专家罗伯特·贝恩施、马赛拉·伯杰、丹尼斯·雷克应邀作版权贸易和版权谈判等专题讲座，北京大学、清华大学等出版社的有关人员做重点发言。与会代表还通过现场提问、小组讨论等形式加深对中美出版工作了解并增进友谊。

(马嘉宾)

【钟敬文教授95寿辰暨学术思想座谈会举行】 4月28至29日，北师大举行钟敬文教授95寿辰暨学术思想座谈会，百余名专家学者和北师大师生与钟敬文教授一起参加会议。陆善镇代表全校师生向钟老表示衷心的祝贺，并高度评价他在学术和教育等领域取得的成就。与会人员肯定钟老在做人、治学、育人等方面所做出的努力，对他作为我国民间文艺学与民俗学的创业者和奠基人所取得的成绩表示敬佩。钟敬文在75年的学术生涯中，一直坚守着教学岗位。早年在故乡广东省海丰县任小学教师，后来先后在岭南大学、中山大学、浙江大学、北师大等校任教。现为北师大民间文化研究所所长、博士生导师、国家重点学科中国民间文学的学术带头人、中国民俗学会理事长、一级教授。

(马嘉宾)

【召开教学工作会】 5月23至24日，北师大召开教学工作会。该校领导及全校教师参加会议。会议在题为《切实抓好本科教学，为提高我校人才培养质量而奋斗》报告中，介绍分析本科教学工作现状和存在问题，提出改革目标。会议对《加强本科教学工作若干意见》作说明，提出要"使教学的声音响起来，使教学的管理硬起来，使教学的改革实起来。"与会人员围绕大会报告和本科教学工作的意见进行讨论。

(马嘉宾)

【6项基础教育改革实验研究项目获奖】 5月，在国家教委奖励全国师范院校基础教育改革实验研究项目优秀成果中，北师大6项成果获奖，其中，《少年儿童主体性发展实验研究》获一等奖；《小学语文"四结合"教学改革实验研究项目》、《青春期教育及"现代少年"课程实验》、《深化农村基础教育管理体制改革研究》、《结构——定向教学的理论与实践》获二等奖；《中度智力残废学生教育训练实验》获三等奖。

(马嘉宾)

【召开高等教育思想研讨会】 6月11至13日，全国高等教育思想和教育观念研讨会在北师大召开，来自全国有关单位的40多名代表围绕转变教育思想和教育观念、提高教育质量、重视素质教育等问题展开讨论。会议认为，面向21世纪，转变与我国新时期社会发展不相适应的教育思想与教育观念是高等教育改革的先导；教学改革是高等教育改革的核心。与会代表还对北师大教学改革的实践给予肯定。

(蒋立红)

【科技工作大会召开】 6月23日，北师大科技工作大会召开。大会做《面向21世纪，团结奋进，共同开创我校科技工作的新局面》报告，提出科研经费争取每年递增15%，到2002年，科研经费争取翻两番；要选拔培养40至50名中青年学术带头人；重点实验室、基地、试点所的建设要更加扎扎实实地投入和产出，使其真正成为学校的成果和人才基地等未来五年奋斗目标。该校科技处向大会提交《北京师范大学自然科学纵向科研经费管理办法》，《北京师范大学自然科学研究奖励办法》等17个科技管理条例，并对有关科技管理条例进行说明。

(蒋立红)

【召开教职工（工会）代表大会】 6月28日，北师大第3届教职工代表大会暨第11次工会代表大会召开。大会正式代表237人，列席代表107人。大会代表听取和讨论第2届教代会执委会暨第10届工会委员会工作报告、校长工作报告，完成新一届教代会执委会、工会委员会及女教职工委员会、工会经费审查委员会的换届选举工作。

(蒋立红)

【举办亚太地区师范教育国际研讨会】 8月19至21日，亚太地区师范教育国际研讨会在北师大召开，该研讨会由中国高等师范教育研究会和日本教师教育学会联合举办，主要议题为研究面向21世纪师范教育改革与发展的有关问题。会上讨论和交流21世纪教师应具备的基本素质，师范教育事业改革与课程体系和教学内容的现代化、师资培养模式的趋势和走向，教师继续教育的形式、途径、内容与评价机制，师范教育改革与发展的比较研究等方面的研究成果和经验。11名代表作大会发言，60余名代表作小组发言。

（蒋立红）

【完成本专科招生计划】 8月，北师大共招收本专科生1511人，其中港澳地区本科生7人，完成1500人的本专科招收计划。福建、山东两省不仅报考人数多而且录取分数也很高，福建省师范类专业文科最低分718分，最高分810分，山东省师范类专业的录取最高分也达到817分。新生中学习成绩达到优秀生标准的占新生总数的29.7%，地市级以上三好学生、优秀学生干部、省级以上单科竞赛获奖者分别占新生总数的9.3%、4.6%和8.6%。在招生录取工作中，北师大同广西壮族自治区首次实现计算机远程录取。在全面推行招生并轨改革后，北师大师范类专业仍然执行免交学费制度。

（蒋立红）

【与科研机构协作办学】 9月8日，北师大历史系和中国社会科学院世界史所协作办学协议签字。双方根据该协议实行图书资料互通有无，经常交流教学、科研信息。在教学科研方面互相协作，世界史所为北师大历史系本科及研究生开设专史或专题课，介绍前沿学术信息。历史系为世界史所输送、推荐深造人才。两个单位的合作共建，体现科研机构与教学单位的协作交流，是一种教学改革的尝试。

（马嘉宾）

【举行建校95周年庆祝活动】 10月4日，北师大来自海内外的校友和全校师生欢聚一堂，共庆建校95周年。上午9时，校庆庆祝大会举行。全国人大、全国政协、国家教委、国家体改委、中央统战部、广播电影电视部及中共北京市委、市政府领导王光英、柳斌、李志坚、胡昭广、陈大白等参加庆祝大会，雷洁琼、曾宪梓、邵逸夫等发来贺信、贺电。来自日本、瑞士、香港、澳门等国家和地区高等学校的20余名代表和全国各兄弟院校的领导也参加大会。柳斌在讲话中祝母校青春常在，继续为我国的教育发展做出更大成绩。李志坚代表北京市委和市政府，向北师大全体师生员工和校友表示热烈的祝贺和亲切的慰问。来宾代表、校友代表、师生代表在会上发言。庆祝会后，来宾和校友参观《教学科研成果展览》和《师友书画展》，各系所也举办多种庆祝活动。校庆期间，还举行哲学社会科学、自然科学、教育科学前沿发展学术报告等一系列活动。

（蒋立红）

【孙庆军赠送图书光盘2700张】 10月4日，北师大举行孙庆军赠送电子出版物仪式，孙庆军博士参加赠送仪式，并受聘北师大兼职教授。北师大校友孙庆军现为北成电子出版集团董事局主席，这次赠送光盘包括《人民日报全文》、《中国大百科全书》、《人民大学报刊资料汇编》、《中国图片素材大系》等共2700张，价值1000万元。赠送仪式后，孙庆军作题为《数据时代——中国信息产业发展战略分析》的学术报告。

（蒋立红）

【设立明远教育基金】 10月4日，北师大举行书法家王明远捐资100万元设立"明远教育基金"仪式。王明远在仪式上说，我个人的力量有限，我想以自己所尽的这点微薄之力，唤起社会更多的对教育和教师的关注和支持。该教育基金将用于表彰奖励优秀教师。

（蒋立红）

【举办党史研究生学术讨论会】 10月28至30日，全国中共党史、党建、中国革命史研究生学术讨论会在北师大召开。这次讨论会由中国人民大学、北京大学、中共中央党校、首都师范大学、中共北京市委党校和北师大共同发起，北师大主办。来自全国30多所高校、党校的50多名研究生和30多名研究生导师参加会议。会议主题为举办《中国革命与中国社会现代化》研究生论文讲演比赛，共收到论文100余篇，入选论文53篇，以北京市委党校校刊《新视野》增刊形式结集发表。15篇论文的作者参加讲演比赛，其中6名研究生分获一等奖、二等奖、三等奖。

（蒋立红）

【校园计算机网络开通】 10月，北师大校园计算机网络正式开通运行。该网络通过校园的光缆与中国教育科研网和INTERNET联通。在暑假和校庆期间试运行中，通过中国教育科研网和INTERNET向国内外发布校庆信息，并在网上介绍学校及各单位的基本情况。截止到11月底，已有近3万人次访问该网络站点。

（蒋立红）

【龚乃传获全国扶贫贡献奖】 10月，在第四届全国十大"扶贫状元"和扶贫贡献奖表彰大会上，北师大教科所龚乃传获扶贫贡献奖。1987年北师大教科所农村教育研究室受国家教委的委托，直接参与并协助河北阳原县进行经济开发和农村教育综合改革实验。10年来，该研究室先后深入阳原县200多次，其中，龚乃传达百余次，完成国家教委委托的《河北省阳原县教育发展总体规划》课题，协助制订《阳原县1989—2000年教育发展总体规划》。

（蒋立红）

【召开毕业生就业工作研讨会】 11月20日，北师大召开毕业生就业工作研讨会。学生处及21名负责毕业生就业工作的人员参加会议。会议总结97届工作经验，学习《普通高校毕业生就业工作暂行规定》，分析98届就业形势；讨论并通过校、系就业工作职责；修改并通过《北京师范大学1998届毕业生就业工作细则》。

（蒋立红）

【文科基地接受国家教委中期检查】

11月29日至12月2日，国家教委组织来自四川联合大学、南开大学、南京大学等高校的8名专家对北师大中文、历史两个文科基地进行中期检查。经过两天的考察，专家组一致认为北师大领导对基地建设重视；两系在办学条件、教学质量、师资队伍建设、科研水平、管理水平及办学特色方面，都取得长足的进步；基地在学科建设水平、培养高质量人才方面的功能与优势已初步得到显示。专家组希望北师大的中文、历史基地建设在改革创新和继承传统方面；在人才培养模式以及相关课程体系改革方面；在加强各主干二级学科发展建设方面；在基地学生的遴选与考核的方法方面，进一步加快改革步伐。专家组建议北师大对中文和历史学科基地进一步重点扶植，特别是在教学用房、经费投入、人员编制方面给予更大支持。

（蒋立红）

【4部科技教材获国家教委奖】 11月，北师大4部科技教材分别获1997年国家教委科技进步二、三等奖。其中，数学系严士健教授等编写的《概率与数理统计》获二等奖，并被推荐申报国家级科技进步奖；物理系马本堃教授编写的《热力学与统计物理学》、生物系郑光美教授编写的《鸟类学》、资环系李文华教授等编写的《世界经济地理》获三等奖。

（蒋立红）

【环境教育中心成立】 12月3日，北京师范大学环境教育中心成立暨中国中小学绿色教育行动项目启动仪式举行。国家教委、环保局、世界自然基金会、英国石油公司及北师大校内外有关单位代表参加该仪式。环境教育中心由北师大和世界自然基金会共同创立，旨在培养师范教育和基础教育环境教育师资，同时进行中国环境教育理论的研究。中国中小学绿色教育行动作为中心的第一个项目，得到国家教委和世界自然基金会的支持以及英国石油公司的资助。该项目为期2年，对小学校长、教师和教研员进行培训。

（蒋立红）

【322名特困生接受资助】 12月4日，北师大召开1997年度特困生资助奖学金发放大会，322名特困生接受资助。1997年度北师大共有8项来自国内外企业和个人的资助，用以奖励和赞助特困学生的专项捐款，总额25.35万元。

（蒋立红）

【召开文科科研大会】 12月4日，北师大召开文科科研大会。会议作《认真学习、贯彻十五大精神，努力开创我校文科科研工作新局面》的主题报告。教育系、发展心理研究所、中文系、历史系的代表就探索宏观教育决策和基础教育改革服务的新路，基础与应用并重，发挥群体优势，力争国际前沿；以团队精神，狠抓科研，加强学科建设等方面的经验进行典型发言。会议指出要加速培养青年教师，使他们在科研中担当重任。要面向21世纪，明确学科发展方向，造就学科发展需要的教师队伍。

（蒋立红）

【刘伯里当选中国工程院院士】 12月12日，北师大举行座谈会，庆祝刘伯里教授当选中国工程院院士。刘伯里是北师大教授，放射化学博士生导师，我国的放射性药物和放射化学专家，放射性药物领域主要的开拓者和学术带头人。他对我国放射性药物的研究、开发作出了重大贡献。他指导和参加研制的心、脑显像剂^{99m}Tc－Ecd和^{99m}Tc－MIBI药盒均获卫生部一类新药证书，供全国临床应用，产生很大的社会和经济效益。他的系列论文《锝化学研究及其应用》获1992年国家教委科技进步（甲类）二等奖。40多年来他工作在科研和教学第一线，已培养放化硕士20多名，博士5名。他在国内外重要杂志发表学术论文112篇，其中20篇被SCI收录的刊物引用96次。

（蒋立红）

【15名教师获曾宪梓教师奖】 年内，曾宪梓教育基金颁发1997年高等师范院校教师奖，北师大顾明远教授获一等奖，另外有14名教师获三等奖。曾宪梓教育基金是金利来集团有限公司董事局主席曾宪梓于1992年捐赠港币1亿元，与国家教委合作设立，用于发展中国的教育事业。这是第二次颁发高等师范院校教师奖。

（蒋立红）

【5名教师获宝钢奖】 年内，在1997年宝钢奖教育基金评选中，北师大漆安慎教授获优秀教师特等奖。4名教师获优秀教师奖。宝钢教育基金是宝钢（集团）公司为支持我国教育事业的发展和改革而设立的以奖励英才为重点的公益性基金，1990年创立，逐年有所发展，从奖励优秀学生到奖励优秀教师和设立其他有关专项奖励，是我国影响大、威望高的教育基金。

（蒋立红）

【开展国际合作交流】 至年底，北师大共接收短期留学生计1059人次；接待境外来访团组120多个；组织国际会议10个；聘请长期外籍专家、教师13人，聘请短期外国专家89人次。该校教师中有464人次出国进修、考察、讲学或参加国际会议。

（蒋立红）

北京外国语大学

党委书记 陈乃芳
校　　长 王福祥（2月免）
陈乃芳（2月任）

【概　况】 1997年，北京外国语大学有6个博士学位授予点，12个硕士学位授予点，1个博士后流动站，1个全国重点学科点，7个专业有权接受硕士人员以研究生毕业同等学力申请硕士学位。招收本科生601人，其中保送生74人，占招生人数的12%。学校9个专业（其中6个专业为非通用语种专业）提前单独招生224人。招收研究生132人。函授、夜大生222人，比上年增长9%。共毕业830人，其中本科生547人，专科生28人，研究生97人，函授、夜大生158人。至年底，共有在校生4092人，其中本科生2250人，专科生142人，研究生346人，函授、夜大生540人，留学生760人，教师进修生39人，国内访问学者15人。该校教职工总数为1427人，其中专任教师511人。教师队伍中具有正高级职称的82人，副高级职称的191人，中级职称的152人。外籍专家、教师128人，比上年增长12%。学校占地面积30.4万平方米，校舍建筑总面积26.1万平方米，藏书63.2万册，固定资产总值13145万元，其中教学科研仪器设备总值1231万元。本年度科研项目在研总数54项，其中国家社会科学规划项目基金在研项目17项，国家教委社会科学规划博士点基金和青年社会科学基金在研项目36项，年度科研经费55.3万元。

（贾德忠）

【校级领导班子年轻化】 2月，国家教委任命陈乃芳教授为北外校长，同时免去王福祥教授校长职务。6月，北外行政领导班子整体换届，新任副校长4人，平均年龄51岁，比上届下降4.3岁。陈乃芳，女，1940年11月出生，江苏南通人，1964年毕业于北京外国语学院英语系，并留校任教。曾任英语系党总支书记、院党委副书记、书记。1984年9月至1985年9月在美国麻省大学为公派访问学者，1992年12月至1995年8月任驻比利时使馆兼驻欧盟使团教育参赞。曾获江苏省青年建设社会主义积极分子，北京市优秀政治思想工作者称号。

（贾德忠）

【第二届本科日本留学生毕业】 3月12日，北外国际交流学院第二届本科日本留学生毕业典礼举行。本届学生入学时65人，有38名学生完成学业，获得毕业证书和学位证书。国家教委、国家对外汉语教学领导小组办公室、市教委、市公安局、日本国际交流事业团以及23名日本留学生的家长参加毕业典礼。北外国际交流学院于1992年成立，专门招收4年制本科日本留学生。

（贾德忠）

【首届伊莎白、柯鲁克奖学金颁发】 3月14日，北外英语系首届伊莎白、柯鲁克奖学金颁奖大会举行，英语系10名学生获奖。校领导和伊莎白、柯鲁克以及奖学基金理事会有关人士参加颁奖仪式。柯鲁克教授是英国人，伊莎白教授是加拿大人，半个世纪以前他们投身于中国人民解放事业，在当时华北军政大学的外事学校（现北京外国语大学）任教至今，为中国特别是北外建设和发展作出突出贡献。1995年伊莎白、柯鲁克的家属、外研社、《柯鲁克夫妇在中国》一书编委会及部分校友共同出资15万元设立该项奖学金，每年奖学金的利息用于奖励英语系10名品学兼优的学生。

（贾德忠）

【'97学科建设研讨会召开】 3月22日，北外'97学科建设研讨会召开。该校领导及部分专家、教授计30余人参加会议。与会人员听取《外语经贸复合型人才的培养》、《外语与外交复合型人才培养的几点意见》、《三年来国际经贸学院运作情况汇报》、《国际商务专业如何培养复合型人才》等专题报告，并就学科建设、办学方向等问题进行研讨。

（贾德忠）

【校园治安综合治理委员会召开会议】 4月22日，北外校园治安综合治理委员会召开会议，会议传达首都社会治安综合治理委员会、市政府办公厅、市委教育工委有关文件、会议精神，通报近期校园治安情况，并就加强校园综合治理，特别是加强外来人口和机动车进校行驶秩序和安全管理等问题进行研讨。

（贾德忠）

【获全国大学生英语辩论赛亚军】 4月，北外在"外研杯"全国大学生英语辩论赛中获亚军。该赛由外语教学与研究出版社、英国文化委员会联合举办，来自全国8所高校的选手参加决赛。

（贾德忠）

【三部教学录像片获奖】 4月，北外拍摄的《通往世界之桥》和《玛丽莲中国行》获市教委和市高教研究会1996年度优秀电视教材一等奖。10月，由北外拍摄的《电视旅游日语》被评为中国广播协会一等奖。《通往世界之桥》是一部反映北外历史、改革与发展的电视专题片。《玛丽莲中国行》是北外电教中心与外经贸部合作拍摄的英语教学片，曾在中央电视台播出。《电视旅游日语》是大型日语教学片，历时1年完成，并于年内在中央电视台播出。

（贾德忠）

【座谈面向21世纪外语人才培养】 5月8日，受国家教委高教司委托，北外举办面向21世纪外语人才培养座谈会。会议听取外语院校面向21世纪教学内容和课程体系改革（北方）课题组所作的《毕业生问卷调查报告》及调查数据分析，数据分析含外语水平、适应能力、汉语水平、综合素质、整体知识结构、研究能力以及必修、选修、辅修、讲座、毕业生知识结构、相关知识等多项指标。座谈会就21世纪外语人才的需求、教学体制和教学内容改革等问题进行研讨。国家教委、市教委有关领导及部分院校、用人单位的代表参加座谈会。

(贾德忠)

【庆祝李莎教授从教50周年】 5月15日，国家教委、国家外国专家局和北外联合举办李莎教授来华从教50周年庆祝活动。国家教委领导韦钰、国家外国专家局、北外陈乃芳以及俄语界代表、李莎的亲友、同事、学生与北外俄语学院师生一起参加庆祝活动。李莎的学生、越南外交部长阮孟琴，俄罗斯语言文学协会主席、普希金俄语学院副院长科斯托马洛夫发来贺电。李莎是李立三的夫人，半个世纪以来，她致力于中国的俄语教育事业，为增进中俄人民的友谊作出突出贡献。

(贾德忠)

【西班牙语教学指导委员会年会召开】 5月21至23日，高等学校外语专业教学指导委员会西班牙语组1997年年会在北外召开。与会代表就西语教学大纲的宣讲办法与安排、各校教学情况的交流、单项教学测试安排以及校际学生业余活动等问题进行研讨。

(贾德忠)

【改革小语种专业在京招生办法】 5月31日，北外组织小语种专业考生参加英语口试和专业面试，北京地区1400余名学生报名应考，经高考选拔，72名学生被录取。北外实施小语种专业在京招生办法改革，由学生自愿报名，单独面试和口试，考生参加全国统考，单独划定录取分数线并提前录取。

(贾德忠)

【举办大学生迎香港回归英语演讲比赛】 6月6日，由国家教委主办、北外承办的京、沪、粤、港大学生迎香港回归英语演讲比赛在北外举行。来自内地8所高校的9名选手及在京高校学习的2名香港学生，以真挚的情感和流畅的英语，回顾香港的沧桑历史，畅谈“一国两制”的伟大构想及香港回归的历程，展望香港回归后的光辉前景。经过评委的认真评选，共评出一等奖1名，二等奖3名。李岚清、朱开轩、胡昭广、陈大白及国务院港澳办、外交部、外经贸部等有关方面负责人，在京高校学生和在京学习的香港学生代表共500人观看比赛。

(贾德忠)

【举办捷克共和国图书展】 6月12至26日，由文化部主办、北外承办的捷克共和国图书展在北外举办。捷驻华大使以及中捷两国文化部、外交部有关人士参加开幕式。此次书展是首次为中国公众举办的捷克书展，参展图书来自捷克30家出版社，共计250多种。北外1954年开设捷语专业，是我国唯一教授捷克语言的高校。

(贾德忠)

【马来语教学中心成立】 6月20日，北外马来语教学中心成立。该中心为双方学者研究对方国家语言、文化、历史等提供良好的条件和详实的信息，成为中马两国师生研究学习马来语的重要基地。该中心现有教师3名，外国专家1名。朱开轩与马来西亚教育部长纳吉布参加成立仪式，并参观在北外举办的《中国马来语发展历程展》。

(贾德忠)

【举办亚洲阿拉伯语教师暑期短训班】 7月15至31日，北外与阿拉伯国家联盟联合举办亚洲阿拉伯语教师暑期短训班。阿盟教科文组织派人员来华授课，来自日本、韩国和国内的18名教师和研究生参加培训。

(贾德忠)

【刘让贤事迹报告会举行】 9月2日，全国先进教育工作者刘让贤事迹首场报告会在北外举行。报告会上，介绍刘让贤的先进事迹，刘让贤作题为《为了土乡的明天》的报告。刘让贤是青海省互助土族自治县东山乡什巴小学校长，曾先后获全国先进工作者、青海省劳动模范、省特级教师、全省十大杰出校长等称号。

(贾德忠)

【开办新生英语营】 9月2至21日，北外应用英语学院为97级国际商务及信息管理专业学生举办约60学时的英语营活动。该活动旨在运用营地集中强化训练的方式，从素质教育和专业教育两方面加速新生从中学生到大学生的转变，为他们4年的大学学习和生活创造一个良好的开端，同时探索一条新生入学教育的新途径。

(贾德忠)

【举办全球工商管理展望系列讲座】 9月7至9日，北外国际经贸学院和北京张士柏中心联合举办全球工商管理展望系列讲座。美国斯坦福大学经济学博士张士柏等6名学者，就全球工商管理的现状、地位和发展前景进行专题讲座，内容涉及计算机、电子通讯和人才资源开发等现代高科技问题。

(贾德忠)

【接待日本民主党青年代表团】 9月12日，应中联部邀请来华访问的日本民主党青年代表团访问北外，并就中日青年之间的文化交流及外语人才的培养与校领导和日语系师生进行座谈。该代表团是在中日邦交正常化25周年之际来华访问的，团长为日本前文部大臣、现民主党副党首鸠山邦夫，团员由5名日本国国会议员及30名日本“友爱”青年联盟成员组成。

(贾德忠)

【年度外事工作会召开】 9月26日，北外’97外事工作会召开。会议在总结外事工作成绩的同时，提出总要求、基本原则和新学年工作要点。国家外国专家局有关人员参加会议，并针对专家工作合同签订、专家管理等有关问题做说明。

(贾德忠)

【举办塞万提斯诞辰450周年纪念活动】 9月29日，北外西班牙语系举办纪念塞万提斯诞辰450周年系列活动。来自首都6所高校的西班牙语师生参加以《面向21世纪》和《学习西班牙语》为题的西班牙语演讲比赛和文艺汇演。西班牙、墨西哥、秘鲁等8个西班牙语国家的驻华官员参加纪念活动。塞万提斯是西班牙文学家,世界文化名人,他的著名小说《堂吉诃德》被译成多种文字。

(贾德忠)

【中比信息管理与国际商务中心建成】 9月,由北外应用英语学院与比利时费拉芒国外教育基金会(VVOB)合作建立的中比信息管理与国际商务中心建成,其中,视听说一体化教学项目已经启动。该中心的成立旨在探索、发展与完善外语专业复合型人才培养模式。

(贾德忠)

【张建华入选中俄友好委员会】 11月10日,北外俄语学院院长张建华教授作为中俄友好、和平与发展委员会成员受到江泽民和来访的俄罗斯总统叶利钦的接见。中俄友好、和平与发展委员会是在江泽民和叶利钦共同倡议下成立的,旨在增进两国人民间的相互了解和传统友谊,推进两国在各个领域的合作。该委员会由中俄两国社会各界知名人士各32名组成,张建华是全国教育系统唯一代表。

(贾德忠)

【两教授获波兰文化功勋奖章】 11月18日,来华访问的波兰总统亚历山大·可瓦希涅夫斯基接见北外东欧语系教授易丽君和程继忠,对他们在波中文化交流方面所作出的贡献给予高度评价。易丽君、程继忠教授多年从事波兰语教学和波兰文学的研究、翻译工作。在11月11日波兰驻华使馆举行的独立日招待会上,波驻华大使代表波兰文化部长向他们颁发波兰文化功勋奖章。

(贾德忠)

【召开搞好国际问题研究专题研讨会】 11月22日,北外就如何搞好学校国际问题研究、办好国际问题所召开专题研讨会。会议就如何发挥外语大学语种多、语言地理分布广的专业优势和利用精通外语、多年从事对象国国情研究的师资优势,加强国际问题研究进行研讨,并围绕国际问题研究所的定位,与院、系各单位的关系以及如何为教学科研服务等问题提出建议和意见。北外国际问题研究所自1992年建立以来,已创办并出版5期国际问题研究刊物《国际地平线》及若干国际问题研究论文集。

(贾德忠)

【首次中层干部述职评议完成】 12月19至26日,北外首次中层领导干部述职评议会举行。全校各单位中层领导干部98人分3次进行述职,并接受校机关干部、教职工代表、校工会委员会及教代会主席团成员的评议。为搞好首次述职评议,该校曾先后举办3期中层干部培训班。17名被考评的行政干部获优秀的占17.2%,称职的占52.8%,基本称职的占17%;不称职的占3.2%。11名被考评的党务干部获优秀的占13.2%,称职的占50.5%,基本称职的占30%,不称职的占1.7%。教学系统的干部也作相应的考评分析,并由校领导向参评干部进行反馈。

(贾德忠)

【承办外语院校学生就业招聘会】 12月21日,北京地区5所外语院校联合举办的第二届人才招聘会在北外举行。来自各地高校300多个专业的近2000名应届毕业生和来自全国25个省市的近百家用人单位参加招聘会,用人需求600余人。

(贾德忠)

【国家教委考察北外工作】 12月30日,国家教委领导陈至立等考察北外工作。在听取该校汇报后,陈至立说,北外在培养复合型、复语型的外语专门人才方面进行有益的探索,许多毕业生在外交、经贸、金融、宣传、新闻、文教等领域发挥骨干作用。她希望北外保持自身优势,面向21世纪,培养既掌握外语,又了解中国文化传统,同时具有坚定政治立场的高层次外语专门人才。考察中,陈至立等领导参观阿拉伯语教学楼、电教中心、宾馆和出版社大楼。

(贾德忠)

【首届研究生奖教金颁发】 12月,北外首届研究生奖教金颁发,14名研究生指导教师及管理干部获得奖励。北外研究生奖教金是深圳华为技术有限公司于1997年3月设立的。该公司还同时设立研究生奖学金。该项奖教(学)金首期签约3年,每年奖金为3万元。

(贾德忠)

【第七届课余京剧短训班结束】 12月,北外戏曲学会举办第7届课余京剧短训班,来自北京戏校、北京京剧院的艺术家和演员为学员们教唱部分传统戏和现代戏中的唱段、选场,并介绍京剧表演的有关知识。北外京剧培训班于1991年开始举办。

(贾德忠)

【6个博士硕士学位授予点通过评估】 年内,北外英、俄、德、阿4个博士学位授予学科专业点和法语、翻译理论与实践2个硕士点通过国务院学位办、市学位办及高等学校与科研院所学位与研究生教育评估所的评估。

(贾德忠)

【举办多种国际国内学术研讨会】 年内,北外加大科研力度,主办、协办一系列国际国内学术研讨会,其中,影响较大的有国际翻译学术研讨会、跨文化交际国际学术研讨会、全国英国文学学会成立大会暨首届学术研讨会、汉日对比语言学研习会和《东欧》建刊10周年讨论会等。

(贾德忠)

【出版社销售码洋逾2.5亿元】 至年底,北外外语教学与研究出版社共出版各类图书450种,其中新书177种,出版音像带40余种,先后引进《进步美语》、《新概念英语》等项目,并积极进行重点图书如《建宏英汉多功能词典》、《大众英语》的推广工作,全年销售码洋超过2.5亿元,利润达4000万元,并被国家教委推荐为全国优秀出版社候选单位。

(贾德忠)

【推进国际交流与合作】 至年底,北外相继与国外14所大学续签和新签校际交流协议,主办、协办6次大型国际会议,派出人员412人次,接待来访团组95个,计400人次,其中部长级6人次,大使级31人次,大学校长级29人次,协会团体21人次。1997年共聘请外籍教师128人次。

(贾德忠)

【完成基建投资9135万元】 至年底,北外共完成基建总投资9153万元,其中国家拨款745万元,自筹资金8408万元。主要竣工工程有6月19日竣工的北外宾馆和西院锅炉房改造工程,12月竣工的综合教学楼(外研楼)和西院双路进电等工程。主要在施工程有东院留学生公寓和12月22日开工的高层住宅楼建设等工程。

(贾德忠)

北京语言文化大学

党委书记 张晋峰
校　　长 杨庆华

【概　况】 1997年,北京语言文化大学在校学生总数7183人,其中外国留学生5043人(含长期生1675人,短期生3368人次),中国学生2140人,其中全日制学生890人,成人教育生510人,进修生740人。招收中国本科学生216人,新生中男生58人,占26.85%;女生158人,占73.15%。少数民族学生14人,占6.48%。毕业生人数198人。学校设有6个学院和出国留学预备人员培训部、基础教学部、函授教学部3个部,6个研究所,4个研究中心及其它教学辅助机构。全校教职工总数1507人,其中从事教学、科研的教师685人,副高职以上职称人数261人。图书馆藏书70余万册。学校占地面积38万平方米,建筑面积25万平方米。

(董立均)

【获留学生作文比赛奖】 1月10日,国家教委、国家对外汉语教学领导小组办公室、人民日报海外版文艺部联合主办的中国见闻——外国留学生汉语作文比赛颁奖,北语留学生7篇文章获奖,居各校获奖文章数量之首。此次比赛共收到81所高校870多篇文章,获奖61篇。该校选送留学生文章150篇。

(董立均)

【函授夜大以优良成绩通过评估】 3月,北京市普通高等学校函授、夜大学教育评估工作结束,北语成人教育学院名列优良行列,其中函授教育评估成绩进入北京地区被评估的22所院校的前6名。

(董立均)

【召开第六次党代会】 4月11至18日,中共北京语言文化大学第六次代表大会召开。大会审议通过题为《加强领导、把握机遇、为把一所充满生机与活力的语言文化大学带入二十一世纪而努力奋斗》的党委工作报告和纪委工作报告。选举产生新一届校党委和纪律检查委员会,并通过《北京语言文化大学第六次党代会大会决议》和《北京语言文化大学第六次党代会关于学习邓小平建设有中国特色社会主义理论的决议》。大会号召全校党员要发扬“爱校、爱岗、敬业、奉献”精神,发挥先锋模范作用,团结全校师生员工努力把北语建设成充满活力的社会主义大学。

(董立均)

【首次独立完成大型教学电视片】 5月5日,北语拍摄的大型对外汉语教学片《国际商务汉语》在中央电视台开播。该片是一部集汉语教学和商贸、旅游知识为一体的教学片,是包括文字本、录音带、录像带三位一体的立体化教材。这是北语首次独立摄制大型教学电视片,是开发现代化教学手段的有益尝试。

(董立均)

【第七次学代会召开】 5月9日,北语第七次学生代表大会召开。会议听取上届学生会工作报告,并选举产生新一届学生会主席团。

(董立均)

【陆欣获韩语汉语讲演赛大奖】 8月8日,在韩国汉城举办的韩国两种语言(韩语、汉语)讲演大赛上,北语进修教师陆欣以题为《我看汉城》的演讲,夺得大奖。该比赛是由韩国外交部、中国驻韩国使馆和韩中友好协会联合举办的。

(董立均)

【国际汉藏语言学会议召开】 8月20至23日,第30届国际汉藏语言及语言学会议在北语召开。本次会议由国家语委、中国社科院、北语等5单位联合主办。来自世界20个国家和地区的210名汉藏语言研究领域的专家学者参加本次大会。本次会议就如何对待少数民族语言和汉语方言、如何对待语言接触和语言融合等问题进行研讨。

(董立均)

【翻译研究和文化传播研讨会召开】 9月12至14日,翻译研究和文化传播研讨会在北语召开,来自10多个国家和地区的50余名专家学者参加会议。会议就当代翻译理论的跨文化建构、翻译学和其它相关学科的比较研究等10个议题进行讨论。

(董立均)

【开设中国语言文化专业(对外)】 9月,北语新增中国语言文化专业(对外)招收首批学生。该专业以汉语教学为基础、进行多学科文化教学,培养具有较高的汉语水平,具备综合性的中国国情和文化知识结构、从事与中国有关的工作的通用型语言文化人才。该专业以招收具有一定汉语水平的外国留学生为主，修业年限为4年。

（董立均）

【主办中国阿拉伯语教学界年会】 10月21至24日，中国高校外语教学指导委员会阿拉伯语组与中国阿拉伯语教学研究会1997联席会以及中国阿拉伯语教学界优秀科研成果颁奖大会在北语召开。年会集中讨论阿拉伯语教学的现状及发展规划，还就本届理事会换届选举问题进行讨论。大会奖励28部优秀阿拉伯语作品，这些作品集中展示中国阿拉伯语教学界近10多年的科研成果。

（董立均）

【组团访问香港大学】 10月31日，应香港大学邀请，北语以杨庆华为团长的代表团一行3人访问香港大学。访问期间，两校就教育交流与合作签署有关协议。

（董立均）

【召开管理科研报告会】 12月25日，北语召开第三届管理科研报告会。报告会共收到论文51篇，其中30篇入选，10人获奖。在报告会上，5名获一、二等奖的作者宣读各自的论文。

（董立均）

【韩经太人选百千万人才工程】 年内，北语文化学院韩经太教授被列入由国家7部委组织实施的“百千万人才工程”，成为上万名在各学科领域里有较高学术造诣、成绩显著，起骨干或核心作用的学术和技术带头人后备人选。韩经太，男，1951年出生。1984年毕业于吉林大学中文系，获文学硕士学位。现为中国古代文学学会筹备委员会理事，中国旅游文学学会理事。1996年获准入选国家“百千万人才工程”第一、二等级。主要从事中国古典诗学、中国古代诗词、中国古代思想史等人文科学研究。代表专著有《中国诗学与传统文化精神》、《心灵现实的艺术透视》、《宋代诗歌史论》、《理学文化与文学思潮》。发表学术论文有《中国古典诗学新探四题》、《论中国古典诗歌的悲剧性美》、《中国诗学的平淡美理想》、《论宋诗谐趣》等共80余篇。其专著《理学文化与文学思潮》入选国务院古籍整理规划办公室《传统文化研究丛书》。现正参与中国社会科学院多项国家社科基金研究项目。

（董立均）

【增设两门艺术教育课程】 年内，北语基础教学部文化艺术教研室先行开设《美学基础》和《大学音乐》2门课程，新开设的艺术教育课程为公共限选课，旨在提高学生艺术审美素质，引导学生的审美趣味和审美理想朝着健康的方向发展。

（董立均）

【李铁城获“两课”优秀教师称号】 年内，北语国际政治课李铁城教授被评为全国高校“两课”优秀教师。“两课”教学是指全国普通高校作为公共必修课开设的马克思主义理论课和思想品德课。此次获全国高校“两课”优秀教师称号的共101人，北京有6人。该评选活动是由国家教委社会科学司、思想政治司和中宣部时事报告杂志社共同主办的。

（董立均）

【聘请一批兼职教授】 年内，北语先后聘请一批兼职教授，其中包括戴庆厦、乐黛云、李如龙等国内著名学者。

（董立均）

北京航空航天大学

党委书记　楼士礼
校　　长　沈士团

【概　况】 1997年，北京航空航天大学设有研究生院、管理学院、宇航学院、理学院、飞行学院、人文社会科学学院、继续教育学院、海淀应用技术学院8个学院，另设有材料科学与工程、电子工程、自动控制、动力工程、飞行器设计与应用力学、计算机科学与工程、制造工程、机械工程与电气工程、外国语言、汽车工程、工程系统工程11个系，设有44个本科专业、43个硕士学科专业点、21个博士学科专业点、5个博士后流动站，力学学科按一级学科行使博士学位授予权。有5个国家重点学科、4个国家重点实验室、5个国家专业实验室、2个北京市重点实验室和8个省部级开放实验室。全年在校学生人数12569人，其中研究生1913人，本科生7475人，专科生2666人，高级研修班等继续教育学生515人。另有在校留学生160人，第二学士学位35人，在站博士后54人。招生4534人，其中，研究生627人，本科生2179人，专科生1040人，高级研修班等继续教育学生688人。另招收留学生200人。毕业生3424人，其中，研究生498人，本科生1465人，专科生1288人，高研班173人。全校教职工3760人，其中教授310人，副教授957人，讲师1184人，在专业技术职称人员中具有博士学位的290人，占全校有专业技术职称人员的10%。学校占地面积107.87万平方米，房屋建筑面积46万平方米，固定资产4.47亿元，其中仪器设备固定资产2.81亿元，分别比上年增长12%和33%。科研经费连续3年超过1亿元，达1.3亿元。校图书馆建筑面积1.95万平方米，藏书100多万册。

（陈　颖）

【航空高级人才研修中心挂牌】 1月6日，中国航空工业总公司航空专业技术高级人才研修中心挂牌仪式在北航举行。该研修中心组成于1993年，担负着中航总公司高级管理、高级科技和高级技工“三高”人才的培训任务，以继续教育高级研讨班的形式培训飞机、发动机、机载、电机4个专业的航空型号总师后备队伍。学员主要是1982年后大学毕业的航空企事业单位的青年骨干，平均年龄35岁。3年来，为中航总公司培训“三高”人才446人。

（陈 颖）

【与东北地区航空厂所签约】 1月18日，北航与东北地区航空厂所、院校签署全面合作协议书。根据该协议书双方在人才培养、科学研究、技术改造、设备引进等方面进行合作。与北航签约厂所、院校包括沈阳飞机制造公司、哈尔滨飞机制造公司、沈阳黎明发动机制造公司、哈尔滨东安发动机制造公司、沈阳飞机设计研究所、沈阳航空发动机研究所、沈阳空气动力研究所、哈尔滨空气动力研究所、沈阳航空工业学院。

（陈 颖）

【改变计算机中心建制】 1月21日，北航撤销原计算中心建制，成立新的中心。由该校和计算机系共管。重新组建的计算机教学中心和网络中心归入新中心统一规划、统一建设。新中心的建设作为计算机系学科建设的一部分，纳入“211工程”建设规划。该中心既是全校计算机基础教学基地和专业基础课教学基地，又作为全校CERNET网（中国教育科研网）和Internet网研究服务基地和ATM网基地。网络中心设有网络维护室、网络技术研究室、实验室、公共机房。

（陈 颖）

【成立人文社会科学院】 1月29日，北航人文社会科学院成立。该院由社会科学系、高等教育研究所、法学研究所合并而成，下设院办公室、高教研究所、法律系、行政管理系和马列主义理论教研部。现有思想政治教育与行政管理、法学2个本科专业以及教育管理学硕士学科。原国家计委副主任盛树仁任院长。

（陈 颖）

【首批在职工程硕士生班开学】 3月17和18日，北航在哈尔滨、沈阳两地招收的在职工程硕士研究生班开学。首批在职工程硕士研究生分为航空动力工程、飞机工程、机电工程和管理工程4个学科，共计215人。其中，哈尔滨3个航空厂所116人，沈阳7个航空厂所99人。依据《航空工程硕士培养方案》，这些学员实行命题录取，按专业班由厂校双方组成教学指导组，实行双导师制和淘汰制，学位课程实行学分制。在职人员攻读工程硕士学位是我国研究生教育的改革，其特点是学员以进校不离岗的方式进行正规和系统培养。该项改革首先在冶金工业部、航空工业总公司和兵器工业总公司试点，北航是起步最早的试点高校之一。

（陈 颖）

【孙晓峰获中国青年科技奖】 3月22日，北航动力系孙晓峰教授获第五届中国青年科技奖。孙晓峰是北航407教研室主任，博士生导师，主要从事航空气动声学理论和工程应用方面的研究，在涡轮发动机风扇发声与消声短舱设计、航空螺旋浆降噪研究等方面的研究工作是国内唯一的。由他主管和参加完成的科研项目获得航空工业总公司1993、1994、1996年度科技进步二等奖和三等奖。中国青年科技奖设立于1987年，原名“中国科学技术协会青年科技奖”，1994年，中组部、人事部、中国科协共同决定改为现名称。该奖项每2年评选1次，每次得奖人数不超过100人。

（陈 颖）

【与钟祥市共建应用技术学院】 3月23日，湖北钟祥市人民政府和北航签署共建北京航空航天大学钟祥应用技术学院协议。共建后的学院为北航二级学院，在北航院内和钟祥市师范学院同时挂牌。学生以专科为主，每年以定向形式从参加高考的钟祥市考生中录取50人。钟祥市政府投资300万元在北航校园内建设可供150名学生使用的住房及其配套设施。

（陈 颖）

【成立校友基金会】 4月10日，北航校友基金会正式成立。该基金会是为加强校友间的联系，发挥广大校友办学的积极性，促进北航的建设和发展而成立的。基金来源主要是校友和海内外社会团体和各界人士的自愿捐赠。沈士团任理事长。

（陈 颖）

【研制人大会堂电子表决系统】 4月28日，北航与全国人大常委会签定人民大会堂电子表决系统研制开发协议书。该项目是经过公开招标后，确定由北航承担，合同额近千万元。改造后的表决系统具有统计精确、代表报到简便、会务信息同步及系统安全保障可靠等功能。该系统已在9月召开的十五大应用。

（陈 颖 崔 超）

【4名教授当选民主党派领导】 5月7至23日，北航有4名教授当选民主党派领导成员。7日，在中国民主促进会北京市第八次代表大会上，吴森堂当选民进北京市委委员，王幼复教授当选出席民进第八次全国代表大会北京代表。9日，在中国国民党革命委员会北京市第九次代表大会上，傅惠民当选民革北京市委副主任委员。23日，在中国民主同盟北京市第八次代表大会上，过梅丽当选民盟北京市委委员。

（陈 颖）

【建立航空奖学金基金】 5月23日，中国航空工业总公司召开新闻发布会宣布，用所筹集到的2000万元建立航空奖学金基金。该奖学金首先在北航、西工大、南航、沈航的飞机设计、飞行器制造工程、飞行器动力工程3个专业实施，人均每年奖励3500元。采用由新生自愿申请，学校择优选拔，学生与用人单位签订就业合同，以大学毕业到合同单位供职作为回报办法。

（陈 颖）

【承办全国计算机培训班】 5月26日，由北航承办的第一期全国计算机高级技术人才培训班开学。该培训班是国家教委、国家科委等6部委采纳国家“863”智能计算机专家组的倡议举办的，是计算机高技术人才培养工程的一项重要内容。该培养工程计划到2000年为我国计算机领域培训300名全面掌握世界计算机发展前沿的关键技术和必要的理论基础的年轻学科带头人及学术骨干。

（陈　颖）

【召开教代会暨工代会】 5月27至31日，北航召开第五届教职工代表大会暨第九届工会代表大会。两代会正式代表238人，分别来自教学、科研、管理、生产等各部门。大会以无记名投票方式选举产生北航第九届工会委员会、第九届工会委员会经费审查委员会、第五届教职工代表大会主席团。大会依次通过《北航第九届工会代表大会关于第八届委员会工作报告的决议》、《北航教代会、工代会及其工作机构组成人员替补办法》。原则上同意《北航教代会实施细则》。

（陈　颖）

【举办青年教师课堂教学比赛】 6月2日，北航第四届青年教师课堂教学比赛结束。该比赛共有28名青年教师参加。由19名专家教授组成的预赛评委会通过随堂听课等办法，评出13名教师参加决赛，最后采用公开示范讲课、专家评选的方式决出名次，一等奖1名，二等奖4名，三等奖5名，鼓励奖3名。

（陈　颖）

【与空军机关合作办学】 6月21日，北航与空军司令部机关签订《空军司令部机关、北京航空航天大学合办北京航空航天大学空司机关分校协议书》，同时举行开学典礼。该协议规定，北航将在最近3年为空军司令部500余名机关干部提供规范化、系统化的教学服务，完成总参谋部的《全军干部学习高科技知识三年规划》。刘顺尧、沈士团等空军和北航领导及分校全体师生参加开学典礼。

（陈　颖）

【承建北京公安网络信息系统】 6月24日，北航承建北京公安网络信息系统，在合作协议书上签字，合同额近千万元。该系统是广域网和信息管理软硬件相结合的综合应用信息系统，用于支持北京市“110”报警台快速反应系统。北航课题组由六系、管理学院和十系共同组建。

（陈　颖）

【学生宿舍闭路电视开通】 6月25日，北航学生宿舍闭路电视系统正式开通。该闭路电视对学生限时开放5个频道，其中4个频道传送中央电视台第一、二、五套节目和北京电视台第一套节目，另外1个机动频道用于电化教学。该工程是在市委教育工委的安排下，以收取押金的方式筹集资金，一期工程安装彩色电视机1400台，二期工程装机262台。李志坚参加开通仪式，并按下启动电钮。

（陈　颖）

【北京CAD咨询服务中心成立】 6月，北京市CAD技术咨询服务中心在北航成立。该中心为非赢利咨询机构，通过承担国家和北京市下达的有关CAD应用工程的研究课题、咨询服务、技术推广等任务滚动发展，将协助市科委制定北京市CAD应用工程规划，完成“CAD应用1318工程”（建立1个CAD技术咨询服务中心，30家CAD应用示范企业，重点在100家企业推广CAD技术，建立8个CAD技术培训网点），为北京市各企业开展CAD应用工程提供技术咨询服务。该中心日常工作由北航制造工程系承担，至年底，55万元研究建设经费已到位。

（陈　颖）

【薄膜与涂层技术实验室建成】 8月23日，北航建成我国第一个电子束物理气相沉积热障涂层研究及小批量生产的薄膜与涂层技术实验室。该薄膜与涂层技术实验室是北航从乌克兰科学院巴顿焊接研究所引进电子束物理气相沉积设备，并在该研究所电子束技术国际中心有关专家的协助下，加上学校相应的配套投入而建成的。

（陈　颖）

【签订征购土地合同】 8月27日，北航与蓟门农工商公司签订北航征购东南校门南侧土地的合同。该征地合同经过一年半协商谈判，在拆迁地面建筑物、安置拆迁企业和农民等问题上达成协议。该土地共121.05亩，其中有菜田69.8亩，非耕地51.25亩。

（陈　颖）

【成立奖学金管委会】 9月10日，北航成立奖学金管理委员会。该委员会代表学校统一领导和归口管理各类奖学金。至年底，北航共设有各界人士、团体捐赠的各类奖学金38项。

（陈　颖）

【举办首批航空工业领导工商管理班】 9月22日，中航总公司首届领导干部工商管理培训班在北航开学。该培训班为期3个月，开设12门课程，共336个学时，学员毕业时，必须通过全部12门课程考试，由中航总公司统一颁发领导干部工商管理培训毕业证书后，持证上岗。根据有关规定，今后3年内中航总公司机关1500余名处级干部全部要完成工商管理培训。首届培训班共有学员40人。

（陈　颖）

【与市共建成果转化机构】 9月29日，市科学技术委员会和北航签署共建北京新材料高科技孵化器协议。该孵化器的建立是为加速北京高新技术产业的发展，促进北航新型材料领域的科技成果向产业化转化，其管理机构为指导委员会，日常管理和建设由北航天行科技开发集团承担。11月底，200万元孵化基金已全部到位。

（陈　颖）

【实施本科新版教学计划】 9月，北航开始实施本科新版（1997版）教学计划。新版教学计划历时2年研制而成，突出人才培养过程的整体优化，强调宽口径专业教育，将原

42个本科专业调整为29个。加强实践性教学环节并强调发挥学生学习自主性，拟订《奖励学分规定和实施办法》，以鼓励学生实践活动和自主学习。在课程的安排上，新版教学计划将课内总学时缩减10%左右，将人文社科课程比例提高为占计划课内总学时的16%，要求学生人文社会科学选修课不少于15学分。并将方法论基础明确列入计划，将航空航天概论课程列为全校各专业的必修课，鼓励外语、计算机同其他课程结合，同时加强专业英语教学，将计算机原理及应用转为基础课，将计算机信息网络的使用列入教学计划。

（陈 颖）

【设立成飞奖教学金】 10月8日，北航设立“成飞奖学金、奖教金”基金，该基金由成都飞机工业公司提供，共50万元，用以奖励该校品学兼优的学生和在教书育人工作中成绩突出的教师。

（陈 颖）

【与台湾淡江大学合作办学】 10月10日，北航与台湾淡江大学签署交流协议书。该协议书确定，双方将在教学、科技研究等方面进行资讯、经验、成果的交流，交换教授、科技专家和研究人员，共同实施培养研究生及本科生计划，建立科技合作项目，交换公开出版的书籍、刊物、学术文献及研究成果，开展双方教职员的互访联谊，相互接受假期学生研习团。协议书有效期为3年。台湾淡江大学是台湾私立综合性高校中历史最久、规模最大的学校。

（陈 颖）

【颁发首届航空航天教育科研奖】 10月13日，航空航天教育科研奖在北航首次颁发。该基金会理事长及北航校领导为获得此奖项的北航、南航、西工大、航天工业总公司701所的31名教学科研人员颁奖。航空航天教育科研奖由美籍华人、美国航空航天基金会主席吴镇远教授出资设立。吴镇远是力学专家，曾任美国乔治亚理工学院教授，是北航顾问教授。

（陈 颖）

【召开校第十三次党代会】 10月14至18日，北航召开中共北京航空航天大学第十三次代表大会。出席大会的有261名代表以及特邀和列席代表。市委教育工委陈大白和中国航空工业总公司党组朱育理参加开幕式并讲话。大会作题为《加强党对学校的领导，团结奋斗，以崭新的姿态跨入二十一世纪》的工作报告、纪委工作报告和题为《高举邓小平理论的旗帜，团结一心，建设北航》的报告。经无记名投票方式选举第十三届校党委委员23名和校纪律检查委员会委员11名，并通过关于第十二届委员会工作报告的决议和关于纪委工作报告的决议。

（陈 颖）

【成立民航数据通讯研究基地】 10月17日，国内唯一的民航数据通讯研究基地在北航成立。该研究基地由民航数据通讯公司与北航共同建设，旨在使共建双方充分发挥在技术和财力方面的优势，开展地空数据通讯研究。民航数据通讯公司是由国内7家骨干航空公司和民航空中交通管理局出资组建的有限责任公司，负责管理覆盖全国所有民航线路的中国民航甚高频地空通讯网。

（陈 颖）

【成立北航青年科协】 10月24日，北航举行青年科协成立大会暨首届青年学术交流讨论会。青年科协的主要任务是：在思想品德修养和作风培养方面对青年科技工作者进行引导，支持他们在教学和科研中发挥作用，组织协调全校青年科技工作者的学术交流活动、跨学科的科学研究、科技咨询和科技服务，协助组织青年科学基金的申报和评审工作等。首届青年科协理事长为王华明。该青年科协是北京高校第一个青年科协组织。

（陈 颖）

【首次颁发光华奖学金】 10月27日，北航举行首届光华奖学金颁奖仪式。光华教育基金会颁奖代表、台湾阳明大学校长张心湜教授参加颁奖仪式。165名博士、硕士研究生和本科生获奖。光华教育基金会由尹衍梁出资，于1989年创立，台湾南怀瑾任会长。从1997年开始，该基金会将每年向北航颁发15万元奖学金。光华奖学金已在25所大学颁奖。

（陈 颖）

【航空航天总公司共建北航】 10月30日，中国航空工业总公司和中国航天工业总公司共建北京航空航天大学和西北工业大学签字仪式在北航举行。共建后，航空工业总公司对两校的行政隶属关系、投资体系、经费渠道不变。航天工业总公司将北航和西北工大航空航天类学科专业列入该总公司高等教育规划和科学技术发展规划中。两校将满足航天工业发展对人才培养、继续教育、学历培训等各方面的需求。钱伟长、周远清等全国政协、国家教委领导到会并讲话。

（陈 颖）

【获准增设2个本科专业】 10月31日，北航增设环境工程和交通运输2个本科专业。这2个本科专业修业年限为4年，学位授予按国家有关规定均为工学学士。其中，环境工程的相近专业为腐蚀与防护。

（陈 颖）

【再获挑战杯赛“优胜杯”】 11月8至12日，在第五届“挑战杯”全国大学生课外学术科技作品竞赛中，北航送展的6个参赛项目全部获奖，其中一等奖1个，三等奖3个，鼓励奖2个。在理工类院校中名列团体总分第4名，综合总分第9名。连续5届获得“优胜杯”。

（陈 颖）

【被聘为市专家顾问团顾问单位】 11月14日，北航新增为北京市第七届政府专家顾问团的顾问单位。该校5名专家成为本届专家顾问团成员。本次共增设12个顾问单位。

（陈　颖）

【成立理学院】 11月14日，北航理学院正式成立。首任院长为中国科学院院士林群教授。理学院是在原应用数学与物理系基础上组建的，下设数学系、应用物理系、动力学系统与控制研究室、化学研究中心等部门。主要承担应用数学与应用物理学科建设以及全校数理基础课的教学任务。

（陈　颖）

【傅惠民当选民革中央常委】 11月24至30日，在北京召开的中国国民党革命委员会第九次全国代表大会上，北航傅惠民教授当选民革中央委员。尔后，在民革九届一中全会上当选为民革中央常委。傅惠民，1956年出生，毕业于北京航空航天大学，工学博士，现为博士生导师，曾获国家自然科学三等奖、航空航天部科技进步一等奖和二等奖，并获全国五一劳动奖章和全国优秀教育工作者、国家有突出贡献的中青年专家等称号。

（陈　颖）

【成立航空可靠性重点实验室】 11月25日，中国航空工业总公司航空可靠性综合重点实验室在北航挂牌成立，并正式对外开放。该重点实验室投资近2000万元，是在原有的可靠性与环境实验室和电子元器件检测与分析中心合并的基础上扩建而成的。重点实验室学术委员会由中国科学院和工程院院士雷天觉等10名专家组成。实验室实行主任负责制，中航总公司科技委第二主任王昂担任名誉主任，北航杨为民教授担任主任。

（陈　颖）

【两教授增选为两院院士】 12月4日，中国科学院和中国工程院联合公布1997年新增选两院院士名单。北航计算机系李未教授当选中国科学院技术科学学部院士，飞行器设计与应用力学系李椿萱教授当选中国工程院机械和运载工程学部院士。李未是世界上最早研究和发展结构操作语义方法的学者之一，曾独立地用此方法系统地解决Ada等实用并发语言的语义难题，给出语言中并行和通信机制的高效算法。他在国际上首次提出并发语言翻译理论，开创并发语言的比较研究。这些成果使他以唯一获奖人身份获1995年国家自然科学二等奖，他的有关论文已成为结构操作语义及并发程序语言等研究的重要文献，并被国内外大量引用。李未主持研制我国第一台从体系结构上既支持逻辑推理，又支持表处理的工作站。发表论文110篇。李椿萱曾参与美国航天飞机、导弹等型号研制和预研以及空间战略防御倡议计划中动能武器概念研究阶段工作。回国后先后任"863"高技术航天领域大型运载火箭及天地往返系统主题专家组成员及气动力、热专题组组长。1972年以来，共负责和参与40余项有关空气动力学、高速碰撞力学、粒子束动力学及计算力学等多种学科及相关工程领域的研究项目。共发表70余篇论文与技术报告。曾获得国家有突出贡献的中青年专家、全国优秀教师、国务院"863"计划先进工作者等荣誉称号。

（陈　颖）

【发动机寿命控制软件研究获资助】 12月11日，北航与普惠（中国）公司签订合作项目协议书，根据该协议，普惠公司提供7.7万美元经费，资助北航发动机系进行发动机寿命控制软件课题研究。普惠公司是美国联合技术公司下属的一家公司，是全球最大的航空发动机公司之一。

（陈　颖）

【陆士嘉奖学金委员会成立】 12月19日，陆士嘉奖学金委员会在北航成立，并举行首次颁奖仪式，12名优秀学生获奖。该奖学金委员会由钱学森、沈元担任名誉主任，庄逢甘担任委员会主任。陆士嘉是我国流体力学及空气动力学研究和教育事业的奠基人。第二次世界大战期间，她解决喷气发动机理论中的复杂流体力学问题。她参与北航的组建，并建起我国第一个空气动力学专业，创建我国第一个高速风洞。1996年，在陆士嘉逝世10周年纪念大会上，雷洁琼倡议以设立奖学金的形式继承和发扬她的精神。海内外陆士嘉的家人、好友、学生纷纷响应，出资捐款。至年底，共收到捐款约合33万元。陆士嘉奖学金面向流体力学专业的优秀学生。每年将捐款的利息用于奖励。

（陈　颖）

【设立大鹏奖教学金】 12月23日，北航设立大鹏奖教学金。该基金是广州大鹏房地产公司董事长谢铁牛捐献50万元设立的。广州大鹏房地产公司成立于1994年，经过3年的发展，现在已经成为一家较有影响的综合多元的外向型企业。

（陈　颖）

【首次颁发容闳科技教育奖】 12月23日，北航12名学生和2名青年教师首次获得美国联合技术公司容闳科技教育奖。获奖学生每人奖金500美元，获奖教师每人奖金2000美元。每个获奖者还得到1部容闳博士的回忆录《西学东渐记》。5月15日，"美国联合技术公司容闳科技教育奖"在北京设立。该科技教育奖总额为每年50万美元，授予北航等8所全国重点大学，每所受奖大学每年可获奖金7.5万美元，受奖的8所大学是美国联合技术公司在全国广泛调研后确定的。

（陈　颖）

【获国家级科研奖52项】 12月26日，北航获国家自然科学三等奖1项、国家发明四等奖1项、国家科技进步三等奖3项，获航空工业总公司等省部级科技成果奖47项。由邓学蓥教授主持的《后掠激波/边界层干扰研究》项目获国家自然科学三等奖，由张广军教授主持研究的《二氧化碳分压传感器样机研制》项目获国家发明四等奖，另外由该校参加的《中华Ⅰ型数控基本系统及其典型系统的开发研究》、《蓝天低空导航吊舱》、《前视红外/激光瞄准吊舱原理样机》3个项目获国家科技进步三等奖。

（陈 颖）

【获国家级教学成果奖】 12月，在“1997年普通高等学校国家级教学成果奖”评审中，北航三系文传源、王行仁、陈宗基、张明廉、申功璋等教授的《飞行器控制、制导与仿真重点学科建设及高水平博士生培养》获一等奖。四系陈矛章教授的《粘性流体动力学基础》(教材)获二等奖。北航与清华等校合作的《高等工业学校本科教学工作评价的研究与实践》获一等奖。该校还获得1997年度北京地区普通高等学校教学成果奖16项，其中一等奖7项（含国家级一等奖1项），二等奖9项。

（陈 颖）

【航空重大项目完成率98%】 12月，北航对1997年承担航空工业总公司下达该校项目以及与航空厂所签订合同的项目进行年度考核，结果计划完成率为98%。

（陈 颖）

【科研经费达1.3亿元】 至年底，北航科研经费到款总额达1.3亿元，其中横向科技项目合同到款3551万元，创历史最高纪录。在研项目总数达1123项，其中计划内988项。各类科学基金资助课题拨款总额为916万元。在研的国家自然科学基金资助的研究课题104项，其中新立项34项。航空科学基金资助的科研课题122项，其中新开题的46项。“863”高技术研究在研课题89项，经费1068万元，其中新立项32项。

（陈 颖）

【投入“211工程”建设资金460万元】 至年底，北航“211工程”中教学与公共服务体系建设有8个项目通过专家论证，经费到位460多万元，并相继开工实施。其中计算机教学中心147万元的建设项目已完成，并投入使用；教务处与四系、五系共建2个多媒体教室。

（陈 颖）

【开展国际合作交流】 至年底，北航共接待来校讲学、科技合作、参加国际学术会议和各类研讨会以及商务洽谈的外宾和境外人士900多人次。授予4名国际知名学者及科技专家为顾问教授或兼职教授。先后与美国国际科技大学、俄罗斯航天大学、台湾淡江大学、德国宝马·罗罗公司、美国联合技术研究中心、普拉特·惠特尼公司、韩国航空大学等签署校际合作协议、科技合作协议或合作意向书。与美国联合技术公司（UTC）签订协议承担3项研究课题，与BMW—RR公司签订协议承担3项研究课题。举办先进聚合物复合材料的材料加工及应用国际会议、第三届国际外语教学研讨会、第二届亚太地区航天技术和科学国际会议3次国际会议。

（陈 颖）

【完成基建投资4400万元】 年内，北航完成基建投资4400万元，竣工面积21980平方米，其中有飞行学院楼、培训中心、食堂中心、流体力学楼、热能工程实验楼等工程，均已投入使用。在施面积11990平方米，其中瑞纳教学楼10328平方米，电话局工程1670平方米。

（陈 颖）

【1000多户职工迁入新居】 年内，北航1000多户职工迁入新居。其中搬入西三旗育新花园的有166户，搬入六道口静淑苑小区的有43户，搬入803住宅楼的有224户，在校内提高档次调整住房的近700户。

（陈 颖）

【环保工程投入125万元】 年内，北航投资百万元，对环境污染源进行治理，并更新环保设施。其中，投资25万元完成的回水管工程使废水中COD的年排放量减少20吨；为减少烟尘污染源，投资100万元，在新建的3000人的学生食堂，将燃煤大灶改成用天然气，将单身教职工和南片学生宿舍区茶炉房的燃煤茶炉换成2台天然气茶炉。

（陈 颖）

【参与北京市经济建设】 至年底，北航为北京市市属单位输送本专科毕业生、研究生349人；为北京市在化工、电子、机械制造、计算机与信息技术、仪器仪表、工艺美术、轻工模具等行业的发展决策提供咨询；承担北京市科技开发、技术合作项目135项，经费总额674万元；参与北京西客站建设、市政建设及治安管理建设等重点项目，已与市属单位合办5个高新技术企业，年产值超千万，利税300万元；建立“计算机新技术”和“聚合物基复合材料技术”2个北京市重点实验室。

（陈 颖）

【设立603所奖学金奖教金】 年内，北航设立“603所奖学金、奖教金”，设奖期限从1997年至2000年。奖学金每年评出获奖学生17名，其中一等奖每人奖金1000元，二等奖每人奖金600元。奖教金每年评出获奖教职工6人，其中一等奖每人奖金800元，二等奖每人奖金550元。12月，举行首次颁奖仪式。

（陈 颖）

【万绍芬受聘北航顾问教授】 年内，北航聘请八届全国人大常委万绍芬为顾问教授。万绍芬1948年参加革命，1955年后历任共青团南昌市委副书记，共青团第八届中央委员，江西省劳动局副局长、省妇联主任、省委常委、组织部长，1985年被选为省委书记，是新中国第一位女省委书记，1988年后，任全国总工会党组副书记、副主席，中央统战部副部长。她是第六、七、八届全国人大代表，八届全国人大常委，华侨委员会副主任，中共第十二、十三届中央委员，中共第十四届中央纪律检查委员会委员，香港特别行政区筹委会预委会委员。

（陈 颖）

【获全国科技管理先进单位称号】

年内，在国家教委首次举办的全国科技管理先进单位的评选表彰活动中，北航被评为全国科技管理先进单位。该校科研管理队伍素质高，在科研课题计划管理、科研成果及专利管理、实验室建设及管理、国际科技合作与交流等方面都有较高的水平。“八五”期间，科研经费增加近3倍，从1995年开始，连续3年，年科研经费均超过1亿元。本次评比，全国共有155个单位获此称号。

（陈　颖）

北京理工大学

党委书记　焦文俊
校　　长　王　越

【概　况】　1997年，北京理工大学设有研究生院、成人教育学院、兵总继续教育中心、秦皇岛分校、北京房山分校和西山分校。校本部设机电工程学院、计算机控制学院、车辆工程学院、信息工程学院、化工与材料学院、机械工程与自动化学院、管理学院、科学技术学院、人文社会科学学院共9个学院18个系（部），25个研究所（研究中心）；4个国家重点学科点，24个部级重点学科点；84个实验室，1个国家重点实验室，2个国防科技重点实验室，4个重点学科点专业实验室，7个对外开放实验室。设有21个博士学位授权点，比上年减少1个授权点，降低4.5%，所涉及一级学科增加到14个，增长40%；有4个博士后流动站，硕士学位授权点调整为44个，比上年降低24%，所涉及一级学科增加到19个，增长26.7%；学位点压缩幅度远小于整体压缩幅度，一级学科增加幅度远高于整体增加幅度，领域面有较大拓宽。有本科专业47个，专科专业11个。该校本年度在电子信息类专业尝试按学科大类进行本科教学的改革试点，将原33个工科专业合并为本科11个大专业类组织教学。全校有教职员工3555人，比上年减少121人。有科学院院士1人，工程院院士3人，教授193人，副教授445人，研究员50人，副研究员125人，讲师464人，高级工程师95人，工程师266人，全校具有高级技术职称的人员966人，其中具有正高级职称人员249人。具有硕士学位578人，具有博士学位165人，博士生导师95人，国家有突出贡献的中青年专家15人，享受政府特殊津贴人员221人。在校研究生1737人，其中博士生443人，硕士研究生1294人；在校本专科学生7255人，其中本科生6234人，专科生1021人；成人教育在校生6075人，其中函授生3341人，夜大生2734人；在校留学生87人。各类在校学生总数15154人。本年招收研究生595人，其中博士生140人，硕士生455人；招收本专科学生2130人，其中本科生1749人，专科生381人；成人教育招生2069人，其中函授1110人，夜大534人，成人脱产班425人；招收留学生55人。毕业研究生489人，其中博士生75人，硕士生414人；毕业本专科学生2012人，其中本科生1401人，专科生611人；成人教育毕业2056人，其中函授1076人，夜大452人，成人脱产班528人；留学生毕业50人。学校占地面积77.3万平方米，总建筑面积41万平方米，其中图书馆建筑面积1.4万平方米，藏书113万册；学校拥有固定资产43502万元，其中新增固定资产1949万元，全年财政拨款7255万元，高等教育经费支出11344万元，在经费严重不足的情况下，学校积极多渠道筹措资金。基本建设完成投资10133.7万元，其中完成国家投资8313万元，完成自筹资金1820.7万元。

（辛雪琴）

【校工会通过“全国模范职工之家”验收】　1月9日，理工大通过市高校工会“全国模范职工之家”验收组复查验收，获得全国模范职工之家称号。验收组认为：理工大工会注重自身建设，健全各项组织制度、工作制度、民主生活制度；认真贯彻落实《工会法》、《企业法》、《劳动法》等有关法律；切实完善以教职工代表大会为基本形式的民主管理制度，保障教职工主人翁的地位，积极为群众排忧解难、办实事；大力加强精神文明建设及企业文化建设，认真开展职业道德教育，并取得显著成绩；积极宣传报道劳动模范和先进人物的事迹；广泛开展群众体育活动。该校工会自1988年至今一直保持该称号。

（辛雪琴）

【被评为群众体育工作先进学校】　1月10日，市大学生体育协会和市教委在理工大召开1996年北京市高校群众体育工作科研论文报告会及颁奖大会，理工大作《深化改革，加强管理，提高群众体育工作的实践与探讨》主题发言，并获贯彻学校体育工作条例先进学校奖、群众体育工作优秀院校奖及达标优秀院校奖。该次会议共有7所院校代表发言，共有10个院校获达标奖。

（辛雪琴）

【校董会第二次工作会召开】　1月25日，理工大校董会第二次工作会召开，36名董事及董事代表参加会议。该校向董事会汇报一年来的工作情况，并与董事单位探讨合作办学的新途径，商讨“211工程”建设问题。会议通过《北京理工大学董事会章程》、《北京理工大学董事会基金管理办法》和《北京理工大学董事会1997年工作计划》。

（辛雪琴）

【举行徐特立诞辰120周年纪念大会】　1月28日，理工大举行大会纪念徐特立诞辰120周年。会上成立北京理工大学徐特立教育思想研究会。中宣部、北京市委教育工委、北京市教委、兵器工业总公司等负责人参加会议。徐特立是该校前身

——延安自然科学院院长。

（辛雪琴）

【柏林工业大学校长来校访问】 4月1日，德国柏林工业大学校长舒曼教授等一行4人访问理工大。访问期间，舒曼作题为《高等学校发展规划》和《工程设计发展趋势》报告。柏林工业大学与该校有长期友好的合作关系。

（辛雪琴）

【举办高等光学与光子学讲座】 5月9日，理工大光电工程系举办高等光学与光子学系列专题讲座。该讲座共分27讲，讲述光学工程领域各分支学科的基本概念、发展概况以及本学科前沿问题，使学生了解光学工程及各分支学科。讲授以校内教师为主，同时邀请我国光学界的专家、科学院院士、工程院院士讲授。

（辛雪琴）

【举办青年教师系列学术报告会】 5月19日至11月21日，理工大举办北京理工大学青年教师系列学术报告会。该报告会先后举办青年教师学术活动周、校级青年教师专场报告会和各院、系青年教师和青年管理干部学术报告会或学术研讨会等活动。11月21日，该校召开总结表彰会，对优秀教师和优秀组织单位进行表彰。

（辛雪琴）

【教师队伍建设工作会召开】 6月6日，理工大1997年教师队伍建设工作会召开。该校各院(系)、部、处、中心负责人及获奖个人和获奖集体代表参加会议。会议中心议题是建设一支高素质跨世纪的教师队伍，为实现“211工程”建设总目标而奋斗。会议表彰在教师队伍建设工作中成绩突出的先进集体和先进个人，宣读新评选的中青年学术带头人、优秀青年骨干教师、优秀中青年管理干部、青年管理干部骨干、工人技术标兵、工人技术能手等名单，下发《“九五”教师队伍建设规划》等文件，首次提出设立首席科学家和首席教授制度的意见。

（辛雪琴）

【与产业开发区签订合作建房协议】 6月25日，理工大与北京新技术产业开发试验区签订合作建房协议。该协议合作建房项目包括国际交流中心大楼和科技开发大楼。

（辛雪琴）

【与武钢签订技术改造项目合同】 7月18日，理工大与武汉钢铁总公司签订2800轧机技术改造项目合同。该合同总金额为2400万元。

（辛雪琴）

【与美国达涅利公司签订合作协议】 8月23日，理工大与美国达涅利工程技术公司签订技术合作协议。该合作协议规定，双方合作建立北京轧钢技术与控制中心，并合作开发中国与国际市场。美国达涅利联合工程公司是一个设计与制造热轧机与冷轧机的跨国公司，其产品技术处于国际领先水平。

（辛雪琴）

【电工实验室通过市级评估】 10月22日，理工大电工实验室通过市教委和北京高校基础课教学实验室评估专家组的评估检查。专家组在听取该校开展实验室自评工作的汇报，并深入实验室检查后，认为电工实验室各项指标均达到评估标准，理工大做到“以评促建、以评促改、以评促管”。

（辛雪琴）

【召开函授教育工作会】 10月27至30日，理工大1997年函授教育工作会在湖北襄樊举行。来自全国各地函授站的40余名代表参加会议。本次会议的主题是：加强函授站建设、提高函授教育质量。会议就完善招生措施、保证生源质量和加强函授教学过程管理等问题进行交流，并明确今后工作的努力方向。

（辛雪琴）

【获“挑战杯”赛奖】 11月8至12日，由中国科协、全国学联举办的第五届“挑战杯”全国大学生课外科技作品竞赛活动在南京理工大学举行，全国共有267所大学、942件作品参赛。理工大代表队参赛的6件作品全部获奖，其中获二等奖1项，三等奖4项，鼓励奖1项，团体总分排第17名，列理工类院校第7名，列北京参赛高校第4名，并获高校优秀组织奖。

（辛雪琴）

【“211工程”实施方案通过评审】 11月11日，理工大“211工程”重点学科建设项目实施方案通过兵器总公司评审。评审专家组由清华大学、兵器总公司等单位的15名专家组成。专家组对该校7个重点学科分3个学科组进行评审，分别听取学科建设项目负责人关于实施方案的汇报和答辩，审阅有关材料。专家组认为理工大“211工程”重点学科建设项目实施方案符合国家计委批准项目可行性研究报告条件，各学科建设项目目标明确、重点突出、充分利用现有条件，减少土建工程，采用工艺先进，提高实验室建设水平，符合国家有关规范和标准。一致同意通过评审。

（辛雪琴）

【召开教学工作会】 11月28日，理工大召开1997年教学工作会。焦文俊、王越等校领导，各院（系）主要负责人、教研室主任、教学干事、学生干事及校、系学生会负责人和获优秀教学成果奖、优秀教材奖的代表参加会议。会议做题为《学习贯彻十五大精神，深化教育教学改革，加强教学基础建设，进一步提高教学质量和办学效益》的工作报告，会议强调：理工大要以优异成绩通过本科教学工作优秀学校评建，以评促建，促进教学改革深入发展。大会交流教学改革的经验，通过《北京理工大学推进教学改革试行办法》、《北京理工大学院系本科教学工作评价方案》等文件。

（辛雪琴）

【坦克传动实验室通过验收】 12月22至23日，理工大坦克传动国防科技实验室通过国防科工委和兵器总公司的验收。理工大坦克传动国防科技实验室建于1993年，4年来，共完成科研项目35项，培养硕士生56名，博士生15名，博士后研究人员4名。

（辛雪琴）

【35项科技成果获奖】 年内，理工大共有35项科技成果获部级以上奖，其中获国家科技进步三等奖1项，获国家自然科学三等奖1项，获部级科技进步特等奖1项，获部级科技进步一等奖2项，二等奖10项，三等奖20项。

（辛雪琴）

【获准8个工程硕士学位授予权】 年内，理工大在航天工程、车辆工程、仪器仪表工程、电子与信息工程、化学工程、机械工程、兵器工程、计算机技术共8个工程领域获工程硕士专业学位授予权。

（辛雪琴）

【21项教学成果获市级以上奖】 年内，理工大有21项优秀教学成果获市级以上奖，其中《高等工业学校本科教学工作评价的研究与实践》（跨校合作）获国家一等奖，《“跨世纪德育工程”的组织与实施》、《实践教学质量评估研究及实践教学改革与建设》2项获国家二等奖，获北京市一等奖7项，二等奖11项。

（辛雪琴）

【制订“211工程”管理办法】 年内，理工大先后制订《北京理工大学“211工程”建设项目管理办法》，该办法对项目的划定、组织领导、管理形式、项目监审、验收鉴定等做明确规定；《北京理工大学1997年“211工程”专项资金管理暂行办法》，对资金的内容、审批使用、开支范围、预算和决算、管理和监督等做规定；《北京理工大学“211工程”仪器设备购置管理办法》、《实验设备处“211工程”仪器设备建帐、建卡管理规定》，对仪器设备采购程序、验收及管理做规定。

（辛雪琴）

北京科技大学

校　长 杨天钧

【概　况】 1997年，北京科技大学设有资源工程学院、冶金学院和材料科学与工程学院等8个学院及1个体育部，32个本科专业，41个硕士学科点，17个博士点，其中无机非金属材料专业为新增博士点，4个博士后流动站。有6个国家重点学科，1个国家工程研究中心，2个国家级重点实验室，2个部委级开放实验室，5个部重点学科。还设有北京管庄分部、延庆分校2个专科生培养基地及成人教育学院。校园面积555000平方米，固定资产13790万元。图书馆藏书87万册。教职工3153人，专任教师1295人，其中教授187人，副教授421人，讲师386人。教师中具有博士学位的161人，占教师总数的12.4%；具有硕士学位365人，占教师总数的28.19%。有博士生导师112人，中国科学院院士6人，中国工程院院士2人，国务院学位委员1人，北京市学位委员1人，国务院学位委员会学科评议组成员4人，国家级有突出贡献专家16人，冶金部有突出贡献专家13人，国家教委跨世纪优秀人才4人，北京市青年学科带头人25人，优秀青年骨干教师72人。招生3007人，其中本科生1376人，专科生131人，预科生25人，硕士生250人，博士生112人，留学生48人，函授、夜大生1065人。毕业3093人，其中本科生1238人，专科生310人，预科生19人，硕士生347人，博士生50人，留学生44人，函授、夜大生1085人。在校生10819人，其中本科生5283人，专科生277人，预科生25人，硕士生893人，博士生438人，留学生82人，函授夜大生3821人。

（刘　晋）

【艺术教育中心成立】 1月14日，北科大艺术教育中心成立。该中心有5名教师，开设大学音乐鉴赏、大学美术鉴赏、大学影视鉴赏、大学美育概论4门艺术类课程，组建该中心旨在加强大学生审美教育，提高人才素质。

（刘　晋）

【增设1个博士点】 2月3日，北科大无机非金属材料专业被国务院学位委员会批准为博士学位授权点，至年底，该校博士点共有17个。无机非金属材料专业博士点有60人，其中教授14人，副教授5人，高工6人，讲师20人。有28台（件）设备，价值人民币700万元。1998年正式对外招生。

（刘　晋）

【完善三级教学管理体制】 2月，北科大完成学院下设系、所设置。其中，资源工程学院下设资源工程系（暂用名）、土木工程系、环境工程系、矿业研究所共3系1所；冶金学院下设炼钢研究所、炼铁研究所、电冶金研究所共3个所；材料科学与工程学院下设材料科学与工程系（暂用名）、金属压力加工系、表面科学与腐蚀工程系、铸造研究所共3个系1个所；机械工程学院下设机械工学系、热能工程系、冶金机械研究所、机械电子工程研究所、机械制造及自动化研究所、零件轧制研究中心、机械实习工厂共2系3个所1个中心1个工厂；信息工程学院下设自动化系、电子信息工程系、计算机科学与技术系、计算机与电子教学实验中心共3个系1个中心；应用科学学院下设材料物理系、物理化学系、数学力学系、物理系、化学系共5个系；管理学院下设管理科学与工程系、工商管理系、经济贸易系共3个系；文法学院下设人文社会科学系、外语系、法学所、思想教育研究所、教育管理研究所共2个系3个所。至此，该校校、院、系（所）三级教学管理体制最后完成。

（刘　晋）

【环境断裂实验室通过评估】 3月26至29日，北科大环境断裂实验室通过由国家计委、国家科委组成的专家组的评估，并获得30万元资助。该实验室于1989年经冶金部推荐，1990年1月经国家教委批准成为国家教委开放实验室，从1989至1996年每年获科委15至25万元资助。本年度获资助30万元。8年共获国家自然科学二等奖1项，国家教委科技进步一等奖1项，部委二等奖2项，三等奖3项，专著8部，核心刊物论文200多篇。近4年培养博士后4人，博士10人，硕士12人。至年底，该实验室有院士1名，博士生导师5名，青年教师5名。

（褚武扬）

【研究生学位授权点通过评估】 3月，北科大参加国务院学位委员会组织的全国性评估，其中参评的前4批14个博士点全部合格，16个硕士点(不含与博士点重复者)中除该校自己确定缓评的2个以外，全部合格。

（刘 晋）

【实行课程负责人制】 3月，北科大改革本专科、研究生校级课程教学管理办法，实行课程负责人制，在22组校级课程中，聘任课程负责人41名。实行课程负责人制旨在保证跨学院公共课、基础课、技术基础课教学质量。

（刘 晋）

【召开本科教学工作会】 4月1日至5月6日，北科大召开1997年本科教学工作会。该会议采取大会报告和小会讨论相结合形式，先后举办《院士谈教学改革》、《院长谈教学改革、建设和管理》、《各课题组成员谈教学改革》、《职能部门谈如何建设教学优秀学校》专题讲演，分别论述现代教学思想，教学改革和教学基本建设，专业和课程体系改革，校、院、系（所）三级教学管理体制等问题。

（刘 晋）

【女篮连续8年获市联赛冠军】 4月20日，北科大女子篮球队获北京市高校“斯伯丁”杯（甲级）篮球联赛冠军，此次比赛共有7支北京市高校甲级队参加。该校女篮已连续8年获得冠军。

（刘 晋）

【举行45周年校庆】 4月22日，北科大建校45周年。4月20日，该校召开尊师重教大会，全国人大、冶金工业部、国家教委、市委教育工委王光英、刘淇、师昌绪、朱新均、陈大白等领导参加大会并讲话。来自越南、香港和全国各地26个校友分会的负责人以及教师、学生代表参加会议。钱伟长、徐匡迪等专程到校看望老教师。校庆期间开展学科建设、人才培养、科技动态和国家形势政策等学术报告会和对外校际交流、育人系列讲座及著名校友座谈会、校董会主席单位代表座谈会、各校友分会负责人座谈会等一系列活动。

（刘 晋）

【CAD中心成立】 5月5日，北科大CAD（计算机辅助设计）中心成立，该中心在原机械工程学院计算中心和图形中心的基础上组建，旨在提高该校计算机辅助设计教学质量及学生计算机辅助设计的能力。有教师4人，其中副教授1人，高工1人，工程师1人，助工1人。设备107台（件），价值66.55万元。

（刘 晋）

【获教学成果奖4项】 5月7日，北科大《冶金物理化学研究方法》（教材）获国家级教学成果一等奖，《钢铁材料学》(教材)和《高等学校教材管理的研究与实践》获国家级教学成果二等奖。《北京地区普通高等学校非计算机专业学生计算机应用水平测试的探索与实践》获北京市普通高等学校教学成果二等奖。

（刘 晋）

【获北京高校田径运动会亚军】 6月8日，北科大获第35届北京高校学生田径运动会男女团体总分第二名。此次运动会共有40所高校的800名运动员参赛，历时3天。该校共派出40名选手参加男、女40个项目的角逐。

（刘 晋）

【固体电解质实验室通过验收】 6月20日，北科大固体电解质冶金测试技术国家专业实验室通过国家验收。该实验室是国家计委、国家教委审批确认的世界银行贷款重点学科发展项目，由世行贷款45万美元，国内配套及基建费150万元，于1991年11月开始筹建，按国家重点学科冶金物理化学专业中的冶金电化学方向和材料物理方向，由原固体电解质研究室扩建而成。现有专职人员15人，其中高级职称10人，中级职称2人，初级职称3人；兼职人员11人，8万元以上设备16台（套）。6年中共承担国家攻关等科研项目87项，获省部级一、二等科技进步奖6项，获发明专利16项，培养博士后6人，博士13人，硕士27人。

（刘 晋）

【介绍先进教材管理方法】 7月4日和10月13日，北科大先后在北京市高等学校教材管理工作现场会和湘、浙、京三省市教材工作经验交流会上介绍教材管理经验。该校教材管理应用物流学、ABC分类法、存储论等现代管理技术，探索出教材物流的科学化管理方法。该校同时开发高等学校教材微机管理系统，实现了教材信息流的现代化管理，形成了“教材规划四步法，购销决策科学化、存储结构ABC、信息管理现代化、教材发行柜员制、质量评价制度化”的科学管理模式，使教材的配备率、课前到书率达到98%，与同类院校相比每年节省流动资金占用30至80余万元。

（孙玉珍）

【获首届中国大学生电脑大赛奖】 8月26日，在首届中国大学生电脑大赛总决赛上，北科大获电脑辩论赛第3名。同时该校1名学生获优秀辩手称号，2名学生获技能赛电脑大赛名星称号，5名学生获技能赛优胜奖。该校代表队获团体优胜奖，团委获大赛优秀组织奖。

（刘　晋）

【获大学生电子设计竞赛奖】　9月17至20日，第三届全国大学生电子设计竞赛在全国17个省（区、市）同时举行，北科大3名学生获全国二等奖、北京市一等奖，3名学生获北京市二等奖，3名学生获北京市三等奖。此次竞赛共有全国202所高校的1007个代表队的3021名大学生参加。

（刘　晋）

【获何梁何利基金奖】　9月23日，北科大中科院院士魏寿昆、柯俊获第四届何梁何利基金科学与技术进步奖。何梁何利基金是香港恒生银行何善衡、梁琚、何添、利国伟4名董事共同捐资4亿港币于1994年在香港建立的，目的是奖励内地杰出学者。魏寿昆，90岁，在冶金热力学、选择性氧化还原理论、钢的脱硫、脱磷等方面获得重大成果。首次提出转化温度概念及运用活度理论，为我国矿产资源的开发、利用奠定理论基础，是我国固体电解质在冶金中应用的开拓者。1987年获国家教委科技进步二等奖，1990年获国家教委科技进步一等奖。从事教育、科技工作70年，为我国培养了大批冶金科技和教育人才。柯俊，80岁，一直从事合金中相变的研究和中国冶金史的研究，是材料物理学和科技史学家。在相变理论、电子显微术技术理论、技术科技史方面有突出成果，提出钢中贝茵体转变切变理论，发展了马氏体相变动力学，开辟交叉学科冶金史研究领域，发展了定量考古冶金学。至今英、美、日学者称无碳贝茵体为柯氏贝茵体。其《钢中奥氏体中温转变机理》获1956年国家自然科学三等奖，《中国古代钢铁技术的发展历程》获1987年国家自然科学三等奖、国家教委科技进步二等奖。近年来，又为推动我国高等工程教育的改革做大量工作，从事教育、科技工作60年，为我国培养了大批金属物理科技和教育人才。

（刘　晋）

【两教授人选跨世纪人才】　10月22日，北科大刘国权教授、田文怀教授获跨世纪优秀人才培养计划基金资助，资助金额60万元。刘国权，45岁，一直在材料科学与工程领域从事科研和教学工作，主要研究方向为材料表征、仿真与设计。1989年获霍英东教育基金会青年教师一等奖，1990年获冶金部优秀科技图书奖，1991年获国际体视学会荣誉证书，1992年获国家教委科技进步奖，1994年获宝钢教育基金优秀教师特等奖及冶金部科技进步奖，1995年被评为全国优秀教师。发表论文80余篇，指导研究生10余人。现任博士生导师，研究生院常务副院长。田文怀，38岁，长期从事材料设计与组织控制的研究与教学工作，1990年获日本金属学会优秀论文奖，1993年度获美国TMS学会最优秀论文奖，1995年获中国科协第2届青年学术年会优秀论文奖，1996年被评为北京市高等学校青年学科带头人，1997年获北京金属学会第四届青年优秀科技论文奖。

（刘　晋）

【6个教学软件获奖】　10月，第二届全国普通高等学校优秀计算机辅助教学软件评奖工作结束。北科大数学物理方法教学系列软件获全国一等奖、冶金部一等奖，工科无机化学、普通化学CAI软件和金属矿床地下开采CAI系统获全国三等奖、冶金部二等奖；工程机械设计CAI课件获冶金部二等奖。机械方案选型CAI课件和工程力学常规实验系统软件获冶金部三等奖。

（刘　晋）

【乔利杰获国家杰出青年科学基金】

11月4日，北科大应用学院材料失效研究所乔利杰教授获国家杰出青年科学基金资助，资助金额60万元。乔利杰，45岁，一直在应力腐蚀和氢脆领域从事基础研究，曾获国家教委科技进步一等奖（1996年）和二等奖（1992年）各1项，冶金部科技进步二等奖（1997年）1项，1994年获霍英东青年教师二等奖，是北京市高校青年学科带头人。

（褚武扬）

【19人获宝钢教育奖】　11月14日，北科大1名教师获宝钢教育奖优秀教师特等奖，3名教师获优秀教师奖，15名学生获优秀学生奖。宝钢教育奖旨在奖励高等教育战线上教书育人表现突出的优秀教师和有优良学风、学习成绩优秀的本专科生和研究生。

（刘　晋）

【获全国成人高等教育评估优秀学校】　11月21日，北科大获国家教委全国成人高等教育评估优秀学校称号。该校举办成人教育40多年来，坚持面向经济建设、面向中小型企业、面向边远地区办学方向，为冶金系统和地方培养各类人才10666人，曾于1992年被国家教委评为全国普通高校成人教育先进单位。

（刘　晋）

【电工电子实验室通过评估】　11月26日，北科大信息工程学院电工电子实验室通过市教委评估。专家组根据国家教委对基础课教学实验室的6类39条标准，对该实验室的体制与管理、实验教学、仪器设备、实验队伍、环境与安全、管理规章制度进行评估，认为该实验室达到国家教委规定的标准。

（刘　晋）

【陈难先当选十届民进中央副主席】

12月2日，北科大陈难先教授当选为民进第十届中央委员会副主席。陈难先长期从事电动力学、热力学、分子物理与固体物理的教学和研究工作。现任北科大副校长，应用物理研究所所长。他曾任第六届、第七届全国政协委员，第八届全国政协委员、常委。

（刘　晋）

【二教授当选院士】 12月4日，北科大副校长、应用物理研究所所长陈难先教授当选中国科学院院士，零件轧制研究中心胡正寰教授当选中国工程院院士。至此，该校已有两院院士8名，其中中科院院士6名，工程院院士2名。陈难先，60岁，他提出凝聚态物理中的玻色、费米和晶格3大体系逆问题的命题和方法，并取得一系列新的结果，他在晶格比热逆问题的研究中发展并统一了爱因斯坦与德拜的经典工作。在原子间相互作用势库的工作中，提出由晶体结合能到对势的严格简捷公式，并发展了80年代兴起的EAM多体势（埋入原子法），势库的工作为复杂材料性能预测方面建立了良好基础。如Fe_3Al的合金元素选择替位和场离子显微镜成像原理、Ni_3Al的声子谱与储氢性质、氢原子在金属中的聚集等等。他的研究在凝聚态物理、天体物理、材料设计等方面得到应用，获1993年度国家自然科学二等奖。胡正寰，63岁，长期从事轴类零件轧制（斜轧与楔横轧）的研究，以新型的轧制工艺替代传统的锻造与切削工艺生产机器零件，并在长期研究与实践应用的基础上建立起零件轧制技术的学术体系，既是冶金轧制又是机械制造的新发展，属交叉学科，使我国成为世界上3个（日本、原苏联）全国掌握这项高新技术的国家之一。他是我国这一科技领域主要开创人，在国际上成果主要有：①在零件轧制理论方面：轧件的旋转条件；基本轧齐曲线方程；斜轧轧辊的辊形曲面。②研制成功复杂、高精度、多品种轴类零件200多种，包括东风、解放汽车六缺凸轮轴与四联齿轮、穿甲弹钢芯。③设计出高刚度、工艺性能好的系列化零件轧机10多种，已列为国家专业标准。④研制成功加热→零件轧制→余热形变处理自动生产线，已用于高性能、高精度、低消耗球磨钢球，汽车转向销，穿甲弹芯的生产。⑤在北京科技大学建成年产100多副零件轧制模具研制中心，开发出系统软件已实现CAD、并部分实现模具CAD/CAM，向国内累计提供1200副优质模具。近十年胡正寰把重点放在轴类零件轧制科研成果的应用推广转化为生产力上，该项目被国家科委、国家计委、国家教委及冶金部列为重点推广项目，先后在全国20多个省市建成并投产70多条零件轧制生产线，已累计生产110多万吨轴类零件，直接经济效益4亿多元。他的课题组先后获国家级奖7项，并获省部级一、二等奖11项。他于1992年获全国“五一”劳动奖章；在1995年中央召开的全国科技大会上被评为全国十大典型推广项目，他被评为典型推广人物。

（刘　晋）

【“211工程”开始实施】 12月6日，国家教委、国家计委、财政部同意北科大作为“211工程”项目院校，在“九五”期间进行建设。全部资金1.6亿元，其中，中央专项资金6000万元，冶金部专项资金6000万元，自筹资金4000万元，分5年安排使用。到位4170万元，其中中央专项资金1470万元，冶金部专项资金2700万元。该校“211工程”的总体建设目标是：力争到本世纪末，在教育质量、学科建设、科学研究、管理水平和办学效益等方面得到明显提高，重点建设学科的主要领域接近或达到国际同类学科先进水平，成为国内高等教育领域特别是冶金、材料基础工业内培养高层次人才、解决国民经济建设重大问题的基地之一。为到下世纪初叶把北京科技大学建成国内先进、具有国际影响和有中国特色的社会主义大学奠定坚实的基础。

（郭景文）

【石新明获全国优秀学生干部称号】

12月9日，在团中央召开的表彰大会上，北科大学生科协主席、铸研96级学生石新明获得全国优秀学生干部称号，同时获得胡楚南奖学金，这是该校学生首次获得这项荣誉。在同日举行的团市委表彰大会上，北科大2名学生获北京市优秀学生干部称号；15名学生获北京市三好学生称号；6个班集体获北京市先进班集体称号。

（刘　晋）

【两专业获部级重点学科点】 12月26日，北科大管理工程、控制理论与控制工程（工业自动化）2专业被冶金工业部评为部级重点学科点。

（刘　晋）

【获2个专业硕士学位授予权】 年内，北科大获工程硕士专业学位及工商管理硕士（MBA）专业学位授予权。该校已于1997年作为全国首批开展在职人员攻读工程硕士学位试点大学，从冶金系统大中企业招收工程硕士学位137名。MBA将于1998年开始招生。

（刘　晋）

【两教授获国家级有突出贡献中青年专家】 年内，北科大冶金学院高征铠研究员，应用科学学院王燕斌教授被批准为国家级有突出贡献的中青年专家。高征铠长期从事高炉长寿、喷煤和全氧炼铁、高炉数模等领域的科研工作，是炼铁专业的学科带头人，他主持研究开发的高炉炉衬厚度测定技术在宝钢高炉试验成功。王燕斌为博士生导师，长期从事材料损伤、材料断裂、应用腐蚀及氢致开裂等方面的教学科研工作，作为主要成员完成了“七五”和“八五”自然科学基金的重大项目及国家经济建设急需项目的研究任务。

（刘　晋）

【两名教授获省部级有突出贡献专家】 年内，北科大冶金学院冶金系田乃媛教授、机械学院热能系赵立合教授被批准为冶金部有突出贡献专家。田乃媛长期从事炼钢、连铸方面的教学科研工作，由她主持的国家“七五”、“八五”、“九五”攻关项目3项和国家自然科学基金项目1项，其研究成果已有6项通过省部级以上鉴定。赵立合从事能源、动力燃烧等方面的教学和科研工作，承担并完成多项国家级和省部级科研项目，取得7项省部级鉴定成果，获4项国家专利，其中工业炉窑水煤浆燃烧技术获国家科技进步三等奖。

（刘　晋）

【科研获奖82项】 年内，北科大科研获奖82项，其中国家级奖7项，应用学院负责完成的《多元熔体及其反应的基础研究》获自然科学三等奖；资源学院负责的《深埋、软破、缓倾斜、复杂铁矿床地下开采技术》，材料学院负责的《长城1号高温防护涂层研究及其在烟气轮机上的应用》，冶金学院负责的《宝钢连铸坯热送热装技术研究》获国家科技进步三等奖，另有国家教委教学成果奖3项；省部级科技进步奖33项，其中特等奖1项，一等奖5项，二等奖13项，三等奖13项，其它奖42项。

（刘　晋）

【再获市高校群众体育优秀学校】 年内，北科大再获北京市高校群众体育优秀学校，这是该校连续13年获得此项荣誉。此次评比是根据各校组织管理、群体经费、场地设施、校内体育竞赛、《国家体育锻炼标准》达标率、早操（课间操）、课外体育活动、《大学生体育合格标准》的实施8大类量化标准进行的。

（刘　晋）

北京邮电大学

党委书记　孙鸿志
校　　长　朱祥华

【概　况】 1997年，北京邮电大学占地面积366078平方米。藏书70万册。固定资产20518万元（比上年增长16%）；教学仪器10821万元（比上年增长20%）。教职工总数2218人，专任教师786人，其中教授159人，副教授222人，讲师227人；教师中具有研究生以上学历者占49%，两院院士3人，博士生导师34人，另有1人被吉尔吉斯斯坦共和国聘为科学院外籍院士。日校本专科生毕业1219人，招生999人，在校生4100人（其中专科生426人），本科招生专业13个，专科招生专业5个；研究生毕业328人，招生363人，在校生1014人。有博士学位专业5个，硕士学位专业14个；函大夜大毕业生1103人，招生1547人，在读生5537人，所开专业13个；博士留学生2人，硕士留学生9人，本科留学生20人，外国进修生3人，外国高级进修生1人，招收外国语言生146人。本年参评的4个博士点、6个硕士点全部通过国家对前4批获取硕士、博士学位授权专业的评估。邮电部拨给该校教育事业费2794万元，比上年增长23%；拨给设备费3200万元，比上年增长6%；拨给基建费3891万元，比上年增长28%；新增校舍面积35739平方米。科研经费实现金额4363万元，比上年增加81万元。全年共获部委级科技成果奖16项。获国家级优秀教学成果二等奖2项、市级优秀教学成果一等奖1项、二等奖7项。全校共编写科技专著37部，发表学术论文635篇，其中在国外刊物、会议上发表156篇，因公派出参加国际会议、进修培训、讲学160人次，比上年增长33%。校办产业经营额14495万元（比上年增长62%），学校获纯利222万元（比上年减少50万元），上交税金375万元。该校1358户教工以不同付款方式购买91017平方米住宅。

（燕陵生）

【接受赠书4800余册】 1月9日，北邮百名优秀生、特困生，百名教师接受赠书4800余册。根据北邮与人民邮电出版社奖优助困协议，该赠书活动每年举行1次。

（潘相国　燕陵生）

【签订全国移动电话网开发合同】 1月20日，中国电信——北邮全国移动电话网网管系统软件开发与集成合同签字仪式在北邮举行。中国电信全国移动电话网网管系统是“九五”期间重点建设的全国通信网管系统之一。它的建设有助于保证网络的统一性、完整性和先进性，达到提高全国移动电话网的集中维护和管理水平、网络运行效率和服务质量的目的。

（黄佩蓉）

【180质检系统规范审定会召开】 3月12日，由北邮编写完成的180电信服务质量监督检查系统技术规范审定会召开。180系统是电信行业为提高服务质量而建立的全国性投诉处理网络。经过邮电部及来自全国各地的19名专家论证，该技术规范通过审定。

（张海波）

【开展讲求勤俭节约活动】 3月，北邮精神文明办公室在学生中开展爱惜粮食、节约用水宣传教育。组织学生制作宣传品，开展有关讨论，树立勤俭节约、反对浪费的良好风尚，并重新修订《北邮大学生行为准则》。

（杨胜之）

【学术委员会换届完成】 4月3日，北邮举行学术委员会、学报编委会换届大会，新老委员近70人参加会议。乐光新教授当选为新一届学术委员会主任。新一届学术委员会45人，含博士生导师18名，其余均系正副高级职称者，平均年龄49岁，较上一届学术委员会年轻化。新一届学报编委会22人，含7名博士生导师，另15人均系正、副高级职称者，平均年龄47岁，较上一届人员年轻化。会议就面临21世纪挑战与机遇，北邮在人才培养、学术水平提高、扩大学报在国内外知名度等议题展开讨论。

（燕陵生）

【召开九校宽带网建设信息会】 4月9日，北京九院校协作组宽带网建设信息交流会在北邮召开，市委教育工委、市电信局参加会议。与会代表参观该校ATM网络管理中心和计算机网络中心，各校领导就加强网络建设，利用网络资源进行学科建设、教学和科研合作、资源共享以及为社会提供更多的服务方面进行交流。

（耿　建）

【举办首届研究生科技学术节】 4月9至20日，北邮举办首届研究生科技学术节。此次系列学术活动包括研究生科技回顾展、学术沙龙、文化论坛、英语沙龙、文艺演出等。开幕式上，王选院士作演讲。

（燕陵生）

【举行校双代会】 4月23至25日，北邮举行第三届教代会、第九次工代会。大会共收到代表提案184件，立案99件；选举产生第九次工会委员会和经费审查委员会。大会向全校教工发出努力提高自身政治理论、思想道德、业务素质，树立师表形象，作好三育人工作，爱岗敬业，发扬无私奉献精神，为把北邮建成在通信领域国内领先、国际著名的全国重点大学而奋斗的倡议。

（燕陵生）

【统分毕业生全部落实就业单位】 4月，在全国邮电高校毕业生供需见面会上，北邮786名统分毕业生中652人就业落实（另134名已考取研究生），其中部内就业人数占毕业生总数的95%，部外就业人数占5%。该校本年毕业生就业趋势呈现需求面广，供不应求；用人单位对毕业生的质量（特别是能力、素质等）要求越来越高；由于毕业生考研的比例大，加上国家择优进京的政策，各邮管局对回省60%的比例不满足；西北、东北地区毕业生不愿回本省现象较普遍，部分学生思想工作任务重等特点。

（燕陵生）

【举行第三届大学生科技节】 5月11至31日，北邮举办第三届大学生科技节。科技节通过科技知识讲座、科技录像、电影、英语演讲比赛、国防科技讲座、计算机软硬件作品展示、计算机编程比赛等形式，引导学生对科技前沿的接触和理解，活跃校园科技文化气氛。

（燕陵生）

【举行首届体育锻炼达标测验赛】 5月19至31日，北邮举行首届《国家体育锻炼标准》达标测验赛。该测验赛利用每天课外活动1小时的时间，面向一、二年级学生进行达标测验，共有2228人参加近1万人次的测验。结果2215人达标，达标率占99.4%；575人合格，合格率占26%；1193人获良好，良好率占53.5%；447人获优秀，优秀率达20%。

（史桂兰）

【召开第11次党代会】 5月21至24日，北邮举行第11次党代会，参加大会正式代表194名、列席代表13名。大会选举产生由21名委员组成的中共北邮第十一届委员会、由9名委员组成的新一届纪检委。邮电部、市委教育工委领导及该校老领导、全国人大代表、各民主党派代表应邀参加会议。大会要求党员在新形势下增强党员意识，发挥先锋模范作用，要求各级党组织、全体党员进一步解放思想，大胆创新，团结带领广大师生努力完成培养全面发展的社会主义事业建设者和接班人的任务。

（杨胜之）

【8个实验室向社会开放】 5月，北邮8个实验室同时向社会开放，来自丰台区中学的师生和邮电506厂工程技术人员进入试验室开展科普活动。开放高校实验室、普及现代科技知识，是市政府主办的1997年北京科技周系列活动之一，本市有10所高校参加该活动。

（燕陵生）

【部领导座谈北邮工作】 6月3日，林金泉等邮电部领导在北邮同校领导班子座谈。部领导要求学校要以教育为中心，"211工程"建设要搞项目式的检查，经费不能分散，资源要共享，要有投入产出效益；要站在国家的利益上，远期与近期、新学科与基础相结合。

（燕陵生）

【基础课教学实验室通过评估】 6月11日，北邮电路中心实验室通过北京地区高校基础课教学实验室专家组检查评估。专家组进行现场检查评估并召开实验教师和学生座谈会，听取对该校实验室建设等方面的意见。专家组宣布该校为评估合格单位。

（史雪莉）

【GTE基金会向北邮捐款】 6月17日，GTE基金会向北邮捐款仪式在京举行。此次，GTE基金会捐款4万美元用于支持该校开展教学科研和资助品学兼优的贫困学生。GTE公司董事长查尔斯·李、美国前国务卿、GTE公司高级顾问基辛格博士、邮电部及该校有关负责人参加仪式。GTE公司系美国网络管理方面的一家大公司，GTE基金会为GTE公司下属机构，GTE公司出资资助GTE基金会。

（孟晓敏）

【朱高峰在北邮作专题报告】 6月24和27日，中国工程院常务副院长朱高峰院士两次应邀到北邮作题为《工程与工程师》专题报告。该报告论述工程的性质与地位、工程的特点、内涵以及工程师的作用、基本素质、培养等问题。这是该校推进高等工程教育的改革、开展教育思想大讨论活动之一。

（李　红）

【北邮实习邮电支局开业】 7月8日，北邮实习邮电支局开业。该局是第一家由企业与社会单位合办的邮电支局，是1所集教学、科研、实习、经营于一体的现代化实习邮局，同时也为邮政发展延伸服务提供新的尝试。该局具有国际国内邮政、报刊零售、市话长话、集邮等业务功能。

（燕陵生）

【召开专业教改课题组研讨会】 7

月15至16日，北邮召开面向21世纪《电子信息专业人才培养方案及教改的研究与实践》课题组研讨会。会议主题：研讨高等工程专门人才的培养目标、培养模式和培养方案；探讨加强基础与拓宽专业的关系，传授知识与培养能力的关系等。该项目是国家教委立项项目，北邮为主持学校之一。

（李秀峰）

【通过"211工程"立项审核】 8月29至30日，北邮通过"211工程"立项审核。由中科院院士保铮任组长的10人专家组及国家计委、国家教委、邮电部有关负责人参加论证和审核。专家组认为：北邮"211工程"建设项目可行性研究报告的编制是成功的，目标定位可行，建设经费落实，一致同意通过对可行性研究报告的立项审核。

（李秀峰）

【停止招收专科生】 9月初，北邮停招专科生，除研究生外，共招收大学本科生999名，其中40名是为省邮校培养师资，生源由各省邮校中保送；其余959名均面向社会招生。为加强基础，拓宽专业，本科实行按专业大类招生，原通信工程（电信）、通信工程（无线）不再区分，加上图像传输与处理、电磁场与微波技术专业以及适合现代通信的高新技术，组成通信工程专业；将原计算机通信、计算机及应用、计算机软件3个专业合而为一，组成计算机科学与技术专业；同时增加市场营销、自动控制（邮政）2个新专业。本年度面向社会招生专业共有13个（理工科12个，文科1个），都是邮电通信急需的专业。

（燕陵生）

【首批通信信息管理自考生毕业】 9月30日，北邮函授学院首届通信信息管理专业196名学员毕业。其中78人获得由市自考委与北邮联合签发毕业证书，118人取得北邮结业证书。通信信息管理自考专业是1994年市电信局委托市自考委在京面向邮电职工开考的高教自考专业，由北邮作主考院校。

（曾红波）

【调整学生管理体制】 10月28日，北邮党委决定党务工作系统建立专职为主的政治辅导员队伍，每180名学生配1人，行政工作系统建立兼职的班主任队伍，每60名学生配1人；撤销原设立的研究生指导主任岗位，由各系级单位党委（总支）的1名负责人分管研究生学生工作。该校学生工作原本存在着本、专科班主任队伍流动快、稳定性差，院（系）学生工作机构、人员配备不够健全，研究生指导主任与院（系）衔接不畅，研究生院与其他院（系）在学生工作上职责不清等问题。

（杨胜之）

【承办大学生电子设计竞赛】 10月，北邮受市教委委托承办第三届全国大学生电子设计竞赛北京赛区的工作。本市共有21所高校的84个代表队参赛，该校代表队取得一等奖2个、二等奖1个、三等奖4个。该竞赛是开展能力素质教育的尝试，已有高校将电子设计竞赛列入培养计划或课外科技活动的日程。

（党传生）

【主办全国邮电函授教育工作会】 11月3至6日，北邮承办的第六次全国邮电函授教育工作会在江西召开。邮电部、各省（市、区）邮电管理局、邮电院校、函院总站及新闻出版单位的126名代表与会。会议通过大会发言、书面材料交流与讨论，总结"八五"期间邮电函授教育的成绩与不足，分析当前邮电函授教育所面临的形势，研究制订今后邮电函授教育工作发展的战略目标。

（燕陵生）

【学生闭路电视系统正式开通】 11月13日，北邮学生食堂、宿舍闭路电视系统正式开通。该系统共投资22万元建成，学生宿舍开播时间为17：30至20：30播放中央一台的节目，每周二、四19：50播放北邮新闻；食堂开播时间为11：30至12：00、17：00至17：30、19：00至20：00播放北邮新闻。

（刘　兵）

【设立华为科学教育发展基金】 11月20日，深圳华为技术有限公司在北邮设立华为科学教育发展基金。该基金分为助学金、奖教金、科研基金3类，奖励该校优秀教师和在读学生。

（燕陵生）

【开展教学观摩评比活动】 11月下旬，北邮开展教学观摩评比活动，近30人参加评比，经评委会评审，评选出校级教学观摩一等奖3名、二等奖11名、鼓励奖6名和单位组织奖3个。通过录像、专家讲评，体现教是为了不教的基本思想，使好的教学方法得以推广，在该校形成教学方法改革的热潮。通过此项活动，引导教师加强实践教学，注重能力培养和素质的提高，激发学生内在动力，充分调动学生学习的主动性；运用现代化的教学手段，提高教学效率和教学质量。教学方法的改革已被列为该校教改的重要内容之一。

（党传生　燕陵生）

【15名学生获市数学竞赛奖】 11月，北邮15名学生在市非数学专业大学生高等数学竞赛中获奖，其中获得特等奖1名（91分），二等奖5名，三等奖9名。

（党传生）

【取消主干课重读制】 12月2日，北邮作出取消主干课重读、恢复主干课补考的决定。该校1994年底开始对94级学生实行主干课重读制，同时取消主干课补考，在该校实行非弹性学制的学籍管理后，出现重读生补课难问题。

（燕陵生）

【11名学生获市高校物理竞赛奖】 12月14日，在北京市第14届非物理类专业大学生物理竞赛上，北邮96级50名学生参赛，有11名学生获奖：其中一等奖1名，二等奖4

名，三等奖2名；获奖成绩名列甲组第二。来自本市28所高校1789名学生参加比赛。

（杨胜之）

【颁发北邮——爱立信奖学金】 12月17日，北邮——爱立信奖学金在北邮颁发。该奖学金是爱立信公司第一次在中国高校捐款设立的奖学（教）金项目，为期4年，总额80万元，每年奖励100名学生、50名教师。

（孟晓敏）

【培训邮电职工5000余人】 至年底，北邮共举办各类邮电通信高新技术培训班114个，培训人员5000余人次。职工大专班在读人数280名。

（蒋　兰）

【国家实验室经费增加2.8倍】 年内，北邮程控交换技术与通信网国家重点实验室科研经费达到1155万元，是1996年的2.8倍。人均项目经费当年达到40万元。智能网、电信网管理、ISDN和ATM方面均形成科研规模，完成多项科研项目。在ISDN领域获得2项部级科技进步奖；智能网CIN—02系统经网上运行实验后通过部级鉴定；电信网管理方面，全国第一个Q3接口标准的ATM网管已完成开发，进入网上试验阶段；在ATM应用方面于国内率先提出利用ATM实现语音通信的方案，并设计开发基于ATM的大型程控电话交换机。

（燕陵生）

北京化工大学

党委书记　冯文林
校　　长　樊丽秋（9月免）
　　　　　王子镐（9月任）

【概　况】 1997年，北京化工大学设8个学院9个系（部），有4个博士学位授予点，12个硕士学位授予点，25个本科专业。招收博士研究生22人，硕士研究生134人，本科生1319人，专科生91人；在校生5237人，其中博士生82人，硕士生399人，本专科生4756人。另有函授生1484人，夜大生218人。招收函授生594人，夜大学生60人；留学生130人，其中本科生4人，研究生4人。授予博士学位12人，硕士学位145人。毕业1281人，其中本科生814人，专科生297人，博士生38人，硕士生132人。教职工2050人，专任教师754人，其中教授101人，副教授221人，讲师264人；非教师系列中，有高级职称27人，副高级职称151人，中级职称303人。共有博士生导师35人，其中新增博士生导师15人，教师中具有博士学位的比例上升到9.1%，有21人获得正高职任职资格，40人具有副高职任职资格，36人具有中级职称资格。博士后流动站在站人员6人。接待来华工作的长期专家3人，学术交流与讲学外国专家18人，顺访交流的外国专家42人。从俄罗斯引智获得资助5.5万元。法国罗纳普朗克公司设立奖学金每年3万元。与杜邦（中国）公司续签第三期奖学金协议，年金额3.5万元。科技经费到款2000万元，科技合同总额2700万元。校办产业实现年总产值1.28亿元，比上年的7553万元增长70%。完成利润800万元、缴纳国家税金2200万元、上缴学校400万元。教育事业费收入6571万元（其中国拨教育事业费2394万元），教育经费支出6464万元。人均收入达到1万元。学校占地面积578000平方米，建筑面积271765平方米。

（王　玉）

【召开第12次科技工作会】 1月14至17日，化工大学召开第十二次科技工作会。会议提出今后两年的科技工作重点是进一步提高认识，统一思想，切实加强队伍建设，做好后备青年科研队伍的培养，抓大项目，上高水平。会议讨论通过《关于促进科技工作发展的若干决定》。

（陈海峰）

【制订精神文明建设规划】 年初，化工大学制订《北京化工大学1997～2000年社会主义精神文明建设规划》，该规划分为加强领导；加强理论建设，提高干部的思想、政治素质；加强校园文化建设；增加精神文明建设的投入；加强普法工作，建立和完善法规制度等7个部分，共22个条款。

（陈海峰）

【举办游京九看北京迎回归活动】 3月23日至6月30日，化工大学开展“游京九、看北京、迎回归”大型教育活动。全校10个院系承担北京至香港九龙10个站区调研活动。活动中，师生们游览祖国大好河山，走访革命老区，了解化工企业的发展。乘文明车，做文明使者。

（齐琴英）

【获赠3台流量计】 3月，化工大学获瑞士恩德斯＋豪斯公司的流量仪表分公司赠送的高精度流量计3台，其中33F DN25型、33F DN50型电磁流量计各1台，70F DN80型气体涡街流量计1台。这3台流量计精度均为0.2%，价值共计7.4万元。

（陈海峰）

【设立程源奖励基金】 4月2日，化工大学设立程源奖励基金。该校程源教授于1月将他负责完成的横向科技项目所余100万元资金捐赠给学校，用以奖励特困本科生。12月，颁发第一届程源奖学金，有3人获特等奖（3000元/人）、30人获一等奖（2000元/人）、31人获二等奖（1000元/人），共64名优秀农村特困生获得该奖学金。

（齐琴英）

【通过博士硕士点合格评估】 4月，化工大学3个博士点和5个硕士点全部通过国务院学位办及市学位办的合格评估。此前，该校曾对化学工程、高分子材料、化工过程机械

3个博士点和高分子成型加工、工业自动化、自动化仪表及装置、腐蚀与防护、工业催化5个硕士点进行基本条件合格评估自检，确保全部通过合格评估。

（王　玉）

【获教育基金捐赠1000万元】 5月26日，化工大学与海外投资集团(澳洲)签订合作开发华澳紫竹公寓项目合作协议书及承诺书，双方共同开发化工大学西区房地产项目。根据协议，该公司董事长许荣茂于9月28日向化工大学捐赠1000万元教育基金，同时受聘化工大学经济管理学院名誉校长。

（陈海峰）

【调整基础实验室】 6月10日，化工大学物理、化学2个基础实验室通过市级评估。该校改革基础实验室，将原来分属不同部门的16个实验室调整为8个，实行校、院（系）两级管理。并投资60万元用于首批参加评估检查的物理、化学两个实验室的建设。同时，对准备参加第二批评估检查的化工原理、电工电子实验室分别投入30万元和15万元。

（王　玉）

【昌平校分部启用】 9月12日，化工大学昌平校分部正式接纳首批97级新生234人。该校于1987年在昌平购地400亩，但由于经费紧张，一直没有正式建设。1996年，建起教学楼、办公楼、语音室、计算机房等教育设施以及配套设施，能满足300名学生的学习、生活需要。

（齐琴英）

【调整领导班子】 9月15日，化工大学校级领导班子进行重大调整。新一届领导班子平均年龄50岁，学历层次比上届提高。新领导班子提出任期目标是：锐意改革，励精图治，在教学科研综合实力上进入全国重点大学前50名；近期目标要点是：力争在本世纪末通过国家本科教学优秀学校评估，增强科研实力，本年度科研到款额2000万元，以后每年递增20%至30%，加速校办企业发展，本年度产值1.28亿元，税后利润800万元，以后每年递增15%至20%。

（王　玉）

【电子数学两项竞赛获奖】 9月17至20日，在第三届全国大学生电子设计竞赛上，化工大学有6个队参赛，其中，获北京市一等奖1个，北京市二等奖1个。12月30日，在全国大学生数学建模竞赛上，该校6个队参赛，5个队获奖，其中全国一等奖1个，全国二等奖1个，北京市一等奖1个，北京市二等奖2个，同时获优秀组织学校奖。

（王　玉）

【筹集住房资金2027万元】 10月，化工大学按期筹集并上交第一批住宅建设资金。该校在望京花园教师住宅小区获得3.03万平方米住宅，并按国家、单位和个人合理负担的原则，筹集建设资金2027万元。

（齐琴英）

【两教授当选民盟中央委员】 10月，在中国民主同盟第八次全国代表大会上，化工大学民盟支部主委、民盟第七届中央委员陈耀庭教授，该校民盟支部委员、民盟第八届北京市委常委、北京市妇女委员会常务副主席张常群教授当选为民盟第八届中央委员会委员。

（齐琴英）

【召开教学工作会】 12月22至24日，化工大学召开教学工作会，会议通过校长工作报告，制订1998至1999年学校本科教学工作发展规划和加强教学工作的若干意见；成立教学委员会，实行教学巡视员制度。会议决定除正常教学投入外，校办产业每年出资25万元、连续4年共100万元经费支持教学改革。

（王　玉）

【实验厂获市定点实习基地】 12月，化工大学环峰化工机械实验厂被市教委命名为北京市高校定点实习基地。该基地可提供车、钳、铣、刨、磨、铸、煅、焊等工种的实习，能容纳90人同时进行实习。

（王　玉）

【资助本科生课外课题8项】 年内，化工大学为加强对本科优秀生的选拔和培养，组织首批学生课外研究课题申报立项工作。首批资助学生课外课题《物理实验教学软件的开发与研制（电学部分）》、《挤出机螺杆库的建立》等8项，取得阶段性成果。

（王　玉）

【锅炉防腐阻垢剂研制成功】 年内，化工大学魏刚教授研制成功锅炉防腐阻垢剂。热水锅炉防腐是国际性难题，该项目历经3年完成，该技术根据热水锅炉腐蚀规律，利用协同作用原理，首创新一代热水锅炉防腐阻垢剂工业化生产工艺和连用法热水锅炉防腐阻垢技术，突破把锅炉运行和停用分开处理的传统模式，同时解决热水锅炉系统的运行腐蚀和停用腐蚀两个难题，具有高效、方便、连续、廉价的优越性。

（齐琴英）

【调整博士硕士学位授权点】 年内，化工大学完成博士、硕士学位授权点调整；学科门类由原来的2个调整为理学、工学、管理学3个。博士学位授权点仍为化学工程、材料学、化工过程机械、应用化学4个。硕士学位授权点由原来的15个调整为12个，按学科门类分别为理学门类：高分子化学与物理；工学门类：化学工程、生物化工、应用化学、工业催化、材料学、材料加工工程、机械设计及理论、材料过程机械、控制理论与控制工程、检测技术与自动化装置；管理学门类：管理科学与工程。

（陈海峰）

【进行定岗定编人事制度改革】 至年底，化工大学进行定岗定编和人事制度改革。职生比由1∶3.3提高到1∶5，师生比由1∶7.5提高到1∶10。东区专任教师编制提高28%，行政类干部编制下降

15.7%，党务干部编制上升2%，教辅人员下降7%，工勤人员下降31%；西区各类人员编制也进行了较大调整。

（齐琴英）

【成立3个学院】 年内，化工大学成立经济管理学院、管理干部学院和技术学院3个学院。经济管理学院设有会计系、管理系、经贸系，管理干部学院继续承担原北京化工管理干部学院培训干部任务。至此全校有7个学院、9个系部。

（王 玉）

【开展本科教学自检评估活动】 至年底，化工大学开展本科教学优秀学校自检评估，自评达标率（A和B级）为82.4%，其中A级系数为21.9%。

（王 玉）

【科研课题立项208个】 至年底，化工大学科技新立项项目纵向69项，比上年增加10项，经费总额1061.5万元，其中国家“九五”攻关项目16项，国家自然科学基金项目13项，部、委年度科技计划项目147项；横向新签科技合同139项，经费总额1614万元，比上年增加640万元，其中涉外科技合同8项。全年科技经费到款额达2019.8万元，其中纵向经费830.8万元，横向经费1189万元。通过鉴定科技成果32项，获省部级以上奖励的科技成果10项，申报专利7项，批准授权的专利8项，发表各类论文总计554篇；出版著作24部。

（王 玉）

【获优秀教学成果奖7项】 至年底，化工大学获得北京市第二批教改项目3项，获得经费5万元；组织校级教育科学“九五”规划课题第一期立项项目的申报和评审工作，学校资助2.5万元启动25项课题。全年共获国家级优秀教学成果一等奖1项（合作研究）、国家级二等奖1项，北京市一等奖2项，二等奖3项。

（王 玉）

北方交通大学

党委书记 王金华（1月免）
张永蛀（1月任）

校　　长 王金华

【概　况】 1997年，北方交通大学占地面积53.34万平方米，校舍面积34万平方米，比上年增加4万平方米。有7个学院，23个系、所、中心，2个在职管理和技术干部培训中心，有65个实验室（其中包括6个部级以上开放实验室），CAI实验室于1994年被国家教委选定为全国工科高等院校培训中心，电工电子学和大学物理2个实验室于1996年被国家教委首批评选为全国工科基础课程教学实验基地。现有固定资产总值6.3亿元，比上年增加1.3亿元，其中教学、科研设备固定资产2.15亿元，比上年增加2800万元。图书馆藏书总量达到98.7万册，本年度入藏书刊2.2万册。有3个国家级重点学科，11个部级重点学科，有博士点11个，硕士点4个（比上年增加1个），有1个博士后流动站。1994年通过“211工程”部门预审，1997年立项工作已通过部门审核和两部一委专家组审查，本年用于“211工程”建设专项投资2000万元，各项建设都已启动。1997年教职工总数为2311人，其中教师1066人，与上年大体持平，在教师中有两院院士3人，教授139人，副教授348人，讲师386人。在其他职务系列中，高级职称107人，中级职称354人。各类全日制在校生7765人，其中本科生5760人，专科生964人，博士生166人，硕士生875人（研究生总数首次突破1000人）。还有在册函授生4152人、夜大生416人。招收各类全日制新生2309人，较上年略有增加，其中招本科生1534人，专科生394人，博士生56人，硕士生325人。招收函授生875人，夜大生107人。毕业各类学生共3438人，其中：本科生1203人，专科生444人，博士生20人，硕士生198人，函授生1050人，夜大生60人，职工大专班463人。该校还是国家批准的首批接收外国留学生的高校之一，也是铁路系统唯一被国家教委批准招收港、澳、台学生的高校，现有来自亚、美、欧的23个国家百余名留学生，并与亚、非、欧等国家30多所高校建立校际关系。1997年有科研项目667项，其中在研项目459项、新增项目208项（较上年略有减少），有省、部级以上重点项目93项，其中“九五”科技攻关项目3项，“863”项目5项，自然科学基金项目22项，省、部级项目63项。获国家科技进步奖1项，获省部级项目9项。在研经费总数为7000万元，较上年增加1000万元。有校办产业39个，其中：校管企业19个，院系所管企业20个；总产值为1.5亿元，资产总额为2.2亿元，净产值为0.95亿元。

（刘宝奇）

【被评为本科教学工作优秀学校】 1月13至15日，国家教委本科教学工作评估专家组对北方交大本科教学工作进行检查评审，专家组听取该校所作的《深化改革、建设队伍、加强管理、稳步提高本科教学质量》的报告；召开基础课教师、有关院系负责人和新建专业负责人及教务处干部座谈会；检查几个实验室及实验中心；走访几个院系；调阅部分毕业设计和其他有关材料，并对1996年一些专业的试卷进行分析。专家组认为：北方交大在发动广大教师开展教育思想讨论，转变教育观念、拓宽专业口径、积极组织开展教改三级立项工作、重视师资队伍建设和积极培养与引进人才，以及在加强教学管理工作等方面成绩突出。同时专家组也对存在的一些问题和不足提出意见。国家教委批准北方交大成为本科教学工作优秀学校。至此，全国已有4所高校通过该项评审，它们是西安交大、华南理工大学、东南大学和北方交大。

（刘宝奇）

【获准成立2个本科新专业】　2月21日，北方交大获准增设英语和交通工程2个本科新专业。这两个本科新专业属于该校扩大办学自主权增设的专业，自行投资建设，当年秋季开始招生。

（刘宝奇）

【获国际企业管理挑战赛第三名】　3月8至11日，北方交大5名硕士研究生组成的中国代表队，夺得世界第14届国际企业管理挑战赛决赛第三名。该挑战赛决赛在葡萄牙首都里斯本举行，7个预选赛区的冠军队参加决赛，分别是中国、法国、墨西哥、葡萄牙、巴西、西班牙和澳门。经过争夺，法国、葡萄牙和中国分获第一、二、三名。

（刘宝奇）

【南昆路英模报告团来校作报告】　3月27日，铁道部南昆铁路建设英模报告团到北方交大举行报告会。英模们以自身的经历和身边战友的事迹，生动地展现南昆铁路建设的艰辛和建设者们的奉献精神。报告团中有60多岁的老英模，也有年轻的新标兵，有总经济师，也有施工班长，他们把“南昆精神”概括为“为民造福、勇于攻难克险、甘愿吃苦奉献”。报告会后，各院系的学生代表还和英模们举行座谈会。

（刘宝奇）

【召开'97科技工作会】　4月24日，北方交大召开'97科技工作会，全校230名代表参加大会。会议由王金华教授作主题报告。该报告中就“八五”期间该校科技队伍和基地建设、科技工作方向、科技体制改革等问题进行全面回顾和总结，并提出“九五”期间该校科技工作奋斗目标、具体任务和落实措施。各院系所负责人也在会上交流汇报本单位“九五”科技工作的主攻方向、重点任务和保证措施。会上还对“八五”科技工作先进单位和先进个人进行表彰。

（刘宝奇）

【接收美国中泰康公司赠送】　4月，美国的中泰康公司（AMD/VANTIS）向包括北方交大在内的8所国家工科电工电子教学基地院校赠送电子设计自动化（EDA）套件。接受赠送的8所院校是北方交大、西安交大、华中理工、重大、东南、南航、西安电子科技大和哈工大。赠送电子设计自动化（EDA）设备包括教学套件240件，商业套件120件，价值1000万元。电子设计自动化（EDA）是世界电子工业中发展最快的一门新兴技术。

（刘宝奇）

【“211工程”立项报告通过审核】　5月16至18日，铁道部专家组对北方交大“211工程”建设项目立项报告进行审核。经过论证分析，专家组认为北方交大自1994年通过“211工程”建设项目部门预审以来，各方面的工作都取得较大的进展，其总体设想清晰、整体定位准确、学科建设与资金分配重点突出并兼顾一般，同意立项。由铁道部呈报“211工程”部际协调小组审批正式立项。

（刘宝奇）

【出席港澳三趟快车表彰大会】　5月20至22日，外经贸部和铁道部在北京联合召开供应港澳三趟快车开行35周年纪念表彰大会，两部领导吴仪、韩杼滨等参加大会。参加表彰大会的有来自全国外经贸系统和铁路系统的215个单位的282名代表。北方交大教授孙桂初、刘东岭参加三趟快车的组织管理和研究工作，刘东岭作为代表应邀参加这次大会。三趟快车自1962年3月20日起先后从武汉、上海和郑州始发，运行35年，共开行3.7万列，运行5400多万公里，相当绕地球1300圈。运往港澳地区的活猪8700多万头，活牛520多万头，活家禽数10亿只，冻肉200多万吨，还有不计其数的水产品瓜果蔬菜等，丰富了港澳市场。

（刘宝奇）

【承办国际电磁电容学术会议】　5月21至23日，北方交大承办1997国际电磁电容学术会议，这是北方交大继1992年之后第二次承办此会议。该会议由IEEE北京分会、国际无线电科学联盟（URSI）E分会等5个国际学术团体联合主办。出席会议的代表150人，其中外国学者90余人。会议论文集共收入论文133篇，其中北方交大有9篇论文在会上宣读并收入论文集，居全国高校之首。电磁电容技术已成为国际上迅速发展的新技术，对城市和国防建设具有重要意义。

（刘宝奇）

【王金华参加百年大学座谈会】　6月20日，人民日报社和中国大学校长名典编辑委员会举办具有百年历史大学校长聚会座谈。北方交大校长王金华教授与天大、杭大、北大、浙大、上海交大、西南交大、北师大、西安交大等几所百年大学的校领导分别从不同角度阐述中国高等教育的发展历程，展望今后的发展方向。座谈会强调教育在现代化建设事业中所处的重要地位和所起的重要作用。

（刘宝奇）

【捷克科学基金会代表团来访】　6月25日，由捷克科学基金会副主任、捷克工程院院士、捷克科技大学校长苏那教授任团长的代表团一行4人来到北方交大进行友好访问和交流。王金华等北方交大领导会见代表团全体成员，并与客人们就双方共同感兴趣的课题研讨合作领域。

（刘宝奇）

【举办多种迎香港回归活动】　6月，北方交大组织多种庆祝香港回归活动，主要有组织师生观看多场有关香港问题录像报告和录像片；开展《香港基本法》报告会和校内外宣传活动；举办开展迎回归艺术展、师生书画作品展和师生文艺汇演；召开各类人员座谈会及征文、讨论活动；收看香港政权交接仪式和天安门广场联欢实况转播等一系列活动。此外，每天还在该校思源楼前组织香港回归倒计时揭牌活动和“庆七一、迎回归”升旗仪式。

（刘宝奇）

【为香港开办铁路高级研讨班】 7月7日，北方交大为香港九广铁路公司开办中国铁路运输组织及财务管理高级研讨班。14名香港九广铁路公司的部门经理将在2周的时间里进行学习、参观和研讨，了解中国铁路改革与发展的现状、铁路运输组织、经营管理等方面的情况。年内，还为香港九广铁路公司举办第二期铁路高级研讨班。

（刘宝奇）

【召开“双代会”】 7月8至9日，北方交大召开第四次教职工代表大会暨第九次工会会员代表大会，与会代表257人。大会作《校长工作报告》和《工会工作报告》，《校长工作报告》从6个方面回顾、总结4年来学校工作所取得的成绩及存在的不足，同时就“九五”计划作说明。代表们对两个工作报告和《北方交通大学社会主义精神文明建设规划（1997—2000年）》、《校内津贴分配方案》等几个文件进行讨论和审议，形成决议和决定。大会选举产生教职工代表大会和工会会员代表大会的领导机构。

（刘宝奇）

【召开教学工作会】 7月11日，北方交大召开’97教学工作会。该校、院党政领导、副教授以上教师，全体基础课教师，全校正副系主任，各教研室、实验室主任、机关各部门负责人与教学管理人员等共280人参加会议。大会作题为《加大改革力度、强化基础建设、推动我校本科教学工作》的报告。回顾总结1996年以来教学工作情况并部署下一阶段教学改革工作；会议同时研讨《非计算机专业计算机基础教育改革及管理》与《大学英语教学改革》2个实施方案，并表彰本科教学工作优秀学校评价工作中先进单位和先进个人。

（刘宝奇）

【铁道部考察学校干部工作】 7月14至25日，铁道部干部考察组来到北方交大进行干部考察工作。考察组召开全校中层干部和教授参加的大会，听取该校领导的述职报告，到会的全体人员对该校领导进行民主测评，并推荐后备干部。会后考察组同近200名教师、干部进行个别谈话。

（李永学）

【参加现代并行处理技术国际会议】 9月17日，由北方交大电子信息工程学院5人组成代表团，赴德国参加第二届现代并行处理技术国际研讨会（简称APPT’97）。该国际研讨会由德国国家信息技术研究中心（GMD）、德国克伯伦兹·伦丹（KOBLENZ—LANDAN）大学、中国北方交大、中国计算机学会体系专业结构委员会等联合主办。会议代表30余人，来自德国各大学与研究机构和瑞典林克奥平（LINKOPING）大学，中国北方交大、清华大学和哈工大、香港城市大学等单位共30余人参加会议；大会共收到论文22篇，其中北方交大6篇；宣读13篇，其中北方交大3篇。这些论文全部编入大会论文集。北方交大代表团在德国期间，还与德方多次讨论长期开展科研合作问题，并接受《莱茵时报》记者的采访。

（刘宝奇）

【获全国大学生电子设计竞赛奖】 9月17至20日，在第三届全国大学生电子设计竞赛中，北方交大应用电子技术、通信工程、信息工程、计算机应用、计算机软件、应用物理6个专业的24名大学生，分成8个队参加比赛。获北京赛区二等奖1项（3人）；三等奖4项（12人）。这次大赛全国有1000多个队参加，共分15个赛区，其中北京赛区有近百个队参赛。

（李永学）

【越南交通运输大学代表团来访】 9月29日，越南交通运输大学代表团一行13人访问北方交大。访问期间，北方交大校领导会见代表团全体成员。两校就学生互派、教师互访、科研交流和工程合作等签订协议。代表团还参观图书馆、运输设备教学馆、运输调度模拟实验室、计算中心、电磁兼容实验室、电子电路实验中心等教学科研设施。

（李永学）

【实施学生自主选课制】 9月，北方交大96级本科生在高等数学、大学物理和计算机程序设计三门主要基础课中实行学生自主选课制，全校1500名96级本科生经过两周自选听课，全部自主选择确定任课教师和上课地点。实施学生自主选课制使该校教学改革进一步深化。

（刘宝奇）

【邀请十五大代表来校做报告】 10月9日，北方交大邀请十五大代表、优秀青年企业家、北新建材（集团）有限公司党委书记、董事长宋志平来校作报告。该报告结合十五大报告和企业管理经验，讲述我国经济体制改革和经济发展战略等问题。

（李永学）

【邓小平理论学习研究会成立】 10月15日，北方交大邓小平理论学习研究会正式成立，各学院同时成立分会，全校会员达6000余人，主要为学生。该研究会宗旨是以马列主义、毛泽东思想和邓小平理论武装青年学生，提高学生政治思想素质和理论水平。研究会成立后，首先邀请铁道部党校为全校马列学习小组骨干成员作学习邓小平理论辅导报告。

（李永学）

【杜锡钰参加民盟全国八大】 10月17日，北方交大杜锡钰教授参加在北京召开的中国民主同盟第八次全国代表大会。会议期间，代表们学习中国共产党十五大文件，听取民盟中央主席的工作报告和其他有关报告，讨论民盟的工作和换届问题。杜锡钰是通信信息专家，民盟中央咨询委员，曾连任民盟全国和北京市委委员。

（李永学）

【与美国杜肯大学共建国际工商管理学院】 10月23日，北方交大举行与美国杜肯大学合作建立国际工商管理学院备忘录签字仪式。根据该备忘录近期双方共建的内容主要包括：①共同出资在北方交大建1幢工商管理大楼以供教学和科研之用；②每年互派一定数量的教师进修和讲学；③互派留学生进行学习；④相互开展学术交流等。

（李永学）

【颁发首届智谨奖教金】 10月，北方交大首届智谨奖教金评审结束，共有9名青年教师获奖。该奖教金是新加坡企业家莫若愚捐资设立的。莫若愚是北方交大48届校友，1996年7月参加交大百年校庆时，他决定每年捐资20万元设立“智谨奖学金、智谨奖教金”，以奖励品学兼优的学生、教书育人成果显著的优秀青年教师和教育工作者。

（刘宝奇）

【获第五届“挑战杯”赛奖】 11月5至12日，在第五届“挑战杯”全国大学生课外学术科技作品竞赛中，北方交大《多传感器集成测速装置的研究》、《京沪高速铁路列车运行过程仿真系统》获三等奖，另有3件作品获鼓励奖；团体总分排为全国高校第27位；并获第五届“挑战杯”优秀组织奖。此次大赛国内有267所高校组队参加，香港特别行政区和沙特阿拉伯及法国等国也组团参加本次比赛。

（李永学）

【京剧《风雨同仁堂》来校演出】 11月21日和22日，北京市京剧院新编近代京剧《风雨同仁堂》在北方交大上演，这也是近年来京剧艺术首次走进首都高校。演出结束后，北方交大举行座谈会，中国人民大学、中央戏剧学院、北京邮电大学和北京医科大学的师生代表与北京京剧院艺术家一道畅谈观后感，高度评价这种艺术教育形式。

（李永学）

【联合组建电气工程研究中心】 12月2日，北方交大与铁道部永济电机厂、铁道科学研究院签订产学研合作协议。协议三方本着互利互惠、共同发展的原则，决定联合出资组建北方电气工程研究中心。该中心由北方交大、铁科院发挥人才、教育、科技优势，为铁路国有大中型企业提供科研实验、信息交流、人才培养、产品开发等便利条件；永济电机厂提供施工设计、硬件试制、生产及销售服务，并为高校、科研机构提供生产实验基地，接纳优秀毕业生和高级科技人才。

（李永学）

【获全国优秀科技音像作品奖】 12月11日，在全国优秀科技音像作品评奖活动中，北方交大电教中心与北京电视台联合制作的科普片《骨浴——骨髓炎治疗新方法》获全国优秀科技音像作品二等奖。该评奖活动是由中国科协、中国新闻出版署共同组织的，来自全国200余家制作单位参加这次评奖活动。

（李永学）

【广电网络工程研究中心成立】 12月18日，广播电视传播覆盖网网络管理工程技术研究中心在北方交大成立。该中心是广播电影电视部与北方交大自动化所共同建立的，依据合作协议，研究中心成立后，自动化所科研人员将和广电部影视信息网络中心工程技术人员共同研究开发广电网的网络管理实施方案，建成模拟实验环境，跟踪吸收先进网管技术和产品，制定广电部宽带网网管标准，为网管中心提供技术服务和人才储备。

（李永学）

【获全国技术市场金桥奖】 12月，在第四届全国技术市场金桥奖评奖中，北方交大科技开发部获得金桥奖集体奖。该评奖活动是由国家科委组织的，属于科技进步奖范畴。全国有240个单位获集体奖，其中高校10所。

（刘宝奇）

【增加4个一级学科】 至年底，北方交大有8个博士点、14个硕士点通过国务院学位委员会评估。同时车辆工程、电子与信息工程、土木和建筑工程、交通运输工程4个工程领域获得国务院培养工程硕士资格。至此，该校学科门类由3个增加到4个，一级学科由12个增加到16个。

（刘宝奇）

【4名教授受聘项目管理专家】 年内，北方交大有4名教授受聘铁道部组建项目管理专家组。组建项目管理专家组是铁道部加强面向21世纪教改项目管理的措施，该专家组由12名专家组成。

（刘宝奇）

【3名教授受聘国务院学科组】 年内，北方交大3名教授分别被聘为国务院学位委员会第四届电气工程、信息与通信工程及交通运输工程学科评议组成员。

（刘宝奇）

【裘晓东获跨世纪优秀奖学金】 年内，北方交大工商管理专业95级硕士研究生裘晓东获第三届中国大学生跨世纪发展基金优秀奖学金。裘晓东，1996年作为队长，带领5名队员，参加1996年中国国际企业管理挑战赛，获得中国赛区冠军，继而代表国家于1997年3月率队参加在葡萄牙首都里斯本举行的第14届国际企业管理挑战赛国际总决赛，获第三名。跨世纪优秀奖学金是由共青团中央、全国学联于1995年联合设立的，每年1届，每届奖励全国100名大学生，每人奖学金3000元。该校研究生黄燕平、龚岩栋分别在前两届获奖。

（刘宝奇）

【竞技体育居北京高校前列】 年内，北方交大学生在全市竞技体育比赛中获得好成绩，实现该校领导“一年一个台阶”的要求。在参赛的团体项目中，共有4项进入市高校前三名，男女排、足球继续保持甲级队前列。个人共有15人次取得北京高校比赛的第一名，10人次取得第二名。

（刘宝奇）

【4个计算机辅助教学软件获奖】 年内，北方交大4项CAI软件获全国普通高等学校优秀计算机辅助教学软件奖。其中《铁道概论CAI课件》获一等奖；《MICRO CAI“多媒体写作系统”》获二等奖；《求解曲面立体相贯线》和《基于WWW的CAI课件管理应用系统》获三等奖。本次全国工科高校共有270项软件参加评奖，共评出一等奖31项，二等奖45项，三等奖69项，清华大学、西安交大和北方交大分列第一、二、三名。

（李永学）

【9人获有突出贡献专家称号】 年内，北方交大有9人分别获国家和铁道部有突出贡献的中青年专家称号，其中1人为国家有突出贡献的专家，8人为铁道部有突出贡献的中青年专家。

（刘宝奇）

【改革考核办法】 年内，北方交大实施评单项奖和综合奖新的考核办法。单项奖内容分为院（系）单项奖，包括教学工作奖、学科建设奖、科技工作奖、学生工作奖（本科、研究生）、师资队伍建设奖、党建和思想政治工作奖、学校专项奖等；校机关部处单项奖包括基础工作奖、学校专项工作奖、部门专项工作奖、突出贡献奖等。根据单项奖的情况再确定综合奖。评奖采取各单位自己申报、学校组织专家组分项评审，最终由学校考核领导小组确定的方法。

（刘宝奇）

【成教学院被评为全国优秀学校】 年内，北方交大成人教育学院在全国成人高等教育评估中被国家教委授予全国高等教育评估优秀学校称号。该评估工作历时2年，国家教委最后批准全国51所成人高校和49所普通高校获得优秀称号。北方交大成人教育学院前身是1953年开办的大学学前教育，随后于1954年又开办培训与继续教育，1960年开办函授教育和1993年开办的夜大学，1988年7月，正式成立成人教育学院，该院共有各类各级专业23个，其中本科5个，专科12个，专科升本科6个。截止1997年底共培养各级各类成人学生17998人，其中大学学前教育691人，培训与继续教育10668人，函授教育5336人，夜大学1303人。该学院1991年、1994年先后两次被评为全国铁路高等函授教育先进单位。1993年获北京市优秀教学成果二等奖。

（刘宝奇）

【刘峰人选百千万人才工程】 年内，北方交大交通运输学院刘峰副教授入选全国“百千万人才工程”。刘峰，1961年9月出生于山西省太原市，1997年10月获中国人民大学经济学博士学位，现任北方交大自动化系统研究所副所长。主要从事计算机应用工程及理论研究工作，并致力于将科研成果转化为生产力的科技管理，自1985年以来，他主持或参加5项部级以上重大项目，作为主要承担人参加国家“863”基于曙光机的铁路运营智能管理系统和智能网络服务体系结构研究。他主持完成的铁道部“八五”攻关项目《规范化编组站货车管理系统》已被铁道部确定为全国铁路推广应用项目，经济效益显著。刘峰曾获IET教育基金奖，霍英东基金（研究类）奖，北京市优秀青年教师，北京市青年骨干教师，铁道部青年科技拔尖人才，铁道部有突出贡献的中青年专家等多项奖励。

（王翠珍）

【张仲义获全国有突出贡献专家】 年内，北方交大张仲义教授被国家批准为全国有突出贡献的中青年科学、技术管理专家。张仲义，1944年9月生于上海市，1982年在北方交大获硕士学位。现任北方交大自动化系统研究所所长，博士生导师。他长期从事铁路运输信息系统的研究与开发，并致力于将科研成果转化为生产力的科技管理工作，成功地主持完成郑州北编组站综合自动化系统和路外项目目标规划及其应用项目，分获国家科技进步一等奖和北京市科技进步二等奖，并在国内外学术刊物上发表论文多篇，出版《系统工程应用手册——管理信息系统篇》、《编组站货车实时信息系统》等专著。张仲义1992年被授予铁道部有突出贡献的中青年科技工作者，1995年获詹天佑北方交大科技奖，1996年获茅以升铁道科技奖。

（王翠珍）

北京广播学院

党委书记 刘继南（2月免）
赵建华（2月任）

院　　长 刘继南

【概　况】 1997年，北京广播学院全日制在校生中，本科生2429人，专科生66人，研究生164人，留学生122人。在读夜大、函授生5702人。毕业生2499人，其中本科生473人，专科生15人，研究生34人，函授、夜大生1619人，全日制脱产生358人。招收本科生813人，专科生27人，研究生65人，函授生1618人，夜大生46人，成人教育脱产生318人。教职工总数976人，其中专任教师408人，包括教授56人，副教授112人，讲师118人。另有其它系列高级职称7人，副高级职称55人，中级职称165人。设新闻传播学院、电视学院、播音主持艺术学院、信息工程学院、录音艺术学院、成人教育学院6个二级学院，新闻系、广告系和电视系等15个系、5

个基础课教学机构，设有新闻研究所、国际广告研究所和IMI市场信息研究所等16个研究机构，拥有电视节目制作实验中心、广告图文创意制作实验中心和广播节目制作和播出系统实验中心等12个实验中心（室）。全院开设31个本专科专业，7个硕士研究生专业，成人教育在全国设28个函授站，7个专业。创办有《北京广播学院学报》等学术刊物，承担《中国广播电视年鉴》编纂工作，设有北京广播学院出版社和北京广播学院音像出版社。各级各类在研项目289项，其中国家级、省部级以上71项。学院积极开展对外文化和学术交流，已同美国、日本和韩国等20多个国家的高等院校和广播电视机构建立友好合作关系，现已发展成为融新闻、艺术、外语等学科于一体，培养多层次广播电视人才的综合性大学。学院连续3年获首都文明单位、中直机关共建精神文明单位、广电部精神文明标兵单位等称号。学院占地202464平方米，建筑面积120456平方米，图书馆藏书67.5万册。

（魏　宏）

【BBI校园电视开播】 1月2日20时，广播学院有线电视正式开播。该有线电视播放范围限于校园内，内容以院内报道为主。除播出校园新闻节目外，还以九画面的形式，全天候播出电视频道的节目预告。至年底，该有线电视共制作播出36期新闻节目。

（魏　宏）

【召开文科课题负责人会议】 3月28日，广播学院召开文科省部级以上科研项目课题负责人会议。会议传达1997年全国哲学社会科学规划工作会精神，科研处就文科项目的种类，研究的类型，项目从开题检查、中期检查到结题验收的有关要求及经费报销的有关规定作说明。会议强调，文科科研首先要保证政治导向的正确。

（魏　宏）

【录音艺术学院成立】 6月18日，广播学院录音艺术学院成立。该艺术学院为广播学院下属的二级学院，设录音艺术研究所、数字技术研究室、声频测量实验室、中心实验室，包括有录音艺术系（工科）和音响导演系（文科），工程、艺术、文学兼容，为全国广播电视系统培养从事录音节目制作和声频技术研究方面的专门人才。该艺术学院吸收社会企、事业和社会各界联合办学，设立教育协作理事会，参与学院管理。

（魏　宏）

【5个重点学科通过审定】 7月15至16日，广播学院重点学科建设规划及实施方案通过广播电影电视部审定。审定期间，专家组听取该院重点学科建设及实施方案报告，观看重点学科建设的专题片，考察视听中心、电视节目制作实验中心、计算中心、图书馆等基础设施，分别召开学术带头人和中青年学术骨干代表座谈会，对该院重点学科建设整体论证报告和项目论证报告进行审议。专家组认为，广播学院的新闻学、广播电视艺术学、语言学及应用语言学、通信与信息系统、电磁场与微波技术5个学科，已具备重点建设的基础条件，同意上述5个学科的建设规划及实施方案。

（魏　宏）

【第六次董事长会议召开】 8月8至9日，广播学院董事会第六次董事长会议在广西北海召开。会议听取第三次董事会议和秘书处工作汇报，听取学院教学改革和学科建设进展情况的汇报，并就基金筹集、基金利息使用方向及筹备1998年董事会换届等问题进行讨论。会议肯定广播学院各方面工作成绩，希望继续把培养高质量的广播电视专业人才当作头等大事。

（魏　宏）

【成人教育学院成立】 8月12至16日，全国广播电视系统第九次函授教育工作会议暨北京广播学院成人教育学院成立大会在云南省昆明市召开。26个省市（自治区）电视厅（局）人事（教育）处主管教育工作领导和函授站站长参加会议。会议听取第八次函授会议以来的工作报告，通报1996年广播电影电视部对广播学院函授教育的评估结果。会议宣布广播学院成人教育学院成立。成人教育学院由函授部、夜大学、培训部、空中课堂和成人教育研究所5部分组成，成人教育办学层次包括函授本科、函授专科起点本科、函授专科、函授第二专科、夜大学专科、成人脱产专科、专业证书教育、广播电视系统高层次继续教育和岗位培训8个层次，开设11个专业。

（魏　宏）

【颁发首届星光研究生奖学金】 9月8日，广播学院与星光集团签订设立星光奖协议。根据该协议，星光集团每年提供20万元资助广播学院发展研究生教育。该资助金用于导师和一年级研究生每月补助和设立星光研究生奖学金，奖励二、三年级优秀研究生。星光奖学金每年评选1次，与中央三台奖同时颁发。在12月12日首届星光研究生奖学金颁奖大会上，该院共有35名学生获奖。

（魏　宏）

【主办电子线路教学研讨会】 10月10至13日，第六届华北地区电子线路教学研讨会在广播学院召开，华北地区23所高等院校的66名代表参加会议。会议着重探讨引进电子设计自动化（EDA）新技术问题。EDA已被发达国家的电子信息领域广泛采用。电子技术与电子线路作为工科的技术基础课，在整个高校的工科教学中起着重要的作用。会议还组织教学改革成果交流和展示活动。

（魏　宏）

【第六届院科研评奖揭晓】 10月31日，广播学院第六届科研评奖揭晓。本次评审共评出一等奖论文7

篇，二等奖论文10篇，一等奖著作类成果（含编著、教材）共5部，二等奖著作类成果（含编著、教材、样机、技术软件）共8部（件），共计30项。

（魏 宏）

【颁发光前奖学金】 11月11日，广播学院颁发首届光前奖学金。共有7名学生获奖，其中二等奖2人，三等奖3人，突出进步奖、突出贡献奖各1人。光前奖学金是广播学院社会科学系专项奖学金，由湖南电视台光前影视制作中心董事长兼总经理张光前设立。该奖学金每年评选1次，设有一、二、三等奖及突出进步奖、突出贡献奖。

（魏 宏）

【首届CRI杯音乐节目竞赛颁奖】 11月12日，首届CRI杯音乐专题节目竞赛颁奖暨学术研讨会在广播学院举行。该竞赛由中国国际广播学会、中国国际广播电台文艺部和广播学院文艺系共同主办，参赛50份节目稿件全部由学生亲手制作，其中，一等奖1名，二等奖2名，三等奖3名，优秀奖3名。

（魏 宏）

【颁发第八届中央三台奖学金】 12月12日，广播学院颁发第八届中央三台奖。共有55名学生和19名优秀教育工作者获奖。中央三台奖由中央人民广播电台、中国国际广播电台、中央电视台联合于1990年设立，用于奖励广播学院的优秀教师和学生，每年评选1次。前7届共奖励优秀教育工作者100人，优秀学生142人，其中研究生30人。

（魏 宏）

【思想政治教育研究会成立10周年】 12月24日，广播学院思想政治教育研究会成立10周年纪念大会暨第九次年会召开。会议总结思想政治教育研究会成立以来的工作经验，选举产生新一届研究会组织机构，通过关于研究会章程的修改意见。10年来，该研究会先后举办高校党的建设、纪念毛泽东诞辰100周年暨毛泽东教育思想研究和考风·学风·教风等一系列研讨会；出版《耕耘与探索》、《党建新探》、《高校精神文明建设论坛》等10多本文集。

（魏 宏）

国际关系学院

党委书记 屈 忠
院 长 桑松森（1月免）
徐国光（1月任）

【概 况】 1997年，国际关系学院设有英语系、日法系和国际政治系等7个系（处）和12个专业，其中英语、日语、法语和国际关系4个专业拥有硕士学位授予权。有教职工390人，其中教授（研究员）21人，副教授（副研究员）55人，硕士研究生导师32人，享受政府特殊津贴专家23人，优秀青年骨干教师2人。从其他高校和科研单位聘请专家、学者40多人。在校学生1158人，毕业生494人，招收新生295人。学院在京、冀、辽等9省市设有夜大、函授工作站，开设英语、中文、经济贸易、公共关系4个专业课程，在读学生1026人，毕业生187人，招收新生248人。学院占地面积13.2万平方米，校舍建筑面积10多万平方米。学院拥有计算机房2个，语音教室10个。图书馆藏书24万多册，有各种期刊600多种。

（刘平杰）

【赴井冈山参观学习】 5月20至30日，国际关系学院组织中青年教职工赴井冈山革命根据地参观学习。学习中，教职工参观多处第二次国内革命战争时期重要遗址，重温老一辈无产阶级革命家创建井冈山根据地的光辉业绩。

（刘平杰）

【颁发研究生导师聘书】 6月5日，国际关系学院举行研究生指导教师聘书颁发仪式，该院领导向4个硕士学位授予点的32名指导教师颁发聘书，并与指导教师和老教授就研究生培养工作进行座谈。

（刘平杰）

【举办青年教师教法研讨会】 10月17日，国际关系学院举办青年教师教学法研讨会。研讨会邀请5名中老年教师结合教学思想、教学方法和教学科研实际，分别讲述各自爱岗敬业、甘于清贫，自我充实、加强修养和坚持教学科研的体会。青年教师就教学、科研和设备等问题进行研讨。

（刘平杰）

【获送温暖活动先进集体称号】 10月28日，北京市教育工会向国际关系学院工会颁发送温暖活动先进集体锦旗和奖品，表彰该院在开展“献爱心，送温暖”活动中所取得的成绩。国际关系学院从1995年起，实施“烛光工程”，与密云县石城中学建立联谊关系。院领导屈忠两次带队前往石城中学，捐赠计算机、扩音器、图书等物品，为石城中学解决部分实际困难。

（刘平杰）

【获优秀裁判员奖】 11月27日，国际关系学院体育教研室田振华教授获国家体育运动委员会颁发的“1993—1997国家级全国体育优秀裁判员”奖，以表彰其在推广健美操运动中做出的贡献。田振华，1953年5月出生，中共党员。1975年7月毕业于北京体育师范学院体育专业，专项体操。1975年7月至1980年6月任北京市航空运动学校体育教师。1980年6月至今任国际关系学院体育教研室教师。现任国际关系学院体育教研室主任，国家级健美裁判员，中国健美协会裁判委员会主任（1993年至今）。自80年代初期从事健美、健美操教学、训练、科研、竞赛裁判等工作。撰写关于健身健美8部专著及80多篇健身健美科普文章和论文。多次参加由国家体委组织的编写《健美操竞赛规则及裁判法》、《健美竞赛规则及裁判法》、《健美运动理论教材》的工作。参与编剧的《家庭健身器训练三部曲》录像教学片，获1995年中国体育科学学会二等奖。曾担任中央电视台体育部制做的“健美五分钟”器械训练部分顾问。自1986年至1997年历年来多次担任全国健美、健美操比赛的临场裁判及总裁判长工作。

（刘平杰）

【举办’79—’97科研成果展览】 11月，国际关学系院举办国际关系学院’79—’97科研成果展览。展出该院自1979年复校以来部分科研成果。该院自复校以来，已公开出版专著30余部，工具书50余部，译著90余部，教材40余部，学术论文、译文及文学作品近千篇，获省市级、部委级和全国性学会优秀科研成果20余项。

（刘平杰）

【召开第五届学术讨论会】 12月3至9日，国际关系学院召开第五届学术讨论会。讨论会共收到论文72篇，分成政治、英语、文化、教育和信息5个小组进行研讨。经过研究评议和投票推选，有12篇论文获第五届学术讨论会优秀论文奖，9篇论文获提名奖，管理系和研究生处获得集体参与奖。讨论会提出的科研工作指导思想是“保持优势，突出特色，提高水平，服务教学”。

（刘平杰）

【举办家乡行爱国情展览】 12月9日，国际关系学院举办家乡行，爱国情大型展览。该展览包括5个图片展厅、1个实物展厅和1个视听展厅，分别介绍西藏、新疆、安徽、云南和四川5个省（自治区）的政治、经济、文化、地理和民俗，生动直观反映我国中西地区的风貌。该展览共接待参观学生1000多人。

（刘平杰）

【2篇学术论文受到日本教育界关注】 年内，国际关系学院教师王信有关日语文法的学术论文《修饰肯定句尾的用法》和《程序例词的转变》，分别被收入日本国语学会所编的《日本语论说资料》和被日本法政大学所引用，并列入东京都立大学文学部博士课程的“论文分析”课范文。以上2篇论文还被编入由日本文部省出资、由东京都立大学和国立国语研究所研究小组编辑的即将出版的《计量性日本语研究论文》CD-ROM之中。

（刘平杰）

北京服装学院

党委书记 焦福岩

院　　长 钟国治（10月免）

　　　　 王蕴强（10月任）

【概　况】 1997年，北京服装学院设有服装、工美、纤维材料等10个系（部）、15个学士学位专业（其中新增设环境艺术设计专业），6个硕士专业。设有服装CAD等3个中心，1个服装、服饰博物馆，3个研究所，16个处（室），1个羊毛实验室及图书馆。图书馆新建文艺鉴赏阅览室、声像阅览室及新书阅览室。全年新增图书2600余册。在校教职工709人，其中校本部教职工538人，科研机构人员25人，校办企业37人，其他附设机构64人。校本部专任教师297人，比上年增长4%，其中教授16人，副教授72人，讲师116人。另有其他系列高级职称2人，副高级职称9人，中级职称15人。在校学生2521人，其中研究生66人，本科生1630人，专科生825人。毕业生849人，其中研究生31人，本科生342人，专科生476人。招收新生906人，其中研究生24人，本科生530人，专科生352人。首批招收留学生15人。另有函授、夜大、成人脱产班在校生933人，比上年增长11%。其中本科生70人，专科生863人。毕业专科生253人。新招学生423人，其中本科生40人，专科生383人。学院建筑面积123402平方米，固定资产2490万元。科研项目共33项，其中国家纵向科研项目8项，科研经费200余万元。

（薛企东）

【首次召开外事工作会】 1月9日，服装学院第一次外事工作会召开。会议回顾纺织总会对外开放的成绩，传达纺织总会关于加强外事工作的文件和精神，对外事工作若干规定、外事纪律以及加强外事工作干部队伍建设等问题进行研讨。会议还布置服装学院1997年外事工作。

（王洪儒　张　燕）

【主办首届毕业生供需见面会】 1月24日，服装学院主办首届纺织、服装、工美、化工专场供需见面会。来自5所艺术和纺织院校的1000余名学生和100余家用人单位参加见面会。活动中部分毕业生与用人单位达成用人意向。

（张　懿）

【首次参加香港教育及职业博览会】 2月20至23日，服装学院随内地大学参展团，赴香港参加第七届教育及职业博览。在博览会上，该院播放电视教育片《踏向服饰艺术殿堂之路——北京服装学院》，提供10余种图书及有关资料，并与香港贸发局时装图书馆、香港理工大学、香港制衣训练局、国际升学服务中心等单位交换资料。来自10多个国家和地区的180个机构参加该博览，参观、咨询达20余万人。我国内地院校首次组团参加。

（薛企东）

【举办首期教研室主任培训班】 3月27日，服装学院举办首期教研室主任培训班，来自31个教研室的38名教研室主任接受培训。培训班由3名教研室主任介绍工作经验及对教学改革所作的尝试。举办该培训班旨在发挥教研室教学组织的作用，促进教学科研、课程设置、师资培养等工作，使教研室工作规范化。

（薛企东）

【主办纺织院校工会工作研究年会】 4月8至12日，服装学院主办全国纺织院校工会工作研究会第六届年会。中国纺织总会及全国11所纺织高等院校工会负责人参加年会。会议期间交流和研讨关于高校工会工作研究论文11篇。

（孙波岩）

【举办《银河璀灿》毕业生作品展】 4月10日，由服装学院和沈阳银河服装集团联合举办《银河璀灿》97届服装艺术设计专业毕业生作品展。该展示会共推出30多个系列120余套服装，其特点是设计与制作注重创意与实用相结合，符合流行趋势与市场需求。这是该院首次在国际服装博览会上展示学生毕业作品。

（杨建一）

【戴洁入选十佳名模】 4月，在国际服装博览会中国模特之星大赛中，服装学院服装设计与表演专业学生戴洁获全国十佳名模称号。戴洁是95级服装设计与表演专业专科班学生，其表演艺术以庄重、优雅为特点。

（杨建一）

【完成双路供电工程】 5月7日12时20分，服装学院双路供电工程正式启用。该工程启用后，在配电设备和用电指标不增容的情况下，电力负荷可增加1倍，并节省资金37.6万元。此项工作开始于1983年，总投资260万元。

（薛企东）

【第五次党代会召开】 5月10至11日，中共服装学院第五次代表大会举行。出席代表100人，列席代表4人。大会审议通过第四届委员会《坚持社会主义办学方向，面向21世纪，建设高水平的服装学院》的工作报告及纪律检查委员会《坚定信心、锲而不舍、为搞好我院党风廉政建设而奋斗》的工作报告。选举产生第五届党委会和纪律检查委员会。会议号召全院师生主动适应现代化建设和市场经济体制的需要，建设以服装和纤维材料学科为主体，艺术、工程、经贸多学科相互渗透，具有较强特色和优良学风的高等院校。

（薛企东）

【周卫华获国家政府特殊津贴】 5月，服装学院纤维材料工程系周卫华教授获国家政府特殊津贴。周卫华，1961年毕业于复旦大学化学系高分子专业，毕业后一直在服装学院任教。先后参加编写多部本科生及研究生教材和讲义，其中由他担任主审的《化学纤维实验教程》被评为1992年国家级优秀教材。由他主持的科研项目烟滤嘴用改性聚丙烯换丝束获1993年国家发明四等奖，黑龙江省佳木斯市应用此技术建成年产2000吨切片、1000吨丝束的生产工厂。

（殷文杰）

【增设大学生就业指导课】 6月25日，服装学院开设大学生就业指导课程。该课程属社科类，限定由毕业班学生在第7学期选修，全课24学时，主要内容有：就业政策、择业技巧、就业准备、人才流动等。

（张　懿　薛企东）

【两教材被定为“九五”重点教材】 7月，服装学院王蕴强主编的《服装色彩学》和胡月主编的《服装设计学》被国家教委确定为高等教育“九五”规划国家级重点教材。中国纺织总会所属院校共中选3项。

（杨建一）

【首批外国留学生入学】 9月，服装学院招收的首批15名留学生进校上学。这些留学生分别来自韩国、日本、美国、意大利、西班牙和越南，其中服装设计专业本科留学生1名，学制4年；广告设计进修生1名，学制半年；语言专业13名，学制3个月。

（张　燕　薛企东）

【张小青获国际模特大赛金奖】 9月，在大连国际时装节模特大赛上，服装学院学生张小青获得最佳表演奖、最佳上镜奖和大赛冠军三项大奖。这是服装学院学生首次获得该赛事三项大奖。张小青是服装学院96级服装设计与表演专业学生，其表演特点是将东方女性优雅舞姿与表演技巧相结合。

（杨建一）

【中日联合举办时装表演】 10月10日，服装学院与日本文化女子大学联合举办“预言传说”时装表演。时装表演共展示反映现代国际流行色彩和趋势毕业作品193套，其中日本文化女子大学93套。服装学院与日本文化女子大学于1988年结为姐妹学校，其间双方曾多次互访交流。此次参加“预言传说”时装表演的日本文化女子大学代表团由7名教师60余名留学生组成，是该校留学生首次在中国展示毕业作品。

（杨建一）

【设立风格与设计奖学金】 10月22日，美国花花公子（Playboy）公司在服装学院设立风格与设计奖学金。该奖学金总金额25万元，为期5年，每年奖励3名时装、纺织专业全日制学生，每人奖励金额5000元，成绩优秀者可以在香港花花公子公司学习10天。美国花花公子公司创立于1953年，主要经营高品味男女生活用品。1991年该公司产品首次进入中国大陆市场，1992年在广东汕头建立首家产品制造工厂。

（张　懿　薛企东）

【5个硕士点通过评估】 10月，服装学院化学工程、化学纤维、染整工程、纺织机械、服装5个硕士学位授予点通过市教委复评。该评估的对象是1992年以前批准的博士、硕士学位授权点，评估内容包括思想政治工作、管理工作、研究生培养质量等，合格者可继续行使学位授权并按新的专业目录对应为新的二级学科点。

（薛企东）

【增设环境艺术设计专业】 11月5日，服装学院工艺美术系获准增设环境艺术设计专业，并于1998年招收学士学位生。该专业主要培养从事环境艺术创作、工程设计等专业人才，下设课程45门，总学时3891学时，主要专业课程包括：建筑设计、室内设计、小区规划设计、绿化、景观设计、城市标识设计、CI系统与环境艺术、壁画和环境雕塑设计等。

（薛企东）

【获首届永林杯健美操赛团体第二名】 11月22日，在北京市首届大专院校"永林杯"健美操大赛上，服装学院获团体总分第二名。同时获集体八人操二等奖1项，个人单项二等奖2项，个人单项三等奖1项。该健美操比赛由国家教委发起、北京健美操协会和永林公司共同主办。北京20余所高校组队参赛。

（刘彩华）

【设立奋斗成才奖学金】 12月3日，服装学院设立奋斗成才奖学金。该奖学金由意大利时装设计师卓凡尼·华伦天奴代表华伦天奴家族捐资50万元设立。用以奖励品学兼优的学生、奖励在各种竞赛中获奖或取得重大科研成果的学生及其指导教师，资助家庭经济困难但品学兼优、学习刻苦的学生。华伦天奴家族于1908年在意大利尼布斯市创办以生产高档皮革制品及服装为主的家族式企业。其作品作为20世纪工业设计的典范，陈列于瑞士鞋靴博物馆。80年代该家族获意大利特别成就奖及国家十字骑士勋章。卓凡尼·华伦天奴于1991年成为家族第三代继承人，此次他专程到北京赠款，是意大利服装企业首次向中国赠款支持教育事业。

（张 懿 胡迎庆）

【外语教学通过评估】 12月4至5日，市教委专家组4人到服装学院进行外语教学评估检查，内容分为教学条件、教学组织、教学效果3项共26个评估元素，并对过去三年的教学进行检查，专家组在查阅资料、检查教学现场、随机抽取8名老师每人各8个学时外语课进行现场听课后，对外语部教学给予肯定。此次评估市教委共选择5所院校，服装学院是唯一的1所非重点院校。

（刘 文 薛企东）

【18人获钱之光奖教（学）金】 12月15日，服装学院3名教师、15名学生分别获钱之光教育奖、奖学金。钱之光生前曾任纺织工业部部长，逝世后，夫人刘昂发起并捐资30万元建立钱之光科技教育基金会。共设4个奖项：科技奖奖励在纺织科研工作中作出突出贡献的科技工作者，教育奖奖励在纺织教学和科研工作中作出突出贡献的教育管理干部，奖学金奖励品学兼优的学生，英模奖奖励在振兴纺织工作中作出突出贡献的先进工作者。前三项每年评1次，第四项每5年评选1次。

（刘福全 薛企东）

【获第二届21世纪设计大赛奖】 12月15日，联合国教科文组织在巴黎召开第二届21世纪设计大赛(Design21—Ⅱ)国际评审团评议会议。服装学院教师刘卫的作品《脉》、研究生尤珈的作品《青鸟》获奖。评委对他们的作品评价是"有新意又显高贵"。参加此次设计大赛的选手来自48个国家，共有100名选手获奖。我国参赛的5名选手全部获奖，是唯一参赛选手全部获奖的国家。

（杨建一 薛企东）

【黄关葆获桑麻基金会纺织科技奖】

12月28日，服装学院黄关葆获1997年香港桑麻基金会纺织科技奖一等奖。黄关葆是该院高分子材料研究所副研究员，在职博士生，曾获国家科技进步三等奖、四等奖和2项发明专利，由他主持的国家"八五"科技攻关项目分散染料常压可染共聚酯已通过鉴定验收。黄关葆曾在国际会议上发表论文2篇，在国家一级刊物及有影响的杂志发表论文10篇。香港桑麻基金会设立于1992年，由香港实业家、香港特别行政区大紫荆花勋章获得者查济民创建。1997年该基金会首次设立纺织科技奖。

（薛企东）

北方工业大学

党委书记 沈 愉
校　　长 沈 愉

【概 况】 1997年，北方工业大学设有工学院、经济管理学院、建筑学院、基础科学学院、人文社会科学学院、成人教育学院和设在燕郊校区的有色金属管理干部学院。校本部有硕士点2个、18个专业、27个学科、8个教研室，还有模糊控制、智能自动化及计算机应用、建筑设计院等10个研究院（所），29个实验室及图书馆、艺术馆、电化教育馆等辅助教学机构。此外，还创办8个校办产业。有色金属管理干部学院的学历教育部设有11个专业。同美国、加拿大、德国、法国、英国、日本、澳大利亚等10个国家20多所大学建立校际合作关系。在校学生3646人，其中硕士生14人，本科生3071人，专科生561人；在校学生总数比上年增加146人。毕业生894人，其中本科生684人，专科生210人；毕业生总数比上年增加74人。招生1094人，其中硕士生4人，本科生803人，专科生287人；招生总数比上年增加78人。成人教育学院在读生2076人，其中本科生539人，专科生1537人；招生865人，其中本科生225人，专科生640人；毕业493人，其中本科生101人，专科生392人。12月27日，该校获得举办夜大本科资格。教职工963人(含专任教师386人)，其中正高级技术职称22人，副高级技术职称126人，新增总公司跨世纪学术带头人6名。全年完成科研课题11项，新立17项，其中自然科学基金项目3个，合同项目14个。全年科研经费总投入210万元。校办产业年总产值1180万元，创收202万元。学校占地面积32万平方米，建筑面积16万平方米。

（王振全）

【首次颁发瑞图奖学金】 1月3日，北方工大举行瑞图奖学金首届颁奖仪式。该项奖学金是由美国莎林公司总裁、美国汇通银行董事长丘瑞图出资设立。第一年奖励4名学生，每人每年1000元。第二年奖励8名，第三年奖励12名，第四年奖励16名，一直发放到学生毕业离校。颁奖仪式上，丘瑞图受聘北方工大名誉校友、工学院国际顾问。

（王振全）

【实施教学督导制】 1月6日，北方工大实行教学督导制，该督导组由离退休教师担任，其职责是：定期听课，了解教师教学情况和学生听课情况，抽查学生作业和批改情况，对教风、学风和课堂教学质量做出评价；调阅课程教学大纲、教学计划、教师讲稿、考卷等，及时提出改进建议；指导任课教师改进教学工作，帮助教师总结优秀课程和教学改革经验；汇集教学情况和意见，研究教学管理。

（王振全）

【3项科研课题完成】 1月，北方工大的国家自然科学基金项目《分形理论及其在图形学中的应用》、《在法庭科学中检验检材和比对的统计模型与方法》、《一般商品空间中的完全竞争及其非标准理论》3项课题准予结题。

（王振全）

【调整教学指导委员会】 3月6日，北方工大调整教学评价指导委员会，并成立教学评价专家组。该委员会及专家组本着"以评促改、以评促建、评建结合"原则，对各本科教育进行合格评价工作。

（王振全）

【外语课程改革指导小组成立】 4月，北方工大成立大学外语课程改革指导小组。其职责为：审定大学外语教学大纲、课程建设规划，研究改进措施和教学改革方案；检查大学外语教学质量，并提出改进意见；评选大学外语的教学质量优秀奖；向学校提供有关加强大学外语教学的建议和意见。

（王振全）

【计算机课程改革指导小组成立】 4月，北方工大成立非计算机专业计算机课程改革指导小组。其职责是：研究全校计算机基础课的课程体系、教学内容和教学方法，帮助任课教师总结教学改革经验；协助各学院制订各专业计算机系列课程的教学计划，为实现四学年计算机教学和应用不断线奠定基础；为研制各专业的CAI软件提供技术咨询，协助解决有关技术问题；指导学生开展有关计算机软硬件开发的课外科技活动，在高年级学生中开展计算机知识和技能的达标活动。

（王振全）

【举办先进事迹报告会】 5月7日，中国有色金属工业总公司文明职工先进事迹巡回报告团在北方工大作报告。昆明理工大学、长沙矿山研究院、黄河铝业公司武装保卫部、葫芦岛锌厂分别介绍先进事迹。该校400名教职工和500名学生参加报告会。

（王振全）

【勤工助学形成特色】 5月8日，北方工大召开勤工助学表彰会，4个先进集体、10名先进教职工和28名先进学生代表受到表彰。会议强调，各单位努力开拓渠道，增设劳务和科技服务岗位，做好特困生认定工作，把资助重点落实到基本生活没有保障的学生身上。1996年，该校突出重点、严格管理，形成以勤工助学酬金为主，奖、贷、减、免、补、酬、济等多种形式特困生资助方法，全年发放困难补助金10.2万元，勤工助学酬金18.2万元，资金总额相当于1994年和1995两年之和。1996年该校特困生占学生总数的9.6%。

（王振全）

【颁发科研基金管理办法】 5月14日，北方工大颁发科研基金管理办法。该管理办法提出，科研基金重点支持研究内容、目标明确，技术方案可行，且在一、两年内能够取得预期效果的项目；重点支持对改进现行生产技术和发展新产业具有重要意义的项目；重点支持交叉学科的综合性课题研究项目。管理办法还对科研经费的来源、申请和使用做出规定。

（王振全）

【举办大学美育讲习班】 8月15至22日，北方工大和中国艺术教育促进会、中国高教美育研究会和高等教育出版社联合举办《大学美育》讲习班。来自全国各地的50多名高校美育教师参加学习。讲习班听取专家、教授对《大学美育》教材讲解，研讨《大学美育》课程建设，并参加有关审美实践活动。

（王振全）

【总公司检查学校工作】 9月9日，中国有色金属工业总公司领导到北方工大检查工作。在听取该校领导的工作汇报后，总公司领导提出面向21世纪，为有色金属发展培养更多人才；发挥地域、生源优势，提高教学质量；要造就一批站在本学科前沿的学科带头人和加强领导班子建设4项要求。

（王振全）

【建筑设计院设计资格晋升】 9月15日，北方工大建筑设计院由丙级设计资格晋升为乙级设计资格，并获得建设部《工程设计证书》和《收费资格证书》。该设计院始建于1987年4月，10年中先后独立承担近百项建筑工程的设计，其中一级民用建筑工程1项、二级民用建筑工程3项。曾获北京市首届中小单位优秀工程设计二等奖（1995年）；住宅设计方案优良奖（1997年）；农村住宅设计三等奖（1997年）。年创利润约100万元。年内，该设计院更名为北京中色北方建筑设计院。

（王振全）

【教学文件建设指导小组成立】 10月20日，北方工大成立教学文件建设指导小组。该指导小组主要任务是对全校全日制本科、专科各专业和各门课的教学文件(教学大纲、教案、培养计划等)，以及教学管理文件进行审查和指导，并提出修改建议。

（王振全）

【太阳能电动游艇研制成功】 10月31日，由北方工大和江苏盐城共同研制的太阳能电动游艇，在北海公园首航成功。该游艇最大功率1.5千瓦，载重8人。

（王振全）

【设置7个责任学科】 10月，北方工大推动基础课的教学改革，设置7个责任学科统一归口管理基础课程。7个责任学科分管部门为：本科高等数学公共课的责任学科为基础科学学院的数学学科；《概率论与数理统计》课程的责任学科为经济管理学院的统计学学科；力学基础课的责任学科为建筑学院的力学学科；《普通物理》课的责任学科为基础科学学院的物理学科；《物理实验》课由基础科学实验中心负责；电类基础课的责任学科为工学院的应用电子学科；《工程制图》课的责任学科为工学院的机械学学科；各非计算机专业的计算机基础课程及计划内的上机实践统一由计算机课程改革指导小组负责。

（王振全）

【建立4个实验中心】 10月，北方工大推动实验室管理体制改革，成立电基础、机电、经济管理信息仿真和基础科学4个实验中心。实验中心成立后，原实验室一律取消。

（王振全）

【李友筠受聘教改顾问】 11月26日，北方工大聘请美国高等工程教育委员会委员、加州理工大学分校工学院院长李友筠教授为教学改革顾问。在授聘仪式上，李友筠做《美国高等工程教育现状与发展》的学术报告。该报告介绍美国高等工程教育把教科书变成资料库，打破1块黑板、1支粉笔、1本教科书传统教学模式，建立综合实验室，实施产、学、研工程，在个别专业进行学士、硕士联读，建立与人文科学系和商业学校的跨学科合作关系，加强工程学的继续教育，强调多学科教育思想和系统思想等做法。

（王振全）

【教职工家属楼竣工】 11月30日，北方工大教工家属楼交付使用。该家属楼建筑面积3000平方米。至年底，有33户教职工迁入新居。

（王振全）

【制订奖励学术论文办法】 12月3日，北方工大制订出学术论文奖励办法。该奖励办法规定：凡第一作者为北方工业大学教职工且发表时署北方工大全称的论文，符合本办法各条规定者，均给予奖励；非第一作者发表的论文，酌情奖励。奖励档次分别为：收入《科学引文索引》(SCI)和《工程索引》(EI)的论文，每篇奖励1000元；在国外重要学术刊物上发表的论文、收入国际学术会议正式文集及《科学技术会议录》(ISTP)的论文，每篇奖励500元；在国内各类学科核心期刊上发表的论文，每篇奖励200元；国内一级学会学术会议正式论文集上发表的论文，每篇奖励100元；在本校学报上发表的论文，由学报编委会每年评出10篇优秀论文，每篇奖励200元。

（王振全）

【获数学竞赛奖】 12月9日，北方工大在全国大学生数学建模竞赛中获北京赛区一等奖；在北京市第九届大学生（非数学专业）数学竞赛中，39人参赛，获奖12人，其中一等奖1人，二等奖2人，三等奖9人。

（王振全）

【获专利权2项】 年内，北方工大的《电动助力双人自行车》和《住宅智能安全防范控制器》获专利权。

（王振全）

【开展3项国际交流】 年内，北方工大先后接待美国休斯顿大学校长，罗马尼亚国际法与国际关系协会秘书长、罗马尼亚私有企业联合会主席、北方工大与罗马尼亚合资国际胜利实业股份有限公司新任总经理和中日经济研究中心副主任3个重要访问。

（王振全）

【科研成果获奖】 年内，北方工大的《红外热电视在线监测熟料窑壳温度技术》获中国有色金属工业总公司科技进步三等奖。国家重点科技开发项目《智能模糊控制技术在180KA预焙铝电解槽上的开发应用》及其子项目《铝电解槽模糊专家系统》以及与北京有色金属机械厂共同开发的《冷弯成型的CAD/CAM一体化技术》，通过中国有色金属工业总公司专家鉴定。

（王振全）

北京轻工业学院

党委书记 林少岩（女）
院　　长 陈仁敏

【概　况】 1997年，北京轻工业学院设有机械工程系、化学工程系、自动化工程系、经济管理系、外语系5个系和基础部、社科部、体育部3个部，有6个研究所、3个研究室。设12个本科专业（其中新增工业设计专业），7个专科点。设企业管理、应用化学、环境工程、机械设计和理论、控制理论与控制工程5个硕士点，其中应用化学和控制理论与控制工程是中国轻工总会重点学科。全院教职工838人，其中专业技术人员601人。专任教师337人。有教授、研究员27人，副教授、高级工程师等187人，讲师、工程师等224人。22人享受政府特殊津贴。年末有各类学生4053人，比上年增长14.6%。全日制在校学生3319人，比上年增长9.8%；专科生590人，比上年减少21.6%；硕士研究生103人，比上年增长21.2%。毕业生786人，其中本科生512人，专科生248人，硕士生26人。招收新生874人，其中本科生742人，专科生88人，硕士生44人。本科生可到合作办学的北京商学院选课。成人夜大设计算机及应用、涉外会计、外贸英语专科点，在校生734人，比上年增长87.7%，毕业92人，招收新生432人。此外招收本科留学生60人。全院占地面积11.71万平方米，校舍面积12.35万平方米。塑料研究所设有国家级塑料检测中心，外语系外语培训中心与翻译服务中心是英国伦敦工商会考试局与北京外国企业服务总公司合办的合作考务管理中心的注册考点。

（陈 威）

【基础课实验室通过评估验收】 1月13日，北京轻院物理、电类基础、机械基础、基础化学、化工原理教学实验室通过由国家教委专家组的评估验收。成为轻工院校和北京地区高校基础课实验室评估模式的示范学校和北京地区第一所通过基础课实验室评估验收的高校。评估内容包括：实验室管理体制、机构；实验教学；仪器设备；实验队伍；实验室环境与安全；实验室管理规章制度共39项指标。

（陈 威）

【第一次党代会召开】 3月14日，中共北京轻院第一次党代会召开。会议作题为《继往开来，为全面实现上水平、达规模、创特色的目标而奋斗》工作报告，讨论《北京轻工业学院教育事业“九五”计划和2010年远景规划（修订稿）》和关于制定北京轻院“九五”计划和2010年远景规划说明的报告。会议通过党委、纪委工作报告的决议，选举产生新一届党委和纪委。会议号召全校师生解放思想、抓住机遇，为实现学院上水平、达规模、创特色而奋斗。

（陈 威）

【开展大学生形象讨论】 3月，北京轻院在学生中开展首都大学生形象大讨论和调查。学生走访学校周边单位，收集社会反映，提高大学生对精神文明的认识和落实轻院大学生文明行为规范的自觉性。

（陈 威）

【3个硕士点通过合格评估】 5月，北京轻院第三批获准的机械设计及理论与第四批获准的控制理论与控制工程、应用化学共3个硕士点通过国家教委基本条件合格评估。

（刘惠明）

【教改领导组成立】 7月，北京轻院教学改革领导小组成立。该领导小组由院长担任组长，成员有各教改部门负责人组成。教改领导组决定并协调本科专业人才培养模式改革试点的各项工作。试点专业高分子材料与工程所在化工系也成立系教改领导小组。

（陈 威）

【首批自费留学生赴乌克兰学习】 7月，北京轻院首批60名自费本科留学生赴乌克兰基辅轻工业大学学习。按照北京轻院与基辅轻工业大学长期友好合作协议书，自费留学生在北京轻院完成1年培训后，将在基辅轻工业大学学习4年，学业期满后获得毕业证书。

（陈 威）

【实施本科人才培养模式改革】 9月，北京轻院人才培养模式总体设计方案在高分子材料与工程专业97级实施。新设计方案计划课内总学时2500个，其中基础教育课占92%，公共课18%。基础教育课中，人文社科基础课15%；自然科学基础课19%；经济基础课3%；工程技术基础课16.8%；专业基础课20.2%；专业课占8%。实践教学共60周，其中工程实践基础训练15周，工程实践训练25周，综合教育大于20周。理论教学与实践教学学时比6：4。该设计方案是由北京轻院主持的国家教委、轻工总会教学改革项目《一般工科院校培养的人才素质要求与人才培养模式的研究与改革实践》项目课题组提出。

（陈 威）

【“双代会”召开】 11月17日，北京轻院召开第三届教代会暨第五届工代会代表大会。大会审议通过题为《在十五大精神的鼓舞下，上水平、创特色，迎接二十一世纪》报告，选举产生新一届教代会执委会和工会委员会。会议提出“上水平、创特色”6项目标：①以本科教育为主，形成完整的研究生培养体系；②面向工程、拓宽专业，提高人才培养质量水平；③提高科研项目层次、科研获奖档次和科研论文发表刊物级别；④深化与北京商学院合作办学，扩展国际合作办学规模；⑤集中力量办好特色学科和专业；⑥在人才培养模式、培养方法和素质教育方面形成自己的特色。

（陈 威）

【在研项目105项】 年内，北京轻院获准国家科技成果重点推广项目1项，“九五”攻关项目开始执行9项，国务院部委项目6项，其它项目14项。至年底，轻院承担在研项目105项，其中国家“863”计划及部委项目36项。到位经费355万元。

（陈 威）

【教学实验室建设投资145万元】 年内，北京轻院共投资145万元，用于教学实验室建设。先后完成第一个文科实验室会计电算化和模拟会计实验室建设；充实和完善机电一体化、机械制图2个实验室；新建数学建模实验基地。改善物理、环境工程、基础化学、高分子材料、工业造型设计等教学实验室设备条件。在电教中心建成2套大屏幕电视多媒体电化教学室。

（陈 威）

【获准教育教学科研课题45项】 年内，北京轻院获准主持北京市普通高等学校教育教学改革试点项目5项，中国高教评估研究会“九五”规划科研课题1项。院教改立项领导小组批准院级教育教学科研与改革项目39项。共投入教育科研事业费24.3万元，其中院内拨款15万元，院外经费到位9.3万元。

（陈　威）

【12项科研项目通过鉴定】 年内，北京轻院12个科研项目通过鉴定，其中国家级鉴定4项，省部级8项。

（刘惠明）

北京医科大学

党委书记　王德炳
校　　长　王德炳

【概　况】 1997年，北京医科大学有教职工11144人，其中校本部3053人，附属医院8091人。有专业技术人员9309人（含管理人员927人），占全校教职工总数83.5%。专业技术人员中具有高级职称的有1638人，占总数的17.6%，其中校本部有高级职称545人；附属医院有高级职称1093人。全校有专任教师3827人，其中，校本部有1122人，附属医院有2705人。有两院院士9名，其中新增2名，9名国务院学位委员会学科评议组成员。在岗博士生导师158名，硕士生导师500名，其中，新增博士生导师32名，硕士生导师80名。全年招收本科生568人，专科生167人，博士生167人，硕士生230人，留学生15人。共毕业学生923人，其中博士生101人，硕士生170人，本科生606人，专科生46人。各类在校生7461人，其中博士生455人，硕士生578人，本科生2857人，专科生169人，留学生71人，成人在校生3331人。研究生人数首次超过1000人，其中博士生占研究生总数的44%，已接近“211工程”中要求的博士生占50%的比例。在招生中，临床应用型研究生由上年占录取总数的39%上升到45.84%。北医拥有医学、药学、公共卫生学、口腔医学和护理学中的12个专业，其中临床医学和口腔医学专业招收部分七年制学生。在年度前四批博、硕士点合格评估中，有5个博士点、2个硕士点未通过评估，完成一级学科放权及新增博士点工作，共有博士点31个，硕士点45个，博士后流动站4个，在站人数38人。在继续教育方面，北医63个项目获准为1998年国家级继续医学教育项目，居部属单位之首。学校开展首届继续医学教育课题申报、论证立项工作，5个课题被列为1997年继续教育研究课题。北医有11个国家级重点学科，设有8个学院、2个系和2个部及9所临床教学医院。设1个国家级重点实验室，6个部级重点实验室，1个部级临床药理基地和1个部级工程技术中心，11个联合研究中心，19个校级研究所。1997年，该校国家自然基金资助重点项目7项，申报国家教委留学回国人员启动基金36项，获准35项，中标率97%，获准资助额99万元，居全国医学院校首位。全年签订科技合同48项，总经费11294万元；共签订学术交流与合作协议5个。与美国中华医学会建立17个合作项目，基金数达781.2万元。截止到11月，北医5所医院入院总人次53042，出院人次52759，门诊总人次3242549，急诊总人次271814，与上年同期相比较，分别增长4.27%、3.91%、1.13%、1.49%。第三医院是5所医院中唯一年门诊总人数较上年上升的医院。5万元以上仪器设备总值49921万元，比上年增长17%。1997年校办产业上缴学校利润与上年相比增长22%。1997年图书馆馆藏图书51万册，新增中外文图书1327种，2518册。校园面积66万平方米，其中校本部37万平方米；学校总建筑面积70万平方米。

（孙晓华）

【第一位精神病学与精神卫生学博士后人员出站】 1月20日，我国精神病学与精神卫生学第一位博士后人员何鸣在北医出站。何鸣于1995年7月进入该校博士后流动站，在精研所沈渔村教授指导下，对应用电针加利培酮治疗大鼠吗啡成瘾的疗效与治疗机理，从分子生物学到细胞生物学进行多方面研究，获得有意义的资料。专家组听取其出站论文报告后，给予较高的评价。

（雷　柄）

【第二附属医院骨神经科成立】 1月，我国第一个骨神经科在北医第二附属医院成立。这是国内外第一个以骨神经科命名且专门从事骨科神经疾病治疗与研究的临床医学专科。该临床医学专科有主任医师1名，主治医师4名，住院医师2名，研究生2名，护士9名，从4月1日起正式收治病人。

（李　晶）

【获多项国家教委科技进步奖】 1月，国家教委公布1996年高校获国家教委科技进步奖（甲）数量统计，北医申报36项，获奖22项，获奖率为61%。在全国高校中排名第3位，是该校历年来获该奖排序最高的一次。

（王燕丽）

【学校师生勇跃捐献角膜】 3月18日，北医红十字会发起志愿在逝世后捐献角膜签字活动。仅一个半小时就有300多名师生填写志愿书，并签名。举办该活动旨在向邓小平学习，为祖国卫生事业发展和人类身心健康做贡献。

（傅冬红）

【新增112名博士硕士生导师】 3月21日，北医博士生、硕士生导师遴选工作结束。经该校学位评委会五届四次会议审议通过，32名教授被评为博士生导师，80名被评为硕士生导师。在新增的博士生导师中，有6人具有博士学位、8人具有硕士学位，占总人数的44%；在新增的硕士生导师中，有38人具有博士学位，占总人数的47.5%；有26人具有硕士学位，占32.5%。

（宋　红）

【11个临床学科重点项目通过评估】 3月27日至5月15日，卫生部及中华医学会专家组对北医9项临床学科重点项目进行终期评估，对在建的2项临床学科重点项目进行阶段性评估。通过评估报告和现场考察，专家们认为，参加评估的11个项目全部按预期目标顺利完成。其中，膀胱癌、肾癌的基因诊断和基因治疗等4个研究项目达到国际先进水平；关节病、风湿病的外科治疗等4个项目达到国内领先或先进水平；颌骨及牙槽骨的临床生物学特点及治疗等3个项目也顺利完成。

（林晓冬）

【第二届海峡两岸心血管学研讨会召开】 3月31日，北医主办、人民医院和台湾为恭纪念医院承办的第二届海峡两岸心血管学研讨会召开，来自海峡两岸心血管病学专家及加拿大、美国华人学者共200多人参加会议。研讨会交流近年来急性心肌梗塞栓治疗、冠心病介入治疗、心率失常经导管射频消融术根治等海峡两岸心脏血管学研究领域新进展，首次在国内报告全动脉化冠脉血管重建术等新技术、新疗法。研讨会具有两个特点：①临床心血管病学与基础心血管病学相结合；②临床心血管内科学与外科学相结合。此次研讨会共收到论文近300篇。

（武秀媛）

【原发性高血压防治研究获资助】 4月17日，北医《原发性高血压的社区综合防治研究》课题获得北京诺华制药有限公司资助。"九五"期间，该公司将提供2400万元的抗高血压药洛丁和科研资助费。《原发性高血压的社区综合防治研究》是北医公共卫生学院承担的国家"九五"攻关项目，该课题通过对一般人群、高危人群和高血压患者三位一体防治研究，针对我国经济尚不十分发达和卫生资源十分有限的现状，提出适合中国国情、行之有效的社区高血压综合防治方案。

（陈 新）

【世界控烟组织抽查北医学生】 5月13日，世界卫生组织吸烟或健康合作中心委托朝阳医院检测北医无烟班情况。该校教育处从71个无烟班中随机抽取20个班，然后每班随机抽取5名学生参加检测。受检学生应为100名，实到99名。检测使用Smokelyzer仪器（英国制造），结果证明：所有学生呼出气体中一氧化碳含量均为不吸烟的指标，合格率100%。5月15日，是北医颁布《创建"无烟大学"、"无烟医院"的暂行规定》1周年。

（李 红）

【中青年干部赴老区参加社会实践】 5月15至25日，北医中青年干部37人赴江西革命老区参观学习。在井岗山、瑞金等地，干部们参观黄洋界、小井、大井、井岗山革命博物馆、茨坪毛泽东旧居、烈士陵园等革命胜地，并邀请有关人员讲授井岗山斗争的主要内容。

（王全宇）

【大学生社区康复服务志愿队成立】 5月18日，团市委、市残联联合召开首都大学生社区康复服务志愿队成立大会。来自北医和中国协和医科大学、首都医科大学、北京中医药大学、北京针灸骨伤学院150余名志愿者代表参加大会。该志愿队旨在使医学学生将专业学习与社区服务结合，以自己所掌握的知识和技能，帮助残疾人恢复健康。

（辛 兵）

【医药卫生分析中心正式挂牌】 6月4日，北医医药卫生分析中心正式悬挂国家计量认证合格单位匾牌，成为获国家授权能够出示公证数据，测试结果具有法律意义的唯一医科大学。该中心在1996年先后通过国家技术监督局、国家教委、国家计量认证高校评审组认证。

（高丛元）

【北医安康药物研究院成立】 6月9日，北京医科大学安康药物研究院挂牌成立。该研究院是原陕西安康药用植物开发研究所与北医联合组建的专业医药研究机构，是一所产学研相结合的科技成果高产型研究院。研究院成立后，将依靠北医国内外影响及科研、教学实力，为开发胶股蓝系列药品、饮品的药理作用、临床研究、各种检测及人员素质培训提供高科技保障，并开辟高校与企业相结合的发展道路。

（苏连峰）

【10名专家人选民主党派北京市委】 6月，北医10名专家被选为民主党派北京市委员会委员。其中，4人入选九三学社北京市第九届委员会委员；1人入选中国民主同盟北京市第八届委员会委员；4人入选农工民主党北京市第九届委员会委员，1人入选致公党北京市第五届委员会委员。他们中有主任委员1人，副主任委员1人。

（王喜正）

【与市科委共建高科技项目孵化器】 7月，北医与市科委共同建立北京生物医药高科技项目孵化器。该孵化器集产学研一体，依靠北医技术，吸收来自国内外生物医药领域高科技项目，对这些项目进行技术经济评估，然后筹措风险资金，进行中试放大、申报新药和临床前及临床研究等开发工作，使科技项目成为成熟的、有工业化价值的高科技成果，再输出给企业。同时负责对生产企业技术人员、项目管理人员培训及企业有关生产工艺、厂房设计指导，直至企业能独立生产出合格的产品。至年底，该孵化器已孵化出国家级火炬项目粒细胞——巨噬细胞集落刺激因子（GM－CSF）等项目。

（王普玉）

【李立明获艾森豪维尔奖励基金】 7月，北医公共卫生学院李立明获1997年度美国艾森豪维尔奖励基金。该基金是美国艾森豪维尔奖励基金会用以奖励世界各国各个领域有突出贡献的中青年科学家。我国是第一次推荐中青年科学家参加该基金会评选，经考核共有19名科学家入选，其中医学界有2名。李立明，1982年毕业于北京医学院（现北京医科大学）卫生系，1986年在北京医科大学获硕士学位，1990至1991年在美国约翰·霍普金斯大学公共卫生学院进行博士后研究。现任北京医科大学公共卫生学院院长兼党委书记。主要致力于流行病学领域的研究。是我国各类型社区老龄人口生活质量状况的分析和对策研究、中日老年人不同文化背景的社会行为因素比较研究、社区为基础的高血压综合防治研究等科研课题的负责人。出版的论著有《流行病学研究实例（三）》、《老年保健流行病学》、《现代流行病学》等。1993年获卫生部全国首届百名中青年医学科技之星称号，1995年获北京市优秀教师奖，1994年获美国夏威夷大学公共卫生学院国际合作奖。

（章　京）

【陆道培获何梁何利奖励基金】　9月23日，中国工程院院士、北医第二附属医院血液病研究所陆道培教授获得何梁何利基金1997年科学与技术进步奖。本年度共有65名科学家获奖。陆道培于1996年当选中国工程院院士。

（李　颖）

【两课教改试点通过阶段评估】　10月15至16日，北医“两课”教改试点通过卫生部阶段性评估。专家组分成政治、哲学、革命史、德育4个组，分别观摩教师讲课并听取有关领导的汇报，专家组对该校“两课”教学改革给予肯定。北医于1995年5月被卫生部确定为唯一“两课”教改试点学校。经过两年实验，形成树状模式教改模式。即将中国革命史课、马克思主义原理、当代资本主义经济和中国社会主义建设4门课按主干课、侧枝课、延伸课安排，确保主干课的学时，增加侧枝课和延伸课。同时，根据医学院校特点适当增设医学美学、卫生经济、卫生法学、医学心理学等延伸课。

（尚玉芬　薛福林）

【主办海峡两岸普通外科研讨会】　10月21日，由北医主办的首届海峡两岸普通外科研讨会在北京301医院召开。会议研讨肝、胆、胰、胃肠外科疾病、外科重症感染、多器官衰竭、外科营养、微创外科、内分泌外科以及器官移植等我国常见外科疾病。专家们就肝脏移植的进展、胃癌根治性手术现状、大肠癌研究进展、肝癌外科治疗的现状与未来等15个国际前沿医学领域专题展开研讨。共有150多名专家参加研讨会。

（傅冬红）

【举行建校85周年校庆】　10月24至27日，北医举行建校85周年庆祝活动。该庆祝活动以学术讲座为主，先后举办专家义诊、文艺演出、校友座谈以及签订有关协议等活动。校庆期间，李岚清、彭珮云分别为校庆发来贺信贺电。吴阶平、张文康、殷大奎、周远清、胡昭广等领导参加10月26日校庆大会并讲话，陈佳洱、胡亚美也在大会发言。大会宣布吴阶平为北医名誉校长，日本卫材株式会社社长内藤晴夫受聘北医名誉教授的决定，同时授予黄树则、胡亚美、王忠诚、王宝光、班玛丹增、钟南山6名校友北医“杰出校友”称号，连同此前授予姜泗长的，北医已有7人获得这一称号。在26日系列学术讲座中，国家科委秘书长做《21世纪的中国科学》的报告；王忠诚做《神经外科学》的学术报告；该校名誉教授、美国加州大学钱煦教授做《生命科学及医学的前景》的学术报告。27日，30余名海内外校友进行《关于医学教育、学科建设和学校未来发展战略》的座谈会。校庆期间，北医先后与香港中文大学、美国加州大学柏克莱分校和日本德岛大学签订合作协议。24至25日，北医第一医院、人民医院、第三医院、口腔医院、精神卫生研究所、临床肿瘤学院联合组织百余名专家举办“庆祝建校85周年，为首都人民献爱心”义诊咨询活动。

（王书生）

【韩启德当选中国科学院院士】　10月，北医韩启德教授被增选为中国科学院院士。韩启德是病理生理学家。1968年毕业于上海第一医学院，1982年在西安医学院获医学硕士学位，1985年至1987年在美国埃默里大学药理学系进修。现任北医副校长、研究生院院长、学位评定委员会副主席、心血管研究所所长、第三医院血管医学研究所副所长。韩启德长期从事心血管基础研究。在α_1—肾上腺素受体（α_1—AR）亚型研究领域获重要成果，1987年在国际上首先证实α_1—AR包含α_{1A}与α_{1B}两种亚型，这项发现很快得到国际学术界公认，在α_1—AR亚型研究的发展史上占重要地位，主要成果在《自然》(Nature）与《分子药理学》(Molecular Pharmacology）等杂志发表。近年来，系统研究α_1—AR亚型在心血管分布、功能意义以及病理生理改变，曾于1993年获得国家教委科技进步一等奖，1995年获得国家自然科学三等奖。在心血管神经肽研究方面，关于神经肽与降钙素基因相关肽对心血管的作用以及病理生理的研究曾先后获得卫生部科技进步三等奖与国家教委科技二等奖。他在国内核心期刊发表学术论文150余篇，在国际刊物上发表学术论文32篇，主编《血管生物学》、《心血管药理学进程》等书。1993年被聘为博士研究生导师，已培养博士17人，硕士12人，现在读博士研究生6人，硕士研究生1人，已培养博士后1名。韩启德1990年获卫生部优秀留学回国人员称号，1991年获人事部与国家教委做出突出贡献的留学回国人员称号，1994年获人事部有突出贡献的中青年专家称号。

（孙晓华）

【召开第九次党代会】　11月6至8日，中共北医第九次代表大会召开。264名正式代表及部分列席代表参加大会。大会审议通过题为《高举伟大旗帜，团结奋进，为把我校建设成具有中国特色的国际知名的一流医科大学而奋斗》的上一届党委工作报告和题为《全面履行纪检监察职能，发展我校党风廉政建设的好形势，迎接二十一世纪的新曙光》的纪委工作报告，选举产生新一届党的委员会和纪律检查委员会。陈敏章、陈大白等领导到会祝贺。

（王书生）

【两项CAI课件获奖】 11月24至27日，在国家教委和卫生部召开的全国高等医药院校首届CAI评优暨学术交流会上，北医基础医学院病理学系的“多层次病理学多媒体计算机辅助教学课件”、寄生虫教研室与电教中心联合制作的“医学寄生虫学实验教学多媒体课件”分别获得一等奖和二等奖。此次大会，共收到来自全国31个高等医药院校送评的58个CAI课件，有16个获奖，其中一等奖2个、二等奖4个、三等奖10个。

（许连陆）

【沈渔村当选为中国工程院院士】 11月，北医沈渔村教授当选为中国工程院院士。沈渔村是我国现代精神病学的奠基人、开拓者之一。1951年毕业于北京大学医学院医学系，1955年获苏联医学科学副博士学位。现任北京医科大学精神卫生研究所名誉所长、教授，世界卫生组织（WHO）北京精神卫生研究与培训合作中心主任，卫生部精神卫生学重点实验室主任。50年代她率先改革精神病院约束病人的旧管理模式，创立人工冬眠新疗法，为控制病人兴奋，实行开放管理创造条件。70年代首创在农村建立精神病家庭社会防治康复新模式，获得成功，并获卫生部乙级科技成果奖。80年代采用精神疾病流行病学调查的先进方法，组织国内6大行政区12个单位进行全国首次精神疾病流行病学调查，并于1985年获卫生部乙级科技成果奖，1995年世界卫生组织将全部资料用英文出版。在此期间，她对老年期痴呆筛查和诊断工具、发病率、患病率及发病危险因素研究，和抑郁症病人的生化基础与药物治疗机理研究。在1993年分别获得卫生部与国家教委科技进步三等奖。在她进行的精神疾病分子遗传学研究中，在国际上首次发现我国蒙古族为ADH遗传多态不同类型，提出遗传生化机理新观点，受到高度评价，卫生部评估已达到国际先进水平。沈渔村60年代开始指导研究生，共指导研究生23人。1984年被聘为博士研究生导师，为我国培养出第一个精神病学专业博士研究生和第一名博士后研究人员。发表论文150余篇，由她主编大型参考书《精神病学》已出版三版，第一版获卫生部优秀教材奖，第二版获国家新闻出版署优秀科技图书二等奖，第三版获卫生部杰出科技著作、科技进步二等奖；《精神病防治与康复》获中宣部颁发的全国首届奋发文明进步图书二等奖。沈渔村1959年被北京市授予文教卫生先进工作者荣誉称号，1986年被挪威科学文学院聘为国外院士，1990年12月被美国精神病学协会聘为国外通讯研究员。90年代是北医首批8位名医之一。

（张维熙）

【通过市大学英语教学检查】 12月7至8日，市教委大学英语教学检查专家组一行6人，检查北医大学英语教学。专家组听取外语部的工作汇报，审阅教材，对图书资料室、外语广播台、计算机室、教师办公室及语音室听力设备等进行实地考察，并分别听取该校9名外语教师的讲课。结果该校各项指标全部合格。

（董　哲）

【获3项光华科技基金奖】 12月18日，1997年度光华科技基金颁奖大会举行。北医共申报8项，3项获奖，中奖率为37.5％，其中一等奖1项，三等奖3项。该校共获得奖励基金7万元，居医药卫生系统首位。

（李丰宁）

【发表科技论文再居全国医学院校首位】 12月19日，在1996年度中国科技论文统计与分析新闻发布会上，北医被美国SCI收录论文数为84篇、国际论文被引用数为80篇、在国内发表论文数946篇，这三个主要指标分别居全国大专院校第15位、第16位、第7位，比上年排序位置略有后移，但仍居全国医学院校首位。在国内论文数最多的前20名医疗机构中，该校三所综合医院均榜上有名。其中第一医院列第3位，人民医院列第17位，第三医院列第18位。

（李丰宁）

【3所附属专科医院通过三级甲等】 年内，北医口腔医院、第六医院、临床肿瘤学院三所专科医院通过北京市三级甲等医院评审。该评审由北京地区医院评审委员会组织，检查项目有医疗、教学、科研、管理、护理、预防等多方面。

（傅冬红）

【5所教学实习医院通过评估】 年内，北医所属的人民医院、口腔医院、第一医院、第三医院和邮电医院5所医院通过市卫生局和市教委评估。

（王书生）

【6项教改成果获奖】 年内，北医共有6项教改成果获奖。其中，第二临床医学院外科教学改革项目获得国家教学成果二等奖；获得北京市教学成果一等奖2项，二等奖3项。

（王书生）

【获多项科技进步奖】 年内，北医获多项部级和国家级科技进步奖，其中：国家科技进步奖3项，二等奖1项，三等奖2项；卫生部科技进步奖11项（含1项合作完成项目），一等奖2项，二等奖2项，三等奖7项。

（李丰宁）

北京中医药大学

党委书记 张世栋（4月免）
崔文志（4月任）
校　　长 龙致贤（4月免）
王永炎（4月任）

【概　况】 1997年，北京中医药大学教职工总数2464人，其中专业技术人员1901人，占教职工总数77.1%。具有高级职称478人，占专业技术人员的25.1%。有中国工程院院士2人，博士生导师58人，硕士生导师140人，享受政府特殊津贴75人，北京市中青年学术带头人和骨干教师36人。设有11个博士学位授权学科专业点和15个硕士学位授权学科专业点，1个中医博士后流动站。招收新生771人，其中本科生286人，专科生30人，硕士生52人，博士生42人，函授生80人，夜大生211人，留学生70人。毕业学生508人，其中本科生266人，专科生28人，硕士生28人，博士生29人，留学生60人，夜大生97人。各类在校学生3076人，其中本专科生1588人，硕士生126人，博士生110人，留学生432人，函授生234人，夜大生586人。设有4个学院，7个系部及4个教学辅助机构，开设8个专业。拥有2所直属医院、4个附属医院。设有北京中医药研究院、中医基础理论研究所和中药研究所等5个研究所及中医药科学与工程研究中心、全国高等中医药教育研究中心和卫生部临床药理基地等5个研究中心，1个港澳台学生培训中心。图书馆藏书37万册，其中中医药古籍线装书3300函。全年购置万元以上大型精密仪器设备63台（件），与上年相比，台件更新率增长66%，金额总值下降35.3%。校办产业总产值与上年同期相比下降1.7%，利润下降23%。学校占地面积22.6万平方米，建筑面积20万平方米。全年在研科题130项，公开发表论文295篇，出版专著48部。

（付爱珍）

【为山区女教师义诊】 3月1至2日，中医药大学与北京医科大学、中国协和医科大学、首都医科大学联合派出医疗队，到密云县巨各庄中心学校、塘子中学、焦家坞中学等贫困山区，为4000余名女教师以及县城的中老年教师进行义诊。

（付爱珍）

【二届三次教代会召开】 3月6日，中医药大学召开第二届三次教代会，出席会议正式代表118人，列席代表39人。该校副处以上干部和各民主党派负责人列席会议。会议审议并通过《北京中医药大学一九九七年工作计划》、《北京中医药大学财务一九九六年决算和一九九七年预算》2个文件。

（付爱珍）

【第11次学生代表大会召开】 3月22至23日，中医药大学第十一次学生代表大会召开。出席会议的学生代表112人，会议总结3年来该校学生工作的基本状况，审议并通过第十届学生会所做《朝气蓬勃、扎实进取，努力开创学生会工作新局面》的工作报告。选举产生第11届学生会委员。该校院系部领导及北京市学联、北方交通大学、北京科技大学、北京理工大学等15所兄弟院校代表应邀参加本次大会。

（付爱珍）

【举办第二批老专家拜师会】 4月9日，中医药大学举办第二批老中医药专家学术经验继承仪式，9名老专家获得《指导教师》聘书，并与11名继承人确立师徒关系。

（付爱珍）

【开办西医学习中医班】 4月16日，中医药大学成人教育部在延庆县中医医院举办西医学习中医班。来自延庆县中医院的西医师、西药师及西医护士68人参加学习。该学习班学制2年，学习期满由北京市中医管理局和北京中医药大学成人教育部联合颁发学习证明书。

（付爱珍）

【召开教学工作会】 4月30日，中医药大学召开’97教学工作会。该校领导及各院系部、各有关职能部门领导、教研室正副主任、教学管理人员共150余人参加会议。会议审议通过题为《贯彻〈中国教育改革和发展纲要〉，深化改革，为培养跨世纪中医药人才而奋斗》的工作报告；《北京中医药大学本科生主辅修制试行办法》、《北京中医药大学本科生任意选修课管理办法》、《北京中医药大学本专科学生学籍管理条例》、《北京中医药大学本科留学生学籍管理条例》、《北京中医药大学本科留学生学分制管理实施办法》、《北京中医药大学师资队伍建设管理办法》及《北京中医药大学青年学科带头人和青年骨干教师选拔培养条例》等文件。

（付爱珍）

【召开局科研课题申报答辩会】 5月5至7日，中医药大学举办国家中医药管理局科研基金1997至1998年度课题申报答辩会。100名课题申报者进行答辩，300余人次旁听。经专家评审，推荐72份标书上报国家中医药管理局。

（付爱珍）

【港澳台学生培训中心成立】 7月2日，中医药大学港澳台学生培训中心成立，该培训中心学制5年，颁发本科学历证书。至年底，该班共录取港澳台本科学生79人。

（付爱珍）

【邀请日本教授来校演讲】 9月18日至10月17日，日本科学技术史专家山田庆儿教授到中医药大学访问讲学。该讲学主要围绕阴阳五行学说对中日两国传统医学的影响而展开，包括《阴阳五行之哲学》、《在日本阴阳五行学说之演变与医学理论》、《近代科学与中国医学——阴阳五行学说之意义》等内容。山田庆儿历任日本京都大学教授、国际日本文化研究中心教授，现为日本龙谷大学教授、京都大学和国际日本文化研究中心名誉教授；1988年被中国科学院自然科学所聘为名誉教授。

（付爱珍）

【举办青年学术骨干培训班】 9月24至26日，中医药大学举办第二期青年学术骨干培训班，共有29名中青年学术骨干教师和1997年度市级优秀中青年教师参加培训。培训内容主要包括十五大报告、现代教育思想和江泽民提出的教育的“两个重要转变”。培训采取动员报告、专题讲座、座谈讨论和参观考察的方法，并邀请该校领导和中央政策研究室有关学者在培训班做专题报告。

（付爱珍）

【举办首届科技文化节】 9月25至26日，中医药大学东直门医院举办首届科技文化节。该科技文化节突出科技、宣传、文体三个特点，共展出图片、书画、工艺品130多幅（件），参加活动的达600余人，前来咨询的病人200余人。

（付爱珍）

【部属临床药理基地通过验收】 10月23日，中医药大学东直门医院卫生部临床药理基地通过国家卫生部考核验收。该基地主要负责卫生部和各医药管理机构对新药临床研究，对上市的药物进行临床评价；负责起草各类药物临床研究指标评价原则，指导临床合理用药，开展药物不良反映检测；对临床医生进行有关药物知识培训，承担咨询和交流及卫生部、厅局级交给的任务。

（付爱珍）

【王永炎当选中国工程院院士】 11月8日，中医药大学王永炎教授当选中国工程院院士。王永炎出生于1938年9月，天津人。1962年毕业于北京中医学院（北京中医药大学前身），从事中医内科学研究、教学、医疗30余年。主要研究方向是中风病与脑病的临床与实验研究。先后承担国家“七五”、“八五”与“九五”中医药防治中风（脑血管病）、老年期痴呆等攻关课题，国家教委博士点（90）、（96）与国家新药开发基金等部级以上课题8项，还承担有世界卫生组织（WHO）科研合作项目脑血管病的中医康复研究。通过对中风病系统研究，总结证候演变、辩证治疗、调摄护理的规律。针对中风病急性期常见的痰热证、痰热腑实证而设计、研究的化痰通腑汤与清开灵注射液静脉滴注疗法，提高显效率，运用生物化学、生物物理学等多项指标对中风病发病机理与疗效机制的研究有新发现，并为毒邪损伤络脉亦即神经毒性物质对脑微循环的影响的新观点提供依据。作为清开灵注射液的主要研究者之一。率先应用其静滴治疗缺血性与出血性中风，在中医药治疗脑血管病方面取得显著成绩。他首先运用应用数学和世界卫生组织卫生研究方法学，系统开展中风病证候与诊断标准的研究，首次提出中风病辩证量表，主持制订与修订中风病诊断标准与疗效评定标准。他先后主编有《临床中医内科学》、《中医急诊医学》、国家教委规划教材《中医内科学》等大型学术著作8部，发表学术论文50余篇。负责的科研项目曾获国家级科技进步三等奖1项，省部级科技进步一等奖1项，二等奖2项，基础研究二等奖1项，科技进步三等奖4项。已培养出医学博士12人、硕士4人，现有在读的博士生9人，指导博士后科研流动站进站博士3人。

（付爱珍）

【校图书馆被评为先进集体】 11月30日至12月2日，在全国中药科技信息工作会上，中医药大学图书馆被评为先进集体。该图书馆以计算机应用为核心实现管理，从图书采购预订、到书验收、编目处理、打卡片及读者借还书全部实现自动化。其中情报室建立的《中医药科技信息计算机检索服务系统》可提供国内外医学领域的各种情报和最新动态，可为校内外投标课题进行各类课题的文献资料检索和课题发展趋势的定期跟踪检索。

（付爱珍）

【首届博士后人员出站】 12月2日，中医药大学举行首届博士后出站工作报告会。报告会由王永炎院士介绍唐启盛博士后的简历，中医内科学博士后流动站的唐启盛博士做题为《益肾降浊法治疗血管性痴呆的机理研究》报告。评审专家组对该报告进行质询，唐启盛进行答辩。与会专家通过该工作报告。

（付爱珍）

【与清华大学合作办学签字】 12月8日，中医药大学与清华大学合作培养中医学专业（临床科研型）七年制班协议书签字。根据该协议，由中医药大学（乙方）负责招生、录取，前2年在清华大学（甲方）报名入学，后5年在中医药大学学习。在甲方学习期间，教学计划由双方共同商定，甲方按教学计划和课程教学大纲的要求培养学生。学习结束时，甲方对学生的思想品德、知识和技能进行严格考核并记入学生档案。双方指定专人保持经常性联系，定期组织召开联席会议，交流情况，协商解决存在问题，保证教学质量。此合作有利于加强中医药科学与工程研究中心建设，充分发挥综合大学优势，共同培养高质量人才。该班首期共招生20人。

（付爱珍）

【中医急诊中心通过验收】 12月19日，中医药大学东直门医院急诊医疗中心通过国家中医药管理局专家组的评审验收。该中心配备有先进的医疗设备，将中西医急诊医学有机结合在一起，开发以清开灵为代表的一系列中医急诊新制剂，在中医、中西医结合治疗急性脑血管病、病毒性肝炎、高热急危重症方面取得显著的疗效。近年来，该中心急危重症抢救成功率达83%。

（付爱珍）

【开设专升本学历教育班】 年内，中医药大学成人教育部开设中医专业专科起点本科学历教育班。该学历教育班学制3年，采用半脱产学习形式，总学时1317，学习期满后，颁发本科学历证书及学位证书。至年底，该班共招收学生35名。

（付爱珍）

【获优秀教学成果奖3项】 年内，中医药大学获教学成果奖3项。《中医医院管理学》获北京市教学成果二等奖，该教材是全国第一部由国家组织编写的中医管理专业教材，全书分总论、个论等共29章109节，32万字，由上海科技出版社出版。获一等奖的有：①计算机中医教学系统的研究——TCMCADS生成系统、脉诊客观诊断系统、舌诊学习系统，该系统是运用自动生成、动态维护、模糊识别等多项技术手段研制而成的中医临床辅助辩证系统开发工具，通过硬件客观采集多项脉诊信息及软件模/数转换处理，促进脉诊的客观诊断及舌诊学习、训练、测验、检索、基础知识、舌象浏览6个部分。②高等中医临床教育质量评估指标体系的研究与实践，该项研究对后期临床教学的5大关键环节：教研室建设、课堂教学、临床见习、毕业实习、教学查房质量进行经常性的同行及学生检测评估。

（付爱珍）

【开展交流与合作】 年内，中医药大学共接待23个国家和地区的来访学者和专家699人次，派出107人次到16个国家和地区讲学、考察和研修，并与16个国家和地区的学院（研究机构）建立长期合作关系。

（付爱珍）

【"211工程"完成立项】 年内，中医药大学完成《1997年度"211工程"具体建设项目计划》，由上级主管部门国家中医药管理局主持召开立项工作汇报会，汇报通过后，经国家中医药管理局上报国家教委和国家计委备案，正式完成立项。

（付爱珍）

【4个基础教学实验室通过验收】 年内，中医药大学4个基础课教学实验室通过国家教委和市教委的验收。此4个首批参加基础课教学实验室评估的是该校生理实验室、组织胚胎实验室、药理实验室和基础化学实验室，它们在管理机构、体制改革、实验室的软件建设和规范实验室的教学过程，实验室教师队伍的建设，教学质量等方面均达到验收标准。

（付爱珍）

中国协和医科大学（中国医学科学院）

党委书记 钱昌年

校　　长 巴德年

【概　况】 中国协和医科大学和中国医学科学院实行统一管理体制，是我国唯一的八年制重点大学。1997年，协和医大医科院有研究所20个，医院7个，教育学院4个，研究生院、夜大学、出版社各1个。研究生教育以培养博士研究生为主，有权自行审批博士生指导教师。临床医学专业实行四段教学（预科2.5年，基础医学1.5年，临床医学3.5年，科研训练0.5年），临床实习实行导师制（1名导师带2名实习生），学生成绩优异者授予医学博士（MD）学位。还设立医学博士/理学博士（MD/PhD）双博士学位教育，对优秀本科毕业生延长培养时间2至3年，毕业时同时授予MD和PhD学位。护理本科教育主要培养高级护理管理人才和师资；护理和实验技术专科主要培养护士和技术员；夜大学本科、专科各专业主要培养在职各类医护人才。学校设立博士专业点33个，硕士专业点45个，博士后流动站3个，全国重点学科点8个专业7个点。协和医大医科院设有各类教学、科研实验室数百个，其中分子肿瘤学实验室、实验血液学实验室、医学分子生物学实验室为国家重点实验室，天然药物生物合成实验室、抗生素生物工程实验室、内分泌实验室、微循环实验室、中药资源利用与保护实验室为部级重点实验室。学校占地面积849810平方米。固定资产67340万元。图书馆藏书87.32万册。至年底，协和医大医科院招收新生542人，其中博士生163人、硕士生198人、本科生87人、专科生94人。毕业学生368人，其中博士生120人、硕士生122人、本科生53人、专科生73人。在校生1778人，其中博士生495人、硕士生518人、本科生502人、专科生263人。成人教育招生336人，其中本科生93人、专科生243人。毕业生237人，其中本科生98人、专科生139人。在校生970人，其中本科生243人、专科生727人。此外举办各类专业学习班63期，全国6493人参加；接受进修生832名；CMB（美国中华医学基金会）奖学金师资联合培养项目毕业22名，招生20名，为各地培养教师骨干。博士后流动站进站8人，出站10人。协和医大医科院有专业职务教师8497人，其中，中国科学院院士10人，中国工程院院士12人；博士生导师223人、硕士生导师489人；教授（研究员）668人，副教授（副研究员）944人，讲师2646人。1997年认定教师资格1063人；享受政府特殊津贴的高级科技人员共571人。

（吴艳秋）

【两研究项目获国外资助】 1至7月，协和医大医科院组织申请的CMB项目《藏族原发性高血压遗传学研究》和《中国妇女绝经期后骨质疏松的预防与治疗研究》分别获得批准，共获资助款105万美元。

（傅文华）

【国家领导人宋健视察云南两所】 2月10日和21日，宋健等国家领导人在云南分别视察协和医大医科院药植所云南分所和该校在云南的医学生物学研究所。在云南分所宋健鼓励全体人员，为国家兴旺和地方经济的发展做出更大贡献。在医学生物学研究所宋健对该所在全国控制脊髓灰质炎几十年所做的工作给予肯定。

（吴艳秋）

【首次参加香港博览会】 2月20至22日，协和医大医科院首次赴香港参加第七届教育及职业博览会。博览会期间该校共悬挂6块展板，摆放参阅资料8种。

（吴艳秋）

【颁发临床医学奖17项】 3月14日，协和医大医科院1995、1996年度临床医疗成就奖评审，共36个项目参评，经院校内外专家初审和终审，共评出17项，其中一等奖1项，二等奖5项，三等奖11项。

（俞桑丽）

【严重创伤诱发多功能衰竭综合征抢救成功】 3月14日，中国协和医科大学北京协和医院"严重创伤诱发多功能衰竭综合征一例抢救成功"获院校1995、1996年度临床医疗成果一等奖。患者因车祸严重创伤、右胸多发肋骨骨折、右腓骨骨折、肝破裂、右肾挫伤、输尿管断裂、腹腔感染、急性呼吸窘迫综合征。在外院治疗3周。在出现循环、呼吸、胃肠道、肝、肾5个器官衰竭情况下转入协和医院加强医疗科（ICU）。病人在住ICU的145天期间，曾经3次消化道大出血，55天内经受5次大手术，呼吸机支持长达105天，经过精心治疗与护理，挽救了病人生命。

（吴艳秋）

【组建中法血液学合作实验室】 3月21日，协和医大医科院中法血液学合作实验室协议签字。该实验室由该院校血液研究所和实验血液学国家重点实验室与法国巴黎血液血管研究所共同组建，根据协议双方共同开展血液疾病和血栓形成的基础和临床研究。合作研究室设在该院校的天津血液研究所，主任由巴黎血液血管研究所人员担任。

（吴艳秋）

【与明日集团进一步合作】 4月3日，协和医大医科院与四川明日企业（集团）有限公司签署进一步合作意向书。根据该意向书双方将加快协和医大医科院所属输血所血液制品生产基地的改制、扩建，促进科研成果转化，发展科技产业。5月16日，输血研究所与四川明日企业（集团）有限公司签署成立成都明日协和生物制药有限公司合同。

（吴艳秋）

【召开一届三次教职代会】 4月10至11日，协和医大医科院首届教职工大会第三次会议召开。来自全国300名教职工代表参加大会。会议听取并审议该院校1996年工作报告和1997年院校工作框架要点说明。

（吴艳秋）

【32人破格晋升正副高职】 4月15至16日，协和医大医科院32名中青年科技人员被破格晋升高级职务，其中，正高职21人、副高职11人。参加本次职务破格晋升共有6个学科（内、外、临床、基础、药学、中西医结合）的43人，其中申报正高职23人、副高职20人。中青年破格晋升职务，使院校正高职平均年龄由58岁降至57.2岁，副高职人员平均年龄由46.6岁降至44.8岁。

（吴艳秋）

【与首医大达成合并意见】 4月21日，协和医大和首都医科大学达成合并意见，合并后两校计划用5年左右时间创建一所国内第一流重点医科大学。会后两校分别向卫生部和市政府报送《关于中国协和医科大学、首都医科大学合并问题的请示》。该合并意见是根据李岚清1996年9月5日视察北京3所医科大学的讲话，在双方调查研究、反复论证后达成的。

（陈永生）

【检验科临检室获四项全优】 4月，在卫生部召开的临床检验中心1995至1996年度血液学质控总结表彰大会上，协和医大医科院的协和医院检验科临检室以4项全优的成绩获本次会议"WBC、HGB、PLT、RET全项测定优秀奖"。WBC、HGB、PLT、RET分别为：白细胞计数、血红蛋白测定、血小板计数、网织红细胞计数。卫生部临床检验中心每2年召开1次全国血液学检验质量评估总结暨学术交流会，每季度向参加单位发放WBC、HGB、PLT、RET等标本各2份，在两年中医院共返回64个测定数据，按卫生部临床检验中心的评价标准，每个项目的总偏离指数均小于0.5，成绩为优秀。北京协和医院临检室已第二次获得全国质评全项奖。

（吴艳秋）

【两名国外学者受聘名誉教授】 5月14日和9月12日，协和医大医科院分别授予法国学者保罗·M·霍华德教授（Paul M·Vanhoutte）和英国学者亚当·克拉格爵士（Sir Aaron Klug）名誉教授称号。保罗·M·霍华德教授是药理、生理和病理专家，现任法国Servier药厂研究院院长，美国国立卫生研究院（NIH）科研基金评审委员等职务。亚当·克拉格爵士是英国皇家学会会长。

（吴艳秋 李小妹）

【与市卫生局共建天坛医院】 5月15日，协和医大医科院与市卫生局合作共建中国医学科学院神经科学研究所和中国医学科学院北京天坛医院协议书签字。该协议规定：共建单位原隶属关系不变，成立共建领导小组，共建神经科学博士点，共同培养神经科学等学科的高级人才和博士导师，共建单位科研和教学纳入市卫生局及医科院双重管理体系。7月18日，中国医学科学院神经科学研究所、中国医学科学院北京天坛医院举行挂牌仪式。

（吴艳秋）

【举办第六届医药卫生青年科技论坛】　5月19至22日，协和医大医科院举办第六届医药卫生青年科技论坛。来自卫生部所属高校的31名科技人员参加论文交流，其中7人分获科技论文一、二、三等奖。参加此次论坛报告的人员均由所在单位推荐，平均年龄为32.7岁，年龄最小的只有21岁；正高职4人，副高职7人。与会年轻学者的大会论文涉及高血压冠心病的流行病学及发病机理、心血管病新的防治方法、抗心血管病新的药物及生物制剂等方面的研究工作，反映了当代对心血管病研究的水平。

（吴艳秋）

【审批第8批硕士生导师资格】　5月21日，协和医大医科院召开第五届学位评定委员会第2次会议。此次会议审核批准第8批共85名硕士生指导教师资格。其中包括卫生部临床检验中心1人，国家计划生育委员会科研所2人。第8批硕士生导师平均年龄41岁，分别比第6批平均年龄（51岁）、第7批（44岁）下降10岁和3岁。至此该院校硕士生导师达559人。

（吴艳秋）

【召开研究生教育工作会】　5月22日，协和医大医科院召开研究生教育工作会。该院校共80余人参加会议。会议通报对全国重点学科点自检评估情况及学位授权点的自评结果，介绍研究生教育改革形势，总结研究生教育工作，并提出今后工作要点。

（贾一凡）

【颁发职业道德规范要点】　5月30日，协和医大医科院精神文明建设领导小组发出通知，颁发《院校各类人员职业道德规范要点》。该要点将是今后一定阶段内规范院校职工行为、提高职工职业道德意识和精神文明素质的准则。共分6个方面，即：医务人员、科技人员、教学人员、行政后勤人员、科技产业人员、党政干部道德规范。60句，240个字。语言简练、篇幅对仗押韵。

（吴艳秋）

【中日实验动物研究培训中心项目完成】　6月13日，协和医大医科院完成中日合作项目中国实验动物研究人才培训中心项目。20余名专程来京的日本专家与国家科委、卫生部、该院校有关领导及中方专家共同参加项目完成仪式。该项目是1992年6月正式签订的中日政府技术合作项目，历时5年，先后举办17期培训班，500人接受正规培训，其中90%已成为各自岗位上的骨干，并生产出各类合格的实验动物品系。合作中，日本有50名专家被派往中国进行技术转移，23名中国教员赴日研修。

（吴艳秋）

【完成对院所合格评估】　6至7月，协和医大医科院分别对所属18个申请入国家级研究机构进行试点单位合格评估。其中，基础所、药物所、药植所、动物所、生物所、临床医学研究所、肿瘤研究所、心血管病研究所、整形外科研究所、神经外科研究所和血液学研究所11个单位获试点单位申报资格，7个单位被暂缓申报。该评估工作是按照重新组建国家级研究机构有关要求进行的。

（吴艳秋）

【审查授予博士硕士学位】　7月14日，协和医大医科院第五届学位评定委员会第3次会议召开。会议审查通过并授予博士学位106人，硕士学位112人，医本科博士学位38人，医本科硕士学位3人，护理学士学位13人，专科起点本科医学学士学位23人，专科起点本科护理学学士学位9人。同时，审核批准协和公卫学院社会医学与卫生事业管理专业10人硕士生指导教师资格。

（吴艳秋）

【颁发职务科技成果管理规定】　7月23日，协和医大医科院召开第四次院校长办公会议，会议原则同意《中国医学科学院、中国协和医科大学关于职务科技成果转化管理的暂行规定》，并责成有关单位征求意见、适当文字修改后印发各单位，9月1日起开始执行。该《规定》共18条，主要内容是：界定职务科技成果的范围；明确职务科技成果属国有资产，所有权归国家，院校依法对其实施分级管理；任何个人不得将职务科技成果及技术资料和数据占为己有，不得将职务科技成果擅自转让或变相转让，侵犯单位和国家的合法权益；职务科技成果应及时实施转化；科技成果转化的收益主要用于支持科研、开发。

（吴艳秋）

【确定协和医大校训】　7月23日，协和医大医科院第4次院校长办公会议决定，把江泽民题辞“严谨博精　创新奉献”作为校训。该题词是江泽民为80周年校庆题写的。

（吴艳秋）

【招聘国外留学人员】　8月10日，协和医大医科院对血研所、动物所所长人选在国内外进行招聘，经过专家严格考查、评议、投票表决后，院校党政联系会议决定，聘任留法多年的韩忠朝教授（博士）为血研所所长，聘任留美多年的刘一农教授（博士）为动物所所长。年内，该院校引进8名科技骨干人员，其中，7名博士生、1名硕士生，他们均从国外学习回来。

（钟品荣　吴艳秋）

【第二期干部培训班结业】　8月20日，协和医大医科院与美国北卡大学联合举办的第二期干部培训班结业，共有70人参加培训学习。其中15人被选派到美国北卡大学深造。

（钟品荣）

【41项研究成果获奖】　8至11月，协和医大医科院共获得国家、卫生部和北京市科学成果奖41项。在8月29日卫生部1997年度医药卫生科学技术进步奖评选中，该院校有29项科技成果获奖励，其中科技进步一等奖1项，二等奖5项，三等奖

15项；图书科技进步二等奖3项，三等奖5项。此次评出3家出版社为1997年度卫生部杰出科技著作突出贡献出版社集体奖。北京医科大学中国协和医科大学联合出版社排名第二。联合出版社出版的《脑电图图谱》和《肺血管疾病学》获科技著作二等奖，《临床输血学》和《现代龋病学》获科技著作三等奖。本年度卫生部共评选科技成果122项。9月，院校课题《广开生源，培养临床医学高级专门人才的实践与成效》获得1997年北京地区高校教学成果二等奖。论文《美、英、德、法、日医学学位的比较研究》、《“区分论点”在研究生管理工作中的实际意义》和《对制定我校研究生德育大纲的思考》获市研究生教育学会优秀论文奖。11月26日，在国家科技进步奖、技术发明奖颁奖大会上，院校获国家科技进步奖8项。其中国家科技进步著作二等奖1项，国家科技进步二等奖2项，国家科技进步三等奖4项，国家技术发明三等奖1项。

(傅文华 吴艳秋)

【医学科学院科技体制改革起步】 9月19日，国家科委正式批复，原则同意协和医大医科院制订的中国医学科学院深化科技体制改革总体试点方案，并同意将中国医学科学院列为国家科委社会公益部门深化科技体制改革的试点单位。该《方案》由基本情况、存在问题、总体改革目标和思路、实施方案4部分组成，按照“稳住一头、放开一片、调整结构、分流人员、机制转换、制度创新”的原则，将中国医学科学院、中国协和医科大学建成更具活力的科研、医疗、教育、产业实体。作为改革的配套措施，同时制订《关于实行合同聘任制的意见》、《关于原医科院职工转变为院办企业人员的过渡性管理办法》、《关于科技体制改革中人员分流的办法》和《科技体制改革中对待聘人员实行内部保障制度的意见》。该方案将首先在基础医学院、肿瘤医院和药用植物研究所试点。

(陈永生 吴艳秋)

【举办建校80周年校庆】 9月22至23日，协和医大医科院举办建校80周年、建院40周年纪念活动。中央领导江泽民、李鹏、乔石、李瑞环、李岚清、温家宝、吴阶平、宋健、彭珮云以及卫生部领导陈敏章等题辞或发贺信。校庆纪念大会和学术报告会分别在首都剧场和协和报告厅举行，卫生部和北京市领导、30多名外宾、10多名台湾省佳宾、100多名兄弟单位客人和近1000名师生参加大会。陈敏章到会并讲话。纪念活动中，院校还编辑出版《纪念画册》等5种资料，录制《继往开来，再创辉煌》专题片，举办院校史展览，召开协和精神研讨会和老教授座谈会，举行师生联欢会和运动会。

(吴艳秋)

【张国成获吴阶平医学研究奖】 9月23日，在第四届吴阶平医学研究奖和保罗·杨森药学研究奖颁奖会上，医学科学院皮研所主任医师张国成获皮肤病学专业一等奖，药物所施波副研究员获肿瘤专业三等奖。张国成多年来经常深入基层医疗单位(麻风病多发区)，从事麻风病致残的矫形、康复、治疗工作，他的麻风病双侧面瘫下唇严重外翻的整复获院校科技进步三等奖。该奖由西安杨森制药有限公司捐资4000万元于1994年设立。

(吴艳秋)

【科学基金重点项目评审揭晓】 9月25至26日，协和医大医科院对科学基金重点项目及青年人才基金进行评审，共受理重点项目78项，青年人才基金61项，经院校60名专家的两级审评，择优资助重点项目20项，资助经费为200万元，青年人才基金10项，资助经费50万元。

(傅文华)

【葛克全奖学金颁奖】 11月4日，协和医大获葛克全资助教师奖励金1万美元。美籍华人葛克全教授是药理学家，曾任美国国立卫生研究院高级顾问。他以葛克全奖学金的名义多次奖励该校研究生和青年教师，今后他将以每年5万美元奖励25名教师和50名学生。

(吴艳秋)

【教育基金又获资助】 11月15日，协和医大教育基金获胡应州教授7.83万美元资助。胡应州1956年毕业于美国哥伦比亚大学，获博士学位，他长期从事心血管内科及呼吸科医疗工作，是协和医大名誉教授。1994年胡应州在协和医大医科院设立基金，每年资助6万美元支持购买教学设备。

(吴艳秋)

【中德分子医学研究室成立】 12月2日，协和医大医科院中德分子医学研究室在阜外医院成立。以诺依曼为团长的德国政府代表团全体成员、国家科委朱丽兰及院校领导参加成立剪彩活动。该研究室重点是心血管病系统致病与相关基因的分离克隆以及心血管病易感危险因素的鉴别，创建基础与临床紧密结合一体的新学科分子医学。

(吴艳秋)

【2人获全国优秀科技工作者称号】 12月18日，在中国科协五届三次全委会暨全国优秀科技工作者颁奖会上，协和医大医科院基础医学研究所余铭鹏教授、生物医学工程研究所张其清教授获全国优秀科技工作者称号。同日，该校3人获1997年度光华科技奖励基金。

(吴艳秋 傅文华)

【三位教授当选为院士】 12月21日，协和医大医科院3名教授入选两院院士。其中陆士新被增选为中国科学院院士，王琳芳、甄永苏被增选为中国工程院院士。陆士新是我国病理生理学专家、肿瘤研究所研究员、博士生导师。1956年毕业于大连医学院，1961年在罗马尼亚布加勒斯特医学院内分泌研究所获副博士学位，多次赴美国、法国和德国等国家进修、合作和讲学。曾任中国医学科学院肿瘤研究所(医院)所长(院长)，化学病因室主任。在30多年的科学研究实践中，特别是在肿瘤化学治癌与癌变原理的研究领域取得突出成绩，曾获得国家部委科技成果奖8项，其中4项由他主持完成。王琳芳是我国生物化学和分子生物学专家，基础医学研究所研究员、博士生导师。1950年毕业于哈尔滨医科大学，1959年北京协和医学院生物化学研究生毕业，从1991年起任医学分子生物学国家重点实验室主任。她长期从事生物化学专业研究，致力于蛋白质结构与抗原性关系的研究并取得突出成绩，1993年获卫生部科技进步一等奖，1995年获国家自然科学二等奖，1996年获光华科技基金一等奖。是1994年北京市优秀教育工作者和1996年首都劳动奖章获得者。甄永苏是我国微生物药学专家，医药生物技术研究所研究员，博士生导师。1954年毕业于中山医学院，1979年任美国印地安纳大学医学院实验肿瘤学系客座教授，曾任药生所肿瘤研究室主任。他长期从事抗肿瘤抗生素研究，主持研制6种抗肿瘤抗生素，是我国该学科奠基人之一，曾获全国科技大会成果奖、国家发明二等奖、国家教委科技进步一等奖、二等奖。1986年获国家级中青年突出贡献专家称号，是北京市第七、八届政协委员。

（吴艳秋）

【整形医院通过三级甲等复审】 12月29日，协和医大医科院整形外科医院通过“三级甲等”复审。至此，院校在京5所医院(包括天坛医院)均通过“三甲”评审。该院曾在7月14至15日接受市医院审评委员会进行的“三级甲等”评审。

（俞桑丽）

【139个科研项目获资助】 至年底，协和医大医科院共有139个科研项目获得资助。其中，获准国家科委攀登计划1项，经费200万元；国家计委重点科技项目1个，经费120万元；自然基金项目59个，经费657.5万元；自然基金重点项目3个，经费180万元；杰出青年基金2项，经费120万元。“九五”攻关项目3个，经费140万元；卫生部、国家教委、中医药局等部省级基金58项，经费284.8万元。另外，卫生部直属医疗机构临床学科重点项目评审，院校有13个项目参加终审，其中12个项目中标，获资助款830万元。中标数列全国第一。

（吴艳秋）

【开展国内外学术交流】 年内，协和医大医科院开展国内外学术交流活动。共派出短期学习、交流650人次，长期进修学习65人，接待访问学者15批34人，友好团体3批50人，参加院校庆外宾38人。另外有32名学者赴中国台湾省访问，接待16名台湾专家来京参加学术活动。

（李小妹　吴艳秋）

【栾杰获第12届赛克勒年度奖】 年内，协和医大医科院整形外科医院栾杰博士获第十二届赛克勒中国医师年度奖。栾杰，是年35岁，通过多年对乳房深部血供的细致解剖，提出乳头、乳晕新的血供模式，改变乳房缩小整形术的供血途径，使手术切口位置的选择更灵活，塑形更好，并有可能保留哺乳功能。赛克勒中国医师年度奖是已故美国友人A·M·赛克勒博士于1984年为中国临床医师设立，已有32名中青年医师获得奖励。

（吴艳秋）

【周立强获颜楠生癌症研究奖】 年内，第四届颜楠生癌症研究奖颁奖，协和医大医科院1人获一等奖、1人获二等奖、3人获三等奖。其中肿瘤医院周立强获一等奖，他应用分子杂交技术研究肺癌病人癌组织中c－myc、ki－nas等基因表达与预后及临床特征的相关性，取得显著成绩。

（傅文华）

中国农业大学

党委书记　艾荫谦
校　　长　毛达如

【概　况】 1997年，中国农业大学在校生8142人，其中研究生1162人，本科生6265人，专科生715人。毕业生共2517人，其中博士研究生98人，硕士研究生225人，本科生1648人，专科生546人。招生2347人，其中本专科生1939人，硕士研究生270人，博士研究生138人。成人教育招生2291人。全校有教职工3149人，其中专任教师1157人，包括教授178人，副教授400人，讲师347人，有中国科学院院士6人，中国工程院院士5人。开设47个专业，其中25个学科点有博士学位授予权，39个学科点有硕士学位授予权。有1个国家重点实验室，4个部级重点实验室。图书馆藏书147万册。学校占地1290000平方米，校舍建筑面积449397平方米。固定资产总值1.88亿元。教育科研投入1.13亿元。

（马会勤）

【河北省领导慰问农大教师】 1月18日，河北省领导向中国农大赠送“科技兴国功著燕赵”的匾牌，并对全校师生员工表示感谢和慰问。从70年代起，中国农大在河北省邯郸地区曲周县进行治碱改土科技攻关，累计有500名各专业的教师在河北省研究、示范、推广科技成果100多项，其中1项获国家特等奖，8项获国家级奖。成果覆盖面积约占全省耕地面积的40%，累计增加社会经济效益100亿元以上，培训当地农业科技人才近万名。

（朱　兵）

【赴台湾学术交流】 3月21日至4月3日，中国农大动物医学院2名教授到台湾进行学术交流和访问。他们出席有30多名专家参加的中西兽医学术研讨会。两位教授分别作《中兽医学的继承和发扬》、《现代中兽医针灸应用概况》的报告。应台湾大学农学院的邀请两位教授还分别作《中兽医学的发展概况》和《中兽医药研究现状》的报告。2名教授是应台湾中西兽医学术研讨会及永昌(财团)农牧企业有限公司邀请赴台湾进行学术交流的。

(冯英男)

【校橄榄球队参加国际比赛】 3月，中国农大橄榄球队作为国家青年一队参加在香港举行的世界十人制橄榄球邀请赛，获第八名。该比赛共有全球32支球队参加。橄榄球队于1990年12月成立，是中国大陆第一支橄榄球队，曾6次蝉联全国联赛冠军。9月12日，该队有18名队员入选国家橄榄球集训队。

(冯英男)

【纪念军民共建10周年】 4月8日，中国农大、总参兵种部工兵第41旅、中央警卫团、昌平流村乡“三方四家”共同举办共建社会主义精神文明10周年纪念大会。总政、农业部、北京市政协等有关负责人参加庆典。“三方四家”军民共建活动10年累计军训大学生、研究生万余名，41人次作报告56场，培训即将退役的士兵1000余人，帮助部队农场扭亏增盈。“三方四家”多次被评为首都精神文明的先进单位，1994年获全国军民共建先进称号。

(王秉寅)

【台湾农机学者来访】 4月21日，台湾农业机械化研究发展中心彭添松、顾问吴维健访问中国农大。他们是台湾农机界资历深厚学者，曾为海峡两岸农机界学术交流作了许多工作。此次访问旨在进一步增进两岸农机界的了解，扩大交流，促进合作。

(刘 梅)

【“211工程”启动】 4月28日，国家计委正式同意包括中国农大在内的16所院校“211工程”开工建设。本年度中国农大“211工程”计划投资13248万元，其中国家计委专项基金3530万元，财政部专项和农业部配套2550万元，该校筹资金7168万元。

(王 涛)

【主办高校信息经验交流会】 5月6日，北京地区高校管理信息系统协作组第六次经验交流会在中国农大召开。北京30多所高校和单位的60多名代表参加会议。会议交流高校信息系统的建设、管理、实施方面的经验和成果，对校园网在高校中的应用、运行和信息安全等内容进行研讨。

(马会勤)

【授予韩任圭荣誉教授】 5月8日，中国农大向韩国汉城大学农业与生命科学学院韩任圭颁发该校荣誉教授证书。韩任圭在国际动物营养学界享有很高声望，担任过韩国畜牧学会管理主任、世界家禽协会韩国分会执行主任等职。曾帮助中国农大畜禽营养代谢重点实验室的建设，并在农业部饲料工业中心项目的立项、论证和实施过程中给予支持和帮助。

(王秉寅)

【中韩友好温室落成】 5月26日，中韩友好温室在中国农大落成。该温室由韩国农资材料产业协会无偿提供，并协助安装。温室共3组，分别为单栋、双连栋和三连栋，面积2016平方米。设计上采用水帘保温等新技术。该温室主要用于中国农大的教学示范和科学研究。

(刘 梅)

【李常水来校作报告】 5月29日，全国劳动模范李常水及李常水事迹报告团在中国农大作报告并与师生座谈。李常水，湖南宜章县东风乡笠头村党支部书记，1975年毕业于湖南农学院。他辞去公职，通过传授农业科技知识，使当地1.7万多农户脱贫致富。

(朱 兵)

【获高校田径运动会团体第一】 6月1至8日，在北京市高等学校第35届田径运动会上，中国农大获女子团体总分第一，男子团体总分第一，男女团体总分第一。该校共派出30名运动员，获13枚金牌、9枚银牌、10枚铜牌。这是中国农大在该运动会上取得的最好成绩。

(唐学磊)

【与河北省签订科技合作协议】 7月2日，中国农大与河北省政府科学技术合作协议签字。该协议规定，双方在原有合作项目上，新增作物新品种、集约化养殖技术等19个合作项目，河北省每年将投资200万元用于协作项目的科研和推广。

(朱 兵)

【完成招生计划】 7月，中国农大西校区计划招生962人，实际录取982人。其中本科生879人，专科生120人，双学位生3人。本科生中少数民族104人，占本科生实际录取人数的11.83%，比上年增长2.53%；应届考生697人，占本科生实际录取人数的79.29%，比上年增长12.39%；城镇考生525人，占本科生实际录取人数的59.72%，比上年增长3.42%；第一志愿考生744人，占本科生实际录取人数的84.64%，比上年增长1.74%。东校区计划招生950人，实际录取959人，其中本科生863人，专科生96人。本科新生中少数民族58人，占本科新生的6.72%；女生329人，占本科新生总数的38.12%；城镇学生538人，占本科新生总数的62.34%；应届考生658人，占本科新生总数的76.24%；第一志愿生746人，占本科新生总数的86.44%。

(洪海燕)

【纪念周明牂教授90华诞】 9月9日，我国昆虫学家周明牂教授90华诞及执教65周年庆祝会在中国农大举行。周明牂，1933年获美国康耐尔大学博士学位，并被选为美国西格玛赛荣誉会员。回国后历任浙江大学、广西大学、福建农学院、北京大学和中国农大教授、系主任，

《植保学报》主编，中国昆虫学会及中国植保学会副理事长等职，在昆虫研究领域，先后发表论文近80篇及出版多部专著。周明牂是全国政协第四、五、六届委员。

（马会勤）

【“211工程”计算机网络建设启动】　10月21日，中国农大“211工程”校园计算机网络系统建设项目启动。该项目一期共投资1200万元，由太极计算机公司承建。该项目是以应用为中心的实用型网络，除电子邮件、FTP等基本应用外，还包括校园MIS系统、多媒体远程教学系统，视频会议系统、多媒体课件制作及网上图书馆等。项目建成后可使全校1000多个用户同时上网，成为全国最大的ATM校园网。

（马会勤）

【举办农业政策专题报告】　11月5日，农业部领导为中国农大近千名师生作我国农业形势与政策专题报告。该报告指出要调动一切积极因素稳定农业政策，结合所有制结构改革，推动多种经营，深化乡镇企业改革，深化农产品购销制度改革，加强基础设施建设等来推动农村经济建设。

（朱　兵）

【建立中国青年农民科技之家】　11月6日，中国农大建立中国青年农民科技之家。它旨在传播农业科技信息，推广农业新技术，为广大农民与专家教授牵线搭桥，服务农村。

（朱　兵）

【1学生被评为全国优秀学生干部】　12月9日，由国家教委、共青团中央组织评选的第三届全国三好学生、优秀学生干部、先进班集体表彰大会在人民大会堂召开。中国农大西校区学生会主席杨凌志被评为全国优秀学生干部。

（冯英男）

【14项科研成果获省部级奖】　至年底，中国农大有14项科研成果获省部级奖。其中：《强非线性偶合系统随机响应计算的综合数值方法》获国家教委科技进步三等奖。《全方位深松机制研究》获农业部科技进步奖一等奖，《可持续农业发展中农作物综合优化施肥技术体系》获科技进步二等奖。另有7项成果获科技进步三等奖。《北京市平原区节水型农业示范研究》获北京市科技进步奖一等奖，《高产优质多抗玉米单交种农大60的选育研究》和《阿维菌素制剂的研制及推广应用》获北京市科技进步二等奖，《水泵的计算机辅助设计系统（Pump CAD2.0）》获北京市科技进步三等奖。

（唐学磊）

【10名专家被聘为学科评议组成员】　年内，中国农大有10名专家被聘为国务院学位委员会第四届学科评议组成员，其中6名为所在学科评议组召集人。

（朱　兵）

【开展国际交流】　至年底，中国农大共217人次出国学习考察或参加国际会议。其中国际会议48人次，合作研究25人次，考察访问79人次，访问学者33人次，其它32人次。接待来访468人次。包括长期专家14人次，短期专家138人次，留学生36人，临时来访280人次。到访的重要客人有美国康耐尔大学副校长、荷兰瓦宁根大学校长、国际农业咨询小组秘书长、日本神内良一先生、华盛顿州立大学农学院院长、美国孟山都公司副总裁等。

（马会勤）

【开展名教授讲座活动】　年内，中国农大举办名教授讲座系列活动。该讲座旨在提高学生的文化素质，弘扬学农爱农精神，传授科研和学习方法，加强学生和教授的交流。已有3名中国科学院和工程院院士分别做4场专题报告。

（朱　兵）

【2教授获国家级有突出贡献专家称号】　年内，中国农大彭友良、刘德旺2名教授分别获国家级有突出贡献专家称号。彭友良是植物科技学院植保学部分子植物病理专家，主要从事水稻稻瘟病抗病机理研究。刘德旺是农业工程研究院农产品加工专家，主要从事农产品干燥设备技术研究。从1984年起该校已有17人获此称号，其中西校区11人，东校区6人。年内，该校还有8人获政府特殊津贴。

（冯英男）

【获霍英东教育奖居高校前列】　至年底，霍英东教育基金会成立10年来中国农大共有26人获奖，位居北京大学之后与清华大学并列第二。在该奖和基金的资助下该校有1人成为国家跨世纪学科带头人，3人获国家优秀青年科学基金，10人破格晋升为教授，8人被评定为博士生导师。

（唐学磊）

【新校标确定】　年内，中国农大新校标确定，该校标由国际交流中心集体创作，图案为圆形，内环为水平排列的中国农业大学英文缩写CAU，其下方为建校年代“1905”。外环上侧环形排列“中国农业大学”，下侧是由大写字母组成的英文校名。原北京农业大学和原北京农业工程大学合并为中国农业大学后，共征集新校标初稿23份。

（才　杰）

【推荐78人免试攻读学位】　年内，中国农大推荐98届本科生免试攻读硕士研究生共78人，东西校区各39人。其中男生42人，占54%，女生36人，占46%。22人推荐到外单位攻读硕士学位。

（唐学磊）

【新添百台奔腾教学用机】　年内，中国农大西校区计算机中心配备的100台奔腾166计算机已全部到位，并联成局域网。新装备的奔腾166机房将作为开放实验室，为全校师生提供计算机公共教学和专业教学用机，以适应计算机发展的需要，拓宽学生的知识面。

（冯英男）

【三电视教材获奖】　年内，在全国农业高等院校电教工作会暨第四届年会上，中国农大创作的《植物细胞的奥秘》获电视教材特等奖，《小麦产量构成因素的分析》获三等奖，《弥雾机的故障与排除》获优秀奖。

（才 杰）

【东校区121名特困生减免学费】 年内，中国农大按照"先交费后减免"的原则，对特困生实行不同程度减免学费。97级按总人数的7%、96级按6%、94和95级按5%比例进行减免。东校区共121人被全部或部分减免学费，共计11万元。据调查，该校区共有贫困生近千人。

（任 蔚）

【获国家自然科学基金项目49项】 年内，中国农大共获自然科学基金重点项目5项，其中1项属联合资助，比上年增加4项，资助金额为408万元。重点项目是《植物细胞骨架及马达蛋白的结构与功能研究》、《中国（南方）豆科植物根瘤菌资源与分类研究》、《小麦条锈病、水稻稻瘟病抗病性持久化研究》、《猪、鸡肉用性状的基因定位》、《果实内碳素和钙钾元素卸载积累与品质形成及其调控机制研究》。面上项目43项，其中西校区36项，东校区7项，资助总金额为477万元。杰出青年基金1项，资助金额60万元。

（刘 梅）

【开展校际合作】 年内，中国农大分别与日本东京大学、宫崎大学、神户大学、千叶大学、美国普渡大学、荷兰瓦格宁根农业大学、国际农林水产研究中心共7所国外大学和研究机构签署合作协议。协议涉及多个学科领域的合作研究及教师与学生互换等内容。

（任 蔚）

北京林业大学

党委书记 胡汉斌
校　　长 贺庆棠

【概 况】 1997年，北京林业大学教职工总数1279人，专任教师421人，其中教授105人，副教授162人，讲师128人。两院院士3人（1人为1997年增选），博士生导师36人，享受国务院特殊津贴99人，5名国家级有突出贡献的专家和17名林业部有突出贡献的专家，40岁以下教授、副教授48人，其中有15人为林业部跨世纪青年学科带头人（含2名国家级青年学科带头人）。学校现设9个学院（生物学院和基础科学与信息工程学院为1997年新设）、2个系、2个部、18个本科专业、17个专科专业、15个硕士点，10个博士点，1个博士后流动站。有3个国家级重点学科，5个部级重点学科、5个部级重点开放实验室和1个理科人才培养基地。拥有各类研究中心、实验室、标本室等80余个，校内外教学科研基地30多个。校本部面积427547平方米，各类建筑面积182858平方米；固定资产总值12965万元，其中教学仪器设备资产值为5500万元。图书馆建筑面积8376平方米，藏书达80余万册。该校创办的产业有北京北林科贸实业总公司及园林规划建筑设计院。全年招生1164人，其中本科生798人，专科生215人，第二学士学位生29人（1997年首次招生），硕士研究生82人，博士研究生40人。招收留学生32人。在校生3551人，其中本科生2719人，专科生519人，硕士生215人，博士生98人。成人学历教育1607人。毕业生679人，其中本科生390人，专科生226人，硕士生55人，博士生26人。

（戴如梅）

【召开第三届教学与科研工作会】 1月13至15日，北林大召开第三届教学与科研工作会。会议通过关于教学、科研和未来发展趋势的3个工作报告，其主题是以教学科研为中心，解放思想，转变观念，要把提高教学质量作为一个系统工程来抓，科研工作要成为提高教学水平的保证，走产、学、研相结合的道路。会议提出"九五"期间校科技工作总体目标、任务和保证措施。确定1997年为教学质量年，提出两年进入国家教委教学工作先进校行列的目标。

（戴如梅）

【张志毅获中国青年科技奖】 3月23日，北林大森林资源与环境学院的青年教授张志毅获第五届中国青年科技奖。张志毅从80年代以来一直是国家科技攻关课题的主要参加者，他的研究成果曾获得国家及林业部的科技进步奖，另有两项通过鉴定。他发表20多篇论文并获得林业部首届青年科技论文一等奖和北京市科协青年优秀论文奖。中国青年科技奖是我国重要科技奖励，全国123个单位推荐候选者545人次。

（戴如梅）

【2名教师获部颁发先进称号】 3月31日，北林大沈国舫院士、马履一教授获林业部颁发的大兴安岭特大火灾区恢复森林资源和生态环境先进个人称号。在大兴安岭火灾事件后，沈国舫担任国务院组织的大兴安岭特大火灾区恢复森林资源和生态环境专家组副组长，进行火灾后的调查并向国务院提出恢复森林资源与生态环境的决策意见和调查报告。马履一进行森林资源恢复的研究性工作和技术咨询工作，并为此项目撰写论文10多篇。此次全国共有100人获这一称号。

（戴如梅）

【举办"绿桥"文化节】 4月5至20日，北林大团委、学生会组织主题为"继承小平遗志、缔造绿色家园"的绿桥文化节。该文化节包括义务植树、绿色咨询、学术讲座、社区服务、地球日环境宣传及中小学生环保联谊、"绿桥"活动图片展等内容。林业部、全国绿委、首都绿委、团市委等领导参加此活动。

（戴如梅）

【"211工程"进入实施阶段】 5月

8日，北林大“211工程”建设项目通过国家教委专家组审核，“211工程”建设开始进入实施阶段。该建设项目规定：“九五”期间，国家将对北林大投资1.3亿元，重点建设森林培育、森林经理、水土保持、森林植物、园林、林业机械、林业经济管理7个项目。

（戴如梅）

【庆祝关君蔚院士80华诞】　5月23日，北林大举办关君蔚院士80华诞庆贺会。全国政协、国家科委朱光亚、宋健发来贺信，200余人亲临庆贺会致贺。关君蔚是我国水土保持教育事业的开拓者和水土保持学科的奠基人，他培养出我国第一批水土保持专业的本科生、我国农林院校第一批水土保持课程的主讲教师及我国第一位水土保持博士。他于50年代提出防护林体系的设想，现仍致力于生态控制系统工程学研究。

（戴如梅）

【与内蒙古林学院联合办学】　9月18日，北林大与内蒙古林学院联合办学协议签字。两校领导参加签字仪式。该协议期限5年，本着利用北林大师资优势和内蒙古地理优势，实施优势互补、资源共享，推动高等林业教育的发展原则，包括联合培养研究生、互派教师进修、联合开展科学技术研究、互派学者讲学、交替举办学术会议、互换教学指导文件及专业资料、双方师生免费查阅对方资料等内容。

（戴如梅）

【5项教学成果获奖】　9月，北林大5项教学成果获奖。其中，《森林经理学科建设和改造的30年实践》获国家教学成果一等奖，《关于测量学教学方法的改革》、《高等林业院校有机化学教学改革》、《运筹学教程的改革》、《植物生理、生物化学系列配套课程体系建设》4个项目获北京市教学成果二等奖。

（戴如梅）

【首次召开教学改革研究项目工作会】　10月28日，北林大首次举行教学改革研究项目工作会，60个项目的主持人参加会议，会议就1995年以来国家教委、北京市教委、林业部在该校所立的60个项目的进展情况做介绍，《森林经理教学内容的改革》、《城市规划、城市绿地规划、景观设计系列课题建设》、《高等农林院校人文社会科学系列课程改革》、《有限元法教学软件的开发》4个项目主持人做经验交流。

（戴如梅）

【赵绍鸿当选“两课”优秀教师】
10月，北林大社会科学系赵绍鸿教授当选首届全国普通高等院校百名“两课”优秀教师。赵绍鸿执教30多年，爱岗敬业，在“两课”的教学改革中作出很大成绩。这次评选，北京市有6名教师入选。

（戴如梅）

【林经管专业开始招收双学位】　11月5日，北林大经济管理学院的林业经济管理专业首期双学位班开学，这是北林大的第一个双学位专业。该专业共设21门课程，学制2年，毕业论文答辩合格者授予国家承认的双学位学历证书。

（戴如梅）

【物理实验室通过验收】　11月7日，北林大物理实验室通过市教委专家组评估验收。该物理实验室始建于1953年，实验室面积为750平方米，设备总值达40万元，共有人员12人，其中，教授1人，副教授6人，讲师2人，助教1人，实验员2人。市教委专家组是按照高等学校基础课实验室评估体系的6项39条标准进行检查的。实行对高等学校基础课教学实验室评估是国家教委对高等院校加强宏观管理的一项重要内容。

（戴如梅）

【与新加坡联合举办培训班】　11月，北林大社会科学系与新加坡国立大学建筑与房地产系首次联合举办物业管理高级人才培训班。北林大社科系物业管理专业40名学生及来自河南、北京各物业公司的管理人员15人参加培训。该培训班共设现代物业管理的发展趋势、物业资产评估与投资管理等8个专题，旨在学习东南亚先进物业管理经验，培养我国物业管理高级人才。

（戴如梅）

【环境系成立】　12月3日，北林大森林资源与环境学院环境系成立。该系是由原生态学教研室、土壤和气象教研室、生态研究室合并组成，设系主任1人，副系主任2人，教师25人，开设环境规划和环境设计、环境保护、国家公园和保护区管理、生态旅游、环境学研究5个专业方向。

（戴如梅）

【生物学院成立】　12月3日，北林大生物学院成立。该学院是由原森林资源与环境学院的生物学专业及森林生物中心、显微中心、植物学教研室、植物生理生化教研室等单位组成，现有教职工245人，其中教授6人，副教授9人，承担国家级、省部级科研课题10余项，研究经费近300万元。新组建的生物学院将开拓并体现与树木、花卉、育种、生物技术等高新技术相结合的特色，培养“厚基础、宽口径、适应性强”的人才。

（戴如梅）

【基础科学与信息工程学院成立】
12月3日，北林大基础科学与信息工程学院成立。该学院是由原基础科学系、信息管理系与计算中心合并组成，下设信息系、计算机系及数学教研室、物理教研室、化学教研室、计算中心、信息技术研究所、计算机应用研究所等教学科研单位和1个行政办公室，设有物理、无机化学、有机化学、计算中心4个实验室和信息管理、计算机与应用2个本专科专业。现有教职工78人，其中教授8人，副教授22人。

（戴如梅）

【陈俊愉当选中国工程院院士】　12月，北林大园林学院教授陈俊愉当选为中国工程院院士。陈俊愉是中国观赏园艺学的开创人和带头人、园林植物专业第一位博士生导师。在花卉教学和研究中，他创造花卉野花育种新技术和进化兼顾实用的花卉品种二元分类法，成功培养具有多种抗性梅花、地被菊、刺玫月季和金花茶新品种80多个，并在全国率先开展花卉区域试验。他主持的《金花茶基因库建立及繁殖技术研究》、《中国梅花品种的研究》、《地被菊杂交育种与区域试验的研究》等获多项奖励。他多年来撰写130篇(部)论著，先后培养的硕士、博士及博士生导师达38名。陈俊愉现为中国园艺学会副理事长、中国花卉协会常务理事、中国梅花腊梅分会会长、北林大名花研究室主任。

(戴如梅)

北京气象学院

党委书记 刘志刚
院　　长 刘志刚(兼)

【概　况】 1997年，北京气象学院有教职工244人，其中新调入人员7人，包括博士生2人，硕士生2人，本科生3人。有专职教师119人。具有正高级专业技术职称14人，其中新评聘4人；具有副高级专业技术职称50人，其中新评聘6人。正、副高级专业技术职称人数占教师人数54%。具有中级专业技术职称110人。聘请长期外国专家1人，聘请短期外国专家3人，聘请外籍兼职教授2人。在校生1220人，其中：普通全日制学生380人，包括本科生128人、专科生252人；函授生710人；夜大生130人。共招生410人，其中：普通全日制大专生83人，函授277人，夜大50人。毕业生326人，其中：普通全日制学生245人，包括本科生58人、专科生187人；函授毕业生43人；夜大毕业生38人。设有大气科学系、基础科学系、社会科学系、计算机科学技术系共4个系，计算机及应用、计算机信息管理、外贸英语、气象4个专业。学院图书馆藏书13万册。

(张　惠)

【召开重点课程建设汇报会】 3月18日，气象学院召开重点课程建设汇报会。会议认为，通过社会调查、搜集资料、开发教学软件及编写教材和教学辅导材料等方法，6门重点课程在CAI教学软件应用、教学方法探索和师资队伍建设上取得阶段性成果。该校《高等数学》、《大学英语》、《电子线路》、《数据结构》、《汇编语言》和《马克思主义原理》6门重点课程建设是1995年确立的，建设周期2年。

(张　惠)

【包景东获中国青年科技奖】 3月22日，气象学院青年教师包景东教授获第五届中国青年科技奖。包景东在复杂随机过程的蒙特卡罗研究和大振幅耗散集体运动理论和方法的研究方面，进行独创性的探索；在有关核裂变动力学等方面的研究也取得成绩。中国青年科技奖每两年评选1次，获奖人数为100名。

(张　惠)

【建立文献检索咨询站】 3月26日，气象学院中国学术期刊文献检索咨询站成立。该咨询站由图书馆与光盘国家研究中心共同建设，引入《中国学术期刊(光盘版)》全文检索管理系统(CAIR)，可以对《中国学术期刊(光盘版)》中的各种文字、图片等信息进行检索、阅读、打印等咨询服务。

(张　惠)

【举办气候诊断预测讲习班】 5月6至24日，气象学院与中国气象科学研究院共同举办气候诊断和预测讲习班。该讲习班介绍气候诊断与预测的现状和国内外动态以及发展的一些方法，共有33人参加学习。气候和环境变化是各国普遍关注的问题，国家拨专款组织“九五”短期气候预测项目攻关。

(张　惠)

【举办中尺度数值预报及并行技术培训班】 5月6至24日，气象学院与中国气象学会数值天气预报委员会、中国气象局国家气象中心共同举办中尺度数值预报(BAMS+LAPS)专题讲座研讨班及并行技术培训班，该班邀请美国IBM公司和预报系统实验室(NOAAFSL)联合专家组斯诺克(Snook)和斯托玛斯(Stamus)作专题报告，22人参加培训。并行计算技术是目前计算机发展的新领域，对于提高运算速度，推动数值天气预报研究有重要影响。

(张　惠)

【举办首期专业气象科技服务进修班】 5月12至21日，气象学院举办第一期专业气象科技服务进修班。该班开设主要课程有：气象条件对国民经济各部门各行业的作用、影响机理；探讨如何确定开展专业气象服务的指标参数及其临界值及专题分析预报的方法；气象信息在生产决策中的优化应用和经济效益评估；专业预报精加工，服务对象市场开发和信息制作传递网络建设等课程。来自全国11个省市(自治区)的23名学员参加学习。

(张　惠)

【召开两代会】 6月4至6日，气象学院召开第三届教代会暨第十二次工代会。大会听取学院工作报告，讨论通过教代会主席团暨工会委员会工作报告及《教代会实施细则》、《工会工作条例》等文件；讨论审议《工会财务收支情况的报告》、《关于加强社会主义精神文明建设的若干意见》和《校内结构工资实施方案修正案》。选举产生第十二届工会委员会和第三届住房委员会、工会经费审查委员会。会议回顾过去5年的工作，提出今后主要任务是：重点发展高层次继续教育；努力办好普通高等教育和成人教育；改善办学条件，提高生活水平。会议认为主要措施是：重点保证继续教育；强化各项管理；加强师资和改善思想政治工作。

（张　惠）

【召开第13次气象函授站长会议】 6月10至13日，气象学院召开第13次全国气象函授站长会议。会议决定，执行教委规定的函授教学实施方案，改变以往函授教学中依赖教学录像带授课，以及由函授站教师授课方式。自1997年开始，统一安排全国各函授站面授，由每年面授1次改为每年面授2次，主讲教师由气象学院教师担任。该函授站长会议是在函授教育通过教学评估后召开的。

（张　惠）

【计算机及应用专业获得学士学位授予权】 6月16日，气象学院计算机及应用专业获得学士学位授予权。该学位授权点在6月5日通过专家评议组检查，专家评议组听取汇报、查看教学基本资料、实地考察教学实验实习场地后，认为该专业具备授予学士学位的条件。

（张　惠）

【陈仲良受聘兼职教授】 9月9日，气象学院举行授聘仪式，聘请香港气象学会会长、香港城市大学教授陈仲良为兼职教授。陈仲良于9月8至11日在气象学院访问讲学，与该院大气科学系讨论科研合作、学术交流计划，在多媒体技术、大气低频振荡、华南季风3个课题组进行合作研究。

（张　惠）

【获市级科研奖2项】 年内，气象学院完成论文89篇，其中在国外学术刊物上发表10篇，全国性学术刊物发表55篇，地方性学术刊物发表24篇。在研科研项目21项，当年结题8项，有6项获奖，其中获北京市科技进步二等奖1项，获北京市政府三等奖1项，获院级二等奖2项、院级四等奖2项。

（张　惠）

北京第二外国语学院

党委书记　刘凤魁（1月免）
　　　　　常殿元（1月任）
院　　长　常殿元（兼）

【概　况】 1997年，北京第二外国语学院设有3个学院4个系、16个专业。教职工908人，含教学科研人员408人（专任教师396人）。在专任教师中，具有正高级职称的36人，比上年增长12.5%，副高级职称的106人，比上年增长3.9%，中级职称的131人，聘请外国专家30多人。获得本年度政府特殊津贴2人。在校生3306人，其中本科生1724人，专科生290人，研究生53人，夜大生759人，留学生480人。毕业生598人，其中研究生9人，本科生313人，专科生126人，夜大生150人。招生577人，其中本科生443人，专科生109人，研究生25人。本专科招生比上年减少11.4%。

（侯秀英）

【改变领导体制】 1月8日，二外的领导体制正式由院长负责制改为党委领导下的院长负责制。

（侯秀英）

【王柯平被评为全国优秀留学回国人员】 1月，二外英语系王柯平教授被国家教委和人事部评为全国优秀留学回国人员。王柯平，42岁，1992年1月赴瑞士留学，1993年1月回国。先后被推选为市高校学科（青年）带头人，1995年被确定为市跨世纪理论研究“百人工程”入选人，现承担“百人工程”科研项目孔子与柏拉图论艺术教育。

（侯秀英）

【一学生获日语比赛一等奖】 2月，在第五届中国大学生日语作文比赛中，二外日语系1名学生以第一名资格获一等奖。这是该院自1995年以来，第三次获得该项比赛的第一名。该比赛由日本国际交流研究所主办，来自全国58所大学的736人参赛。

（侯秀英）

【两教授获政府特殊津贴】 4月4日，二外2名教授获政府特殊津贴。二位教授长期战斗在教育第一线，为国家培养大批的俄语、英语人才。

（侯秀英）

【市领导检查卫生工作】 6月12日，林文漪等市领导来到二外检查饮食卫生工作。检查组按照有关规定，对南北食堂进行全面的检查。林文漪要求各级领导要重视卫生工作，加强监督检查，保障师生的身体健康。

（侯秀英）

【电视旅游日语摄制完成】 6月23日，二外出版社电视旅游日语开播。该节目以日本森本一家来华出差、旅游，并由北京中旅导游员导游为主线，将衣、食、住、行、游、购、娱诸因素融为一体，使学习者了解我国旅游资源和旅游常识，学会旅游接待等专业日语，达到导游工作者的基本要求。

（侯秀英）

【全国导游资格考试报名工作结束】 10月10日，全国导游资格考试中央一类社报名工作在二外结束。共有1180人报名，其中外语类考生518人；汉语普通话类考生662人；往年补考生284人，包括外语类考生、普通话类考生各142人。考试工作已于12月7日结束。

（侯秀英）

【举办大学生演讲比赛】 10月19日，二外举办“美·牛山中日友好杯”全国高校日语专业大学生演讲比赛。全国共有25所高校30名选手报名参赛，13名选手进入决赛，最后评出一、二、三等奖。二外日语系1名学生获二等奖。

（侯秀英）

【承办法语歌曲与诗歌汇演】 12月13日，二外承办1997年度北京地区高校法语专业歌曲与诗歌汇演。来自本市8所高校的法语专业学生参加汇演，法国驻华使馆官员及专家观看演出。法语专业歌曲与诗歌汇演是由法国驻华使馆主办，每年举行1次。

（侯秀英）

【4人当选市民主党派委员】 年内，北京市各民主党派相继进行换届选举。二外有4人入选民主党派北京市委委员。其中，致公党副主任委员1人，委员1人；民建副主任委员1人；民进委员1人。

（侯秀英）

北京体育大学

党委书记 金季春
校　　长 金季春（兼）

【概　况】 1997年，北京体育大学设有研究生部、管理学院、体育教育系、运动训练系、武术系、人体运动科学系（原体育生物科学系）、成人教育部、附属竞技体育学校和中等专科武术学校，有12个部委级重点学科，有全民健身、奥林匹克运动和体育社会学等6个研究中心，拥有运动生理学、体育教学理论与方法、运动训练学3个专业方向的博士学位授予权和运动解剖学、运动生理学、体育管理学等8个专业方向的硕士学位授予权。全校在职教职工970人，其中专任教师399人。专任教师中教授29人，副教授113人，讲师154人，博士生导师21人，国际裁判28人，国家级裁判150人。在校生共2357人，其中博士生51人，硕士生134人，本科生2020人，专科生152人。在校留学生187人。毕业生577人，其中博士生8人，硕士生43人，本科生497人，专科生29人。招生760人，其中博士生21人，硕士生42人，本科生571人，专科生126人。学校拥有电化教育中心，图书信息中心和田径、游泳、球类、体操、乒乓球、艺术体操等不同项目的15个室内训练馆、68块室外运动场，其中北京体育大学体育馆能容纳3000余名观众，适合于篮球、排球、网球、体操等项目的训练比赛使用。学校占地面积70万平方米，固定资产总值为8205万元（不包括校办企业固定资产）。同日本、韩国、美国等11个国家的17所大学建立校际关系，同日本静冈市体育协会建立友好合作关系。设有国际业余田径联合会地区发展中心（北京）。

（朱宙伟）

【与韩国龙仁大学开展校际交流】 4月17至19日，韩国龙仁大学校长肯·约翰(Kim Jung Haenf)一行4人到北体大进行短期访问，共商有关合作办学事宜，并签订两校交流协议，建立友好校际关系。这是继韩国体育大学之后，同韩国建立的第二所校际关系学校，也是北体大和世界上11个国家建立的第17所校际关系学校。

（郝　萍）

【首批台港澳硕士生毕业】 6月28日，章蕴伦等11人获得北体大体育学硕士学位。这11名学生是1993年底从台港澳进入该校开始学习体育学硕士学位课程的，其专业有排球、游泳、体育理论等。这是该校培养的第一批港澳地区高层次体育人才。近年来，该校不断拓宽境外留学生教育领域，在读留学生已达180多人。

（郝　萍）

【举办国际武术比赛表演】 7月25至28日，北体大举办第五届国际武术太极拳比赛表演。来自澳大利亚、埃及、法国、加蓬、印度尼西亚、意大利、日本、韩国、马来西亚、葡萄牙、中国共11个国家的310人参加。国际武术太极拳比赛表演是该校举办的传统国际体育赛事，每4年举办1次，设武术竞赛套路、各式太极拳、太极剑等项目。

（王　辉）

【在八届运动会上取得优异成绩】 10月12至24日，在全国第八届运动会上，北体大共有170名学生分别代表31个省、市（自治区）、行业体协参加12个大项的预赛和决赛，按八运会计牌计分方法计算，他们共夺得金牌18.25枚、银牌10.925枚、铜牌6.3枚。与七运会上的7金、5银、8铜相比，金、银牌分别增加11.25枚、5.925枚。金牌、奖牌数相当于全国各省市第7名的水平。多年来，该校充分利用科学知识和科技人才密集优势，将教学、科研、训练紧密结合起来，为运动员训练计划、膳食营养监督、机能状况监控、专项营养补充、训练后恢复以及伤病的治疗、保健等提供多学科、全方位服务。

（朱宙伟）

【周伟获八运会男子短跑2枚金牌】 10月12至24日，北体大学生周伟在全国第八届运动会上，以10″22和20″55的成绩，获得男子100米和200米2枚金牌。周伟1976年出生，是该校运动训练系专业四年级学生。在八运会上，他代表江西省运动队参赛。

（朱宙伟）

【承办全国体育院校田径运动会】 11月2至4日，由北体大承办全国体育院校田径运动会。来自全国13所体育院校的田径代表队285名运动员参加比赛。其中97人次打破33项全国体育院校田径纪录。其中男子53人次17项；女子44人次16项。

（王　辉）

【承办全国第五届体育科学大会】 11月18至20日，全国第五届体育科学大会在北体大举行。本届大会由中国体育科学学会主办、北体大承办，也是首次由体育院校承办的体育盛会（前四届均由大城市承办）。来自全国各省、自治区、直辖市和香港特别行政区及澳门、台湾的论文作者、特邀嘉宾、各省市体育科学分会代表800余人参加大会，另有近400人列席大会，交流论文千篇。本届体育科学大会在参加人数和征集论文数量上均居历届之首。北体大共有137篇论文被大会录取，8篇被大会评选为优秀论文，分别占大会论文总数的13%和优秀论文总数的22%，是大会入选论文数量和优秀论文数量最多的单位。钱正英、伍绍祖、袁伟民、张发强等全国政协、国家体委领导分别参加开幕式和闭幕式。

（林　珊）

【承办'97亚洲社会体育科学研讨会】　11月，北体大承办'97亚洲社会体育科学研讨会。研讨会的主题是：21世纪的亚洲社会发展与体育，主要内容围绕体育社会学分会第三学科组的体育社会学、体育概论、群众体育学3个子学科进行。这是继体育社会学列入国家哲学学科后召开的首次国际性会议。新加坡、日本、韩国、澳大利亚、英国、中国等国家和地区的68名学者参加研讨会

（石　凌）

【本科教学实施中期分流】　年内，北体大在教学改革中制订的中期分流和各专业方向管理办法及实施细则进入实施阶段。按照该校1995年制定的学分制教学计划要求，实施学分制计划的各本科专业经过前两年的基础教学后，第五学期将分流为不同特色的专业方向。为配合专业方向分流后对学生学习的管理，该校在本科生中实行导师制，并颁发导师管理实施细则和导师指导手册，研制并运用学分制选课应用软件系统，对95级学生进行计算机选课。

（石　凌）

【校园综合治理取得成果】　年内，北体大校园综合治理工作取得进展。学校专门成立校园综合治理委员会，先后拆除违章建筑百余间，新建汽车停车场1700多平方米；整修2条主干道路，种植草坪1000多平方米；筹措资金20多万元新建集贸市场。家属区一改过去违章建筑四处可见、车辆随意停放、私营摊点无序状况。该校还决定每年投资30万元，用3至5年的时间把家属区建设成为北京市文明小区。

（林　珊）

中央民族大学

党委书记　哈经雄（8月免）
　　　　　　王　彦（8月任）

校　　长　哈经雄

【概　况】　1997年，中央民族大学招收全日制生1162人，比上年略有减少，其中：博士生24人、硕士生94人、研究生比上年增长21.7%、本科生696人、大专生29人、预科生233人、中专生86人；夜大、函授生870人，其中：本科生74人、专科生796人；成人教育脱产生256人，其中：本科生18人、专科生238人。全日制在校生4512人，其中：博士生50人、硕士生237人，本科生3730人、专科生265人，预科生230人；夜大、函授生2093人，其中本科生116人、专科生1927人；成人教育脱产生557人，其中：本科生47人、专科生475人、进修生35人。留学生635人，其中：博士生16人、硕士生33人、本科生39人、进修生547人。全日制毕业生1410人，其中：博士生10人、硕士生84人、本科生623人、大专生414人、中专生44人、预科生235人；函授专科生431人，成人教育脱产专科生270人、进修生31人。教职工1806人，其中：专任教师760人、教师中教授80人、副教授230人，分别占教师总数10.5%和30.3%；教授、副教授中博士生导师16人、硕士生导师120人，有博士学位31人、有硕士学位170人，分别占教师总数4.1%和22.3%；讲师360人，专职科研人员77人，教辅人员120人，党政管理人员187人。国务院学位委员会学科评议组成员、学科规划领导小组成员5人，有20余人在国际、国内学术团体中担任重要职务，3人进入北京市跨世纪社科百人工程，享受政府特殊津贴人员97人。北京市青年学科带头人9人，优秀青年骨干教师31人。至年底，下设3个学院、26个教学单位、5个直属教研室，有52个本科专业、1个博士后流动站、2个国家文科基础学科人才培养和科学研究基地，3个博士学位点、13个硕士学位点。其中：民族学科是国家重点学科，另有少数民族经济、少数民族语言文学、中国民族史、民族理论与民族政策4个部委级重点学科，国家教委在民大设立民族学科文献信息中心。学校图书馆藏书111万册，比上年增长0.9%，订各类报刊514种。民族博物馆藏有各类文物2.13万件，比上年略有增加。全校设有7个处级研究机构，48个系属研究所和跨系、所研究机构。在研项目59项，当年争取到的全国教育科学研究规划重点项目、国家社科基金项目、民委科研项目、国家教委留学回国人员科研启动基金项目、全国艺术类"九五"规划项目、全国高校古籍整理项目，共计15项，经费28.6万元。共接待来校参观访问、讲学、学术交流团体5个，18人次；派出参加国际学术会议、访问考察、合作交流等共计90余人次。分布美国、日本、加拿大、蒙古、韩国、新加坡6个国家和地区。学校占地总面积33.335万平方米，建筑总面积23万平方米，较上年增长9.1%。固定资产总值9878万元，较上年增长5.4%，其中：教学仪器设备总值1466万元，体育设备器材总值32万元，教学用计算机306台，科研用计算机11台，办公用计算机42台。

（杨德勋　哈斯也提）

【组团参加世界大学生民俗艺术节】　1月22日至2月2日，由民大音乐系、舞蹈系8人组成中央民族大

学艺术团，赴韩国全罗北道参加世界大学生民俗艺术节。民大艺术团与美国、俄罗斯、西班牙、日本等国大学生艺术团进行文化艺术交流，并表演形式多样节目。此次民俗艺术节是世界大学生冬季运动会的一项活动。

（杨德勋）

【校医院被评为一级甲等医院】 1月，民大校医院被卫生局评为一级甲等医院，并获医院评审工作证书。该医院各项规章制度健全，各级各类人员岗位责任制完善，并有统一规范的诊疗常规和各项技术操作规程以及医护质量标准。

（哈斯也提）

【民委来校调研成人教育工作】 3月3至10日，国家民委成人教育工作调查组，对民大成人教育工作成绩、经验和存在的问题；成教工作在学校中的地位及作用；为适应社会主义市场经济发展需要，校院两级在成教工作方面拟采取的改革措施；内部管理体制；师资队伍及培训措施；教材建设；经费投入与使用；干训学员中民族地区干部队伍状况等进行调研活动。调查组与该校党政、组织、人事、财务及管理干部学院领导及所属培训中心、夜大、函授部、成教处等部门，听取汇报，召开教师、学员座谈会，并检查管理干部学院办公室设备、图书资料、学员宿舍等设施。

（杨德勋）

【参加长江三峡文物展】 4月3至23日，民大参加长江三峡文物展，该展由人民日报社、中国历史博物馆以及湖北省、四川省有关机构联合举办。民大参展的有民族学系三峡文化遗产保护与研究小组提供的三峡民族民俗文物田野照片8张、庄孔韶课题组为国务院三建委完成的《长江三峡淹没区及迁建区民族民俗文物保护规划报告》以及有关三峡调研其它26个分项报告正式文本。

（杨德勋）

【召开各地函授站站长会议】 4月10至13日，民大函授部在海南省民大海口函授站召开第二届函授站站长会议，10个省、市、自治区13名函授站站长参加会议。会议传达中央有关函授教育工作新精神，总结一年来各函授站招生、教学工作情况，交流工作经验。会议提出各站教学工作设想，并对函授教育的办学条件和管理规范化等问题提出许多建议。

（杨德勋）

【首届扎西加美奖学金颁发】 4月14日，民大举行首届扎西加美藏族学生奖学金颁发仪式。该奖学金是藏族商人扎西加美捐赠2万元于1995年11月15日设立。利用年利息，每年奖励10名品学兼优藏族学生。10名藏族学生获首届奖学金，获奖同学感谢扎西加美对民族教育事业的支持和对藏族学生的关心。

（杨德勋）

【获大学生网球赛冠亚军】 4月20日，在清华大学举行的北京市海德杯大学网球公开赛中，民大女队分获双打冠、亚军。

（哈斯也提）

【确定5个拟建重点学科】 4月22日，民大学术委员会召开会议，确定少数民族艺术、宗教学、民族教育学、经济学、计算机科学技术5个拟建重点学科。5个拟建重点学科是按照“211工程”办提出拟建重点学科的评选条件和学校总体发展规划及各申报单位的实际，经过认真研究、讨论后进行投票表决而确定的。至年底，5个拟建重点学科首批建设经费30万元已经到位。

（哈斯也提）

【举办民族图书奖评审会】 5月13至15日，由国家新闻出版署和国家民委主办的第三届中国民族图书评奖活动在民大举行。有36家出版社102种图书参评。共评出一等奖8种；二等奖16种；三等奖24种。其中，民大出版社的《世界民族关系概论》获二等奖，《世界民族与文化》、《苗族历史与文化》获三等奖。国家民委、中宣部、国家出版署等单位领导以及20多名民族学科专家学者参加评审会。评审会指出，要把民族出版工作放到推动民族地区经济文化建设和社会全面发展高度，要把它放到维护民族团结、保证社会政治稳定的战略高度。会议要求广大出版工作者，要坚持正确出版方向，多出书，出好书，为各族人民服务。

（杨德勋）

【召开科研工作会】 5月28日，民大召开科研工作会。会议总结近年来开展科研工作的经验，并请朝鲜学、彝学研究所等4个研究机构负责人介绍争取科研课题、经费及开展科研学术活动的经验。与会者还围绕学校科研机构整顿、科研经费分配使用、科研项目津贴及科研成果奖励的发放等问题进行座谈。会议对科研工作做贡献教师和历次评比中获奖人员给予表彰。

（哈斯也提）

【颁发沙特使馆助学金】 5月29日，民大举行沙特阿拉伯驻华大使馆助学金颁发仪式。沙特阿拉伯驻华大使馆一次性提供1万美元，资助该校贫困学生，重点资助穆斯林10个少数民族学生，另外其他民族的31名贫困学生也获得此项助学金。沙特阿拉伯驻华大使尤素甫·阿马达尼专程来校参加助学金颁发大会。

（杨德勋）

【召开首届学生工作会】 6月5日，民大召开第一届学生思想政治工作及管理工作汇报会。会议听取经济系、生化系等5个单位工作汇报，肯定上述各单位先进事迹，并就民大学生管理工作、培养目标等提出指导意见。

（杨德勋）

【组团出访加拿大】 6月20日至7月20日，中央民族大学歌舞团一行17人，对加拿大蒙特利尔市和渥太华市进行访问。访问期间共举办3场民族舞蹈专场晚会和13场舞蹈演出。蒙特利尔市官员、中国驻加拿大使馆人员以及其它6个国家驻加大使和夫人观看演出。该访问演出是应蒙特利尔市邀请专程前往的。

（杨德勋）

【学生会召开教学座谈会】 6月，民大学生会邀请教务处有关负责人召开12个系(部)学生会学习部长、学生代表参加的教学工作座谈会。各位代表实事求是地对学校教学工作中不足之处，以及校风建设、课程编制、外语教学等向教务处提出意见和建议。

（杨德勋）

【成立信息工作领导小组】 6月，民大成立信息工作领导小组。该小组由各基层单位推选专人作为信息员，负责收集校内师生动态、热点问题、突出事件等，及时向上级部门反映，同时负责每年举办1次讲座课、培训班，每年评比1次，表彰先进单位和个人。

（杨德勋）

【日本友人赠送医疗仪器】 7月24日，日本岛根县广濑医院乘本业文向民大赠送1台心脏监视仪和3台便携式小电图仪，共价值20万元。

（哈斯也提）

【3名外教聘为名誉客座教授】 8月28日，民大语言学系聘请美国德克萨斯州大学教授、侗台语研究专家艾杰瑞博士为名誉教授；美国世界少数民族语文研究院计算机语言学专家白默翰、叶典良为客座教授。

（哈斯也提）

【以优秀成绩通过非学历教育评估】 9月22至23日，民大培训部非学历教育通过市教委评估。该评估从非学历教育的行政管理、教育教学和财务管理等方面进行。评估小组认为：民大非学历教育办学宗旨正确，机构健全，师资力量强；注重成人少数民族教育理论研究，探索成人少数民族教育规律；教学中突出针对性、实用性，并有长远规划和实施方案。评估结果为优秀。

（哈斯也提）

【主办少数民族文学文献研讨会】 9月27至29日，民大主办全国少数民族文学、文献研究理论与方法研讨会，有关专家、学者以及该校相关专业的师生共100多人参加研讨会。会议回顾和总结建国以来民族文学、文献理论研究工作成就，探讨民族文学、文献研究领域里一系列重大理论课题。

（哈斯也提）

【通过“211工程”部门预审】 10月7至9日，民大通过进入“211工程”部门预审。由国家民委组织的专家组听取该校部门预审汇报，审阅《“211工程”整体建设规划》、《部门预审自评报告》和《重点建设学科规划》。观看专题录像片，参观教学、科研展览，考察民族博物馆、出版社、图书馆、电教中心、民族学研究院、少数民族语言文学学院、计算机教学中心和电脑美术工作室，观看艺术学科汇报演出，与部分学科带头人和中青年学术骨干进行座谈，经实地考察、评审、论证，专家组一致通过该校“211工程”部门预审。

（哈斯也提）

【校内计算机局域网工程竣工】 10月8日，民大校内计算机局域网工程完工，并向师生开放。该系统把计算机系现有机房、实验室连接起来，建立一个局域网，缓解计算机公共课上机紧张情况，同时安排较高水平上机实验内容，提高学生上机质量，减轻机房教师工作负担。该系统具有校园网的初步功能模型。

（哈斯也提）

【音乐专业硕士课程班开学】 10月14日，民大音乐专业硕士研究生课程班开学。该课程班旨在提高民大音乐专业中青年教师学历、教学水平和工作能力。开设音乐专业硕士研究生6门主要课程：和声学、曲式与作品分析、音乐美学基础、西方音乐史、中国音乐史、音乐教学法研究等。有30余名中青年教师参加学习。

（哈斯也提）

【庆祝干训部成立25周年】 11月1日，民大举办庆祝干训部（中心）成立25周年暨民族干部教育现状与发展对策座谈会。全国人大铁木尔·达瓦买提及统战部、国家民委领导参加座谈会。会议听取干训部民族干部教育现状和亟待解决的问题汇报。会议强调培养民族干部要搞好调查研究，有针对性地进行培养，要提高教员教学水平。

（哈斯也提）

【召开第29届学代会】 11月14日，民大召开第29届学生代表大会，参加会议学生代表共330人。大会通过第28届学生委员会工作报告，通过关于修改学生总会章程的报告，听取并审议学生代表针对学校后勤等7个部门提出166条提案的答复意见，选举产生第29届学生委员会委员。

（杨德勋）

【召开教学评估系列报告会】 11月24至27日，民大召开教学评估工作系列报告会，该校党政领导及各系级党政负责人、各教研室主任参加报告会。报告会邀请南京大学就教学评估的目的、过程、作用、基本特征、内容以及教学评估中应注意的问题结合实际具体说明和解释，并邀请北京理工大学对国家教委即将颁发的工作文件《高等学校教学管理要点（试行）》进行详尽讲解。

（哈斯也提）

【出版社通过国家教委评估】 12月18日，民大出版社通过国家教委评估领导小组检查评估。专家组在听取出版社领导自评报告后，分别检查出版社样品室、出版部、总编室、发行部、质检科、财务科，经实地考察，评估小组认为该校出版社自评工作是实事求是的，同意通过检查评估。

（哈斯也提）

【萨带提·哈米提奖学金设立】 12月19日，萨带提·哈米提奖学金在民大设立。该奖学金由北京阿凡提文化艺术有限公司、阿凡提大叔美食城餐厅董事长萨带提·哈米提捐款10万元设立,每年奖励2名维吾尔族教师和20名学生。

（哈斯也提）

【参加少数民族语言研讨会】 年内,民大梁庭望、戴庆厦应邀参加在广西南宁召开的全国少数民族语文理论研讨会。会议确认少数民族语言文学工作性质，提出当前我国民族语言文字发展趋势。会议还肯定少数民族语言文字功劳，认为要做好少数民族语言文字工作，国家要制订出相应语言文字法和相关法规，促使民族语言在市场经济下发挥更大作用。会议认为要处理好民族语言文字与汉语言文字的关系，充分发挥民族语言文字功能，推动民族语言文字与汉语言文字共同发展。

（杨德勋）

【调整部分专业结构】 年内，民大对理工、艺术、民族语言文学和文史群体进行专业结构调整。在保持学科优势基础上,改设壮、侗族语言文学2个本科专业;新增货币银行学、信息科学、营养与食品卫生等19个本科专业。对经济学、哈萨克语言文学、物理学等11个专业实行缓招和隔年招生。

（哈斯也提）

【博物馆获韩国捐赠】 年内，韩国文化体育部向我国民族文化宫和民大博物馆捐赠服装、玻璃钢模特。韩国文化体育部这次共捐赠有四套(二男二女)朝鲜族服装及与之配套的四个玻璃钢模特，总价值1万美元，其中民大博物馆获赠一对男女套装及模特。

（哈斯也提）

【滕星受聘亚洲开发银行项目顾问】

年内，民大民族教育研究所滕星副教授被亚洲开发银行聘为中国少数民族教育项目专家顾问，并受亚洲开发银行和国家教委委托，于暑假对广西河池、贵州黔东南、黔西南、云南思茅、四川凉山等地区的少数民族职业技术教育、师范、寄宿制教育、双语教育等进行人类学田野调查，为亚洲开发银行资助中国西南地区少数民族教育提供政策性参考。

（哈斯也提）

【巴莫阿依获美国奖学金】 年内，民大巴莫阿依博士获美国美中学术交流委员会奖学金和美国华盛顿大学访问科学家项目资助。巴莫阿依于1996年9月到美国与华盛顿大学人类学系主任史蒂文·郝瑞合作从事彝族教育文化方面做博士后研究。先后在华盛顿大学、西雅图太平洋大学、加州大学戴维斯分校、远东研究中心及全球化问题研究所，分别作有关《中国彝族宗教文化》和《中国凉山彝语文教育》、《中国宗教状况与中国宗教政策》、《现今中国彝族宗教与宗教职业者》学术报告和讲座。参加美中国家关系委员会主办的《美国考察项目》,到华盛顿、纽约、费城、威廉斯伯格等城市，对美国的政治体制、社会经济、教育文化进行考察。他还担任中国西南民族考察团团长,到日本东北山形、福岛、新泻3县农村进行日本民俗宗教田野调查，到筑波大学和大坂民族学博物馆、天理市访问,与天理教人员进行交流。

（杨德勋）

【7个剧目获全国舞蹈比赛奖】 年内,在全国第五届“桃李杯”舞蹈比赛中，民大共有7个剧目获奖。其中,《黑骏马》、《苍原靓女》《西风烈》获金奖;《奔流的哈达》获银奖;《天牛》、《金翅大鹏》和《马背上的少女》获铜奖。《黑骏马》舞蹈通过一匹不畏艰难腾跃蓝天的黑骏马，表现蒙古族青年在改革开放大潮中的精神面貌。《苍原靓女》表现马背上的少女英俊靓丽、把草原装点得更加美丽、更有生气。《西风烈》以成吉思汗少年时代的一段苦难经历为背景，赞扬一种逆境中的刚强不屈、奋发拼搏的精神。

（哈斯也提）

中央财经大学

党委书记　李保仁

校　　长　王柯敬

【概　况】 1997年,中央财经大学占地面积20.33万平方米,总建筑面积152635平方米。图书馆藏书64.54万册，其中经济类17万册。有各类期刊2855种,包括中文期刊2414种，英文期刊441种。该校拥有电化教学部、语音室和计算机房。固定资产总值达2亿元,其中,教学仪器设备总值1560万元。全年科研经费投入82.4万元，比上年增长142%。设有成人教育学院和8个院系级科研机构。有国家博士点学科1个,硕士点学科7个,有财政、信息管理和法律等10个系，19个专业(专门化)和3个专科专业。本科学制为4年,实行学分制管理;专科学制为3年,实行学时制管理。成人教育开设财政学、货币银行学、保险等5个专科专业和会计学、货币银行学、保险3个本科专业,学制均为3年。学校还以助教进修班、研究生课程进修班等多种形式培养经济管理和教育、科研部门的在职人员。在校生8498人，其中，博士生17人，硕士生254人，本科生4024人，专科生139人，函授、夜大生4064人。另外,还有外国留学生、进修生47人。招各类学生2705人,其中，博士生7人，比上年增长16.7%,硕士生95人，比上年增长18.8%,本科生1013人，比上年增长1%，专科生50人，函授、夜大学生1540人，比上年增长10.8%。另外,还招收在职研究生150人,短期对外汉语班40人。各类毕业生总数2588人,其中,首届毕业博士生4人，硕士生59人，比上年减少6%，本科生1063人，比上年增长31.7%,专科生50人,比上年减少47.4%,函授、夜大学生1412人,比上年增长15%。学校有教职工833人，有13人享受国家政府特殊津贴。有专任教师341人，其中，博士生导师4人，教授、副教授168人，讲师151人。在教师队伍中，有高级职称的占教师总数的47%，教师平均年龄40岁，其中，45岁以下有高级职称的教师78人，另外，还有169名国内外知名专家、学者担任学校名誉教授和兼职教授。全年投入科研经费82.4万元，召开大型学术研讨会3次，获国家社科基金项目1项，部委级课题11项，学校社科基金项目17项。全年，该校共有研究课题29项。

（陈惠茹）

【召开经济改革与宏观调控研讨会】 3月25日，中央财经大学与国家体改委《中国改革报》联合召开经济改革与宏观调控理论研讨会，社科院财贸所、财政部、国家税务总局、中国人民银行科研所等校内外专家、学者参加研讨会。与会学者、教授不仅回顾近几年来的宏观经济运行和调控效果，而且从不同角度分析今后经济改革和宏观调控的重点，提出了不少有价值的建议。

（陈惠茹）

【成立成人教育学院】 3月30日，中央财经大学在海南省海口市召开成人教育学院成立大会。该学院是在原成人教育部的基础上成立的。早在50年代，该校就以举办各种形式的干训班、专修班为主，进行成人教育。1982年，开始以函授、夜大学为主进行成人教育，招生规模不断扩大，累计培养函授、夜大学毕业生15000余名。

（陈惠茹）

【新建学生食堂竣工】 4月24日，中央财经大学新建学生食堂按期竣工，并一次性通过北京市工程质量检查，等级优良。该食堂投资2444.99万元，建筑面积7580平方米，内设西餐厅、中餐厅、风味餐厅、小卖部、自助厅、招待厅、休息廊和学生就餐大厅，另外还有1000平方米的多功能厅及其它活动室。新食堂于9月1日正式投入使用，为广大学生提供一个宽敞、高雅的就餐环境，改变了学生就餐拥挤等状况。

（陈惠茹）

【公开选聘处级领导干部】 5月30日，中央财经大学重新修订、印发《公开选聘、选任党政处级领导干部的规定》，调整处级单位编制和干部职数。共设处级单位45个，聘任处级干部108名（含部、处长助理），其中正处级36名，副处级62名，部、处长助理10名（含正科级助理），任期3年。

（陈惠茹）

【完成课题1项】 5月，中央财经大学侯荣华教授等12人，和建设部定额标准研究所共同完成《宏观经济效益理论和实证分析》课题研究工作。该课题从投入和产出角度深入地研究宏观经济效益问题，并根据我国经济发展的大量数据，利用经济计量模型，对我国经济发展的规模效益、结构效益、人力资源、物力资源、社会财力、科技进步和管理体制效益进行实证分析，提出一些规律性结论。

（陈惠茹）

【接待荷兰蒂尔堡大学代表团】 5月，荷兰蒂尔堡大学代表团一行4人来中央财经大学进行友好访问。访问期间，与该校金融系商谈具体合作事宜，并达成合作协议。协议主要内容有：开展金融领域的联合教育；互派教师讲学；两校学者对双方感兴趣的专题进行交流；每年中央财经大学派青年教师赴荷兰蒂尔堡大学研究生院进修学习。

（陈惠茹）

【考察团赴日考察】 6月8日，中央财经大学中惠会计师事务所赴日考察团一行4人，应邀赴日本朝日监查法人学习，考察会计师事务所的管理经验。

（陈惠茹）

【学生宿舍竣工】 6月15日，中央财经大学16996平方米的学生宿舍竣工。该项建筑投资2722.04万元，设计新颖、美观大方，是目前全国高校最大的单体学生宿舍公寓，内部设计合理，便于使用，每个房间都有独立保温阳台，有电视、电话系统，配备有吊床、吊框，经北京市有关部门检查验收，此项工程为优质建筑工程。7月15日，该宿舍投入使用，分本科宿舍和研究生宿舍两部分，可容纳1850人居住，目前实际居住学生1650人。

（陈惠茹）

【郝如玉当选市工商联副会长】 6月20日，中央财经大学郝如玉教授在北京市工商业联合会第十届会员代表大会上，当选为副会长。郝如玉系该校税务系主任，曾任北京市税务学会常务理事、中国税务学会理事、中国税务咨询协会副秘书长、国家税务总局专家委员会委员。他发表论文30篇，出版专著20本，共约200多万字，其中《十年税制改革反思》获全国税收科研优秀成果二等奖，《税收专业本科教学改革》获北京市优秀教学成果二等奖。

（陈惠茹）

【代表团赴日访问】 6月23日，以王柯敬为团长的中央财经大学代表团一行4人赴日本高千惠商科大学进行访问，双方商谈合作研究项目和分年度执行计划，决定两校互派教师开展合作研究，并签订学术交流协议书。

（陈惠茹）

【接待美国代表团】 6月23日，中央财经大学接待美国莫克莱工商管理学院一行7人的代表团，双方商讨合作意向。

（陈惠茹）

【颁发教育发展基金】 7月11日，中央财经大学教育发展基金管理委员会，审定通过1997年各项教育发展基金的获奖名单和获奖金额，共有50名教师、59名学生获奖，奖金总额26万元。

（陈惠茹）

【接待韩国釜山大学代表团】 7

月，韩国釜山大学艺术系美学研究所蔡熙完一行4人，到中央财经大学进行友好访问。访问期间，双方共同商讨关于艺术教育方面的有关问题，该校邀请在京舞蹈家和文化界人士共同参加座谈会，并展示该校在美学、艺术教育方面的成绩，同时对艺术教育、美学教育一起进行学术交流。

（陈惠茹）

【批准2人享受国家政府特殊津贴】 9月9日，经国务院批准，中央财经大学李爽、赵天寿被批准为1996年享受国家政府特殊津贴人员。李爽，1968年毕业于北京师范大学，1979年考入财政科学研究所，主攻西方会计理论与实务。1982年获经济学硕士，现任中央财经大学教授，主讲西方会计学原理、西方财务会计等课程，并指导硕士研究生。近年来参加国家级和省部级科研课题各1项，并有多篇论文发表在《会计研究》等有影响的学术刊物和国内外的学术研讨会上。还与他人合著《西方财务会计》、《股份制企业会计》、《注册会计师业务国际惯例》等教材。赵天寿，毕业于清华大学工程应用数学专业，毕生致力于计算机与信息系统学科的教学与研究，1980年以来，由他全面主持或任技术主要负责的国家、省、市、部委级的重点科研课题和技术开展项目有10个。其中，在国家重点项目中国风云一号气象卫星资料接收与处理系统工程中任副总设计师；在国家重点项目中日两国政府间技术合作北京消防通讯与指挥中心工程任中国专家和中国方面技术总负责人；在北京市重点项目第十一届亚运会计算机工程任设计部主任；在世界银行业务网络信息系统建设工程中任技术负责人。

（陈惠茹）

【获部属院校首批重点学科】 9月9日，中央财经大学金融学学科被批准为部属院校首批重点学科。该校金融系成立于1949年，截止到1997年为我国金融事业培养近万名高级管理人才。其中硕士生（含在职研究生）400人，本专科生（含函授、夜大）7000多人，在职干部培训近2600多人。该学科1980年开设证券投资和证券市场课程，恢复保险本科教育，1981年开设国际金融专业。该学科既注重在货币银行基础理论、中西方金融货币理论比较方面的教学与研究，又对我国金融体制及运行机制进行深入研究，并为国家及货币管理部门制订政策提供依据。在保险教学方面也进行多项开拓性研究，其中，保险精算教学成绩显著。

（陈惠茹）

【4项成果获北京市教学成果奖】 9月10日，中央财经大学4项科研成果获1997年北京市普通高等学校教学成果二等奖。即：《以科研带教学，以实践促理论——系统化的证券教学改革试验》；《把大学生推向人才市场——全面扩大学生综合能力素质的理论与实践》；《高等院校保险专业的教学建设》；《学分制改革的理论探索与实践》。

（陈惠茹）

【组团赴港旁听世界银行年会】 9月20至29日，中央财经大学一国两制下金融运行机制课题小组一行4人赴香港考察。考察期间，小组成员旁听世界银行、国际货币基金理事会年会，与香港《经济与法律》出版社共同主办香港与内地金融合作前景研讨会，考察香港金融市场。

（陈惠茹）

【召开中英精算教育成果颁奖会】 9月22日，中央财经大学与英国鹰星保险公司、英国精算师协会联合在钓鱼台宾馆召开中英精算教育成果颁奖会，为5名获得《精算技能证书》和2名获得《财务与投资证书》的学生举行颁证仪式，并对做出贡献的教师和取得优异成绩的研究生进行奖励，共奖励学生14人，获奖金额为46300元。同时获奖的还有该校保险系、研究生部和外事处，获奖金额为46300元。这是该校为我国培养的第二批学英国体系精算的研究生。

（陈惠茹）

【设立杨森奖励基金】 9月29日，西安杨森制药有限公司捐资10万元人民币在中央财经大学设立杨森奖励基金。用于每年奖励该校会计系优秀毕业生和在教学、科研工作中做出突出成绩的教师，并签订协议书。该校兼职教授杨纪琬任杨森奖励基金管理委员会主任。

（陈惠茹）

【增设会计电算化专业】 9月，中央财经大学增设会计电算化大专专业。1997年，该校为广东定向培养电算化大专学生50人。

（陈惠茹）

【开设艺术课程】 9月，中央财经大学开设《大学美术》、《大学影视》、《摄影》、《美学基础》等艺术类课程，以进一步提高学生的文化素质，完善学科体系。这些新设的艺术课程均为选修课，每门课成绩合格按1个学分计算，并计入学生综合测评总学分。

（陈惠茹）

【组团赴美考察保险教育】 10月5至15日，中央财经大学保险教育考察团，应邀赴美国林肯国民保险集团考察保险教育，在此期间，访问韦恩堡、旧金山、芝加哥、印第安那波利4城市的保险公司；双方就为中方培训师资和在该校建立罗马中文考试中心问题进行初步探讨。

（陈惠茹）

【成立LCCI考试中心】 10月6日，中央财经大学成立LCCI（英国伦敦工商会考试局）考试中心，以适应市场经济的需要，扩大在社会上的声誉，提高外语教学水平。该中心成立后，负责组织LCCI系列考试中的商务英语一级、二级，会计一级、二级的考试及考前培训工作。

（陈惠茹）

【确定41部重点教材】 10月28日，中央财经大学召开调整后首次教材编审委员会，会议对前届工作进行总结，并确定该校第一批重点系列教材41部。其中经济类和管理类教材各16本，各占总数的39%，综合类教材9本，占总数的22%。这41部重点教材中，文科类教材36本，占总数的87.8%，理科类教材5本，占总数的12.2%。从使用范围看，研究生用书3本，占总数的7.3%，本科生用书38本，占总数的92.7%，这41部教材大部分是新编教材。

（陈惠茹）

【中文系加入国家对外汉语教学研究会】　10月，中央财经大学中文系暨对外汉语教学培训中心正式加入国家对外汉语教学研究会。该会是国家汉语领导小组的学术团体组织，该校中文系1995年成立，共培养财经文秘高级人才140人，其中本科生100人，专科生40人。

（陈惠茹）

【完成资金调控体系与宏观经济政策的协调配合问题研究课题】　10月，中央财经大学王柯敬教授等3人共同完成国家计委、财政部、国家统计局、中国人民银行共同立项的课题《宏观资金配置研究》的子课题《资金调控体系与宏观经济政策的协调配合问题研究》。该子课题围绕建立社会主义市场经济体制下的资金调控体系，对产业政策、财政政策、货币政策等方面的协调与配合进行理论分析，从保证我国经济稳定快速增长的角度，在理论上探讨我国资金调控体系与宏观经济政策的协调配合问题，在实践上就如何分配与协调资金调控机构的权力和责任，实现在计划经济向社会主义市场经济过渡背景下的政府职能转变，提出政策性建议。

（陈惠茹）

【首届博士生毕业】　11月14日，中央财经大学举行首届博士生毕业典礼。1997年，该校共毕业4名博士生，全部获得博士学位。

（陈惠茹）

【召开第三届学术委员会第一次会议】　12月4日，中央财经大学召开第三届学术委员会第一次会议，该校学术委员会代表作工作报告。会议讨论该校学术委员会的工作职责，研究审定1997年该校专著出版基金资助的11本专著，批准1997年校级科研课题17项。

（陈惠茹）

【王柯敬访问葡萄牙】　12月16至24日，应葡萄牙大学校长委员会的邀请，中央财经大学校长王柯敬赴葡萄牙访问。此次出访，共走访葡萄牙7所大学，出访目的旨在加强双方的学术交流，建立良好的合作关系。访问期间同该国里斯本技术大学鉴订谅解备忘录。

（陈惠茹）

【学生（集体）获多项荣誉称号】　12月20日，经团市委批准，中央财经大学9名学生获1996至1997学年北京市三好学生荣誉称号，2名学生获北京市优秀学生干部荣誉称号。该校投资94（1）班、信息94、95级硕士研究生班获北京市先进班集体荣誉称号。

（陈惠茹）

【进行英语教学评估】　12月，中央财经大学接受北京市教委大学英语教学评估检查组对英语教学工作进行的评估。该项评估旨在肯定成绩，指出不足，促进英语教学工作。通过评议，对该校英语教学工作的优点给以充分肯定，并指出今后需要改进的地方，从而推动该校的英语教学工作。

（陈惠茹）

【完成《宏观资金配置研究》子课题】　12月，中央财经大学侯荣华教授等6人共同完成国家计委、财政部、国家统计局、中国人民银行4部委共同立项的《宏观资金配置研究》课题的子课题《“九五”至2010年全社会资金配置政策研究》，该子课题对企业、居民、财政、银行、国外部门的资金流量进行分析，并在对未来各部门资金变化趋势预测的基础上，根据经济和社会发展的总体目标，就“九五”到2010年财政、金融、企业、居民等各部门的资金配置及利用外资问题提出其政策性建议。

（陈惠茹）

【开展国际合作交流】　年内，中央财经大学先后与美、日、英、韩、荷、葡、香港、台湾、新加坡共9个国家和地区的17所大学或其它学术团体建立联系。共接待国外来访团组17项68人次，涉及5个国家和地区；学校组团出访5次，分别考察金融、保险、会计、管理、税务等有关方面的合作事宜；派出进修、学习、出访共计28人次，涉及13个国家和地区。

（陈惠茹）

中国金融学院

党委书记　李振库（3月免）
　　　　　许其立（3月任）
院　　长　潘硕健

【概　况】　1997年，中国金融学院设有金融系、国际金融系、国际投资系、经济信息管理系、保险学系、会计学系6个教学系和理论部、基础部、体育部3个教学部。开设货币银行学、国际金融、投资经济、经济信息管理、保险学、会计学6个本科专业和国际投资、证券投资2个本科专业方向，学制均为4年。全年在校本科学生1195人，比上年增长18%；招收本科学生338人，比上年增加1人；毕业本科学生155人，比上年增长5%。全年在校夜大学生404人，比上年减少13.5%，函授学生320人，招收夜大专科学生102人，比上年减少47.2%，毕业夜大专科学生121人，比上年增长52.1%。至年底，学院教职工400人，含专任教师151人，教辅人员59人，行政人员113人，工勤人员

77 人。专任教师中教授 19 人，副教授 45 人，讲师 71 人，专任教师比上年增长 19.8%。其中 9 人为享受国务院颁发政府特殊津贴的专家，3 人为北京市高校青年学科带头人，7 人为北京市高校优秀青年骨干教师。学院还在国内外金融界、经济界和高等院校聘任 50 多名专家学者为兼职教授。学院占地面积 5.45 万平方米，建筑面积 5.19 万平方米，拥有 6 个计算机房、4 个语音教室、2.6 万平方米的综合教学大楼，集教学、科研、办公于一体，可供 3000 名学生同时就读。图书馆藏书近 20 万册，备有千余种中外期刊，设有阅览室 6 间，有近 400 个座位可供师生使用。现有体育设施面积 9000 多平方米，包括田径场、足球场、排球场、篮球场、乒乓球馆等。教学大楼计算机管理系统和卫星闭路电视系统已开通使用。学院固定资产 11534 万元，其中教学仪器设备资产 921 万元，占资产总额的 8 %。

（李春雷）

【召开中青年教师科研座谈会】 1 月 22 日，金融学院召开中青年教师科研座谈会。该座谈会围绕如何调动中青年教师积极性，提高学院科研水平展开讨论，与会教师对学院的学术氛围、科研经费、科研环境、科研条件等多方面问题提出意见和建议。

（李春雷）

【英语教学通过市教委评估】 2 月 27 日，金融学院以“良好”成绩通过北京高校大学英语教学工作评估。1 月 11 日，市教委北京高校大学英语教学工作评估专家组一行 15 人，对该院英语教学进行全面检查。专家组采用查阅资料、听课、测试等多种方式，全面评估英语教学工作，在肯定成绩的同时，提出意见和建议。

（李春雷）

【第四届中金证券期货节闭幕】 4 月 24 日，第四届中金证券期货节在金融学院闭幕。该证券期货节采用讲座、培训、模拟交易等多种形式，邀请部分院校专家、学生讨论证券市场热点问题，把学生课堂学习理论推向仿真市场，把证券市场信息系统与模拟交易相结合，完全兑现交易的盈亏。本届证券期货节历时一个半月，除本院师生外，还吸引东方大学城及北京大学、中国人民大学和中央财经大学的部分师生。

（李春雷）

【教学整改领导小组成立】 5 月 20 日，金融学院教学评价工作整改领导小组成立。该领导小组以院长为组长、各部门负责人为组员，旨在全面领导教学评估整改工作。该院还针对国家教委专家组意见，组建由部分离退休教授组成的教学督教组配合工作。

（李春雷）

【毕业生就业主体仍在银行】 6 月 23 日，金融学院召开 97 届毕业典礼，毕业生分配工作结束。该院 97 届毕业生共有 155 人，其中国际金融专业 43 人，货币银行学专业 42 人，投资经济专业（证券投资专业方向）41 人，经济信息管理专业 29 人。其中统分生 129 人，委培生 15 人，自费生 11 人，生源涉及 12 个省、市、自治区，除 8 人考取研究生、1 人出国外，146 人全部落实就业单位。其中京外生源留京 39 人，占 30.2%，比上年减少 5.9%；到深圳、广州、厦门等沿海开放城市就业的毕业生 18 人，占 14%，比上年增长 5.2%；董事单位及银行系统接收毕业生 97 人，占 62.6%，比上年减少 2%；非银行金融机构接收毕业生 18 人，占 11.6%，比上年增长 8.9%。

（李春雷）

【签订教学整改任务书】 6 月 27 日，金融学院举行教学整改任务书签约仪式，中国人民银行、市委教育工委有关领导和学院处以上干部参加签约仪式。该院根据国家教委《高等财经类院校本科教学工作评价方案》等教学改革文件，将教学评价的 3 大类 34 个指标体系分解，层层落实，由院长代表甲方（学院），各项目负责单位领导代表乙方，分别签订整改任务书，以保证学院教学整改工作的落实。

（李春雷）

【举办第二届教学观摩活动】 7 月 8 日，金融学院举办第二届教学观摩活动。教学观摩由金融系吴军博士主讲，主要内容是解决电化教学设备管理和设备配套问题，其目的是推广和普及电化教学方法的使用。院领导及全体教师参加观摩。

（李春雷）

【表彰优秀科研成果】 7 月 10 日，金融学院召开首届科研工作会，并表彰 1995 年度大地园丁奖（优秀科研奖）21 人和 1994 至 1996 年的 2 项教学成果奖。“八五”期间，该院科研成果达到 1839 项，其中包括专著 100 部，教材 239 本，论文 1023 篇，译著 109 部，工具书 187 部，其他 181 项。其中获省部级以上奖 19 项，完成国家级科研项目 2 项，省部级科研项目 26 项，院级科研项目 119 项。

（李春雷）

【接待香港大学生考察团】 7 月 10 日，金融学院接待香港大学生考察团。该考察团得到英国保诚保险公司资助，人员以香港大学生为主，包括台湾、马来西亚和新加坡学生。在金融学院，考察团参观保险保诚资料室、计算机中心等设施，并与保险系师生进行座谈。该考察团是在参观清华大学之后到金融学院的。

（李春雷）

【首次召开成教函授站工作会】 8 月 1 至 5 日，金融学院首次成人教育函授站工作会在内蒙古呼和浩特市召开，中国人民银行总行、山西省分行、内蒙古自治区分行、自治区教委及有关国有商业银行、金融机构成人教育部门负责人 30 人参加会议。会议的主题是适应金融系统院校成人高等教育改革和发展的需要，总结经验、共创未来。本次会议在进一步加强行校合作、拓宽办学途径、提高质量等方面提出要求。

（李春雷）

【三师生获全国金融教育基金奖】 8月20日，金融学院1名教师和2名学生获得本年度金融教育基金奖。该教育基金由中国金融教育发展基金会设立，用于奖励全国金融系统教育先进集体、优秀管理干部、优秀教师和优秀学生。

（李春雷）

【撤销中专部建制】 9月1日，金融学院撤销中专部建制，其教职工在学院内进行安置。该中专部对外称北京银行学校，成立于1980年4月，1988年6月正式并入金融学院。银行系统对中等金融专业人员需求逐年减少，举办中专层次继续教育已不适应金融形势的需要。

（李春雷）

【召开第九次董事会】 9月8日，金融学院召开第九次董事会。会议通报扩大董事会、聘请名誉院长和兼职教授有关事宜，讨论通过学院题为《开拓进取、真抓实干、稳步发展》工作报告，讨论《关于中国金融学院办学指导思想若干问题的意见》。各位董事代表对学院办学设想、办学特色、专业设置、学科建设、师资队伍建设等问题发表意见。中国人民银行副行长、金融学院董事长殷介炎主持会议，各董事单位代表和学院领导参加这次董事会。金融学院董事会于1987年成立，现有中国人民银行等14家金融机构为董事会成员。

（李春雷）

【庆祝建院10周年】 9月10日，金融学院举行纪念邓小平题写院名、陈云题词暨庆祝建院10周年大会。陈慕华、戴相龙、殷介炎等中国人民银行、国家教委、市委教育工委、市教委及兄弟院校领导，各届校友和全院师生近2000人参加校庆活动。会议宣读陈慕华、李贵鲜、周正庆、戴相龙等领导为学院的题词，陈慕华、戴相龙相继讲话。会后，来宾与师生一同参观《春华秋实——院庆十周年展》。中国金融学院是中国人民银行直属高校，成立于1987年。

（李春雷）

【聘请名誉院长和兼职教授】 9月10日，金融学院聘请中国人民银行行长戴相龙为名誉院长和兼职教授。至此，该院拥有现职教授19人，国内兼职教授40人，国外客座教授3人，名誉教授2人。

（李春雷）

【举办银行监管国际研讨会】 9月10至12日，金融学院举办中央银行监管的国际标准研讨会。日本中央银行理事安斋隆、德意志联邦银行监管部门汉斯·罗赫曼、埃克华德·佐伊尔纳和中国人民银行稽核局分别作题为《金融利率风险》、《银行监管的国际标准》、《中国金融监管》的学术报告。来自各商业银行、行属院校和学院师生300人参加研讨会。

（李春雷）

【生源继续保持高质量】 9月15日，金融学院召开97级学生迎新大会，会上为26名各省、市、自治区考入该院的文、理科总分第一名的新生颁发大地新蕾奖。本年度，学院计划招生330人，实际录取338人，北京地区理科录取最高分为567分，文科录取最高分为528分。生源涉及13个省、市、自治区，其中预备党员9人，团员323人，地、市级三好学生22人，优秀学生干部14人，省体育优等生2人，学科竞赛优胜奖获得者5人。

（李春雷）

【举办国际金融研讨会】 9月25日，金融学院举办题为马其顿中央银行的改革研讨会，研讨会邀请马其顿中央银行行长特尔佩斯基(Ljube Trpeski)主讲。马其顿驻华大使、参赞和中国人民银行领导和来自各金融机构、行属院校及学院师生300人参加研讨会。

（李春雷）

【邀请专家审定教学计划】 9月27日，北京市管理科学研究会管理信息系统专业委员会在金融学院召开第九次会议，主要议题是审订该院经济信息管理专业教学计划，来自清华大学、中国人民大学等11所高校的14名专家对教学计划进行研讨，并提出修订意见。此外，学院其他各专业也分别邀请有关专家对教学计划、教学大纲进行审订，共修订完善69门教学大纲和35门试题库。

（李春雷）

【举办国际经济报告会】 10月8日，金融学院举办21世纪世界经济全球化学术报告会，国际货币基金组织前任秘书长霍特文应邀主讲。他在报告中介绍国际货币基金组织地位、作用及运行方法；世界经济全球化发展趋势和东南亚金融危机；并就中国经济实现全球化发表6点看法：①确保经济增长；②通过对外开放加速内部市场改革；③政府具有良好的透明度；④资本项目自由化；⑤加强金融部门的地位和作用；⑥加强地区合作，预防经济危机，人民币实现自由兑换欧元。该院师生300人参加报告会。

（李春雷）

【举办周末文化学校讲座】 10月10日至12月10日，金融学院举办第二届周末文化学校系列讲座活动。该系列讲座活动涉及文学、绘画、影视、音乐等内容，在周末业余时间举办。

（李春雷）

【举办首届中金拍卖会】 10月17日，金融学院举办'97中金拍卖会，200余名师生及兄弟院校来宾参加。该拍卖会程序与拍卖牌均为全真模拟，拍卖物品从师生日常生活用品到流通纪念币、计算机等共计52件，拍卖成交35件。拍卖所得除一部分用于活动支出外，其余作为爱心基金用于陕西阳庄希望小学建设。

（李春雷）

【举办保险代理人制研习班】 10月22至24日，金融学院与美国恒康相互人寿保险公司联合举办保险代理人制的管理、市场与销售研习班。学院保险系高年级学生及来自各保险公司的近30名中高级管理人员参加学习。

(李春雷)

【中美合建高级保险培训中心】 11月17日，金融学院、中国保险学会和美国通用再保险公司联合建立的中美高级保险培训及信息中心协议签字仪式暨第一期培训班开学典礼举行。该中心旨在提高保险界高级管理人员专业知识和英语水平，获得管理现代化保险公司所需要的技能和知识，建立能为国际认可的我国保险专业水平测试标准，并使各保险公司有机会了解国际金融和保险信息。中心培训班每期半年，全部使用国外先进教材，采用举办高级保险培训班、研讨班、建立计算机服务中心和信息库等方式培训。

(李春雷)

【召开首届教学工作会】 11月27日至12月18日，金融学院召开首届全院性教学工作会。会议历时3周，分主题报告、分组讨论和专题研究3个阶段。在12月18日的总结大会上，颁布《关于促进科研上水平的若干意见》、《关于专业调整与发展的设想》、《关于进一步深化教学改革的意见》和《关于进一步加强学科建设的意见》4个教学、科研改革文件。

(李春雷)

【举办国际金融学术报告会】 12月22至23日，金融学院与国家外国专家局、中国人民银行共同举办国际金融风险与防范学术报告会。该报告会邀请美国南美以美大学教授陈弘毅博士、美国大通银行东京分行张光平博士主讲。学院各董事单位代表、中国人民银行研究生部代表与学院师生300余人参加报告会。

(李春雷)

【赴台湾进行学术交流活动】 12月23至30日，金融学院2名教授应台湾国立中山大学邀请在台湾进行学术交流活动。在访台期间，教授们与中山大学金融财务学者进行学术交流，会见中山大学校长并签订两校建立校际联系与合作关系备忘录。

(李春雷)

北京商学院

党委书记 苏志平
院　　长 王相钦

【概　况】 1997年，北京商学院在原有8个系、26个本专科专业的基础上，又成立新闻系，新增加新闻学和法学2个本科专业。学院有教职工599人，专任教师284人，其中：教授34人，副教授95人，讲师112人。各类在校学生6321人，其中：本科生2742人，专科生259人，硕士生151人，留学生72人，进修生32人，夜大生1563人，函授生1502人。招收学生1995人，其中：本科生730人，专科生131人，硕士生67人，留学生50人，进修生32人，夜大生510人，函授生475人。毕业学生1746人，其中：本科生576人，专科生235人，硕士生38人，留学生39人，进修生40人，夜大生348人，函授生470人。学院占地面积116666平方米，总建筑面积113282平方米。拥有固定资产总值8591.32万元，其中：教学、科研仪器设备资产总值925.87万元。图书馆藏书49.44万册。

(陈智民)

【召开教学工作会】 1月14日，商学院召开1996年教学工作会。该院领导、职能部门负责人和教师代表参加会议，会议作题为《总结教学工作经验，加强教学基本建设，努力推动学院教学改革全面深入的发展》的工作报告，与会人员分组讨论，并进行经验交流。此次会议制订“九五”期间教学规划及2010年远景目标。

(陈智民)

【表彰回国优秀教师】 1月，商学院研究生部主任、副教授李纯被人事部、国家教委评为优秀回国人员。李纯曾于1982、1990年先后两次公派赴加拿大、英国学习，期满后按时回国，并将其所学知识用于教学、科研和行政管理工作中，取得了好成绩。10月，李纯受到商学院的表彰及奖励。

(陈智民)

【开办在职人员硕士学位班】 3月，商学院首批招收在职人员硕士学位班。该班开设商业经济、企业管理、会计学3个专业，学员经考试合格后参加学习，学制2年，采取不脱产形式，结业后，凡符合申请硕士学位条件、4年内通过研究生必修课程的考试，并通过硕士学位论文答辩，授予国务院学位办颁发的硕士学位证书。

(陈智民)

【获部属教改试点单位】 5月，商学院被批准为国内贸易部部属院校《马列主义理论课》和《思想品德课》教学改革的试点单位。“两课”改革从80年代末开始，共有10多名教师。在实践中，该校把转换“两课”教学模式作为教学改革的中心环节，实现从单纯的知识教育和应试教育向素质教育和能力教育的教学指导思想的转变；坚持以自学为基础，强化自学环节；改进课堂讲授，加强课堂讲授的针对性；开展多种形式的教学辅助活动；改革考试制度、考试内容和考试方法等。该校中国革命史课于1996年被评为院级一类课程，同年，在院教学优秀成果评审中，“两课”教学改革的阶段性成果《教改使“两课”走出低谷》获一等奖，并于1997年获北京市优秀教学成果二等奖。

(陈智民)

【学生公寓安装闭路电视系统】 5至9月，商学院公寓科所属420间学生宿舍安装闭路电视系统。该闭路电视每周六、周日播放经典名著和爱国主义的片子，并结合学院工作，经常进行防火知识、安全法规等方面的教育。该院安装闭路电视系统共投资55200元。

（陈智民）

【获市高校运动会7块奖牌】 6月5至8日，在北京市高等院校第35届大学生田径运动会上，商学院6名运动员获得7块奖牌，其中：获女子乙组100米第一名，有2人达国家二级运动员水平，7人达国家三级运动员水平，9人15次破该院纪录，并获得本届运动会体育道德风尚奖。这是该院有史以来在高校体育运动会上取得的最好成绩。该校共有9名运动员参加甲组院校（21所）的7个项目的比赛。

（陈智民）

【成立新闻系】 7月，商学院成立新闻系，开设新闻学专业（经济新闻方向）。该系在全国招收文科学生42人，学制4年。

（陈智民）

【建立教学实践基地】 7月，商学院在辽宁盘锦兴隆大厦建立商业教学实践基地。该基地成立旨在探索和总结学生集体定点实习的经验。至年底，该校首批派出近百名大学生赴盘锦兴隆大厦实习。

（陈智民）

【承办部社属高校数学年会】 8月23至28日，商学院承办国内贸易部、中华全国供销合作总社所属高校数学研究会第九次年会。出席本次年会的除了部、社属13所高校的教务处长、基础部主任、教研室主任及教师代表40人外，还有其它财经类院校的教师30人。是历次年会中规模最大的一次。会上总结近几年的工作，并就《关于面向二十一世纪经济管理类基础数学课改革情况的思考》、《经济数学教学与改革》、《数学建模与二十一世纪数学教育改革》等进行学术交流。

（陈智民）

【召开函授工作会】 9月15至17日，商学院成人教育学院召开97届函授毕业生工作会。参加会议的有：青岛、吉林、南昌、长沙、零陵、石家庄、唐山、承德、顺义、平谷、延庆、廊坊12个函授站，会议就当前成人教育工作中出现的生源、层次、专业、教学和学籍管理等方面问题进行讨论研究。

（陈智民）

【数学竞赛连续获奖】 9月，商学院派出3人学生队参加全国数学建模竞赛。2个队获北京赛区一等奖，1个队获成功号赛奖。在北京市大学生（非数学专业）数学竞赛中获2个三等奖。

（陈智民）

【8项成果获市级教学成果奖】 9月，商学院8项成果获北京地区普通高等学校教学成果奖，其中：一等奖2项；二等奖6项。

（陈智民）

【硕士点通过评估】 10月17日，商学院通过北京市学位委员会组织的硕士学位授权点基本条件合格评估工作，商业经济、企业管理、会计学3个专业各项指标均合格，评估结果达到A级。

（陈智民）

【获国家教委推荐教材】 年内，商学院组织出版5本院编教材和2本非院编教材。院编教材《现代市场营销学》获1997年国家教委推荐教材。该院还承担普通高等教育“九五”国家级重点教材《物流系统论》、《企业财务学》、《商法学》的编写工作。

（陈智民）

【开展国际交流】 至年底，商学院共接待5个国家和地区的来访学者和专家39人次；先后派出20人次到7个国家和地区讲学、考察和研修；与4个国家和地区的高等院校建立长期合作关系。

（陈智民）

【教学经费投入200万元】 至年底，商学院对教学、科研设备的投入达200多万元。超过1995年与1996年经费投入之和。先后实现计算中心设备升级和局部联网；建成多媒体讲台系统；改造英语听力双线等设施；完成电子阅览室一期工程。

（陈智民）

中国政法大学

党委书记 杨永林
校　　长 杨永林

【概　况】 1997年，中国政法大学设有研究生院、成人教育学院和干部管理学院3个院，政治与管理学系、法律系和经济法系等5个系，马列主义理论教学部、基础部和体育部3个部，法制研究所、法律古籍整理研究所和比较法研究所等6个研究所。设法学、经济学和国际经济法等7个本科教学专业。有5个博士学位授权专业，16个硕士学位授权专业，7个学士学位授权专业。其中，国家级重点学科点1个（中国法制史），司法部重点学科3个（刑法学、诉讼法、民法学），校级重点学科5个（刑事诉讼法、国际经济法、国际法、经济法、政治学）。有刑事侦察实验室1个部级实验室，计算机房占地300平方米，有110台计算机。全校教职工总数1639人，专任教师426人。其中，具有正高级专业技术职务73人，具有副高级专业技术职务188人，讲师177人。博士生导师13人，硕士生导师110人，享受政府特殊津贴专家34人。在全国性学术团体担任副会长、副干事长以上职务者18人，担任常务理事职务以上者33人。在250名40岁以下中青年教师中具有博士学位者18人，硕士153人，共计171人，占中青年教师的68%。在校生11477人，其中博士生72人，硕士生507

人，双学位生562人，本科生3151人，专科生284人，成人教育本科生2826人，专科生4014人，留学生61人。毕业生3127人，其中博士生9人，硕士生114人，双学位生140人，本科生942人，大专生217人，成人教育本科生660人，成人教育大专生1100人，留学生5人。招生3815人，其中博士生26人，硕士生210人，双学位生320人，本科生799人，成人教育本科生967人，成人教育专科生1461人，留学生32人。该校两址，在昌平有校本部，海淀区西土城路是研究生院等科研单位所在址。占地共487358平方米，图书馆藏书93万册。固定资产达14613万元。

（马芳城）

【召开本科教学工作会】 2月21至22日，政法大学召开本科教学工作会。该校教务处和职能部门的人员共50余人参加会议。会议做题为《深化教学改革、提高办学质量和办学效益，为国家培养高质量的政法人才》的报告，提出加强师资、学科建设，深化教学内容和教学方法的改革。以评促建，以评促改，重在提高，把教学改革提高到新水平的奋斗目标。

（马芳城）

【3个教育机构合并】 2月22日，中国政法大学、中央政法管理干部学院、中国高级律师高级公证员培训中心合并。5月8日，三校同时召开中层干部会议，宣读《关于中央政法管理干部学院与中国政法大学有关机构合并的决定》和《关于中央政法管理干部学院与中国政法大学机构合并有关干部任职决定》。

（马芳城）

【郭翔获美国杰出国际学者奖】 年初，政法大学社会学与青少年犯罪研究所郭翔教授获得美国犯罪学会颁发的杰出国际学者奖，奖励他在中国青少年犯罪预防与矫治研究工作上的突出成绩与贡献，这是中国大陆学者首次获得这类奖项。8月，郭翔又成为司法部等中央五部委评选的全国100名“中国保护未成年人优秀公民”之一。

（马芳城）

【举办香港基本法研讨会】 5月，政法大学法律系与宪法研究中心共同举办香港基本法与97回归研讨会，参加人数有40余人，其中香港学者4人。会议研讨香港基本法颁布、促进一国两制实施以及香港回归等问题。

（马芳城）

【专业技术职务评审工作结束】 5至7月，政法大学完成年度专业技术职务评审工作。评审工作对申报职称的教学科研人员的教学工作量、工作态度、教学效果及科研成果进行评审，结果有21人获正高级职称，占参评的33%；28人获副高级职称，占参评的30%。

（马芳城）

【举行学习谭彦座谈会】 6月13日，政法大学举行学习谭彦座谈会。全校共有2000人参加座谈。谭彦，男，36岁，1985年毕业于吉林大学法律系，从1985年在大连市中级人民法院任职。他在身患重病的情况下，勤奋工作，树立新时期人民法官的形象。

（马芳城）

【侯殿禄事迹报告会举行】 9月1日，政法大学举办侯殿禄事迹报告会。全校师生参加报告会。侯殿禄是甘肃省古浪县黑松驿乡司法助理员，在10年工作中，他调查处理各类纠纷600多起，成功率达98.8%，防止24起民转刑案件，17起自杀案件，在全乡建立调解组织106个。侯殿禄是司法行政系统一级英雄模范和模范公务员。

（马芳城）

【承办中芬法学研讨会】 10月13至15日，政法大学承办中国芬兰刑事诉讼法与依法治国研讨会，两国学者60人参加研讨会，其中中国学者40人，芬兰学者20人。该研讨会由司法部主办，芬兰驻华大使参加研讨会。

（马芳城）

【举办反不文明行为宣传周活动】 10月21至25日，政法大学开展反不文明行为宣传周活动。宣传周活动分为发放宣传资料，广播反不文明行为稿件等内容。

（马芳城）

【庆祝成教学院成立15周年】 10月23日，政法大学举行成人教育学院成立15周年庆典研讨会。政法大学成人教育学院成立于1981年11月。15年来，该学院已由单一函授教学发展到集函授、夜大学、全日制脱产及非学历培训为一体的成人教育体系，办学层次由大专发展到有专科、专科起点的本科、高中起点的本科不同层次。办学范围已发展到11个省、市、自治区的37个函授站。共培养毕业生12155人，并获得司法部成人教育先进集体称号。

（马芳城）

【无偿提供法律援助】 10月，中国政法大学法律服务中心和准律师协会法律援助中心成立，其宗旨为弘扬公平正义，为处境困难的公民提供法律援助。至年底，共答复求助信函上百封，提供热线电话咨询150多次，还接待群众来访30次，并为困难的当事人无偿代理诉讼。

（马芳城）

【举办澳门过渡期法律问题研讨会】 11月10至11日，政法大学举办’97北京澳门过渡期法律问题研讨会。中方50余人，澳门专家、学者20余人参加研讨会。研讨会上，双方共同对澳门过渡期法律问题进行研讨，并探讨1999年实现澳门平稳回归和实现一国两制等问题。

（马芳城）

【课外学术科技作品获奖】 11月12日，政法大学在第五届“挑战杯”全国大学生课外学术科技作品竞赛中获一等奖1个、鼓励奖3个，总分在近300所参赛高校中列第20位。

（马芳城）

【获市哲学社科优秀成果奖】 年内，政法大学陈光中教授主持的刑诉法起草小组出版的《刑事诉讼法修改与论证稿》一书，被评为1997年北京市第四届哲学社会科学优秀成果特等奖。在该书中陈光中提出解决打击犯罪和保障人权关系，注意被告人、被害人权利的平衡等学术观点。

（马芳城）

【获优秀论文三等奖】 年内，政法大学马芳城等人发表在学报《政法论坛》的《美中法学教育评估比较与分析》一文，在参加了国际高等教育评估研究会议后，获中国高等教育评估研究会首届（1997年）优秀论文三等奖。该文指出法学教育评估是对法学教育活动的价值判断，美国和中国都有发展状况不同的法学教育。两国在评估历史、组织实施和评估过程方面都有值得对比分析、互为借鉴之处。各自评估历史长短悬殊，中国急起直追；评估目标大同小异，总体上相近，具体中有差异；评估组织领导完全不同，美国依靠中介组织，中国依靠国家行政；程序有同有异，虽然客观务实，但动力不同；并展望我国法学教育评估。

（马芳城）

【4项教学成果获奖】 年内，政法大学共有4项教学成果获奖，其中，《民法学原理》获北京地区普通高校教学成果国家二等奖。《深化教学内容、提高学生理论素质——加强法学主干课系列教学辅助资料建设》、《刑法》教科书；《法律语言课创建及其科研成果》分别获北京地区普通高校教学成果市级二等奖。

（马芳城）

中央美术学院

党委书记 丁士中
院　　长 靳尚谊

【概　况】 1997年，中央美术学院设中国画、油画、版画、雕塑、壁画、美术史、设计7个本科专业；美术史、油画、版画、雕塑、壁画、国画6个研究生专业。教职工330人，其中专任教师157人。教师中正高级职称27人，副高级职称56人，中级职称46人。在校生846人，其中本科生331人，硕士研究生25人，博士研究生8人，助教进修生93人，普通进修生262人，外国留学生127人。

（岳洁琼）

【清代年画展在西班牙举行】 1月11至22日，美院所藏清代民间年画作品80件，在西班牙马德里大学展览厅展出。西班牙外交部、马德里大学、中央美院、马德里市的一些博物馆的馆长及各界人士约300余人参加开幕式。年画展开幕式后，中央美术学院和马德里大学美术学院在建立校际关系、教师互访和学生作品展等方面正式签署协议。

（岳洁琼）

【承办中国当代陶艺展】 3月10至20日，美院承办《中国当代陶艺展》。该陶艺展共展出陶艺家的80件有代表性的作品，展览体现当代陶艺在传统文脉上的自然演进，突出民族精神在当今历史条件下的风貌和相应的风格化。我国被誉为“陶瓷母邦”，陶瓷文化被视作体现中国文化成就和精神风采的重要方面。

（岳洁琼）

【召开首次档案工作会】 3月20日，美院召开第一次档案工作会，会议分析档案工作现状，提出档案建设和形成工作网络的要求，同时安排各单位立卷归档的工作任务。会上还介绍《文书与文书立卷》基本知识。

（祝　捷）

【举办挪威版画家个人展】 3月25至28日，挪威版画家索妮亚·克罗恩的个人展在美院美术馆举办。该展共展出克罗恩的44幅充满个性的版画作品，在展览开幕式上，克罗恩向该院捐赠挪威版画家协会主席及她本人的版画作品各1幅。

（晋　华）

【制作迎香港回归艺术品】 3至7月，美院团委、学生会联合决定制作一件艺术品，表达全院学生迎接香港回归的心情。经过征集草案，反复修订，完成模型。该模型建筑平面是非直观化的“97”字体，顺时针旋转，象征回归。自上而下俯视为“5”，代表我国收复香港的5次努力。

（岳洁琼）

【举办名古屋·北京现代版画交流展】 5月4至8日，美院举办名古屋·北京现代版画交流展。该交流展共展出日本名古屋现代版画协会会员及该院版画系教师的版画作品75幅。日本名古屋现代版画协会会长小原喜夫一行7人专程来京参加开幕式。

（晋　华）

【《许幸之画集》举行首发仪式】 5月9日，中国文联、中国美协和美院联合举办《许幸之画集》出版首发仪式，首都文艺界、美术界、出版界近百人参加仪式。许幸之是我国早期留学海外的油画家之一，30年代初积极投身左翼文化运动，曾任中国左翼美术家联盟主席。后从事抗日救亡文艺活动，进行诗歌、戏剧、电影创作和艺术教育工作。自50年代中期起历任美院美术理论教研室主任、油画系和美术史系教授。该画集辑入其不同时期创作的油画、粉画、水彩画以及彩墨画作品100余幅。

（许国庆）

【惠普电脑艺术中心成立】 5月14日，中央美术学院惠普电脑艺术中心成立。该中心由美院与中国惠普有限公司联合创办。

（晋　华）

【举办雕塑系学生创作系列展】 5月19日至7月4日，美院举办雕塑系学生创作系列展，该系列展以各教学班为单位，分为7个单元。

（孙　伟）

【召开首次教代会和工代会】 5月21至23日，美院首届教职工代表大会暨工会第18届会员代表大会召开。全院共74名代表参加会议。会上作题为《面向新世纪，为进一步建设中央美术学院努力奋斗》的学院工作报告和《密切联系群众，提高工会工作整体水平》工会工作报告。选举产生院教代会执委会及工会委员会委员、工会经济审查委员会委员。

（岳洁琼）

【美国蓝马娱乐集团来访】 5月23日，美国蓝马娱乐集团公司董事长加利·格达德一行4人来美院参观访问。美国蓝马娱乐集团公司集计算机动画、电视娱乐节目、大型娱乐场所及五星级酒店整体设计制作为一身，曾经创作许多娱乐场所及影视片。其代表有日本东京迪斯尼乐园、美国电影《终极者》和《侏俘纪公园》的计算机动画背景。

（晋 华）

【吴作人艺术馆在苏州开馆】 5月28日，吴作人艺术馆在苏州市开馆。该艺术馆位于苏州名胜双塔园西侧，由主楼、附房、庭园、假山、喷泉、草坪、廊榭组成。开馆仪式由我国建筑大师戴念慈亲自主持。吴作人生前将首批90幅作品捐赠给家乡苏州，这批作品包括油画19幅、中国画15幅、书法15幅、速写和水彩40幅，其中有他30年代创作的油画《缝》以及国画《牧牦图》、速写《群狮》等。这批捐赠中还包括吴作人夫人肖淑芳作品10幅，其祖父及兄姐的作品10幅，共计110幅。

（王晓霖）

【开展教学评估与检查】 6月10至11日，美院开展教学评估检查，教务处及各系负责人共13人参加这次活动。该评估与检查在内容上增加教学管理项目，评估与检查旨在全面地衡量各系教学管理和教学质量的现状、水平及教学效果。

（王晓霖）

【图书馆获得香港实业家赞助】 7月19日，美院图书馆获得香港实业家陈向明捐赠。该捐赠共有4台“586”计算机，价值3万元。

（沈 宁）

【举办’97北京国际电脑美术展】 9月9日，美院和中国惠普公司联合主办《信息时代的艺术空间——’97北京国际电脑美术展》。来自世界9个国家11所国际知名美术学院的137件作品参加展览。经评委会评选，共有19幅作品获奖，其中大奖1幅、金奖2幅、银奖4幅、铜奖12幅。该美术展是以电脑美术特有的传递方式进行，所有作品存在MO或ZIP盘片中，抵达惠普电脑艺术中心后，用大幅面喷墨打印机打印复膜后成品。美术展期间，各校艺术家还举行学术报告会。

（王晓霖）

【首届优秀教师表彰会召开】 9月16日，美院召开首届优秀教师表彰大会。11名教师在会上得到表彰。表彰大会上，深圳雅昌彩印公司向该院赠送图书137种，价值10万元。

（边 恺）

【文楼受聘客座教授】 9月29日，美院召开授予香港雕塑家文楼客座教授暨“文楼工作室”成立会议。北京、香港雕塑美术界50余人参加会议。会议聘任文楼为美院客座教授，同时宣布将该院雕塑系金属工作室命名为“文楼工作室”。文楼是香港雕塑家、第八届全国政协委员、全国城市雕塑建设指导委员会委员、中国雕塑学会常务理事、香港美术家协会第一届主席，在香港、台湾和东南亚地区现代雕塑领域里成就卓著。

（孙 伟）

【瑞士爱玲珑公司来访】 10月2日，瑞士爱玲珑公司董事长温慕光访问美院。访问中，温慕光举办专题讲座，并介绍该公司生产的专业摄影灯具。

（晋 华）

【授予福瑞德客座教授】 10月13日，美院举行授予澳大利亚昆士兰艺术学院摄影系主任福瑞德客座教授仪式。仪式上，中央美术学院、澳大利亚昆士兰艺术学院、文化部以及版画系代表分别发言。美院向福瑞德颁发该院客座教授证书。福瑞德向该院图书馆捐赠摄影画册2套。

（岳洁琼）

【举办西班牙作品展】 10月22至31日，美院举办西班牙马德里康普鲁登赛大学美术学院优秀学生作品展。该作品展共展出版画、油画和素描作品40幅。展览结束后，美院赴西班牙举办优秀学生作品展。这是两校建立校际关系以来首次交流活动。

（岳洁琼）

【日本美校举办中国画展】 11月5日，由中央美术学院、中国对外文化交流协会、日本东洋美术学校共同主办的日本东洋美校中国画科成立10周年纪念展在北京市劳动人民文化宫开幕。日本东洋美校中国画科是国际上第一个在中国本土之外教授中国画的学科，中央美院每年都派出优秀的中国画教师赴日本授课。

（岳洁琼）

【举办摄影作品展】 11月10日，美院通道画廊举行“’97中央美术学院艺术考察和社会实践摄影与征文比赛颁奖仪式暨入选作品展”开幕式，共49件摄影作品和6篇征文入选该展。

（岳洁琼）

【与清华大学联合举办学生作品展】 11月22日，“沟通——’97中央美术学院学生作品展”在清华大学艺术教育中心开幕。该展览由美院团委、学生会和清华大学艺术教育中心、团委、精密仪器系学生会联合举办。参加展览的有国画系、油画系、版画系、雕塑系、壁画系、设计系的共58件作品，大多数是美院本科生的作品，代表该院学生的业务水平。

（潘承辉）

【民盟美院支部换届完成】 12月10日，中国民主同盟中央美术学院支部换届完成。该支部新的领导由4人组成。换届仪式上新老盟员表示继续发扬民盟光荣传统、参政议政，支持美院各项工作。

（殷小未）

中央音乐学院

【概　况】 1997年，中央音乐学院本科设作曲、音乐学、指挥、钢琴、管弦、民乐、声乐歌剧7个专业，学制4或5年。各演奏专业设专科，学制为3年。除乐器修造艺术外，各专业均可授硕士学位，音乐学、作曲与作曲技术理论专业可授博士学位。夜大学设三年音乐教育专业。此外还有修业年限为1至3年的进修班。学院设有音乐研究所、提琴制作研究中心、社会音乐教育部和附属中等音乐专科学校等机构，并拥有交响乐团、民族乐团和合唱团。校园占地面积7万平方米。教学设备齐全，其中图书馆馆藏图书及音像资料50万册（件），钢琴500余台，其它各种乐器2300件。教职工670人，其中专任教师265人（含教授56人，副教授104人）。在校生1056人，其中，本科生723人，专科生21人，硕士生56人，博士生25人，夜大生199人，留学生32人。全年招生451人，其中博士研究生11人，硕士研究生19人，本科生183人，专科生9人，进修生180人。毕业生247人，其中有博士研究生2人，硕士研究生9人，本科生78人，专科生29人，进修生129人。

（索承禄）

【萧友梅音乐教育促进会成立】 2月7日，中央音乐学院成立萧友梅音乐教育促进会并在4月19至20日举行首届会员暨“萧友梅音乐教育建设奖”管委会成立典礼，文化部、音乐学院、音乐界知名人士及萧友梅亲属等参加成立大会。该建设奖每2年评选1次，奖励在教学、科研、教辅、行政、后勤服务中做出突出成绩和贡献的教职工，并在萧友梅逝世纪念日（12月31日）举行发奖仪式。萧友梅（1884—1940年），广东中山县人。他是近代专业音乐教育的开拓者、奠基人，是孙中山的挚友，热忱的革命民主主义者和坚定的爱国主义者。年轻时代曾赴日留学（1902年）入东京帝国大学文科教育系，同时兼修钢琴。1913年又入莱比锡音乐学院理论作曲科，同时在莱比锡大学哲学系学习。1916年在莱比锡音乐学院的课程修毕，成为我国第一个以音乐学论文获得博士学位的留学生。1920年回国。从1920至1927年中，创办北京女子高等师范音乐科（后改为国立女子大学音乐系）、北京大学附设音乐传习所和北京国立艺术专门学校音乐系任教，并于1927年11月在上海创办国立音乐院等专业音乐教育机构。

（甘亚梅）

【杨峻参加国际钢琴教育研讨会】 2月，中央音乐学院钢琴系杨峻教授赴奥地利萨尔茨堡莫扎特音乐学院参加国际钢琴教育研讨会。会议期间杨峻作重点发言，其学生居觐举办钢琴独奏音乐会。来自英国、法国、德国和美国的十多名专家学者参加这次国际讨论会。

（甘亚梅）

【新增1名博士生导师】 3月15日，文化部部属院校1997年新增博士生导师的评审工作结束。中央音乐学院音乐学系梁茂春教授获博士生导师资格。至此该院已有音乐学和作曲与作曲技术理论两个博士点，16名博士生导师，居全国艺术院校之首。梁茂春1940年生于上海，祖籍江苏海门。1964年7月毕业于中央音乐学院音乐学系，曾先后任中央音乐学院音乐学系中国音乐史教研室主任、音乐学系副主任。1994年首次开设了“台湾音乐研究”、“中国当代音乐研讨课”、“音乐评论研讨课”、“香港音乐研究”等课程。自1988年先后应邀赴香港、德国、台湾、美国、韩国参加国际研讨会。1992年至1993年在美国伊利诺大学音乐学院进行讲学和学术交流。出版的专著有《中国当代音乐》、《音乐史话》、《张寒晖传》、《〈国际歌〉和巴黎公社革命音乐》等。1994年梁茂春入选英国剑桥国际传记中心研究所编《国际知识分子名人录》。

（甘亚梅）

【举办第二届大提琴比赛】 4月23至26日，中央音乐学院举办第二届大提琴比赛。该院管弦系、附中，吉林艺术学院，市艺术校音乐分校等单位36名选手参赛。共评选少年组一等奖1人，二等奖3人，三等奖3人。青年组一等奖1人，二等奖2人，三等奖1人。少年组中国作品奖、青年组中国作品奖各1人。

（索承禄）

【赴澳大利亚讲学】 4月，中央音乐学院钢琴系杨峻教授应邀赴澳大利亚悉尼皮特沃豪思学校进行为期1周的出访讲学。访问期间，杨峻为该校钢琴大师班讲授各个历史时期的钢琴作品。

（甘亚梅）

【19人获音乐比赛奖】 5月11日，中央音乐学院师生先后参加国内外音乐比赛，获奖19人次。其中作曲系贾凌荣获第二届雅玛哈双排键电子琴选拔赛第一名；同月，民乐系马向华、于红梅、黄晨达分获台北市民族器乐协奏大赛第一、二、三名；7月，杨雪霏获得第三届达尔文国际吉他比赛第二名；8月25至30日，冯芜获第三届全国青少年大提琴演奏少年组一等和中国作品奖，另有5名学生分获少年组二、三等奖和青年组三等奖；9月21日，张嘉琳、王海涛、李晓良分获第一届中法国际声乐比赛决赛第一、二、三名；同

月，邹航获荷兰格地姆斯国际作曲比赛“格地姆斯大奖”(第一名)；同月，作曲系教师叶小钢获美国作词作曲家协会（ASCAP）1997年度奖；11月7日，指挥系教师于洋、毛东黎获’97全国青少年双钢琴比赛第一名，吴牧野、张海欣获少年组第一名。

（索承禄　甘亚梅）

【4部学生作品在台湾获奖】 5月15日，在台湾省立交响乐团第六届征曲比赛中（本届为艺术歌曲），中央音乐学院有4部学生作品获奖。其中《缺月挂疏桐》获第二名，《声声慢》、《怨》和《逝》3部作品获佳作奖。

（甘亚梅）

【联合举办新作品音乐会】 5月19日，北京现代音乐学会、中央音乐学院、中国音乐学院、北京音乐厅联合举办中国作曲家新作品音乐会。音乐会演出中央音乐学院作曲系教师为一把小提琴而作的《二重奏》；为萨克斯管及四名打击乐手而作的《颂歌》；为两把大提琴、钢琴及打击乐而作的《幽歌Ⅱ》；为钢琴三重奏、女高音及打击乐而作的《画板》等曲目。

（甘亚梅）

【两个作品在德国演出】 5月，中央音乐学院叶小钢教授在出访德国法兰克福时，德国现代新音乐团（Ensemble Modern）演出他创作的《马九匹》和《迷竹》2个作品。现代新音乐团是欧洲最有影响的现代乐曲演出团体。

（甘亚梅）

【杨光获卡迪夫世界歌手大赛第一名】 6月15至21日，卡迪夫世界歌手大赛在英国卡迪夫市举行。中央音乐学院选手女中音杨光脱颖而出，夺得该赛第一名。这是我国选手自1983年该赛创立以来首次夺冠。她的演唱得到世界著名歌唱家及评委的好评。英国的大众媒体、评论界和歌剧界及公众纷纷赞扬。

（索承禄）

【举办庆香港回归大型音乐会】 6月28日，中央音乐学院在北京音乐厅举办首都大学生共庆香港回归——中国青年交响乐团大型音乐会。

（索承禄）

【接受1万余张唱片】 6月，中央音乐学院图书馆接受香港歌唱家周文珊捐赠的1万余张各种专题的黑胶立体声唱片。周文珊现为香港葵涌及青衣区文艺协进会音乐总监，中国国防科学技术大学美学名誉教授，专栏作家。这是她从艺多年的珍藏，表达她对音乐教育事业的关心与支持。

（索承禄）

【参加国际青年音乐节】 7月24日，由中央音乐学院民乐系学生组成的中国青年民族乐团一行26人赴日本静冈，参加夏季国际青年音乐节。该团在日本期间还分别在静冈音乐馆、滨北市、榛原町进行演出。

（索承禄）

【赴贵州农村采风】 8月12至27日，中央音乐学院音乐学系15名学生赴贵州省资阳市郊采风。在活动中，师生们请当地民族音乐工作者讲授苗、布依族音乐状况及特征，并到郊区群众中采风。

（索承禄）

【赴台湾参加学术活动】 8至11月，中央音乐学院派出多名教授赴台湾参加学术交流活动。8月1日，李光华教授应台北市国立乐团之邀，赴台参加为期20天的演出与学术交流活动。访问期间李光华参加台北市国立音乐厅举办的国乐教师献绝活，吹、拉、弹、打各家之夜音乐会。在国乐教学研讨会上，他着重介绍近年来民乐在大陆的发展及中央音乐学院简况。10月21日至11月7日，胡志厚教授应台湾新象文化基金会邀请赴台湾举办《众乐之首——管子与古筝、扬琴、琵琶、笛子——中国诗乐的千古风情音乐会》。访问中胡志厚先后在台北市国立师范大学音乐系、台中市逢甲大学中文系、台北市国乐研究会以及华国艺校等5所院校举办学术讲座，并在台北、台中十余家广播电台举办讲座。

（索承禄　甘亚梅）

【召开第三届教代会】 9月24日，中央音乐学院召开第三届教代会。会上宣读《学院第六届领导班子四年任期目标》(征求意见稿)；《学院第二届教代会四年工作总结》。代表们分为三个分团就报告和院内的各项建设进行讨论。对学院教学等设备的补充、师资队伍的断层、社会办学筹备资金、加强学生的音乐实践、学校职工待遇偏低、公司的创收的统一管理及校园建设等问题发表意见。

（索承禄）

【纪念马思聪诞辰85周年】 9月25至26日，中央音乐学院与中华民族文化促进会、中国音乐家协会、文化部教育司、广东省音协、海丰县政府、马思聪研究会联合举办纪念小提琴家、作曲家、音乐教育家，中央音乐学院首任院长马思聪诞辰85周年及逝世10周年纪念活动。该活动包括：马思聪塑像落成揭幕仪式及纪念大会，马思聪作品音乐会；马思聪研究文集《论马思聪》、《马思聪小提琴曲集》的出版发行，第二届马思聪研究理事会换届选举。

（索承禄）

【举办中日友好合作现代音乐节】 10月10至11日，中央音乐学院、中国音乐家协会、文化部中国演出管理中心和日中友好现代音乐祭实行委员会共同举办中日友好合作现代音乐节。该音乐节以“古乐同源，新乐共创”为主题，特邀8名中日当代作曲家创作纪念作品。

（索承禄）

【6位青年教师赴澳演出】 10月15日，中央音乐学院6名青年教师赴澳大利亚举办音乐会。音乐会上他们分别演奏古筝《情景三章》、《粉

红莲》二曲，二胡《一枝花》和《二泉映月》及琵琶、笛子等演奏曲目。

（索承禄）

【参加澳门国际音乐节】 10月15日，中央音乐学院6名青年民乐演奏家参加第11届澳门国际音乐节，并参加在假座岗顶剧院举行的首场演出。

（索承禄）

【新音乐团举办音乐会】 11月，中央音乐学院新音乐团分别在北京、上海、西安举办《中国——瑞士作品音乐会》。音乐会由该院策划、监制并指挥，瑞士钢琴家英格丽德·卡伦参加演出。音乐会演奏中央音乐学院作品《迷竹》、《中国游戏》等曲目，还演奏瑞士作曲家和兄弟院校作曲家的优秀作品。

（索承禄）

【2部教学录像带获五个一工程奖】 11月，在国家新闻出版署联合举办的《辉煌五年成就展》上，中央音乐学院《琵琶名家名曲》、《扬琴名家名曲》两部教学录像带被评为“五个一工程奖”，并作为精品展出。

（索承禄）

【两个曲目在日本上演】 11月，中央音乐学院两个曲目在日本上演。交响前奏曲《意韵》由日本东京都交响乐团在东京歌剧城首演；室内乐《太阳的影子》和《太阳的影子Ⅱ》由日本音乐家赤尾三千子、寺岛陆也分别在东京和崎玉县首演。

（索承禄）

【美国金融家来访】 12月19日，美国华尔街金融家、日内瓦国际投资公司总裁库恩访问。库恩此行主要是洽谈中央音乐学院与美国新莱格兰音乐学院建立交流协作关系事宜。

（索承禄）

【纪念赵梅伯从教70周年】 12月26日，中央音乐学院会同上海音乐学院、中国音乐学院、香港合唱协会等15个单位联合举办赵梅伯从教70周年纪念活动。赵梅伯是20世纪20至40年代我国声乐家、音乐教育家，现已92岁高龄。

（索承禄）

【接待来访国外专家及艺术团体】 年内，中央音乐学院共接待来访、交流的外国专家代表团12个，他们是：奥地利国家歌剧家随行记者团，德国巴松五人管乐团，荷兰三重奏团，澳大利亚地区管乐团，日本古筝访华团，马来西亚堂联艺术考察团，美国音乐家访华团，美北基本交响乐团，瑞士音乐交流团，德国海堡歌剧院艺术指导，法国伊扎伊弦乐四重奏组，瑞士日内瓦现代室内乐团。

（索承禄）

【聘请外籍专家来访讲学】 年内，中央音乐学院共聘请外籍专家14人来访讲学。其中，法国专家3人，美国、英国专家各2人，德国、日本、比利时、葡萄牙、意大利、加拿大、以色列专家各1人。

（甘亚梅）

【2.5万人参加音乐水平等级考试】 至年底，北京地区有2.5万人参加中央音乐学院校外音乐水平考级委员会组织的考试。该考级委员会成立于1990年，1993年1月在国内首次进行考级工作。5年来已进行10次，累计考生在10万人次以上。已开设的考级项目有钢琴、小提琴、手风琴、电子琴、声乐、二胡、琵琶、扬琴、古筝、笛子、中阮、大提琴、长笛、单簧管、小号、小军鼓、吉他、调律、萨克斯、圆号20个专业。

（甘亚梅）

中国音乐学院

党委书记　郭福安
院　　长　金铁林

【概　况】 1997年，中国音乐学院设音乐学系、器乐系、作曲系、声乐歌剧系、音乐教育系5个系，研究生部、成人教育部、社会科学部及附中。图书馆藏书20万余册。学院教职工405人，其中专职教师203人。教师中教授22人，副教授67人，讲师及其他中级职称128人。在校生439人，其中硕士学位研究生16人，本科生395人，留学生5人，培训班23人。毕业生共84人，其中本科生82人，研究生2人。招生121人，其中研究生6人，本科生111人，留学生4人。

（郭瑞芳）

【召开各民主党派座谈会】 1月17日，中国音乐学院召开各民主党派座谈会，会议介绍学院工作进展的情况，与会人员对加强廉政建设、拓宽办学等问题提出意见。该院九三学社、民盟、民革、致公党、农工党和民进等民主党派代表24人参加会议。

（田小玲）

【成人教育部成立】 3月，中国音乐学院成人教育部正式成立，该教育部以成人函授教育为主。该院成人函授教育将逐步面向全国扩大招生范围。自1995年中国音乐学院已先后在北京、山东、云南等地建立函授辅导站。

（彭世端）

【96级学生完成军训任务】 4月，中国音乐学院96级学生在大兴县训练基地接受为期9天的军事训练。军训期间，学生们还进行艺术实践和社会实践活动。

（郎耀全）

【3名师生获孔雀奖】 4月，在文化部、国家民委、广电部、广西壮族自治区联合举办中国少数民族艺术孔雀奖声乐大赛上，中国音乐学院2名教师获一等奖，1名学生获二等奖。

（郭祥义）

【社科部承担4项科研项目】 5月，中国音乐学院社科部获1997年度院级科研项目共3项：《社会主义精神文明》、《艺术管理》、《古代乐论》，一般科研项目1项：《文化艺术法》。《社会主义精神文明》由该校几名领导和社科部教师共同承担。《古代乐论》是社科部教师所从事的、跨学科的新型科研成果。

(杜义芳)

【参加《普天同庆》音乐会】 6月，中国音乐学院器乐系在中央电视台音乐直播厅参加特别节目《普天同庆》音乐会演出。由该院73名学生组成的青年民族管弦乐团演奏《祝贺》、《步步高》、《赛龙夺锦》、《普天同庆》等乐曲。

(张媛英)

【校外音乐水平考级委员会成立】 7月，中国音乐学院校外音乐水平考级委员会成立。该委员会以中国音乐学院教师为主，同时聘请部分社会专家参加评审，成绩优秀者发给《中国音乐学院校外音乐水平考级证书》。该考级活动面向全国，每年进行2次，考试科目有声乐、民族器乐、西洋管弦乐和键盘乐器等。

(郭瑞芳)

【设立刘明源奖学金】 7月，中国音乐学院和香港龙音制作有限公司设立刘明源奖学金。该奖学金是为纪念民族音乐家、民族弓弦乐器演奏家、中国音乐学院已故教授刘明源而设立。由香港龙音制作有限公司每年出资1.5万元评选1次，分为大学组和附中组，举办专业比赛评定。

(郭瑞芳)

【举办通俗音乐及音乐剧创作进修班】 9月10日，中国音乐学院举办通俗音乐及音乐剧创作进修班。该进修班包括作曲与音乐文学2个专业，采用工作室制，以创作通俗音乐会音乐剧作品为教学中心。本期进修班招收学生22名。

(李 曦)

【召开精神文明工作会】 9月，中国音乐学院召开精神文明工作研讨会和工作会，院领导和各系处以上干部、支部书记40余人参加会议。会议研究、修订该院《加强社会主义精神文明建设三年规划》，提出建立精神文明校园及实施首都大学生文明公约的具体办法。

(田小玲)

【实施人事和分配两项改革】 9月，中国音乐学院实施教学管理体制改革。该改革指导思想是：有利于实现教育的"两个重要转变"；有利于调动广大教职工的积极性与创造性，建立精干、优化、结构合理的教职工队伍，全面提高教学质量和效益。改革分为人事制度改革和分配制度改革两部分。在人事制度上，实行定岗定编、清理冗员、全员聘任、严格考核。在分配制度上，调整津贴制度，使教职工劳绩和报酬挂钩，适当拉开挡次，鼓励职工为学院多做贡献，以此逐步理顺学院内部的管理体制。

(田小玲)

【推出民族音乐系列演出】 10月，中国音乐学院推出中国民族音乐系列演出。该系列演出到1999年12月31日结束，每8周演出1场，演出分为民族声乐、器乐和综合等类型。在首场演出会上，该院器乐系演奏笛子独奏《喜相逢》，琵琶独奏《霸王卸甲》，筝独奏《寒鸦戏水》等节目；器乐系演奏《赛龙夺锦》、《普天同庆》等合奏曲目。

(张媛英)

【院第三届学术委员会成立】 10月，中国音乐学院第三届学术委员会成立。该委员会是学术咨询机构，主要任务有讨论专业规划和重大教学改革方案，审议科研计划和科研立项等。学术委员会实行聘任制，任期3年。

(郭瑞芳)

【院职称评审委员会成立】 11月，中国音乐学院职称评审委员会成立。该委员会主要由学院学术委员会成员组成，院党政领导及教学、科研部门主要负责人参加评审工作。本年度的评审委员会由25名成员组成。

(郭瑞芳)

中央戏剧学院

党委书记 王永德
院　　长 徐晓钟

【概　况】 1997年，中央戏剧学院教职工总数344人。其中专任教师144人，教辅人员57人，工勤人员38人，研究人员18人，行政人员87人。教学系列人员中教授18人，副教授60人，讲师37人。博士生导师5人，硕士生导师33人。非教学系列人员中高级职称8人，副高职称12人，中级职称72人。设6个本专科专业和3个研究生专业。在校学生总数330人，其中本科生273人；专科生32人；博士生9人；硕士生16人。在校留学生总数118人，其中本科生1人；进修生114人；博士生1人；硕士生2人。招生总人数146人，其中本科生71人；成人专科生75人。毕业生总数197人，其中本科生95人；专科生45人；博士生3人；硕士生4人；留学生50人（博士生1人，硕士生2人）。学院总面积16896平方米，藏书36万册，固定资产2595万元。

(王新江)

【召开二届三次教代会】 1月7至8日，戏剧学院召开第二届三次教代会。会议回顾学院教学改革方案实施情况，展示教学改革取得成果，总结办学正反两方面经验。会议认为，不要把教学改革理解为直接为市场经济服务的短期行为，强调"基本稳定原有学科规模，适当发展新兴学科、边缘学科；在稳定本科规模的基础上，扩大研究生的培养，适当发展留学生教学，发挥学院办学优势，发展成人教育"的办学方针。会议部署继续做好该教材生产与教材规划、培养青年教师、解决教职工住房等工作，并审议通过《中央戏剧学院教职工住房分配管理办法》。

(王新江)

【《歌王》获文华奖】 5月，戏剧学院导演系曹其敬教授执导的壮剧《歌王》获文华大奖，同时，曹其敬获文华导演奖。该剧描述我国古代北方军队征服南方时，在南方民族欢歌笑语、天性淳然的感召下，渐渐与南方民族溶合在一起，学到真诚、善良和友爱。而他们带去的先进生产技术也和南方民族结合，谱写一曲民族团结、共同建设祖国边疆的赞歌。

（王新江）

【《西区故事》在京公演】 7月10至20日，戏剧学院音乐剧班毕业剧目《西区故事》在北京公演获得成功，10场演出共接待观众1万余人。该剧演出依据日本四季剧团版本，原著为美国作家杰罗姆·罗宾斯，剧本亚瑟·劳伦斯，日本导演浅利庆太，中央戏剧学院执行导演王良波。该剧由中国演员用中文上演，它不仅给观众带来美的歌曲和舞蹈，也有对生活的启迪和思索。年内，中央戏剧学院表演系教学剧目有《圣水》、《密特朗巴什》、《玫瑰歌声》、《到我死的那一天》、《天长地久》、《一级谋杀》、《错误的喜剧》等。

（王新江）

【《舞台美术系教学改革》获奖】 9月，戏剧学院舞台美术系刘元声教授、徐翔副教授、赵伟月副教授等参加的《舞台美术系教学改革》获市教委教学成果一等奖。该项教学改革重新调整舞台美术系教学方案，修订和规范教学大纲，统一修业标准，逐步建立以艺术创作课为中心，以技术课、史论课为支柱的教学体系，开始从经验型教学向科学型的教学体系过渡。

（王新江）

【召开余上沅艺术研讨会】 11月4日，戏剧学院校友会与艺术研究所召开余上沅研讨会，纪念戏剧教育家余上沅百年诞辰。余上沅早年即献身中国话剧事业，在导演、编剧、理论、翻译等方面多有建树，培养话剧人才千余名，为中国话剧艺术发展做出重要贡献。

（王新江）

【召开教学评估动员大会】 11月26日，戏剧学院召开教学评估动员大会。会议宣布教学评估领导小组成员名单和《中央戏剧学院关于开展教学评估工作的决定》。会议要求各系以评促建，确立教学工作的核心地位，对照各项指标项目展开自查、自测、自评，改善办学硬件、加强管理力度、完善规章制度。

（王新江）

【纪念曹禺逝世1周年】 12月13日，戏剧学院在北京万安公墓举行曹禺逝世1周年纪念活动。参加纪念活动的有中国文联、中国剧协、北京人艺有关负责人。同时，该院徐晓钟还参加在石家庄举行的国际曹禺学术研讨会。

（王新江）

【实验小剧场改建工程竣工】 年底，戏剧学院实验小剧场改建工程竣工。该工程包括内外装修、更新放映及灯光控制系统、安装中央空调等20多个项目。其经费由香港广播电视公司董事长、香港邵氏影视公司董事长邵逸夫捐款400万元港币和文化部投资400万元解决。

（王新江）

【13名外国专家来院讲学】 至年底，中央戏剧学院先后邀请外国戏剧教育专家13人来讲学。主要有美国华纳电影公司导演马克·瑞德尔(Mark Rydell)、瑞典斯德歌尔摩戏剧学院副院长林厄拉、日本东京大学松原冈教授、日本四季剧团浅利庆太、小泽泉、古泽勇等及香港导演、香港话剧团艺术总监杨世彭。

（王新江）

中国戏曲学院

院　　长　周育德

【概　况】 1997年，中国戏曲学院设有戏曲导演、戏曲表演、戏曲文学、戏曲舞台美术、戏曲音乐5个系和社会科学部。在校生共335人，其中硕士研究生11人，青年研究生班48人，本科生225人，专科生48人，本科留学生3人。招生135人，其中，硕士研究生5人，青年研究生班22人，本科生71人，专科生37人。毕业生124人，其中本科生88人，专科生36人，是历年毕业生最多的一年。教职工435人，其中专任教师94人。专任教师中教授14人，副教授27人，讲师33人。该校占地面积31950平方米，建筑面积39706平方米；图书馆藏书10万册；教学固定资产1655万元，其中教学设备246万元。

（颜晓华）

【总结信息工作】 3月13日，中国戏曲学院召开《国戏信息》工作总结会。会议总结1996年的信息工作，表彰先进，指出不足。并针对今后《国戏信息》向信息员提出更高的要求。

（颜晓华）

【举办青年演员研究班座谈会】 3月18至19日，中宣部、文化部组织召开“中国京剧优秀青年演员研究班”座谈会。中央、北京市领导丁关根、刘忠德、高占祥及研究班学员、部分京剧表演艺术家、教师代表参加座谈会。座谈会就进一步办好研究班确定改进措施、调整教学内容、增强艺术实践等措施。丁关根在讲话中说，京剧是我国优秀民族艺术，是中华民族文化瑰宝，要振兴京剧离不开出色的演员。青年演员要加强思想文化修养，从生活艺术的海洋里，从琴棋书画、诗词曲赋、影视戏剧等古今中外优秀文化艺术中汲取营养，要勤学苦练，只有吃别人吃不了的苦，才能学到真正的本领。丁关根强调，研究班既要出人才，又要出成果，要一边学习，一边演出，在学习中实践，在实践中提高，毕业前要拿出几台好戏。

（颜晓华）

【举办班主任培训班】 3月29日，中国戏曲学院举办班主任培训班，现任班主任20人参加学习。培训班宣讲《班主任工作(试行)条例》，对如何做好班主任工作，如何配合教学工作提出要求。

(颜晓华)

【表演系新教研室成立】 3月，中国戏曲学院表演系新教研室成立。该教研室以提高教学质量、适应新的教学体制——学分制为中心，开展教研工作，并向多剧种、多层次拓展。

(颜晓华)

【全国政协委员来院调研】 4月11日，全国政协科教文卫体委员会20余名委员在中国戏曲学院调研。委员们视察学生宿舍和单身职工宿舍、图书馆等基本设施，了解该院规划和基本建设情况，并观看表演系、音乐系毕业生毕业汇报演出。在座谈会上，委员们对学院工作给予肯定，对学院办学中遇到的困难和问题也非常关注。委员们表示，戏曲教育既有一个发展问题，也遇到生存问题，政协要通过不同渠道呼吁有关部门解决。

(颜晓华)

【举办教学汇报演出】 4月16日，中国戏曲学院九七届表演系和音乐系毕业生举办"菊苑竞秀"教学汇报演出。参加演出的有该院音乐系学生表演的器乐节目：京剧联唱、打击乐合奏和京胡曲牌《哪吒令》。表演系毕业生演出《三岔口》、《秦琼观阵》、《三气周瑜》、《坐宫》、《盗御马》、《望江亭》、《界牌关》。为以上7个片断担任司鼓、操琴、京二胡、海笛的均有应届毕业生，中央电视台文艺频道进行了现场直播。文化部、中央电视台以及在京部分院团领导观看演出。

(颜晓华)

【导演系排练日本狂言剧】 4月21日，中国戏曲学院与日本野村万藏家狂言会同台演出日本狂言剧。演出后，中日双方就狂言与京剧这两种不同的民族艺术进行座谈，日本艺术家表演狂言剧《盆景》、《蜗牛》，该院导演系学生用京剧形式表演日本狂言剧改编《附子》、《棒缚》以及传统京剧折子戏《秋江》。日本狂言剧是一种古老艺术，采用戏曲形式表现狂言，给人以联想和新鲜感。

(颜晓华)

【改革招生考试方法】 4月，中国戏曲学院招生计划完成。导演系计划招生45人，实际招收45人。其中戏曲导演本科班15人，戏曲电视导演专科班15人，戏曲导演专科班15人(山西定向生)。表演系招生25人，他们年龄适中，行当齐全。该院改革招生考试，对推荐文化免试生增加考试广度和深度，并增加视唱练耳、戏曲常识和综合笔试等方面的考核。

(颜晓华)

【毕业公演获得成功】 5月16日、18日、19日，中国戏曲学院九七届毕业生公演获得成功。公演由该院表演系、导演系、音乐系、舞台美术系、戏曲文学系联合创作，这次演出是在无共同教学时间，几个系完全是利用课余时间排练；无资金投入，师生们完全是奉献；无正式创作机构或教学系统，只是一个临时创作领导小组的"三无"情况下完成的。

(颜晓华)

【总结毕业剧目演出】 5月20日，中国戏曲学院召开毕业公演创作剧目研讨会。市文化局、市剧协领导和参加创作师生参加会议。会议肯定表演系、导演系、音乐系、舞台美术系、戏曲文学系联合创作正确方向和移植地方戏的成功经验。会议认为，演出的成功是几年教学改革的成果，说明戏曲学院教学重点已由过去单一学习继承转向继承创作，初步形成自已的办学特色。会议指出，在戏曲教育中，大学和中专是有区别的，大学教育思想应以提高综合创作能力为目标，以巩固基础理论、基础知识、基本技能为前提，教学任务是"见戏、见人、见成果"。会议希望戏曲学院能够吸收地方剧种优点，创作出自己的新剧目。

(颜晓华)

【艺术团举办介绍性演出】 5月21日和22日，中国戏曲学院大学生艺术团先后前往中央工艺美院、中医药大学进行京剧知识介绍性演出。演出过程中，台上台下非常活跃。演出结束后，台下观众走上舞台，同龄人之间彼此增进了解和友谊。该院大学生艺术团介绍性演出已形成一定规模，在各大院校中具有一定影响。

(颜晓华)

【孙惠柱来院讲学】 5月，旅美华人孙惠柱教授在中国戏曲学院访问讲学，在为期1个月的讲授中，孙惠柱系统介绍西方戏剧现当代状况及西方戏剧演剧流派，分析当代西方音乐剧，并对导演系94级学生进行小品训练。孙惠柱系80年代初期上海戏剧学院硕士研究生，创作话剧《挂在墙上的老B》、《中国梦》(与费春放合作)、专著《戏剧结构新探》等多部作品，其中《中国梦》已搬上舞台。1984年，孙惠柱赴美学习，1990年获纽约大学人类表演研究博士学位，先后在美国3所大学戏剧系任教，主要讲授西方戏剧史论等课程，同时担任博士生导师。

(颜晓华)

【举办贯大元诞辰100周年纪念会】

6月6日，中国戏曲学院举办贯大元诞辰100周年纪念座谈会和学术研讨。贯大元生前旧交好友、弟子学生及亲属近百人参加纪念活动。座谈会首先宣读贯大元生前谈京剧音韵发言记录稿，与会戏曲艺术家相继发言，以亲身经历和感受，回忆贯大元严谨从艺、诲人不倦的精神。贯大元(1897至1969年)是京剧表演艺术家、戏曲教育家。他出身梨园世家，自幼从学贾丽川、姚增禄，曾与梅兰芳、周信芳同在喜连成科班借台演出。1919年随梅兰芳赴日本公演，是我国最早把京剧艺术介绍给外国朋友的先行者之一。他艺宗谭派，曾得到王瑶卿、贾洪林指点，又常与余叔岩切磋技艺，戏路宽阔。贯大元唱功质朴醇正、间用京音，身段谨严峭拔、边式规范、有准谱，曾与杨小楼、梅兰芳、尚小云、程砚秋、徐碧云、金少山等合作，擅演剧目有《文昭关》、《御碑亭》、《琼林宴》等。46岁时因严重失音课徒授艺。新中国成立后，贯大元参加中国戏曲学校工作，是我国戏校生行教学的开拓者和奠基者之一。

（颜晓华）

【培训韩国台湾戏曲学员】 7月12日至8月13日和7月20日至8月2日，中国戏曲学院先后举办韩国和我国台湾两个京剧短期培训班。培训班讲授剧目、基本功、戏曲基础知识和戏曲表演理论等课程，并经彩排考试合格后，颁发结业证书。

（颜晓华）

【培训学生干部】 7月19至21日，中国戏曲学院举办学生干部培训活动。来自学生会、各团支部及各班学生干部共计48人参加培训。培训交流大学生干部素质等内容，学生干部也对学院建设提出诚恳的意见和建议。

（颜晓华）

【中日联合演出《大敦煌》】 8月18日和19日，中国戏曲学院师生与日本舞蹈家联合演出舞蹈《大敦煌》。该剧由日本舞蹈家花柳千代创作，旨在纪念中日邦交正常化25周年。9月12至19日，中日双方《大敦煌》剧组赴日本演出。

（颜晓华）

【举办'97戏曲编剧高研班】 10月，中国戏曲学院举办'97戏曲编剧高级研修班。该研修班聘请齐致翔、苏移、戴英录、周育德等一大批戏剧专家授课，使学员在较短时间内，提高戏剧理论及创作技巧。

（颜晓华）

【首次举办戏曲剧本创作研讨会】 11月，戏曲学院首次举办戏曲剧本创作研讨会。有关专家参加研讨会，并对师生创作、改编的戏曲剧本《仲夏夜之梦》、《名将霍去病》和《救风尘》提出意见。研讨会希望该院编、导、演、音、美5系加强联系，繁荣戏曲创作和演出。

（颜晓华）

【举办川剧艺术讲座】 12月1至11日，四川川剧学校老师在中国戏曲学院举办讲座课。该讲座开设身段组合、水袖、剧目片断内容，展现川剧艺术在身段、水袖教学改革上取得的成绩。戏曲学院表演系青年教师、导演系师资班和京剧优秀青年演员研究班学员参加讲座课并与川剧艺术家们进行座谈。

（颜晓华）

北京电影学院

党委书记　王凤生
院　　长　刘国典（1月免）
　　　　　王凤生（1月任）

【概　况】 1997年，北京电影学院校园占地面积7.3万平方米，建筑面积3.8万平方米。设有文学、导演和表演等7个系和1个二级学院——摄影学院，共12个专业。有电影学1个硕士点。各类在读学生1774人，其中本科生418人，专科生16人，专升本150人，硕士生66人，留学生80人，夜大函授893人，干部进修生151人。招生716人，其中本科生151人，专升本90人，硕士生20人，夜大函授生304人，干部进修生151人。学院教职工总数531人，其中专任教师201人。教师中教授25人，副教授63人，讲师70人。图书馆藏书18万余册，其中珍藏本及中外画册、影集近1万册，珍贵的中外影片分镜头完成台本1万余册，新建光盘视盘阅读中心。固定资产6883.52万元。

（陆　花）

【召开研究生教育工作研讨会】 2月17至19日，电影学院召开研究生教育工作研讨会。会议回顾1984年以来该院研究生教育所走过的历程，总结研究生工作的基本经验和取得的成绩。围绕着更好地贯彻落实国家教委关于改进和加强研究生工作的指示精神，更好地落实学院“九五”期间学位与研究生教育的奋斗目标和主要任务展开讨论。会议认为，要注意研究生教育与本科生教育的衔接，不断拓宽研究生培养途径，在以艺术为主的前提下，走艺术与技术结合的道路。

（陆　花）

【召开影视创作会议】 3月12至14日，电影学院召开影视创作会议。广电部有关负责人与百名教师、创作人员参加座谈会。会议提出要坚持为人民服务、为社会主义服务的文艺方向和“双百”方针，坚持深入生活、深入实际，把课堂教学、科研与艺术创作结合起来，努力培养社会主义影视艺术人才。

（陆　花）

【召开计算机动画实验室项目论证会】 3月26日，电影学院召开计算机动画实验室项目论证会。广电部、北京广播学院、中央电视台、中央人民广播电台、北京电影洗印厂、清华大学等单位的10多名专家学者参加论证会。会议从动画艺术人才的培养、影视数字技术的发展、计算机动画教学设备的配置以及教学、科研与生产之间的关系等方面进行讨论。会议认为该实验室规划、科研方向定位准确，设备配置合理，技术上具有兼容性、前瞻性和完整性，为动画教学科研生产一体化发展奠定基础。

（陆　花）

【调整专业归属】 4月4日，电影学院召开导演系专业合并会。会议决定，将原属管理系的影视节目制作专业和原属美术系的广告专业划归导演系。该专业结构调整旨在培养影视编导复合型人才。

（陆　花）

【合建图形图像培训中心】 4月16

日，电影学院与华奇、SGI、Alias/Wavefront三家计算机公司合作建立图形图像培训中心协议签字。根据该协议，三家公司共向电影学院提供价值500多万元的6套工作站及相关软件，建立一个培养高层次计算机动画人才和图形图像设计、创意及制作的数字电影软、硬件培训中心，以提高该院在电影动画、特技与图形图像制作方面的教学科研能力。

（陆 花）

【校友携片回校讲学】 6月4日，电影学院64级校友、电影华表奖优秀导演奖获得者韦廉携影片《大转折》举办影片观摩和座谈活动。韦廉向该校师生们介绍《大转折》的拍摄过程，并就重大革命历史题材的创作、人物塑造等问题讲述自己的体会。请校友携片回校讲学是电影学院的传统。78级毕业校友张艺谋携新创影片《有话好好说》、何群携新创影片《男孩女孩》先后在该校放映讲学。

（陆 花）

【建立Avid非线性编辑技术培训中心】 6月，电影学院与英斯泰克视频技术公司协议建立Avid非线性编辑技术培训中心。该培训中心由英斯泰克公司赠送4套设备，价值420万元，支持电影学院计算机后期制作方面教育和培训。

（陆 花）

【召开全体党员大会】 7月4日，电影学院召开全体中共党员大会。大会首先审议通过第六届党委工作报告和第六届纪委工作报告，投票选举出该院第七届党委和纪委委员。

（陆 花）

【影视剧本策划中心成立】 7月9日，电影学院影视剧本创作策划中心成立。该中心隶属电影学院，以文学系教师为主体，面向全院师生进行电影、电视剧剧本创作策划。根据规定，该中心启动和剧本奖励经费由青年电影制片厂提供，中心组织创作的剧本要优先提供给青年电影制片厂和电视剧制作中心。同时承担向国内外影视机构推荐新创作的剧本、组织召开影视作品和剧本创作研讨活动，并每年评选1次优秀剧本奖等。

（陆 花）

【参加国际影视院校年会】 8月29日至9月8日，电影学院组团赴丹麦欧洲电影大学参加1997年国际电影电视院校联合会(CILECT)年会。本届年会通过在未来2年里各院校联合举办远距离教学、改革教学大纲、培训编剧和拍摄儿童片等合作项目。与会期间电影学院与各国影视院校进行交流。

（陆 花）

【放映室工程通过验收】 9月29日，电影学院教学放映室工程（标放）通过广电部工程验收委员会组织的验收。验收委员会在听取工程建设、设计、施工单位的汇报后，审阅有关建设资料，检查工程质量，同意该工程10月投入使用。教学放映室建筑面积为3167平方米，包括4个教学放映厅及相应的配套设施，从而结束了电影学院租借放映场地历史。

（陆 花）

【通过硕士学位授权点评估】 10月17日，电影学院2个硕士学位授权点通过市学位委员会基本条件评估。其中电影历史及理论和电影艺术及技术2个学科评估结果均为A级。上述两个硕士学位授权点，分别成立于1984年和1990年，共培养学生205人。

（陆 花）

【新建湖南函授站】 10月27日，电影学院继续教育中心湖南函授站在长沙市湖南广播电视学校成立，并举行97级新生的开学典礼。该院继续教育中心自1987年建立以来已先后成立5个函授站，在读生500余人。其中，图片摄影专业受到各地学生的欢迎。

（陆 花）

【308户教职工调整住房】 11月25日，电影学院教职工住房调配工作结束。该院共有308户教职工（含双职工31户）进行住房调整，占全院教职工总数的48%。本次住房调整采用新建楼房和腾空的成套旧楼房先售后租方法，迈出住房改革的第一步。

（陆 花）

【故事片《朗朗星空》摄制完成】 11月，电影学院青年电影制片厂与山东电影制片厂联合摄制的故事片《朗朗星空》制作完成，该片是1997年广电部重点影片之一。该片描写中学教师孙凯，一个老三届返城知青在生活、情操和爱情的经历。在拍摄手法上，通过表现良知和友爱展示现实意义，在艺术手法上朴实独特。

（陆 花）

【录像资料室通过评估】 12月9日，电影学院影视实验中心录像资料实验室（拉片室）通过市教委高校基础课教学实验室评估专家组的评估，被认定为高校基础课教学实验室合格单位。专家组听取该院的自评报告，实地考察该实验室及设备情况，认为拉片是该院各系都需进行的艺术实践课程，对于学生从入学到研究生进行创造性研究均起到重要作用，拉片室的设备投入与规范化管理都做得很好，各项标准均达到评估标准。

（陆 花）

【举办第八届艺术节】 12月24至31日，电影学院举办第八届艺术节。艺术节邀请校友、电影导演夏刚携新片《生命如歌》回校讲学，举办师生卡拉OK比赛、电影观摩专场、话剧专场、中华民歌专场、迎新舞会、大型文艺汇演等一系列活动。该艺术节旨在展示教学成果、检阅学生专业实践能力。

（陆 花）

【故事片《离开雷锋的日子》获奖】 年内，电影学院青年电影制片厂生产的影片《离开雷锋的日子》获中国电影华表奖（政府奖）优秀故事片奖，片中主人翁乔安山的扮演者刘佩琦获金鸡奖最佳男演员奖。该片以雷锋生前战友乔安山在离开雷锋后30多年的经历，真挚呼唤雷锋精神，情节生动感人，具有现实教育意义。

（陆　花）

【故事片《离婚了，就别再来找我》获奖】　年内，电影学院青年电影制片厂生产的影片《离婚了，就别再来找我》获上海影评人奖“96年十佳影片”。该片在拍摄手法上，通过表现当今社会中的凡人小事，真诚地呼唤良知和友爱，具有十分现实的意义。

（陆　花）

【张会军获中国音乐电视金奖】　年内，由电影学院张会军担任摄影师的音乐电视（MTV）作品《霸王别姬》获’96中国音乐电视大奖赛金奖、《花街》获银奖、《父母中国》获铜奖、银屏奖；张会军因拍摄《霸王别姬》获最佳摄影奖。张会军1978年考入北京电影学院摄影系，1979年获文化部新长征突击手。1982年获文学（电影摄影）学士学位，同年7月留校任教，现任北京电影学院副院长、研究生部主任，教授。

（陆　花）

北京舞蹈学院

党委书记　王国宾

【概　况】　1997年，北京舞蹈学院本科专业有舞蹈学、舞蹈编导、舞蹈表演（含中国古典舞、中国民间舞、芭蕾舞、国际标准舞、音乐剧、社会音乐舞蹈等专业方向）；专科专业有舞蹈表演、舞蹈音乐伴奏。本科专业学制4年，专科专业2至3年。学院函授夜大学设3年制舞蹈史论、舞蹈教育专业，此外，还有修业年限为1年的进修班。学院设有中国民族舞剧系、中国民间舞系、芭蕾舞系、编导系、舞蹈学系、社会音乐舞蹈系、社会科学部、成教部等教学单位及舞蹈学研究、青年舞蹈团、演视中心、图书馆等教辅部门，此外还设有附属中等舞蹈专科学校等机构。学院占地面积57336平方米，建筑面积89850平方米。固定资产6296万元。馆藏图书12万册。拥有钢琴78架，其他乐器54件。有教职工356人，其中专任教师117人，含教授13人，副教授24人。在校生中，本科生391人，专科生143人，进修生210人，夜大生66人，留学生2人。全年招生245人，其中本科生98人，专科生74人，函授生73人。全年毕业161人，其中本科生50人，专科生45人，函授夜大生66人。

（高　炜）

【举办舞蹈晚会《京都伊人》】　1月，舞蹈学院中国民族舞剧系创作大型京味舞蹈晚会《京都伊人》，在北京保利剧院公演。该晚会分为《市井风韵》、《梨园轶事》、《都市即景》三个部分，通过多样化表现手法，展示古城北京历史文化及风物人情。中国天创文化经济发展公司出资30万元支持该剧的创作。

（高　炜）

【组团赴朝鲜平壤演出】　4月，舞蹈学院中国民族舞剧系一行30人，随中国政府文化代表团赴朝鲜平壤访问演出。在历时18天的演出中，舞蹈学院先后演出《黄河》、《醉鼓》、《垓下雄魂》、《铃铛舞》等舞蹈作品，均获演出金奖，并获唯一团体金奖。朝鲜国家领导人李钟玉、朴成哲观看演出。

（高　炜）

【召开团代会和学代会】　4月，共青团北京舞蹈学院第五次团代会暨第七次学生代表大会召开。大会通过共青团北京舞蹈学院第四届委员会工作报告和第六届学生会工作报告，通过关于《大学生争做文舞俱佳、德艺双馨、跨世纪舞蹈人才》的倡仪书。大会选举产生新一届院团委委员13人，学生会委员12人。会议号召全体团员、广大青年学生高举邓小平理论伟大旗帜，把个人的学业、前途和命运同国家命运、社会主义的前途紧密结合起来，站在文化艺术事业发展和艺术教育改革的前列，做时代的先锋。

（高　炜）

【赴意大利参加歌剧创作演出】　5月，舞蹈学院青年舞团一行19人，赴意大利参加歌剧《图兰朵》创作演出。该歌剧总导演是我国电影导演张艺谋，剧中舞蹈片段演出由舞蹈学院青年舞团担任。这是舞蹈学院首次参加海外剧团创作演出。歌剧《图兰朵》是意大利作曲家普契尼最后一部作品，采用中国民歌《茉莉花》曲调创作仿中国题材歌剧作品。在创作上，采用中国舞中的水袖以及敦煌舞中的高难度技巧，突出中国古代宫廷礼仪气势恢宏的特点。

（高　炜）

【院党委纪委完成换届选举】　6月25日和27日，舞蹈学院分别举行党委、纪委换届大会。会议听取“两委”工作报告，以无记名投票方式，选举产生中共北京舞蹈学院第五届委员会委员7人；纪律检查委员会委员5人。新一届党委、纪委分别召开第一次全体会议，选举产生“两委”书记、副书记。会议号召全体党员全面贯彻党的教育、文艺方针，团结全体教职员工，为实现学院改革和发展的总体目标努力奋斗。

（高　炜）

【举办舞蹈晚会《炎黄祭》】　6月，舞蹈学院创作的历史系列舞蹈晚会《炎黄祭》在北京保利剧院公演。该晚会包括《半坡祖妣》、《楚腰》、《飞虹对鼓》、《踏歌》、《霓裳羽衣》等部分，以我国自原始社会到明清封建社会传统文化为背景，运用中国古典舞创作技法创作而成，其风格或凄厉深沉、或情怀坦荡、或典雅秀丽。该晚会记录一代老艺术家对中华舞蹈文化的深层理念，也展示当代舞者接受先人文化遗产的潜力。

中国天创文化经济发展公司再度出资20万元支持该剧的创作。

（高　炜）

【获"九五"规划立项3个】 6月，在全国艺术科学"九五"规划科研项目评审上，舞蹈学院3个项目获准立项。这3个项目分别是：《精神文明建设与舞蹈教育研究》、《二十五史志集成及中国宫廷舞蹈研究》和《舞蹈女学员身体成份的研究》。

（高　炜）

【举办古典舞精萃晚会】 6月，舞蹈学院中国民族舞剧系举办古典舞精萃晚会。晚会先后上演《木兰归》、《飞天》和《秦俑魂》等舞目，是该系历年积累下来古典舞代表作，也是坚持民族艺术发展道路、提倡精品意识的一次实践。文化部、中国舞蹈家协会刘忠德、白淑湘等参加晚会。12月，该晚会被文化部调用招待各国驻华使节。

（高　炜）

【完成《欢庆香港回归》主创任务】 7月1日，舞蹈学院完成在工人体育场举行的首都各界庆祝香港回归祖国大会的大型文艺演出《欢庆香港回归》的主创、演出任务。担任该文艺演出的总编导是舞蹈学院吕艺生教授、唐满城教授、王玫副教授，在1至3分场27名执行编导中，有21名编导是该院的毕业生。

（高　炜）

【获全国青少年舞蹈赛奖】 7月，舞蹈学院组队参加全国青少年第五届"桃李杯"舞蹈比赛。在表演项目的比赛中获金牌5枚、银牌8枚、铜牌12枚；在创作项目的比赛中获金牌1枚、银牌4枚。

（高　炜）

【赴澳门参加国际青年舞蹈节】 7月，舞蹈学院中国民间舞系组团赴澳门参加澳门政府教育暨青年司主办的国际青年舞蹈节。期间，该团上演《山野情》、《东方红》、《大鼓子》3个剧目，受到欢迎。

（高　炜）

【参加国际舞蹈院校舞蹈节】 8月3至11日，舞蹈学院组团赴香港参加第11届国际舞蹈院校舞蹈节。舞蹈节期间，该院演出《踏歌》、《楚腰》和《秦俑魂》等古典舞精品，得到组委会高度评价。在舞蹈节期间举办的国际舞蹈学术研讨会上，舞蹈学院宣读题为《当代世界的舞蹈价值抉择》的学术论文。

（高　炜）

【赴埃及参加国际民间艺术节】 8月，应埃及文化部邀请，舞蹈学院民间舞系组成中国民间艺术团33人，赴埃及参加伊斯梅利亚国际民间艺术节。艺术节期间，该院师生为埃及人民献上5台不同风格的中国民间舞蹈节目，其中有：《藏心》、《顶碗》、《花鼓灯》、《苗女》等，受到各界人士普遍赞赏。这是舞蹈学院首次组团出访埃及，来自阿拉伯国家及地中海沿岸国家的20多个民间艺术团参加本届艺术节。

（高　炜）

【参加法国国际舞蹈节】 9月，舞蹈学院编导系现代舞专业师生9人赴法国参加蒙培列埃国际舞蹈节。师生们在舞蹈节期间向海外同行展示近年创作的现代舞，其中有《红扇》、《两个身体》、《阴阳界》等。

（高　炜）

【刘震获国际现代舞比赛最高奖】 10月，在白俄罗斯举行的第10届世界威杰勃斯克国际现代舞比赛中，舞蹈学院青年舞蹈团演员刘震获该比赛最高奖——国际现代舞比赛大奖。这是国内舞蹈艺术家首次在国际现代舞比赛中获得桂冠。

（高　炜）

【音乐剧实习剧目首演成功】 10月，舞蹈学院社教系音乐剧班赴珠海市首演音乐剧实习剧目《四毛英雄传》，受到专家学者的高度评价。该剧是国内首次运用西方音乐剧艺术形式，描写新时代中国青年闯荡特区的生活经历。

（高　炜）

【召开人文社科教学研讨会】 11月，舞蹈学院学术委员会主办人文社科教学研讨会。会议就人文社科教学中存在的问题进行研讨，并对跨世纪舞蹈高等人才所应具备的整体素质、人文社科教学现状以及课程设置与社科领域师资队伍的建设等问题进行综合分析与论证。会议对各专业人文社科课程设置提出总体要求：即学生在就读专业课前，增加人文社科课程比重，为其在专业课学习以及今后发展奠定基础。文化部、市教委领导及有关学者28人参加研讨会。

（高　炜）

【《情殇》获优秀剧目奖】 11月，舞蹈学院创作舞剧《情殇》在全国舞剧观摩中获优秀剧目奖，该剧总编导邓一江及编导系94级本科班全体学生同时获优秀编导奖。新编舞剧《情殇》在动作编排上采用轨迹透视和延续变换等技法，成功地塑造具有中国民族风格的舞蹈形象。

（高　炜）

【获市级先进班集体等称号】 12月9日，舞蹈学院中国民间舞系教育专业九四级班集体获北京市先进班集体称号；中国民族舞剧系教育专业、中国民间舞系教育专业各1名学生获北京市三好学生称号；芭蕾舞系教育专业1名学生获北京市优秀学生干部称号。

（高　炜）

【举办第四届论文研讨会】 12月，舞蹈学院学术委员会举办第四届论文研讨颁奖大会。本届论文研讨会共收集论文68篇，经过评审，共评选出一等奖3篇，二等奖7篇，三等奖8篇，鼓励奖26篇。这些论文涉及领域包括社会科学和自然科学，在数量和质量上均有较大进步。

（高　炜）

【图书馆与信息中心合并】 年内，舞蹈学院信息中心与图书馆合并。两个机构合并是该院调整资源配置的措施，旨在发挥教学辅助设施的整体优势。

（高　炜）

中央工艺美术学院

党委书记　赵亮宏（12月任）
院　　长　常沙娜（女，12月免）
　　　　　　王明旨（12月任）

【概　况】 1997年，中央工艺美术学院设有染织艺术设计系、陶瓷艺术设计系、装潢艺术设计系、工业设计系、环境艺术设计系、装饰艺术设计系、工艺美术学系和成人教育部（夜大学）8个教学单位。工艺美术学、工艺美术设计（染织设计、服装设计、陶瓷设计、装潢设计、装饰艺术设计）、环境艺术、工业造型艺术4个专业具有硕士学位授予权，其中工艺美术学专业具有博士学位授予权。在校生1587人，其中本科生986人，专科生29人，外国留学生10人，硕士生41人，博士生10人，夜大生511人。毕业生251人，其中本科生137人，专科生35人，外国留学生2人，硕士生14人，博士生3人，夜大生60人。招生514人，其中本科生350人，硕士生13人，博士生4人，夜大生147人，比上年增长4.48%。有教职工571人，其中专任教师209人，包括教授41人、副教授67人、讲师82人。学院建有教学、创作设计、社会有偿服务三位一体的机构，设立4个研究所和4个研究室，并结合各专业设立校办企业。图书馆藏有专业图书20万册，并珍藏有国内外各种工艺品及古代和近现代书画家作品12000余件（幅）。校园面积796398平方米，建筑面积16.18万平方米。

（孙建君）

【参加全国高校速写展览】 1月12日，历时一周的全国高等艺术院校速写展览结束。工艺美院选送的学生作品中有3人获奖。此次展览由吴作人基金会主办、全国高等艺术院校协办，作品分别在四川、广东、北京、上海等地巡回展出。这是建国以来首次举办的全国高等艺术院校速写联展。

（孙建君）

【研究生整体素质提高】 2月，工艺美院17名研究生毕业，其中，授予3人博士学位、14人硕士学位。本届研究生分别在7个专业15个研究方向上攻读，学习期间共创作设计作品300余件；发表论文和作品200余篇（件）；编写教材15册；完成各种大型工程投标32项，中标29项；17件（篇）作品和论文获奖；28人次共100余件作品参加国内外展览。

（孙建君）

【入选庆祝香港回归祖国招贴画】 3月，在国务院新闻办公室等4单位联合举办的庆祝香港回归祖国招贴画征集活动中，工艺美院装潢艺术设计系学生邓宇设计《基本法·和平鸽》入选。来自全国5所美术院校的50幅作品参加征集，评委们首先投票选出10幅，进一步评审确定5幅为国家庆祝香港回归祖国重点宣传品。

（孙建君）

【计算机中心通过评估】 4月14至15日，中国轻工总会直属高校实验室评估专家组对工艺美院计算机中心、染织工艺室、摄影工作室进行评估。经检查评议，同意计算机中心为轻工总会合格基础课教学实验室；同时认为染织工艺室、摄影工作室以评促建，取得明显进步。

（孙建君）

【第18届学代会召开】 4月26日，工艺美院第18届学代会召开。本届学代会是历年来参加学生会成员竞选人数最多的一次，共有71名候选人在学代会上演讲，表达自己加入学生会、为同学服务与锻炼自身能力的愿望。经过与会110名学生代表的无记名投票，最后产生由32名学生组成的新一届学生会。

（孙建君）

【庆祝香港回归祖国宣传标志中选】 4月，工艺美院陈汉民教授设计的“庆祝香港回归祖国”宣传标志被国务院新闻办公室、国务院港澳事务办公室公布为“庆祝香港回归祖国”专用宣传标志图案。图案造型为阿拉伯数字“97”，表明我国政府1997年对香港恢复行使主权。数字“9”主体为红色，象征中国的主体坚持社会主义制度；红色的“9”之中含有白色紫荆花图案，象征香港回归祖国怀抱；呈绿色的数字“7”未实写，表明香港正在回归过程中；绿色同时也意味着香港将保持原有的生机与活力，保持长期繁荣稳定。

（孙建君）

【公交站台设计获奖】 4月，在市公交总公司、市公交广告公司举办的公交候车亭、公交站牌设计征集公益活动中，工艺美院的设计方案获一等奖2名、二等奖1名、三等奖1名、优秀奖2名。在3所院校共同组织的来自清华大学、北京建筑工程学院和工艺美院的200多个设计方案中，工艺美院有20余人投稿，参评方案63个。

（孙建君）

【《永远盛开的紫荆花》雕塑揭幕】 7月1日，中央人民政府赠送给香港特别行政区政府的《永远盛开的紫荆花》雕塑在香港会展中心广场揭幕。该雕塑由工艺美院集体设计创作，采用青铜铸造、“晋金”喷涂和包贴金箔等工艺，以紫荆花为主体形象，雕塑高6米，底座6.6立方米，取意“六六顺”吉祥数字；暖红色花岗岩基座方圆结合，寓意九州方圆；其上环衬的长城图案，象征伟大的祖国。

（孙建君）

【赴美国考察艺术设计教育】 9月23日至10月4日，工艺美院访问团一行8人赴美国麻省艺术学院、哈沃德大学艺术学院和洛杉矶艺术设计学院访问。此次出访以考察美国的艺术教育、艺术设计和工艺品开发为主要内容。访问团先后参观波士顿、纽约、华盛顿、洛杉矶4个城市的5所对口专业艺术院校以及11个艺术博物馆和15所纪念场馆、中心等，达成5项有关艺术设计的校际交流计划，并与两所学校就建立校际关系达成初步意向。

（孙建君）

【博士硕士学位授权点全部通过评估】 9月23日和10月17日，工艺美院工艺美术学博士、硕士学位授权点和工艺美术设计（染织设计、服装设计、陶瓷设计、装潢设计、装饰艺术设计）、环境艺术、工业造型艺术3个硕士学位授权点分别通过国务院学位委员会和北京市学位委员会合格评估。至此，该院1992年以前批准的1个博士学位授权点和4个硕士学位授权点全部通过合格评估。

（孙建君）

【举办挪威现代装饰艺术展】 10月25日，工艺美院举办挪威现代装饰艺术展。该艺术展共展出13名挪威当代女艺术家的24件木制和纺织作品。这些作品运用传统工艺和天然材料，创造被称为是“森林与织机的礼物”的艺术品，反映出挪威当代装饰艺术的水平和发展趋势。这是挪威王国在中国举办的首次艺术展，挪威王后宋雅和工艺美院常沙娜参加开幕式。

（孙建君）

【首次在法国展出平面设计作品】 11月7日，《中央工艺美院装潢艺术设计系师生作品展》、《’96平面设计在中国》与《深圳市平面设计协会五人展》应邀在法国安吉奥市参加“安吉奥中国平面设计展览月”活动。这是中国平面设计及平面设计教育成果在欧洲的首次集中展示。

（孙建君）

【接待英国艺术院校代表团】 11月25日，英国艺术院校代表团一行11人到工艺美院参观访问。代表团参观基础部及各个系的有关专业，在染服系和装艺系观摹学生上课情况，直接与学生进行交流；陶瓷系特意为客人们开放工作室，表演陶艺制作。参观结束后，双方就艺术设计领域的专业设置、师资水平、教学研究以及设计成果等方面交换意见。英国艺术院校代表团由英国伦敦学院等6所高等艺术设计学院组成。

（孙建君）

【与轻工业管理干部学院合并】 12月8日，工艺美院与中国轻工业管理干部学院合并。两院合并后，校名为中央工艺美术学院，实行统一领导、统一规划、统一管理和统一财务。原中国轻工业管理干部学院改为固安学区，对外保留中国轻工业管理干部学院的牌子，原拨款渠道不变，继续招收全日制成人高等教育学生。

（孙建君）

【获国际时装设计大赛“国家奖”】 12月17日，工艺美院服装设计专业四年级学生聂旭颖的作品在法国巴黎卢浮宫举行的第15届国际青年时装设计大奖赛中获得“国家奖”。本届时装大赛的主题为“旅行”，有12个国家的108套时装作品经过选拔进入决赛表演。该院学生设计的9套时装作品代表中国参加决赛。

（孙建君）

【晋江商会扶助贫困大学生】 12月20日，中国国际商会晋江市商会扶助中国人民大学、北京理工大学、对外经济贸易大学、工艺美院4所大学100名贫困大学生。工艺美院共有40名学生受到晋江商会的扶助，每名学生每年3000元，扶助2年，累计24万元。

（孙建君）

【越南河内工业美术大学来访】 12月25日，越南河内工业美术大学校长陈玉耕一行9人到工艺美院参观访问。越南客人听取各系专业设置和课程内容的介绍，并到固安学区参观。访问结束时，双方签署关于开展两校专业交流的备忘录。

（孙建君）

【投入重点学科建设资金100万】 至年底，工艺美院投入100万元加强环境艺术设计、工业造型艺术、工艺美术设计（陶瓷、染织、服装、装潢）3个重点学科的建设。这笔资金共购进电动缝纫机、彩色喷绘机、拉坯机、喷墨彩色打印机、扫描仪、数字化仪、液晶投影仪、复印机、数码照像机以及各种型号和功能的计算机等设备145台（件）。

（孙建君）

北京印刷学院

党委书记　张伯海（12月免）
　　　　　田胜立（12月兼）
院　　长　田胜立

【概　况】 1997年，北京印刷学院设7个系17个专业，其中有11个本科专业、6个专科专业。招生610人，其中本科生560人、专科生50人，完成招生任务100%；多层次（专业）成人教育招生516人，其中学历教育生193人，非学历行业证书教育生323人。毕业全日制学生629人，其中本科生366人，专科生263人；成人教育毕业生45人。全日制在校生2151人，其中本科生1850人、专科生301人；成人教育在校生1310人。建在该院的新闻出版署教育培训中心全年举办各级培训班12期，培训出版、编辑干部694人。新建4个前沿学科实验室，1个电子工艺实习基地；开通图书馆网上检索系统；完成2400平方米风雨操场施工。全校教职工627人，其中专、兼职教师246人，任课教师在职工中的比例比上年增长2.6%，包括新调入高级职称教师2人，接收博、硕士学历毕业研究生13人，送出深造的在职教师30人。

（唐晓澍）

【召开教学工作会】 1月，印刷学院召开教学工作会。会议分析1996年教学计划，听取校领导关于办学思路的报告，统一办学思想。工作会明确办学指导思想是：以图文处理和出版传播高科技发展趋势为先导，培养高素质应用型人才；在发挥信息传播处理领域教学、科研实力的同时，办好艺术、出版等文科专业，探索工、艺、文科在现代科学中共融的教育模式，形成办学特色。

（郑瑞君）

【举办教学管理培训班】 2月19至21日，印刷学院与北京市高等院校干部培训中心联合举办教学管理培训班，中青年骨干教师50余人参加培训。该培训班以教学工作合格评价为主要内容，聘请国家教委领导和多名高等教育专家授课。

（刘超美）

【举办在职人员研究生进修班】 4月，印刷学院与武汉大学、华中理工大学、武汉测绘大学、河南大学4所大学联合开办在职人员研究生课程进修班。该进修班完成学业后获得进修班结业证书，并可以同等学历申请参加在职人员博士、硕士学位评审。

（唐晓澍）

【摄制《印刷术的故乡》录像片】 4月，中国印刷代表团在第六届世界印刷大会上播放《印刷术的故乡——北京欢迎您》录像片。该录像片由印刷学院负责摄制，其内容以中国印刷博物馆馆藏资料为主，全面讲述我国悠久的印刷历史文化。摄制该录像片旨在争办第七届世界印刷大会。

（郑瑞君）

【教学评价专家组来校考察】 5月11至16日，印刷学院接受国家教委教学工作合格评价专家组考察。5月21日，该校召开工作会，针对考察专家组评价意见，提出整改方案。

（唐晓澍）

【举办印刷史学术研讨会】 6月1至2日，第三届中国印刷史学术讨论会暨中国印刷博物馆开馆一周年庆祝活动在印刷学院举办。研讨会由中国印刷博物馆发起，来自韩国、日本、美国及国内同行近百人参加讨论会。会议认为雕版印刷术起源于中国隋末唐初，即公元6世纪末至7世纪初。

（魏志刚）

【在市高校田径运动会上获好成绩】 6月1至8日，印刷学院在北京市高等院校第35届学生田径运动会上，获得乙组男子团体总分第二名，男女团体总分第六名，为建校以来最好成绩。

（叶荣恩）

【设立森泽奖学金】 6月18日，森泽奖学金签字仪式在印刷学院举行。该奖学金是日本森泽株式会社社长森泽嘉昭捐资设立，基金总额300万日元，以利息形式每年奖励20名品学兼优的学生。森泽嘉昭之父森泽信夫为手动照拍机发明人，60年代即与我国印刷界开展友好交往。至此，该院已设立各种企业奖学金6项，基金总额20万元。

（党繁义）

【魏志刚获毕升奖】 6月19日，印刷学院魏志刚教授获得第五届“毕升奖”。魏志刚50年代留学苏联，1958年归国后，长期从事印刷高等教育工作。“毕升奖”是中国印刷协会在中国印刷界设的最高奖，始于1989年，每2年1次。1989年首届获奖者中有印刷学院郑德琛。

（郑瑞君）

【调查分析毕业生质量】 上半年，印刷学院对1982至1995年毕业生质量跟踪调查。该调查分为思想表现和专业技能2个方面12个项目，由毕业生所在单位提供评语打分。经过对回收的524份调查表综合分析，样本平均分37.656分（满分48分，相当百分制78.4分），说明毕业生质量基本良好。但对届别、性别、思想表现和专业技能分项分析，则暴露出素质能力仍有不足。

（唐晓澍）

【郑州电脑艺术教学部开学】 9月21日，印刷学院与河南省教委、出版局共同开办北京印刷学院郑州电脑艺术教学部。该教学部学制3年，中专学历，第一期招生198人。

（李荣厚）

【教材工作评估获优秀】 9月24日，印刷学院教材工作以优秀成绩通过市高校教材工作评估。7月14日，高校教材工作评估专家组依据《北京市高等学校教材工作评估指标体系》，对该院进行评估实测。

（唐晓澍）

【庆祝印刷成人教育开办10周年】 10月7至9日，印刷学院举办印刷成人教育开办10周年庆祝活动。该活动包括：总结10年成人教育工作，表彰成人教育先进单位和个人，举办印刷成人教育10年成果展和成人教育工作理论研讨会等。印刷学院成人教育第10次站长工作会同时举行。

（唐晓澍）

【技术能手专科班开学】 11月，印刷学院举办首届新华书店技术能手专科班。该专科班由印刷学院出版系担任教学，采用脱产方式，学习时间两年半。来自全国28个省区的68名学员参加学习。

（李 频）

【修订课程教学计划】 11月，印刷学院完成教学计划修订工作。该教学计划分别对非印刷专业的印刷类课程、非计算机专业的计算机类课程、非机械专业机械类课程的设置和体育课程进行调整。新的教学计划在97级教学中执行。

（唐晓澍）

【文明校园建设通过复查】 12月18日，印刷学院的文明校园建设通过北京市教委专家组的复查评估。专家组肯定该院3年来文明校园建设的新成绩，并指出需要进一步改进的问题。

（唐晓澍）

【通过本科教学工作合格评价】 12月，国家教委公布印刷学院等4所高等学校本科教学工作评价结论，该结论认为印刷学院本科教学工作评价结论为合格。

（唐晓澍）

【调整学生管理机构】 12月，印刷学院将原隶属教务处的招生办公室归属学生处，同时成立毕业生就业指导中心和学生咨询中心，研究学生教育管理工作，对学生提供心理咨询服务。

（唐晓澍）

【接待访问学者41人次】 至年底，印刷学院共派出11人次参加国际学术会议和学术考察团。同时接待美国、日本、意大利等国的来访者11次41人。中国印刷博物馆接待境外参观142人次，境内参观访问团体181个8471人次。

（唐晓澍）

【获部级科技进步奖3项】 年内，印刷学院结题科研项目15项，其中获部（署）级科技进步奖3项，已通过署科研鉴定3项。新开题科研项目25项，其中国家自然科学基金科研项目1项，署级科研项目2项，横向技术开发课题6项。

（郑瑞君）

外交学院

党委书记 刘 山
院　　长 刘 山

【概 况】 1997年，外交学院设有外交学系、国际法系、英语系、外语系、国际法研究所、国际关系史研究所、研究生部及香港发展、欧洲、亚太、联合国4个研究中心。全院教职工409人，其中专任教师182人，比上年增加20人，教授25人，比上年减少1人，副教授53人，比上年增加5人，讲师76人，比上年增加13人，教师占教职工总数44.5%，具有高级职称的教师占教师总数的42%。此外聘有外籍专家和教师20人。招收各类新生450名，其中硕士生31人，比上年增加1人，第二学位生32人，比上年减少4人，本科生154人，比上年增加10人，增长6.9%，专科生53人，比上年减少19人，减少26.4%，夜大学生180人，比上年增加50人，增长38%，招生总数比上年增加22人，增长5%。毕业生数313人，其中研究生29人，第二学位生31人，本科生84人，专科生53人，夜大生116人，比上年共减少8人。在校学生1427人，其中博士生4人，硕士生86人，第二学位生63人，本科生515人，专科生175人，夜大学生414人，非学历学生170人，在校生比上年增加107人，增长8%。学院占地面积65039.828平方米，建筑总面积60079平方米。教学及教学辅助用房11273平方米，行政办公用房6938平方米，生活用房41868平方米。图书馆藏书（含文献）229219册，比上年增加9000余册。全院固定资产3507万元，其中教学仪器设备658万元，比上年增加15万元。

（郑 平）

【举办外事业务基础理论培训班】 3月7日，外交学院举办第二期外事业务基础理论培训班。该培训班每周五进行非脱产培训，期限为1个学期。主要培训内容有当代中国外交、当代国际政治专题、国际法、涉外经济法、国际金融、友好城市、礼宾礼仪、侨务、记者管理及出入境管理等课程及讲座。来自北京市外办系统44名外事干部参加学习。

（王福清）

【进行教学情况跟踪调查】 3月10日始，外交学院对英语系毕业生、在校生、毕业生接收单位进行外语教学调查。重点调查在外交部工作的毕业生和外交部用人部门。调查结果毕业生、在校生和用人单位对外语教学的总体情况满意率达80%以上，对大学一、四年级满意率明显低于二、三年级。用人单位对于复合型人才，比较注重的是外语＋宽厚知识和具有一定程度的文理渗透。调查发现现在本科毕业生最薄弱方面是调查能力、心理和道德素质。

（秦亚青）

【恢复法语俱乐部】 3月14日，外交学院外语系恢复法语俱乐部。该院法语专业的学生（包括研究生、本专科学生、夜大学学生）均可为法语俱乐部成员。法语俱乐部将不定期出版法语刊物《步步高》（Petit A Petit），并与该院学生会合作出版《外交人报》法语版。外交学院曾于1987年组建法语俱乐部，后于1992年停办。

（李 旦）

【举办百词测试赛】 3月17日，外交学院外语系组织96级、95级法、日、英3个语种学生进行外语百词测试赛。共有74名学生参加比赛，其中参加法语28人，日语30人，英语16人。比赛结果7人获奖。通过测试赛教师了解学生存在的问题，学生了解自己的不足。

（刘雪美）

【美国众议院议长来访】 3月29日，美国众议院议长纽特·金里奇（Newt Gingrich）、美国驻华大使尚慕杰一行访问外交学院。访问中，纽特·金里奇发表题为中美关系的演说。

（唐 洁）

【举办外国青年外交官讲习班】 3月，外交学院举办第4期外国青年外交官讲习班。参加本期讲习班的外交官共10名，分别来自波兰、古巴、老挝、缅甸、尼泊尔和斯里兰卡6个国家。该讲习班主要讲授汉语和有关中国历史、文化、政治等方面的知识，并组织参观名胜古迹、农村和工厂等。外国青年外交官讲习班创办于1994年9月，每期4个月，旨在进一步开展国际交流，增进外国年轻一代外交人员对我国的了解和友谊。

（刘 斌）

【邀请牛津大学教授来院讲学】 4月13至20日，英国牛津大学教授约翰逊爵士（Sir John Johson）在外交学院讲学。主要讲授政治工作与外交谈判；经济工作与促进贸易和投资；领事工作与危机控制；外交文字工作、讲演稿草拟与礼宾；新闻工作与谈话技巧5个外交方面的专题。约翰逊爵士为英国资深外交官，并在牛津大学任教，主管外交培训专业。这次是应外交学院邀请进行学术交流的。

（唐 洁）

【为以色列使馆举办讲座】 4月16日至8月20日，外交学院为以色列驻华使馆举办中国系列讲座。该讲座共12讲，采用讲授和讨论并举的教学方法，系统介绍中国的历史进程、文化渊源、社会发展以及当前中国社会面临的机遇和挑战。以色列使馆20余人参加学习。

（秦亚青）

【国际法学生开展教学实践】 4月16日至12月3日，外交学院国际法系学生开展3次教学实践。4月16日，该系组织96级40名学生到西城区人民法院旁听该院审理民事案件，了解民事审判程序和审判业务，加深对民法课的理解。6月10日，该系96级学生到北京市第二监狱参观，并与监管人员和监狱领导就监狱的管理制度和有关人权状况进行座谈。12月3日，该系96级学生举行一次模拟民事案件的审判活动。由学生分别扮作审判员、书记员，以及原告、被告、代理人等角色，按照法律程序对一继承诉讼案件进行模拟庭审。

（崔 峙）

【举行多种迎香港回归活动】 4月30日至5月31日，外交学院举办多种迎香港回归活动。其中，在4月30日举办的“开卷看世界，激情迎港归”知识竞赛决赛中，国际法系代表队获得冠军。5月16日，邀请国务院港澳办作《关于香港回归问题》的报告，讲述香港问题的由来，党和国家对香港问题的一贯政策，香港基本法的主要内容，香港回归的意义等问题。在5月30至31日，外交学院与中央党校联合举办“庆祝香港回归研讨会”，来自港、澳、台和大陆有关学术团体、国家机关、高校、党校、科研院所的60多名学者参加。

（叶 菲 赵玉莲 田丽颖）

【日语同人会成立】 5月12日，外交学院成立日语同人会。该会是在日语教研室指导下，开展日语课外活动和同人之间联谊性的群众组织，成员包括日语教师、学生及非日语专业的日语爱好者。

（许永新）

【2名美国教授来院讲学】 5月19至21日，美国玛瑞依塔学院的2名教授 Schwartz 和 Blume 到外交学院讲学，并进行学术交流。美国学者就《美国民主共和与个人主义传统之间的冲突》、《领导人面临的社会与个人冲突导致的难题》和《X一代及其对领导的行为与价值取向》3个专题进行讲授。部分本专科学生和研究生听讲。

（唐 洁）

【获全国英语专业四级考试第一】 5月20日，外交学院英语系95级57名学生参加全国英语专业四级考试获得第一名。该校学生及格率为100%，平均分数为78.17分，比全国平均成绩61.49分高出16.68分。57名考生中有20名达到80分以上的优秀标准，占35%。

（张志伶）

【举办冷战后国际关系研讨会】 5月21日，外交学院国际关系研究所举办冷战后国际关系研讨会。研讨会邀请北京大学、中国人民大学、中国战略学会、北京外国语大学部分专家学者参加。会议就《冷战后国际关系》教材编审中的一些具体问题展开讨论，并就冷战后亚太、俄罗斯、欧盟等问题进行专题探讨。

（卢 静）

【英国文化与社会项目通过检查】 6月18日，英国文化委员会检查外交学院英国文化与社会项目执行情况。在参观英国文化社会资料室，分别与院系领导、教师和学生进行座谈后，检查人员肯定该项目工作成绩，同时也提出继续发展和教师配备等建议。该项目由外交学院英语系与英国文化委员会联合实施。启动于1995年，已在本科和研究生两个层次上开设英国文化与社会系列课程，并形成基本教师梯队。

（秦亚青）

【召开学生德育工作会】 6月18至20日，外交学院党委召开学生德育工作会。会议作题为《贯彻党的十四届六中全会决议，把我院学生德育工作推向新阶段》的报告。报告在肯定德育工作成绩的同时，指出部分学生存在的劳动观念薄弱，骄娇二气较重，社会公德意识较差，自由散漫，缺乏远大理想和无私奉献精神等问题。报告要求在最近一个时期内从文明行为抓起，形成一个人人讲文明、讲道德的新局面。提出加强组织和队伍建设，成立德育工作领导小组和学生工作部，实行辅导员聘任制和专兼职相结合制度；改善“两课”的教学，制订德育教育大纲和学生文明行为守则，开展文明班级、宿舍和个人评选活动等强化德育工作措施。该院教职工和学生代表200余人参加会议。

（张福庆）

【研讨外交政论课】 6月24日，外交学院英语系召开外交政论课研讨会，10余名英语教师参加会议，就外交政论课的教学目的、教学方法、测试方法等进行教学研究。会议认为外交政论课是以提高英语语言为主、以国际事务知识为辅的课程。应采取启发式、讨论式教学方法，在提高学生外交外事领域英语应用能力的同时，培养分析和思维能力。

（秦亚青）

【与法国行政学院合作办学】 7月，外交学院与法国国际公共行政学院合作协议生效，该协议期限5年，规定双方互派教师开展学术交流、共同培养青年教师和开展课题研究合作等。至年底，外交学院共派出赴法进修教师、讲学教师各1名，接待巴黎“十一大”讲学教师1名。

（张正中）

【举办外事干部培训班】 8月22至29日和10月25至31日，外交学院和中国管理科学研究院联合举办两期外事干部培训班。培训班由外交学院和北京大学教师主讲，主要内容为：当前国际形势和中国的外交方针政策、外事工作制度与外事管理、领事业务与护照签证管理、国际交流中的经济和台港澳问题。来自部分县市外办、企事业单位、高等院校和科研院所94名外事干部参加培训。

（田丽颖）

【举办非洲国家外交官讲习班】 9月8至26日，外交学院开办第二期非洲国家外交官讲习班，来自赞比亚、赤道几内亚、卢旺达、纳米比亚、莫桑比克、加纳、利比亚、毛里求斯、佛得角、塞舌尔、乌干达11个国家的12名外交官参加研讨。讲习班除开办中国的政治、经济、文化和外交业务等方面的讲座外，还参观考察北京、西安、上海的企业、农村和开发区。

（刘 斌）

【加利访问外交学院】 9月11日，联合国前任秘书长加利访问外交学院。访问期间，加利作题为《和平发展与国际关系民主化》的演讲。

（唐 洁）

【举办新人院人员岗前培训班】 9月15至16日，外交学院举办新入院的25名教师和干部岗前培训班。培训班简要介绍外交学院的历史、现状及办学特点，并就学习邓小平理论、师德建设、钻研业务、团结问题等提出希望和要求。

（杜丹英）

【3名教师获博士生导师资格】 9月16日，外交学院周启朋、苏格、林军3名教师通过国务院学位委员会专家组的审核，获得该院国际关系研究所博士点导师资格。该博士点2名导师因年龄关系，不能继续招生。

（孙京丽）

【主办全国外语院校成教年会】 9月22至27日，外交学院主办全国外语院校成人教育协作组第八届年会。国家教委、市教委、中央电大及14所外语院校代表共40余人参加年会。会议总结全国普通高校函授、夜大学评估工作，听取《美国成人教育考察》、《关于欧洲部分国家成人教育考察》和国家教委注册视听生教育实施情况等报告，讨论全国统一成人教育教材编写工作。会议认为，今后成人高等教育要向继续教育和高层次职业教育方向转变，积极发展夜大学教育，严格控制成人脱产班，逐步完善成教各项法规。

（尚序民 邢京生）

【实施德育教学改革】 9月，外交学院对德育教学实施改革。该项改革将德育课教学内容与人文素质教育、心理健康教育、人才教育相结合，并穿插有关理想、道德情操问题的演讲比赛。德育教学改革是在对学生思想状况进行问卷调查后实施的。

（张 迅）

【生源质量保持较高水平】 9月，外交学院招收各类新生270人（夜大除外），新生中党员24人，团员244人，三好学生22人，优秀学生干部11人。207名本专科学生中，男生61人，女生146人。在北京地区招收本科生63人，录取提档线文科546分，理科572分(含加分)，分别高出北京市文、理科类重点院校录取控制线83分和112分。

（许 跃）

【举行学生公寓管理联席会议】 10月9日，外交学院学生公寓管理委员会和学生自管会就文明宿舍工作和层长职责举行联席会议。会议总结公寓管理经验，要求各楼层做好安全、节约和卫生工作。外交学院学生自管会在学生中先后开展防火宣传，学习使用防火器材；节约水、电，不使用电炉等危险品活动；并举办旧货交流会。

（连洪涛）

【召开人文素质教育研讨会】 10月28日，外交学院召开人文素质教育研讨会。该院从1993年实施人文素质教育以来，已开设计算机应用、体育修养和12门文史哲类课程供三、四年级学生任选，另外举办常年的《当代中国和世界》、《中国传统文化》两个大型讲座。但从整体上看，人文素质教育还没有形成一个合理的、完整的体系，属于人文素质修养类的文学、艺术、音乐、美术、舞蹈等课程，以及某些自然科学类课程尚未开设。

（王胜乾）

【召开建设文明校园动员大会】 10月29日，外交学院召开建设文明校园动员大会。会议总结文明校园建设成绩并找出差距，提出1998年10月通过北京市高校文明校园建设领导小组检查评估的奋斗目标。

（陆佩珠）

【成立香港发展研究中心】 11月14日，外交学院香港发展研究中心正式成立。该中心旨在推动学院与香港各界的交流和合作，深入研究香港回归后在政治、经济、贸易、金融领域的发展和在国际事务及国家统一大业中的地位和作用。中心实行理事会领导制，第一届理事会讨论、通过章程，选举理事长及秘书长。中心的办事机构设在科研处。

（田丽颖）

【研讨专业课程教学问题】 11月17日，外交学院召开教务处、外交学系、国际法系及国际关系研究所等主管教学的负责人会议，进行专业课程教学研究。会议认为专业课程设置应随着形势的发展，及时调整课型，以适应需要。外交学系提出应增设外事调研、外交决策、外交谈判等相关课程。

（袁慧燕）

【举办香港回归法律问题专题报告】

12月17日，外交学院邀请外交部法律顾问、外交学院兼职教授邵天任为本科生和研究生作《香港回归有关法律问题》的专题报告。报告论述我国在香港回归法律问题中的立场、观点和政策，并介绍中、英双方就香港回归法律问题的谈判过程。邵天任是《香港基本法》起草委员会委员、中央香港特别行政区关系组组长。

（崔　峙）

【96412班获市先进集体称号】　12月，市委教育工委、市教委、共青团北京市委、市学联授予外交学院国际法系96412班为1996至1997年度北京市先进班集体称号。该班长期开展义务打扫院图书馆、教室活动；为外地民工和中小学生义务进行普法教育，连续两年自编、自导、自演话剧《过敏》、《月亮、盒子》，创办名为《地带》的班刊。5月，该班团支部曾获得年度首都高校"先锋杯"优秀团支部称号。

（崔　峙）

【接待友好人士来访】　至年底，外交学院共接待友好人士来访40余次。其中：3月31日，由香港明天更好基金会组织的美国国会议员助手团一行11人访问外交学院。访问中，代表团与部分青年教师和研究生座谈，就中美关系中的问题交换意见。4月18日，俄罗斯外交学院新任院长尤里·卡什廖夫（Youri Kashlev）访问外交学院。访问中，双方各自介绍学院性质、专业设置、教师配备、学员情况和经费来源等基本情况并互赠纪念品。5月6日，美国新闻团一行9人访问外交学院。访问中双方就中国改革开放政策、经济建设成就、香港与内地关系以及我国对香港的政策等问题进行座谈。该团由美国新闻界有一定影响的专栏作家、编辑和记者组成，成员均为首次访华。5月15日，乌克兰人权大使瓦西连科一行访问外交学院。双方就国际关系和人权问题进行座谈。乌克兰现为人权会成员国，曾多次在人权会上反对反华提案。8月28日，老挝外交部长宋沙瓦访问外交学院。在全面了解该院性质、专业设置、教师配备、学员情况和经费来源以及老挝留学生学习、生活情况后，宋沙瓦希望今后继续派遣年轻外交官参加外交学院外交官培训。10月6日，莫斯科国际关系学院第一副院长伊万·丘林一行5人访问外交学院。宾主互相介绍各自情况，并就进一步加强交流合作进行商谈。10月21日，中国——东盟人员交流项目的东盟代表团访问外交学院。访问中，外交学院向代表团介绍学院的基本情况，回答客人的问题，并表示愿与东盟国家有关教育机构开展学术合作。代表团希望在外交官短期培训、合作举办小型研讨会、信息交流、图书资料交换和人员互访等领域与外交学院合作。访问期间，代表团参观计算机中心、电教室及图书馆。12月11日，外交学院接待来访的斐济外交和外贸部长武宁邦博一行。斐济客人参观计算机中心和电教室，并与英语系和外交学系的部分学生座谈。

（唐　洁）

【三分之一教师获科研成果】　至年底，外交学院共发表论文104篇、译文5篇、文章103篇，出版学术专著22部、译著9部，涉及作者、译者67人，其中教师57人，占1/3。

（田丽颖）

【举办多种学术研讨活动】　年内，外交学院举办多种学术研讨活动。科研处组织6次中外专家的专题讲座，内容涉及中美关系、亚太经合组织、东南亚金融危机、江泽民访美、大国之间关系等。亚太研究中心举办东南亚安全形势研讨会；国际关系史研究所举办国际关系理论课、中东形势研讨会；英语系举办政论课教学研讨会。

（田丽颖）

北京物资学院

党委书记　阚光淮
院　　长　张声书

【概　况】　1997年，北京物资学院共有34个行政系处，含8个系、研究生部和成人教育学院，院属企业3个。学院设有劳动经济、会计和市场营销等12个本科专业；英语（商贸）、会计和文秘3个专科专业；5个成人专科专业。此外，还设有2个硕士点。教职工655人，专任教师265人，其中教授20人，副教授63人，讲师86人。其他系列高级职称2人，副高级职称21人，中级职称113人。聘请长期外国文教专家2名。在校生3674人，其中硕士研究生23人，本科生2224人，专科生1427人（含成人专科生1267人）。毕业生576人，其中硕士研究生10人，本科生330人，专科生236人（含成人专科生149人）。招生1495人，其中硕士研究生11人，本科生686人，专科生798人（含成人专科生736人）。外国留学生毕业16人，招生9人，在校22人。学院占地面积23.66万平方米，校舍总面积10余万平方米。图书馆拥有藏书20万册。

（李文俊）

【外语教学通过检查评估】　2月27日，物资学院大学英语教学以"良好"成绩通过市教委评估。该评估是依据国家教委《高等学校大学英语教学工作评价方案》（试行）标准进行的。评估专家组先后对物资学院英语教学条件、教学组织和教学效果等方面进行全面检查。

（沈志莉）

【完成教学设施建设3项】　4至12月，物资学院完成教学设施建设项目3个。4月，该院投资93万元，购置100台"奔腾"计算机及辅助设备；7月，经过邮电部CHINANET网站，开通INTERNET网20对，联通各教学、科研单位；12月，投资100万元，完成程控电话改造工程。

（郁军范　刘丙午　宋德伦）

【承办部级培训班】　5月15日，国内贸易部系统教育处长培训班在物资学院开学。内贸部系统教育处长参加培训，培训内容主要有成人教育政策及教育思想等。

（温乃页）

【参加亚太物资交流会议】 6月9至10日，物资学院组团以中国代表身份参加在北京召开的’97亚太地区国际物资交流会议，并发表4篇学术论文。来自21个国家和地区的210名代表参加会议并交流论文，其中54篇论文收入大会论文集。

（郭 跃）

【亚太物资联盟两次来访】 6月13日和9月9日，物资学院两次接待亚太地区物资联盟组织官员来访。6月13日，亚太地区物资交流联盟副主席、澳大利亚物资管理协会前主席凯利·哈蒙德和澳大利亚皇家墨尔本理工大学营销、后勤与资产系主任约翰·克莱蒙茨来物资学院访问。双方就合作事宜商谈。凯利·哈蒙德还为物资学院300多师生以物资交流教育为题进行演讲。9月9日，凯利·哈蒙德再次来访，向物资学院转交澳大利亚皇家墨尔本理工学院的来信，对两院开展合作交流进行细节性会谈，并举办学术讲座会。

（罗新东）

【举办青年教师演讲比赛】 7月9日，物资学院举办第六届青年教师演讲比赛。参赛教师人选由各教学单位的系、部主任现场抽签决定。比赛从板书布局及字体、语言表达能力、讲解内容及层次、选题难易程度、仪表和时间把握等方面考核。经过竞赛，基础部获团体一等奖，信息系获团体二等奖，管理系、经济系获三等奖。个人一、二、三名分别由管理系、基础部和信息系3名教师获得。

（于 亦）

【日本流通经济大学两次来访】 7月21日至8月4日，日本流通经济大学大学生短期研修团来物资学院进行研修访问；7月26日至8月6日，日本流通经济大学校长佐伯弘教授率团到物资学院进行工作访问。日本流通经济大学与物资学院建立校际交流关系是在1988年。

（罗新东）

【部领导与教师座谈】 9月9日，国内贸易部领导在物资学院参加教职工欢庆教师节座谈会。在听取教学、科研及其它各方面教职工代表发言后，部领导指出：物资学院主要工作就是要搞好教学合格评价工作。培养人才关键在教师，要加强教师队伍建设。

（郁军范）

【接待荷兰2个公司来访】 9月19日，物资学院接待荷兰瓦特兹·克鲁沃集团公司亚太地区管理董事汉斯和克罗斯摩国际公司的业务董事李永健，双方就在中国境内联合进行职业培训进行商谈。

（罗新东）

【召开教职工和工会代表会】 9月29日，物资学院召开第二届教职工暨工会会员代表大会。会议听取学院工作报告和工会工作报告，选举产生新一届教代会执委会、工会委员会、工会经费审查委员会。

（顾庆祥）

【学生获奖3项】 9至12月，物资学院学生共获得市级以上奖励3项。其中，9月，营销系1名学生获第九届大学生非数学专业教学竞赛C组一等奖；11月22日，院体操队获北京首届大学生“永林杯”121健力操团体二等奖，集体操三等奖，个人一、二、三等奖各1项；12月13日，院体操队在市大学生第十八届健美操艺术体操比赛中获乙组团体二等奖。

（陈梅君 徐淑斐）

【接待美国经科教交流中心官员】 12月2日，物资学院接待美国纽约经济、科技和教育国际交流中心主任陆振祥教授来访。双方就合作办学、联合招生等事宜进行商谈。

（罗新东）

【院领导平均年龄下降】 12月21日，物资学院院级领导班子调整工作完成。本次调整新增补2名年轻副院长，使院级领导平均年龄由过去54岁下降至51岁。该调整工作是在民主推荐基础上、根据国内贸易部考察组意见进行的。

（付 强）

【硕士学位授予点通过评估】 年内，物资学院物资经济专业硕士学位授予点通过评估，评估结果为A。这是按照《研究生院评估指标体系》标准，由市学位委员会专家组进行审核，并通过投票决定的。

（许振铎）

【论文著作获奖8项】 至年底，物资学院出版专著、编著、工具书10部，教职工发表学术论文115篇，有8名教师在国家重点期刊上发表论文5篇。科研成果获国内贸易部科技进步二等奖2项，三等奖2项，四等奖3项，获北京市优秀教学成果二等奖1项。

（刘长生）

中国人民公安大学

党委书记 孙中国
校　　长 孙中国

【概　况】 1997年，中国人民公安大学占地149184平方米，校舍建筑总面积125593平方米。藏书34万册。固定资产3592万元，其中教学仪器设备1059万元。专业由7个调整为警察管理、侦察、治安管理3个，处级机构由48个调整为41个，增设政治系。在校学生3327人，其中研究生31人、本科生1894人、专科生857人、高级警官晋升培训545人。还有函授专科生4465人、自学考试专业证书班学生15000人。招生2660人，其中研究生19人、本科生545人、专科生199人、函授专科生1897人，本专科招生比上年增加452人。本专科毕业学生1153人，其中本科生452人、专科生159人、函授专科生542人。全校教职工816人，其中享受政府特殊津贴15人，专任教师306人、教辅人员253人。教师中教授28人、副教授90人、讲师159人。年内举办各类专业岗位培训班13个、培训学员971人。全年有18人次到美国、俄罗斯、英国、加拿大、荷兰、芬兰、澳大利亚、日本、朝鲜等国家和地区进行学术交流或进修，接待美国、俄罗斯、英国、意大利、南斯拉夫、西班牙、塞浦路斯、斯洛文尼亚、几内亚、韩国访问和讲学者29人。

（尹华业）

【召开教职工代表大会】　1月10日，公安大学召开第二次教职工代表大会暨第三次工会代表大会，128名会议代表和各处级单位负责人参加会议，会议总结工会4年来的工作，对今后工作提出建议，并选举产生第三届工会委员会。

（尹华业）

【英语教学工作通过评估】　2月2日，公安大学英语教学工作通过评估。该评估是按照国家教委《高等学校大学英语教学工作方案》的要求，于1996年11至12月进行的。

（尹华业）

【举办7次专业技术人员培训班】　3至12月，公安大学先后举办7次专业技术人员培训班，共培训学员305人。其中，3月18至28日举办全国公安系统通讯处长新技术培训班，培训40人，结业40人；4月1日至5月10日举办全国技侦干部培训班，培训39人，结业39人；6月23日至8月30日，举办武警新技术培训班，培训50人，结业50人；7月8日至10月27日，举办两期新刑法培训班，调训学员80人，结业80人；11月18日至12月17日，举办全国刑事侦察干部培训班，调训学员36人，结业36人；12月9至26日，举办警务督察队长培训班，调训学员60人，结业60人。

（尹华业）

【俄罗斯客人来访】　4月15至29日，俄罗斯圣彼得堡大学法律专家马福林·谢尔盖·彼得罗维奇一行3人访问公安大学，俄罗斯客人此行主要商谈两校就劳动法、刑法、民法进行学术交流有关合作事宜。

（尹华业）

【召开第六次团代会】　5月3日，共青团中国人民公安大学第六次代表大会召开。131名代表参加会议，代表大会对过去3年工作做总结，选举出新的共青团委员会。

（尹华业）

【举办公安学研究所建所10周年座谈会】　5月22日，公安大学召开庆祝公安学研究所建所10周年座谈会。该研究所是1987年5月在公安大学成立的第一个集教学、科研为一体的研究所。10年来，先后承担和参与国家级科研项目11项，省部级项目9项，校级项目10项。出版学术著作百余本，发表学术论文千余篇；获得省部级以上学术奖励百余人次。其中《论邓小平人民民主专政思想》一书获1994年度中宣部精神文明建设“五个一工程”入选作品奖，《中国现阶段犯罪问题研究》获北京市哲学社会科学优秀成果二等奖。

（尹华业）

【组团出访俄罗斯】　5月26日至6月9日，公安大学学术交流代表团一行3人到俄罗斯圣彼得堡大学访问，访问中，两校签订劳动法、刑法教学的学术交流合作协议书。

（尹华业）

【西班牙学者来访】　5月29日至6月7日，西班牙马拉加大学犯罪学教授帕·斯坦捷兰德访问公安大学。访问期间，斯坦捷兰德就犯罪学发展历史流派、城市犯罪、经济犯罪、高科技犯罪、遏制犯罪、综合治理社会治安等问题进行教学和学术交流。该活动是公安大学与西班牙马拉加大学就犯罪学研究的首次合作。

（尹华业）

【塞浦路斯警务官员来访】　6月8至19日，塞浦路斯内务部调查发展部主任、总警监克里斯托菲兹访问公安大学。访问期间，克里斯托菲兹讲授人口流动与犯罪课，并介绍欧盟国家的警察制度。

（尹华业）

【南斯拉夫官员来访】　6月12日，南斯拉夫反恐怖特别部队总指挥拉甘·菲利波维奇、驻华大使斯洛博丹·翁科维奇一行4人访问公安大学。访问中，南斯拉夫客人观摩警体格斗并同警体教员进行业务交流。

（尹华业）

【首批函授学生毕业】　6月23日，公安大学首届357名函授生毕业。这批函授生于1994年入学，学习警察管理专业，分布于河北、山西、陕西、河南、贵州、甘肃6省市。该校第10届82名夜大学生同时毕业。10年来，公安大学共毕业夜大学生1014人。

（尹华业）

【英国指纹专家来访讲学】　6至8月，英国苏格兰法庭科学鉴定中心指纹专家约翰·帕森斯和罗杰·布德温到公安大学访问讲学。访问中，英国专家讲授现场勘察、证据保护、指纹时间鉴定等课程，并进行《现场手印遗留时间测定》的学术交流。

（尹华业）

【举办交通管理研究生班】　7月9日，公安大学与北京工业大学联合举办我国首届交通管理研究生班。该班旨在培养我国从事交通控制、管理，事故调查分析和事故处理的高级管理人才。

（尹华业）

【3篇论文获奖】　7月，公安大学《培养青年学科带头人、建设跨世纪的师资队伍》、《运用爱国主义教育基地进行爱国主义的系列教学》和《特种照相教学幻灯》3篇论文获公安部优秀教学成果奖。

（尹华业）

【斯洛文尼亚教授来校讲学】　9月，斯洛文尼亚内务部政府高级顾问达克·马维尔教授在公安大学讲授刑事司法研究生课程。

（尹华业）

【韩国警察大学来访】 10月22至25日，韩国警察大学校长金世钰等3人来公安大学访问。访问期间两校商谈互派留学生合作交流。

（尹华业）

【参加全美犯罪学年会】 11月17日至12月4日，公安大学应美国犯罪学会和全美犯罪学第49届年会邀请，参加美国圣地亚哥市全美犯罪学第49届学术年会。会上该校提交学术论文和学术专著，并就犯罪心理学、刑事司法、社会治安管理控制、侦察心理学、审讯心理等学术问题进行交流。

（尹华业）

【成立政治系】 12月3日，公安大学成立政治系。该系由原思想政治教育专业、德育教研室与马列部合并而成立。为正处级单位，人员编制40人。

（尹华业）

【组团出访英国】 12月7至22日，公安大学代表团一行4人到英国莱斯特大学访问。此行目的在于考察3年来两校合作交流情况，并续签合作协议。

（尹华业）

【表彰6名优秀学生】 12月12日，公安大学召开优秀学生表彰大会，奖励5名市三好学生，1名市优秀学生干部，侦察系95级刑侦二区队为市先进集体。

（尹华业）

【理化实验室通过评估】 12月19日，公安大学理化实验室通过市教委的评估。该校共投资180万元，对理化实验室进行改造和设备更新。

（尹华业）

华北电力大学（北京）

党委书记 曾亨炎
校　　长 徐大平

【概　况】 1997年，华北电力大学（北京）在校教职工908人，专职教师410人。其中高级职称258人，中级职称251人，有研究生及以上学历的青年教师173人，占青年教师总数的60%以上。有中国工程院院士1人，博士生导师7人，享受国家政府特殊津贴43人。设有工商管理学院（管理系、会计系、贸经系、电经系）、电力工程系、动能工程系、信息工程系、社会科学系、基础部、体训部、计算机中心1院8系2部1中心，设有普通本科专业13个，专科专业5个，第二学士学位专业1个，硕士点10个和博士点3个。招收新生1567人，其中本科生760人，研究生67人，第二学士学位生144人，函授教育生596人。毕业学生587人，其中研究生40人，本专科生547人。在校生5676人，其中研究生251人，第二学士学位生371人，普通本科生3456人，函授教育生1598人，学校占地面积21.47万平方米，建筑面积8.5万平方米，固定资产总额13183万元。全年举办学术报告会27场，其中聘请国外专家作报告6场。另被授予国家电力公司高校招生工作先进集体。

（张紫娟）

【获准为企业定点培训校】 年初，电力大学(北京)被国家经贸委批准为国家千户大型企业定点培训的15所院校之一。该校曾于1996年被国家经贸委批准为国家工商管理培训的定点院校。至年底，该校共组织3期工商管理培训，培训150名电力系统厂、局长。该校由此总结出符合电力企业需要的培训经验，并在全国电力系统管理人员培训委员会全委扩大会上作介绍。

（张紫娟）

【工商管理学院成立】 4月9日，电力大学（北京）工商管理学院成立，该学院由管理系、会计系、贸易经济系、电力经济系4个系组成。

（杜建国）

【新图书馆启用】 4月9日，电力大学（北京）新图书馆正式启用。该图书馆建筑面积11000平方米，采用先进的模数式建筑结构，大开间，打破藏借阅的界限，实行全部开架及计算机网络管理。该图书馆由史大桢题写馆名。

（杜建国）

【科学会堂投人使用】 4月9日，电力大学（北京）科学会堂投入使用，该会堂可容纳150人，设有投影仪等设备，投影仪可以放光盘、录像带并可以和计算机联通。

（赵立志）

【召开首次函授站工作会】 4月27至31日，电力大学（北京）召开首次函授站工作会，有关省（区）电力局教育处和西柏坡发电厂、海拉尔、包头、北京供电局、山东电力职大和国调局燃料处等7个函授站点的负责人参加会议。会议总结函授工作经验，对今后工作提出要求。

（刘　威）

【举办青年教师讲课比赛】 5月27日，电力大学（北京）举办第四届青年教师讲课比赛。共有50多名青年教师参加比赛，最后经比赛评委会评审，2人获讲课比赛一等奖，3人获二等奖，5人获三等奖。

（刘宗歧）

【学生宿舍安装电视系统】 6月30日，电力大学（北京）学生宿舍闭路电视系统正式投入使用。播放时间为周一至周四17：30—20：00，周五17：30—23：00，周六9：30—23：00，周日9：30—20：00。播放内容有：新闻联播、北京新闻、重要专题节目、文艺演出及重大体育赛事、华电新闻、教学录像及学校自制节目等。总投资93.2万元，配备电视机630台。

（张紫娟　齐向军）

【获全国大学生数学建模竞赛奖】 9月23至26日，电力大学（北京）参加全国大学生数学建模竞赛，由该校工商管理学院3名学生组成的竞赛组获北京赛区一等奖。北京共有26个学校、129个队参赛。

（刘 威）

【3个基础教学实验室通过合格评估】 10月9日和11月6日，电力大学（北京）物理基础教学实验室、电力基础（电工及电机）和电子技术基础教学实验室分别通过市教委检查评估。该评估是从体制与管理、实验教学、设备管理、实验队伍、环境与安全、管理规章制度等方面进行的。

（杜建国）

【召开教学工作会】 11月15日，电力大学（北京）召开教学工作会。会上通过《关于进一步提高教学质量的若干意见》。该意见提出深化教育改革，实施面向21世纪的教学内容，加强学科建设，加强实践性教学基地建设，努力提高实践性教学环节的教学质量；改革德育工作，加强大学生文化素质教育等工作任务。

（杜建国）

【举办学术活动月活动】 11月，电力大学（北京）举办学术活动月。该活动共收到论文147篇，其中15篇论文被评为优秀论文。

（梁立新）

【举办教育理论培训班】 年内，电力大学（北京）举办第五期青年教师教育理论培训班，44名青年教师接受培训。该培训班增加教育法规和教师职业道德的内容。

（刘宗歧）

【开展国际合作与交流】 年内，电力大学（北京）接待来自美国、加拿大、澳大利亚、瑞士、俄罗斯、德国、法国、西班牙等国的短期来访专家21名，并聘请德国柏林工业大学的扎扎诺尼斯（Tsatsaronis）和西班牙扎尔古萨（Zargoza）大学的瓦莱奥（Valero）二人为客座教授。选派3名青年教师赴瑞士联邦洛桑高等理工学院进修，选派1名青年教师到日本做博士后工作和1名教师赴美做高访学者。

（裴光宇）

【经济法951班获市级先进】 年内，电力大学（北京）社会科学系经济法951班被市委教育工委、市教委授予北京市先进班集体称号。该班学风优良、团结勤奋，先后获得优秀团支部、优秀学风班、十佳班集体等称号，全国英语四级考试一次通过率85.2%，获广播体操比赛全校第一名，所有宿舍均在卫生检查中获奖，全班共有51.7%学生获各类奖学金。

（汪庆华）

【成立教学质量督导组】 年内，电力大学（北京）组建教学质量督导组。该督导组由12名教学水平较高的教授组成，依据《教学质量督导条例》深入课堂，重点督导首次开课的青年教师备课及授课工作，了解青年教师存在问题，帮助青年教师提高教学水平。

（张紫娟）

【取消专科招生】 年内，电力大学（北京）取消专科专业招生计划。按照电力部人才培养规划，该校今后以培养本科、研究生高层次人才为主。

（张紫娟）

【设立4项奖学（教）金】 年内，电力大学（北京）与企业联合设立4项奖学（教）金。其中，中国华电电站装备集团出资30万元建立优秀学生奖励基金；北京哈德威四方有限公司每年出资15万元，建立研究生奖学金并资助在重点实验室立项研究工作中成绩突出人员；北京融商集团公司每年出资10万元建立研究生奖学金。

（杜建国）

【邱启荣获霍英东教育基金】 年内，电力大学（北京）基础部教师邱启荣博士获1997年度霍英东教育基金会青年教师（教学类）三等奖。邱启荣教学严谨，他研究的《低维集上的极大算子与奇异积分》获国家自然科学基金资助，《小波分析在模型研究中的应用》获电力部青年科研促进基金资助。

（张紫娟）

对外经济贸易大学

党委书记 孙维炎
校　　长 孙维炎

【概 况】 1997年，对外经济贸易大学设有国际经济贸易学院、国际交流学院和国际工商管理学院等5个学院。海关管理系、人文科学系和信息经济系3个系，研究生部和留学生部2个部，共26个专业，10个硕士点，2个博士点。设有国际贸易问题研究所、跨国公司研究中心和世界贸易组织研究会等9个研究机构和图书馆、计算中心、电教中心3个教学辅助机构。还设有经济英语培训中心、外贸英语培训中心和亚太工商管理培训中心等13个培训机构。全校有各类学生17260人，其中：本科生2222人，专科生97人，第二学位生124人，研究生484人，留学生333人，夜大生、函授生及电大生14000人。有教职员工1294人，其中专任教师529人，专任教师中包括教授86人，副教授155人。此外还聘请外国专家30余人。毕业本科生574人，研究生98人，分别比上年增长10.6%和133%，专科生58人。招收本专科生717人，其中本科生677人，专科生40人，比上年增长4.5%，其中有省区高考第1名4人，省市级三好学生48人，省市级优秀学生干部38人，招收研究生227人，比上年增长24%，新生整体素质较好。学校占地面积267000平方米，校舍面积17万平方米，图书馆藏书46万册，其中外文图书16万册。学校与美国、加拿大和英国等20多个国家和地区的60多所院校和研究机构建立了校际交流关系。

（吴兴旺）

【举办女教授先进事迹报告会】 3月7日，对外经贸大学校工会召开张冰姿先进事迹报告会。张冰姿是对外经贸大学国际交流学院教授，1952年走上外事秘书工作岗位，1956年在匈亚利为周恩来担任翻译，1960年她调入北京外贸学院任教。80年代初，她编写商业英语教材《温哥华来客》，用于中央人民广播电台和对外经贸大学合办的英语广播节目，她本人主持播讲。此后她战胜多种疾病，写出5部专著。1994年她以60多岁高龄重新主持自己编写的《电视外贸英语》广播讲座。对外经贸大学共有女教职工666人，占该校教职工总数的51.5%

（吴兴旺）

【举办迎香港回归英语演讲会】 3月27日，对外经贸大学与外经贸部联合举办迎香港回归英语演讲会。机关干部和师生共250多人参加会议。演讲会上9名机关干部和师生代表先后走向讲台，用英语表达香港回归祖国的喜悦心情。李岚清参加演讲会并发表英文演讲。

（吴兴旺）

【设立“华为”奖学金】 3月，深圳华为技术有限公司与对外经贸大学正式签订设立“华为”博士硕士奖学金协议。协议规定：华为公司每年向经贸大学提供5万元，作为国际工商管理专业和国际经济贸易专业博士、硕士奖学金，第一期协议期为3年。这是该校第一次专为博士硕士设立奖学金，也是第一个由国内民营高科技企业在该校设立奖学金。9月，该校举行“华为”奖学金颁奖仪式，1名博士生和45名硕士生分别获得该项奖学金。

（吴兴旺）

【扩大在京招生名额】 5月8日，对外经贸大学召开1997年在京招生工作座谈会。北京市、区招生办公室和40多所重点中学应邀参加会议。会议公布该校1997年招生计划，该计划基本方针是：扩招北京，调整内地，增招西北，停招上海。其中在京招生164人，比上年增加三分之一。座谈会旨在给广大考生提供招生信息，加强与中学的联系和沟通，争取更多品学兼优的生源。

（吴兴旺）

【7名教授享受政府特殊津贴】 5月9日，对外经贸大学7名教授获得享受政府特殊津贴的荣誉证书。与往年相比，这批教授年龄有所下降，而且都工作在教学第一线。

（吴兴旺）

【通过“211工程”研究论证】 5月16日，对外经贸大学“211工程”可行性研究报告通过论证审核。外经贸部聘请的专家组听取该校的汇报，分别与4个重点学科建设项目及校园计算机网络建设项目的负责人交换意见。专家组认为，对外经贸大学“211工程”可行性研究报告指导思想明确，重点突出，实事求是，建设项目切实可行，建设计划及资金安排合理；校园网络建设规划目标明确，仪器设备购置计划合理。至年底，近7000万元“211工程”专项资金已经到位，约占整个投资的三分之一。该校先后制订《“211工程”建设项目管理办法》和《“211工程”专项资金管理实施细则》，确保“211工程”建设质量。

（吴兴旺）

【获英语演讲比赛一等奖】 5月，在北京高校大学生迎香港回归英语演讲比赛中，对外经贸大学国际经济贸易专业2名学生分别获一等奖和三等奖。来自10所高校的30名学生参加该项比赛。6月6日，在京、沪、粤、港迎香港回归英语演讲决赛上，对外经贸大学1名学生以9.71高分与上海复旦大学并列第一。来自京、沪、粤、港13名选手参加该项决赛。

（吴兴旺）

【举办网络传亲情活动】 6月24日，对外经贸大学团委与香港青年大专学生协会联合举办首都及香港大学生网络传亲情活动，来自15所高校的100多名大学生，通过国际互联网，与香港中文大学、香港科技大学等高校的100多名大学生进行网上交流。他们先观看对方提供的有关庆香港回归活动的录像，接着进行网上对话、猜谜、联唱等。

（吴兴旺）

【印刷厂引进外资】 6月26日，对外经贸大学印刷厂与意大利阿贝特股份有限公司签署合资协议。该协议规定，双方共同投入225万美元组建达星彩色包装印刷有限公司。其中，印刷厂投入价值130万美元的设备，阿贝特公司投入相当于95万美元的设备和技术。

（吴兴旺）

【颁发第5届安子介奖】 6月27日，对外经贸大学举办第5届安子介国际贸易研究奖颁奖仪式。本届有5部著作获优秀著作奖，9篇论文获优秀论文奖，17名学生获学术鼓励奖。该奖项于1993年设立，是国际经济贸易领域的最高学术奖，旨在促进国际经济贸易领域的学术研究，鼓励本专业学生奋发学习。

（吴兴旺）

【获香港何氏家族捐资3000万元】

9月10日，对外经贸大学举行何英杰、何柱国捐资仪式。何英杰是香港烟草公司董事长、爱国企业家、慈善家，他的孙子何柱国是香港烟草公司继承人、总经理。何氏家族第一期捐赠3000万元设立“何英杰何柱国教育发展基金”，用于奖励优秀教师和学生。

（吴兴旺）

【实施人事管理制度改革】 9月11日，对外经贸大学召开全校教职工大会，宣布实施人事管理制度改革。该改革方案，要求调整师资结构，加强师资培训，创造条件吸引高层次人员充实教师队伍。精简非教学人员15%，并压缩临时工作人员，建立合理分流人员制度，允许非教学人员提前退休或调离学校，部分下岗人员到人才交流中心待聘。同时对教职工实行分类管理，制订相应的道德规范和考核办法，做到奖优罚劣。对外经贸大学是外经贸部人事管理制度改革试点单位。

（吴兴旺）

【举办世界投资报告发行新闻发布会】 9月18日18时，对外经贸大学孙维炎举行《世界投资报告（96中文版与97英文版）》发行新闻发布酒会。联合国贸易与发展会议(UNCTAD)于1991年开始编写世界投资报告，要求每年在同一时间向全世界12个主要城市发布。自1995年起，孙维炎作为大陆华人代表，每年代表联合国在北京举行《世界投资报告》新闻发布会。

（吴兴旺）

【学生4幅作品获奖】 9月27日，在“中国，您好”国庆献辞征集活动中，对外经贸大学4名学生的4幅作品获奖。该献辞征集活动，是国务院研究室、国家外国专家局等部门联合主办的，本届共评选大学系统获奖作品16幅。

（吴兴旺）

【召开教学工作研讨会】 10月23日，对外经贸大学召开教学工作研讨会。校院系主要领导、各系及教研室主任、教师代表以及有关部门负责人共120多人参加。会议作题为《转变教育观念，深化教学改革》的报告，指出在人才培养目标和办学模式、学科体系、课程体系以及教学方法等方面存在认识误区，必须从这些方面转变观念，否则教学改革难以有根本性突破。会议提出要加强师德建设，提高教师队伍思想和业务素质；实施素质教育，增强学生对社会需求适应性；抓好课程体系、教学内容和教学方法的改革；建立科学的考试、评价方法体系等措施。

（吴兴旺）

【召开制止奢侈浪费动员大会】 11月12日，对外经贸大学召开干部大会，部署厉行节约制止奢侈浪费工作。会议传达尉健行在全国纪检监察系统电视电话会议上的讲话和吴仪在外经贸部干部会议上的讲话。会议要求提高认识，从自己做起，从小事做起，把厉行节约制止奢侈浪费工作落到实处。

（吴兴旺）

【举办全球商业管理研讨班】 12月3至16日，对外经贸大学举办97全球商业研讨班，近百名学员分别来自外经贸部、市经贸委系统单位和北京金融系统、大专院校。该研讨班由美国哈佛大学商学院5名教授担任教师，采用启发式的教学方法，列举大量案例和数据，对世界经济一体化、国际企业经营与管理、投资与金融等问题系统讲解，并结合我国外经贸工作实际，进行专题研讨，通过考试，颁发结业证书。

（吴兴旺）

【获国际企业管理挑战赛（中国赛区）冠军】 12月12日，对外经贸大学获得1997年国际企业管理挑战赛中国赛区冠军。本届全国各高校共144支代表队参加比赛，对外经贸大学有3个队报名参赛，其中2个队与南开大学2个队、北京大学MBA一队、清华大学二队进入决赛，结果对外经贸大学卓夫联队夺得冠军，另一队获得第三名。获得冠军的卓夫联队将代表中国参加1998年3月在法国巴黎举行的世界总决赛。国际企业管理挑战赛起源于欧洲，以计算机软件模拟现实生活中的商战为比赛形式。我国于1996年参加该项比赛，当时对外经贸大学获得亚军，未能进入世界总决赛。

（吴兴旺）

【成立中国经济发展研究所】 12月20日，对外经贸大学召开中国经济发展研究所成立大会暨中国市场经济论坛第50次年会十五大与中国对外开放研讨会。该研究所的宗旨是：实行产学研结合，以校内力量为基础，吸收社会研究人员，共同探讨中国经济社会发展和改革开放中的重大理论问题，共同探讨中国经济社会发展和改革开放中的重大理论问题，分析经济运行态势和矛盾。为政府提供决策参考，为企业提供咨询服务，增进国内外的学术交流，充实、完善教学内容。

（吴兴旺）

【举办多种学术研讨会】 年内，对外经贸大学举办多种学术研讨会，其中有：国际经济贸易与美国蒙克利州立大学联合发起、欧亚美洲10多所大学参与的国际化经营与中国；机遇与挑战大型国际研讨会；与外经贸部共同组织举办的中国中西部地区利用外资工作研讨会；国际贸易问题研究所举办回归后的香港学术研讨会；国际交流学院举办的外语教学改革与发展研讨会和《日语学习与研究》杂志社举办的日语学习与研究学术研讨会。

（吴兴旺）

【英语专业四级考试通过率100%】 年内，对外经贸大学学生参加全国英语专业四级考试，通过率为100%，比上年提高19%，参加全国英语专业八级考试，通过率为82.9%，比参加考试院校的平均通过率高出27%。

（吴兴旺）

【中德学院成立】 年内，对外经贸大学中德学院成立，学院下设中德培训中心和德语系。其目的是为德国在华项目培训中方工作人员，同时为国家培养德语专业本科生。

（吴兴旺）

【培训教学管理人员】 年内，对外经贸大学举办为期8天的教学管理人员业务培训班，教务处和各院系教学秘书共30人参加培训。培训班开设教育理论讲座、高等学校教学管理通则、计算机常用教学软件技能等培训课程。并且修订《学生学籍管理办法》、《学生成绩管理办法》、《学分制管理条例》和《学生主修、副修制度管理规定》4个文件。

（吴兴旺）

中国人民警官大学

党委书记　司同军
校　　长　司同军

【概　况】 1997年，中国人民警官大学设有外语、中文、公安科技、交通管理工程4个系；英语、电子工程和安全防范等15个本科专业。有公安文化、公安科技、交通安全技术3个研究所及警官教育出版社。全年毕业生394人，其中本科生316人，获得学士学位285人，专科生78人；招生454人，其中本科生416人，专科生38人；在校生1589人，其中本科生1318人，专科生271人（其中含四川校外班149人）。成人函授毕业生776人，其中，大专生646人，干部专修生130人；招生1344人，其中大专生1184人，干部专修生160人；在读生3934人，其中，大专生3641人，干部专修生293人。另有专业证书班306人，短期培训班学员1001人。有教职工645人，其中专任教师257人，专任教师中：教授17人，副教授70人，讲师115人。享受政府津贴专家9人，享受部级津贴的专家8人；北京市中青年学术带头人5人，北京市中青年骨干教师16人。学校占地320160平方米，总建筑面积8.2万平方米，其中教学及辅助用房24083平方米，行政办公用房6158平方米，生活用房51778平方米。校图书馆和各教学单位资料室拥有中外期刊近千种，图书32万册，全校固定资产总值9013万元，其中教学仪器设备费1439万元。学校与国内外几十所大学和科研机构建立了联系。

（李亚娥）

【组团出访美国】 1月21日至2月1日，警官大学教育代表团一行4人出访美国。访问期间，代表团先后参观洛杉矶市警察学校、警察局驾驶训练学校、实验中心和警务培训中心。美国在警察教育、培训、设施、装备和资金投入等方面有很多长处。

（李亚娥）

【召开中文教学计划论证会】 3月13日，警官大学中文系召开中文系教学计划专家论证会。北京大学、中国人民大学、北京师范大学汉语文学工作者参加论证会。会议审阅中文系教学计划及教学大纲，听取该系关于教学计划修改情况的说明。会议认为中文系现有的教学计划是科学、可行的。该教学计划总体设置及其具体安排，体现高校中文系学科专业一般特点，能保证中国语言文学专业培训目标的实施，又具有公安、警官院校中文系的鲜明个性和特色。

（李亚娥）

【举办邱娥国先进事迹报告会】 3月15日，警官大学举办邱娥国先进事迹报告会。江西省公安厅宣传处、南昌市筷子巷街道办事处、邱娥国邻居、亲属与邱娥国本人在会上先后发言。邱娥国是江西南昌筷子巷派出所一名普遍民警，17年来，他扶危济困、勇斗歹徒、秉公执法，在平凡的岗位上作出不平凡的贡献。

（李亚娥）

【德国警察学院来访】 3月30日至4月10日，警官大学接待赖讷·贝克尔为团长的德国麦克伦堡——前波希米亚警察学院师生校际交流访问团一行25人。访问期间，德国代表团介绍德国警察工作及教育培训情况，并讲授德语语法和发音规则，警官大学向德国客人介绍中国警察工作情况。两校师生共同举办射击比赛和擒敌技术表演，共同参观北京人民警察学院和解放军军犬繁育中心。

（李亚娥）

【举办公安学知识竞赛】 5月21日，警官大学举办公安学知识竞赛决赛。共有4个队参加决赛，结果六系获得第一名，三系、二系、一系分获二、三、四名。本次竞赛，参考资料、比赛试题由公安业务教研部教师提供。校领导向获奖选手颁奖并讲话。要求同学们以此为契机，学好公安法学知识，成为跨世纪的合格警官。

（李亚娥）

【接受本科教学评估】 5月31日至6月7日，警官大学接受国家教委大学本科教学全面评估。在听取自评报告后，专家考评组抽取部分学生测试中国革命史、普通物理、刑事案例分析、法学概论、专业英语和电子技术实验6门课程，听取各系部讲课，以调查问卷的形式与教师、学生分别座谈，检查教学设施和学生日常教学活动。专家组认为，警大建校18年来，成绩是主要的，但是在加强基础教学和突出公安特色上还存在不足，希望今后大学本科教育教学要达到厚基础、宽口径、高素质。

（李亚娥）

【连续4年获群体工作优秀院校】 10月，警官大学被评为1996—1997学年北京高校群体工作优秀院校，名列高校第4名。该校已连续4年获此荣誉。在本次验收评比中，北京高校共有10所被评为优秀，15所被评为良好，20所被评为合格。

（李亚娥）

【首次获得公安部科技成果奖】 11月8日，在公安部1997年度科技奖励评审会上，警官大学研制的《公安部行政事业单位固定资产管理系统》和《板式汽车制动、轴重、侧滑动态检测系统》两个计算机软件获得科技进步三等奖。这是该校首次获得的公安部科技成果奖。

（李亚娥）

【获高校跳绳比赛冠军】 12月20日，在北京高校跳绳比赛中，警官大学代表队获得冠军，另有3名男队员、1名女队员进入单项前8名。这是该校参加高校跳绳比赛以来取得的最好成绩。本次比赛共有14所高校260名运动员参加比赛，警官大学代表队由24人组成。

（李亚娥）

【举办万米接力长跑比赛】 12月24日，警官大学举办万米接力长跑比赛，来自4个系的代表队，男女各24名运动员参加比赛，结果：六系代表队以35′43″16的成绩打破36′

26″5 的校纪录夺得冠军。

（李亚娥）

北京电子科技学院

党委书记 王仲文（12 月免）
王天榜（12 月任）
院　　长 王仲文

【概　况】 1997 年，北京电子科技学院设有计算机应用系、计算机科学与技术系、通信工程系、社科部、基础教学部 5 个系（部）。开设计算机应用、计算机软件、通信工程、管理及秘书 4 个专业。有教职工 288 人，专任教师 109 人，其中教授 9 人，副教授 37 人，讲师 38 人。教师中享受政府津贴 6 人。35 周岁以下青年教师中研究生比例已达到 68.75%。在校生 691 人，其中本科生 400 人，专科生 291 人。普通高等教育招生 229 人。本科招生 140 人，比上年增长 75%。本科新生达到重点分数线的占 84%。专科招生 89 人，比上年增长 48.3%。大专新生达到本科分数线的占 76%。普通高等教育毕业生 220 人，其中本科生 76 人（首届），专科毕业生 144 人，比上年减少 8.3%。成人高等教育函授开设管理与秘书、计算机应用 2 个专业，学制分别为 3 年和 4 年。学院设有 5 个函授站，在校函授专科生 181 人。函授招生 89 人，比上年增长 48.3%。成人函授专科毕业生 72 人，比上年增长 12.5%。该院中南海业余大学开设秘书、行政管理专业，在校生 59 人，招生 15 人，毕业生 35 人。学院为在职职工、干部再教育，开办各种短期培训班，累计培训各类人员 869 人次。并开展“双拥”活动，为部队培训军地两用人才 180 人次。学院占地面积 89267 平方米，其中现校园占地面积 11066.7 平方米，新校园占地面积 78200.4 平方米。校舍建筑总面积 34416 平方米，其中新增建筑面积 8527 平方米。图书馆藏书 11 万册。全年教育经费决算 676.8 万元，比上年增长 11.2%。全年购置教学仪器设备 329 台，161.1648 万元。截止 1997 年底新校园基建投资到位 1.9 亿元，其中 1997 年新校园基建投资 7300 万元。

（杨立芳）

【中央办公厅领导视察学院】 1 月 7 日，曾庆红等中央办公厅领导到北京电子科技学院视察。视察中，曾庆红看望师生员工，听取该院领导的工作汇报，视察实验室、电教室、食堂等单位，在全院处以上干部会上，就办学条件、教职工生活、教学质量等讲话，当场为该院协调解决 200 万元教学评价专项经费。该项专款已于年底全部到位。

（杨立芳）

【完成教职工住房 8527 平方米】 1 月，北京电子科技学院 1 栋教职工宿舍楼竣工，该宿舍楼建筑面积 8527.3 平方米。

（杨立芳）

【对本科教学进行预评】 3 月 10 至 12 日，中央办公厅高等教育评价领导小组邀请部分专家对北京电子科技学院本科“以评促建”的情况进行预评。专家组通过对本科教学的教学条件、教学状态、教学效果等基本情况的检查了解，对“以评促建”取得的初步成绩给予充分肯定，同时对今后的发展提出建设性意见及建议。

（杨立芳）

【推迟本科教学评价日期】 3 月 18 日，中央办公厅召开主任办公会，会议听取北京电子科技学院领导关于《邀请专家对学院本科教学工作进行检查》的情况报告。会议同意该院提出的关于推迟对本科教学进行合格评价的意见，并决定，请厅评价领导小组与国家教委协商，将教学评价推迟到 1999 年底进行。

（杨立芳）

【召开第二次团代会】 5 月 16 日，共青团北京电子科技学院第二次代表大会召开。会议审议并通过第一届委员会所作的题为《把握大局、再创辉煌，努力塑造跨世纪可靠接班人》的工作报告，选举产生由 17 人组成的第二届团委会。

（杨立芳）

【首届本科生毕业】 6 月，北京电子科技学院首届 76 名本科生毕业。其中，计算机软件专业 37 人，通信工程专业 39 人。75 名毕业生均走上工作岗位，1 名学生考取研究生。

（杨立芳）

【首批联合培养硕士生入学】 7 月 2 日，北京电子科技学院有 2 名青年教师和 1 名本科毕业生成为首批联合培养研究生。依据 1996 年 6 月电子科技大学（成都）、燕山大学和北京航空航天大学 3 校与北京电子科技学院签订联合培养硕士研究生协议，这 3 名学生作为定向培养研究生，学习期间实行双导师制，学业完成后按定向合同派遣。该协议规定联合培养研究生只限于通信及计算机相关专业。

（杨立芳）

【召开首次教学管理服务经验交流会】 9 月 5 日，北京电子科技学院召开首次三育人工作经验交流会。该院 7 名个人和 3 个集体代表分别介绍在教书、管理和服务三育人工作中的经验和体会。会议评选出教书育人一等奖个人 1 名，三等奖个人 3 名；管理育人一等奖集体 1 个，二等奖集体 1 个、个人 1 名，三等奖集体 1 个；服务育人二等奖个人 1 名，三等奖个人 1 名。

（杨立芳）

【西苑出版社变更主管主办单位】 9 月 16 日，原西苑出版社的主管单位变更为中共中央办公厅；主办单位变更为北京电子科技学院。该出版社实行社长法人负责制和目标管理责任制，属于自主经营、自负盈亏、独立承担民事责任的自收自支型的文化事业单位。拟申请编制 30 人，并纳入该院总编制。注册资金

60万元，流动资金50万元。

（杨立芳）

【获学科竞赛奖】 9月17日，北京电子科技学院3名学生在全国第三届大学生电子设计竞赛中获二等奖。11月，该院1名学生获第九届北京市大学生(非数学专业)数学竞赛三等奖(本科乙组)。12月28日，该院1名学生获北京市第十四届非物理类专业大学生物理竞赛乙组三等奖。

（杨立芳）

【函授教育增设计算机应用专业】 9月，北京电子科技学院函授教育增设计算机应用专业。该专业学制4年，共开设18门课程，教学总学时3200学时。其中，公共基础课4门，772学时，占总学时的24%；专业基础课5门，930学时，占总学时的29%；专业课7门，1258学时，占总学时的39%；毕业实习和毕业设计240学时，占总学时的8%。该专业首届在山东招生32人。

（杨立芳）

【改革教学管理体制】 10月28日，北京电子科技学院将学生管理体制由原来的院一级管理改为院、系两级管理，并在二系和社科部进行试点。同时，该院还在各系、部成立党总支、团总支和学生会等机构，配备相应的管理干部，并制定《北京电子科技学院系、部学生管理工作职责》。

（杨立芳）

【建立德育基金100万元】 10月，北京电子科技学院建立德育基金。该基金是由香港新华集团总裁蔡冠深捐献100万元设立，旨在鼓励德育工作中作出突出贡献的师生。

（杨立芳）

【第三次学代会召开】 11月7日，北京电子科技学院第三次学生代表大会召开。会议通过学生会工作报告，选举产生由19名学生组成的第三届学生会委员会。

（杨立芳）

【电子技术实验室通过合格评估】 12月3日，北京电子科技学院电子技术实验室通过市教委高等学校实验室评估专家组的合格评估。专家组根据《高等学校基础课教学实验室评估标准表》，对6大项39条标准逐条逐项审核，确认电子技术实验室为条件合格实验室，并颁发合格证书。

（杨立芳）

【评选优秀课程】 12月19日，北京电子科技学院举办评选优秀课程活动。评选专家组由院内外13名专家组成，评选条件依据该院制订的优秀课程评审标准。在对计算机原理和数据库两门课程的教学过程、教学管理、教学效果、学术活动等方面的内容进行评议后，专家组确认2门课程已达到优秀课程标准。

（杨立芳）

【4名学生获市级优秀】 12月，北京电子科技学院1名学生获北京市优秀学生干部称号；3名学生获北京市三好学生称号；1个班集体获北京市先进班集体称号；11名学生获北京市优秀毕业生称号。1个团支部于5月获1996至1997学年度首都高校“先锋杯”优秀团支部称号。

（杨立芳）

【重视师资队伍建设】 至年底，北京电子科技学院从全国部分重点高校选调博士研究生2名，硕士研究生1名，本科毕业生10名。评聘副高职8名，中级职称9名。该校制订《“九五”师资队伍建设规划和年度建设规划》，修改《吸引人才的措施》，制订《教师培训工作规程》，并设立师资培训基金。与兄弟院校合作培养研究生、办好助教进修班等，以提高教师教学水平和科研能力。

（杨立芳）

【电教课突破1000课时】 至年底，北京电子科技学院有基础课、专业课、德育课、体育课等40门课采用电化教学，总课时达1057课时，超出1995年以来电教课时总和。

（杨立芳）

【获部级科技进步奖1项】 年内，北京电子科技学院科研项目通过验收鉴定的有5项，获部级科技进步奖1项。

（杨立芳）

北京石油化工学院

党委书记 张富元

院　　长 郁浩然

【概　况】 1997年，北京石油化工学院有教职工583人，其中专业技术人员511人，占全院教职工总数的87.65%。专业技术人员中具有高级职称的114人，占总数的22.31%，比上年增长8.57%，其中正高职14人、副高职100人。教师系列279人，其中有博士10人，硕士112人，占43.7%，比上年增长25.15%。在校生2019人，比上年增加52人，其中本科生1912人，专科生107人；毕业学生481人，其中本科生360人，专科生121人；招收本科新生547人。有化学工程系、机械工程系、自动化系、经济管理系4个系，设化学工程及工艺类、高分子化工及材料和工业分析等9个专业；有教学实验室14个。设有石油化工应用技术研究所、石油化工装备技术研究所、自动化研究所和经济研究所4个研究所，承担着国家自然科学基金和省部级重大科研项目多项。学院与美国、英国、法国、德国、加拿大、日本、俄罗斯、乌克兰、挪威等国家的高等院校、科研机构、公司开展学术交流和科技合作。学院占地总面积251710平方米，其中：教学及辅助用房4.4万平方米，占总建筑面积49%。学院固定资产1.07034亿元，其中教学仪器设备1829.6万元。图书馆藏书近20万册，其中外文科技图书2万余册，各类中外文期刊800余种。

（薛爱武）

【成立艺术教育委员会】 1月9日，石化学院成立艺术教育委员会。该委员会旨在加强学生文化素质教育领导。本学年，石化学院新增设《美学基础》、《艺术欣赏》等5门文艺类课程。

（薛爱武）

【接待9名国外访问学者】 1至11月，石化学院共接待国外访问学者9人。其中，在1月16至18日挪威科技大学教授比尔·哈弗斯·吉尔德（Bion Hafshjold）访问中，双方就科技合作进行交谈；在5月23日，加拿大能源矿业与能源研究院西部研究中心高级研究员伍绍海博士来访中，伍绍海作题为《重油与沥青石油废料溶解技术》专题报告，并受聘石化学院兼职教授；在6月6日美国纽约州立大学石溪分校化学系教授、石化学院兼职教授朱鹏年来访中，作题为《X线在高分子领域应用》的学术报告；在7月7日日本图学会副会长、九州艺术工科大学川北和明教授一行4人访问中，双方就科技合作进行探讨；在11月挪威瑙鲁克工学院副院长奥立夫·苏伦（Olav Soleng）和邓子琼教授访问中，双方就合作项目快速成型技术进行理论探讨。

（薛爱武）

【9个学士学位通过预审】 3月17至19日，石化总公司专家评审组对石化学院申请学士学位授予权进行评审。评审组一行25人，分别来自石油大学(北京)、北京化工大学、北京理工大学等重点大学，在对各专业实地考察后，评审组同意该院及9个专业列为授予学士学位的学院及专业，并向市学位委员会提出申报。

（薛爱武）

【台湾教授应邀来访】 4月3日，台湾新竹清华大学化学工程系汪上晓教授、台湾长庚大学化学工程系钱义隆教授来石化学院进行学术交流，并与自动化系科技人员探讨化工过程自动控制及仿真模拟中的有关技术问题。

（薛爱武）

【调整专业教学计划】 4月9日，石化学院召开院长办公会，根据“宽、新、精”的专业培养原则和社会对工科毕业生的需要，对95级本科招生的化学工程及工艺类、高分子化工及材料类、工业自动化类、计算机类4个大类专业的教学计划进行调整。

（薛爱武）

【赴吉林化工学院学习】 5月19至22日，石化学院一行4人前往吉林化工学院参观，学习先进经验，寻找教学工作差距。吉林化工学院在教学工作中有很多成功经验，已通过国家教委专家组合格评价。

（薛爱武）

【埃克森公司资助10名特困生】 6月6日，美国的埃克森中国公司实施’97资助计划，出资2万元资助石化学院10名特困生。10多年来该公司支持我国石油勘探、炼制、销售、化工和发电等能源项目的开发。

（薛爱武）

【承办北京物理学年会】 6月6至8日，石化学院和北京印刷学院共同承办北京物理学会、高教物理研究会第六届年会。与会代表来自北京地区34所院校，共97人。有关专家作《富勒烯及相关材料的物理学问题》、《浅谈介观物理》等学术报告，并对国内外科技的前沿课题和最新进展进行研讨。

（薛爱武）

【赴欧洲考察】 6月6至23日，石化学院高教考察组一行4人先后到德国柏林技术大学、德国达姆斯塔特工业大学、英国帝国理工学院和法国石油学院4所高校进行考察。

（薛爱武）

【2个基础教学实验室通过评估】 6月27日，石化学院物理实验室、基础化学实验室通过北京地区实验室评估专家组评估，成为北京地区首批合格的基础课教学实验室。该院物理实验室建筑面积960平方米、固定资产53.2万元、仪器设备332台(500元以上)、实验室专职教师4人；基础化学实验室建筑面积1567平方米、固定资产64.5万元、仪器设备317台（500元以上）、实验室专职教师6人。

（薛爱武）

【成立社会科学部】 7月15日，石化学院成立社会科学部。该部下设马列主义、思想教育、文化艺术3个教研室，教师21人，其中教授2人，副教授4人，讲师13人。

（薛爱武）

【首届本科生毕业】 7月，石化学院首届本科生360人毕业，这是该院自1992年成立本科院校以来的首届毕业生，也是该院历史上本科毕业生人数最多的一年。其中化学工程专业33人、高分子化工专业30人、石油加工专业52人、分析化学23人、会计学61人、化工设备与机械79人、机电一体化31人、生产过程自动化27人、电气技术24人；本届本科毕业生共有党员57人，22人获得优秀毕业生称号。

（薛爱武）

【获美国公司联合捐赠】 8月，石化学院获得美国的奥特戴斯克（AUTODESK）公司和惠普公司价值128万元的CAD教学软件及设备的联合捐赠。全国有25所高校获得该项捐赠。

（薛爱武）

【获国家青年资金资助】 9月12日，石化学院化工系申请的《以聚异丁烯为软段的热塑弹性体的合成》科研项目，经国家自然科学基金委员会组织的专家评议和学科评审组评审，获1997年青年基金资助11万元。该项目主要用于研究全新高分子化合物的合成方法。国家青年资金属国家自然科学基金。

（薛爱武）

【精减机关人员】 9月，石化学院实施教学管理机构和干部配置改革。该改革规定系级干部由原5人减至3人；机关除教务处和院办外，只设正处职1人；业务相近的处室合并或1个机构2块牌子。调整后机构设置减少8个(合署办公4个、撤消4个)，处级以上干部减少10余人。

(薛爱武)

【一项目获市教学成果二等奖】 9月,石化学院自动化系《化工过程控制实验教学建设与改革》获得北京市1997年普通高校教学成果二等奖。该项成果已推广到部分高校和中国石油化工总公司的部分企业。北京市普通高校教学成果奖每4年评审1次。

(薛爱武)

【参加亚洲机器人协会年会】 10月，石化学院机械系孙学俭教授作为专家参加在日本举行的第三届亚洲机器人协会年会，并在大会上宣读论文。亚洲机器人协会是由日本、新加坡、菲律宾等近20个国家组成的国际组织，每3年举办1次年会，以促进全世界机器人方面的研制工作。

(薛爱武)

【与石油大学联合办学】 11月，石化学院与石油大学(北京)签订联合培养研究生的协议书。该协议书期限3年，规定双方联合培养相同或相近专业的研究生，同时就生源、录取、指导教师、培养方式、研究生待遇等有关问题作出规定。

(薛爱武)

【2门课程被评为部级优秀】 12月9至12日，在第二届中国石油化工总公司优秀课程评估工作中，石化学院材料力学和物理实验2门课程通过评审，达到总公司优秀课程的标准，被评为总公司级优秀课程。

(薛爱武)

【首次获物理竞赛一等奖】 12月14日，在第14届北京市非物理专业大学生物理竞赛中，石化学院4名学生获奖，其中一等奖1名、二等奖1名、三等奖2名，这是该院首次获得一等奖。

(薛爱武)

【设立志椿奖学金】 12月26日，石化学院设立志椿奖学金。该奖学金以鲍志椿烈士（1944年12月26日牺牲)的名字命名，鲍志椿系该院教师鲍浪之父。为纪念烈士，鲍浪、郁浩然夫妇决定将2人多年的稿费、科技奖金和科研收入共5万元设立志椿奖学金基金，以奖励来自农村、品学兼优、经济困难的学生。

(薛爱武)

【4个教改项目被批准立项】 12月，石化学院获4个北京市普通高校第二批教改项目，总经费7万元。4个项目分别是:《项目教学法研究与实施》、《工科基础化学系统改革》、《用计算机手段改进普通物理实验》和《化工学习教学的改革》。

(薛爱武)

【签订科研合同12项】 至年底，石化学院已签订纵横向科研合同12项，合同金额320余万元，比上年增长1.6倍。在国内外正式刊物上发表论文112篇，比上年增长10%。

(薛爱武)

【金工实习车间投人使用】 至年底，石化学院金工实习车间正式投入使用，该车间总面积达2352平方米。其中固定资产投资近100万元、机床设备58台，可同时供100多名学生实习使用。

(薛爱武)

中国新闻学院

党委书记 金嘉声
院　　长 郭超人(兼)

【概　况】 1997年，中国新闻学院在校学生721人。其中，硕士研究生34人，第二学士学位生189人，成人教育专科起点本科生271人，成人大专生227人。招生436人，比上年增加153人，是建院史上最高纪录。其中，硕士研究生19人，比上年增加8人；第二学士学位生99人，比上年增加9人；成人专科起点本科生180人，比上年增加89人；成人大专生138人，比上年增加47人。毕业生共291人，其中第二学士学位生60人，成人专科起点本科生58人，成人大专生173人。学院设有研究生部和进修部。研究生部分管硕士研究生和第二学士学位生，设有2个专业：新闻学和国际新闻学；进修部分管成人教育专升本和大专生，设有新闻专业。全院教职工总数153人，其中，从事教学与科研教师101人，教师中教授46人，副教授45人，讲师7人。另外，国际新闻专业聘用2名外籍教师。全院固定资产总值433万元，全年财政预算拨款274万元，实际支出460万元。学院占地面积72036平方米，校舍建筑面积3.4万平方米。全年接待外国代表团来访和外国驻华使节来访4次。

(刘根娣)

【《授课提纲汇编》投人使用】 9月1日，新闻学院《授课提纲汇编》正式在教学中使用。该提纲汇编搜集该院1994年以来各科优秀授课提纲，共计75万字，基本囊括全部固定课程，是教学材料的补充。

(刘根娣)

【成立学位评定委员会】 12月9日，新闻学院学位评定委员会成立。该委员会由6人组成，下设办公室负责日常工作。其主要职能为：审查通过申请硕士学位的人员名单；审定硕士学位的考试科目、考试范围；审批学位论文答辩委员会成员名单；作出授予硕士学位的决定等。

(刘根娣)

【举办21世纪媒体发展与新闻教育学术研讨会】 12月11至12日，新闻学院举办21世纪媒体发展与新闻教育学术研讨会。来自各新闻、科研、教育单位的专家学者60人到会，就21世纪媒体发展趋势及其对新闻教育的影响，新闻教育如何深入改革，面向21世纪培养适应我国社会主义现代化建设和新闻事业发展需要的高素质专门人才等问题进行研讨。会上30人宣读论文，其中新闻学院教师及研究生提供论文15篇。

（刘根娣）

【周鸿书获政府津贴】　年内，新闻学院周鸿书教授获准享受政府津贴。周鸿书，1960年毕业于中国人民大学新闻系。同年进入新华社，历任北京分社副社长、西藏分社社长，北京市记协副主席；中国新闻学院党委书记兼副院长、常务副院长、全国记协理事，北京市高教职称评委会科学小组副组长等职。周鸿书采写和编审过1万多件新闻稿，曾多次上天安门城楼采写毛泽东检阅活动，成功地领导一些重大新闻报道。周鸿书在新闻学院创建、课程设置、科研规范化和思想政治教育等方面和新闻教学、学术研究领域成就显著。他参加主编和审订的综合性新闻学著作《中外新闻知识概览》，论文《记者必备的五大素质》、《新闻媒介的道德功能》、《关于先进人物宣传的几点思考》具有很高理论价值和指导作用。在新闻院校中他率先开设《新闻伦理学》，并出版我国第一部系统研究新闻道德现象的专著《新闻伦理学论纲》，构建社会主义新闻伦理学的理论体系。

（刘根娣）

【风雨操场竣工】　年内，新闻学院风雨操场竣工。该风雨操场由新华社投资近40万元兴建，面积2000平方米。设有排球场2个、篮球场2个及其它体育教学设备。

（刘根娣）

【完善教学管理制度】　年内，新闻学院研究生部和进修部制订11项教学管理规章制度。其中，研究生部已形成命题原则、导师配备办法、培养计划、课题选修、考核、实习、论文写作、答辩等一系列配套规章制度；进修部则形成学生实习、学生免修、在校大专生报考本院专升本等具体有关规定体系。

（刘根娣）

【召开首次研究生工作会】　年内，新闻学院召开首次研究生工作会，该院有关部门18人与会，会议对研究生的招生、教学、管理等方面的工作进行研究，交流研究生工作的经验，并对工作中存在的一些问题提出改进措施。

（刘根娣）

【评选优秀教师论文】　年内，新闻学院在教师中进行1997年度优秀论文评选工作，共有13篇获奖，其中一等奖2篇，二等奖5篇，三等奖6篇。

（刘根娣）

【举办多种专题讲座】　年内，新闻学院先后邀请中国民族艺术家小组来院表演并讲解民族音乐普及知识；中央民族大学来院讲授中国画赏析；北京师范大学来院讲授大学生性健康教育；美国匹兹堡大学讲解世界形势和中美关系分析与看法；中国贸易报讲述外国新闻发言人制度等。

（刘根娣）

中国青年政治学院

党委书记　褚　平
院　　长　李克强（兼）

【概　况】　1997年，中国青年政治学院以本科教育为主，举办第二学士学位、全日制本科、专科续本科、专科、夜大、函大教育、联合办学培训在职硕士生等多种形式的教育。校本部在校本科生、双学位生、续本科生1091人，比上年增长4.7%，其中思想教育专业230人，法律专业322人，社工专业204人，经济管理专业241人，新闻专业94人。联合办学在校大专生300人；夜大学在校大专生437人，其中文秘专业45人，法律专业75人，经济管理专业122人，行政管理专业24人，英语专业171人。函授大学在校大专生1531人，其中：男生763人，女生768人；经济管理专业556人，行政管理专业325人，少儿教育专业407人，法律专业94人，文秘专业149人。在校联合办学在职硕士生147人。全年招收本科生307人，双学位生11人，大专续本科生51人，合计369人，比上年增长23%，其中男生215人，女生154人；专科生100人；夜大生181人；函授生586人。全年毕业生共有586人，其中本科及双学位生214人，大专100人，夜大生51人，函授生221人。学院设有青少年工作系、社会工作与管理系、法律系、经济管理系、新闻与传播系、社会科学部、德育教研室、体育教研室、外语教学研究中心等5系1部2室1中心的本科教育机构和夜大函授部、轮训部等成人教育机构。全校教职工405人，比上年增加7人，增长1.9%，其中教师139人，比上年增加2人，增长1.5%；教授13人，比上年增加5人，增长62.5%；副教授46人，比上年增加13人，增长39%；讲师59人；具有博士学位的11人；青年教师中有研究生学历的占72.97%。学院建有电教中心、计算机室、语音实验室、听力室、新建社会经济系统分析模拟实验室、多功能实验室、新闻教学暗室、购置586计算机51台，增加教学用电视机、录像机、幻灯机、投影仪等现代化教学设施。电化教学课程覆盖率达29.8%，应用计算机辅助教学软件课程占全院开设课程数3.31%。基础实验课、专业基础课实验课、专业实验课开课率均达100%。学院经费总额1426万元，比上年增长21.36%，教学经费1038万元，比上年增长18.36%，其中教学设备费351万元，比上年增长122%。占地面积12万平方米。

（王之伦）

【夜大教育评估获优良】　2月28日，在市教委的普通高等学校函授、夜大学教育评估工作总结会上，中青院夜大学教育被评为优良，函授大学教育被评为合格。市教委专家组是1996年9月到该校进行检查评估的，专家组评估意见是：院领导重视夜大函授教育工作，办学指导思想端正，学院投入工作符合成人教育的要求，有一支敬业的职工队伍，学校管理制度严格，重视思想教育和教学质量。存在的不足是作业管理及批改不够规范细致，教学研究注意不够。

（王之伦）

【举行警院联谊演讲】 3月5日，中青院团委与武警北京一总队十三支队共同举行警院联谊演讲活动，学生代表从不同角度阐述当代大学生对战士、军队和祖国的理解，战士代表介绍警营先进人物事迹。

（王之伦）

【举办经济结构转换讲座】 3月21日，共青团中央李克强博士到中青院作题为《发展中国家经济结构转换》学术讲座。该讲座结合当今世界流行的经济发展模式，针对中国经济体制改革的诸多问题和前景进行多方面的阐述。讲座强调，中国不能盲目模仿其他国家的经济结构转换模式，要根据自身的实际情况，走出具有中国特色的经济发展道路。

（王之伦）

【开辟延园绿化园】 3月30日，战争时期青年干校老同志与中青院青年志愿者一起，进行义务植树，并开辟一个绿化园——延园，象征延安精神延绵不绝，世代相传。

（王之伦）

【召开团代会和学代会】 4月11至12日，共青团中青院第五次代表大会和中青院第九次学生代表大会召开，参加会议的团员代表80人，学生代表97人。会议分别听取四届团委题为《务实创新，开拓进取，团结带领全院团员青年向新世纪进军》的工作报告和八届学生会题为《锐意进取，再创佳绩》的工作报告，选举产生新一届团委会和学生会。

（王之伦）

【教代会和工代会召开】 4月18日，中青院教职工第二次代表大会和工会第三次代表大会召开，参加会议的教职工代表77人，工会会员代表77人。会议听取题为《团结广大教职工，紧密围绕党的中心工作，积极主动地发挥教代会和工会作用》的第一届教代会、第二届工会委员会工作报告，提出提案55份，并分别选举产生新一届教代会和工会委员会。

（王之伦）

【举办重点企业团委书记培训班】 5月15日，中青院举办工商管理培训班。该培训班学制3个月，开设社会主义市场经济理论与实践、管理经济学和公司理财等12门课程，来自国家重点企业的50名团委书记参加学习，并获得工商管理培训证书。举办国务院重点联系的1000户企业团委书记培训班，是《“九五”期间全国企业管理人员培训纲要》的要求。

（王之伦）

【陆士桢获全国优秀少儿工作者称号】 6月1日，中青院陆士桢教授被国务院妇女儿童工作委员会评为全国优秀少儿工作者。陆士桢长期从事少儿研究和少先队理论研究工作，曾主持或参与编写近600万字的少先队教育读物和少年儿童教育读物，其中本人撰写约60万字，出版3部专著，共36万字，发表论文70余篇，共50余万字。

（王之伦）

【韩国学者应邀访问】 6月16至30日，韩国青少年相谈院院长、汉城大学教授、韩国相谈教育研究会会长朴性洙博士和韩国青少年相谈院相谈培训部主任具本勇博士，在中青院进行学术访问。访问期间，朴性洙作题为《韩国学者及青少年对咨询作用的认识》的报告并回答师生们提出的问题。

（王之伦）

【召开教学工作研讨会】 6月27至29日，中青院召开教学工作研讨会，院领导及教学部门负责人共70余人参加会议。研讨会采用大会交流和分组讨论形式，先后学习《高等学校教学管理通则》、《高等政法类院校本科教学评价方案》等文件，总结教学和教学管理工作经验，指出存在问题，研讨迎评促建工作中各部、系如何发挥作用等问题。

（王之伦）

【3名毕业生志愿援藏】 6月，中青院3名毕业生志愿赴西藏从事共青团工作。3名学生分别为法学2人和思想政治教育专业1人。3人在校学习期满，成绩合格。他们中年龄最大23岁，最小22岁。女生2人，男生1人。鉴于他们立志建设边疆高尚品质，该院已批准其中2人入党申请，并授予该3名学生北京市优秀毕业生称号。

（王之伦）

【教学工作委员会成立】 7月10日，中青院教学工作委员会成立。该委员会由15人组成，其主要职责是审议全院教学工作发展规划、年度教学工作计划和教改立项；审订并评选优秀教学成果；审议教学管理工作中的重大问题，提出解决问题的建议；反映教研人员对改进、提高教学工作的要求和建议。委员会办事机构设在教务处。

（王之伦）

【走访毕业生用人单位】 7月，中青院先后走访共青团中央、新华社、天津团市委、国防科工委、北京市房屋土地管理局等10家毕业生较多的用人单位，了解毕业生就业情况和对学生培养质量、培养方式的意见，并就学生素质教育、能力培养等问题与上述单位的领导进行座谈。

（王之伦）

【宁夏华西村教学实习基地成立】 8月2日，中青院宁夏华西村教学实习基地举行挂牌仪式。这是该院第一个在京外建立的长期教学实习基地。华西村是宁夏移民综合开发试验区。

（王之伦）

【首次评审优秀课程】 8月28日，中青院课程建设质量评估验收委员会举行第一次会议，对申报合格课程的75门课和申报优秀课程的7门课进行讨论和审定，确定59门为合格课程，7门为优秀课程。其中7门优秀课程的负责人获得本年度该院的优秀教学奖。

（王之伦）

【46名教师获奖】 9月10日，中青院表彰1996—1997学年度学院优秀教师、优秀教学奖、青年教师优秀教学奖和优秀教学荣誉奖获得者，共有46名教师获奖。其中，7名获得优秀教师奖，29名获得优秀教学奖，9名获得青年教师优秀教学奖，1名获得优秀教学荣誉奖。

（王之伦）

【建立东方文化研究所】 9月，中青院东方文化研究所建立。该研究所设有中国古代官场文化、中国现代文学、韩国学及俄罗斯宗教哲学等研究方向。旨在深入研究东方文化（含中国），为当代中国文化建设服务。

（王之伦）

【与金龙集团合办培训中心】 11月18日，中青院与宁夏金龙集团签订合作办学协议书，由双方合办中国青年政治学院分院暨中国青年高级人才培训中心。该中心设在北京通州区，中青院负责领导及管理，金龙集团负责全部基建项目的投资和施工。

（王之伦）

【举行模拟法庭教学活动】 11月21日晚，中青院法律系95级学生举行模拟法庭教学活动。这次模拟法庭由审判长、审判员、书记员、辩护人、公诉人、被告、证人及法警等14人组成，审理的是一起据真实案例改编的刑事案件。采用模拟教学方法旨在提高学生实践能力。

（王之伦）

【电教片获“五个一工程”入选奖】 11月，中青院电教中心摄制的电视教育片《爱护人民币》，获得1996年度共青团精神文明建设“五个一工程”入选奖。该片系统介绍人民币的基本职能、作用和发展趋势以及设计、印刷常识和相关的政策法规，融知识性、教育性、艺术性为一体，运用文字解说艺术和画面艺术使观众受到爱国主义教育和公民意识教育。

（王之伦）

【接受本科教学评价检查】 12月1至7日，中青院接受高等（政法类）院校本科教学工作评价检查。专家组听取自评情况汇报；审阅自评报告和面向21世纪教学发展规划；召开16次座谈会，考察图书馆、计算机室、电教中心和实验室以及教室、食堂、宿舍和体育场等基础设施；先后听课30多门次，抽测法理学、政治学、管理学原理、基础写作和社会学5门专业必修课程；检查各专业的教学计划，抽查部分课程的教材、教学大纲、试卷、实习报告和毕业论文，并对体育达标情况进行现场随机抽测。专家组对本科教学工作进行评议，并写出评价意见。

（王之伦）

【10人获青年教育基金奖学金】 12月5日，中青院举行青年教育基金奖学金申领答辩赛决赛。这次答辩赛采取个人自愿报名和各系推荐相结合的方式，共有13名选手参加决赛。最后，有10名学生获奖。青年教育基金奖学金于1996年11月设立。

（王之伦）

【体育工作多次获奖】 年内，中青院体育工作多次获奖。在群体工作方面获得全国群众体育先进集体、北京市高校群体工作优秀院校、北京市推行《国家体育锻炼标准》先进单位等称号。在竞技体育方面：北京高校35届田径运动会获男子团体第3名，团体总分第8名，跳远第1名；全国第5届大学生运动会获男子3000米障碍和1500米第3名；北京市青少年体操锦标赛获高校女子团体总分第2名，自由体操第2名和全能第3名；北京市高校健美操赛获健力操赛团体总分一等奖和健美操赛团体总分二等奖；北京市高校游泳赛获男子100米自由泳第1名和团体总分第4名。

（王之伦）

【185人通过计算机水平测试】 年内，中青院95级222名学生参加1997年北京市非计算机专业水平测试，共有185人通过，通过率达83.3%，在北京市85所普通高校中名列第5，其中36人成绩达到优秀，优秀率为16.2%。

（王之伦）

【举办学术讲座】 年内，中青院先后举办一系列学术讲座，其中有学工部组织的《二十一世纪知识经济》讲座，院团委组织的《生命共塑工程——青春集训》系列讲座，经济管理系组织的《经济纵横》12讲，青少系举办的《青年工作艺术》讲座，社工系组织的《新型期：中国基层社区组织》讲座，新闻系主办的《当代新闻理论与实践》系列讲座。参与听讲的共有4595人次。

（王之伦）

【4名学生参加世界青年活动】 年内，中青院4名本科生先后赴韩国参加国际青年活动。6月，1人参加在韩国举行的国际青年环保问题研讨会；7月23日，1人参加在韩国举行的第六届国际青年海洋节活动；11月14日，2人参加在韩国举行的世界青年滑雪节活动。这4名学生是经过个人报名、各系推荐，参加教务处、学工部、院团委和英语培训中心组织的笔试、面试、论文答辩等考试，公开评选产生的。

（王之伦）

石油大学（北京）

党委书记　李云鹏

校　　长　张嗣伟

【概　况】　1997年，石油大学（北京）教职工总数为952人，专任教师380人，其中正高级职称92人，博士生导师38人，中国工程院院士1人；在校学生1932人，其中本科生1204人，硕士研究生590人，博士研究生138人。拥有9个博士学科专业、20个硕士学科专业、2个博士后流动站，并有1个国家重点学科和1个国家重点实验室、3个专门和部门开放实验室。设有基础科学系、地球科学系和经济管理系等8个处级系（院、部），计算机科学与技术系开始招收第一届本科生。地质工程、化学工程、石油及天然气工程3个领域的工程硕士点获国务院学位办批准。学校占地面积235345平方米，固定资产总值43930万元。

（朱运民）

【举办经济贸易报告会】　3月24日，石油大学（北京）邀请吴仪做题为《关于当前我国经济贸易形势》的报告，并聘任她为兼职教授。吴仪是石油大学（北京）校友。

（朱运民）

【石油大学两校区签订合作办学协议】　3月27日，石油大学（广州）一行3人到石油大学（北京），与石油大学（北京）落实联合培养市场营销专业一年级31名本科生的事项，并签订合作协议。

（朱运民）

【开展精神文明系列讲座】　3至10月，石油大学（北京）邀请中央戏剧学院国家一级演员鲍国安、我国第二届茅盾文学奖获得者张洁、青年导演冯小宁等做精神文明建设专题讲座。

（朱运民）

【举办学习王启民系列活动】　4月17日，石油大学（北京）举办学习王启民系列活动拉开序幕。先后举办王启民报告会、观看大庆青年话剧团演出的反映王启民先进事迹的话剧《地质师》等活动。王启民是北京石油学院（现石油大学）61届毕业生，现任大庆石油管理局勘探开发研究院院长，教授级高级工程师。在大庆油田他全身心投入油田开发研究工作，在大量科研数据和反复实验的基础上，提出“表外储层也是可以开发利用的储量资源”的新观点，利用注入水在油层中呈非均匀性运动的理论，提出“分层注水、分层调整”的开发方案。使大庆油田年产5000万吨以上，已连续稳产21年，成为具有世界一流开发水平的油田。王启民1986年被授予国家级“中青年有突出贡献专家”，1991年被评为黑龙江省特等劳动模范，1995年被评为中国石油天然气总公司特等劳动模范，同年获全国先进工作者称号。1997年1月15日被授予“新时期铁人”荣誉称号。

（朱运民）

【实施大学生导师制】　5月5日，石油大学（北京）颁布《石油大学（北京）学生导师工作条例》，在96级本科生中实施导师制。该导师制在学生进入第二学习阶段（第五学期开始），每10至15名学生为一组，配备1名导师。大学生导师由具有讲师或相当于讲师以上的职称或在校博士研究生担任。对学生进行思想教育、学风教育、学业指导等，平均每周1次；做好与任课教师的联系工作，了解学生的学习情况，平均每学期2次；与班级辅导员联系，共同研究学生中存在的问题并着手解决，平均每月1次。

（朱运民）

【推进石油工程专业改革】　6月12日，石油大学（北京）成立石油工程专业教学内容与课程体系改革工作组，下设12个课程系列小组，推进有关课程教学内容与课程体系改革的研究和实践。

（朱运民）

【评选优秀教材】　6月17日，石油大学（北京）教材建设委员会召开第二届校优秀教材及优秀讲义评选会议，评出校级优秀教材6种、优秀讲义9种。

（朱运民）

【开展转变教育观念讨论】　6至12月，石油大学（北京）开展“转变教育思想、教育观念”讨论，配合讨论，该校在6月26日邀请国家教委做《我国高等教育改革与发展的形势与任务》的专题报告，并编发有关学习材料。12月3日，邀请西南石油学院就机电类专业教学改革与教师座谈。12月11日，邀请北京科技大学为全体教职工做关于教学改革与人才培养的报告。

（朱运民）

【学生活动中心改造工程竣工】　9月5日，石油大学（北京）学生活动中心改造工程完工并交付使用。该中心投资约55万元，使用面积约950平方米，可供活动项目5个。

（朱运民）

【与苏丹签订校际合作协议】　9月6至15日，石油大学（北京）组团到苏丹考察访问。访问团分别与喀土穆大学和苏丹科技大学就开展教师互访、师资培养以及本科生和研究生的培养、实验室建设，联合组织科研与学术研讨会等方面的问题进行交流和讨论。其中，石油大学（北京）石油工程系已与喀土穆大学工学院签订培养研究生协议。该协议规定石油大学（北京）石油工程系每年帮助喀土穆大学工学院培养二年级本科生；并从1998年至2002年，每年为喀土穆大学培养一定数量的研究生。

（朱运民）

【参加首届世界摩擦学大会】　9月7至12日，石油大学（北京）张嗣伟教授应邀参加在英国伦敦举行的第一届世界摩擦学大会。在会议期间，张嗣伟教授做了题为《高分子材料摩擦学的发展概况》的特邀报告，是大会34个特邀报告者中唯一的来自中国大陆的摩擦学学者。这次大会是自1966年摩擦学科创立后，首次召开的国际性会议。参加会议的有51个国家和地区的代表1000人。

（朱运民）

【接待两次外宾参观】 9月9日，日本文教设施协会大学设施访问团到石油大学（北京）参观校园建筑。10月15日，第十五届世界石油大会30多个国家的代表到石油大学（北京）进行技术参观。

（朱运民）

【研究生招生计划提前实现】 9月，石油大学（北京）共招收研究生265人，提前实现年招生250人的目标。在校研究生人数达到728人，其中，博士生、硕士生人数分别占总公司系统内在读博士生、硕士生总数的64.8%和41.8%。

（朱运民）

【开展工程型硕士研究生教育】 10月24日，石油大学（北京）在大庆石油管理局举行首届工程型硕士研究生班毕业典礼和第二届开学典礼。截至1997年底，石油大学（北京）先后在大庆油田、新疆石油管理局、石油物探局、北京燕山石化总公司开办工程型硕士研究生班。

（朱运民）

【“文明校园”建设通过复查】 11月7日，石油大学（北京）通过“文明校园”建设复查。12月24日，市委教育工委、市教委发出通知，肯定该校自1994年取得“文明校园”称号以来的工作成绩，决定该校继续保持“文明校园”荣誉称号3年。

（朱运民）

【“211工程”通过国家立项】 11月26日，石油大学（北京）“211工程”建设项目可行性研究报告通过国家计委审批，“211工程”建设正式立项。

（朱运民）

【数学竞赛取得好成绩】 11至12月，石油大学（北京）学生在11月举办的北京市第九届大学生（非数学专业）数学竞赛中，3名大学生分别获得A组二等奖和B组二等奖、三等奖。在12月29日公布全国大学生数学建模竞赛中，该校建模队获北京地区二等奖。

（朱运民）

【培训学员671人】 至年底，石油大学（北京）累计举办各种类型培训班20个，其中总工程师及处长培训班4个，三级监督班3个，英语班2个。培训学员达671人，是石油大学继续教育学院成立以来培训人员最多的一年，同时还制订岗位培训、复合人才培训等不同培训计划14套。

（朱运民）

【获国家自然科学奖3项】 年内，在1997年度国家自然科学奖评比结果中，石油大学（北京）独立完成的《多元复杂体系高压相态及传递性质的研究》获四等奖，作为主要完成单位的《煤成油的形成环境和成烃机理》获二等奖，实现石油大学（北京）获国家自然科学奖零的突破。并有1项成果入选中国石油天然气总公司1997年十大科技成果。全年科研经费突破5000万元，专任教师人均科研经费位居全国理工科重点高校前列。

（朱运民）

中国地质大学（北京）

党委书记　毕孔彰（7月免）
　　　　　　吴淦国（7月任）
校　　长　赵鹏大

【概　况】 1997年，中国地质大学（北京）设地球科学学院、材料科学与工程学院、工程技术学院、珠宝学院、人文经管学院和信息工程学院6个学院和能源地质系、环境科学系、外语系。共设有22个本专科专业，所有本科专业均有学士学位授予权。设有10个研究所（中心），有各类教学、科研实验室50多个，其中包括2个国家专业实验室和1个部级开放研究实验室。有5个国家重点学科（岩石学、矿物学、古生物及地层学、矿产普查与勘探、探矿工程）和4个省、部级重点学科（构造地质学、水文地质与工程地质学、地球化学、煤田及石油天然气地质学）。按照新的学科专业目录，博士学科点将由14个调整为9个，硕士学科点将由23个调整为18个。设有地质学理科和地质、勘探、矿业、石油工科博士后流动站。共招收各类新生694人，其中博士生76人，硕士生98人，本科生443人，专科生77人。成人教育招生507人，其中函授生40人，夜大生79人，成人脱产班388人。此外还有短训班、培训班、专业证书班等共145人。毕业各类学生（包括成人教育）共计604人，其中研究生119人，本科生99人，专科生202人，函授生134人，夜大生24人，成人脱产班26人。在校生3106人，是1987年在京正式恢复办学以来在校生最多的一年，其中博士生231人，硕士生299人，本科生1195人，专科生238人，成人教育1143人。有教职工1167人（校本部891人），其中专任教师310人，包括教授77人，副教授101人，讲师109人；研究员、高工（教授级）4人，副研究员、高工（副教授级）39人，中级职称180人。科研经费达到1100余万元，首次突破千万元。全年共发表学术论文207篇，其中1篇发表在《SCIENCE》杂志上。有15个科研项目获国家自然科学基金资助，获准率在地学部名列第4。王鸿祯院士主持的《中国层序地层、地球节律及全球古大陆再造》获准正式立项，成为“九五”地矿部主持的唯一国家攀登计划项目。23个硕士学位授权点和14个博士学位授权点全部通过国家评估验收。物理实验室通过北京市教委评估。

（黎　斯）

【庆祝北京地球物理学会成立10周年】 4月1至2日，地质大学（北京）召开北京地球物理学会成立10周年庆祝大会，近百名会员和来宾参加大会。会议期间举行学术报告会，地质大学（北京）介绍“211工程”建设进展情况及其它各方面情况。北京地球物理学会自成立以来，在科学普及、咨询、开发及国际交往等方面取得很大成绩，已有9个专业委员会，1000多名会员。会议论文集于11月出版。

（黎 斯）

【颁发IET教育基金奖】 6月28日，地质大学（北京）举行1996至1997年IET教育基金奖颁奖会。来自本市10所大学的学生获奖，其中地质大学（北京）共有20名研究生和29名大学生获奖。研究生每人奖励1200元；大学生每人奖励1000元。同日，IET教育基金理事会召开换届会议，地质大学（北京）赵鹏大教授当选本届IET教育基金理事会理事长。IET教育基金由美籍华人、美国国际工程技术公司董事长王逢旦出资，在10所院校设立的。

（黎 斯）

【获电子竞赛三等奖】 9月17至20日，在第三届全国大学生电子设计竞赛上，地质大学（北京）学生代表队获得北京赛区三等奖。该校代表队经过4天的工作，按要求完成水温控制装置设计和安装，编写相应的说明书，并在规定的时间内完成答辩。这是该校首次组队参加该项比赛。

（黎 斯）

【杨遵仪获何梁何利基金奖】 9月22日，在第四届何梁何利基金颁奖大会上，中国科学院院士、地质大学（北京）杨遵仪教授获科技进步奖。这是该校继1994年王鸿祯教授获首届何梁何利基金奖后又一位获奖科学家。杨遵仪是地层古生物学家、地质教育家，他早年就学于美国耶鲁大学获博士学位。回国后，他先后执教于中山大学、清华大学和中国地质大学（原北京地质学院）。他是我国研究无脊椎古生物门类最多的专家之一，他的研究领域包括腕足类、软体类、棘皮类、节肢类、蠕虫类和遗迹化石等。杨遵仪在国内外发表论文70余篇，专著12本，多次获得国内外各种奖励和荣誉。在近60年的教学生涯中，他讲授过地质学、古生物学、地史学、生物地质学等多门课程；与郝诒纯院士共创我国第一个古生物学专业。他培养出硕士生18名，博士生9名。

（黎 斯）

【工程制图实验室投入使用】 9月，地质大学（北京）工程制图计算机辅助设计（CAD）实验室投入使用。该实验室拥有32台计算机及绘图仪、扫描仪、数字化仪等设备，并配备了相应的教学软件。CAD技术作为工程界的语言已经逐步取代手工绘图。

（黎 斯）

【庆祝杨遵仪90寿辰】 10月7日，地质大学（北京）举办杨遵仪院士90寿辰庆祝会。国家自然科学基金委员会、中国科学院、北京大学地质系、中科院地质所、地质出版社、北京市地矿局、北京地质学会等单位负责人及地质大学京汉两地4个实体的党政领导等150多人参加庆祝会。宋健、路甬祥、宋瑞祥等领导分别致信表示祝贺。

（黎 斯）

【举办青年教师教学基本功大赛】 10月15日，地质大学（北京）第二届青年教师教学基本功大赛结束。比赛分预赛和决赛两个阶段进行，80多名40岁以下青年教师参加比赛。评选出一等奖1名、二等奖7名、组织奖2名。

（黎 斯）

【设立杨遵仪奖学金】 10月，地质大学（北京）设立杨遵仪奖学金。该奖学金由中科院院士、该校教授杨遵仪捐资5万元设立，每年评选1次，每次奖励2名在地质学专业学习的优秀学生。

（黎 斯）

【两名俄罗斯专家来访】 10月，俄罗斯科学院院士、莫斯科地质勘探学院钻探过程优化教研室主任、前苏联地质部长钻探专家E·A·科兹洛夫斯基教授和圣·彼得堡矿业学院钻探专家B·B·库德拉晓夫教授到地质大学（北京）访问讲学。两位专家在该校做关于世界超深钻探的学术报告，介绍俄罗斯地质学各方面情况，指导地质超深钻探技术国家专业实验室的工作。在访问期间，两位专家还向地矿部赠送俄罗斯科拉半岛超深钻12000米处的岩蕊标本。

（宋启文）

【庆祝九三学社地大支社建社45周年】 11月3日，九三学社地大支社举行成立45周年庆祝会。九三学社、校领导、地大各民主党派的代表应邀参加会议，对该校九三学社支社45年来积极参政议政，发挥参政党的作用所做的工作给予肯定。九三学社地大支社1952年与北京地质学院同时诞生，现有成员38人，其中有高级职称30人。

（黎 斯）

【举办地大人闪光的足迹报告会】 11月3至5日，地质大学（北京）举办两场地大人闪光的足迹报告会。7名优秀校友结合自身成长经历为母校1000多名师生作勇攀珠峰、北极探险、技术创新和为石油工业奋斗终身的先进事迹报告。

（黎 斯）

【庆祝建校45周年】 11月4日，地质大学（北京）集会庆祝建校45周年。李瑞环为校庆题词，王光美等领导与该校师生500多人参加庆祝会。会议宣读国家教委、市教委贺词，介绍该校45年来的成绩和今后发展方向。校庆期间，组织两场地大人闪光的足迹报告会、4场学术报告会和2场文艺晚会。

（黎 斯）

【二教授获李四光地质科学奖】 12月5日，地质大学（北京）杨遵仪院士、翟裕生教授获第五届李四光地质科学奖。其中杨遵仪获地质科学荣誉奖，翟裕生获地质教师奖，另外，还有4名校友分别获奖。至此，该校已有11名教师获李四光地质科学奖。第五届李四光地质科学奖共评出各类奖18人，包括地质科学荣誉奖4人，野外地质工作者奖8人，地质科技研究者奖4人，地质教师奖2人。

（黎　斯）

【“211工程”建设项目正式立项】12月6日，国家计委批复《中国地质大学“211工程”建设项目可行性研究报告》，同意中国地质大学作为“211工程”项目院校，在“九五”期间进行建设。中国地质大学“211工程”的总体建设目标是，力争到本世纪末，使中国地质大学在教育质量、学科建设、科学研究、管理水平和办学效益等方面得到明显提高，总体办学水平居全国同类高校先进行列，部分学科接近或达到国际同类学科先进水平，成为国内高等教育领域特别是地质科学技术领域中培养高层次人才，解决国民经济建设重大问题的教育、科研基地之一。该研究报告明确中国地质大学“211工程”建设总投资为1.4亿元，其中中央专项资金6000万元。总投资中用于地球动力学及全球事件、地球物质科学与岩矿新材料、矿产资源勘查评价与地学信息、地学探测技术与地质工程、地质环境保护与地质灾害防治5个重点学科群建设及装备8000万元。至年底，国家计委和地矿部专款已按计划到位，国家计委1998年拨款也提前到位。

（黎　斯）

【与广州海洋局签订联合办学协议】12月6日，地质大学（北京）与广州海洋地质调查局签订联合办学协议。该协议规定广州海洋局为地质大学（北京）参加海洋调查与科学研究提供船舶、仪器、资料等支持；地质大学（北京）为该局输送毕业生并定向培养硕士生和博士生，双方共同承担国家海洋资源调查的科研课题。

（黎　斯）

【召开两名院士诞辰纪念会】12月9日，地质大学（北京）集会纪念袁见齐院士诞辰九十周年、池际尚院士诞辰八十周年。地矿部、九三学社、民盟中央领导及该校师生近200人参加纪念会。袁见齐教授是矿床学家和地质教育家、中科院学部委员、博士生导师。长期从事矿床学、特别是盐类矿床的教学和科研工作，是我国盐类矿床地质学的奠基人。他曾任北京地质学院副院长、中国地质学会副理事长、名誉理事、九三学社中央委员、九三学社北京市委常委、北京市政协委员、湖北省人大代表、湖北省政协常委等职。他与人合作主编的《矿床学原理》和《矿床学》获地矿部优秀教材一等奖；并著有《云南矿产志略》和《钾肥与钾盐矿床》等专著和学术论著106篇。池际尚教授是我国岩石学家、地质教育家，中科院学部委员、博士生导师。长期从事岩石学、特别是岩浆岩石学的教学和科研工作，先后执教于清华大学和北京地质学院。曾任武汉地质学院副院长；中国岩石、矿物、地球化学学会副理事长；国务院学位委员会学科评议组组长；民盟中央委员；民盟北京市委副主任；第七届全国政协常委等职。曾先后获全国“三八”红旗手，全国地质系统劳动模范和全国地矿系统优秀共产党员称号。她主编数10篇论文和教材。其中《我国金刚石原生矿床的发现》获全国科学大会奖；《中国东部新生代玄武矿床的发现》获全国科学大会奖；《中国东部新生代玄武岩及上地幔研究》获地矿部科技成果一等奖。

（黎　斯）

【物理实验室通过评估】12月12日，地质大学（北京）物理实验室通过市教委评估。专家组对该校物理实验室课程设置、教学、设备、环境、队伍、制度等指标进行检验。专家组认为该物理实验室已达到了标准要求。

（黎　斯）

【莫斯科大学代表团来访】12月26日，莫斯科大学校长萨多尼奇院士一行5人来地质大学（北京）访问。访问期间，萨多尼奇代表俄罗斯自然科学院授予地质力学所崔盛芹研究员院士称号。随后两校商谈即将召开中、俄、日、韩国际地学研讨会有关事宜。

（黎　斯）

【首座计算机辅助教学实验室建成】年内，地质大学（北京）第一个计算机辅助教学（CIA）实验室——大学物理辅助教学系统建成并投入使用。计算机辅助教学（Computer Assisted Instruction）是计算机在教学过程中的一种运用，采用多媒体技术可以通过人机对话的交互方式为学生提供个别化学习环境。学生可以通过计算机的指导去完成1门课程的学习，并可自行调整进度。

（黎　斯）

北京电力高等专科学校

党委书记　黄绍裘（5月免）
　　　　　宋守信（5月任）
校　　长　杨传箭（5月免）
　　　　　宋守信（5月任）

【概　况】1997年，北京电力高等专科学校设电力工程系、动力工程系、化学工程系、基础部及社科部，下设发电厂及电力系统、电力系统继电保护和电力系统通讯等9个专业。毕业生906人，其中专科生416人；中专生158人；函授中专生332人。招收新生1432人，其中专科生305人；中专生80人；校外中专生167人；成人函授中专生880人。在校学生1472人，其中专科生1210人；中专生262人。另外有函授大专生295人，函授中专生2388人，校外中专班521人。有教职工481人，其中专职教师165人，专职教师中具有高级职称的29人，中级职称的96人。学校占地11万平方米，校舍建筑面积9.4万平方米，拥有电力馆、动力馆和化学馆等33个实验室和7个校内实习基地，还有田径场、游泳池等配套体育教学设施。学校图书馆藏书14万册。

(钱万里)

【召开教学工作会】 3月28至31日,北京电专召开教学工作会,校领导、各教学部门人员及中层干部共250人参加会议。会议分动员、培训工作、教学管理、总结4个单元进行,先后学习讨论培训管理工作的规定、培训工作安排、教师手册和实验室管理、实习管理的有关规定。会议提出后备教育、培训工作、科技服务并重的三大任务,其重点是搞好在职培训。

(赵从华)

【建成第一个多媒体会议室】 3月,北京电专建成北京第一个多媒体会议室。该会议室面积30平方米,集音响、电视、录像、录音、影碟、功放、投影、幻灯、视频影像机于一体,通过操作图文界面触摸屏,实现对视听设备以及灯光、窗帘的集中控制。通过动画反映动态过程,操作简便、形象直观。这种会议室可以用来召开大屏幕远程电话会议、进行技术谈判和学术交流。

(王计跃)

【举办多媒体视听及控制系统研讨会】 4月1至2日,北京电专举办面向21世纪多媒体视听及控制系统研讨会。参加这次研讨会的有来自美国、加拿大、日本的厂商及香港地区、国内各行业的代表200多人。会议交流《多媒体技术应用与发展》的专题报告。与会代表就面向21世纪的多媒体技术,如何提高办公效率、提高会议质量等问题进行交流。

(王计跃)

【举办电网稳定运行研讨班】 4月14至19日,华北电网运行稳定性研讨班在北京电专举办,来自华北电网的33名电气运行工程师参加研讨。研讨班上作题为《华北电网稳定问题及对策》的讲座。代表们就电网稳定运行问题广泛交流经验,并进行讨论。该研讨班是为总结1996年1月19日北京西部地区重大停电事故教训举办的。至年底,该校共举办7个高层次研讨班,培训技术人员185人。

(陈斌龙)

【实施增收节支精简机构改革】 6月23日,北京电专实施增收节支和精简机构两项改革。至年底,该校在增收节支方面成立物资、物业管理组,强化物资采购、供应等环节管理,严格执行经费支出审批手续,实现增收、节支各50万元目标;在机构上,将原科产处分为科研处和多经处,实现培训部与成教处、校办与外办合署办公,并在模拟培训中心、科研处和财务处实行全员竞争上岗,减少科室人员5名。

(钱万里)

【食堂及学生活动中心竣工】 7月20日,北京电专食堂及学生活动中心竣工。该中心占地2980平方米,建筑面积6217平方米,与学生生活区毗邻。该建筑首层为餐厅及厨房,二层为学生活动中心的舞台及观众厅池座。三层为观众座席、大小活动室、放映室、设备机房等。餐厅可容纳1000人就餐,活动中心可容纳观众1300人。该中心于1996年3月破土动工,总投资1570万元。

(王悦平)

【首次组织全国计算机考试】 9月21至23日和10月11至14日,北京电专举行全国计算机等级考试。该考试共报名1149人,其中一级B718人,一级189人,二级242人。实际参加考试1034人。以报名人数为基数,考试通过率为73%。其中,优秀42%,良好13%,及格18%。考试前,该校组建领导小组,组织监考人员培训,并制订突发事件应急方案,确保考试顺利进行。

(陈顺三)

【获数学建模北京赛区二等奖】 9月23至26日,全国大学生数学建模竞赛举行,北京电专代表队获北京赛区二等奖,这是该校第一次参加这项赛事。

(钱万里)

【继电专业教改通过中期考查】 10月5至7日,北京电专继电保护专业通过国家教委教学改革试点工作中期考查评价。专家组认为:北京电专专业教改组织机构健全,已初步建立以基本素质和专业综合能力培养为主线的教学体系,体现出了专科和行业特色;在理论教学方面,加强专业基础、专业技术和计算机等教学内容,重视教学手段的现代化;在实践教学方面加强实践教学环节,学生动手能力明显提高。评估结论是该校继电保护专业教改试点运行良好。

(钱万里)

【通过三年规划实施方案】 11月,北京电专通过建设"示范工程"三年规划方案。该方案明确提出到2000年要建成以"服务于电力企业"为鲜明特色的全国一流的示范性高等专科学校。在校学生规模稳定在1200人左右,每年培训在职学员1400人左右;教职工总数控制在450人左右,教师与专职科研编制达到教职工总数的60%,实现40%的专任教师、100%专业教师具有"双师"(讲师、工程师)素质,30%以上的专任教师具有高级职称;图书馆藏书由14万册增加到18万册。

(陈斌龙)

【免费培训社会下岗职工】 12月10日,北京电专举办社会下岗职工免费专业技能培训班。来自本市140名下岗职工分别参加计算机应用班、计算机绘画班和财务电算化班的学习。其中,计算机应用班开设计算机操作、数据库、计算机安装与调试等课程;计算机绘画班开设多媒体运用、三维动画等课程;财务电算化班开设会计电算化软件应用等课程。

(钱万里)

【举办教学管理文件考试】 12月16日,北京电专举办全校教师教学管理文件考试。共有161名教师参加考试,全部达到优良成绩。其中130人达到优秀标准,占参加考试人数的80%。

（赵从华）

【电子实验室通过市教委评估】 12月26日，北京电专电子实验室通过市教委的评估。评估专家组对照6项39条内容检查评议后，认为该实验室达到国家教委基础教学实验室评估合格标准的要求。

（钱万里）

北京针灸骨伤学院（中国中医研究院）

党委书记　房书亭
院　　长　傅世垣

【概　况】 1997年，北京针灸骨伤学院与中国中医研究院共有高级职称专业技术人员900多人；中国科学院院士和中国工程院院士各1名；博士后流动站1个；博士授权学科专业9个；硕士授权学科专业13个；国家中医药管理局重点实验室7个（其中5个在建）；全国中医专科（专病）医疗中心8个（其中4个在建）；科研、教学、医疗装备总值15261万元；藏书38万册，其中中医古籍4500多种，约7万册（珍善本1000种，约1万册）。学院以本科教育为主，同时举办研究生、留学生、国内外进修生和成人教育，还附设中医药学校。1997年，毕业学生172人，其中本科生80人、研究生52人、中专生40人。招生740人，其中本科生110人、博士生13人、硕士生44人、夜大生52人、函授生448人、中专生73人。在校学生1673人，其中，本科生495人、本科留学生118人、博士生38人、硕士生84人、夜大学121人、成人脱产班35人、函授生410人、大专生50人、中专生322人。

（陈寿泉）

【增加2所附属医院】 1月13日，针灸骨伤学院增加中国中医研究院的西苑医院和广安门医院2所附属医院。至此该院共拥有3所附属医院，临床教学基地得到加强。西苑医院和广安门医院都是三级甲等医院、全国示范中医医院。西苑医院有工作人员954人；病床525张，日门诊量约1500人次，1997年门诊量总计40万人次；占地面积6万平方米，总建筑面积8万平方米，其中医疗用房面积4.2万平方米；临床医疗以中医内科、妇科、儿科为主要特色，中西医各科齐全，共设31个临床医疗科室和15个医疗技术科室。广安门医院有工作人员816人；病床505张，日门诊量约2000人次，1997年门诊量总计60万人次；占地面积3万平方米，总建筑面积5.7万平方米，其中医疗用房面积1.8万平方米；临床医疗以中医眼科、骨科、肛肠科、皮肤科为主要特色，中西医各科齐全，共设24个临床医疗科室和11个医疗技术科室。

（陈寿泉）

【确立8所教学医院】 1月13日，针灸骨伤学院确立8所教学医院。即：北京市隆福医院、北京市海淀医院、电子工业部北京酒仙桥医院、北京冶金医院、北京市鼓楼中医院、北京市潮白河骨伤科医院、山东省文登市正骨医院和辽宁省锦州市中心医院。这些教学医院和附属医院共同组成该院的临床教学基地。

（陈寿泉）

【实行院所系合一】 1月15日，针灸骨伤学院附属医院、骨伤系同中国中医研究院骨伤科研究所合并，合并后定名为中国中医研究院望京医院，仍保留各自原名称。院所系合一后，望京医院作为该学院的附属医院，是一所以骨伤科为重点的有中医药特色的综合性医院，同时承担科研、教学、医疗3项任务。

（陈寿泉）

【与韩国东新大学缔结友好协定】 1月29日，针灸骨伤学院与韩国东新大学缔结友好协定。该协定规定两校教师及学生交流，教材、图书、学术资料的交换以及共同开展研究等项内容。韩国东新大学于1987年3月建立，1997年设有5个学院、6个研究所以及研究生院、附属医院等机构。这是第二个与北京针灸骨伤学院缔结友好关系的外国大学。第一个是韩国龙仁大学。

（陈寿泉　郑　哲）

【组成两院统一的领导班子】 2月17日，针灸骨伤学院和中国中医研究院两院组成一个领导班子。其中房书亭为中国中医研究院党委书记、北京针灸骨伤学院党委书记；傅世垣为中国中医研究院院长、北京针灸骨伤学院院长。北京针灸骨伤学院由中国中医研究院筹建，研究院的书记、院长曾兼学院的书记、院长。学院的教学、基本建设、计划财务、器材设备等单列，归国家中医药管理局领导；党务和人事关系由研究院领导。为加强学院建设，提高办学能力和教学质量，优势互补，资源共享，国家中医药管理局于1996年批准两院理顺领导管理体制、组成一个领导班子、有关院所系合一。

（陈寿泉）

【广安门医院被批准为全国中医肿瘤病医疗中心】 2月26日，针灸骨伤学院附属广安门医院被国家中医药管理局批准为全国中医肿瘤病医疗中心。该医院于1995年被确定为全国中医专科（专病）医疗中心建设单位，经过两年的建设，在中医肿瘤病医疗水平、科研成果、人员梯队建设等方面，均达到全国中医专科（专病）医疗中心验收标准。该医院还是全国中医糖尿病和肛肠病两个医疗中心建设单位。

（陈寿泉）

【菲律宾卫生部官员来访】 3月17日，菲律宾卫生部传统医学项目官员约翰·保尼凡科（J·Bonifacio）及国家针灸协调员哈勒姆（L·Halum）一行2人访问针灸骨伤学院。菲律宾官员同该院领导举行友好会谈，参观有关教研室，并邀请该院3名教师赴菲讲学。

（陈寿泉　郑　哲）

【针灸系与针灸所合并】 4月8日，针灸骨伤学院针灸系与中国中医研究院针灸研究所合并，组成所系合一的领导班子。所系合一后，仍保留各自原名称，同时承担针灸学院的教学和科研工作。

（陈寿泉）

【西苑医院被批准为全国老年病医疗中心】 8月20日，针灸骨伤学院附属西苑医院被国家中医药管理局批准为全国中医老年病医疗中心。该医院自1993年度确定为全国中医专科（专病）医疗中心的建设单位。经过4年的建设，中医老年病的医疗水平、科研成果、人员梯队建设等方面，均达到全国中医专科（专病）医疗中心验收标准。该医院还是全国中医血液病医疗中心和全国中医心血管病医疗中心建设单位。

（陈寿泉）

【与境外2所大学交流合作】 9月2日，针灸骨伤学院与日本中部女子短期大学签订交流协议书。该协议书规定两校的交流、合作项目包括教育、学术信息的交换，师生的交流等。9月12日，该学院与马来西亚凤阳中医学院签订中医药交流合作协议书。根据协议，双方将组织教学和学术交流活动。

（陈寿泉 郑 哲）

【邓良月连任世界针灸学会联合会秘书长】 10月31日，在北京召开的世界针灸学会联合会第四届会员大会，选举产生第四届执行委员会。其中针灸骨伤学院针灸系主任邓良月教授连任世界针灸学会联合会秘书长。世界针灸学会联合会于1987年11月22日在中国北京成立，为非政府性针灸团体的国际联合组织，总部设在北京，由各国（地区）50名以上成员的合法针灸学会作为团体会员组成。5年来拥有分布于5大洲的74个针灸学会团体会员，代表着40多个国家（地区）的5万多名针灸工作者。世界针联四届主席均由中国针灸工作者担任。

（陈寿泉）

【建立助学基金】 12月24日，针灸骨伤学院设立助学基金。该基金由北京针灸骨伤学院中国中医研究院实验药厂设立，每年出资5万元用以资助该院品学兼优的生活困难学生。这是该学院获得的第一笔助学基金。

（陈寿泉）

北京机械工业学院

党委书记 王守法
院　　长 楼秉哲

【概　况】 1997年，北京机械工业学院设工商管理学院、成人教育学院2个学院，机械工程系、机电工程系和自动化系等7个系，基础部、研究生部，并设有计算中心、电教中心及各种实验室15个。学校有教职工833人，专任教师279人，其中正高职22人、副高职74人、讲师96人。有6个硕士学位授权学科专业，13个本科专业，12个专科专业，并开设多个夜大、函授专业。在校生2708人，其中本科生2392人，专科生269人，硕士生47人；招生816人，其中本科生728人，专科生72人，硕士生16人；毕业生702人，其中本科生482人，专科生207人，硕士生13人。承担各类科研项目54项，其中国家自然科学基金项目、国家“九五”科技攻关项目和国家“863”高科技发展计划项目等共4项，国家各部、委科技发展基金项目6项；完成科研成果36项，其中1项获机械工业部科技进步三等奖；发表科技论文132篇；发表科技专著18部。学院占地面积160008平方米，校舍建筑总面积达9万平方米。

（汪效梅 范玉涛）

【170户教职工分到新居】 1月23日，机械学院170户教职工分到新居，这是该校建校以来第一次大规模的住房分配。

（汪效梅）

【举办本科教学预评估】 3月10至14日，机械工业部专家组对机械学院进行本科教学工作检查，并实施预评估。在经过参观、听课、测试、问卷、召开座谈会等形式的检查后，专家组向该校反馈评价意见，肯定建校10年来取得的成绩，同时指出该校工作中存在的主要问题，并建议机械工业部支持学校的建设和发展。

（汪效梅）

【实施教学评建第三阶段整改方案】 3月17日至5月7日，机械学院完成教学评建第三阶段整改方案制订，进入全面实施阶段。该整改方案总结机械工业部专家组预评估的意见，经过各系、部、处教职工和干部的讨论，于4月19日在院党委常委扩大会上确定。5月7日，该校召开动员会，全面实施该方案。

（汪效梅）

【举行首次德育工作会】 5月28至30日，机械学院举行第一次德育工作会。会议做题为《总结经验，扎实工作，努力开创我校德育工作新局面》的德育工作报告，有关系、部、处教师及职工代表在会上做交流发言。

（汪效梅）

【2项国家级科技项目立项】 7月23日，由机械学院首次独立承担的“九五”国家重点科技攻关项目《现场总线网络设备研制》等3个分专题项目正式立项，项目总经费80万元，当年到款额45万元。10月，该院申报的国家自然科学基金项目《大型旋转机械在线智能状态维护研究》被批准立项，获资助经费14万元。

（汪效梅）

【4个项目获市教学成果奖】 9月，机械学院《推进实践教学建设，促进马列主义理论教学改革》、《重视实践教学环节，加快校内实习基地建设，形成人才特色》、《和谐教学法的

五年试验与研究》、《加强〈会计原理〉课程建设，形成工科院校会计人才特色》4个项目获1997年北京市普通高等学校教学成果二等奖。

（汪效梅）

【南非技术代表团来访】 10月7日，由南非技术学院院长委员会主席莱亚尔率领的南非技术学院院长委员会代表团一行6人访问机械学院。楼秉哲等院领导会见代表团全体成员。

（汪效梅）

【开展系级教学检查评估工作】 11月10日至12月9日，机械学院开展系级教学检查评估工作。该院成立由校内专家组成的工作组，对各系的教学工作情况依次进行检查，并于检查结束后3日内向被检系部反馈评价意见。

（汪效梅）

【法国职业培训中心来校访问】 12月10日，法国职业技术培训中心中国处主任贝尔迈瑞（Balmary）访问机械学院。双方就合作在该院建立职业技术培训中心的有关问题进行会谈，法国客人实地考察该校的实习条件和技术培训能力，表示回国后将进一步研究开展合作的可能性。

（汪效梅）

【与美国肯特州立大学建立合作关系】 12月10日，机械学院与美国肯特州立大学（Kent State University）建立校际合作关系。该协议书规定：两校互派访问学者；联合研究科研课题；开展学术交流活动等内容。

（赵三江）

【获学科竞赛奖2项】 12月14日，北京市第14届大学生（非物理专业）物理竞赛结果揭晓，机械学院1名学生获乙组一等奖，这是该校学生在历届物理竞赛中首次获得一等奖。12月，北京市第9届非数学专业大学生数学竞赛结果揭晓，该院1名学生获B组三等奖。

（汪效梅　赵三江）

【日本语普及协会到校访问】 12月19日，以都筑阳子为团长的日本国日本语普及协会代表团一行7人访问机械学院。楼秉哲会见代表团成员。

（汪效梅）

北京信息工程学院

党委书记　王适安（7月免）
　　　　　赵国森（7月任）
院　　长　甘圣予

【概　况】 1997年，北京信息工程学院设有计算机科学与工程系、信息管理系和电子技术与通信系等6个系，有7个本科专业和11个专科专业。全年各类在校学生3372人，其中本科生1325人，专科生203人，成人脱产班学生927人，函授、夜大学生917人。另有外国留学生5人。招生610人，比上年增长85%，其中本科生410人，比上年增加80人，专科生200人。毕业生271人。全院有教职工755人，其中专任教师248人，包括教授14人，副教授48人，讲师124人。聘请外国专家4人。学院的科研机构设有中文信息处理研究中心和软件工程研究开发中心，并设有传感技术研究室、应用数学研究室、计算机识别与应用研究室等6个研究机构，全年承担国家和电子行业的科研项目共31项，实到科研经费270万元，比上年增长40%。学院分为苇子坑校区、清河校区和酒仙桥校区，校本部设在苇子坑校区。学院占地总面积16万平方米，校舍建筑面积9万平方米。固定资产总值7345万元，其中教学仪器设备资产值1423万元。图书馆藏书共计19万册，中外文期刊杂志900余种。

（魏宁萍）

【获电子部科技进步奖4项】 1月，北信4项科研项目获电子部1996年度科技进步奖，其中TRS全文信息管理系统获一等奖，水下机器人触觉传感器获二等奖，气体摆式倾角传感器实用化研究及图像重建数字模型与补法研究获三等奖。

（魏宁萍）

【新一届院领导班子成立】 7月14日，北信召开教授及副处以上干部会议，电子部有关领导参加大会并宣读电子部关于赵国森、甘圣予等16人的任免职通知，其中，院级领导班子有7人组成，平均年龄52岁。自此，电子部在京3校合并后的北信第一届领导班子正式成立。

（魏宁萍）

【优秀教师表彰大会召开】 9月10日，在电子工业部庆祝教师节暨表彰优秀教师大会上，北信有6人获优秀教师称号，1人获优秀教育工作者称号。在这次电子部领导及在京教育单位代表100余人参加的大会上，共表彰优秀教师59人，优秀教育工作者71人，教育先进集体63个。

（魏宁萍）

【获全国大学生电子设计竞赛奖】 9月17至20日，在第三届全国大学生电子设计竞赛中，北信有1队获全国二等奖、北京赛区一等奖，另有1队获北京赛区二等奖。来自全国17个省市202所高等学校的1007个代表队3021名大学生参加本次比赛，其中北京赛区共有21所高校、84个队252名大学生参赛，北信派出2支队伍共6名学生参赛，完成的制作题目是《直流稳定电源》和《数字频率计》。该院曾在第二届全国大学生电子设计竞赛中获得二等奖。

（魏宁萍）

【第八次学代会召开】 11月15日，北信召开第八次学生代表大会，这是电子部在京3校合并后举行的首次学代会。3个校区的6个代表团共217名代表参加会议，市学联及北方交大学生会主席分别代表上级学联和兄弟院校参加大会并致辞。会议通过《解放思想、实事求是、开创学生会工作新局面》的工作报告和《北京信息工程学院学生会章程》等文件，选举产生由21名学生组成的新一届学生会常委会。

（魏宁萍）

【获数学物理竞赛奖】 12月，北信参加北京市第九届大学生（非数学专业）数学竞赛，获乙组（重点院校组）一等奖1名，二等奖1名。历年来，该校一直参加重点院校组的数学竞赛，每年都取得较好成绩。在北京市第十四届大学生非物理类专业物理竞赛中，该校有1人获特等奖，4人获一等奖，3人获二等奖，在一般院校组中获奖等级及获奖人次居参赛院校之首。

（魏宁萍）

【举办青年教师理论培训班】 年内，北信举办青年教师教育理论培训班。该培训班聘请北师大教师讲授教育学、心理学、教育法等课程。全院163名青年教师参加培训，122人合格结业，合格率74.84%。

（魏宁萍）

【汉字自动录人系统在国际上获奖】 年内，北信计算机识别与应用研究室研制的“北信OCR——汉字文本自动录入系统”，在首届国际爱因斯坦新发明、新技术（产品）博览会上获国际金奖，并获联合国技术促进系统颁发的发明创新科技之星奖。该OCR软件产品于1995年在中国软件评测中心测试中被评为A级，并被授予优秀产品荣誉证书；1996年在全国OCR产品评测中，被列为信得过产品中的推荐产品；1997年全年产值达130万元。

（魏宁萍）

中国矿业大学北京校区

党委书记 罗承选
校　　长 郭育光

【概　况】 1997年，中国矿业大学成立北京校区。该校区设矿产普查与勘探、岩土工程和电力电子与电力传动等10个博士学科专业；工程力学、机械设计及理论和采矿工程等31个硕士学科专业，并为工商管理硕士试点单位；2个博士后流动站；3个国家级和7个省部级重点学科。有教职工603人，其中包括中国工程院院士3人；教授及正高职称68人（含博士生导师31人）；副教授、高级工程师、高级实验师等副高职称100人；讲师、工程师，实验师等中级职称159人。专任教师206人，其中教授56人，副教授67人，讲师67人。副高职以上的教师中，中青年教师占相当比例，有50岁以下的教授14人（博士生导师10人）。全校具有硕士学位以上的教师142人，占教师总数的55%；具有博士学位的教师70人，占教师总数的27%。40岁以下的青年教师中，近60%已获得或正在攻读博士学位，其中3人被国家确定为跨世纪人才，2人被评为煤炭部技术专业拔尖人才，1人获首届全国青年科学家奖。毕业学生144人，其中博士生34人，硕士生110人；招生159人，其中博士生38人，硕士生121人；在校生482人，其中博士生122人，硕士生360人。在站博士后11人。该校区占地面积206770平方米，总建筑面积12万平方米。其中学生宿舍楼6栋，建筑面积1.25万平方米；教学实验楼9栋，可供教学、科研办公用房总面积达4万多平方米；教职工住宅区建筑面积5万平方米。新落成的图书馆建筑面积3500平方米，藏书27万余册。有各类基础和专业基础实验室20个，实验设备资产近5000万元。在研课题300余项，其中国家“九五”攻关项目11项，国家自然科学基金等国家级项目25项。科研经费1600万元。

（王　梅）

【谢和平被评为全国优秀留学回国人员】 3月4日，矿大研究生部博士生导师谢和平教授被国家人事部、国家教委评选为全国优秀留学回国人员。谢和平是我国青年分形岩石力学专家，也是国家教委批准的首批跨世纪人才专项基金、首批国家杰出青年基金资助专家。他先后在国内外有影响的杂志上发表学术论文100多篇，出版中英文学术专著6部，主持完成的科研项目曾获国家自然科学三等奖、国家教委科技进步一等奖、二等奖。于1991年被国家人事部授予有突出贡献的中青年专家、1993年获首届中国青年科学家奖，同时还获得中国青年科技奖等多项荣誉。从1990年起，谢和平每年都应邀出国讲学和合作研究，曾多次谢绝国外教育科研机构挽留。

（吴立群）

【中国矿业大学北京校区成立】 7月14日，中国矿业大学北京校区成立。该校区是在原中国矿大北京研究生部驻地设置而成，作为中国矿大在京办学实体，其党的关系纳入北京市委，业务关系纳入北京市高校管理序列。

（吴立群）

【“211工程”正式开工】 7月，中国矿业大学北京校区“211工程”建设项目可行性研究报告获国家计委批复，同意该校作为“211工程”项目院校，在“九五”期间重点建设。建设的总体目标是：力争到本世纪末，使该校在教育质量、学科建设、科学研究、管理水平和办学效益等方面得到明显提高，总体办学水平居全国高校先进行列，部分学科接近或达到国际同类学科先进水平，成为国内高等教育领域特别是煤炭科技领域中培养高层次人才、解决国民经济建设重大问题的教育科研基地之一。

（吴立群）

【张荣曾获能源大奖】 10月，矿大北京校区博士生导师张荣曾教授获得孙越崎科技教育基金1997年度能源大奖。张荣曾于1982年开始从事水煤浆制备与燃烧技术的研究，他开发的水煤浆制备技术达到国际先进水平，总结出的煤炭成浆性规律优于国外，为制浆中的关键技术级配所开发出的计算机软件，达到国际领先水平。他主持开发的添加剂费用只相当于国外的三分之一，主持开发的结合选煤的联合制浆技术建厂投资仅相当于引进国外技术的四分之一，生产成本也远低于国外。自1986年7月张荣曾一直任中国矿大矿物加工工程研究所所长，1993年任国家水煤浆工程技术研究中心制浆技术研究所所长，先后为选煤界培养18名博士生、25名硕士生。其研究成果获省部级科技进步一等奖2项，国家科技进步三等奖1项，出版有《重力选矿学》等著作。

（吴立群）

【韩德馨获李四光地质科学荣誉奖】 12月5日，在第五届李四光地质科学奖颁奖大会上，矿大北京校区韩德馨院士获地质科学荣誉奖。韩德馨生于1918年9月，1950年在美国密歇根大学研究院毕业，是我国建国后首批归国学者之一、新中国煤田地质事业奠基人之一。1951年中国矿业学院成立，他参加领导和创建我国第一个煤田地质系，是我国煤田地质学科中最早的博士、硕士导师，先后培养19名博士、3名博士后、15名硕士生及众多的高级专业技术人才。他先后担任国家重点学科煤田、油气与勘探和重点专业实验室煤炭资源特性研究的学术带头人，曾任国务院学位委员会学科评议组成员。他组织并参与编写的我国第一部《中国煤田地质学》先后三次获得国家、省部级教材一等奖和特等奖，研究成果还曾获煤炭工业部科技进步二等奖、煤炭工业部"火箭奖"。1990年被国务院授予有贡献早期回国专家荣誉，1995年当选为中国工程院院士。

（吴立群）

【陈至达获全国优秀科技工作者称号】 12月26日，矿大北京校区博士生导师陈至达教授获得中国科协全国优秀科技工作者称号。陈至达是我国力学家、教育家。他提出的非线性有限变形理论突破经典小变形理论的框架，是现代力学的重要发展。他曾当选为第六、第七届全国人大代表，曾任国务院学位委员会评议组成员，国家教委科技委委员，人事部博士后管委会专家组成员。在长期教学科研岗位上，陈至达共发表论文著作131篇，多次获得科技、教育奖励。

（吴立群）

【新增两个硕士学位授予权】 12月，矿大北京校区获得培养工程硕士并行使工程专业学位授予权，同时被批准为培养工商管理硕士(MBA)试点单位。以上硕士学位点均从1998年开始招生。

（吴立群）

【科技开发中心获金桥奖】 年内，在由北京市政府组织、市科委和市技术市场办公室实施的第四届金桥奖评选活动中，矿大北京校区科技开发中心获集体三等奖，其中1人获得个人三等奖。

（吴立群）

中国科学技术大学研究生院（北京）

党委书记 颜基义
校　　长 汤洪高（兼）

【概　况】 1997年，中国科学技术大学研究生院（北京）设有：数学、计算机科学和管理学等10个教学部及计算中心和体育教研室；信息安全国家重点实验室、认知科学开放实验室；管理决策与应用数学研究所、理论物理研究所和应用化学研究所等7个研究所；华罗庚应用数学与信息科学研究中心、系统集成工程研究中心、科技经济文化研究中心等研究机构；并与北京医院合办脑认知成象研究中心。主办刊物有：《中国科学院研究生院学报》、《自然辩证法通讯》。全年在校学生1230人，其中硕士生1011人，博士生16人。进修生7人，在职研究生课程班196人。招生962人。有教职工502人，其中教师272人，包括正教授67人，副教授86人，讲师119人，具有博士学位的30人，占教师总数的11%，具有硕士学位的100人，占教师总数的36.7%；有中国科学院院士2人，被授予国家级有突出贡献的专家3人，博士生导师33人，享受政府特殊津贴91人；从科研院所、重点高校聘请兼职教授113人；聘请外籍文教专家、教师9人。本年度科研项目在研总数114项，其中获国家杰出青年基金1项，年度科研经费343.7万元，获省、部级二等奖3项。占地121243平方米，总建筑面积82266平方米。图书馆藏书17万册，建立了中国学术光盘检索咨询一级站。

（赵　朝）

【获中科院教学成果奖10项】 1月4至5日，中国科学院召开科学院评定教学成果会。中科大研究生院（北京）获一等奖3项，二等奖7项。

（杨贡华）

【调整课程设置】 3至7月，中科大研究生院（北京）调整课程设置工作完成。新课程设置方案确立以一级学科设置课程，以二级学科制订研究生培养方案的指导思想和具体课程设置。该方案9月开始试行。

（杨贡华）

【举办院士报告会】 4月18日，中科大研究生院（北京）举办王选院士报告会。在以《高科技与人才》为题的报告中，王选提出青年人能够做出重要成果的两个中心思想，一是中国人有可能比外国人更早提出某些新思维；二是在提出具有一定基础的新构思后，一旦把它放在市场需求刺激的环境中就有可能比外国人做得更好。

(邱文丰)

【王宽成基金资助两教授出访】 4月,中科大研究生院(北京)数学部1名教授获王宽成教育基金奖贷学金资助,作为高级访问学者,赴美国哈佛大学工作6个月。计算机学部1名教授获王宽成教育基金会资助,赴德国参加计算机学术会议。王宽成教育基金于1988年设立,用于资助优秀学生和学者赴国外工作和学习。

(华 光)

【举行领导联席会】 5月5至8日,中国科技大学与研究生院(北京)第一次领导联席会议在合肥召开。会上通报中科大和研究生院(北京)近期主要工作,听取《关于研究生院(北京)1997—2000年工作纲要》的汇报。并就双方在研究生教育、科研工作、信息沟通、校园网络建设、校庆及其他有关工作取得一致意见。

(赵 朝)

【制订聘任兼职教授简则】 5月,中科大研究生院(北京)学术委员会通过《关于聘任兼职教授的工作简则》。该简则规定在中科大研究生院(北京)授课累计4学期240学时以上,教书育人、教学效果好,且于聘任当年承担教学任务的研究员或其他高校教授,可聘任为该院兼职教授。聘任年限为3年,期满可续聘。聘任工作由学术委员会负责,每年评定1次。该院首次聘任兼职教授113人,来自44个研究单位和高校。

(杨贡华)

【召开研究生教学工作会】 6月26至27日,中国科学院召开研究生工作会。会议主题是:优化课程设置,提高教学质量,加强兼职教师队伍建设及中科院人才培养基地建设。中科院领导、北京地区各研究所主管领导、研究生导师、教师代表等200多人参加会议。

(杨贡华)

【新生质量提高】 9月,中科大研究生院(北京)共录取新生962人,其中应届毕业生707人,在职生255人。来自北京大学、清华大学等著名大学学生300余人,占新生人数的30%,比往年有所增加,其中党员199人,占新生人数的20%。

(刁汉明)

【举办管理干部英语培训班】 9至12月,中科大研究生院(北京)举办高级管理干部英语培训班。中科院中青年局、处级领导干部19人参加学习。通过三个半月的短期培训,学员英语水平达到能听、能译、能对话。

(刁汉明)

【首届董氏东方奖学金评选结果揭晓】 10月18日,中科大研究生院(北京)50人获首届董氏东方奖学金。参加此项奖评选的学生共1099人,评选出获奖者50人,其中硕士生44人,博士生6人。董氏东方奖学金是由香港董氏慈善基金会及东方海外货柜航运有限公司每年出资15万设立,用于奖励该院品学兼优的在校生。

(刁汉明)

【二教授获宝钢优秀教师奖】 10月,中科大研究生院(北京)彭家贵教授、张文芝副教授获宝钢教育基金优秀教师奖。彭家贵长期从事数学教学与科研工作,治学严谨,培养一批硕士、博士生,曾获中科院重大成果奖和自然科学二等奖。张文芝是1名青年英语教师,她在语言测试、计算机语料库语言学方面有一定研究,并把科研与教学相结合取得突出成绩,曾被评为中科大优秀教师。

(江 川)

【二教授当选中国科学院院士】 11月,中科大研究生院(北京)数学部陈希孺教授、物理学部童秉纲教授当选中国科学院院士。陈希孺,1956年毕业于武汉大学数学系,专业专长为数理统计。他在国内率先开展回归大样本理论、近代非参数统计与经验Bayes统计等重要分支的研究,解决了一些国际性的难题和猜测。他发表学术论文百余篇,专著10余种。培养博士生9人,中青年教授数名。历任中国数学会理事,ISI会员,全国统计方法标准化委员会委员兼一分委主任,中国现场统计学会理事长,中国科协委员会委员。曾获得中科院重大成果一、二等奖,中科院自然科学二等奖与国家自然科学三等奖。童秉纲,1950年毕业于南京大学机械工程系,1953年哈尔滨工业大学力学专业研究生毕业。专业专长为非定常流与涡运动、运动生物力学。他在非定常空气动力学领域中,率先开拓和发展了从低速直到高超声速动导数的整套计算方法,获得1项中国科学院科技进步二等奖、3项国防科委国防尖端科研成果奖(属国家级奖)四等奖;建立了三维极端曲地面效应的非线性奇异摄动理论;提出了对激波和分离流动具有高分辨率的有限元格式和一套混合算法,另辟一条用较少网格数算准热流的新途径。他提出和建立了模拟鱼类游动的三维波动板理论,率先对鱼类形态的适应和进化问题作出定量的流体力学分析并获中国科学院自然科学三等奖。在涡运动和涡方法的下列研究前沿取得重要的新进展:静态和振动圆柱尾迹演变的稳定性和分岔研究及其控制,可压缩性粘性热传导旋涡结构研究,提高二维涡方法的精度和适应性。他培养9名博士。他主编的《理论力学》和《气体动力学》分别获全国优秀教材奖和国家教委优秀教材一等奖。他在1983——1997年期间共主持19项科研任务,共计发表论文60余篇,出版专著3本。

(肖 斌)

【举办钱伟长院士报告会】 12月9日,中科大研究生院(北京)举办钱伟长院士报告会。钱伟长结合自身求学的体验与经历,讲述科技工作既要为其本身的发展服务,又要为社会生产的发展、为认识世界和改造世界服务，其关键在于培养大批的科研人才的道理。

（邱文丰）

北京工业大学

党委书记 蔡少甫
校　　长 左铁镛

【概　况】 1997年，北京工业大学设有计算机学院、材料科学与工程学院、经济与管理学院、实验学院、成人教育学院5个学院，机械电子工程学系、工业自动化系、化学与环境工程学系等10个系，基础教学部、社会科学部、机械基础教学部、外语部和体育部5个教学部。有27个本科专业，其中15个专业兼设专科。有电子工程、机械工程和激光应用等12个学科。有29个硕士学位授权点，5个博士学位授权点，1个博士后流动站，2个博士后项目点。设有国家激光加工技术产学研中心、北京市激光技术实验室、北京市光电子技术实验室和北京市信号与信息处理基础性研究室4个高新技术研究开发基地。至年底，全日制学生毕业2051人，其中本科生1376人，专科生534人，硕士生139人，博士生2人；成人教育学员毕业826人，其中本科学员330人，专科学员496人。招收全日制学生2290人，其中本科生1757人，专科生298人，硕士生217人，博士生18人；招收成人教育学员1146人，其中本科学员230人，专科学员916人。在校全日制学生共8807人，其中本科生7122人，专科生989人，硕士生654人，博士生42人；在校成人教育学员3124人，其中本科学员666人，专科学员2458人。全校教职工3200余人，其中专任教师1262人。专任教师中，教授137人，副教授409人，讲师364人；中国工程院院士1人；博士生导师23人；国家级有突出贡献的专家5人；北京市有突出贡献的专家18人；纳入国家“百千万人才工程”的1人；纳入北京市跨世纪优秀人才工程的共20人，其中5人为国内一流专家培养对象，15人为学术技术带头人培养对象；纳入“北京市科技新星”计划的22人；市级（青年）学科带头人16人，市级优秀青年骨干教师61人。学校校园占地46.7万平方米，建筑面积36.17万平方米。全校固定资产总值2.96亿元。在科研开发方面，1997年新立项409个，其中335个是为北京市服务的项目，占82%，比上年提高16%。在基础性科学研究方面，当年新承担北京市自然科学基金课题17项，总经费136.5万元，承担课题数和经费额均达到北京市自然科学基金课题总数和经费总额的五分之一。1997年有13项科技成果获得政府部门的科技奖励。其中3项分别获得国家科技进步三等奖、国家教委科技进步一等奖和机械工业部科技进步一等奖，5项获得北京市科技进步二等奖，5项获得北京市科技进步三等奖。还有9项发明被中国专利局授予专利权，其中发明专利5项，实用新型专利4项。

（毕东明　张燕来）

【成立资金结算中心】 7月16日，北工大校内结算中心成立。该中心负责统一管理全校资金并为各单位提供结算，改变校内单位在银行多头开户、资金分散的状况。

（毕东明）

【获大学生电子设计竞赛奖10项】 9月17至20日，在全国第三届大学生电子设计竞赛中，北工大共获得全国二等奖（北京赛区一等奖）2项，北京赛区二等奖4项、三等奖4项。该校共有10个队参加本届比赛。

（倪士其）

【获全国数学建模竞赛奖】 9月23至26日，在’97全国大学生数学建模竞赛中，北工大7个队参赛。共获全国二等奖1个，北京赛区二等奖5个，并获得北京赛区组织优秀奖。

（倪士其）

【招生录取软件在本市推广】 10月22至25日，在高校招生计算机工作研讨会上，北工大演示自己设计的计算机招生录取程序，市高招办决定投入1万元将该程序立项，以便在市属院校中推广使用。国家教委、北京市高招办及市属6所高校教务处和招生办的负责人参加研讨会。

（夏秋萍）

【开展教学档案建设工作】 10月，北工大开展教学档案建设工作，首先在18门校管课中建档。课程档案主要包括教学大纲、讲稿、试讲、教学日历、教学检查和教学评价等方面的内容。

（杨雨甡）

【校医院被评为一级甲等】 10月，北工大医院通过朝阳区一级医院评审，被确认为一级甲等医院，获得卫生部颁发的一级甲等医院铜牌。北工大1960年建校时建立医务室，1984年改为医院。1995年，新建3234.5平方米大楼竣工使用。该医院设医疗科室24个，有病床50张，有500毫安X光机、B超仪等大型仪器，有集中供氧吸引系统、污水处理系统和焚烧炉等设施。该医院在编医护人员共有41人，其中高级职称6人、中级职称13人、初级职称22人。

（任立新）

【成立两个学院】 11月，北工大成立经济与管理、材料科学与工程两个学院。经济与管理学院是将原管理系、应用经济系、国际贸易系合并成立，设管理学、市场营销学、国际贸易与投资、国际交流学、会计与统计、法律学6个系，有大专、本科、双学位、硕士研究生和留学生5个办学层次。该院有教师116人，其中有高级职称的占36%，有硕士以上学位的占25%。该院在校学生1150

人。材料科学与工程学院以原金属材料科学系为主成立，设材料科学（新型功能材料、薄膜与电子材料）、金属材料与表面工程、材料联接科学与工程、无机非金属材料（现代陶瓷与晶体材料）等学科，有大专、本科、硕士、博士等办学层次。该院有教师102人，其中有高级职称的占47%。教师中有中国工程院院士1人、博士生导师5人、国家级和北京市级有突出贡献专家4人。该院聘请6名国内外知名教授为客座教授。该院在校学生500多人。

（毕东明）

【光机厂被定为市高校实习基地】 12月27日，北工大光电机械厂被市教委确定为北京市高校定点实习基地。北工大1990年建校时建立作为校内实习工厂的机械厂，1982年将其改为光电机械厂。1995年和1996年，学校陆续投资950多万元，用于光电机械厂建设新厂房和添置设备，使这个厂具备对校外开放的物质条件。1996年9月，北工大的金工课程通过市教委的评估，包括由光电机械厂承担的金工实习在内的5项评估指标均达到优秀标准。

（倪士其）

【投入教学基本建设经费800万元】 至年底，北工大投入800万元强化教学基础设施建设。先后进行物理、化学、力学、自动化、电子、交通、土建、环境、材料9个学科实验室基础建设和现代化教学手段改造。

（骆雪君）

【面向21世纪教改课题立项】 年内，北工大开展面向21世纪教学内容和课程体系改革的研究与实践。立项课题15个，其中6个经北京市教委审批为市级课题，9个为校级课题。对这15个课题，市教委提供经费11万元，学校投入26万元。截止12月底，这些课题均已进行或开始进行调查研究工作。北工大面向21世纪教改的研究与实践是从1996年初开始的，1996年立项课题15个，其中市级课题6个。

（赵一夫）

首都师范大学

党委书记 于　洸（9月免）
　　　　　牛继升（9月任）
校　　长 林培黎（9月免）
　　　　　杨学礼（9月任）

【概　况】 1997年，首都师范大学设有外国语学院、成人教育学院，有19个系及马克思主义理论教研部、大学英语教研部、德育教研室、体育教研部、对外汉语培训中心。学校拥有28个本专科专业及专业方向，21个硕士学位专业，7个博士学位专业，还有40多个成人教育专业和专业方向。设有19个研究所，48个研究室，6个研究中心。学校占地47.5万平方米，校园建筑面积33万平方米，新建成的北校区已投入使用。各类实验室建筑面积2.2万平方米，图书馆建筑面积1万平方米，藏书213万册。招收新生2247人，其中博士生13人，硕士生120人，本科生1590人，专科生524人。共毕业1991人，其中硕士生88人，本科生972人，专科生931人。在校全日制学生总数为6629人，其中博士生35人，硕士生362人，本科生4961人，专科生1271人；有成人教育学生8041人，其中函授本专科生3266人，夜大本专科生3862人，成人第二专科学历913人。在校外国留学生452人。有教职工2582人，其中专任教师1004人。在专任教师中，正高级职称102人，副高级职称399人，中级职称350人；有70人具备博士学位，281人具备硕士学位。科研在研项目403项，包括新上项目148项（其中国家级7项，部级、市级56项）。发表著作259部，论文1030篇。有3项成果获北京市科技进步三等奖，分别是：《北京地区物候观测与基础物候学研究》、《激光表面增强光谱技术及应用研究》、《数字血管减影系统》。

（王咏梅）

【召开第三届教代会及第九次工代会】 4月3至4日，首师大召开第三届教职工、第九次工会代表大会第二次会议。校党政领导、教代会、工代会代表和特邀代表共200余人参加会议。会议听取《同心同德，埋头苦干，扎扎实实地推进我校“211工程”建设》及关于《首都师范大学精神文明建设规划》起草工作的报告。双代会代表对两个报告进行充分讨论并提出意见和建议。

（王咏梅）

【研讨传统文化与当代精神文明建设】 4月16日，首师大主办传统文化与当代精神文明建设专题研讨会，中国社科院近代史所、该校理论部和德育教研室的有关教师以及部分研究生、第二学位生共计30余人参加会议。会议邀请中国社科院及该校管理系中青年学者分别作专题发言。

（王咏梅）

【获全国大学生数学建模竞赛奖】 4月23日，首师大数学系师生获1996年全国大学生数学建模竞赛二等奖和北京赛区二等奖。该系自1993年首次派代表队参加此竞赛以来连续4年取得好成绩。

（王咏梅）

【中日合建文化学院】 5月9日，首都师范大学泰星（TAIKEN）国际文化学院成立。该学院由首师大和日本泰星（TAIKEN）综合教育集团联合举办，该学院设日语、商贸日语、英语、商务英语4个专业，本年度共招收3期短期培训班，计190人。梅向明、徐锡安等市人大、市教委领导和日本泰星（TAIKEN）综合教育集团理事柴冈三千夫参加成立揭幕仪式。

（王咏梅）

【与韩国西原大学签署交流协议】

5月19日，首师大与韩国西原大学签署校际交流协议。该协议规定：两校本着相互尊重、互助平等原则求得教育文化、学术研究的发展；互派代表团访问，以使两校在教育文化交流方面互相协助；互派教授或学生进行长期或短期的讲学和学术研究活动；两校为搞好教职工和学生的长期或短期研究及进修活动进行交流访问；两校为推荐的自费留学生提供方便；两校互相交流教育学术资料、刊物及其它信息；前面各项活动所需经费及其它事宜由双方磋商决定。协议有效期3年。

（王咏梅）

【召开教学工作会】 5月22日，首师大1997年教学工作会召开，于洸等校领导参加会议。会议作题为《转变观念，深化改革，大力提高教育教学质量》的报告并公布该校毕业生调查情况。英语系、历史系、数学系、音乐系进行教学经验介绍。会后，各系就《首都师范大学关于提高本科生英语水平的几点意见》等文件进行分组讨论。

（王咏梅）

【被评为引进国外智力先进集体】 6月3日，国务院外国专家局召开引进国外智力先进集体和个人表彰大会，首师大国际文化交流部作为先进集体受到表彰。首师大自70年代开始聘请外国文教专家工作，已形成从聘请、管理到评估一套较完整的体系。1996年学校通过"211工程"部门预审后，聘请外国专家工作的重点从长期语言专家转移到短期专业技术专家，扶植学校优先发展的学科。

（王咏梅）

【举办师范院校"211工程"建设座谈会】 6月16日至17日，首师大举办全国师范大学"211工程"建设工作座谈会。来自北师大、东北师大、湖南师大、南京师大、华东师大、华南师大、首师大的代表20余人参加座谈会。会上主要就"211工程"可行性论证、重点学科建设以及工作中共同关心的问题进行交流。

（王咏梅）

【参加第三届国际大专辩论会】 8月24至31日，第三届国际大专辩论会在新加坡召开，首师大代表中国内地高校组队参赛并获亚军。其中，1名学生获1997年国际大专辩论会全系列最佳辩论员称号。

（王咏梅）

【附属育新学校开学】 9月1日，首都师范大学附属育新学校成立，并举行开学典礼。该校为全日制学校，位于北京高校住宅小区育新花园内，占地18200平方米，建筑面积9600平方米。

（王咏梅）

【承办国际讲习班】 9月15至30日，首师大承办复齐性域上的分析与几何及相关课题国际讲习班（'97国际讲习班），来自9个国家和地区及国内17所高校和研究机构的41名学员参加学习。讲习班举办一系列讲座，引导数学工作者进入复齐性域上的分析与几何研究的最新发展中去。该讲习班由中国、法国和联合国教科文组织联合举办，中科院陆启铿教授、法国保罗缔斯（Poitiers）大学盖耶斯（GuyRoos）教授和首师大殷慰萍教授出任学术主席。

（王咏梅）

【举办华北东北师范院校协作会】 9月22至25日，华北、东北地区十所师范院校第七次协作会议在首师大召开。各校代表围绕面向21世纪，贯彻落实全国师范教育工作会议精神，深化教学改革，加强学科建设，努力提高人才培养质量的议题进行交流，并就进一步加强协作形成共识。

（王咏梅）

【举办全国师大校办主任联席会】 10月6至9日，全国十二所师范大学第十届校办主任联席会在首师大召开。来自全国14所师范大学（2所学校列席）的校办主任就面向21世纪校办工作职能、人员素质、管理技术、条件装备等方面建设问题进行交流。

（王咏梅）

【举办学生工作干部培训班】 10月13至17日，首师大组织培训班，对参加学生工作的专职干部进行系统培训。在开班仪式上，学习班举办《讲政治、讲学习、讲奉献，苦练内功，做合格的学生工作干部》专题讲座。

（王咏梅）

【举办师范校总务处长协作会议】 10月13至18日，东南、京津10省市重点师范大学第9次总务处长协作会议在首师大召开。这次会议的主要议题是：研讨高校住房制度改革与公有住房售后管理问题。会上介绍首师大近几年后勤工作改革与发展情况，与会院校介绍并交流各自的经验。

（王咏梅）

【赴苏南地区参观考察】 10月18至25日，首师大党委组织党总支（直属支部、分党委）书记和党委职能部门的部、处长赴苏南地区参观考察。他们考察华西村改革发展的经验，参观学习张家港"两个文明"协调发展的经验，听取苏州大学"211工程"建设和党的建设经验，并与苏州大学进行对口座谈交流。

（王咏梅）

【召开学术讨论会】 11月8至11日，首师大召开由中国社会科学院世界历史研究所和该校历史系联合举办的国家社会科学研究重大课题《20世纪的历史巨变》学术讨论会。会上国内近40名专家学者，围绕20世纪历史领域的研究进行讨论。

（王咏梅）

【召开团代会和学代会】 11月9日，首师大召开共青团首都师范大学第十六次代表大会和第十七次学生代表大会，会议审议并通过共青团首师大第十五届委员会向大会所作的报告，选举产生第十六届委员会。在学代会上审议并通过首师大第十六届学生会所作的报告，选举产生首师大第十七届学生代表大会委员会。团市委、全国学联、市学联领导及兄弟院校代表参加会议。

（王咏梅）

【首师大希望小学落成】 11月28日，首师大南泥湾三台庄希望小学落成。在落成典礼上，张建东代表首师大将10万元的支票及图书、学习用品清单交给三台庄村党委，并希望以三台庄为重点，在南泥湾镇建立首师大社会实践基地，发挥优势，为延安地区培养、培训师资。经与延安市教委、南泥湾镇领导和三台庄村干部研究决定，这笔捐款全部用于三台庄小学的扩建，扩建后的小学命名为首都师大希望小学。首师大自1996年10月，共为三台庄小学捐款10万元，捐赠图书12700多册，练习本近3000册，文具盒近400个，书包160多个，笔5000多支。

（王咏梅）

【历史学科基地接受中期评估检查】 12月3至4日，国家教委组织8人专家组对首师大历史学科人才培养和科学研究基地进行中期评估检查。专家组听取该校系两级领导的汇报，参观历史系资料室、文物室和教改展览，观看基地建设录像片，分别召开师生座谈会。专家组对该校历史学科人才培养和科学研究基地给予较高评价。

（王咏梅）

【美国军事代表团来校看望在读生】 12月11日，美国太平洋地区司令布鲁尔将军一行7人，到首师大看望在读的美国军官学生。在了解学生各方面情况后，布鲁尔对该校对外汉语教学表示满意，希望扩大该项目的学生人数。布鲁尔将军是应国防部邀请到我国进行友好访问的。

（王咏梅）

【卢乃桂受聘兼职教授】 12月21日，首师大聘请香港教育家、香港中文大学卢乃桂博士为兼职教授。在聘任仪式上卢乃桂作题为《新世纪教师教育的发展与挑战》的学术报告，并与该校教育系师生进行学术交流。

（王咏梅）

【获全国语言文字先进集体称号】 12月23至27日，在全国语言文字工作会上，首师大教务处获全国语言文字先进集体称号。这是该校首次获此荣誉。近年来，首师大大力推进语言文字规范化教学，先后开展普通话水平测试等工作，并取得成绩。

（王咏梅）

【“211工程”建设项目通过审核】 12月23至24日，市政府专家组对首师大《“211工程”建设项目可行性研究报告》进行论证和立项审核。专家组听取该校关于学校“211工程”建设项目可行性研究和立项报告，审阅有关材料，参观、考察网络中心、历史系基地、音乐系和美术系多媒体教室、光学实验室、生物遗传实验室、物理化学实验室。专家组对首师大“211工程”建设项目可行性研究报告和立项进行论证和审核，并通过首师大“211工程”建设项目可行性研究报告和立项。

（王咏梅）

【获曾宪梓教育基金奖】 12月25日，在曾宪梓教育基金会1997年高等师范院校教师奖颁奖会上，首师大11名教师获奖。此项奖励自1993年评奖以来，该校已有36人获奖。

（王咏梅）

【参加全国高师田径运动会】 年内，在第二届全国高师田径运动会上，首师大体育代表团夺取非体育生特招院校组团体总分第三名，并获大会颁发的精神文明奖。

（王咏梅）

【2教改实验项目获奖】 年内，在国家教委1996年度全国师范院校基础教育改革实验研究项目优秀成果评选中，首师大科研项目《现代教学价值体系研究与实验》获二等奖，《中国当代儿童绘画解析与教程》获三等奖。

（王咏梅）

首都经济贸易大学

党委书记 马博宣

校　　长 张理泉

【概　况】 1997年，首都经济贸易大学设工业经济系、安全工程系和会计系等13个系，比上年减少2个系。设26个全日制本科专业，比上年减少2个专业，设12个硕士学位授予点，比上年减少2个。各类在校生11992人，比上年增长0.82%。全日制在校生5323人，比上年增长2.20%，其中，本科生4251人，比上年增长4.40%；专科生502人，比上年增长4.15%；研究生379人，比上年减少1.81%；外国留学生191人，比上年减少28.73%。成人教育学历在校生6669人，比上年减少1.38%。全日制毕业生1437人，比上年增长15.57%。其中，本科生1057人，比上年增长13.40%；专科生245人，比上年减少5.77%，研究生135人；比上年增长36.36%。成人教育学历毕业生2301人，比上年增长3.55%。其中，夜大专科毕业生927人，函授专科毕业生1229人，本科生145人。全日制招生1595人，比上年增长18.20%，其中，本科生1196人，比上年增长16.45%，专科生招生271人，比上年增长18.86%，研究生招生128人，比上年增长4.92%。成人教育学历招生2049人，比上年减少6.31%。其中，本科生90人，夜大专科生959人，函授专科生1000人。全校教职工2008人，比上年减少0.40%。专任教师673人，比上年减少7.43%。其中教授68人，比上年增长1.50%，副教授251人，比上年减少1.18%，讲师281人，比上年减少12.54%。非教师系列中，高级职称 87 人，中级职称 310 人。图书馆藏书 99 万册，比上年增长 7.37%。全校固定资产总值 12609 万元，比上年增长 126.98%（增加上年没有计入的部分）。教学仪器总值 1275 万元，比上年减少 1.08%。行政教育经费投入 6255 万元。

（徐维海）

【研讨企业管理学科发展暨研究生培养】 2月15至16日，首经贸大举办企业管理学科发展暨硕士、博士生培养研讨会。来自中国社会科学院研究生院、清华大学、中国人民大学、复旦大学等大学的 40 余名专家、教授（其中包括 20 名博士生导师）以及市政府、新闻媒体的 54 人参加会议。与会人员以企业管理学科发展暨硕士、博士生培养为主题进行研究。

（徐维海）

【校医院达国家一级标准】 3月18日，市卫生局对首经贸大校医院房屋、医疗设备、科室设置、医护人员职称、各科医护人员的构成、医院管理及医疗环境进行全面检查、验收并作出综合评价，确认该校医院已达到国家一级综合医院标准。该医院已正式命名为首都经济贸易大学医院。

（徐维海）

【调整专业结构】 6月16日，首经贸大召开中层干部会，部署相同专业合并组建新系工作。相同专业合并后，由原来的 15 个系变为 13 个系。新组成会计、财政、经济法、金融保险、统计学、贸易经济 6 个系。这次专业结构调整是根据《首都经济贸易大学改革与发展“九五”规划》的要求进行的。

（徐维海）

【举办军事夏令营活动】 7月16至22日，首经贸大师生 70 余人奔赴山东省某海军基地，举办学生骨干培训班暨第七期军事夏令营活动。活动期间，营员们参观北海舰队海上军事演练，参观刘公岛甲午海战旧战场，在荣城县，营员们冒雨观看为百名将军篆刻的将军录碑文。

（徐维海）

【两校区首次统一招生】 8月，首经贸大首次打破两校区专业界限，统一编制招生计划、统一安排招生日常工作、统一现场录取。两校区首次统一招生共招收全日制学生 1595 人，比上年增长 18.20%。

（徐维海）

【两校完成实质性合并】 9月4日，首经贸大召开中层干部会，宣布东西两校区已完成实质性合并。会议指出：在过去的几年里，两校区实现对全校工作的统一领导、统一规划和统一管理，并按照学校“九五”规划进行学科、专业、课程体系调整，在加强教学管理，优化教学环境，学校建设、改革等方面取得较大进展。

（徐维海）

【获北京赛区数学建模赛二等奖】 9月23至26日，首经贸大数学建模队参加全国数学建模竞赛获北京赛区二等奖。

（徐维海）

【召开教学工作会】 9月25日，首经贸大召开教学工作会议，学校领导、各系部及有关部门的领导参加会议。会议强调继续抓紧修订、完善全校统一的教学规章制度，调整专业设置，加强对专业的改造与建设，努力搞好 5 个重点学科的建设。

（徐维海）

【举办青年教师教学基本功比赛】 10至11月，首经贸大举办第二期青年教师教学基本功比赛。该比赛项目分文科、理科和德育 3 类，具体内容包括：教案基本功、教学演示基本功、板书基本功。148 名青年教师参加这次比赛，占青年教师总数的 70%。通过决赛，12 名青年教师分获一至三等奖，40 名教师分获优秀奖、教法奖、教案奖、板书奖等奖项。

（徐维海）

【与电车公司结成共建单位】 12月2日，首经贸大会计系和北京市电车公司签订创精神文明共建单位协议。共建协议规定：车队负责接受会计系学生的义务劳动和社会实践，为会计系特困生提供勤工助学岗位；会计系学生负责收集、监督、定期反馈车队司售人员服务情况，并负责承担提高车队服务质量和人员素质的讲座。

（徐维海）

【召开教职工代表大会】 12月18日，首经贸大召开第二次教职工代表大会，120 名代表参加会议。会议作《首都经济贸易大学关于合并调整和改革发展的几个问题》的工作报告和《确立教学工作的中心地位，把学校教育教学质量提高到一个新水平》专题报告。会议总结该校从 1995 年 6 月成立以来所做的工作，提出主要工作问题和下一步工作设想。

（徐维海）

【开展国际交流与合作】 至年底，首经贸大共接待来自美国、日本、加拿大等国家和地区的 28 所院校 70 人次来访，聘请外国专家、教授 21 人来华讲学，派出留学、讲学 17 人次。

（徐维海）

【在研科技项目下降】 至年底，首经贸大承担省部级科研项目 25 项，比上年少 10 项；国际合作项目 1 项，出版专著 14 部，比上年少 11 部。在国内外发表学术论文 302 篇，比上年增加 75 篇；公开出版教材 58 部，比上年少 29 部。

（徐维海）

北京体育师范学院

党委书记　赵振东
院　　长　孙民治

【概　况】 1997 年，北京体育师范学院下设教学科研训练管理中心，体育教育、运动训练、体育保健康复、基础教育、成人教育和研究生6个学部，球类、田径和体育理论等15个教研室，教学科研中心实验室和运动生理生化实验室，学校体育、运动心理、运动训练3个研究所，还附设有北京竞技体育学校、华西培训基地和职业篮球俱乐部。全院教职工总数为551名，其中，专任教师216名；教师中，教授占10%，副教授占32.4%，讲师占49.5%。获市优秀教师称号的有2名，参加市科干局组织的跨世纪工程课题研究的有4名，考取博士生1名，出国任教4名，参加市高校教师培训中心进修英语、教育理论、计算机的有35名。全年招生695名（包括本专科生、研究生、留学生、函授生），比上年增长30%，其中，本科生增长37%，研究生增长20%。在校生1731名，比上年增长7%，其中，本科生增长3%，研究生增长33%。现有固定资产总值26433.5万元，其中，教学仪器设备价值688万元；校园占地面积20.6万平方米，建筑面积12万平方米。图书馆藏书20余万册。从1997年起，北体师与北体大联合招收博士生，与广东湛江师范学院、北京市体科所联合招收硕士研究生，实行合作办学。

（毛忠良）

【召开教学工作会】 2月20至23日，北体师召开教学工作会。参加会议的有院领导、各部处室的负责人、教授、学科带头人、中青年骨干教师和部分教师代表共100人。会议围绕教育教学改革和发展，分析和探讨教育教学工作面临的形势与任务，会议认为：①教学工作是学校一切工作的中心；②创建一流的教学要有一流的师资队伍，一流的教学目标、教学模式、教学计划、大纲教材和一流的教学教务管理；③教学改革要敢于标新立异，边破边立；④要坚持走以内涵发展为主的道路，强化育人的质量意识和效益意识。

（毛忠良）

【举行树文明校风动员大会】 5月15日，北体师举行讲职业道德、树文明校风、创一流学院动员大会。会上宣读《校园精神文明建设工程》，该文件提倡做21世纪现代型素质的体育人才；要求把校内教育与校外教育相结合、自我教育与典型教育相结合，要求每一个人尊重自己、尊重师长、尊重同学，做到热爱祖国、热爱党、热爱体师、热爱专业，禁烟、禁酒、禁玩牌、禁商、禁色，不断净化校园、净化宿舍、净化食堂、净化书本、净化厕所、净化课堂。会议颁布《教师职业道德规范》和《学生日常行为规范》，并决定把每年的5月和10月定为全院精神文明月。

（毛忠良）

【完成首部羽毛球教学片】 5至10月，北体师应中央电视台要求，由该校青年教师肖杰组织厦门体校学生排练制作完成我国首部45集羽毛球教学片《学打羽毛球》。该片全长900分钟，内容包括：羽毛球运动的起源与发展、运动场地与器材、基本技术、专项身体素质训练方法、基本常识、损伤的防范方法等部分。该教学片已在中央电视台播出，并制成录像带VCD光盘。

（毛忠良）

【举办首次全国高校木球友谊赛】 6月28日至7月1日，全国高校木球交流友谊赛在北体师举行。参赛单位有上海、天津、广州、南京、武汉、沈阳体院和杭州、苏州、扬州、北京等25所大学。台湾木球队也应邀参加比赛。最后，北体师获男子团体第一名，广州体院获女子团体第一名。

（毛忠良）

【召开运动训练工作会】 7月20至23日，北体师召开运动训练工作会，有关领导及职业篮球俱乐部的负责人和运动员、竞技体校的教练员共70余人参加会议。会议围绕竞技体育工作的训练目标和管理方法进行讨论。通过《北京体育师范学院训练竞赛工作管理条例》、《北京体育师范学院高水平运动队管理条例》、《北体师竞技体校教练员目标责任管理条例》和《北体师竞技体校学生管理条例》4个文件。会议要求，全面提高训练工作水平，努力培养一批高素养教练员队伍，选择好与国际竞技体育接轨的运动项目，力争使竞技体育工作跨上新台阶。

（毛忠良）

【多项体育比赛获好成绩】 7月，北体师竞技体校的学员在全国少年运动会上获田径男子4×400米接力项目冠军（破全国少年纪录）。8月，在全国运动学校运动会上获男篮冠军；在全国第五届大学生田径锦标赛上获女子100米第二名，女子4×100米第二名。10月，在第八届全运会上，有3名学员代表北京获棒球金牌，有1名学员代表上海获棒球银牌，有1名学生代表吉林获曲棍球金牌。

（毛忠良）

【到华西培训基地考察】 10月12至19日和11月28日至12月4日，北体师由院领导带队组织教授、处以上干部58人分两批到华西培训基地考察当地农村的发展变化，了解对开展体育教育事业的需求，探讨联合办学的设施、规模和方法。

（毛忠良）

【运动生理实验室通过评估】 12月24日，北体师运动生理实验室通过市教委实验室评估专家组的评估。专家组首先听取该院领导、教管中心负责人、教学仪器办公室、康复学部、生理教研室负责人和生理实验室主任的汇报，然后按36项指标逐项检查。专家组认为全部指标符合有关规定，确认北体师运动生理实验室为合格实验室。这是北体师第一个通过市教委评估的实验室。

（毛忠良）

【制订51020学科带头人培养工程】

年内，北体师制订51020学科带头人培养工程。工程内容包括：工程目标、入选条件、选拔程序、入选考核、入选调整、培养措施6个方面。

计划至2000年，培养5名国内一流专家，10名各学科学术带头人，20名中青年学科学术骨干。

（毛忠良）

【获得多项体育科研成果】 年内，北体师出版学术著作6部、教材和教参12本。在中国体育核心期刊上发表学术论文92篇，在中国第五届体育科学大会和心理学学术会上有40篇学术论文进行交流。获国家体委科技进步二等奖1项和第五届体育科学大会"启康"优秀论文奖2项。全年获准立项国家体委软科学、社会科学3项；国家体委青年科技项目1项；北京市哲学、社会科学2项；市教育科学研究4项；中央教科所科研项目2项；国家级教改项目1项；市教育改革5项，国家教委教改7项。

（毛忠良）

【完成基建投资3000万元】 年内，北体师完成基建工作量3000万元。其中，3200平方米的培训中心大楼已竣工，交付使用；游泳综合馆和运动员公寓进入内部装修和设备安装调试阶段，这是该院的基本建设工作进展最好的一年。

（毛忠良）

北京农学院

院　长　门常平

【概　况】 1997年，北京农学院招生595人，其中本科生336人，普通专科生207人，实践专科生52人。在校生1483人，其中本科生1080人，专科生403人。毕业434人，其中本科生272人，专科生162人。有教职工517人，其中专职教师234人，教师中有教授11人、副教授67人、讲师108人。设有农学系、园艺系、畜牧兽医系、经济贸易系、园林系、食品科学系、基础科学部、社会科学部、函授部共9个教学单位，涵盖作物、植保等12个本科专业及卫检、会计、外贸英语等13个专科专业，其中有传染病及预防兽医学、果树学、作物遗传育种学、园林植物学及农产品贮藏与加工5个市级重点建设学科。设有各类教研室22个，实验室20个。占地面积70万平方米，建筑面积8万多平方米。建有农场、果园、菜园、动物养殖场、花房、苗圃、饮料厂7个实验实习场（厂）站和禽病防治、果树研究、遗传育种及农村经济4个研究所，另在京郊建有40个校外实践教学基地和扶贫兴农基地，还设有国际交流中心和1个共建的科研培训基地。与美国、日本、英国等国家的多所院校建有合作关系。图书馆藏书138404册，固定资产总值2595.4万元。

（于兴海）

【两次颁布奖学（教）金】 1月10日和2月27日，农学院两次颁布奖学（教）金。在1月10日京九暨何厚铧奖励基金颁奖会上，共有12名教师和21名学生获奖，该奖励基金每年奖励额度为10万元。在2月27日，"华罗"和"华都"奖学金颁奖大会上，该校20名学生获奖，该两项奖金每年奖励额度分别为5000至1万元。

（于兴海）

【外语发射台正式启用】 1月13日，农学院外语发射台投入使用。该发射台共有调频85.00兆赫、86.75兆赫2个频点，每天共播出外语节目7小时。

（于兴海）

【建立教学信息员制度】 3月，农学院在学生中建立教学信息员制度。信息员由学生班级中的学习委员担任，聘期1年，其职责是向教务部门反映学院在教学、教学管理及学生学习条件等方面的信息。至年底，该校共聘信息员38人。

（于兴海）

【开设高等职业教育新专业】 4月9日，农学院4个高等职业教育专业通过市教委高校职业教育专业设置专家评审组检查。这4个专业分别为园艺、园林、食品工程和动物营养。至9月，园艺、园林和食品工程三个专业已按专科标准招生。

（于兴海）

【实行教学值周制度】 4月，农学院实行教学系（部）教学值周制度，值周人员由教学系（部）领导和教学秘书组成，其主要职责为检查教学运行情况、教学环境，并处理教学突发事件。

（于兴海）

【获市高校运动会团体第三名】 6月8日，北京市第35届高校田径运动会结束，农学院代表队共参加乙组43个比赛项目，获得团体总分第3名和精神文明奖。

（于兴海）

【英语强化训练班结业】 8月31日，农学院国际交流中心举办的赴美研修班英语强化训练班结业。该班是受中国农学会委托举办的，历时3个月，来自全国十几个省、市（自治区）的30名学员参加学习。

（于兴海）

【一教师人选市科技新星计划】 8月，农学院1名教师再次入选市科技新星计划。至此该院已有3名教师入选。北京市科技新星计划是由市政府批准、市科委组织实施的，旨在为北京市培养跨世纪青年科技人才。

（于兴海）

【表彰市级先进教师】 9月10日，农学院对1997年度市级先进教师和获奖教学成果给予表彰。本年度该院的《果树重点建设学科建设与实践教学体系的深化改革》获市级教学成果一等奖，《在改革中不断提高教书育人效果》获市级教学成果二等奖；有3名教师获市级优秀教师，有1人被评为市级高校师德先进个人。

（于兴海）

【在全国科教兴村会上介绍经验】 9月15至19日，农学院在第三次全国科教兴村试点工作经验交流会上介绍经验，并向大会提交10篇论文。农学院在近10年与昌平县实施院县合作、系乡挂钩，共建示范基地，实施科教兴村计划，并取得成功经验。

（于兴海）

【17名特困生获资助】 10月8日，德国汉高公司资助本市13所院校特困生12万元，农学院有17名学生获得资助。

（于兴海）

【聘请美籍教师讲口语】 10月15日，农学院首次聘请美籍教师金博莉·泰勒（kimbenly Taylor）担任外贸英语专业口语教学，并于当日正式上课。

（于兴海）

【2项电化教育成果获奖】 10月下旬，在全国高等农业院校电教工作会暨电教研究年会上，农学院的电教论文《非线性编辑系统在教学片制作中的适应性》获农业部教育司和全国高等农业院校电教研究会颁发的三等奖，电视教材《板栗冬季修剪》获优秀奖。

（于兴海）

【成人高职教育开设3个专业】 11月，农学院开办农业技术推广、园林植物、畜牧集约化生产3个成人职业教育专业。高考方式采用“3+2”方法，即3门参加全国成人统考，2门为北京市命题。

（于兴海）

【举办文化艺术节】 12月1至9日，农学院举办第七届文化艺术节。本届艺术节主题为爱国、爱校、共创未来。艺术节期间举办健美操比赛、演讲比赛、英文朗诵、爱国主义影片及世界名片欣赏、知识竞赛、学风研讨等10余项文化艺术活动。

（于兴海）

【作物基础实验室通过评估】 12月4日，农学院作物基础实验室通过市教委专家组考核抽查。该实验室是市属院校首家合格实验室。

（于兴海）

【4篇论文获优秀高教科研奖】 12月，在市第四届优秀高等教育科研论文评奖中，农学院有4篇论文获奖，其中二等奖2篇，三等奖1篇，成果奖1篇。

（于兴海）

【增加科教兴村试点13个】 至年底，农学院全国科教兴村试点由1个增加到6个，市级试点由1个增加到9个，校外科教兴农基地增加到40个。该校全年组织大规模科技咨询活动近10次，发放科技资料30余种3万份，赠书上千册，培训农村干部、技术人员3000余人。编写农村科普读物30余部计400万字，推广农业新技术20余种。共派下乡师生近400人次，总计万余个工作日。

（于兴海）

北京建筑工程学院

党委书记 王保东
院　　长 叶书明

【概　况】 1997年，北京建筑工程学院设有建筑系、土木工程一系和城市建设工程系等6个系及建筑学、建筑工程等11个专业，有3个硕士学位授予点。还设有基础课部、社会科学部、成人教育部、夜大学和怀柔分院大专部以及建筑设计研究院、古建筑研究室、城建研究室、计算中心、外语中心、电化教学系统和24个实验室。全校教职工867人，专任教师292人。其中教授26人，副教授126人，讲师140人。全年招生735人，其中本科生535人，专科生200人。在校生2170人，其中本科生1468人，专科生664人，研究生38人。夜大生1614人。毕业学生585人，其中本科生321人，专科生264人。学院占地面积13.4万平方米，校舍建筑面积10.8万平方米。图书馆藏书40万册。

（宋桂云）

【院电视台正式成立】 1月2日，建筑工程学院电视台正式成立。该电视台每周二、三、四播放3次，每次1小时。开设有各项工作动态、各方面成就、教学工作经验介绍及师生活动等栏目。

（宋桂云）

【设立市建设机械质检站】 1月3日，北京市建设机械质量监督检验站在建工学院设立。授权后的质检站业务上直接由市技术监督局领导。同时接受市建委的指导，具有建设机械执法检验资格。

（宋桂云）

【举办毕业生双向选择洽谈会】 3月14日，建工学院举办97届毕业生就业双向选择洽谈会。中央及市属57家用人单位和该院校全体毕业生共700余人参加洽谈会。会上用人单位与毕业生进行洽谈，平均签约率为22.5%。

（宋桂云）

【余贤著当选九三学社市委秘书长】 5月15日，在九三学社北京市第九次代表大会上，建工学院土木二系余贤著副教授当选为九三学社北京市委秘书长。

（宋桂云）

【管理工程系成立】 5月26日，建工学院管理工程系正式成立。该管理系为本科学制4年，专业方向有工程造价管理、施工企业财务管理和房地产开发管理。学生前三年学习必修课，第四年选择专业方向。9月，该系在北京地区招收65名本科生。

（宋桂云）

【获高校运动会乙组总分第一名】 6月1至8日，在第35届北京高校乙组田径运动会上，北京建筑工程学院夺得总分第一、男子团体第一、女子团体第五，获8块金牌、打破3项学院纪录。该组有6所高校、35个队参赛。

（宋桂云）

【组团出访日本】 6月10至17日，建工学院叶书明等组团赴日本武藏工业大学进行友好访问。访问中，该团顺访丰桥L、S、E言语交流会，参观东京都立大学。日本武藏工业大学是建工学院友好学校。

（宋桂云）

【首位公开选拔副院长到任】 6月12日，市长办公会任命王贵祥为建工学院副院长（试用期1年）。王贵祥是建工学院建筑系主任、教授，在北京市委、市政府对56名副局级领导干部和高级管理人员的公开选拔中，他通过笔试、面试等平等竞争入选该职务。

（宋桂云）

【获“中国·日本·我”征文比赛奖】 6月，建工学院建筑系九四级1名学生在“中国·日本·我”征文比赛中获奖。这次征文比赛是由中国青年报社与日本朝日新闻社共同举办的。按中日双方签订的协议，两国10名获奖者于9至10月互访。

（宋桂云）

【首届实验技术成果奖评选揭晓】 7月9日，建工学院首届实验技术成果奖评选揭晓。在系、部上报的13项实验技术成果中，城建系水利学实验室研制的自循环文丘里实验仪获一等奖，土木一系建材实验室研制的材料试验机加荷速度指示器及编拍的《建材实验提要》教学实验录像片获二等奖，城建系暖通实验室改造的室外供热管网水力工况模拟实验台获三等奖。

（宋桂云）

【庆祝教师节暨表彰先进大会召开】 9月10日，建工学院召开大会庆祝教师节，表彰在教学、科研和其他各项工作中做出突出成绩的教职工。会议向全院教职工祝贺节日，勉励教职工在“以评促建”工作中再创佳绩。会议表彰优秀教师和优秀教育工作者16人，科研成果、教学成果和实验技术成果获奖人员32人，优秀教材、讲义、教案奖获得者16人。向3名满30年教龄的教育工作者颁发奖状、奖品、荣誉证书和纪念品，并向401名教师颁发高等学校教师资格证书、4名教师颁发中等专业学校教师资格证书。

（宋桂云）

【美国学者来访】 9月17日，美国学者埃肯费尔德来到建工学院，与城建系师生交流学术。在1天的交流中，埃肯费尔德介绍他的学术成就，回答给排水专业教师的问题，并就教学方法提出建议。埃肯费尔德是世界给排水专家，在工业废水处理领域有卓越成就。

（宋桂云）

【第四次教代会开幕】 10月28日，建工学院第四次教职工暨工会会员代表大会开幕。大会听取、讨论学院的工作报告，听取、审议第三届教代会常设主席团和工会委员会的工作报告，审议第三届教代会经济审查委员会、财务委员会和提案委员会的工作报告，选举第四届教代会常设主席和工会委员会以及教代会各工作机构。

（宋桂云）

【全国建筑设计竞赛获奖】 10月，在第五届全国大学生建筑设计竞赛中，建工学院建筑系3名学生分别获得一、二、三等奖。其作品以巧妙的构思和严谨的设计，表现传统文化与建筑的继承和融合。此次竞赛全国共有53所高校2820名学生参加，共设一等奖3名、二等奖6名、三等奖6名。

（宋桂云）

【成立成人教育学院】 12月24日，建工学院成人教育学院成立。近年来，该院成人教育为北京市规划局、国家文物局、北京市城建工委、北京市市政工程局、北京市城乡建设集团总公司、北京市怀柔公路局、平谷县公路局等，培养一批急需的紧缺的专业人才。

（宋桂云）

【8名学生获数学竞赛奖】 年内，在北京市第九届大学生（非数学专业）数学竞赛中，建工学院获本科B组三等奖1项，大专组二等奖1项，获大专组三等奖6项，其中，本科组是首次获奖，大专组12名获奖者，该院占有7人。

（宋桂云）

【一科研项目获国家自然科学基金资助】 年内，由建工学院叶祖润教授主持的《中国传统民居聚落环境空间结构理论与实践研究》科研项目，获得国家自然科学基金的资助11万元，其中1997年拨款4.4万元已到位。这项研究将在广泛调查实例与收集文献的基础上，对传统聚落环境空间结构的形态、功能、体系、结构方式、空间处理等多方面进行深入系统的剖析，总结完善该项研究的理论框架，并与工程实践相结合。

（宋桂云）

【建筑系获城市设计奖】 年内，首规委举办《97首都建筑设计汇报展》，建工学院建筑系参展的《三环路城市节点设计》获城市设计奖。《三环路城市节点设计》是首规委组织清华大学和北京建工学院、北工大3所学校对三环路沿线区域内进行的城市设计工作。通过对现状各方面进行大量的调研工作，对三环路沿线城市景观进行规划，从中选取部分重要城市节点进行进一步的节点设计，通过节点设计，为政府机关规划职能部门提供可行性研究资料。

（宋桂云）

【藏尔忠获建设部科技进步奖】 年内，建工学院建筑系藏尔忠教授作为主要完成人参加编制的《古建筑木结构维护与加固技术规程》获建设部科技进步一等奖。

（宋桂云）

北京联合大学

党委书记 熊家华
校　　长 李月光

【概　况】 1997年，北京联合大学设11所学院，即应用文理学院、职业技术师范学院、电子自动化工程学院、建材轻工学院、机械工程学院、旅游学院、纺织工程学院、中医药学院、化学工程学院、继续教育学院、国际语言文化学院。北京联合大学实行以高等职业教育为主，普通高等教育、高等职业教育和成人高等教育共同发展、多种层次、多种形式办学。在专业设置上，着重发展应用学科。设置工科、理科、文科、师范、医药、政法、外语、管理、工艺美术等门类共70多个本、专科专业。全校在校学生13263人，比上年增长8.8%，其中：本科生6196人，专科生3763人，夜大函授生3304人。外国留学生258人。毕业生2495人，其中：本科生1428人，专科生1067人。招生3506人，比上年增长7%，其中：本科生1898人，专科生1608人。教职工总数3235人，其中专职教师1178人，含教授53人，副教授358人，讲师610人，享受政府特殊津贴专家32人。北京联合大学校舍占地面积27.6万平方米，建筑面积21.3万平方米。拥有图书125.4万册。

（张　伟）

【获高新技术培训资格】　3月27日，联大电子自动化工程学院专业基础部计算中心，被劳动部职业技能鉴定中心批准为全国计算机及信息高新技术培训考试站。这个考试站面向联大各学院学生进行培训考试。8月20日，第一批考生中有5人获得劳动部职业技能鉴定中心颁发的资格证书。

（张　伟）

【进行海峡两岸旅游交流】　3月31日，联大旅游学院与台湾中华观光合作促进会共同举办海峡两岸旅游发展恳谈会，双方围绕海峡两岸旅游事业的发展现状、发展趋势和旅游交流等问题展开讨论。会议认为，旅游业的发展关键在于树立质量意识，培养高素质人才。会议希望海峡两岸旅游界进一步加强交流，促进海峡两岸旅游业的发展。

（张　伟）

【夜大学评估获优良】　3月，联大以优良成绩通过北京市普通高等学校函授、夜大学教育评估。该评估历时1年，在参评的24所夜大学中，有14所获得优良。

（张　伟）

【电工电子工程实训中心试运行】　4月14日，联大电工电子工程实训中心在校本部开始试运行。该实训中心是市教委计划投资200万元建设项目的一部分，设有80个工位，可同时供2个班进行电子工艺理论课的学习和实训。实训内容主要是焊接训练，即收音机的安装与调试，还有CAD线路板的制作方法等。

（张　伟）

【获数学建模竞赛奖】　4月23日，在全国大学生数学建模竞赛北京赛区’96颁奖会上，联大电子自动化工程学院获得一等奖1个，二等奖2个；应用文理学院获得二等奖1个；建材轻工学院、机械工程学院、化学工程学院获得成功参赛奖。在9月23至26日举行的全国大学生数学建模竞赛中，电子自动化工程学院、应用文理学院和建材轻工学院均获得北京赛区二等奖。这是联大自1992年参赛以来第六次获奖。12月30日在1997年全国大学生数学建模竞赛的表彰颁奖大会上，联大获1997年全国大学生数学建模竞赛北京赛区组织优秀奖。

（张　伟）

【承办高职教材建设研讨会】　4月28至29日，电子信息类专业教材建设专题研讨会在联大举行。深圳职业技术学院、上海第二工业大学、上海电机技术高等专科学校、北京联合大学和电子工业出版社的领导与专家参加会议。在会上，4所学校各自介绍本地区、行业以及本校高职教育发展的近况，针对高职的教学模式、专业中的特色课程以及高职课程的特点等展开讨论，探讨高职教材建设中的热点、重点和难点问题，提高对搞好高职教材建设工作必要性、紧迫性，以及抓好高职教材出版工作现实意义的认识。会议决定从电子信息类入手，研究其技术岗位群的教学改革、教材建设，最终形成电子信息类专业系列配套的教材。

（张　伟）

【市领导两次到联大调研】　5月1日和8月27日，市领导两次到联大调研。5月1日，李志坚、林浦生等领导到纺织工程学院检查校园环境，对该学院被评为北京市“花园式单位”感到满意。8月27日，胡昭广、徐锡安等到联大现场办公，听取该校关于“九五”发展计划的汇报，对该校的工作给予充分的肯定，并就发展问题提出意见。

（张　伟）

【设立华士隆教育奖励金】　5月23日，联大举行华士隆教育奖励金捐赠仪式。北京华士隆有限责任公司董事长张丽华、联大校领导熊家华、李月光及有关人员30人参加捐赠仪式。此项奖励金为5年，每年3万元，用于奖励该校在教学、科研、管理工作中作出突出成绩的教职工和全面发展成绩优异的在校生。9月10日，华士隆教育奖励金第一次颁奖，共有20名教职工和20名学生获得荣誉证书及奖金。

（张　伟）

【承办全国物理暑期讲习班】　7月28日至8月3日，全国基础物理学暑期讲习班在联大举行。来自全国高校的物理教师近100人参加讲习班。有关基础物理学专家、教授讲话。讲习班采用专家授课、上机操作和集体讨论等形式。该讲习班是国家教委委托联大举办的。

（张　伟）

【获全国电子设计竞赛奖】　9月17至20日，在第三届大学生电子设计竞赛（索尼杯）上，联大电子自动化工程学院代表队获得索尼杯（B题）二等奖，6个队分获北京赛区奖：一等奖1项，二等奖2项，三等奖3

项；应用文理学院代表队获北京赛区三等奖。该比赛共有202所高校的1007个代表队3021名大学生参加。

（张　伟）

【举行校第七届运动会】　10月18日，联大举行第七届运动会。该运动会由旅游学院承办。全校近万名师生观看比赛。来自联大11所学院300多名运动员参加28个项目的角逐，有14人刷新10项联大校纪录。

（张　伟）

【承办全国高职教育年会】　10月20日，联大承办中国高等职业技术教育研究会四届三次理事会暨第六次学术年会。来自全国82所院校110多名代表参加会议。本次年会共收到30所学校近60篇论文，其中有7所学校在大会上进行交流发言。国家教委、市教委领导张天保、徐锡安到会并讲话。

（张　伟）

【市领导检查联大调整情况】　10月24日，李志坚、陶西平、胡昭广、陈大白等市领导检查联大调整、改革情况。1992年，市政府决定调整市属院校。经过近5年的努力，联大文理学院与文法学院合并为应用文理学院，电子工程学院与自动化工程学院合并为电子自动化工程学院，校内其他办学实体适当调整合并，已成为市重点建设学校之一。通过调整，应用文理学院机关职能部门由25个减少到15个，电子自动化工程学院职能部门由35个减少到22个。

（张　伟）

【与飞达技术集团联合办学】　10月31日，联大电子自动化工程学院与北京飞达演播技术集团签署联合办学协议。根据该协议，北京飞达演播技术集团向该学院音响视听工程专业援助价值10万元的舞台灯光设备，并为该专业师生提供实习场所等实践教学条件；电子自动化工程学院优先向该技术集团推荐该专业优秀毕业生。电子自动化工程学院音响视听工程专业是国内首家面向第三产业培养音响技术人才的新兴专业，自1994年创建以来，受到考生和用人单位的欢迎。北京飞达演播技术集团长期致力于音响视频工程、舞台灯光系统等大型工程的设计与安装调试，在社会上享有良好声誉。

（张　伟）

【纺织工程学院更名】　10月31日，市教委专家组对联大纺织工程学院更名为商务学院进行论证，认为：纺织工程学院关于更名的论证是经过调查研究、有比较充分的依据。从整体和宏观上看，纺织工程学院更名为商务学院，可以更好地适应北京市实施跨世纪发展战略性产业结构调整对专业人才的需求，并与联大总体规划相一致。

（张　伟）

【率先培训下岗职工】　11月14日，联大免费培训转岗职工计算机技术操作班开学。来自本市纺织系统的36名转岗职工参加学习。同时，该校应用文理学院办计算机应用班（40人）；机械工程学院办电梯司机班（48人）；纺织工程学院办营销导购班（35人）；继续教育学院办家政服务班（40人）。这次联大为实施北京市“再就业工程”，免费为纺织系统转岗职工进行计算机技能培训，在市教育系统属第一家。李志坚、徐锡安、马叔平等有关领导来到培训班，勉励转岗职工珍惜学习机会，为重新就业打好基础。

（张　伟）

【4个实训基地建设方案通过论证】

11至12月，联大电子自动化工程学院电子与信息技术基地、应用文理学院综合信息网络管理基地、机械工程学院机电应用技术基地和化学工程学院精细化工中试基地4个高职实训基地通过市教委专家组论证。专家组在听取基地建设方案的主设计人的汇报后，进行论证和讨论，提出许多建议。至年底，4个实训基地建设经费的第一期投资金额400万元全部到位。

（张　伟）

【获得高校演讲比赛二等奖】　12月4日，在首都高校“建文明校园，做文明先锋”演讲比赛中，代表联大参赛的电子自动化工程学院以总分第四成绩，获得二等奖。该学院演讲题目是《让文明之光洒满校园》，语言流畅、内容丰富。这是联大历届参赛中第一次进入决赛圈。

（张　伟）

【物理实验室接受评估】　12月5日，联大电子自动化工程学院物理实验室接受市教委专家组的评估。专家组认为，该实验室符合国家教委制订的实验室评估标准，建议市教委颁发合格实验室证书。

（张　伟）

【举办首届计算机教学座谈会】　12月10日，联大举办首届计算机教学座谈会，有关教授、专家近40人参加此次活动，会议认为应加强计算机师资队伍的建设，集中目标突破，以科研促教学，通过一些有影响、高水平的科研工作带出一批掌握最先进技术的年轻教师，从而推动教学水平的提高。

（张　伟）

【召开“九五”规划论证会】　12月25日，联大召开北京联合大学“九五”发展规划专家论证会。会议首先听取该校制订规划说明，然后对该规划提出意见和建议。专家组认为，联大发展高职教育，努力建成本市高职中心，定位清楚；在科研工作上要突出应用技术研究，并发挥北京地区优势，加强与企业横向联合。

（张　伟）

【3人获政府特殊津贴专家称号】　年内，联大职业技术师范学院何立千副教授、纺织工程学院管善扬副教授和旅游学院杨乃济研究员被批准为享有1996年政府特殊津贴的专家。

（张　伟）

首都医科大学

党委书记 杜金香
校　　长 徐群渊

【概　况】 1997年，首都医科大学校本部和附属医院共有教职工和医务人员18581人，其中正高级职称626人，副高级职称1329人。校本部有教职工1089人，其中专任教师338人，包括教授38人，副教授75人，讲师108人。校本部设有11个系，包括有七年制临床医学，五年制临床医学，儿科医学和口腔医学等6个专业及康复医学、放射医学、精神病学与精神卫生等6个专业方向。其中七年制临床医学为首次招生。成人学历教育设有6个大专班；医学继续教育承担北京市卫生局的医学统计学、文献检索等培训项目。该校有硕士学位授予权学科（二级学科）23个，其中基础医学10个，临床医学13个；有博士学位授予权学科（三级学科）9个，设有1个博士后科研流动站。附属医院有宣武医院、北京友谊医院和北京红十字朝阳医院等11所。共有病床7435张，该校全年招生955人，其中，博士生23人，硕士生93人，本科生380人，专科生30人，夜大生429人。毕业生603人，其中博士生14人，硕士生68人，本科生420人，夜大生101人。在校生3861人，其中博士生60人，硕士生258人，本科生2075人，专科生54人，夜大生1414人。校本部和附属医院占地面积为71.5万平方米，总建筑面积81.5万平方米，固定资产总值15亿元，图书馆藏书量73.1万册。

（甘　哲）

【临床教育委员会全体会议召开】 3月18日，首都医科大学临床教育委员会第四次全体会议召开。市卫生局，该校党政领导、有关部处和附属医院教学医院党政领导及教育处负责人共60余人参加会议。会议总结第三次全体会议一年来，该校在临床教学改革的研讨和试点、研究生培养和学科建设、基础与临床结合的科学研究、临床学生思想政治工作和改善临床办学条件等方面取得的成绩，分析存在的问题和差距。会议要求各级干部、教师和医务人员增强科技和人才竞争的危机感和紧迫感，研讨和制订科教兴国、科教兴院（系）的具体措施，协调教学、科研、医疗间的辩证关系，把目标、规划、投入、政策和措施落到实处。特别是要加强学科建设和博士点、硕士点学术梯队建设。

（甘　哲）

【首届外语教学工作研讨会召开】 3月20日，首医大召开首届外语教学工作研讨会，中心议题是深化外语教学改革，适应21世纪对人才发展的需要。该校党政领导，各部系领导，临床医院院长、教育处长、医学专业英语兼职教师、外语教研室全体教师共计90人参加会议。

（甘　哲）

【组建两个学科研究所】 4月18日，首医大泌尿外科研究所和心血管疾病研究所成立。首医大组建两个研究所旨在发挥首医大基础科研和各附属医院泌尿外科及心血管专业临床相结合的整体优势，多渠道筹集资金，形成完备的泌尿外科疾病和心血管疾病的医疗和基础研究体系。

（甘　哲）

【市委教育工委考察组来校考察】 5月14至16日，市委教育工委及有关部门领导组成的考察组11人对首医大党建和思想政治工作进行考察。这次考察是“北京市党的建设和思想政治工作先进普通高等学校”评选工作的一个组成部分。考察组审阅总结材料，听取该校汇报，召开党政职能部门负责人、系总支书记、系主任、教授、支部书记和党员座谈会，检查学生宿舍、食堂、自习室和早操，并在部分干部和师生中进行问卷调查。

（甘　哲）

【“五月鲜花”暨第六届科技文化节闭幕】 5月28日，首医大“五月鲜花”文化演出暨第六届科技文化节闭幕式举行。本次“五月鲜花”文艺演出以我国恢复对香港行使主权为主题，利用各种艺术表演形式表达全校师生迎接香港回归的喜悦心情。历时10天的第六届科技文化节以弘扬爱国精神，展现青春风采，喜迎香港回归为主题，举办5个大型讲座、3个比赛和2个展览。

（甘　哲）

【开展师德教育活动】 6至9月，首医大在全校教师中进行师德规范、教师责任感大讨论，开展评选师德楷模及临床先进教师活动。该活动分学习研讨、评选和表彰总结3个阶段。

（甘　哲）

【承办全国高等医学院校会】 10月20至23日，首医大承办全国省（市）高等医学协作院校会议。主题是临床教育和科技工作。湖北医科大学、广州医学院、广西医科大学、河南医科大学等院校代表在会上作专题发言。协作院校由23所地方院校组成，定期召开会议交流经验。

（甘　哲）

【举行青年教师科技论文讲演比赛】 11月19日，首医大举行第十届科学年会青年教师科技论文讲演比赛。经自愿报名、院（系）推荐和竞赛，评选出一等奖1名、二等奖2名、三等奖3名和鼓励奖7名。

（甘　哲）

【形态和机能实验室评估合格】 12月17日，由市教委专家组对首医大形态和机能实验室进行评估。专家组对各形态、机能实验室进行全面检查，经过评估，认为形态和机能实验室的所有应检项目全部合格。

（甘　哲）

【召开现代教育技术工作会】 12月25日，首医大现代教育技术工作会召开。会议作《发展现代教育技术，全面提高我校教育教学质量》的报告，并演示部分在国家级、校级评审中获奖的CAI、幻灯片、投影片和录像片。

（甘　哲）

北京青年政治学院

党委书记　朱天麟

【概　况】 1997年，北京青年政治学院设有青年教育工程系、管理系、文秘系、少年儿童教育系、法律系、教育系6个系和基础课教学、马列主义理论教学2个部以及北京青少年研究所、北京东方道德研究所、北京高校德育研究所，开设青年思想教育、经济管理、文秘、商务秘书、少儿思想教育、少儿教育、法律、初等教育8个专业，其中，思想政治教育专业、少儿教育专业为北京市重点建设学科。教职工总数267人，其中教授（研究员）9人，副教授（副研究员）24人，讲师（助研）76人，助教30人。其他职务系列中，中级职称52人，初级26人。共有各类在校生1454人，其中，专科生1148人，夜大学生303人，外国进修生3人。全年招收专科生571人，比上年增长39%。毕业生427人，其中专科生198人，夜大学生229人。学院占地面积2.64万平方米，校舍建筑面积2.68万平方米。图书馆藏书11.5万册。全年共承担市教委科研项目10个，获科研经费21.8万元。至年底，共举办共青团干部培训班22期，培训各级团干部1398人次。

（王爱华）

【召开教职工暨工会代表会】 6月16日，青院召开第三次教职工暨工会会员代表大会，51名代表参加会议。会议审议《北京青年政治学院精神文明建设三年规划（讨论稿）》，听取《二届三次双代会提案处理报告》和《1993—1996年度工会财务收支情况报告》，通过《北京青年政治学院关于建立和完善系（部、处）级民主管理的暂行办法》。

（王爱华）

【举办多种迎香港回归活动】 6月，青院先后举办“九七跨越话香港”报告会、迎香港回归有奖知识问答、迎回归统战工作座谈会，并参加回归之夜天安门广场大联欢和庆香港回归大型文艺晚会等庆祝活动。

（王爱华）

【首次招收高职生】 9月，青院首次从高考学生中招收高等职业教育专业学生。这批学生共计102人，其中商务秘书专业38人，法律专业30人，少儿教育专业34人。4月，青院获准开办少儿教育、商务秘书2个高职专业。

（王爱华）

【越南胡志明共青团来访】 11月4日，越南胡志明共青团河内市委代表团一行15人访问青院。越南客人听取该院发展状况，参观校园设施并参加“主题团日活动”。

（王爱华）

【批准市级高校重点建设学科】 11月，市教委批准青院少儿教育学科为北京市高校重点建设学科，建设经费拨款30万元。该学科开办于1992年，共培养学生126人。

（王爱华）

【举办经典文化讲座】 11月，青院举办名著、文化、典籍系列学术讲座。该讲座由北京东方道德研究所、北京青少年研究所有关学者担任，针对学生关注的文化问题设题讲座。讲座共举办6场，听讲学生逾千人次。

（王爱华）

【举办传统美德座谈会】 12月5至6日，青院举办北京东方道德研究所成立3周年专家座谈会。有关领导和北京社科院学者参加座谈会，围绕建设有中国特色社会主义理论与弘扬中华传统美德等主题进行座谈。

（王爱华）

【成立邓小平青年理论研究室】 12月10日，青院成立邓小平青年理论研究室，该研究室旨在利用青院青少年理论人才优势，系统研究邓小平关于青年问题理论。

（王爱华）

【接待香港学生访问团】 至年底，青院共接待香港各类青年团体和大学生访问团组6个，206人次。组织香港青年观看天安门升旗仪式，参观社会福利机构，游览北京名胜古迹，并与首都大学生联谊。

（王爱华）

首钢工学院

院　长　李文秀

【概　况】 1997年，首钢工学院下设矿冶、机械、自动化、土建、管理5个系和实验中心、图书馆、实习工厂，成教大学部、电函部。全日制教育设有钢铁冶金、金属压力加工、企业管理工程（工业外贸）、工业自动化、机械设计与制造、建筑工程、机械制造工艺与设备7个专业。在校生人数505人（含自费生50人），其中：本科生442人，专科生63人。毕业生302人（含自费生59人），其中：本科毕业生228人，获学士学位217人；专科毕业生74人。成人教育设有职大、电大、函大、在职研究生及各类岗位培训和继续教育。其中：职大设有10个专业，在校生712人；电大设有8个专业，在校生304人；函大设有8个专业，在校生858人；在职研究生设有3个专业，在校生55人；各类岗位培训和继续教育，培训学员1672人次。全年毕、结业人数1506人次。全院有教职工503人，其中：专职教师有147人，教授2人，副高职32人。至年底，学院占地22.2万平方米，建筑面积6万平方米。图书馆藏书20万册。

（李克俭）

【三届一次职代会召开】 2月18至19日，首钢工学院召开三届一次职工代表会议，会上作《解放思想，坚定信念，努力开创深化教育改革的新局面》的工作报告。会议认真讨论如何贯彻首钢教育体制改革方案，调整办学方向和机构设置，坚持教育培训为首钢实现两个根本转变服务。

（李克俭）

【表彰先进班集体】 2月23日，首钢工学院表彰市级三好生及先进班集体，其中包括市级三好生2名，市级优秀学生干部1名，机932班被授予市级先进班集体。

（李克俭）

【试行新的教师工作量计算办法】 2月，首钢工学院试行新的教师工作量计算办法。该办法以每周8学时为标准工作量，其它工作折合成学时计算。教学工作包括授课、指导实习、指导课程设计、指导毕业设计、编写教材5个方面。其它工作包括教研室主任、教师担任班主任工作等。

（李克俭）

【联合培养工程硕士】 4月，首钢工学院与北京科技大学、东北大学协议联合培养冶金工程、控制系统与工程专业工程硕士研究生。9月，35名在职研究生开始课程学习。

（李克俭）

【评选优秀教学效果奖】 4至10月，首钢工学院开展优秀教学效果奖的评奖，采用由系部评选推荐，学院领导小组审批的方式。对获奖教师给予表彰和奖励，并作为评选先进、晋升职称的依据。上学期有33名教师获奖，下学期有26名教师获奖。

（李克俭）

【2门课程被评为优质课】 6月，首钢工学院专家组对土建系的结构力学和矿冶系的冶金原理课程教学工作进行审查、评估，并确认为院级优质课。

（李克俭）

【管理系正式成立】 9月，首钢工学院成立管理系。该系下设马列教研室、企管教研室和外语教研室3个教研室。

（李克俭）

海淀走读大学

党委书记 傅正泰

校　　长 傅正泰

【概　况】 1997年，海淀走读大学设有6个学院22个专业，夜大学1个共3个专业。在编教职工94人，其中专业教师63人，含副高职以上11人。外聘兼课教师351人，其中副高职以上247人。招生数1163人(不包括夜大学)。毕业生人数395人。在校生计划内2587人，计划外2111人。学校占地面积45062平方米，图书馆藏书5万余册。

（马维兰）

【召开高职教育研讨会】 1月28至29日，海大召开高职教育研讨会。国家教委、市教委有关负责人及部分专家参加研讨会。会上由各专业负责人报告设置专业的总体设想、教学安排、课程设置等情况，并分组进行讨论。

（马维兰）

【首次聘任外籍教师】 2月21日，海大聘任的外籍教师玛芙·海弗琳(Meave Henghan)在国际语言文化学院上课。该教师来自爱尔兰，这次到海大担任英语教学，任期半年。

（马维兰）

【召开共青团和学生代表大会】 3月29日，海大召开共青团及学生会代表会。会上海大团委和学生会分别作工作报告，并选举新一届学生会。

（马维兰）

【召开全校教职工大会】 5月16日和19日，海大召开全校教职工大会，会议就海大高等职业教育人才规格，培养模式等有关问题进行研究，并作具体安排。

（马维兰）

【进行校园文明检查】 6月20日，海大校园文明领导小组就该校教学环境和生活环境2个部分进行检查，经济管理学院、国际语言文化学院、传统文化学院获第一、二、三名。

（马维兰）

【培训学院获区评估最高分】 9月25日，海大培训学院在海淀区督导评估中获总分“98.5+10分”，是海淀区本年度评估院校中的最高分。此次评估内容包括教育教学管理、行政管理、财务管理等方面。

（马维兰）

【召开第二届董事会】 9月27日，海大召开第二届董事会，会上选举贾春旺为该校董事长，段炳仁为副董事长。此外，会上还明确海大今后办学中的若干重要问题。

（马维兰）

【为新生办理平安保险】 至10月21日，海大为97级900余名新生办理大学生平安与附加医疗及疾病住院保险。

（马维兰）

【考察美国高职教育】 10月21日至11月11日，海大经济管理学院2名教师赴美国密苏里大学圣路易斯分校等6所高等院校考察访问，考察重点是美国的高等职业教育及联合办学等有关问题。

（马维兰）

【档案工作目标管理晋升市二级】 11月27日，海大召开档案工作目标管理晋升市二级考评会议，海淀区档案局一行5人来校进行考评，考评结果，同意该校档案目标管理晋升市二级。

（马维兰）

【获一项国家教委重点课题】 年内，海大申报的《民办高等学校管理模式和运行机制的研究》课题，列入全国教育科学“九五”规划国家教委重点课题。

（马维兰）

北京医学高等专科学校

党委书记　王占鳌
校　　长　宋　新

【概　况】　1997年，北京医学高等专科学校开设临床医学、预防医学、医学检验和医学实验技术4个专业，学制三年。全日制在校学生1024人。招生288人。毕业275人。成人大专生257人。全校有教职工331人，其中专职教师257人，正高级职称28人，副高级职称20人，中级职称92人。学校占地面积8万平方米，建筑面积4.8万平方米，绿化面积3.7万平方米。实验室21个，总面积3823平方米。附属医院1所，教学医院11所，有床位6063张，教学基地19处。图书馆面积3570平方米，藏书5万册，比上年增加2128册。

（冯萍芳）

【编印管理制度汇编】　4至9月，北京医专对1987年建校以来全校性的各类管理制度进行整理修订，编印《北京医学高等专科学校管理制度汇编》。该制度汇编包括党务管理、行政管理、教学科研管理、后勤管理和学生管理5个部分，共70余份文件。

（冯萍芳）

【设立科研成果奖】　6月，北京医专设立科研成果奖。该奖项的评选原则是坚持质量、不限名额，凡获国家、省部级、局级奖励者，学校都另给予奖励；此外，还评选出校级奖励者。该奖实行由个人申请、教务处评选、校党委审核批准的评选程序。

（冯萍芳）

【编辑出版论文汇编】　7月，北京医专编辑出版《北京高等医专建校十周年论文汇编》。该论文汇编汇集北京医专教师10年来公开发表在校外刊物上的38篇论文及刊登在《北京医专学报》上的160余篇文章题录。书中各篇文章按教育教材、基础医学、临床医学、预防医学、祖国医学、病案报道、文献综述、专题讲座等栏目分类编排。

（冯萍芳）

【庆祝建校10周年】　9月16日，北京医专举办建校10周年庆祝活动。国家教委、市教委及市卫生局领导、北京市各大医院及兄弟单位代表和各届校友2000人参加庆典。全国政协钱正英为北京医专10年校庆题词：开拓前进　再创辉煌。

（冯萍芳）

【举办第三届文化周活动】　12月21至25日，北京医专举办第三届文化周活动。活动期间，举办书法、美术、手工、征文、球类、象棋、冬季越野长跑等比赛，并邀请北京市京剧团、北京交响乐团来校演出。

（冯萍芳）

【召开“九五”规划论证会】　12月23日，北京医专召开“九五”规划论证会。会上，专家组对北京医专“九五”发展规划进行论证，认为该规划可行，并最终通过这一规划。

（冯萍芳）

【CAI多媒体病理课题获一等奖】　12月，北京医专与北京医科大学合作完成的国家教委立项的科研课题——多层次病理学CAI软件系列获得第二届CAI评优一等奖。该软件系计算机教学辅助性软件，包含病理学教学的基本内容。

（冯萍芳）

【4名学生获市优秀】　年内，北京医专有3名学生获市级优秀学生奖励，1名学生获市级优秀学生干部奖励。95级医疗系通科班被评为北京市先进班集体。

（冯萍芳）

【发表学术论文37篇】　年内，北京医专教师共发表学术论文37篇，其中，在国内外公开刊物上发表23篇，在校内学报上发表14篇，并参与多部学术著作及教材编撰。

（冯萍芳）

【教学设备投资160万元】　年内，北京医专共投入160万元用于教学设备的更新和完善，装备三理功能实验室、形态实验室、化学实验室、医学检验专业、病解实验室及解剖标本室，建成多媒体实验室和中心实验室。

（冯萍芳）

学 前 教 育

综　　述

1997年，北京市学前教育事业认真贯彻实施国家教委颁发的两个幼教法规，深化幼教改革，促进学前教育事业稳步发展。全市共有各类幼儿园2892所，另有872所小学附设学前班，在园(班)幼儿共计25.3万人。全市3至6周岁儿童总计27.5万人；入园21.9万人，入园率79.82%。

1997年，北京市加强学前教育宏观管理，颁发《北京市学前教育机构登记注册试行办法》，对本市行政辖区内的所有学前教育机构进行注册登记。出台北京市托幼园所新收费标准，将保育费标准与园所质量挂钩，调动托幼园所改善办园条件、提高保教质量的积极性。完成统一更换托幼园所级、类证书工作，对全市已评定级、类的城镇托幼园所进行质量普查。推动各类园所逐步走上规范化、科学化管理的轨道。

1997年，北京城近郊区积极探索新的办园体制。一些区县想方设法引进外资，发展合作办园：崇文区幼教研究中心与台湾大地幼稚集团合办北京大地实验幼儿园；北京幼儿艺术教育基金会与香港北京幼儿教育事业发展有限公司合办北京岭南幼儿园。一些区县还积极进行全民所有制幼儿园体制改革的试点工作，丰台区教委在丰台第一幼儿园和丰台实验幼儿园，进行以扩大幼儿园园长办园自主权为主要内容的办园体制改革，取得较好的经验。

市属厂矿企业自办的托幼园所曾是本市学前教育事业的一支重要力量，1997年这类园所有344处，收托儿童4.1万名，园所数量和收托量均多于市立幼儿园。为适应现代企业改革的形势，市属厂矿企业自办托幼园所积极探索自我生存、自我发展的新途径，在344所企业园所中，有76%的园所与主办企业分离，由企业提供基本办园条件，实行园长承办，面向社会，自主经营，独立核算；有13%的园所实行集团化管理，综合利用学前教育资源，进行结构调整，优化资源配置，提高园所效益。

但是，由于企业经济效益的影响，北京厂矿企业自办托幼园所出现办园经费不足、教师队伍流失、园所管理水平较低等问题。

针对上述问题，市教委提出加大宏观政策导向力度，促进企业幼儿园自身改革，加强业务指导，提高保教质量，增强园所活力，稳定办园规模方针。要求各企业单位必须认真贯彻国家教委、国家计生委、国家民政部、国家建设部、国家经贸委、全国总工会、全国妇联下发的《关于企业办幼儿园的若干意见》和《全国幼儿教育事业"九五"发展目标实施意见》文件精神，保证企业托幼园所改革稳步发展。同时建议结合北京市实际情况，尽快制订《北京市企业办好托幼园所的意见》，依法管理企业办园。对于确实办得好、教育质量较高、又具有实际困难的企业园所，要制订相应的倾斜政策，在财政允许的情况下，给予一定的经费投入。为保证教育资源不流失，对企业确实无能力承办，房舍条件符合的，可采取国有民营、合作举办或股份制的方式，探索新的办园道路。对于国有民营的幼儿园，应该坚持"谁投资谁受益"的原则，引入先进的管理机制，在不以营利为目的的前提下，做到自收自支，自主办园，稳定办园规模，改善办园条件。

针对本市三岁以下儿童入托率较低的问题，市教委开展社区学前教育研究。该项研究以西城区各街道文教科为主，对辖区内未入托儿童情况进行详细调查，采取幼儿园利用双休日向社区散居儿童开放、发放活动卡请散居儿童来幼儿园参加半日活动、组织家长学校、举办专题讲座等多种形式，向家长宣传育儿知识，为散居儿童提供活动场所，创造与同龄小朋友交往的机会，使孩子们在与同伴玩游戏的过程中，受到教育与启迪。

1997年，北京远郊区县农村地区学前教育取得可喜成绩，主要表现在：

——区县和乡镇政府都设有学前教育管理机构，在教育行政部门中也设有幼教科或专职幼教干部。

——区县已将学前教育工作列入政府的工作议事日程，纳入本地区经济和社会发展总体规划，定期进行研究，各乡镇还实行副乡长联系中心园制度。

——市政府教育行政部门利用政策导向加强对农村学前教育工作的宏观管理，开展乡中心园的达标检查，促使乡中心园的各项工作逐步规范，带动村办园所的发展。

1997年，北京学前教育事业存在的比较突出的矛盾和问题是：在计划经济条件下形成的学前教育发展机制和办园体制与社会主义市场经济的新形势不相适应；一些企事业单位撤销学前教育机构、出租园舍、削减经费、裁减保教职工的现象比较严重；学前教育的基础设施比较薄弱，资金投入分散且数量不足，有相当一批园所规模小、效益低、保教质量较差；对社会力量办园尚缺乏宏观调控能力。

(简尔贤)

总　　类

【中央领导向六一幼儿园赠送礼品】　3月7日，六一幼儿园举行江泽民、李鹏、乔石和邓小平亲属赠送葡萄干转赠仪式。该院全体教职工和小朋友感谢中央领导及亲属的关怀。这次赠送的4箱葡萄干是一位新疆农民精心挑选送给中央领导的。

（梁复荣）

【印发加强教育教材管理通知】　3月10日，市教委印发《关于加强学前教育教材管理的通知》。该通知推荐人民教育出版社出版的《幼儿园教育活动》（五大领域）、北京师范大学出版社出版的《幼儿园目标与活动课程》两套幼儿园教材。同时，面向全市学前班推荐中国少年儿童出版社出版的《幼儿入学准备教材》和教育科学出版社出版的《学前班教育活动设计》两套教师用书。通知还规定各幼儿园及学前班不得随意征订其他教材，不得强行向家长推销各种读物与学具。要求各区县教委要加强对教材的管理，有专人负责此项工作。

（陈　辉）

【印发学前班管理办法】　3月11日，市教委印发《北京市学前班管理办法》。该办法从办班原则、学前班的领导和管理、举办学前班的条件和审批程序、学前班的评估与指导、学前班的收费及经费管理5方面规范学前班的管理，为区县教育行政部门科学地管理学前班工作提供依据。

（陈　辉）

【丰台加强街道园管理】　4月，丰台区政府办公室转发区教委、区街道办公室《关于加强对街道托幼园所管理的意见》。该意见本着齐抓共管办好街道园的精神，明确规定区教委、区街道办及各街道办事处的具体职责。

（马淑兰）

【市政协考察幼教工作】　5月，市政协教文卫体委员会委员一行20余人，到北京市第五幼儿园视察工作。视察中，委员们听取该园教改情况和本市幼儿教育事业发展情况汇报。参加师生联欢活动，向孩子们赠送玩具、图书等节日礼物。委员们对幼教工作取得的成绩给予肯定，对当前面临的一些困难表示关注。

（吴晓燕）

【农村学前教育居全国领先】　5至9月，市教委学前处农村调查组到房山、门头沟、延庆、密云和昌平5个远郊区县，采取调查表、问卷和访谈乡村干部、幼儿园园长、在园儿童家长和散居儿童家长等形式，对农村各类学前教育机构、办园形式、规模、设备条件、师资队伍状况和农村学前教育工作的组织领导与管理等进行调查。参与调查的5个区县共有109个乡镇，1712个行政村。不同类型学前教育机构991个，其中乡中心园67个，村办园459个，学前班398个，私立园67个，村办园率达到51.6%。5个区县共有0至6岁学龄前儿童82847名，其中入园（班）儿童30152名，占学前儿童总数的36.4%；三岁以上入园儿童有22096名，占三岁以上儿童总数的66.3%。在全国农村居领先水平。调查结果显示，80%以上的家长希望孩子三岁就能接受集体教育；有相当一批家长希望幼儿园能够解决孩子在园就餐和午休；也有一些家长认为农村也应该有寄宿制幼儿园。

（王洪兰）

【加强幼儿安全工作】　9月21日，市教委、市卫生局联合下发《关于防止在园儿童意外损伤事故的通知》。该通知针对本市一些园所儿童意外损伤发生率较高的问题，要求各类园所把安全工作放在首位。通知从提高认识，重视园所安全工作；健全制度，严格管理；预防为主，加强检查监督等方面提出具体要求。

（简尔贤）

【学前教育机构登记注册完成】　9月，本市有2525处托儿所、幼儿园分别进行登记注册，其中，符合《北京市托儿所、幼儿园办园、所条件标准》的897处，占35.5%；达不到办园、所条件最低标准的1628处，占64.5%。同时，对866所小学附设的学前班进行登记。为做好登记注册工作，市教委制订《北京市学前教育机构登记注册试行办法》，下发《关于对北京市学前教育机构进行登记注册的通知》。

（王　晶）

【国家教委在本市调研】　10月9至10日，国家教委基础教育司到本市调研学前教育事业发展情况。调研组听取市教委、东城区、西城区、丰台区、顺义县有关领导汇报，考察西城区果子市幼儿园和顺义县南法信、张喜庄、牛栏山3所乡镇幼儿园，与干部、园长、教师座谈。调研组对北京市近年来学前教育事业所取得的成绩给予肯定。对西城区在部分街道开展的社区学前教育工作表示关注，认为这是城镇学前教育事业发展的方向，希望西城区在社区学前教育方面继续探索，总结经验；对顺义县实行的乡镇中心园辐射村办园的做法给予支持，鼓励干部、教师积极探索符合农村实际的学前教育发展道路。

（吴晓燕）

【检查部分学前班】　10月28至29日和11月4至5日，市教委检查丰台、房山、门头沟、海淀等4个区县8所学校的学前班工作。该检查采用听取区县学前班管理情况汇报，察看8所学校学前班组织的教育活动，了解新编学前班教材的使用情况等方法进行。

（陈　辉）

【3至6岁幼儿体质测定标准实施】 10月，本市在东城、西城、宣武和石景山4个区的97所幼儿园1.8万名3至6岁健康儿童中，试行《北京市3至6岁幼儿体质测定标准》。该标准测试项目有身高、体重、运动前后脉博、10米往返跑、立定跳远、垒球投掷、双脚持续跳、走平衡木和圆周单脚连续跳等。测定标准是市体委、市教委和市卫生局联合制订的，旨在掌握本市3至6岁幼儿体质、健康现状、发展和变化趋势，为幼儿体育工作决策和宏观管理提供科学依据。

（王　逸）

【调整市学前教育领导小组成员】 年内，北京市学前教育工作领导小组增补市教委副主任陶春辉为领导小组常务副组长；领导小组办公室主任由市教委专职委员李洪飞兼任。

（简尔贤）

【更换520所托幼园所证书】 年内，市学前教育工作领导小组办公室下发《关于更换托幼园所级、类证书的通知》，对全市评定级、类的园所，经审核后重新颁发统一的《北京市托幼园所分级分类证书》。至年底，为520所幼儿园、托儿所换发新的级、类证书。

（简尔贤）

园所建设

【概　况】 1997年，北京市有幼儿园2892所，其中教育经费举办的市立幼儿园有144所，占5%；收托儿童3.4万人，占入园总人数的13.4%。95%的幼儿园是由机关、部队、企事业单位、城镇街道、农村乡镇、村委会以及公民个人举办的。全市园所分布情况为：城市876所，县镇360所，农村1656所。在城镇园所中有585所被评定了级、类，其中一级一类幼儿园86所。在农村园中有195所为乡镇中心幼儿园，其中111所已达到市颁合格标准。以社会力量办园为主体，仍是本市学前教育事业的一个显著特点。

（简尔贤）

【北京大地实验幼儿园成立】 2月24日，由崇文区幼儿教育研究中心与台湾大地幼稚集团合作开办的北京大地实验幼儿园，首批接收幼儿35名。该试验幼儿园位于崇文区东花市小区，台方已投入开办经费108万元，创设良好的教育环境。到年底，该园在园幼儿已增至200人。该园最大规模为职工50人，幼儿270人。

（简尔贤　高瑞清）

【市企业托幼园所萎缩】 3至9月，市教委学前处企业办园调研组完成《北京市企业托幼园所现状调查及对策研究》的调查报告。该调查涉及市属34个不同行业、不同效益的工业局和集团总公司。召开8次座谈、研讨会，参加座谈的有5位厂长（总经理），4位行业主管干部和36位园所长。到7所幼儿园了解情况。下发园所调查问卷120份，回收76份，有效率64%；发放局（总公司）调查问卷34份，回收34份，有效率100%。调查结果显示，1996年市属企业单位自办的托幼园所344处，收托儿童4.1万名，占全市收托总量的12.6%，是市立园的2.5倍，街道园的2倍，若再加上区县属企业托幼园所，收托的比例占全市收托总量的16.2%。在现有的园所中，企业效益好，条件不断改善的只占被调查园所的3%；绝大多数园所都不景气。1996年与1989年相比，企业园所减少517处，另有67处缩小园所规模，共减收儿童4.2万名，削减园舍面积31.8万平方米，保教职工削减14347人。

（王　晶）

【北京育新实验幼儿园成立】 6月，北京育新实验幼儿园正式开办。该园位于高校住宅区育新花园内，占地7600平方米，建筑面积5600平方米，设有19个班。该园由北京育新物业管理公司承办。到年底，该园已招收10个班，在园儿童达310余名。

（简尔贤）

【农村学前教育应该得到重视】 7月，市教委统计资料显示，1996年本市学龄前儿童共有54.7万人，其中农村儿童有28.9万人，占52.8%。农村地区三岁以上儿童有15.9万人，入园儿童为9.7万人，入园率为60.9%，尚有6.2万名三岁以上儿童未能接受学前教育。今后一个时期，学前教育事业发展的重点在农村。但农村地区学前教育发展仍有较大困难。一方面是部分地区受经济条件、地理位置、家长文化素质和传统育儿观念的制约，发展缓慢；另一方面，在学前教育事业发展较好的地区，又因出生人口逐年下降，适龄儿童大幅度减少，以行政村为单位办园数量明显减少，仅1996年一年就减少288个村办园，儿童入园率下降8.1个百分点。

（王洪兰）

【京港合作岭南幼儿园成立】 9月23日，市教委正式批准开办京港合作的“北京岭南幼儿园”。该园是由北京市幼儿艺术教育基金会与香港北京幼儿教育事业发展有限公司合作创办的，位于海淀区恩济庄定慧东里，小区配套幼儿园建筑面积2200平方米。港方前期投入开办经费120万元。到年底，该园在园儿童已近200名。

（简尔贤）

【京源中学附属婴幼园开园】 9月1日，石景山区京源中学附属婴幼园成立，并招收幼儿。该中学是一所集中学、小学、幼儿园为一体的实验学校，旨在研究0至18岁阶段实行一体化教育途径。该园有教职工12人，其中专任教师9人。共招收小托班和大、中寄宿班幼儿79人。

（曹艳玲）

【4所乡中心园通过达标检查】 10月，市教委、市卫生局对平谷县3所乡中心园进行达标检查，并复查密云县的1所中心园。4所乡中心园在办园条件和保教质量等方面均达到市级合格标准。它们是平谷县的黄松峪乡中心幼儿园，王辛庄乡中心幼儿园，熊儿寨乡中心园和密云县的东邵渠乡中心幼儿园。至此，全市有111所乡中心园达到合格标准，合格率达到56.9%。

（王洪兰）

【平谷21所乡中心园全部达标】 10月13至15日，平谷县3所乡中心园通过市教委、市卫生局达标检查全部合格。至此，该县21所乡中心园全部达到《北京市农村乡镇中心园标准》，成为本市第一个“乡乡建中心园，园园达标”县。

（王洪兰 岳广顺）

【民族幼儿园存在诸多问题】 年内，市教委进行民族幼儿园情况普查。调查统计：本市共有民族幼儿园31所。其中：属于全民所有制的7所，占22.6%（其中教育部门办的市立园5所）；集体所有制的21所，占67.7%；个体家托户3个，占9.7%。31所园共有92个班，收托儿童2687人，其中少数民族儿童1605人，占59.7%；教职工总计416人，其中148人为少数民族，占35.6%。民族幼儿园因其专门开设回民伙食，尊重少数民族的风俗习惯，深受群众的欢迎。调查显示民族幼儿园存在很多问题。①投入严重不足，自1995年以来，这31所园用于改善办园条件的投入总计为138.7万元，其中教育部门的投入仅14万元，占10.1%。大量的经费投入主要集中在全民所有制园，7所全民园的投入总和为99.2万元，占总投入量的71.5%。小集体和个体园的投入很少，甚至没有，其中，14所园自1995年以来的投入在1万元以下。②办园条件差，保教质量低。许多民族幼儿园是街道、居委会、清真寺或个人因陋就简开办的，因此规模小、条件差，收托量在50人以下的小园所就有13个。从园舍房屋来看，新楼房只有两处，新平房3处，旧楼房4处，其他22处均为旧平房。在办园条件方面，31所园中达到一级标准的只有2所、二级的3所、三级的7所；从办园质量来看，达到一类标准的只有1所、二类的8所、三类的3所，其他的19所连最低标准都达不到。③布局不尽合理。朝阳区长营乡只有三个家庭托儿所，每所仅1名主办人，要照看20至30名幼儿；西城的回民幼儿园条件还较差；海淀区更是没有一所标准的民族幼儿园。

（简尔贤）

【一级一类幼儿园达86所】 年内，市教委学前处和市儿童保健所依据《北京市托幼园分级分类验收标准》，对10个区县申报一级和一类的44所幼儿园进行检查验收。其中，9所幼儿园达到一级一类标准，27所园达到一级标准，3所园达到一类标准。经国务院机关事务管理局检查，认定13所国家机关幼儿园为一级一类。至此，全市一级一类幼儿园达到86所。

（王洪兰）

保育·教育

【概 况】 1997年，北京各级各类园所共有园长和教师16896人，其中师范院校本专科毕业1603人，占9.5%；中师毕业8751人，占51.8%；职业高中幼教专业毕业2552人，占15.1%；其余3990人为非师范专业毕业（高中及以上2351人，占13.9%；初中及以下1639人，占9.7%），其中1358人取得“专业合格证书”。

（简尔贤）

【联合录制体育活动录像片】 2月，崇文区回民幼儿园与中国儿童电影制片厂联合录制幼儿园体育活动录像片，向全国发行。该录像片主要内容为幼儿园体育活动及体育玩具创制，总长度50分钟。

（张承泽）

【举办“幼小衔接”课题成果培训班】 3月，市教委学前处与教科院基教研中心共同举办“幼小衔接”课题成果推广培训班，旨在宣传、推广国家教委“八五”课题研究成果。全市共100名教师及教研干部参加培训。

（丰金兰）

【召开张雪门幼儿教育思想研讨会】 4月23日，市幼儿教育研究会、市学前儿童保教协会和市玩具协会，联合举办“纪念著名幼儿教育家张雪门先生诞辰105周年，幼儿教育思想研讨会”。会议研讨张雪门的教育思想及其对创设中国式幼儿师范教育的贡献与现实意义。会议邀请张雪门先生在台湾的学生、台湾花莲师范学院幼儿教育系主任、法国巴黎大学心理学博士林静子教授；台北师范学院幼儿教育中心主任，日本东京大学教育学博士翁丽芳教授介绍张雪门先生在台湾生活、工作的情况，及教育思想对台湾幼教界的影响。陶行知研究会、陈鹤琴教育思想研究会、香山慈幼院校友会及张雪门先生在京亲属等近200人参加会议。张雪门（1891—1973）中国近现代教育家。原名显烈，字承哉。浙江鄞县人。毕业于北京大学教育系。早年在家乡创办幼稚园，后主办孔德学校幼稚师范，实行半日授课半日实习制度。1930年任北平幼稚师范学校校长。采用道尔顿制，反对单纯从书本中学习知识，认为唯有行动中得到的认识才是真知。特别注重实习，强调在劳力上劳心，做到手脑并用，知行合一。编辑幼稚师范丛书，宣传儿童教育思想。1932年在北平民国学院、中国学院及河北省女子师范学院任教，讲授幼稚教育课程。提倡生活就是教育，首创行为课程。主张根据儿童的实际生活编制课程，从儿童特点出发，到儿童生活中搜集材料，在儿童行为里觅取教育机会，并按照社会需要改造儿童生活。1933年参加北平社会局组织的幼稚园具体课程实施方案起草工作，提出以改造中华民族为幼稚教育的根本任务。抗日战争爆发后，赴广西成立香山慈幼院桂林分院，兼广西省女子师范校长。1944年到重庆创办幼儿园。1946年回北平任香山慈幼院副院长。同年到台湾，创办省立儿童保育院，任院长。主要著作有《幼稚园教育概论》、《新幼稚教育》、《幼稚教育新论》、《幼稚园行为课程》、《实习三年》等。

（鲁　燕）

【培训农村乡中心园园长】 4月，市教委举办为期三天的农村乡中心园园长培训班。该培训班邀请市儿童保健所的专家、市区有关领导就农村乡中心园管理、卫生保健和教育教学工作举办讲座。同时组织与会者到顺义县北石槽乡、天竺乡和南法信乡中心园观看幼儿游戏、半日活动和幼儿园管理资料。11个区县的53名乡中心园园长参加学习。

（王洪兰）

【幼儿游戏指导一书出版】 4月，崇文区光明幼儿园集体编著的《幼儿游戏指导》一书，由北师大出版社出版并向全国发行。该书共27.6万字，印数1.5万册。介绍益智、结构、角色、科学、棋类共十大类幼儿游戏。

（郝杰兰）

【创造思维教学法录像带向全国发行】 4月，市第五幼儿园与市教育学会、科协音像中心等单位联合录制“创造思维教学法，能使孩子更聪明”教学录像带，向全国发行，该教学录像带共180分钟，分小、中、大班，全面讲述运用创造思维教学法，培养孩子观察能力的内容。

（朱小娟）

【举办幼儿团体健身操表演赛】 5月14日，市教委、市体委联合举办“力迈杯”市幼儿团体健身操表演赛。13个区县43所幼儿园的1000多名幼儿表演42套徒手和轻器械体操。石景山区实验幼儿园、北海幼儿园、密云县政府机关幼儿园、国家旅游局幼儿园获徒手操组比赛一等奖；昌平县委机关幼儿园、大兴县政府机关幼儿园、通州区教工幼儿园获轻器械操组比赛一等奖；石景山区实验幼儿园、北海幼儿园、昌平县委机关幼儿园、密云县政府机关幼儿园、石景山区幼儿园获优秀创编奖；市第四幼儿园等14所幼儿园获创编奖；朝阳区三里屯等3所幼儿园获表演奖。林文漪、蓝天柱等市人大、市政府、市体委、市教委领导观看比赛。本市从1995年开始举办幼儿团体健身操表演赛，每年一次，推动全市幼儿健身操的开展。

（王　逸）

【举办幼儿户外体育游戏展播】 5月，北京电视台与市教委合作拍摄全市8个城区10所幼儿园的户外体育游戏。“六一”期间，在北京电视台少儿节目中展播。该电视片共收录儿童户外游戏10个，旨在引导幼儿园科学地组织幼儿开展户外体育游戏。

（陈　辉）

【召开幼儿健康教育研讨会】 6月10至13日，市学前教育研究会、东城区幼教研究中心联合举办幼儿健康教育研讨会。10名幼教工作者在会上发言，与会者参观东城区4所幼儿园的健康教育活动，观看健康教育录像，听取成果汇报。120人参加研讨会。

（陈　辉）

【召开李玉英教育教学经验交流会】 6月，宣武区教委在实验幼儿园召开李玉英教育教学经验交流会，市、区领导及幼教同行100余人参加会议。交流会上，李玉英以《对幼儿教师语言特点的思考与探索》为题介绍经验。会议展出李玉英部分教学计划、教育笔记及自制教具。全国劳模、特级教师李玉英1961年毕业于北京幼儿师范学校，现任宣武实验幼儿园教师。在长期的教育教学实践中，形成自己独特的教育教学风格和教学方法，由她设计的《有趣的蛋》、《昆虫》、《学认正方体》、《小动物怎样过冬》等教学活动被广泛采用，她还撰写《培养大班幼儿思维》、《在教学活动中怎样设计启发式提问》等论文。

（邢　安　潘　军）

【开展职业道德教育活动】 7月，市教委在全市各类型幼儿园中，广泛开展以“精心育人，优质服务”为主题的职业道德教育活动。各园所通过宣讲模范人物事迹、召开座谈会、演讲会、开展劳动竞赛等形式，对保教职工进行爱岗敬业、热爱儿童、尽职尽责教育。

（陈　辉）

【出版学前班新教材】 7月，北京教科院编写出新的学前班教材《幼儿入学准备教材》。该教材共计12册，由中国少年儿童出版社出版。

（陈　辉）

【房山为乡中心园配备保健医生】 7月，房山区卫生学校乡中心园保健医中专班26名学生毕业。毕业生充实到乡、镇中心幼儿园和规模较大的村办幼儿园，以加强农村幼儿园卫生保健力量，提高乡中心园卫生保健工作水平。

（王化占）

【幼儿教师职业道德演讲比赛结束】 9月10日，市教委召开北京市幼儿教师职业道德演讲比赛颁奖大会。与会领导为获奖的30名青年教师颁发荣誉证书。4名获奖教师在大会作演讲汇报。

（陈　辉）

【召开民办教育研讨会】 9月23日，北京市民办中小幼儿园管理工作研讨会在石景山区北方之星幼儿园召开。会议交流民办校（园）管理经验。北方之星幼儿园向大会做题为《爱心托起北方之星》的工作汇报。

（李淑媛）

【出版两种幼儿图书】 9月，市第五幼儿园教师编著的幼儿图书《我会小心过马路》、《太阳公公吃冰棍》，由中国少儿出版社出版并向全国发行。两种书首版印刷各6万册。

（朱小娟）

【农村学前教育师资合格率17.8%】 截至9月，市教委对房山、门头沟、延庆、密云和昌平5个区县农村学前教育师资调查显示，本市农村学前教育师资专业合格率有待提高。5区县保教人员共1859人，非专业学历1529人，占总数的82.2%，专业学历330人，占总数的17.8%。

（王洪兰）

【《幼儿园体育活动指导》出版】 10月，《幼儿园体育活动指导》一书出版。该书汇集东城区教育局幼儿体育研究小组近20年的科研成果，以《学前教育（增刊）》的形式出版，在全国发行两万册。该书系统地论述“健身为主，全面育人”的幼儿体育价值观，详细介绍幼儿园体育活动目标体系、幼儿运动能力的发展与评价及幼儿园体育游戏的指导等研究成果。

（鲁　燕）

【家长对市立幼儿园满意率76%】 12月，石景山区教育局向全区10所市立幼儿园幼儿家长发出工作质量调查问卷2421份，收回2019份，回收率83.4%。家长对幼儿园工作满意率为75.89%。家长们希望采取多种形式实施家庭、幼儿园同步教育，加强培养幼儿多种行为能力的教育。

（李淑媛）

【进行幼儿园家庭教育试点研究】 年内，市教委、市妇联和市家庭教育研究会在10个区县10所幼儿园，开展幼儿园家庭教育试点研究。该研究课题分别在10所试点园进行儿童家庭教育现状调查、家庭教育实效性的分析与研究，旨在使幼儿园教师进一步认识家庭教育对幼儿成长的重要作用，从而自觉加强与家长沟通与联系，共同对孩子进行教育。

（王　晶）

【开展家庭教育热门话题讨论】 年内，市教委、《婴幼儿家教报》编辑部联合举办北京市幼儿家庭教育热门话题大讨论活动。该活动针对当前幼儿家长在家庭教育过程中经常遇到的普遍性问题，确定“该不该‘打孩子’”；“是否要求孩子必须‘听话’”等6个讨论题目，分别组织6所幼儿园的家长座谈讨论，邀请有关幼教专家对家长的观点进行分析，并向家长提出建议。讨论结果陆续刊登在《婴幼儿家教报》上。

（鲁　燕）

【举办幼儿教师体育知识培训】 年内，市体委举办3期幼儿教师体育知识培训班。培训内容有幼儿团体健身操特定动作辅导。幼儿体质测试标准（试行）工作技术培训。幼儿体操创编常识以及如何在体育活动中全面发展幼儿素质和冬季户外体育锻炼教学指导等内容。233所幼儿园760名教师接受培训。全年有10区县1550名教师接受区县级培训。其中，朝阳区开展有129所园参加的幼儿腰鼓表演赛，东城开展推广自创幼儿武术操，西城开展普及自创幼儿中班徒手操等活动。

（王　逸）

【举办素质教育培训班】 年内，丰台区举办幼儿园素质教育培训班。该培训班邀请中央教科所和市教科所有关研究人员授课，观摩中央教科所素质教育试点单位长辛店教工幼儿园。该区幼儿园长及骨干教师100余人参加学习。

（马淑兰）

基础教育

综　　述

1997年，北京市基础教育事业以落实江泽民关于教育要实现“两个重要转变”指示精神为中心，按照全国和本市教育工作会议对教育提出的各项任务、要求，依法治教，推进改革，重在建设，强化管理，使以推进中小学实施素质教育为主要内容的基础教育各项改革和工作取得明显进展。

1997年，市政府办公厅转发市教委《关于进一步推进中小学素质教育的实施意见》，市教委、市政府教育督导室联合颁发对区县政府、教育行政部门和中小学全面实施素质教育的“三个评价方案”，市教委制订《北京市实施素质教育调整九年义务教育部分学科教学内容与教学要求的意见》。这三项工作得到国务院和国家教委领导的肯定。

市、区县教育行政部门采取多种形式组织学习先进的教育理论和宣传实施素质教育典型经验，教研部门、教科研部门及教育学会举办素质教育研讨会、专题讨论会，促使素质教育的思想观念在教育内部和外部逐步得到认同，初步形成实施素质教育的社会舆论氛围。

通过加强领导、加大资金投入、调整领导班子、充实师资队伍、进行教育综合改革和启动学校自身办学活力，加快基础薄弱学校建设的步伐。105所基础薄弱学校中的80所改变面貌，缩小校际之间办学条件和办学水平的差异。

继续推进初中入学办法改革。全市6区7县基本实现小学毕业生免试就近升入初中目标要求，其余5区初中新生择优比例压缩到13%以下。

推进中小学教育结构布局调整。58所市区重点中学高中招生由上一年计划1.5万人增加到1.85万人，净增3500人。为实现规模办学，农村地区在小学生源和在校生未减少情况下，调整合并小学84所。

从转变教育观念、树立良好师德、进行继续教育、提高教育教学基本功和深化学校内部管理体制改革等多方面入手，大力加强中小学教师队伍建设，进一步壮大中青年骨干教师和各学科教学带头人的队伍。确定225名市级中小学中青年骨干教师。全市参加研究生课程班学习的中学教师达1854人，参加小学教师自考的达11000人。基础教育35岁以下青年教师约占全体教师总数的53.8%，小学教师高中、中师以上毕业学历、初中教师中大专以上学历、高中教师中本科以上学历分别达96.42%、87.65%、79.46%。在师德建设方面，涌现出杜丽丽、孙维刚等先进典型。

以“素质教育如何体现在课堂教学”为题进行探索实践，引导中小学干部教师继续学好、用好“三个教学文件”，加强包括运用现代化教育技术在内的教师基本功训练，落实课堂教学中“学生主体地位”，一批学校总结出较好的经验。

崇文、海淀、顺义三个实施素质教育实验联系区县，在调整教育结构布局、改革办学体制、改革教学内容和考试制度上进行探索，为推进区域性综合改革积累经验。一师附小、光明小学、北京八中和顺义李桥中学等38所学校，从实际出发，形成各具特色的经验。

1997年，市教委提出本年度实施素质教育的5项阶段性目标：推进初中入学办法改革，择优比例控制在13%以下；加强基础薄弱学校建设，完成32所学校改变面貌工作；按课程计划开齐课程、开足课时，不准节假日集体补课；严格用书管理；制止按分数排队。为调查了解后3项目标执行情况，6月，由市政府教育督导室、市教委基教一处、二处组成调研组，对部分区县进行专项督导检查；11月，到东城、西城、崇文、宣武、海淀区，对10所中学和10所小学（每区中小学各两所）进行专项调研。

结果表明，10所小学重视对阶段性目标的落实，除一所未开科技活动课、2所学校在教室里公布学生考试成绩外，其它7所小学都能认真落实阶段性目标各项规定，取得明显成效。在10所中学中，5所中学对落实阶段性目标态度坚决，能够认真落实各项规定；3所中学虽对阶段目标有一定认识，但存有“怕吃亏”的心理，存在某些违反规定现象；2所中学问题比较严重，主要是“应试教育”思想作怪，过多强调客观原因，落实阶段性目标还不得力。

1997年，全市中小学落实素质教育阶段性目标的总体情况较好，小学好于中学。同时，在相当一批学校里没有完全落实阶段性目标，部分中学仍有较大差距，受升学率影响随意增减课程、课时现象仍然存在，学生负担很重。其原因，除个别学科教师短缺造成未开齐课程外，主要是教育观念尚未彻底更新。

（宋宝璋）

总　类

【解决流动人口中适龄儿童义务教育问题】　3月12日，市教委向市政府提出报告，建议由市政府政策研究室、市人大教科委组织有关部门开展调查研究，研讨切实可行的政策，解决北京流动人口中适龄儿童、少年义务教育问题。该报告指出，1995年统计资料证明，本市流动人口适龄儿童、少年约有8万余人，1996年，在本市中小学借读的外省市学生4万人（含原下乡青年子女），尚有4万人应接受义务教育的适龄儿童、少年在北京居住而未上学。

（孟祥辉）

【加强中小学幼儿园安全工作】　4月5日，市教委发出关于进一步加强中小学、幼儿园安全工作的紧急通知。该通知要求教育行政部门和学校、幼儿园须本着对党的教育事业、对儿童、青少年一代高度负责的态度，抓好学校安全工作。通知要求各区县、教育局要专题研究一次中小学、幼儿园安全工作，在近期内专门召开中小学、幼儿园校（园）长会议，对安全工作进行部署。通知重申，严禁学校、幼儿园为校外单位、个人提供停车场地。对现有出租停车场位的要尽快清理，停止出租。4月2日，本市宣武区南菜园小学发生一起在校园内机动车轧死在校小学生的恶性事件。

（孟祥辉）

【市领导检查八中素质教育】　4月，李志坚及市教委领导检查八中素质教育。北京八中是本市素质教育起步较早的学校之一，1986年，该校制订《八中学生素质大纲》，把学生素质培养目标分解为23项期望目标，并列出实现这些目标的具体手段和考核方法，作为学校进行素质教育的主要依据。经10年努力，该校坚持开设与中考、高考无直接关系的音、体、美、史、地、生和劳动技能、学习指导、心理健康等选修课。1996年，八中高三毕业生95%达到重点大学录取分数线，为高校输送53名运动员，为美术院校输送37名特长生，94名年仅14岁的高中毕业生进入大学学习。

（纪　涛）

【召开实施素质教育座谈会】　7月18日，市教委举办推进中小学实施素质教育座谈会，朱开轩、柳斌等国家教委领导，李志坚、胡昭广等市领导参加座谈会，会议汇报本市转变教育观念，实施加强基础薄弱校建设和山区校建设工程，加快招生考试改革，制定3个评价督导方案保证素质教育各项方针政策落到实处，并在崇文、海淀、顺义开始进行整体试验工作。光明小学等10所学校和海淀等5个区教委（教育局）分别介绍本单位开展素质教育的情况和遇到的问题。朱开轩等领导肯定本市为推进应试教育向素质教育转变所做的努力，并就坚持义务教育阶段免试就近入学、减轻学生课业负担、改革德育教育和加强教师干部队伍建设提出要求和希望。

（纪　涛）

【调整义务教育部分学科内容】　7月21日，市教委制订印发《北京市实施素质教育调整九年义务教育部分学科教学内容与教学要求的意见》。该意见说明此次调整仅限于小学、初中，不涉及高中；仅调整部分学科教学内容和教学要求，不涉及课程设置和课时；调整方法是适当删减教学内容，适当降低教学要求层次，部分教学内容由必学改为选学，适当减少教学内容考察范围；调整范围涉及初中、小学语文、数学、英语、自然、社会、地理、历史、生物、物理等13个学科，共调整709个知识点。其中小学5个学科，308个知识点；中学8个学科，401个知识点。调整后的教学内容与教学要求于9月实施。

（关国珍　乔树平）

【召开领导干部素质教育研讨会】　8月，本市普教系统领导干部素质教育研讨会召开。陶春辉、倪益琛、兰宏生等领导与各区县教委（教育局）负责人参加会议。会议总结部分素质教育在认识、实践中获得的阶段性成果，会议要求各部门加强理论与政治学习，贯彻各学科课程教材调整方案精神，树立新典型，推广新经验。

（薛　峰）

【“择校生”得到控制】　年内，对义务教育阶段公办学校“择校生”进行治理。市政府办公厅印发《关于加强中小学收费专项治理工作的通知》，市政府、市教委分别召开主管教育的区县长、教委主任（教育局长）专题会议，对治理义务教育阶段公办学校“择校生”问题作部署。对已实行就近入学的13个区县继续巩固成果，原则取消“择校生”。对尚未全部实行就近入学的5个区的少数学校，从严控制招生计划，严格审批程序和严格按照规定收取教育补偿金。坚决制止各种以权谋私的“条子生”和“关系生”。经过综合治理，“择校生”问题得到控制。

（宋宝璋）

1997年北京市中小学幼儿园变动情况一览表

日　期	区　县	校（园）名	原校（园）名及变动内容	校（园）类别	备　　注
1月6日	海淀区	北京交通大学附属中学	北京铁道学院附属中学	完全中学	
1月6日	海淀区	北京交通大学第二附属中学	北京市青塔院中学	普通初中	
1月7日	西城区	北京市民办启蒙学校	增设职业高中部	民办职业高中	
1月15日	海淀区	北京市清华育才实验学校		民办普通高中	校址：东大石桥甲号院
1月22日	西城区	北京市一一一中学	北京市第一一一中学并入北京市实用美术职业学校，北京市第一一一中学撤销	职业高中	
1月22日	西城区	北京市西四中学	北京市西四中学职业高中部并入北京市实用美术职业学校，北京市西四中学办成普通初中校	普通初中	
1月22日	东城区	北京市第一聋人学校	北京市第一聋哑学校	特殊教育学校	
1月22日	西城区	北京市第二聋人学校	北京市第二聋哑学校	特殊教育学校	
1月22日	海淀区	北京市第三聋人学校	北京市第三聋哑学校	特殊教育学校	
1月22日	西城区	北京市第四聋人学校	北京市第四聋哑学校	特殊教育学校	
1月22日	平谷县	平谷县聋人学校	平谷县聋哑学校	特殊教育学校	
1月22日	密云县	密云县聋人学校	密云县聋哑学校	特殊教育学校	
1月24日	海淀区	北京市海淀区星星学校		民办小学	校址：温泉乡杨家庄
3月11日	西城区	北京市兴涛学校		民办公助中小学	校址：大兴县兴涛小区
3月11日	昌平县	北京市私立汇英中学		民办普通中学	校址：昌平镇南郝村西关小区
3月24日	海淀区	北京市华嘉中学		民办普通高中	校址：北安河乡七王坟
3月24日	海淀区	北京市清华志清中学		民办普通高中	校址：农业大学东镶黄旗村
3月28日	宣武区	北京市徐悲鸿中学	普通高中部改为职业高中部	民办职业高中	
4月16日	海淀区	北京市盖利普公共关系职业高中		民办职业高中	校址：蓝靛厂厢红旗48号
4月16日	海淀区	北京市清华成志职业高中		民办职业高中	校址：成府街化工研究院内
4月29日	海淀区	首都师范大学附属育新学校		普通中小学	校址：育新花园小区
5月19日	西城区	北京市三帆中学		民办公助初中	校址：西廊下34号
5月29日	大兴县	北京市私立雨来中学	增设初中部	民办完全中学	
6月4日	丰台区	北京市华康学校		民办公助中小学	校址：永定门外时村158号
6月13日	崇文区	北京市文汇中学		民办公助初中	
7月14日	西城区	北京教育学院西城分院附属中学	北京市第五十三中学与北京市第一五七中学合并后更名	完全中学	合并、更名
7月22日	丰台区	北京市丰南职业高中	北京市郭公庄中学与北京市黄土岗中学职高部合并后更名，北京市郭公庄中学与北京市黄土岗中学分别办成普通初中校	职业高中	校址：丰台桥南新村三里1号
8月26日	海淀区	总后勤部机关职业高中		民办职业高中	校址：后勤指挥学院内
8月28日	海淀区	北京市海淀区英才幼儿园		民办幼儿园	校址：志新村小区
9月10日	西城区	北京市第一五九中学	北京市实用美术职业学校初中部并入	完全中学	
11月3日	丰台区	北京市赵登禹中学	北京市丰台区大红门中学	普通初中	
12月19日	海淀区	北京理工职业高中		民办职业高中	校址：北京理工大学院内

（张　源）

中学教育

【概 况】 1997年，北京市共有普通中学735所，比上年724所增加11所。其中高级中学288所，比上年减少8所；初级中学447所，比上年增加19所。在校生总数626208人，比上年649330人减少23122人。其中高级中学133461人，比上年增加14985人；初级中学492747人，比上年减少38107人。共录取新生193438人，比上年203412人减少9974年。其中高级中学49566人，比上年增加6963人；初级中学143872人，比上年减少16937人。毕业生总数204727人，比上年171436人增加33291人。其中高级中学33010人，比上年增加7840人；初级中学171717人，比上年增加25451人。在校教职工总数71171人，比上年71231人减少60人。专任教师47613人，比上年增加229人，其中高级中学10292人，比上年增加910人；初级中学37321人，比上年减少681人。

（乔树平）

【评选中学“惠普”教学管理奖】 1月8日，市教委召开首届“惠普”教学管理奖颁奖大会，向上年19名获奖者每人颁发奖金5000元，向获奖者所在学校赠送惠普计算机一套。胡昭广到会讲话。北京市中学惠普教学管理专项奖是惠普（北京）公司支持设立的。此奖自1996年起，每年评选一次，暂定5年，中国惠普有限公司共出资125万元。每年评选出19名校长获此奖。9月25日，召开第二次颁奖大会，向本年获奖者颁奖。惠普公司总裁程天纵、市教委陶春辉到会讲话。

（乔树平）

【获全国少儿戏曲大赛奖】 1月，中国剧协等单位在南京联合主办“全国少儿戏曲大赛”，中国戏曲学院附中95班学生徐莹、李末获一等奖，方旭获二等奖。

（颜晓华）

【举办中加音乐桥夏令营活动】 2月24至26日，加拿大皇家山学院音乐桥夏令营官员到中央音乐学院附中进行试听工作。该附中12至18岁的钢琴、小提琴、大提琴专业70余人报名。其中，有9名学生被录取参加7月1日至8月1日在加拿大举行的夏令营音乐交流活动。

（甘亚梅）

【颁发普通高中招生意见】 2月，市教委下发《关于1997年北京市普通高中招生工作若干意见的通知》。要求按照高中阶段教育逐步实行缴费上学的原则，部分学校继续试办收费班。进行办学模式改革试点的普通高中申请试办收费班，给予优先考虑。“通知”就提前招生、面试、加试，初中毕业生直升本校普高，高等院校附中招收教职工子弟，普通高中录取条件等问题做出规定。全年普通高中招生近5万人。

（乔树平）

【验收远郊区县普通中学规范化建设】 3月，市教委依据《远郊区县普通中学规范化建设达标要求（试行稿）》对7个区县申报的20所学校进行验收；5月，下发修订后的“达标要求”，落实学校自查、区县检查的具体任务和责任，宏观指导区县和学校在办学规模、办学条件、领导班子、教师队伍、学校管理、教育质量等6方面的建设工作。

（乔树平）

【再次推出双休日百场演出】 5月3日，中国戏曲学院附中和北京市戏校在北京工人俱乐部联合举办第一届推新人弘扬京剧双休日百场演出的闭幕式暨第二届百场演出的开幕式。丁关根、张百发等领导观看演出。中国戏曲学院附中的学生演出《雅观楼》、《逍遥津》、《盗甲》等剧目，最后小演员们与京剧表演艺术家王金璐同台演出《挑滑车》。小演员们表演的武戏一招一式干净利落，文戏一板一眼规范到家，受到领导们称赞。

（颜晓华 韶 华）

【颁发北京市宏志奖学金】 5月4日，市教委发出通知，设立北京市宏志奖学金。该奖学金用于对家庭贫困的优秀高中生给予奖励。同时，制订《北京市宏志奖学金章程》和《1997年北京市宏志奖学金推荐、评审办法》。9月23日，市教委召开北京市首届普通高中宏志奖学金颁奖颁证大会，对18个区县472名学生进行奖励，每人颁发奖学金500元，免交当年学费。

（乔树平）

【法国总统夫人观看演出】 5月16日，中国戏曲学院附中师生在湖广会馆为法国总统夫人举行专场演出。该附中师生演出《八大锤》、《锁五龙》、《坐宫》、《打焦赞》、《闹龙宫》等剧目。

（颜晓华）

【师大附中建立离退休教师基金】 5月，北京师范大学附中集资12万元建立离退休教师基金。其中三分之二由校友捐资，三分之一由学校奖教金中划拨。该基金专项用于离退休教师活动经费、节假日慰问及特殊困难补助。

（薛丁一）

【扩大高中办学模式试点规模】 5月和9月，市教委对特色高中九十六中和综合高中地安门中学进行调研，并成立普通高中办学模式改革试点学校协作组，定期开展研讨，交流经验。至年底，市教委批准4所普通高中试办综合高中，本市进行普通高中办学模式的试点学校扩大到8所。

（乔树平）

【颁发素质教育实施意见】 6月，市政府下发《关于进一步推进中小学素质教育的实施意见》。该意见从创设实施素质教育良好环境和条件、构建实施素质教育的运行机制、加强教师队伍建设等方面，提出本市推进中小学实施素质教育的具体目标，要求市属各单位认真贯彻执行。该意见是本市基础教育综合改革和整体建设的纲领性文件。

（乔树平）

【培训“三防”知识教育教师】 7月15至18日，市教委和市人防办联合举办北京市第九期初级中学人民防空“三防”知识教育教师培训班，全市231所学校的320名教师参加培训。9月20日，参加培训的教师在防化学院观看防化表演。

（乔树平）

【杨翔宇获国际生物奥林匹克金牌】 7月，在吐库曼斯坦举行的第八届国际中学生生物学奥林匹克大赛（IBO）上，清华大学附中学生杨翔宇获得金牌。此次由4名选手组成的我国代表队取得3枚金牌、1枚银牌。该学生由教科院基教研中心辅导并推荐。

（左海峰 赵 跃）

【潮兴娟获国际化学奥林匹克银牌】 7月，在加拿大蒙特利尔举行的第二十九届国际化学奥林匹克竞赛上，清华大学附中学生潮兴娟（女）获得银牌。此次由4名中学生组成的我国代表队获得4枚银牌。

（左海峰）

【普通高中招收费生5000人】 8月18日，市教委发出通知批准部分公办普通高中继续试办收费班，市教委批准的普通高中收费班共132个，学生5000人左右，占高中招生总数的10%。

（乔树平）

【参加全国少年琵琶比赛获奖】 10月6日，在中国音乐家协会、江阴市联合举办的“天华杯”全国少年琵琶比赛上，中央音乐学院附中学生余恬恬获一等奖（第一名），杨瑾获一等奖（第五名）。

（索承禄）

【联合视导基础薄弱学校】 10月6至10日，市教委和教科院联合对城近郊区8所基础薄弱初中进行视导，了解学校教学管理、教师教学水平和学生学习的情况，共听课221节，其中优秀课41节。视导情况表明，这些学校注重教学常规管理工作，教师注意研究教材，课堂教学比较规范，重视现代化教学手段的运用，涌现出一批事业心、责任心强，有良好的专业素质和发展潜力的青年教师。存在的主要问题是：教学观念陈旧，对学科教学大纲和教材的研究缺乏深度，多数教师教学方法停留在“满堂灌”，学生在学习中的主体地位体现不够，课堂教学质量亟待提高。

（乔树平）

【颁发劳动技术教育发展规划】 10月24日，市教委下发《北京市普通中学劳动技术教育发展规划（1997—2000年）》。该规划提出劳动技术教育发展的任务和指导思想、工作目标和实施办法，要求做好检查、督导和评估工作。

（乔树平）

【总结基础薄弱校建设经验】 11月14日，市教委在西四中学召开北京市加强基础薄弱学校建设工作经验交流会。西城区教育局、丰台区教委、崇文区教委、西四中学、双榆树二中分别介绍“科学规划、综合治理”、“加强干部队伍建设”、“立足改革治理薄弱校”、“依法办学改造学校”、“与重点校手拉手建设学校”的经验。陶春辉肯定各区在加强基础薄弱校建设工作中取得的成绩，概括出四条行之有效的经验和做法：①各级政府和教育行政部门高度重视基础薄弱校建设工作，政府行为到位，加大投入，保证了学校办学条件的改善；②抓住根本问题，不断加强学校领导班子和教师队伍建设，机关干部充实薄弱学校，重点中学与薄弱学校手拉手，有效提高干部教师整体素质；③从实际出发进行综合改革，通过布局调整撤并学校，办学体制改革进行转制试验，使一批薄弱学校走出困境；④加强基础薄弱校自身建设，强化学校管理，提高了教育质量，形成良好校风。他要求，1998年要确保资金全部到位，使所有基础薄弱校办学条件达到北京市规定的一般标准。徐锡安、胡昭广到会讲话。城近郊区的主管区长、教育行政部门的主管领导、部分基础薄弱校校长共100余人参加会议。

（乔树平）

【落实素质教育阶段性目标】 11月，市教委、市督导室到东城、西城、崇文、宣武、海淀5个区，对10所中学落实素质教育阶段性目标情况进行专题调研。在调查的10所学校中，5所中学认真落实阶段性目标的各项规定；3所中学有认识，但怕吃亏，存在违反规定的现象；2所中学落实还很不得力，其原因是办学思想和教育观念没有真正摆脱“应试教育”的束缚。市教委围绕实施素质教育提出的阶段性目标，要求各学校落实课程计划，开齐课程、开足课时，不准节假日集体补课；严格用书管理；制止按分数排队。

（乔树平）

【发放优秀教学片资料】 12月10日，市教委下发《关于使用北京市初中教师教学基本技能竞赛优秀教学片资料的通知》，要求各区县组织全体中学教师认真学习，反复观摩，深入研讨。市教委将上年初中教师教学基本技能竞赛活动成果汇编为《根深叶茂、本固枝荣》一书，录制一套优秀教学片段和评析集锦，共26张光盘，为每所中学配备5本书、一台VCD机和一套光盘。

（乔树平）

【研讨普通高中办学模式】 12月

18日，市教委在地安门中学召开北京市普通高中办学模式改革学校校长研讨会，九十六中、三十八中、七十八中、十七中、一三八中、通县二中、地安门中学7所学校校长参加会议。

（乔树平）

【表彰全面育人学校】 12月29日，市教委在八中召开北京市“全面育人、办有特色”总结表彰大会，对1997年评选出的“全面育人、办有特色”学校北京八中进行表彰。与会代表参观该校并听课。北京八中介绍“着眼于未来，着力于素质”的办学经验和体会。陶春辉等领导到会讲话，各区县教委（教育局）主管领导、中教科长和部分学校校长100余人参加会议。

（乔树平）

【部署中学教师教学基本功达标活动】 12月，市教委下发《北京市开展中学教师教学基本功达标活动的意见》，决定用三年时间，在全市参加继续教育和提高学历层次进修的中学教师中开展教学基本功达标活动。该意见规定教学基本功达标项目，要求在分析教材、编写教案、运用教学语言的基本功等方面达到基本标准，规定对达标教师，发给中学教师教学基本功合格证书。从2001年起，凡未取得合格证书者，不能晋升高一级教师职务。教师接受基本功达标活动，在不超过4学分的前提下纳入继续教育培训内容。该意见对1998至2000年活动做出原则安排。

（乔树平）

【调整基础薄弱学校干部教师】 至年底，全市共调整校级领导52人，其中从行政机关调入12人，从重点学校和较好学校调入40人；调整中层干部60人；充实教师797人，解决基础薄弱校教师问题。同时，基础薄弱校有10%的专任教师正在进修大学本科或硕士研究生学历。

（乔树平）

【撤并基础薄弱学校】 至年底，本市通过调整学校布局和进行办学体制改革，撤销3所基础薄弱学校，合并11所学校，3所学校进行民办公助办学体制改革试验。

（乔树平）

【出版实施素质教育经验选编】 年内，市教委编辑《北京市基础教育实施素质教育经验选编(一)》，陶春辉任主编，北京教育出版社出版发行。该书收集光明小学、一师附小、翠微小学、北京八中、顺义李桥中学等16所小学和22所中学实施素质教育的典型经验。

（乔树平）

【为基础薄弱学校投入1.1亿元】 年内，市区两级政府加大对基础薄弱学校建设资金投入，投资总额达到1.1亿元，其中市政府投入3000万元，区政府拨款8000余万元；国家教委专项补助600万元。通过两年建设，共为基础薄弱学校新征土地3.3万平方米，新建和改建校舍10万平方米，更新、添置一批教学设施和设备，80所学校办学条件达到北京市规定的一般标准。

（乔树平）

【开展基础薄弱校建设中期调研】 年内，市教委对基础薄弱学校建设存在的问题进行分析和研究，针对一些区存在的总体规划不完善、投资配比不到位、优秀干部和骨干教师调不进来、教学管理比较薄弱等问题提出建议：加大投资力度，提高资金使用效益；通过政策导向，吸引优秀干部教师到基础薄弱校工作；教育行政部门和教研部门深入学校，研究课堂教学，提高课堂教学质量；更新思想观念，强化学校管理，形成良好校风。

（乔树平）

【扩大“九年一贯制”实验】 年内，市教委选择有条件的学校进行“九年一贯制”改革试点。全市有13所“九年一贯制”学校，比上年增加3所。

（乔树平）

【扩大普通高中办学规模】 年内，本市进一步调整学校布局、结构，减少重点中学初中招生数量，扩大高中规模。与上年相比，普通高中和完全中学减少8所，教学班增加327个，在校生增加1.5万人。市区重点中学高中招生平均每校达7.1个班，增幅超过30%；招生人数从上年1.5万人提高到1.85万人，净增3500人。

（乔树平）

【开展计算机教育调查】 年内，市教委与全国中小学计算机教研中心、首师大、基教研中心联合开展全市计算机教育（包括学科教学、CAI和CMI）抽样调查。在被调查的3504所中小学中，开展计算机教育的有847所，其中中学466所，小学381所，分别占中学和小学总数的64.36%和13.7%。中小学现有计算机2.3万台，其中586计算机1781台，486计算机9971台，386计算机5702台，其余为286以下计算机、苹果机和中华学习机。有200余所学校开展计算机辅助教学工作，近190所用于学校辅助管理。有专兼职计算机教师534人，其中专职教师467人。存在的问题主要是软硬件投入比例不当，设备利用率不高等。

（乔树平）

【中学劳技课开课率达100%】 年内，市教委开展普通中学劳动技术教育发展现状及发展规划专题调研。结果表明，普通中学劳动技术课开课率达100%，开足课时的学校占30%。劳动技术课教师队伍有所增加，共有专职教师595人，兼职教师1200人，专职教师中，有60多名高级教师，但队伍不稳定，师资缺口大。全市有劳技中心70个；有校劳动基地320个，占地393.53万平方米；有市、区县劳技基地20余个，占地66.70万平方米；但学生高峰期，教室被挤占，基地未充分发挥作用。劳技课教研体系已初步建立，但考核工作困难大。

（乔树平）

【开展初中教学管理研究】 年内，市教委开展北京市实行小学毕业生免试就近升入初中后初中教学管理的研究。分析生源差异的现状和一些学校教学管理措施的利弊，提出调整初中教学管理的指导思想及政策性建议。

（乔树平）

【开展流动人口子女入学调查】 年内，市教委与市政府政策研究室等单位联合开展北京市外来人口适龄子女接受义务教育问题的调查。根据此次调查结果，市教委拟订《北京市对外来人口中适龄儿童、少年实施义务教育暂行办法》。

（乔树平）

【446人获学科竞赛奖】 年内，全市近5万名中学生参加不同学段、不同年级、不同规格的数学、物理、化学、外语、计算机学科竞赛，共有466人获奖，其中一等奖71名，二等奖148名，三等奖227名。本市参加国际中学生学科竞赛，共有2人获奖。

（乔树平）

小学教育

【概况】 1997年，全市共有小学2696所。按所办类别分，其中教育部门和集体办小学2639所，其他部门办小学53所，民办小学4所；按城乡分，其中城市地区小学707所，县镇小学780所，农村地区小学1209所。全市小学在校生数97.7万人。全市共有小学教师75125人，其中专任教师62424人。小学入学率99.95%。

（富凯宁）

【召开小学生知识能力评价研讨会】 1月10日，市教委在北京市第二实验小学召开北京市小学生知识能力评价研讨会。与会人员围绕“开展知识能力评价的方法”和“知识能力评价标准的判定”等问题进行交流。丰台区教委、通县教育局分别介绍开展“小学生知识能力评价实践与研究”、“以科研为先导，做好小学生知识能力评价推广工作”经验。教科院基教研中心、基教所分别就“制定知识能力评价标准遵循的几个原则”和“开展知识能力评价应注意层次性”等问题发表意见。各区县主管评价工作的科长、视导员、教研员、部分校长参加会议。

（徐建姝）

【召开小学活动课程研讨会】 1月27日，市教委在顺义县召开小学活动课程研讨会。崇文区、宣武区、顺义县介绍实施活动课程的经验，国家教委基础教育司、中国科普所有关人员做辅导报告。会议总结1993年本市小学实施活动课程以后在组织管理、队伍、基地、教材建设、教研、科研及教学质量提高方面取得的成绩和存在的问题，提出“九五”期间北京市小学实施活动课程的目标、任务和措施。各区县教育行政和教研部门负责人参加会议。

（张永凯）

【召开加强农村完小建设会议】 1月28日，市教委在顺义召开市加强农村完全小学建设会议。顺义县政府、通县教育局、密云县教育局、平谷县大华山镇政府在会上介绍加快农村小学教育发展方面取得的经验。市教委做题为《大力推进农村完小和山区寄宿制小学建设，全面提高我市农村地区小学质量》的工作报告。陶春辉到会讲话。全市13个郊区县的政府文教办公室主任、教委（教育局）主任（局长）、督学室主任、教委（教育局）主管小学工作的副主任（副局长）、小教科长出席会议。

（纪　岩）

【参与国家部委级“九五”重点课题研究】 1月，市教委成立北京市全国教育科学“九五”规划国家教委级重点课题《活动课程和中小学生科学素质的提高》分课题组，制订分课题实验方案及实施计划。西城区、崇文区、宣武区、顺义县作为子课题组参加实验。本年度围绕活动课师资培训，科技活动课的内容、形式、特征等进行研究。

（张永凯）

【举办活动课程理论培训班】 3月10至12日，市教委与国家教委“九五”重点课题“活动课程和中小学科学素质的提高”北京市分课题组、北京市小学活动课程研究会筹备组联合在北京小学举办活动课程干部培训班。国家教委基础教育司、中国科普所、中央教科所有关领导、专家做“活动课程的基本政策和指导纲要”、“迎接知识经济时代，加快教育改革”、“活动课程的教育目标”等报告，进行活动课程基本政策、基本理论辅导，介绍中国教育改革现状和当代科技前沿情况。19个区县（局）小教科负责人，部分学校校长、教师共1200多人次参加培训。

（张永凯）

【进行小学教学质量监控研究】 3月，市教委组织有关部门进行小学生群体质量监控研究，召开教育行政、教研、教科研和部分学校校长座谈会，初步拟定进行质量监控研究的工作思路和步骤。7月，成立《建立北京市小学生群体素质水平评价制度研究》课题组，在质量监控的目标体系、内容及实施方案等方面进行初步探索。

（张永凯）

【举办第15届小学生作文比赛】 3至5月，市教委、市妇联、市家教会和北京晚报联合举办第15届小学生作文比赛。比赛分校级、区县级、市级3级举行。3月22日，全市3至6年级万余名小学生参加区县级比赛，作文题目是《让我来帮助你》。4月19日，240名小学生参加市级现场决赛，题目是《在香港回归的日子里》或《我在学习中的苦与乐》。决赛评出一等奖20名，二等奖80名，三等奖137名。

（刘天华）

【加强农村完小建设】 4月3日，市教委下发《关于加强农村完全小学建设的意见（试行）》、《关于加强山区寄宿制小学建设的几点意见（试行）》、《北京市山区寄宿制小学办学条件基本要求（试行）》3个文件。提出“九五”期间在全市范围内推进农村完全小学建设和山区寄宿制小学建设的指导思想、目标要求和工作任务。

（纪　岩）

【下发关于加强小学活动课程意见】 4月8日，市教委制订下发《北京市关于加强小学活动课程的意见（试行）》，提出进一步落实活动课程的指导思想、工作目标、工作思路和措施。

（张永凯）

【启动百所教改实验学校】 4月17日，市教委召开各区县小教科关于百所实验学校实施方案交流会，提出《关于区县教育行政部门加强对教学改革管理的几点要求》。至年底，全市确定学科教学、活动课程和劳动教育实验学校138所，作为全市小学深化教学改革，探索实施素质教育，全面提高教育质量的典型。市教委为实验学校下拨专项经费。

（张永凯）

【编辑活动课程资料】 4月，市教委编辑《活动课程理论与实践》系列资料之一，全书共10万字。下发全市各小学作为活动课参考资料。

（张永凯）

【举办小学主管局长研讨会】 8月13至15日，市教委举办各区县主管小学教育的局长研讨会，讨论《北京市实施〈小学管理规程〉意见》和《北京市教委关于1998年小学毕业生升入初中工作意见》，与会人员就加强宏观管理，做好主管局长工作进行交流。

（张永凯）

【下发北京市“九五”期间小学教育工作指导意见】 9月22日，市教委制订下发《北京市“九五”期间小学教育工作指导意见》。该意见提出“九五”期间全市小学教育工作指导思想、工作目标、工作任务和具体措施要求。

（张永凯）

【制订小学管理规程实施意见】 9月25日，市教委制订《北京市实施〈小学管理规程〉的意见（试行）》。该意见依据国家教委颁布的《小学管理规程》要求区县、学校坚持从实际出发，全面实施《规程》，突出工作重点，加强薄弱环节管理。把规程的贯彻实施落实到提高小学管理水平、办学质量和效益上来，加快全市小学规范化建设进程。

（徐建姝）

【下发提高小学教学质量意见】 9月，市教委制订下发《北京市推进小学教学改革提高教学质量的意见（试行）》。该意见提出“九五”期间推进小学教学改革、提高教学质量的总目标，6项主要任务及推进教学改革工作要求和措施。

（张永凯）

【抽查4区县农村完小建设】 9月，市教委组织全市13个郊区县教委（教育局）小教科科长对平谷县、怀柔县、通州区、朝阳区4个区县推进农村完全小学建设工作进行抽查，听取4区县加强农村完全小学建设工作汇报，查阅区县农村完全小学建设规划，抽查24所农村完全小学和3所农村乡镇中心小学。抽查结果表明，《北京市关于加强农村完全小学建设的意见（试行）》得到贯彻落实，区县、乡镇两级政府对农村完全小学建设工作给予高度重视，分级办学管理体制进一步落实，区县、乡镇都能在学校布局调整规划指导下，制订和实施完小建设规划，努力加大投入，使农村完小办学条件得到大幅度改善，农村完小管理逐步规范化，办学水平显著提高，农村乡镇中心小学在完小建设过程中，较好地发挥示范作用。

（纪　岩）

【市小学活动课程研究会成立】 10月6日，市教育学会小学活动课程研究会成立大会暨第一届学术交流会召开。大会通过北京市小学活动课程研究会章程，选举第一届理事会。北师大教育系、平谷县夏各庄中心小学、海淀区永定路一小、宣武区南线阁小学就活动课程理论与实践进行交流。

（张永凯）

【小教科长外出考察】 10月13日至23日，市教委组织18个区县小教科长分两路对四川、重庆、福建的小学实施素质教育和行政管理工作进行考察，参观近20所小学，与当地教育行政部门进行座谈。

（刘天华）

【制订小学毕业生升入初中工作意见】 11月27日，《北京市教委关于1998年小学毕业生升入初中工作意见》正式下发。该意见要求，1998年小学毕业生全部免试就近升入初中，取消重点初中，市、区重点中学原则停止招初中新生和只招免试就近分配小学毕业生，加快重点中学初、高中分离；取消“市级三好生”保送升入初中制度，“三好生”只作为荣誉称号，不再与升学挂钩；义务教育阶段公办学校取消择校生；文艺、体育、科技特长生按有关规定升入传统校。

（张永凯）

【召开贯彻《小学管理规程》会议】 12月5日，市教委在海淀区中关村一小召开北京市贯彻《小学管理规程》会议。国家教委教育行政管理处领导就制订《小学管理规程》背景、指导思想、地位、作用等做专题讲话。海淀区教委、崇文区教委、平谷县教育局、中关村一小分别就全面贯彻《规程》、加强质量管理、教师队伍管理等交流经验。宣武区康乐里小学、门头沟区大峪一小、延庆县井庄中心小学分别就教育科研、考试办法改革及农村完小管理等提供书面经验。市教委做“深入贯彻《小学管理规程》，加强小学规范化管理，提高小学教育质量”报告。会议要求各区县进一步明确规程在小学办学中的地位和作用，突出以人的管理为核心，注重管理的层次性和实效性，重点加强质量管理和效益管理，有计划地推进各类小学规范化建设。

（徐建姝）

【举办小教科长研讨会】 12月24至26日，市教委举办小教科长研讨会，各区县全面总结上学年小学教育工作，布置本学年工作要点。通州区、东城区、房山区小教科长介绍怎样当好科长经验。

（张永凯）

【下发《小学教育工作文件汇编（一）》】 12月，市教委指导“九五”期间全部小学教育改革与发展的有关文件编印成《小学教育工作文件汇编（一）》下发至全市各小学，供广大干部、教师学习查阅。该文件选编收入的文件有北京市“九五”期间小学教育工作指导意见、北京市教委关于转发《中华人民共和国国家教育委员会令（第26号）》的通知、《小学管理规程》、北京市实施《小学管理规程》的意见（试行）、北京市教委关于印发《北京市推进小学教育改革提高教学质量的意见（试行）》的通知、北京市推进小学教学改革提高教学质量的意见（试行）的通知、北京市教委关于印发《北京市关于加强小学活动课程的意见（试行）》的通知、北京市关于加强小学活动课程的意见（试行）、北京市教委印发《关于加强农村完全小学建设的意见（试行）》等有关文件的通知、关于加强农村完全小学建设的意见（试行）、关于加强山区寄宿制小学建设的几点意见（试行）、北京市山区寄宿制小学办学条件基本要求（试行）。

（纪　岩）

【522所学校进行马芯兰教改实验】 年内，市指导小组举办推广马芯兰教改实验论文、录像课评选活动。8篇论文、9节录像课获一等奖，24篇论文、9节录像课获二等奖。11月12日，在朝阳区幸福村中心小学召开表彰会，幸福村中心小学做观摩课，马芯兰、昌平教师进修学校、顺义县仓上小学、丰台教育分院作了交流。市教委对下一阶段工作做部署。1997至1998学年度，全市有522所学校，1674个教学班，55158名一年级新生参加扩大推广马芯兰教改经验滚动实验。

（张永凯）

民　族　教　育

【概　况】 1997年，北京市有民族中学10所，其中完全中学3所，初中校4所，民族职业高中2所，民族职业中专1所，共有教学班181个，在校生6959人，其中少数民族在校生2612人，占在校生总数的37.5%，教职工879人，其中专任教师541人。民族小学43所，其中城镇小学9所，农村中心小学12所，农村完小20所，农村初小2所，共有532个教学班，在校生17916名，其中少数民族学生7804名，占在校生总数的43.6%，教职工总数1318人，其中专任教师1058人。民族幼儿园31所，其中全民所有制园7所，集体所有制园21所，个体家托户3个。共有92个班，收托儿童2687名，其中少数民族幼儿1605人，占在园幼儿总数的59.7%，教职工总计416人。

（张永凯）

【进行全市民族教育情况普查】 3至11月，市教委、市民委联合对全市民族教育情况进行普查。调查对象是全市16个区县10所民族中学、43所民族小学、31所民族幼儿园。普查采取问卷调查与个别走访、座谈相结合的方式，内容涉及民族学校（幼儿园）的基本情况、办学条件、管理状况和干部教师队伍等内容。形成《我市民族教育基本情况的调查报告》。

（张永凯）

【胡松华捐书助学】 5月4日，歌唱家胡松华为怀柔县喇叭沟门满族乡中心小学赠200册《满族知识读本》及个人书画作品仪式在中央民族大学举行，全国政协、市民委等领导出席仪式。

（文　英　张永凯）

【民族团结教育现场会召开】 6月3日，市民委、市教委在西城区召开北京市民族团结教育现场会。会议下发《北京市关于加强中小学民族团结教育的几点意见》，听取西城区官园小学经验介绍并实地参观该校开展民族团结教育活动。市、区县教育行政、民族部门及部分学校代表100余人参加大会。

（张永凯）

【民族团结少儿书画展举行】 6月16日，迎香港回归北京市第8届民族团结少儿书画展结束。展览突出香港回归主题，共展出12个区县38所民族小学、幼儿园的回、满、蒙古、维吾尔等各民族少年儿童绘画、书法、工艺美术作品113幅(件)，参展作品作者最小4岁，最大12岁。

（张永凯）

【举办第17期民族学校教师夏令营】 7月13至18日，市教委、市民委联合举办第17届民族学校教师夏令营。全市20所城区民族小学教师代表及各有关区县教育、民族部门领导共48人参加。营员们以在教育教学中如何实施素质教育为题进行研讨，西城区民族团结小学、房山区黑古台民族小学、宣武区牛街民族小学在全营大会上介绍经验。期间，教师们游览大连风景名胜。

（张永凯）

【在全国少儿艺术节获奖】 8月11至14日，全国部分省市自治区第四届朝鲜族少儿艺术节在长春市举行。北京、沈阳、哈尔滨、呼和浩特等地10个代表队257名少年儿童演出具有民族特色的器乐、声乐和舞蹈节目。北京代表队3名参赛选手表演的钢琴独奏、小提琴独奏、小号独奏均获艺术节一等奖。

（文英 张永凯）

【“春蕾班”开班】 9月1日，由和平里中学承办的北京市和平里中学“春蕾班”开学。该班30名贫困女童来自全国14个省市的12个民族。“春蕾班”的开办，得到市、区领导的关怀和社会各界的关注。

（叶安宁）

【举办第3届烛光杯表彰活动】 9月5日，市民族教育研究会召开北京市第3届民族教育烛光杯表彰大会。45名民族教育工作者受到表彰、奖励。其中，高教、成教系统6名，基础教育系统39名；回、满等少数民族获奖教师占获奖总数的42%。

（张永凯）

【少数民族励学班成立】 9月，本市第一个为京郊地区品学兼优、家庭困难的少数民族学生开办的普高少数民族励学班在回民学校成立。本届共招收新生45名，其中，回族27人，满族18人。学生在校期间，除部分伙食费自理外，免交其它费用。

（张永凯）

【市政协委员视察民族职业高中】 10月16日，市政协委员视察民族职业高中，委员们听取该校建校10年发展情况汇报，就学校今后发展进行座谈，提出意见和建议。

（文英 张永凯）

【民族教育研究会换届】 11月17日，市民族教育研究会第3届会员代表大会召开。会议选举产生新一届理事511名，通过《北京市民族教育研究会章程(草案)》，陶春辉当选为新一届理事长。

（张永凯）

【举行少数民族学生新年联欢会】 12月18日，清华大学统战部、团委联合举行少数民族学生新年联欢会。市民委负责人、校领导和近200名少数民族学生欢聚一堂。会上还举行清华首届少数民族学生奖学金颁奖仪式，共有78名少数民族学生分别获得一、二、三等奖。

（左海峰）

特殊教育

【概况】 1997年，北京市有特教学校（园）25所，其中：盲人学校1所（设有：小学、初中、按摩职业中专和钢琴调律职业高中），聋人学校6所（设有：小学、初中、美工及服装专业职业高中和普通高中），培智学校17所，弱智幼儿园1所。在校生7115人，其中：小学5955人，初中1003人，高中157人。在特教学校就读的学生2992人，在普通学校附设特教班及随班就读的学生4123人。视力残疾学生206人，听力残疾学生1109人，弱智学生5800人。教职工892人，其中：专任教师623人。盲人学校教职工75人，专任教师50人；聋人学校教职工355人，专任教师232人；培智学校和普通学校附设特教班教职工461人，专任教师340人。

（张思堂）

【举办多次特殊教育国际交流】 3月4至6日，北京师范大学特殊教育研究中心举办俄罗斯特殊教育理论讲习班。市教委向俄罗斯专家介绍北京特殊教育概况，陪同参观西城区培智中心学校。5月8日，联合国秘书长安南夫人娜内·安南参观北京特殊教育师资培训中心。10月26日至11月1日，接待香港职业教育训练局弱智人士训练组，考察交流北京市残疾人职业教育情况。来宾参观北京市盲人学校、第三聋人学校及宣武区培智中心学校。12月22日，市特教研究会接待香港教育学院特殊教育系有关人士，介绍北京市特殊教育师资培训情况，来访者考察北京特殊教育师资培训中心、西直门二小、昌平县弱智儿童随班就读班。

（李慧聆）

【交流特教工作经验】 3月，市教委召开贯彻落实北京市第二次特殊教育工作会议精神汇报交流会。各区县结合《北京市特殊教育事业“九五”发展规划》，对残疾儿童少年的学前教育、义务教育、高中阶段教育以及特教质量等作出全面的规划，制订一些有效的措施：①一些区县成立特殊教育工作协调机构；②加强特教师资队伍建设，选派思想、业务合格，能力和事业心较强的大专院校及中师毕业生充实到特教领域；建立激励机制，稳定教师队伍，多数区县都建立对从事特殊教育工作的干部、教师的表彰奖励制度。③各区县重视特殊教育教研、科研，将其作为“九五”期间提高特殊教育质量的重要措施。④为进一步扩大残疾儿童受教育面，使一些丧失生活自理能力的残疾儿童同样能接受教育，一些区县采取送教上门或发挥社区及残疾儿童家长作用的做法。⑤各区县把加大经费投入，改善办学条件，作为“九五”期间发展特教的重要措施。

（张思堂）

【40名教师获弱智特教培训合格证书】　3至7月，市教委举办第7届北京市弱智教育在职教师专业理论培训班，40名教师接受培训，全部获北京特殊教育师资培训中心专业理论培训合格证书，其中，26名教师获优秀学员。至此，本市培智学校专任教师全部完成专业理论培训任务。

（周　耿）

【召开特教研究会第四届年会】　4月8日，市特殊教育研究会第四届年会暨理事会换届改选大会召开。第四届理事会理事长叶立言代表本届理事会作工作报告。特殊教育师资培训中心介绍1995至1996年北京特殊教育学校参加全国特教研究会论文评选、获奖情况。第一聋人学校、西城区培智中心分别宣读《青年教师管理的研究与实践》、《浅谈弱智儿童的养成教育》获奖论文。会议选出新一届理事。

（李慧聆）

【孤独症儿童教育训练文集出版】

4月，《孤独症儿童训练文集》出版。该书系原市教育局进行孤独症儿童学前教育和义务教育实验论文、经验汇集。李慧聆、周耿主编，全书共17万字，北京出版社出版。国家教委副主任柳斌为该书题词：解除孤独心态，走向幸福人生。

（李慧聆）

【制订特殊教育“九五”发展规划】

5月14日，市政府转发市教委、市计委、市财政局、市人事局、市劳动局、市卫生局、市民政局、市残疾人联合会制订的《北京市特殊教育事业“九五”发展规划》。该规划提出“九五”期间北京市特殊教育事业发展指导思想是：坚持“巩固、发展、完善、提高”的方针，巩固残疾儿童、少年的九年义务教育，大力发展中等职业技术教育，积极稳妥发展普通高中和高等教育，进一步完善特殊教育体系，不断提高教育质量和效益，使北京市特殊教育事业达到全国一流水平。

（张思堂）

【举办韦氏心理测量技术培训班】

5月17至19日，市教委、北京特殊教育师资培训中心和市特殊教育研究会联合举办韦氏心理测量技术培训班。该培训班邀请北师大心理系教授讲授心理测量的发展及其方法。经实际操作测评，35名区县教委（教育局）小教科干部、培智学校教师获结业证书。

（李慧聆）

【统筹规划城区4所聋校办学任务】

5月19日，市教委下发关于统筹规划城区4所聋校办学任务的意见。针对聋校存在的小而全、专业设置交叉、办学效益偏低等问题，对城区4所聋校办学任务作出重新规划。北京市第一聋人学校：主要承担城区聋儿童、少年九年义务教育；承担北京市聋儿听力语言康复中心的任务，并对全市聋儿听力语言康复班（点）起到示范、咨询、指导作用；承担部分区县听残儿童、少年随班就读工作业务指导、咨询。北京市第二聋人学校：主要承担远郊区县聋儿童、少年九年义务教育；协助北京特殊教育师资培训中心承担全市听残儿童、少年随班就读的教研及教师短期培训工作，承担部分区县听残儿童、少年随班就读工作业务指导、咨询。北京市第三聋人学校：主要承担远郊区县聋儿童、少年九年义务教育，办好聋人和肢残人职业高中；承担部分区县听残儿童、少年随班就读工作业务指导、咨询。北京市第四聋人学校：在主要承担城区聋儿童、少年九年义务教育（生源不足时小学可停招生）的同时，办好聋人职业高中和普通高中；承担部分区县听残儿童、少年随班就读工作业务指导、咨询。

（张思堂）

【成立市智力残疾儿童家长联谊会】

5月22日和11月28日，市特教研究会、北京玩具协会联合举办智力残疾儿童家长联谊会，对智力残疾儿童家长举办教育训练讲座，交流研讨家长教育智力残疾孩子的经验等。整理编印《弱智儿童家长教育训练学习参考资料》，供全市智力残疾儿童家长参考。

（李慧聆）

【举办特教干部培训班】　7月11至13日，市教委举办以认真学习、深刻领会《北京市特殊教育事业“九五”发展规划》为主题的区县教委（教育局）特教干部培训班。培训班采取宣讲规划和各区县特教干部研讨相结合的形式，邀请国家教委和北师大有关人员介绍国内外特殊教育发展现状与发展趋势。

（张思堂）

【举办培智学校自编健身操比赛】

10月8日，市首届培智学校自编健身操比赛在北京特殊教育师资培训中心体育馆举行，15所培智学校代表队400余名弱智学生参加比赛。宣武区培智中心学校、朝阳区培智中心学校获城区组一等奖。通州区培智学校、燕山培智中心学校获远郊组一等奖。6所学校获二等奖，5所学校获三等奖。宣武区培智中心学校、朝阳区培智中心学校、石景山区培智中心学校、燕山培智学校、通州区培智学校、大兴县培智中心学校获“编排奖”。6名教师获“领操奖”。

（周　耿）

【社区康复志愿者第一师范支队成立】 10月27日，市社区康复志愿者总队北京第一师范学校支队成立，有关领导为38名社区康复志愿者颁发证书和证章，志愿者开始对崇文区和丰台区的残疾儿童实施家庭训练工作。

（周　耿）

【河北镇建成儿童康复中心】 10月30日，北京儿童康复中心在房山区河北镇落成。北京儿童康复中心是中国红十字总会通过国际“天下一家”慈善组织，由团体和个人共同集资49万美元兴建的。总建筑面积为2997平方米，主要解决儿童残疾性疾病的防治和康复，同时举办聋儿、弱智儿语言行为培训班，开展社区服务及健康咨询，从事儿童康复疑难课题的研究等。

（李增祜）

【获香港特奥会15块金牌】 12月11至15日，海淀区培智中心学校9名弱智学生参加在香港地区举办的第22届香港特殊奥运会城市邀请赛。新加坡、菲律宾、印度、日本、澳门及上海、昆明、山西、哈尔滨、深圳组团参赛。北京共获金牌15枚、银牌7枚、铜牌1枚。

（李慧聆）

教学实验园地

【概　况】 1997年，北京教学植物园有中高级教师14名，占教职工总数的25%。已接收土地10万平方米。教学展览温室面积4096.3平方米，温室内有植物700种（含品种）6000余株，其中榕树盆景200盆。植物分类区面积34684平方米，有植物628种（含品种），其中木本植物320种，宿根草本植物33种，一、二年生草本植物20种，水生植物7种，药用植物168种，地被植物和草坪9种，农作物35种，蔬菜36种。

（洪　忠）

【开展海峡两岸文化交流】 1月10日和1月18日，台湾教师洪新富来园讲纸雕艺术课2次，宣武、崇文、丰台3个区34所学校147名教师听课并进行业务交流。

（洪　忠）

【接待现场教学师生9699人次】 3至12月，教学植物园接待全市中小学校和部分大中专院校师生来园参观或进行现场教学共9699人次。其中，3月29日，崇文区培新小学的学生和家长17人来教学植物园现场上语文“寻找春天”一课。4月16日和18日，北京教育学院朝阳分院生物实验教师培训班30人来园参观教学温室。4月25日，东城区生物教师36人来园学习植物分类知识。4月27日，北京工读学校（劲松六中）60名学生来园参观、学习。5月27日，东城区花卉职业高中学生、首都医科大学标本室的教师、北京医科大学研究生共152人来园上植物分类课。5月28日，北京医科大学医药学系研究生10人来园上植物专业课。6月12日，朝阳区陈经纶中学学生203人来园上粘贴画劳技课并参观“粘贴画获奖作品展”。9月6日，宣武区第五十一中学初一年级学生200人、朝阳区劲松三中初一年级学生260人来园上生物课。10月24日，东城区师范学校31名师生来园在教学温室上植物分类课。11至12月，接待来园参加生物知识竞赛学生8700多人。

（洪　忠）

【开展绿化咨询活动】 4月5日，教学植物园参加首都全民义务植树活动，在崇文区光明楼商场门前设立绿化咨询站一处，有12名教职工参加服务。解答家庭绿化、楼房养花、浇水施肥、植株修剪以及防治病虫害等问题，制作抗污染植物标本20幅，出宣传板报10块，接待咨询1200多人，发放材料4500份，花卉知识手册420本，销售花木600余盆，花肥150袋。

（洪　忠）

【为社会提供科普教育基地】 4月15日，北京市老教协幼儿园园长一行70人来园参观温室植物。10月9日，民进北京市委退休支部和民进崇文区委员会共100余人来园参观。

（洪　忠）

【为中小学校进行植物鉴定】 4月24日、5月30日和9月15日，教学植物园派出生物高级教师和花卉高级技工分别到柳芳里小学等3个学校对校内的植物进行鉴定，协助学校师生制作植物标牌200个。

（洪　忠）

【承办粘贴画作品竞赛】 5至6月，教学植物园承办“北京市第7届中小学学生劳技课粘贴画作品竞赛”，有7个区县93所中小学校的2747名学生参加。共收作品3205幅，99名学生788幅作品获奖。获奖作品在北京自然博物馆展出。

（洪　忠）

【参加国际学术会议】 8月26日至9月2日，教学植物园2名教师赴新疆乌鲁木齐市参加国际植物园协会亚洲分会（IABG—AD）第三届学术讨论会。

（洪 忠）

【开展“百花园”活动】 9月25至26日，教学植物园举办“百花园”活动2期，丰台区东铁营第一小学学生400人参加，内容有：参观教学展览温室、识别各种植物、观看劳技课粘贴画作品展览等。

（洪 忠）

【联合举办生物知识竞赛初赛】 9至12月，市教委和市科协在全市中小学生中开展科技月活动。教学植物园与市自然博物馆、市农业博物馆联合承办北京市’97中小学生生物知识竞赛，10个区县52所学校的8666名学生来园参加初赛。学生参照各种植物进行现场知识问答。

（洪 忠）

【辅导学生科技小组活动】 年内，教学植物园教师辅导朝阳区日坛中学、劲松第四中学的组培技术、作物栽培、植物观察、植物生长观测4个学生课外科技小组来园活动18次。其中，教学植物园教师辅导的“北京教学植物园分类区油松树高依胸径生长发育规律测定的调查”一文获朝阳区科技小论文比赛一等奖，获北京市科技小论文二等奖。

（洪 忠）

【提供实验实习材料】 年内，教学植物园向全市18个区县451所学校提供生物实验材料，有：水螅、草履虫、衣藻、水绵、地钱、含羞草、天竺葵、铁线蕨、葫芦藓等。提供劳动技术课实习材料13种，1059盆，有草莓苗、葡萄苗等。除供应本市中小学外、为北大、北师大、首师大及沈阳教育学院等单位提供多种实验材料。

（洪 忠）

【植物繁育实验取得成果】 年内，教学植物园植物育苗实验取得成果：大叶花烛进行无土栽培长势良好，用高枝压条方法繁殖白兰、南洋杉、万年青效果明显，含羞草电热床冬季播种繁殖实验成功，用人工授粉方法繁育苏铁（铁树）种子育苗成活32株，该实验在《北京园林》杂志第10期发表。

（洪 忠）

【建成各种植物展室】 年内，教学植物园在教学温室里建成各种植物展室。有观叶植物展室、芳香植物展室、多浆植物展室、树桩盆景植物展室、应时花卉展室、芭蕉棕榈展室、无土栽培展室等。展室内有不少珍贵或北方不常见的种类，如：菩提树、气球花、沙漠玫瑰、香蕉树、旅人蕉、榕树、桫椤、鹿角蕨等。温室保存植物有100多科，700余种（含品种）。

（洪 忠）

【植物组培室投人使用】 年内，教学植物园植物组培室建成使用。组培室面积100平方米，投资10万元。设备有：超净台、细菌过滤器、台式振荡器等，当年培养出安祖花（火鹤、花烛）10种520瓶，百合10种200瓶，玉簪3种80瓶，蝴蝶兰60瓶，凤梨142瓶，草莓苗142瓶。

（洪 忠）

电 化 教 育

【概 况】 1997年，北京电教馆编制电视教材126集4328分钟，其中，专题片40集、讲座33集、实录课33集。“教育之窗”电视节目播出41小时。全年编制北京版、人教社版、九年义务教育课本配套投影教材25科（册），生产5.4万套，引进电视资料365小时，内部交流电视片2352套（11902盘）。

（杨燕生）

【召开科研课题表彰会】 1月13日，“北京电教科研‘八五’课题总结表彰、‘九五’课题开题动员大会”召开。北京电教馆作《“八五”期间电教科研课题总结报告》和《“九五”课题开题动员报告》，报告对“九五”课题的实施提出具体要求。会上表彰“八五”期间二十余个电教科研课题及成果，公布经北京市电教科研领导小组审核批准立项的27项40个“九五”电教科研课题。

（杨燕生）

【召开电教研究会第7届代表大会】

3月12日，市电化教育研究会第七届会员代表大会暨年会召开。大会向全市电教评课说课活动中的34位获奖教师及海淀、西城电教馆两个获组织奖的单位颁奖。3名获奖教师代表分别进行电教说课演示。会议选举产生第7届电教研究会理事和常务理事。

（杨燕生）

【组织全国电教实验校培训班】 4月7至13日，北京电教馆在国家教委电教办樟木头培训中心组织本市全国电化教育实验学校项目负责人和区县电教馆长培训班。培训班上电教界知名专家邀请有关学者为学员作专题报告。北京电教馆就北京电教实验学校项目的规划和实施讲话。铁路二中、怀柔一中介绍学校项目实施计划。培训班成员对珠江三角洲部分学校进行参观考察。

（杨燕生）

【委领导在电教馆现场办公】 5月9日，耿学超率财务处、条件装备处、基建处有关领导到北京电教馆调研考察并现场办公。北京电教馆汇报工作情况与急需解决的问题。

耿学超肯定北京电教馆的工作，对市馆急需解决的问题，提出处理意见。

（杨燕生）

【市电教馆建成多媒体网络教室】5月，由北京电教馆自行设计、安装、施工、调试的多媒体网络教室建成。该教室具有多媒体网络展示、多媒体课件研究开发和多媒体技术培训功能。

（杨燕生）

【召开多媒体网络演示会】　6月5日和6日，北京电教馆分别举办中小学电教实验校多媒体网络演示会。40余所承担全国电教实验校任务中小学校的校长、骨干教师、区县电教馆有关研究人员出席会议。会议总结近期实验校工作，要求各实验校按既定规划开展实验研究，全面启动课题，在抓好队伍建设的同时搞好环境建设，为实现实验目标创造条件。会议围绕多媒体教学环境和选择多媒体网络教室应遵循的原则等问题做介绍。

（杨燕生）

【北京电教馆调整机构】　上半年，北京电教馆调整馆内机构。全馆由原来11个部门调整为6个部门，即：馆办公室、电化教育研究培训部、音像资源开发部、多媒体课件与网络开发部、教育幻灯出版公司和京普电教技术服务部。

（杨燕生）

【召开CAI资源库研讨会】　9月24日，中央电教馆、北京电教馆联合召开“九五”国家重点科技攻关项目——学校CAI软件资源库的建设和应用课题工作研讨会。中央电教馆有关领导就建立学校CAI软件资源库和在北京电教馆试点建设二级资源库的问题进行介绍。与会者对实现这一课题的途径和存在的问题进行讨论，对CAI软件资源库的建设提出建设性意见。

（杨燕生）

【委领导检查电教馆工作】　10月7日，陶春辉到北京电教馆检查工作，他听取市馆领导工作汇报，视察市馆多媒体网络机房，对计算机软件开发、计算机联网、计算机房的管理、使用提出建议。

（杨燕生）

【电视片《课堂电化教学方法》完成】　10月，根据市教育科学研究“八五”规划重点课题《课堂电化教学过程整体优化的实现》的主要研究成果——《中小学课堂电化教学方法》编制的电视系列片《课堂电化教学方法》由北京电教馆编制完成。

（杨燕生）

【现代教育技术培训学校通过评估】

11月25日，西城区成教局社会力量办学评估组，对北京电教馆所属的北京现代教育技术培训学校进行年检和评估。通过听取汇报、查看办学条件、查阅三年办学档案、召开学员和教职员座谈会，顺利通过年检和评估。

（杨燕生）

【电教教师首轮继续教育结业】　12月11日，北京基础教育系统电教教师首轮继续教育结业。该项继续教育由北京电教馆主办，其中，初级班第一、二期开设7门课程，每期进修210课时，456人经考核取得结业证书；中级班一、二期开设11门课程，进修360学时，355人经考核取得结业证书。经考核有21人被评为初级班优秀学员，19人被评为中级班优秀学员；11人被评为先进组织工作者。

（杨燕生）

【小学语文实录课获奖】　12月12至16日，在武汉召开的第3届全国小学语文“四结合”教学改革试验研究经验交流会上，北京电教馆课题组指导的阅读实录课《董存瑞舍身炸暗堡》获一等奖，作文实录课《离群的小鸡》获二等奖；万泉小学论文《小学语文“四结合”作文课堂结构探索》获三等奖；李桥中心小学开发的多媒体课件获三等奖。

（杨燕生）

【召开电化教育促进素质教育报告会】　12月30日，北京市电教研究会召开电化教育促进素质教育实施大型报告会。会上市馆研培部对素质教育的基本理论进行介绍，电教馆主要领导以《电化教育促进素质教育实施的途径》为题作专题报告。各区县电教馆教研人员及学校电教骨干教师200余人参加报告会。

（杨燕生）

【电视记者站被评为全国先进】　至年底，北京电视台市教委记者站全年拍摄新闻146条，分别在中国教育电视台、北京电视台、北京有线电视台新闻栏目及专题栏目中播出，播出率100%，播出740多次。被中国教育电视台评为'97全国优秀记者站；《北京市山区寄宿制学校取消明火供暖》获全国教育新闻评选一等奖；《胡昭广副市长夜查房山中小学供暖情况》获北京电视台好新闻一等奖；《教授和他的孩子们——记陈向荣幼儿实验班》获全国教育新闻评选二等奖；《特别的团课》获全国教育新闻评选三等奖；《阜平孩子在北京》获北京电视台好新闻三等奖。

（杨燕生）

职 业 教 育

综　　述

1997年，北京市职业教育以邓小平理论为指导，认真贯彻十五大精神，以直接有效为经济服务为中心，加大依法治教的力度，促进职业教育的深入改革和发展。学习、宣传、贯彻《中华人民共和国职业教育法》，出台《北京市实施〈中华人民共和国职业教育法〉办法》；进一步实施《职教工程》，研究制订了《北京市关于开展评选骨干示范学校标准》；进一步深化教育教学改革，加强职业学校德育工作；筹备召开"农村教育综合改革现场会"，促进"三教统筹"、"经科教结合"，充分利用现有教育资源，为首都农村经济发展服务；积极试点发展北京市高等职业教育，取得了显著成绩。

1．职业教育发展现状

1997年，北京市职业教育又有新的发展，全市高中阶段招生150900人，其中：中专招生30400人，技工招生20400人，职业高中招生42300人，三类职业学校招生共计93100人，占高中阶段招生的62%，在校生达23万人，学校达到450所，中专、职高、技工学校所开设的专业都达到200多个，基本覆盖北京市各行各业，为各行业输送60000名中等职业人才。已有8所高校试办高等职业教育，年招生达1990人，其中从职业学校毕业生中招564人，为首都的经济发展和社会进步，做出重要贡献。

2．认真贯彻、宣传、落实《职教法》，加大依法治教力度

北京市职业教育工作不断加大依法治教的力度，市教委会同市人大、市政府有关部门，在调查研究的基础上，制订、修改、完善北京市《实施职教法办法》，市人大常委会第39次会议审议通过，1997年10月1日实施。这是自1990年1月19日市人大常委会九届十七次会议审议通过《北京市中等职业教育条例》以来，本市职教发展史上的一件大事。为学习、宣传、贯彻《职教法》，本市召开贯彻《职教法》和《实施办法》动员大会，举办了18个区县政府直接组织的执法宣传咨询活动，组织全市职业学校精品文艺节目专场演出和《实施办法》宣传月活动。市委、市政府有关领导参加这次活动，该项工作做到轰轰烈烈、扎扎实实，充分展示北京市职业教育的丰硕成果。

3．努力实施职业教育工程，加强骨干示范学校建设

根据《北京市教育事业"九五"发展计划和2010年长远规划》，市教委研究、制订《北京市关于开展评选骨干示范学校标准的通知》，召开全市动员大会，提出具体要求和评选办法。这些文件要求在现有61所骨干示范学校的基础上，到2000年达到100所骨干示范学校。

4．抓管理、促教学、提高教育教学质量

为加强管理，逐步规范，树立质量意识，本市组织有关人员对43所普通中专学校开展教务管理评估工作，合格率达100%，评出优秀学校17所，开发教学管理软件，经培训在全市中专学校和省部级职业高中校试行，加强职业高中普通文化课教学管理，对40所职业高中的财会专业教学工作进行检查。为办好其它专业提供指导性经验，为进一步规范教学和专业调整奠定基础。

教材是教学的基础，市教委在1997年加大中等职业教育教材建设的力度，成立职业教育教材建设领导小组及相应专家评审委员会，使职业教育教材建设工作步入正轨。启动职业高中专业目录编制工作。筹备召开北京市职业道德教育工作会议，总结职业道德教育的工作经验，制订《加强职业道德教育工作意见》。积极开展心理健康教育，使学生增强市场经济心理适应能力，积极探索小企业创业教育，培养学生在市场经济中，自我创业，学会自己办厂办店、独力经营、自我生存发展的能力。

5．为适应京郊农村经济发展，积极推进农村教育综合改革

为促进当地农村经济的发展，普及农村实用技术和科技致富的进程，促进农村城市一体化发展，市教委组织力量，调查研究，制订相关政策，在昌平县召开"北京市农村教育综合改革现场会，认真总结经验，充分发挥区县政府高层次统筹作用，实行农科教结合，充分依靠首都高科技力量，充分利用现有各类学校教育资源，灵活多样地开展多层次、多规格、多种形式的职业教育和职业培训，直接有效地为北京市农村经济建设服务。

（时雅卿）

总　　类

【召开职业道德教育经验交流会】 6月19日，市委教育工委、市教委联合召开北京市中等职业学校职业道德教育经验交流会。会上马叔平作《贯彻六中全会〈决议〉，加强职业道德教育，培养高素质人才》的报告。海淀区教委、铁路电气化学校、计划统计学校、协和医院护士学校、东城区职教中心学校等单位介绍职业道德教育经验。陶西平、胡昭广、徐锡安到会讲话。市政府各委办局（总公司）、各区县教委，教育局，各中专校、职高校领导300余人参加会议。

（曹　萌　邵和平）

【新生注册和毕业生验印工作完成】 6月和12月，北京市职业高中、职业中专毕业生验印工作和新生审核注册工作分别结束。该工作是由市教委统一部署，采用学校和各区县职教科初审，然后报市教委审批方法，共有3万多名毕业生验印核发毕业证，42000余人审核通过新生名册。该注册验印工作始于1996年初。

（高增茹）

【市职业教育教材建设领导小组成立】 9月23日，北京市职业教育教材建设领导小组成立。该小组主要职责是统一规划、领导北京市职业教育教材建设，马叔平任领导小组组长。

（许淑英）

【颁发中等职业学校专业设置管理意见】 10月30日，市教委印发《关于北京市中等职业学校专业设置管理的意见》的通知。该通知规定中等职业学校专业设置的原则、设置标准、审批程序和申报时间。该文件是市教委成立后制订的第一个全市中等职业学校专业设置管理的教学管理文件。

（武怀海）

【骨干、示范校评选认定工作启动】 12月19日，市教委召开北京市普通中等专业学校和职业高级中学骨干、示范校评选工作动员大会。马叔平作《以加强骨干、示范校建设为动力，促进职业教育工作全面发展》动员报告。会议下发由市教委、市计委、市教育督导室联合制订的《关于开展评选普通中等专业学校、职业高级中学骨干、示范校工作的通知》，市各委、办、局及各区县文教办、教委、教育局、督导室领导参加大会。至此，骨干、示范校评选认定工作正式启动。

（宋建平）

【评选先进集体和个人】 12月，市委教育工委、团市委、市教委和市学联组织评选1996至1997年度三好学生、优秀学生干部、先进集体工作。本市职教系统共有122名学生被评为市级三好学生；30名学生被评为市级优秀学生干部；机械工业学校电95（1）班等29个单位被评为市级先进集体。同月，在国家教委、团中央评选活动中，北京无线电工业学校2941班，北京市卫生职业学校95级社区医学班，西城区电子电器职业高中95—4班获全国先进班集体称号；北京煤炭工业学校刘龙梅、六十一中薄莎莎获“全国三好学生”称号。

（高增茹）

【世行贷款职教项目善后工作结束】 年内，北京市世界银行贷款职业教育项目外资办公室完成善后工作。该工作主要任务有完成世行贷款第10次市财政担负的60%的还本工作；按时完成财务移交手续；完成市审计局财务审计工作；完成财务清库工作并召开项目学校工作总结会议。

（李　敏）

高等职业教育

【概　况】 1997年，北京市举办高等职业教育的普通高校7所，开设50余个专业（其中参加全国统一高考招生的专业30个），招生1994人。（其中招收中专、职业高中、技工学校应届毕业生，施行3门文化课加两门专业课入学考试，招收537人），在校生4596人；成人高校举办高等职业教育专业40个，招生2520人，在校生3720人；普通中专1所，举办高等职业教育教学班（招收初中毕业生，五年一贯制），开设5个专业，招生240人，在校生680人。

（任继文）

【制订两个高职教育文件】 2月21日，市教委制订《北京市高等职业教育专业设置标准》和《关于北京市高等职业教育招生工作的意见》，依据这两个文件组织本年度高等职业教育院校新开专业的专家论证和高等职业教育招生工作。

（任继文）

【考察外地高职教育】 2月23至28日，市教委、市高教学会组成市高等职业教育专家考察团赴江苏、上海考察发展高等职业教育情况。考察组总结两地先进经验认为：办好高等职业教育必须不断解放思想，牢固树立为经济建设和社会发展服务的观念。政府在高等职业教育发展过程中要统筹规划，宏观指导，确立发展高等职业教育的长远规划，发挥行业、企业的积极性。加大投入、建立高等职业教育的服务支撑体系。形成一批各具特色的学校，采取多种模式培养高等职业技术人才。依靠科研部门为行政决策提供研究咨询服务。

（任继文）

【高职教育办学条件通过评审】 4月10日，市教委高等职业技术教育专业评审专家组对北京卫生学校申办高职班的医学检验专业、医学影像技术专业的办学条件进行评审。专家组在听取该校对以上两个专业申办高职班的论证报告后，对其师资力量、教学计划及实验设备等办学条件，进行深入细致的讨论及考察。确认该校两个专业具备举办高等职业技术教育高职班的条件。

（周葆华）

【召开人才规模培养模式研讨会】 4月，市教委召开普通高校高等职业教育人才规格、培养模式研讨会。10所普通高校的代表根据各自情况交流高职发展中一些问题的认识和工作体会。会议认为：高职专业设置要讲究实用性、针对性和灵活性，针对社会需求选设专业。在课程安排上，要加强实训基地建设，体现实训手段的开放性和现场模拟性，提高学生动手动脑的能力。

（许　丰）

【高职班再次联合招生】 9月，北京卫生学校与北京联合大学中医药学院联合举办的医学检验专业、中药专业高职班再次招生。这是以上两个专业招收的第二届高职班学生。与上届相比，其生源有所变化，前届学生来源于择优推荐的在校中专生，而本届学生来源于应届高中毕业生，学制三年，所用教材均为高中起点。本届招收两个教学班，60名学生。

（周葆华）

【实训基地建设启动】 年内，市教委决定在北京联合大学建设高等职业教育实训基地。当年启动联大电子自动化工程学院电子与信息技术、联大化学工程学院精细化工中试、联大机械工程学院机电应用技术以及联大应用文理学院综合信息网络管理服务4个实训基地的建设。经专家论证，市教委支持联大电子自动化工程学院电子与信息技术实训基地、联大化学工程学院精细化工中试实训基地、联大机械工程学院机电应用技术实训基地各110万元建设经费；支持联大应用文理学院综合信息网络管理服务实训基地70万元建设经费。

（段豫龙）

【高职教育体系建设加快】 年内，北京市已建立专门从事高职教育的科研机构；高职的教育、教学研究，教学计划、大纲、教材建设工作已全面展开；教育事业计划向高等职业教育倾斜，高职招生计划平均年递增30%；办学体系正在形成，确立北京联大作为高等职业教育中心，成人高校改造专科专业为高职专业的步伐加快，重点普通中专学校举办高等职业教育的积极性得到正确引导；高等职业教育招生对象范围扩大。

（任继文）

中等职业教育

【概　况】 1997年，北京市有职业中学174所，比上年增加3所。毕业生27491人，比上年增加5352人。招生41318人，比上年增加3773人。在校生108308人，比上年增加9013人。教职工12582人，其中专任教师7093人，分别比上年增加1036、635人。

（武怀海　魏　强）

【加强普通文化课教学】 3月12日，市教委下发《关于加强职业高中普通文化课教学工作的通知》。该通知规定，本市职业高中政治、语文、数学、外语、计算机、体育为各专业必修课程，理工类专业应开设物理、化学，文史类应开设历史、地理课。通知要求各校开足课程、开满课时，提高教学质量。

（蔡继顺）

【参加“小康后农村教育”课题会议】 5月19至23日，中央教科所召开国家重点课题项目“小康后农村地区教育问题研究”会议。会上，市教委介绍“八五”期间，政府统筹，双向参与，沟通协调，综合提高，形成京郊大职教格局的经验。会后，市教委该项目专题科研小组，召开“小康后农村教育”专题讨论会，制定方案和工作计划。

（李　敏）

【举办首次职高生语文水平测试】 6月14日，市教委组织首次职业高中语文水平测试。17个区县、82所职业高中学校的15542名95届学生参加测试。合格11738人，合格率

75.5%。

（蔡继顺）

【获"蒙妮坦杯"团体总分第一】 6月，北京代表队12名选手参加全国职业中学第二届"蒙妮坦杯"美发美容技能大赛。比赛设男士剪吹、女士剪吹、新娘妆、晚宴妆、公仔头等6个项目。北京队获团体总分第一名和精神文明奖。其中，分别有两项获第1、2、3名。参赛选手全部获奖。

（陈 斌）

【确定8所"创业教育"试点校】 9月，北京市确定北京市电子学校、北京市八一农业机械化学校、北京市城乡建设学校、北京市农业学校、北京市水利水电学校、大兴县第一职业高中、北京市求实中学、门头沟职业技术教育中心学校8所职业学校为"创业教育"试点单位。试点校所涉及专业为电子技术、汽车修理、工业与民用建筑、园林艺术、计算机广告设计、中餐烹饪和畜牧等。

（李 敏）

【检查财会专业教学情况】 10至11月，市教委、教科院联合检查本市30所职业高中校财会专业教学情况。在接受检查学校中，共有财会专业在校生6416人，毕业生累计已达10709人，毕业生分配率在90%以上，总的教学情况是好的。但在接受检查的254名教师中，初级职称与无职称教师132人，占51.96%。其中，大部分专业课教师没有学习过教育学、伦理学及教材教法等。同时，接受检查学校相同财会专业分别使用4家出版社出版的66种不同教材。不同教材的使用给各校教学交流活动带来不便。

（蔡继顺）

中等职业教育学校

北京市信息管理学校

【计算机教材再版三次】 2月，市信息管理学校编辑的《计算机文字处理及上机指导》教材，由清华大学出版社出版。该教材在全市重点职高使用，至年底已再版3次。

（陆兴元）

【海峡两岸珠算比赛取得好成绩】 4月，市信息管理学校11名学生参加由北京市珠算协会组织的海峡两岸珠算比赛（中学组）。其中6名学生包揽前三等奖。

（陆兴元）

【珠算比赛创市最好成绩】 7月21日，市信息管理学校15名学生参加全国第四届暨北京市第四届珠算比赛。比赛结果：除7、8名外，前10名均为该校学生。其中，刘芳以1083分创北京市建国以来的最好成绩，获第一名。

（陆兴元）

【计算机公务员培训取得成果】 9月和11月，市信息管理学校分两期组织海淀区政府各局、处公务员516人进行计算机培训，经考试全部合格。

（陆兴元）

【金融财会专业通过教学检查】 10月，在北京市金融、财会专业教学检查中，市信息管理学校区级检查一次通过，市级免检。

（陆兴元）

密云职业学校

【49名学生全部获得会计证书】 3月，密云职业学校财会专业的49名学生参加新会计制度考核，全部通过并获得会计证书。

（孙明朝 李玉奉 李广辉）

【修订专业教学计划和大纲】 7月，密云职业学校完成财会、机加工等12个专业的教学计划和专业所设各学科的教学大纲编写及修订工作。该工作是在经过市场调查后，历时2年完成的。

（孙明朝 李玉奉 李广辉）

【新教学楼竣工】 8月18日，密云职业学校教学楼竣工。该教学楼建筑面积4100平方米，历时90天。

（孙明朝 李玉奉 李广辉）

【举办第二届青年教师拜师会】 9月10日，密云职业学校举办第二届庆祝教师节暨青年教师拜师会。会上第一届结成对子的师徒总结在师德和教育教学等方面"老带新"的经验，新一届师徒举行拜师仪式。该校对青年教师提出"一年入门，三年过关，七年成为骨干"的目标。

（孙明朝 李玉奉 李广辉）

【职业道德补充教材编写完成】 12月，密云职业学校依据校情、生源及专业特点，组织政治课和专业课教师撰写计算机、财会等8个专业职业道德教育补充教材。

（孙明朝 李玉奉 李广辉）

北京市计划统计学校

【职业道德教育获成功经验】 6月19日，市计划统计学校在北京市中等职业学校职业道德教育经验交流会上做经验介绍。该校制订财会、金融专业学生职业道德素质标准，按年级分步实施教育：一年级侧重职业意识、职业道德认识的教育；二年级重点培养学生职业道德行为的判断能力；三年级突出职业道德意志的锻炼；四年级强化学生职业道德行为习惯的养成。学生在渐进教育过程中，逐步完成由必须遵守到自觉遵守的转化过程。

（谷彦敏）

【主持中国统计教育学会年会】 10月20至23日，市计划统计学校（会长校）在汨罗主持召开中国统计教育学会职高分会第三届年会。参加本届年会的代表来自上海、天津、福州、郑州、石家庄、杭州等地，共19人。年会做《加快统计人才的培养，更好地为社会主义市场经济服务》的报告。会议认为统计教育必须拓宽办学思路，加快教育教学改革，培养出复合型统计人才。年会进行教育教学及管理方面的论文评选、交流。

（谷彦敏）

北京市民族职业高中

【举办专业技能暨美育汇报会】 5月15日，民族职业高中举办迎香港回归大型专业技能暨美育汇报专场演出。全国政协、国家民委及市有关部门领导出席大会，巴基斯坦等伊斯兰国家驻华使馆官员和夫人应邀出席。汇报会表演专业技能操作及文艺节目，展示学校创办9年来在专业培训和校园文化建设方面的成果。

（周 渝）

【日语专业师生出访日本】 7月11至17日，民族职业高中日语专业7名师生赴日本东京都武藏野市进行友好访问。访问中，与该市中学生开展文化交流活动。

（周 渝）

【接待日本师生来访】 7月28日至8月15日，民族职业高中相继接待日本东京都大田友好参观团、东京都青少年洋上研修团、鲭江中学生文体友好夏令营、东京都学生夏令营及武藏野市青年之翼友好代表团共180余名政府官员和师生的来访，双方开展文化交流及联谊活动。

（周 渝）

【与澳大利亚澳克斯雷高级中学结为友谊校】 10月9日，澳大利亚塔姆沃斯市议员格林·约翰率澳克斯雷高级中学代表团访问民族职业高中，双方结为友谊校并举行签约仪式。

（周 渝）

【市政协委员来校视察】 10月16日，市政协委员一行30余人视察民族职业高中。委员们参观学校专业教学和校园文化，听取校长关于教育教学、民族和统战工作、国内外交流及学校发展规划的汇报，肯定学校的办学成绩，就如何促进学校发展提出建设性意见。

（周 渝）

【承办少数民族职教会理事会】 10月20至24日，中国职教学会少数民族职教委员会第二届理事会在民族职业高中举行。13个省、市、自治区的理事代表参加会议。国家民委、国家教委、中国职教学会、市人大、市教委、市民委和朝阳区政府等领导以及香港教育界代表、企业家代表应邀参加会议。会议期间，理事代表进行换届选举、论文交流、参观考察和专题研究等活动。

（周 渝）

【与台湾树德商校开展教学交流】 12月1日，台湾高雄市树德女子高级家事商业职业学校与北京民族职业高中进行美发美容专业教学及技能培训交流。

（周 渝）

北京市财会学校

【进行教师计算机培训】 3月，市财会学校先后开办两期教职工计算机培训班，利用业余时间学习、普及计算机知识，全校三分之一教职工参加培训。

（于和华）

【应届毕业生全部取得公务员资格】 年内，市财会学校应届毕业生参加北京市公务员资格考试，142名毕业生全部取得公务员资格，通过率100%。

（于和华）

【聘请教学顾问】 年内，北京市财会学校聘请北师大、首都经贸大学11位专家教授为学校教学顾问。教学顾问的任务是为学校教学计划的修订、教科研工作的开展、评优课的选定、青年教师的培训等工作提出建议。

（于和华）

北京市昌平农村职业学校

【模块式教学方法被推广】 4月，中国联合国教科文组织、国家教委、河北省教委、河北省农业大学召开亚太地区农村职业教育国际研讨会。昌平农村职业学校的“模块式”办学模式，被确认为农村职业教育的基本战略措施，收入大会文集，向联合国会员国散发、推广。该模式根据学生总体培养目标和教育过程的不同要求，划分为若干教育“模块”。每个模块都有相应的培养目标、教学内容、方法和手段，突出能力培养。学员学完相关模块的学业，经考试和劳动技术部门的考核鉴定合格，发给结业证书和技术等级证书后，可回乡生产，也可进入下一模块继续学习。学完该专业全部模块并考试合格者，发给毕业证书。

（曹福来）

【“科教兴村”计划启动】 4月7日，昌平农职与昌平县南邵乡景文屯村正式签定协议书，“科教兴村”计划开始启动。根据该协议，农职校每周1次上门服务，对该村大田、猪场、果园和蔬菜基地进行技术指导。

至年底，落实致富项目十余个，培训人员300余人次，发放各种资料500余份，现场指导解决问题20余个。

（林月俊　王秀海　曹福来）

【昌平农职校尚志分校成立】 7月17日，在黑龙江省尚志市举行北京市昌平农村职业学校尚志分校挂牌仪式。7月20日，昌平农职校与尚志职教中心，签订合作办学协议。该协议规定自9月起，在尚志分校开设园林花卉和公关商贸两个专业，按昌平模式教学，毕业后由北京市教委验印核发昌平农职校毕业证书。这是昌平农职校继1994年在河北设“滦平分校”后的第二所外省分校。

（曹福来）

北京市第六十一中学

【参加模特大赛连连获奖】 4月，六十一中服装模特专业的学生参加全国性模特大赛获奖，在北京举办的第三届“模特之星”选拔赛决赛中，薄莎莎获“中国十大模特之星”称号；8月在厦门举办的第五届中国超级模特大赛决赛中，薄莎莎、郑芳菲获优秀奖；9月在大连举办的第九届大连国际服装节国际模特大赛中，任晓菲、刘云云获优秀奖；9月上海国际服装文化节国际模特大赛总决赛中孙颖获“优秀模特奖”。

（李　敏）

【参加服装设计作品大赛获奖】 12月5至8日，在’97中国服装设计博览会及第三届“新人奖”青年服装设计师作品大赛上，六十一中是唯一中等职业学校。该校服装设计与展示专业的3名学生和全国9所高等服装学院的学子共同参加本届服装设计大赛，其中，《风自东方》获银奖，《回红》和《珠趣》获得优秀奖。

（叶安宁　李　敏）

劲松职业高中

【招收自立生10人】 5月，劲松职业高中招收10名自立生。1996年，该校在中华职教社“温暖工程”的启示下即开始启动“自立工程”，与市民政局、市总工会合作，招收北京市贫困职工家庭的应届初中毕业生学习专业技术，期望他们毕业后能够自立，并帮助家庭脱贫，这些学生在校内称为自立生。学校免除自立生的学杂费、书本费、工具费、服装费等，并免费提供在校期间的午餐。该项活动得到北京市喜临门食品有限公司的支持。

（贺士榕）

【获全国职高美容美发竞赛冠军】 5月，在第二届全国职业高中美容美发技能大赛（蒙妮坦杯）上，劲松职业高中学生王颢获男士发型剪发与吹发组冠军。

（贺士榕）

【30名学生获德国厨师证书】 7月31日，劲松职业高中第三批赴德培训的30名学生学成回国。该批学生在德国培训两年，获中德联合培训证书和德国工商联合会厨师职业资格证书。1993年8月开始，劲松职业高中校派出西餐专业完成两年国内学习任务的学生，赴德国接受为期两年职业培训，至1997年7月，已派出5批共146人。第一、二批学生59人，全部通过德国培训学校和工商联合会的考核，考试平均分超过德国学生。第一、二批学生回国后，已被中国大饭店、王府饭店、凯宾斯基饭店、长城饭店等十几家大饭店录用。

（贺士榕　林福临）

东城区职业教育中心学校

【异地创办教学点】 4月，东城区职业教育中心学校与燕山职业高中签订创办教学点协议。根据该协议，东城职教中心学校在燕山职业高中学校设立外事外贸专业教学点，同时，招收燕山地区的应届初中毕业生。这是该校与燕山职业高中学校首次合作，是落实《职教法》及《北京市教育事业发展“九五”计划和2010年远景规划》的措施，也是跨区联合办学的尝试。

（石黎燕）

【接待外籍教师来校开展教学活动】 6月14日，澳大利亚武龙贡大学师生一行10人，到东城区职业教育中心学校开展教学实习活动。活动时间三周，活动内容为英语教学、参观游览、访问学生家庭等。外籍教师的教学受到学生欢迎。

（石黎燕）

【服务专业学生赴汕头培训】 12月12日，东城区职业教育中心学校外事服务专业师生41人，赴汕头翠英中学，进行为期一个月的短期培训。主要学习常用粤语、潮语和茶艺等服务类专业。

（石黎燕）

北京海淀外语电子职业高中

【与日本高校签订交流协议】 6月25日，海淀外语电子职业高中与日本萩国际大学签订交流协定书。根据协定，日本萩国际大学每年接纳该校两名学生作为特别留学生，免除学费并发给奖学金。同时，积极接纳中方推荐的自费留学生。双方在教职人员交流、书籍赠送等方面也达成合作协议。

（祝　辉）

【管乐队首次参加宣传活动】 10月11日，海淀外语电子职业高中管乐队参加海淀区《职教法》宣传活动。该管乐队成立于1月，共有演员65人。该校为乐队活动提供场地，购置各种乐器，并聘请解放军军乐团教官为校外艺术教师。

（邓　蕾）

【36名学生升人高职班】 年内，海淀外语电子职业高中已为北京联合大学、海淀走读大学高职班输送36名毕业生。其中联大职业技术师范学院电子专业3名（本科班），联大旅游学院饭店管理专业7名，电子自动化工程学院计算机应用专业1名，电子与信息应用技术专业4名；海淀走读大学秘书专业6名，精密机电工程专业1名，外事业务（英语）专业13名，饭店管理专业1名。另外，该校36名师范英语专业毕业生通过成人高考进入北京教育学院英语教育专业学习深造。

（田桂琴）

【完善三板块教学模式】 年内，海淀外语电子职业高中改进必修课、选修课和活动课三板块教学模式。改进选修课程的程序，将全校统一报名，改为每位授课老师分别操作、统一部署；制订评分比例，把平时学习的成绩和考查成绩结合起来进行评定；颁布师生双方遵循的具体要求，明确管理方法，使三板块教学得到进一步完善。

（郑建丽）

宣武区职业教育中心学校

【青年教师培养工作领导小组成立】 2月，宣武区职业教育中心学校成立青年教师培养工作领导小组。该小组由校党政工团负责人组成，其职责包括制订各项规划制度、定期分析青年教师各方面状况，有计划提高青年教师各方面水平。至年底，该校青年教师有3人被评为区级“希望之星”，16人通过区级硬笔书法达标考核，并编著《跟我学WINDOWS》、《微机排版升级WPS·方正·WORD》等书籍。

（王宏泉）

【举办学生专业技能展示】 5月19日，宣武区职业教育中心学校电子计算机、技术编辑等7个专业的在校学生，分别向高一新生和他们的家长共600余人展示计算机录入、排版、彩电加遥、电子小制作、单片机开发与应用、家电维修、出版制图、校对、版式设计、书法、形体训练、销售技术、商业英语模拟售货等13项专业技能成果。

（赵立英）

【召开电教效益研讨会】 10月31日，宣武区职业教育中心学校召开电教效益研讨会。5位教师做典型发言和电化教学演示。自1995年以来，该校6名教师自创的辅助教学软件分别在市、区获奖，全校10%的教师具备CAI软件开发能力，2120框教学投影片、512框幻灯片、700余盘录像带、400余盘录音带的编制与使用带动教师课堂教学方法与手段的变革。

（于汪洋）

【与中国出版协会联合办学】 12月19日，中国出版工作者协会与宣武区职业教育中心学校签订继续联合办新闻出版专业协议。举行双方联合创建新闻出版专业10周年座谈会。10年来，双方优势互补、注重实用，有700多名学生毕业，受到用人单位的普遍好评。该校还聘请十几位新闻出版界专家、学者担任该专业顾问，以加强专业办学的监督指导。

（田松涛）

北京市财经学校

【生师比增大到21.5：1】 8月，市财经学校招收一年级新生10个教学班共419人，使教学班增至42个，在校生总数达1783人。该校任课教师83人，其中外请教师4人，生师比高达21.5：1。教师人均周课时数15节，最多19节。基础设施利用率达90%以上，计算机房利用率超过100%。

（陈　治）

【完成培训4800人科】 至年底，市财经学校培训部共办会计师、助理会计师、会计证、会计电算化、计算机等级考试、自学高考、成人高考、英国剑桥大学信息技术（CIT）等各类长期、短期辅导班、培训班以及《现代会计》、《国际贸易》大专班74班次，共培训4800多人科。经过培训取得证书的大专毕业生95人、会计师18人、助理会计师9人、CIT全科（五个模块）27人、计算机一级183人、二级34人、会计证530人、会计电算化合格证521人。取得各种单科（模块）证书800多人科。

（陈　治）

北京市崇文区电子技术职业教育中心

【专业能力测试软件启用】 5月1日，崇文电子技术职教中心自行开发的计算机专业能力测试软件在职高招生中启用，800名考生参加测试。该软件能测试考生手眼协调、符号知觉、语言推理、数学推理能力，可以将具有本专业相关潜能的考生筛选出来，为录取适合学习计算机专业的新生提供依据。

（皋树森）

【建立教学声像资料档案】 12月26日，崇文电子技术职教中心82名专任教师的教学录像带全部录制完成，由电教人员统一存档。建立教师教学录像档案可使教师反复观看自己的教学实录，分析得失；教研组集体评课，取长补短。

（皋树森）

顺义县职业教育中心学校

【进行文化扶贫】 4月，顺义县职业教育中心学校现代文秘专业两名教师赴西藏，为在拉萨开办的文秘班授课。担任三门专业课的教学工作，圆满完成任务。

（贯立新）

【设置国防预备役专业】 9月1日，顺义县职教中心学校与县武装部联合开办国防预备役专业。首批招收的90名学员是从600余名应届初中毕业生中经县武装部和学校共同面试录取的。该专业学制两年。学生在校期间学习政治、语文、数学、外语、体育、计算机、国防知识、国情知识等课程，学习期满毕业后，可直接参军入伍。以往的征兵工作，重复培训，每年都要耗费大量人力、物力和财力。

（贯立新）

【开展联合办学】 年内，顺义县职业教育中心学校、北京台海大酒楼、北京昌黎海鲜世界大酒楼联合开办短期培训和学历班顶岗实习培训。该校分校——顺义县农业机械化学校开办汽车维修与驾驶专业和机电一体化专业，该校的园艺花卉专业、旅游专业和外贸英语专业同顺义县园林局、旅游局、企业局和对外经济委员会等单位签订合作协议。至年底，有1660名学生入学或走上实习和工作岗位。

（贯立新）

【计算机教学成为必修课程】 年内，顺义县职业教育中心学校从培养高素质人才出发，把计算机教学当成一门必修课，根据不同专业的不同培养目标从实际出发，制订相应的教学标准，并且规定全校所有的专业全部开设计算机这一课程。学校要求计算机专业学生均须通过国家教委计算机等级考试，非计算机专业学生通过国家劳动部计算机及高新技术资格考试。并把是否取得计算机等级证作为学生毕业的基本条件。至年底，该学校已有150人通过OSTA资格考试，300余人通过计算机一级等级考试，53人通过计算机二级考试。

（贯立新）

大兴县第二职业高中

【举办招生咨询活动】 5月1日，大兴县第二职业高中在黄村镇帝园商城门前进行'97招生工作咨询，26名师生发放材料1800多份，解答各种咨询500多人次。

（蔺淑英）

【承办英语观摩课】 6月11日，市教委在大兴县第二职业高中组织英语观摩课。前来参加观摩课的有职教处、县教育局领导及各区县英语教师代表共30多人。该校柳冬梅教师讲授英语课。柳冬梅英语课以“规范、新颖”获得市职高青年教师英语优秀课奖。

（蔺淑英）

【13人升入高职】 6月，大兴县第二职业高中参加北京联合大学考试的15名学生中有13名被录取。其中经济学会计专业3人，实用电子技术专业6人，计算机教育专业3人。司文杰以571分名列全市考生第一名。

（蔺淑英）

【举办服装展示会】 11月26日，大兴县第二职业高中96级服装班师生组织一次服装展示会。该班35名学生共展出马甲、套装、裙子60余件。

（蔺淑英）

黄庄职业高中

【《中国名菜20种》出版】 10月，《中国名菜20种》出版。该书由黄庄职业高中烹饪专业教师孙继江和他人合作编辑。大地出版社出版。《中国名菜20种》按不同地方风味分为20册。

（张庆菊）

【毕业生就业率100%】 年内，黄庄职业高中烹饪、外事服务、涉外财会、乘务专业毕业生被香格里拉饭店、新兴宾馆、国谊宾馆、科技会堂等18个企事业单位录取，其中涉外财会就业率80%（8名学生升入大学）。外事服务、烹饪专业就业率100%。

（李菊兰）

北京市古城旅游服务职业高中

【赴美国洽谈合作办学】 7月7至19日，由古城旅游服务职业高中组成考察组赴美国西雅图大学考察、会谈，就美方为该校培训专业教师，开办专业短期培训班，派遣自费留学生，及双方互派教师等问题达成协议。

（文大信）

【投资120万元改善办学条件】 至年底，古城旅游服务职业高中共投资120余万元，购置计算机“奔腾166”39台，复印机1台，新修语音教室一间约50平方米，财会实习室一间，约50平方米，画室两间100平方米，新建学生食堂餐厅390平方米。

（张金明　沙继恒）

【各类技术等级考核成绩显著】 年内，古城旅游服务职业高中各种专业技能取得好成绩。其中25人通过市商委组织的英语等级考核。参加珠算通级考试高一97名学生通普三级的11人，通普四级28人，通普五级48人；高二77名学生通过能手六级9人，通普一级54人，通普二级9人，通普三级5人。该校取得电算化技术等级证书学生达96%。

（范玉萍）

北京市实用美术职业学校

【获多项奖励】 3至7月，市实用美术学校青年教师获多项奖励。其中，3月21日，在《美籍华人丁绍光奖全国美术作品大展》上，该校参展作品《生存》获银奖。在7月13至16日举行的全国首届美术职高青年教师基本功大赛上，该校获色彩一等奖，《狭义素描的理性认识》一文获论文一等奖。

（吉通海）

【参加亚洲发型化妆大赛获奖】 5月15至17日，在亚洲发型化妆大赛上，实用美术职业学校5名青年教师参赛，全部获奖。其中，获梦幻妆第二名、晚宴发型第三名、新娘妆第三名、男士剪吹第三名、晚宴化妆优秀奖。

（唐勤勇）

【接待东京美发美容师生实习】 8月2至14日，东京好莱坞国际美发美容学校师生11人到实用美术学校蒙妮坦美容院实习。学校教师精心辅导，认真示范，获得日本师生的好评。

（张 彦）

【66名学生考取高等美术院校】 8月，实用美术学校普通美术专业58名毕业生中，41名考入美术类高等院校，占64%。装璜美术专业25名学生分别考入中央工艺美院、天津美院、中央戏剧学院、北京电影学院、首师大等。

（张 彦）

北京市求实中学

【进行国际交流学习】 7月24日至8月6日，求实中学出资12万元，选派12名学生赴新加坡国际学校进行学习、交流活动。

（晋秉筠）

【增设文博专业】 年内，求实中学开办本市第一家“文博”专业。录取与报名比例为1∶402。该校聘请文博专家做顾问，聘请古钱系、书画、陶瓷、金石篆刻及博物馆馆藏陈列、文物保护与营销等方面的研究员、副研究员组成求实中学专家讲师团。编写专业教材，制作配套幻灯片、投影片。

（宋秀明 晋秉筠）

【优先推荐下岗职工子女就业】 年内，求实中学毕业生20%是下岗职工子女。学校对其采取优先推荐、反复推荐的办法，共为40余名下岗职工子女找到工作。

（田德洪 晋秉筠）

北京市印刷学校

【印刷职业技能鉴定所成立】 8月，北京市印刷职业技能鉴定所在市印刷学校正式成立。该所是印刷学校与北京印刷集团总公司合办的，主要承担全市印刷行业在职技术工人和职业学校毕业生开展技术培训和技术等级考核、颁发证书等工作。

（李雪村）

【骨干教师赴外省市学习】 11月10至20日，市印刷学校组织教研组长、年级组长和骨干教师到上海市印刷技工学校和杭州市印刷出版学校进行学习访问。该校对学习访问活动提出明确任务和要求，着重考察兄弟校教学管理模式、教师队伍建设、学生技能训练和毕业生实习管理办法。参加学习访问教师带回兄弟学校的教学计划、新教材和先进经验，并向全体教师汇报。

（王建华）

【实行毕业生多证上岗】 年内，市印刷学校继续实施“多证书”制，电气技术专业52名毕业生全部通过劳动局技能鉴定考核，取得低压运行维修电工、电梯维修和制冷设备维修3个工种的操作证或等级证，推荐就业率达到100%。

（叶孔伟）

【试行竞争分流制】 年内，市印刷学校在部分中专专业试行竞争分流制。每学年末，学校根据学生表现及成绩决定其去向，对3科成绩不合格的学生单独编班，下一学年调整教学内容，执行职业班教学计划，使他们跟上教学进度、不至留级或流失，还可掌握一定的专业知识并取得毕业证书和技术等级证书，获得就业资格。对品学兼优的学生，按有关规定表彰奖励，毕业时优先推荐就业。

（叶孔伟）

大兴县第一职业高中

【试行学生管理积分制】 年内，大兴县第一职业高中试行学生管理积分制。即：学校根据每位学生在校好、坏两方面的表现，分记正、负分，由专人进行累加，积分到一定标准，对该生给予相应的奖、惩。此项措施使学生文明守纪情况有所好转。

（刘 民）

【探索联合办学之路】 年内，大兴县第一职业高中与北京交通学校、北京仪器仪表工业学校进行联合办学。交通学校在第一职校开设计算机、财会、文秘、市场营销专业，仪器仪表工业学校开设经贸外语、市场营销专业，第一职校负责提供师资、教室，进行学生日常管理工作。

（刘 民）

中等专业教育

【概　况】 1997年，北京市有中等专业学校118所，与上年持平。毕业生18759人，比上年增加1526人。招生36082人，比上年增加5791人。在校生104135人，比上年增加15887人。教职工14526人，其中，专业教师6442人，分别比上年减少557人、1人。

（魏　强）

【举办中专生英语语文水平测试】 6月7日和21日，市教委先后组织第四届中专生英语、语文水平测试。66所中专学校的14092名学生参加英语水平测试，及格率39.85%。52所中专学校的12246名学生参加语文水平测试，及格率74%。

（何　静）

【举办语文教学研讨会】 7月23至25日，北京市中专语文教学研究会举办暑期中专语文教学研讨会。会议交流常用字合理分配、每周百字综合练习、引导学生记观察日记和记读书笔记等教学经验。32所学校51名教师参加研讨。

（王一知）

【评估中专教务管理工作结束】 7至11月，市教委对43所普通中等专业学校教学运行、课堂教学、实践教学环节、教学文件等教务管理情况进行评估。

（蔡继顺）

【举办语文教师培训讲座】 10月28日，北京中专语文教学研究会举办语文教师培训讲座。该讲座邀请人民教育出版社中文室有关语文专家作《中专语文教法》报告。42所市属中等专业学校105名语文教师参加学习。

（李名勤）

【城乡建设学校通过合格评估】 10月30日，市城乡建设学校申请进行合格评估，市教委职业教育处组织评估组于12月2日对该学校的办学条件进行复评，认为学校已达到市中专学校办学条件合格的标准。

（武怀海）

【举办文言文教学研究课】 11月11日，北京市中专语文教学研究会举办文言文教学研究课，北京机械工业学校教师作文言文《芙蕖》研究课。该课将彩色图片、投影与文字投影运用于教学中，调动学生视听感官，增加知识密度与训练量。20余所中专校近40名语文教师听课。

（李名勤）

【交流语文电化教学经验】 11月18日，北京市中专语文教学研究会举办语文教学经验介绍会。北京经济管理学校教师作如何将电化教学手段引入语文教学的经验介绍。该讲座对录音、录像、投影、多媒体在语文教学中运用作全面介绍，对电化教学手段在课堂授课、课外练习、作业批改、学生口语及书写训练中所起的突出作用进行系统说明。近30所学校的60名教师到会。

（李名勤）

【举办中专生书法比赛】 12月21日，北京市中专生书法比赛举行。38所学校197名学生参赛。比赛设硬笔书法与软笔书法两项。其中，参加硬笔书法比赛105人，获奖35人。软笔书法比赛90人，获奖30人。

（徐中民）

【普通中专新设40个专业】 年内，市教委适应北京市经济结构调整过程中经济和社会发展的需要，24所市属普通中等专业学校新设专业40个，包括物价管理、保险、室内设计等紧缺专业。

（武怀海）

中等专业教育学校

北京市电子工业学校

【通过办学条件合格评估】 7月15日，市教委评估组对电子工业学校进行办学条件合格评估。评估组认为，该校自1996年1月迁入丰台区花乡新址后，经过一年多的努力，学校占地面积、建筑面积、学校规模、领导结构、师资队伍等8个方面都已达到合格标准。确认该校为办学条件合格校。

（徐中民）

北京市农业学校

【农村妇女科技培训基地成立】 3月，市妇联农村妇女科技培训基地在市农校成立。该基地利用农校师资和教学设备，对妇联干部定期进行各种农业知识和技能培训，以提高京郊农村妇女干部带领农民致富的能力。

（姚 睿）

【种鸡场扩建工程完成】 年初，市农校种鸡场第二期扩建工程已竣工投产。扩建后的种鸡场，包括10万套笼位的父母代种鸡场、年产1500吨优质饲料的饲料加工厂和育雏能力达到400万只的孵化厂等，是生产、销售和服务一条龙的配套体系。当年生产纯利润达350万元。该工程投资近千万元。

（卢 宁）

【"扶贫班"培养合格人才540人】 至年底，市农校的"扶贫班"累计向贫困地区输送牧医、果树、林业、农村经济等专业的合格毕业生540多人。该班创办于1987年。10年来，学校采用"单独招生，定向培养"模式，专门为京郊贫困地区培养"招得来，回得去；用得上，留得住"的中等农业技术和管理人才。

（姚 睿）

北京市戏曲（艺术）学校

【调整专业教学结构】 年初，戏曲（艺术）学校提出"三多一为主"的专业教学结构改革方案。"三多"即多层次：建立从艺术附小（或"预科班"）到艺术中专到艺术高职班（或成立艺术大专班）"一条龙"办学体系；多形式：即走开放的、横向联合办学之路，接收外省市交办的委培班和与专业团体联合办学的合作班，实现资源共享、优势互补；多门类：即开办符合艺术市场需求的各种门类的专业班；一为主即为市属艺术院团培养接班人为主。一年的探索证明此方案符合艺术发展规律。

（韶 华）

【少儿演出团赴南方演出】 7月，戏曲（艺术）学校利用暑假组成北京戏校少儿演出团到武汉、上海演出。学生们演出《赵氏孤儿》、《四郎探母》、《伍子胥》等剧目及一台折子戏。该演出引起江南观众强烈反响。

（韶 华）

【专题片《国粹新苗》摄制完成】 9月，由戏曲（艺术）学校与北京市青少年音像出版社联合摄制的12集电视专题片《国粹新苗》摄制完成。该片是北京市戏曲（艺术）学校第一部全面介绍京剧小演员们学习、生活的艺术专题片。它以纪实的手法，记述京剧新苗的生活及京剧优秀选段。

（韶 华）

北京市八一农业机械化学校

【首次进行模拟法庭教学】 1月，八一农业机械化学校在文秘班进行经济法课模拟法庭教学。该教学首先确定案例，组织法庭制作及服装道具制作，法庭角色分组分配，并交待具体任务。开庭后，按审判程序进行，控、辩、审三方均由学生担任。

（汪治中 冯光辉）

【职业技能鉴定所成立】 3月10日，市劳动局批准北京市八一农业机械化学校实习工厂为市职业技能鉴定所。其主要任务是：对车、钳工的初、中级工，电工中级工及农机修理初、中、高级工进行考试，合格者由劳动局颁发证书。

（汪治中 冯光辉）

【完成变速箱计算机辅助设计】 6月，八一农业机械化学校机制专业3名毕业生，应用计算机C语言完成变速箱设计。使用CAXA电子板画装配图和零件图，并用绘图机输出。完成指导书、设计说明书等全部资料。

（汪治中 冯光辉）

【试制电子实验用交直流电源成功】 7月8日，八一农业机械学校研制电子实验用交直流电源通过验收。验收组认定：电源的电压、电流输出与实验设施相匹配；各项参数基本上符合设计要求。具有使用时电压稳定、直观、不损旋钮；操作简便、安全等优点。

（汪治中 冯光辉）

【为西藏培训农机教师】 7月，八一农业机械化学校为西藏农牧学校培训3名农机教师。市八一农机校接到任务后，制订详细计划，选派老教师一对一传、帮、带，在生活上给予每月150元补贴。

（汪治中 冯光辉）

【定向代培生全部被企业录用】 7月，八一农业机械化学校第一批不包分配不转户口毕业生共90人全部被企业录用。其中汽拖专业16人，机电维修专业74人。这些学生普遍受到乡镇企业欢迎。

（汪治中 冯光辉）

【增加教学设备投入170万元】 年内，八一农机校投资170万元，新建一批实验室，充实教学设备。主要是：新建电工电子实验室（可开出300个实验）；电力拖动实验室（可开出18个实验）。新建第二计算机房，配备586联想计算机42台。新建学生科、基础室、德育室计算机房，购入586联想计算机10台。新建电教中心，配置了摄像、编辑、配音、字幕等设备。新购车床7台、铣床1台、电焊机4台。

（汪治中 冯光辉）

北京卫生学校

【颁发首届乐松生奖学金】 5月15日，由北京同仁堂创始人乐松生的夫人陶慧敏出资为北京中医药教育界设立的乐松生奖首届颁奖仪式在北京卫生学校举行。该校中药专业10名学生被授予首届乐松生奖学金。陶慧敏及有关领导出席颁奖仪式。

（周葆华）

【为新疆代培学生】　9月，北京卫生学校接收新疆生产建设兵团教育委员会委托培养的护理、医学检验、药剂及医学影像技术4个专业委培生36名。这些学生分别进入4个专业同级班学习。毕业后将返回新疆生产建设兵团分配就业。

（周葆华）

北京市汽车工业学校

【被评为育人质量信得过学校】　5月，市教委、市政府教育督导室联合对北京市汽车工业学校的育人质量进行检查、评估。检查评估组对该校德育、教学、毕业生分配等工作进行检查，并向用人单位和毕业生进行学校育人质量逆向抽样调查。评审委员会认为，北京汽车工业学校育人质量达到先进学校标准，授予该校市工业系统育人质量信得过学校称号。

（王学增）

【发行中专数学教材及练习册】　7月，汽车工业学校主编的财经类《中专数学练习册》（共四册），由高等教育出版社出版。该练习册与统编教材配套，重点考查学生掌握基础知识的程度，并可满足部分学生继续提高的需求。陈伯林主编的工科中专《数学练习册》（共二册）7月由北京教育出版社出版。9月，由其主编的《工科中专数学》实验教材在11所中专校投入使用。

（姚　洁）

【成立学校建设指导委员会】　年内，北京汽车工业集团总公司培训中心学校建设指导委员会成立。该委员会由总公司主管教育的领导和公司系统内各单位分管教育、人事工作的人员组成，并聘请市有关部门分管教育的领导、专家担任顾问。主要任务是对学校的办学方向、课程设置、人才培养规格等问题提出指导性意见。

（王学增）

北京无线电工业学校

【美国国会议员来校参观访问】　4月，美国国会议员代表团团长詹姆斯·杰福兹及随行人员到无线电工业学校参观访问，与无线电工业学校领导就双方办学情况进行友好交流。

（王文元）

【成立学校建设发展指导委员会】　7月4日，无线电工业学校建设发展指导委员会成立。该委员会聘请市经委、市电子办系统有关企、事业单位领导、专家作顾问，每半年活动一次，对学校今后建设与发展作决策指导。

（王文元）

【获育人质量信得过学校称号】　7月10日，经市经委教育处、市政府督导室联合组织的工业系统育人质量先进学校评估检查，市经委授予北京无线电工业学校育人质量信得过学校称号。

（侯　彤）

【举办职业教育改革报告会】　10月22日，无线电工业学校邀请学校建设与发展指导委员会专家来校作题为《职业教育发展和改革》的报告。该报告结合北京职业教育的发展与改革的实践，论述职业教育中的课程体系和实践教学模式探索与改革的具体设想。

（侯　彤）

【举办电子教育现场会】　11月11日，市电子办邀请市教委马叔平等领导在电子城召开现场会，商讨电子城发展规划带来的电办系统教育发展的影响。会议认为，电子工业作为北京市第一支柱产业，发展前景已经受到人才制约。无线电工业学校地处电子城，基础好、潜力大，有得天独厚的条件，要逐步发展形成电子城的教育基地。会议提出无线电工业学校第一步先搞联合办学，扩大规模，提高办学效益；第二步搞社区学院，为电子城发展直接服务；第三步在条件成熟时成立高等职业技术学院。

（王文元）

北京市化工学校

【40名教职工住房得到解决】　4月，市化校40户住房困难的教师和职工迁入新居。该校在资金困难的情况下，得到市教委和北京化工集团公司的支持和帮助。在垡头合建教工宿舍。初步解决教职工住房困难的问题。

（荣铁耕）

【举行张士柏事迹报告会】　7月15日，美籍华裔青年张士柏及其父母到市化校，为师生作“理想与人生”为主题的事迹报告会。张士柏13岁意外高位截瘫后，仍以顽强的精神和毅力学习和生活，获布什总统颁发的“学业成就奖”，成为斯坦福大学博士生。他在中国办“张士柏英语网”，把20万元生活保证金捐给宁波作教育奖学基金。

（荣铁耕）

【成立艺术委员会】　9月，市化校成立艺术委员会。该委员会全面负责学校艺术教育工作。

（荣铁耕）

【蝉联北京市中专运动会冠军】　10月11日，市化校继上年第24届市中专运动会夺魁后，在北京市第二十五届中专田径运动会上，再获第一名（甲组），并获精神文明大奖。

（荣铁耕）

【在第4届学生艺术节上获好成绩】　11月，市化校艺术团参加北京市第四届学生艺术节比赛，参赛的独唱、器乐、舞蹈节目全部进入决赛，其中，舞蹈《蹈火》获一等奖，独唱《再见了大别山》获十佳歌手第一名。

（荣铁耕）

【毕业设计应用CAD技术】　12

月，市化校首次在化工机械专业毕业设计中应用CAD计算机辅助技术。采用该技术可以提高毕业设计的质量，满足市场对机械专业人员新的技能要求。

（荣铁耕）

北京市第三人民警察学校

【全体教师接受封闭式训练】 3月，第三警校以“内强素质、外塑形象”为宗旨，对全校教师分两批进行封闭式军事训练，每期40学时。经考核，全校93名参训教师的队列知识、动作要领均达到规定标准，并颁发《军训合格证书》。

（王　东）

【对教师和干警进行计算机培训】 3月，第三警校对全体教师和干警分三期进行计算机培训。至年底，结业两期。其中36人通过一级B类计算机等级考试。

（杨　健）

【完成教研论文149篇】 至年底，第三警校共完成教研论文149篇。其中全校126名干警完成论文120篇，占总人数的95%；4名校级领导完成论文5篇，占125%；23名科级干部完成论文24篇，占104%。在市监狱工作管理局所属的12个单位中，论文数量名列第一。

（李勇极）

【文体工作获多项奖励】 至年底，第三警校文艺方面获北京市第四届学生艺术节器乐、声乐一等奖，舞蹈三等奖和一名“十佳歌手”称号。体育方面夺得市中专运动会团体亚军及精神文明奖；市中专乒乓球赛获男、女团体冠军和女子单打冠军。与此同时，在成教局青年教师基本功大赛上勇夺第一和优秀奖并获组织奖；中专书法大赛中取得两个第一、一个第二、一个第三的成绩。

（海　南）

【农业实习基地获丰收】 年内，第三警校利用150亩学生农业实习用地，安排学生利用课余时间参加生产劳动，全年共收获小麦10万斤、大豆1.2万斤、梨2460斤和核桃650斤。

（关晓山　丁恩海）

北京铁路机械学校

【建成心理测试及训练室】 9月，铁路机械学校建成心理测试及训练室，并投入使用。该实验室配备DXC－3型心理测试仪通过与计算机联网，可对个体及团体（36人）同时进行多种人格、心理素质及能力测试，并能打印出测试结果图表。与传统的心理测试方法相比，大大减轻统计工作量。

（高国光）

【制冷空调实习基地投人使用】 年内，北京铁路机械学校制冷与空调实习演练基地投入使用。该基地投资80万元，建筑面积636平方米，设有冷藏库车间、空调机组车间、压缩机拆装车间、民用制冷设备维修等车间，可同时容纳两个班学生实习。

（高国光）

【提高学生运用内燃机车能力】 年内，北京铁路局调拨一台东风5型内燃机车给北京铁路机械学校实习场。该机车可供学生进行机车操纵、给油检查、故障假设等项目的实习演练，提高学生实际运用内燃机车的能力。同时，学校投资68万元，建成机车库并装有良好的照明、采暖设备，可为学生提供全天候的实习场所。

（高国光）

北京煤炭工业学校

【建成多媒体计算机网络教室】 7月，煤炭工业学校建成一座50台位的多媒体计算机网络教室。该教室采用大众586计算机，累计85万元。该网络教室兼有语音教室的各种功能，可以开展语音教学和计算机辅助绘图课。

（冯　歌　杨绍贵）

【改革财务管理方法】 年内，煤炭工业学校实行“四条线”财务管理改革方案，确立核算主体，划小核算单位，实行模拟法人运转，将财务管理划分为教学科研线、后勤服务线、校办产业线和管理保障线，分点核算。教学科研线以教学任务和科研项目为核算对象，核定和计算收支，结余留用，超支不补；后勤服务线以提供劳务（服务）项目为核算对象进行成本核算，按校内价格向服务对象收取服务费用，自负盈亏；校办产业线以产品和经营项目为核算对象进行完全成本核算，自负盈亏，按规定向学校上缴费用；管理保障线以学校管理部门的基本保障和发展项目为核算对象核算收支，结余留用，超支不补。至年底，全校节约资金110万元，分流下岗人员33人，减掉临时工86人，提高工作和办学效益。

（贾广友　杨绍贵）

【进行英语教学改革】 年内，煤炭工业学校对5个高职专业进行英语综合水平考试后，将学生分成基础、普通、提高三个层次，按照层次分班，因材施教。为强化学生的听说能力，采用不同的教学方法和考核评价方法。课堂教学采用全英语教学方法，并设立英语单项奖学金。

（吕一中）

【建成教学信息管理网】 年内，煤炭工业学校投入120万元建成计算机校园网络。该系统可完成校园内部的网络教学管理；图书档案网络管理；财务运作监督网络管理；完成校园内部信息发布、浏览，公告管理及与INTERNET、中国教育网、中国煤炭信息网互联，实现各网段及各工作站点之间的通信。

（冯　歌　杨绍贵）

【建立3个校外实习基地】 年内，煤炭工业学校与兖州矿业集团和下属的七个大矿及地方煤矿签订校外实习基地协议书，建立起采矿技术、机电技术应用和综合电信三个专业的校外实习基地，使实习时数达到专业课总时数的50%。

（吕一中）

【全面提高教师教学水平】 年内，煤炭工业学校在教师中实行“三证一文”制度，凡申请评定中、高级职称的教师，必须具有CBE理论和职教理论培训合格证、计算机等级考试合格证、三年班主任工作合格证，每年发表两篇高质量的论文。为落实该制度，学校聘请专家举办职教理论培训班，支持教师到学校机房上机，无息贷款20万元为教师个人购买计算机，加强班主任工作考核，定期举行论文发布会，表彰奖励优秀论文获得者。

（吕一中）

北京城市建设学校

【建筑材料实验室对外承接业务】 至年底，城市建设学校建筑材料实验室共接受21个单位委托的试验任务，进行1801组钢材、水泥、混凝土等各种材料试验。用这些试验作为学生建材试验课的题目，真题真作，试验结果应用在实际工程中，使教学与生产紧密结合。该实验室还开展科研工作，对墙体节能和预应力混凝土施工进行研究，走上教学、生产、科研相结合的道路。该实验室于1996年12月被北京建设工程质量监督总站批准为对外承接实验业务实验室。

（陈一山）

【建成电化教学系统】 年内，城市建设学校建成电化教学系统。该系统由电教中心和24个教室的电教设备组成。电教中心设演播室、放映室和摄录像、编辑设备等；各教室配备彩色电视机、投影仪和银幕。电教中心为各班播放录像片，演播室向全校各班进行讲课或讲话。多数教师在教学中使用投影教学或录像教学。

（陈一中）

北京护士学校

【举办下岗人员培训班】 5月，护校在积水潭医院分校举办首届护理员培训班。19名学员均为下岗职工，经过护理知识和实用技能训练，成绩全部合格，其中3名成绩优秀。校领导为首届学员颁发结业证书。

（于淑华）

【3名护理教师赴美进修】 年内，护校选拔3名护理教师作为访问学者赴美国圣地亚哥州立大学健康人类服务学院进行为期半年至1年的进修。该进修活动是依据该校与美国加利福尼亚州圣地亚哥州立大学（SDSU）合作协议及圣地亚哥州立大学健康人类服务学院补充协议进行的。

（于淑华）

首都铁路卫生学校

【校电视台正式开播】 4月10日18时，铁路卫生学校电视台开播。该电视台设校内新闻、校园杂谈、文艺广角等栏目，从不同的角度反映学校教学面貌，丰富学生的业余文化生活。

（陈凤音）

【获全国作文大赛一等奖】 6月，在第二届全国中等职业学校学生作文大赛中，铁路卫生学校《白衣天使——神圣职责》作文获一等奖。该作文同时获北京市中等职业学校作文赛特等奖。

（陈凤音）

北京市第一轻工业学校

【开设教学专业22个】 年内，一轻校由以工科类为主，向综合管理类发展，增设运动保健专业，全校共设专业22个，在校生4600人，成为北京市规模最大的中专校。

（张光伦）

【成立管理类专业顾问委员会】 年内，一轻校成立管理类专业顾问委员会。该委员会成员由具有较高专业水平的领导、教授组成，其任务是对学校有关专业的教学计划、专业课师资选聘、实习基地扩展巩固等提出建议。

（张光伦）

【会计工作通过三级单位验收】 年内，一轻校财务科通过北京市会计工作三级单位验收，成为一轻系统第一家会计工作三级单位。

（张光伦）

北京市机械工业学校

【获技能比赛团体第一名】 6月12日，在市经委举办的第三届中专生技能比赛上，北京市机械工业学校获得钳工项目个人第一名，车工项目个人第二、三名，团体总分第一名。

（周金成）

【聘请退休教授指导教学工作】 10月，机械工业学校聘请3名退休教授指导教学工作。3名教授先后参与学校评优课、学术研究、教学改革等工作。

（周金成）

【建立老教师健康保健补贴制度】 12月，机械工业学校制订老教师健康保健补贴制度。该制度规定凡担任授课工作，具有高级职称且满20年工龄的教师，或年龄已达到55周岁的男教师、50周岁的女教师，在原有医疗补助基础上，每月享受20元保健补助。

（周金成）

北京市什刹海体育运动学校

【在全国比赛中获金牌29枚】 8月，什刹海体校武术、体操、举重、乒乓球、排球、羽毛球二级运动班的教练员和运动员共110多人，分赴辽宁、山东、河南、广西、江西、天津、福建、陕西等10个赛区，代表北京市参加全国青少年比赛，共获金牌29枚、银牌24枚、铜牌24枚。其中，2队获精神文明运动队，10人获精神文明运动员奖。

（张 杨）

【首次在全运会上夺得金牌】 10月，在第八届全国运动会上，什刹海体校武术队、羽毛球队共25名运动员进入决赛，共获金牌2枚、银牌2枚、铜牌2.5枚，总分139.5分。这是什刹海体校首次在全运会上获得金牌。

（孙文虹）

北京市人民警察学校

【实行全封闭警务化训练】 9月15日至11月7日，市警校对97级学生进行为期8周240学时的警务化训练。该训练采取全封闭强化训练形式，训练和作息时间相对集中，打破每周训练5天的常规。训练内容包括政治思想教学和队列、擒敌基本功的训练。训练结束后，进行考核和校阅，合格者授予人民警察学员警衔。

（刘振起）

【举办长途行军拉练活动】 9月26日夜至27日晨，市警校组织1000余名学生进行长途拉练活动。整个活动历时7个小时，行程近30公里。

（刘 志）

【实施学制改革】 年内，市警校实施学制改革，学生在校进行3年课堂教学，在用人单位进行1年实践教学。为保证新学制实施，该校编制教学大纲、落实教学任务、制订考核标准，建立实践教学档案。

（刘 志）

【改革枪支训练课】 年内，市警校对警用枪支训练课程进行教学改革。该改革以查缉战术为指导，采用国际警察训练通用训练标准，以中弹率记成绩。训练学生使用两种枪支在不同姿势、不同距离、不同速度的情况下进行射击。加大训练强度和实弹射击次数，在原25米射击的基础上增加15米、10米速射。

（刘 志）

北京市建筑材料工业学校

【教务管理评估工作圆满结束】 11月24日，北京市教委专家组对市建材工业学校进行教务管理评估检查。该校教务管理制度规范、资料齐全、执行认真，总评中获小组第一。

（杜景明）

【计算机等级考试点通过验收】 12月12日，以清华大学教授组成的专家组，对建材工业学校申办全国计算机等级考试点工作进行审核。专家们从硬件设备、师资力量、生源等方面进行考察、评议，批准该校为全国计算机一级（含一级B）、二级考试点，并作为建材集团总公司指定的培训、考试点。

（杜景明）

【理论教学与社会考证接轨】 年内，建材工业学校把部分理论课和实习课教学与社会考证直接接轨。其中，把电工实习与市劳动局电工操作证的考证结合起来，把计算机基础课的教学与全国计算机等级考试结合起来。依据该校有关规定：凡不能取得社会承认证书学生，均不能毕业。

（杜景明）

【培训在职人员330人】 年内，建材集团总公司继续教育中心完成在职人员的培训工作，培训330人。其中包括建材集团总公司副处级以上领导干部计算机培训及在职教职工计算机等级考试辅导培训等。

（杜景明）

北京市第二轻工业学校

【举办新专业论证会】 1月9日，二轻校召开宝石专业和企业形象策划与广告表演艺术新专业论证会。市教委和东方珠宝培训中心领导及有关专家参加论证会。专家们就社会对该专业的人才需求、课程内容、课时计划等进行论证，认为增设该专业实用可行。

（许书贤）

【举办物理教学观摩课】 6月5日，市中专物理研究会在二轻校举办物理教学观摩课。该校青年教师讲授“电磁感应现象——楞次定律”。该课程将多媒体技术应用于教学，运用投影、电脑动画、演示实验、学生实验等手段，把文本、图片、视频、声音等媒体有机地结合为一体，使学生在一定的时间、空间内做到眼、耳、口、手、脑五到位。13所学校50余名教师参加观摩。

（许书贤）

北京舞蹈学院附属中等舞蹈学校

【举办广场芭蕾演出】 5月，舞蹈学校与北京交响乐基金会举办广场芭蕾晚会。该晚会先后在天坛公园、人大、清华、大观园公园等处接连演出8场，到场观众总计3万余人。

（刘 轩）

【第一届民间舞四年制学生毕业】 6月，舞蹈学校为福州市歌舞团培养的四年制民间舞专业学生毕业。这批学生是该校第一届民间舞四年制毕业生。福州市委、市政府领导亲自观看该班的毕业演出《南风北韵》，并对教学水平及学生们学习成果给予高度评价。

（刘 轩）

【参加“桃李杯”比赛】 7月，在第五届全国“桃李杯”青少年舞蹈比赛上，舞蹈学校共派出参赛选手30多名，其中3名学生获金奖，5名学生获银奖，7名学生获铜奖，十余名学生获优秀表演奖，另有多名教师获编舞、指导等奖项。

（刘 轩）

【推出芭蕾舞剧《胡桃夹子》】 12月，以北京舞蹈学院附属中等舞蹈学校芭蕾舞专业学生为主，与学院共同排演的古典芭蕾舞名剧《胡桃夹子》在北京展览馆剧场演出9场，观众上座率达90%。

（刘 轩）

【举办全国舞蹈教学公开课】 12月，舞蹈学校承担全国舞蹈专业教学公开课。该学校选派各专业学科骨干教师，精心组织教学，完成举办公开课的任务，受到前来观摩的全国50多所艺术院校近200名舞蹈专业教师好评。

（刘 轩）

技工教育

【概 况】 1996年，北京市有技工学校148所，比上年减少16所。毕业生14946人，比上年增加3835人。招生18357人，比上年增加357人。在校生48158人，比上年增加4458人。教职工7773人。比上年减少492人，专任教师3558人，比上年增加87人。

（魏 强）

【汇佳职业技术学校成立】 年内，市劳动局批准成立本市第一所非公有制技工学校——北京汇佳职业技术学校。

（魏 强）

【市技工学校调整专业设置】 年内，市技工学校由主要开设为第二产业服务的专业，逐步向第三产业渗透，积极发展为高新技术产业服务的专业。二产专业由原来占90%以上，调整到60%左右，第三产业专业发展到30%，与高新技术产业相关的专业发展到10%。

（魏 强）

【调整技工学校】 年内，市劳动局合并或撤销5所办学效益较差的学校，整体办学规模、办学效益得到提高。校均规模达800人以上，个别学校达2000人以上。全市技工学校在校生总规模由1995年4.5万人，增加到5.4万人。

（魏 强）

【开展多种培训】 年内，本市110所技工学校面向社会开展职业技能培训。自上年始，共承担在职工人培训、转岗转业培训、军地两用人才培训等短期职业技能培训14万多人次。

（魏 强）

【建立新型招生就业制度】 年内，北京市技工学校利用加入区县职业技能开发集团的契机，实现与职业介绍机构的联网，及时了解和掌握人才市场需求信息，以市场需求为导向，合理设置专业，确定招生计划和培养方向，开展各类培训。

（魏 强）

【实施劳动预备制度试点工作】 年内，本市开始实施劳动预备制度试点工作。该制度以初中落榜生为主要对象进行职业技能培训，对高中落榜生采取职业技能培训与高等职业教育自学考试接轨的培训形式，21所技工学校被确定为首批高等教育自学考试（高职专业）助学试点班职业技能助学院校，承担11个工种培训和职业技能鉴定工作。市高等教育自学考试开设6个高职自考专业。

（魏 强）

【参与实施“再就业工程”】 至年底，市技工学校共承担系统、企业内部及社会失业、下岗人员转岗培训1.1万多人。市二轻技术学校、市机械工业技校为下岗、失业职工的子女开设“兴工班”，该班学生免交学费，享受奖学金，毕业后优先安排。

（魏 强）

成人教育

综　　述

1997年，北京市接受成人教育总人数450万人次，比上年增长18%，其中职工参加岗位培训、继续教育人数165万人次；农民参加各种培训74万人次以上；全市成人高校在校生20.9万人；成人中专在校生10.08万人；社会力量办学就学人数达173万人次；参加高等教育自学考试83万科次，全年专科和本科毕业生为5693人，在籍考生16万人。广播电视大学招收注册视听生4300人，其中30岁以上占34.6%，年龄最大的57岁。全市13.1万人参加全国计算机等级考试，有6000人参加外语水平考试。

成人教育培训工程实现阶段性目标。全市各委办、局，各区县，各级各类成人学校结合行业和地区经济发展，把实现成人教育培训工程的阶段性目标当做一项重点工作来抓，把实施成人教育培训工程作为推动本行业、本地区“两个根本性转变”的战略措施，作为人才培养和人力资源开发的重要手段。全年培训中高层次紧缺人才5万人次，培训转岗人员28万人次，培训乡镇企业职工37万人次。实现成人教育培训工程阶段性目标。

为巩固成人教育培训工程成果，市教委组织全市6个委办、12个综合局、18个区县实施成人教育培训工程情况的全面验收和评价，召开全市成人教育培训工程阶段总结表彰大会，表彰101个先进单位和118个先进个人。

为做好成人教育培训工程实施规划，市教委会同北京教科院和有关委办及区县，组织开展6个专项课题调研，对进一步实施成人教育培训工程进行深入调研。

1997年，成人教育的各项改革全面深化，社会效益进一步提高。全市进行市属30家企业和部分区县企业教育综合改革试点。围绕加快国有企业转换经营机制和建立现代企业制度中心目标，进行建立与现代企业制度相适应的教育培训管理模式、教育培训制度、教育培训运行机制及教育培训功能的探索。化工集团、首钢总公司、铁路分局、王府井百货大楼股份有限公司、地铁总公司、公共交通总公司、城建集团和住宅建设集团等企业，逐步改革企业教育体制，初步完善企业教育责任制和相应配套保障体系，调整和逐步优化企业教育结构，逐步形成机制灵活、形式多样、自我约束、自我发展的现代企业教育培训体系。

推进成人高等教育办学体制改革。市教委继续推进朝阳区试办社区学院的试点及部分成人高校的调整。为满足北京经济发展对高等职业人才的需求，共开设高职专业78个，招生3754人。推动成人院校面向21世纪的教学内容和课程体系改革。组织专家共审核批准14所成人高校、5所成人中专学校教育教学改革立项。通过改革试点，逐步实现培养目标从学科理论型到岗位实用型的转变，教学模式由理论主导型到技能主导型的转变。

开展学分制管理办学模式改革试点。针对学年制管理不能完全适应在职职工对接受中等职业教育需求的问题，进行学分制管理试点，在成人中专校中采取原单科累计制入学形式，建立具有宽进严出，选课自由、学习灵活、课程互通特点，通过累计学分，达到毕业标准的模式，以满足更多的从业人员接受中等专业教育的需求。

为促进专业建设，对独立设置的成人高校重点特色专业进行评估，共评出19所学校28个特色专业。根据面向21世纪，培养现代化建设需要的应用型、复合型、外向型人才的要求，市教委要求全市成人高等教育要把政治理论、外语、计算机、应用文写作和经济应用数学(限财经类、管理类)作为统设课纳入教学计划，要求有一定课时保证。成人中专基础课设置也提出相应要求。

加强对成人高中办学和教学管理。审批并备案57所成人高中学校(部)，加强教学管理工作。加强示范校建设。组织专家评审出5所示范性独立设置成人高校，6所示范性成人中专校，11所示范性乡镇农民文化技术学校。

建设高素质成人教育师资队伍。全市建立中文、经济、外语、政治、财会、计算机、数学和教育8个师资研修中心校。委托市成人教育学院对全市教育管理干部和教师的基本情况进行调查，提出《北京市成人学校教师继续教育工作的意见》和《北京市成人教育管理干部和教师培训办法》；召开全市成人教育管理干部和教师队伍建设工作会议，部署干部、教师培训工作。

1997年，北京市成人教育工作存在的困难和问题是：成人教育在各行业、各企业、各区县之间的发展还不平衡；成人教育的各项改革尚不适应经济体制改革和市民求学的需求；成人教育的投入与成人教育发展还有较大差距；成人教育法规制度建设有待进一步完善。

（吴晓川）

总 类

【批准21所教改立项学校】 7月8日，市教委发出通知确立16所成人高等学校、5所成人中等专业学校为教育教学改革立项学校。通知要求，项目所在学校要加强对立项项目的管理，按立项项目计划组织实施，应在每年年中和年底向市教委报告项目进展情况及阶段成果。教学改革立项的学校及项目有北京宣武红旗业余大学的实用美术专业教学改革，北京市丰台区职工大学的乡镇企业管理专业课程教学改革，北京市总工会职工大学的企业管理专业课程改革，北京市机械局职工大学的机械电子应用技术专业教学改革，北京市经济管理干部学院的成人高校加强计算机辅助教学的研究、企业管理专业（本科）培养目标及课程体系设置的整体研究，北京市财贸管理干部学院的商业企业管理专业教育教学整体改革研究，北京实验大学的建筑施工技术专业教育教学改革，北京市朝阳区职工大学的财务会计专业教学改革，北京市房地产职工大学的房地产开发与管理专业培养目标与课程改革，北京广播电视大学的零起点4—B英语教程，北京冶金管理干部学院的MG管理模拟教学方法的引进、开发与推广，中华女子学院的多媒体设备在成人高校推广现代化教学手段中的实践模式，北京市成人电子信息大学的计算机应用与管理专业的培养目标与课程改革，北京科技大学成人教育学院的普通高校成人高等专科教育培养目标研究，中国人民大学成人教育学院的成人高等教育基础课试题库管理研究，北京市成人教育学院的成人高等学历教育课程开发设计研究，北京市机械工业职工中专的工业企业财务会计专业教学改革研究，北京市丰台区职工中专的计算机专业教学改革研究，北京市大兴县成人中专的农村经济管理专业教学改革研究，北京市城建集团职工中专、市纺织工业总公司职工中专的成人中等专业教育未来服务对象及人才规格和质量标准的研究。

（张有声　刘金和）

成人高等教育

【概　况】 1997年，北京市共有各类成人高校145所，其中独立设置成人高校83所，函授、夜大学62所。在校生21.08万人，其中独立设置8.28万人，函授、夜大学12.8万人。学历教育招生3.43万人（不含外地招生，其中部属院校1.36万人，市属院校2.07万人），其中本科生0.66万人，专科生2.77万人；学历教育中高职专业录取0.25万人，“第二专业”学历招生1.07万人。在学历教育招生中25岁以上1.9万人，占44.6%。学历教育毕业7.19万人（部属院校5.25万人，市属院校1.94万人），其中本科生0.66万人，专科生6.53万人。

（张有声）

【加强学校办学管理】 6月24日，市教委与有关部门联合发文，对独立设置成人高校进行达标检查。根据国家有关部门的文件精神，与市物价局、市财政局联合发出《关于规范管理北京市成人学历教育收费标准及有关问题的通知》，并向成人高校新收费标准过渡。市教委提出《关于加强北京市高等学校校外教学班管理的意见》，使校外办学纳入有序轨道。

（张有声）

【评选28个特色专业】 上半年，市教委对北京市独立设置成人高校进行特色专业评估。共有25所独立设置成人高校（其中部委属7所）62个专业申请参加评估。其中，19所学校（其中部委属5所）30个专业参加复评。经报北京地区成人高等学校专业评估领导小组批准，28个专业被首批确定为特色专业。该特色专业包括北京市经济管理干部学院的企业管理、财务会计；北京市财贸管理干部学院的商业企业管理；中国工运学院的工会学；中华女子学院的社会工作（妇女工作管理）、学前教育；对外经济贸易管理干部学院的对外贸易英语、国际贸易；中国科学院管理干部学院的计算机应用、财务会计；北京市农业管理干部学院的乡镇企业管理；北京市房地产职工大学的中国古建筑工程、房地产开发与管理；北京教育学院的汉语言文学教育、教育管理、英语教育；北京市成人电子信息大学的计算机应用、财务会计；北京市总工会职工大学的企业管理；北京市计划劳动管理干部学院的劳动人事管理；北京市工艺美术品总公司职工大学的产品造型设计；北京市机械工业管理局职工大学的机械电子工程；北京市成人教育学院的教育管理；北京职工医学院的护理；北京市宣武红旗业余大学的实用美术；中央检察官管理学院的法律（检察）；北京市朝阳区职工大学的财务会计。

（张有声）

【确立7所成人高等教育示范校】 8月1日，市教委发出《关于评选北京市独立设置成人高校示范校的意见》及评选指标，在全市开展评选示范成人高校活动。经评审考核，北京市经济管理干部学院、北京市财贸管理干部学院、北京市农业管理干部学院、北京市总工会职工大学、北京市宣武红旗业余大学、中国工运学院、中华女子学院7所独立设置成人高校为示范校。

（张有声）

【制订学分制管理办法】 8月1日，市教委制订《北京市成人高校实施学分制管理暂行办法》和系统管理软件，要求在有条件的成人高校试行学分制教学管理。

（张有声）

【制订开设新专业管理办法】 9月15日，市教委针对特色专业评估中教学计划存在的问题，统一印制教学计划审批备案表，制订下发《北京市成人高校开设新专业管理办法》。该办法要求各校申报新专业时要有需求预测，要征求行业、地区主管部门的意见，按照国家教委有关文件精神，制订相应的教学计划和落实措施。

（张有声）

【召开高等成人教育研究会年会】 12月24至26日，北京市独立设置成人高校研究会和普通高校成人教育研究会联合召开年会，共同研讨成人高等教育改革和发展问题。会议表彰优秀论文21篇。

（张有声）

【建立6个中高层次人才培训中心】 年内，北京市对行业、企业发展进行调查，决定建立10个专项性中高层次紧缺人才培训中心。这10个中心全部在成人高校建立。至年底，在工业、商业、农业、外经贸、市政以及建筑业等6个行业建立培训中心。设立行业培训中心旨在发挥成人高校“以岗位培训、继续教育为重点”的办学优势。

（张有声）

【编制成人高校高职教学计划】 年内，市教委编辑出版《北京市成人高校高等职业教育专科专业教学计划（试行）汇编》。该汇编共收录21个专业教学计划，共计20万字。市教委要求各成人高校，必须保证各专业有课时、有措施、有教学基地，加强教学管理。

（张有声）

【成人教育培训中心成立】 年内，北京市成人教育培训中心成立。该中心系成人教育中介机构，是市成人高等教育及其他成人教育的服务部门。具有教材发行、资格审核、考务组织、信息咨询等功能。

（张有声）

【加强师资队伍建设】 年内，北京市建立中文、经济、外语、政治、财会、计算机、数学和教育8个师资研修中心校，任务是加强成人高校教师继续教育和开展教学研究，召开全市成人学校师资工作会议，作出《北京市成人学校教师继续教育工作的意见》和《北京市成人教育管理干部和教师培训办法》。至年底，部分成人高校教师中具有教授、副教授高级职称的占教师总数的27.9%，具有研究生学历的占教师总数的14.5%。

（张有声）

成人中等专业教育

【概　况】 1997年，北京市成人中等专业教育事业稳步发展，全市各类成人中专学校共招生30900人，毕业32600人，全市126所成人中专校（部）有在校生100863人；共开展各类短期培训12万人次。

（刘金和）

【举办多种职业技能培训】 年内，本市各类成人中专开展转岗培训达5000人次。为乡镇企业培养中专毕业生13900人，开展岗位培训50000人次。其中，北京一轻鸿运职工中专、北京市纺织工业总公司职工中专，朝阳、西城、丰台职工中专和北京中华会计函授学校，为下岗人员举办各种急需职业技能培训，对困难企业职工实行免费培训。

（刘金和）

【确定6所成人中专示范校】 年内，市教委批准北京市大兴县成人中等专业学校、北京市第二人民警察学校、北京中华会计函授学校、北京市机械工业职工中等专业学校、北京市朝阳区职工中等专业学校、北京市石景山区职工中等专业学校为示范性成人中专校。对新批准的示范学校给予教学设备支持。在办学上，在推荐优秀生免试升入成人高校的比例上以及在招生入学政策上给予政策倾斜。

（刘金和）

【进行示范校研讨】 年内，市教委针对示范校评审过程中暴露出来的带有共性薄弱环节，组织部分示范学校和申请学校共18所进行研讨和培训，从示范校建设指导思想到示范校建设过程需要注意及解决的具体问题，从质量提高到教学管理实务进行研讨培训。

（刘金和）

【369名学员保送到成人高校学习】 年内，市教委扩大成人中等专业学校保送优秀毕业生升入成人高校学习比例。对《关于从成人中等专业学校毕业生中选拔优秀学员推荐到成人高等院校深造的实施细则》做调整和补充，规范程序要求。推荐坚持民主、公开、公正、择优原则，严格选拔。为保证入学质量，对保送的优秀毕业生进行文化课测试，今年对49所学校推荐的398名学员进行语文、数学文化课测试，369名学员经测试合格被保送到成人高校学习。

（刘金和）

【进行学分制管理试点】 年内，市成人中专教育开展学分制管理办学模式改革的试点。试点本着按需施教、注重实效的原则，采取原单科累计制的入学形式，建立具有宽进严出，选课自由、学习灵活、就近选读、课程互通特点，通过累计学分，达到毕业标准的成人中等专业教育模式。

（刘金和）

【规范成人中专办学行为】 3月18日，市教委制订《北京市成人中等专业学校举办全日制中专班的若干规定》等规范性文件，建立专业设置审批、论证制度，规范校外联合办学和教学点的审批。在发挥成人中专多渠道，多层次，多功能办学的同时，有效地规范学校的办学行为。

（刘金和）

企业教育综合改革

【召开市企业管理干部培训工作会】 3月19日，北京市企业管理干部培训工作会议召开。会议总结“八五”期间市企业领导干部培训工作，部署“九五”期间全市企业管理干部培训工作，下发《北京市“九五”企业管理干部培训规划》，就贯彻全国管理干部培训纲要作动员。阳安江在讲话中强调：①各级领导要充分认识培训适应社会主义市场经济发展需要的企业经营管理者队伍的重要性、紧迫性。②国有企业的领导干部一定要提高自身的素质，确定大境界，开拓新思维。③企业教育要加大改革力度，努力提高培训质量。④要使企业管理干部的培训工作尽快走上制度化轨道。区县各委办局、总公司、企业集团、大企业主管干部培训工作的负责人，及承担企业领导干部培训任务的培训院校的负责人，国家经贸委培训司、市委组织部、市总工会、市教委、市商委、市建委、市外经贸委有关领导参加会议。

（晋　轩）

【进行企业教育综合改革调研】 7至10月，市教委对本市30家企业教育综合改革试点企业和部分有代表性的国有大中型企业进行企业教育综合改革专项调研。该调研涉及建筑、纺织、机械、铁路运输、食品、汽车等18个在全市经济发展中起重要作用的行业。通过调研掌握企业教育综合改革试点企业进一步实施企业教育综合改革的进展状况。

（侯劲松）

【召开企业教育综合改革研讨会】 年内，市教委召开企业教育综合改革研讨会。国家教委、市教委领导及本市改革试点单位负责人共60余人参加会议。会议结合开展企业教育综合改革，建立现代企业教育制度展开讨论。会议认为，本市开展企业教育综合改革以来，企业教育对企业经济发展起到重要作用。会议还就企业综合改革地位、作用、目标，进行深入探讨。

（侯劲松）

农村成人教育

【概　况】 1997年，北京市有郊区县成人教育中心8个，276个乡镇建立乡镇成人学校，共有示范性乡镇成人学校29所，4000余个行政村，60%建立成人学校。农民中等专业学校16所，招生5665人，在校生16583人，毕业生4496人；教职工910人，其中，专任教师424人。农民中学4所，在校生728人，招生610人，毕业生255人；教职工92人，其中，专任教师32人。农民技术培训学校205所，在校生69908人，招生259718人，毕业生386241人；教职工总数1789人，其中，专任教师 472 人。

（魏　强）

【检查 8 个成教培训中心】 10 月 15 至 31 日，市教委对建成的 8 个郊区县成人教育培训中心进行检查评估，了解区县成人教育中心建设情况，实地考察中心校容校貌。市教委领导对检查结果满意。年内，市教委制订《关于进一步加强郊区县成人教育中心建议和管理意见》，对郊区县成人教育中心的性质、功能、机构设置、基本标准及检查评估等提出明确规定。至年底，本市共建立房山、通州、朝阳、怀柔、密云、顺义、昌平、大兴 8 个远郊区县成人教育培训中心。

（王勤增）

【进行乡镇管理岗位资格证书试点】

11 月 4 日，市教委制定《关于在房山等地区（单位）开展北京市乡镇企业管理岗位资格证书试点工作的通知》。该通知对本市乡镇企业管理岗位资格证书培训试点工作的组织领导、试点区县和单位、试点内容和完成时间作出具体规定。通知要求各试点单位结合市乡镇企业实际和特点，在厂长（经理）、市场营销、技术质量、财务管理等 4 个主要管理岗位试行资格证书试点。通知要求各乡镇企业通过试点在乡镇企业管理性、技术性岗位逐步实行职业资格培训制度。

（王勤增）

【京郊近万名从业人员获绿色证书】

至年底，京郊农村地区粮、菜、果、畜、农机、水产 6 大专业中，10%至 20%继续接受绿色证书教育，其中 1 万人取得绿色证书。本市累计京郊农村地区绿色证书培训近 9 万人。其中开展绿色证书培训最早的大兴县已有 1.5 万人获得绿色证书。

（王勤增）

【乡镇企业职工培训工程超额完成】

至年底，本市农村乡镇企业职工培训工程（1515 工程）超额完成。为全市乡镇企业共培养大专生 24295 人（含在校生），完成计划指标的 205%；中专生 78726 人，完成计划指标的 138%；新增加专业技术人员 29854 人，完成计划指标的 239%；岗位培训 905158 人次，完成计划指标的 163%。本市农村乡镇企业中大专学历的人员比例由 1993 年的 0.3%提高到 2.4%；中专生比例由 0.7%提高到 7.3%；专业技术人员比例由 1.38%提高到 8.3%。骨干乡镇企业基本配齐“四师”（工程师、经济师、会计师、统计师）。本市乡镇企业职工培训工程始于 1994 年。该工程要求到 1997 年，全市为乡镇企业培养 1 万名高等专业技术人才（含在校生），平均每年招生 2500 人；5 万名中等专业技术人才（含在校生），平均每年招生 12500 人，使大专以上学历的人才由 0.3%上升到 1.4%，中专学历的人才由 0.7%上升到 6.3%，在专业结构、数量和质量上基本能适应乡镇企业发展的要求。依据乡镇企业职工培训工程要求，本市各乡镇企业要广泛开展专业技术人员培训，使有专业技术职称的人员增加 1 万名，从占职工总数的 1.38%上升到 2.1%，初步形成结构合理，基本适应乡镇企业现状发展的专业技术队伍。

（李淑清）

【农村实用技术培训工作取得成效】

年内，各成人学校继续加强农村实用技术的推广培训，取得明显经济效益。怀柔县宝山寺乡成人学校先后推广玉米地膜覆盖技术、庭院栽培技术、果树栽培技术、水稻抛秧技术和肉鸡饲养技术。该乡 190 多个养鸡户，有 152 人获得绿色证书，出售肉鸡由 1991 年的 19 万只，提高到 1996 年的 82.5 万只，全乡人均收入增加 150 元。顺义县北务镇成人学校对全镇菜农进行大棚蔬菜实用技术培训，由原种粮亩效益 200 至 250 元，增加到种菜亩效益 6000 至 10000 元。通过开展果农培训，80%农民摆脱贫困，人均收入达 1200 多元。平谷县大华山镇通过乡校培训使农民掌握大桃技术，1996 年，全乡大桃收入达万元的 1297 户，2 至 3 万元的 191 户，4 至 5 万元的 66 户，成为远近闻名的大桃之乡。

（王勤增）

【11 所乡校达到市成人教育示范校标准】 年内，市教委修订《北京市乡镇成人教育示范学校评审指标细则》。按照评审指标细则，组织专家对申办示范校的乡镇成人学校进行评审。11 所学校达到市乡镇成人教育示范学校标准。11 所学校是：朝阳区金盏乡成人学校、海淀区玉渊潭乡成人学校、通州区马驹桥镇成人学校、顺义县天竺镇成人学校、顺义县李遂镇成人学校、昌平县崔村乡成人学校、房山区房山街道办事处成人学校、密云县溪翁庄镇成人学校、怀柔县怀柔镇成人学校、平谷县熊耳寨乡成人学校、延庆县珍珠泉乡成人学校。到年底，北京市已经有 29 所乡镇成人学校达到示范标准，被评为示范性乡镇成人学校。据有关规定，市财政对经市教委评审批准建立的示范性乡镇成人学校，将奖励 15 至 20 万元设备经费，以帮助示范校发展建设。

（李淑清）

【京郊区县乡镇成人学校呈现三种办学模式】 年内，本市乡镇成人学校呈现三种办学模式：①自主型：密云县密云镇、怀柔县北房镇等成人学校，学校独立设置，校舍面积达 1000 平方米以上，办学条件较好，有一支专职教师队伍。②联姻型：即坚持农、科、教结合，文化、体育、教育结合，这类学校大多属规模型，校舍实现楼房化，实力较强。③挂靠型：即发挥其它部门人、财、物优势，按成人教育教学规律管理人员、资金，培训统一安排。

（邢朝利）

计算机社会化培训

【概　况】 1997年，北京地区全国计算机等级考试培训与考试工作发展迅速，已形成具有相当规模的社会培训与考试项目，该项考试的社会知名度越来越大，考生报名十分踊跃，用人单位对该项考试反应良好。报考人数由上年的56806人，增加到129679人，其中报考一级B类50355人，报考一级53560人，报考二级25030人，报考三级734人。全年共有70800人通过考试，其中一级B通过37776人。一级通过25245人，二级通过7681人，三级通过98人。

（侯劲松）

【计算机等级考试45岁以下考生占97%】 下半年，机关单位考生13308人，占考生总数的16.7%；国有企事业单位考生32605人，占41%；其中机关、国有企事业单位报考一级B类考生29942人，占同级别的37.6%。从考生年龄看，18岁以下占总数的19.1%；19至25岁占29.9%；26至30岁的占报名总数的15.1%；31至35岁的占15.7%；36至45岁占17.2%；45岁以上占3%；考生年龄结构趋于年轻化，报考一、二级的考生人数增加。

（侯劲松）

【计算机等级考试报考人数增加】 年内，全国计算机等级考试的报考人数大幅度增长，报考一级B的考生由上年占总报考人数的21%增至39%。从上半年与下半年对比看，报考一级考生增加7194人，报考二级考生增加5282人，报考一级B考生增加17015人。

（侯劲松）

【工商银行北京分行计算机等级考试通过率91.7%】 年内，工商银行北京分行共有1282人参加全国计算机等级考试，其中1176人通过考试，通过率达91.73%。在通过考试人员中，优秀438人，占37.24%；良好435人，占36.99%；及格303人。该分行重视计算机培训工作，新建一个拥有40个机位的机房，使得干部培训中心考点拥有机房3个，586型计算机100台。该分行教育部门选聘优秀教师，合理安排教学计划，全年拟办培训班18期，实际完成25期，累计培训840人。

（侯劲松）

【西单商场要求青年干部参加计算机考试】 年内，西单商场股份有限公司制订计算机等级考试培训计划，要求45岁以下中层干部必须通过一级B类考试。该公司共有98人参加计算机等级考试，其中37人优秀，占37.8%；31人良好，占31.6%；22人合格，占22.4%；通过率91.7%。

（侯劲松）

【计算机等级考试点增至98个】 年内，北京市行政区域内承担全国计算机等级考试考点增至98个。其中普通高校考点17个，占17.3%；成人高校考点38个，占38.8%；中专考点19所，占19.4%；社会团体考点15所，占15.3%；中学考点1所，占1%；教育事业单位考点8所，占8.2%。有87个考点承担一级B的考试工作。

（侯劲松）

远距离教育

北京广播电视大学

党委书记　孙玉华（8月免）
　　　　　卢松明（8月任）
校　　长　胡昭广（兼）

【概　况】 1997年，北京广播电视大学设有理工、文科、经济3个教学部和实验、电教2个中心。全市各区县、各系统设电大分校、工作站53个，教学班点300个。设置文、经、理、工、法5个学科门类的37个本专科专业，在校生10398人。其中高等专科学历教育设置31个专业，在校生5664人（含第二学历教育1448人）；本科生（专升本）开设法学、英语教育、计算机应用3个专业，在校生425人；注册视听生开设英语、法律、财务会计、应用电子技术4个专业，在校生4309人。招生7236人，其中本科生200人，专科生2727人（含第二学历1073人），注册视听生4309人。毕业生4018人。各种非学历教育结业2307人，招生279人，在校生5580人。全市电大教职工总数654人，其中校本部252人。教职工总数中有专任教师192人。教师中具有高级职称56

人，中级职称88人。另有外聘兼任教师182人，其中具有高级职称78人，中级职称101人。校本部校舍建筑面积15236平方米。其中有大演播室（260平方米）、小演播室（100平方米）、编辑室、标准录音室等电教专业用房以及视听阅览室、语音教室、多媒体计算机实验室、财会实验室等20多种专用教室和实验室。有图书资料4万册，音像资料9156盘（盒）。

（张　红）

【接待台湾空中大学校长来访】 3月31日，台湾空中大学一行35人由校长陈义扬博士率领到北京电大参观访问。北京电大领导与陈义扬校长进行交谈，双方就共同关心的远距离教育发展问题交流看法，表示将积极推动双方合作关系。

（陈　平）

【国际远距离教育理事会主席来访】 4月4日，国际远距离教育理事会主席阿默德罗·特维德（Armando Tvindade）和秘书长瑞德·欧（Reidar Roll）到北京电大访问。双方就远距离教育发展以及共同关心的问题进行交谈。阿默德罗·特维德参观该校电教设备和计算机实验室，并到北京电大工商银行分校参观访问。

（陈　平）

【成立现代教育技术研究室】 4月8日，北京电大现代教育技术研究室成立。该室隶属理工教学部，其业务受学校和理工部双重领导，其主要任务是促进广播电视教育工作的发展，研究并实施现代教育技术在电大教育中的应用及进行现代教育技术的推广和培训工作。

（陈　平）

【成立北京老年电视大学】 4月30日，北京老年大学在北京电大成立。何鲁丽、陈广文任北京老年电视大学名誉校长、马叔平任校长。何鲁丽、徐锡安为北京老年电视大学校牌揭幕并讲话。北京老年电视大学为北京电大二级学院。办学宗旨是利用现代化远距离教育手段，在北京地区老年人中开展继续教育和社会文化生活教育。全部课程实行开放学习，成绩合格者可单科结业，结业课程累计6门60学分后，颁发北京老年电视大学学业证书。

（陈　平）

【电视教学片《电机学》获奖】 4月，北京电大电视教学片《电机学》在全国电大音像教材选优评估中获课程类二等奖。该教材是全国电大发电厂及电力系统专业的基础理论课教材，由北京电大与中央电大共建。其录像教材由北京电大电教处制作，曾被北京高教学会电教研究会评为B类教学片一等奖。

（陈　平）

【两校迁入新校舍】 5月，北京市广播电视中等专业学校和北京市农业广播电视学校两校搬入位于北京朝阳区安外小营育慧里7号的新校舍办公，至此结束两校自84年建校以来租借校舍的历史。新校舍共3500平方米，其中，重点加强教学设施建设，更新配套较先进的电教设备，建立计算机、语音、财会模拟3个标准专用教室和图书阅览室等，基本达到市教委独立设置成人中专学校校舍和教学设施达标要求。

（张　红）

【被评为全国计算机信息技术考试站】 5月，经国家劳动部职业技能鉴定中心批准，北京电大成为北京市首批全国计算机信息技术考试站和培训单位。3名教师具备计算机高新技术考试办公软件应用模块考评员资格，获国家劳动部职业技术鉴定中心考评员资格证书。

（张　红）

【获微软授权培训中心】 5月，经微软（中国）有限公司审核，北京电大被授予微软授权培训中心称号。至年底，开展3期培训，共培训80余人。

（张　红）

【进行多媒体教材评估】 7月16日，北京电大首次进行多媒体教材评估活动。评估由中央电大主持。通过对《老年保健》电视教学片的研讨和客观评价，提高与会人员对多种媒体教材建设认识。北京电大的领导、学术委员、教学部门、教学管理部门负责人及有关教师参加评估。

（陈　平）

【确定16个单位为视听生试点单位】 7月15日，市教委批准北京电大培训部等16个单位为北京广播电视大学高等专科“注册视听生”教育试点单位，试行招收“注册视听生”。北京广播电视大学高等专科“注册视听生”教育试点单位有北京电大培训部、东城区电大分校、西城区电大分校、宣武区电大分校、朝阳区电大工作站、怀柔县电大分校、房山区电大分校、门头沟区电大分校、密云县电大分校、海淀区电大工作站、丰台区电大工作站、石景山区电大工作站、通县电大工作站、铁道部电大工作站、航三电大工作站、首钢电大工作站。

（魏　强）

【招收首批“注册视听生”】 7月25至26日，北京电大首次招收广播电视大学“注册视听生”。“注册视听生”是经国家教委批准，广播电视大学实施开放办学的一种新型教育形式，凡具有高中或同等学历的在职人员和社会青年，经报名办理注册学习手续后可以免试入学。学习形式以自学和收视电大教育课程及接受辅导相结合进行，实行完全学分制，注册学习后，成绩在8年内有效。必修课程考试由国家教委高等教育自学考试办公室负责，选修课程由北京电大负责。学生取得规定的总学分，思想品德经鉴定合格即可获得中央电大颁发的国家承认的高等教育专科毕业证书。北京电大首招“注册视听生”，共设财会、法律、英语、应用电子技术4个专业，共入学4309人。

（陈　平）

【获全国教育电视节目二等奖】 8

月，由北京电大制作的老年电视大学《老年保健》电视教学片在第3届全国教育电视节目评奖会上获教学类节目2等奖。

（陈　平）

【两所中专校并入北京电大】　9月1日，北京市广播电视中等专业学校、北京市农业广播学校正式并入北京电大，成为北京电大下属中专部（正处级单位），对外保留北京市广播电视中等专业学校、北京市农业广播电视学校牌子和独立法人资格，实行独立办学。

（陈　平）

【教学评估工作起步】　10月，北京电大按照中央电大部署开始教学评估工作。评估分为自评、复评、验收3个阶段。北京市成立评估领导小组、专家组和工作小组。至年底，北京电大完成学生调查表和教师调查表发放工作，回收率分别为98.9%和100%。

（张　红）

【制订精神文明建设实施意见】　10月，北京电大党委制订《北京广播电视大学党委关于加强社会主义精神文明建设的实施意见》(1997—2000年)。该意见提出加强思想理论建设；深化爱国主义教育；加强艰苦创业精神的教育；大力加强社会主义道德教育；深入开展“三五”普法教育；积极开展校园文化活动；努力搞好校园环境建设；广泛开展群众性精神文明创造活动。

（张　红）

【召开远郊分校工作站发展研讨会】　12月4日，北京电大在大兴分校召开远郊区县电大分校、工作站发展研讨会。大兴分校在会上介绍办学经验。与会人员结合大兴分校经验，就如何发展本市远郊区县电大教育形成共识。会议认为电大要认清形势，抓住机遇，增强竞争意识，克服“等、靠、要”思想，积极研究社会需求，主动为当地经济发展提供教育服务。

（张　红　马玉明）

【获市成教培训工程先进单位】　12月，北京电大被市教委评为1994至1997年实施成人教育培训工程先进单位。自1994年起，北京电大组织实施市成人教育培训工程中高层次紧缺人才培训工程，开设15个第二学历教育专业、3个“专升本”本科专业，共招生3650人，其中60%来自本市远近郊区县。开设全国计算机等级考试培训、新税法知识培训、企业所得税操作实务培训、会计电算化培训等多项培训项目，共培训14455人。

（张　红）

【电视中专发展多层次办学】　年内，北京市广播电视中等专业学校和北京市农业广播电视学校深化招生工作改革，根据首都经济发展需要，增设计算机应用、文秘、乡村现代化综合管理等4个专业，招生专业达到15个。增加招收单科生人数，两校53个工作站和一所分校共录取全科生5227人（其中应届初中毕业生全日制班2124人，成人业余班3103人；电中3847人，农广校1380人），招收单科生累计5811人。共毕业13622人（其中电中11692人，农广校1930人）。

（张　红）

【多媒体教材建设取得进展】　年内，北京电大《大学语文》、《成功广告案例分析》、《4B英语教程》、《计算机基础》4门重点课程中，《计算机基础》录像教材和CAI课件制作完成，其它3门课程的文字教材通过专家审定，音像教材开始制作。老年电视大学系列课程完成《老年保健》、《唐诗宋词选讲》、《老年人权益保障法》、《中国书法艺术》4门课程，共80多讲。制作《税法》、《大学英语》、《大学物理》、《世界市场行情》等6门期末复习课和辅导课音像教材。

（张　红）

【加强现代化教学设施建设】　年内，北京电大购置多媒体讲台、语音信箱等现代化教学设备，进行电教设备的更新，添置Beta系列录像机、摄像机、特技切换台、字幕动画机以及非线性编辑系统等设备。逐步完善计算机管理系统，建立总线类型教务管理局域网，招生的各种信息、教务管理软件、学籍管理子系统等均在网上运行；北京电大实现与全国各地电大及下属21个分校、工作站之间点对点通讯。

（张　红）

【加强师资培训】　年内，北京电大采取送出去进修和校内组织培训的办法加大内部人员培训的力度。教师中参加硕士学位和研究生课程进修的12人，约占校内教师人数的15%；教职工中参加本科、大专、中专等学历进修27人，占教职工数的10%以上。参加高校师资培训中心举办的教育管理培训班和知识产权培训班等各种新知识新理论学习的71人次，占教职工总数的30%。

（张　红）

社会力量办学

综　　述

1997年，国务院颁发《社会力量办学条例》，国家教委下发《关于实施〈社会力量办学条例〉若干问题的意见》。市教委及时转发有关文件，研究制订具体实施意见；聘请国家教委参与起草《条例》的有关人员，进行辅导；组织各区县教育行政部门负责社会力量办学管理工作干部学习；市、区县教育行政部门分别举办各类教育机构校长（主任）培训班。通过学习和培训，使教育行政部门和教育机构都增强依法行政和依法办学意识。为进一步规范社会力量办学工作，市教委印发《民办高校招生管理规定》、《社会力量办学董事会设立的规定》等规范性文件，对校外乱设点乱办班现象进行清理和整顿，制订教学点有关管理和登记备案规定，要求教育机构在自行清理基础上，对教学点重新确认和登记。

1997年，北京社会力量办学年检工作重点是对教育机构的办学方向、招生广告（简章）、教学质量、学校证书、财产财务管理等方面进行检查。年检前市属民办高校共计95所，年检合格80所，缓发办学许可证9所，停办6所。

1997年，北京社会力量办学评估工作全面展开。根据国家教委《关于加强社会力量办学管理工作的通知》精神，市教委从上年开始对民办高校进行管理水平综合评估的准备和启动工作。11月底，圆满完成评估任务。本市参加评估学校共77所，其中面授高校60所，函授高校17所，暂缓评估学校12所。评估结果：面授高校中优良学校19所，占总数的24.7%；合格学校24所，占总数的40%；基本合格学校15所，占总数的25%；不合格学校2所，占总数的3.3%。函授高校中优良学校2所，占总数的11.8%；合格学校10所，占总数的58.8%；基本合格学校4所，占总数的23.5%；不合格学校1所，占总数的5.9%。

1997年，高等教育学历文凭考试试点工作逐步完善。经民办高校专家评估委员会评估，原15所高等教育学历文凭考试试点校中，2所评估为不合格学校，取消高等教育学历文凭考试资格；另有11所评估优良等级的学校批准参加高等教育学历文凭考试试点校。为加强学历文凭考试教科研工作，探讨学历文凭考试制度的管理、运行机制，建立由24所文凭考试学校参加的校长联席会，定期研究分析有关问题。为了提高高等教育学历文凭考试的教育教学质量，市教委组织文凭考试学校，对市属的85门课程编写教学大纲，编写要求及编写任务都已落实。

北京市是社会力量办学起步较早城市，办学18年来初步形成多形式、多规格、多类型，长短结合，面授与函授结合，学历与非学历结合的办学格局，开设专业、门类上千种，在学学生170余万人次，基本满足社会经济发展需求。为求学者提供更多接受教育和培训的机会。

北京社会力量办学校依法办学意识逐步加强。1997年，《条例》颁布后，学校结合学习贯彻《条例》，建立健全管理机构，修订和完善规章制度、招生广告（简章）、财务管理等逐步规范化，学生管理，教学质量有较大提高。

针对社会力量办学层次多，招生对象广泛，办学人员水平参差不齐等状况，市教委分别制定民办面授高校，民办函授高校综合评估指标体系及实施细则，制订区县所属民办中等层次和培训机构综合评估指导性指标，8个区县教委（成教局）结合本地区实际，制订具体评估办法，市区县30余支评估组进入教育机构评估，通过学校自查、整改，促进学校发展，行政部门运用评估手段，发挥评估专家优势，在评估中体现出对教育机构的引导和管理。

截至1997年底，北京市共有社会力量举办的各类学校2082所，在校生870221人，招生820922人，毕（结）业897992人，教职工共计25245人，其中，专任教师12308人，行政人员12937人。另有兼职教师50012人。在社会力量举办的学校中，中等专业学校12所，高等教育学历文凭考试试点校24所，不具备颁发国家学历文凭资格的高等学校65所，其他学校1981所。

各类社会力量办学（校）共有藏书2067.60万元，仪器设备价值35158.2万元，财产共计150488.3万元，其中，固定资产49084.2万元，创办人投入53254.1万元，办学积累39618.24万元，捐赠8531.68万元。学校占地10048991平方米，校舍建筑面积共计5017151平方米，其中，自有4001257平方米，租用1015894平方米。

1997年，北京市社会力量办学存在着：①办学意识有待进一步提高；②法制建设需进一步完善；③教育机构办学指导思想有待端正等问题，亟待在以后的改革和发展中逐步解决。

（陈继霞）

年检·评估

【中等学校教学评估启动】　7月，市教委发布《关于在北京市社会力量举办的中等层次学校及教育机构进行管理水平综合评估的意见》和《北京市社会力量举办的中等层次学校及教育机构管理水平综合评估指标体系》等文件，要求全市各级各类教育机构开展评估工作，并在西城区进行评估试点工作。

（杨　颉）

【民办中小学幼儿园在校生占全市学生总数的0.9%】　至年底，北京市批准民办中小学、幼儿园50所。分布在东城、西城、朝阳、海淀、丰台、石景山、房山、通州、大兴、昌平、顺义等11个区县。该类学校占全市中小学、幼儿园总数的0.8%左右。约有17000名学生在民办中小学幼儿园学习，占全市中小学、幼儿园在校生总数的0.9%左右。

（魏　强）

【2082所教育机构年检合格】　年内，市教委重点检查教育机构的办学方向、办学条件、教育机构（校董会）章程、教学质量、招生广告（简章）、颁发证书、教育机构名称、举办者资格、财产财务管理等方面。至年底，全市各级各类年检合格教育机构2082所。其中，实施高等教育学历文凭考试民办高校24所，实施高等教育自学考试助学民办面授高校46所，实施函授教育的民办高校19所，实施中等及中等以下教育的教育机构1993所。年检前，全市各级各类教育机构2297所，年检中停办或缓办的共215所。

（杨　颉）

【核发办学许可证】　年内，市教委要求参加年检的教育机构向教育行政部门提交年检工作总结、办学许可证（正副本）、办学者资格证明、办学章程、财务报表、物价收费许可证、一年中所发布的招生广告（简章）和证书式样等材料。教育行政部门对教育机构进行逐校检查验收。

（杨　颉）

【14所学校停办或改为培训中心】　年内，本市部分民办高校在评估准备期间，对照评估要求，感到距离相差甚远。其中，4所学校提出停办或改为培训中心，12所学校申请缓评，进行自我完善。

（白　洁）

【成立评估工作领导小组】　年内，市教委成立社会力量办学评估领导小组，组长徐锡安。同时，成立民办高校评估专家委员会，尤文任主任。成立由普通高校、成人高校共43名专家组成的评估专家组。

（杨　颉）

【进行民办高校管理水平综合评估】　年内，市教委继续对民办高校开展评估工作。本年共评估民办高校51所，民办面授、函授高等院校77所。其中，在60所民办面授高校中，优良校（评估分数在160分以上的）19所，占31.7%；合格校（评估分类在140至160分之间的）24所，占40%；基本合格校（评估分数在120至140分之间的）15所，占25%；不合格校（评估分数在120以下的）2所，占3.3%。在17所民办函授高校中，优良校（评估分数在80分以上的）2所，占11.8%；合格校（评估分数在70至80分之间的）10所，占58.8%；基本合格校（评估分数在60至70分之间的）10所，占23.5%；不合格校（评估分数在60以下的）1所，占5.9%。

（杨　颉）

社会力量办高等院校

京师科技学院

【概　况】　1997年，京师科技学院以外语、经贸、文法三大类学科为主，开设涉外英语、涉外日语、俄语、国际贸易、财务会计、财务计算机、商业管理、中文、新闻与创作、文秘与办公自动化、法律12个专业，有教学班28个，招生413人。在校生近800人。该校专兼职教师百余人，其中教授、副教授占70%以上，专职管理干部48人。是北京市高等教育学历文凭考试试点校。

（郭玉秀）

【以优良成绩通过市教委评估】　1月6至8日，京师科技学院以优良成绩通过市教委评估。评估专家组听取该校自评工作报告，检查教室、宿舍、食堂等教学设施，查阅各种文书档案材料，并召开部分教师、学生座谈会。专家组认为：该校在行政、教学、学生和财务4个方面综合管理水平均取得成绩。

（郭玉秀）

【获全国民办高校先进单位】 9月13日，在全国民办高教委公布的第二批表彰民办高校先进会员院校名单中，京师科技学院当选为全国8省23所优秀民办高校之一。10月31日至11月5日全国民办高校(北片)扩大会议上，该校再次获得民办高校先进单位。

(汪毓馥)

【召开北京地区学生家长会】 10月28日，京师科技学院召开北京地区学生家长会，200名北京新生家长到会。该校学生多为高考落榜生、学习基础较差、居住分散。学校与家长座谈，听取意见。家长对学校教学管理满意。

(郭玉秀)

【召开首届院团代会学代会】 11月，京师科技学院召开首届团代会和学代会，150名学生代表参加会议。会议听取前任团总支、学生会工作报告和23名候选人竞选演讲，以无记名投票方式选举产生团总支和学生会委员。

(张显传)

【加强教学工作】 年内，京师科技学院根据国家文凭考试要求，按国考课、市考课、校考课规定，保证各专业15门课程不少于1500学时，对考试内容、教学时数、选考课进行研究与安排。根据各专业特点和市场对人才的需求情况，开设10至15门特色课。

(郭玉秀)

北京兴华大学

【概　况】 1997年，北京兴华大学有专职教职工111人，兼课教师146人(其中副教授以上占85%)，在校生2382人，招生1370人，毕(结)业738人。学校设7个系17个专业，分布在5个教学点上课，有计算机房4个，计算机100台(其中586型60台)，语言教室3个，校舍面积26887平方米。年内，学校通过市教委办学评估。

(王鸿志)

【接管京桥大学教学点】 7月2日，北京兴华大学接管京桥大学唐家岭教学点。8月，以北京兴华大学东北旺上地教学点开始招生，同时完成两校财产审计，实现财务、教学统一。

(王鸿志)

【召开教学工作会】 9月23日，兴华大学召开新学年教学工作会，校领导和有关方面26人到会。会议研究新学年教学工作要点，分析文凭考试教学中存在的问题，提出教学工作奋斗目标。即：各班出勤率达到95%以上；作业完成率达到90%以上；自习到课率达到80%以上；文凭考试单科及格率达到75%以上。会议印发《教学管理工作的几点补充意见》，要求各部、系贯彻执行。

(王鸿志)

【接待外国访问学者】 年内，北京兴华大学先后接待韩国龙仁大学教务长申向星教授、加拿大格兰特克埃文社区大学学术副主席萨尔·罕发斯(Sherry Rainsforth)博士、美国德克萨斯州中医学院院长林曹平惠教授、日本帝京大学总长冲永庄一教授代理和德国国际咨询中心维尔纳一柯赫教授等友人来校访问交流办学经验，探讨合作办学意向。

(王鸿志)

北京建设大学

【概　况】 1997年，北京建设大学设6个教学部，开设国际金融、国际贸易、涉外会计、旅游管理、英语文秘、计算机应用、法律、工业与民用建筑、室内设计、服装设计、装潢设计等专业，在校生1353人，教师来自北京高等院校，绝大多数具有高级职称，教学质量较高。该校是北京市24所国家文凭考试试点学校之一。历届毕业生就业率达80%以上。年内，通过市教委办学质量评估，学校被评为优良学校。

(刘凤海)

【北京建设大学获全国民办高校先进单位】 年内，北京建设大学被中国成人教育协会，民办高等教育委员会授予民办高等学校先进单位称号。

(刘凤海)

中华女子学院

【概　况】 1997年，中华女子学院设社会工作与行政管理系、学前教育管理系、秘书系、法律系、经济管理系、外语系、艺术系7个系，共14个专业，其中社会工作管理(妇女工作管理)专业和学前教育管理专业被评为北京市成人高校特色专业。该校设有理论部、基础部2个部，培训中心、电教计算机中心、妇女研究与信息中心3个中心。中华女子学院在山东省济南市设有1所分院，院本部教职工264人，专任教师91人，其中，教授4人，副教授32人，讲师32人。还聘请30余名客座教授及兼职教授。学院(包括分院)共有各类在校生1435人，其中普高本科生160人，成人本科生76人，成人专科生1199人。全年共招生688人，其中普高本科生80人，成人本科生23人，成人专科585人。毕业生502人。学院本部整体占地11万平方米，总体规划建筑面积8万平方米。一期工程已建成3.7万平方米，二期工程已陆续开工，已建成200米跑道操场，2号学生宿舍基本建成。图书馆使用面积共计2000多平方米，藏书11万余册，资料室订有470余种报刊。由德国MISEREOR基金会通过香港理工大学资助，建立社会工作图书馆。建立女性学书库及比较齐全的女性资料信息室。1997年，中华女子学院被国家教委评为51所成人高校优秀学校之一。

（秦 正）

【接受香港企业家捐助】 7月2日，香港女企业家龚如心向中华女子学院捐款500万元港币，用以奖励该院优秀师生。

（郑伟工）

【合办研究生班】 10月4日，中华女子学院与南开大学合办的研究生班开学。南开大学人口经济学研究所及学院有关人员到会。

（郑伟工）

【举办预防和制止家庭暴力研讨会】 10月9至10日，中华女子学院法律系与中国心理卫生协会妇女健康与发展专业委员会联合举办预防和制止家庭暴力研讨会。会议交流不同地区预防和制止家庭暴力方面的经验和措施。国内外有关专家、学者及有关人员近70人参加会议。

（郑伟工）

【接待外国友人来访】 10月23日，加拿大原驻华使馆文化参赞查尔思·伯顿率团访问中华女子学院。该访问团由德国、芬兰、西班牙、希腊、葡萄牙、意大利、英国等国大使、公使夫人及使馆人员11人组成。全国妇联国际部及该学院领导师生共20余人参加接待。

（郑伟工）

【计算机应用模块培训班结束】 11月8至30日，中华女子学院计算机中心与劳动部北京现代企业经营管理学校联合举办全国计算机办公软件应用模块（WINDOWS平台）考试培训。来自两校的41名学员参加学习。

（郑伟工）

【多媒体设备应用课题获教改立项】 12月26日，中华女子学院教师潘晓南主持的科研课题《多媒体设备在成人高校推广现代化教学手段中的实践模式》被批准为全国成人高等学校、成人中等专业学校教育教学改革项目。

（郑伟工）

燕京华侨大学

【概 况】 1997年，燕京华侨大学共开设外贸英语、涉外会计、国际贸易、国际金融4个专业，学制4年。全年在校学生524人。招生141人，毕业学生120人。该校实行董事会领导下的校长负责制，由北京市归国华侨联合会创办。

（刘金菁）

【接受海外华人捐赠】 6月25日，燕京华侨大学举行陈子兴捐款仪式。陈子兴是印度尼西亚华人企业家，他捐款100万元用于燕京华侨大学建设。11月，该校再次接爱印尼华人王景琪捐资100万元。该校领导经常与东南亚各国华人、华侨保持联系，在学校的建设中，得到他们支持。

（刘金菁）

【市人大代表视察燕京华侨大学】 10月21日，市人大代表一行17人视察燕京华侨大学。代表们听取学校工作情况汇报，对学校所取得的成绩给予肯定。

（刘金菁）

【成立教育科研室】 年内，燕京华侨大学成立教育科研室。该科研室负责组织教育理论学习和教育教学研讨会。至年底，该教育科研室共编印反映学校工作动态的《燕京华侨大学简讯》共10期。

（刘金菁）

【连续5年获首都文明单位标兵称号】 年内，燕京华侨大学再次获得首都文明单位标兵称号，这是该校连续第5年获得这项荣誉。本市只有两所学校连续5年获得首都文明单位标兵称号。

（刘金菁）

【管理水平综合评估名列榜首】 年内，市教委组织专家小组对北京市面授民办高校的管理水平进行综合评估，燕京华侨大学名列榜首。

（刘金菁）

【学历文凭考试综合及格率76%】 年内，全校学生参加国家学历文凭考试综合及格率达76%，连续7次在北京地区民办高校中排名第一。

（刘金菁）

东方财经日语大学

【概 况】 1997年，东方财经日语大学开设有会计、国际贸易、英语、日语、文秘、计算机应用、中医、中药和工艺美术9个专业。学制3年，学生毕业达大专水平。全年在校生1300人，毕业1137人，招收800人。该校由中国民主促进会北京市委主办。

（房朝海）

【通过市教委办学评估】 年内，东方财经日语大学通过市教委评估专家组办学评估。评估专家组认为，该校坚持把德育教育贯穿在培养学生过程中，不以盈利为目的，坚持走学历教育职业化道路，逐步形成高素质师资队伍，在教育教学中探索社会力量办学新途径。

（房朝海）

中华社会大学

【概 况】 1997年，中华社会大学招生832人，其中大专生702人，预科生130人。毕业364人，其中大专生286人，预科生78人。全校共设5个系、1个基础部、3个分部。开设外贸英语、外贸（日语）、国际贸易（英）、国际贸易日语、涉外会计（英语）、法律、饭店管理与导游（英语）、服装设计、装潢设计、室内设计、财务会计、国际金融与证券交易、企业管理、计算机应用等14个专业。在校生1855人，其中大专生1619人，预科生236人。全校教学管理干部76人，聘请兼职教师145人，其中教授、副教授占50%。预科班聘请教师20人，其中高级教师占90%。学校共有校舍5066平方米，其中自有校舍769平方米。

（唐彦武）

【举办建校15周年校庆】 5月4日，中华社会大学召开建校15周年庆祝大会。全体师生1000余人参加会议。会上，于陆琳校长回顾15年来的办学历程和取得的成绩，对学校工作提出新的目标和要求，学校师生演出文艺节目。同时，举办15年办学成果展览。中华社会大学1982年由聂真、范若愚等在北京创办，是北京第一所民办大学。15年来，培养大专以上学历毕业生8000余人，其中，300余人到27个国家深造、就业。1992年，该校被评为北京市高等教育先进学校。1996年，市教委对民办学校进行综合评估，被评为优良学校。

（唐彦武）

【日本友人向学校捐赠奖学金】 10月30日，日本友人正木龙树先生向中华社会大学捐赠奖学金100万日元，国家教委社管办有关领导参加捐赠仪式。日本友人正木龙树先生为支持中国民办教育事业，1995年开始在中华社会大学设立“正木龙树”奖学金，本年是第3次捐赠奖学金。

（唐彦武）

【完成考试课程教学大纲编写任务】 年内，中华社会大学完成英语、日语、国际贸易、财务会计、法律、金融、工商企业管理、旅游管理、工艺美术、计算机应用、食品营养等11个专业中的39门考试课程教学大纲的编写任务。该任务是按照市教委有关规定完成的。

（唐彦武）

【完善教学质量管理体系】 年内，中华社会大学总结参加高等教育学历文凭考试4年试点经验，修订教学质量管理体系，确定教学质量管理8项具体目标，即：①使学生成为“四有”大学生；②平均到课率保持95%以上；③课堂秩序、教室卫生良好；④学生独立完成作业；⑤参加文凭考试的人科数不得少于备案人科数的80%；⑥单科通过率的人科数应占备案人科数的60%，占实考人科数的75%；⑦毕业取证人数应占最后一个学期备案人数的55%；⑧学生巩固率不得低于70%。

（唐彦武）

中国科技经营管理大学

【概　况】 1997年，中国科技经营管理大学设国际贸易、国际金融、国际公关文秘、国际运输与保险、外贸英语、外贸日语、实用公共英语、旅游英语、商务英语、商业经济管理、工商经济管理、旅游管理、现代经营管理、工商管理、现代企业经营管理、财务会计、电算化会计、财会计算机、计算机软件、计算机应用、计算机信息管理、机电一体化、应用电子技术、办公室自动化、工业与民用建筑、法律、经济法、新闻、服装设计与工艺、装潢美术设计、电脑美术设计、实用美术设计、影视艺术、中医等88个专业。专职教师453人，其中教授、副教授268人，兼职教师558人，其中教授、副教授279人，教职工总计1270人。全年招收学生4540人，其中本科生265人，专科生4073人。业余专科生202人。在校生8086人，其中本科生664人，专科生7422人。毕业生3313人，其中，本科190人，专科2975人。业余专科毕业148人。全年共评出三好生488人。现有办学场地校本部占地6113平方米，建筑面积近2万平方米，校外教学点14个，租用校舍计10570平方米。

（霍修全）

【建立应聘教师资料库】 4月1至15日，中国科技经营管理大学教学研究处配合打印室复查近年来校登记求职的14000多名教师基本情况登记表，将本学期任课900余名教师的表格装订成册，以备每学期动态聘任教师时查阅。

（李晏君）

【丰台教学点表彰先进】 4月11日，中国科技经营管理大学丰台教学点召开表彰大会，表彰在文凭考试中成绩突出的学生。其中获单科奖5名，二等奖5名，一等奖7名，特等奖1名，优秀干部3名，校领导颁发奖金。会前，学校领导参观学生宿舍、教室，听取干部、教师汇报。该教学点管理有特色：①实行封闭式管理，每天晚上10点锁门。②环境比较整洁安静，该教学点租用一层楼，宿舍、教室整齐清洁。③聘请教师水平高，学生比较满意。④学生精神面貌好，文凭考试及格率比较高。校领导感到满意。

（郭子真）

【新校舍竣工】 4月25日至12月30日，中国科技经营管理大学在拆除部分简易平房校舍的基础上，新建校舍5080.15平方米，其中：一号楼3098.15平方米、二号楼1150.78平方米、食堂762.28平方米、茶炉浴室68.9平方米。

（刘敬亭）

【编写学校主考教学大纲】 6月20日，中国科技经营管理大学组织部分任课教师和专业主任，根据各专业规范的文凭考试和自考教学计划，编写校考课程的教学大纲和考试大纲，输入计算机储存，作为规范教学管理的根据。

（李晏君）

【1学生赴英国攻读硕士学位】 9月1日，中国科技经营管理大学国际贸易专业本科毕业生徐春平赴英国诺丁汉大学法律与社会学院攻读国际法律硕士。该生是在英国承认其本科学历后，并通过考试被录取的。

（郭子真）

【开设形体素质修养课】 9月，中国科技经营管理大学新开设形体素质修养课。该课由北京体育大学硕士毕业生多次试教后，学生反映良好。

（郭子真）

【颁发蒋淑云奖学金】　10月1日，中国科技经营管理大学颁发1996至1997学年度蒋淑云奖学金。参加本届奖学金评议的学生共180名，经评议，特等奖3人、一等奖39人、二等奖63人、三等奖75人，合计发放总金额37600元。本学年度蒋淑云奖学金评比标准是以一学年应该通过自考或文凭考试科次数目为起点。

（郭子真）

【加强国际合作交流】　年内，中国科技经营管理大学先后接待美国、英国、加拿大、日本、瑞典、澳大利亚、土耳其、澳门、台湾等国家和地区的大学校长及文化教育代表团，派出7名学生分赴英国诺丁汉大学、剑桥大学、瑞典31学院、土耳其伊斯坦布尔大学攻读硕士、学士学位。

（何献忠）

中国交通运输函授学院

【概　况】　1997年，中国交通函授学院在读学生近1000人，共开设现代交通运输管理、综合运输管理和汽车运输管理等10个大专班及公路与桥梁工程专业和企业经营者管理知识更新函授班。

（李　维）

【突出行业特点办学】　年内，中国交通运输函授学院在校生2000余名。90%以上生源来自各交通行业。设交通运输经济管理、交通运输财会、公路养护管理、交通法律、联合运输管理10个大专班；与中国企业管理协会中心联合举办企业经营者管理知识更新函授班。各专业以服务于交通行业为宗旨，自编教材占87.5%。

（李　维）

【完成教育评估工作】　10月15至16日，市教委专家组对中国交通运输函授学院进行检查评估工作。评委认为，该院突出交通行业的办学特点，全面管理工作认真、踏实、细微，自编教材达到87.5%。

（李　维）

【调整改组校理事会】　年内，中国交通运输函授学院根据市教委关于学校外地理事不得超过三分之一的规定，将原7人理事会扩大为15人理事会，设常务理事3人。达到市教委要求。

（李　维）

社会力量办中小学幼儿园

北京市阳光儿童早期教育实验中心

【概　况】　1997年，北京市阳光儿童早期教育实验中心有在园幼儿140人，教职工14人。园舍占地面积3465平方米，建筑面积1471平方米。该幼儿园于1992年4月由中国优生协会举办。主要为1.5至6岁婴幼儿童和1.5至3岁特殊教育（聋儿）服务的实验基地。其宗旨为探索婴幼儿童早期智力开发的社区服务模式，提高家长和社区群众的科学育儿知识水平，使儿童体智德美全面发展。阳光中心为全日制托幼机构，设有6个班，其中5个班收翠微小区1.5至6岁婴幼儿童，一个班为特教班，收1.5至3岁的聋儿，收生地区不限。

（魏　强）

北京市私立正则中学

【概　况】　1997年，北京市私立正则中学有学生428人，其中，新生224人，借读生9人，教职工125人，其中，专任教师45人。校舍占地面积15000平方米，建筑面积4958平方米。该校是1992年9月17日经市教育局批准承认学历的北京第一所私立高中。创办人贾维茵。学校以爱国诗人屈原的名字——正则做校名，以寄托爱国之志，以爱国精神育人。正则中学校训："团结、投入、友爱、祥和"；"诚实、朴素、勤奋、不息"。学校设有语音教室、计算机教室、图书阅览室、课外活动室，同时设置食堂、浴室、机动车辆（大、中、小共7部汽车）等生活交通设施、设备。与北苑中学共用理、化、生实验室、200米标准跑道操场等教学设施。学校有高一至高三年级共13个教学班，已有三届高中毕业生282人，162人考取高校，占全部毕业生的57.45%。学校对学习优良而家庭经济困难的少数学生给予减免学杂费的照顾。

（魏　强）

丰益职业教育学校

【概　况】　1997年，北京市丰益职业教育学校共有学生143人，其中，新生86人。教职工14人，其中，专任教师8人。校舍占地面积3300平方米，建筑面积2000平方米。该校由卢沟桥乡东管头村创办，是一所全日制职业高中。

（魏 强）

朝阳区私立京华小学

【概 况】 1997年，朝阳区私立京华小学共有学生330人，其中，新生73人，借读生45人。教职工89人，其中，专任教师63人。校舍占地面积10500平方米，建筑面积12000平方米。该校创立于1993年2月，是北京市第一所私立寄宿制小学。学校将外语、计算机等列入教学课程，将电子琴、围棋、游泳列入必修课。教师60%左右具有大专以上学历，40%左右为退休高级教师。本年，获市级各类比赛一、二、三等奖6人次，区级比赛一、二、三等奖21人次，学校是朝阳区爱科学月活动先进学校、朝阳区中小学“基本素质技能”大赛先进单位。

（魏 强）

北京市二十一世纪实验学校

【概 况】 1997年，北京市二十一世纪实验学校有学生546人，其中新生135人，借读生79人。教职工77人，其中，专任教师32人。校舍占地面积78000平方米，建筑面积35000平方米。该校系锡华电子有限公司1993年2月创办，设有幼儿园、小学、初中、高中4个学段。

（魏 强）

北京市私立君谊中学

【概 况】 1997年，北京市私立君谊中学共有学生631人，其中，新生95人，借读生16人。教职工108人，其中，专任教师75人，校舍占地面积34000平方米，建筑面积6200平方米。该校系寄宿制高中，1993年9月开学。96%的教师为特、高级教师，班主任全部住校，对学生进行24小时生活、学习指导。1995、1996年，学校连续两年被朝阳区教育局团委授予先进共青团委称号。1997年9月，高二年级一学生获全国希望杯数学竞赛高中组三等奖。

（魏 强）

北京市私立博文中学

【概 况】 1997年，北京市私立博文学校共有学生60人，其中，新生25人，借读生7人。教职工23人，其中，专任教师16人。校舍占地面积43333平方米，建筑面积35000平方米。学校于1993年3月成立。办学单位为房山区窦店镇百草洼农工商总公司。该校设小学、初中两个学段。

（魏 强）

北京市民办启蒙学校

【概 况】 1997年，北京市民办启蒙学校共有学生110人，其中，新生21人，借读生15人。教职工38人，其中，专任教师32人。校舍占地面积60000平方米，建筑面积20000平方米。该校于1993年4月开办，是一所民办寄宿制学校，开设幼儿园、小学、初中、职业高中4个学段。学校设有计算机房、语音教室、图书阅览室、足球场、游泳池、篮球场、排球场、多功能厅、礼堂、食堂、医务室、浴室、音乐教室、美术室、形体训练厅等设施。学校曾获民革中央全国办学先进单位称号，多次被评为市、区艺术教学先进集体。

（魏 强）

北京市私立汇才中学

【概 况】 1997年，北京市私立汇才中学共有学生503人，其中，新生197人，借读生4人。教职工85人。校舍占地面积8200平方米（南校）、7600平方米（北校），建筑面积3920平方米（南校）、2400平方米（北校）。该校1993年4月开办，设理、化、生、实验室、计算机房、闭路电视等教学设施，为学习创造条件。

（魏 强）

私立繁星实验幼儿园

【概 况】 1997年，北京市私立繁星实验幼儿园在园幼儿120人，教职工36人。园舍占地面积3340平方米，建筑面积1440平方米，该园系民主建国会于1993年4月创办。该园设游泳、钢琴、美术、电子琴、电脑等兴趣小组，为寄宿制园所，招生主要对象为海外留学生、访问学者、工作人员子女。幼儿经过三年学习，学习英语词汇500个、句型250个，熟练掌握400个常用语，学会英语歌曲43首、数来宝15个、诗歌43首，具有初步交际能力。

（魏 强）

北京市建华实验学校

【概 况】 1997年，北京市建华实验学校共有学生424人，其中，新生76人，借读生99人。教职工93人。校舍占地面积10000平方米，建筑面积8200平方米。该校由民建北京市委1993年5月开办，开设小学、中学两个学段。

（魏　强）

北京市民办敬业中学

【概　况】 1997年，北京市民办敬业中学共有学生302人，其中，新生135人。教职工45人。校舍占地面积33000平方米，建筑面积3000平方米。该校于1993年5月由通县台湖村和蒋辛庄村创办，是一所全日制寄宿制普通高级中学。

（魏　强）

北京市私立华诚小学

【概　况】 1997年，北京市私立华诚小学共有学生140人，其中，新生4人，借读生73人。教职工40人，其中，专任教师29人。校舍占地面积10000平方米（与他校共用），建筑面积7000平方米。该校于1993年6月创办。设有计算机室、语音室、自然实验室、美术室、工艺室、电子琴房、风雨体育馆等，并有配套电教设备。学校实行小班制（25至30人），重视个别辅导。

（魏　强）

北京市私立树人学校

【概　况】 1997年，北京市私立树人学校共有学生359人，其中，新生19人，借读生84人。教职工63人，其中，专任教师47人。校舍占地面积10万平方米，建筑面积4.3万平方米。该校创办于1993年6月，是一所集小学、初中、高中为一体的私立学校。学校设有语言教室、计算机教室、多功能教室和英语、音乐、舞蹈、美术、书法、手工、劳技、自然等学科专用教室，有物理、化学、生物学科实验楼。

（魏　强）

北京市私立华诚中学

【概　况】 1997年，北京市私立华诚中学共有学生140人，其中，新生4人，借读生73人。教职工40人，其中，专任教师29人。校舍占地面积21000平方米，建筑面积11000平方米，该校创办于1993年6月，是一所全日制完全中学。学生每人拥有一台586型多媒体电脑，进行联网教学；注重对学生个别辅导；仿军事化管理，注重学生自治能力培养。

（魏　强）

北京市美亚学校

【概　况】 1997年，北京市美亚学校共有学生500人，教职工130人。校舍占地面积140000平方米，建筑面积35000平方米。该校于1993年6月，由北京市大兴县庞各庄房地产开发公司创办，是一所寄宿制学校。学校建有综合教学楼、多功能体育馆、游泳馆，400米田径场及足、篮、排、网球场和教工宿舍楼、学生宿舍楼、餐厅等设施。设有物理、化学、生物实验室，音乐、美术、语音、计算机等专用教室。教室内配备弧形黑板、彩电、录放机、投影仪等设备。

（魏　强）

北京市私立汇佳学校

【概　况】 1997年，北京市私立汇佳学校共有学生252人，其中，新生117人，借读生76人。教职工37人，其中，专任教师32人。校舍占地面积20万平方米，建筑面积3万平方米，该校于1993年7月，由汇佳物产（集团）有限公司举办，是一所集小学、初中、高中于一体的全寄宿制学校。该校设语音教室、计算机室、综合实验室、多媒体教室、图书馆、钢琴房、美工室、多功能厅、健身房和录像室等，并装有中央空调、闭路电视及校园电脑网等。

（魏　强）

北京市海淀区尚丽小学

【概　况】 1997年，北京市海淀区尚丽小学共有学生282人，其中，新生24人。教职工70人，其中，专任教师36人。校舍占地面积45000平方米，建筑面积10000平方米。该校于1993年7月举办，是一所寄宿制小学。学校现有12个教学班，一至六年级每年级两个班，每班学生25名左右。学校设有计算机室、语言教室、健身房、自然教室、小图书室、烧瓷器手工劳作室（学生自己动手烧制陶瓷工艺品）。每个教室配有投影仪和录音机，还有标准草地足球场及其它体育设施。

（魏　强）

德　育

综 述

1997年，北京市各级各类教育以马列主义、毛泽东思想和邓小平理论为指导，贯彻全国德育工作会议精神，不断加大德育改革力度，完善德育体系，从首都实际出发，探索社会主义市场经济条件下学校德育工作的特点和规律，学校德育工作质量和效益有所突破。

市教委开始构建大中小学德育整体工作格局。依据中共十四届六中全会《决议》和德育法规文件要求，使学校德育工作逐步纳入素质教育整体之中。中小学实施《德育整体化工作纲要》及《校园环境建设实施意见》的情况纳入区县和学校素质教育评价方案之中，高校"文明校园"建设与落实首都高校精神文明建设规划相结合。启动大中小学德育管理衔接机制，颁发《首都大学生文明公约》，与中小学生《日常行为规范》、《礼仪常规》相互呼应。在校园建设方面，高校《文明校园》与中小学《校园环境建设示范校》的创建相互协调。党的十五大后，市教委要求各级教育行政部门在加强和改进学校德育工作过程中必须适应现代化建设的需要，树立现代德育观念，处理好德育与马克思主义理论、德育与两个文明建设、德育与提高全民族素质的关系；实现现代德育管理，以社会主义初级阶段的基本路线及纲领为依据，做到依法治教；深化现代德育改革，紧扣中央德育文件提出的"五个如何"，在落实十五大精神的进程中找思路、找答案。

全市以"迎接香港回归"为主题，深化爱国主义教育。各级各类学校广泛开展"盼回归，颂祖国"教育活动，各校设立"倒计时牌"；大中小学组织诗歌演唱、征文演讲，组织全体工读学生举办"迎回归文艺汇演"；部分学校开展与香港青少年通信及联谊活动；中小学"回归教育"进课堂，教材和课时得到保证；全市几万名大中小学生投身迎香港回归的庆典活动，抒发爱国激情。

中小学校全面实施《北京市中小学德育整体化工作纲要》。根据整体规划，分层次实施"的原则，市教委编发辅导材料，广泛进行《纲要》培训，确立18所市级试点校，各区县相应确立试点校，制订实施计划。

全面开展大中小学"文明校园"创建工作。验收高校"文明校园"1所，复查9所。评出市中小学"校园环境建设"示范校40所。为落实《北京市公共场所禁止吸烟的规定》，全市评选"百名青少年反烟行动优秀组织者"，"千所中小学无烟学校"和"万名中小学生反烟行动"积极分子。

在家庭教育方面，全市推出"学会关心，举止文明"为主题的'97北京家庭教育指导行动。加强学校对家庭教育的指导。推广《家长教育行为规范》，评选出"百名家长学校好校长"。

加强德育科研管理和指导。确定和论证"九五"德育科研课题14个。开题会成为研讨大中小学德育工作的专业会，制定课题方案的过程成为深化德育改革的过程。同时，"两课"改革实验，心理健康教育实验正常进行，市、区县的科研意识不断增强。

大中小学德育日常管理工作正常运转。各级各类学校的德育活动与全社会"讲文明，树新风"活动同步进行；工读教育改革及预防青少年违法犯罪工作不断深化；青少年教育基地发展到51个；青春期教育和环境教育稳步启动；心理健康教育格局逐步形成。

1997年，德育工作取得可喜成绩。在全国德育大会上，北京市作题为《以全面贯彻落实中央德育文件为动力，开创北京市中小学德育工作新局面》的重点发言，从4个方面总结本市德育工作经验，交流本市办好"中学生业余党校"的经验。

（董柏林）

总 类

【召开"两个文明建设"工作会】 2月18日，北京化工大学召开"两个文明建设工作"会。会议对学校的近远期发展目标规划进行讨论，并取得共识。

（张 华）

【召开精神文明工作会议】 3月20至21日，中国人民大学召开精神文明工作会。会上，学校党委书记马绍孟作题为《认真贯彻十四届六中全会精神，大力推进我校社会主义精神文明建设》的报告，总结学校近年来精神文明建设工作，部署了今后工作。下发《中国人民大学1997—

2000年精神文明建设规划》及教职工党员行为规范、机关干部职业道德规范等系列规范文件。学校各级干部及市委教育工委有关领导到会。

（张　华）

【电子科技学院加强精神文明建设】 3月25日，北京电子科技学院党委颁布《关于加强社会主义精神文明建设的决定》。该决定依据中共中央关于加强社会主义精神文明建设决议和中共中央办公厅机关加强社会主义精神文明建设的意见制订，旨在落实江泽民关于继承和发扬行业工作优良传统，为通信事业培养可靠接班人的指示精神。

（张　华）

【首师大建立爱国主义教育基地】 4月12日，首都师范大学英语系党总支与顺义县焦庄户地道战遗址纪念馆开展共建，举行"首都师范大学英语系爱国主义教育基地"挂牌仪式。仪式上学生代表以《为中华之崛起而读书》为题发言。首师大英语系、北京四中、广渠门中学、日坛中学的有关负责人、师生1000余人及顺义县有关负责人参加挂牌仪式。

（王咏梅　沈柳莺）

【总结德育工作经验】 6月12日，徐锡安在全国中小学德育工作会议上以《以全面贯彻落实中央德育文件为动力，开创北京市中小学德育工作新局面》为题，全面总结本市德育工作经验。该总结报告认为：①构建和完善德育工作领导管理体制，是改进和加强中小学德育工作的关键；②加大投入、立足建设，是加强和改进中小学德育工作的保证；③营造大教育氛围，形成大德育体系，是加强和改进中小学德育工作的重要条件；④推进德育科研实验，注重德育工作实效，是加强和改进中小学德育工作的重要环节。

（董柏林）

【学生业余党校培训10万余人】 6月，在全国中小学德育工作会上，北京市介绍"办好中学生业余党校，是对中学生进行素质教育的有效途径"。本市从1990年3月创办第一所中学生业余党校，至1997年已成功举办六期培训班，培训学员2895人，全市各区县成立中学生业余党校分校18所，校级党校或党课学习小组4000余个，共培训学员10万余人。

（张立川）

【德育纲要试点校达百余所】 6月，市教委在怀柔县庙城中学召开《纲要》试点校工作会，推广庙成中学加强劳动教育课题试点方案的典型经验。会议要求各区县教育部门分别确定2至3所中小学校为《纲要》试点学校，选定试点课题，制订试点方案。至年底，全市《纲要》试点校达百余所。其中，新增市级德育纲要试点校17所。

（张立川）

【颁布《首都大学生文明公约》】 9月1日，北京教育系统精神文明建设指导委员会制订《首都大学生文明公约》。内容如下：

一、热爱祖国　热爱人民　热爱首都　热爱集体；
二、追求真理　志存高远　刻苦学习　勤于实践；
三、遵纪守法　维护安定　见义勇为　乐于助人；
四、团结协作　诚实守信　尊重他人　举止文明；
五、勤俭节约　爱护公物　热爱劳动　保护环境；
六、强身健体　自信豁达　服务社会　报效国家

（沈柳莺）

【批准6处爱国主义教育基地】 9月，市"两史一情"领导小组批准6处市青少年爱国主义教育基地。

①北京中华民族博物馆，朝阳区民族路1号
②中国印刷博物馆，大兴县黄村镇兴华北路25号
③云居寺石经陈列馆，房山区长沟乡
④晋热察挺进军司令部旧址陈列馆，门头沟区斋堂镇马兰村
⑤北京戏曲博物馆，宣武区虎坊路3号
⑥明皇蜡像馆，昌平西关环岛

（王保国）

【成立市实施德育纲要领导机构】 年内，市教委成立《北京市中小学德育纲要》实施领导小组。兰宏生任组长。同时成立纲要实施指导小组。聘请有关方面专家参与纲要的培训、辅导工作。

（张立川）

【完成德育纲要培训工作】 年内，市教委先后完成对区县教委（教育局）中小教科主管领导、部分中小学校主管领导的中小学德育纲要学习培训。在培训中，市教委、纲要指导小组领导分别深入全市近20个区县参加培训、辅导工作，宣讲实施纲要的意义，实施纲要应把握的要点及科研方法等。配合中小学校领导把握实施纲要理论要点。市教委还编写纲要培训教材二本，发行4万余册，

（张立川）

【复查高校精神文明建设情况】 年内，清华大学、北京邮电大学被首都精神文明建设委员会评为高教系统的1996年度首都精神文明建设单位标兵，北京大学、北京师范大学、北京理工大学、北方工业大学、石油大学（北京）、首都师范大学、华北电力大学（北京）、北京建筑工程学院、北京林业大学、北京青年政治学院被评为高教系统1996年度首都精神文明建设先进单位。年底，市教委等有关单位对12所高校进行复查。结果表明各校形成教学、科研、管理水平与精神文明建设水平协调提高的局面。主要特点是：①认真落实中共十四届六中全会和十五大精神，抓好精神文明建设规划；②以文明校园建设工作为基础，不断优化育人环境；③不断促进优良校风学风的建设；④重在建设、多办实事；⑤加强制度建设，建立工作机制。

（沈柳莺）

课 程 建 设

【召开典型事例教学法现场会】 4月18日，北京市中学德育研究会在燕山地区召开思想政治课典型事例教学法现场研讨会。市教委、教科院、中央教科所、北京师范大学、北京教育学院、北京青年政治学院等单位德育工作者20余人到会。会议认为；燕山地区经过5年的研究和实践探索的典型事例教学法，能够在典型事例与教材的结合点上设疑，激发学生思维，通过对典型事例的剖析证明点，具有一定的独创性、科学性和实用性；是政治课教学中理论联系实际和学生思想道德素质培养的新途径，是成功的尝试。典型教学法的研究和实践要坚持和完善。会议强调思想政治课是德育的主渠道，学校必须充分利用好思想政治课进行德育工作。

（张　华）

【民族优秀传统道德教育研究开题】 4月，国家教委“九五”重点课题《大中小学中华民族优秀传统道德教育实验研究》课题举行开题论证会。该课题负责人兰宏生等分别作开题报告，国家教委、市哲学社会科学规划办领导到会讲话。

（顾思本）

【燕山举行教师心理学讲座】 5月12日，燕山教育分局邀请北京教育学院教授作题为《摸透教师心理，做好思想工作》讲座。该讲座结合中小学教师关心的热点事例，从工作积极性形成的模式、教师有哪些需要、教师的劳动特点、当前教师的心理特点等5个方面做了讲解。燕山地区中小学干部教师听取讲座。

（张　华）

【举办理论课备课会】 6至8月，市教委和北京高教学会分别举办马克思主义哲学、中国革命史、政治经济学、社会主义建设和国际政治4个教学研究会暑期备课会。中心内容是研究深化高校马列主义理论课教学改革，提高邓小平理论进课堂的教学质量和效果。会议请国家教委、市教委领导介绍了有关情况；马列课等4门课程大纲的编写者介绍大纲编写情况。备课会期间还分别进行教师社会实践汇报交流、系列报告、参观革命遗址等活动。

（沈柳莺）

【成立“两课”教材编审委员会】 7月，北京高校“两课”教材编审委员会成立。该委员会负责组织编写、审订与国家教委新的“两课”课程设置方案接轨新教材，委员会成员由李志坚、陈大白等19人组成。

（李　京　周志成）

【外交学院研究“两课”教学】 9月8日，外交学院召开马列教研室和德育教研室工作汇报会，就“两课”建设和改革问题进行探讨。会议认为：在实现培养学生具有较高的道德水准和科学的思维方法的教学工作中，理论教育和德育必须发挥主阵地和主渠道的作用。在教学上要实行走出去、请进来等多种方式，避免说教式，使“两课”教学更具有针对性和说服力。

（张　迅）

【德育工作贯彻十五大精神】 10月，市教委召开各区县主管德育工作领导会议，部署本市德育工作贯彻落实十五大精神的要求。会议认为：要坚持不懈地用马列主义、毛泽东思想和邓小平理论武装头脑，提高德育工作者素质。要树立现代德育观念、实现现代德育管理。会议强调要把邓小平理论的主要内容分层次地纳入《德育纲要》和大中小学“两课”教学之中。同时，要以加强和改进学校德育工作的实际行动落实十五大精神。各区县主管德育工作中小教科科长到会。

（董柏林）

【培训优秀传统道德教育教师】 11月，中华民族传统道德教育实验课题组召开第四次培训会，课题负责人分别就课题的要求、背景及进展讲话。会议介绍新加坡等国家进行道德教育的情况，再次强调课题的实验方案、技术要求、实验方法、实验步骤。会上东城区、朝阳区介绍开展传统美德教育的经验，外省市教委领导观看两区中小学传统美德教学录像。本市试验区县的主管局长、中小教科、中小教研的有关人员参加会议。

（顾思本）

【6名“两课”教师被评为全国优秀】 11月，北京高校6名马克思主义理论课、思想品德课教师被评为全国普通高校“两课”优秀教师。他们是清华大学夏宝兴、中国人民大学王顺生、北京大学孙蚌珠、北京林业大学赵绍鸿、北京语言文化大学李铁城和北京理工大学张红峻。该评选活动由国家教委、中宣部《时事报告》杂志社联合举办，全国共有100名高校“两课”教师受到表彰。

（毛　京）

【高校“两课”教学奖评选结束】 12月11至12日，市委教育工委、市教委完成第二届高校“两课”（马克思主义理论课、思想品德课）优秀课堂教学奖评选。共收到18所学校申报的“两课”教学实况录像25项。评选出一等奖1项，二等奖6项，三等奖5项。入选项目占申报总数的48%。评选活动依据教学改革成果；基本概念、基本理论讲解透彻；内容充实，重点突出，逻辑清晰等5项标准进行。

（李　京　冯　刚）

【首届中小学心理健康教育研讨会召开】 年内，第一届北京市中小学心理健康教育研讨会召开。与会者就学校开展心理健康教育的必要性、学校心理健康教育的模式，对学生进行人际交往、青春期心理、学习心理、择业和职业指导等方面教育的研究等问题进行交流。会议认为：①学校心理健康教育势在必行；②心理健康教育需要全员参与，并渗透在学校的教育教学活动中；③学校心理健康教育以预防为主，应通过心理咨询、心理健康教育讲座、家长会等形式向学生和家长普及心理健康知识；④学校心理健康教育应针对学生在学习、人际交往、青春期、升学等方面存在的热点、难点问题进行专题指导。

（王 蕤）

【修订《中华传统美德》教材】 年内，市教委完成本市初中一年级《中华传统美德》(补充教材)修订任务。本次修订采纳实验学校和有关方面意见，使教材体系更加完善。

（顾思本）

【德育软件研制成功】 年内，北京市思想政治工作研究会、北京师范大学古籍研究所、北京海尔斯电子通讯设备有限公司联合开发的传统道德与思想品德修养教育教学系列软件爱国篇研制成功。这是国内首次开发的用于中小学德育教学的计算机软件。

（李 京）

【十五大宣传挂图进校园】 年内，市教委与新华通讯社摄影部联合编辑的《辉煌十五大 迈向新世纪》宣传挂图，发至全市各中小学校。市教委要求中小学把宣传挂图的使用作为中小学校校园环境建设和对学生进行教育的重要内容。

（李 京）

德 育 活 动

【概 况】 年内，本市大中小学开展“讲文明、树新风”活动。活动以优化育人环境、树立良好的校风、学风，提高干部和师生员工的思想道德素质作为重点。主要活动有：①至年底，38所高校通过评估验收，占北京高校总数的57%；中小学评选出示范校40所。②加强师生文明行为规范的教育，高校制订《首都大学生文明公约》，并掀起学公约、遵守公约、做文明大学生的高潮。不少高校还制订《教师职业道德规范》、《机关干部职业道德规范》、《后勤职工职业道德规范》和校办产业各单位职工的职业道德规范，为落实现有的制度规范，对《大学生行为准则》、《中（小）学生日常行为规范》、《北京市中小学生礼仪常规》、《中小学教师职业道德规范》的执行情况进行检查和监督。对中小学生提出“四讲一做”的要求，即“日常行为讲规范、人际交往讲礼仪、社会活动讲公德、生活习惯讲文明，做现代文明北京人”。大中小学中进行禁烟禁酒宣传教育。③广泛开展公益活动。

（李 京）

【举办《天下大事》小学生时事广播】 1月1日，北京人民广播电台在每周二7时40分至7时50分播出《天下大事》小学生时事广播节目。该节目由市教委、北京人民广播电台联合举办，开设有《点将台》、《时事知识竞赛》等专栏，主要面向小学生听众。配合该节目的播出，本市各中小学组织学生收听和开展《天下大事》系列时事教育活动。

（张立川）

【开展做合格中学生教育】 3月5日，北京矿务局中学进行“学雷锋、树新风、做合格中学生”教育，开展“五四四三”活动。即“五爱、四有、四文明、三个一”。五爱是爱党、爱国、爱校、爱师生、爱护公共财物。四有是公共场所有秩序、待人接物有礼貌、饭后餐桌有人擦、非环境卫生区杂物有人扫。四文明是文明个人、文明宿舍、文明班、文明年级。三个一是不浪费一滴水、不浪费一粒粮、不浪费一度电。

（王树权）

【房山举办学雷锋做好事活动】 3月5日，房山区各中小学举办学雷锋做好事活动。各中学新建青年志愿服务基地30个，开展“新时期如何学雷锋”讨论，并组织学生上街宣传。长育中心小学把学雷锋与治理环境相结合，将房山街道两侧公路绿化带树丛中飘挂塑料袋等废弃物清理干净。房山三小举行少先队学雷锋基地奠基仪式，共建10个基地，并决定为基地服务做到定时间，定内容、人员，定对象。

（李继宗）

【开展学习雷锋活动日】 3月5日，中国人民警官大学1000多名学生参加“学习雷锋精神，清洁警大环境”活动，同学们携带工具，清扫校园中脏乱死角，使学校校园整洁一新。

（李亚娥）

【首师大确定学雷锋日】 3月8日，首都师范大学340名学生步行前往中央电视台至军事博物馆路段，擦洗隔离墩、护栏、公共汽车站牌、岗亭及其它公共设施。该校团委把每年3月定为全校团员青年学雷锋见行动月。各系分团委、团总支开展各种形式的社会服务活动：其中，化学系的“小博士”科普小组深入到10余所中学开展科普知识义务宣传；历史系的义务宣讲团到首都博物馆、北京艺术博物馆为观众进行义务讲解；中文系继续做好郜三喜烈士子女的家教工作，并与烈士生前所在单位结成共建单位；计算机系全系团员冒雨赶往北京西站为旅客服务。

（王咏梅）

【召开首都大学生形象讨论会】 4月23日，北京石油化工学院召开首都大学生形象大讨论汇报会。会上自动化系、化工系、机械系、管理系分别介绍该活动开展的情况。会议认为首都大学生形象大讨论给北京石油化工学院注入新的活力，校园内学生的文明氛围逐渐形成，学习空气日趋浓厚。“大讨论”会议要求各单位要消除死角，发动工作要贯穿活动的始终。

（张　华）

【举办大学生文明礼仪大赛】 5月30日，清华大学举办青春风采’97清华学生文明礼仪大赛决赛。该活动通过自我介绍、特长表演、回答提问、特定场景表演等形式展示大学生健康向上的精神风貌和良好素质。1300余名师生观看决赛。

（沈柳莺）

【清华万人签名迎香港回归】 6月1日，清华大学学生会举行清华学生迎香港回归万人签名仪式，该校领导和在清华培训学习的香港大学生97人参加签名仪式。

（沈柳莺）

【京港两地学生开展交流活动】 6至7月，市教委组织汇文中学、师大附中学生参加京港两地学生笔友交流活动。并于7月14至18日，接待香港“北京笔友交流团”18名成员。该活动是由香港英皇书院和香港英华女校学生发起的。

（王雪青）

【十佳中学生评选揭晓】 9月，市教委、共青团北京市委、北京青年报社、《中学时事报》联合主办，北京希望高技术集团协办的第五届希望之星北京十佳中学生评选工作。大兴县黄村一中杨建、顺义县牛栏山一中秦伯涛、北京四中殷培、北京八十中刘清杨、汇文中学宋玉竹、怀柔二中王晶、师大附中张鹏、清华附中李晓凤、平谷中学乔丽丹、石景山区古城中学王玉梅10名学生获得1997年度第五届“希望之星北京十佳中学生”称号。

（张立川）

【交接共青团文明街旗帜】 10月10日，平谷县成人中专团委举行“共青团文明街”旗帜交接仪式，95级学生代表将该旗帜交给97级新生代表。交接仪式后，各位领导与全体师生共同清扫街道，清除迎宾环岛绿化带的白色垃圾和中专学校道路两旁常年积存的垃圾。

（张京红）

【师大举办国旗护卫队先进事迹报告会】 11月1日，中宣部、武警总部、北京师范大学联合举办武警北京一总队国旗护卫队升旗表演先进事迹报告会。武警北京一总队国旗护卫队、天安门管理委员会广场处、天津市和平区西宁道小学分别作《升好祖国第一旗、凝聚万众爱国心》、《青春热血铸忠诚、丹心映照国旗红》、《光荣神圣升旗手，赤胆忠心护国旗》、《五星红旗守护神，爱国主义传播者》的报告。北师大1000余名学生参加先进事迹报告会。

（张　华）

【举办17届“瞭望杯”时事竞赛】 11月28日，北京市举办中学生第17届“瞭望杯”时事知识竞赛。竞赛考查中学生对1997年国内外重大时事、新闻；及党和国家重大方针政策；国家及北京市有关德育法规及教育要求等方面的内容。由初三学生组成的18支区县代表队共700余名学生参加竞赛，其中54名学生获一等奖，40名学生获小灵通奖，11所学校获“瞭望杯”奖，朝阳、崇文、门头沟、东城、大兴、宣武等区县获团体奖，26名辅导教师获优秀辅导奖。

（张立川）

【举办纪念南京大屠杀60周年画展】 12月13日，北京市实用美术学校青年教师张宏宇精心创作的纪念南京大屠杀60周年画展开幕，十几幅4至5米长的大幅图画，再现日本帝国主义者灭绝人性的侵略行径。

（李　萱）

【戏曲学院举办话5年成就征文赛】 12月，中国戏曲学院团委组织开展“看身边变化，话五年成就”征文比赛。该比赛旨在通过征文的形式，使学生在自己亲身体验中，感受祖国近5年来的巨大变化。经评选，评出一等奖1名、二等奖1名、三等奖3名。

（颜晓华）

【首医大加强毕业生教育】 年内，首都医科大学对’97届毕业生进行爱国主义、集体主义、社会主义和医学道德教育，培养符合21世纪要求的合格医学人才。400余名毕业生在天安门广场观看升国旗仪式、进行毕业前全体毕业生的“医学生誓言”宣誓等教育活动。该活动还邀请医学家胡玉美教授作如何才能成为一名好医生专题报告。

（沈柳莺）

【开展“迎香港回归”教育活动】 年内，各区县以多种形式广泛开展迎香港回归主题教育活动，各中小学普遍组织学生观看有关香港历史的资料片，学习《中国香港1997》、《中国香港1997小学生十知道》读本等材料，在学校树立香港回归倒计时牌，利用橱窗、墙报、板报、广播、电视、旗前讲话、班队集会、知识竞赛、书画、通信等形式进行一系列香港回归的教育活动。使中小学生了解香港的历史和回归的伟大意义，加深对我国社会主义建设的伟大成就的认识和邓小平“一国两制”伟大构想的认识。

（顾思本）

【举办我爱博物馆征文活动】 年内，市教委、市文物局联合举办第6届“我爱北京，我爱博物馆”征文活动。全市近90万中小学生参观青少年教育基地，写出“我爱北京，我爱博物馆”征文。经过区教委（教育局）初选，市教委、市文物局组织专家组终审评选，评出小学、初中、高中一等奖各5名。二等奖10名，三等奖25名，纪念奖456名。

（王保国）

【举办迎回归诗歌演唱会】 年内，由市教委主办、北京朗诵艺术团承办的“迎回归，颂祖国”诗歌演唱会达近百场。艺术团深入大中小学校，以诗歌朗诵形式回顾香港沧桑，弘扬民族精神，展现伟人风貌，歌颂改革开放。殷之光、周正等朗诵艺术家参加演出。

（董柏林）

队　伍　建　设

【概　况】 1997年，北京市普通中学共有专职政治课教师3324人，其中，初中教师学历合格率90.83%，高中教师学历合格率83.43%；小学思想品德课专职教师2372人，其中，高中毕业以下学历191人，高中毕业354人，中专毕业1541人，大学专科毕业262人，大学本科及以上学历24人，教师学历合格率91.95%。

（魏　强）

【召开师德群体建设表彰会】 9月3日，本市召开普教系统师德群体建设表彰会。19所中小学师德群体建设先进单位受到表彰。本市普教系统广泛开展以“树、创、献”为载体的师德群体建设系统活动。其中，海淀区开展向杜丽丽学习活动，东城区开展师德评价活动，崇文区开展校级干部评选“师德建设先进带头人”活动。

（李进平）

【举办优秀教师事迹报告会】 9月4日，本市举办优秀教师事迹报告会，会议介绍杜丽丽、冯长根和孙维刚的先进事迹。来自全市的教师代表1400余人参加报告会。

（李学梅）

【举办尚秀云优秀事迹报告会】 9月19日，市教委、市教育学会联合举办尚秀云优秀事迹报告会。会上，尚秀云先进事迹报告团成员分别介绍尚秀云挽救失足青少年的事迹。尚秀云作题为《为了社会重托》的报告。陶西平、陶春辉、兰宏生及区县教育行政部门、学校领导300余人参加报告会。

（张立川）

【颁发第10届紫禁杯奖】 11月5日，北京市第10届中小学紫禁杯优秀班主任表彰会召开。400名优秀班主任获得紫禁杯奖。市领导李志坚、陶西平参加大会，并为获奖班主任颁奖。紫禁杯优秀班主任奖由市旅游职工捐款55万元发起，始创于1988年，10年来市旅游局共补充基金120万元，市教委补充基金75万元，共有4000名本市中小学优秀班主任获得表彰。从本届表彰会开始，紫禁杯优秀班主任奖励金额提高100%。

（王　蕤）

【提高政治教师外出考察实效】 年内，市教委加强政治教师外出考察全过程的管理，制定考察计划、确定考察人员，从动员培训到组织实施、撰写考察报告、进行考察总结逐项严格要求，认真把关。以提高考察工作的实效性。

（顾思本）

【举办紫禁杯回报征文活动】 年内，市教委在全市中小学荣获过紫禁杯奖的优秀班主任老师中开展《紫禁杯回报》征文、演讲活动。部分优秀征文汇编成《情系紫禁杯》一书出版。

（王　蕤）

文　明　校　园

【中青院再获首都精神文明单位标兵称号】 2月21日，中国青年政治学院获得首都精神文明单位标兵称号。该院在党的组织工作、思想宣传工作、学生工作以及校园文化活动、法制纪律教育、职业道德教育等方面都取得成绩。这是中青院继1995年再次获得该项称号。

（王之伦）

【延庆成教局被评为首都文明标兵单位】 2月，市精神文明领导小组批准延庆县成教局为首都文明标兵单位。该局不断加强党团教育、学校管理、体育卫生、计划生育、治安保卫和绿化美化等项综合治理，连续三年被评为首都文明单位。

（彭卫民）

【印刷学校被命名为“首都文明单位”】 3月25日，宣武区教育系统召开精神文明建设大会。北京市印刷学校受到表彰。该校1996年度被命名为首都文明单位。多年来，该校把创建文明单位活动作为坚持两个文明一起抓的重要内容，逐渐形成良好的校风、教风、学风及育人环境。1995年，北京市印刷学校曾被评为宣武区文明单位。

（张宝峰）

【北林大获“首都文明单位”称号】 3月，北京林业大学被北京市精神文明建设委员会评为1996年度“首都文明单位”。在京的70余所高校中，共有10所被评为1996年度“首都文明单位”。1996年以来，该校先后获得“文明校园”、“全国林业系统思想政治工作优秀单位”、“综合治理先进单位”、“模范教职工之家”等称号。

（戴如梅）

【北邮获首都文明单位标兵称号】 3月，北京邮电大学被评为1996年度首都文明单位标兵。该校曾于1995年通过市教委系统文明校园建设的检查验收，当年获首都文明单位称号。该校两年共拨180万元，安排勤工助学岗位9300人次；投入50万元粉刷学生公寓；投入课程建设费100万元；投入100万元建CAI中心实验室。1997年，该校投入精神文明办实事的经费总计280万元（含部拨210万元)。更新校广播站、电视台设备，新增并接通5个电视频道，调整维修校闭路电视网，充实新闻社和通讯网成员；组织开展大学生形象讨论系列活动；加强学生社会实践活动。

（燕陵生　杨胜之）

【北方交大文明校园建设通过复查】 4月28日，市教委文明校园建设复查专家组一行14人进入北方交通大学，对该校文明校园建设情况进行全面复查。在听取文明校园建设情况全面汇报后，专家们分组对文明校园建设的有关情况进行检查。检查通过听汇报、看材料、实地查看、随机抽测和个别谈话等方式进行。结果各项分数均达到北京市复查标准，北方交大继续保持“文明校园”称号。

（刘宝奇）

【北科大通过文明校园建设复查】 4月29日，北京科技大学通过市委教育工委和市教委专家组文明校园建设工作复查。此次复查重点是校园宣传阵地、保卫工作、学生宿舍、伙食工作、校舍维护及文明行为6个方面。专家组认为，该校巩固和发展1993年文明校园建设的成果，师生员工精神面貌良好，达到文明校园复查的要求，继续保持文明校园的称号。

（刘　晋）

【广播学院通过文明校园复查】 6月10日，广播学院文明校园建设通过北京高校文明校园建设专家组复查。复查中，专家组对校园治安、教学环境、学生食堂、学生宿舍、校园维护等项目进行检查，提出意见和建议。专家检查组认为该校领导重视文明校园建设工作，并结合自身特点，强调师生的政治素质，坚持抓导向意识、喉舌意识，有一整套成熟的做法和经验。

（魏　宏）

【商学院通过文明校园复查】 6月13日，商学院通过市委教育工委和市教委专家组文明校园建设复查。专家组重点检查教学环境、校风校纪、文明行为和食堂4个方面的工作。认为该院3年来文明校园建设能够与整体工作相结合，在原有基础上又有改进，确认该院继续保持文明校园称号。

（陈智民）

【工艺美院文明校园建设复查合格】 6月27日，中央工艺美院文明校园建设工作通过市委教育工委、市教委复查。复查结果表明，该校被授予“文明校园”荣誉以来，文明校园建设工作得到巩固和提高，原有薄弱环节有改进。批准继续保持“文明校园”荣誉称号3年。

（孙建君）

【政法大学通过文明校园复查】 11月5至6日，政法大学通过由市教委、市委教育工委组织的北京市高校文明校园复查。

（马芳城）

【二外通过高校文明校园验收】 10月23至24日，市委教育工委、市教委专家组对北京第二外国语学院文明校园建设情况进行检查验收。检查按照新的检查评估标准，通过实地考查、分组座谈、问卷调查等多种方式进行。最后，专家组宣布二外通过文明校园验收。11月3日，市委教育工委、市教委联合作出决定，授予该校文明校园荣誉称号。

（侯秀英）

【石油大学文明校园建设通过复查】 11月7日，石油大学（北京）通过“文明校园”建设复查。12月24日，市委教育工委、市教委发出通知，肯定该校自1994年取得“文明校园”称号以来的工作成绩，决定该校继续保持“文明校园”荣誉称号3年。

（朱运民）

【理工大通过市文明单位复查】 11月25日，市教委检查组对北京理工大学进行文明单位复查。检查组听取该校文明单位建设情况汇报，并实地检查学生宿舍、食堂、校内市场、家属区、教学区，认为该校在文明单位建设中成绩显著，向市政府推荐为1997年北京市文明标兵单位。该校自1993年至今一直保持该称号。

（辛雪琴）

【城市建设学校被评为文明单位】 12月，北京城市建设学校被北京市城乡建设委员会授予1997年度文明单位称号。该校注重文明校园建设，从校园政治环境、校园生活环境、校风和校纪三方面逐项落实，树立优良的教风、学风和校风。1993年以来学校的治安保卫工作连续五年被市政府保卫处、市公安局授予先进集体称号；年内，被评为朝阳区社会治安综合治理先进单位和精神文明先进单位和市绿化美化花园式单位。

（陈一山）

【40所学校被评为环境建设示范校】 下半年，市教委对各区县校园环境达标情况进行检查，对各区县推荐校园环境示范进行验收。检查结果表明：全市60%的中小学校基本达标，其中，40所学校达到北京市校园环境示范校标准。这40所示范校共同特点是：学校领导重视校园环境建设，有总体规划和分步实施计划，并能够保证给予投资，做到校园环境建设与学校日常工作相结合、与爱国主义教育主题相结合、与学校的美育工作相结合，改变过去只抓绿化美化轻视文化建设的状况，并注重发挥教育景点和景区的实效性。

1997年北京市中小学校园环境示范校名单

北京市第一七一中学
二龙路中学
北京市计划统计学校
北京市第十四中学
枣营中学
北京市第二十中学
丰台第二中学
北京市京源中学
大峪中学
前进中学
南邵中学
黄村第一中学
河南中学
运河中学
城关第一中学
桥梓中学
冯家峪中学
平谷第三中学
南菜园中学
北京市矿务局中学
史家胡同小学
复兴门外第一小学
宝华里小学
北京小学
劲松第四小学
翠微小学
丰台第五小学
八角第二小学
育园小学
向阳小学
南邵中心小学
德茂中心小学
良乡第二小学
部府中心校
牛栏山中心校
怀柔县师范附属小学
石城寄宿小学
鱼子山小学
延庆实验小学
矿务局大安山煤矿子弟学校

（王蕤）

【北航投资文明校园建设】 至年底，北京航空航天大学筹资600多万元，完成8项文明校园建设工程。其中，投资50万元，新铺柏油路7319平方米；投资37万元，新种植草坪7000平方米，补植草坪4000平方米及安装节水喷灌设施；投资80万元，新修和改造篮球场地7500平方米，网球场地4500平方米，排球场地1800平方米及配套设施；投资220万元，在学生宿舍安装1662套闭路电视。另外，还完成新装路灯、大修教室、规范车辆出入校园和停放管理等工程。

（陈颖）

【38所高校获文明校园称号】 年内，北京市第二外国语学院通过高等学校文明校园达标验收。至此，北京高校共有38所学校被授予“文明校园”荣誉称号，占高校总数的58%。北京科技大学、北方交通大学、北京广播学院、北京商学院、中央工艺美术学院、石油大学（北京）、中国政法大学、北京印刷学院通过“文明校园”复查。

（沈柳莺）

【无线电工业学校获“首都文明单位”】 年内，北京无线电工业学校再次被首都文明建设委员会授予“首都文明单位”称号。这是该校自1994年连续4年获该项荣誉。

（侯彤）

家庭教育

【门头沟区重视家教工作】 6月底，门头沟区各学校家庭教育工作得到加强。具体做法包括①各校先后成立家长学校，建立健全组织机构，制订管理制度，确定家长学校的教学内容、教材、教师和活动时间，保证家长学校工作按计划开展。②加强学校与家长间的联系，采用通信的方式向家长通报家教主题和相关内容、要求。取得家长的支持和协助。③结合学校实际开展多种形式的家教活动，邀请家长听取公开课，参与学校管理，向学校建议；邀请专家到学校向家长进行家教系列讲座；开展“教子有方”和“好家长教育案例”征文活动；举办家教成果展览等。

（张忠贤　陈显水　沈世伟）

【举办大型家教咨询活动】 10月25日，市教委、市妇联、市家教研究会和家庭教育报联合主办大型家庭教育咨询活动。该活动采用挂横幅，摆放各种宣传板报、广播和录像的形式，发放《家庭教育报》、《家长教育行为规范》等学习材料，全市共设咨询点30余个，接待咨询万余人（次）。家长咨询问题主要有如何激发孩子的学习兴趣，培养孩子的学习习惯，培养孩子良好的个性、指导孩子交往等问题。陶西平、兰宏生等领导参加咨询活动。

（王　蕤）

【二轻工业学校成立家长顾问委员会】 11月7日，北京市第二轻工业学校家长顾问委员会举行首次会议。会议通报学校建设整体情况，通过《家长顾问委员会章程》，家长顾问们对学校提出许多建设性意见。该校家长顾问委员会由17人组成，其中，学生家长12人。

（许书贤）

【表彰家庭教育工作好校长】 12月5日，市教委、市妇联、市家教研究会和家庭教育报共同主办北京市中小学百名热心家庭教育工作的好校长表彰大会。会议表彰100名热心家教的好校长。顺义牛栏山二中、丰台实验学校、果园小学和北京二十五中分别在会上介绍校长在指导家庭教育中要有主角意识、办好家长学校是提高家教水平的重要途径、充分利用现代传媒提高家长素质和怎样组织家长参加素质教育的经验，陶西平到会讲话。表彰百名家教工作好校长是家教研究会“百个系列”的组成部分，本市在1994年评选“百名好家长”、1995年评选“百所优秀家长学校”，1996年评选“百个文明家庭”。

（王　蕤）

【确定’97家教主题】 年内，市家教会确定’97全市家教主题是：学会关心，举止文明。该主题目的是教育培养孩子心中有他人，克服以自我为中心的心理和不文明的行为，强调公德意识。

（王　蕤）

【编辑《家庭教育文件汇编》】 年内，市教委编辑《家庭教育文件汇编》。该汇编收录国家教委、全国妇联下发的家庭教育工作有关文件、市教委制订的《家长学校暂行规定》、《北京市家长学校教学大纲》、《北京市中小学家长学校评估方案》（试行）稿及《北京市家庭教育大纲》。

（王　蕤）

工　读　教　育

【概　况】 1997年，北京市有工读学校6所，在校生1415人，比上年增加512人。其中工读生124人，托管生、寄读生776人，职业教育学生515人，校外工读预备生1395人。工读学校教职工319人，比上年增加96人，其中专任教师229人，比上年增加66人。全年共接待国际同行参观学习团组7个共87人次，接待国内21个省（市）教委和学校领导、教师参观、考察458人次。

（王保国）

【赴4所学校现场办公】 3至11月，市教委4次到工读学校现场办公，解决问题。3月27日，兰宏生等领导到门头沟工读学校，与区领导共同研究解决门头沟区工读学校校舍修建问题。4月上旬，兰宏生等领导到朝阳区工读学校和区政府、区教委、学校领导一起研究朝阳区工读学校1997年至2000年办学规划，共同解决学校职业教学楼、办公楼的扩建问题。6月8日，兰宏生、章家祥等到海淀区工读学校，与区教委、学校领导共同研究在工读学校开办普通寄宿学校等有关事宜。11月26日，到西城工读学校和区教育局、学校领导共同研究办学改革问题。

（王保国）

【“五年一贯制”改革方案实施】 3月22日，市教委、市督学室和工读教育深化改革专家组到东城区工读学校研讨该校“五年一贯制”改革方案。该改革方案把行为偏差学生从初中二年级招收到工读学校，不经过中考直接升到工读学校职业高中，经过五年教育，培养成具有高中文化程度和职业等级证书的人才，改变学生在工读学校学习教育2至3年的体制。经过论证专家组通过该校改革方案，市教委、区教育局批准该校改革实施方案，市教委同时批准该校为改革试点校。

（王保国）

【召开工读学校工作研讨会】 4月2日，市教委召开工读学校工作研讨会，研究提高教师队伍整体素质，加强工读学校教学规范化和教书育人科学化等问题。兰宏生做《依法治校，深化改革科学管理，争创全国一流》讲话。市教委、区教委（教育局）有关领导及工读学校校长参加会议。

（王保国）

【接待国际参观团组7个】 4至12月，北京工读学校接待国际参观团组7个，共计87人次。其中，4月22日，以须田长光为团长的日本保护司会教育考察团一行17人，到西城工读学校考察访问；7月4日，美国、澳大利亚司法教育考察团10人到海淀工读学校考察预防教育情况；9月9至11日，德国教育考察团11人到海淀工读学校进行教育考察；9月26日，澳大利亚教学法学者罗伯特奥利斯一行4人，到朝阳区工读学校进行教学研究交流活动；9月29日，澳大利亚司法考察团一行2人，到海淀区工读学校参观和学术交流；11月17日，丹麦教育考察团一行8人到东城区工读学校进行教育、教学和管理考察；12月18日，马来西亚教师考察团一行35人到海淀工读学校交流考察。

（王保国）

【研讨扩大工读教育职能】 4月24日，市教委召开扩大工读教育职能研讨会，主要研讨工读教育向前延伸问题。即：把严重违纪、经常旷课逃学，但普通学校、学生家庭尚未失去管理教育能力的学生，不进入工读学校，建立工读教育校外教育网络，提前进行预防转化教育。工读教育向后延伸问题。即：工读学生在工读学校学习教育2至3年后，学习一技之长，进行职业教育。

（王保国）

【召开依法执教研讨会】 4月26日，市教委在海淀区工读学校召开"依法治校，依法执教"研讨会，与会人员研究工读学校执行《义务教育法》、《未成年人保护法》和《北京市未成年人保护条例》。交流贯彻两法一条例的经验。

（王保国）

【中国教育学会领导视察工读学校】 5月21日，中国教育学会、国家教委、市教育学会、市教委有关人员到朝阳区工读学校进行视察和调研。中国教育学会工读教育专业委员会汇报全国工读教育现状及存在的问题，市教委汇报北京市工读教育情况。朝阳区工读学校汇报学校取得的成绩，今后发展设想及需要解决的问题。张承先等对学校工作表示满意和赞许，对工读教育的发展、依法办学等讲话。

（王保国）

【举行第四届文艺汇演】 上半年，本市各工读学校举办以"洗国耻、迎回归、颂祖国"为主题的教育活动，师生们结合工读学生的实际生活，创作舞蹈、朗诵等形式的文艺节目，表达工读师生的心声。6月2日，市教委举办"迎回归、颂祖国"第四届工读文艺汇演。在师生自编、自演的节目中评选出16个举办汇报演出。

（王保国）

【接受市关心青少年协会赠书】 11月5至8日，北京市关心青少年健康成长协会分别到北京市6所工读学校看望师生，为各工读学校赠送《共和国的标志》100本，爱国主义教育录像带2盒，与学校领导共同研究学生的教育问题。

（王保国）

【主办中丹工读教育研讨会】 11月15至20日，市教委主办中丹工读教育研讨会。中国学生违法预防与研究专业委员会，中国教育学会工读教育专业委员会，丹麦王国青年学校、教师全国联合会生产学校，全国联合会一行8人，有关地区工读学校领导参加研讨。研讨会认为，预防、减少青年违法犯罪是世界各国研究的课题，中国工读教育形式是预防青少年学生违法犯罪矫治、教育、培养行为偏差学生成为社会有用人才，是行之有效的好办法。

（王保国）

【市政协视察工读教育】 12月2日，市政协37名委员到朝阳区工读学校视察。兰宏生汇报本市工读教育情况，朝阳区工读学校汇报办学经验、存在的问题、学校发展规划。委员们参观学校教育教学设备，学生学习、生活、娱乐活动的场地，召开座谈会，委员们就北京市工读教育今后发展方向提出建设性意见。万嗣铨发表题为《为了首都的社会治安普通教育的发展，教育、挽救一批人才》的讲话。

（王保国）

【成立工读教育深化改革专家组】 年内，市教委成立工读教育深化改革专家组。专家组由法律、心理、家教等方面的专家、学者共11人组成，职责是研究工读教育的改革与发展。

（王保国）

【东城工读被评为全国先进集体】 年内，北京市东城区工读学校被中宣部、全国人大、团中央、国家教委、司法部评为全国未成年人保护工作先进集体。

（王保国）

科 学 技 术

综 述

1997年，据对北京地区34所理工农医类普通高等学校的统计，有科技活动人员61668人，其中具有高级专业技术职务的18912人；具有中级专业技术职务的20715人；具有初级专业技术职务的15169人，分别占科技活动人员总数的30.6%、33.6%、24.6%。研究与发展人员21347人，折合全时13990人。

上述高校中，经学校上级主管部门批准的研究与发展机构132个，机构中的实有人数为4684人，折合全时研究与发展人员3399人；承担研究课题2356项，培养研究生3529人；非学校上级主管部门和学校自建的研究与发展机构271个，实有人数6796人，折合全时研究与发展人员3789人，承担研究课题2315项，培养研究生4239人。高等学校通过各种渠道获得的理工农医学科研究与发展经费127175.9万元，比上年度增加27175.6万元，增加幅度27.17%，其中，预算内拨款31489万元，增加6489万元，预算外经费95686.9万元，增加17686.9万元。

市属高校的理工农医研究与发展经费9118.2万元，比上年度增加911.6万元，其中预算内拨款3115万元，预算外拨款6003.2万元，分别比上年度减少279.6万元、增加1191.20万元。

1997年，据对北京地区61所设有人文社会科学专业的学校统计，有社科活动人员20982人，其中具有高级专业技术职务的7600人；具有中级专业技术职务的8051人；具有初级专业技术职务的4027人，分别占社科活动人员总数的36.2%、38.4%、19.2%。社科研究与发展人员6007人，折合全时2909人。

上述高校中有人文社会科学研究与发展机构153个，机构中的实有人数为2012人，折合全时研究与发展人员1140人；承担研究课题628项，课题经费999.39万元，培养研究生1580人。

1997年，高等学校通过各种渠道获得的社科研究经费4297.3万元，比上年度增加445.5万元，增加幅度11.56%，其中，政府拨款2943.52万元，占68.50%，政府拨款比上年度减少231.58万元。

其中市属高校的社科研究经费1050.21万元，比上年度增加155.61万元。

（车庆珍）

总 类

【5位科学家成为中科院院士】 12月，共有58名科学家当选为中国科学院院士。在北京当选的有25名科学家，其中，北京地区高校有5名，有3名是北京市学位委员会委员。至此，中国科学院共有院士604名，其中北京地区有338名，约占60%。

1997年北京地区高校
当选的中科院院士名单

杨应昌	北京大学物理系
韩启德	北京医科大学心血管基础研究所
陈难先	北京科技大学应用物理研究所
过增元	清华大学工程力学系
李 未	北京航空航天大学计算机系

（李丽晖）

【11名科学家当选为中国工程院院士】 12月，共有116名高级工程技术人员当选为中国工程院院士，其中北京地区有44名，北京地区高校有11名。至此，中国工程院共有院士439名，北京地区有212名，占48.3%。

1997年北京地区高校当选
中国工程院院士名单

姓 名	单 位
杜庆华	清华大学
李椿萱	北京航空航天大学
胡正寰	北京科技大学
陈肇元	清华大学
陈俊愉	北京林业大学
王永炎	北京中医药大学
沈 渔	北京医科大学精神卫生研究所
刘伯里	北京师范大学
翁心植	首都医科大学附属北京红十字朝阳医院
李龙土	清华大学
金 涌	清华大学

（李丽晖）

【27所高校进人信息网】 至年底，北京高校信息网已有27所高校参加。该信息网成立于1993年，5年来，通过高校信息网络对外合作，完

成的项目达6000多个，协议金额5000万元。该信息网入网单位每年召开研讨会，交流面向经济建设服务的经验，探讨科研经费分配方法等问题。每年的洽谈会受到各地普遍重视，纷纷组团参加，选择适宜的科技成果合作。

（崔 超）

【确立理工科类研究项目45项】 年内，市教委在北京工业大学、首都师范大学等6所高校共确立理工科类研究项目45项，项目总金额472万元。本年度立项项目面向应用的比重增大，申报工作更加规范。

（王德新）

【市教委人文社会科学研究立项32项】 年内，市教委人文社科研究计划项目'97市属高校共申报46项，批准立项32个，其中包括3个预研项目，批准立项经费总额60万元。市教委年度拨付项目研究经费74.10万元，其中包括上年度立项课题1997年度拨款42万元。至年底，市教委人文社科研究计划在研项目共计80项，共计到位经费125.40万元。

（车庆珍）

【北京高校15人获杰出青年科学基金】 年内，112名青年学者获1997年度国家青年科学基金资助。其中高校64人，占获资助人数的57.2%。北京地区高校获资助15人，占高校资助人数的23.4%。资助总金额6420万元，高校获得3690万元，占57.5%，北京地区高校获840万元，占高校资助总额22.8%。

（崔 超）

【北京高校获教委科技进步奖74项】 年内，'97国家教委科技进步奖授奖项目233项，北京高校共获奖74项。获奖项目涉及乙类、丙类、发明、科普和教材5类。

（崔 超）

科 技 活 动

【概 况】 1997年，在科技交流方面，北京地区高校出席国际学术会议1485人次，交流论文1168篇；出席在国内举办的国际学术会议1466人次，交流论文2199篇；派遣研究生攻读博士56人，攻读硕士13人；派遣进修访问学者805人次，接受进修的访问学者875人次。其中，市属高校出席国际学术会议210人次，交流论文170篇；出席国内的国际学术会议118人次，交流论文121篇；派遣研究生7人；派遣进修访问学者139人次，接受进修的访问学者356人次。

1997年，在人文社会科学学术交流方面，北京高校参加国内学术会议达4908人次，提交会议论文2129篇；参加国际学术会议1490人次，提交会议论文768篇；参加港澳台地区学术会议360人次，提交会议论文288篇。其中，市属高校参加国内学术会议达750人次，提交会议论文312篇；参加国际学术会议30人次，提交会议论文20篇；参加港澳台地区学术会议4人次，提交会议论文2篇。

（车庆珍 侯东云）

【召开北京地区民族理论研讨会】 2月20日，中央民族大学召开北京地区民族理论学术研讨会。中央统战部、国家民委、全国人大民委、中央党校、中国社科院民研所、中央人民广播电台等单位从事民族工作和研究的领导、专家、学者以及新闻记者40多人参加。研讨会以爱国主义和马克思主义民族观教育为主题，对马克思主义民族观理论、民族观教育与爱国主义教育的关系、民族观教育中存在的问题和加强民族观教育的必要性以及加强民族观教育应采取的措施等问题进行讨论。

（杨德勋）

【义务开展科技咨询】 3月24日，北京农学院组织70余名教师赴全国科教兴村示范基地——昌平县香屯村开展送科技、文化、医疗服务下乡活动。中国农业部、中国农学会、市农林办、市科委、市教委等单位领导前往参加。咨询涉及到作物生产、病虫害防治、家畜防病、农村生活保健等多个方面，前后共有700余名农民的生产技术疑问得到解决。会上，农业部和该校向当地农民赠送农业科技书刊数百册。

（于兴海）

【举办第三届国际金融经济讲座】 4月21至23日，中国金融学院举办第三届富士银行国际金融经济讲座。该讲座主要内容是日本金融大改革、金融衍生产品与会计监管。日本富士银行选派3位专家担任讲授。有来自行属院校、金融机构代表和学院师生近300人参加学习。

（李春雷）

【召开市科研管理研究会理事会】 5月，市高校科研管理研究会第4届理事大会暨'97学术年会召开。大会共收到论文50篇，评出优秀论文13篇。其中，39篇论文向全国高校科研管理研究会年会推荐交流。

（车庆珍 王德新）

【举办国际生殖内分泌会议】 6月9至12日，中国协和医科大学医学科学院与计划生育研究所联合举办第三届国际生殖内分泌会议。来自国内外的专家、学者共300多人参加会议。会议收到论文128篇，有近百名学者在大会上发表演讲、交流经验。

(吴艳秋)

【承办全国非均相分离学术讨论会】 7月7至9日，石油大学（北京）承办第五届全国非均相分离学术讨论会。非均相分离专业组自1987年成立以来，在应用基础理论和开发研究等方面取得很大进展，在某些领域已经接近、达到或超过国际水平，并获得不少工业化成果。该校项目组在非均相分离技术领域作出重大贡献，80年代末，开发出具有国际先进水平的PV型高效旋风分离器及其优化设计技术。截至1996年底，PV型高效旋风分离器在全国推广600多台，直接经济效益近1亿元。

(朱运民)

【承办全国大学生电子设计竞赛】 9月17至20日，第三届全国大学生电子设计竞赛在北京邮电大学举行。北京赛区共有21所高校84个队的252名学生参加。北京赛区参赛队获全国一等奖4个队，全国二等奖6个队，赛区一等奖11个队，赛区二等奖17个队，赛区三等奖29个队。本次北京赛区竞赛由芬兰诺基亚公司赞助。

(金红莲)

【参加全国大学生数学建模竞赛】 9月23至26日，第四届全国大学生数学建模竞赛上，北京赛区共有28所学校126队共378名学生参加（包括9个由在校中学生组成的参赛队)。北京赛区参赛队获全国一等奖7个队，二等奖6个队，赛区一等奖20个队，赛区二等奖29个队，新苗特等奖1个队，新苗一等奖2个队，新苗二等奖2个队。北京化工大学、北方交通大学、北京工业大学、北京联合大学等4校获北京赛区“优秀组织校”奖。自1994年来北京地区已有1206名高校大学生参加该竞赛。

(金红莲)

【举行中德银行法学国际研讨会】 10月6至9日，中国政法大学与德国科隆大学联合举办’97北京中德银行法学研讨会，德国大使、学者、银行家、律师，中方司法部各行政机关、学者共200余人与会。会议对国际银行的管理、中央银行与地方银行关系和各专业银行的职能进行研讨。

(马芳城)

【主办世界精神病学协会会议】 10月7至10日，北京医科大学精神卫生研究所主办世界精神病学协会地区会议。本次会议以痴呆、精神分裂症和抑郁症为主题，对给人类健康和家庭生活带来最大危害的三类障碍，从病因学、发病机制、治疗、预防等领域进行研讨，发表很多高水平的论文。参加会议共有正式代表1286人，列席代表125人，其中来自41个国家或地区外宾708人，国内代表578人。会议收到论文900多篇，其中511篇在会上发言，209篇以壁报形式交流。部分著名专家学者发表专题学术报告。

(雷　炳)

【参加国家科技成果洽谈会】 10月23至26日，北京高校展出团参加’97中国（合肥）专利及科技成果展示交易会。北京高校展团由北京大学、清华大学、北京理工大学、北京化工大学、北京航空航天大学、北京科技大学、北京工业大学7所高校组成。参展项目50多个。签订意向协议6份，协议金额83万元，清华被大会组委会评为最佳布展奖单位。本届交易会共有全国20多个省市的46所高校、85所科研机构及600多家企业提供2000多项科技成果。

(崔　超)

【承办第一届脑认知成象学术研讨会】 11月5日，中国科学院——北京医院脑认知成象研究中心组织第一届脑认知成象学术研讨会在中国科技大学(北京)召开。国家科委、卫生部及中国科学院的领导等200余人参加会议。这是国内第一次脑认知成象领域的学术研讨会。中国科学院——北京医院脑认知成象研究中心成员在会上做5个学术报告。报告他们最新的、也是国内第一批功能性磁共振和功能磁共振与脑电相结合的实验研究结果。脑认知成象领域带头人彼德福斯（Peter-Fox)教授等3名国际同行在会上做专题报告。在研讨会前，中国科学院——北京医院脑认知成象研究中心和美国德州大学(SanAntonio)健康科学分校成象研究中心还签署有关脑认知成象研究的双边合作研究协议，并互相颁发兼职教授聘书。

(范思陆)

【参加科技下乡活动】 12月8日，中国农业大学选派30名教师和干部深入北京和河北农村，开展为期1个月的“科技下乡”活动。他们分别深入北京昌平和顺义县、河北涿州市和吴桥县农村开展科技推广、咨询、培训及相关调查工作。

(唐学磊)

【召开民族关系国际学术研讨会】 12月20日，中央民族大学召开21世纪和平、发展与民族关系国际学术研讨会。来自日本、韩国以及国内40余位专家、学者参加研讨会。这次会议从种族关系、宗教关系、国家关系等几方面，论述民族关系问题的重要性及对21世纪和平与发展的影响。提出民族问题能否得到合理解决，民族关系处理是否得当，是关系到人类发展和命运及21世纪和平与发展进程的重大问题。

(哈斯也提)

【110工程立项达52个】 到年底，北京市列入110工程的项目达52项，其中使用周转金项目25个，使用经费3361万元。当年入选项目20项，用款项目8项，用款额1250万元。同年，制订《110工程项目立项管理程序》，编写《110工程项目立项可行性报告参考提纲》，建立110工程非贷款项目立项书。110工程步入滚动实施轨道。

(崔　超)

【高校举办科普讲演比赛】 年内，北京高校大学生以人口、资源、环境和可持续发展为主题，举办科普讲演比赛。北京16所院校的26名选手参赛。中国人民大学获总分第一名，北京轻工学院张艳获冠军，北京服装学院刘扬、北京航空航天大学刘琳获二等奖，中国人民大学孙萌、宗昊及北京邮电大学郎迪获三等奖。

（崔　超　李红宇）

【加强高校科研管理研究】 年内，北京高校科研管理研究会召开全体理事大会，进行换届选举，召开'97北京高校科研管理研究学术会议。研究会对面向21世纪北京高校科技体制建设研究专题开展研究活动，对有关问题达成共识。

（王德新）

【高校科研管理研究会换届】 年内，北京高校科研管理研究会召开全体理事大会，完成换届任务。该学会是全国最大高校科研管理研究组织之一。

（王德新）

科　技　成　果

理工农医类

【概　况】 1997年，高校中开展理工农医学科研究与发展课题研究9648项，其中基础研究课题2714项，应用研究课题5910项，试验发展课题1024项，分别为28.1%、61.3%、10.6%，投入人力18456人，其中研究生6033人，投入经费85492.7万元，比上年增加24002.7万元，课题的平均投入强度为8.86万元/项，比上年的6.94万元/项增加27.67%，自然科学课题2094项，工程与技术课题6123项，医药科学课题1118项，农业科学课题313项；开展理工农医学科科技服务课题研究2082项，投入人力总计3733人，投入经费29014.80万元。

市属高校开展理工农医学科研究课题1318项，其中基础研究课题352项，应用研究课题887项，试验发展课题79项，分别为26.7%、67.3%、6.0%，投入人力3183人，其中研究生358人，投入经费3971万元，比上年增加1438.1万元，课题平均投入强度为3.01万元/项。按学科门类划分，自然科学课题302项，工程与技术课题379项，医药科学课题594项，农业科学课题43项。开展理工农医学科科技服务课题研究264项，投入289人，投入经费2394.50万元。

（车庆珍）

【CAD支撑软件系统研制及开发通过验收】 1月9日，清华大学国家“863”高技术项目“替代AutoCAD12.0的CAD支撑软件系统研制及产品化开发”通过由“863/CIMS主题专家组主持的验收。由清华高华公司开发的这套具有我国自主版权的、能与国外名牌软件相抗衡的支撑软件系统，实现具有自主版权的CAD支撑软件在开发研制、商品化、产业化及CAD技术推广应用综合领域的突破。

（左海峰）

【超铀元素萃取技术通过成果鉴定】 1月13日，由清华大学核研院核化学工艺研究室承担的“八五”国家科技攻关项目“超铀元素萃取技术”，通过由中国核工业总公司主持的科技成果鉴定。“超铀元素萃取技术”是核工业领域中高放废液处理与处置的核心部分，是近年国际核能界关注的热点。该项目已正式列入“九五”国家科技攻关计划，力争尽快用于核废物处理的工业生产中。

（左海峰）

【高密度封装应用基础研究项目结题】 1月，由清华大学材料系马莒生教授主持，李恒德院士任学术领导小组组长的“八五”国家自然科学基金重大项目“高密度封装的应用基础研究”经专家验收及基金委审核批准，正式结题。该项目历时3年，发表论文160篇，获成果6项，培养各类人才40余名。其中“引线框架蚀刻成型技术”被列为基金委重点推广项目，试生产的引线框架已用于国家重点攻关项目。结题后有关实用化工作仍在进行中。

（左海峰）

【“硫化二及其聚合物”获奖】 3月25日，北京石油化工学院化工系与燕化公司共同研制的抗氧剂“硫化二（叔丁基间甲酚）及其聚合物”项目通过石化总公司技术鉴定。该项目有利于拓宽甲酚的应用途径，促进石化产品的深加工。专家们建议尽快进行中试或模式，并希望早日实现工业化生产。11月，该项目获中国石化总公司1997年科技进步三等奖。

（薛爱武）

【T细胞发育及胸腺基质细胞作用通过验收】 3月，北京医科大学陈慰峰教授主持完成“T细胞发育及胸腺基质细胞的作用”项目，通过国家基金委生命科学部专家组验收评议。专家组认为，该研究成果和一系列发现均属国内外首次报道，其系统化、多层次的研究，丰富和演化胸腺细胞发育的理论，达到国际前沿水平。专家组综合评价为A。该研究从细胞及分子水平深入研究小鼠胸腺基质细胞对胸腺细胞发育的诱导作用。通过体内、外一系列实验证明新生的无功能或低功能胸腺髓质型细胞。据此提出在胸腺髓质区分化发育的“二次胸腺选择”新概念。此外，该研究还证明胸腺基质细胞能分泌化学趋化因子，并初步揭示胸腺上皮细胞可能由共同的干细胞分化而来。该研究项目是国家自然科学基金重点项目。

（吴永华）

【稳定塘新型工艺研究获奖】 3月，北京建筑工程学院的稳定塘新型工艺研究获北京市科技进步三等奖。该研究项目由汪慧贞、曾雪华主持，是国家“八五”科技攻关子专题。稳定塘是一种高效低耗的防水处理技术，投资少、运行费用低，是二级处理的经济替代技术，对于发展中国家有特殊优势。

（宋桂云）

【低氮氧化物燃气燃烧技术和装置通过鉴定】 4月28日，北京建工学院城建系傅忠诚教授主持的建设部“八五”重点科技攻关项目“低氮氧化物燃气燃烧技术和装置”通过鉴定。该鉴定委员会专家听取对这项科技成果的理论、技术水平、实用价值、社会效益与经济效益的各项分析和结论，对火焰冷却体的结构设计、燃具排放、厨房空气中的氮氧化物和一氧化碳测试结果表示满意。鉴定委员会认为：该项技术在国际上处于领先水平；降低氮氧化物装置设计合理，结构简单，效果显著，实用性强，具有明显的社会效益和较好的经济效益。

（宋桂云）

【YBCO高温超导线带材研究获奖】 4月，北京工业大学周美玲等人的科研项目“YBCO高温超导线带材研究”获北京科技进步二等奖。该项目用增塑挤压线材制备磁通变换器、超导小天线、螺旋谐振器等器件，成功地进行实验室演示实验，采用PVD法在多晶韧性Ag基带上成功地制备有C轴结构的YBCO膜线材，Jc为2000A/cm。此项研究成果为研制韧性的高Jc的YBCO长线材提供科学依据。

（吕　彬）

【Nd：YAG激光雕刻机（系列）的研制获奖】 4月，北京工业大学王伟祥等人的科研项目“Nd：YAG激光雕刻机（系列）的研制”获北京市科技进步二等奖。该雕刻机（系列）由Nd：YAG激发器或倍频Nd：YAG激光器、激光光束扫描系统和计算机控制系统三大部分组成。它运用Q激光的高峰值功率，可在各种金属材料和陶瓷、橡胶等非金属材料表面进行文字、图形和图像的雕刻，雕刻内容丰富，分辨率高。由于是非接触性加工，所以加工灵活性大，不受加工件尺寸、形状的限制，且雕刻速度快，效果好。可应用在电子、汽车、机械及艺术装璜等行业。此项科研成果已先后通过国家教委、市科委主持的成果鉴定。

（吕　彬）

【裂纹深度及强度组配对焊接接头断裂力学参量的研究获奖】 4月，北京工业大学史耀武等人承担的科研项目“裂纹深度及强度组配对焊接接头断裂力学参量的研究”获北京市科技进步二等奖。此项研究的主要成果包括：①详细研究裂纹深度和强度组配对裂端塑性区的发展及裂纹扩展驱动力参量的影响，并首次明确指出裂纹深度和强度组配存在交互作用，指出浅裂纹试件的断裂韧性比深裂纹高，高组配焊接接头的断裂韧性比低组配的高，裂纹越浅，韧性升高的程度越大。②发现在同一裂纹深度条件下，高组配焊接接头更容易进入浅裂纹状态，并建立焊接接头断裂力学试验中深浅裂纹的判据参量及准则。③在断裂韧性随裂纹深度的变化规律方面，首次提出断裂韧性峰值的概念，研究其影响规律，并做理论解释。④对不同裂纹深度的三点弯曲试件，首次研究CTOD计算中的塑性转动因子在加载时的变化规律，并定义3个特征值，阐明其物理意义；同时提出J－CTOD关系中拘束系数与裂纹深度及材料性能的关系。⑤研究裂纹深度、弹性模量和应力状态对陶瓷与金属焊接接头界面裂纹的影响，并首次指出浅裂纹时J积分增加很快，并存在一临界纹深度。⑥首次研究带热影响区、软化区焊缝裂纹的扩展驱动力，并发现接头软化区对焊缝裂纹的有利作用。

（吕　彬）

【砷化镓场效应晶体管沟道温度精确测量技术获奖】 4月，北京工业大学吕长志等与电子部13所合作承担的科研项目“砷化镓场效应晶体管沟道温度精确测量技术”获北京市科技进步二等奖。此项目首次在国内外实现在工作条件下GaAsMESFET沟道温度和热阻的精确测量，测量的相对误差分别小于5%和10%。进行测量的系统由计算机控制测试和数据处理，可打印输出测试数据及曲线，具有自动化程度高、测试简便快速等优点。此项技术已获国家发明专利，并已用于我国长寿命通讯卫星、运载火箭等国家重点工程中。

（吕　彬）

【完成一例巨大肿瘤摘除术】 5月29日，中国协和医科大学北京协和医院成功完成一例腹膜后巨大肿瘤合并妊娠32周伴发阵发性低血糖昏迷的手术。这台手术历时6小时，是多科协作配合进行的高难度、大风险的手术。

（吴艳秋）

【国际喜玛拉雅西藏高原深剖面探测的大地电磁研究通过鉴定】 5月30日，中国地质大学（北京）承担的“国际喜玛拉雅西藏高原深剖面探测的大地电磁研究”通过部级鉴定。该项目是地矿部“八五”深部调查研究计划中的1个项目，是中美合作的“国际喜玛拉雅和西藏高原深剖面综合研究”（INDEPH2）计划的重要组成部分，中国地质大学（北京）为中方负责单位。鉴定委员会认为该项目应用高精度 MT 数据采集和目前世界最先进的大地电磁数据处理及反演成象技术，通过地表地质和深部地球物理，尤其是电性结构的综合分析，为研究青藏高原形成演化提供电学方面的依据。该项目首席科学家为赵文津教授。

（黎　斯）

【首次使用分子生物学技术进行神经管畸形流行病学研究】　6月5日，北京医科大学保健流行病学研究室朱慧萍博士学位论文通过答辩。该论文采用研究现场和实验室结合的方法，第一次在国内使用分子生物学技术进行神经管畸形的流行病学研究和病因学研究，从基因缺陷的角度，分析中国人群特点位点核苷酸的突变分布与神经管畸形的关系。

（陈　新）

【共轴式载人直升机首飞成功】　8月12日，我国第一架共轴式载人直升机“蜜蜂16”首飞成功。该直升机是由北京航空航天大学胡继忠教授主持的研究组研制成功的。该机高2.2米，翼展4.7米，最大起飞重量350公斤，发动机功率80马力，最大飞行速度130公里/小时，经首飞结果表明，动力特性和空气动力特性均达到设计要求。此前，该研制组还研制出我国第一架共轴式无人驾驶直升机，并首飞成功。共轴式直升机的主要结构特点是，在1根同心轴上有2组反向旋转的旋翼，不需要尾桨，因此，没有来自尾桨的不安全因素。

（陈　颖　崔　超）

【二维动画快速制作技术获国际金奖】　8月18日，中央民族大学少数民族文学艺术研究所尹武松的“二维动画快速制作技术”在澳门举行的首届国际爱因斯坦新发明、新技术（产品）博览会暨国际荣誉评奖会颁奖会上获国际金奖。该项新技术实现计算机二维动画制作的创作、设计、制作模式，摆脱传统的制作方法，全部制作在计算机中完成，比传统的制作方法提高速度近10倍。

（哈斯也提）

【ATM网首期工程通过验收】　8月25日，由北京邮电大学雷振明教授主持的中国邮电ATM科学实验网首期工程通过邮电部验收。这是第一个以国产ATM交换机为核心组建的宽带实验网络。该网络包括3个节点，联接邮电部在京的主要科研教学单位的数百台计算机；在网上实验局域网互联、多媒体信息服务、多媒体通信等业务；天津市数据通信局在该网上开通远程医疗和远程教学业务等。项目中采用具有PVC功能的ATM交换组网。该网连续运行已达9个月之久，运行稳定可靠。

（燕陵生）

【水煤浆项目和煤炭地下气化研究取得进展】　8月28日和9月30日，中国矿业大学（北京校区）承担的水煤浆科研项目和煤炭地下气化技术在中央电视台专题介绍。水煤浆是一种由添加剂、煤、水混合而成的以煤代油的洁净流体燃料。具有经济效益高，燃烧充分，环境效益好等优点，可以采用管道运输。从而解决我国煤炭动力不足的问题。

（吴立群）

【ZW草浆造纸废水治理技术通过评议】　8月，中国科技大学研究生院应用化学研究所袁倬斌教授和戈京国副教授发明的“ZW半化学草浆造纸废水处理技术”在安徽蒙城茶板厂通过专家评议。该技术利用广谱、低价、高效的絮凝剂，发明独特的过滤装置，具有工艺简单、设备投资少、占地面积小、运行费用低、操作方便、效率高等特点。处理前的废水颜色为浅黑色，处理后的水颜色为淡黄色，可以全部回用。

（宋少刚）

【哈密顿系统的周期解问题获奖】　10月21日，中央民族大学李成岳等研究群体的“哈密顿系统的周期解问题”获国家民委科技进步二等奖，该项目研究哈密顿系统周期解的存在性，数目的多少，以及周期解的周期是否最小等问题。

（哈斯也提）

【电子原子离子碰撞激发态研究获奖】　10月21日，中央民族大学李大万等研究群体的“电子、原子、离子碰撞中的激发态研究”获国家民委科技进步二等奖。该研究项目用光谱方法研究电子与原子、电子与离子、高离化态离子与原子碰撞中的激发态。

（哈斯也提）

【中国不同民族的人发中微量元素的测定和比较研究获奖】　10月21日，中央民族大学杨若明等研究群体的“中国不同民族的人发中微量元素的测定和比较研究”获国家民委科技进步二等奖，该研究项目用先进的等离子体发射光谱对中国30余个民族青年人发中钙、镁、铁、锰、铜、锌和铬7种元素的含量进行测定，得到有价值的结果。

（哈斯也提）

【《泌尿外科》获奖】　11月26日，中国协和医科大学名誉校长吴阶平教授主编的《泌尿外科》获国家科技进步著作二等奖。该著作由山东出版社出版，共计200万字，由6个部分组成，第一部分是基本诊断方法；第二部分是以病因为分类基础的疾病；第三部分为泌尿外科的亚专业；第四部分是以器官为分类基础的疾病或病变；第五部分是与泌尿外科有关的一些专门问题；第六部分是有关泌尿外科手术的一些问题（手术径路）。该书全面介绍成熟和重要的国际见解，并充分展示我国积累的经验和资料。

（吴艳秋）

【心血管病介人性治疗及应用研究获奖】　11月26日，中国协和医科大学阜外心血管医院9位教授研究的“心血管病介入性治疗及应用研究”获国家科技进步二等奖。该院自1982年开展此项研究，成功地为1206例心血管病患者实行介入性治疗，成功率达98.67%。其中二尖瓣、肺动脉瓣及某些先天性心脏病的介入性治疗已居国际先进水平，血管内支架治疗大动脉炎、肺动静脉瘘栓塞术、冠状动脉瘘栓塞术等10余项心血管病介入治疗为国内率先开展。国产材料血管内支架具有良好的生物相容性、几何顺应性及理化稳定性。

(李　莞　吴艳秋)

【抗肿瘤新药紫杉醇的研究与开发获奖】 11月26日，中国协和医科大学药物研究所5位教授研究的“抗肿瘤新药紫杉醇的研究与开发”获国家科技进步三等奖。该所对国产4种红豆杉植物开展系统的化学及药理学研究，共分离出110个紫杉烷类化合物，证明我国4种红豆杉植物均含有紫杉醇，其树皮中的含量与美国太平洋红豆杉相仿。国产紫杉醇对多种人肿瘤细胞有非常明显的抑制作用，剂量为5mg/kg，10mg/kg时对人卵巢癌裸鼠移植肿瘤的抑制率分别达到65%及87%。率先在国内建立微量蛋白提纯及聚合和解聚的测定方法，证明紫杉醇可促进微管蛋白聚合，并抑制其解聚，可使癌细胞阻断在G_2+M期，并出现多倍体细胞群。

(李　莞　吴艳秋)

【新型牛心包瓣的研究与临床应用获奖】 11月26日，中国协和医科大学阜外心血管医院6名教授研究的“新型牛心包瓣的研制与临床应用”获国家技术发明三等奖。本项目主要包括生物材料的化学改性、新型牛心包瓣的设计与工艺技术改进和临床应用三部分。从牛心包胶原蛋白分子结构入手，使胶原蛋白分子优势侧链基因交联的化合物，建立精确判断该交联的新技术。从钙化形成的可能机制入手，以切断多种与钙化形成有关的途径，从而达到明显延缓牛心包瓣材料的钙化。从生物瓣支架材料的选择、瓣膜设计和制作工艺等多方面改进入手，设计出结构更为合理的牛心包瓣，体外测试表明其耐久性得以显著的改善。这种新型牛心包瓣已成功地用于临床，结果表明其安全性能好。血液动力学性能优良，至今该瓣膜已在国内13家医院临床植入160余枚。

(李　莞　吴艳秋)

【性发育异常的临床与基础研究获奖】 11月26日，中国协和医科大学北京协和医院与基础医学研究所5名教授研究的“性发育异常的临床与基础研究”获国家科技进步三等奖。该项研究为期20年，收集各种性发育异常13类共451例，提出新的分类法：(1)性染色体异常；(2)性腺发育异常；(3)性激素与功能异常。对睾丸退化和XO/XY性腺发育不全二类发育异常的诊断加以修正；对凡有Y染色体与发育不全的睾丸行性腺切除术；外生殖器畸形者行保留龟头及其血管神经的整形术；对性发育异常患者，尽可能使其享有女性与生育的生理功能，测量骨密度给予激素补充治疗；用腹腔镜直接观察性腺类型技术，认为SRY是睾丸决定因子的最佳候选基因。

(李　莞　吴艳秋)

【开发成功DB590级超低碳贝氏体钢】 11月，北京科技大学与武汉钢铁公司合作，开发成功DB590级超低碳贝氏体钢。该钢种被国际公认为21世纪的新品种，冶金部组织专家对DB590钢的开发与应用进行鉴定，认为其技术水平属国内首创，产品实物性能超过国外同强度级别产品。

(刘　晋)

【铝合金微弧氧化技术通过鉴定】 12月2日，北京师范大学低能核物理研究所的“九五”“863”高技术项目“铝合金微弧氧化技术”通过鉴定。该项技术能在铝合金表面生长一层厚度为10至250微米的陶瓷氧化膜，增加金属表面的硬度，具有耐磨、耐蚀、耐压绝缘和抗高温冲击等特性，是一项具有广泛应用前景的材料表面改性技术。

(蒋立红)

【后掠激波/边界层干扰研究获奖】 12月26日，北京航空航天大学邓学莹教授主持的“后掠激波/边界层干扰研究”获国家自然科学三等奖。该项目属于力学学科中关于现代空气动力学复杂流动研究领域的应用基础性研究项目，它突破传统的研究方法，提出一系列颇有成效的研究复杂干扰流动的方法，特别是本项目发展和建立的一些概念和技术十多年来一直被广泛地应用于激波/边界层干扰研究领域，所建立的基本框架被推广应用到干扰的空间流场和非定常特性研究中，本项目的研究成果已被国际学术界大量引用和推广发展，引文已达70多篇。

(陈　颖)

【二氧化碳分压传感器样机研制获奖】 12月26日，北京航空航天大学张广军教授主持的“二氧化碳分压传感器样机研制”获国家发明四等奖。该项目是机载环控生保系统中重要传感器之一，该传感器体积小、重量轻、功耗低、响应速度快、预热时间短、无活动部件，能在恶劣环境下进行可靠的工作。该项目研究对推动红外光气体分析技术的发展具有重要作用，在机载氧气设备性能监测、发动机燃烧性能分析及民用等领域具有推广价值。

(陈　颖)

【大跨悬索结构抗震分析理论研究与设计技术获奖】 12月，北京工业大学曹资等人的科研项目“大跨悬索结构抗震分析理论研究与设计技术”获得国家科技进步三等奖。该项目：攻克悬索结构抗震分析中存在的阻尼特性难题；发展几何非线性悬索结构抗震分析理论，提出悬索结构抗震设计新概念和实用简化技术。该成果已被纳入建设部组织编制、于1995年通过鉴定的悬索结构技术规程，并已得到应用。

（吕　彬）

【电力大学两项成果获奖】 年内，华北电力大学（北京）杨奇逊教授、张振华副教授研制的“WXB－15型微机高压线路保护装置”获电力部科技进步应用性研究成果三等奖。该装置由多单片机实现高压输电线路成套保护装置，可用于110至500千伏高压输电线路，还具有故障测距和滤波功能，是保证电力系统安全稳定运行的安全自动装置。另外由曾鸣教授等承担的《电力需求侧管理在北京地区应用研究》获电力部科技进步理论性研究成果三等奖。

（张紫娟）

【低相噪高分辨率直接数字频率合成器获奖】 年内，北京理工大学承担的低相噪高分辨率直接数字频率合成器获国家科技进步三等奖。频率合成技术是现代雷达、通信等电子系统实现高性能指标的关键技术之一。该成果将数字信号处理理论引入频率合成技术领域，在理论分析影响直接数字频率合成器（DOS）输出相噪及杂散的各种因素的基础上，采用CAD技术优化设计总体方案和电路结构，研制成功高性能的低相噪、高分辨率、低相杂电平的DOS。该成果的研制成功从根本上克服限制DOS应用的缺陷，拓宽了频率合成器的应用范围，可直接满足大容量数字通信系统、扩频通信系统、电子对抗和雷达等多种电子系统的需要。

（辛雪琴）

【固体继裂非平衡统计理论获奖】 年内，北京理工大学承担的固体继裂非平衡统计理论获国家自然科学基金三等奖。该理论将非平衡统计理论的概念和方法与微裂纹（或微空洞）的成核长大和传播过程相结合，可从微观机理推导出宏观力学量的继裂理论。与当代现有的其他继裂理论相比，该理论物理图象清楚，观点统一，自成体系，能将微观机理，宏观力学量和统计性结合在一起，特色明显。

（辛雪琴）

【中风病证候与诊断标准研究获奖】 年内，中国中医药大学“中风病证候学与诊断标准研究”获国家教委科技进步一等奖。该项目首次提出中风病始发态证候的含意和证候组合演变规律，揭示中风病证候与病因病机病类的关系，对判断病势转归，指导辩证施治，控制治疗效果，具有理论意义和应用价值。该项目由王永炎等担任。

（付爱珍）

【治疗出血性中风临床与实验研究获奖】 年内，中国中医药大学“破血化瘀、泄热醒神、化痰开窍法治疗出血性中风的临床与实验研究”获国家中医药管理局科技进步一等奖。该研究针对出血性中风内科治疗病死率高、病残率高这一难题，以中医理论为指导，研究其急性期中医治疗法则及有效方药，提高疗效，降低病死率。该课题由孙塑伦等担任。

（付爱珍）

【脾虚证胰腺外分泌研究获奖】 年内，中国中医药大学“脾虚证的实验研究——胰腺外分泌及肌肉功能的研究”获国家中医药管理局基础研究三等奖。该研究从临床常见脾气虚证入手，对拟脾气虚大鼠及脾气虚证患者进行消化吸收功能及肌肉运动功能的观察，拟从人体营养物质的消化吸收、能量的转换、利用等多个生物代谢环节，探讨中医脾气虚证形成的机理，并结合药物治疗结果，探讨健脾药物的作用机制。该课题由杨维益等担任。

（付爱珍）

【戊型肝炎病毒研究取得进展】 年内，北京医科大学基础医学院、中国预防医学科学院病毒研究所和新疆维吾尔自治区卫生防疫站合作，对我国戊型肝炎病毒分子生物学、血清学及散发性戊型肝炎进行的研究，取得一系列成果。课题组对我国2株流行性戊型肝炎病毒（HEV）基因组全序列和7株散发性HEV基因组部分序列进行测定和分析，首先报道中国HEV基因组全序列与缅甸株HEV的核苷酸同源性高达94％，证明两者同属一亚型。该研究首次从北京、西安等地分离到7株散发性HEV，并对其部分序列进行分析，与中国流行性HEV的核苷酸同源性高达96.5至98.9％，两者为同一基因型，提示戊型肝炎流行或散发主要与流行因素有关，而与HEV基因型无关。该课题组在我国首先建立覆盖HEV全基因组的多个基因组克隆及表达系统，并已应用于戊型肝炎诊断试剂和疫苗的研制。并对HEV不同基因片断编码的蛋白抗原性进行比较研究，阐明不同临床期各种抗体的消长规律，为戊型肝炎诊断试剂和疫苗研制提供理论依据。应用人工合成多肽和基因重组蛋白作为抗原，在国内首先建立戊型肝炎抗体酶联免疫试剂盒。该课题由北医基础医学院庄辉教授主持。

（傅冬红）

【丙型肝炎病毒遗传结构及基因型分布研究完成】 年内，北京医科大学第二附属医院肝病研究所王宇研究员等人历时5年，完成国家“863”计划“HCV基因分子克隆的研究”。他们应用基因型特异性引物扩增分型和基因分子克隆、序列分析等现代分子生物学技术，对我国不同地区的5000多人中的丙肝病毒（HCV）分子遗传学特点和分布状况进行研究。该项研究发现我国大陆HCV基因型构成单纯，仅有Ⅱ和Ⅲ两型广泛流行，并呈南北地区分布明显差异的特点，在世界上首次发现一个国家不同地区丙型肝炎病毒基因型的分布有显著不同的规律；完成我国HCV主要流行毒型分离株HC－C2株全基因分子克隆和序列分析；验证国际标准试剂对我国丙肝病毒阳性献血员的检出能力，发现13%的病毒携带者不能被检出，此结论已被用来作为控制丙型肝炎病毒在我国传播的计算依据；结合宏观分子流行病学和微观的病毒基因突变率计算，作出HCV在中国大陆广泛流行传播仅为半个多世纪的论断。这一研究成果获得1997年度卫生部医药卫生科学技术进步一等奖。

(傅冬红)

【草豆蔻、肉苁蓉等83类中药材的品种鉴定和质量研究获奖】 年内，由北京医科大学药学院蔡少青教授主持完成的国家"八五"重点科技攻关项目"草豆蔻、肉苁蓉等83类中药材的品种鉴定和质量研究"获国家科技进步三等奖。该项目由北医等28个单位近500名研究人员对97类中药材进行系统研究。主要内容有文献查考和本草考证、药源调查、分类学鉴定、性状和显微鉴定、商品鉴定、理化分析、化学成分、采收加工、药理实验等10项。即对每一类多来源中药材，调查、采集标本样品，运用多学科理论和技术，阐明多来源药材种间的性状、显微及理化鉴别特征，并通过对化学分离鉴定、定性定量分析药理活性比较，建立科学的品质评价方法。其中83类的研究达到国内外先进水平。

(蔡少青)

【丙肝分子生物学血清学诊断方法的研究和临床应用获奖】 年内，由北京医科大学第二附属医院陶其敏教授主持完成的"丙肝分子生物学、血清学诊断方法的研究和临床应用"获国家科技进步二等奖。该项研究建立第一及第二代抗－HCV诊断试剂参比品；在抗－HCV EIA试剂盒研制方面，进行人工合成多肽抗原的研究，合成含C－19和NS－21双表位的嵌合工程肽抗原，不仅具有此两表位的活性，且敏感性，重复性均好，已用于组装新的抗－HCV试剂盒。进行重组基因抗原的研究，高效表达非融合的比较接近天然构象的中国人HCV NS3区C33c重组蛋白，其表达产物可达菌体可溶性蛋白的14%，经纯化得到可用于检测HCV血清抗体的C33c抗原，并获得三株基因工程重组嵌合抗原，此后又克隆与表达NS5a区基区序列，从而使组装成的抗－HCV试剂盒有可能达到国际第三代的标准。另外，他们还在血清HCV RNA检测方法的建立及试剂盒研究、建立原位PCR方法检测肝组织中HCV RNA检测方法的建立及试剂盒研究、建立原位PCR方法检测肝组织中HCV RNA用于丙肝临床防治及发病机理研究、HCV C33c及NS5a单克隆杂交瘤细胞株的建立及用于临床免疫组化的检测等方面取得成绩。

(陶其敏)

【中国人良性前列腺增生和前列腺癌的发生情况及相同因素研究获奖】 年内，由北京医科大学第一附属医院顾方六教授主持完成的"中国人良性前列腺增生和前列腺癌的发生情况及相同因素研究"获国家科技进步三等奖。该研究从细胞和分子水平阐明我国人BPH的特点。我国良性前列腺增生(BPH)前列腺癌(Pca)低于欧美国家，新中国成立以来发病率迅速上升，在国际上比较少见，受到广泛关注。组织学BPH已从1936年的6.6%上升至1989年的30.5%，增长近5倍。临床上BPH从罕见病变为泌尿外科最常见的疾病之一。40岁以上城市居民各年龄组前列腺比农村同龄组明显大，而鱼、肉、蛋摄入量比农村高出几倍。说明营养对BPH的发病密切相关。前列腺癌在我国比较少见，但发病率和死亡率明显增加(现为欧美国家的二十分之一左右)。381例无选择前列腺标本潜伏癌发病数和676例BPH手术标本偶发病数(4.9%)均为欧美的二分之一左右，而发病率和死亡率相差达20倍。可以认为中国人前列腺癌从组织学癌发展到临床癌比较少，且需要更长时间。成人BPH以间质增生为主，尤以平滑肌的增生更显著。平滑肌增生的程度和BPH的临床表现密切相关。BPH组织间质与上皮比例为3.7：1.0，腺腔与上皮比例为1.8：1.0，与西方国家比间质与上皮比例低，腺腔过度扩张。细胞增殖的增加和凋亡的减少共同参与BPH的发生和发展。细胞外基质成分过度表达和细胞生长因子及其受体高水平表达影响着BPH的发生和发展。

(顾方六)

【多抗丰产小麦新品系培育成功】 年内，由中国农业大学孙宝启教授主持的国家"九五"科技攻关子专题"小麦抗病抗逆亲本材料创新研究"取得重要进展。该专题从国外小麦种质资源中找到有效抗源，通过杂交与有限世代回交相结合，大田选育和温室及异地加代相结合的技术方案，将抗白粉病基因导入我国小麦遗传背景中，育成对白粉病免疫、兼抗条锈和叶锈病，同时具早熟、矮杆、大穗、大粒性状的小麦新品系20个。对解决我国小麦生产中危害最严重的白粉病问题具有现实意义。

(才　杰)

【大型火电机组性能与振动远程在线监测与诊断系统获奖】 年内，清华大学倪维斗教授领导的课题组与山东电力科学研究院的合作项目"大型火电机组性能与振动远程在线监测与诊断系统"获电力部1997年度科学技术进步一等奖。其中清华课题组在利用Kohonen人工神经网络模型进行热力系统诊断和转子热应力"复频法"建模方面达到国际先进水平。

(左海峰)

【生命性别起源研究获基本结论】 年内，北京大学教授张均等经10余年生命科学研究，得出基本结论，原始生命在内外环境作用下，经过30多亿年漫长的生物演化，终于在元古宙末，即6亿多年前的晚前寒武纪，进化产生具有性生殖方式的多细胞原植体生物，并在浅海环境达到相当的繁荣。

（崔　超）

【地形辅助惯性导航技术研究成功】 年内，北京航空航天大学自动控制系教授陈哲主持的“地形辅助惯性导航技术”通过技术成果鉴定。该项技术采用先进的U—D分解卡尔曼滤波算法和3种自适应卡尔曼滤波技术，研究数字地图有关误差模型，得出由地形随线性化引起的测量噪声呈非平稳特性的结论。

（崔　超）

【多元熔体及其反应的基础研究获奖】 年内，北京科技大学应用学院完成的“多元熔体及其反应的基础研究”获国家科委自然科学三等奖。该课题新提出的最具普遍性的几何模型解决近30年来旧模型的固有困难，为模型选择与计算的完全计算机化提供可能。在熔体反应规律方面，对脱碳、脱氧以及其它一些冶炼过程进行研究，从测定动力学性质、寻找局部的限制性环节到全过程模拟，均得到一些新的结果。该课题共发表有关论文200余篇，获国内外发明专利3项。（吕中强）

人文社科类

【概　况】 1997年，北京高校中开展人文社会科学研究课题2473项，课题投入人力3384人，其中研究生785人，课题投入经费2969.21万元，比上年度增加959.41万元，课题的平均投入强度为1.20万元/项。按课题来源划分，国家级课题343项，部委级课题938项，企事业委托课题76项，学校自选课题807项；按学科领域划分，课题最多的前3个领域是经济学、语言学、法学。其中，市属高校开展人文社会科学研究课题460项，课题投入人力442人，其中研究生75人，课题投入经费254.73万元。

（车庆珍）

【商品流通智能化综合管理及决策支持系统通过鉴定】 3月，物资学院的国家“863”高科技研究项目“商品流通智能化综合管理及决策支持系统”通过国家科委鉴定。该成果运用人工智能、模式识别、属性测度、人工神经网络等一系列现代前沿科学技术，进行基于K线图的智能决策，实现对主图形态的自动分析，在一些前沿技术的应用上有较大的创新。

（郁军范）

【《默克兽医手册》新中译本出版】 4月29日，中国农业大学出版社举行最新版《默克兽医手册》中译本首发式。《默克兽医手册》是兽医临床重要的经典著作之一。此次由中国农业大学韩谦博士等近百名专家对英文第7版进行译校，全书共10个部分，289万字。该书被国家教委列为“九五”重点图书。

（冯英男）

【《刑罚通论》获奖】 4月，中国人民公安大学樊凤林教授专著《刑罚通论》获市第四届哲学社会科学优秀成果二等奖。该专著共分31章，57.1万字，论述和解决我国刑罚规定及刑罚理论的系统性、科学性和公正性。该专著由中国政法大学出版社出版。

（尹华业）

【《乡镇人大建设的理论与实践》获奖】 4月，中国人民公安大学徐秀义教授专著《乡镇人大建设的理论与实践》获北京市第四届哲学社会科学优秀成果二等奖。该专著系统地研究我国乡镇人大制度，分6篇26章，总计33万字。

（尹华业）

【《亚里士多德全集》中文本出版】 5月13日，中国人民大学举行《亚里士多德全集》中文本出版座谈会。中文本《亚里士多德全集》分为10卷，除包括贝克尔标准本全部著作外，还包括后来发现的《雅典政制》和其它残篇及著作目录、遗书、书信、诗歌等。中文本《亚里士多德全集》保留古希腊文本的原来面貌，不加译者自己的解释，做到一篇不删，一段不删，一字不删。为研究西方哲学和文化的学者提供可靠的第一手材料。该全集翻译始于1986年，是国家社会科学“七五”规划重点课题，是我国第一部翻译出版的西方哲学家全集。由人大哲学系教授苗力田及其翻译组完成。

（李红宇）

【《外交学概论》出版】 6月，《外交学概论》出版。该书由外交学院鲁毅等6位教授、副教授合著，由世界知识出版社出版。该专著初步建立外交学中国化体系与内容，将外交学的基本理论、历史发展和当代外交实践相结合，在外交学中国化方面进行有益的探索，是我国第一部外交学方面专著。

（卢　静）

【三峡工程管理信息系统通过鉴定】 10月7日，首都经济贸易大学安全工程系承担的“三峡工程管理信息系统”科研项目在三峡工地通过由劳动部组织的科研成果鉴定。该成果将先进的信息技术手段和系统管理的思想完整、全面应用到大型工地的劳动安全控制的管理工作中，是我国首次为大型水电工程开发的劳动安全管理信息系统。

（徐维海）

【发达地区城市化进程中建筑环境的保护与发展研究通过鉴定】 11月17日，由清华大学建筑学院吴良镛教授主持完成的国家自然科学基金“八五”重点项目“发达地区城市化进程中建筑环境的保护与发展研究”在江苏省通过国家级科技成果鉴定。鉴定委员会一致认为项目成果达到国际领先水平。

（左海峰）

【国际刑事司法协助研究获奖】 12月18日，中国人民公安大学赵永琛副教授承担的国家级科研课题《国际刑事司法协助研究》通过鉴定。该课题的成果以专著的形式在 1997 年10月由中国检察出版社出版，全书9章、25万字、主要内容有：国际刑事司法协助的原理与国际关系，国际刑事司法协助与国家形势政策，国际刑事司法协助中的人权保护，司法协助的地区化和国际化。欧洲、美洲、亚洲、非洲等地区的司法协助制度以及联合国在促进国际司法协助制度的建立和发展中的作用等。该课题解决国际刑事司法协助的基本问题，促进法学界、司法界、外交界对国际刑事司法协助制度的了解。

(尹华业)

【TSR 全文信息管理系统获奖】 12 月 26 日，北京信息工程学院易宝北信信息技术有限公司研制的 TRS 全文信息管理系统获国家科技进步一等奖。该管理系统是国内第一个基于 Client/Server 结构和 TCP/IP 协议的大型全文检索系统，它具有按词中文全文检索，在海量数据库上的秒级查询速度、高效率的索引机制和按重要性进行排序的相关排序等领先技术。并支持图像、音频及动画等多媒体信息的存储、管理、检索和浏览，支持各种格式文件的入库和浏览。其数据库核心能够同时处理中文简、繁体和英文资料，同时支持各种结构化数据和非结构化数据的处理，并支持按单汉字索引和按用户自定义关键词自动抽词索引的不同建库策略。该系统使用主题词表和同义词典控制整个检索过程，能够和 INTERNET WWW 数据库协同工作，使用 WEB 游览器在多种操作系统平台上访问 TRS 数据库。该科技成果曾获得 1996 年电子工业部科技进步一等奖，并在全国 4000 项科研项目中获得 1996 年电子十大科技成果奖。

(魏宁萍)

【《以正确的舆论引导人是新闻美学的核心》论文获奖】 年内，中国新闻学院宣奉华教授撰写的论文《以正确的舆论引导人是新闻美学的核心》，获北京市新闻奖一等奖。该文共 8000 字，论述以正确舆论引导人与新闻美学的关系。认为以正确舆论引导人是新闻美学的核心，是新闻美学的基本范畴，是新闻工作者人格美和道德美的规范和准则，以正确舆论引导人也要求深入实际，向人民学习和新闻形式的不断创新。

(刘根娣)

【三峡调研课题产生阶段成果】 年内，在长江三峡文化研究学术交流会上，中央民族大学庄孔韶课题组公布几年来田野调研第一阶段成果。该成果详细介绍对三峡地区古代人类骨牙和今人血液进行分子遗传学 DNA 提取技术选点设计方案，并宣布我国首例悬棺骨牙 DNA 检测报告结果。台湾中央研究院、武汉大学、湖北大学、中南民院、湖北省考古所、湖北省三峡文物研究所等单位近 50 名专家学者参加会议。

(杨德勋)

【《马克思主义史》(四卷本) 出版】 年内，由中国人民大学马列主义发展史研究所组织编写，庄福龄教授主编的《马克思主义史》(四卷本)由人民出版社出版发行。全书共分 4 卷，约 230 万字，历时 3 年完成。该著作对 150 年来马克思主义的曲折发展作出理论分析和总结，阐述其创造性发展和历史性胜利，实事求是地阐述其发展中的曲折、迷误和历史教训，从整体上对马克思主义科学体系进行把握和评价。该书着重现实，突出马克思主义在中国的发展和贡献。揭示当代中国马克思主义的发展逻辑，使读者认识和把握马克思列宁主义、毛泽东思想和邓小平建设有中国特色社会主义理论是不可分割的科学体系

(李红宇)

科技成果应用

【光缆 IV 机被列为国家级新产品】 3 月，北京邮电大学布莱得公司研制的光缆机械性能试验系统（IV 型机）被列为国家级新产品，获北京市优良新产品一等奖。该产品采用计算机闭环伺服控制，光电检测、多路光纤传输光功率和光纤应变监测及光缆应变监测等新技术，试验机由计算机控制，计算机根据操作人员输入指令控制相应的试验机进行光缆的拉伸、压扁、冲击、反复弯曲、扭转、曲挠、卷绕振动等 8 项光缆机械性能试验。该产品的 V 型机被列为 1997 年国家、市级“火炬计划”和市科技成果推广计划。

(王乃向　燕陵生)

【2 个轻型飞机型号获合格证】 4 月 21 日，北京航空航天大学获中国民航总局颁发的蜜蜂 3C (M3C) 和蜜蜂 11 (M11) 两种多用途超轻型飞机型号的合格证。M3C、M11 超轻型飞机系列，是轻型飞机设计师胡继忠教授组织研制的。M3C 已向社会推出 50 多架。成功地用于农业、林业、空中摄影、航空运动等方面。先后用于拍摄《望长城》、《长征·英雄的诗》、《邓小平》等电视片和纪录片。1989 年，3 架 M3C 编队从乌鲁木齐到哈尔滨，累计航行 5100 多公里。M11 商务载重 120 公斤，最大巡航速度每小时 134 公里，具有较强的抗风能力，该机已成功地

用于农业灭虫、空中摄影、飞行训练、航空运动等方面。在我国天空中飞行的不足200架超轻型飞机中，半数以上是北航的产品。

（陈　颖）

【《阴洁康》完成临床验证】 4月，北京护士学校研制新药《阴洁康》在通州潞河医院完成400例临床验证。验证结果证明，该药对各种原因引起的急慢性阴道炎治愈率达92%，有效率达98%以上。

（于淑华）

【立体定向脑外科机器人成功用于脑颅术】 5月5日，北京航空航天大学机器人研究所王田苗教授主持研制的我国第一台立体定向脑外科机器人，用于临床获得成功，在海军总医院为1位患有颅咽管瘤的9岁病童进行立体定向内放疗外科手术中机器人将直径2毫米穿刺针准确无误地插入由计算机确定的病灶点，吸出21毫升脑瘤囊液，将同位素磷注入脑瘤中。整个过程只用时45分钟。手术后，小病人神智清醒，症状缓解，未出现并发症，1周后出院。该成果于5月22日通过市科委技术鉴定。

（陈　颖）

【召开“安泰369口服液”发布会】 6月6日，由全国工商联主持的高科技生物工程产品——“安泰369口服液”发布会在人民大会堂浙江厅举行。“安泰369口服液”保健饮品是中国科技大学研究生院开发处有偿转让的生物工程技术，由山西安泰国际企业(集团)股份有限公司生产。该口服液经过卫生部指定的科研机构功能检测并通过卫生部组织的保健食品专家评审委员会评审，确定其具有延缓衰老、抑制肿瘤、免疫调节、调节血脂4项保健功能。

（宋少刚）

【“家庭心电血压监护网”示范工程通过验收】 6月18日，由清华大学电机系白净教授主持研制的“家庭心电血压监护网”示范工程通过验收。该项目是清华远程医疗课题组针对21世纪人口老龄化及社会医疗保健的需求，多年努力研制而成，经1年多来的试运行取得良好成效。

（左海峰）

【首例幼儿隐匿性旁道射频消融术成功】 8月20日，北京医科大学第二附属医院心内科为1名仅2岁的隐匿性旁道患儿实施射频消融术成功。手术中，医生们先将3支心导管陆续插入血管，遂进入心脏，经过十几分钟的心内标测，确认其为右侧游离壁隐匿性旁道。随即把小儿专用的大头电极送至患儿右心，精确地标测定位后开始消融，电极放电仅1秒钟便断旁道，手术获得成功。为巩固疗效，又为其放电90秒，该手术在国内尚属首例。

（李　颖）

【钒氧化还原流态电池通过鉴定】 10月8日，中国地质大学(北京)和北京大学联合研制的一种新型的化学能源“钒氧化还原流态电池”通过地矿部鉴定。该电池属高能量可充放电能量储存电池，具有寿命长、自放电低、安全、无污染等优点，其能量效率比市场上流行的铅酸电池大，电容量、充电时间等指标也优于铅酸电池，其价格比其他可充放电池低，可用作电动汽车动力电源。

（崔超黎斯）

【完成120例脊髓内肿瘤显微手术】 10月22日，由中国医学科学院神经外科专家王忠诚院士领导的课题组，历经4年，成功地完成120例脊髓内肿瘤显微手术。全部病人无一例死亡，无一例瘫痪，冲破脊髓内肿瘤手术医学禁区。这组病例中15厘米以上的巨大肿瘤有15例，最长的达22厘米。

（吴艳秋）

【康普顿背散射扫描机获国家专利】 10月，北京信息工程学院应用数学研究室参与研制的康普顿背散射扫描机获国家实用新型发明专利。该扫描机弥补现有工业CT等检测设备的不足，为复杂环境下超大超厚目标高精度无损检测、建筑质量评估和安全检查提供新的途径。该校应用数学室的邱佩璋教授和张兆田高级工程师是该专利的主要设计成员。

（魏宁萍）

【经胸腔镜动脉导管结扎术成功】 11月6日，北京医科大学第一附属医院心胸外科成功地施行本市首例“经胸腔镜动脉导管结扎术”。患者为16岁男性，患有“先天性心脏病、动脉导管未闭”。手术在心胸外科吴栋主任医师指导下，由刘桐林等医生施行。病人取右侧卧位，于左侧腋前线第Ⅳ肋间、左侧腋后线第Ⅳ、Ⅶ肋间各做一直径1.5cm的切口，暨入胸腔镜及辅助器械，在电视胸腔镜下操作，将直径0.5cm、0.7cm的未闭动脉导管以10号丝线结扎一道，以钛夹钳闭两道，完全结扎动脉导管，使主动脉与左肺动脉之间的异常血液分流消除。术毕听诊心脏杂音消失，彩色超声心动图证实动脉导管结扎确实，无异常血液分流。患者于术后第7天痊愈出院。

（吴士健）

【机制石屑砂应用研究通过鉴定】 11月14日，由北京建筑工程学院土木一系陈家珑高级工程师主持完成的北京市建委科研项目“机制石屑砂应用研究”，通过专家鉴定。鉴定认为该机制石屑砂是一种良好的建筑砂，用它配制的混凝土达到国际要求。这为解决北京市沙源提出一条新途径，具有显著的社会效益、环境效益和经济效益。

（宋桂云）

【整体X光透镜的研制及其应用获奖】 11月，北京师范大学低能核物理研究所颜一鸣教授主持完成的“整体X光透镜的研制及其应用获1997年度国家教委科技进步奖乙类科技成果一等奖。该成果对推动新一代X射线仪器设备的产生有重要意义，已获得3项中国专利、1项荷兰专利，并有多台透镜出口国外。

（蒋立红）

【锝—99M 甲 6 氧异晴研制及推广应用获奖】 11月，北京师范大学化学系王学斌教授主持，并与中国医学科学院阜外心血管医院合作完成的“锝——99M 甲 6 氧异晴的研制及推广应用”获 1997 年国家教委科技进步奖乙类科技成果二等奖。该成果从国产原料出发，首次在国内合成甲氧异晴，用锝—99M 标记并经药理毒理试验及临床应用研究，先后获得国家一类新药证书和药品生产企业许可证。

（蒋立红）

【高效多功能粘合剂研制成功】 年内，联大建材轻工学院科研所研制出高效多功能粘合剂。该粘合剂系利用回收废聚苯乙烯泡沫塑料，通过化学嫁接的方法在聚苯乙烯大分子链上引入羟基和环氧基因研制开发的。经过粘接实验表明，具有很好的粘接强度，适用于建筑材料的粘接；同时还具有成本低、毒性低、投资少、易推广、生产设备和工艺简单的特点。

（张 伟）

【电动助力双人自行车获专利】 年内，北方工业大学科研成果“电动助力双人自行车”获国家专利。该自行车电源为免维护铅酸蓄电池 36V、10AH；电机为直流永磁轮毂式电机，功率 120W；电动最大时速 15Km/h，电动最大行程 25Km。其优点为无污染、噪声小，适于周末旅游渡假。

（王振全）

【住宅智能安全防范系统获专利】 年内，北方工业大学科研项目“住宅智能安全防范系统”获国家专利。该系统由管理中心计算机、打印机、住宅报警控制器、外接红外、烟雾、玻璃破碎、煤气漏气等各种探头组成。集防盗、防火、防有毒气体泄漏监控于一身，安全、可靠，适合城市住宅小区使用。

（王振全）

【具有整机运行状态计算机综合显示和柔性传动新型回转窑获推广】 年内，北方工业大学科研项目“具有整机运行状态计算机综合显示和柔性传动新型回转窑”获国家经贸委推广项目，并列入有色金属工业 1997 年重点新技术应用项目计划。该项目打破传统设计模式，在结构上采用等强度筒体、新型档托轮系统；在传动上采用多点柔性传动，使其具有结构紧凑、运转平稳、使用可靠、维护简便并具有明显节能效果等优点。这种新型回转窑可运用于有色冶金、钢铁冶金、建材、化工以及其它相关领域。

（王振全）

【电磁搅拌装置在熔铝炉上的应用获推广】 年内，北方工业大学科研项目“电磁搅拌装置在溶铝炉上的应用”获国家经贸委推广项目，并列入有色金属工业 1997 年重点新技术推广应用项目计划。该项目的技术，分为炉底平板式和炉墙平卧式两种类型。平板式电磁搅拌器由感应器、低频电源及水冷系统组成，靠电磁力对铝液进行非接触搅拌。该装置设计合理、功能齐全，在铝熔炉上应用效果显著，使熔炉体温差减小、合金成分均匀、熔化时间缩短、节约能源、减少金属烧损、减轻工人劳动强度。炉墙平卧式电磁搅拌器由感应器、耐火套管及水冷系统组成。该装置设计先进，性能优于国外 JRC 电磁泵，其工作环境为常温，可连续工作，且无死区，搅拌流量大，流速高。

（王振全）

【模糊控制技术 180KA 预焙铝电解槽应用获推广】 年内，由北方工业大学与贵州铝厂、贵阳铝镁设计研究院共同承担的国家重点技术开发项目“智能模糊控制技术在 180KA 预焙电解槽上的开发应用”通过中国有色金属工业总公司专家鉴定。被国家经贸委列入推广项目，并列入有色金属工业 1997 年重点技术推广应用项目计划。该科技项目主要技术为模糊控制、模糊专家系统、神经网络系统、计算机应用技术、铝电解工艺技术，以铝电解过程控制为主，并可推广到有关工业炉窑过程控制系统之中。本项目的成功开发和应用，使 180KA 预焙铝电解槽的电源效率提高 2.22%，吨铝直流电耗降低了 545KWH，有增效节能的明显效果。

（王振全 崔 超）

【第二代主动式 Y 三辊冷轧带肋钢筋生产线获推广】 年内，由北京科技大学压加系朱为昌教授主持研制成功的第二代主动式 Y 型三辊冷连轧带肋钢筋生产线列入“九五”国家科技成果重点推广项目。该生产线能够生产出国家标准（GB13788—92）规定的全部产品，特别有利于生产大规格直径 7—12MM 高强度的冷轧钢筋产品。该生产既可盘卷收线，也可在线直接定尺剪切，占地面积小，生产无三废，亦可用于生产各种中、高碳素钢丝、合金结构钢丝、焊丝、轴承钢丝、不锈钢丝、连铸成坯丝以及有色金属和合金等各种光圆的和异型的浅丝。

（刘 晋）

【精细橡胶粉生产线推广项目获贷款】 年内，北京航空航天大学精细橡胶粉生产线获市科委和市教委“110 工程”贷款各 150 万元。该生产线以废旧橡胶为原料，生产出的精细再生胶粉，可直接掺入质量要求很高的高级橡胶制品的胶料中，代替相当数量的生胶，降低成本，节约昂贵的橡胶原料，并可提高橡胶制品的疲劳强度、收缩率及流动性等机构性能。整个设备主要分为常温粗碎、冷冻和低温细碎 3 大部分。本技术采用空气涡轮制冷，并采用回冷循环，具有效率高、制冷速度快、性能可靠等优点，胶粒经冷冻后在低温磨中粉碎，可达 60 目以上的精细度。

（陈 颖）

**【复合材料树脂传递模塑技术获推

广】 年内，北京航空航天大学复合材料树脂传递模塑技术（RTM）列入“九五”国家科技成果重点推广计划。该技术是80年代发展起来的，将成为21世纪复合材料工业的主导成型工艺之一，它具有产品质量好（两面光）、生产效率高、环境污染小、低成本、易于规模化生产大型整体复合材料构件等优点，可广泛用于汽车、造船、建筑、医疗器件、体育用品及航空航天工业等领域。

（陈 颖）

【GPS卫星定位技术及其应用获推广】 年内，北京航空航天大学GPS卫星导航系统列入“九五”国家科技成果重点推广计划。该系统能为选定目标提供快速准确定位的三维坐标及时间参数，可广泛应用于对移动目标或固定目标提供指挥、监控、调度和安全服务，在航空、航海、交通车辆管理、防窃防盗方面起安全保障作用。

（陈 颖）

【晚期肿瘤高级电化学治疗仪获推广】 年内，北京航空航天大学晚期肿瘤高级电化学治疗仪列入“九五”国家科技成果重点推广计划。该治疗仪是在我国胸外科专家辛育龄教授主持指导下由北航研制成功的高技术产品，于1993年6月通过国家医药管理局医用生化仪、加速器质量检测中心检验，并获首届中国医疗保健精品博览会金奖。该仪器经过实验考证，已在北京中日友好医院、天津肿瘤医院、河南省肿瘤医院、济南空军中心医院等上百家医院临床使用，经过对肺癌、肝癌、皮肤癌、食道癌、喉癌等23种肿瘤、几千名病例的治疗，总有效率达78.2%，其中体表肿瘤有效率达90%以上。

（陈 颖）

【JFC射流粉碎机获推广】 年内，北京航空航天大学研制的JFC射流粉碎机被列为北京市1997年重大科技成果推广计划项目。北航流体力学研究所研制的最新一代JFC系列射流粉碎机，利用高速气流（射流）使物料破碎和分级，突破国内外现有同类产品的设计，在粒度和产量上均处于国际先进水平，能达到平均精度1—2uM，精度分布均匀，最大料度不超过8uM。可粉碎的物料主要有：锆英砂、碳化硅、金刚砂、磁性材料、石墨、滑石、高岭上涂料、药材、花粉、珍珠粉、食品粉等。

（陈 颖）

【WSE—200型逆变多功能氩弧焊机获推广】 年内，北京航空航天大学研制的“WSE—200型逆变多功能氩弧焊机”被列入市1997年重大科技成果推广计划项目，该变焊机高效节能、体积小、重量轻，具有手工电弧焊、直流脉冲氩弧焊和交流方波脉冲氩弧焊等多种功能，适用于金属的焊接，可替代传统焊机。

（陈 颖）

【飞机动态监控系统研制成功】 年内，北京航空航天大学与民航数据通信公司共同研制成功飞机动态监控系统。该系统实现在电子屏幕地图上，实况显示飞机的位置、高度、发动机主要参数及到达地点的时间等。该项技术已应用于中国国际航空公司、厦门航空公司和民航空管局。

（崔 超）

【推广“823”保护剂性能优异】 年内，本市继续推广“823”保护剂。“823”保护剂是北京邮电大学化学防护研究所彭道儒教授开发的电接触元件润滑保护剂，其防潮、防盐雾、防霉菌等16个综合指标处于国际领先地位。该产品于1982年研制成功，1985年通过国家鉴定，1986年获国家发明二等奖，被国家科委列为“七五”、“八五”、“九五”重点推广项目。

（崔 超）

【纳米科研中心2项成果获进展】 年内，北京大学纳米科研中心2项成果获进展：北大智能材料实验室的单电子器件悠扬在室温及大气条件下能获得相当大的电信号；北大与中科院真空物理实验室协作研究在纳米存储机上，利用新型复合纳米功能薄膜记录可翻转的信息，信息点大小为1.3NM，可重复运行，性能可靠。

（崔 超）

【航空可靠性重点实验室成立】 年内，中国航空航天工业总公司航空可靠性综合重点试验室，在北京航空航天大学成立。该试验室以设备及系统可靠性研究、元器件应用可靠性研究为主要研究方向，包括环境、电子元器件、温度、湿度、低气压、振动、耐老化等多种试验设备，为国家航空领域的设备及系统可靠性研究提供先进条件。

（崔 超）

【多电子束物理气相沉积实验室建成】 年内，中国第一台大功率、多电子束物理气相沉积装置，在北京航空航天大学安装调试完成。电子束物理气相沉积技术是航空、电子等领域研究新材料的尖端技术。可用于形成发动机叶片抗热腐蚀、抗高温氧化涂层、抗热震性能极佳的热障涂层，可用于制造多层材料、耐磨材料、超高强度材料、超导材料、类金刚石涂层、人工关节表面耐磨抗不良反应涂层等。投入使用的该套装置具有沉积速率快、工艺先进、大功率等特点。

（崔 超）

【两高校建高科技孵化器】 年内，北京医科大学、北京航空航天大学分别与市科委建立高科技孵化器。两孵化器分别以生物工程、新医药业和新材料北京市支柱产业为方向。市科委以政策、资金扶植，高校利用教育资源、科技资源、人才资源等综合优势，通过孵化器为高科技产业提供中试和工程试验，为高技术从技术到产品的转化创造条件和环境。

（崔 超）

【长城1号高温防护涂层研究及其在烟气轮机上的应用获奖】 年内，北京科技大学材料学院负责完成的

“长城1号高温防护涂层研究及其在烟气轮机上的应用”获国家科委科技进步三等奖。长城1号(简称C－1)是一种耐高温腐蚀与冲蚀的合金防护涂层，在600—800℃具有优良的冲蚀、腐蚀抗力，适宜于在高温冲蚀/腐蚀交互作用条件下工作，具有优良的高温腐蚀抗力；较高的室温及高温硬度；涂/基结合强度高；热疲劳性能好；可采用普通大气等离子喷涂工艺实施等特点。自1988年1月至1996年9月长城1号已用在国内36家炼油厂50台烟机上，总计已喷涂14198个涡轮叶片，约占我国现用烟机的三分之二。截止1995年5月10日，单机最长使用寿命已达26880小时。

(吕中强)

【深埋软破缓倾斜复杂铁矿床地下开采技术获奖】 年内，在国家科技成果奖发布会上，北京科技大学、马鞍山矿山研究院完成的“深埋、软破、缓倾斜、复杂铁矿床地下开采技术”获国家科委科技进步三等奖。该技术创造深埋、软破、缓倾斜、复杂矿体开采的无底柱分段崩落法新技术、新工艺。解决多矿体、多区段、多分段同时开采复杂难采矿体有关开采总格局所存在的问题。该项目曾获冶金部科技进步一、二等奖。其有关技术已在国内一系列矿山推广应用。

(吕中强)

【宝钢连铸坯热送热装技术研究获奖】 年内，北京科技大学与宝山钢铁(集团)公司、冶金部钢铁研究总院共同完成的“宝钢连铸坯热送热装技术研究”获国家科委科技进步三等奖。连铸坯热送热装轧制工艺是80年代钢铁先进国家开发成功的重要新技术，能够大幅度降低轧钢加热炉的燃料消耗和金属烧损，实现炼钢、连铸和热轧三大工序间的同期化协调作业，减少工序环节间的相互等待和阻塞。该课题1992年10月，列入国家“八五”重点科技攻关计划，由“高温无缺陷铸坯制造技术”、“连铸坯热送热装的热技术”、“连铸坯热送热装温度对轧制工艺的影响”、“热轧厂板坯库存取决策专家系统”、“连铸与热轧间宽度衔接技术”、“炼钢一连铸一热轧生产管理一体化”和“相关技术研究”7个专题组成。

(吕中强)

【粮食干燥设备获奖】 年内，中国农业大学刘德旺、曹崇文等研制的“5HG－4.5型粮食干燥成套设备”获1996至1997年度国家科技进步三等奖，5HG－4.5型粮食干燥成套设备可用于各种谷物的干燥。它干燥速度快，比原有设备节能30%，各种技术指标达到国际先进水平。至年底，已在全国16省(市)推广250多标准台。

(马会勤)

【风机降温系统获奖】 年内，中国农业大学水利与土木工程学院黄之栋等完成的“湿帘风机降温系统研究”获1996至1997年度国家科技进步三等奖。湿帘风机降温系统可用于温室、畜禽室、微生物培养间、纺织厂等需要同时进行降温和增湿的场所。获奖设备产冷量大，设备费仅相当于空调的七分之一，运行费仅相当于空调的十分之一。截止到1997年底在全国已推广5000多台。

(任 蔚)

【自体血液回收机获国家检测】 年内，北京医科大学第一附属医院与北京京精医疗设备公司共同开发研制的，我国第一台自体血液回收机和一次性使用血液回收罐取得国家专利，并通过国家有关部门检测。该机型系吸收世界上多种先进血液回收装置优点，自行设计制造的。其特点是利用高科技手段，采用精密传感器和计算机控制，自动完成技术全过程。该机已在60多例不同类型的外科手术中使用，对自体血平均回收率达90%以上，节省约5万毫升血液，很多病例可以完全不输异体血。该血液回收机由北京医科大学第一附属医院心外科张明礼教授主持完成。

(吴士健)

【免疫磁珠研制成功】 年内，北京医科大学药剂学博士生康继超在导师指导下，经过三年多的攻关，研制成功一种在医药学上有广泛用途的免疫磁珠。该免疫磁珠直径为3.5微米，粒径分布均匀，分散度仅0.08，既可避免细胞的吞噬作用又有很大的表面积，可以有效地和细胞接触；其磁铁含量达12.9%，用简单的永久磁铁在3至5分钟即可达到定向移动的目的，克服以往磁珠粒径过小、大小不一、铁含量低缺点。此外，该磁珠与抗体的结合上，采用物理吸附和化学键相结合的方法，具有简便、快速、高效的特点。在运用免疫磁珠从骨髓中分离癌细胞的试验中，癌细胞几乎完全被清除而骨髓细胞的回收率接近90%。免疫磁珠是一种连有特异性单克隆抗体的磁性微珠，属综合应用高分子材料学、磁学和免疫学的高新技术，只有美国和挪威能生产此类产品。

(苏连峰 崔 超)

【前列腺支架治疗前列腺增生研究完成】 年内，北京医科大学泌尿外科研究所研究完成前列腺支架治疗前列腺增生技术。该技术治疗前列腺增生使用镍钛记忆合金，制成直径1.44厘米、长3至5厘米的网状支架，在局部麻醉状态下，通过内窥镜观察，将支架置入前列腺，操作过程只需2至3分钟，安放支架后患者可立即排尿。该治疗方法对病人打击小，安全可靠。该支架价格仅为国外产品的十分之一。该项研究开始于1993年，由那彦群教授主持。

(傅冬红)

【绞股蓝总甙胶囊问世】 年内，北京医科大学安康药物研究院院长徐世明教授主持研制的国家级二类新药绞股蓝总甙胶囊正式投产。绞股蓝富含人参皂甙，有南方人参之称。经过系统的药理药效和临床应用研究，绞股蓝总甙胶囊及其制剂具有显著降低血清胆固醇、甘油三酯、低密度脂蛋白作用。升高抗动脉粥样硬化物质——高密度脂蛋白达40.2%。可阻止血小板聚集和血栓形成，改善心肌超微结构等作用，对心脑血管疾病具有显著的预防和治疗作用。

（崔 超）

【计算机监控中频感应局部加热液压推弯式弯管机床获联合国发明创新奖】 年内，华北电力大学教授关存和、张丽文、芮晓明、邵作之等研制的“计算机监控中频感应局部加热液压推弯式弯管机床”获联合国中国国家分部发明创新科技之星奖。计算机监控中频弯管机床是国际上最先进的机光电一体化弯管专用的重型设备。我国300MW以上大型火电机组建设中需弯制很多大型钢管，该ZW系列弯管机床中，最大的可弯制直径12米、壁厚126毫米的大型钢管。采用此项技术，电力系统已在天津、河南、河北、贵州、广州等地建立弯管厂。

（张紫娟）

教育研究成果

【概 况】 1997年，北京市政府对北京地区45所高校（单位）的教学成果进行评审和表彰，共有289项教学成果获得市级奖励，其中市级一等奖114项，市级二等奖175项，涉及获奖人1159人次，市级一等奖中有40项成果获得国家级奖励。其中，特等奖1项，一等奖8项，二等奖31项。北京市教委推荐的清华大学高景德等人完成的《面向国民经济主战场培养高质量电子学科高层次人才》被评为全国唯一特等奖。此次普通高等学校教学成果奖励，是国务院颁布《教学成果奖励条例》以来的第一次。

（杨 威）

【《电子测量》获奖】 4月20至29日，在国家教委1997年国家级普通高校教学成果奖评审中，北方交通大学蒋焕文、孙续二教授合编的《电子测量》获一等奖。该书共有九章，包括三大部分内容：系统地介绍测量误差的基本理论和测量数据处理；阐述电子测量的基本原理和方法（包括示波测试和测量、频率测量、电压测量、频域测量和信号源）；现代电子测量，扼要介绍微计算机化仪器和自动测试系统，以及数据域测试仪器与技术。该书可作为高等学校通讯和电子类各专业的电子测量教材，也可作为电子测量专业的基础教程，对从事电子技术和计量测试人员也可从本书中得到有益的知识。

（刘宝奇）

【《网络理论》获奖】 4月20至29日，在国家教委1997年国家级普通高校教学成果评审中，北方交通大学张世演主编的《网络理论》获二等奖。该书对网络理论的原理、方法及应用作出全面的介绍。上册为模拟网络及应用，内容包括：网络拓扑和矩阵、网络函数、LC滤波器、均衡器、RC有源滤波器、SC滤波器、分布参数网络等。下册为数字网络及应用，包括：信号与系统、PIR滤波器、TIR滤波器、波数字滤波器、格型及环行型波数字滤波器、有限字长效应及波数字滤波器的稳定性，自适应滤波器的实现。本书可作为高等学校电信及电子类专业教学用书，也适合有关工程技术人员学习参考。

（刘宝奇）

【高师开设性健康教育课程的实践与探索获奖】 5月，首都师范大学生物系高德伟、吴群英、张玫玫、曹绛雯、刘晓晴的教学成果《高师开设性健康教育课程的实践与探索》获1997年普通高等学校国家级教学成果一等奖。这是该校第一次获得这一奖项。

（王泳梅）

【《阿拉伯语汉语成语谚语辞典》获奖】 10月24日，中国阿拉伯语教学研究会暨国家教委外语教学指导委员会阿语组联席会在北京语言文化大学举行颁奖仪式，向获得阿语教学科研优秀成果者颁发奖状和奖品。对外经贸大学杨言洪、杨建荣、葛铁鹰等人合作编著的《阿拉伯语汉语成语谚语辞典》获一等奖。该书共11000条，108万字，于1995年10月由对外经济贸易大学出版社出版。

（吴兴旺）

【摄影镜头的使用技巧获奖】 10月24日，北京电影学院摄影系沙占祥教授编写的教材《摄影镜头的使用技巧》获1997年普通高等学校国家级教学成果二等奖。该书分8章38节，计423000字，由中国摄影出版社出版。

（陆 花）

【《石油高等工程教育高层次人才培养的研究与实践》获奖】 10月29日，石油大学（北京）张嗣伟教授完成的《石油高等工程教育高层次人才培养的研究与实践》获1997年普通高等学校国家级优秀教学成果二等奖。该课题围绕提高培养质量，探索新的培养模式，狠抓教学建设，特别是课程建设和教学管理规范化，取得效果。研究生培养质量有明显提高，毕业论文经专家评审认为：理论水平高，属国内领先或首创者达16%，对现场生产有直接应用价值并有明显效果者达60%。毕业的研究生已成为各石油企事业的骨干，其中有40%进入油田（包括边远艰苦地区）生产第一线，部分已成为企业领导。

（朱运民）

【《沉积岩石学》获奖】 10月29日，石油大学（北京）冯增昭教授主编的《沉积岩石学》（第二版）获1997年普通高等学校国家级优秀教学成果二等奖。该教材由石油工业出版社出版，共6篇，25章，120节，总计100万字。

（朱运民）

【《植物形态解剖学建设与改革》获奖】 10月，由中国农业大学基础科技学院植物教研组郑湘如、张志农、汪矛完成的《植物形态解剖学建设与改革》获国家教委颁发的普通高等学校国家级教学成果二等奖。植物形态解剖学是一门历史悠久的基础学科，教研组从大生物学发展的特色出发，将单门植物学课程的改革纳入专业课程体系综合考虑，对传统的植物学课程在大生物学发展中所处的地位和作用进行重新评估。

（马会勤）

【《“教学、生产、试验”三结合实践教学体系的建设》获奖】 10月，中国农业大学郭玉海、李连禄、翟志席等完成的《“教学、生产、试验”三结合实践教学体系的建设》获得国家教委颁发的普通高等学校国家级教学成果二等奖。该成果根据原作物田间技术与生物观察课特点，突出实践教学，使实践教学的时间高于课堂讲述，学生从二年级开始在一个完整的作物生长周期中观察、管理自己的地块，将田间操作和课程讲述紧密结合，并在实践过程中建立一套完整体系和科学的管理方法。

（马会勤）

【农大8项教学成果获奖】 至10月，中国农业大学共有8项教学成果获市普通高校教学成果奖。其中，陈清明、王凤来、王爱国等进行的《养猪学各论课教学改革初探》获北京市教委颁发的北京地区普通高等学校教学成果一等奖，石元春等的《全面深入开展高校教学内容方法改革的新途径》、李健强等的《本科生种子病理学教材建设与教学方法的改革研究》、李志民等的《农村规划课案例教学》、乔惠理等的《在动物生理学教学中开发学生智能，提高教学质量》、王传华等的《用现代教育思想推进计算机语言教学》、张大勇等的《中国革命史课教学内容和体系改革》、郑行等的《开设“动物生理实验技术”课，培养研究生科研能力》、奉公等的《自然辩证法模块教学系统研究与实践》共8项教学成果获北京市教委颁发的北京地区普通高等学校教学成果二等奖。

（马会勤）

【大专英语多媒体课件获奖】 10月，由北京电力高等专科学校6人共同开发研制的大专《实用英语》多媒体（CAI）课件，获国家教委第二届全国高等学校优秀软件及课件二等奖。该课件集辅教、辅学于一体，包含声音、图像、文本等，既为教师提供丰富的讲课素材，又为学生提供多种练习及测试题。全面训练学生的听、说、读、译能力。

（包兰宇）

【支付系统计算机辅助教学软件获奖】 11月31日，由中国金融学院经济信息管理系张卓其教授、陈进副教授参加的《现代化中国支付系统计算机辅助教学系统》项目获1997年度中国金融科学技术进步三等奖。该项目是采用多媒体开发的教育性软件系统，它利用最先进的面向对象编程技术，运用图、文、声及动画等方式展示金融现代化支付系统的功能和使用方法，为自学者提供模拟操作练习环境。该研究是国家“八五”重点科技攻关课题。

（李春雷）

【对一年级教学的新思考与新实践获奖】 12月26日，在1997年全国普通高等学校国家级教学成果评选中，北京外国语大学德语系教师穆兰、江南生、庄慧丽撰写的教学论文《对一年级教学的新思考与新实践》获国家级教学成果二等奖。该论文结合教学实践，总结出“听说领先、语篇为主、突出交际、传授国情、严格训练”的一年级外语教学实践经验。

（贾德忠）

【《飞行器控制、制导与仿真重点学科建设及高水平博士生培养》获奖】 12月26日，在1997年普通高等学校国家级教学成果奖评审中，北京航空航天大学三系文传源、王行仁、陈宗基、张明廉、申功璋等教授的《飞行器控制、制导与仿真重点学科建设及高水平博士生培养》获一等奖。北航飞行器控制、制导与仿真学科建于1954年，1981年被批准为硕士点、博士点，1987年评为重点学科点，1992年在全国硕士、博士学科点评估中，在本学科领域中，综合指数名列第一。十余年来，该学科坚持学科方向，在学科研究某些方面达到国际先进和领先水平，并培养出一批高水平的博士生。

（陈 颖）

【《舞台影视语言基本技巧》再次获奖】 12月，中央戏剧学院表演系台词教研组编写的《舞台影视语言基本技巧》获国家教委颁发的国家级教学成果二等奖。该教材是一本训练学生台词技巧的实用教材，全书共109万字，由中国美术学院出版社出版。该书曾于1996年获文化部第三届高等艺术院校优秀教材一等奖。

（王新江）

【《“跨世纪德育工程”的组织与实施》获奖】 年内，北京理工大学完成的《“跨世纪德育工程”的组织与实施》获国家级教学成果二等奖。该教学成果是1992年底学校党委提出“跨世纪德育工程”后组织进行的课题，主要内容包括确立“以德养智，以才养德，德育为主，全面发展”的工作方针和建立德育的思想、目标、内容、评估体系；结合新的形势，不断拓宽德育渠道，完善德育手段，增强德育效果，使德育工作渗透到学校工作的各个环节之中；实行党委领导、行政实施、分口负责、齐抓共管的德育管理体制，坚持继承与创新相结合，走改革与发展的道路，按照教育规律，探索新形势下的学校德育工作。

（辛雪琴）

【实践教学质量评估研究及教学改革与建设获奖】 年内，北京理工大学《实践教学质量评估研究及教学改革与建设》获国家级教学成果二等奖。该成果涵盖毕业设计、课程设计、实习、实验4个子系统的评估指标、评估标准与评估方法，提供科学可行的评估方案及内容丰富的评估工作实践经验，其特点是内容完整、覆盖面广，理论研究很有深度，指标体系具有科学性、导向性，实施过程可测，实施效果可比。

（辛雪琴）

【高校教材管理的研究与实践获奖】 年内，北京科技大学孙玉珍、尚新生、徐树栋、郭景文、马德青、胡瑞影完成的《高校教材管理的研究与实践》获国家教委教学成果二等奖。该课题应用物流学、ABC分类法、存储论等现代管理技术，探索出教材物流的科学化管理方法；开发“高等学校教材微机管理系统”，实现教材信息流的现代化管理。形成“教材规划四步法，购销决策科学化、存储结构ABC、信息管理现代化、教材发行柜员制、质量评价制度化”的科学管理模式。保证尊师重教、主动为教学优质服务的工作目标的实施。使教材的配备率、课前到书率达到98%，与同类院校相比每年节约流动资金占用30至80余万元。

（孙玉珍）

【钢铁材料学获奖】 年内，北京科技大学章守华、吴承建、杨让完成的《钢铁材料学》获国家教委教学成果二等奖。该课题是材料专业金属材料学专业课的统编教材。编写时遵循的原则是提高其原理、规律性和实用性。着重阐述合金化原理，合金相形成规律及材料的质量分析。其学科体系是阐述通过加入合金元素来改变钢铁材料的相组成，显微组织和热处理工艺，得到比铁碳合金更优越的性能；阐述生产工艺包括冶炼、铸造、冷热变形及热处理对质量的影响及如何提高其冶金质量。

（吴承建）

【《森林经理学科建设和改造30年实践》获奖】 年内，北京林业大学《森林经理学科建设和改造的30年实践》获国家教学成果一等奖。该成果分析森林经理学科建设在计划经济和改革开放的两个历史时期分别经过的以现代科技（如遥感、计算机、应用数学方法、森林监测技术等）推动生产、提高教学和以学科系统改革为主的两个阶段，指出学科的改革是长期的，需要不断实践才能逐步统一观念；教学改革是一项复杂的系统工程，它取决于系统外部的需求；提高学术水平的内因是科技发展；教学环节改革的出发点是提高实践和自学能力等。

（戴如梅）

【信息学院2项教学成果获奖】 年内，北京信息工程学院有2项教学成果获奖，其中苏东计教授任副主编的《计算机系统结构》教材获国家级教学成果二等奖。该书介绍了计算机系统结构的基本概念、原理、结构、分析方法以及近年来的重要进展。全书共8章，总字数53.2万字，由西安电子科技大学出版社出版。基础部刘长安教授等人完成的《基础课教学管理与深化教学改革的探索与实践》获北京市教学成果二等奖。该院基础部十多年来从健全体制、建立和完善教学规范入手，改革英语教学，自1986年起，新生入学统一实行英语水平测试，按级分班，在教学中将基础英语分为精读、泛读、听力和写作等不同课型，实行分课型教学，成效明显。英语四级通过率从1989年的41.8%，提高到1996年的83.7%，并多次在北京市大学生英语写作竞赛中获奖。

（魏宁萍）

【《现代市场营销学》被国家教委推荐】 年内，北京商学院编写的教材《现代市场营销学》获国家教委推荐教材。该书由中国财政经济出版社出版。全书共分14章，46节，30余万字。该书从介绍市场观念入手，探讨企业市场营销环境，购买者作为规律、市场细分和目标市场以及企业战略和战略性营销规划，介绍营销研究和需求测量、预测等方法，重点讨论企业的产品策略、价格策略、营销渠道策略、销售促进策略的制订和实施，以及企业营销组织和营销控制，并对国际市场营销和服务市场营销分别进行分析。

（陈智民）

体育·卫生

综　　述

1997年，北京市学校体育卫生工作从依法治教目标出发，继续完善法规规章建设。全年共制订《初中毕业生升学体育考试工作流程》、《关于体育传统项目学校调整和招生工作方案》、《北京高校军训基地管理制度》3个文件。

为推动教师队伍建设，提高体育教学质量，进行全市中小学体育教学评优，评选表彰100名中青年教师。坚持把实施《国家体育锻炼标准》作为推动学生课外体育活动的重要措施。全市学生体育达标率94.26%，比上年有所提高。通过早操、课间操等推动每天一小时体育活动工作，已经成为北京特色。市教委要求中小学每天做操时间不得少于25分钟，每次必须上广播操和两套创编操。受国家教委委托，市教委在推广第八套广播操的同时，着手为中小学幼儿园创编五套系列广播操。

1997年，针对八运会本市运动水平的状况，为提高本市学校体育水平，主要采取以下措施：

坚持开好每年一届的大中小学生田径运动会和试点校的竞赛。通过运动会发现和选拔人才，提高竞技运动水平。8月，本市组队参加全国中学生田径单项运动会，获8块金牌、5块银牌、3块铜牌，获精神文明队，是近年来最好成绩。

在进行高水平运动员招生工作时，本市对体育特长生采取统一时间、统一标准、统一测试的招生办法，组织近千人的特长生集中测试工作。大学注重从外地招收运动员工作。与市体委联合制订印发体育传统项目学校调整和招生意见。

探索改革路子，推动体育发展。为了解决经费不足，采取部分体育竞赛与企业联办的办法，举办"万事可乐杯"游泳赛。支持学校与企事业单位共办体育运动俱乐部，人大附中与北京电视台共建BTV三高足球俱乐部，北京电视台每年为俱乐部提供经费150万元，资助人大附中足球队去墨西哥学习一年，运动水平有所提高。

上半年，市教委参与组织首都人民庆祝香港回归祖国大会的演出训练任务，共组织大中小学生15000余人参加，学生们顶高温，战酷暑，出色地完成任务。受到大会组委会的嘉奖。

1997年，北京市学校卫生工作坚持面向全体学生和预防为主的原则。全年学校卫生防病工作取得较好成绩，没有发生传染病的爆发流行。食物中毒发生数在控制数以下。年内，本市继续进行学生六种常见病（肠道蠕虫、龋齿、贫血、营养不良、砂眼、视力低下）防治工作，其中，肠道蠕虫感染率提前达到国家2000年的控制目标。经卫生部和国家教委对全国13个省市六病防治工作进行检查，本市获优秀等次，列全国第二。与企业合作在小学生中开展口腔保健教育行动计划，使48万多学生受益。

继续开展预防性病、艾滋病宣传教育活动，开展防治艾滋病监测工作。为健康教育专职教师举办各种讲座。统编中小学健康教育教材，制订教学参考资料。高等学校40%以上的学校开设健康教育的选修课，中学生青春期教育开课率达70%，小学健康教育开课率达87%。

1997年，市教委注重学生军训和国防教育。学生军训工作做到五落实，即：机构落实、教员落实、教学计划落实、训练形式落实（采取校内、部队驻训和到基地训练三种形式）、经费落实。全年共训练大中学生3.5万人，其中两个基地训练1.4万人。并投资200万元扩大大兴军训基地训练规模，为昌平军训基地扩建食堂。

（陈殿华　姜之源）

总　　类

【北师大女足获得赞助】　1月10日，北京师范大学与北京东方奥德食品有限责任公司共建北师大女子足球队协议签字。该协议规定在今后3年中，奥德公司向北师大女子足球队提供60万元赞助，用于改善训练条件和装备。北师大女子足球队组建11年来，已经取得北京市高校九连冠和全国三连冠成绩。

（马嘉宾）

【国家体委表彰六十六中】　2月，北京六十六中受到国家体委乒乓球运动管理中心表彰。该校1996年被市体委命名为乒乓球传统校，成立乒乓球培训中心，建立学龄前、小学、初中、高中一条龙训练体制，先后为国家队、北京队及各业余体校输送50余名运动员，并多次在市中小学生乒乓球比赛中取得好成绩。国家体委乒乓球运动管理中心在全国共表彰奖励23个开展乒乓球运动成绩突出单位，北京地区有两所学校受表彰。

（邢　安　潘　军）

【万名中学生参加香港回归文艺演出】　7月1日，市教委组织东城、西城、朝阳所属1.3万名中学生参加大型团体歌舞“欢庆香港回归”演出。其中，东城13所职业高中2600人参加背景演出；西城13所职业高中5000余人参加第三场南北狮、五色土、区旗、彩虹、五星红旗表演；朝阳15所职高5000余人参加《序——天涯共此时》及背景表演。金帆交响乐团参加《千人交响、万人合唱》演出。

（白荣正）

【获国家体委先进文化教师称号】　10月6日，在国家体委召开的全国优秀运动队先进文化教师和先进教育工作者表彰会上，北京市体委4名教师被授予全国优秀运动队先进文化教师称号。全国共有72人在大会受到表彰，其中教师53人、教育工作者19人。

（线光华）

【承办全国体育与健康评价研讨会】　11月20至24日，市教委承办《中国中小学生体育与健康教育个体评价标准的研究》课题研讨会。浙江、广东市教委领导及本市各实验校主管校长、体育组负责人共40余人参加研讨。国家教委、市教委领导到会讲话。

（白荣正）

【在全国体育工作会上介绍经验】　12月10至15日，在全国学校体育卫生国防教育工作会上，兰宏生代表市教委以《全面贯彻教育方针，实施素质教育，努力开创北京市学校体育卫生国防教育工作的新局面》为题，从4个方面介绍北京市学校体育卫生工作经验，受到与会代表好评。

（陈殿华　姜之源）

【评选群众体育优秀院校】　12月20日，市教委召开群众体育优秀高校颁奖大会。会议表彰清华大学、北京大学、北京科技大学、中国青年政治学院、北京航空航天大学、中国人民警官大学、北京理工大学、北京中医药大学、北京林业大学、北京轻工业学院10所优秀院校、15所良好院校和12所合格院校。该评选是根据各院校上报的群众体育量化标准报表审核、检查和验收得出的。

（白进效）

【体育教师学历合格率提高】　年内，本市体育教师学历合格率普遍提高。高校体育教师学历合格率99%，其中，清华大学体育部主任为博士后学位；中学体育教师学历合格率76%；小学体育教师学历合格率98%。

（魏　强）

体　育　教　学

【举办中小学体育教师教学评优活动】　3月25日，市教委举办全市中小学体育教学评优活动。经各区县选拔推荐，共上报评优课4800多节，经体育理论笔试和体育技能测试，共评选表彰100名中青年教师，其中一等奖42名、二等奖58名。

（王世义）

【召开学校体育论文报告会】　3月，密云县教育局召开第六届学校体育论文报告会。报告会共收到体育论文84篇。分为体育理论、体育教学、群众体育和竞技体育四大类，共评出优秀论文38篇，其中一等奖3篇、二等奖12篇、三等奖23篇。

（王世义）

【举办第六届体育教学评优活动】　3至12月，教科院基教研中心举办北京市第六届中小学体育教学评优活动。18个区县（含燕山）的3445名中小学教师的4827节课参评，评选出一等奖42名、二等奖48名。

（丰金兰）

【组织中招体育考试工作】　5月5至12日，市教委举办体育考试考务长、监察长培训班。学习有关考务和考场规定，制订《北京市初中毕业生升学体育考试工作流程》。考试期间，全市抽调26名教师做为巡视员，协助各区县工作。至5月12日，本市17万名考生参加考试，没有出现人身伤害事故。

（白荣正）

【推广密云二小课间操和体育课】　5月21日，密云县教育局推广密云二小课间操和体育课。该县小学体育教师200余人到该校观摩整套课间操和两节体育课。课间操由手绳操、第七套儿童广播操（一）、七色光操和七色光舞4部分组成。两节体育课为：展示一种器材多种用法的篮球课和体现情境教学的低年级投掷课。

（黄名川）

【举行体育人类学交流会】　5月23日，日本早稻田大学教授寒川恒夫、西南学院大学助教授高野一宏等一行4人应邀到中央民族大学进行体育人类学方面的学术交流。交流会上寒川恒夫教授介绍体育人类学在世界及日本的有关科研和教学情况及具有日本民族精神的相扑、棒球运动；中央民族大学介绍中国及该校体育人类学研究成果，重点介绍马球的起源及何时传到日本的情况。

（哈斯也提）

【高校体育工作研讨会召开】 7月4日，北京市高等院校体育工作研讨会召开。会上，9所高校就进一步加强高校体育工作，深化改革、加强管理，提高教学质量，拓展体育功能等方面发言。本市42所院校体育主任共50多人到会。

（白进效）

【举行马约翰大学体育科学报告会】 7月21至23日，清华大学举行马约翰大学体育科学报告会。本次会议的主题是面向21世纪的大学体育。国家体委刘吉、北京体育大学金季春、香港教育学院钱铭佳、国际运动生物力学委员会理查德·尼尔森和清华体委陈希分别在大会上作关于《大学体育和终身运动》、《面向二十一世纪的大学体育师资队伍建设与人才培养》、《运动与健康未来发展的新趋向》、《现代科学技术在体育中的应用》、《面向二十一世纪大学体育的目标、任务与组织管理》报告。会议共收到来自全国各高校41名学者论文95篇，评选出一等奖1篇、二等奖3篇、三等奖3篇、优秀论文24篇。会议期间还举行首届"马约翰奖"颁奖仪式，北京体育大学教授、马约翰之子马启伟获得毕生致力于大学体育教育并有突出贡献者奖，清华人体运动信息检测研究室丁海曙教授等以"光电技术在人体运动检测分析领域中的应用"和大连理工大学体育科学研究所邹继豪教授等以"人体运动科学与技术的研究"获得人体运动科学与技术研究奖。

（左海峰 白进效）

【举办北京·汉城学校体育交流活动】 7月28日至8月2日，市教委举办第二届北京·汉城学校体育交流大会。韩国汉城市特别教育厅体育代表团50人在京进行包括男女篮球、男女乒乓球比赛的交流。北京市二十二中男篮、东直门中学女篮、北京市二中、五中男女乒乓球队与汉城市代表队进行友谊比赛。汉城代表团在京期间游览了长城和颐和园。

（白荣正）

【山区学校基本普及体育课】 年内，北京市农村山区正常开设体育课的学校，中学占总数的97.6%，小学占86.8%，能够制订教学计划的中学占100%，小学占84.2%，编写教案的中学占98.4%，小学占86.6%。50%的中小学自编有体育教学乡土教材。

（姜之源）

体育活动

【参加'97北京国际公路接力赛】 3月1日，在北京市对外友协举办的北京国际公路接力赛上，清华大学队、丰台区队和北京长路俱乐部队获基层组男子前三名。丰台区队、清华大学队、北京理工大学队获女子组前三名。

（白进效）

【举办中小学生跳绳比赛】 3月29日，北京市中、小学生跳绳比赛在北京市少年宫举行。来自城近郊区的42个代表队、450名中小学生，分别参加34个项目的比赛。其中，获得中学组团体总分前三名的是门头沟、燕山地区、丰台；获得小学组团体总分前三名的是丰台、门头沟、燕山地区。

（郑淑媛）

【举办中小学生踢毽比赛】 4月5日，北京市中小学生踢毽比赛在北京市少年宫举行。来自5个区县17所学校的近300名中小学生，分别参加18个项目的比赛。其中，获得中学组团体总分前三名的学校是前进中学、丰台七中、北京五中。获得小学团体总分前三名的是黄村五小、大红门二小、新发地小学。

（郑淑媛）

【举办北京市田径试点校运动会】 4月12日，北京市田径试点校运动会在丰台区体育中心田径场举行。北京市10所田径试点校和北京市中学生田径集训队参加本次比赛。获得学校团体总分前三名的学校分别是：清华附中、昌平二中、杨镇一中；甲组团体总分前三名是：清华附中、杨镇一中、昌平二中；乙组团体总分前三名是：昌平二中、汇文中学、北京八中。

（郑淑媛）

【举办大陆台湾高校篮球友谊赛】 4月17至23日，台湾中区大学（6所大学组成）教授篮球队，先后访问人大、北大、清华，举办篮球友谊赛和学术座谈会。友谊赛在中国人民大学开幕，经过比赛，北京大学获第一名，中国人民大学获第二名，台湾大学获第三名，清华大学获第四名。

（白进效）

【大学生男篮参加"能代杯"比赛】 5月1至8日，北京高校男子篮球联队应日本秋田县能代市邀请，参加第十届"能代杯"篮球大会。中国、美国、日本6支高校球队参加比赛。北京高校男子篮球队由中国人民大学、北京体育师范学院、北京大学、清华大学等院校选手组成，先后战胜美国肯德基高校队和日本京都府终南高校队。

（白进效）

【获中小学生女子排球赛第一名】 6月14日，北京铁路分局第七小学女子排球队参加中日小学生女子排球赛，获第一名。铁路第七小学排球队自1986年组队以来，在各级各类比赛中连连取得好成绩，1993年被市教委、市体委授予北京市排球传统项目学校称号。

（赵四爱）

【清华学生登上慕士塔格峰】 7月25日17时27分，清华大学登山队第一突击组李恒、黄振宇、蓝宏志、黄登4人成功地登上昆仑山脉的慕士塔格峰。该山峰海拔7546米，是昆仑山脉西部的第二高峰。

（孟祥辉）

【赴日本参加足球友谊赛】 8月17至23日，朝阳区八里庄中心小学足球队赴日本参加东京、汉城、雅加达和北京四国友好城市少年足球比赛。取得一平两负成绩。

（董进修）

【举办第三届"启明星杯"少儿棋类赛】 8月24至27日，市体委举办第三届"启明星杯"少年儿童棋类比赛。该比赛设象棋、围棋、国际象棋团体和个人赛。8个区县代表队参加团体赛，200余名小棋手参加个人赛。其中男子一级棋士13名，女子一级棋士10名，业余五段18名；年龄最大的16岁，最小的仅4岁。结果，西城区队获象棋团体冠军、东城区队获围棋团体冠军，朝阳一队获国际象棋团体冠军。

（李　健）

【获得青少年业余电台竞赛亚军】 8月，在'97全国青少年业余电台竞赛上，宣武青少年科技馆业余电台组共取得听抄呼号个人赛初中组金牌、银牌、铜牌各1枚；远距离通信团体赛初中组第二名，荣获全国亚军。

（张湘萍）

【400名学生参加台北北京长跑】 9月24日，中国田径协会、中华全国体育总会联络部、中华台北路跑协会联合主办的台北·北京长跑为中国人健康而跑活动在怀柔慕田峪举行。怀柔县有400名学生参加。该活动总行程3000米。

（贺恩和）

【举办"友谊杯"棒球赛】 10月18至26日，北京市高校举办"友谊杯"棒球赛。清华大学、北京大学、北方工业大学、北京工业大学、对外经济贸易大学、BBS队6支代表队参加比赛。结果，北方工大、清华、北工大分获前三名。

（白进效）

【与港台大学开展体育交流】 10月，北京大学、台湾大学、香港中文大学在北大进行体育交流活动。该活动包括官员交流、学术交流、体育比赛、联谊活动等。该项交流活动每年轮流举行。

（白进效）

【举办高校"永林杯"121健力操比赛】 11月22日，市教委举办北京市大学生"永林杯"121健力操比赛。16所高校160余名运动员参赛。该比赛是北京高校首次举办，得到北京市永林实用技术研究所的资助。

（白进效）

【高校举办健美操艺术体操比赛】 12月13至14日，第18届北京高校健美操、艺术体操比赛在北京理工大学体育馆举行。19所高校127名运动员参赛。北京大学获艺术体操一级组冠军；北京工业大学、首都师范大学、北京语言文化大学获艺术体操三级组前三名；北京联合大学、北京计算机学院获健美操甲组一等奖；北京工业大学、北京化工大学、中国青年政治学院获健美操二等奖；北京轻工业学院获健美操甲级三等奖；国际关系学院、清华大学获乙组健美操一等奖；北京语言文化大学、物资学院、北京第二外国语学院获乙组健美操二等奖；北京邮电大学、北京服装学院获乙组健美操三等奖。

（白进效）

【举办冬季长跑赛】 12月26日，大兴县教育局举行中小学生冬季长跑比赛。共有68所学校、663人参赛，赛程2500至5000米。其中，长子营小学获小学组团体第一名，三中获初中组团体第一名，一中获高中组团体第一名。

（窦长万）

竞　技　体　育

【举办中小学生乒乓球赛】 1月25至30日，北京市中小学生乒乓球比赛在北京市少年宫乒乓馆举行。来自本市35支球队285名中小学生参加团体比赛和单打比赛。其中，获得高中男子团体前三名的队是北京二中、煤矿机械学校、北京五中。获得高中女子团体前三名的队是师大二附中、北京五中、北京二中。获初中男子团体前三名的队是北京五中、北京二中、四十一中。获初中女子团体前三名的队是师大二附中、北京五中、四十一中。获小学男子甲组前三名的队是和平北路小学、永乐三小、北海小学。获小学女子甲组的队是：万泉河小学、广宁伯街小学、分司厅小学。获小学男子乙组前三名的队是和平北路小学、北海小学、万泉河小学。获小学女子乙组前三名的队是和平北路小学、北海小学、万泉河小学。

（郑淑媛）

【举办“金帆杯”足篮排球赛】 1月27日至2月4日，北京市中学生“金帆杯”足、篮、排球比赛举行。本次比赛共有39支代表队，476名运动员参赛，经过28轮，78场争夺，获得足球男子组前三名的队是人大附中、海淀区、八一中学；获得篮球男子组前三名的队是北京四中、海淀区、宣武区；获得篮球女子组前三名的队是东直门中学、东城区、宣武区；获得排球男子组前三名的队是景山学校、东城区、西城区；获得排球女子组前三名的队是实验中学、西城区、朝阳区。

（郑淑媛）

【小学生获市“一级棋士”称号】 1月，通县东方小学六年级学生郭晖在市体委、市棋办、市棋院联合举办的北京市象棋等级大赛上获得男子组第二名并获得“一级棋士”称号。

（刘 裕）

【举办高校篮球联赛】 4月20至25日，北京高校举办篮球联赛。20所高校28支男女篮球队，324名运动员参赛。中国人民大学男队，北京科技大学女队分获甲组男女冠军；北京邮电大学、中国政法大学分获乙组男女冠军。该比赛由大学生体协组织，每年举行1次。美国斯伯丁集团驻京办事处为该比赛提供赞助。

（白进效 马芳城）

【举办北京高校足球赛】 4至5月，’97北京高校足球赛举行。该比赛由北京工业大学承办。北京工业大学、中国人民大学和北京科技大学分获甲组前三名；中国人民公安大学、北京外国语大学和北京机械工业学院分获乙组前三名。

（白进效）

【举办高校图书馆田径运动会】 5月10日，北京地区高校图书馆第四届田径运动会在北京理工大学举行。本届运动会共有41所院校图书馆的810名运动员报名参赛，总计1426人次参加33个项目的比赛，结果共有6人次打破4项运动会纪录。北京大学、北京理工大学、北京语言文化大学分获团体总分前三名。

（梁宁素 辛雪琴）

【举办’97北京市中小学生运动会】 5月24、25和31日，北京市中小学生运动会在北京市先农坛体育场举行。来自18个区县的1300多名运动员报名参加比赛，经过三天的比赛共有10个队、52人次打破33项运动会记录。北京一〇一中学的梁彤在男子高中组跳高比赛中以2.14米的成绩达到国家运动健将的标准。5人达到国家一级运动员的标准。76人达到国家二级运动员的标准。获得城近郊区组团体总分、高中组团体总分、初中组团体总分前三名的区是：海淀区、东城区、朝阳区，海淀区、西城区、东城区；海淀区、朝阳区、东城区。获得远郊县组团体总分、高中组团体总分、初中组团体总分前三名的县是：顺义、通县、昌平；顺义、通县、昌平；顺义、通县、延庆。获得体育道德风尚奖的区县是：崇文区、海淀区、门头沟区、通县、延庆。

（郑淑媛）

【什刹海体校在世界赛中获好成绩】 5月，北京市什刹海体校运动员董炯代表国家羽毛球队参加“苏迪曼杯”世界羽毛球锦标赛，获团体冠军。参赛中他作为主力队员，每场不败，为中国夺取“苏迪曼杯”立下战功。11月，刘闯代表国家跆拳道队参加第13届跆拳道锦标赛，获58公斤级铜牌。11月，左娟（女）代表国家武术队在第13届世界武术锦标赛中夺取刀术冠军。

（孙文虹）

【举办高校35届田径运动会】 6月7至8日，北京市高校第35届学生田径运动会在清华大学体育中心田径场举行。45所高校代表队参加44个项目的比赛。20人打破11项北京市高校田径运动会纪录。中国农业大学、北京林业大学、北方交通大学；北京建工学院、北京中医药大学、北京农学院；清华大学、北京科技大学、北京大学分获甲组、乙组、丙组团体总分前三名。

（左海峰 李东军）

【举办高校武术比赛】 6月15日，北京市大学生体协举办’97年北京高校武术比赛。近30所高校300余名运动员参赛。北京理工大学、北京中医药大学和北京航空航天大学分获男女团体前六名。

（白进效）

【北航2人4次打破纪录】 6至10月，北京航空航天大学学生在全国和北京市运动会上连续获得好成绩。6月4至7日，在有40所高校参加的北京市高等院校第35届学生田径运动会上，北航学生获3枚金牌、2枚银牌、7枚铜牌。其中，李涛夺取男子400米栏金牌，并以52″20的成绩打破该运动会52″30的纪录；李文魁夺得男子铅球银牌，并以17.76米的成绩打破16.21米的纪录。7月29日至8月2日，在有100所高校参加的全国大学生第五届田径锦标赛上，李涛再次夺得金牌，并以52″50的成绩打破该锦标赛纪录；李文魁夺得铅球银牌，并以17.80米的成绩打破纪录。10月，在全国第八次运动会上，北航学生李文魁以18.89米的成绩获男子铅球第3名，景雪竹以1.90米的成绩获男子跳高第4名。

（陈 颖）

【举办“斗牛士杯”球赛】 7月12至21日，市教委、市职高体协联合举办北京市职业高中第六届“斗牛士杯”篮排球比赛。43个代表队、625名运动员参赛。北京市劲松职业高中男女代表队获男女城区组冠军，大兴第二职业高中女队、顺义职教中心学校男队分别获郊区组男女冠军。

（陈　斌）

【举办“利生杯”排球比赛】　7月13至18日，市教委举办北京市中小学生第14届振兴中华“利生杯”排球比赛。62队880人参赛。获得高中男子组前三名是景山学校、三十一中、实验中学；高中女子组前三名实验中学一队、铁二中、实验中学二队；初中男子组前三名景山学校、理工大学附中、三十一中；初中女子组前三名实验中学一队、一二二中、实验中学二队；小学男子组前三名中华路小学、石景山区实验小学、铁路七小；小学女子组前三名和平里九小、铁路七小、黄城根小学；中专男子组前三名物资贸易学校、水电学校、铁路机械学校；中专女子组前三名物资贸易学校、商业学校、水电学校；中技男子组前三名北方车辆厂技校、北内技校、北汽技校；中技女子组前三名北方车辆厂技校一队、北方车辆厂技校二队、一轻技校；职高男子组前三名实用美术学校、蒙妮坦美容美发学校、古城职高；职高女子组前三名财经学校一队、财经学校二队、东城职教中心。

（郑淑媛　钟毓麟）

【第五届全国大学生田径锦标赛在清华举行】　7月30日至8月2日，第五届全国大学生田径锦标赛在清华大学举行。这是香港回归祖国后举行的首次全国大学生体育运动会，来自包括香港特别行政区在内的全国100所高校的1000余名运动员参加比赛，其中有7所香港高校和2所澳门高校。李鹏为本届锦标赛题词：“发展田径体育运动，振兴大学体育事业。”李岚清参加开幕式。第五届全国大学生田径锦标赛共分甲（普通高校）、乙（高水平田径试点院校）两组，设有23个男子项目和21个女子项目。经5天比赛共有71人86次打破26项锦标赛纪录。参加本届比赛的百所高校中，有65所学校获得奖牌。山东工业大学和清华大学分别获得甲组和乙组团体总分第一名。

（左海峰　白进效）

【举办“奥得赛”杯百队足球赛】　7至8月，市体委、市教委联合举办中小学生第14届“奥得赛杯”百队足球赛。来自本市18个城近郊区的1997支小足球队、2万名运动员参加比赛，有59支球队进入决赛，其中，北京市少年宫联队获高中男子组冠军、一一五中队获初中组冠军、定福庄第二小学一队获小学男子组冠军。

（孟祥辉）

【本市获得遥控模型飞机赛第一名】　8月4至6日，在全国青少年航模型比赛上，北京一队十五中学生唐明获得“哥伦比亚”遥控模型飞机比赛第一名。

（张湘萍）

【参加全国中学生田径锦标赛】　8月20至24日，在浙江萧山举行的全国中学生田径锦标赛上，北京市中学生田径队共取得金牌8枚、银牌5枚、铜牌2枚并荣获团体总分第五名，被大会评为精神文明代表队。这是十几年来北京市中学生田径队在全国比赛中取得的最好成绩。在本次比赛中获得金牌的学生是：梁彤男子甲组跳高（一〇一中学）、王诺男子甲组400米栏（实用美术学校）、刘涛男子甲组三级跳远（北京八中）、刘超男子甲组跳远（清华附中）、崔皓男子乙组5000米（北京14中）、赵宁女子甲组跳高（科大附中）、孙璐女子乙组跳高（一〇一中学）、黄静女子乙组四项全能（实用美术学校）。

（郑淑媛）

【举办中学生“友谊杯”棒垒球赛】　9月20日至10月4日，第12届北京市中学生“友谊杯”棒球、垒球比赛在理工大学附属中学举行。本届比赛共有11支棒球队参赛。经过50场的比赛，获得棒球前三名的队是：北京理工大学附中、北大附中、育才中学，获得垒球前三名的队是北京理工大学附中、管庄二中、鲁迅中学。

（郑淑媛）

【举办中专校第25届田径运动会】　10月11日，市教委、市中专体委联合主办北京市中等专业学校第25届田径运动会。全市57所学校700多名运动员参加比赛。开幕式上，表演《国魂之光》、《天使之花》、《交警风采》团体操。本次运动会，运动员共打破3项市中专运动会纪录。市化工学校、中医学校、顺义师范学校分获甲、乙、丙组第一名，市人民警察学校等18所学校获精神文明奖。

（高增茹）

【高校举办排球联赛】　10月11日至11月8日，北京市高校举办排球联赛，共有38个队参加比赛。北京航空航天大学获甲组男女冠军。北京联合大学获乙组男女冠军。北京工业大学、北方交通大学、北京联合大学、华北电力大学获体育道德风尚奖。

（白进效）

【举办成人高等院校田径运动会】　10月24至25日，北京市成人高校第四届田径运动会在先农坛体育场举行。本届运动会由市教委、市体委主办，市成人高校体协承办。50所成人高校参加比赛。竞赛分为男子组、女子组、教职工中老年男子组、教职工中老年女子组，共设30个比赛项目。北京教育学院获团体总分第一名。

（线光华　杨　捷）

【举办北京高校“田径杯”赛】　11月1日，北京市大学生体协和北京市田径协会共同举办北京高校第15届田径杯赛。15所院校的260名运动员参加42个项目的比赛。参赛运动员是取得高校田径运动会各单项前八名的学生。清华大学、北京科技大学、北京航空航天大学分获男女团体总分前三名。

（白进效）

【举办“匡威杯”篮球比赛】　11月8日至12月27日，市教委举办北京市中小学生第14届振兴中华“国威杯”篮球比赛。97队共1455人参赛。获得男子高中组前三名密云县二中、四中、首师附中（并列）、二十五中；女子高中组前三名体大附中、二十五中（并列）、东直门中学、四中（并列）、二中；男子初中组前三名二十五中、五十中、首师附中；女子初中组前三名二十五中、东直门中学、二中（并列）、呼家楼中学；职教男子组前三名劲松职高、东城职教中心、一七九中；职教女子组前三名劲松职高、宣武职教、东城职教中心；小学男子甲组前三名和平里一小、翠微小学、灯市口小学；小学男子乙组前三名广宁伯街小学、美术馆后街小学、东四九条小学；小学女子甲组前三名美术馆后街小学、灯市口小学、宏庙小学；小学女子乙组前三名美术馆后街小学、育翔小学、灯市口小学。

（钟毓麟 郑淑媛）

【北京高校举办乒乓球比赛】 11月30日，’97北京高校乒乓球锦标赛在清华举行，近20所高校运动员参加4个项目的比赛。其中，清华大学队获男子团体冠军，中国人民大学队获亚军，邮电大学队获女子团体冠军，清华大学队获亚军。

（白进效）

【举办“红星御杯”足球赛】 11月，市教委举办中小学生“红星御杯”足球比赛。76队1672人参赛。获得男子高中组前三名人大附中、金盏中学（并列），八一中学、清华附中（并列），九中；男子职教组前三名钢研技校、豆各庄职高、丰台明华培训部；男子初中组前三名八一中学、一一五中学（并列），五十四中学，回民学校；女子中学组前三名四十五中学，一一〇中学，北方交大附中一队；小学男子组前三名桥梁厂小学，人大附小，和平里二小；小学女子组前三名和平北路小学，西八里庄小学，东北旺中心小学。

（钟毓麟）

【第四届振兴中华杯武术比赛】 12月29日，北京市中小学生振兴中华第四届“勤奋好学杯”武术集体演练比赛在科大附中举行。本届比赛共有25所学校运动员约400人参赛，获得前三名的学校是中学组，科大附中、送变电子弟学校、房山葫芦垡中学；小学组，知春里小学、送变电子弟学校、槐柏树街小学。

（郑淑媛 钟毓麟）

1997年北京市学生运动员破世界纪录一览表

项目	单项名称	运动员	破纪录成绩	破纪录日期、地点
游泳	女子50米蛙泳	韩雪	30″88	1.29. 苏格兰 世界杯短池游泳系列赛
	女子50米蛙泳	韩雪	30″77	2.1. 德国 世界杯短池游泳系列赛
	女子4×100米自由泳接力	晁娜	3′34″55	4.19. 瑞典 第三届世界杯短池游泳锦标赛

（线光华）

1997年北京市学生运动员参加国际比赛成绩总表

	获奖牌数								与兄弟省市运动员合作名次							
	金	银	铜	四	五	六	七	八	金	银	铜	四	五	六	七	八
世界三大赛	2	3	4	2	3	1			10	2	1	2	1			
亚洲三大赛	1	1	2		1	1			1	2		1	1			
一般性国际比赛		1								1				1		
合计	3	5	6	2	4	2			11	5	1	3	2	1		

（线光华）

1997年北京市学生运动员破全国纪录一览表

项　目	单项名称	运动员	破纪录成绩	破纪录日期、地点
射　箭	女子奥林匹克淘汰赛团体	王　英　张晓颖　张丽莉	712环	10.15—20.上海第八届全运会射箭决赛
自行车	男子1公里计时赛	龚玉岩	1′06″892	10.12—18.上海第八届全运会自行车决赛

（线光华）

1997年北京学生运动员获全国冠军一览表

比赛名称	大项名称	小项名称	姓　名
八运会	棒球	男子	魏峥等18人
八运会	花样游泳	集体	李飞等9人
八运会	柔道	男子78公斤级	于志军
八运会	射箭	女子淘汰赛团体	王　英　张晓颖　张丽莉
八运会	手球	女子	翟超等15人
八运会	摔跤	自由式57公斤级	张　帆
八运会	摔跤	古典式68公斤级	赵东升
八运会	体操	女子自由体操	奎媛媛
八运会	体操	女子全能	奎媛媛
八运会	体操	女子全能	孟　菲
八运会	体操	男子全能	张津京
八运会	体操	男子双杠	张津京
八运会	跳水	女子10米跳台	王　睿
八运会	网球	男子团体	张　宇　贾　明等
八运会	网球	混合双打	李　丽
八运会	武术	女子刀棍全能	左　娟
全国锦标赛	射箭	男子淘汰赛团体	高　宇　范建松　张　峥
全国锦标赛	射箭	男子淘汰赛个人	高　宇
全国锦标赛	自行车	男子公路个人赛	汤学忠
全国锦标赛	自行车	女子公路个人赛	王淑青
全国锦标赛	体操	男子团体	张津京等7人
全国锦标赛	体操	男子个人全能	张津京
全国锦标赛	体操	男子鞍马	单志鹏
全国锦标赛	体操	女子团体	奎媛媛等7人
全国锦标赛	体操	女子个人全能	孟　菲
全国锦标赛	手球	男子	王心东等15人
全国锦标赛	手球	女子	翟　超等15人
全国锦标赛	网球	女子双打	李　丽　丁　丁
全国锦标赛	摔跤	古典式52公斤级	杨延良
全国锦标赛	摔跤	古典式68公斤级	赵东升
全国锦标赛	摔跤	自由式57公斤级	张　帆
全国联赛	垒球	女子	王丽红等18人
全国联赛	棒球	男子	魏峥等18人
全国冠军赛	跳水	女子10米跳台	王　睿
全国冠军赛	跆拳道	男子58公斤级	刘　闯

（线光华）

军事体育

【概　况】 1997年，北京地区在28所高校、39所高级中学进行学生军训试点，在20余所大学、400余所中学、中专开展军训和国防教育活动，少年军校达670余所。全年共训练大中学生3.5万人，其中两个基地训练1.43万人。

（陈殿华　姜之源）

【培训军事教员110余人】 5至6月，对全市28所军训校的专职干部、部分教官110多人进行培训。聘请军事科学院、国防大学的专家教授讲课。内容有《未来时期我国周边安全环境》、《世界军事形势》、《国防法规》等11个专题。

（刘兆武）

【新编军事课教材投人教学】 9月，本市39所高级中学军训试点校高一新生全部使用新改编的军事课教材。该教材由市高级中学军事课教研中心完成，新的教材删除原教材过时内容，增加现代科技内容。

（董进修）

【举办少年军校训练成果汇报会】 10月19日，首都少年军校表彰暨训练成果汇报表演大会举行。李志坚等领导参加大会。会议表彰41所先进少年军校，来自全市31所中小学1000余名学生进行分列式以及各种专项军事变演。本市自1986年成立第一所少年军校以来，军（警）民共建少年军校已发展到670所。

（翟德罡）

【举办学校定向运动比赛】 11月1日，北京市在北部山区举办第二届学生定向越野比赛，首都师范大学等15所高校、3所中学120余名运动员参赛。

（刘兆武）

【完成28所高校军事理论教学任务】 年内，北京28所高校完成军事课教学任务。经对14348名学生考试成绩统计，其中，优秀率52.3%、良好率占32%。

（刘兆武）

卫　生

【概　况】 1997年，北京地区40%以上的高校开设健康教育选修课，部分学校举办健康教育讲座或开设心理咨询门诊。中学生青春期教育开课率达70%，小学健康教育开课率达87%。

（陈殿华　姜之源）

【加强冬春季防病工作】 1月16日，市教委向各高等院校下发《关于认真做好高等学校冬春季防病工作的通知》，要求学校领导要把卫生防病工作当作一件大事来抓，加强健康教育，普及卫生防病知识，搞好环境卫生和学生宿舍室内卫生的清理，做好炊管人员的体检。

（张立华）

【铁路卫校被国家教委列为健康教育试点校】 4月，首都铁路卫生学校当选为市中等职业学校心理卫生委员会主任校、全国中等学校心理卫生委员会副主任校。8月，该校成为国家教委九五重点课题《职业学校学生心理健康教育研究》课题组成员并列为国家教委健康试点校。

（陈凤音）

【赴泰国考察艾滋病健康教育】 4月28日至5月18日，北京市高等教育卫生工作研究会组织高校医院领导共10人赴泰国进行艾滋病健康教育及预防工作考察。考察团学习泰国政府在青少年性行为等方面进行艾滋病健康教育及预防工作经验。

（张立华）

【高校艾滋病血清监测无阳性】 4至5月，市教委、市卫生局联合对高校毕业班学生进行艾滋病血清监测。监测人数1000人，分别在北京外国语大学、北京第二外国语学院、北京语言文化大学、对外经济贸易大学和北京大学的毕业生中抽取，市防疫站负责监测。监测结果无阳性病例出现。

（张立华）

【进行卫生抽查】 5至6月，12月，市教委抽查本市15所高校卫生工作。该检查按照学校卫生监督技术规范要求，对其教学环境、室内微小气候、噪声、采光、照明黑板、宿舍、学校食堂、招待所、图书馆等12个项目57项指标，进行监督检测。

（张立华）

【举办6期卫生人员培训班】 6月至11月，市教委、市卫生防疫站、北京预防医学会少儿卫生专科学会举办6期学校卫生人员业务培训班。培训的内容有国内外氟化物防龋动态防龋效果评价等。

（张立华）

【教育系统卫生防病工作会议召开】 8月，市教委和市卫生局联合召开教育系统卫生防病工作会议。会议要求大中小学加强卫生防病工作，提高学生健康水平。林文漪在讲话中要求各学校把卫生防病工作作为学校工作的重要内容，定期考评。

（毛　京）

【召开学生常见病防治工作现场会】 9月，本市学生常见病综合防治工作现场会在昌平召开。卫生部、国家教委、市政府和市教委有关领导及18个区县负责人共90余人参加会议。昌平县把学生防病工作作为政府行为，将卫生和教育两系统骨干力量组建一支专业队伍，防病工作覆盖面达到100%。该县学生常见病防治达到国家2000年防治目标，成为本市唯一达标优秀县。

（方　彤）

【六病防治获全国优秀等级】 10月16日，国家教委、卫生部组成考评组对北京市六病防治工作进行中期考核，东城区、昌平县代表北京市接受考核。考核组听取市、区县常见病工作情况汇报，查阅防病档案，随机抽取景山学校、灯市口小学、南邵中学、南邵小学为考核点校，对初中二年级和小学五年级部分学生进行KAB问卷考核。考核结果：中小学生KAB问卷平均得分均在95分以上，学校得分均在96分以上，区县得分在均97分以上，北京市得分95.79分，获优秀等级。经考核全国考评组认为北京市六病防治工作居全国前列。

（严亦柔）

【昌平常见病防治工作通过国家验收】 10月16日，昌平县接受国家卫生部、国家教委对学生常见病防治工作中期检查验收。验收团对该县学生常见病防治工作和健康教育工作给予高度评价，认为已提前(国家规定到2000年)达到学生常见病防治方案规定的指标要求。

（庞文泉）

【东城召开卫生保健工作会】 11月20日，东城区教育局召开首届学校卫生保健工作会。会议总结部署学校卫生保健工作。和平里三小、六十五中等4校分别在会上介绍开展学校卫生保健工作经验。会议对11所卫生保健先进学校、五中等5所健康教育先进校和二十二中等5所学校的卫生先进食堂给予表彰。会议还下发《关于进一步加强和改善学校卫生保健工作的意见》及《关于中、小学、幼儿园卫生保健工作全面评估通知》等文件。

（叶安宁）

【进行青春期健康教育】 11月，怀柔县中小学卫生保健所开展青春期健康教育活动。举办有25所小学校医参加的青春期健康教育行政培训班。对全县小学五、六年级女生进行青春期健康教育。

（兰秀芹）

【召开高教卫生工作报告会】 12月5日，北京高教卫生工作研究会召开卫生工作论文报告会，会议传达11月1至5日在广州召开的全国高校卫生保健研究会年会主要内容。评选出论文200篇，提交大会交流8篇，分组交流60篇。

（张立华）

【7篇论文获全国奖】 年内，市教委《北京市儿童少年生长发育的长期变化》和《北京市大学生十年来身体组成成份和体力水平的研究》获全国一等奖，《北京市中小学生十年来视力低下的动态分析》、《北京市部分大学生气质类型的调查研究》与《体育考试及汇考对北京学生身体素质影响》等获二等奖。《北京市大学生18年来体质状况的综合研究》、《自然人群青少年肥胖危险因素分析》等3篇获三等奖。本次调研论文撰写是遵照国家教委、国家体委、卫生部、国家民委、国家科委联合下发的《一九九五年全国学生体质健康状况调查研究实施方案》进行的。课题组在海淀、东城、宣武区和通县、顺义、怀柔县的40所中小学和北京工业大学、首都师范大学、北京农学院3所大学中对7至22岁学生进行检测，获有效卡片11000余张，取得360850个数据。经总结分析共完成调研论文12篇。

（严亦柔）

【北京市财会学校开办心理咨询】 年内，北京市财会学校每双周进行健康教育讲座、观看录像，开办恳谈室，由专人为学生心理咨询。开设“知心朋友信箱”，解答学生问题。

（于和华）

艺术与校外教育

综　　述

1997年，北京艺术与校外教育工作继续加强规章制度建设。

在艺术教育方面，制订《北京市学校艺术教育发展规划》(1997—2000年)，该规划提出艺术教育的工作目标和实施措施，对各级各类学校的教育具有一定的指导作用。修订《北京市中学美育大纲》和《北京市中小学艺术教育评价方案》，使其对学校艺术教育工作更具有指导性、监督性和保障性。颁发《北京市贯彻国家教委〈关于加强全国普通高校艺术教育的意见〉的实施意见》，对高校艺术教育开课内容、机构设置、人员配置、财务保障、设备购置及教学工作做出明确规定，使高校艺术教育工作步入有章可循、有法可依的轨道。

在校外教育方面，制订《北京市校外教育工作发展规划》(1997—2000年)，该规划明确北京校外教育"九五"期间工作的发展思路和目标体系。根据国家教委等7部委颁发的《少年儿童校外教育机构评估标准》(试行意见)和国家教委等7部委在本市崇文区少年宫进行全国评估试点的经验，制订《北京市校外教育评估方案》(草稿)。鉴于校外教育硬件设施基础建设薄弱的现状，重新修订《北京市校外教育机构办学条件标准》。

在社区教育方面，提出"创全国一流的社区教育"目标。社区教育工作初步形成3个网络，即市、区、街道三级管理网络，队伍网络和理论工作者与实践工作者结合的科研网络，理顺社区教育管理体制。

1997年，北京立足于重点工作，以点带面促进各项工作全面发展。创建示范窗口，确定"六个一"工程建设单位，即艺术教育：一县(边远山区延庆县)；一校(农村地区基础薄弱校海淀区苏家坨中学)。校外教育：一宫(东城区少年宫)；一家(西城区西长安街少年之家)。科技教育：一馆(宣武区青少年科技馆)。社区教育：一街道(西城区月坛街道)。通过对其重点建设与指导，促进各项工作协调发展，发挥示范作用。

进行艺术、科技特长生选拔、推荐工作改革，重点改革高校艺术特长生选拔办法，组织统一测试，配合招生部门完成特长生录取工作。颁布普通中等专业学校招收艺术特长生改革办法，面向农村地区招收艺术特长生，促进农村地区艺术教育的开展。

年内，北京市对学生艺术节和爱科学月等大型活动进行改革。1997年，继续加强干部教师队伍建设。实施"3·10"师资培训计划，重点培养音乐、美术、校外教育各10名中青年骨干教师，确定培训名单。进行艺术教育师资的稳定和补充工作。首先，采用高等师范艺术系和各区县师范学校扩大艺术专业招生名额的办法。其次，鼓励与社会联合培养，延庆县、平谷县先后与中国音乐学院建立联系，制订培训艺术教师方案，用请进来的办法提高教师业务水平。开展音、美教师竞赛活动，举办第2届中小学艺术教师基本功大赛，重在提高教师技能和实践能力。重视从理论上培养教师，组织教师撰写论文300余篇，推荐60篇参加国家教委举办的论文评比活动。

为加强社会单位校外教师队伍建设，先后举办科普知识讲座、香港回归报告、科技制作、工艺等培训活动8次，1500名教师参加培训，举办北京市第4届社会单位教师3项技能比赛。收集工艺、摄影、活动方案300件，百余人获奖。

1997年，北京学校艺术教育课堂教学管理工作得到加强。中小学"以教研引路，向教研要质量"，把艺术教育渗透到各学科教学中。朝阳区、海淀区、丰台区相继建立听课、评课制度，用量化辅助手段衡量教学质量。崇文区在音乐教学中，进行主体化音乐教学改革，克服以往音乐教学中单纯技术观点和放任自流的教学弱点。海淀区成立高中艺术课教研组，使用自编《中学生美学基础知识》等教材，先后在40余所普通高中和职业高中开设美学选修和音乐、美术欣赏课，使学生受到审美素质和心理素质教育。对普通高等院校、中等专业学校课堂教学情况进行检查。清华大学、北京航空航天大学先后开出一些艺术公开课，推动全市高校艺术课教学实践。

1997年，北京艺术教育教材建设得到改善。编写北京地区民间音乐、美术教材。对各区县教研人员进行专项培训。修订中小学歌曲集，参与高校部分艺术课程教材编写工作。

1997年，市教委拨专款200万元进行艺术教育重点投入，改善办学条件。建立首批30所北京市中小学科技活动示范学校，推动中小学校科技活动的开展。加强社区教育基础管理和基本建设，成立北京市社区教育委员会，市教委首次设立社区教育专项经费50万元，保证社教工作顺利开展。10个社区教育示范街道和10个示范社区制订发展规划，提出实施方案，在社区教育中起到示范作用。

(殷　焱)

艺 术 教 育

【批准25个竞赛项目】 3月，市教委公布25个中小学生竞赛活动为1997年度市级中小学生竞赛项目。学科类：①全国高中数学联赛（中国数学学会、北京数学普及委员会）；②全国高中物理联赛（中国物理学会、北京物理学会）；③全国初中物理知识竞赛（中国教育学会物理教学研究会、中国物理学会）；④全国高中化学联赛（中国化学学会、北京市教育学会化学教学研究会）；⑤全国《希望杯》数学邀请赛高中二年级组（中国科协普及部、华罗庚实验室《数理天地》杂志社）；⑥北京市中学生数学竞赛高中一年级组（北京数学会普及委员会）；⑦北京市高中数学知识应用竞赛（北京数学会、中央教科所、北师大、首师大等）；⑧北京市中学生数学竞赛初中二年级组（北京数学会普及委员会）；⑨北京市中学生数学竞赛初中三年级组（北京数学会普及委员会）；⑩北京市迎春杯数学竞赛初中一年级组（北京市教科院、基础教育数学研究中心、北京教育学会数学教学研究会、《数学教与学》编辑部）；⑪北京市高中物理竞赛（北京教育学会化学教学研究会）；⑫北京市初中化学竞赛（北京教育学会化学教学研究会）；⑬北京市高中英语竞赛（北京市教育学会外语教学研究会）；⑭北京市初中英语竞赛（北京市教育学会外语教学研究会）；⑮北京市青少年（四通杯）计算机程序设计竞赛高中、初中组（市教委、市科协、四通集团公司、北京市青少年报社）；⑯北京市小学生作文竞赛（市教委、市妇联、市家教会、北京晚报）。思想教育类：⑰北京市中学生瞭望杯时事知识竞赛（市教委、北京人民广播电台、北京青年报）；⑱“圆梦在九七”北京市少年儿童迎香港回归读书活动（市教委、市文化局、市少儿出版社）。科技类：⑲北京市中小学生科技竞赛（发明创造、科学论文、生物百项、科学幻想绘画）；⑳北京市中小学生爱科学月活动中十余项竞赛（市教委、市科协、市妇联、团市委、市体委、市环保局、市园林局、市林业局）；㉑北京市“今日·乐百氏杯”小学生科技知识竞赛（市教委、少年科学画报社等）；㉒北京市中小学生绿化、美化、改善环境系列教育活动有关竞赛（市教委、首都绿化办、团市委、市科协、市妇联、市林业局、市园林局、市环保局、市广播电视局）；㉓北京市中小学生“珍惜生命之水”活动有关竞赛项目（市科协、市教委等）。艺术类：㉔北京市学生（中小学生）艺术节（市教委）；㉕北京市校外教育机构艺术（声乐、器乐）教学汇演（市教委）。

（魏　强）

【3幅作品获摄影比赛奖】 4月20日，由团市委、市学联主办，北京航空航天大学承办的首届北京高校乐凯摄影评选揭晓，北京建工学院摄影协会1幅黑白作品《美丽的草原我的家》获黑白组一等奖，另2幅作品获三等奖。此次影赛北京航空航天大学摄协共投稿70余幅，既有对大自然的赞美，也有对社会生活的观察和思考。

（宋桂云）

【清华学生艺术团赴日本访问】 4月23日，应日本东京学芸大学的邀请，清华大学学生艺术团一行28人赴日本进行为期9天的访问演出。这是该校学生艺术团第一次赴海外演出。

（左海峰）

【大兴成教举办多种艺术活动】 5月19日，大兴县成人中专学校团委举办“学生艺术作品展”，展出学生作品90余件，其中书画作品20幅，摄影作品30幅，手工创制作品40余件。10月6日，该校举办学生书画展，征集35名学生61幅作品，其中书法20幅，绘画41幅。

（马玉明）

【金帆书画院成立】 5月25日，北京金帆书画院成立。该院由市教委直接领导，下设区县分院，旨在推动课内外美术教育工作。徐惟诚、徐锡安等领导与在京书画家参加成立大会。同日，该院东城、西城、崇文、朝阳、海淀、石景山和大兴7个分院同时成立。

（王　军）

【参加国际艺术节】 5月，北京金帆艺术团一行30人，受印度尼西亚政府邀请，赴雅加达参加国际艺术节。艺术团的演员们用精湛的技艺赢得与会者的称赞。

（王　军）

【举办暑期艺术教学汇演】 8月13至17日，市教委举办北京市校外教育机构艺术（声乐、器乐）教学汇演。本市校外教育机构及社会力量办少年之家、活动站共100余单位上千名学员参加汇演，演出各种节目260个。驻京中央艺术团体专家参加汇演。

（殷　焱）

【获文化部新苗奖第一名】 8月，宣武区社会力量办学单位北京市京昆艺术进修学校的京昆少儿艺术团，在文化部举办的全国新苗奖邀请赛中，获一等奖第一名。宣武区已连续三届获该奖项。

（王博军）

【12名美育教师获全国表彰】 8月，国家教委、中小学幼儿教师奖励基金会和中国艺术教育促进会联合表彰全国500名中小学优秀音乐、

美术教师，其中，北京地区12人。这是国家教委首次表彰中小学艺术教师。

（王　军）

【大学生艺术活动中心成立】　9月9日，由北京联合大学应用文理学院与文化部离退休人员服务中心联合创办的首都大学生艺术教育活动中心成立。该中心拥有文化部离退休国家一级演员408人，国家二级演员656人。为大学生开设《大学音乐》、《大学美术》、《大学影视》、《美学基础》等艺术课程及艺术类讲座，并指导大学生艺术社团开展群众性文娱活动。

（张　伟）

【艺术学科乡土教材编入教学】　9月，本市中小学使用艺术学科乡土教材。该教材由市教委组织编写，包括小学音乐、美术1至6年级各1册，中学上、下册。同时配备有教学参考书及录像带、录音带。其中，录像带收录部分民间作品，具有收藏价值。根据国家教委要求，艺术学科教材应有20%乡土教材。

（殷　焱）

【金帆艺术团举办成立10周年文艺晚会】　10月28日，北京金帆艺术团举办成立10周年文艺晚会。雷洁琼、陈至立、李志坚、陶西平、胡昭广等领导参加晚会。该团成立于1987年7月，10年来，该艺术团为本市各级各类学校培养大批文艺骨干，排练上百个节目，足迹遍布国内十几个省市，出访20多个国家。

（殷　焱）

【举办第四届学生艺术节】　10月28日至11月18日，北京市举办第四届学生艺术节。全市近两万名小学、中学、职业高中、中等专业学校学生参加市级声乐、器乐、舞蹈、戏剧、曲艺、书法、绘画、篆刻、工艺、摄影等10类25项近百场次比赛和演出（含集体和个人节目）。43所中专学校近千名学生参加市级艺术节调演。全市共有2123个节目和作品获一、二、三等奖，占调演节目总量的45%。在中小学、职业高中系统，集体节目获一、二、三等奖的比例在城近郊区前3名的是：海淀、石景山、东城；远郊区县前3名是：昌平、通州、顺义。个人节目获奖总数，城近郊区前3名是：东城、西城、海淀。远郊区县前3名是：大兴、密云、顺义。有26所中专学校获市级一、二、三等奖，评选出10名“十佳歌手”。

（殷　焱）

【举办艺术学科教师基本功赛】　10至12月，市教委举办艺术学科第二届教师基本功比赛。19个区县音乐、美术教师参加比赛，比赛评出一、二、三等奖。

（王　军）

【组织艺术教师基本功比赛】　11月18至29日，基教研中心艺术教研室和市教委艺术处校外教育处在北京教育学院西城分院联合举行北京市第二届音乐、美术教师专业基本功比赛，有112名选手分别参加5个项目的比赛。美术学科的比赛项目有：中国画、色彩写生、工艺设计、美术字、美术常识；音乐学科的比赛项目有：钢琴、声乐、自选项目、自弹自唱、音乐常识。两个学科分别评出一等奖5名、二等奖10名、三等奖82名。

（赵　跃）

【为希望工程义演】　12月10日，首都大学生交响乐团在北京音乐厅为希望工程进行义演。此前，该乐团已在首都高校进行多场演出。李岚清自己购票观看演出。随后，李岚清在中南海召开有教育家、音乐家参加的座谈会，商讨在高等学校开展交响乐工作及培养面向21世纪人才的素质等问题。

（殷　焱）

【举办金帆新年音乐会】　12月29日，北京中学生金帆新年音乐会在21世纪剧院举行。金帆交响乐团、金帆合唱团参加演出。音乐会由黄飞立教授领衔指挥，首次演出贝多芬《第九交响曲》并获得成功。徐锡安、陶西平、胡昭广等市领导参加晚会。

（王　军）

【趣味剪纸在电视台播出】　12月，北京铁路五小美术教师李秀芬“儿童趣味剪纸”电视专题片，在中央电视台“七巧板”栏目连续播出。该专题片用35集，介绍李秀芬构思并创作的几十幅儿童趣味剪纸作品及其制作过程。

（徐　飞）

【高雅艺术进入地质大学】　年内，中国地质大学（北京）举办多场文艺演出。其中有作曲家刘炽的作品欣赏会；东方歌舞团民族音乐会；交响乐团表演；盛中国夫妇的小提琴、钢琴音乐会；美国杨百翰大学大提琴、钢琴二重奏音乐会，另外，我国北京琴书表演艺术家关学增，相声表演艺术家郭全宝、阎怀礼也参加演出。该校还开展京剧进校园活动。

（黎　斯）

【高校加强艺术教育】　年内，北京地区21所高校相继建立艺术教育管理机构，20所高校列入教学课程，12所高校将其计入学分。

（王　军）

【改善艺术教育办学条件】　年内，市教委下拨200万元进行重点投入，改善艺术教育办学条件。各区县加大投入力度。延庆县完成3个100万元计划。海淀区上年艺教经费递增7%，一批学校达到市教委设备要求较高标准。清华大学、北京航空航天大学、北京大学相继投入30万元改善课堂教学设备。市机械工业学校、第三人民警察学校投入数十万元改善教室，保障艺术教育课堂教学条件。

（王　军）

【艺术团举办多种活动】　年内，北京学生艺术团举办多种活动。北京金帆艺术团举办成立10周年系列活动；大学生艺术团4个分团参加慰问老区活动；中学生艺术团参加教师节慰问活动；中专艺术团参加《职教法》实施16周年纪念活动。

（王　军）

艺　术　成　果

【《山那边》版画获一等奖】　3月，张家口铁路第二中学、张家口铁路第二小学教师、学生的21幅绘画作品参加中国教育报主办的’96金秋全国青少年绘画大赛，全部获奖，其中学生创作反映山村学校面貌的《山那边》版画获一等奖，20幅作品的创作者获新人奖。

（姚京丽）

【《十八罗汉》入选国际现代音乐节】　4月，中央音乐学院作曲系四年级学生邹航的室内乐作品《十八罗汉》入选荷兰豪地姆斯’97国际现代音乐节演出作品。参加本次竞赛的有来自世界各国共332部现代作品，经过评委评判，共有16部作品入选，邹航是仅有的两名亚洲音乐家之一，且是年龄最小的入选者(22岁)。

（甘亚梅）

【魏东海获毛皮饰边设计金奖】　10月，在第七届毛皮饰边服装设计比赛上，北京服装学院学生魏东海获金奖。根据比赛规程，魏东海将获得奖学金赴丹麦学习。第七届毛皮饰边服装设计比赛由北欧世家皮草设计中心举办，参赛选手83人，入围11人，服装学院共有5名学生获奖，其中获金奖、银奖、第四名各1人，第五名2人。

（杨建一）

【时装《金粉世家》获首届“中纺杯”银奖】　10月，在首届“中纺杯”时装设计公开赛及第二届亚太青年设计师创作汇演内地选拔赛中，北京服装学院时装作品《金粉世家》获银奖。该作品由96级研究生尤珈设计，其风格高贵典雅、雍容大方，制作工艺精致纤巧。首届“中纺杯”时装设计公开赛是由中国纺织品进出口总公司与《BEST中国时装》杂志社共同举办。

（杨建一）

【《生灵》获首届中国服装设计博览会金奖】　12月8日，在首届中国服装设计博览会上，北京服装学院服装系学生陈海英的作品《生灵》获此次博览会唯一的金奖“新人奖”，并同时获最佳设计奖。该院学生王星汉以其独特的钢丝支撑及塑胶块拼接设计手法获最佳技法奖。《生灵》应用仿兽皮面料，采用时尚设计手法。

（杨建一）

【郭淑珍获国家级教学成果奖】　12月26日，中央音乐学院郭淑珍教授获国家级教学成果一等奖。郭淑珍，1951年毕业于中央音乐学院，1958年毕业于莫斯科柴科夫斯基音乐学院，获优等生文凭和前苏联国家考试委员会授予的高级歌唱家称号。1955年在第五届世界青年联欢节古典歌曲演唱比赛中获三等奖，1957年在第六届世界青年联欢节古典歌曲演唱比赛中获一等奖（金奖）。回国后任教于中央音乐学院声乐系，曾任声乐系主任，现任教研室主任。她先后到欧洲、亚洲、北美、南美等十余个国家访问演出和考察。她在歌剧《叶甫根尼·奥涅金》中饰演女主角塔姬雅娜、歌剧《绣花女》饰演女主角咪咪和她演唱的《黄河大合唱》中的《黄河怨》均为乐坛所称道。她录制的唱片《郭淑珍演唱的西洋歌剧选曲集》获1989年首届“金唱片奖”。她从教近40年，培养一批声乐人才。

（甘亚梅）

校　外　教　育

【召开校外教育协会理事会】　5月4日，市社会单位少年儿童校外教育协会召开第6届理事扩大会，理事会理事长、理事及会员单位代表200余人出席会议。会议总结协会1995至1996年工作，部署1997年北京市社会单位少年儿童校外教育协会工作。国防大学、解放军报社、自动化研究所、铁路分局垂阳柳文化站等单位交流开展社会单位校外教育工作经验。会议就如何加强协会及全市社会单位校外教育工作，如何依靠并发挥驻京中央及市属机关、企事业单位及部队的作用和优势，创造首都良好的教育大环境等问题提出具体要求。会议发展10个新会员单位，会员单位达83个。

（殷　焱）

【组织校外教师赴南方学习考察】　9月9至18日，北京社会单位少年儿童校外教育协会组织协会单位干部、教师一行50人，先后到张家港、无锡、苏州、南京，学习开展校外教育工作和加强社会主义精神文明建设的经验，参观学校设备设施。

（殷　焱）

【举办第15届爱科学月活动】 10月20日至11月20日，市教委、市科委、市科协、首都绿化办、团市委、市体委、市妇联、市环保局、市园林局、市林业局联合举办第15届北京市中小学生爱科学月活动。该活动坚持以中小学生为主体，以学校为主阵地，发挥青少年科技馆(站)、少年宫(家)等校外教育机构的示范作用，重在普及的原则，采用市、区县、学校和社会单位组织等多种形式。其中，市级活动10项。城近郊区100%的学校和学生参加活动；远郊区县100%的学校、90%的学生参加活动。

(崔向红)

【东城区少年宫入选国家一级一类机构】 11月9至10日，国家教委、共青团中央、全国妇联等部委到东城区少年宫进行全国校外教育机构综合试点评估。评估小组认定：东城区少年宫在社会主义市场经济体制新形势下，始终坚持正确办宫方向，发挥少年宫教育功能。拥有一支训练有素、高水平干部、教师队伍，在工作中取得显著成绩，形成独特风格。评估组确认东城区少年宫为国家一级一类少年儿童校外教育机构。

(殷 焱)

【确定30所科技示范学校】 年内，市教委确认30所中小学为首批北京市中小学科技活动示范学校。首批市中小学科技活动示范学校是：北京景山学校、北京市第二十二中学、北京市第六十五中学、北京市第一六六中学、东城区东四九条小学、北京市第八中学、北京市第十三中学、北京市第三十五中学、北京市第一六一中学、北京师范大学附属实验中学、北京市第九十中学、北京市第八十八中学、北京市第八十中学、北京经济学院附属中学、北京大学附属中学、清华大学第二附属中学、北方交通大学第二附属中学、北京钢铁学院附属中学、北京石油学院附属小学、北京市第十二中学、丰台区长辛店第七小学、石景山区八角第二小学、门头沟区大峪中学、顺义县牛栏山第一中学、顺义县北石槽中学、密云水库中学、怀柔县第一中学、怀柔县庙城中学、怀柔县长哨营乡中心小学、大兴县采育中学。

(崔向红)

北京市少年宫

【概 况】 1997年，北京市少年宫招收学员3377人。开设书法、美术、摄影、民乐、西乐、京剧、声乐、戏剧表演、朗诵、舞蹈、乒乓球、足球、篮球、武术、电台英语、三项棋类等专业项目25项。培训学员5576人。参加国际、全国和北京市各类型比赛获奖66项。为73万(人次)青少年儿童举行集会、报告会、演讲、夏令营、各类比赛及娱乐活动。接待来自美国、丹麦、瑞典、法国、英国、德国、泰国、新加坡、蒙古、日本等国家的来宾和香港、台湾同胞1911人。北京市少年宫有教职工140人，教师102人，其中，特级教师2人、高级教师24人、中级教师34人、初级教师29人，有专业职称13人。占地5万平方米，建筑面积1万平方米。

(赵 伟)

【京昆艺术团参加多种文艺演出】 2至8月，市少年宫京昆艺术团参加多种文艺演出。2月，参加中央电视台春节联欢晚会演出；6月，该团2名获奖演员参加中南海怀仁堂庆香港回归文艺演出，并参加中央电视台迎香港回归大型文艺晚会演出；8月，应广东电视台邀请参加国际音乐博览会。年内，该团在全国第一届电视少儿艺术大赛上获集体特等奖。

(赵 伟 陈子云)

【举办香港回归知识竞赛】 3至5月，市少工委办公室、市少年宫联合举办沧桑百年香港回归主题知识竞赛活动。80所小学、5万名少先队员参加活动。

(周洪娟)

【举办迎香港回归长卷绘画活动】 4月26日，迎香港回归千米长卷绘画活动(北京地区)在市少年宫举行。全市选拔25名小画家参加长卷绘制。胡昭广为卷首题词。该活动是团中央、国务院港澳办等8家单位联合发起的我们爱祖国、我们爱香港全国少年儿童迎接1997年香港回归大型系列活动的组成部分。

(纪 东)

【举办武德修养报告会】 4月27日，少年宫举办首次武德修养报告会。报告会邀请北京体育大学武术系教授讲解武德风范，中国武术学会、北京体育大学等专家出席。少年宫武术班全体师生及部分学校武术队学员300余人听取讲座。

(赵惠明)

【举办第10届孙敬修杯儿童故事赛】 5月25日，第10届孙敬修杯儿童故事比赛举行颁奖大会，于蓝、谢添、方掬芬和王铁成等表演艺术家为获奖儿童颁奖。该故事比赛由市校外教育办公室、中央电视台青少部、市妇联、团市委、北京晚报、北京儿童台、市少年宫、孙敬修儿童故事研究基金会联合主办。全市18个区县587名少年儿童报名参赛。周正、曹灿等表演艺术家担任评委。

(肖 君)

【举办市青少年集邮活动日】 5月31日，市少年宫举办'97北京市青少年迎香港回归集邮知识竞赛颁奖仪式暨北京市第三届青少年集邮活动日。全市100余所中小学校数万名儿童参加活动。费孝通等领导出席。中国集邮总公司为此制作纪念封。

(纪 东)

【北京晚报杯足球赛落幕】 7月14日至8月18日，北京晚报、市竞赛管理中心、市少年宫等联合举办第14届中小学生奥得赛北京晚报杯百队足球赛。本届比赛为纪念香港回归，参赛队数 1997 支，共进行 3600 场比赛，18 个区县，约 3 万人参加比赛，43 支球队获得名次。

（李淑贤）

【参加全国少年宫乒乓球赛】 7 月 14 至 18 日，在郑州举行的第 11 届全国少年宫月兔杯乒乓球赛上，市少年宫取得中学男子团体第二名，女子团体第一名。该赛事是 1987 年，由北京市少年宫乒乓球教练庄则栋倡议发起的，每年暑假举办一届。加盟单位已达 30 多个。每届约有 40 支球队 200 多名青少年运动员参加比赛。

（李淑贤）

【举办中日青少年联欢活动】 7 月 31 日，濑田悌三郎率东京都青少年洋上研修访华团一行 463 人，在市少年宫和首都少年儿童举行文艺联欢、体育比赛活动。该团是应北京市人民政府邀请，参加青少年文化交流活动。

（赵　伟）

【获中国童声节优秀合唱团奖】 8 月 4 至 10 日，市少年宫合唱团赴大连参加’97 中国童声节。合唱团在音乐会上演唱《斑鸠调》、《秋天的梦幻》、《莫扎特四十交响曲》，并获优秀童声合唱团奖。

（王春妹）

【举办手风琴专场音乐会】 8 月 10 日，市少年宫手风琴队在北京音乐厅举办专场音乐会。20 名小学至高中组员以独奏、重奏、协奏、合奏的形式演奏部分手风琴经典作品。参加国际手风琴艺术节的部分外国演奏家观看音乐会。

（李　锐）

【接待美国教育代表团】 8 月 11 日，美国新英格兰地区中国网络组织主席约翰·瓦德德（John Wattt）博士率教育代表团一行 17 人，到市少年宫访问。了解中国校外教育发展和特点，参观少年宫体育、艺术等多项小组活动。书法班学员们将 17 幅作品，赠给代表团。

（赵　伟）

【接待香港青少年考察团】 8 月 24 日，香港青少年学生祖国历史考察团一行 120 人，与市少年宫艺术部学员举行文艺联欢演出。该团由全国政协香港委员、香港市政局议员、香港宋庆龄儿童基金会负责人伍淑清率领。出行前受到香港特别行政区行政长官董建华的接见。

（赵　伟）

【举办中日青少年合唱音乐会】 8 月 25 日，北京市少年宫合唱团和日本岐阜县各务原市少男少女合唱团在北京音乐厅举行专场音乐会。各团分别演唱经典曲目，共同演唱中国歌曲《大海啊故乡》和日本歌曲《富士山春天来了》等歌曲。

（赵　伟）

【举办少先队小干部培训班】 9 至 12 月，市少年宫与市少先队联合会、市少先队工作委员会办公室联合举办北京市少先队小干部培训班，开设小主持人培训班及队报、板报培训班。100 所学校的 200 名少先队小干部参加培训。

（张京华）

【开展手拉手活动】 9 月 27 日，市少年宫部分优秀组员赴怀柔县沙峪乡沙峪中学进行手拉手，心连心，庆国庆联欢活动。该少年宫将教师绘制的字画及编写的《少年宫儿童特长培训与训练初级教材》系列丛书、部分音像带和少年宫组员捐赠的 5000 余件学习用品，送到山区孩子们手中。

（张振岩）

【举办京港青少年音乐会】 12 月 21 日，市少年宫合唱团与香港元朗儿童合唱团联合举行京港童声汇京城音乐会。两团团员分别演唱本团的经典曲目，共同演唱《歌唱祖国》、《歌声与微笑》、《阳光进行曲》。陈昊苏、陶西平等领导参加音乐会。

（王春妹）

【儿童特长培训系列教材出版】 年内，《少年宫儿童特长培训与训练初级教材》出版。该教材收有《朗诵与台词》、《少年合唱曲集》、《民族管弦乐队训练》、《硬笔书法》、《软笔书法》、《绘画基础》、《儿童画》、《摄影》、《航模》、《昆虫》、《植物》、《少年电脑》、《武术》、《健美操》、《中国象棋》、《国际象棋》、《围棋》、《英语》等科目，总计 300 余万字，分别由市少年宫 17 位专业教师编写，山西教育出版社出版，全国新华书店发行。

（陈子云）

社　区　教　育

【召开市社区教育经验交流会】 1 月 23 日，市教委召开第四次北京市社区教育工作经验交流会。会上兰宏生做题为《加强对社区教育的领导与管理，促进本市社区教育深入开展》的工作报告。西城区、东城区、海淀区、石景山区等单位介绍经验。会议提出本市开展社区教育工作思路和要求。胡昭广到会讲话。市有关委、办、局及各区主管区长，各区教委、文教办及街道办事处负责人，社会企事业单位、学校代表近 400 人参加会议。

（崔向红）

【宣武区为社区教育拨专款】 年内，宣武区政府拨专款 5 万元用于社区教育。该区广外、白纸坊、天桥、广内和陶然亭等街道，也先后设立8至10万元社区教育基金，支持开展社区教育。

(薛丁一)

【建立社区教育示范街道】 年内，市教委确定10个街道为北京市社区教育示范街道。市教委要求示范街道要制订发展规划，明确工作重点，协调有关方面挖掘社区教育资源，开展社区教育的研究与实践活动，为社区居民提供各种培训，为社区教育探索新道路。

(崔向红)

【3区建立社区教育办公室】 年内，宣武、朝阳、海淀3区在区教委中设立社区教育专门机构——社区教育办公室，明确社区教育职责、任务，使社区教育管理制度化、规范化。

(崔向红)

【加强社区教育理论与实践研究】 年内，市教委组织各区有关单位参加全国“九五”期间重点课题《中国特色的社区教育理论与实践研究》研究。重点承担社区教育与社区发展、社区教育与学校教育、社区教育与家庭教育、社区教育的管理体制等4个子课题研究。

(崔向红)

【设立社区教育专项经费】 年内，市教委设立50万元社区教育专项经费，用于支持、扶植各区县社区教育工作。各区县设立社区教育专项经费，3至10万元不等。各街道社区通过建立社区教育基金，拨专项经费，动员社会单位赞助等方式支持社区教育工作。

(崔向红)

社会实践

【大兴职高生参加社会实践】 3月1日，大兴县第二职业高中师生36人到黄村镇新华书店门前进行学雷锋宣传活动。通过标语、广播宣传雷锋精神，并发放宣传材料1700多份，开展为群众义务修理自行车、美容美发、测量身高体重等活动。

(蔺淑英)

【原浩被评为市杰出青年志愿者】 4月，北京建工学院土木二系道93—1班原浩被评为北京市杰出青年志愿者。原浩是该校第九届学生会主席，青年志愿者协会首任会长。1995年暑假，原浩与11名学生参加赴怀柔小梁前的支教扶贫活动。他担任小分队临时团支部书记，负责全面工作，使小分队成为一个富有战斗力的集体，被评为北京市支教扶贫优秀小分队。1996年6月，该院成立青年志愿者协会，原浩担任首任会长参与组织该校与西城区精神文明办的互助活动，该校70多名青年志原者走入居委会，在工作中锻炼，在工作中奉献。

(宋桂云)

【6所高校举办社区志愿者活动】 4月，北京大学、清华大学、人民大学、北京师范大学、北京气象学院和中国青年政治学院6所高校的200余名大学生成立社区教育志愿者组织，到海淀区双榆树等4个街道开展社区教育志愿者活动，志愿者们与中学生手拉手、一帮一，在街道、居委会、学校挂职。

(宋亚甫)

【政法大学暑假组团开展调查】 7月10至28日，政法大学学生会和共青团组织3个实践团，分别到重庆万县调查三峡库区移民情况，并开展法律宣传活动；到江西井冈山进行普法宣传；20名学生到青岛、福建进行普法宣传、社会调查。在普法宣传中就《经济合同法》、《婚姻法》、《土地法》、《知识产权法》、《票据法》做宣传和咨询，受到当地群众好评。

(马芳城)

【千名青少年赴井冈山社会实践】 7月18日，首都青少年社会实践活动出发仪式在天安门广场举行，1000名来自首都各界的青少年代表参加仪式，他们代表本市300万青少年参加社会实践活动。该实践活动行程7天，将举办参观烈士陵园、向革命烈士宣誓，举办井冈山斗争史专场报告等活动。

(陈小军)

【金融学院学生赴革命老区社会实践】 7月19至30日，金融学院组织20名优秀学生赴延安革命老区开展“上延安，忆革命史”暑期社会实践活动。实践团考察当地经济、金融发展现状，学习革命传统，并采用多种形式支援老区建设。

(李春雷)

【青院14名学生赴宁夏实习】 7月19日至8月2日，中国青年政治学院社工系学生14人到宁夏回族自治区华西村社会实践。期间实习生与华西村管委会干部及华西村希望学校的部分教师座谈交流，走访工业区的17家工厂，参观农业区的2000亩耕地，入户调查、访谈233户农民。经过调查，按照华西村行政区域的划分形成4个分区的调查报告，随机抽取40份样本，完成《华西村移民基本情况》调查报告，为华西村移民政策的调整提供第一手资料和数据。

(王之伦)

【骑自行车开展社会实践活动】 7月20日，以北京航空航天大学学生为主的17名本科生、研究生组成首都大学生自行车北京——香港社会实践团从天安门广场出发。该实践团骑自行车沿107国道南行，途径河北、河南、湖北、湖南、广东5省，历经40多天，行程3000多公里，到达深圳罗湖桥畔。沿途他们开展调查访问、科技咨询、扫盲等社会实践活动。

(陈　颖)

【协和医大赴广西青海社会实践】 7月26日至8月9日，协和医科大学校部分学生赴广西省平南县、隆林县、青海省门源县、兴海县进行婴幼儿和孕产妇死亡情况调查，了解当地对卫生资源、技术、交通方面的特殊要求。该活动是作为世界卫生组织（WHO）卫六项目（综合性妇幼卫生）中的一次特殊需要研究开展的。这次社会实践的调查结果将上报世界卫生组织和卫生部贷款办公室，据此向世界银行提出报告，申请专门款项有针对性地支持青海、广西地区的综合性妇幼卫生项目。

(吴艳秋　王云峰)

【昌平农职校开展社会调查】 7月，昌平农职校团委组织师生到滦平县(河北省贫困县)火头山中学进行社会调查。学习该学校师生在生活条件简陋情况下，勤奋读书，爱岗敬业的精神，师生把所带钱物，捐给当地学生。返校后，他们举办大山里的读书声社会实践报告会和图片展览。

(曹福来)

【高校贫困生问题社会调查团组成】 7至8月，由中国青年政治学院学生首先发起，北京大学、清华大学、复旦大学等27所高校的大学生志愿者，联合开展1997京沪高校贫困生问题社会调查，100余名队员分赴广西、四川、贵州、安徽、陕西、山西、湖南、江西、河北、甘肃10个国家级贫困县（区），总行程达4万多公里，深入到10个省区的几十个贫困山乡，追踪走访特困生典型200余名。此次调查活动，由中国青年政治学院和国务院扶贫办《中国贫困地区》杂志社主办，团中央、全国学联及香港胜龙国际集团、捷成洋行等社会各界给予大力支持。

(王之伦)

【农学院开展三下乡服务】 7至8月，北京农学院利用暑期组织44名专业骨干教师和79名学生分科技兴农团、科技兴村团赴京郊9个区县进行科技、文化、卫生三下乡服务活动。在5个星期中，考察科技兴村基地近10个，推广农业新技术10余项，新苗木、新作物品种10种，帮助当地新建温室40栋，修复温室5栋，办板栗、蔬菜、芽菜、禽病培训班10个，培训近千人，发放科技资料千余份。

(于兴海)

【北方交大开展暑期社会实践活动】 7至9月，北方交通大学组织社会实践活动。全校近千名学生在西到乌鲁木齐，东到渤海，北到呼仑贝尔草原，南到百色革命老区的广大范围，采用在铁路现场劳动锻炼、到农村开展普法扫盲、把文学艺术送到边远小站和进行路况调查等形式参加社会实践。返校后该校组织总结交流大会。

(李永学)

【30万学生参加志愿服务活动】 9月6日，本市30余万名大中小学生走上街头、进入居民小区，开展争当文明使者，创建美好家园志愿服务活动。18个区县中小学生在主要街道、居民小区和学校开展文明礼貌宣传、美化绿化环境、清除白色污染、慰问孤寡老人及军烈属活动。

(李学梅)

【财经学校青年志愿者团成绩显著】 9月，北京市财经学校青年志愿者团队人数达884人，服务分队24个，服务基地19个。青年志愿者在临终关怀医院、安定门街道敬老院、鼓楼地铁站、交道口交通岗等基地开展各种活动。他们为学校周围四个街道几十个居委会的孤寡老人家中送去温暖，为他们做家务，侍候病榻。该校两次被评为东城区社区教育先进单位。

(陈　浩)

【首医大青年志愿者实践基地挂牌】 11月22日，首都医科大学红十字会在北京松堂医院举行首都医科大学志愿者实践基地挂牌仪式。该校红十字会以弘扬人道主义为宗旨，以培养合格医学人才为目的，把在松堂医院开展临终关怀活动作为社会服务一项重要内容。

(甘　哲)

【北林大社会实践活动受表彰】 11月，北京林业大学被国家教委、团中央评为1997年度暑期高等学校学生社会实践活动先进单位。该校组织40人暑期赴内蒙古、陕西两省开展荒漠化科技考察探险活动，同时进行科技服务与文化传播；组织8人去重庆万县进行科技服务活动；组织10人赴延安接受革命传统教育，同时进行科技推广及扶贫活动；校团委与校科技处协手进行1997林业科技推广活动，将科技成果带下乡，150人参加此活动，涉及近30个省份；各院系也组织10余支队伍约200人在10多个省份进行科技推广活动。

(戴如梅)

【农大28名学生挂职锻炼】 年内，海淀区委、区政府聘请4所高校的100名大学生到所属街道、乡镇和企业等12家单位挂职锻炼。中国农业大学团委考核选拔28名学生参加挂职锻炼。其中党员14人，团员14人。根据所学专业他们利用节假日业余时间，协助用人单位进行1年的工作。

(马会勤)

学 生 管 理

综　述

1997年，北京地区各级普通学校在校学生共有236万人。其中，博士研究生11470人、硕士研究生28566人、第二学士学位学生2000余人、普通高校本科大学生150000人、专科学生43842人、普通中等专业学校学生104135人、中等职业技术学校学生93769人、中等师范学生10366人、工读学校学生835人、特殊教育学校学生7115人、小学生977323人，在园幼儿253478人。外国留学生19000人。成人高校本专科学生210746人、成人中等学校学生492651人。

1997年，市教委先后制订《北京地区普通中等专业学校学生学籍管理办法》和《北京地区研究生学籍管理办法》，北京地区各级各类学校学籍学历管理工作更加规范化和法制化。市教委编制推广使用一系列学生学籍学历管理软件，用先进管理手段提高学生管理工作效率，加强对各种国家承认学历证书的审核管理工作，被国家教委评为全国高等教育学历证书管理先进集体。

1997年，北京地区高校毕业生就业分配工作的总原则，是在国家就业分配方针政策指导下，通过一定范围内的供需见面、双向选择的方式，以学校为主推荐毕业生就业。继续贯彻统筹安排、合理使用、加强重点、面向基层、充实生产、教学、科研第一线的方针，坚持学以致用和个人志愿服从国家需要的原则。对毕业研究生则坚持要求在国家规定的服务范围内就业的原则，引导毕业研究生到国家急需的“三高”（三高指高校、高科技和高新技术产业单位）单位去工作。

为保证国家有限的高校毕业生资源得以合理配置，市教委对毕业研究生留京就业不作指标限制，对本专科毕业生坚持按比例择优推荐留京原则，京外生源毕业生留京比例一般控制在10%左右，国家教委所属院校和某些特殊专业的毕业生留京比例适当放宽；对去普通高校、普教、参军、到中共中央、国务院等办公厅机关及留到本部委机关就业京外生源毕业生，将留京计划单列（留京计划单列共1236人），到北京远郊区县单位就业的，以留京名额指标减半的方式计入留京计划。市属院校毕业生到中央单位就业的比例掌握在10%左右。对来源于边远省区的毕业生，是原省区急需的，尽量动员回原省区就业；鼓励内地生源毕业生到边远省区急需用人的单位建功立业，对于志愿支边等有突出表现的毕业生授予优秀毕业生荣誉称号。年内，24所高校的84名内地生源毕业生主动要求到西藏等边远省区去建功立业。

1997年，各高校加强各种形式和内容的毕业生就业指导工作，普遍开设毕业生就业指导课，暂不具备开课条件的学校，开办毕业生就业指导系列讲座，针对毕业生思想特点开展更加深入和细致的就业指导和咨询工作（包括心理咨询），把毕业生的思想问题解决在矛盾问题发生之前，帮助毕业生合理择业顺利就业，使毕业教育和就业指导工作逐步规范化和系统化。

1997年，高校毕业生就业工作存在着诸多问题，特别明显的是用人单位在接收毕业生时要求毕业生“试工”的现象增多。特别是非国有性质企事业单位，在接收毕业生前要求毕业生“试工”，试工期通常3个月左右，甚至半年。这段时间，正是毕业生作毕业实习或毕业论文的期间，毕业生为了能够得到就业机会往往“顾此失彼”。“试工”问题严重冲击和影响高校教学秩序和毕业分配工作，影响学校毕业分配计划的落实。

（甘北林）

总　类

【颁发北京高校优秀学生奖学金】 3月6日，市教委举办第三届北京高校优秀学生奖学金颁奖仪式。北大、清华、北工大等10所高校100名优秀学生获奖。获奖学生中72%在系或专业学习成绩排名第一，95%名列系或专业前3名，其中，18人拥有科技发明成果，8人曾获市级表彰。北京高校优秀学生奖学金由日本索尼公司每年出资28万元设立，用以奖励北京100名优秀大学生。该奖学金设立于1994年。

（刘　强）

【规范高等院校奖学金管理】 6月24日，市教委印发《北京地区普通高等院校接受企事业单位或个人提供学生奖学金的若干规定》。该规定对高等院校学生接受国内外企事业单位或个人捐赠奖学金的审批、命名、颁发等方面提出规范要求。

（刘 强）

【与北京电视台共同资助高校特困生】 9月15日至11月5日，市教委会同北京电视台《希望》栏目组在山东四维制药有限公司的赞助下，举办主题为“托起未来”的资助北京高校特困生活动。共有100名特困生在此次活动中受到资助，平均每人500元。

（刘 强）

【德国汉高资助高校特困生12万元】 10月8日，市教委在北京化工大学举行汉高公司资助北京高校特困生捐赠仪式。林浦生、汉高（中国）投资公司董事总经理韩海华（Hans－Helmut Heymann）等参加仪式。汉高公司捐赠12万元，资助中国人民大学、北京理工大和北京轻工业学院等13所高校240名特困生。汉高公司是第一家直接资助北京高校特困生超过10万元的外国企业。

（刘 强）

【富国集团为特困生捐赠图书】 11至12月，富国集团北京富国海联书刊发行公司与市教委联合举办为北京高校特困生捐赠总价值10万元新版图书活动。该活动以“书香情，富国心”为主题，为北大、清华等40余所高校1000名特困生提供每人自选100元图书的服务。

（刘 强）

【颁发高校经贸专业优秀学生奖学金】 年内，32名首都经济贸易大学学生获北京高校经贸学科优秀学生奖学金。该奖学金由日本东京三菱银行提供，每人2000元。

（刘 强）

学 籍 管 理

【实行民办学校提前招生】 3月10日，市教委发出《关于北京市1997年小学毕业考试和初中入学几项主要工作规定的通知》。该通知规定本市7月12日，要完成发放初中入学通知的工作，民办学校、民办公助学校，经区县初中入学管理部门审批后于6月2日前发入学通知书。即民办校、民办公助校初中入学工作在公办校之前完成。同日市教委印发《关于1997年北京市小学入学工作的通知》。该通知规定民办校小学入学工作在公办校之前完成。

（张 源）

【控制初中入学保送生】 3月10日，市教委发出《关于北京市1997年小学毕业考试和初中入学几项主要工作规定的通知》。该通知规定本市初中入学完全实行就近入学的区县要继续执行免试就近入学方案，尚未完全实行就近入学的区县，一定要将保送比例控制在13％以下，为1998年继续缩小保送比例打好基础。

（张 源）

【批准中国化学工程公司外省户口子女在京就学】 3月25日，市教委同意中国化学工程第六建设公司北京分公司职工外省市户口子女在通州中小学借读，按正式学生对待。自1997年始，小学、初中年龄段儿童、少年同有北京市正式户口的适龄儿童、少年一样就近登记入学；初中毕（结）业生可同有北京市正式户口学生一样报考北京市潞河中学和北京市运河中学。

（张 源）

【规范出国人员子女班管理】 4月11日，市教委在印发的有关通知中规定，北京市第二中学和北京市第二十七中学增招的外交部出国人员子女班不得接收转学生和借读生。

（张 源）

【普通高中计算机课列入会考】 4月14日，市教委发出通知，规定自1998年起普通高中计算机课列入高中毕业会考科目。其会考成绩记入学生档案。该通知提出经市教育行政部门批准免予全部学科会考的学校及进行计算机教改实验的学校，可免予参加全市统一组织的计算机合格考试，由学校自行命题，自行组织考试，成绩予以承认；由于特殊原因不能参加1997年计算机会考的学校，原则上应参加1997—1998学年度的计算机会考。

（张 源）

【批准上地产业基地试点校扩大招生】 7月28日，市教委批准海淀区在上地信息产业基地内进行办学体制改革试点的初中和小学建置学生宿舍，在完成本基地员工和居民子女九年义务教育任务的前提下，可面向全市接收学生入学。

（张 源）

【藏族在京人员子女可以在京就读】 10月16日，市教委规定，内调到本市和在京中央单位的西藏干部、工人，须持在京接收单位人事部门出具的相关证明和随迁子女的北京市正式户口卡等有关证明、材料，办理子女入学、入托和转学手续。

（张 源）

【中专新生审核注册结束】 12月，北京地区普通中专学校1997级新生审核报盘注册工作结束，共有32000余名中专新生经审核确认入学资格，取得正式学籍。

（戴吉娜）

【下发研究生学籍管理规定】 12

月，市教委下发《北京地区研究生学籍管理规定(试行)》。该管理规定是依据国家教委《研究生学籍管理规定》，并结合本市情况制订的，对北京地区研究生学籍管理工作做出明确规定。

（赵　清）

【研究生学历证书发放工作结束】

至12月，北京地区共发放97届研究生证书11462张，其中硕士毕业证书8791张，博士毕业证书2623张，硕士结业证书29张，博士结业证书19张。

（赵　清）

【核发高校毕业证书51516张】 至年底，市教委向67所普通高校审核发放本专科学历证书51516张。其中，本科毕业证书34561张，专科毕业证书13818张，第二学士学位证书2572张，本科结业证书396张、专科结业证书169张。

（杨文茹）

【普通中专学历证书验证工作结束】

至年底，市教委为北京地区88所普通中专学校97届毕业生办理毕业资格审核，共验发中专毕业证书22000余张，结业证书40余张。

（戴吉娜）

【规范高校本专科互转管理】 年内，市教委下发对高校学生"专科生转本科，本科生转专科"工作有关管理规定。该规定要求试行本专科学生互转办法的学校，必须制订有关具体管理实施细则（包括标准条件及办法），报市教委备案后，在新生入学时公布实施。各校专转本工作应进行必要的考核，坚持公正、公平、公开的原则，在规定的限额内择优转本。各校专科转入本科的学生需经市教委审核批准后，才能进行。

（杨文茹）

【普通中专毕业证明书启用】 年内，市教委颁发通知，正式启用《北京地区普通中等专业学校毕业证明书》。通知还规定各中专校可以为遗失毕业证书的学生提供学历证明书。

（戴吉娜）

学　位　管　理

【607个硕士点通过评估】 2月6日，北京市学位委员会受国务院学位委员会委托，组织北京地区前4批硕士学位授权点基本条件合格评估工作。共对698个硕士点进行审核。这些硕士点分布在北京地区156个学位授予单位。在单位自评阶段，分布在29个学位授予单位的60个硕士点自评为不合格，占北京地区应参评硕士点总数的9%，其中21个硕士点提出自行放弃其学位授予权。共有638个硕士点参加专家组评审，其中607个硕士点被评为合格，经单位自评和专家组认定，共有91个点被评为不合格，不合格率为13%。不合格硕士点分布在46个学位授予单位中，占北京地区学位授予单位总数的30%。

（李丽晖）

【46所高校(单位)获准举办研究生进修班】 3月，经国务院学位办公室批准，本市33所普通高校和16个科研机构获准开办在职人员以研究生毕业同等学力申请硕士学位单位，可以举办研究生课程进修班。申请该进修班专业的单位，应有5届以上硕士毕业生、一般应有1个博士学位授权点或3个以上硕士学位授权点。举办研究生课程进修班是适应改革开放和经济发展需要，提高在职人员自身业务素质的一种教学形式。

（周仁伯）

【改革博士生指导教师评审办法】

5月21日，市教委印发《北京市属高等学校博士生指导教师审核办法的暂行规定(修订)》。该规定要求博士生指导教师应具备的条件有：①是本学科学术造诣较深的教授，能坚持正常工作，新增列的博士生指导教师的年龄一般不能超过60岁；②拥护党的基本路线，作风正派、治学严谨；③近年来科研成绩显著；④所从事的研究方向特点突出，优势明显，有重要的理论意义或实际应用价值；有科研课题和必要的科研经费；⑤有培养研究生的经验；⑥有协助本人指导博士生的学术队伍等。

（周仁伯）

【在职人员申请学位实行逐级申请】

9月23日，本市在职人员申请学位工作实行逐级申请学位的政策，即申请硕士学位的在职人员必须已获学士学位，申请博士学位人员必须已获硕士学位。

（姜世军）

【增补2名市学位委员会委员】 10月5日，北京市学位委员会增补范伯元教授、左铁镛院士为副主任委员。范伯元1945年9月出生，中共党员，教授，博士生导师。1968年毕业于清华大学农业机械系，1987年获北京工业学院博士学位。1992年由理工大学评聘为教授，1993年评为博士生导师和有特殊贡献专家，为中国兵工学会内燃机分会副主任，中国内燃机学会编辑委员会委员。左铁镛，1936年9月出生，中共党员，中国工程院院士，材料学科专家，现任中国科协副主席，北京工业大学校长。1958年毕业于东北工业大学冶金材料专业。曾任中南矿冶学院院长、中南工业大学副校长、国家教委科技司司长等职。

（叶茂林）

【**北师大开设在职教育硕士学位学科**】 10月，国务院学位委员会、国家教委批准全国16所高等师范学校在职教育硕士专业学位试点单位，北京师范大学是试点单位之一。在职教育硕士专业在本市计划招生100人，共有300人报名参加考试。该专业学位是具有特定教育职业专业性学位，主要培养面向基础教育教学和管理工作的高层次专门人才。

（周仁伯）

【**批准研究生课程进修班253个**】 年内，北京有18所普通高等学校和3个科研机构申请举办研究生课程进修班，共申请办班297个，其中申请在北京办班146个，在外省市异地办班151个。市学位办公室对办班单位申报材料进行严格审核后，共批准办班253个，其中在北京办班138个，对异地举办的研究生课程班在征得办班所在地省级学位与研究生教育主管部门意见后，批准举办115个。

（周仁伯）

【**7所高校确定为工程硕士培养单位**】 年内，根据国务院学位办《关于批准部分高等学校开展工程硕士培养工作的通知》，全国有54所高等学校开展培养工程硕士专业学位工作，其中在北京的单位有：清华大学、北京理工大学、北京航空航天大学、北京科技大学、北京邮电大学、北方交通大学、石油大学，以及两地办学单位：华北电力大学、中国地质大学、中国矿业大学、武汉工业大学。工程硕士专业学位是与工程领域任职资格相联系的专业性学位，它与工学硕士学位处于同一层次。该学位侧重于工程应用，主要是为工矿企业和工程建设部门，特别是国有大中型企业培养应用型、复合型高层次工程技术和工程管理人才。

（周仁伯）

留 学 生

外派留学生

【**概　况**】 1997年，北京地区申请自费留学5492人。从培养方式看，国家公费生5015人，占总数的91.3%。从学历层次看，本科生2751人，占总数的50%；硕士阶段1737人，占31.6%，博士阶段622人，占11.3%。从职称结构看，有专业职称的2562人，占总数的46.6%，其中具有中级职称的1072人，具有高级职称的214人。从年龄结构看，申请人主要集中在21至30岁之间，共有4285人，占总数的78%。从专业分布看，理科1850人，工科1604人，文科650人，财经类580人，医科类449人。从留学类别看，读博士学位2241人，占40.8%；读硕士学位1860人，占33.9%；访问学者186人，占3.4%，博士后研究441人，占8%。

（杜瑞芝）

【**自费留学人员研究生比例增加**】 至年底，本市申请自费出国留学人员5492人，比上年增加650人，增长率13%。其中研究生以上学历2359人，占总申请人数的43%，比1993至1995年总申请人平均值增加3.55个百分点。

（张淑贞）

【**自费留学去向集中于发达国家**】 年内，本市自费留学申请人去往国家排序和占有比例是：美国，占68%；日本，占7%；加拿大，占5%。排名第四的是新加坡，占4%。以上4个国家合计占总申请人数84%。78.8%申请人出国读学位，其中有441人出国做博士后研究。

（张淑贞）

【**本科生出国直读博士现象突出**】 年内，在申请自费留学人员中，应届本科毕业生到国外高校直读博士生现象突出。持美国高校录取通知书申请赴美国直读博士的应届本科毕业生近500人。学习期限一般为6年左右，对方在此期间给予足以维持学业的奖学金，及其他一些优惠条件。

（张淑贞）

【**自费留学人员应届毕业生比例增大**】 年内，在本市申请自费留学人员中，具有大学本科以上学历各层次应届毕业生，毕业当年办理出国手续的人数增加。其中应届本科毕业生970人，占具有本科学历同期申请人数的36.9%；申请自费出国留学的硕士生1737人，应届毕业硕士研究生736人，占具有硕士学历同期申请人数的44.7%；申请自费出国的博士生622人，其中应届毕业博士研究生292人，占具有博士学历同期申请人数的51.5%。

（张淑贞）

【**国家公派留学改革政策在本市实行**】 年内，本市按“个人申请，专家评审，平等竞争，择优录取，签约派出，违约赔偿”原则全面进行公派留学制度改革。全年市教委出国留学工作办公室接受报名并初审合格人数119人，录取77人。被录取人员与国家留学基金管理委员会签订《资助出国留学协议书》。被录取人员将于两年内陆续派往国外。

（张淑贞）

来华留学生

【概　况】 1997年，在北京学习的外国留学生人数达17031人，高居全国之首。在这一年里，北京市在全国率先制订关于外国留学生教育管理工作的法规性文件《北京市关于外国留学生工作的若干规定》，并对全市接受外国留学生的高等学校进行复查，对经复查合格的学校颁发《资格证书》。

（丁红宇）

【复查高校接收外国留学生资格】 1月27日，市教委会同市外办、市公安局开始对北京地区56所高校和科研院所接受外国留学生的资格进行复查、审核，对审核合格的单位，予以重新登记，并颁发《接受外国留学生资格证书》。

（桑　澎）

【改革来华留学生奖学金制度】 2月24至26日，国家教委在邮电大学召开来华留学生奖学金管理改革工作会议。会议决定从本学年开始，对享受中国政府奖学金的来华留学生进行年度评审工作。对学习成绩达不到要求或严重违反校纪的留学生，学校可以向国家留学基金管理委员会提出终止其下一学年度的奖学金。北京市每年有1200多名留学生享受中国政府奖学金，市教委外事处参与本市留学生奖学金的审核工作。

（桑　澎）

【批准3个单位接收外国留学生】 5月8日，市教委批准北京服装学院接受外国留学生；7月22日，批准中国社会科学院研究生院和公安大学接受外国留学生。

（桑　澎）

【接管来华留学人员签证申请工作】 5月26日，市教委下发《关于来华留学人员签证申请表(JW202)管理的通知》。该通知规定《来华留学人员签证申请表》(JW202)的管理，从全国外国留学生教育管理学会转为北京市教委外事处负责。

（桑　澎）

【外国留学生年终统计工作结束】 12月20日，全市外国留学生的统计工作结束。统计结果显示，北京市共有长期留学生10848人（一学年以上），短期生6183人，分别来自145个国家，在53所大学中学习。其中学历教育本科生3227人，硕士研究生738人，博士研究生306人，专科生3人，共4274人。

（桑　澎）

毕　业·就　业

【概　况】 1997年，北京地区67所高等学校和109个研究生培养单位(含高校和科研单位)共有应届毕业生58882人，比上年增加4500人。其中，博士生1956人，硕士生7369人，本科生34879人，专科生13755人，第二学士学位923人。从培养方式划分，统分生36369人，定向生2661人，委培生8434人，自费生6466人。从生源地区分：北京生源毕业生18567人，京外生源40061人。从部门归属分：国家教委所属院校毕业生12438人，其他各中央部委所属院校毕业生34776人，市属院校毕业生12518人。

（沈聪伟）

【举办北京97迎春人才大市场】 1月17至19日，市教委联合市人事局等单位在中国国际展览中心举办97迎春人才大市场。其中17、18日为人才交流和外企招聘专场，19日为应届大中专毕业生招聘专场。400家用人单位和近5万名毕业生参加供需见面、双向选择。

（刘　强）

【84名内地生源毕业生志愿支边】 6月，市教委召开全市高校支边毕业生表彰会，胡昭广向他们颁发《北京地区高校毕业生支边荣誉证书》和奖金。中央电视台等首都各大新闻媒介都作了报导。本年24所高校的84名内地生源毕业生主动要求到西藏等边远省区建功立业。

（沈聪伟）

1997届北京地区高校内地支边毕业生表彰名单

学　校	姓名	性别	专　业	学历	政治面目	生源地	支　边　单　位	单位地址
北京大学	焦天恕	男	物理化学	本科	团员	山东	中国酒泉卫星发射中心	甘肃酒泉市
	周国莲	女	大气科学	本科	团员	西藏	云南省气象局	云南昆明市
	卿孝勇	男	国政	本科	团员	湖南	广西国家安全厅	广西南宁市

续表 1

学校	姓名	性别	专业	学历	政治面目	生源地	支边单位	单位地址
北京大学	曹　炜	男	概率统计	本科	团员	湖北	中国酒泉卫星发射中心	甘肃酒泉市
中国人民大学	贺　军	女	档案学	本科	团员	湖南	广西民族学院	广西桂林市
北京航空航天大学	杨　斌	男	飞机设计	本科	团员	湖北	贵州航空工业总公司150厂	贵州安顺市
	沈爱华	男	应用数学	本科	团员	江苏	中国酒泉卫星发射中心	甘肃酒泉市
	陈　林	男	运输机驾驶	本科	团员	四川	中国南方航空广西公司	广西桂林市
北京科技大学	徐永新	男	采矿工程	本科	团员	河北	内蒙古矿产实验研究所	内蒙古包头
	李海民	男	采矿工程	本科	团员	四川	广西柳州市建筑机械总厂	广西柳州市
	孟宪成	男	计算机及应用	本科	团员	天津	中国酒泉卫星发射中心	甘肃酒泉市
	吴国洪	男	计算机及应用	本科	团员	湖北	中国酒泉卫星发射中心	甘肃酒泉市
北方工业大学	孙家强	男	检测技术及仪器仪表	本科	党员	山东	中国酒泉卫星发射中心	甘肃酒泉市
	邓　伟	男	检测技术及仪器仪表	本科	团员	吉林	中国有色十一冶金建设公司	广西柳州市
	李　蓬	男	检测技术及仪器仪表	本科	团员	陕西	广西89750部队	广西南宁市
	王成祥	男	检测技术及仪器仪表	本科	团员	安徽	中国有色十一冶金建设公司	广西柳州市
	齐德伦	男	建筑工程	本科	团员	安徽	柳州华锡集团公司	广西柳州市
	张增川	男	应用电子	本科	团员	陕西	中国酒泉卫星发射中心	甘肃酒泉市
	张　挺	男	计算机及应用	本科	团员	陕西	贵州铝厂	贵州贵阳市
	王秀军	男	会计学	本科	党员	山西	桂林工学院	广西桂林市
	石志勇	男	流体传动与控制	本科	团员	河北	中国有色十一冶金建设公司	广西柳州市
	陈晓俊	男	统计学	本科	团员	河南	青海铝厂	青海西宁市
北京化工大学	孔　彦	女	生物化工	本科	团员	安徽	广西大学	广西南宁市
	陈　良	男	腐蚀与防护	本科	团员	湖南	广西柳州化肥厂	广西柳州市
北方交通大学	汪昌华	男	机车运用	本科	团员	江西	内蒙古第一机械制造厂	内蒙古包头
	唐林杰	男	应用物理	本科	团员	湖南	中国酒泉卫星发射中心	甘肃酒泉市
	李智勇	男	内燃机	本科	团员	四川	中国酒泉卫星发射中心	甘肃酒泉市
	戚成业	男	应用数学	本科	团员	黑龙江	中国酒泉卫星发射中心	甘肃酒泉市
	史冰瑶	女	热能动力机械与装置	本科	团员	黑龙江	中国酒泉卫星发射中心	甘肃酒泉市
北京轻工业学院	姬小飞	男	精细化工	本科	团员	陕西	宁夏化工厂	宁夏银川市
北京信息工程学院	翁　云	男	管理信息系统	本科	团员	河南	云南河口瑶族自治县邮电局	云南河口市
石油化工学院	胡伟鹏	男	化工设备与机械	本科	团员	湖北	兰州化学工业公司	甘肃兰州市
中国地质大学	王文龙	男	应用地球物理	本科	团员	河北	石油物探局库尔勒研究中心	新疆库尔勒市
	李国会	男	应用地球物理	本科	团员	吉林	石油物探局库尔勒研究中心	新疆库尔勒市
	张　斌	男	地质学	本科	团员	吉林	云南第四公路桥梁工程公司	云南楚雄市
	贾明波	男	应用地球物理	本科	团员	黑龙江	石油物探局库尔勒研究中心	新疆库尔勒市
	刘永雷	男	应用地球物理	本科	团员	山东	石油物探局库尔勒研究中心	新疆库尔勒市
	王红艳	女	环境工程	本科	团员	江西	天水市建筑勘察设计院	甘肃天水市
	卫世华	男	环境工程	本科	团员	陕西	天水市建筑勘察设计院	甘肃天水市
石油大学	摆　军	男	化工过程机械	硕士	团员	新疆	新疆石油管理局	新疆乌鲁木齐

续表 2

学校	姓名	性别	专业	学历	政治面目	生源地	支边单位	单位地址
石油大学	姜成	男	化学工程	本科	团员	黑龙江	塔里木石油化工指挥部	新疆库尔勒市
	王元政	男	化学工程	本科	预备党员	黑龙江	塔里木石油化工指挥部	新疆库尔勒市
	杜晓伟	男	化学工程	本科	团员	辽宁	吐哈石油勘探会战指挥部	新疆哈密市
	张耀民	男	石油工程	本科	团员	陕西	长庆石油勘探局	甘肃庆阳县
	闫明发	男	石油工程	本科	团员	河南	吐哈石油勘探会战指挥部	新疆哈密市
	卢刚	男	石油工程	本科	预备党员	陕西	塔里木石油勘探开发指挥部	新疆库尔勒市
	殷长征	男	石油储运	本科	预备党员	黑龙江	塔里木石油化工指挥部	新疆库尔勒市
	冯全虎	男	机电工程	本科	团员	陕西	滇黔桂石油勘探局	云南省昆明市
	张昀	男	机电工程	本科	团员	陕西	长庆石油勘探局	甘肃庆阳县
石油大学	汤新健	男	市场营销	本科	团员	陕西	长庆石油勘探局	甘肃庆阳县
	吕家仁	男	化学工程	本科	团员	辽宁	吐哈石油勘探会战指挥部	新疆哈密市
	吴宗明	男	化学工程	本科	团员	四川	滇黔桂石油勘探局	广西北海市
	张奎旭	男	化学工程	本科	预备党员	山东	滇黔桂石油勘探局	广西北海市
	刘本明	男	综合勘探	本科	团员	四川	塔里木石油勘探开发指挥部	新疆库尔勒市
	陆爱华	男	综合勘探	本科	团员	河北	塔里木石油勘探开发指挥部	新疆库尔勒市
中国农业大学	陈洪亮	男	植物遗传育种	本科	团员	福建	云南农科院粮作所	云南昆明市
（西区）	李德轩	男	作物栽培与耕作	硕士	群众	江苏	云南省科委	云南昆明市
	刘伯武	男	经济法	本科	团员	湖南	黑龙江农垦总局	黑龙江佳木斯
	杨建国	男	经济法	本科	团员	江西	黑龙江农垦总局	黑龙江佳木斯
	叶兰钦	男	农学	本科	团员	广东	云南玉溪烟草所	云南昆明市
中国农业大学	李彦	男	农业机械化	本科	团员	湖南	新疆机械电子工业厅	新疆乌鲁木齐
（东区）	董尧	女	起重机及工程机械	学科	团员	陕西	中国江南航天工业集团公司	贵州省遵义市
北京林业大学	赵德军	男	统计学	本科	团员	吉林	西藏农牧学院	西藏林芝地区
	刘晓燕	女	木材加工	本科	团员	河北	广西国营三门江林场	广西柳州市郊
北京医科大学	黎芳	女	口腔医学	本科	团员	北京	云南昆明市口腔医院	云南昆明市
	徐鑫	男	临床医学	本科	团员	江西	柳州市第一人民医院	广西柳州市
北京中医药大学	朱弘如	女	中药学	本科	团员	山西	云南人和药业有限公司	云南昆明市
中央民族大学	莫小异	男	新闻学	本科	团员	广西	西藏自治区人事局	西藏拉萨市
	陈军	男	民族古籍文献	本科	团员	湖南	云南省云岭水电工程公司	云南昆明市郊
华北电力大学	李春喜	男	工业管理工程	本科	团员	陕西	武警水电第一总队	广西隆林县
	康世华	男	生产过程自动化	本科	团员	江西	中国酒泉卫星发射中心	甘肃酒泉市
中国青年政治学院	苏坚	男	思政	本科	团员	海南	广西北海人事局	广西北海市
	谢晖	男	社工	本科	团员	西藏	西藏自治区人事厅	西藏拉萨市
	王燕	女	法律	本科	团员	西藏	西藏自治区人事厅	西藏拉萨市
	陈刚	男	思政	本科	党员	四川	西藏自治区团委	西藏拉萨市
	龙妮娜	女	社工	本科	党员	海南	广西师范学院	广西南宁市
北京体育大学	侯敏洁	女	体育教育	本科	团员	河北	贵阳市第五中学	贵州贵阳市

续表 3

学校	姓名	性别	专业	学历	政治面目	生源地	支边单位	单位地址
北京体育大学	刘玮	女	运动训练	本科	团员	湖南	广西钦州市团委	广西钦州市
	梁芹	女	运动训练	本科	团员	西安	柳州市化轻建材总公司	广西柳州市
北京体育大学	陆钧	男	运动训练	本科	团员	辽宁	云南省体委体育运动学校	云南昆明市
北京邮电大学	闻海舟	男	电子精密机械	本科	团员	浙江	广西邮电管理局	广西南宁市
北京机械工业学院	崔永旺	男	企业管理	本科	团员	河北	大庆市人事局	黑龙江大庆市
	周丹	男	企业管理	本科	团员	辽宁	大庆市高等专科学校	黑龙江大庆市
中国政法大学	张颖	女	国际经济	本科	团员	吉林	贵州黔西南布依苗族自治州人民检察院	贵州黔西南布依自治州

（甘北林）

【高校15.5%毕业生未落实工作】 至7月，北京地区实际派遣毕业生51706人。本科和专科毕业生中尚未落实工作的北京籍待分配毕业生3484人，比上年增加870人。市属院校待分配毕业生增加较多，超过市属院校毕业生总数的10%。在待分配毕业生中，自费生占68.3%，专科生占75%，男女生各占一半，国家负责安排就业待分配本科毕业生609人。外地生源毕业生因未落实工作单位，分回原省市参加二次分配的3361人。北京地区高校未落实工作单位的毕业生共6845人，占北京地区毕业生总数的15.5%以上。

（沈聪伟）

【毕业研究生就业派遣工作结束】 至7月，北京地区毕业研究生派遣工作结束。本年度，北京地区共有109个培养单位9311名研究生毕业，比上年增加1393人，除考博(博士后)、出国留学、延期毕业及其它原因减派等人数外，实际派遣7758人，比上年增加1000人，其中，博士毕业生1490人，硕士毕业生6268人。

（赵　清）

【举办校园招聘会】 年内，市教委协调组织和出资支持30余所高校联合举办8场校园招聘会。8场联办供需见面招聘活动先后有1100多家用人单位到会招聘，近两万名毕业生到场参加咨询洽谈。

（沈聪伟）

【68.9%毕业研究生在北京就业】 年内，到北京地区就业毕业研究生5349人，占实际派遣总数的68.9%，(1996年为3966人，占实际派遣人数58.7%)；回生源省或跨省就业的2236人，回省参加二次分配的173人。

（赵　清）

【近一半毕业研究生在高教和科研单位就业】 年内，本市毕业研究生到高校和科研单位就业的占49%，到国家机关就业的占11%，到国有企业的占13%，到其它事业单位的占9%，到服务范围外就业的占3.6%，到部队的占1.5%。

（赵　清）

【京外生源留京就业人数减少】 年内，北京普通高校毕业生分配在北京地区就业的共有24073人（研究生5349人），其中研究生京外生源留京就业的有4043人，占毕业研究生实派总数的52%。本专科毕业生留京就业5410人，占京外生源总数的19.9%，留京人数比上年减少238人，多数到部队、公安、高校、科研单位、中央机关、普教及远郊区县等单位就业。本专科毕业生分配到北京远郊区县就业的共有3702人，占远郊区县生源毕业生总数的92%。到边远省区就业的2824人，占边远省区生源毕业生总数的61%。各高校落实国家或各部委下达的各种重点计划数1808人，超额完成重点计划任务。

（甘北林）

【千余名毕业生在非国有性质企业就业】 年内，从北京高校毕业生就业流向单位性质分布看，各级党政机关就业6079人(研究生971人)；到各级各类企业工作的19931人(研究生有1105人)；到各种三资、民办等非国有性质企业和公司的1000余人；到各类事业单位工作的13890人，其中分到高校的3719人(研究生2383人)，到科研单位的3746人(研究生1844人)，到部队、武警和公安系统的1886人。

（甘北林）

【91%师范毕业生在普教系统就业】 年内，市属师范院校毕业生2471人，扣除非师范专业毕业生后有2157人，毕业生到普教系统工作的1972人，占师范类实派毕业生的91%；非师范院校毕业生到普教工作的170人，加上北京师范大学等校的部分毕业生，共分配到中小学师资2902人。

（甘北林）

招生·考试

综 述

1997年北京教育招生、考试工作进展顺利，全年共有95.8万人次参加各级各类教育考试，各级各类学校录取新生24.5万人。

1997年是本市初中毕业生的高峰年，全市共有初三毕业生17.7万人，报名参加中考人数为16.4万，根据中招委“统一政策、统一号令、统一组织”的要求，中招工作本着维护社会稳定，适度调整政策，完善规章制度，提高工作质量的精神，加强招生工作过程的管理，取消录取现场延续多年的“分指挥”机构，改为考试院直接领导，以招生部门为主体，吸收市教委、市劳动局等有关部门工作人员参加的现场指挥体系，实现平稳过渡，取得较好效果。年内各类高级中等学校录取新生16.2万余人，其中，提前招生录取9279人，全市升学率高于上年，达到93.6%；同时，全市中等职业技术学校全部实行交费上学，实现中等职业技术学校招生并轨。

高中会考工作继续坚持“统一命题、统一考试、统一评卷、统一管理成绩”的原则，全年组织会考四次（正考、补考各两次），其中：正考考生111493人，比上年增加13240人，增长13.5%，补考考生14066人。

普通高校招生工作以深化改革，加强管理，妥善处理改革、发展与稳定的关系为指导思想，按照国家教委的统一部署，本专科招生全部实现并轨；年内，全市报名参加高考的考生37867人，比上年增加7523人，增长24.8%，全国共有372所高校在京招生，录取考生25405人，比上年增加5126人，增长25.3%；本市首次举办普通高校联合招收华侨、港、澳、台学生的升学考试，共设考场4个，应试考生39人，缺考7人。

研究生招生工作坚持“德智体全面衡量，择优录取”的原则，坚持“按需招生”的方针，强化招生过程的管理，研究生招生工作走向科学化、规范化、制度化。1997年北京共有193个招生单位招收攻读硕士学位研究生，全国报考北京地区招生单位的考生有52031人，比上年增加4340人，增长9.1%，占全国报名总人数的22%，实际录取10850人，比上年增加712人，增长7%；有111个单位395个专业招收攻读博士学位研究生，报名7009人，实际录取3922人，占全国招生总数的三分之一。

1997年是本市成人高校招生工作调整管理体制的第一年，实现对普通高校成人高等教育和独立设置成人高校招生工作统一管理。共有212所成人高校在京招生，全市报考各类成人高校考生有97293人，比上年增加2358人，增长2.5%，共录取新生45131人，比上年增加1344人，增长3.1%。

全国计算机等级考试得到进一步发展，参考人数急剧增长，全年共有129677人参加计算机等级考试，比上年增加72871人，增长128.3%；全年有70800人取得合格证书。

1997年北京开始进行全国英语等级证书一级（B）考试试点工作，全年组织考试两次，共有5625人参加考试。

成人考试考前辅导工作全面展开，为配合成人高考，成人考试指导中心组织2万人次参加模拟考试和约8000人次参加考前重点辅导；为提高成人高考辅导质量，组织全市从事成人高考辅导的教师600余人以“专家讲座”形式进行培训与交流；建立有52所院校参加的北京地区成人教育考前培训工作协作网，以发挥培训机构联合起来的整体优势；组织编写《时事政治辅导材料》等多种考前辅导资料，其中《成人高考地理地图填图册》将面向全国发行。

高等教育自学考试工作坚持深化改革，规范管理的指导方针，从严要求，开拓进取，顺利完成1997年命题、组考、阅卷等各项工作任务。组织4月、10月自学考试，1月、7月国家文凭考试，2月、8月小学教师大专水平考试等26次考试。全年共组织28400余场次考试。全市约有34万人次参加自学考试，报考82万科次，比上年增加6万人次，增长21.4%。14000人次参加62门课程的实习实验课考核，组织16个专业550人的毕业论文答辩，共发放单科合格证书26万余张，全年有7233人通过高等教育自学考试获得本专科学历。为解决高峰期高考落榜生问题，根据自学考试“扩大服务面向，提高教育质量”的方针和国家实行劳动预备役制度的精神，由市教委牵头，与市劳动局、人事局共同研究，确定开设社会急需的物业管理、餐饮管理、数控技术、文秘、市场营销、计算机等6个专业自学考试高职班。

中外合作考试又有新进展。教育科技发展中心在暑期继续与英国伦敦三一学院和考文垂科技学院合作，组织北京高校和中专学校20人参加英语教师口语培训班和口语考试；由国家考试中心授权承办推广实施剑桥少儿英语学习系统，有28所学校开办培训班，学生近万名，8月2日组织北京地区第一次考试，一级考生63名；经国家汉语水平考试委员会批准，在北京教育考试院设立中国汉语水平考试考点。

围绕各级各类招生考试，北京教育考试院，重点抓了以下几方面工作：

一、加强法制建设，逐步走向依法治招，依法治考。

继续贯彻执行市高招委、市纪委、市教委和市监察局联合印发的《关于在高校招生工作中进一步加强廉政建设，严肃招生纪律的若干规定》，要求各级各类招生人员廉洁自律，做到“4个严格”和“13个不准”。在1997年的招生考试工作中，各招生考试单位坚决贯彻执行国家，市委、市政府有关招生考试的方针政策和规定，严格执行招生计划，维护招生计划的严肃性，严格遵守录取程序，自觉抵制不正之风对招生考试工作的干扰，确保“公平、公正、公开”原则的实现。

建立自我约束机制，完善各项规章制度。北京市制订、修订《北京市高等学校、中等专业学校招生工作规定》、《北京市普通高等学校招生考试实施办法》和《1997年北京市高级中等学校统一招生录取工作要求》等7个有关文件，各类招生考试工作进一步规范化。

二、狠抓考风考纪，确保考试质量。

市中招委印发《关于进一步加强中考考务管理，严肃考风考纪的通知》，考试院制订并颁布《北京市初中毕业、升学考试违纪行为的处罚暂行规定（试行）》，中招办制订《北京市初中毕业、升学考试违纪行为处罚规定的实施办法》和《关于执行中考处罚规定及其实施办法》的补充意见，市教委与各区县教委（教育局）签订《严肃考风考纪责任书》，以上文件张贴到各个考点，宣传到每位教师、考生和家长；高招办采取各区县划大片随机编排考场，并向每个考区派驻巡视员；成招办按照国家教委下发的《关于1997年高等学校全国统一考试工作中加强考试管理严肃考试纪律的通知》精神和要求，狠抓考风考纪，发现违纪，严肃查处，全年共查处违纪考生216人；自考办重新修订《考场违纪处理规定》，并做到考生人手一份，带入考场；同时广泛利用会议、广播、电视、报刊等媒介进行宣传，使考生树立遵纪考试光荣，违纪考试可耻的道德意识；招生考试期间，各级教育行政部门、各级招生考试部门邀请市、区党、政、人大、政协领导，纪检、监察部门联合巡视考场，设立监督举报电话，做到有举必究，使各类教育考试考风考纪明显好转。

三、加大计算机管理力度，招生考试工作逐步走向现代化。

考试院投资500万元，购置、更新计算机等现代化办公设备，全面装备市、区招生考试机构；中招办与各区县实现网上数据传输和资源共享。同时，进一步扩大计算机录取范围，全年共有391所学校参加机录，比上年增加178所，录取69196人，比上年增加32692人，占录取总人数的42.6%，比上年提高15.7个百分点，机录成功率99.6%；高招办进一步完善计算机管理系统，实现由区县采集原始数据，利用网络传输数据和利用计算机进行录取的辅助决策，1997年有177所高校完全采用计算机录取到人，录取10451人，占录取总人数的46.5%；自考办加强计算机管理及开发，完成计算机命题系统的移植，有15门全国统考课和6门市考课建成计算机题库。

（丁秀涛）

总　类

【召开考风考纪研讨会】 1月17至19日，考试院召开全体副处级以上干部参加的1996年工作总结及考风考纪研讨会。会议总结1996年招生考试工作，就加强考务管理，严肃考风考纪进行研讨，提出把狠抓考风考纪作为1997年的工作重点。徐锡安、林浦生到会并讲话。

（丁秀涛）

【召开首届全体党员大会】 3月6至7日，考试院召开第一届全体党员大会，选举产生中共北京教育考试院第一届委员会和第一届纪律检查委员会。中共北京教育考试院第一届委员会委员7人。林浦生当选为党委书记。中共北京教育考试院纪律检查委员会委员5人。周子寿任纪委书记。大会确定考试院“九五”期间奋斗目标和主要措施。4月22日，中共北京市委组织部批准同意大会选举结果。

（王国良）

【召开招生考试情况通报会】 4月29日，考试院召开招生考试工作情况通报会。会议通报1996年招生考试工作整体情况及1997年招生考试工作整体思路。北京日报、北京晚报、北京电视台、北京人民广播电台等十几家新闻单位到会。

（丁秀涛）

【签订考风考纪责任书】 5月23日，考试院与各区县教委（教育局）签订中考考风考纪责任书。该责任书要求各区县严肃考风考纪，确保考试质量。签字仪式由陶春辉主持，胡昭广、徐锡安参加签订仪式并讲话。

（丁秀涛）

【接待越南教科文考察团】 5至12月，北京高等学校教育科技发展中心先后接待越南5个考察团，共计54人次。5月16至26日，越南建筑技工考察团来访，参观北京城建学校、北京城乡学校、北京建材技工学校、北京城建技工学校，还参观各校实习基地，市教委有关负责人向他们介绍北京地区职业技术教育和培训有关情况。7月22至28日，接待越南亚太科技合作研究院访华团来访，参观北方交通大学、北京科技大学、北京工业大学和北京建筑工程学院校办企业。11月7至14日，越南校办产业代表团来访。11月20至28日，越南家畜防疫工作及进入畜牧现代化考察团来访，参观北京农学院、兽医诊所、种禽公司、种猪场及农饲料厂等。11月30日至12月8日，接待越南群众文化代表团，市政府办公厅文化处介绍近年来北京市开展群众文化工作情况。代表团参观北京市民族交流文化中心和西城区文化局。

(赵晓芒)

【修订高中会考、中考和小学毕业考试说明】 7月，基础教育教学研究中心根据1996年中考、会考情况和初、高中教学实际，结合素质教育的要求，修订各学科的《高中会考说明》、《中考说明》和小学毕业考试《考试说明》。

(赵　跃)

【接待京港大专生交流团】 9月5至13日，北京高等学校教育科技发展中心接待香港科技学院(柴湾)京港大专生交流团师生一行36人(其中包括坐着轮椅的残疾青年郑海杰)。交流团在京期间，参观清华、北大及北京电专，与学生召开座谈会和联谊会。参观北大方正集团、首都钢铁公司、B&W中美合资涡流公司。游览长城、十三陵等名胜古迹，参加天安门升旗仪式。

(赵晓芒)

【总结中考会考工作】 9至10月，基础教育教学研究中心对全市中考、会考试卷进行抽样统计，进行各学科中考、会考命题总结和试卷分析工作。1997年中考和会考各学科在部分试题中使用计算机评阅标准化试题，中考英语学科进行听力测试。对各区县小学毕业考试命题情况进行调研并对部分小学毕业考试试卷进行抽样分析，为全市小学生毕业考试命题工作提出实施意见。

(丰金兰)

【召开首届工会会员代表大会】 12月2日，考试院召开第一届工会会员代表大会。大会选举产生考试院第一届工会委员会委员9人。经工会委员会选举，刘枫耘任首届工会委员会主席。

(李布维)

【成立自学考试北京命题中心】 12月17日，全国高等教育自学考试指导委员会北京命题中心在考试院成立。该中心是依据全国高等自学考试指导委员会《关于建立高等教育自学考试命题中心有关问题的通知》成立的，职责是进行自学考试全国统一命题、区域命题及有关方面的科研工作。

(高俊珍)

【投资500万元购置、更新设备】 至年底，考试院投资500万元，购置、更新计算机等现代化办公设备，全面装备市、区招生考试机构，以提高招生考试工作科学化、现代化程度。

(丁秀涛)

【3单位获全国考试系统财务先进】 年内，考试院高招办、成招办、自考办做到考试费及时上缴、足额到位，在加强本单位财务管理、健全财务制度、向管理要效益方面做出成绩，被评为全国考试系统财务先进单位。

(丁秀涛)

【编辑出版《'97中等职业学校招生咨询指导》和《北京市中等职业学校简介》】 年内，职教所完成《'97中等职业学校招生咨询指导》和《北京市中等职业学校简介》。两种材料供各类中等职业学校的初三考生及其家长在选报适合自身条件的专业时参考。

(王贻彬)

高级中等学校招生

【概　况】 1997年，北京市中招工作继续采取单独提前招生和全市统一招生两种形式进行。参加全市统一招生第一批录取的各类学校391所，第二批519所，共录取新生151465人；参加提前招生学校95所，共录取新生9296人；全市各类高级中等学校共录取新生160761人，全市升学率为93.6%，比上年提高1.6个百分点。工作重点是继续控制提前招生范围。原则上允许文艺类的音乐、舞蹈、模特等专业；体育类的体育运动专业；美术类的美术、实用美术专业；师范类专业及面向一、二产业中生源严重不足的专业(工种)提前招生。文化课考试由招生学校自行命题、制卷、组考和阅卷评分。严格控制面试、口试、专业加试学校(专业)范围。推进计算机录取。参加机录学校达391所，比上年增加178所，占统招计划的45%。中等职业技术类学校全面实现公费生和自费生招生并轨。91所公办普通高中校继续试办收费班。试行北京市初中毕业、升学考试考生违纪行为的处罚办法。

（徐惠芝）

【市中招委召开第9次会议】 3月5日，市中等学校招生工作委员会召开第9次会议。会议增补中招委委员；听取市中招办关于1997年招生计划安排意见和完善、推进招生改革几项措施的汇报。会议决定：①原则通过1997年北京高级中等学校招生工作意见。②全市已落实招生计划156000人，预计升学率在87.76％以上。③同意市中招办提出的完善、推进考试招生工作改革的10项措施。④各类招生学校要严格执行国家体检标准。⑤在保证正常拨款的基础上，增拨40万元，用于解决承担阅卷任务区县经费不足困难。胡昭广在讲话中要求：建立统一组织、统一政策、统一号令的中招工作运行机制；招生工作要职责分明，中招委负责确定统一招生的大政方针，市教委负责招生计划的安排平衡和落实，考试院负责组织实施；中招工作要充分体现“公平、公正、公开”的招生原则，确实保证招生工作顺利完成。

（徐惠芝）

【北京市中招办广域网络建成】 3月，考试院中招办建成北京中招广域网系统并投入使用。该系统以市中招办为网络中心，各区县招办为网络终端，通过电话线路将20个区县招办终端和市中招办网络中心联结起来。区县招办终端站通过拨号上网，可向市中招办传送考生数据和信息，市招办网络中心站可以直接调用终端站的数据和信息、传输信息。该网络建成实现市、区县二级网络系统。

（霍燕君）

【颁布中考违纪处罚规定】 4月，考试院颁发《北京市初中毕业、升学考试违纪行为处罚暂行规定》，要求有关部门贯彻执行，做好宣传、教育及考务的组织管理工作。该规定由总则、违反中考规定的行为处罚、处罚程序、附则及15条细则组成。

（徐惠芝）

【举办第11届中招咨询活动】 5月24至25日，考试院举办北京市高级中等学校第11届招生咨询活动，参加本届招生咨询活动的学校共302所，是历年来规模最大的一届。其中普通高中72所，中专57所，职业高中78所，技校68所，成人中专27所。参加咨询活动的考生和家长达10万人。徐锡安、陶春辉、林浦生等领导到现场视察，市劳动局、市体检站及部分区中招办人员参加招生咨询活动。

（申麟章）

【提前招生录取9296人】 5月，本市部分高级中等学校提前招生工作结束。获取提前招生资格学校95所，共录取新生9296人，比上年减少1275人。其中：普通高中180人，比上年增加45人，中专1070人，比上年减少415人，技工学校3691人，比上年增加2119人，职业高中3873人，比上年减少2335人，成人中专482人，比上年增加337人。中等师范学校没有招生。

（徐惠芝）

【组织中考命题阅卷及高中会考阅卷工作】 5至7月，基础教育教学研究中心组织除崇文、海淀两区外的全市初中毕业、升学统一考试的命题、阅卷工作和全市普通高中毕业会考高一、高二6个学科的阅卷工作。

（丰金兰）

【集中评卷工作完成】 6月26日至7月2日，全市组织集中评卷工作。中考共设评卷点6个，抽调评卷教师2360人，评阅试卷827324张。6科180万张客观题全部采用计算机双录入方法阅卷。

（徐惠芝）

【召开中招录取预备会】 7月10日，中招录取工作预备会召开。全市参加统招的700多所学校领导及各区县中招办负责人近2000人参加会议。会议要求录取中要严格执行《简章》刊登的招生计划、招生地区和有关规定。严格录取会场的组织管理，加强对录取工作各个环节的检查、监督。严肃录取会场工作纪律，充分体现“公平、公正、公开”招生原则，确保考生合法权益。

（徐惠芝）

【计算机录取工作取得新进展】 7月26日至8月13日，本市中招录取工作分两批进行，第一批采用计算机录取方法，第二批采取高分段计算机控档录取和人工录取方法。本年计算机录取方法和软、硬件系统都有较大的改进。对招生学校分别建立招生计划库和考生数据库，第一批录取考生志愿数增至6个，第二批录取考生志愿数为4个。对第二批录取的高分段考生进行控档试验。计算机录取软件系统修改的主要内容为实现区县及联招范围内分性别、宿走（分性别）等指标的功能；排序顺序为总分、数学分、语文分、外语分、随机号；增加为各类学校预设保护线功能；在各校选录段，取消点名选录，实行可优先录取第一志愿考生等条件选录；在录取初选子程序中，增加对非本市户口考生的检测及师范非连续填报的检测；在查询子系统中，增加对各志愿学校录取最高分、最低分，住宿生中男、女最低分的显示；在机器检测子系统增加对所录考生的人数、地区进行核对的功能。并首次使用行式打印机。

（霍燕君）

【计算机录取工作研讨会召开】 9月23至29日，市中招办召开计算机录取工作研讨会。会议对1997年计算机录取工作进行评价，对中招录取的总体改革计划进行研讨。会议认为要进一步推进计算机录取，扩大参加计算机录取学校规模。西城、丰台、石景山等区县招办主任及部分计算机专业人员参加研讨。

（霍燕君）

【中招工作座谈会】 10月9日至

11月2日，市中招办召开中招工作座谈会，各类学校领导及有关部门就提前招生、考务管理、计算机录取、考风考纪等问题进行研讨，座谈会共召开10次，与会人员近200人。

（徐惠芝）

【召开1997年中招工作总结研讨会】 12月22至24日，市中招办召开中招考务工作总结研讨会。会议听取市中招办1997年高级中等学校招生工作总结、北京教科院关于命题工作总结。与会人员对1998年工作方案进行研讨。会议要求进一步规范提前招生和面（加）试工作；推进计算机录取；加强考务管理、严肃考风考纪。会议对1997年目标管理中取得显著成绩的区县进行表彰，获一等奖的是：海淀区、丰台区、石景山区、门头沟区、燕山分局、昌平县、通州区、密云县、延庆县、矿务局中小学招生办公室。各区县主管局长、招办主任、学科评卷负责人及有关部门负责人参加会议。

（肖　军）

【首次编印招生学校示意图】 年内，考试院中招办与市测绘设计研究院首次编印1997年北京市高级中等学校招生学校分布示意图。该图刊登305所学校，其中：普通高中116所；职业高中（中专）68所；中等专业学校58所；技工学校54所；成人中专学校9所。涉及地域为8个城近郊区和远郊区县的县城地区。编制招生学校分布图旨在提供学校地理位置和交通路线，为考生择填志愿提供参考。

（申麟章）

高中毕业会考

【概　况】 1997年，北京市继续坚持全市统一命题、统一考试、统一评卷、统一管理成绩的原则，组织高中三个年级4次会考。参加统一会考学校共287所，考生111493人，其中高一年级41131人；高二年级38823人；高三年级31539人；参加自行组考的学校9所，考生8450人，其中高一年级2937人，高二年级2807人，高三年级2706人。全市会考407620人次，比上年增长25.12%。

（袁春荣）

【颁布会考有关文件】 3月31日，市教委颁布《北京市普通高中毕业会考管理处罚暂行规定（试行）》，对高中毕业会考管理处罚作出明确规定。

（袁春荣）

【完善考务工作管理规定】 3月，市会考办修改完善《北京市普通高中毕业会考考务工作规定》和《中考、会考考试监考工作程序》两个文件，两个文件的修订加强考务工作的规范性和科学性，使其更趋科学实用。

（袁春荣）

【组织高中会考命题阅卷工作】 3至4月，基础教育教学研究中心组织全市普通高中毕业会考9个学科的命题工作，组织全市高三语文、数学、思想政治3个学科的阅卷工作。

（丰金兰）

【完成集中评卷工作】 4至7月，本市高中毕业会考9科文化课试题类型仍分为客观试题和主观试题两种。客观试题试卷40万份均由市会考办采用光标阅读器评卷。每份试卷分别用两台机器各评阅一遍。会考主观试题由全市分科集中评阅。高三年级语文、政治、数学三科，由市会考办直接组织，全市共选调303名教师，于4月6日至10日，在北京市教工休养院圆满完成。高一、高二地理、物理、化学、生物、历史、外语六科试卷，分别集中在东城区、宣武区、丰台区和大兴县，全市共选调523名教师，于6月26日至7月2日顺利完成。三个年级的补考试卷，均由市会考办从全市选调319名教师，在市会考办完成评卷任务。

（袁春荣）

【完成集中核分登分工作】 4至7月，本市完成会考核分登分工作。其中，4月11至16日，市会考办组织北京市平谷第一职高100名师生，完成高三年级语文、政治、数学三科试卷成绩的复核登分工作。7月1至6日，北京市财会学校200名师生，完成地理、物理、化学、生物、历史、外语6科试卷成绩的复核登分工作。三个年级的补考试卷成绩复核登分，由市会考办组织130名学生完成。

（袁春荣）

【4次考试如期施考】 4至8月，本市完成全年高中毕业会考工作。4月3至4日，高三年级学生31539人参加语文、政治、数学3科会考；5至10日，参加体育会考；5月7至8日，高三年级7929人参加语文、政治、数学3科补考；6月24日，高一年级41132人参加地理学科会考；6月24至26日，高二年级38823人参加物理、化学、生物、历史、外语5科会考；8月20日，高一年级2084人参加地理会考补考；8月20至22日，高二年级4053人参加物理、化学、生物、历史、外语5科补考。考试科目试卷原始得分用百分制，发布成绩用等第，具体划分标准为85分至100分为优秀；70

分至84分为良好；60分至69分为及格；59分以下为不及格。补考成绩评定标准为60分以上为及格，59分以下为不及格。

（袁春荣）

【考查工作结束】　5月19至27日，高中毕业会考考查工作结束。高二年级考查科目为物理、化学、生物实验操作，高三年级考查科目是劳动技术课。物理、化学、生物三科实验操作考查由全市统一命题，以高中校为考点，由市、区县教研部门组织、监察。劳技课英文打字考查由全市统一命题，其它考查项目由各区、县自行安排。考查成绩评定为合格与不合格两等。

（袁春荣）

【提高考务工作计算机管理水平】年内，市会考办修改考生报名等计算机软件，全市会考报名、评卷、登分、统计、发布成绩等考籍管理诸环节初步实现计算机管理。中考、会考计算机远程区域网络的开通，使各种信息的传递，会考成绩的发布，都通过网络运行，有效地提高工作效率。

（袁春荣）

普通高等学校招生

【概　况】　1997年，北京市报名参加高考37867人，比上年增加7523人。按考生类别划分：应届高中毕业生34041人，占报名总人数的89.9%；往届生3220人，占报名总数的8.5%；其它606人，占报名总数的1.6%。按考生报考科类划分：文史类考生为11017人，占报名总数的29.1%，理工类考生26850人，占报名总数的70.9%。全国共有372所高等学校在京招生，计划录取25323人，实际录取25405人。录取新生总数中，通过全国统一考试录取新生共23627人（含艺术类新生687人），其中文史类6218人，占26.32%；理工类17409人，占73.68%，单独招生1585人。

（马超培）

【高招委召开第一次会议】　4月1日，北京市高校招生委员会1997年度第一次全体会议召开。市高招办部分工作人员列席会议。会议传达全国普通高等学校招生工作会议精神，议定本年高校招生工作意见。会议要求：各单位加强领导，做好高校招生考试工作。大力推进改革，完成并轨改革工作。严格招生纪律，完成招生任务。招办要把咨询工作做好。胡昭广主持本次会议。

（马超培）

【召开1997年招生工作会】　4月4日，市高招办召开北京市普通高等学校招生工作会。会议传达全国高校招生工作会议和北京市高校招生委员会一次会议精神，部署本年高校招生工作。

（马超培）

【高招咨询热线开播】　4月5日至6月28日，北京市高招办与北京人民广播电台教育台联合举办高招咨询热线专题节目。该咨询热线主要内容为招生考试常识系列讲座，院校介绍，高校毕业分配政策等。参加主讲的有市高招办、有关高校招生办公室、市人事局主要负责人及部分高校教师。播出频率为中波603千赫，播出时间：每周六21时至22时。

（马超培）

【继续举办高考咨询活动】　5月25日，市高招办在北京地坛公园举办第14届高考咨询活动。90余所本市高校和外埠高校及北京市体检站参加咨询，考生和家长约4万人前往咨询。

（马超培）

【首次举办华侨港澳台学生考试】6月23至25日，北京市首次举办普通高等学校联合招收华侨、港澳台学生升学考试。该考试共设4个考场，其中文史类考场2个、理工类考场1个、医药类考场1个。应试考生39人，缺考7人。

（马超培）

【高招委召开第二次会议】　7月27日，市高招委召开第二次全体会，胡昭广主持会议。会议听取市高招办关于1997年北京市高校招生考试及录取准备工作汇报，确定北京市高校招生录取最低控制分数线，胡昭广就做好北京市高校招生录取工作做重要指示。

（马超培）

【普通高校录取分数线确定】　7月27日，在高校招生委员会第二次全体会议上，确定本市普通高校录取最低控制分数线，本科第一批，文科463分，比上年下降28分；理科460分，与上年持平。本科第二批，文科436分，比上年下降34分；理科424分，比上年上升8分。专科第一批，文科412分，比上年下降39分；理科393分，比上年上升5分。专科第二批，文科405分，比上年下降13分，理科378分，比上年上升23分。

（马超培）

【北京高校招生全部实行并轨】　9月，在京招生的372所高校本、专科均实行一种计划形式，统一录取标准，全部缴费上学。本市经过4年努力，在招生中实现招生计划形式、录取批次和录取分数从“双轨”制并为“单轨”制，完成高校招生“并轨”改革的任务。

（马超培）

【高招总结表彰会召开】 12月23至25日，市高招办召开1997年北京市普通高等学校招生工作总结表彰会。会议传达全国招生工作总结会精神，总结1997年市普通高校招生工作；研讨1998年招生工作及深化招生改革有关问题。会议对在纪念普通高校招生改革20周年活动中高校招生系统评选出的先进集体和先进个人进行表彰，胡昭广为市级先进集体和个人颁发奖状和证书。各区县招办、在京高等学校招办共130余人参加会议。

（马超培）

【7个高招办获全国先进】 年内，国家教委为纪念高考改革20周年，举办评选和表彰活动，北京地区共有7个高招办、20人获表彰。

（马超培）

【普通高校高职班招生1149人】 年内，北京工业大学、北京联合大学、海淀走读大学、首都经贸大学、北京农学院、北京青年政治学院、北京建工学院大专部共55个专业举办高职班。全市报考考生6651人，其中参加全国统考的高中毕业生5234人，单独招考的中等职业学校应届毕业生1417人。计划招生1371人，实际录取1149人。其中统一高考招生录取612人，单独招考537人。完成招生计划83.8%，比上年少招582人。

（马超培）

研究生招生

【概 况】 1997年，北京地区共有193个单位招收攻读硕士学位研究生，计划招生8343人。全国报考北京招生单位考生52031人，比上年增加4340人，占全国报名总数的22%。实际录取10850人，比上年增加712人。其中，普通高校录取9126人，占录取总数的84.1%；在京部属科研机构录取608人，占录取总数的5.6%；市属科研机构录取21人，占录取总数的0.2%；解放军在京单位录取328人，占录取总数的3.0%；中科院在京单位录取669人，占录取总数的6.2%；中国社会科学院录取47人，占录取总数的0.4%；党校系统录取51人，占录取总数的0.5%。在录取新生中，参加全国统考的6302人，占录取总数的58.1%；参加单独考试的1072人，占录取总数的9.9%；参加“97MBA”联考的771人，占录取总数的7.1%；从优秀应届本科毕业生中推荐免试入学的2466人，占录取总数的22.7%；前几年被确定保留入学资格本年入学的有239人，占录取总数的2.2%。

（董维祥）

【举办工商管理硕士联考】 10月25至26日，北京市26所试办企业管理人员在职攻读工商管理专业（MBA）的院校实行联合招生考试，该考试考生可被录取为国家计划的定向或非定向硕士生，也可以被录取为委托培养或自筹经费硕士生。招生对象为具有大学本科毕业学历，工作五年以上，年龄45岁以下，工作业绩突出的大中型企业及经济管理部门的干部。本市1126人参加考试，共录取771人。97MBA联考科目顺序是：英语、政治、数学、管理、语文与逻辑。

（周仁伯 董维祥 姜世军）

【博士生招生总数占全国三分之一】 年内，北京地区共有111个单位招收攻读博士学位研究生，招生专业覆盖全部11个学科门类，共计395个专业，计划招生3620人，招生规模4136人，报名7009人，实际录取3922人，占全国招生总数的三分之一。在录取的3922人中，普通高等学校录取2713人，占录取总数的69%；科研机构录取1060人，占录取总数的27%；中国社会科学院录取121人，占录取总数的3%；党校系统录取28人，占录取总数的0.7%。招收博士生的方法有3种：①公开招考，通过考试方式，按考试成绩录取，录取3229人，占录取总数的82.33%；②在读硕士学位研究生学业成绩突出，经推荐直接提前攻读博士学位；③少数招生单位试办硕、博连读制。在录取的全部新生中，春季招生734人，占录取总数的19%；秋季招生3188人，占录取总数的81%；中共党员1499人，占38.22%，共青团员1554人，占39.62%；从录取类别看，招收非定向生2325人，定向生1088人，委托培养生392人，自筹经费生117人。从学历看，已获硕士学位的1816人，应届硕士生1192人，在学硕士生648人，同等学历生266人。

（董维祥）

【硕士研究生录取分数线确定】 本年度，北京地区硕士研究生录取分数线为应届本科毕业生：①总分不低于330分，应试科目中的最低成绩不低于55分。②报考农学门类各专业考生；报考体育学、艺术学、中医等3个1级学科中各专业考生；报考地处内蒙古、广西、贵州、云南、甘肃、青海、宁夏、新疆8省区招生单位考生，总分不低于325分，应试科目中最低成绩不低于50分。在职人员考生：①总分不低于320分，应试科目中的最低成绩不低于55分。②报考农学门类各专业考生；报考体育学、艺术学、中医等3个1级学科中各专业考生；报考地处上述边远8省区招生单位的考生；报考为原单位定向培养或为原单位委托培养，且原单位地处边远8省区及西藏的考生，总分不低于315分，应试科目中最低成绩不低于50分。非在职人员也非应届本科毕业的考生，成绩要求与应届本科毕业的考生相同。少数民族地区少数民族考生，总分不低于290分，应试科目中最低成绩一般不低于35分。

（董维祥）

成人高校招生

【概　况】 1997年，在京招生的成人高校共212所，其中市属院校53所，部委属院校109所。招生专业1297个。市属院校招生计划18055人，部委院校招生计划16343人。考生报名总数97293人，其中报考高中起点本、专科考生66399人，报考专科起点本科班的考生15297人，第二专业专科学历考生10748人，上年结业预科生和1997年成人中专推荐生4849人。共录取新生45131人，其中高中起点本专科28167人，专科起点本科班6216人，第二专业专科学历录取10748人。

（谭德深）

【召开招生工作总结会】 1月7至9日，市成招办召开招生工作总结会，会议总结上年度招生工作，布置1997年招生工作。会议重点研究本年招生工作存在的困难和应采取的措施。各区县教委、成人教育局主管成人教育招生工作的主任、局长及招办主任参加会议。本次会议是北京各类成人高等学校招生工作统一管理后的首次会议。

（谭德深）

【召开招生工作会】 1月26至30日，市成招办召开北京市各类成人高等学校招生工作会。会议传达国家教委各类成人高等学校招生集体办公会议精神，明确1997年招生工作的指导思想，部署1997年的招生工作。各区县成人教育招生办公室工作人员、各成人高等学校主管校（院）长和招生工作人员参加会议。

（谭德深）

【召开考前培训工作研讨会】 2月，成人教育考试指导中心召开北京地区成人教育考前培训工作研讨会，马叔平就成人教育考前培训工作在成人教育中的基础地位与重要作用发表讲话。会议同意该中心建立北京地区成人教育考前培训工作协作网的建议。29所院校主管领导、培训机构负责人出席会议。

（南雁宾）

【编写3种辅导教材】 2月，成人教育考试指导中心组织编写1997年成人高考《时事政治辅导资料》，约3.6万字，发行量逾4万册。6月，配合成人高考考前辅导组织编写《作业》约90万字。在部分辅导院校和培训机构使用。10月，组织编写成人高考地理地图练习册。

（南雁宾）

【开展电视热线咨询】 3月2日，市成招办在北京电视台《为您咨询》栏目开展成人高校招生热线咨询活动。

（谭德深）

【组织重点辅导】 3月22日至4月26日，成人教育考试指导中心分别在北师大、北京市总工会职工大学、公安大学和北京市财贸管理干部学院举办9场成人高考考前重点辅导，参加辅导活动学员达8000余人。

（南雁宾）

【2万人次参加模拟考试】 3至4月，成人教育考试指导中心组织2万人次参加模拟考试。该指导中心组织全市成人高考辅导教师600余人以“专家讲座”形式进行培训与交流。

（南雁宾）

【组织市属高职班命题】 4月21至27日，市成招办组织市属院校高职班专业课命题工作，共命题19科。

（谭德深）

【成人招生考试工作顺利进行】 5月10至11日，北京市各类成人高等学校全国统一招生考试工作顺利进行。全市共设考区20个，考点138个，考场2889个。应考考生81801人。高中起点本、专科总缺考率为15.10%，专科起点升本科总缺考率为17.37%。市成招办共派出33个巡视组巡视检查各区县、各考点组考工作。监考员按考试实施程序及监考人员守则进行监考，共查处违纪作弊考生216人，其中替考57人，夹带113人，抄袭26人，用BP机作弊9人，其它违纪作弊11人。

（谭德深）

【各级领导视察考点】 5月10至11日，在成人高校招生考试期间，张天保、黄尧、马叔平等国家教委、市教委领导前往各考点视察组考工作。各区县委、人大、政府、政协和其它委、办、局共146名领导亲临各考点，检查组考工作。

（谭德深）

【培训任课教师】 10月，成人教育考试指导中心组织18名具有高级职称教研员，以“专家讲座”形式，对本市从事成人高考考前辅导工作600余名任课教师，分政治、语文、数学、历史、地理、物理、化学7个学科，进行教学内容和教法方面的交流与培训。

（南雁宾）

【考前培训工作协作网成立】 12月，北京地区成人教育考前培训工作协作网成立。建立该网的目的是发挥培训机构联合办学优势，提高考前辅导质量。52所院校培训机构加入该"协作网"。马叔平为"协作网"理事长。

（南雁宾）

【为各区县成招办配备计算机】 年内，成招办拨付89万元专款，为全市20个区县成人教育招生办公室分别配备联想P5/133计算机、EPSON LQ－1600K打印机、OMP11－A光电阅读器、HAYES ACCURA336调制解调器、SHARP VR－256传真机、塑封机各一台。

（谭德深）

【分层次把好报名资格关】 年内，本市成人高考报名分为两个层次。高中起点报名的资格审核工作由各区县成人教育招生办公室按统一要求进行，严格履行报名工作程序。要求19岁以下考生必须持有高中毕业证书；符合照顾录取条件考生必须交验相应原始证件。专科起点升本科和"二学历"报名资格审核工作由北京教育考试院成人教育招生办公室负责，考生报名时必须交验经国家教委审定核准的国民教育系列高等学校或高等教育自学考试机构颁发的大学专科毕业证书原件。两个层次共审验2.6万名报名人员的毕业证书，查出假毕业证书40余个。

（谭德深）

【本市成人高校招生实行统一管理】 年内，本市各类成人高等学校招生实行统一管理，考试院成人教育招生办公室负责统一管理具体事务。为此，该办公室召开一系列会议，听取各类成人高校意见，改革招生工作管理办法，实现招生工作平稳过渡。

（谭德深）

【成人高校录取最低控制分数线确定】 本年度，北京市成人高校录取最低控制分数线为：①高中起点专科：文史类425分，外语类（含外经、外贸）425分（外语成绩60分以上）；理工类370分；艺术类204分（不含数学分）；史论、编导306分（不含数学分）；体育类222分；"3＋2"专业文史类425分；"3＋2"专业理工类370分；能力考试专业文史类425分（其中统考五科340分）；能力考试专业理工类370分（其中统考五科296分）；高职班文史类3科统考课总分255分；高职班理工类3科统考课总分222分。②高中起点本科：文史类465分；理工类440分；艺术类260分（不含数学分）；史论、编导335分。③专科起点本科：师范类240分；非师范类（含教师类）360分。各类最低分数线与上年持平。

（谭德深）

【免试录取6名劳动模范】 年内，本市免试录取6名获全国劳动模范称号和参加重大国际比赛获前3名成绩者进入成人高校学习。根据国家教委《1997年全国各类成人高等学校招生规定》，近五年以来，获得全国劳动模范称号，参加重大国际比赛（由世界及国际体育组织主办的各种体育单项比赛、锦标赛、综合性比赛和运动会）获前三名成绩者，经省、自治区、直辖市招生部门审核，报国家教委批准，可免试进入各类成人高等学校学习。

（谭德深）

【开办分数录取结果查询服务】 年内，市成招办与市电报局160信息台联合开办成人高考分数查询和高校招生录取新生情况查询，其中，接待查询253564人次，共接待录取结果查询138863人次。

（谭德深）

【进行多种辅导培训】 年内，成人教育考试指导中心组织成人高考考前辅导、计算机等级考试培训等多种辅导培训，参加学员达1500余人。3月，受共青团中央委托，承担全国青年岗位能手成人高考考前辅导班和市农业银行委托的区县分行行长成人高考考前辅导班的教学工作。10月，受北京市公安交通管理局委托，承担交通局特勤处、东城交通大队170名学员考前辅导教学工作。

（南雁宾）

自学考试

【概　况】 1997年，是本市自学考试17年来历史上报考人数最多、规模最大的一年。全年共完成4月和10月自学考试，1月和7月电大文凭考试，2月和8月的小学教育专业考试等26次考试任务。其中自学考试2次，27万余人次报考651621科次，共发放238518张单科合格证书。全年30323人报考高等教育学历文凭考试67414科次，小学教育专业25480人报考81523科次。共组织各级各类考试28400余场次，组织14000人参加62门课程的实习实验考核，550人参加16个专业的毕业论文答辩，366名教师参加318门课程命题工作。全年，通过高等教育自学考试取得本专科学历

7233人，其中5231人取得自学考试专科毕业学历，563人取得本科毕业学历，1439人取得国家学历文凭专科学历。

（李　平）

【修改考生违纪处理规定】 1月28日，本市召开高等教育自学考试委员会第33次会议。会议审议通过修改后的《考生违纪处理规定》。该处理规定对“抄袭他人试卷者”、“利用现代化多功能电子工具违纪或违反规定使用计算器者”、“将书籍、资料、笔记、通讯工具等带入考场，考试开始后不存放在指定位置者”和“第二类违纪记载次数累计两次及以上者”、“替考和被替考者”、“交换试卷、传递答案者”等违犯考场纪律行为给予“取消本期各科考试成绩”和“取消全部成绩，通知考生所在单位”的处理。

（李　平）

【调整自学考试委员会】 8月26日，市政府同意北京市高等教育自学考试委员会领导成员调整方案，调整后的自学考试委员会主任胡昭广。

（李　平）

【延期调整经济类专业考试计划】 12月27日，本市召开高等教育自学考试委员会第35次会议。会议通过《关于延期调整经济类专业考试计划的意见》的报告。该报告将原拟执行到1998年底的经济类专业考试计划延长至2000年底。

（李　平）

【完成全国自考命题任务】 年内，全国自学考试北京命题中心，为全国自学考试命题43门，占全国7大命题总量的四分之一。

（李　平）

【开设高等职业技术教育6个专业】 年内，北京市高等教育自学考试办公室，开设高等职业技术教育物业管理、餐饮管理、机电一体化、文秘、市场营销、计算机6个专业。6个高职专业考试旨在解决应届高考落榜生问题。

（李　平）

【新开设3个专业】 年内，北京市高等教育自学考试委员会决定增考监所管理、公安管理和营养学3个专业，其中，监所管理专业是受北京市司法局委托开考的，公安管理专业是受北京市公安局委托开考的。营养学专业是学历文凭考试。

（李　平）

高等教育学历文凭考试

【文凭考试学校增加到24所】 1月，市教委完成对15所试点学校管理水平综合评估工作。首批文凭考试学校，有4所学校达到优良等级，占总数的27%；达到合格等级的学校9所，占总数60%；评估不合格的学校2所，占总数的13%，被取消文凭考试试点校资格及1997年度招生资格。在评估的基础上，经市教委审批，有11所在评估中达到优良等级的民办高校取得文凭考试资格。截至年底，本市共有文凭考试学校由原来的15所发展为24所。

（杨　颉）

【文凭考试学校共招生13636人】 年内，24所文凭考试学校共招生13636人，原13所学校招生11406人，占83.64%，新批11所学校招生2230人，占16.36%。共开考15个专业，其中，计算机专业报名人数为2307人，财会专业2110人，英语1672人，国际贸易1277人，法律1123人，金融1122人，中医804人，企业管理733人，日语584人，旅游管理491人，文秘245人，应用电子242人。

（杨　颉）

【3107人获毕业证书】 至年底，北京市共组织文凭考试8次，累计报考20多万科次，累计3107人获毕业证书。1月，总及格率为54.88%，7月，总及格率受统考课程计算机基础和工艺美术专业及格率偏低的影响，跌至40.33%。全年开考的14个专业有毕业生2983人，基本上是1993至1995级两年制的学生，取证率达10—13%左右。

（杨　颉）

【取消2所文凭考试试点校】 年内，经市教委专家委员会评估，京西大学、京桥大学被评为不及格，被取消文凭考试试点校资格及1997年度招生资格。

（杨　颉）

1997年北京地区文凭考试学校考试成绩一览

学　校　名　称	开设专业（个）	1月	7月
中国科技经营管理大学	13	41.68%	37.7%
中国管理软件学院	12	47.07%	51.31%

续表 1

学　校　名　称	开设专业（个）	1月	7月
兴华大学	12	43.55%	38.70%
北京民族大学	12	50.84%	28.30%
东方大学	11	50.66%	21.55%
应用技术大学	11	48.24%	36.65%
培黎职业大学	9	46.06%	46.96%
中华社大	9	59.86%	41.47%
建设大学	8	44.38%	42.73%
京师科技大学	7		
东方财经日语大学	6	42.69%	40.82%
黄埔大学	6		
求知学院	6		
人文大学	6		
中华研修大学	4		
燕京华侨大学	4	82.79%	64.86%
农民大学	2	57.73%	43.93%
北京金融学院	2		
美语学院	2		
北京中新企业管理学院	2		
京华医科大学	1	52.23%	43.49%
联华职业技术学院	1		
北京会计专修学院	1		
北京英迪经贸学院	1		

（白　洁）

社　会　考　试

【在职人员申请硕士学位外语合格率高于全国水平】 6月8日，在职人员以研究生同等学历申请硕士学位外国语课程全国统一考试中，北京地区报名总数为4258人，比上年增长76.2%，其中英语4067人，日语104人，俄语61人，其他语种77人。实际参加考试人数为3487人，占报考总人数的81.89%，与上年相同。考试合格率依次为：英语46.82%，俄语59.26%，法语100%，德语60%，日语74.16%，韩语11.11%。主要语种合格率均高于全国平均水平。同上年相比，一是参加人数有大幅度增加，英语比上年增加1758人，俄语和日语比上年翻一番；二是申请外地学校的考生增多；三是报考语种增多。

（姜世军）

【6校被确定为计算机技术证书试点】 6月，北京教育考试院承接全国计算机应用技术证书（英文简称NIT）北京地区考试。首批选择清华自动化系、北京市化工局职工大学、北京市计算机工业学校、北京市丰台区职工中专、北京市人才开发培训中心、北京市兴教职业培训中心等6所不同类型的学校做为试点考点，共培训考生974人，其中，656人取得由国家教委考试中心颁发的不同模块证书。全国计算机应用技术证书考试是国家教委考试中心与

引进的英国剑桥信息技术（CIT）配套的计算机实际应用技能的培训考试系统。全国计算机应用技术证书（NIT）按国际通行证书式样设计，用中英文两种文字书写，证书全国统一编号，证书上印有持有者身份证号码及持有者所具备能力的摘要。该证书全国通用。

（姜树森）

【进行英语等级证书考试试点】 年内，北京教育考试院组织全国英语等级证书一级（B）考试两次，共有5625人报名参加，其中上半年报名1437人，口试合格964人，笔试合格1143人；下半年报名4188人，口试合格2273人，笔试合格2562人。这是本市首次举办全国英语等级证书考试。

（南雁宾）

【组织计算机等级考试】 年内，北京市共开考两次全国计算机等级考试。开考等级为一、二、三级和一级B类。上半年报名50794人，考试及格26955人，及格率59％。其中：一级报考23064人，及格10476人，及格率50％；二级报考9997人，及格3912人，及格率42％；三级报考734人，及格98人，及格率17％；一级B报考17001人，及格12469人，及格率84％。下半年报名78883人，考试及格43845人，及格率56％。其中：一级报考30096人，考试及格14769人，及格率50％；二级报考15033人，考试及格3769人，及格率25％；一级B类报考33354人，考试及格25307人，及格率76％。全年报考129677人，取得合格证书的70800人。

（谭德深）

中外合作考试

【本市实施剑桥少儿英语学习系统】 6月，北京教育考试院被国家教委考试中心批准为北京地区推广实施剑桥少儿英语学习系统承办机构。剑桥少儿英语学习系统是国家教委考试中心中英教育测量学术交流中心与英国剑桥大学考试委员会（UCLES）签署的教育合作项目。该学习系统分3级，学生参加相应等级的考试（CYLET），可获得中英中心和剑桥大学教育委员会联合签发的等级证书。北京地区有近1万名少年儿童参加该系统学习。

（李大鹏）

【举办首次剑桥少儿英语考试】 8月2日，北京教育考试院举办首次北京地区剑桥少儿英语考试，共有63名学生报名参加一级考试。

（李大鹏）

【试办三一英语口语等级考试】 8月4至8日，北京高等学校教育科技发展中心继续与英国伦敦三一学院合作，在北京地区试办“三一英语口语等级考试”。该考试共分12个等级。英国考文垂科技学院3名口语考官对来自北京各高校的20名中青年英语教师进行“三一英语口语等级考试”，应试者均获相应等级证书。

（赵晓芒）

【承办中国汉语水平考试】 10月，考试院设立中国汉语水平考试考点。中国汉语水平考试（HSK）是为测试母语非汉语者（包括外国人、华侨和中国国内少数民族人员）的汉语水平而设立的国家级标准化考试。中国汉语水平考试（HSK）由北京语言文化大学汉语水平考试中心设计研制，包括基础汉语水平考试［简称HSK（基础）］，初、中等汉语水平考试［简称HSK（初、中等）］和高等汉语水平考试［简称HSK（高等）］。中国汉语水平考试（HSK）每年定期在中国国内和海外举办，凡考试成绩达规定标准者，获相应等级《汉语水平证书》。国家教委设立国家汉语水平考试委员会全权领导汉语水平考试，并颁发汉语水平证书。至年底，本市共设考点8个。

（李大鹏）

北京教育考试院
院长、副院长
书记、副书记

院　长	林浦生
副院长	周子寿
	王茂才
	刘枫耘
党委书记	林浦生
党委副书记	周子寿
	戴万云（8月任）

干部·教师

综　　述

1997年，北京各级普通学校共有教职工316460人，其中，专任教师179080人。各级成人学校共有教职工38082人，其中，专任教师16010人。为全面提高教师队伍的政治、业务素质，到本世纪末基本建成一支规模适当、素质优良、结构合理、相对稳定的教师和管理干部队伍，本年，重点抓师资、干部培训工作，并取得重要成果。

1997年，北京市召开中小学教师"九五"继续教育工作会议，颁发《北京市中小学教师"九五"继续教育工作的意见》和规划、管理、考核等8个实施操作性配套文件，印发继续教育"科目指南"，中小学教师第二轮继续教育全面启动。初步提出适应本市经济、社会发展、基础教育改革和教师队伍建设需要的继续教育基本框架和办学模式。其主要特点是突出三项服务(即:继续教育要为全面提高教育教学质量服务，为从应试教育向素质教育转变服务，为改变基础薄弱学校和农村山区面貌服务)。强调按需施教，实行开放办学，促进一个结合(即：继续教育要与培养学科教学带头人和骨干教师队伍建设密切结合)。将教师培训纳入法制轨道，完善管理机制，加强基地建设，保证经费投入。市教委召开北京高校主管领导会议，全面贯彻国家教委颁发的《高等学校教师培训工作规程》，制订北京市的实施办法，使高等学校教师培训工作进一步法制化、规范化。召开北京市成人院校教师队伍建设工作会，制订《北京市成人学校教师继续教育工作的意见》，开展成人院校中青年教师教学基本功比赛，推动成人院校教师教学活动开展。

进一步加强选拔培养中青年骨干教师工作。高等学校选拔市级青年学科带头人315名，青年骨干教师1850名，约占青年教师总数的15%。中小学首次选拔市级中青年骨干教师225人，中等专业学校首次选拔市级青年骨干教师110人，成人学校选拔青年骨干教师144人。市教委要求对选拔确定的对象严格要求，加强培训。

继续加强中小学和成人学校管理干部培训工作。《北京市中小学领导干部1995年至2000年培训规划》顺利实施。对4049名中小学干部进行100学时计算机培训，对4522名中小学干部进行60学时现代教学原理与教学改革的培训，34名优秀中学校长参加高研班培训。第一期小学校长高研班(20名)开学，对提高部分高层次学校校长的管理水平，总结推广优秀校长的管理经验，指导普教系统的工作，发挥重要作用。召开北京市成人学校领导干部大会，与市委教育工委联合制订并印发《北京市成人教育管理干部和教师培训办法》，成人院校管理干部培训工作纳入规范化轨道。

中等师范学校调整工作有所推进。根据本市小学教师超编日趋严重，学历层次需要提高的实际情况，1997年，中师招生人数压缩至1200人。停止招收三年毕业分配的中师生，改招培养到大专毕业后再分配的学生。开辟应届中师生留校参加自学高考，取得大专学历后分配到小学任教的新途径。本年1200名应届中师生参加学习。

进一步深化专业技术职务评聘改革工作。充分发挥专业技术职务评聘杠杆对教师队伍建设的指挥作用和导向功能，强化激励机制，调整教师职务的任职条件，使职评政策和"教师资格制度"接轨；和"教师队伍建设工程"提出的各项目标接轨；和提高教师素质的各项要求接轨，从1997年开始停止执行不具备《试行条例》规定学历人员参评教师职务过渡性政策，规定必须具备学历方能晋升教师职务。对晋升中学高级职务教师的外语考试采取先易后难的办法，逐步提高考试难度。按照统筹管理，统一评审，减少重复，提高效率的原则，对高校、中专高评委及学科评议组进行换届组建工作。对原中小学教师的8个高评委进行改组及换届工作。全年，共评出各级专业技术职务2673人。其中正高级237人，副高级2332人，中级93人，初级11人。

1997年，北京市根据《教师法》、《教师资格条例》和国家教委关于《教师资格认定的过渡办法》，结合本市的实际情况，制订并颁发北京市的实施办法。按规定为本市各级各类学校201820名教师资格进行认定并颁发资格证书，教师资格过渡工作全面完成。

(纪晏华)

总　类

【中专首次评选中青年骨干教师】 10月15至17日，北京市普通中专学校中青年骨干教师评审专家委员会完成首次普通中等专业学校（含中央部属中专学校）中青年骨干教师评审工作。该选拔范围是：北京地区普通中等专业学校中年龄在45周岁以下，具有大学本科及以上学历和中级及以上专业技术职务的专任中青年教师。50余所学校149名中青年教师申报参加评选。共有109人被评为1997年度普通中专学校中青年骨干教师，并获得证书。

（徐山清）

【禁止教师从事传销活动】 11月17日，市教委发出通知，要求教师不要从事传销活动。该通知指出，最近一段时间以来，本市发现部分教师从事传销活动，极个别学校已影响正常的教育秩序。通知申明教师从事传销活动不符合教师职业道德。

（孟祥辉）

【34人获曾宪梓教师奖】 12月24日，在国家教委公布的年度曾宪梓教育基金颁奖会上，本市共有34人获奖。其中，一等奖1人，二等奖2人，三等奖31人。本年度，市教委共推荐候选人37名。

（张　伟）

【参加现代科技知识竞赛】 12月，本市中等师范学校学生4000余人参加国家教委、中国科协联合举办的全国中等师范学校学生现代科技知识竞赛活动。竞赛内容包括自然科学、生物、信息、空间、材料、能源、海洋、环保等现代科学技术知识。本市40名师范生获个人奖。第一师范学校、第三师范学校、通州师范学校、朝阳师范学校、顺义师范学校、密云师范学校获集体奖；北京市获组织奖。

（王　杰）

【评选中小学中青年骨干教师225名】 年内，市教委制定市级中小学中青年骨干教师评选标准，下达各区县推荐名额。高级评委会对推荐的371名教师进行评选，评选出本市“九五”期间首批市级中小学中青年骨干教师225名，颁发证书，其中，小学骨干教师99人，涉及11个学科。中学（含中等师范学校）骨干教师126人，涉及13个学科。

（张　龙）

1997年北京市优秀教师

高等教育

丁同仁　北京大学教授
黄克服　北京大学副教授
舒幼生　北京大学教授
宋礼庭　北京大学教授
余道衡　北京大学教授
高宏成　北京大学教授
王克义　北京大学副教授
戴乐蓉（女）北京大学教授
陈宋良　北京大学教授
刘锡大　北京大学副教授
周一星　北京大学教授
董引吾（女）北京大学副教授
邵可声　北京大学教授
索振羽　北京大学教授
王红生　北京大学副教授
郭世铭　北京大学副教授
李　湖（女）北京大学副教授
刘文忻（女）北京大学副教授
范培华（女）北京大学教授
赵国玲（女）北京大学副教授
葛英会　北京大学教授
王益明　北京大学讲师
赵玉兰（女）北京大学副教授
蔡鸿滨　北京大学教授
彭克巽　北京大学教授
余苏凌（女）北京大学讲师
李顺荣（女）北京大学副教授
尤　明（女）北京大学中教高级教师
巩运明　北京大学教授
李占祥　中国人民大学教授
刘　缙（女）中国人民大学教授
许征帆　中国人民大学教授
倪加勋　中国人民大学教授
周升业　中国人民大学教授
诸　鸿　中国人民大学教授
王俊生　中国人民大学教授
方汉奇　中国人民大学教授
杨瑞龙　中国人民大学教授
郭成康　中国人民大学教授
王　玢　中国人民大学中教一级教师
邱家珠（女）中国人民大学小教高级教师
杨　耕　中国人民大学教授
郑英良　中国人民大学教授
卢贤丰　清华大学高级实验师
马智亮　清华大学副教授
袁　驷　清华大学教授
杨诗秀（女）清华大学教授
李振瑜　清华大学讲师
何方殿　清华大学教授
郭敏贤（女）清华大学教授
朱颖心（女）清华大学副教授
王建昕　清华大学副教授
曹建中　清华大学副教授
冯振明　清华大学副研究员
王志华　清华大学教授
吴建平　清华大学教授
王　雄　清华大学副教授
符　松　清华大学教授
李以圭　清华大学教授
李　琳　清华大学副教授
李　明　清华大学副教授
陈泽民　清华大学教授

陈信义 清华大学副教授
周蕊（女）清华大学副教授
赵南明 清华大学教授
吴栋 清华大学副教授
李瑞芳（女）清华大学副教授
刘理天 清华大学教授
安继刚 清华大学研究员
承宪康 清华大学副研究员
顾思海 请华大学讲师
刘全友 清华大学讲师
侯竹筠（女）清华大学副研究员
徐重远 清华大学中教高级教师
邢桂珍（女）清华大学小教高级教师
崔秀荣（女）清华大学幼教高级教师
许克宾 北方交通大学教授
郑琼林 北方交通大学讲师
龚玉荣（女）北方交通大学讲师
贾卓生 北方交通大学讲师
杨月霞（女）北方交通大学讲师
林铁生 北方交通大学教授
罗四维 北京交通大学教授
杨肇夏 北方交通大学教授
宫声凯 北京航空航天大学教授
李青（女）北京航空航天大学副教授
蔡勇 北京航空航天大学教授
刘志新 北京航空航天大学副教授
陈晏清（女）北京航空航天大学教授
高仲仪 北京航空航天大学教授
洪杰 北京航空航天大学副教授
李小宁 北京航空航天大学副教授
沈凤珍（女）北京航空航天大学幼儿教师
陆启韶 北京航空航天大学教授
赵慧洁（女）北京航空航天大学副教授

崔建宗 北京航空航天大学副教授
黄烨军 北京航空航天大学助教
梁国柱 北京航空航天大学副教授
张凤言 北京航空航天大学教授
姜同敏 北京航空航天大学副教授
苗瑞生 北京理工大学教授
白志大 北京理工大学教授
孙逢春 北京理工大学教授、博导
仉国强 北京理工大学教授
赵显利 北京理工大学副教授
王正刚 北京理工大学教授
万小利 北京理工大学副教授
郭巧（女）北京理工大学副教授
徐清泉 北京理工大学副教授
冯喜春 北京理工大学副教授
陈朔鹰 北京理工大学副教授
周际平（女）北京理工大学副教授
鲍重光 北京理工大学教授
龙虹（女）北京理工大学讲师
孙柏志 北京理工大学副教授
刘福来 北京科技大学副教授
赵辉 北京科技大学副教授
赵爱民 北京科技大学副教授
钟家桢 北京科技大学副教授
孙思先 北京科技大学副教授
马纪东 北京科技大学副教授
李文超 北京科技大学教授
何晓前 北京科技大学副教授
蔡开科 北京科技大学教授
温治 北京科技大学副教授
韩蕴秋（女）北京科技大学副教授
侯国资（女）北京科技大学副教授
李长荣（女）北京科技大学副教授
吴郯光 北方工业大学讲师
栗嘉铭 北方工业大学副教授
谭亚俐（女）北方工业大学副教授
王文铎 北方工业大学附属小学中学高级教师
郑冲 北京化工大学教授
周亨近 北京化工大学教授
程源 北京化工大学教授

洪纯一 北京化工大学教授
董小国 北京化工大学副教授
孟庆云 北京化工大学副教授
张立群 北京化工大学副教授
杨学富 北京轻工业学院教授
程皞士 北京轻工业学院副教授
李丽华（女）北京轻工业学院讲师
张大省 北京服装学院教授
张吉瑞 北京服装学院教授
单国廷 北京服装学院教授
乐光新 北京邮电大学教授
张平 北京邮电大学教授
章继高 北京邮电大学教授
吴善培 北京邮电大学教授
赵荣华 北京邮电大学教授
张亚云（女）北京邮电大学工程师
施海舟 北京邮电大学助教
幸云辉（女）北京邮电大学教授
孟昭清 中国农业大学教授
汪明 中国农业大学副教授
何秀荣 中国农业大学副教授
刘庆昌 中国农业大学教授
王慧敏 中国农业大学副教授
梅建德 中国农业大学教授
蔡同一 中国农业大学教授
赵增弟 中国农业大学副教授
罗曼仪（女）中国农业大学教授
殷光复 中国农业大学教授
陈又玲（女）中国农业大学副教授
郭卓茂 中国农业大学高级工程师
周志坚（女）中国农业大学副教授
石爱之（女）北京印刷学院副教授
李阳 北京印刷学院讲师
杨春育（女）北京石油化工学院副教授
张敬军 北京石油化工学院助教
林锦瑞（女）北京气象学院副教授
席关培 北京气象学院副教授
王清照 华北电力大学(北京)副教授
藏少平 华北电力大学(北京)副研究馆员
张秀兰（女）华北电力大学（北京）副教授

陈维兴 北京信息工程学院副教授
周金和 北京信息工程学院讲师
梁淑新（女）北京机械工业学院副教授
闫华红（女）北京机械工业学院讲师
赵 刚 北京机械工业学院副教授
毕万全 北京机械工业学院副教授
汤景凝（女）石油大学（北京）教授
彭红英（女）石油大学（北京）讲师
赵澄林 石油大学(北京)教授
陈子真 北京电子科技学院副教授
姬瑞环 北京电子科技学院副教授
翟裕生 中国地质大学(北京)教授
夏柏如 中国地质大学(北京)副教授
张秀荣（女）中国地质大学（北京）讲师
牛滨华 中国地质大学(北京)教授
续九如 北京林业大学教授
齐启宇 北京林业大学教授
冯菊芬（女）北京林业大学副教授
赵代松（女）北京林业大学副教授
李春海 北京林业大学教授
戴汝平 中国协和医科大学研究员
方秀才（女）中国协和医科大学副主任医师
杨萌昌 中国协和医科大学主任医师
魏月娥（女）中国协和医科大学副教授
郭恒怡 中国协和医科大学副教授
程桂芳（女）中国协和医科大学研究员
甄永苏 中国协和医科大学研究员
徐国镇 中国协和医科大学主任医师
陈建民 中国协和医科大学副研究员
严义坪 中国协和医科大学副研究员
王文治 北京医科大学教授
马明信 北京医科大学教授
余宗颐 北京医科大学教授
董 悦（女）北京医科大学教授
祝学光（女）北京医科大学教授
赵景涛 北京医科大学教授
陈秉枫（女）北京医科大学教授
叶鸿瑁 北京医科大学教授
朱 蓓（女）北京医科大学副主任医师
盖文丽（女）北京医科大学主任医师
姬爱平 北京医科大学主治医师
李国珍（女）北京医科大学教授
常炳习 北京医科大学主治医师
缪竞智（女）北京医科大学主任医师
封国生 北京医科大学副主任医师
张维熙 北京医科大学教授
魏树礼 北京医科大学教授
侯新朴（女）北京医科大学教授
刘君卓（女）北京医科大学教授
唐军民 北京医科大学副教授
朱 滨（女）北京医科大学主管技师
贾弘禔 北京医科大学教授
潘天扬 北京医科大学副高级讲师
高学敏 北京中医药大学教授
李凤萍（女）北京中医药大学副教授
贺稚平（女）北京中医药大学副教授
常章富 北京中医药大学副教授
毛慧娜（女）北京中医药大学教授
张志友（女）北京中医药大学副教授
李永明 北京中医药大学副教授
刘仁权 北京中医药大学讲师
凌彼达（女）北京中医药大学副教授
朱玉忠 北京中医药大学副教授
邢文英（女）北京师范大学教授
杨润陆 北京师范大学副教授
孙艺之（女）北京师范大学副教授
何兹全 北京师范大学教授
李春秋 北京师范大学教授
孟韶池 北京师范大学高级实验师
徐伟英（女）北京师范大学副教授
刘慧平（女）北京师范大学讲师
姚梅林（女）北京师范大学副教授
陈 黎（女）北京师范大学副教授
孟丽艳（女）北京师范大学讲师
乔荣凝 北京师范大学附属中学高级教师
蒋人凤（女）北京师范大学第二附属中学高级教师
李桂森 北京师范大学附属实验中学高级教师
缪小放 北京外国语大学副教授
龚 雁（女）北京外国语大学讲师
钱小南（女）北京外国语大学副教授
武文侠（女）北京外国语大学副教授
刘 健 北京外国语大学副教授
王素波（女）北京外国语大学小教高级教师
卢友络 北京第二外国语学院教授
舒 雨（女）北京第二外国语学院副教授
胡世建（女）北京第二外国语学院副教授
傅伟良 北京第二外国语学院副教授
季秀清（女）北京语言文化大学副

教授
郑万鹏 北京语言文化大学教授
李亚宾（女）北京语言文化大学副教授
郭风岚（女）北京语言文化大学副教授
吴　缦（女）北京广播学院副教授
陈善移 北京广播学院高级实验师
罗贵权 北京广播学院副教授
余淑美（女）北京广播学院副教授
彭苏颖（女）中央财经大学副教授
马振国 中央财经大学教授
张拴林 中央财经大学副教授
南　琪（女）中央财经大学副教授
张守欣 北京商学院副教授
闫景伟（女）北京商学院讲师
沈达明 对外经济贸易大学教授
吴　芬（女）对外经济贸易大学教授
徐俊贤 对外经济贸易大学副教授
余恕莲（女）对外经济贸易大学教授
梁凯音（女）对外经济贸易大学副教授
杨建荣 对外经济贸易大学副教授
常大勇 北京物资学院副教授
陈训声 北京物资学院教授
梁立华（女）北京物资学院副教授
戚贵玲 国际关系学院副教授
郭惠民 国际关系学院副教授
马志冰 中国政法大学副教授
陈培新（女）中国政法大学讲师
吴　平（女）中国政法大学讲师
陈天恩 中国政法大学副教授
沙丽金（女）中国政法大学副教授
魏敬森（女）中国政法大学副教授
陈　珑（女）北京体育大学副教授
李志民 北京体育大学副教授
李巧玲（女）北京体育大学讲师
金　玲（女）北京体育大学教练
王国伦 中央工艺美术学院副教授
张　铜 中央工艺美术学院副教授
赵瑞林 中央音乐学院教师
练达智 中央音乐学院附中高级讲师
万文循 中国音乐学院高级讲师
徐晓琳（女）中国音乐学院副教授
王书杰 中央美术学院国画系副主任
贺西林 中央美术学院讲师
王锡平 中央戏剧学院副教授
王良波 中央戏剧学院讲师
赵伟明 中国戏曲学院讲师
宿志刚 北京电影学院讲师
章浩文 北京电影学院副教授
裘柳钦 北京舞蹈学院副教授
关　於 北京舞蹈学院助教
董锦汉 中央民族大学讲师
刘雪莲（女）中央民族大学助教
上官文慧（女）中央民族大学讲师
程适良 中央民族大学教授
黎燕燕（女）中央民族大学教授
郭丽娟（女）中央民族大学讲师
曹永存 中央民族大学讲师
全宗濂 北京联合大学教授
陈瑞阳（女）北京联合大学副教授
王勇烈 北京联合大学副教授
刘贵庆 北京联合大学副教授
黄亚声 北京联合大学教授
王昌辉 北京联合大学副教授
刘振礼 北京联合大学教授
金章茂（女）北京联合大学副教授
李春英（女）北京联合大学副主任医师
田淑清（女）北京联合大学教授
张　明 北京联合大学高级工程师
张娅娅（女）北京联合大学副教授
易继锴 北京工业大学教授
陈建新 北京工业大学教授
田墨林 北京工业大学副教授
王　道 北京工业大学教授
吕之森 北京工业大学副教授
蒋代梅（女）北京工业大学副教授
吕宏伯 北京工业大学副教授
吴国蔚 北京工业大学副教授
王大康 北京工业大学教授
刘长洪 北京工业大学副教授
宋　柔 北京工业大学教授
唐　兢（女）北京工业大学副教授
王鑫鳌 北京建筑工程学院副教授
严莘稼 北京建筑工程学院副教授
傅忠诚 北京建筑工程学院教授
魏京花（女）北京建筑工程学院讲师
柳振亮 北京农学院高级实验师
吴学清（女）北京农学院教授
贾振华 北京农学院教授
张英才 首都医科大学教授
张瑾峰 首都医科大学讲师
姜佑宁 首都医科大学教授、主任医师
李春生（女）首都医科大学教授
杨昭徐 首都医科大学教授
焦淑芳（女）首都医科大学主管医师
刘惠兰（女）首都医科大学教授、主任医师
何庆芳（女）北京医学高等专科学校副教授
赵　怡（女）北京医学高等专科学校副教授
蒋品均 北京医学高等专科学校副主任医师
张君达 首都师范大学教授
唐重庆（女）首都师范大学教授
杜希贤 首都师范大学教授
傅嘉模 首都师范大学教授
周祖逵 首都师范大学副教授
安树元 首都师范大学副教授
藏博平 首都师范大学副教授
石彦伦 首都师范大学副教授
林培英（女）首都师范大学副教授
刘晓天（女）首都师范大学讲师
王崇民 首都师范大学高级实验师
董正平 首都师范大学副教授
姜　萍（女）首都师范大学讲师
唐朝智 首都师范大学附属中

学高级教师
卢绞岱（女）北京体育师范学院教授
杨友山 北京体育师范学院副教授
吴云清（女）北京青年政治学院副教授
孙敦甲 北京青年政治学院副教授
崔也光 首都经济贸易大学副教授
徐维樑（女）首都经济贸易大学教授
华世珍（女）首都经济贸易大学副教授
朱荫坡 首都经济贸易大学副教授
徐丕玉（女）首都经济贸易大学副教授
白旭红（女）首都经济贸易大学副教授
陈 迈（女）首都经济贸易大学讲师
张学平（女）首都经济贸易大学讲师
赵 耀（女）首都经济贸易大学副教授
藏 红（女）首都经济贸易大学副教授
张德实 海淀走读大学讲师
詹世林 海淀走读大学副教授
李宝健 首钢工学院讲师
周志全（女）首钢工学院高级实验师
杨有湘 首钢工学院副教授
姬金铎 中国青年政治学院副教授
张雅云（女）中国青年政治学院副教授
宋爱群（女）外交学院副教授
赵铁生 外交学院讲师
刘大铨 中国金融学院教授
吴 革 中国金融学院讲师
张佐茹（女）北京针灸骨伤学院副主任医师
杨卫华 北京针灸骨伤学院助教
赵立岩（女）北京针灸骨伤学院副主任医师
王庆甫 北京针灸骨伤学院副主任医师
宫志刚 中国人民公安大学讲师
郭太生 中国人民公安大学副教授
邢 捷 中国人民公安大学讲师

基础教育

赵鹏启 北京市第一中学高级教师
张福昇 北京市第二中学中学高级教师
吴是辰 北京市第五中学中学高级教师
梁 捷（女）北京市第五中学中学高级教师
佟玉英（女）北京市第二十一中学高级教师
肖亚林（女）北京市第二十五中学高级教师
周在虹（女）北京市第五十四中学一级教师
郝艳军（女）北京市第五十五中学一级教师
白荣芳（女）北京市第八十五中学一级教师
祝 锈（女）北京市第一二五中学一级教师
高洪燕 北京市第一二六中学一级教师
汤 伟 北京市第一四二中学二级教师
张凤云（女）北京市第一六五中学一级教师
兰小平（女）北京市第一六六中学高级教师
胡家骐 北京市第一七一中学高级教师
李继兰（女）北京市第一七七中学一级教师
于淑森（女）北京市第一九五中学一级教师
李艳芳（女）北京市第一九六中学一级教师
翟金英（女）北京市东直门中学一级教师
刘淑珍（女）北京市东城职教中心学校一级教师
张耀泉 北京市东城职教中心学校一级教师
戚冬立 北京市交道口中学一级教师
高桂芝（女）北京市东城区工读学校一级教师
叶双玲（女）北京市和平里中学一级教师
何丽华（女）北京市景山学校一级教师
毛桂芬（女）北京市景山学校高级教师
黄 河（女）北京市东城区师范学校助理讲师
胡孟炎 北京市东城区教研科研中心小中高级教师
李天墀 北京教育学院东城区分院中学高级教师
霍彦娟（女）东城区西总布小学高级教师
高铁玲（女）北京市第一幼儿园小学高级教师
冯亚丽（女）东城区雍和宫幼儿园小学一级教师
庄 强 东城区地坛小学一级教师
樊昕生（女）东城区美术馆后街小学高级教师
李鼎钧 东城区帽儿胡同小学高级教师
刘亚光（女）东城区东四三条小学高级教师
崔秀斌（女）东城区方家胡同小学高级教师
张 暹（女）东城区遂安伯小学一级教师
赵瑞霞（女）东城区和平里三小一级教师
吴田荣（女）东城区和平里四小高级教师

田晓仙（女）东城区和平里九小高级教师
李淑君（女）东城区东直门小学高级教师
张光延（女）东城区府学小学高级教师
项　红（女）东城区史家小学小中高级教师
石天钧（女）东城区东交民巷小学小中高级教师
张振安　　　东城区分司厅小学高级教师
高　淳（女）东城区织染局小学高级教师
张赶英（女）东城区回民小学高级教师
李宝桂　　　北京市第三中学高级教师
李家生　　　北京市第四中学高级教师
陶　澄　　　北京市第四中学高级教师
陈　清（女）北京市第六中学一级教师
渠亿川　　　北京市第八中学高级教师
马一萍（女）北京市第八中学高级教师
陶　炎　　　北京市第十三中学高级教师
吴红星（女）北京市第十三中学高级教师
王凤珍（女）北京市第二十九中学高级教师
毛庆国　　　北京市第三十四中学高级教师
张宝莉（女）北京市第三十五中学一级教师
江　鹏　　　北京市第三十七中学高级教师
任希武　　　北京市第三十八中学一级教师
张宝芹（女）北京市第三十九中学高级教师
张　滨　　　北京市第四十中学一级教师
赵　侃　　　北京市第四十一中学高级教师
邳玉英（女）北京市第四十二中学一级教师
张苏卉（女）北京市第四十四中学一级教师
陈　松（女）北京市第四十六中学高级教师
王嘉贤（女）北京市第五十三中学高级教师
赵汝霞（女）北京市第九十八中学高级教师
路恩红（女）北京市第一一〇中学高级教师
李志英（女）北京市第一一二中学一级教师
姚彦明　　　北京市第一一二中学高级教师
魏兆麟　　　北京市第一五六中学一级教师
杨尔中　　　北京市第一五六中学高级教师
席利利（女）北京市第一五九中学高级教师
田纪众　　　北京市第一六一中学高级教师
寇　惠（女）北京市西四中学一级教师
马振邦　　　北京市西城区师范学校中专高级讲师
王人枫（女）北京市北海中学高级教师
郑月茹（女）西城区商贸职业高中中学高级教师
张伯华　　　西城区教育教学研究中心中学高级教师
石喆敏（女）西城区府右街小学高级教师
李眉云（女）西城区自忠小学高级教师
郑一静（女）西城区力学小学高级教师
汪亚勤（女）西城区北海小学高级教师
张秋荣（女）西城区刘海小学高级教师
关英信　　　西城区黄城根小学高级教师
涂碧云（女）西城区黄城根小学高级教师
王金霞（女）西城区西四北小学高级教师
李春英（女）西城区米粮库小学高级教师
张坤渊　　　西城区师范附属小学高级教师
娄　伟（女）西城区厂桥小学高级教师
毛志杰（女）西城区马相小学高级教师
谢婉妹（女）西城区四根柏小学高级教师
王克南　　　北京市第四聋人学校中学高级教师
张燕生（女）西城区太平桥小学高级教师
马瑞芳（女）西城区按院小学高级教师
程芙青（女）西城区阜外一小小学高级教师
胡明芬（女）西城区月坛小学高级教师
金丽兰（女）西城区中古小学高级教师
翟京华（女）西城区育民小学中学高级教师
刘淑玲（女）西城区白云路小学高级教师
张鉴利　　　北京第二实验小学高级教师
张丽辉（女）西城区受水河小学高级教师
王　谦（女）西城区青龙桥小学高级教师
宋平娟（女）西城区展览路一小小学高级教师
焦立江　　　西城区北营房小学高级教师
张　立（女）西城区棉花胡同幼儿园小学二级教师
谢长山　　　西城区福绥境少年之家小学高级教师
李晓燕（女）北京市第一十一中学一级教师
朱国华　　　北京市汇文中学高级

教师
韩金英（女）北京市第四十九中学高级教师
李静尧（女）北京市第五十中学高级教师
吴月平（女）北京市第九十二中学一级教师
孟　锦（女）北京市第九十六中学一级教师
姜武扬　北京市第一〇四中学高级教师
翟绪达　北京市第一〇九中学高级教师
赵燕玲（女）北京市第一一六中学一级教师
孙　兵（女）北京市正义职业学校中学高级教师
沈曙光（女）北京市计划统计学校中学高级教师
吕玉玲（女）北京市第二二三中学一级教师
吴学勤（女）北京市广渠门中学一级教师
韩崖梅（女）北京市崇文门中学一级教师
徐美英（女）崇文区崇文小学高级教师
高德荣（女）崇文区永生小学高级教师
马荣花（女）崇文区光明小学中学高级教师
佟　旌（女）崇文区培新小学高级教师
王恩琴（女）崇文区忠实里小学高级教师
邵丹松（女）崇文区天龙东里小学高级教师
吕春穆　崇文区东唐小学高级教师
唐淑芬（女）崇文区紫竹小学中学高级教师
韩俊芳（女）崇文区天坛东里小学高级教师
陈培荣（女）崇文区李村小学高级教师
李永昌　北京市第一师范学校附属小学中学高级教师
许秀丽（女）崇文区革新里小学高级教师
程立华（女）崇文区宝华里小学高级教师
孙连众　北京教育学院崇文分院中学高级教师
曹秉权　崇文区教育研究中心中学高级教师
吴正宪（女）崇文区教育研究中心中学高级教师
丁守义　崇文区青少年科技馆中学一级教师
徐丽瑗（女）北京第一实验小学中学高级教师
邱京莲（女）宣武区康乐里小学高级教师
丛者青（女）北京市育才学校小学中学高级教师
张佩泉（女）宣武区宣师二附小小学高级教师
王　颖（女）宣武区广外一小
夏福琴（女）宣武区宣师一附小小学高级教师
刘玉贞（女）宣武区小马厂小学高级教师
张常荣（女）北京市新世纪实验小学中学高级教师
孔祥旭　北京教育学院宣武分院二部小学高级教师
刘万书（女）宣武区沙土园小学高级教师
李惠玲（女）宣武区后孙公园小学一级教师
徐文琪（女）宣武区宣外大街小学高级教师
王幼明（女）宣武区宣武实验小学高级教师
杨济英（女）北京小学高级教师
李明新　北京小学高级教师
张祖佩（女）宣武区陶然亭小学高级教师
刘文芝（女）宣武区广安门大街一小小学高级教师
吴瑞霞（女）宣武区广义街小学高级教师
李冬美（女）宣武区里仁街小学高级教师
王玉英（女）宣武区半步桥小学高级教师
孙　洁（女）北京市第四幼儿园小学一级教师
任树娴（女）宣武区长椿街幼儿园小学高级教师
刘凤藻　宣武区少年宫中学一级教师
魏　威　北京市第十五中学高级教师
彭乃平（女）北京市第六十六中学高级教师
陈燮来（女）北京市第七十八中学高级教师
马德志　北京市第一三四中学高级教师
满　歆（女）北京市第一三八中学一级教师
王传侠（女）北京市第一四〇中学高级教师
朱丽燕（女）北京市第二〇四中学一级教师
曲红茹（女）北京市梁家园中学二级教师
陈锡秋　北京市育才学校中学高级教师
王师复（女）北京市北纬路中学高级教师
关慕兰（女）北京市前门西街中学一级教师
王幼平（女）北京市财会学校中学一级教师
胡德萍（女）北京教育学院宣武分院中学高级教师
刘丽娟（女）北京市回民学校中学高级教师
刘淑珍（女）北京市第六十二中学一级教师
曹荣珍（女）宣武区职教中心学校中学高级教师
李勖良　北京教育学院宣武分院二部高级讲师
郎桂荣（女）北京市第一四九中学高级教师
赵士川　朝阳区呼家楼中心小

学高级教师
刘桂礼 朝阳区光华路第三小学高级教师
汪兆沄（女）朝阳区光华路第四小学高级教师
金淑琪（女）朝阳区团结湖第一小学高级教师
高淑珍（女）朝阳区定福庄第一小学高级教师
杨玉萍（女）朝阳区定福庄第三小学高级教师
赵淑莲（女）朝阳区定福庄第四小学高级教师
杨士玲（女）朝阳区管庄中心小学高级教师
张淑婷（女）朝阳区酒仙桥第四小学高级教师
周秀琴（女）朝阳区三里屯第一小学高级教师
杨若琪（女）朝阳区六里屯中心小学高级教师
杨凤茹（女）朝阳区芳草地小学高级教师
杨广宗 朝阳区黑庄户中心小学一级教师
刘喜君（女）朝阳区红庙第二小学高级教师
魏淑娟（女）朝阳区幸福村中心小学高级教师
郭丽杰（女）朝阳区和平街中心小学高级教师
潘丽媛（女）朝阳区永定里小学二级教师
杨　萍（女）朝阳区孙河中心小学高级教师
李文祥 朝阳区安慧里中心小学高级教师
何志杰 朝阳区酒仙桥中心小学高级教师
张桂华（女）朝阳区垂杨柳学区小学高级教师
李永生 朝阳区高碑店中心小学高级教师
王立荣（女）朝阳区八里庄中心小学高级教师
胡爱国 朝阳区胜古庄小学高级教师

张凤英（女）朝阳区沙板庄小学高级教师
郭艳丽（女）朝阳区五里桥小学一级教师
丁传桂（女）朝阳区白家庄小学高级教师
冯桂霞（女）朝阳区于家围小学高级教师
赵惠珍（女）朝阳区牌坊小学高级教师
丁益祥 北京市陈经纶中学高级教师
梁建新（女）北京市陈经纶中学高级教师
杨小薇（女）北京市惠新里中学一级教师
王　松（女）北京市呼家楼中学一级教师
李香云（女）北京市呼家楼中学二级教师
肖洪香 北京市第八十中学二级教师
苏永兰（女）北京市劲松第四中学一级教师
付敬杰（女）北京市五路居一中中学高级教师
王　昕（女）北京市化工学院附属中学一级教师
王金明 北京市第九十四中学一级教师
曹保民（女）北京市四十八中学二级教师
王凤华（女）北京市柳其里中学二级教师
铁钟鸣 北京工业大学附属中学高级教师
张红玲（女）北京市高家园中学高级教师
江建敏（女）北京市第八十中学高级教师
徐志成 北京经济学院附属中学高级教师
陈桂芝（女）北京市酒仙桥二中中学高级教师
韩玉珍（女）北京市信息附中中学一级教师
贯淑芬（女）北京市金盏中学一级

教师
吴秉蓉（女）北京市延静里中学高级教师
肖斌华（女）北京市求实中学高级教师
尚文英 北京市劲松职业高中中学高级教师
管宏林 朝阳区文秘档案学校中学二级教师
李维明（女）朝阳区幼儿师范学校中学高级教师
岳淑敏（女）北京市劲松二中中学二级教师
陈思生 北京市第十七中学高级教师
吴玉兰（女）北京市星火中学一级教师
蔡少惠（女）北京市劲松职业高中中学二级教师
康强生 北京市第二进修中学中学高级教师
常连仲 北京教育学院朝阳分院中学高级教师
李世禄 北京教育学院朝阳分院中学高级教师
许英国 北京教育学院朝阳分院中学高级教师
李文筠（女）北京市朝阳区职业教育中心中学高级教师
张玉彬 北京市朝阳区职业教育中心中学高级教师
张晓玲（女）北京市朝阳区职业教育中心中学高级教师
李占瑞 朝阳区教育局中学教研室中学高级教师
黄　莺（女）朝阳区教育局中学教研室中学高级教师
林根盛 朝阳区工读学校中教高级教师
刘永旺 朝阳区北苑小学小教二级教师
欧阳平（女）北京市十一学校中学高级教师
于　哲（女）北京市太平路中学一

级教师
任力群 北京市第一〇一中学一级教师
陶昌宏 北京市第一二三中学高级教师
王五湖 北京市上庄中学中教二级教师
周如莲（女）北京市蓝靛厂中学中教高级教师
李玲（女）北京市第一七三中学中教高级教师
于惠贤（女）北京市温泉二中中教高级教师
王有华（女）北京市第六十七中学中教高级教师
柳淑琴（女）北京市知春里中学中教高级教师
蔡广亮 北京市第四十五中学中教一级教师
张小梅（女）北京市八一中学中教一级教师
李春兰（女）中国科大附属中学中教二级教师
郭玉玲（女）北京医科大学附属中学一级教师
吴莹（女）北京铁道学院附属中学一级教师
朱凤英（女）北京市花园村中学中教高级教师
彭自辉 北京石油学院附中中教一级教师
恽恕宏 北京理工大学附中中教高级教师
李淑英（女）北京市立新学校中教高级教师
马磊（女）北京市矿院附中中教高级教师
席善芬（女）北京市第二〇六中学中教一级教师
张斌（女）北京市第一〇五中学中教二级教师
杨纯梅（女）北京市第二十中学中教高级教师
王贵兴 北京市六一中学中教高级教师
陈忠（女）北京市育英中学中教二级教师
闫平（女）北京市西颐中学中教高级教师
吴锦秀（女）北京市清河三中中教一级教师
李淑惠（女）北京市第一一二中学中教高级教师
曹玉梅（女）北京市苏家坨中学中教一级教师
刘凯珠（女）北京市玉渊潭中学中教高级教师
李长宜（女）北京农大附中中教高级教师
张继草（女）北京钢院附中中教高级教师
李清梅（女）北京市温泉中学中教一级教师
张兵 海淀区教师进修学校中教高级教师
苗七芳（女）北京市清华园中学中教高级教师
李美云（女）北京市信息管理学校中教一级教师
崔美华（女）北京市信息管理学校中教一级教师
黄旭（女）海淀艺术师范学校中教一级教师
李敏捷（女）北京市第一八九职业高中中教二级教师
于华（女）北京市第九十九中学中教高级教师
刘秀玉（女）北京市育强中学中教一级教师
李长安 海淀区外语电子职业高中中教高级教师
王颖（女）北京市西苑中学中教高级教师
高洁（女）海淀区旅游服务职高中教二级教师
王玉茹（女）海淀区中关村一小小学高级教师
张丽芹（女）海淀区中关村二小小学高级教师
刘淑琴（女）海淀区万泉河小学高级教师
任惠兰（女）海淀区双榆树中心小学高级教师
刘凤云（女）海淀区魏公村小学高级教师
胡匡恒（女）海淀区银燕小学高级教师
薛润芝（女）海淀区八里庄小学高级教师
王美华（女）海淀区花园村二小小学高级教师
李新素（女）海淀区石油附小小学高级教师
任红霞（女）海淀区清河镇中心小学高级教师
谢乃萍（女）海淀区塔院小学高级教师
杨思俊（女）海淀区向东小学一级教师
王桂英（女）海淀区文慧园小学一级教师
顾胜娟（女）中国农业科学院附属小学高级教师
鞠震军 海淀区颐和园小学一级教师
董淑云（女）海淀区培星小学高级教师
杨增山 海淀区七一小学高级教师
董非（女）海淀区翠微小学高级教师
张桂馥（女）海淀区羊坊店中心小学高级教师
孙新（女）海淀区五一小学高级教师
张秀兰（女）海淀区永定路二小小学高级教师
郑松心（女）海淀区玉泉小学高级教师
王树华（女）海淀区四季青中心小学高级教师
王淑华（女）海淀区四王府小学高级教师
李秀珍（女）海淀区温泉中心小学高级教师
杨力 海淀区前沙涧小学一级教师
王淑慧（女）海淀区北安河中心小学高级教师
许铁新 海淀区东马坊小学高级教师

徐雪艳（女）海淀区东北旺中心小学一级教师
崔占清（女）海淀区宏丰小学高级教师
朱金岭（女）北京市六一幼儿院小教高级教师
石海鹏（女）北京明天幼稚集团幼教一级教师
刘绍鲁 北京市第十中学中教高级教师
郑淑珍（女）北京市第十中学中教高级教师
范朝辉（女）丰台云岗一中中教一级教师
李有生 北京市蒲黄榆第一中学中教高级教师
阮月麟 北京市右安门职业高中中教高级教师
张文立 丰台区职教中心学校中教高级教师
骆成来 丰台区第六中学中教高级教师
薄艳霞（女）丰台区云岗三中中教一级教师
李书（女）丰台区第二幼儿园小教高级教师
马淑英（女）丰台区芳庄三幼小教高级教师
张旭（女）丰台南苑少年之家小教高级教师
赵大钊 北京市第十八中学中教高级教师
任铭宜（女）丰台区长辛店三中中教二级教师
陈兆发 丰台区第二中学中教高级教师
关雪生（女）丰台区西罗园学校中教高级教师
牛明允（女）首医附中中教高级教师
刘定兰（女）丰台区第二中学中教高级教师
侯桂琴（女）丰台区第四中学中教高级教师
李水 丰台区魏各庄中学中教一级教师
胡阔英（女）丰台区第三中学中教高级教师
王佩琦 丰台区长辛店一中中教一级教师
赵永才 丰台区木樨园中学中教高级教师
甘盛泉 丰台区东高地四中中教高级教师
金春娣（女）丰台区卢沟桥中学中教高级教师
岳玉兰（女）丰台区实验小学小教高级教师
安会茹（女）丰台区西王佐小学小教高级教师
李亚兰（女）丰台区下营小学小教高级教师
孙向东 丰台区西局小学小教一级教师
崔颖（女）丰台区小井小学小教二级教师
陈福发 丰台区新发地小学小教高级教师
齐明远 丰台区保台小学小教一级教师
刘文梅（女）丰台区槐房小学小教高级教师
李燕华 丰台区云岗一小小教高级教师
赵文凤（女）丰台区第五小学小教高级教师
张庆华（女）丰台师范附小小教高级教师
王淑英（女）丰台区第七小学小教高级教师
李宝兰（女）丰台区东罗园小学小教高级教师
彭东来 丰台区大红门二小小教一级教师
刘芙蓉（女）丰台区南苑四小小教高级教师
陈丽颖（女）丰台东高地二小小教一级教师
刘大荣（女）丰台区铁营中心校小教高级教师
陈卫东 丰台区右安门一小小教一级教师
徐绯（女）丰台区铁营一小小教高级教师
郭奎兰（女）北京市第十二中学中教一级教师
解锡才 北京市第十二中学中教高级教师
胡启光 丰台区东高地三中中教高级教师
古庆国 北京市古城中学一级教师
何慧君（女）石景山区实验中学一级教师
高晓生 北京市永乐中学一级教师
周春红（女）北京市京源中学一级教师
张秀丽（女）北京市五里坨中学一级教师
杨惠云（女）北京市金顶街第二中学一级教师
吴京涛（女）北京市金顶山中学一级教师
郝丽环（女）北京市杨庄中学高级教师
石显富 北京市八角中学二级教师
胡卫国 北京市金顶街职业高中中学二级教师
刘玉莲（女）北京市黄庄职业高中中学高级教师
张绛珠（女）石景山区教师进修学校中学高级教师
宋淑清（女）石景山区教师进修学校中学高级教师
李芝嘉（女）石景山区炮厂小学高级教师
贯玉秀（女）石景山区金顶街第二小学高级教师
王淑芬（女）石景山区古城第二小学高级教师
石润芳（女）石景山区八角小学一级教师
郝亚萍（女）石景山区八角第二小学一级教师
白英（女）石景山区六一小学高级教师
王建华（女）石景山区师范附属小学一级教师
鲍颖（女）石景山区幼儿园幼教

一级教师
许凤娟（女）北京市燕山星城中学一级教师
张志文　北京市燕山教研中心中学高级教师
张增荣（女）燕山东风小学高级教师
隗玉凤（女）燕山羊耳峪小学高级教师
杨英俊（女）燕山幼儿园幼教一级教师
韩军红（女）门头沟区幼儿园小学一级教师
陈广芬（女）门头沟区工人子弟小学高级教师
王　健（女）门头沟区永定中心小学一级教师
郝淑琴（女）门头沟区育园小学高级教师
刘树军　门头沟区大峪一小小学高级教师
王振祥　门头沟区陇驾庄中心小学一级教师
潭中玲（女）门头沟区东辛房小学一级教师
石春太（女）门头沟区黄塔中心小学一级教师
宋永兰（女）门头沟区大峪二小小学一级教师
栾洪凤（女）门头沟区圈门中学一级教师
孟湘茜（女）门头沟区新桥路中学高级教师
郝来源　门头沟区职教中心校中学高级教师
王海军　门头沟区色树坟中学二级教师
殷玉基　门头沟区教师进修学校高级教师
靳汉钦　门头沟区大峪中学高级教师
罗佩艳（女）门头沟区军响中学二级教师
刘春云（女）北京市昌平县黑山寨中学二级教师
李志刚　昌平县南邵中学一级教师
王桂兰（女）昌平县南口农场中学一级教师
付文霞（女）昌平县阳坊中学一级教师
苏玉萍（女）昌平县回龙观中学一级教师
徐洪文　昌平县上苑中学一级教师
白小志　昌平县第一中学一级教师
赵庆云（女）昌平县第四中学一级教师
王宝珍（女）昌平县第五中学高级教师
郑　云　昌平县南口中学高级教师
邢淑贤（女）昌平县工业职业高中一级教师
陈文明　昌平县师范学校讲师
徐连生　昌平县教师进修学校一级教师
张宝旺　昌平镇中心小学一级教师
冯海兰（女）昌平县城区镇中心小学一级教师
左红霞（女）昌平县马池口中心小学一级教师
赵连福　昌平县流村中心小学高级教师
周正敏（女）昌平县巩华中心小学高级教师
赵彩侠（女）昌平县回龙观中心小学二级教师
龚　怡（女）昌平县北七家中心小学高级教师
马春英（女）昌平县上苑中心小学一级教师
刘永山　昌平县百善中心小学小学高级教师
刘　武（女）昌平县二毛学校高级教师
李子英（女）昌平县城关小学高级教师
周玉芬（女）昌平县师范附属小学高级教师
高立新（女）昌平县职工幼儿园幼教高级教师
马振民　大兴县黄村第一中学高级教师
吴芳希（女）大兴县黄村第一中学一级教师
李淑新（女）大兴县黄村第六中学二级教师
李占芝（女）大兴县黄村第七中学一级教师
姜利民（女）大兴县黄村二小高级教师
武凤玲（女）大兴县黄村五小一级教师
刘印玲（女）大兴县黄村九小高级教师
甘立霞（女）大兴县黄村二幼小学高级教师
黄兴豪　大兴县教师进修学校高级教师
叶光秀（女）大兴县德茂小学高级教师
张金萍（女）大兴县旧宫小学一级教师
刘永春（女）大兴县四分场小学一级教师
刘　侠（女）大兴县孙村小学一级教师
杜春峰　大兴县采育小学一级教师
白兰江　大兴县安定小学高级教师
宋　兵　大兴县榆垡中学二级教师
张宝平（女）大兴县礼贤第二中学代课教师
刘永荣（女）大兴县礼贤小学一级教师
刘久荣（女）大兴县榆垡小学一级教师
佟汝玲（女）大兴县庞各庄小学一级教师
周　芳（女）大兴县第五职业高中二级教师
肖乾亮　大兴县第三职业高中高级教师
赵春香（女）大兴县黄村镇中心小学一级教师
李有志　大兴县垡上小学一级

教师
张凤云（女）大兴县定福庄中学二级教师
刘淑媛（女）大兴县黄村镇小学高级教师
卢景旺 房山区张坊中学二级教师
徐学霞（女）房山区长沟中学一级教师
朱红霞（女）房山区南召中心小学一级教师
马　贵 房山区南梨园中学一级教师
李俊娥（女）房山区长沟中心小学一级教师
史万芳（女）房山区南窖中学二级教师
金冬梅（女）房山区坨里中心小学一级教师
孙秀珍（女）房山区坨里中学一级教师
李　芬（女）房山区琉璃河中学二级教师
李建玲（女）房山区琉璃河水泥厂小学高级教师
李玉莲（女）房山区五候中心小学高级教师
魏桂霞（女）房山区豆各庄中心小学一级教师
沙志娟（女）房山区窦店中心小学一级教师
王文月 房山区霞云岭中学二级教师
苗占生 房山区周口店中学一级教师
王　强 房山区磁家务中学一级教师
姜海燕（女）房山区西石羊中心校小学一级教师
丁焕芝（女）房山区琉璃河中心校高级教师
王宝丽（女）房山区电业中学高级教师
马良琴（女）房山区史家营中心校一级教师
赵永成 房山区南尚乐中学二级教师
马希敏 房山区教师进修学校中学高级教师
冯　彦 房山区教师进修学校中学一级教师
杨文林 房山区南尚乐中心校小学高级教师
佟书明 房山区交道中心校小学高级教师
张玉苹（女）房山区黄辛庄中心校小学一级教师
刘清栋 房山区良乡第二中学一级教师
吕杰兵（女）房山区河南中学高级教师
李桂苹（女）房山区第二中学一级教师
马　村 房山区交道中学二级教师
蔡建华（女）房山区城关小学中学高级教师
蒋　兵 房山区良乡中学高级教师
赵玉兰（女）房山区十渡中心校小学高级教师
鲁金红（女）房山区幼儿园小学高级教师
张志宇 房山区中学一级教师
魏建青（女）房山区大安山中心校中学一级教师
常志军 房山区师范学校讲师
郑明森 房山区蒲洼中心校小学高级教师
朱艳平（女）房山区葫芦堡中学二级教师
王国富 房山区窑上中学高级教师
崔恩山 房山区佛子庄中心校小学高级教师
刘淑芹（女）房山区周口店第二中学高级教师
王文浩 通县梨园中学一级教师
曹玉玲（女）通县觅子店中学合同制教师
岳凤玉（女）通县渠头中学合同制教师
林广兴 通县张家湾中学一级教师
张殿起 通县宋庄中学一级教师
张伟京（女）通县第三中学一级教师
陈宝忠 通县马驹桥中学高级教师
王　荔（女）通县运河中学高级教师
甄士伶（女）通县第四中学一级教师
郭振艳（女）通县草寺中学一级教师
曹凤文（女）通县次渠中学合同制教师
张民平 通县漷县中学二级教师
王金明 通县徐辛社中心小学一级教师
王浩梅（女）通县郎府中心小学合同制教师
李玉平（女）通县甘棠中心小学合同制教师
赵　洪 通县觅子店中心小学高级教师
蒋秀娥（女）通县柴厂屯中心小学合同制教师
李艳苹（女）通县台湖中心小学高级教师
刘亚文（女）通县牛堡屯中心小学一级教师
田爱芳（女）通县大杜社中心小学一级教师
李　涛（女）通县玉桥小学高级教师
张洪栋（女）通县后南仓小学高级教师
张淑君（女）通县运河小学一级教师
黄玉刚 通县城关镇中心小学高级教师
张俊英（女）通县东关小学一级教师
李卫红（女）通县东方小学高级教师
杨毓馨（女）通县教工幼儿园小学二级教师

张玉华（女）顺义县西辛小学高级教师
张秋爽（女）顺义县南彩中小高级教师
马秀清（女）顺义县赵全营中心小学高级教师
吴　宁（女）顺义县河北村中心小学高级教师
史宝国　顺义县李桥中心小学高级教师
孙宝香（女）顺义县仓上小学高级教师
蔡振敏（女）顺义县河南村中心小学教师
王淑云（女）顺义县双兴小学高级教师
郑　勤　顺义县李遂中心小学一级教师
刘春英（女）顺义县小店中心小学高级教师
袁秀芹（女）顺义县光明中心小学高级教师
武建龙　顺义县沙岭中心小学高级教师
赵云香（女）顺义县临河小学一级教师
朱玉萍（女）顺义县第三幼儿园小学一级教师
闫德芳（女）顺义县后沙峪中学二级教师
吴　春　顺义县尹家府中学二级教师
石淑兰（女）顺义县城关二中高级教师
张海东　顺义县沙岭中学二级教师
高　波　顺义县北务中学二级教师
许　庆　顺义县赵全营中学二级教师
张淑桂（女）顺义县马辛庄中学一级教师
赵向军　顺义县城关一中高级教师
杨春江　顺义县杨镇一中高级教师
梁学军　顺义县第八中学一级教师
关维苏　顺义县牛栏山一中高级教师
徐孟军　顺义县牛栏山一中高级教师
马玉环（女）顺义县职教中心中学一级教师
赵月华（女）顺义县师范学校中专讲师
焦天钰　怀柔县第一中学高级教师
王和平（女）怀柔县第二中学一级教师
方元琴（女）怀柔县第四中学一级教师
宋春桂（女）怀柔县张各长中学二级教师
李凤鸣　怀柔县三渡河中学二级教师
赵连春　怀柔县沙峪中学二级教师
杜海丰　怀柔县九渡河中学二级教师
金彦东　怀柔县汤河口中学一级教师
张福霞（女）怀柔县长哨营中学一级教师
李荣琴（女）怀柔县城关第一小学高级教师
陈凤英（女）怀柔县城关第二小学高级教师
李海艳（女）怀柔县城关第三小学高级教师
耿瑞敏（女）怀柔县怀柔镇中心小学高级教师
于浩香（女）怀柔县北房镇中心小学高级教师
任秀芹（女）怀柔县雁栖镇中心小学高级教师
方玉芹（女）怀柔县怀北镇中心小学一级教师
徐秀梅（女）怀柔县宝山寺乡中心小学二级教师
于福英（女）怀柔县碾子乡中心小学二级教师
孙秀琴（女）怀柔县长哨营乡中心小学高级教师
王晓红（女）怀柔县第一幼儿园幼教一级教师
张启华　密云县新农村中学一级教师
石元民　密云县台上中学二级教师
尚学文　密云县师范学校一级教师
张洪斌　密云县第二中学一级教师
王继良　密云县新城子中学一级教师
王振东　密云县第一中学一级教师
贾金侠（女）密云县东邵渠中学小学二级教师
王秉钧　密云县教研中心中学高级教师
张柏鑫　密云县曹家路中学一级教师
相德勤　密云县高岭中心小学一级教师
薛淑兰（女）密云县密云镇中心小学高级教师
霍　光（女）密云县果园小学高级教师
高玉春（女）密云县第一幼儿园高级教师
张金茹（女）密云县第一小学一级教师
单佩福　密云县河南寨中心小学一级教师
孙瑞华（女）密云县溪翁庄中心小学高级教师
李卫国　密云县陈各庄中学二级教师
曹桂琴（女）密云县西田各庄中学二级教师
宋立军（女）密云县第四中学一级教师
张桂梅（女）密云县密云水库中学二级教师
马冠华（女）密云县十里堡中心小学高级教师
周书君（女）密云县西田各庄中心小学一级教师
李海娥（女）密云县第三小学一级

教师
张立新（女）密云县聋哑学校一级教师
贾书芬（女）平谷县大兴庄中心小学高级教师
赵福忠 平谷县第二小学高级教师
孙春富 平谷县熊儿寨中心小学高级教师
贾春英（女）平谷县小车庄中心小学二级教师
陶柱贤 平谷县北杨桥中心小学高级教师
王桂玲（女）平谷县黄松峪中心小学一级教师
陈爱民（女）平谷县夏各庄中心小学一级教师
李翠红（女）平谷县师范附属小学一级教师
王小芹（女）平谷县南独乐河中心小学一级教师
李 平（女）平谷县城关一小高级教师
胡长青 平谷县刘店中心小学一级教师
胡荣华（女）平谷县张各庄中学一级教师
韩玉莲（女）平谷县王辛庄中学一级教师
秦秀芬（女）平谷县英城中学一级教师
崔书香（女）平谷县第二中学高级教师
贾金艳（女）平谷县第五中学一级教师
贾雪明 平谷县门楼中学二级教师
王春香（女）平谷县第四中学一级教师
王连启 平谷县大兴庄中学一级教师
薛志明 平谷县第三中学二级教师
李友银 平谷县教育技术装备部一级教师
张书平（女）平谷县第一职业高中一级教师
徐百合 平谷县教师进修学校一级教师
张守合 平谷县教育党校高级教师
高满元 延庆县永宁中学高级教师
姬海芳（女）延庆县团结小学高级教师
高大福（女）延庆县张山营中心小学高级教师
贺 勇 延庆县大柏老中心小学代课教师
王庆玲（女）延庆县八里庄中心小学一级教师
张世华 延庆县西屯中心小学高级教师
彭来红（女）延庆县振兴小学高级教师
张鹏志 延庆县南张庄中心小学一级教师
陈生云 延庆县八达岭中心小学高级教师
吕 东 延庆县教师进修学校高级教师
陈艳琴（女）延庆县实验小学高级教师
冯英慧（女）延庆县教育局教学研究部中学一级教师
李青山 延庆县职业高中一级教师
奚新苹（女）延庆县康庄中学一级教师
周云霞（女）延庆县师范学校讲师
高爱昱（女）延庆县新城中学一级教师
李明娥（女）延庆县南菜园中学一级教师
魏富春 北京市延庆中学高级教师
侯俊阁（女）北京铁路分局第五中学一级教师
白乃慧（女）北京铁路分局第六中学一级教师
曹 明 北京铁路分局第七小学高级教师
鲍佳岚（女）北京铁路分局实验小学高级教师
张福玲（女）北京铁路分局第十一小学高级教师
苏效民（女）北京教育科学研究院基教研中心高级教师
李铁铮 北京教育科学研究院基教所高级教师
王文源 北京教育科学研究院教育发展中心助理研究员
曾寿昌 北京教育科学研究院职教所高级教师
杨 娜（女）北京第一师范学校高级讲师
李培华（女）北京第三师范学校讲师
朱宗强 北京市幼儿师范学校高级讲师
马士平 北京通县师范学校讲师
李汝明 北京西藏中学高级教师
张先敏（女）北京市少年宫高级教师

成人教育

仉乃健（女）东城区职工中学中学高级教师
王茵华（女）东城区职工业余大学副教授
袁秀英（女）东城区职工业余大学讲师
蓝先琳（女）西城区职工大学讲师
刘秀荣（女）西城区职工大学中教一级
童其慧（女）西城区经济科学大学讲师
刘增厚（女）北京市广播电视中专学校讲师
陈韦训（女）崇文职工大学讲师
齐利亚（女）北京宣武红旗业余大学讲师
李晓滨 北京宣武职工中等专业学校中教一级
董荣安 朝阳区职工中等专业学校讲师

宁雪娟（女）朝阳区职工大学讲师
左大干 海淀区职工大学副教授
王莉莉（女）北京广播电视中专海淀工作站讲师
刘长岭 北京市海淀区四季青成人中专讲师
李海泉 丰台区成人中等专业学校政工师
董丽君（女）丰台职工大学讲师
陈 静（女）丰台职工中等专业学校讲师
陆秀媛（女）丰台职大副教授
桂履济 石景山区电大工作站副教授
田万江 石景山区职工中专学校助讲
王专林 大兴县成人中等专业学校中教一级
王淑琴（女）北京广播电视中专大兴工作站讲师
高尚礼 通县干部中专学校中学高级教师
刘 良 通县成人教育局教研室讲师
张桂媛（女）北京广播电视大学顺义分校中学一级教师
张志明（女）顺义县职工中等专业学校助理讲师
郭艳苹（女）顺义县成人中等专业学校中学一级教师
陈茂莉（女）昌平县经委职工中专学校助讲
杨 葳（女）昌平县职工中等专业学校讲师
陶明生 昌平县财贸职工中专高级讲师
穆凤琴（女）房山区干部职工学校中教一级
王士奇 房山区财贸职工中等专业学校中教一级
李连成 北京电大密云分校中学一级
许凤娟（女）密云县职教中心电视中专助理讲师
卢泽军 北京广播电视大学怀柔分校中学一级
雷文华（女）怀柔县成人中等专业学校讲师
刘建东 北京市农业广播电视学校平谷工作站讲师
张树元 平谷县成人中等专业学校讲师
杨成慧 延庆县电大工作站中教一级教师
赵艳菊（女）北京市农业广播电视学校门头沟工作站教师
朱良津（女）北京国际标准舞学院高级院士（国际资格）
方洪泰 北京中华商科学校中教高级
夏光仁 北京中新企业管理学院教授
王培均 北京市服装职教中心讲师
周锡灵 北京市氧气厂职工学校讲师
车亚军 北京市化学工业局职工大学讲师
李一经（女）北京市机械工业职工中专学校高级会计师
欧江林 北京市机械局职工大学教师
段玉平 北京市成人电子信息大学教授
孙 逊 北内集团总公司培训中心教师
梁兴哲 北京市医药总公司职大副教授
佟振荣（女）北京市印刷集团总公司职工学校高级讲师
罗胜芳（女）北京市同仁堂制药厂中药师
刘 杰（女）北京市经济管理干部学院副教授
仇 琳（女）北京汽车制造厂职工汽车学院教师
吕 京 北京市煤炭总公司培训中心讲师
张苏苹（女）北京市技术交流培训中心高级工程师
石乐铭 北京市轻工职工大学副教授
刘希堂 北京市轻工职工大学讲师
郝传鹏 北京市纺织工业学校高级讲师
娄时平（女）北京纺织职工中等专业学校干校教师
张金淑（女）北京市矿务局职工中专学校教师
何淑玉（女）北京市电子工业职工中等专业学校教师
吴 敏（女）首钢工学院讲师
史文良 北京钢铁学校中教一级
刘长文 北京人民警察学院讲师
徐 润 北京市第二人民警察学校讲师
鄢义平 北京市农业管理干部学院副教授
孔志学 北京市城乡建设学校讲师
刘寄萍（女）北京市农业职工中等专业学校高级讲师
宋书仲 北京市南郊农场职工中等专业学校讲师
贺西全 北京市水利局职工中专学校助讲
李 燕（女）北京市对外经贸教育中心高讲
安文垣（女）北京市对外经贸教育中心高讲
王丽文（女）北京市交通局干部学校高级讲师
张红玉（女）北京市煤气公司职工学校讲师
高晓茹（女）北京市公共交通总公司干部学校讲师
刘京生 北京市房地产职工中专讲师
王玉宏（女）北京市环卫职工中专助理讲师
赵文艺 北京市邮政职工中专

讲师
石宝锌　北京市园林职工中专讲师
钟为德　北京市建设职工大学副教授
赵立新（女）北京市建设职工大学高级讲师
郑秀英（女）北京城建道桥公司培训中心工程师
张海贵　北京城建职工中专学校高级工程师
郭振平　北京市住宅建设总集团教育中心助理经济师
李慰青　北京市住宅建设总公司职工中专学校助理讲师
高军　北京市市政工程总公司职工中等专业学校讲师
孙增芳（女）北京市市政工程局职工中等专业学校讲师
艾伟杰　中建一局(集团)培训中心高级工程师
晁肇薇（女）北京北辰集团培训中心翻译师
陈鹤鸣　北京市财贸管理干部学院副教授
朱平（女）北京市商贸职工大学讲师
毛建伟（女）北京市第一商业局干部学校讲师
陈建南　北京市粮食局职工中等专业学校讲师
吕智祥　北京市商贸学校高级讲师
庄惠琳（女）北京市服务管理学校高级讲师
司晓丽（女）北京市供销职工中等专业学校讲师
尚淑惠（女）燕莎友谊商城有限公司培训中心工程师
马芳芳（女）全聚德集团培训中心讲师
杨桦（女）北京友谊商业集团培训中心讲师
刘韶湘（女）西单商场集团经济师
陈鸿征　北京市职工体育运动技术学校副教授
马彦伟（女）北京市第三人民警察学校讲师
战福众　北京市政法管理干部学院讲师
李广元　北京市总工会职工大学高级讲师
张大慧（女）北京市审计局干部学校会计师
房朝仕　怀柔县地方税务局助理经济师
张萍（女）北京市民政干部学校讲师
朱汝光　北京市计划劳动管理干部学校讲师
沙颂　北京市行政学院讲师
刘锡斌　北京市工商行政管理职工中专学校讲师
苏立康（女）北京教育学院教授
曾中平　北京教育学院教授
陈寿立　北京广播电视大学副教授
王培根　北京广播电视大学副教授
曲凤英（女）北京市成人教育学院副教授

中等专业教育

姬立中　北京铁路电气化学校讲师
吴晓军　北京市化工学校实验师
贯清水　北京市化工学校讲师
李光月　北京市房山区卫生学校讲师
张小平（女）北京市铁路师范学校讲师
陈艳红（女）北京市中医学校助理讲师
刘云溪　北京市人民警察学校高级讲师
宋昀（女）北京市机械工业学校讲师
杨淑明（女）北京市电信学校讲师
白德欣　北京市燕山石油化工学校讲师
张秋兰（女）北京市邮政学校高级讲师
司小军　北京市工艺美术学校讲师
袁彤　北京市工艺美术学校助理讲师
胡志萍（女）北京市振华旅游学校讲师
茹惠香（女）北京市物资贸易学校讲师
王治华　北京市护士学校讲师
付婉君（女）北京市纺织工业学校高级讲师
张立权　北京市城乡建设学校讲师
陈颖（女）北京市电子工业学校助理讲师
刘俊英（女）北京市昌平卫生学校讲师
包如才　北京市卫生学校高级讲师
高路明（女）北京市供销学校讲师
王燕杰（女）北京市经济管理学校讲师
郭凤书（女）北京市崇文区卫生学校讲师
王惠敏（女）北京市园林学校讲师
郭凤珍（女）北京市水利水电学校高级讲师
徐志刚　北京市舞蹈学院附属中等舞蹈学校讲师
何则先（女）北京市第二体育运动学校中教一级教师
李惠娥（女）北京市友谊医院护士学校助理讲师
高静如（女）北京市丰台区卫生学校高级讲师
齐书莲（女）北京市第三体育运动学校讲师
石凤华（女）北京市第五体育运动学校讲师
董胜利（女）北京市东城区卫生学校讲师
张海一（女）北京市钢铁学校讲师
夏颖（女）北京市什刹海体育运

动学校中教一级教师

郭萌黎（女）中国音乐学院附属中等音乐专科学校讲师

罗中夏（女）北京市医药器械学校政工师

张振柱 北京市税务学校助理讲师

李敬春 北京市建筑材料工业学校助理讲师

周　辉（女）北京市第二轻工业学校高级讲师

李根京 北京市第二轻工业学校讲师

张京珍（女）北京市塑料工业学校讲师

王朝晖 北京市财政学校讲师

郭　桐 北京市第一轻工业学校讲师

张　恺 中国民航北京中等专业学校讲师

李淑荣（女）北京市石景山区卫生学校讲师

赵　赫（女）北京市商贸学校高级讲师

侯玉锟 北京市计算机工业学校高级讲师

陈素坤（女）北京医科大学卫生学校副主任护士

马永明 北京市商业学校高级讲师

解同信 北京市煤炭工业学校高级工程师

王　强 北京市煤炭工业学校讲师

米福生 中国戏曲学院附属中等戏曲学校高级讲师

傅敬盐（女）北京针灸骨伤学院附属中医药学校高级讲师

白泽民 北京市铁路机械学校高级讲师

杨汝震 北京市戏曲学校文艺三级

于　斌（女）北京市西城区卫生学校助理讲师

技工学校

张锡杰 北京市农业机械化学技校教师

石敦高 北京市建设工程建技校高级工程师

王书成 北京市公用局技校教师

谢亚平 北京市交通技校教师

庄　侠（女）北京市工艺美术技校工艺美术师

刘　影（女）北京市商业技术学校讲师

李全禄 北京市汽车工业技校一级实习指导讲师

刘永莉（女）北京市汽车工业技校讲师

赵淑琴（女）北京市矿务局技校讲师

蒯文润（女）北京市同仁堂制药二厂技校讲师

陈广志 北京市化工职业技术学校技师

杜文建（女）北京市海淀区商业技术学校讲师

刘洪生 北京市二七机车厂技校一级实习指导教师

朱建平 北京市二七机车厂技校讲师

高秋萍（女）北京市环卫技校教师

苏金东 北京市一轻技术学校讲师

冯久东 北京市公路局技校讲师

穆希阳 北京市汽车驾驶学校讲师

赵洪宝 北京市顺义技校教师

段凤鸿（女）北京市首钢技校二级实习指导教师

张秀云（女）北京市燕化炼油厂技校教师

戚　玮（女）北京市文化艺术技术学校教师

罗建华 北京市地铁总公司技校教师

王丹彤（女）北京市商贸职业技术学校讲师

宋焕伦 北京市机械施工公司技校助理讲师

秦海蛟 北京市实用技术学校助理讲师

刘继昌 北京市崇文区职业技术学校教师

郑　平（女）北京市二轻技术学校高级讲师

崔京文（女）北京市服务管理学校讲师

鲁守珍 北京市无线电动力技校教师

丁仿明 北京市电子工业技校技术员

许　燕（女）北京市有色金属技术学校讲师

郑贺齐 北京市重型电机厂技校教师

杨　杨 北京市北人集团技校教务主任

吕淑颖（女）北京市医药技术学校讲师

李树潭 北京市水泥机械总厂技校讲师

王红梅（女）北京市供销职业技术学校助理讲师

王淑慧（女）北京市延庆县职业技术学校教师

于雅丽（女）北京市远东仪表公司技校高级讲师

王佩卿 北京市实验技校二级实习教师

邢莉萍（女）北京瑞利职业技术学校讲师

托幼园所

李明新（女）东城区和平幼儿园教师兼园长

巩宝玲（女）东城区政府机关幼儿园教师兼园长

查旺琴（女）东城区北新桥北新幼儿园教师兼保教主任

王玉俊（女）公汽一公司第一运营分公司幼儿园教师
田淑敏（女）市自来水公司东直门幼儿园教师兼园长
朱莉莉（女）东城区景山三眼井幼儿园教师
于克敏（女）东城区建国门托幼中心幼儿园教师
路逸仙（女）北京市第二幼儿园教师兼园长
程　云（女）西城区婴幼儿保教实验院高级教师
刘维萍（女）中央组织部机关幼儿园教师兼副园长
郛　丽（女）中华全国总工会机关幼儿园教师
李铁侬（女）公安部幼儿部教师兼院长
张海鹰（女）西城区阜成门北营幼儿园教师
杨　慧（女）西城区月坛第一幼儿园教师
乔秋莲（女）北京市邮政管理局鸿雁幼儿园教师兼园长
孙小娟（女）北京铁路分局冰洁第一幼儿园教师兼业务园长
黄　培（女）北京市公安局幼儿园教师
郝素兰（女）西城二龙路新京儿道实验幼儿园教师兼副园长
吴荷兰（女）中共中央办公厅警卫局幼儿园业务主任
陈晓晶（女）西城区大拐棒幼儿园教师兼园长
吴春宏（女）西城区福绥境横三条幼儿园一级教师
郝杰兰（女）崇文区光明幼儿园高级教师
赵爱冬（女）崇文区安乐幼儿园教师
李淑荣（女）北京市崇文托儿所教师
张　新（女）中共北京市委机关幼儿园教师

李孟贞（女）崇文区晨光幼儿园教师
刘纪生（女）北京市天坛医院幼儿园教师
张德慧（女）北京军区空军育翔幼儿园教师
王立华（女）崇文区西草市幼儿园教师
谭荣莉（女）宣武区枣林西街幼儿园一级教师
朱　洁（女）宣武区马连道幼儿园教师
裴福铮（女）宣武区白纸坊街道樱桃园幼儿园教师兼园长
徐建军（女）朝阳区饮食服务总公司幼儿园教师兼园长
韩金荣（女）北京第三棉纺织厂幼儿园教师
刘淑琴（女）首都国际机场第一幼儿园教师
初文英（女）北内幼儿园教师兼分园长
张秀平（女）朝阳区建筑工程公司幼儿园教师兼园长
万　琪（女）北京市第一市政工程公司幼儿园教师
马桂萍（女）朝阳区香河园西坝河东里第一幼儿园教师
冯福恩（女）朝阳区人民政府机关幼儿园教师兼园长
李春芳（女）朝阳区左家庄街道中心幼儿园教师兼园长
吴玉屏（女）首都经济贸易大学总务处幼儿园教师兼园长
王庆红（女）北京汽车摩托车公司第二幼儿园教师兼园长
贾桂芳（女）朝阳区十八里店乡中心幼儿园教师兼园长
王　竺（女）朝阳区安贞街道第四幼儿园教师

孙玉芝（女）海淀区四季青乡中心幼儿园教师
谢丽卿（女）空军直属机关蓝天幼儿园教师兼副园长
付智会（女）解放军后勤指挥学院幼儿园教师
宁桂荣（女）航天医学工程研究所幼儿园教师
庞淑芳（女）中央党校行政管理局幼儿园教师兼园长
常小英（女）57318部队幼儿园教师
郭秀琴（女）海淀区政府机关幼儿园教师兼副园长
刘金萍（女）第二炮兵机关第一幼儿园教师
吴秀兰（女）海淀区海淀乡中心幼儿园教师
李蔚倩（女）北京大学幼儿园教师兼园长
桑凤英（女）中国工运学院幼儿园教师兼园长
唐玉华（女）新华通讯社保育院一级教师
李　芳（女）北京铁路局生活所第一幼儿园一级教师
杨兰英（女）总后勤部五一幼儿园高级教师
乔蔚兰（女）海军北京示范幼儿园高级教师
孙桂玲（女）中共中央对外联络部幼儿园高级教师
韩亭芳（女）北京外国语大学幼儿园教师兼园长
何炳珍（女）北京师范大学实验幼儿园教师兼园长
赵　慧（女）武警总部机关幼儿园一级教师
王守正（女）中国科学院第一幼儿园高级教师
白博丽（女）海淀区羊坊店第二幼儿园教师
郭惠如（女）丰台方庄地区芳群第二幼儿园教师
谢小平（女）海军航空兵部幼儿园教师
潘立琴（女）丰台区丰台镇正阳幼

儿园教师
王　晨（女）解放军总后勤部六一幼儿园教师
刘　凤（女）首都航天机械公司幼儿园教师
张　霞（女）北京市丰台区卫生局幼儿园教师
范春荣（女）丰台第一幼儿园中教高级教师
藏文凤（女）八一电影制片厂幼儿园教师
孙云芝（女）石景山区金顶街街道幼儿园教师
张桂清（女）首钢保教处第一幼儿园教师
刘淑敏（女）北京重型电机厂幼儿园教师
潘月敏（女）北京市希望幼儿园教师
柴雪荣（女）门头沟区副食品公司幼儿园教师
马立红（女）昌平县委机关幼儿园教师
孟淑萍（女）防化研究院幼儿园教师
王海青（女）昌平县上苑乡中心幼儿园教师
何淑敏（女）房山区房山街道办事处幼儿园教师
苏秀江　房山区学前教育中心教师
刘翠云（女）北京矿务局化工厂幼儿园教师兼园长
平玉芝（女）顺义县幼儿教育培训中心教师
宋淑珍（女）顺义县杨镇中心幼儿园教师
解金霞（女）顺义县尹家府中心幼儿园教师
李玉芳（女）顺义县沿河乡中心幼儿园教师
王淑敏（女）顺义县天竺镇中心幼儿园教师
王建荣（女）怀柔县北房镇中心幼儿园教师兼园长
李英珍（女）怀柔县桥梓镇中心幼儿园教师兼园长
赵淑华（女）延庆县医院幼儿园教师兼园长
张春华（女）大兴县政府机关幼儿园一级教师
戴玉敏（女）大兴县幼教培训中心教师
曹国凤（女）北京市监管局幼儿园教师兼园长
娄桂莲（女）密云县溪翁庄镇中心幼儿园教师
赵春兰（女）密云县西田各庄镇疃里幼儿园教师
陶瑞英（女）密云县政府机关幼儿园教师
赵敬兰（女）密云县穆家峪镇下峪村幼儿园教师
胡宝青（女）通县西集镇中心幼儿园教师
李金英（女）通县徐辛庄镇中心幼儿园教师
刘进莲（女）平谷县英城乡中心幼儿园教师
杨秋珍（女）平谷县大兴庄乡中心幼儿园教师
王国英（女）平谷县靠山集乡中心幼儿园教师
王凤兰（女）平谷县教育局幼教科小学高级教师
王利琴（女）顺义县张喜庄中心园小学高级教师

1997年北京市优秀教育工作者

高等教育

吴同瑞　北京大学研究员、副教务长
张荫春　北京大学研究员、党工委书记、副主任
李文英（女）中国人民大学助理研究员、科长
于瑞永　清华大学科长
李幼哲　清华大学编审、编辑室主任
王金华　北方交通大学校长
游德茂　北方交通大学宣传部长
王建中　北京航空航天大学副研究员、处长
孔德山　北京航空航天大学工人
齐玉玺　北京理工大学工程师主任
周惠民　北京理工大学政工师科长
涂纪明　北京科技大学工程师处长
杨　军　北方工业大学工程师校长助理
周伯勋　北京化工大学高级工程师
李秀峰　北京邮电大学高级工程师、主任
李景周　北京邮电大学工程师
唐运新　中国农业大学副研究员、党委副书记兼纪委书记
王德成　中国农业大学副研究员、副处长
王芹芳（女）北京机械工业学院中级、系总支书记
郝静如（女）北京机械工业学院教务处副处长
杜石平　北京林业大学副教授总支书记
顾正平　北京林业大学原党委书记
戴为信　中国协和医科大学主任医师、教育处处长
杨宗于（女）北京医科大学教授、教办主任
王德炳　北京医科大学党委书记兼校长
刘燕池　北京中医药大学教授基础医学院院长
吴家国　北京师范大学研究生院教授、副院长
汤修平　北京外国语大学助理研究员、保卫处副处长
王　强　对外经济贸易大学讲

师、副处长

冯世勇 中国政法大学副研究员、校党委办公室主任

蔡文菊（女）北京体育大学副科长

刘同新 中国戏曲学院助理研究员、院办公室主任

丁文楼 中央民族大学出版社教授、社长、总编

史崑岩 北京联大化学工程学院副研究员、原副院长

张志坚 北京联大旅游学院工会副主席

张六琥 首都经济贸易大学教授、副校长

吴玉屏（女）首都经济贸易大学幼儿高教、校幼儿园园长

周宣诚 北京工业大学教授、原党委书记

马树良 北京工业大学厨师特三级、班长

李昭玲（女）北京工业大学工会常务副主席兼七系党总支书记

王锐英 北京建工学院副教授教务处长

任世和 首都医科大学高级政工师、党总支书记

王玉华（女）首都师范大学副研究员

李兵红（女）首都师范大学政工师教学秘书

基础教育

梁　禄 北京市第一二八中学高级教师、校长

支厉娟（女）北京市分司厅中学高级教师、校长

赵仲国 东城区前圆恩寺小学中学高级教师、校长

王冬霞（女）东城区培智中心学校小学高级教师、校长

刘志杰 东城区少年宫工人

牟宗岗 北京教育学院西城分院中学高级教师副院长

张铭伟 北京市月坛中学高级教师、副校长

林福志 北京师范大学第二附属中学高级教师、校长

刁家纯 北京市第159中学高级教师、副校长

金延朴 西城区白云路小学中学高级教师、书记、校长

许增全 西城区五路通小学中学高级教师、书记、校长

李英华 西城区复外第一小学高级教师、总务主任

薛复中 北京市第一一六中学高级教师

房志逸 崇文区西园子小学高级教师

朱小娟（女）北京市第五幼儿园高级教师

张宝丰 北京市印刷学校高级教师、党支部书记

张其贵 宣武实验小学高级教师、校长

王　晖（女）北京市印刷学校一级教师、团委书记

金以平（女）宣武区广安门大街第一小学高级教师、财会人员

吕喜陵 朝阳区师范学校高级教师、校长

徐继冒 朝阳区管庄第二中学高级教师、校长兼书记

杨文尧 朝阳区幼儿师范学校高级教师、副校长

孙博芳（女）北京市求实中学高级教师、政教主任

李守义 垂杨柳学区小学高级教师、总支书记、校长

蔡　兵（女）朝阳区光华路第二小学高级教师、校长

张　楠（女）北京市双榆树中学高级教师、教科室主任

肖广泰 北京市香山中学高级教师、校长

刘　燕（女）北京市第五十七中学一级教师、副书记

宋作民 北京市远大中学高级教师、校长、书记

陈怀芝（女）北京市海淀区清河二小高级教师、副校长

孙美华（女）北京市海淀区红旗村小学高级教师、校长

罗　洁 北京市第十二中学高级教师、校长

谢克安 丰台区第二中学高级教师、校长

纪明祥 丰台区大红门中学高级教师、校长

董秀敏（女）丰台区第一小学高级教师、校长

来振东 丰台区芳城园小学高级教师、校长

文大信 石景山区古城旅游服务职业高中高级教师、书记、校长

孙宝凤（女）石景山区老山小学高级教师、书记、校长

刘惠荣（女）房山区燕山胜利小学一级教师、校长兼书记

徐　珉（女）门头沟区七棵树中学高级教师、校长

李致兰（女）门头沟区大峪第二小学高级教师、校长

耿慕陶 昌平县教育局中教高级教师、副局长

吴庆录 昌平县前锋学校高级教师、校长

胡金梅（女）昌平师范附属小学高级教师、校长

李锡宸 大兴县教育局高级教

师、督学室副主任
吴振启　大兴县教育局高级教师、招生办主任
黄再坡　大兴县西红门中心小学高级教师、督学室副主任
刘国荣（女）房山区良乡第二小学高级教师、校长
谢春生　房山区韩村河中学一级教师、校长
崔孝先　房山区城关小学高级教师、校长
唐汝钦　房山区第一职业高中高级教师、校长
王子亮　通县永乐店中学高级教师、校长兼书记
左增仁　通县田各庄乡中心小学高级教师、校长
刘学力　通县教育局机关一级教师、办公室主任
王立国　顺义县张喜庄中心小学高级教师、校长
唐永福　顺义县教育局副局长
李俊丰　顺义县汽车职业高中一级教师、校长
彭玉良　怀柔县桥梓中学高级教师、校长兼书记
李连鑫　怀柔县桥梓中心小学高级教师、校长
王得印　密云县第二小学高级教师、校长兼书记
苏金禄　密云县高岭中学高级电影放映员
刘显如　密云县冯家峪中学一级教师、校长
张金旺　平谷县夏各庄中心小学高级教师、校长
张于胜　平谷县高招办一级教师、高招办主任
韩宝芳　平谷县教育局一级教师、副局长
张进来　延庆县旧县中学一级教师、校长
闫利宽　延庆县延庆小学高级教师、校长
张永春　北京市铁路分局第十小学高级教师、校长

成人教育

赵志刚　东城区成人教育局高级教师、局长
王　琳（女）朝阳区成人教育局高级教师、局长
徐国勋　丰台区教委副研究员工委书记
王福来　房山区成人教育局高级政工师、局长
陈天明　密云县成人教育局高级教师、局长
柏启和　怀柔县成人教育局助理研究员、局长
史根东　北京市海淀区教委副主任
李　庭　北京市城市煤气职工学校校长
方道中（女）北京市农业干部管理学院党委书记
郝秀真（女）北京市机械局工业职工中专学校党委书记兼校长
张庆武　北京继续教育协会培训中心主任

中等专业教育

李玉璞　北京市交通学校高级讲师、校长
白占春　北京市皮革工业学校高级工程师、校长
王树燕（女）北京市农业学校高级讲师、常务副校长
王　恒　北京市无线电工业学校政工师、工会主席
李振兴　北京市第三人民警察学校高级讲师、副校长
郑海龙　北京市建筑材料工业学校科长

技工学校

聂振铎　北京市电车公司技校助理政工师、校长
杨金田　北京市化工机械厂技校高级讲师、校长
牟德学　北京市纺织工业技校经济师、校长
季连海　北京市机械工业技校讲师、校长
王占河　北京市畜牧技校畜牧师、校长
宋廷花（女）北京市门头沟区职业技术学校校长

托幼园所

范丽洁（女）东城区东华门办事处文教办干部
马　玲（女）西城区厂桥办事处幼教科科长
兰　静（女）宣武区教育委员会幼教科科长
刘慧敏（女）海淀区教育委员会副主任
马淑兰（女）丰台区教育委员会学前教育科科长
佟玉环（女）门头沟区教育委员会幼教科科长
孟秋珍（女）怀柔县怀北镇教育委员会幼教干部
王淑芹（女）平谷县山东庄镇中心幼儿园园长
姚金凤（女）延庆县旧县镇教育委员会幼教干部
王玉英（女）顺义县政府文教办公室幼教科长
吕广田　昌平县南邵乡人民政府文教办主任
景树华（女）大兴县教育局幼教科科长

（李艳玲）

教师队伍建设

【概 况】 1997年，北京市各级普通学校共有教职工316460人，其中，专任教师179080人。普通高等学校本专科教职工101206人，其中，专任教师36541人。普通中等学校教职工106426人，其中，专任教师64896人。小学教职工75125人，其中，专任教师62424人。特殊教育学校教职工892人，其中，专任教师623人。幼儿园教职工32811人，其中，专任教师14596人。全市各级成人学校共有教职工38082人，其中，专任教师16010人。成人高等学校教职工20074人，其中，专任教师8249人。成人中等学校教职工18008人，其中，专任教师7761人。

（魏 强）

【建立8个成人学校教师继续教育基地】 1月，市教委批准8所成人院校师资研修中心校。即中国人民大学、北京师范大学、北京外国语大学、首都师范大学、北京经济管理干部学院、北京市成人电子信息大学、北京市东城区职工业余大学、北京市成人教育学院。中心校分别承担市成人院校教师的经济、中文、外语、政治、财会、教学、计算机和教育等学科的学习、进修、培训及教研、科研工作。

（李 群）

【制订中小学教师“九五”继续教育工作意见】 4月，市教委制订《北京市中小学教师“九五”继续教育工作的意见》，该意见对中小学教师继续教育的目标和原则、对象、类别及内容，作出明确规定，要求各区县结合各自实际情况，制订实施意见。各有关部门制订与意见相配套的继续教育管理办法、考核办法、必修课培训意见、选修课科目指南等。

（张 龙）

【完成教师资格认定过渡工作】 4至12月，北京市进行教师资格认定过渡工作。共认定教师资格203177人，其中区县教育行政部门认定98562人，市教育行政部门认定104615人。本次教师资格过渡范围凡1993年12月31日在岗、在编的各级各类学校和其他教育机构中从事教育教学工作的教师及承担教育教学任务的其他专业技术人员、教育职员，符合教师资格过渡条件的，均可参加教师资格过渡。1993年12月31日前已退（离）休或调离学校的教师和其他人员以及1994年1月1日以后补充到教师队伍的人员，不属于教师资格过渡范围。

（孙秀芹）

【首届成人学校教师基本功大赛结束】 5月23日，市教委举办的北京市首届成人学校中青年教师教学基本功大赛结束。该比赛经各学校初赛，市教委复赛和决赛，共评出一、二、三等奖和优秀奖45名。同时，下发《北京市成人院校教师教学基本功大赛教案选编》和配套录像带。

（孙秀芹）

【不合格学历小学教师培训考核完成】 6月，市教委完成“八五”期间小学教师不合格学历考核工作。全市800余名小学教师中，报考教育学802人，757人参加考试，720人取得合格证；心理学报名798人，756人参加考试，708人取得合格证。“八五”期间，全市小学教师有8000余名高中学历教师，根据国家教委规定，高中学历不符合小学教师合格学历，需要补学教育学、心理学并进行考核。取得合格证者，相当于中师毕业学历。

（于汝材）

【规范成人学校教师继续教育工作】 11月4日，市委教育工委、市教委联合召开北京市成人教育管理干部、教师队伍建设工作大会。会议下发《北京市成人教育管理干部和教师培训办法》、《北京市成人学校教师继续教育工作的意见》两个文件，会议要求加强北京成人教育管理干部和教师培训工作，各级领导要把这项工作摆上重要日程。该文件是经过征求各方面意见后完成的。国家教委、市委教育工委和市教委有关领导参加会议。

（孙秀芹）

【接收各类毕业生7534人】 至年底，市教委系统共接收高校毕业生3063人，接收中师毕业生4471人。在3063名高校毕业生中，本科生2158人，专科生883人，研究生22人。其中，来自综合大学毕业生1154人。在4471名中师毕业生中，幼师占228人。

（李艳玲）

【市属院校引进骨干教师22人】 至年底，市属院校及直属单位引进副教授以上骨干教师22人，为骨干教师解决两地分居23户，接收安置复转军人6人，接收高校毕业生300人。其中，博士生24人，硕士生125人，本科生130人，专科生21人。

（李艳玲）

【中等师范学校压缩招生规模】 年内，针对小学教师需求减少的实际情况，本市压缩中等师范学校招生规模。中等师范学校招生人数从每年招生3000人左右压缩至普师招生1200人。明确普师所招学生三年后要进行大专阶段培养，获大专学历后担任小学教师。

（张 龙）

【总结中小学管理体制改革经验】 年内，市政府督学室、市教委组建中小学内部管理体制改革领导小组，对本市区县中小学内部管理体制现状进行调研，撰写出自1988年以来中小学试行内部管理体制改革总结，肯定成绩、分析问题，提出《关于完善中小学校内部结构工资制的意见》、《中小学教职工岗位聘任制修订办法》、《北京市中小学校长职级制试点工作的意见（试行）》、《北京市中小学教职工试行聘用合同制的办法》等文件，提出进一步深化中小学内部管理体制改革，健全管理职责，完善有效管理机制，增强基层活力，促进教职工队伍建设等措施。

（李艳玲）

【试办市级中小学骨干教师研修班】 年内，市教委委托北京四中、北师大实验中学、北京第一实验小学、北京幸福村中心小学4所中小学校试办中青年骨干教师研修班。该研修班聘请优秀教师，结合教育教学实践，以培养教育科研能力为重点进行。研修班学员采用脱产和业余相结合方式，学制1年。来自本市107名数学、语文两个学科市级中青年骨干教师参加学习。

（张　龙）

干部队伍建设

【概　况】 1997年，北京市各幼儿园共有园长2300人，其中，高师毕业及以上学历525人，中师毕业969人，职业高中幼教专业毕业109人，非师范专业毕业697人。小学共有行政人员9003人，其中，女性5090人。中学有行政人员15102人，其中，女性6455人。职业中学有行政人员3679人，其中，女性2053人。中等专业学校行政人员3051人，其中，女性1454人。市属普通高等学校行政人员2960人，其中，女性1598人。北京地区普通高等学校行政人员15104人，其中，女性7658人。成人高等学校行政人员5230人，其中，女性2201人。成人中等专业学校行政人员2008人，其中，女性923人。

（魏　强）

【召开高校教师培训工作规程会】 1月，市教委制订《北京市实施〈高等学校教师培训工作规程〉办法》。市教委、市高校师资培训中心联合召开培训工作会，宣讲培训规程和实施办法。高校负责教师工作的部门领导参加会议，林浦生到会讲话。

（徐山清）

【3所中学面向社会选拔副校长】 4月，在本市8城区联合面向全市选拔党政机关副处级领导干部，其中，3所中学首次面向全市公开选拔副校长，他们是北京市第四中学副校长、北京市第十四中学副校长、北京市第十五中学副校长。

（周　玲）

【举办多种成人教育培训班】 年内，市教委举办多种成教干部教师培训班。其中首次举办成人教育教学方法讲座。全市各级各类成人学校400余名教师代表参加学习；举办市成人中等专业学校和民办高校校长岗位资格培训班，培训70余人。

（李　群）

【举办首期成人教师研究生班】 年内，市教委举办首期市成人学校教师研究生课程班。该班由市成人院校师资计算机学科研修中心校（北京市成人电子信息大学）与北京航空航天大学联合举办，开设计算机专业，共招收成教系统教师40余名。

（李　群）

【培训高校教师1749人】 年内，北京普通高校继续开展青年教师教育理论培训，硕士研究生主要课程进修、国内访问学者选派、骨干教师提高外语和计算机操作能力等多种形式培训，共举办青年教师教育理论岗前培训4期，结业969人，硕士研究生水平培训553人。选派国内访问学者30人。高校骨干教师英语培训122人，计算机能力培训75人。

（徐山清）

【1200名中师毕业生参加自学高考】 年内，市教委要求各区县97届中等师范应届毕业生脱产参加高等教育小学教育专业自学考试，取得大专学历后到小学任教。根据在职小学教师业余自考教学计划下发脱产学习指导性教学计划。学生脱产在校学习期间，由所在学校教师进行集中辅导，按在校生进行学籍管理，发实习基本工资。有1200名中师毕业生进行脱产学习，占总数的23%。学制二年。

（张　龙）

【确定后备干部23名】 年内，市教委制订《北京市教委关于直属处级事业单位进行培养选拔优秀年轻后备干部工作的通知》。该通知明确选拔优秀年轻后备干部工作条件、程序、报送材料要求及培养措施，并下达各单位名额。各单位经过民主推荐、确定考察对象、组织考察、确定选拔对象、审查批准选拔对象等程序，确定后备干部23名。

（李艳玲）

【委机关150名干部通过计算机一级B类考试】 年内，市教委进行机关干部计算机一级B类培训考试。参加培训的150人全部通过，及格率100%。

（李艳玲）

职　称　评　审

【概　况】　1997年，市教委完成各级评审组织换届调整工作，共组建评委会10个、学科评议组55个，共聘请专家391人，实现统一政策、统一评审、统一管理。全年共评审专业技术职务3283人，通过2676人（通过率82%）。其中高级正职评审304人，通过237人；高级副职评审2856人，通过2335人；中级评审112人，通过93人；初级评审11人，通过11人。

（赵文友）

【停止中小学教师专业技术职务过渡性政策】　5月26日，市职改办、市教委联合下发《关于1997年北京市教育系统职称改革工作的意见》。该意见规定从1997年开始，对不具备规定学历参评中小学教师专业技术职务的过渡性政策一律停止执行，参评时必须达到国家试行条例规定的学历要求。该意见规定申报中学教师职务应具有大学专科或以上学历，申报小学教师职务应具有中师或以上学历。

（冯爱平）

【调整中学高级专业职务评委会】
9月，市中学教师系列高级专业技术职务评审委员会进行换届调整，按数学、语文、外语、物理和地理、化学和生物、政治及其他学科6个学科分别组成6个高评委。6个高评委由88名专家评委及27名学科组成员组成，负责本市中学高级教师、小学幼儿园评中学高级教师及中等师范学校高级讲师职务任职资格评审工作。本届评委会任期为3年。

（冯爱平）

【1704名专业人员获中学高级职务】　10月27至31日，市中学教师系列6个高评委分别召开评审会议，对全市申报中学高级教师，小学、幼儿园评中学高级教师，中等师范学校高级讲师职务的共计1974名人员进行评审，通过1704人，通过率86.3%。

（冯爱平）

【27人获图书资料系列专业职务】
10月28日，本市中小学图书资料系列中级职务评审委员召开评审会，对27名中、初级职务进行评审，均获通过。

（冯爱平）

【771人获高校系列中高级职务】
11月10至19日，市高校评委会召开评审会议，对北京地区105所学校（单位）申报高等学校教师、科研、工程、实验、教育管理研究和图书资料系列的高、中级职务1006人的材料进行评审。其中771人通过，通过率76.7%。

（郭宏伟）

【调整中专技术职务评委会】　年内，按照市教委统筹管理、统一评审政策、统一评审的原则，普通中专学校与成人中专学校联合组建新一届评审委员会，换届后的评委会由15名评委组成。

（国育京）

【中专职评执行新政策】　年内，本市中专学校调整的评审政策有：1982年及以后普通高校毕业人员申报中专学校教师职务应获得学士学位。不具备规定学历（学位）、任职年限要求，需破格申报高一级职务，必须在任现职内年度考核中曾被评为优秀等次。参评人员的答辩由市教师高级职务评委会组织进行改为由区县、局（总公司）教师中级职务评委会组织进行。全年，共有209人参加评审，通过126人，其中高级讲师105人，讲师21人。

（国育京）

【组建高校教师专业职务评委会】
年内，市职改办对原北京市高等学校教师高级职务评委会和北京市成人高等学校教师高级职务评委会进行换届调整，合并成立北京市高等学校教师高级职务评委会。该评委会由29名专家组成，下设43个学科评议组。

（郭宏伟）

【高校高级专业技术职务有新规定】
年内，高校高级专业技术职务申报人员必须达到国家《试行条例》所规定的学历要求。其中1982年及以后普通高等学校毕业人员应获得学士、硕士或博士学位。申报高等学校教育管理研究职务人员应具有大学本科或以上学历。

（郭宏伟）

【高校专业职务限额执行原规定】
年内，市教委发出通知，规定市属普通高等学校职务限额继续按原规定结构比例控制；成人高等学校和部委在京普通高等学校职务限额按行政隶属关系由上级主管部门决定。

（郭宏伟）

【部分年龄段教师职评采取新政策】
年内，市教委对部分年龄段中小学教师职务评审做出新规定。自1998年开始，本市对部分出生年龄段中小学教师将按高于国家试行条例规定的学历要求参评教师职务，即：1961年1月1日以后出生的中学教师申报中学高级教师职务必须具有大学本科学历，1961年1月1日以后出生小学教师申报小学高级教师职务必须具有大专学历，1951年1月1日以后出生的小学教师申报中学高级教师职务必须具有大专学历。

（冯爱平）

待遇

【表彰优秀教师1397人】 9月，市委教育工委、市教委、市人事局、市财政局、市劳动局、市教育工会共同开展评选表彰优秀教师、优秀教育工作者活动，在全市44万余名教职工中，共表彰优秀教师1397人，优秀教育工作者148人，优秀青年教师299人。为表彰和宣传优秀教师的先进事迹，组织全市性的优秀教师事迹报告会，教师节期间组织市领导去7个山区县慰问在山区工作的教师。

（李艳玲）

【完成奖励升级工作】 年内，市教委完成1996年市属高等院校和直属事业单位奖励升级和提前或越级晋升一档职务工资工作。438人获奖励升级，433人获提前晋升一档职务工资。

（李艳玲）

【提出离退休工作5条建议】 年内，市教委与市委教育工委联合对北京高校离退休管理工作情况进行调查，重点走访清华大学、中国人民大学、北京科技大学、北京工业大学、首都师范大学、首都经贸大学6所院校，召开12次座谈会，听取汇报和有关人员意见，向59所高校下发调查问卷，摸清离退休人员管理工作基本情况，总结“提高认识、党政齐抓共管、校系两级管理、工会组织参与”4方面经验，提出①加强组织领导，进一步提高对做好离退休工作重要意义认识；②市委教育工委、市教委应加强对教育系统退休工作领导，建议将北京市教育系统老干部工作领导小组改为“北京市教育系统离退休工作领导小组”；③建立和完善离退休人员校系两级运行机制；④进一步加强离退休干部党支部建设；⑤充分发挥离退休人员自我管理的作用，建立离退休人员自我管理组织等5条加强离退休人员工作建议。

（李艳玲）

培训机构

北京教育学院

党委书记 倪传荣
院　　长 倪传荣

【概　况】 1997年，北京教育学院设17个系、5个直属教研室、58个专业。有教职工567人，其中正高级职称13人，副高级职称121人，中级职称177人。教师中获北京市有特殊贡献专家奖1人，获曾宪梓教育基金奖8人，享受政府特殊津贴专家12人，全国优秀教师3人，北京市优秀教师和优秀教育工作者18人。学院从首都高校、科研院所、重点中学等单位聘请91名客座教授和兼职教授。1997年，该院在校生，上半年共计6161人，其中大专生3493人，本科生2017人，继续教育各类班学员651人；下半年共计7509人，其中大专生3464人，本科生2945人，继续教育各类班学员1100人。毕、结业学员共计1869人，其中大专毕业生1348人，本科毕业生297人，继续教育各类班结业学员224人。学院占地面积近4.3万平方米，建筑面积3.8万平方米；建有校园计算机网络、多媒体技术应用、微格教学、心理咨询服务、音像教学阅览、图书资料信息交流、中学教学法实验、基础教育研究8大系统；馆藏图书50万册。

（杨　捷）

【中小学教育文献信息研究会成立】 1月8日，北京市中小学教育文献信息研究会在教育学院成立。国家教委、市教委、北京教育学会、北京地区高校图书工委、中国教育报社领导，以及各区县教育局主管局长、图书馆工作会员代表共计350余人参加会议。会议通过《北京市中小学教育文献信息研究会章程草案》和《1997年工作计划要点》，推选常务理事。该研究会挂靠在教育学院图书资料中心，是研究中小学教育文献信息理论与实践的学术性群众团体。

（杨　捷）

【承办继续教育区域性实验研讨会】 1月22至24日，教育学院受国家教委委托，承办中小学教师继续教育区域性实验工作研讨会。全国12个省教委师训部门负责人、15个地区教委负责人及教师培训院校负责人共52名代表参加研讨会。会议期间，部分院校汇报“八五”期间第一轮中小学教师继续教育经验、问题及"九五"开展第二轮继续教育设想；与会代表研讨区域性实验工作培训目标、培训内容、课程体系等问题。会议认为：在职教师继续教育，是关系到能否落实基础教育"两全"目标，由应试教育向素质教育转轨及造就适应21世纪现代化教育的教师队伍的重大问题。区域性实验工作培训内容一般包括思想政治教育、师德修养、专业知识扩展和更新、教育科学理论学习、教学实践研究、教育教学技能训练、现代科技教育等。

（杨 捷）

【评议中学校长高研班论文】 3月10至13日，教育学院召开第2期中学校长高级研修班结业论文评议会。结业论文确定的主题是：对自己办学思想与实践的理性思考。高研班18名校长围绕主题，分别从普通中学体制改革、教育教学改革、学生思想教育、教师队伍建设、教育资源合理配置等方面进行调查研究。

（杨 捷）

【中泰同行进行互访交流】 3月23至29日，教育学院教育考察团一行7人出访泰国。在泰国期间，考察团访问泰国教育管理发展学院，拜访泰国国家教育委员会和佛统府教育局，参观佛统府重点中学及职业学院。考察团成员对IDEA在泰国教育发展中的地位和作用，IDEA的培训情况、课程设置、教学方法、机构组成和教学环境有了具体了解，对泰国教育的发展留下印象。5月20至26日，泰国教育管理发展学院一行7人到教育学院访问。中泰同行交流教育管理经验、教学经验；泰国客人参观学院现代化8大系统，在有关人员陪同下参观清华大学、北京农学院、北京昌平农业技术学校。中泰两国教育学院互访是根据有关协议进行的。

（杨 捷）

【进行远距离教育实验】 4月7日，市中学教师培训中心会同北京师范大学在顺义开始进行"九五"中学骨干教师继续教育远距离教育实验。该实验拟通过现代化教学手段进行教师培训。6月，顺义县交互式远距离继续教育网正式开通，并由北师大、首师大和中学教师主讲《数学知识的应用》课程。

（杨 捷）

【加强与区县进修院校合作】 4月9日，教育学院与城近郊8所进修院校举行第6次协作会议。院（校）长们就在新形势下加强联合办学，优势互补，搞好"九五"第二轮教师继续教育工作，进行研讨；针对市教委"九五"教师继续教育方案，研讨课程设置问题。11月7日，教育学院与各区县进修院校举行第8次协作会议，就进修院校专任教师培训工作进行研讨。

（杨 捷）

【中学校长高研班赴欧洲考察】 4月15至30日，北京市第2期中学校长高级研修班一行22人赴德国和法国进行中等教育考察。在德国，考察团拜访欧共体校长委员会的德方主席；听取巴登·符腾堡州文体教育部官员关于德国普通教育体制的介绍；参观高级中学、文理中学、综合职业学校、一般职业学校及语言培训中心等。在法国，考察团受到巴黎市教育局的接待，听取该局秘书长报告并参观让松中学和阿尔萨斯私立学校。

（杨 捷）

【培训普通话水平测试员】 4月22至28日，教育学院与市语言文字委员会联合举办北京市第3期普通话水平测试员培训班。在参加学习的54名学员中有半数以上来自远郊区县教师进修院校。其中，51人获《远郊市级普通话水平测试员》证书。

（杨 捷）

【教育和技术中心实验室成立】 4月25日，教育学院在美国德克萨斯仪器公司（TI）赞助下，成立教育和技术中心实验室（TTC），进行图形计算器和计算器科学实验室（CBL）在学校数学和科学教育中的应用探索。该实验室成立后，对部分中学数学教师进行培训，在部分中学举办实验课。

（杨 捷）

【调研中小学干部培训情况】 4至6月，教育学院联合市委教育工委、市教委、市普教干训中心，对全市18个区县教育行政部门实施《北京市中小学领导干部1995年至2000年培训规划》情况进行调查研究。截止6月30日，全市干部培训部门（市、区县二级）对4049人进行100学时计算机基础知识与基本操作培训；对4522人进行60学时现代教学原理与教学改革培训；举办教育管理本科班19个，在校生1067人；举办教育管理专科班4个，在校生296人；举办教育管理研究生课程班10个，在校生364人；培训中学后备干部522人，培训小学后备干部678人。

（杨 捷）

【培训共建基地校教师】 5月6日，教育学院与北京七中、五十六中、西城区五路通小学、文兴街小学4所教育教学实验基地校领导共同研究为基地校培训教师问题。决定由微格教学培训入手，以使教师掌握提高教学能力方法。5月20日、27日，举行第1次微格教学培训。4所基地校教务主任、教研组组长及骨干教师106人参加学习，并参观教育学院微格教学系统。

（杨 捷）

【5名青年教师获市级教学基本功大赛奖】 5月23日，市教委召开首届北京市成人院校青年教师教学基本功大赛总结表彰会。教育学院5名教师在决赛中获奖。其中，一等奖1人，二等奖1人，三等奖1人，优秀奖2人。该院获大赛组织奖。

（杨 捷）

【首期研究生课程进修班结业】 5月25日，教育学院与北京师范大学研究生院合作开办的首期研究生课程进修班举行结业典礼。首期研究生课程班设数学教育、物理教育、化学教育、中文教育及教育管理5个专业，174名学员经过两年的在职学习结业。

（杨　捷）

【德育管理研讨班开班】　5月26至29日，市干训中心中小学德育管理研讨班开班，培训《德育管理》课授课教师。全市19个区县(单位)进修院校有关教师参加培训。

（杨　捷）

【教育学院通过国家教委复查】　6月25至26日，教育学院通过国家教委复查。检查组从学院办学指导思想、办学条件和培训质量等方面进行检查。检查团听取市教委和教育学院工作汇报，审看介绍教育学院的录像，检查学院8大系统和其他教学设施，参观院史展览和美术、书法作品展，分别召开教师、中层干部、毕业学员和在校学员4个座谈会。检查组认为，学院坚持为基础教育服务的方向，按需施教；学校有特色，具有现代化意识，管理有特点，规章制度健全，培养的学员质量有保证。检查组提出教育学院办学条件较差，市里应继续增加投入。

（杨　捷）

【主办'97中美教育研讨会】　7月10至13日，教育学院与中国科技协会和美国环球交流公司共同组织'97中美教育研讨会。来自中国17个省、市、自治区的140多名代表和美国36个州的160多名代表参加研讨会。会议采用大会专题发言、分组发言及讨论等形式，组织代表参观北京四中等5所中小学校，美方代表组织交互学习活动展示。大会收到中美代表论文170篇。

（杨　捷）

【第3期研究生课程班开班】　8月11日，教育学院和北师大研究生院共同举办的第3期研究生课程进修班开学。该进修班招收数学、物理、化学、生物、地理、体育、中文、教育管理8个专业，学员334名。

（杨　捷）

【录取本专科新生2310人】　8月，北京教育学院共录取本专科学员2310人。其中专科学员1310人，包括文科教育专业456人，学校心理教育专业5人，图书馆学专业6人，汉语言文学教育专业14人，教育管理专业17人，旅游管理专业10人，理科教育专业82人，计算机教育专业70人，计算机与电子技术专业2人，冰箱设计专业1人，英语教育专业174人，幼儿艺术教育专业150人，音乐教育专业20人，美术教育专业46人，中国书法艺术教育专业29人，饭店服务教育专业53人，体育教育专业175人；本科学员1000人，包括汉语言文学教育专业148人，教育管理专业267人，政治和思想品德教育专业128人，历史教育专业44人，音乐教育专业25人，美术教育专业20人，英语教育专业166人，化学教育专业22人，物理教育专业26人，生物教育专业26人，数学教育专业74人，地理教育专业21人，体育教育专业33人。

（杨　捷）

【举办中小学校级干部高级研修班】　9月15日，教育学院第1期中学党支部书记高级研修班、第1期小学校长高级研修班开学。来自本市的优秀党支部书记和骨干校长共39人参加学习，其中，中学党支部书记19人，小学校长20人。在培训班开学典礼上，胡昭广指出，教育的根本出路是改革，振兴民族的希望在教育，振兴教育的希望在教师，办一流的教育必须有一流的校长和书记。

（杨　捷）

【首次组织全国计算机等级考试】　9月21和23日，教育学院首次组织全国计算机等级考试工作。参加一级考试19人，通过14人；参加"一级B"考试16人，通过14人；参加"二级"考试4人，均未通过。

（杨　捷）

【全国教育学院图书馆研究会成立】　10月21至24日，教育学院召开全国教育学院图书馆工作研究会成立大会暨学术研讨会。25个省、市、自治区33所教育学院图书馆代表参加大会。大会通过全国教育学院图书馆研究会章程，选举研究会理事会成员。会议就图书馆馆藏建设、机构管理改革、自动化管理以及为教学科研服务、为基础教育服务等问题进行研讨。

（杨　捷）

【举办第3次小教大专班研究课】　11月6日，教育学院在门头沟区教师进修学校举办第3次教学研究课。教育学院中文系教师为门头沟区小教大专班讲授古代汉语·古今词义的异同。昌平、房山、平谷、大兴、门头沟、宣武、东城、崇文、丰台等区县进修院校及教育学院领导、教师60余人参加教研活动。

（杨　捷）

【3个专业被评为特色专业】　12月9日，市教委认定北京教育学院汉语言文学教育、教育管理、英语教育3个专业为北京市成人高等学校特色专业。此次北京市独立设置成人高校特色专业评估，共有25所高校62个专业申请参加。经过初审和专家评议，27个专业被首批确定为特色专业。

（杨　捷）

【市领导到教育学院现场办公】　12月23日，胡昭广到北京教育学院现场办公，研究解决学院建设有关问题。陈大白和市计委、市教委、市财政局、市规划局及学院负责人参加会议。会议听取教育学院关于落实市政府会议纪要决定事项和学院二期工程建设规划方案汇报。会议决定：教育学院二期建设工程"三合一"方案，即在学院原址同时建设6000平方米教学楼和19900平方米宿舍楼，以解决英语教学、干部培训和教职工住宅问题。该工程所需资金总预算6300万元，由市教委和市计委共同筹措解决。

（杨　捷）

【聘任客座兼职教授91名】　12月

27日，教育学院召开第3届兼职教授聘任会。本届聘客座教授17人、兼职教授74人，共计91人。其中市党政机关领导16人，高等院校教授40人，科研院所专家学者11人，中学校长、特级教师18人，进修院校教师6人。在所聘客座、兼职教授中有中科院院士2人，国家学位委员1人，国家督学4人，博士生导师26人。

（杨　捷）

【26项课题列人“九五”重点计划】　年内，教育学院进行科研课题申报工作，共有26个项目列入国家和北京市重点课题。其中，国家教育科学“九五”课题5项；市教育科学“九五”重点课题15项；国家教委师范教育司课题1项；北京市哲学社会科学“九五”重点课题1项；市青年科技基金资助项目4项。

（杨　捷）

【评选优秀科研成果】　年内，教育学院进行1996至1997年度优秀科研成果和科研先进集体评选工作。47项科研成果获奖，其中一等奖6项（含青年奖2项）；二等奖14项（含青年奖5项）；三等奖27项（含青年奖9项）。6个系（处）获科研先进集体称号。

（杨　捷）

【完成小自考阅卷工作】　年内，教育学院参加小学教育自学考试命题和阅卷组织工作。2月，初考3门课程，其中《汉字·汉语基础》报考8797人，及格率37.15%；《小学教育心理学》报考11050人，及格率61.38%；《计算机应用基础》报考10040人，及格率49.28%。复考3门课程，其中《大学语文》报考3601人，及格率53.72%；《现代教育技术》报考3051人，及格率58.82%；《教育政策法规》报考2266人，及格率78.30%。8月，初考3门课程，其中《马列主义基本原理》报考10038人，及格率40.70%；《教育评价与统计》报考8555人，及格率51.96%；《中外文学作品选》报考8484人，及格率35.32%。复考2门课程，其中《高等数学基础》报考50人，及格率14%；《现代教育理论》报考2171人，及格率55.46%。

（杨　捷）

【举办计算机使用技能培训班】　年内，教育学院组织7期教师计算机使用技能培训班，其中，WORD字处理培训3期，网络使用技术培训班3期，多媒体知识学习班1期，181名教职工参加培训。

（杨　捷）

北京市成人教育学院

党委书记　宋丽兰
院　　长　贺向东

【概　况】　1997年，北京市成人教育学院设教育系、计算机系、外语系、中文系、经济管理系和基础部等6个教学单位，11个处室（包括教辅单位），共17个处级机构；下设2个二级学院（北京美国英语语言学院、北京玄宇艺术研修学院）。开设教育管理、中文、涉外文秘、财务会计、税务、经济管理、乡镇企业管理、环境保护、畜牧兽医、计算机与通讯、计算机应用、外贸英语、人体形象设计等13个专业。毕业生319人，招生667人，比上年增长14.6%，在校学历班学生1557人，各科短期培训3774人次。至年底，学院有教职工170人，其中正、副高级专业技术人员22人，中级专业技术人员46人。有专任教师63人，还有一支由重点高校聘请的专家、学者及外籍教师组成的兼职教师队伍。学院占地37572平方米，建筑面积近20000平方米，建有各种规格的教室、会议室、电教室、语音室、心理咨询室、会计电算化模拟室、美容美发实习室、计算机房和多功能学术报告厅等教学设施及学生公寓、餐厅、操场等教学配套设施，固定资产3400多万元。学院是全国计算机等级考试培训点和考试点。

（杨　军）

【召开科研进修总结表彰会】　1月9日，成教学院召开1996年科研进修总结表彰会。会议表彰在科研、进修等方面取得成绩的50名教职工。其中，获科研奖者29人；获进修奖21人。会上分别就成人高校学员德育教育、系部建设及行政后勤管理等内容进行理论研讨和交流。

（杨　军）

【两个二级学院通过评估】　3月18至20日和11月6至7日，北京市民办高等学校评估专家组，分别对市成教院所属两个二级学院（北京美国英语语言学院、北京玄宇艺术研修学院）进行管理水平综合评估，专家组基本上同意学院的自评意见，两个二级学院全部通过评估，达到合格标准。

（杨　军）

【举办岗位培训班】　3月25日至4月11日，成教学院举办第3期成人中等学校校长岗位培训班。培训班主要讲授教育管理学、教育心理学、教育法、组织领导能力等课程。参加学习的学员22人，其中校长、副校长16人，教务主任5人，校长助理1人。

（杨　军）

【开展办学调查】　3至5月，北京市成教学院教职工开展教育实现两个重要转变，成教学院怎么办大讨论，解决学院定位问题。院领导组织14名干部和教师到18个区、县、行业，对本市成人教育管理干部、教师队伍的实际情况进行实地调查；分析84所独立设置成人高校、146所成人中专校、90余所民办高校教师、干部队伍状况；对18个区、县教委（成人教育局）和市经委、建委、农工委、商委及市政管委有关局、集团、总公司进行书面问卷调查，召开市委、办、局成人教育处长和18个区、县成教局局长、区教委主管成教主任调研会，撰写出《北京市成人教育管理干部、教师队伍基本情况调查报告》、《北京市社会力量办学教师、管理工作人员基本情况调查报告》。

（杨　军）

【举办两期继续教育培训班】　4月18日至6月14日，北京市成人教育学院为市公交总公司举办一期教育理论培训班，来自公交总公司下属学校的学员49人参加学习。6月3日至12日，组织第二期教育理论培训班，学员33人，均为本市各成人高校非师范院校毕业青年教师。两期培训班重点讲授教育理论、教育管理、教育心理、教育法等方面课程。

（杨　军）

【举办首次学员征文比赛】　4月25日，北京市成教学院召开"三热爱"（爱党、爱祖国、爱社会主义）征文比赛评比、表彰会。该项比赛为学院首次举办，共征文172篇，评选出一等奖3名；二等奖5名；三等奖10名。

（杨　军）

【教育管理专业评定为特色专业】　7月9至11日，市成人高等学校特色专业评估专家组对市成教学院教育管理专业进行评估，评估结果为优良。教育管理专业被确认为本市成人高等教育学校特色专业。

（杨　军）

【举办免费转岗职工计算机培训班】　12月22日，成教学院举行计算机培训开班典礼，对市机械局系统55名转岗人员免费进行计算机培训。

（杨　军）

【召开学术委员会会议】　12月26日，成教学院第3届学术委员会召开第1次会议，11名学术委员参加会议。会议选举出学术委员会新一届领导成员，对学术委员会章程进行修改。

（杨　军）

教育研究

综 述

1997年，北京教育科学研究院在顺利完成组建任务后，进入创业阶段。全院坚持为教育行政管理和决策服务、为改革和发展服务、为提高教育质量服务、为繁荣教育科学服务、为首都经济建设和发展服务的宗旨，进行教育发展战略、教育基础理论、教育科学应用和教育教学的研究。各项工作取得较大进展。

1997年，北京教育科学研究院共有科教研人员和职工355人，其中142人具有副高级以上职称。

一、确立争创全国一流教科院目标

1997年，教科院制订跨世纪发展总目标：在市委、市政府的领导下，高举邓小平理论伟大旗帜，根据国家和北京市教育改革和发展的需要，动员和组织全市科教研力量，大力开展教育科学研究和教学研究，取得一批在全国有一定影响、能推动北京市教育改革和发展的成果。初步形成一支素质优良、结构合理、专兼结合、高效精干的科教研队伍。建立健全有利于出高质量科教研成果的组织机构和运行机制。具备能基本满足科研和教研工作需要，能保证全院工作顺利开展的工作条件和生活条件。

二、建立管理体制和运行机制

1997年，教科院召开全体党员大会，选举产生第一届中共北京教育科学研究院委员会和纪律检查委员会，召开首届职工代表大会和首届工会会员代表大会，选举产生首届工会委员会、经费审查委员会、首届职工代表大会执行委员会。全院形成“院常务会制度、党委会制度、职工代表大会制度”的管理体制。

聘请国家、北京市有关领导、专家、学者、教授为顾问，指导、咨询院的建设和科教研工作；成立北京教育科学研究院学术委员会，对重大学术问题、科教研工作起到咨询、指导、审议的作用。

教科院按“决策——管理——执行”三个层次初步建立教育科教研管理体系。决策层：由院常务会议、院学术委员会和顾问委员会、9个学科规划组组成。管理层：由院科教研管理处、院学术委员会秘书处及院属各研究所（研究中心）组成。执行层：包含两个分层，教科院所属的各研究所（研究中心）既是管理层，有管理的职能，又有执行层的部分职能，这是第一分层。第二分层即各个课题组。

在这个管理体制下，教科院“小实体、大网络、多结合、广辐射”的办院方针得到初步体现，从发挥整体优势出发，进行全院整合，逐步形成“集中统一规划与分级管理相结合，发挥整体优势与调动各方面积极性相结合”的运行机制。

三、业务工作成果

1997年，北京教育科学研究院主持召开北京素质教育研讨会，来自吉林、浙江等9个省市的300多名代表参加会议；倡导并主持召开北京、天津、上海、吉林、辽宁、浙江六省市教科院院长座谈会，就教育科研的地位和作用等问题进行研讨，取得共识，达成合作意向；举办首届教科院学术年会，互相交流、探讨，增强学术气氛；接待来自美国、俄罗斯、英国、及我国台湾的教育代表团，互相交流，建立合作关系；组团赴美国、加拿大、俄罗斯、澳大利亚等国学习考察，参加各种国际学术会议。

教育发展研究中心、基础教育教学研究中心等单位，参与制订《北京市教育事业“九五”计划和2010年长远规划》、《北京市十大教育工程实施意见》、《关于进一步实施中小学素质教育的意见》、《北京市实施素质教育调整九年义务教育部分学科教学内容与教学要求的意见》、《北京市中学青年教师基本功达标方案》、《教育规划实施进展情况监测指标（试行）》等文件，并以市政府、市教委的名义下发。

全年，教科院承担或参与13项国家级和国家教委“九五”规划课题，全部完成开题论证，进入研究阶段。北京市教育科学“九五”规划240项重点课题绝大部分课题完成开题论证，进入研究阶段。同时该院承担31项北京市教育科学“九五”规划课题的研究。

高等教育科学研究所承担的“八五”、“九五”教育规划国家教委重点课题产学研合作教育的教育模式和办学模式的研究取得突破性进展，国家教委正式发文在国家10部委和北京、上海30所高校进行试点。

基础教育科学研究所主持的市级重点课题：数学分层测试卡、小学整体改革实验研究的科研成果得到推广，在收到良好的社会效益同时，收到较好的经济效益。

基础教育教学研究中心协助市教委完成中考六个学科的命题、阅卷工作，完成高中会考九个学科的命题、阅卷、补考工作；成人教育教学研究中心组织成人中专统考、抽考的组织、命题、阅卷工作；职业教育教学研究中心组织全市职业高中二年级学生参加的语言水平统测的辅导命题，阅卷工作。

教材编审部、基础教育教学研究中心组织完成数学、物理、化学、外语、地理、生物、美术等多种教材的编写和出版工作；职业教育科学研究所完成职业高中美容美发、客房服务、烹饪、语文、数学、计算机、英语等多种教材的编写工作；《北京教育丛书》办公室为第2个百本教育丛书首批11本新书举行首发式。北京教育志办公室按期完成《北京教育年鉴》(1997)、《北京教育委员会文件选编》(1996)、《北京教育史志丛刊》、《北京市教育委员会政报》400余万字的编辑、出版、发行工作，受到有关方面的好评。同时，完成激光照排室的组建工作。

教育信息中心设计的北京市教委计算机网络通过专家评审。与高等教育科学研究所、北大高教所、清华高教所联合建立中国高等教育信息网，与成人教育科学研究所合作建立全国成教信息网。

四、党的建设和思想政治工作得到加强

院长积极支持党委对重大问题决策的参与，党委积极支持院长及其他行政领导依法和独立负责开展工作。

党委围绕科、教研中心，做好统一思想、统一认识的工作。由党委牵头，党政配合，分别于8月中旬、12月下旬召开两次院、处级干部会，结合党的十五大、市第八次党代会文件的学习，总结工作，交流思想，提出问题，集中研讨，在几个主要问题上达成共识，使思想达到统一。

党委围绕“香港回归祖国”，党的十五大胜利召开两件大事，认真抓好政治理论学习，开展一系列教育活动，弘扬爱国主义精神和民族自信心、自豪感，激发干部职工争创一流教科院的积极性。党委和人事部门紧密配合，在广泛听取意见，认真考察，群众推荐的基础上调整充实处级班子，按照干部选拔任用标准，先后任命29名副处级以上干部。

院纪委履行纪检“教育、监督、保护、惩处”四项职能，建立处级以上干部廉政档案，及时对群众举报进行核实、回复，坚持做到关口前移，监督到位。

（张世安　郝淑仪）

总　类

【瑞士心理学专家访问教科院】　1月13至14日，瑞士心理咨询专家彼简（Bijan）博士到教科院访问讲学。访问期间，彼简与该院领导马叔平、文喆举行座谈，并举办青少年心理健康专题报告。

（吕晓丽）

【召开第一次顾问工作会议】　1月27日，教科院召开第一次顾问工作会议。会议宣读北京教育科学研究院首批顾问名单，并向到会顾问们汇报一年来组建工作情况，会议向顾问们颁发聘书。北京教育科学研究院首批顾问由李志坚、陶西平、胡昭广、陈大白、关世雄、李晨、郝克明、谈松华、樊恭烋、王浒、郝守本、廖叔俊、姚幼钧、侯维城、史文炳、陈忠、尤文、庞文弟、闫立钦、闵维方、李卓宝、袁贵仁、顾明远、林培黎24人组成。

（吕晓丽）

【召开全院党员大会】　3月7日，教科院召开党员大会。会议应到会党员216人，实到199人。大会听取、讨论、通过朱全俊代表党组织作的《加强党的工作，为把我院建成全国一流的教育科学研究院而努力奋斗》的工作报告和马叔平《努力开创北京教育科研新局面，为把我院办成全国一流教育科学研究院而奋斗》的行政工作报告；通过党费收、支情况的报告。大会以无记名投票、直接差额选举方式，选举产生9人组成的第一届党委会和5人组成的纪律检查委员会。党员大会后，即召开院党委、纪委第一次会议，以无记名投票方式直接等额选举，朱全俊当选为党委书记，李凤琴当选为纪委书记。

（郝淑仪）

【与俄罗斯教科院建立合作关系】　5月17至27日，俄罗斯教育科学院学术秘书长H·涅恰耶夫院士一行5人访问教科院。访问期间，双方分别介绍各自教科院情况及教育实验改革的进程，并签订合作交流协议。根据该协议两院正式建立起合作关系，并逐步实现出版物交换、人员互访；双方合作的第一个课题是《北京、莫斯科教育事业发展研究》。

（吕晓丽）

【教科院召开“双代会”】　5月30日，教科院首届工会会员代表大会暨首届科教研职工代表大会召开。78名工会会员代表、82名职代会代表参加大会（其中，78人为双重身份代表）。会议听取和讨论马叔平的工作报告；通过北京教育科学研究院职代会暂行条例实施细则；以无记名投票直接差额选举产生工会委员会委员13人；以无记名投票等额选举产生经费审查委员会委员3人，职代会执行委员会委员15人。工会委员会、职代会执行委员会以无记名投票等额选举产生并经市教育工会批准：李凤琴任工会主席、职代会执行委员会主任。

（郝淑仪）

【美国纽约市立大学访问教科院】　6月9日，美国纽约市立大学胡南·保罗（Bob）教授访问教科院。该院领导马叔平等与美国客人进行座谈。双方就教材建设、成人教育有关问题交换意见。

(吕晓丽)

【主持召开北京素质教育研讨会】 6月14至18日，教科院主持召开北京素质教育研讨会。来自北京、贵州、四川、重庆、陕西、辽宁、吉林、黑龙江、浙江等地的38名代表出席会议。会议就17篇有关素质教育的论文进行广泛的研讨。会议期间，举办有本市大中小学校长、教师和科研人员400余人参加的专题报告会。

(吕晓丽　周春红)

【举办庆七一迎回归系列活动】 7月1日，教科院组织350余名干部职工开展迎香港回归签名活动，同时举行文艺演出。来自各所、中心、各部门的34个节目登台演出。

(郝淑仪)

【接待华人教育研讨会代表团】 7月2至5日，由美国、台湾学者组成的华人基础教育研讨会代表团到教科院访问。在访问期间，代表团介绍美国教育现状和台湾教育改革情况，并就海内外基础教育研究情况举行专题研讨会。

(吕晓丽)

【举办高教思想教育观念研讨会】 7月23日，市教委、教科院联合举办北京高等教育思想、教育观念研讨会。北京科技大学、北京航空航天大学、北京理工大学、清华大学、中国人民大学、北京大学有关学者在大会做研讨性发言。国家教委、市教委有关负责人参加会议。

(吕晓丽)

【完成年度职称评审工作】 9月8至16日，教科院完成年度专业技术职务评审工作。在9月8日召开的中学教师系列中级评审委员会第一次会议上，对该院申请中学教师系列中级职务的人员进行评审，并向高评委推荐申请本系列高级职务的人员。在9月13日召开的社会科学研究系列中级评审委员会第一次会议上，该院申报高级职务的人员在会上进行答辩。在9月16日召开的社会科学研究系列中级评审委员会第二次会议上，对申请中级职称人员进行评审，并向高评委推荐申请高级职务的人员。

(吕晓丽)

【举办专题学术报告会】 9月11日，教科院举办专题学术报告会。胡昭广做题为《高举伟大旗帜，实施科教兴国战略，推动北京市的教育改革与发展》的报告。院领导及各单位、各处室负责人、科教研人员参加报告会。

(吕晓丽)

【组团赴俄罗斯考察】 10月6至17日，教科院组团赴俄罗斯考察教育和教育科研。在俄期间，考察小组与俄罗斯教科院院长彼得罗夫斯基，常务副院长兼学术秘书长涅恰耶夫及普教研究所、成教研究所、社会教育研究所、高教研究所、信息研究所的所长和专家学者进行交流。考察109综合学校、825实验学校、俄罗斯文化传统学校、普希金城俄罗斯文化传统学校分校、315实验学校和莫斯科青少年创作活动中心。

(吕晓丽)

【接待日本教育交流团】 10月7日，由日本滋贺大学教育部木全清教授率领的中日教育交流团访问教科院。该院领导接待访问团，并介绍科教研工作情况，日本学者介绍日本教育情况。

(吕晓丽)

【举办促进教育科学研究发展座谈会】 10月21日，教科院和中央教科所联合举办以邓小平理论为指导，促进教育科学研究事业发展座谈会。国家教委、中央教科所、北京大学、北京师范大学及有关科研人员20余人参加座谈会。

(吕晓丽)

【举办高等教育改革研讨会】 10月30至31日，教科院和北京航空航天大学联合举办全国中青年学者高等教育改革研讨会，来自全国近40名中青年学者参加研讨会。会议做《世界经济重塑与人才素质培养》学术报告，并围绕着科技进步、经济发展与高等教育改革的主题，研讨在世界科技快速发展和我国经济面临“两个转变”的大环境下，我国高等教育的管理体制、投资体制、教学内容和课程体系等方面的改革问题。

(吕晓丽)

【胡昭广在教科院调研】 11月6日，胡昭广到教科院调研。在听取该院工作汇报后，胡昭广肯定教科院建院以来的成绩，并希望市财政局、市计委、市教委对教科院科教研工作给予支持。市计委、市教委、市财政局有关领导参加调研。

(吕晓丽)

【教育志编委会召开第二次全体会议】 11月21日，北京教育志编委会、教育年鉴编辑部召开第二次全体会议。陶西平、陈大白、徐锡安、尹栋年、耿学超、夏强、李凤琴、张定等领导参加会议。会议对年鉴编辑工作作出总结，认为年鉴的编辑出版得到各级领导支持，得到168个单位，500多人通力合作，会议强调做好年鉴的宣传发行工作，充分发挥它的社会效益。会议通报1998年鉴编纂方案和工作安排，市政府地方志办公室领导王国华到会并讲话。

(吕晓丽　林福临)

【召开财务改革工作会】 12月1至2日，教科院召开财务管理改革工作会。各单位主管财务领导和会计参加。会议研讨实行财务工作统一管理后的财务制度、财务管理办法、电算化管理制度、会计人员岗位责任制等问题。

(吕晓丽)

【成立教科院学术委员会】 12月8日，北京教科院学术委员会正式成立。该委员会是学术发展和科教研工作的指导、审议、咨询机构，由院长聘任院内外教育科学学术专家组成，主任马叔平。在成立会上，学术委员们对《北京教科院学术委员会条例》进行讨论，并对教科院的建设和发展提出建议和意见。

（吕晓丽）

【'97 高校国家级教学成果奖揭晓】

12月26日，在全国普通高校教学成果奖颁布会上，来自国务院40个有关部门、30个省、自治区、直辖市及军队推荐的1290项成果参加评奖，422项成果获奖。北京共有77项成果获奖，占总数的18.24%。其中清华大学高景德、韩英铎等完成的《面向国民经济建设主战场培养高质量电工学科高层次人才》获特等奖，北京大学赵凯华等完成的《〈新概念力学〉面向21世纪教学内容和课程体系改革》等14项成果获一等奖，62项成果获二等奖。

（崔　超）

【召开产业管理工作会议】 12月31日，教科院召开产业管理工作会议。会议就办好企业工作作出部署。各个企业的经理及部分主办单位领导参加会议并汇报本单位的经营情况。这是教科院所属企业召开的首次全体会议。

（吕晓丽）

1997年北京地区普通高等学校获国家级教学成果奖项目一览表

国家级特等奖

项目名称	成果完成单位	获奖人（集体主要成员）
面向国民经济建设主战场培养高质量电工学科高层次人才	清华大学	高景德　韩英铎　卢　强　张仁豫　萧达川

国家级一等奖

项目名称	成果完成单位	获奖人（集体主要成员）
《新概念力学》面向21世纪教学内容和课程体系改革	北京大学 中山大学	赵凯华　罗蔚茵　舒幼生
计算机辅助大学物理系列软件（普通物理部分）（教材）	北京大学	陈熙谋　秦克诚　王稼军　胡望雨　周岳明
现代汉语系列化课程的建设与实践	北京大学	陆俭明　王理嘉　符淮青　马　真　侯学超
政治经济学（教材）南开大学等	北京大学 中国人民大学	吴树青　卫兴华　洪文达　谷书堂　吴宣恭
法理学（教材）	北京大学	沈宗灵　张文显　李　龙　朱景文　刘升平
货币银行学（教材）	中国人民大学	黄　达　周升业　沈伟基　王松奇　李　焰
信息理论基础（教材）	清华大学	常　迥
高等工业学校本科教学工作评价的研究与实践	清华大学等	宋烈侠　李纪安　霍雅玲　许茂祖　纪克敏
研究生教育管理制度的改革与建立——清华大学研究生教育改革与实践	清华大学	梁尤能　林功实　郑燕康　徐远超　沈培华
电子测量（第二版）（教材）	北方交通大学	蒋焕文　孙　续
飞行器控制、制导与仿真重点学科建设及高水平博士生培养	北京航空航天大学	文传源　王行仁　陈宗基　张明廉　申功璋
森林经理学科建设和改造的三十年实践	北京林业大学	宋新民　董乃钧　孟宪宇　周沛村　亢新刚
高师开设性健康教育课程的实践与探索	首都师范大学	高德伟　吴群英　张玫玫　曹绛雯　刘晓晴
声部确定及训练的科学	中央音乐学院	郭淑珍
冶金物理化学研究方法（教材）	东北大学 北京科技大学 中南工业大学等	王常珍　刘　亮　韩其勇　李福▮　梅显芝
中国高等医学教育考试（认知领域）改革的研究与实践	中国医科大学	孙宝志　金魁和　蒋本铁　王宏达　张丽华

续表一

项目名称	成果完成单位	获奖人（集体主要成员）
矿业安全学科的创建与人才培养	中国矿业大学	俞启香　王省身　赵以蕙　王德明　林柏泉
高等学校试题库通用软件系统的研制与推广	华南理工大学 西安交通大学 清华大学	汪国强等

国家级二等奖

项目名称	成果完成单位	获奖人（集体主要成员）
实分析（教材）	北京大学等	程民德　邓东皋　龙瑞麟
群论及其在粒子物理学中的应用（教材）	北京大学	高崇寿
文化地理学导论（教材）	北京大学	王恩涌
流体力学（教材）	北京大学 复旦大学 中山大学	周光坰　严宗毅　许世雄　章克本
基础物理课程的教学改革和教材建设	北京大学	陆　果
电子线路课程建设	北京大学	王　楚　沈伯弘　余道衡　刘新元　吴建军
多功能综合性高等化学试题库的研制和应用	北京大学 南京大学	华彤文　沈文霞　王中琰　史　坚　段连运
印度古代文学史（教材）	北京大学	季羡林　刘安武　黄宗生　李宗华　张锡麟
《中国通史》基础课教学改革	北京大学	吴荣曾　阎步克　郭卫东　刘一皋　牛大勇
为香港回归培养法律人才	北京大学	魏振瀛　朱启超　武树臣
发挥综合大学优势，加强文化素质教育	北京大学	王义遒　吴同瑞　杨承运　金项兵
《运筹学》课程（财经类）的建设与改革	中国人民大学	魏权龄　胡显佑　严　颖　卢　刚　成世学
历史唯物主义原理（教材）	中国人民大学	肖　前　汪永祥　郭　湛　李德顺　陈志良
中国当代新闻事业史（教材）	中国人民大学	方汉奇　陈业劭
档案文献编纂学（教材）	中国人民大学	曹喜琛　韩宝华　刘耿生　耿建军
社会学转型理论的教学与应用	中国人民大学	郑杭生　李　强　林克雷　史希来　徐思莲
经济科学实验室的创建与建设	中国人民大学	陈　禹　张象枢　方美琪　严守权　王　阳
中国人民大学经济管理类通开课程的建设与完善	中国人民大学	杜厚文　袁振宇　林　岗　石亚军　张晓京
大力进行教学改革，不断提高教学质量，中国刑事法学学科的改革与建设	中国人民大学	高铭暄　王作富　程荣斌　徐立根　赵秉志
思想道德修养（教材）	中国人民大学	罗国杰等
走内涵式改革与建设之路——中国人民大学马克思主义理论教育课程发展的新举措	中国人民大学	许征帆　陈先达　顾海良　王顺生　冯特君
自然辩证法概论（修订版）（教材）	中国人民大学	吴延涪　高达声　寇世琪
面向21世纪的百余种新教材建设	中国人民大学	杜厚文　袁振宇　石亚军　王　霁　张晓京
中国人民大学成人高等教育管理中的学分制改革	中国人民大学	顾宗连　沈凤兰　高志清
锅炉原理及计算（教材）	清华大学	冯俊凯等
机械最优化设计（第二版）（教材）	清华大学	刘惟信
机械设计系列课程体系改革与实践	清华大学	申永胜　黄纯颖　刘朝儒　童秉枢　雷田玉

续表一

项目名称	成果完成单位	获奖人（集体主要成员）
微波与光电子学中的电磁理论（教材）	清华大学	张克潜　李德杰
电气工程及电动化专业的建设	清华大学	姜建国　崔文进　黄立培　陈　刚　王伯翰
线性系统理论（教材）	清华大学	郑大钟
工程学科数学教育的改革	清华大学	萧树铁　蔡大用　姜　启　源白峰杉　居余马
网络理论（教材）	北方交通大学	张世演　黄大卫　倪侠渔
粘性流体动力学基础（教材）	北京航空航天大学	陈矛章
实践教学质量评估研究及实践教学改革与建设	北京理工大学	赵鸣洲　张建民　张玉璞　王淼勋　李振键
“跨世纪德育工程”的组织与实施	北京理工大学	李志祥　姚利民　李和章　肖文英　张启鸿
钢铁材料学（教材）	北京科技大学	章守华　吴承建　阎　振　杨　让　高庆全
高等学校教材管理的研究与实践	北京科技大学	孙玉珍　尚新生　徐树栋　郭景文　马德青
“教学、生产、试验”三结合实践教学体系的创建	中国农业大学	郭玉海　李连禄　翟志席　王美云　杨佑明
植物形态解剖学课程建设与改革	中国农业大学	郑相如　张志农　汪　矛
建立校内仿真实习基地，改革生产实习模式	北京化工大学	吴重光　沈承林　俞端仪　侯贵海　程　远
通信网理论基础（教材）	北京邮电大学	周炯磐
培养高素质通信技术人才的教学改革与实践	北京邮电大学	纪越峰　陈　雪　顾畹仪　赵荣华　王明鉴
加强实践与逻辑思维，提高临床教学质量	北京医科大学	祝学光　于永祥　顾　晋　李　澍　栗光明
高等中医临床教育质量评估指标体系的研究与实践	北京中医药大学	李曰庆　秦秉锟　农孟培　陈燕华　靳振洋
动物学教学建设与改革	北京师范大学	郑光美　刘凌云　赵欣如　刘　彦　宋　杰
文学理论教程（教材）	北京师范大学	童庆炳等
汉语文字学博士点学科建设和教学改革	北京师范大学	王　宁　李国英　周晓文　秦永龙
着眼素质培养的力学教学改革	北京师范大学	漆安慎　杜婵英
高师化学本科新型教学计划	北京师范大学	吴国庆　陈光巨　郭建权　朱文祥　徐伟英
对一年级教学的新思考和新实践	北京外国语大学	穆　兰　江楠生　庄慧丽
中国应用电视学（教材）	北京广播学院	朱羽君　钟大年　王纪言　任金州
民法学原理（教材）	中国政法大学	张俊浩　姚新华　刘心稳　费安玲　刘　兰
美术概论（教材）	中央美术学院	王宏建　袁宝林　诸　迪　邹跃进
舞台影视语言基本技巧（教材）	中央戏剧学院	封锡钧　周翰雯　方　伟　王明亚
摄影镜头的使用技巧（教材）	北京电影学院	沙占祥
中国古典舞身韵（教材）	北京舞蹈学院	唐满城　李正一　黄嘉敏
计算机组成原理（第二版）（教材）	中央民族大学 西北工业大学	白中英　韩兆轩
生理学（第三版）（教材）	总后医学专科学校	钟国隆　易钟煜　邓群根　姚智敏　李家夔
紧密结合国家重大科技攻关，培养新兴交叉学科研究生的方法研究与实践	杭州电子工业学院 复旦大学 清华大学	严晓浪　唐璞山　洪先龙

（崔　超）

科　研　规　划

【概　况】 1997年，北京市教育科学"九五"规划课题工作进展顺利，163项市级重点课题进行课题开题论证，进入实质研究阶段。先后完成对重点资助课题的经费发放工作。建立学科组专家联系课题制度，加强对每一项课题研究过程的把握。组织1997年滚动课题申报、评审等工作，40项课题获准立项。开展市级重点课题的年度检查和成果报送工作。基本完成市级规划重点课题和滚动课题的立档整理工作。制订、编印有关课题管理的规章制度和通讯、公报。

（周春红）

【召开区县所长工作会议】 4月10日，北京市教育科学规划领导小组办公室与基础教育科学研究所联合召开区县教科所所长会议。会议主要内容是总结北京市1996年基础教育研究情况，布置1997年研究工作计划。

（吕　丽　周春红）

【规范课题档案管理工作】 5月14日，科教研管理处召开全院各研究所（中心）所长（主任）会，布置有关建立科研人员业绩及"九五"课题档案等事宜。

（周春红）

【召开"九五"规划重点课题开题工作总结会】 7月17日，教育科学规划领导小组办公室组织部分学科规划组专家召开"九五"课题开题工作总结会。会议对开题工作的经验与问题进行总结。会议认为，北京市抓"九五"课题开题论证的管理是非常必要的，促使重点课题研究取得与以往不同的良好开局，促进课题研究规范化、科学化有积极意义。

（周春红）

【举办美国教育和美国教育研究报告会】 8月28日，美国威斯康星大学国际比较教育博士吴彦伯到教科院作题为《美国教育和美国教育研究》学术报告。该报告介绍美国教育的特征、美国学校教育指导思想或理念、影响美国教育的社会力量及美国教育中争议较大的一些问题，并分析美国教育研究机构、人员情况及教育科研热点问题。

（周春红）

【建立业务工作会议制度】 9月23至25日，教科院召开各所（中心）负责人参加的科教研业务工作会议。会议就今后全院科教研业务工作提出要求。各所（中心）围绕本单位科教研业务管理工作（如培养研究队伍、筹措研究经费）的主要经验，本单位研究方向与研究重点的设想，本单位科研队伍建设计划以及对本院科教研管理工作建议等议题进行介绍、交流和讨论。会议决定建立业务工作会议制度，每年召开两次。

（周春红）

【青年学术论坛开展活动】 12月23日，教科院举办首次青年论坛活动。马叔平在讲话中肯定青年学术研讨活动对活跃学术气氛、调动青年研究人员科研积极性的重要作用，并鼓励与会人员深入研究，在学术上要敢于提出自己的观点和思想。他希望青年论坛成为全院青年研究人员进行学术争论和观点碰撞的场所，成为一个"百花齐放、百家争鸣"的学术园地。

（周春红）

1997年北京教育科学研究院指令课题一览表

序号	课题名称	负责人	单位
1	北京职业教育体系建设中的问题研究	董凤雏	职教所
2	学校事故处理问题研究（含幼儿园）	马　莉	基教所
3	北京义务教育发展对策研究	朱懋勋	基教所
4	义务教育质量监控研究	赵学勤	基教所
5	北京高等职业教育发展研究	陈锡章	高教所
6	北京民办中小学、幼儿园发展研究	王文源	教育发展研究中心
7	中外合作办学的规范管理研究（含幼儿园）	高书国	教育发展研究中心
8	北京市市民家庭教育投入问题调查	张虹波	教育信息中心
9	北京民办高校管理水平评估研究	蔡宝田	成教所

注：以上指令课题由1997年10月7日，北京教科院指令课题发布会发布。

（周春红）

1997年北京市教育科研滚动课题立项课题目录（共40项）

学科组	课题名称	负责人
综合理论	21世纪中小学校长素质和选拔、培训制度的研究	卢元锴
	初中教师多媒体备课软件开发研究	齐宪代
	市场经济体制下高校教师流动的政策研究	周作宇
	现代教育技术装备管理系统研究	张林秋
	和谐教育行动研究——薄弱中学提高办学效益群体科研	胡新懿
	社会转型期北京教育规划特点与对策研究	高书国
	北京市新建住宅小区中小学教育状况调查研究	王文源
	新形势下加强教育科研院所党的建设，推动科研工作发展的研究	李凤琴
学前教育	幼儿家长教育行为指导研究	白爱宝
	幼儿园游戏指导	张　燕
	幼儿教师工作评价研究	王俊英
基础教育	中学科技教育研究	田长福
	北京市中学生心理疾病状况及矫治对策研究	雷　雳
	12年一贯制实验研究	王晋堂
	综合活动课的理论与实验研究	康　健
	中小学生自主学习能力的生成和培养机制实验研究	林承霞
	中学教学策略应用研究	汪金城
	运用合作学习策略，深化随班就读课堂教学改革的研究	周德林
	发展形象思维，改革地理教学	裴新生
	初中生课堂笔记指导研究	张景浩
	培养情感品质，促进小学生全面发展	魏春风
	意志品质与学生自我控制能力的研究	王　曦
	通过转变教育观促进中学数学教学改革	王长沛
	活动课的设置与管理	杨宝宏
	北京市中小学科学教育的现状、发展方向及对策研究	王宝祥
	小学低年级“乐教、乐学、乐考”实验的理论总结	刘永胜
	关于中小学生学习策略的内隐理论研究	辛　涛
职业教育	职业高中课程改革及其与劳动者素质关系的研究	蒋乃平
	北京市中等职业教育服务体系及其建设的研究	曾寿昌
	高等职业教育与社会就业体系衔接关系的研究	张国忠
成人教育	中国大中城市老年教育研究	张　维
	北京市成人高等教育专业设置管理与信息系统研究	张有声
	成人教育评估理论与实践研究	吴晓川
高等教育	产学研合作教育加速科技成果转化的有效途径的研究	唐小恒
	工科大学生思维训练的试验研究	李　越
	高等师范院校学生心理素质培养研究	蔺桂瑞
德　育	革命传统与现代意识相结合教育实验	杨　林
	社会主义市场经济条件下提高高校德育实效性问题研究	冯　培
教育管理	高等教育评估理论与技术研究	王战军
体育、美育、师范教育	中小学青年教师培训模式研究	万　福

注：1997年10月14日，北京市教育科学规划领导小组办公室对1997年申报的滚动课题进行评审。此次收到申报课题86项，经过专家组评审后，有40项课题获准立项。以上系立项课题目录。

教育决策与发展研究

【概　况】 1997年，教育发展研究中心制订《北京教科院教育发展研究中心"九五"计划》，提出"以人才为创业之基，以质量为立业之本；服务中求生存，合作中求发展，群耕不辍，厚积薄发，争创一流"的奋斗目标。进一步明确科研方向，充实符合"双高"的科研人员，科研人员达到9人，学历水平均达到研究生以上，其中有两名博士。在宏观教育研究方面，重点进行教育发展战略、教育规划、人才预测、素质教育、教育结构及办学体制改革等重大问题研究，取得一定科研成果，向教育行政部门提供多方面的咨询报告，并在国家和省级以上报刊发表各种文章10余篇，积极参加各种学术活动，向各种学术会议提交学术论文17篇。承担国家级重点课题2项，北京社科重点课题1项，市级"九五"重点课题6项，承担市级指令课题2项。广泛开拓科研领域，加强对外科研合作和教育科研网络建设，与国家教委、国家教育发展研究中心、中央教科所等部门开展科研合作。

（高书国）

【协助拟订区县教育规划实施监测工作的通知】 5月，教育发展研究中心协助市教委计划处拟订《关于做好本市各区县教育规划实施进展情况监测工作的通知》。该通知根据国家教委计划建设司《关于做好教育规划实施进展情况监测工作的通知》的要求，结合北京市实际情况，要求各区县根据《教育规划实施进展情况监测指标》(试行)监测本区县教育规划的落实情况。

（徐　娅）

【承担北京市教育发展战略课题研究】 7月8日，"九五"市级重点课题《北京教育发展战略研究》开题，教育发展研究中心承担北京教育发展现状及问题研究、九十年代中外教育发展战略综述和北京教育结构调整的思路与对策研究等子课题的研究。

（高书国）

【印发《教育结构研究》】 10月25日，教育发展研究中心印发第一期《教育结构研究》。该刊主要配合市教委支持的教育结构调查，对课题组召开的研讨会和组织调研活动内容进行综述，提出教育结构调整的基本设想，供领导和课题组研究人员参考。至年底，该刊已印发4期。

（徐　辉）

【编辑《北京市跨世纪教育展望》】 年内，教育发展研究中心会同市教委计划处共同编辑《北京市跨世纪教育展望》一书，该书收集国家、市、区县教育发展规划，共计37万字。

（谢灵江）

【开展素质教育问题研究】 年内，教育发展研究中心与市教委联合开展北京市中小学实施素质教育问题专题研究，参与《北京市中小学实施素质教育的改革与实验研究》，合作完成课题阶段性研究成果《积极推进中小学实施素质教育，努力建设全国最发达的基础教育》，并参与编辑出版《北京市基础教育实施素质教育经验选编（一）》一书。

（王文源）

教育信息与资料研究

【概　况】 1997年，北京教科院教育信息中心完成市教委办公大楼局域网的布线工程；建成北京教科院可容纳40名学员的多功能计算机房并正式投入使用；举办多期计算机培训班；完成中国高等教育信息网的筹建工作；制作《1996年北京教育法规文献库》软盘；指导北京五中建网络学校；编发《教育信息参考》38期。信息中心在职人员由上年的7人增加到9人。

（潘上行）

【成立培训中心】 6月19日，教科院培训中心正式成立。该中心拥有42台奔腾型计算机及1台投影仪，可容纳40名学员同时学习。该培训中心主要进行计算机课程等培训。9月6至7日，该中心举办首期市教委领导计算机培训班，徐锡安、陶春辉、马叔平、兰宏生、耿学超等领导参加学习。

（吕晓丽　潘上行）

【编发多种教育研究资料】 年内，教科院编发《北京教育研究》、《北京教研》、《班主任》、《高教研究参考资料》、《成教通讯》、《高教研究文摘》和《成人教育文摘》等多种教育研究资料。

（张世安）

教育教学研究

【概　况】 1997年，北京教育科学研究院基础教育教学研究中心，共有研究人员77人，其中，高级职务69人，中级职务4人。新增4人，队伍平均年龄为48岁。全年共完成教学视导4次，举办骨干教师培训班38次，大型研讨会34个，教材辅导班33次，编写各类教材45册。

（丰金兰）

【组织生物教师赴海南省考察】 1月13至22日，基教研中心生物教研室组织各区县生物教研员和骨干教师一行86人，赴海南省对尖峰岭等热带雨林进行考察，并请有关专家、科技人员对热带植物和生态等问题进行讲解，还听取海南省教研室关于海南生物教改的报告。

（丰金兰）

【化学实验教学方法课题研究完成】 1至8月，基教研中心化学教研室进行初中化学实验教学方法课题研究。其间，在北京四十三中学、石景山永乐二中、北京十五中学举办研究课，并完成实验教案研究稿25万字。

（丰金兰）

【举行数学教学研讨会】 3月12至14日，基教研中心在大兴县举办第13届北京市远郊区县数学教学研讨会。会议主要研讨1997年中考数学总复习问题。各区县教研员交流经验，到黄村一中、七中、半壁店中学听青年教师复习课，并进行课后指导。会议期间邀请北京实验中学、三十七中、师大附中3名教师为大兴县全体初三数学教师作中考复习报告。共有80人参加研讨。

（窦长万　丰金兰）

【参加全国英语优质课竞赛获奖】 3至4月，基教研中心外语教研室和市外语教学研究会联合举办初中英语教师优质课评选活动。共评选出一等奖1名、二等奖3名。其中，一等奖获得者北京八中汪艳代表北京市英语教师参加全国首届初中英语优质课竞赛，获一等奖。

（丰金兰）

【举办两次中青年思想品德骨干教师培训班】 4月2日，基教研中心举办北京市中青年骨干教师培训班，作如何备课及优秀课评析讲座。共有50人参加。5月6日，在崇文区教育研究中心举办如何设计练习的研讨会，有30人参加。

（丰金兰）

【举办小学数学教师评优课活动】 4月15至18日，基教研中心在北京小学举办北京市小学数学教师评优课活动，共评选出一等奖8人、二等奖14人。6月4日在西城电教馆举行总结发奖会。

（丰金兰）

【组织化学素质教育研究课】 4月16日，基教研中心在育才学校组织素质教育研究课。各区县初三教研员及部分教师30多人参加。研究课就课堂教学中如何面向全体学生、调动学生的学习积极性和主动性进行探讨。

（丰金兰）

【对大兴县中小学进行教学视导】 4月21至25日，基教研中心的56名教研员对大兴县榆垡中学、黄村五中、黄村一中、大兴师范学校、黄村八小、大皮营乡中心校和德茂小学进行集体教学视导，共听取219名教师的课和大兴县教育局、教师进修学校领导对开展中、小学教育教学工作的汇报及各校校长对本校教育教学情况的介绍。教研员分学科向该县教育局、教师进修学校领导及教师反馈视导情况，提出改进教学建议。

（丰金兰）

【举办外语教学评优活动】 4月，基教研中心英语教研室举行北京版初中英语教材教案评选和教学片段评选。教案评选有27位教师参加，评出一等奖11人、二等奖12人、表扬奖4人。教学片段共17位教师参加，评出一等奖7人、二等奖6人、三等奖4人。

（丰金兰）

【合作拍摄11节课堂教学录像片】 4至5月，基教研中心和北京电教馆合作，拍摄11节课堂教学实况录像片，包括中学英语4节、生物3节、音乐2节、美术2节，已在北京电视台《教育之窗》栏目播放。

（丰金兰）

【参加全国物理教师录像课大赛获奖】 4至6月，基教研中心组织北京市物理教师参加全国青年物理教师录像课大赛，北京市获特等奖1名，一等奖1名。

（丰金兰）

【举办劳动课青年骨干教师培训班】 4至6月，基教研中心举办北京市小学劳动学科中青年骨干教师课堂教学基本技能培训班。举办语言技能、板书技能、示范操作和电教手段使用技能讲座，共有16个区县31名教师参加培训。

（丰金兰）

【获得国际中学生英语能力竞赛最高分】 4至8月，基教研中心外语教研室、中国教育学会外语教学研究会和澳大利亚新南威尔士大学测试中心联合组织国际中学生英语能力竞赛。北京市共有900名高中三年级学生参赛。其中，北大附中张泰苏获最高分，并前往澳大利亚出席颁奖仪式。

（丰金兰）

【举办两次中华传统美德教材研讨

会】 4至9月，基教研中心分别与市教委德育处、国家教委共同举办北京市中华传统美德教材试验研究研讨会各一次。会上，展示实验课，并围绕传统美德教材实验成果进行有关实验手段、方法、教学思路的研讨，共有200人次参加。

（丰金兰）

【召开重点中学数学教学研讨会】 5月7日，基教研中心在师大二附中召开市重点中学第九届教学研讨会，中心议题是在课堂教学中注重学生能力的培养并组织两节研究课，到会教师120人。

（丰金兰）

【组织绘画比赛】 5月15至30日，基教研中心与中国杂技团共同发起组织庆六一，迎香港回归卡米杯绘画比赛。本市5个区县的2万名中小学生参加比赛，共评出20名特等奖、80名优秀奖、100名优秀辅导奖。比赛组委会为参加比赛的学生举行10场马戏演出，向20名特等奖学生所在学校各赠送25英寸彩色电视1台，用于改善美术教学条件。

（丰金兰）

【参加第六届华罗庚金杯赛获奖】 5月18至20日，基教研中心组织北京市4名选手参加在广东省中山市举行的第六届华罗庚金杯少年数学邀请赛，获团体总分第一名和4枚金牌。

（丰金兰）

【举办小学自然优秀录像课评比活动】 5月20至21日，基教研中心与北京市小学自然教学研究会共同举办小学自然优秀录像课的评比活动。参加录像评比的有11个区县的11名自然教师。评比的宗旨是加强在自然教学中如何培养归纳推理能力和抽象概括能力的研究。评比后，推荐西城区宏庙小学刘畅老师执教的《弹性》一课，参加全国小学自然教学研究会第六届年会。

（丰金兰）

【参加全国小学语文教师范文写作比赛】 5月，基教研中心组织北京市10800名教师参加全国第二届小学语文教师范文写作比赛，共有109人获全国一等奖。该中心小学语文教研室获组织奖。

（丰金兰）

【举办两届劳动技术师资培训班】 5至12月，基教研中心与大兴县教师进修学校共同举办《编织》师资培训班，有29名劳技课教师接受培训，并取得结业证书；与朝阳区教委中教科共同举办《电子制作》师资培训，有90名教师参加培训，经过知识、操作、编写教案等项考核，全部结业。

（丰金兰）

【举办小学科技课观摩研讨活动】 6月24日，北京市小学科技课观摩研讨活动在通县举行，基教研中心、通县教师进修学校及各区县科技教研员参加观摩研讨。梨园中心小学、城关中心小学分别做《小小建筑师》、《造纸》两节课，课后进行评课研讨。观摩研讨后到后南仓小学听取该校科技活动开展情况的汇报，观看科技组学生科技制作活动，并参观该校生物馆。

（刘　裕）

【录制优秀教学片段】 6月，基教研中心对北京市初中教师教学基本技能竞赛中，获得教学片段一等奖的13个学科76名教师和40名讲评人员的讲课评课进行录像，并制成光盘26张，在全市范围内推广和交流。

（赵　跃）

【评选优秀教案及录像课】 6月，基教研中心完成本市中等师范学校青年教师教学比赛共13科的优秀教案和教学录像的评选、改编工作，共评选出优秀教案52篇，录像课26节。

（赵　跃）

【调整教学内容及教学要求】 6至8月，基教研中心受市教委的委托，制订《北京市实施素质教育，调整九年义务教育部分学科教学内容与教学要求的意见》。该意见对中学数学、物理、化学、语文、思想政治、外语、生物、历史、地理、小学数学、语文、思想品德、常识共计13个学科的教学内容和教学要求进行适当调整。

（赵　跃）

【暑期举办中小学工艺美术制作竞赛】 7月20日至8月20日，基教研中心和市教委艺术与校外教育处共同举办北京市第四届中小学生暑期民间工艺美术制作竞赛。全市13个区县的中小学、师范学校20余万名学生参加活动。共评出特等奖30人，一等奖200人，230名教师获优秀辅导奖，20个单位获优秀组织奖。在此基础上，8月20至23日为获奖学生组织北京市第二届民间美术夏令营，市教委、教科院及基教研中心的领导参加开营式。活动结束后，组织参加此项活动的教研员、辅导教师20余人赴山西省进行民间美术考察活动。

（赵　跃）

【初中地理实验教材首轮实验结束】 7月，基教研中心与教育学院宣武分院二部合编的北京市初中地理实验教材首轮实验结束。经两个学年实验，该套教材已在全市18个区县（含燕山）初中通过试教，通过市专家评审组评审。编写组还编印《北京市九年义务教育初中地理教材试教经验汇编》，在全市进行交流。

（赵　跃）

【举行第四届“长空杯”英文打字竞赛】 7月，基教研中心劳技教研室和北京市教育学会劳动技术研究会联合举办北京市中小学生第四届“长空杯”英文打字竞赛。全市15个区县的107所学校700名选手分别参加小学、初中、高中三个组的比赛。西罗园小学、古城四中、中建一局子弟学校分获小学、初中、高中组团体第一名，还评出个人奖小学组一等奖1名、初中组一等奖6名、高中组一等奖2名。

（赵　跃）

【举办第四届思想品德教学论文评选】 7至12月，基教研中心小学思想品德教研室举办第四届小学思想品德学科教学论文评选，有18个区县（含燕山、铁路分局）的69篇论文参评，评出一等奖10名、二等奖20名。

（赵 跃）

【获全国优秀艺术教师称号】 8月，基教研中心艺术教研室鲁若曾（美术）、王永英（音乐）在国家教委艺术教育委员会、中国中小学幼儿教师奖励基金会、中国艺术教育促进会共同举办的全国首届中小学优秀艺术教师评选中获全国中小学优秀艺术教师称号。

（赵 跃）

【举办两次物理教学讲座】 9月24日和11月26日，基教研中心物理教研室在师大附中和北京十五中举办素质教育与物理教学改革、21世纪物理教学改革2场讲座，共250人参加。

（丰金兰）

【举办音乐美术素质教育研讨会】 9月28至30日，基教研中心和市教委艺术处、校外教育处联合召开北京市学校艺术教育教研工作会议。各区县负责艺术教育的行政领导、中小学音乐、美术教研员130多人参加会议。国家教委及市教委负责艺术教育的领导到会并做加强素质教育，发展艺术教育讲话。会议就本市艺术学科的教育和教研工作进行研讨，聘请有关专家做专题报告，同时进行地方民间音乐、美术教材培训。

（丰金兰）

【中学化学实验改革评优活动】 9月29日，基教研中心化学教研室和北京化学教学研究会，联合举办北京市“东新杯”中学化学实验改革成果评优活动。从参选的88个实验中，评选出一等奖3名、二等奖7名、三等奖20名、伯乐奖15名、组织奖3名。

（丰金兰）

【举办10次小学数学专题讲座】 9至11月，基教研中心和北京市数学教学研究会联合举办第7届中青年教师培训班，以培养中青年数学教师的课堂教学能力，提高业务水平。其间共举办10场专题讲座，有210人参加。

（丰金兰）

【编写小学教师继续教育课程指南】 9至12月，基教研中心师范教研室组织各中师、进修学校的学科带头人编写《小学教师“九五”继续教育课程指南》，共完成小学语文、数学、思想品德、自然、社会、体育、音乐、美术和教育理论9个学科的课程指南编写工作。

（赵 跃）

【集体视导小学教学工作】 10月6至10日，基教研中心对崇文区一师附小、宣武区北京小学、海淀区师大实验小学进行集体教学视导，共听60多名教师的课，进一步了解小学各学科教学现状及学校实施素质教育的情况。

（赵 跃）

【视导8所基础薄弱校】 10月6至10日，基教研中心配合市教委基教一处对北京城近郊区8所基础薄弱学校进行集体教学视导。共听200余名教师的课，其中99%的课达到市统一规定合格标准，优秀课占44%。

（赵 跃）

【制作初中语文电视教材】 10月17和31日，基教研中心举办初中一二年级语文电视教材观摩会。与会教师600人。该教材系基教研中心与北京电教馆联合制作，共计4个小时。

（丰金兰）

【组织幼儿园观摩课】 10月21至24日，基教研中心学前教育教研室组织全市18个区县的80名教师及教研员对丰台总后六一幼儿园、崇文二幼、东城一幼、北师大幼儿园进行观摩、研讨活动。观摩、研讨活动就幼教普遍存在的问题及经验进行研讨和交流。

（丰金兰）

【召开重点中学化学教学研讨会】 10月22日，基教研中心化学教研室召开北京市重点中学教学研讨会。18个学校的教师代表进行贯彻落实北京市三个教学文件经验交流。会上对获奖论文进行颁奖。

（赵 跃）

【获全国小学数学第三届评优课一等奖】 10月28日至11月2日，基教研中心小学数学教研室组织部分教师参加全国小学数学第三届评优课活动，北京市选派的昌平县城关镇六街小学教师董立宏获一等奖。

（赵 跃）

【获全国小学劳动课课堂实录评优一等奖】 10月，基教研中心选送朝阳区沙板庄小学教师韩雪红的《泥塑梅花鹿》课堂实录，参加中国教育学会中小学劳动技术教育研究会小学专业工作委员会组织的全国小学劳动课课堂实录评优活动，获一等奖第一名。

（赵 跃）

【参加首届全国思想政治优质课评选获奖】 10月，基教研中心思想政治教研室组织部分教师参加首届全国思想政治优质课评选活动。北京牛栏山一中董晨获一等奖，丰台六里桥中学王立茹获二等奖，时静琪获优秀教师指导奖。

（赵 跃）

【获全国第二届青年教师阅读教学评优一等奖】 10月，基教研中心小学语文教研室与崇文教研中心小语室推荐崇文区培新小学教师佟旌，代表北京市参加全国第二届青年教师阅读教学比赛，获一等奖。

（赵 跃）

【教研员下校兼课】 10至12月，基教研中心选派历史、体育、劳技学科各1名教研员到北京三十二中学、朝阳区日坛中学、石景山区古城二小3所学校任教，共授课120节。

（赵 跃）

【举办市中师青年教师教学比赛】 11月4日至12月10日，基教研中心配合市教委共同组织全市中师青年教师教学比赛。第三师范、怀柔师范和顺义师范获团体前三名。有388人次分获个人全能、大纲、教案、学科基本功、课堂教学等项目的一、二、三等奖。

（赵　跃）

【参加马芯兰教改经验评选】 11月12日，教科院、基教研中心联合召开北京市扩大推广马芯兰教改经验实验论文、录像课评选活动总结表彰会。龙门小学、大峪二小获论文二等奖，大峪一小获录像课远郊区县组一等奖。

（丰金兰）

【视导通州三校生物教学】 11月19日，基教研中心生物教研室到通州区进行教学视导，并就生物学科科学素质教育和科学方法训练问题对50余名生物教师进行现场培训指导。

（赵　跃）

【举办区重点中学数学教学研讨会】 11月19日，基教研中心召开北京市第六届区级重点中学数学教学研讨会。与会人员对12节公开课展开研讨，中心议题是如何在课堂教学中运用计算机辅助教学手段，培养学生创造思维能力，在中学数学教学中推进素质教育。

（赵　跃）

【召开第四次重点中学物理教学展示会】 11月21日，基教研中心物理教研室在人大附中召开第四次重点中学物理教学展示会。展示会主题是素质教育与计算机辅助教学，共200人参加会议。

（赵　跃）

【召开幼儿教育科研课题研讨会】 11月21日，基教研中心在西城区棉花胡同幼儿园召开幼教教育理论与实践的研究——如何在教研活动中发挥教师主体作用科研课题现场研讨会。该园三名教师分别做体育活动、游戏活动、教育活动中调动幼儿主动性的观摩课。课后，与会者进行研讨，会议肯定该园教育科研和教学改革的成绩，并提出改进意见。

（孙锡嘏）

【参加五省市化学实验教学改革交流会获奖】 11月21至24日，基教研中心组织参加京、津、沪、渝、川四市一省中学化学教学改革研讨交流会。该中心参加展示和评选的10项实验全部获奖。其中一等奖9项，二等奖1项。

（赵　跃）

【中师论文在全国教学会上获奖】 11至12月，在全国高等师范数学教育研究会中等师范工作委员会会议上，基教研中心师范教研室指导的5篇论文分获一等奖1个、二等奖2个、三等奖2个。该中心指导的3篇论文在全国中等师范教育学会第二届学术年会上分获一、二、三等奖。

（赵　跃）

【召开市第六届重点中学语文教学研讨会】 12月3日，基教研中心召开北京市重点中学第六届语文教学研讨会。会议议题是建设高水平教师队伍，全面提高学生语文素质。会议展示4名教师研究课。约130余教师和教研员参加研讨。

（赵　跃）

【举办两次市重点中学历史学科教学研究课】 12月5日和19日，基教研中心在东直门中学、八十中学举办市重点中学教学研究课，共有400名教师参加教学研究。

（赵　跃）

【修订计算机学科考试说明】 12月12日和24日，基教研中心组织市级教研员及兼职教研员对新教材指导思想和内容安排进行研讨，并对本学年度考试说明进行修订。

（赵　跃）

【召开地理学科学术报告会】 12月12日，基教研中心和北京市教育学会地理教学研究会联合举办题为《地理科学的发展与地理教育的改革》学术报告会。来自全市各校的200余名教师参加报告会。

（赵　跃）

【评选中小学音乐青年骨干教师】 12月13至14日，基教研中心艺术教研室音乐学科进行北京市中小学青年骨干教师评选活动，共评选出中小学骨干教师各5名。

（赵　跃）

【区重点中学外语教学研讨会】 12月17日，基教研中心外语教研室在北京五十中学举办高中新教材词汇教学研讨活动。各区县教研员和重点校教师35人到会。

（赵　跃）

【举办幼儿园教师美术讲座】 12月22至26日，基教研中心学前教育教研室举办美术讲座，聘请首师大教师主讲儿童绘画指导、儿童创造剪纸等课程，共130名教师参加学习。

（赵　跃）

【组织计算机教育发展研讨会】 12月23日，基教研中心计算机教研室和国家教委全国中小学计算机教育研究中心在北师大共同组织计算机教育发展研讨会。对计算机教学在整体教育中的地位和作用及计算机教学目的和内容进行研讨，各区县教研员和有关专家教授参加研讨会。

（赵　跃）

【举办器乐教学成果汇报会】 12月23日，基教研中心举办北京市中小学器乐教学成果汇报会。1000多名学生参加汇报会，其中28所学校获优秀奖、28名教师获指导奖。

（赵　跃）

【参加全国首届中学生英语能力竞赛获奖】 12月，基教研中心组织北京市初二、高一、高二共5000名学生参加全国首届暨北京市第十届中学生英语能力竞赛。北京市有166人获奖，其中获初二组特等奖28人、一等奖55人；高一组特等奖14人、一等奖29人；高二组特等奖13人、一等奖27人。

（赵　跃）

【评为全国师范教育学学科先进】 12月，基教研中心师范教研室在全国中师教育委员会第二届学术年会上被评为全国先进中心组。

（赵 跃）

【举办青年语文教师讲习班】 至年底，基教研中心举办北京市高中语文青年教师讲习班，共举办6场讲座3场报告会。对语文教学改革的思路和阅读写作教学展开研究并通报了教学研究信息。

（丰金兰）

【组织计算机辅助教学研讨会】 至年底，基教研中心中学数学、计算机、物理、化学、生物、外语、劳动技术、小学数学等教研室分别组织全市性计算机辅助教学研讨会共计17次，研制、开发软件14套，部分软件已在全市推广。

（丰金兰）

【举办中青年数学骨干教师培训班】 至年底，基教研中心与北京市数学教学研究会、崇文培训学校联合举办小学数学中青年骨干教师培训班。组织专题讲座11场并举办观摩课及评课活动。

（丰金兰）

【举办38期新教材辅导班】 年内，基教研中心计算机、化学、生物、中学语文、历史、外语、劳动技术、师范、小学语文、数学、常识、品德、学前教育学科共举办33期新教材辅导班，向教师介绍编写体例、训练方法、推广新的教学方法，转变教学观念，培训教师4550人次。

（赵 跃）

【编写修订教材和教参】 年内，基教研中心继续编写或修订九年义务教育实验教材，编写初中代数第一册教材和教参、几何第一册教材和教参；修改计算机高中教材，增加“网络”、“多媒体”、“Windows”三部分内容；修订初中物理实验报告；编写和修订初中语文第三、四、五、六册教材与教参；修订《中华传统美德》教材和教参；编写初中英语第三册教材和教参，绘制配套挂图和幻灯片，录制配套录音带；修改《生物学》教材；编写北京市中小学地方民间音乐教材和教参共10册；《北京市中小学地方民间美术教材》及教参共10册；编制和发行地方民间音乐录音带11盘、录像带6盘及美术配套材料；编写劳技教材《条编技术》；编写小学数学第八、九、十册教材、教参和第五、六册实验教材、教参；编写第四册马芯兰实验教材和教参；编写小学语文北京版第12册教材和教参，第五至第八册电视配套教材，修订二、四、六、八、十册教材及教参；编写小学社会乡土教材第一、二、三册；编写修订小学科技活动教材一至六册，一至六年级制作材料及教师用书；编写小学思想品德第九、十册（与人教社合作）及配套音像教材，修改和编写中华传统美德试验教材和教参；编写和修改学前儿童用书《我要上学啦》和教师指导用书《幼儿园环境创设》。

（赵 跃）

教育科学研究

高等教育科学研究

【概 况】 1997年，北京教科院高等教育科学研究所共有在职人员14人，其中高级职称5人。兼职研究员12人。内设机构5个。任务是：进行带有一定理论性的以中观为主的高等教育应用研究。全年出版学术专著1本，完成学术论文24篇。

（管庆智）

【创办《高教研究文摘》】 5月，高教所创办《高教研究文摘》。该刊为双周刊，摘录全国及本市高教研究动态。至年底，共出刊12期。

（王晓燕）

【组织第五次产学研合作教育研讨会】 11月18至21日，由国家教委高教司、中国产学研合作教育协会、航空工业总公司教育局主办，高教所具体组织的全国第五次产学研合作教育研讨会在西北工业大学举行，来自全国各高等学校、企事业单位的120名代表参加会议，提交论文73篇。国家教委、陕西省政府、中国航空工业总公司领导参加会议并讲话。会议做题为《坚定信心，把产学研合作教育试点引向深入》的工作报告。周远清讲话时表示国家教委非常重视产学研合作教育的试点工作，希望这次研讨会能够推动我国产学研合作教育向前发展。

（管庆智）

【中国高等教育信息网（CHEnet）发布会召开】 12月2至5日，高教所与北大高教所、清华教科所、教科院信息中心联合筹备的中国高等教育信息网在北大光华管理学院召开发布会。来自全国20多个省市的近50名代表参加大会。会议介绍信息网有关情况，回答代表的问题。教科院进行现场演示。中国高教学会、全国教育情报研究会、北大高教所、教科院、清华大学、中央教科所有关领导参加大会，并讲话。

（王晓燕）

【北京高教史研究开始启动】 年内，《北京高等教育史研究》启动。课题组建筹备组及办公室，办公室设在北京教科院高教所。先后召开九次会议。研究起草工作计划。

（王晓燕）

【组建产学研试点工作领导小组及办公室】 年内，全国产学研合作教育"九五"试点工作领导小组办公室组建完成。办公室设在高教所，主任陈锡章。全国产学研合作教育"九五"试点工作领导小组主要任务领导国务院10个部委和北京、上海所属部分高校进行产学研合作教育"九五"试点工作。

（管庆智）

【各级规划课题全部开题】 年内，高教所承担的4项全国教育科学"九五"规划国家教委级重点课题、5项北京市教育科学"九五"规划重点课题、3项本所"九五"规划课题全部开题。

（管庆智）

基础教育科学研究

【概　况】 1997年，北京教育科学研究院基础教育科学研究所共有在职人员51人，其中高级职务19人，中级职务15人，初级职务8人，内设机构14个。至年底，基教所发表论文65篇，举办电台讲座12次，主编、参与编撰出版书籍30部。

（杨　娀）

【召开教育评价辞典研讨会】 1月19至22日，基教所召开教育评价辞典研讨会。全国9个省市30余名专家参加会议。陶西平到会讲话，北师大出版社领导到会参加研讨。

（杨　娀）

【出版小学语文数学创造思维活动教材】 2月，基教所的《小学语文创造思维活动》、《小学数学创造思维活动》共四册教材正式出版。该教材共30万字，主编陶文中。

（杨　娀）

【培训第二批阜平职教中心学员】 3月，基教所继续执行与河北省阜平县职业教育中心达成的扶贫协议。该校的第一批6名学生到所接受为期1年的计算机应用技术培训，参加全国计算机水平考试，其中两人通过一级全科考试，拿到证书，3人被评为上机优秀，1人通过单科考试。

（杨　娀）

【出版《小学学科改革之路》】 5月，由基教所与市教委基教二处、教研中心合作编辑的《小学学科改革之路》正式出版。该书总结"八五"期间北京市小学学科改革的成果，全书收36篇文章，共26万字。由北京出版社出版。

（杨　娀）

【区县教科所所长会议召开】 6月11日，市区县教科所所长会议在昌平县召开，各区县教委（教育局）的主管领导参加会议，会议就落实"经费到位，人员充实"两项要求情况进行汇报。

（杨　娀）

【召开海内外基础教育研讨会】 7月2至3日，应基教所邀请，美国教育部、国际教育项目主任、美国科技教育协会副会长乔龙庆等来京参加海内外基础教育研讨会并做学术交流。会议就海内外基础教育进行广泛研讨。

（杨　娀）

【全国学校管理体制改革研讨会召开】 7月25至28日，由基教所承办的全国学校管理体制改革研讨会在北戴河召开，会议研讨全国学校管理体制改革的方向、形势及本年度专业委员会学术会议主题等问题。

（杨　娀）

【承办日本侵华殖民教育史国际学术研讨会】 8月21至25日，由基教所承办的日本侵华殖民教育史国际学术研讨会在北京召开。教科院副院长文喆致开幕词。中方25人，外方16人参加会议。会议共交流研讨论文25篇。

（杨　娀）

【《家园合作提高幼儿素质》出版】 10月，由基教所编著的《家园合作提高幼儿素质》正式出版。该书是《适应我国国情，提高幼儿素质的实验研究》丛书之三，收有我国幼儿素质教育改革实践经验文章28篇。该书共计20万字，由科学普及出版社出版。

（杨　娀）

【市区县所长联席会议召开】 11月4日，基教所召开北京市区县教科所所长联席会议。会议就如何创建一流教科院的问题展开研讨。会议认为：要创建一流教科院，关键是要抓好基本建设，突出重点，分层管理。

（杨　娀）

【赴广东、海南进行教育科研考察】 11月18至29日，基教所部分室主任及各区县教科所所长25人赴广东、海南进行教育科研考察。在广东、海南的部分地区考察团考察当地教科所及部分中小学教育科研情况，了解素质教育实施情况，并与一些单位的领导、科研人员进行座谈，互换资料，建立联系。

（杨　娀）

【推广两项科研成果】 年内，基教所推广《小学生全面发展实验》和《初中数学分层测试卡》两项"八五"期间研究成果。《小学生全面发展实验》是1992年原市教育局决定在本市区县的103所小学推广《小学生全面发展教育实验》的科研成果。5年来先后举办市级培训班3次，在房山、平谷、丰台召开现场会3次，推广经验论文评选1次。《初中数学分层测试卡》是"八五"初中生数学学习障碍研究课题研究成果之一。该课题曾被评为"八五"优秀成果二等奖。该卡经过三年的研究与实验，已在5个区县推广，有千余名教师、10万名学生使用分层测试卡进行各项综合指标测试，并取得较好效果。

（杨　娀）

职业教育科学研究

【概　况】 1997年，北京教育科学研究院职业教育科学研究所共有在职人员41人，其中高级职务18人，中级职务7人，分别比上年增加1人。

（王贻彬）

【召开职高青年教师评优课总结会】 3月14日，职教所召开职业高中青年教师评优课总结会，向全市各区县反馈1996年全市青年教师评优课结果。参评教师75人，其中19人的课被评为优秀课。在评优的同时，还举办三次示范课观摩活动。

（王贻彬）

【完成职高校长培训工作】 4月16日，职教所举行职业中学校长岗位培训合格证书颁发会。该所是北京市职业高中校长岗位培训基地，对全市18个区县职业高中校级干部、职教科长、职教中心正副主任进行岗位培训。共有395人学完国家教委职教司规定的学习内容和要求，获得合格证书。

（王贻彬）

【职教学会召开会长办公会】 5月，北京市职业技术教育学会召开会长办公会议。会议决定北京市职业技术教育学会挂靠北京教科院，学会办公室设在北京教科院职业教育科学研究所。会议认为，职教学会挂靠教科院可以发挥北京职教所的优势，把学会日常工作开展起来。

（王贻彬）

【召开职教电教工作会】 6月，职教所召开全市电教工作会。会议邀请北大有关学者讲授《现代教育技术与职业教育》，展示多媒体教学网络及大型投影与视频平台。全市各区县职教中心主任、各类职业学校校级领导和电教人员150人参加会议。

（王贻彬）

【编写商业教材7部】 10月，职教所组织部分专业教师编写商业专业教材。共完成《商品知识学》、《售货技术》、《商品销售心理》、《商业礼仪》和国家教委规划教材《电子规划测量与技能训练》。

（王贻彬）

【举办职教理论培训班】 12月，职教所举办北京市职业高中教师及教学主任职教理论和教育教学方法培训班结业，110人获得结业证书。

（王贻彬）

【召开职高语文水平测试总结会】 12月，职教所与市教委职教处联合召开全市职业高中1997年语文水平测试总结会。崇文区教委、宣武区教委、团结湖二中在会上介绍经验。

（王贻彬）

【职教报编辑部召开表彰会议】 12月，《北京职教报》编辑部召开表彰会，评选并表彰本年度优秀通讯员30名，优秀学生稿件20篇。本年度该报普通版每期发行量达到8000份，学生版达到8万份。

（王贻彬）

成人教育科学研究

【概　况】 1997年，北京教科院成人教育科研所共有在职人员22人，其中高级职务6人，中级职务16人。共承担各级各类研究课题19项，其中有"九五"期间国家教委和北京市重点研究课题9项，咨询服务性课题6项，所内立项课题4项。到年底，完成6项咨询服务性课题和2项所内课题。全年成人教科所主持编写成人教育理论专著和全国成人教育管理干部培训教材各1本、成人中专教材4本。参与10本专著的写作任务，累计文字量约34万字。在全国各类公开刊物上发表论文21篇。

（蔡宝田）

【企业职工教育课题研究取得实质性进展】 1月24日，成教所主持的《21世纪初北京市企业职工教育研究》开题。课题组着重在以下两方面取得实质性的进展：一是在全市范围开展国有大中型企业职工教育发展现状调查，该调查涉及24家企业，这些企业资产总额达950亿元，员工总数69.96万人，并完成调研报告；二是为课题的顺利开展进行相关的理论准备，完成系列文章并发表。

（张翠珠）

【举办全国中青年成人教育工作者理论研讨会】 5月5至9日，成教所与中央教科所、全国成人教育研究会联合主持召开第三届全国中青年成人教育工作者理论研讨会，参加会议的有全国12个省市40余名中青年理论工作者。研讨会就21世纪成人教育的发展趋势及热点和难点问题进行专题研讨。研讨会共收到论文40余篇，涉及成人教育的基础理论、企业教育改革、课题结构改革、社区教育以及成人高等教育等方面的内容。

（蔡宝田）

【主持编写全国成人教育管理干部岗位培训教材】 6月，全国成人教育管理干部岗位培训教材《成人教育行政管理实务》一书出版，教科院成教所的8人参与其中10章的写作任务。该书从实用的角度阐明政府教育行政部门对成人教育宏观管理的基本任务和基本方法。全书24万字，由中国人事出版社出版，主编尤文。

（蔡宝田）

【开展转岗培训需求状况调查】 6至7月，成教所对北京市工贸集团总公司下属7个企业的下岗职工和东城区东兴建筑公司外地来京务工人员对教育培训需求情况进行调研。该调研采用典型调研和抽样调查相结合的方法，共发放问卷2700份，回收2509份，回收率93%。基本摸清下岗职工和外地来京务工人员就业状况、文化程度、技术等级、培训现状、今后培训的意向以及对培训工作的意见和建议。

（吉 利）

【举办3省市社会力量办学研讨会】 11月24至26日，成教所主持召开全国3省市社会力量办学研讨会。参加会议的有北京、天津、辽宁等省市的50余名理论研究人员和社会力量办学人员。研讨会就如何学习和贯彻《社会力量办学条例》以及社会力量办学的地位、作用、方针和有关政策等问题进行专题研讨。

（鱼 霞）

教材编审与北京教育丛书编写

【概 况】 1997年，北京教育科学研究院教材编审部共有在职人员29人，其中高级职务8人，中级职务10人。全年，编审部围绕两项中心科研工作，取得阶段性成果。①高中实验教材的编写得到全面推进，其中，《数学》、《物理》、《化学》、《生物》4科均已进入教材编写阶段。②《北京市21世纪基础教育课程教材改革方案》被正式列为“九五”国家资助课题和北京市“九五”重点课题，课题正式发表《展望》、《目标》、《方案》及相关说明等材料并汇集成《教育科学研究》1997年第4期专刊。组织召开全国部分教育专家专题咨询会，分别在西城区、崇文区、海淀区、通州区、石景山区召开校长及教委主任、教育局长座谈会，从理论及实践两方面均获得大量有益的意见、建议。对方案设置的各学科草拟相应《学科说明》及《补充说明》，征求学科专家及教师意见。本年度，发行教材47种，1050万册。新出版九年义务教育阶段教材3种、高中阶段教材4种，审查教材3种、教学辅助软件1种，单位及个人编著著作45部，发表学术论文6篇。

1997年，《北京教育丛书》编委会共有在职人员5人，返聘人员8人，其中高级职务5人，中级职务5人。全年编辑组完成8部书稿编辑工作，并深入18个区县和有关教育部门，开展组稿工作。办公室进一步拓宽发行渠道，共发行《丛书》9.06万册，其中第二个百本《丛书》6.74万册。为配合读用《丛书》活动的开展，编委会办公室和《丛书》第一个百本节余资金管理小组组织部分《丛书》作者到本市郊区县义务讲学。

（杨德军 崔召云）

【丛书编委会第二次全体会议召开】 1月27日，《丛书》编委会召开第二次全体会议。李志坚、李晨、陶西平、陈大白、陶春辉、倪益琛、姚幼钧及编委60余人出席会议。会议听取姚幼钧代表常务编委会作的《关于第二个百本〈丛书〉编委会成立以来的工作汇报》；李晨关于《北京市中小学教育若干历史问题的回顾》一书撰写情况汇报。会议通过对坚持在《丛书》工作10年左右老同志进行表彰的决定。

（崔召云）

【召开《丛书》(第二个百本)首发式暨《丛书》创办10周年庆祝大会】 1月27日，《丛书》编委会召开第二个百本《丛书》首发式暨《丛书》创办10周年庆祝大会。雷洁琼、李志坚、陶西平、陈大白，市教育系统领导李晨、韩作黎、姚幼钧、史文炳、倪益琛、陶春辉、马叔平及《丛书》作者、编者和读者代表等共150余人参加会议。李志坚在讲话中肯定《北京市中小学教育若干历史问题的回顾》一书的意义；肯定《丛书》作者的教学经验和专业理论水平，对从事《丛书》事业10年左右的5位老同志提出表彰。大会向首发式11本书的作者颁发作者证书，并向第三次读用《丛书》征文活动的获奖者颁发获奖证书。

（崔召云）

【赴新加坡国际学校考察】 3月，教材编审部组织业务人员赴新加坡国际学校和北京国际学校进行考察，分别就这些学校办学思想、课程设置、教学模式和评价考核等方面工作进行调研，汲取国际办学的经验和教训，并撰写出有关的考察报告。

（杨德军）

【召开高中实验教材介绍会】 4月，教材编审部召开各区县局长、校长会，介绍北京市高中实验教材。会上，物理、化学、数学3科主编分别就本学科教材特点进行介绍。

（杨德军）

【出版《教育科学研究》专刊】 4月，教材编审部就北京市21世纪基础教育课程改革研究课题的阶段性成果即《北京市21世纪基础教育展望》、《北京市21世纪基础教育目标》、《北京市21世纪基础教育课程改革方案》等以专刊形式发表于《教育科学研究》1997年第4期。专刊详细阐述课题产生的背景、课题研究过程，分析北京21世纪对基础教育的要求及对人才的要求，确立21世纪北京市基础教育的发展观和方案，同时从课程设置上进行改革。

（杨德军）

【开展教育观念问卷调查】 4月，教材编审部就基础教育的教育观、人才观、评价观、课程观及教育的有关问题向全市中小学教师、学生及学生家长展开问卷调查。调查涉及北京市8个区县约5000人次。

（杨德军）

【召开初中《作文》教材使用及教学研讨会】 5月，教材编审部在通州区召开初中《作文》教材使用及教学研讨会，来自各区县的教研员、中学语文教师百余人出席会议。《作文》补充教材（1至6册），在6年的探索、使用过程中，日臻完善，得到广大师生肯定。会上，部分中学语文教师发表《作文》教材使用效果的专题报告，从素质教育角度，对如何反映时代性，激发学生学习兴趣，提高学生写作能力等问题，进行交流、研讨。

（张　杰）

【调查滥编滥印辅导材料现象】 5月，教材编审部成立专门小组，调查关于北京市中小学生书包过沉，部分单位滥编滥印辅导材料的情况。此次调查采取现场抽查及家长和教师问卷的形式，获得非法辅导材料来源、种类等第一手资料。

（杨德军）

【召开《丛书》联络员会议】 6月2日和9月29日，《丛书》编委会办公室召开全市联络员会议。会议传达市领导对第一个百本《丛书》节余资金使用的有关指示精神和节余资金使用管理办法，东城区和怀柔县分别交流组织干部、教师学用评《丛书》的作法和经验。编委会办公室通报《丛书》的组稿和发行工作情况。

（崔召云）

【出版小学英语教学论文选】 6月，教材编审部出版《北京市小学英语教学论文选（第一集）》。该论文选收集获奖教学论文36篇，涵盖教学理论与实践、教材论证分析和教学研究与师资培训三方面内容。这是自1986年恢复开设小学英语课以来的阶段性总结。

（杨德军）

【高中数学实验教材出版】 7月，高中数学实验教材高一（上册）由北京出版社出版。该套教材是北京师范大学丁尔升教授主持编写的，并开始在本市部分重点学校进行试验。为配合试验工作的开展，教材编审部在暑期举办师资培训、集体备课及听课等活动。11月，该科高一（下册）教材完成定稿，并交付出版社。

（杨德军）

【高中物理实验教材出版】 7月，北京大学沈克琦教授主持编写的高中物理实验教材第一册正式由北京出版社出版。该套教材着力于培养学生的思维能力和实际能力，并注重新旧知识的结合。该书第二册于12月完成定稿并送交出版社。

（杨德军）

【高中化学实验教材出版】 7月，清华大学宋心琦教授主持编写的高中化学实验教材正式由北京出版社出版。该书注重理论联系实际，扩大应用领域内容，以培养学生的应用能力。该书在本市部分重点中学进行试验。年底，该书第二册完成初稿。

（杨德军）

【召开第5次常务编委会议】 8月1日，《丛书》编委会召开第二个百本第5次常务编委会议。会议听取《关于进一步贯彻编辑出版〈北京教育丛书〉（第二个百本）的意见的几项措施》，确定《丛书》框架和1998至2000年组稿、编辑计划，同意采用责任编辑、责任编委从一开始就介入作者写作过程的三位一体的组织形式。并决定进一步研究总结怀柔县干部教师学、用、评《丛书》的经验。李志坚出席会议并讲话。

（崔召云）

【举办《丛书》意向作者培训班】 8月1日和12月5日，《丛书》编委会办公室举办两次意向作者写书动员培训会，各区县推荐的40余名意向作者参加培训。倪益琛、陶春辉、姚幼钧、徐安德等人分别参加会议并就撰写《丛书》的意义、重要性等问题讲话。编辑组就如何遵循《丛书》宗旨写好细目样章和写作中需要注意的问题等方面对作者进行培训。

（崔召云）

【召开"课程改革"咨询讨论会】 8月，教材编审部邀请国内部分教育理论专家召开专家咨询讨论会，就北京市21世纪基础教育课程改革方案进行咨询和讨论。会议认为，该方案论证丰富，思想方法正确，研究队伍力量强。同时，专家们就"改革力度"、"可持续发展"、"外语开设强度"、"课改原则"及"教材建设"等问题展开讨论，并提出建议。

（杨德军）

【刊登用书目录】 9月，教材编审部在北京日报上刊登《1998春季北京市自编及实验教材用书目录》向社会公布经审查、批准的学生用书，以防止社会上的滥编滥印现象，规范中小学教材管理及发行。

（杨德军）

【召开中小学校长及教师座谈会】 9至10月，教材编审部分别组织崇文、西城、海淀、石景山、通州5区的教育行政人员、教研人员、中小学校长进行座谈，进一步征求教育行政部门及实践部门对北京市21世纪基础教育课程改革方案的意见和建议。与会人员认为，教材课程改革非常重要，非改不可，同时要考虑各区县学校物质条件及师资条件的实际情况，做好这项工作。

（杨德军）

【召开双责编工作讨论会】 10月，教材编审部召开双责编工作研讨会。就双责编工作进行分析，对进一步完善双责编办法，推进双责编工作进行探讨。教材编审部在高中实验教材出版工作中，除出版社指定人员外，还指派该部专业人员从表述及科学性角度，审阅全部稿件，实行双责编制度。

（杨德军）

【举办《丛书》作者义务讲学活动】 11至12月，编委会组织7名《丛书》作者到本市房山、大兴、密云、平谷、通州等郊区义务讲学和作示范课，使读者与作者直接交流。

（崔召云）

【第6次《丛书》常务编委会议召

开】 12月5日，编委会召开第6次常务编委会议。会议听取《丛书》编委会1997年工作汇报；审议通过1998年工作计划；通过对怀柔县学习《丛书》进行表彰的决定。

（崔召云）

【征求小学英语教学大纲意见】 年内，教材编审部开展北京市小学英语教学大纲及教材的征求意见工作。征求意见主要从思想性、科学性、适用性、特色4方面采用问卷及座谈两种形式进行。

（杨德军）

【组织教材审查】 年内，教材编审部组织北京市中小学教材学科审查委员审查九年义务教育小学语文第11、12册，完成初中物理教材复审准备工作，完成初中化学审查及复核，完成初中地理的审查工作，完成小学数学一至六年级教学辅助软件审查工作。同时，组织相关学科教材报国家教材审定委员会审查。

（张　杰）

【出版九年义务教育教材《初中英语》（第2、3册）】 年内，由教材编审部与基教研中心联合编写的九年义务教育教材《初中英语》第2、第3册正式出版发行，并在部分区县开始试验工作。

（杨德军）

【发行《丛书》9万余册】 年内，《北京教育丛书》共发行9万余册，其中第二个百本《丛书》6.74万册。除仍以本市区县作为发行主渠道外，力求拓宽发行渠道，扩大社会效益。编委会办公室制订《发行管理办法》，并参加全国各省市教育学院图书馆馆长学会举办的书展。

（崔召云）

【第一个百本《丛书》节余资金管理小组成立】 年内，经《丛书》常务编委会讨论决定，成立第一个百本《丛书》节余资金管理小组并制订资金使用范围和管理规则。依据管理规则节余资金主要用于奖励、讲学、联谊等有利于开展《丛书》工作的各项活动。

（崔召云）

教育史志研究

【概　况】 1997年，据对48所普通高校统计，北京地区高校共有教育志编写人员211人，其中，专职人员26人，兼职人员185人，专职人员均具有中级以上专业技术职务。兼职人员中，中级以上技术职务162人，占总数的88%。据对本市26个区县教委、教育局（成教局）统计，本市区县共有教育志编写人员88人，其中，专职人员39人，兼职人员49人。专职人员中，中级以上技术职务33人，占总数的85%。兼职人员中，具有中级以上技术职务28人，占总数的60%。北京教育志办公室共有修志人员11人，其中，专职人员3人，兼职8人。专职人员中，具有高级技术职务1人，中级技术职务2人。

（魏　强）

【召开昌平教育志编委会会议】 1月7日，昌平县教育局召开普通教育志顾问及编审联席会议。会议对《昌平县普通教育志》（送审稿）的概述及前几章进行讨论，并提出中肯意见。会议决定，在进一步征求市及各区县同行的意见后，继续修改志稿，力争出精品。

（邓志敏）

【北京教育志编纂委员会办公室成立】 3月11日，市编办批准成立北京教育志编纂委员会办公室。该办公室系市教委所属机构，挂靠在北京教育科学研究院，为相当正处级事业单位。主要职责是组织北京志教育卷和《北京教育年鉴》的编辑出版工作；编写《北京年鉴》、《中国教育年鉴》北京教育部分，指导北京教育系统的教育史志编纂工作，汇集每年教育资料等。该办公室同时加挂北京教育年鉴编辑部牌子。

（魏　强）

【召开中国地方教育史研究课题筹备会议】 4月14至18日，教育志办公室和中国地方教育史志研究会秘书外联合召开中国地方教育史研究课题筹备会议，来自11个省、自治区、直辖市教委领导，教育史志办公室负责人和教育史专家、教授共19人出席会议。全国教育科学规划领导小组办公室负责人介绍中国地方教育史研究被列为国家重点项目的有关情况，同时传达规划领导小组与教育史学科组对开展这一课题的要求与建议。会议就中国地方教育史研究的目的、意义、研究原则、组织与推动、研究进度及经费、出版等方面情况进行了讨论。

（郑军平）

【延庆重视教育志编纂工作】 4月、9月，延庆县教育局两次召开局长办公会，听取、指导教育志的编写工作，同时，还召开老局长、老领导座谈会。并聘请1名退休的文教部长到县教育志办公室，参与教育志的编写工作。

（赵岐森）

【召开昌平县教育志评稿会】 5月7日，昌平县教育局与市教育志办公室联合召开《昌平县普通教育志》评稿会。市及10区县的20余名修志工作者参加会议。会议在肯定该志稿成绩的同时，指出志稿存在着缺项、归属不当、某些内容重复过多等问题。昌平县教育局主管领导表示一定充分考虑大家意见，认真修改。

（邓志敏）

【中国地方教育史研究课题开题】 10月，国家“九五”规划重点课题中国地方教育史研究开题。该课题是中国历史上第一次由中央政府教育行政部门规划并组织实施，第一次按行政区划在全国范围内大规模开展的地方教育史研究。其任务是要求各省、直辖市和自治区按照统一体例分别编写一部区域性的教育通史。中国地方教育史研究总课题组设在北京教育志办公室。该办公室负责课题的筹划、组织工作，并承担该课题所属的子课题北京教育史的编写任务。

（魏　强）

【《北京教育年鉴》出版】 11月4日，北京市第一部大型教育资料工具书和史料文献《北京教育年鉴》（1997）出版。该年鉴是在市委教育工委、市教委的领导下，由北京教育年鉴编辑部主持编纂，是北京市教育委员会成立以来的第一部综合性教育年鉴。该年鉴由北京出版社出版，除记述北京市属各教育部门情况外，对北京境域内中央部门所属各级各类教育也全面记述，从总体上反映1996年北京教育事业全貌。全书分38个大类目，4272个条目，共计118万字。

（魏　强）

【北方交通大学志编纂工作启动】 10月，北方交通大学志编纂工作启动，并召开全校有关领导和编纂人员动员大会，对修志人员进行业务培训。该校志编写工作计划于1999年完成。

（刘宝奇）

【中国广播电视年鉴（1997）出版】 年内，广播电影电视部委托北京广播学院主持编纂的大型工具书《中国广播电视年鉴》1997年版出版。全书140余万字，附彩色图片48面，主要反映中国广播电视事业1996年在宣传和改革开放方面的情况。本版特设《悼念邓小平、缅怀邓小平》专辑，汇编中央三台悼念邓小平逝世宣传情况的文章以及小平与广播电视有关的文章、照片、题词、题字、书信及广播稿等一批珍贵史料。该书从1986年起每年编印1册。

（魏　宏）

【教育志办公室激光照排室投入使用】 至年底，教育志办公室共投入17万余元，组建激光照排室。其中，购置486型计算机2台，586型多媒体计算机3台，5237型基士得耶速印机1台，佳能LBP——BKⅡ型激光印字机和惠普6型激光印字机各1台，惠普600C型扫描仪1台，夏普EXTRA型复印机1台及必备的办公用具等。该激光照排室共有专职打字员3人，兼职打字员4人，前后完成《北京教育年鉴（1997）》、《北京市教育委员会文件选编》、《北京市教育委员会政报》、《北京教育史志丛刊》等书刊近400余万字的入录、排版任务。

（董　洁）

【中专志资料选编全部完成】 年内，《北京普通中等专业教育史志资料选编》1至8册全部编印完成。该套资料收编的时限为清朝末年至1992年底。主要内容有北京地区全日制普通中专学校及其多种办学形式的史料，并对有关的清朝实业学堂、民国职业学校及全国性普通中专教育的重大会议与重要文件亦摘要汇编。共计300余万字。

（任　彧）

北京教育科学研究院

院长、副院长、书记、副书记、

院　长 马叔平
副院长 文　喆
陈锡章
仉　琨
张　定（副局级调研员）
书　记 朱全俊
副书记 李凤琴

音像·报刊·图书

综 述

1997年，北京教育音像报刊总社经过一年的筹备正式挂牌。5月29日市委教育工委宣布市委、市政府对总社领导班子的任命：任命耿学超兼任中共北京教育音像报刊总社委员会书记；马宪平任北京教育音像报刊总社社长。

北京教育音像报刊总社是由北京市委教育工委、原北京市教育局、原北京市高教局、原北京市成教局隶属的北京高等教育杂志、北京教育杂志社、北京普教音像出版社、北京高教研究杂志、北京高教音像出版社、北京成人教育杂志社、中国成人教育信息报社组建而成。是集基础教育、高等教育、成人教育、职业教育新闻宣传、音像报刊制作发行为一体的新闻出版单位。

北京教育音像报刊总社现有人员145人，其中专业技术人员96人，占总人数的66.2%，中高级以上职务65人，占专业人员总数的67.7%。总社内设机构12个，其中党政机构5个，业务机构7个。分别是：党委办公室、总社办公室、人事处、财务处、行政后勤处；《北京高等教育》编辑部、《北京高教研究》编辑部、《北京教育》编辑部、《北京成人教育》编辑部、《学前教育》编辑部、《北京教育报》编辑部、中国成人教育信息报社。两个直属单位：北京高教音像出版社、北京普教音像出版社。

北京教育音像报刊总社实行党委领导下的社长负责制。其业务工作隶属于北京市教委，党的工作和干部工作隶属于市委教育工委。其主要职责是：负责北京市教育方面报刊及音像制品的编辑发行工作。其主要宗旨是：高举邓小平理论的伟大旗帜，全面贯彻党的教育方针，全面贯彻党的新闻宣传工作的方针，为北京教育系统党政机关的中心工作服务，为各级各类教育的改革与发展服务，为广大教育工作者和读者服务。

1997年，北京教育音像报刊总社着重抓报刊音像制品的质量，连续召开三次“创名牌、出精品”战略研讨会，提出《关于提高报刊质量的几点意见》和《报刊质量评估奖惩办法》，成立专家评审小组。在1997年总社报刊质量评审中，《北京高等教育》、《北京成人教育》、《北京教育》、《学前教育》被评为一等奖，《中国成人教育信息报》、《北京教育报》被评为二等奖。

1997年，总社两报五刊共发表600万字的文章，发行70万册杂志、60万张报纸；两个音像出版社出版发行电子出版物10种、录像制品15种、录音制品6种。

(杨明起)

总 类

【总社举行挂牌仪式】 3月28日，北京教育音像报刊总社举行正式挂牌仪式。仪式由马宪平主持，尹栋年、耿学超为牌匾揭幕。北京市各新闻单位派代表参加揭幕仪式。

(杨明起)

【召开出精品战略研讨会】 4月29日，音像报刊总社召开“创名牌，出精品”战略研讨会。会议讨论通过《期刊质量标准(试行)》、《报纸质量标准(试行)》及报刊质量评估办法、评分原则和方法。总社各编辑部负责人参加会议。

(杨明起)

【总社领导班子建立】 5月29日，朱全俊代表市委、市政府宣布对总社领导班子的任命。任命耿学超兼任中共北京教育音像报刊总社委员会书记，马宪平任北京教育音像报刊总社社长兼党委副书记，总社实行党委领导下的社长负责制。

(杨明起　李文杰)

【起草《关于整顿首都教育类报刊的意见》】 7月10日，总社协助市教委对市属各教育类报刊情况进行摸底调查，起草《关于整顿首都教育类报刊的意见》。

(杨明起　李文杰)

【召开总社首届全体党员大会】 10月24日，总社召开首届全体党员大会，选举产生第一届党委会。大会通过总社工作报告，号召总社全体党员紧密团结在党委周围，为把总社建成首都教育新闻宣传基地而努力奋斗。党委会选举耿学超为党委书记。

(杨明起　李文杰)

【市教委系统各类报刊达87种】 截止到10月，市教委系统共有各类报刊87种，其中，公开发行报刊21种，内部报刊66种。

1997年市教委各类报刊一览表

报刊种类		总数	公开发行报纸	公开发行期刊	内部报纸	内部期刊
		87	3	18	17	49
承办单位	教委直属单位	22	1	4	6	11
	市属高校	39	1	14	8	16
	区县教育部门	23	1		3	19
	各类学会	3				3
报刊系列	机关报刊					
	市教委	17		3	1	2
	区县					11
	教学辅导报刊	57	3	9	16	29
	学报类报刊	13		6		7

（魏　强）

音　　像

北京普教音像出版社

【概　况】 1997年，北京普教音像出版社共有在职人员41人，其中编辑人员7人：高级职务2人，中级职务2人，初级职务3人。管理人员6人：处级1人，科级5人。在北京教育音像报刊总社的领导下，坚持为教育服务的宗旨，编辑、制作、出版、发行18种录音、VCD载体的音像制品。

（韩进峥）

【3个选题进入《国家重点出版规划》】 年初，北京普教音像出版社将开始制作的《少儿体育游戏》、《幼儿歌曲300首》和《幼儿园系列故事》等3个选题，上报国家新闻出版署。经7部委专家、委员会论证和审订，正式列入《“九五”国家重点出版规划》。年底前，这3个选题全部制作完成。

（韩进峥）

【《雷雨》等VCD出版受到社会欢迎】 年内，北京普教音像出版社与北京人民艺术剧院合作，将《雷雨》、《茶馆》、《骆驼祥子》、《天下第一楼》、《北京大爷》、《阮玲玉》、《李白》首批7部优秀剧目录像资料改制成VCD小影碟出版发行，受到社会各界的欢迎。

（韩进峥）

北京高教音像出版社

【概　况】 1997年，北京高教音像出版社共有编辑人员8人，其中高级职务3人、中级职务3人、初级职务2人。管理人员5人，其中处级1人，科级4人。在北京教育音像报刊总社的领导下，编辑、制作、出版、发行14种录像制品。

（彭建国）

【完成中国少数民族音档制作】 7月，中央民族大学语言学系、电教中心与香港中国语文学会联合制作的《中国少数民族语言音档》制作完成并发行。该音档包括音系录像和词汇录音两部分。录像部分收录42个民族58种语言的语音系统，共5集，全长11个小时。录音部分收录45个民族62种语言。每种语言含1000个左右常用词。该音档对语言学研究，对民族学、文化学、社会学以及少数民族文化教育研究等都有参考价值。语音档由戴庆厦教授任主编。

（哈斯也提）

【校园集体舞录像带出版发行】 9月，由全国活动课程实验区总课题组编排，三十五中和育民小学表演的《我们美丽的祖国》校园集体舞，由北京高教音像出版社录制出版，向全国中小学发行。国家教委基础教育司负责人认为，该校园集体舞适合在中小学普及和推广，是进行爱国主义教育的一种好形式。

（孙锡掇）

1997年北京教育音像报刊总社出版音像制品、电子出版物一览表

品　名	载　体	长　度	责任编辑
司诺克台球入门	盒像带	1盘/套	刘安景
北京版初中英语第二册	盒像带	2盒/套	孟科军
高考试题与解析预测	盒像带	21盒/套	朱　迎
阶梯INTERNET实用讲座	盒像带	8盒/套	卞学义　王惠霖
推进国有企业党的建设宏伟纲领	盒像带	2盒/套	王惠霖　刘惠君
全面领会《邓小平经济理论学习纲要》讲座	盒像带	1盒/套	刘惠君
新刑法辅导讲座	盒像带	2盒/套	高海宁
邓小平对科学社会主义理论新发展、新贡献	盒像带	1盒/套	罗　鲜
邓小平对一国两制战略构想与香港回归	盒像带	1盒/套	罗　鲜
呼唤新的社会保障制度	盒像带	5盒/套	王绍荣
为学好十五大文件助一臂之力	盒像带	2盒/套	张庚寅
十五大报告学习辅导	盒像带	2盒/套	刘惠君
地震、防震——青少年须知	盒像带	2盒/套	罗　鲜
我们美丽的祖国（三集）MTV录像带	盒像带	2盒/套	罗　鲜
大地星辉	盒音带	3盒/套	张　勃
北京版初中英语第二册（学生用）	盒音带	4盒/套	张　勃　刘　英
北京版初中英语第二册（教师用）	盒音带	4盒/套	张　勃　刘　英
少儿歌曲200首	盒音带	12盒/套	张　勃　刘　英
北京版初中英语第三册（学生用）	盒音带	4盒/套	张　勃　刘　英
北京版初中英语第三册（教师用）	盒音带	2盒/套	张　勃　刘　英
北京版小学英语朗读与讲解	盒音带	18盒/套	刘　英　韩进峥
北京版高中英语听力与口语	盒音带	2盒/套	袁　晓
傻瓜英语	盒音带	2盒/套	卞学义　王惠霖
初中英语第一册　听力训练	盒音带	1盒/套	罗　鲜
我们美丽的祖国集体舞	盒音带	1盒/套	罗　鲜
茶馆	VCD	3碟/套	韩进峥
雷雨	VCD	3碟/套	韩进峥
骆驼祥子	VCD	3碟/套	韩进峥
天下第一楼	VCD	3碟/套	韩进峥
阮玲玉	VCD	2碟/套	韩进峥
北京大爷	VCD	2碟/套	韩进峥
李　白	VCD	3碟/套	韩进峥

（杨明起）

报　　刊

高校期刊

【《北京中医药大学学报》获奖】 1月14日，《北京中医药大学学报》在第二届全国优秀科技期刊评选中获三等奖。该学报在学术内涵建设上，以国家级、省部级获奖文章为主，坚持高质量学术思想、高质量科学研究水平。分别被列为中国科学技术核心期刊、中国中文核心期刊、全国中医药优秀期刊、全国优秀科技期刊、中国科学引文数据库首批入选期刊、中国科技信息所统计分析期刊、北京高校自然科学学报系统及全国高等医药学院校学报系统优秀学报、中国医学文摘与中国药学文摘刊源、中国科学技术期刊文摘（CSTA）刊源（E11250A）等。

（付爱珍）

【北师大研究生报创刊】 1月，《北师大研究生》报创刊。该报由北京师范大学研究生自己创办，设要闻评论、学术研究、校园生活、文学艺术4大类目，内容覆盖与研究生学习和生活息息相关的大事小情，包括学术研究、文体生活、所思所想等各个方面的情况。该报在创刊号上提出“尽心尽力为广大研究生同学服务，为大家提供思想言论和学术研究阵地”的办报宗旨。启功为该报题写报名。

（马嘉宾）

【《今日中青》创刊】 1月，中国青年政治学院团委主办的综合性文化刊物《今日中青》创刊。该刊的宗旨是响应党中央关于加强社会主义精神文明建设的号召，利用共青团在青年工作方面的有利条件，以期达到净化校园文明，繁荣校园文化，促进学术交流，推动团的建设的目的。《今日中青》为内部发行双月刊，其栏目有：共青广场、学苑论坛、中青之子、校园聚焦、文学季风、团情快讯等。

（王之伦）

【清华学报获奖】 3月24日，在第二届全国科技期刊评比颁奖大会上，《清华大学学报》（自然科学版）获一等奖，并获得1996年国家教委优秀期刊一等奖。该学报1996年中文版由原双月刊改为月刊，开本由原16开改为大16开，并创办英文版学报（Tsinghua Science and Technology，季刊，大16开本）。该校《世界建筑》杂志获1996年国家教委优秀科技期刊二等奖。

（左海峰）

【北科大学报获奖】 3月24日，《北京科技大学学报》（中文版）获得由国家科委、中宣部、新闻出版署联合举办的第二届全国优秀科技期刊一等奖。参加此次评比的科技期刊共4400余种，获奖417种，其中一等奖60种。该学报创刊于1955年，共出版92期，曾于1989年获全国高校学报优秀编辑质量评比一等奖，1995年获中国高校自然科学学报一等奖，1996年获冶金工业部科技期刊一等奖。

（刘　晋）

【协和医大出版两种期刊】 9月20日，协和医科院校《世界医学杂志》和《医学教育动态》正式出版。《世界医学杂志》是中国医学科学院、中国协和医科大学与美国沃尔沃勒国际（Waverly International）出版公司合作创办的综合性月刊，旨在开展中美及国际间医学科学技术交流，推动医学科学发展。该公司向中方提供14种国际最新期刊，由中方组织专家翻译或编译，编辑委员会审定后出版，分原著、综述、临床指导、病例报告、短篇报告等10余个栏目。该杂志设编辑部、出版部、发行部、广告部，每期印2万册，覆盖面达县级医院。《医学教育动态》是中国医学科学院、中国协和医科大学医学教育研究室与医学信息研究所合办的内部双月刊，旨在总结、交流国内外医学教育发展的新成果、新经验、新办法。刊物以论述、综述、文摘、经验介绍等方式，介绍国内外医学教育的机构设置、管理模式、教学方法及质量评估、发展趋势等。

（吴艳秋）

【召开《化工高等教育》编审会】 10月21至23日，《化工高等教育》编审会在北京石油化工学院召开。全国化工高教学会、北京化工大学、天津大学、浙江大学等10余所高校的代表参加会议。《化工高等教育》是中国化工高教学会主办的季刊，属国家二级刊物。

（薛爱武）

【举办校园文学与艺术联谊会】 12月19日，外交学院学生报刊《外交青年》、《外交人》报文体部共同主办校园文学与艺术联谊会，来自北京大学、人民大学、北京外国语大学等近20所高校的评论部负责人，团刊、团报主编及负责人在会上发言，互通信息，并就共同面临问题展开讨论。会上展览23所高校的团刊、团报。

（杜明华）

【《中国流通经济》获奖】 年内，《中国流通经济》在国内贸易部期刊质量评价中获优秀期刊奖。该杂志是由北京物资学院主办的、向国内外公开发行的学术理论刊物。是国家新闻出版署评定的中国经济类专业核心期刊，在商业经济与物资经济专业、商业企业管理专业领域具有较高的声誉，其刊载论文的转摘量和索引率均在全国同类期刊中领先。

（彭建斌）

【联合大学学报和旅游学刊获奖】 年内，市新闻出版局与市出版工作者协会联合组织期刊编校质量评定，在参加编校质量评定的132家期刊中，《北京联合大学学报》得分97.5分，名列科技类期刊第5名；联大旅游学院的《旅游学刊》得分99.5分，名列社科类期刊第2名。

（张　伟）

北京高教研究

【概　况】 1997年，《北京高教研究》共出刊6期，载文137篇，总计62万字。该刊开设《专论》、《理论及政策研究》和《改革与发展》等38个栏目。

（张天东）

【用图片反映高校改革与发展】 年内，高教研究继续利用封1至封4刊登照片，反映北京地区高等学校改革、发展面貌，介绍学校著名专家、学者，共刊出照片84幅，其中还有反映党和国家领导人江泽民、李鹏、李岚清、雷洁琼等到高校视察或题词的照片。各期封面还分别刊登清华大学校长王大中、中科院院长周光召、中央民族大学校长哈经雄、北京信息工程学院院长甘圣予、中国政法大学校长杨永林、北京化工大学有突出贡献教授程源等人的照片。

（张天东）

【开辟教育思想讨论专栏】 年内，高教研究编辑部主动参加教育思想和观念的改革是先导讨论，开设《教育思想讨论》专栏，登载部分专家、教授的文章。

（张天东）

【开展教育教学研究】 年内，高教研究辟出较多版面设立《教育教学改革》及《教学研究》栏目，本年度共载文28篇，占总发稿量的六分之一。从宏观到微观，从重点学科建设、课程改革到教材教法研究，从心理教育到创造力的培养，体现"教学改革是核心，提高教育教学质量是学校工作永恒主题的思想"。

（张天东）

中国成人教育信息报

【概　况】 1997年，《中国成人教育信息报》编辑部共有在职人员7人，其中副高级职务1人，中级职务5人，编务1人。该报设有《成教要闻》、《热点访谈》和《权威答问》等20余个栏目。发行范围遍及全国各省、市（自治区）的成人教育管理部门和教学单位。全年发行数量1.5万份。

（李　铁）

【参与成人招生工作】 3月，中国成教信息报连载成人高考各门课程模拟试题。该报围绕每年1次全国成人高考，及时报道有关方针、政策，解答考生提出的各种问题，并邀请天津工农教育教学研究室为考生编辑一套模拟试题，配合成人教育进行考前训练。

（李　铁）

【调整编委会组成人员】 11月，中国成教信息报调整编委会。国家教委成教司黄尧任编委会主任，中国成人教育协会董明传、市教委马叔平和耿学超任副主任。新的编委会年龄结构有所下降。

（李　铁）

【参加成人教育热点问题研讨】 年内，中国成教信息报参加关于成人高等教育改革和发展问题的讨论，相继刊发《认真学习十五大精神，开创成人教育新局面》、《"两条腿走路"发展高等教育的道路必须坚持》等文章。

（李　铁）

北京教育报

【概　况】 1997年，《北京教育报》编辑部共有12人，其中，一线记者均为本科学历。该报（含初三专版），全年发行总量240余万份，平均期发行量近5万份。该报八版，共设有《来自市委教育工委和市教委的信息》、《教育信息文摘》和《国内外教育》等20余个栏目。

（周江荣）

【与北京广播电台联办节目】 5月27日，北京教育报与北京广播电台儿童台联合推出《我爱我的校园》节目。该节目全年播发30期，主要报道本市校园动态和名校名人，播出表达师生心声，反映校园生活等方面内容，每周二、三、四在FM103.9兆赫播出。

（周江荣）

【举办师德建设征文活动】 上半年，市委教育工委、市教委、市教育工会和音像报刊总社联合举办师德建设大家谈征文活动。该征文活动由北京教育报承办，全市18个区县干部、教师共撰文15200余篇，其中9家先进单位和63名优秀作者获奖。

（周江荣）

【举办庆祝教师节活动】 9月6日，《北京教育报》和北京工体翻斗乐娱乐有限公司联合举办庆教师节、慰问优秀教师活动。各区县教委（教育局）领导和优秀教师代表400余人参加活动。活动中，文艺工作者表演精彩的节目。

（周江荣）

【召开素质教育研讨会】 12月19日，教育报邀请中央教科所、北师大部分专家和本市几所名校校长，召开素质教育专题研讨会。与会者针对实施素质教育若干理论与实践问题，进行研讨。

（周江荣）

北京成人教育

【概　况】　1997年，《北京成人教育》共有6人，其中高级职务4人。该报设有《新思维》、《企业教育》和《田野风景线》等20余个栏目。

（曹　坚）

【编校质量获好评】　6月，市新闻出版局和市出版工作者协会组织1997年度市属期刊编校质量评比，成人教育报获得98分。

（曹　坚）

【承办重教企业家评选活动】　7月6至10日，成人教育承办中国成教期刊工作委员会重教企业家评选活动。《重教企业家》是中国成教期刊工委发起设立的栏目，成人教育报组织9篇文章。上海、四川、湖北等省市成人教育期刊主编作为代表，从送审的40余篇文章中推选21篇优秀文章。成人教育报中选的是《企业发展人为本》、《抓教育才是抓到了企业教育的根本》、《真正企业家》3篇。

（曹　坚）

【教师节慰问乡村教师】　9月5日，成人教育报编辑部全体工作人员到平谷县大华山镇和熊儿寨乡、老泉口村成人文化技术学校慰问教师，并赠送价值2000元的收录机、落地扇等教学、生活用品。

（曹　坚）

学前教育

【概　况】　1997年，《学前教育》编辑部职工7人，其中文字编辑6人，美术编辑1人；大学本科学历3人，硕士研究生毕业2人。主要栏目有《观念与行为》、《每月话题》和《教研与科研》等20余个。该报全年发行102.93万册（含增刊）。

（姜维静）

【入编《中国学术期刊（光盘版）》】　5月，《学前教育》与清华大学光盘国家工程研究中心学术电子出版物编辑部签订期刊合作出版协议书。该协议书规定将《学前教育》入编《中国学术期刊（光盘）》。

（姜维静）

【编校质量获好评】　6月，市新闻出版局和市出版工作者协会组织1997年度市属期刊编校质量评比，《学前教育》被评为98分。

（姜维静）

【召开宣传发行会】　9月，学前教育编辑部在辽宁丹东召开1998年《学前教育》宣传发行工作会议，与会者对编辑部提出的发行目标进行研讨。

（姜维静）

【颁发通讯员证书】　10月，学前教育编辑部召开通讯员会议，为重新认定的通讯员颁发聘书，共有25人获得通讯员证书。

（姜维静）

【出版增刊《幼儿园体育活动指导》】　10月，《幼儿园体育活动指导》出版，这是东城区教育局幼儿体育研究小组经过近20年实验研究的一项成果。内容主要有健身为主、全面育人的幼儿体育价值观，幼儿园体育活动目标体系，幼儿走、跑、跳、投、钻、平衡、小球7个方面能力的发展，实验研究人员的论文和经验以及体育活动进度安排。

（姜维静）

北京教育

【概　况】　1997年，《北京教育》主要栏目有：《名人访谈》、《改革纵横》和《素质教育》等20个。编辑部有文编、美编、编务共9人，其中副高级职务4人。该刊自1985年复刊以来，共出版期刊222期。拥有全国各省市读者3万人。

（朱晓茵）

【召开通联会议】　9月，北京教育编辑部召开通联工作表彰会，总社领导和各区县通联组长参加会议。会上表彰东城、房山、延庆等工作成绩突出的区县。同时，下发市教委《关于做好1998年市教委主办的教育报刊宣传征订工作的通知》。并介绍1998年《北京教育》的办刊思想、栏目设置等。

（朱晓茵）

【年发行量达29万册】　至年底，《北京教育》共发行29万册。该编辑部坚持以质量求生存，努力提高刊物质量。在1996年被评为北京市社科类一级期刊。

（朱晓茵）

【坚持评刊制度】　年内，北京教育编辑部坚持内评和外评相结合制度。聘请专家、学者和一线教师组成评刊小组，每月收集和统计每位编辑和评刊员的意见，在编辑部公布。同时，不定期召开各种不同读者评刊会听取意见。

（朱晓茵）

【参加科研论文研讨活动】　年内，在教育音像报刊总社组织的第一届科研论文研讨活动中，北京教育编辑部有3人的论文获二等奖（一等奖空缺），1人的论文获三等奖。

（朱晓茵）

中小学管理

【概　况】　1997年，《中小学管理》杂志共发行78.6万份，月均6.55万份。该刊物由北京教育学院主办。

（姬向群）

【纪念创刊10周年】　10月，《中小学管理》创刊10周年。书法家启功、欧阳中石和柳斌、胡昭广等领导为杂志题辞；陶西平为创刊10周年撰写《引导得力，服务得体，制约得法》的纪念文章。10周年之际，该杂志社向西藏拉萨市中小学及西藏自治区各地区、县教育局发送全年赠刊。

（姬向群）

【成立编委会】 年内，《中小学管理》成立编委会。该委员会由11人组成，主任陶西平。

（姬向群）

【召开首届编委会】 年内，中小学管理杂志社召开首届编委会。会议邀请国家教委、市教委、市新闻出版局有关领导参加。会议总结10年办刊经验，对办刊宗旨、办刊方针、期刊定位、栏目设置、宣传重点进行讨论。

（姬向群）

1997年北京教育音像报刊总社出版报刊一览表

报刊名称	刊期	主办单位	创刊日期	主要内容	读者对象	发行范围	每期印数	从创刊起累计出版期数
北京教育	月刊	市教委	1980年复刊	普教各类学校专业	普教系统干部、教师	公开发行	3万	222
北京成人教育	月刊	市教委	1981	成人教育专业	成教系统干部、教师	公开发行	0.9万	196
学前教育	月刊	市教委	1980	幼教专业	幼教系统干部、教师	公开发行	10.02万	201
北京高等教育	双月刊	市委教育工委、市教委	1994	高校改革、党建、思想政治、教学、科研、行政管理等	普通高校、成人高校、中等学校干部、教师	内部发行	0.3万	22
北京高教研究	双月刊	市教委、市高教学会	1981	高教各领域理论与实际问题的研究成果、经验	高校及管理部门、研究部门的干部、教师	内部发行	0.2万	54
中国成人教育信息报	周报	中国成人教育协会市教委	1992	成教方针政策、改革与发展、动态信息、招生考试等	成教系统干部、教师	公开发行	1.0万	218
北京教育报	周报	市教委	1991	普教各类学校专业动态、信息等	普教系统干部、教师	内部发行	5万（含专刊、专版）	317

（杨明起）

图书出版

【《流通经济学》获第二届中国图书奖】 1月，北京物资学院流通经济研究所张绪昌、丁俊发主编的《流通经济学》获第10届中国图书奖。该书由导论和流通原理、流通经济运行等5篇共19章组成，总计39.5万字。该书由人民出版社作为国家“八五”重点学术著作出版。

（王友谊）

【外经贸大学出版社通过验收评估】

3月12至13日，国家教委高校出版社验收评估领导小组对对外经济贸易大学出版社进行验收评估。领导小组听取该出版社的自评报告和该校对出版社的鉴定意见，召开部分编辑人员和职工座谈会，进行实地检查，认为该出版社在办社方向、出版质量、经营管理等方面都达到高校出版社评估指标的要求。

（吴兴旺）

【56家出版社领导参观民族大学出版社】 4月16日，在京参加第2届全国大学出版社社长、总编辑培训班的全国56家大学出版社领导到中央民族大学出版社参观考察并指导工作。领导们参观总编室等6个业务职能部门。在座谈会上，民大出版社领导介绍该社创业历史，汇报近一年来的发展情况。北京理工大、北大、新疆大学、华东师大、国家教委、国家新闻出版署等领导先后讲话。

（杨德勋）

【《大职业教育初探》出版】 4月，《大职业教育初探》一书出版。全书

24万字，共分4部分，全面介绍京郊大职业教育的发展历程，总结京郊10区县职业教育的共性和特色。

（李　敏）

【公安大学出版社通过评估】　7月21日，中国人民公安大学出版社通过评估。1996年12月11至12日，市教委高校出版社评估验收组曾对该出版社自评工作进行全面验收检查。

（尹华业）

【《北京四合院》获科技图书奖】　7月，在国家新闻出版署主办的第8届全国优秀科技图书评选中，北京建工学院建筑系教师陆翔、王其明编著的《北京四合院》一书获二等奖。该书详细介绍北京四合院建筑发生、发展历史，从建筑学的角度论述其建筑结构合理性。

（宋耕云）

【《中国少数民族文化大辞典》出版】　9月22日，中央民族大学戴庆厦教授任执行主编的《中国少数民族文化大辞典》（东北、内蒙古地区卷）出版。布赫、铁木尔·达瓦买提等领导及有关单位和该校专家学者参加首发式。该辞典为大型工具书，由民族出版社出版，共分5卷，收入2.5万余条目，500余万字，拟于1999年出齐。

（哈斯也提）

【《中国民族学史》出版】　9月，由中央民族大学王建民编著的《中国民族学史》（上卷）由云南教育出版社出版发行。该书叙述中国民族学的起源与创建过程，研究20世纪前半期中国民族学发展和变化，探讨民族学中国化等中国民族学发展史中较为重要的问题。全书共36万字。

（哈斯也提）

【两部著作在台湾出版】　10月，中央民族大学曾思奇教授与台湾淡江大学副教授蔡中涵博士合著的《阿美族母语语法结构分析》（31万字）、《阿美族母语会话句型》（30万字），由台湾原住民文教基金会出版，其中，《阿美族母语会话句型》获1997年度台湾原住民母语研究学术奖。这两本书可作为高等学校学习阿美族语的教材和阿美族语研究的参考，阿美族是台湾少数民族中人口最多的民族。

（哈斯也提）

【《吴文藻纪念文集》出版】　10月，中央民族大学民族学系王庆仁、马启成、白振声教授主编的《吴文藻纪念文集》由民大出版社出版。该书是纪念吴文藻先生诞辰95周年的文集，收录参加纪念会的费孝通、雷洁琼等领导的讲话和专家学者论文14篇。

（哈斯也提）

【《中专生文言文阅读指导与训练》出版】　12月，中专教学研究会组织编写的《中专生文言文阅读指导与训练》一书出版。该书为语文水平测试配套教材，由高等教育出版社出版。全书15万字，主编梁树亚。

（梁树亚）

【《民族伦理学》出版】　年内，中央民族大学熊坤新撰著《民族伦理学》一书，由民大出版社出版。该书在民族学与伦理学相结合的基础上，从宏观、中观和微观的角度，分别对民族伦理学、中国少数民族伦理思想和族别进行研究，是我国仅有的关于民族伦理的学术专著，可作为高校专业教材。该书53.9万字，是国家社会科学基金资助项目。

（哈斯也提）

【《音乐美学新论》出版】　年内，中央音乐学院王次炤教授所著《音乐美学新论》由台湾万象图书股份有限公司出版，该书收集作者自1986年至1996年间撰写并发表的15篇论文。它们分别从结构主义和系统论的角度，价值哲学的角度，以及比较文学的角度，对有关音乐美学的问题做出尝试性的研究。

（索承禄）

【《教育工作文件选编》出版】　年内，市教委编印《教育工作文件选编》。该选编收集市教委成立前国家教委、中共北京市委、市人大、市政府、原市政府文教办公室、市高教局、教育局、成教局和市政府有关行政部门发布的教育方面地方法规、规章和规范性文件。分教育地方性法规、市政府规章（教育）、市委市政府有关教育工作的综合性文件和其他文件4大类。

（郑　峰）

北京教育音像报刊总社

书记、副书记、社长、副社长

党委书记　耿学超
副 书 记　郑英麟
社　　长　马宪平
副 社 长　张彦春　马贵平
　　　　　陈彦康

对 外 事 务

综 述

1997年，是北京教育对外交往继续发展的一年。市教委全年直接安排接待外宾1350人次，比上年增长84.9%；全市教育交流由市教委申报出境团组277个，比上年增加37个。出国人数690人次，出访地区包括美国、日本、澳大利亚、德国、意大利等36个国家和地区。出访任务包括访问、考察、留学、进修、培训、艺术表演、体育比赛及参加各种国际会议等。

中外合作项目呈现出多渠道、多层次发展的趋势，引进国外智力工作开拓新的领域，来华留学生、涉外学校的管理步入正轨，整个对外交流取得显著成果。

1997年，市教委加强中外合作，积极促进合作项目的拓展与开发，新增和扩展项目6个。市教委先后接待美国纽约州立大学布法罗分校副校长斯蒂芬·端纳特及日本东京都立大学校长山住正已，通过交谈，达成共识，确定双方高校继续交流合作的意向，确立今后交流合作的新模式，减少行政参与的环节，扩大学校自主权，提高合作的实效，使两个原合作项目进入一个新阶段，把市属高校的对外交流合作向前推进了一步。市教委与丹麦职业教育及青年学校教师联合会达成意向，在成人教育和德育两个方面进行合作，每年召开一次研讨会，分别在两个国家举办。市教委接待韩国庆尚南道教育厅实务代表孙学模先生，双方就今后加强教师、学生及学术交流达成意向。

澳大利亚伍龙贡大学生来华实习项目扩展到澳大利亚史密斯·黑尔中学及圣·玛莉学院，分别与北京市一四八中学和东城区职教中心建立两对友好交流关系学校。与美国国际文化交流协团(AFS)合作的项目，十几年来一直派中学英语教师出国进修，1997年尝试增派中学生出国学习，全市选送9名高中学生，分别派往美国、德国、瑞士、意大利和挪威学习一年，受到学校和家长的欢迎与支持。

随着改革开放的不断深化，中外合作办学越来越引起社会广泛的关注，作为推动首都教育发展的一种新型的办学形式，亦受到教育界各位领导的重视。市教委加强对此项工作的领导，全年，接待咨询合作办学者400多人次，对申报单位进行积极、慎重、认真的审核，批准成立并正式注册的中外合作办学机构有7所，共引进外资约4000万元。外方合作者分别来自韩国、加拿大、日本、美国、法国、比利时、英国等。办学类型有高中、语言培训、工商管理培训、计算机和信息管理培训等。北京实验中学与加拿大纽宾士域省教育部及加拿大加皇投资集团共同开办的北京中加学校，成为本市第一所中外合办的高中校，全国人大、加拿大国家参议员、北京市人大、市政府领导参加该校成立大会。李岚清接见中国和加拿大双方办学人员。

1997年，北京地区高校接收外国来华留学生17031人，比上年增加433人，居全国首位。这些留学生来自145个国家，学习一年以上的有10848人，占总数的63.7%，其中本科生3229人，硕士研究生738人，博士研究生306人，比上年都有增加。市教委对全市接收留学生的高校进行复查，对合格单位下发资格证书。年内，北京地区外国留学生申请签证的初审权从全国外国留学生教育管理学会转到市教委外事处，这样更有利于北京地区外国留学生的一体化管理。

引智工作继续推进。1997年通过市教委邀请来华任教的外籍专家共205人，比上年增长13.9%。其中长期外教175人，短期外教30人。他们分别来自美国、日本、澳大利亚、英国、加拿大、法国、西班牙、俄罗斯等国，他们中的大部分在中国进行语言教学，其余担任计算机、医学等专业课程教学。年内，又有16所教育机构申请外教聘用单位资格，并通过市教委、市外办、市公安局的初审，报国家外专局审批。市教委会同市外办、市公安局及国家安全局对北京地区31个区县有聘用外教资格单位进行年度检查，30个单位通过年检，一所学校暂缓登记。在引智观念上，1997年有突破性认识，聘请外教来华只是一个方面，派专业人员出国培训，也是引智工作的组成部分，从而更新对外交往工作观念，拓宽对外交往渠道。

1997年，市教委在制订、完善规章制度，加强统筹规划、协调指导、监督检查等综合性管理方面取得显著成果，先后制订《北京市关于外国留学生工作的若干规定》，以市政府办公厅名义颁发；制订《关于北京市属教育系统因公出国(境)管理办法》、《关于北京市中外合作办学机构审批程序》、《关于北京市教育机构聘用外籍教师工作的若干规定》和《关于北京市属高等院校外国文教专家经费补助办法的意见》。这些规定、办法的出台，对进一步规范本市教育系统外事工作，提高办事效率，推动教育事业发展必将发挥重要的作用。

(谢 平)

国　际　合　作

【概　况】 1997年，市教委注重国际合作项目的开发与拓展，在继续管好现有中外合作项目的基础上，又增加扩展6个新项目，同时，加强对中外合作办学的领导，积极慎重地做好审核工作。年内，共审批中外合作办学9所，引进外资约4000万元。

（丁红宇）

【北京中加学校注册成立】 1月6日，北京中加学校在市教委登记注册，取得正式办学资格。该校于1996年12月经市教委批准成立，由北师大实验中学与加拿大纽宾士域省教育部及加拿大加皇投资集团共同开办，主要进行普通高中教育并开设一些职业培训课程。

（潘芳芳）

【北京思敬工商管理培训中心登记注册】 2月26日，北京思敬工商管理培训中心在市教委登记注册，取得正式办学资格。该中心由水利水电管理干部学院与美国福德姆大学共同开办，主要开设工商管理课程专业，集中力量为水利水电系统培养现代管理人才。

（潘芳芳）

【北京民办孔德阿里昂斯法语学校成立】 2月26日，市教委批准成立北京民办孔德阿里昂斯法语学校。该校由北京东城区孔德文化学校和法国巴黎法语协会共同举办，主要面向法语爱好者开展短期法语培训。该校已在市教委注册，取得正式办学资格。

（潘芳芳）

【北京中美工商管理研修学院登记注册】 2月28日，北京中美工商管理研修学院在市教委正式登记注册。该校由北京建设大学与美国纽博大学共同开办，面向公司职员及社会各界招生，开设工商管理课程培训专业。

（潘芳芳）

【召开访问学者座谈会】 3月4日，市教委外事处召开从美国布法罗归来的高校访问学者座谈会，了解中国学者在布法罗情况，为与布法罗洽谈下一步交流合作提供重要依据。

（潘芳芳）

【中澳电子琴项目交流活动举行】 3月15至23日，北京市中澳电子琴项目学校管理人员及教师一行18人，赴广州交流管理经验。活动中，观摩广州市先烈中路小学电子琴音乐课，北京海淀区二里沟中心小学做教学观摩课。来自北京、天津、浙江和广州市项目学校的80余人参加该活动。

（冯国红）

【接待美国纽约州立大学布法罗分校客人】 3月17日，徐锡安等人会见美国纽约州立大学布法罗分校常务副校长一行2人，双方回顾了17年来北京市高教系统与布法罗分校之间的交流与合作成果，分析国际学术交往的形势、教育状况和各自国家政策的变化。双方一致同意继续保持交流合作关系，合作协议书由双方院校直接签署。布法罗代表团参观北工大、首经贸大、首医科大和首师大。

（宋立军）

【中澳电子琴教学研讨会召开】 5月21日，中国和澳大利亚电子琴教学实验项目第四次研讨会在东城区灯市口小学召开，来自全市项目学校的20余人观摩电子琴音乐课并进行教学研讨。

（冯国红）

【接待日本东京都立大学访问团】 5月，日本东京都立大学代表团一行3人应邀来京访问，在与市教委进行多次友好商谈后，双方签署《北京市高等学校对外交流委员会——东京都立大学友好交流事业会谈纪要》及《北京高等学校对外交流委员会——东京都立大学友好交流事业备忘录》。根据上述文件，双方一致同意进一步加强学生的交流及科研合作。

（藩芳芳）

【赴澳大利亚考察艺术教育】 6月13至25日，北京市教委中国艺术教育考察团一行11人，应邀赴澳大利亚进行艺术教育考察。在澳大利亚期间，考察团参观大、中、小学。来自本市万泉小学、东方小学、灯市口小学及通县教育局的人员参加访问活动。

（冯国红）

【接待美国AFS教师团】 7月16至31日，美国AFS教师团一行7人应邀来京，与北京汇文中学进行文化交流。美方人员学习中国的文化、民俗等，中方学生接受英语口语培训，双方教师进行教学法研讨，崇文区教研中心组织近20名教师参加研讨。

（冯国红）

【中外合作北京康培商务信息管理学校成立】 7月22日，市教委批准成立北京康培商务信息管理学校。该校由北京朝阳区民办益民电脑培训学校和英国中国研究公司合办，主要面向具有高中毕业及以上学历的人士开展计算机商务等课程培训。

（潘芳芳）

【中外合作北京连山国际工商管理培训中心成立】 7月22日，市教委批准成立北京连山国际工商管理培训中心。该中心由北京伊人广告公司与胡琳女士（比利时籍）共同开办，主要从事在华外籍员工的培训，课程设置包括中国文化及中国市场等。该中心已在市教委登记注册，取得正式办学资格。

（潘芳芳）

【中外合作亿卓北京电脑教育中心成立】 8月14日，市教委批准成立亿卓北京电脑教育中心。该中心由北京国际技术合作中心与美国国际数据集团中国公司共同举办，主要为各企业公司的中国员工开展电脑及网络的技术业务培训。该中心已在市教委登记注册，取得正式办学资格。

（潘芳芳）

【交换AFS中学英语教师】 8月，市教委完成'98AFS中学英语教师交换项目，来自北京二十中、求实中学、四十二中、四十四中及苹果园中学的5名英语教师赴美国进行为期1年的文化交流。

（冯国红）

【交换AFS中学生项目】 8月，北京东直门中学、五十中、十一中、一六六中、九十六中、十八中的9名高中生分别赴美国、德国、意大利、瑞士、挪威进行为期1年的文化交流。

（冯国红）

【中澳电子琴教学研讨会在京召开】 9月3日，中国和澳大利亚电子琴教学实验项目第五次研讨会在海淀万泉小学召开。澳方艺术教育专家、国家教委领导及项目学校教师20余人参加研讨会。

（冯国红）

【中丹教育研讨会在京召开】 10月27至29日，中国丹麦北京教育研讨会在京召开。中、丹双方就教育制度、学生德育教育方面进行研讨，丹方教育专家7人，中方教育专家20余人参加研讨会。

（冯国红）

【接待美国代表团】 11月9至11日，纽约教育代表团一行6人应邀来京访问，与市教委在中小学教育方面及教材编审方面进行座谈。并参观北京四中、北京小学等校。

（冯国红）

【接待长春市艺术教育代表团】 11月19至20日，市教委接待长春市教委艺术教育代表团，该团由长春市教育国际交流协会，长春市教委及部分小学校长组成。在京期间，代表团参观二里沟中心小学及翟家口小学，观摩电子琴音乐课，并与市教委交流中澳电子琴项目管理经验。

（冯国红）

【接待河北省艺术教育代表团】 12月9日，河北省艺术教育代表团一行45人，赴海淀万泉小学就中国和澳大利亚电子琴教学实验项目进行交流。

（冯国红）

【颁布中外合作办学审批程序规定】 12月24日，市教委制订《北京市中外合作办学审批程序的若干规定》，并进行一系列工作，初步把中外合作办学纳入到规范化管理轨道。

（潘芳芳）

【成立北京顺义国际学校】 12月29日，经国家教委批准，北京顺义国际学校取得办学资格。该校原名北京国际学校，前身为美国、英国、加拿大、新加坡、澳大利亚5国使馆共同开办的使馆人员子女学校。新建校仍为外籍人员子女学校性质，由澳大利亚爱斯百福有限公司北京代表处主办。

（潘芳芳）

【完成日本三类奖学金留学项目】 年内，北京丰台区实验艺术幼儿园、北京市外事服务职业高中两名教师，被录取为赴日本专修学校留学生，他们将于1998年赴日本留学。至此本市赴日本三类奖学金留学项目人员选派任务完成。

（司占树）

引　智　工　作

【概　况】 1997年，市教委坚持树立现代化意识、首都意识、大教育意识和外事为内事服务意识，更新观念，制订引智规划及《北京市教育机构聘用外籍教师工作的若干规定》，规范手续，培训干部，加强管理，推动北京市引智工作健康有序的发展。1997年，本市共有外籍教师205人，其中长期外籍教师170人，短期外籍教师35人，他们分别来自美国、英国、澳大利亚、日本、加拿大、法国、西班牙、俄罗斯等国家。他们中绝大部分从事语言方面教学，其余担任计算机和医学等专科教学。

（宋立军）

【在京外教共贺新春】 1月15日，市教委在老舍茶馆对在京外籍教师举行新春慰问演出。市外办主管领导、市教委及市公安局外管处负责人等与外教共贺新春。

（潘芳芳）

【召开外教工作总结交流会】 1月30日，市教委召开全市聘请外籍教师工作总结交流会。22所学校的外事处长和外专干部参加会议。北京工业大学、首都师范大学、汇文中学和十一学校介绍经验。本市22所外教聘用单位除一所学校延缓注册外，其余学校全部年检合格。

（宋立军）

【组织外教参观京郊农村】 10月18至19日，市教委组织部分市属教育机构聘请的外籍教师到房山韩村河、商周遗址、云居寺等地参观。活动中外教进一步了解中国古老文化及改革开放的巨大成就，加深对中国现状的认识和理解。

（潘芳芳）

【制订聘用外籍教师工作规定】 11月21日，市教委制订并颁布《北京市教育机构聘用外籍教师工作的若干规定》。该规定进一步规范北京市教育机构聘用外籍教师工作。

（潘芳芳）

【召开北京高校智力引进工作研究会第一届年会】 11月27至30日，北京学校智力引进工作研究会第一届年会和研讨会在平谷教工疗养院召开。徐锡安到会发表讲话。会上24个单位发言，通过交流经验，进一步提高对引智工作的认识。

（宋立军）

【颁布外专经费使用新办法】 12月19日，市教委颁发《北京市属高等学校外国文教专家经费补助办法》。该办法将聘请效益、管理水平与经费补助挂钩，提高外国专家的聘用效益和经费使用效益。

（宋立军）

【对聘用外教单位进行年检】 12月，市教委会同市外办、市公安局及国家安全局对北京地区具有聘用外教单位资格的31所教育机构进行年度检查，除暂缓北京插花学校聘用外教以外，其他29家单位通过年检，1998年度继续保留聘用外教单位资格。它们是：首都师范大学、北京工业大学、首都经贸大学、首都医科大学、北京建工学院、联大旅游学院、联大文理学院、体育师范学院、海淀走读大学、北京教育学院、美国英语语言学院、英迪经贸学院、汇文中学、理工大学附中、八一中学、十一学校、西城区外国语学校、北京十二中、丰台实验学校、前门外国语学校、北京四中、中国科技大学附中、小牛津双语幼儿园、21世纪实验学校、北京美亚学校、私立汇佳学校、北京皇城双语幼儿园、北京西颐中学阶梯双语教学中心、首都师范大学外国语学院。

（潘芳芳）

【审核申请外教聘用单位资格】 年内，市教委受国家外专局委托，对15所申请聘用外籍教师单位进行资格初审，这15所教育机构是：北京中加学校、北京私立树人学校、中国旅游学院附中、北京现代音乐研修学院、北京外事服务职业高中、北京西山国际语言学校、北京商贸外语职业学校、中美工商管理研修学院、北京龙力足球学校、北京迷笛音乐学校、北京一〇一中学、北京力迈学校、北京康培商务信息管理学校、北京市政府国家公务员培训中心、北京志远外国语学校。

（潘芳芳）

友 好 往 来

【概　况】 1997年，市教委多渠道、多层次地开展对外交往交流活动，共接待外宾1350人次，包括体育交流、书法交流、研讨会、艺术考察等活动。在原交往国家的基础上增加与越南的接触。北京教育系统在对外交往中，注重加强实质性交流，通过出访和接待，以不同形式，宣传北京，并注意抓住机会，积极开辟新的合作领域，推动北京教育的发展。

（谢　平）

【接待澳大利亚艺术教育考察团】 2月28日，澳大利亚艺术教育考察团一行8人应邀来京访问，考察团参观海淀区二里沟中心小学并进行学术交流。

（冯国红）

【接待日本东京都高等学校访问团】 3月4日，日本东京都高等学校校长本部广哲先生一行2人来市教委拜会，双方就合作可能性进行探讨。下午，日本客人参观北京月坛中学。

（潘芳芳）

【接待美国纽约皇后大学客人】 3月10日，徐锡安接待美国纽约皇后大学研究生院副校长哈密德·史瓦尼和美中交流计划主任吴鸿。会见中，双方互通情况并就双方交流方式交换意见。

（宋立军）

【美国副总统访问清华】 3月26日，美国副总统戈尔访问清华大学，并在学生文化活动中心发表题为《中美关系发展前景》的演讲，中国驻美国大使和清华师生300余人参加演讲会。随同戈尔访问清华的还有戈尔夫人、美国驻华大使尚慕杰等数十名外宾。

（左海峰）

【接待越南河内教育代表团】 4月7至10日，越南河内教育代表团50人到市教委访问。访问中，越南客人全面了解北京市基础教育状况。

（许株桦）

【接待日本国秋田县师生】 4月13日，日本国秋田县副知事一行435人来北京市访问交流。访问期间，日本客人参观北京市部分学校并与学校进行联谊活动。兰宏生出席在人民大会堂举行的中日友好交流会。通过此次交流，促进北京市与秋田县的友好交流，增进中日双方的友谊。

（司占树）

【新加坡总理参观北大】 4月28日，新加坡总理吴作栋参观北京大学，陈佳洱向吴作栋介绍该校的历史与现状以及新加坡留学生在北大的情况，并向新加坡客人赠送纪念礼品。吴作栋参观计算中心和赛克勒考古与艺术博物馆，并在校园内种下1棵象征中新人民友谊的常青树。

（谢　宁）

【接待日本都道府县教育长代表团】 5月21日，徐锡安接待日本都道府县教育长代表团一行13人。会见中，双方就共同关心的问题进行友好交谈。

（司占树）

【澳大利亚伍龙贡大学师生来京实习】 6月5至27日，澳大利亚伍龙贡大学师生一行23人来北京市进行教学实习。澳大利亚客人分两组在北京市一四八中学和东城区职业教育中心学校进行教学实习，并讲授英语课。徐锡安接见该教学实习团全体人员。

（司占树）

【接待澳大利亚经贸代表团】 6月24日至7月1日，澳大利亚经贸代表团一行28人，应邀来京访问。访问中，澳方国际旅游学院负责人参观联大旅游学院，双方达成学生交流、教师互访、合作办学意向；市教委与澳大利亚国立大学达成合作意向。

（潘芳芳）

【接待匈牙利青少年友好访问团】 6月27日，匈牙利青少年友好访问团一行30人，应邀来京访问。访问期间，匈牙利客人参观科技馆及北京市少年宫，并与学生举行联欢活动。

（冯国红）

【接待日本都道府县教育代表团】 7月5日，日本第一次都道府县教育代表团一行23人拜会市教委。徐锡安会见代表团，双方就各自教育现状及各自教育中出现的问题，进行交流。双方就今后继续开展交流合作交换意见。

（司占树）

【中美教育研讨会在京召开】 7月13至19日，中美教育研讨会在京丰宾馆召开。研讨会上，中美双方就两国的教育制度及提高人才质量、迎接21世纪的挑战等专题进行研讨。美方教育专家13人、中方近50人参加该研讨会。

（冯国红）

【与日本国武生市教育代表团交流书法】 7月23至28日，以武生市教育长恒内泰治为团长的日本教育书法交流团一行46人来京进行书法交流。在北京市少年宫，日本客人与北京市学生举办第6次少年书法交流大会，切蹉技艺，相互学习。陶西平、徐锡安接见并宴请该团全体成员。

（司占树）

【接待日本东京都青少年洋上研修团】 7月28至31日，日本东京都青少年洋上研修访问团师生一行463人来京访问，市教委组织12所中学师生代表参加接待工作，与日本师生进行联谊活动，陪同游览名胜、参观学校、走访中国学生家庭等活动。

（任　军）

【接待韩国汉城市师生】 7月29日至8月2日，韩国汉城市师生一行55人来京进行中学生体育交流。在京期间，中韩师生进行男女篮球和乒乓球比赛，参观故宫、长城等名胜古迹。徐锡安接见并宴请全团成员。

（司占树）

【接待泰国教育代表团】 8月5日，泰国教育考察团一行5人应邀来京访问。访问中，泰国客人与市教委领导进行教育交流，参观北京五十五中及私立汇佳学校。

（冯国红）

【接待韩国庆尚南道教委委员】 8月11至17日，韩国庆尚南道教育厅实务代表孙学模来京访问。在京期间，韩国客人参观北京四中、史家胡同小学和景山学校，与市教委商谈交流事宜。徐锡安参加会见，并宴请孙学模。

（司占树）

【日本教科文协会参加夏令营】 8月17至27日，日本国教科文协会联盟一行6人，来华参加'97丝绸之路夏令营活动。日本客人先后访问北京、甘肃等地，并到中国学生家庭住宿。通过一系列活动，增进中日青少年之间的友谊。

（司占树）

【参加中美大学国际化中外合作交流研讨会】 8月20至24日，徐锡安、耿学超等人参加由北京大学举办的中美大学国际化中外合作交流研讨会。参加会议的有16个国家40多名代表，中国70所大学主管外事校长和外事处长参加会议。

（宋立军）

【承办首届亚太地区青少年世界遗产论坛】 9月15至21日，教科文组织协会和市文物局，承办首届亚太地区青少年世界遗产论坛。亚太地区20个国家的百名代表和联合国教科文组织7名官员参加这次论坛。中国教科文组织协会全国联合会主席陶西平参加开幕式、闭幕式等活动。本次论坛活动形式多样，有各国文物图片展、教科文官员讲座；组织代表学习《保护世界文化和自然遗产公约》，参观北京的世界遗产景点，研讨保护世界遗产后续活动并进行文化交流。北京二中、十二中、市少年宫俱乐部师生代表参加该论坛活动。

（冯国红）

【接待日本国尚志学园访问团】 9月26日，日本国尚志学园理事长佐藤信一行5人访问市教委，陶春辉等人会见并宴请佐藤信一行。会见中，中日双方商谈町田学园派遣600名学生来京与北京市中学生进行交流事宜。

（司占树）

【接待英国教育测试机构远东代表】 10月9日，市政府督导室负责人及职教处、外事处有关人员接待美国教育测试机构驻远东代表大卫·魏根斯达夫先生。会见中，双方就中国职教学生采用英国职业证书事宜进行商谈。

（宋立军）

【接待日本国际学友会理事长】 10月15日，陶春辉及外事处有关人员接待日本国际学友会理事长佐藤次郎一行5人。

（司占树）

【接待美国高等教育代表团】 10月22日，市教委高教处、政策法规处、外事处有关人员接待美国高等教育代表团，双方就共同关心的教育问题进行交流。

（宋立军）

【美中教育交流协会在京召开】 10月24至26日，美中教育交流协会在北京召开顾问委员会会议。会议内容是交流美中医疗卫生及社区教育情况。徐锡安介绍北京市普教及社区教育情况。美中教育交流协会、首都医科大学、首都师范大学等有关人员参加会议。

（冯国红）

【接待美国考文垂技术学院培训部主任】 11月20日，市教委外事处接待美国考文垂技术学院培训部主任阿兰·文特考博先生，洽谈师资培训和商贸英语教学合作事宜。

（宋立军）

【接待美国肯塔基州墨海德州立大学教授】 12月19日，市教委外事处负责人接待美国肯塔基州墨海德州立大学白瑞教授，双方就墨海德州立大学与市属6所高校建立交流关系等事宜进行商谈。

（宋立军）

【组织基层俱乐部青少年参加国际文化交流】 年内，市教委选送100篇作品参加第七届日本地球孩子俱乐部保护我们的地球征文比赛。其中北京市八一中学、北京第二实验小学各1名学生荣获特别奖。

（许株梓）

【一四八中与澳大利亚莱卡中学建立友好关系】 年内，经市教委报市政府同意，北京市一四八中学与澳大利亚莱卡中学建立友好校际交流关系。

（冯国红）

【派出考察团组277个】 至年底，市教委派出277个团组，690人次，出访美国、日本、韩国、澳大利亚、德国、法国、加拿大、荷兰、意大利等36个国家，执行考察、访问、留学、国际学术会议和艺术表演等任务。其中美国65个团组，日本61个团组，韩国22个团组，分别占全年派出团组总数的23%、22%和7%。

（潘　东）

1997年市教委机关及直属单位因公出国人员一览表

单　位	姓名	人数	日　期	国　别	内　容
外事处	丁红宇	3	3.7——3.14	丹麦	生产和青年学校教育体制考察
教科院	陈锡章	2	3.23——4.7	美国	考察和探讨教育合作
教育学院	倪传荣	22	4.10——4.25	德国、法国	教育考察和交流
北京美国英语语言学院	钟　华	1	4.2——4.5	英国	学术会议
体卫处	张立华	2	4.15——4.24	泰国	考察爱滋病防治和青少年健康教育
师资处	赵文友	1	4.14——4.27	匈牙利	随国家教委组团教育交流、访问
基教二处	关国珍	1	4.3——4.22	科威特、阿联酋、沙特	随文化部组团演出
基教一处	宋宝璋	1	4.21——4.25	新加坡	考察电脑教学
教科院	杨震滨	1	4.7——4.18	韩国、新加坡	随国家经贸委组团经贸洽谈
职教处	蔡继顺	2	3.30——4.26	泰国	随国家教委组团职业教师培训
基教二处	富凯宁	1	4.21——5.5	澳大利亚	随劳动部组团就业前考察技能开发
市幼师	吴树勋	2	5.18——6.10	马来西亚	幼教学术交流和讲学
督导室	文教亨	5	4.28——5.3	韩国	考察韩国汉城教育发展
市盲人学校	何天柱	1	5.14——5.28	日本	随国家教委访问考察
市教委	兰宏生	1	6.4——6.15	加拿大	随国家环保局参加“生命之树”活动
市教委	李洪飞	1	6.6——6.15	澳大利亚	随国家教委艺术教育考察

续表1

单　位	姓名	人数	日　期	国　别	内　容
市教委	胡晓松	1	6.23——6.29	印度尼西亚	参加第八届国际艺术节
德育处	李　京	1	6.21——7.5	美国	随国家教委伦理道德研讨会
市少年宫	郝淑洁	1	7.22——7.29	美国	篮球训练
艺术与校外处	王　军	1	7.26——8.17	美国	随国家教委考察艺术教育
教育学院	李　方	2	7.21——7.27	德国	中文教育研讨会
外事处	桑　澎	1	8.1——8.10	日本	随文化部参加日本第十三届熊本国际青少年音乐节
教科院	钟作慈	2	8.1——8.21	加拿大	提高英语教师素质的教育交流
教科院	时　迈	1	8.18——8.26	澳大利亚	陪同中学生英语能力测试第一名领奖
市自考办	周　轩	1	8.30——9.19	美国、加拿大	随国家教委关于远距离开放教育交流
体卫处	董进修	1	8.17——8.23	日本	参加国际足球邀请赛
第一师范学校	周　耿	1	8.10——8.30	美国	特教师训会议和考察
教科院	王燕春	1	8.22——8.26	日本	参加第六届国际算数大赛
幼儿师范学校	王晚明	1	7.24——8.24	文莱	中文教学
第一师范学校	张淑芳	1	9.16——9.30	澳大利亚	随国家教委考察师范教育
第三师范学校	刘树信	1	9.16——9.30	澳大利亚	随国家教委考察师范教育
通县师范学校	韩增进	1	9.16——9.30	澳大利亚	随国家教委考察师范教育
教科院	马叔平	6	9.26——10.4	俄罗斯	教育体制考察
体卫处	刘兆武	1	9.28——10.4	美国	随国家教委参加定向世界杯赛
市教委	高玉琛	1	10.5——10.19	英国	随国家教委考察教育督学体制
语委办	范毓美	2	10.10——10.20	新加坡、马来西亚	考察语言文字、汉字简化
德育处	张立川	1	10.22——11.4	美国	教育考察商讨98年教育研讨会
教科院	孟雁君	1	10.11——10.24	德国	随中国外文出版发行事业局参加第49届法兰克福书展
外事处	丁红宇	2	9.22——10.5	美国、加拿大	随全国人大考察教育立法
教科院	梁　威	1	11.28——12.2	日本	出席“日中数学教育学研究会”
科研处	姜世军	1	10.31——11.27	美国	随国家外专局国家重大科技项目管理
成教处	吴晓川	1	11.1——11.10	日本	随国家教委考察日本高等教育
外事处	潘　东	1	10.20——10.25	韩国	考察韩国教育文化遗产产业设施
师资处	孙秀芹	1	11.10——11.30	澳大利亚	随国家教委学习考察教育管理工作
电教馆	潘克明	1	11.3——11.16	美国	随国家教委教育考察
教育学院	倪传荣	1	10.22——10.26	墨西哥	国际研讨会
师资处	徐山清	1	11月（21天）	美国	师资培训、人力资源开发
教科院	齐宪代	2	11.9——11.22	日本	随国家教委参加教科文亚太地区课程设置会议
市盲人学校	乔润民	1	11.22——11.27	菲律宾	随中残联参加国际会议
教科院	苏立康	1	12.2——12.7	马来西亚	第二届东南亚华文教学研讨会

续表 2

单　位	姓名	人数	日　期	国　别	内　容
第一师范学校	赵　征	1	97.11——98.11	印度尼西亚	执教
市教委	耿学超	4	11.25——12.11	美国、加拿大	随国家教委考察高校毕业生就业机制和状况
市教委	贺向东	6	12.4——12.20	美国	考察社区教育，探讨合作交流
财务处	廖万才	1	11.15——11.30	法国、意大利	随国家教委考察教育经费政策和预算编制办法
市教委	陶春辉	1	12.17——12.23	日本	考察自费留学生项目
第三师范学校	郜舒竹	1	12.12——12.16	韩国	随团中央参加第二届汉城国际数学比赛
职教处	时雅卿	1	12.6——12.16	英国	研讨课程发展和教学法
教育音像报刊总社	姜维静	1	12.15——12.22	新加坡	随新闻出版署参加中国期刊展

（潘　东）

校办产业

综　　述

1997年，北京校办产业坚持为教育事业服务、坚持为首都经济建设服务、坚持为社会发展服务的宗旨，开展有效的工作，取得一定成果。

本年度北京校办产业工业产值、销售收入总计116.91亿元，其中，普教系统工业总产值15.24亿元，比上年减少1.38亿元，同比下降8.32%；销售营业收入3.35亿元，比上年减少3.3亿元，同比下降9.05%；普通高校销售营业收入98.32亿元，比上年增加44.32亿元，同比增长82%。实现纯利润总计10.62亿元。其中，普教系统实现创利3.38亿元，比上年减少0.16亿元，同比下降4.38%；普通高校实现创利7.24亿元，比上年增加2.42亿元，增长50%。上缴国家税金总计3.23亿元。其中，普教系统上缴1.04亿元，比上年减少0.27亿元，同比下降16.97%；普通高校上缴税金2.19亿元，比上年增加0.45亿元，同比增长26.59%。补充教育经费总计3.57亿元；其中，普教系统补充教育经费1.57亿元，比上年减少0.16亿元，同比下降9.02%；普通高校补充教育经费1.998亿元，同比也有显著增长。

1997年，北京校办产业规模企业不断增加。其中，普教系统共有企业3618个（工业企业1817个、三产企业1801个。基地607个，总面积295万平方米），西城区创利5309万元仍居全市之首。年创利超百万元的校办企业45家，创利超过500万元的两家（西城超音波经贸集团609万元、昌平县北方汽车驾驶学校523万元）。普通高校，据北京地区55所高等院校统计，共有校办企业52家，年利润超千万元的学校有10所（北京大学、清华大学、北京外国语大学、北京邮电大学、北京师范大学、北京中医药大学、北京建筑工程学院、中国人民大学、中国协和医科大学、北京化工大学），占高校校办产业年创利总额的92%，年创利上交学校1000万元以上的学校有6所，上交100万元以上的学校有24所。

普教系统校办产业年末职工人数总计为45289人；普通高校校办产业在册职工人数为18557人，职工工资总额为1.9亿元。普教系统校办产业资产合计29亿元，其中固定资产原值7.87亿元、净值5.6亿元；流动资产21.1048亿元(其中存贷8.6096亿元)；普通高校校办产业注册资金9.45亿元，资产总额63.9亿元，与上年相比增长9.8%。普教系统接纳学生参加劳动基地发展到1145个，全年接纳学生劳动实习达64万人次；普通高校接纳学生实习23037人次，累计1697117学时，参与培训硕士生592人，比上年增加298人，培训博士生166人，比上年增加17人。

1997年，市教委切实加强对校办企业的规范化管理。制订、颁发《北京市校办产业安全管理工作暂行规定》、《关于加强中小学学生本册、学籍用品统一管理的通知》和《北京市普通高校校办企业管理暂行规定》等文件；并与市地税局、市经委、市劳动局联合制订、颁发《关于开展1997年度北京地区校办企业认证和年检工作的通知》，对参加认证和年检的校办企业进行统一认证和年检工作。

1997年，市教委校产管理部门加强自身建设，研究、制订《校办产业管理办事原则》，提出“团结、敬业、开拓、进取”的工作作风，研究制订《1998年校办产业工作思路和工作要点》，并提出10项年度主要工作。

（赵新华）

总　　类

【制订校办企业岗位津贴标准】 1月，延庆县教育局校办企业公司制订下发《关于调整局办（科办）、校办企业人员的各种岗位津贴和企业有关开支标准的规定》。该规定对正副厂长（经理）、技术人员、一般职工、工人的岗位津贴及山区补助费的发放原则，差旅费、伙食费开支标准等做出明确规定。

（赵约林）

【召开勤工俭学工作总结表彰会】 3月1日，延庆县教育局校办企业公司召开全县普教系统1996年度勤工俭学工作总结表彰大会，县委教文卫工委、县政府文教办领导及县局正副局长到会。参加大会的有各中小学、幼儿园校长、主管勤工俭学工作的负责人及各校办企业的厂长（经理）。会上做题为《加速“两个转变”,促进勤工俭学创收工作在社会主义市场经济条件下持续健康发展》的工作报告，4个先进企业代表介绍经验，大会表彰先进单位2个，先进企业20个，先进个人73名，先进会计工作者18名。

（赵约林）

【进行认证和年检工作】 4月3日，市教委发出《关于开展1997年度北京地区校办企业认证和年检工作的通知》，在全市各级各类学校校办企业开展认证和年检工作。通知重申校办企业认证和年检具体条件，要求对不符合条件的校办企业进行清理和整顿，保证国家税收优惠政策真正用于教育事业。据统计，全市参加校办企业认证和年检企业共6029家（其中新认证企业392家），经过各区县税务部门的积极配合，4822家校办企业通过认证和年检，达到合格标准，取得校办企业合法地位。

（赵新华）

【考察南京上海高校工业企业】 6月1至7日，市教委及市高校工厂协会组织常务理事等共17人对南京、张家港、上海部分高校工厂、企业进行考察。考察期间，听取南京大学、南京大学制药厂、江苏省教委产业办、沙州工学院、华明高技术（集团）有限公司、上海医科大学红旗制药厂、上海市教委、上海理工大学等单位介绍情况和经验，并进行实地考察。

（赵新华）

【召开中小学生本册用品工作会】 6月25日，市教委召开中小学生本册、学籍用品工作会。各区县校办企业总公司经理和有关人员30余人参加会议。会议提出继续实行全市统一品种、规格、质量、价格、供应的原则，学生本册由教科院按照学科教学要求进行规范设计，经市技术监督局确定质量标准，由市教委负责监制。会后，市教委制订印发《关于加强中小学学生本册、学籍用品统一管理的通知》。

（赵新华）

【京津高校工厂协会共庆香港回归】

6至7月，北京市教委校产处及高校工厂协会一行12人赴天津参加庆祝香港回归纪念活动。天津市教委、高校校产处、校办工厂负责人共80余人参加活动。会议期间，河北工业大学、北京工业大学介绍赴港学习所见所闻和学习心得，清华大学紫光集团介绍该校实行股份制的作法和体会，天津市高校工厂协会介绍浙江在半导体厂实行科学管理、组建有限责任公司、经济效益连年大幅度提高的先进经验。

（赵新华）

【制订校办产业安全管理规定】 7月11日，市教委制订颁发《北京市校办企业安全管理工作暂行规定》。该规定共分总则、安全管理机构及安全员、建立健全安全管理工作制度、劳动保护、消防管理、环境保护与卫生、治安管理、其它总计8章43条。要求各校办企业落实值班人员，做好设备保养，防止发生事故。

（赵新华）

【参加华北5省市第4届年会】 7月16至19日，华北5省市勤工俭学、校办产业协作会第4届年会召开。北京、天津、内蒙古、山西、河北5省市教委有关负责人和校办企业代表共60余人参加会议。国家教委条件装备司勤工俭学管理处、河北省教委、承德市有关领导等出席会议。会议交流和研讨在社会主义市场经济条件下如何进一步发展校办产业。会议进行论文评选，共获一等奖7篇，二等奖9篇，三等奖8篇，优秀奖4篇。会议代表还参观隆化县部分校办企业。

（赵新华）

【东城区勤研会召开扩大会议】 8月11至13日，东城区勤工俭学研究会召开扩大会议。勤研会理事、有关学校校长、厂长（经理）等70余人参加会议。会议要求校办企业在发展中要把握三点：一是要依法办企业；二是要以科研为龙头，走科技兴企的道路；三是要按经济规律办事。

（赵新华）

【进行勤工俭学历程地位及作用课题研究】 10月19至22日，中国教育学会勤工俭学研究会第3届理事会第3次会议召开。会议中心议题是进一步落实《在社会主义市场条件下，我国中小学开展勤工俭学、兴办校办企业的发展趋势及对策研究》工作，提出课题计划提要和课题研究工作计划安排意见。北京市对承接的课题《勤工俭学的历程、地位及作用的研究》，进行讨论，制订出研究计划。

（赵新华）

【参加京津沪勤工俭学年会】 10月28至30日，市教委组团参加京津沪勤工俭学协作会第11届年会。京津沪主管部门的领导和企业代表60余人出席会议，会议代表参观上海浦东区、南市区、长宁区和松江县部分校办企业，并进行座谈讨论。会议对京津沪三市校办企业的发展趋势和存在问题，以及对校办产业的发展趋势和改革的突破口等热点问题进行研讨，并向国家教委建议，尽早召开全国普教勤工俭学校办产业工作会议。

（赵新华）

【越南高校校产考察团参观建工学院】 11月13日，越南高校校产考察团到北京建筑工程学院访问。该院领导及各校办企业的负责人会见越南客人，并向他们介绍北京高校校办产业的开发经营情况，回答他们提出的问题。越南客人参观该院校办企业服装批发市场。该考察团由越南各高校主管校办产业管理开发经营的校长共8人组成。

（宋桂云）

【参加大豆行动计划现场会】 11月16至18日，国家大豆行动计划现场会召开。市教委校产处和先期试点县怀柔县政府文教办、怀柔二中等参加会议。会议期间举办国家大豆行动计划试点县(市)及有关省市、自治区负责人参加的座谈会,观看平湖市营养配餐中心和学校营养配餐、营养教育综艺晚会。

(赵新华)

【崇文区勤研会抓学术研究】 12月4日,崇文区勤工俭学研究会课题组召开会议,进一步研究如何做好“九五”期间《进一步发展校办产业的思路和对策研究》工作。课题组全体成员及全国勤工俭学研究会常务副会长、市勤工俭学研究会有关人员参加会议,并就校办产业改革和发展中的难点、热点问题进行研讨。

(赵新华)

【邮电大学调整校产管理体制】 12月12日,北京邮电大学校产总公司暨北邮通信技术公司召开第一次董事会。会议决定公司对现有校办产业的资产进行评估后,确认授权的经营性资产为注册资本。总公司与下属工厂、公司以资产为纽带,进行归口管理,建立产权清晰、权责明确、事企分开、管理科学的体制;抓住科技成果转换的重点,搞好按劳分配、按股分红的试点;执行责权清晰,学校享有投资回报权的原则;推动产业发展,提高经济效益。

(燕陵生)

【规范宣传信息公文管理】 12月24至26日,市教委召开北京市校办产业宣传信息工作研讨会。各区县校办企业总公司通讯员、信息员及城近郊区校办企业总公司办公室主任40人出席会议。会议颁发《关于加强校办产业新闻宣传工作的通知》、《关于加强校办产业信息管理工作的通知》、《关于加强校办产业年鉴编纂工作的通知》、《关于征集〈北京校办产业文件选编资料〉的通知》等文件。同时,对在1996、1997年度宣传信息工作做出优异成绩的东城区校办企业总公司等10个单位和15名个人分别授予北京市校办产业宣传信息工作先进单位、先进工作者称号。

(赵新华)

【宣武成立校企联合会】 12月,宣武区校办企业总公司成立宣武区校办企业总公司校企联合会。该联合会主要任务是:研究在市场经济条件下,校办企业的现状、生存、改革和发展问题;研究学校和企业联手规范、开拓教育消费市场的问题;交流经验、信息等。

(薛丁一)

【制订学生营养促进会章程】 年内,市教委制订《北京市学生营养促进会章程(讨论稿)》,该章程共分总则、任务、会员、组织机构、资产和财务、变更和终止、附则7章24条。

(赵新华)

1997年北京市各区县校办企业综合计划完成情况一览表

区县	创纯利润(万元)						税收万元	补充教育经费(万元)					
	最低限额			争取实现				最低限额			争取实现		
	指标	完成	增加	指标	完成	增加		指标	完成	增加	指标	完成	增加
合计	34776	33766	−1010	37168	33766	−3402	11294	13918	15705	1787	14873	15705	832
东城区	3672	5017	1345	3912	5017	1105	850	1469	3227	1758	1565	3227	1662
西城区	5264	5309	45	5514	5309	−205	1570	2106	2871	765	2206	2871	665
崇文区	2106	2070	−36	2207	2070	−137	746	842	1026	184	883	1026	143
宣武区	2247	2294	47	2472	2294	−178	505	899	1148	249	989	1148	159
朝阳区	3946	4062	116	4204	4062	−142	2124	1578	2238	660	1682	2238	556
海淀区	3946	1935	−2011	4204	1935	−2269	1352	1578	1231	−347	1682	1231	−451
丰台区	2331	1823	−508	2543	1823	−720	897	932	710	−222	1017	710	−307
石景山	1141	902	−239	1218	902	−316	198	456	569	113	487	569	82
门头沟	542	240	−302	582	240	−342	79	217	122	−95	233	122	−111
房山区	666	679	13	716	679	−37	348	266	312	46	286	312	26
顺义县	1563	1578	15	1638	1578	−60	425	625	632	7	655	632	−23
昌平县	1253	1682	429	1346	1682	336	220	501	997	496	538	997	459
大兴县	1576	1712	136	1732	1712	−20	648	630	855	225	693	855	162
怀柔县	701	568	−133	776	568	−208	99	280	352	72	310	352	42

续表 1

区县	创纯利润（万元）						税收万元	补充教育经费（万元）					
	最低限额			争取实现				最低限额			争取实现		
	指标	完成	增加	指标	完成	增加		指标	完成	增加	指标	完成	增加
密云县	180	185	5	197	185	−12	190	72	100	28	79	100	21
延庆县	693	620	−73	726	620	−106	126	277	309	32	290	309	19
平谷县	665	668	3	696	668	−28	140	266	292	26	278	292	14
通县	1725	1862	137	1896	1862	−34	650	690	896	206	758	896	138
铁路	502	502	0	526	502	−24	113	201	270	69	210	270	60
燕山区	57	58	1	63	58	−5	14	23	45	22	25	45	20

（赵新华）

高新技术产业

北大方正集团公司

【概　况】　北大方正集团于1988年正式产销电子排版系统，十年来，已从原来的40万元注册资金发展成为1997年产值58.5亿元，利税逾3.3亿的大型企业集团，广东东莞方正电脑生产线年电脑产量13.5万台。从电子出版到系统集成、硬件制造、多媒体技术；从信息产业到精细化工、金融、实业开发，方正已走上产业化、多元化、国际化的良性发展道路。北大方正技术研究院暨企业技术中心，下设18个研究室，拥有400多名研究人员，全年技术开发研究经费投入为相关产品产值的4%至5%。

（丁　莉）

【跻身国家大型企业集团】　3月，国家经贸委增选方正集团为第二批国有千户重点企业。4月，国务院批转国家计委、国家经贸委、国家体改委深化大型企业集团试点工作意见，试点企业集团由57家扩大到120家，北大方正集团从此跻身国家大型企业集团行列；8月，北大方正被国家经贸委确定为首批六家全国技术创新试点企业之一。

（丁　莉）

【北大方正推出最新版本数据库采编系统】　年初，北大方正推出最新版本数据库采编系统，用于中国青年报新闻综合业务网，实现网络用户和流程用户双重权限管理，响应速度快，实效性强，安全可靠。北大方正又推出卓越家庭多媒体工作室，其主体是卓越网络多媒体电脑、方正奥思多媒体创作工具和柯达数码相机。运用这套系统的用户可突破技术知识的欠缺，实现从欣赏多媒体到亲手制作的乐趣。北大方正的渊博信息检索系统为信息管理领域解决了全文检索和结构查询的结合，为新闻出版业的新闻采编、电子报纸、出版社综合业务网信息交换及检索查询等应用系统实现紧密结合。方正推出的彩色电子出版系统3.0版等16个产品因连续三年推优而被中国软件行业协会评为中国优秀软件。

（崔　超）

【方正日文软件进入日本市场】　5月，北大方正与日本株式会社Recruit举行签约仪式，将北大方正自主研制开发的日文软件成功地打入日本市场，这是中国企业第一次较大规模地出口和销售拥有自主知识产权和自有产品品牌的高科技应用软件。

（丁　莉）

【与美国IBM公司签订合作协议】　11月，北大方正与美国IBM公司软件开发与全球合作协议签字。根据协议，IBM与方正除共同合作开发有关软件应用产品，向媒体和其他行业提供整体解决方案外，还将发挥各自优势，在全球市场上分别代理销售对方产品。

（丁　莉　崔　超）

【第七代栅格图像处理器世纪RIP投放市场】　年内，北大方正第七代栅格图像处理器世纪RIP投放市场，该处理器兼取各家平台之长，在输出速度、标准化、先进性、兼容性、开放性等方面均占有优势。

（丁　莉）

【方正飞腾（FIT）日文排版软件投放市场】　年内，北大方正研制的方正飞腾(FIT)日文排版软件投入市场。该软件是在日文WINDOWS平台上开发的大型彩色集成排版软件，支持PostScript Level Ⅱ标准；支持OLE2.0，可与其它软件高度集成。

(丁 莉)

【方正文友智能办公系统投放市场】 年内，北大方正方正文友智能办公系统投放市场。该办公软件功能强大，将方正专业排版技术移植于现代办公系统中，设计成完全的WIN95风格，交互式界面，并采用流行的“所见即所得”方式。

(丁 莉)

【方正飞扬电子邮件投放市场】 年内，北大方正开发的方正飞扬电子邮件投放市场。该软件按照中国人习惯,专为中国用户设计,界面全中文化,并注重对中文信件的处理,支持GB/BIG5/HZ等多种内码的转换，能够满足同海外华人的信息交流的需要。

(丁 莉)

【卡通制作软件“开蒙”取得阶段性成果】 年内,北大方正和中央电视台合作开发的二维动画卡通制作系统取得阶段性成果。该制作软件经中央电视台1个月的使用,结论是:新的系统在质量上、功能上、界面友好性、使用方便性等诸多方面已经全面超过国外同类软件。

(丁 莉)

【方正品牌计算机获ISO9002认证】 年内，方正品牌的个人电脑获得ISO9002生产和管理体系认证。方正计算机从制造到通过ISO9002认证，历时不到两年。

(丁 莉)

【北大方正资助数学科学院】 年内，北大方正集团与北大数学科学院签订共建协议，自本年至1999年,北大方正每年提供40万元与北大数学科学院共建数学人才摇篮，选择25名在主流研究方向的学术带头人及12门基础课主持人予以重点支持，根据每年考核实绩适当调整支持对象，公平竞争。

(崔 超)

清华紫光集团

【概 况】 1997年,清华紫光集团实现营业额4.5亿元，比上年提高80%；实现利税5676万元，比上年增长100%；人均营业额达150万元,人均利税达18.9万元;总资产增长50%，上交学校增长42.9%。有一项产品获国家科技进步奖，一项产品获国家教委科技进步奖，一项产品获北京市科技进步奖，二项产品被列入1997年北京市重大科技成果推广计划，三项产品获北京新技术产业开发试验区“拳头产品”称号,五项产品获北京市第三届“科技之光”优秀科技产品奖。清华紫光集团还被评为1996年度北京市工业系统“双十佳”企业,连续第五年被评为北京新技术产业开发试验区“经济20强”企业(位居第七)，获北京市第三届“科技之光”优秀科技企业奖；列为北京市“扶优扶强”71家企业之一和北京市重点支持的4家高新技术企业之一。

(赵 斐)

【获得市双十佳称号】 1月9日，在北京市工业工作会议上，清华紫光集团获北京市工业系统1996年度“双十佳”企业称号。这是该集团首次在市工业系统获得荣誉。在获奖20家企业中,试验区中只有紫光集团一家。

(左海峰 赵 斐)

【国家信息中心与紫光集团结成战略伙伴】 1月17日，国家信息中心与清华紫光集团结成战略伙伴新闻发布会举行。这是国家信息机构与高校企业的首次合作。合作伙伴的结成旨在推动紫光集团软件研发生产中心作为北京市重点支持项目“北京软件城”的首期工程的建设。

(左海峰)

【获软件著作权】 3月25日，清华紫光集团开发的扫描大师——图像扫描处理系统V1.0获计算机软件著作权登记证书，在25年期限内享有该软件的著作权。

(赵 斐)

【承办国家部委科技司长培训中心主任CAD应用培训班】 4月11至12日，由国家科委主办、清华紫光集团接待并承担培训的国家部委科技司长培训中心主任CAD应用学习班在清华大学开班。来自各部委的近30名领导参加学习。

(赵 斐)

【两项产品受表彰】 4月29日，北京市科技工作会议召开，清华紫光“电力监控系统”和“有机磷农药废水残余产品萃取回收预处理技术”受到会议表彰。

(赵 斐)

【列入北京工业“扶优扶强”企业】 4月，北京市召开工业“扶优扶强”动员大会。会议公布《北京工业“优中选优”,扶植一批方案》。该方案确定全市重点支持71家企业,清华紫光集团名列其中。市政府将采取分类指导,研究制订有关政策等措施,促进这些企业的发展。

(赵 斐)

【清华紫光图档处理系统被确定为重点推广软件】 5月4至5日,国家科委、国家技术监督局和国家档案局在清华紫光集团联合召开国家CAD光盘录入存档标准化工作会议。会议同意将“清华紫光图档处理系统”作为重点推广软件。

(赵 斐)

【建行与紫光合作协议签订】 5月22日，中国建设银行北京分行与清华紫光集团签订“银行与企业合作协议”。这是银企之间建立的新型的互惠互利、共同发展的长远合作关系，体现银行系统对“扶优扶强”71家企业的重点扶植。

(赵 斐)

【市领导在紫光集团现场办公】 5月31日，市领导阳安江率市经委政策研究办公室、技改处、科技处和市政府工业调整办公室一行8人到清华紫光集团现场办公。阳安江听取紫光工作汇报，观看5个产品的演示。他说北京市未来经济发展，特别是工业发展，要发挥高科技企业的科技人才优势。他对紫光的“四大”文化给予高度评价，并对紫光为实现2000年战略目标拟采取的战略措施表示“全力支持”。

（赵　斐）

【两项产品列入市重大科技成果推广计划】　7月25日，市科委向清华紫光集团颁发证书。紫光集团“大豆粉末磷脂”和“三氯异氰脲酸”被列入1997年北京市重大科技成果推广计划。

（赵　斐）

【注册商标申请获准】　7月，清华紫光集团申请注册“朱庇特”商标获准，其有效期限为1997年7月至2007年6月。

（赵　斐）

【荣膺经济20强企业】　8月12日，北京新技术产业开发试验区召开工作会议，清华紫光集团被评为1996年度“经济20强”企业。同时，紫光系列扫描仪、彩色印前系统、汽车全自动检测系统获1996年度百项表彰拳头产品称号。

（赵　斐）

【紫光扫描仪出口】　10月16日，在82届广交会开幕的第2天，清华紫光集团与台湾鸿友公司签订总量为20万台，总金额约2430万美元的1998年“紫光”扫描仪供货合同确认书。“紫光”扫描仪是唯一国产品牌扫描仪，1997年国内市场占有率居第二位。

（赵　斐）

【举办清华紫光CAD应用工程三峡展示暨新技术新产品发布会】　10月22日，清华紫光CAD应用工程三峡展示暨新技术、新产品发布会在湖北宜昌举行。中国三峡开发总公司领导，宜昌市政府、市人大及各委办局的领导和百余家单位参加展示发布会。会后，中国三峡总公司领导会见紫光集团参加会议人员，感谢紫光集团对三峡工程建设的支持，希望建立长期合作关系。

（赵　斐）

【获优秀科技企业多项奖励】　10月22日，在市委、市政府召开的首次民营科技工作会议上，清华紫光集团获“优秀科技企业”奖；张本正和张凤昌、薛景欣分获“优秀科技企业家”奖；“紫光”品牌的系列扫描仪、负脉冲智能快速充电器、高层建筑擦窗机、彩色印前系统、汽车检测线获“优秀科技产品”奖。

（赵　斐）

【中学现代化教学改革研讨会在紫光集团召开】　11月7日，北京市中招办在清华紫光集团召开中学现代化教学改革研讨会，组织交流学校管理、教学经验，探讨光标阅读机在现代化教学中的作用。来自全国百余所中学的160余名校长或校领导应邀参加研讨会。

（赵　斐）

【被确认为三高用人单位】　11月，清华紫光集团被国家教委确认为“三高用人单位”（高等学校、高层次科研单位、高新技术国有企业）列入1998年国家教委推荐优先补充毕业研究生的282个重点用人单位之一。

（赵　斐）

【三氯异氰尿酸工业装置开车成功】　12月10日，清华紫光集团研制开发的“微分环流连续化三氯异氰尿酸工业装置”在扬州清华紫光化学有限公司开车成功，优级品率达100%。

（赵　斐）

【与二轻有限责任公司资产合作签约】　12月25日，清华紫光集团与北京二轻有限责任公司资产合作签约。根据该协议，双方将以不同形式的生产力要素资源作价入股，总投资5000万元，成立北京清华紫光化学品有限责任公司。生产经营高科技现代精细化学品。这是紫光集团参与北京市国有企业资产重组的首次探索。

（赵　斐）

【超高压合成绝缘子获奖】　12月，紫光集团高电压设备部的“超高压合成绝缘子”获国家科技进步二等奖、国家教委科技进步二等奖。

（赵　斐）

【一项产品获市科技进步奖】　年内，紫光英力化工技术有限责任公司的“有机磷农药废水残余产品萃取回收预处理技术”项目，获北京市科技进步三等奖。

（赵　斐）

工　业　企　业

【精京大房监理公司获甲级资质】　5月13日，北京建筑工程学院精京大房工程建设监理公司获建设部甲级资质建设监理单位，并在第三批建设部资质评定中排名第一。

（宋桂云）

【被授予产业企业先进单位】　6月10日，在西安召开的第二次全国卫生先进单位、先进个人表彰大会上，中国协和医科大学协和制药二厂被授予先进单位，孙载明被授予先进个人，北京协和药厂受大会表彰。协和制药二厂是国家计划委员会和卫生部支持的国家新药工业性实验基地，由中国医学科学院协和医科大学药物研究所主管。1994年经专家验收开始运行，以高新技术产品为主导，第一个产品是药物所经过近20年研究的成果人工麝香。1993年卫生部批准为一类药物（中药），1996年开始进行三期临床试验，完成后即可由试生产转为正式生产。孙载明任中国医学科学院中国协和医科大学药植所药厂厂长十余年，经努力把一个生产兽药的小作坊发展成具有一定规模水平、产品技术先进、出口创汇领先、产值利税3.5万元以上、符合卫生部标准的国有制药企业，并成为"北京市新技术实验区优秀新技术企业"。他研制开发的西洋参蜂王浆口服液，成为新技术拳头产品享誉海内外。协和药厂为协和医科大学药物所下属的校办企业，主要生产药物所研究开发的产品，抗癌药紫杉醇，取得好的经济效益和社会效益。

（吴艳秋）

【北航推出电子图版CAD软件】 6月10日，北京航空航天大学华正工程软件研究所推出"电子图版97"CAD软件。该软件功能与国内外同类产品相当，价格490元，仅为同类产品的二十分之一。"电子图板97"是一套通用设计绘图软件，适合所有需要二维绘图的场合。北航华正工程软件研究所已在全国（含台湾省）建立300余家代理和17家技术服务中心。

（陈　颖）

【润和科技中心获新技术企业批准书】 6月16日，天坛少年之家开办的北京市润和科技中心，获得市科委颁发的新技术企业批准书，成为崇文区校办企业中第一家新技术企业。该科技中心生产的HG——100型内标法火焰光度计荣获北京市第三届"科技之光"优秀科技产品奖。

（王双喜）

【清华同方股份有限公司成立】 6月21日，清华同方股份有限公司成立。国家教委、国家经贸委、北京大学、东芝北京事务所及清华大学分别致辞。国家计委、国家科委、国家体改委、国家教委、电子部、兄弟院校、企业单位和清华同方股份公司发起企业的代表、校内各单位领导共200余人参加大会。

（左海峰）

【清华同方股票上市】 6月27日，清华同方股份公司股票在上海证券交易所正式上市交易。当天股票最高达每股37.88元，成为热门股。清华同方股票是6月17日在上海证券交易所公开上网发行，发行价为每股8.28元，共发行4200万股，募集资金34766万元。

（左海峰）

【"自体2000"型血液回收机通过鉴定】 6月，东城区校企"五强工程"重点项目"自体2000"型血液回收机，通过国家医药管理局技术鉴定，获得生产销售许可证，并完成首批20台机器的生产。

（叶安宁）

【农大"都丽梦"食品公司投产】 7月28日，中国农业大学与日本京食株式会社合资的"都丽梦"食品有限公司正式竣工。"都丽梦"食品有限公司利用日本先进的食品生产设备，以该校农场生产的无公害优质农产品为生产原料，生产中小学生的营养配餐，设计班产能力为5万份。

（冯英男）

【北京电专变电站仿真机通过验收】 8月26日，北京电力高等专科学校北方电力仿真公司为新疆电力局教育培训中心研制的变电站仿真机，通过出厂验收，并于10月在新疆安装、调试完毕。该仿真机模拟升压站、220KV、110KV3个变电站组成的小网，可以单独运行，也可以联网运行。在多媒体应用、专业培训方面均达到国内领先水平。

（高万英）

【获"结汇信得过企业"称号】 9月，对外经济贸易大学校办企业中达进出口公司获"结汇信得过企业"称号。国家外汇管理局根据《经常项目外汇管理办法》的有关规定，对中央所属的几百家外经贸企业进行考核评比，评出30家"结汇信得过企业"。

（吴兴旺）

【煤炭工业学校校办企业完成产值2200万元】 至年底，北京煤炭工业学校校办企业北京煤炭矿用设备厂和北京柯曼斯公司完成总产值2200万元，上交学校160万元，支持学校教育。该校2个企业共有职工290人，主要生产矿用系列综合保护装置、脉冲调整速装置等12种拳头产品及金属铝粉系列产品。

（陈　伟）

【西城区校办产业再创佳绩】 年内，西城区教育系统校办产业普教104个企业单位完成工业总产值12616.33万元，第三产业营业额47291.04万元；实现利润总额5308.83万元，比上年同期增长1.06%；上缴国家税金1569.9万元，实现利税总额6877.73万元；补充教育经费2337万元，占年创利的44%。其中，完成或超额完成年度承包计划的有41个单位，实现利润超过百万元的单位有13个，排在前5名的单位是：区公司直属企业银河公司（708万元）、双同公司（408.62万元）、一〇六中壁虎粘合剂厂（404.3万元）、八中兴盛有限公司（400.01万元）、宏庙小学宏业集团公司（366万元）。年创利30万元以上的企业32个，创利总额4270.91万元，占全区创利总额的80.45%，成为区校办企业的骨干力量。

（赵新华）

【宣武研制生产多功能流动餐车】 年内，宣武区校办企业北京市华美炊事机械厂与市粮食局共同研制生产的Ⅱ型多功能快洁流动餐车，年产316辆，北京市场投放181辆，其他销往济南、潍坊、天津、长春、鞍山、包头、洛阳、铜陵等地。

（薛丁一）

【宣武校办企业设奖教奖学金】 年内，宣武校办企业华美炊事机械厂首次出资5万元为宣武区工商行政管理学校设立“华美奖学金”和“华美园丁奖”，奖励进步生和先进教职工。

（邢　安）

【化工大学校办产业产值突破亿元】 年内，北京化工大学校办产业重点支持化妆品、低分子聚乙烯蜡等产品的发展，实现校办产业年总产值1.28亿元，比上年度（7553万元）增长70%，完成利润800万元，缴纳国家税金2200万元，上交学校400万元。

（王　玉）

【北航嘉特公司获进出口经营权】 年内，北京航空航天大学北京嘉特科技发展公司获进出口经营权。该校指定北京嘉特科技发展公司作为对外经营进出口业务窗口，经营该校及其直属企业研制开发的技术和生产的科技产品的出口业务，经营该校及其直属企业科研和生产所需的技术、原辅材料、机械设备、仪器仪表、零备件的进口业务，承办该校及其直属企业对外合资经营、合作生产等业务。

（陈　颖）

商贸企业

（王凤章）

【经济指标居于崇文区校办企业之首】 年内，永发实业总公司完成销售收入6038.5万元，完成纯利润342.8万元，上缴国家税金112万元，以各种形式补充教育经费96.9万元，各项经济指标均居崇文区校办企业之首。

（王凤章）

【自行车送给新教师】 9月16日，永发实业总公司出资34000余元，送给来自江西、湖南、湖北等省市大学毕业到崇文区任教的新教师每人一辆自行车。

（王凤章）

【联合举办第一届“永发杯”教育大赛活动】 9至10月，北京永发实业总公司与崇文区天坛南里小学联合举办首届“永发杯”教育大赛活动，由该校80余名中青年教师根据本学科教学改革总目标或本年级教改研究专题进行课堂教学比赛，共评出一等奖6名，二等奖8名。

【再获“首都文明单位”称号】 年内，永发实业总公司被北京市精神文明办公室评为“首都文明单位”，这是该公司连续5年获此项荣誉。

（王凤章）

教育团体

群 众 团 体

北京市教育工会

【概 况】 1997年，北京市教育工会有会员27万余人。有直属工会81个，其中高等院校69个，成人院校8个，科研等单位4个，所属区县及地区教育工会19个。一年来，全市各级教育工会在市委和上级工会的领导下，在贯彻全心全意依靠工人阶级的指导方针和工会工作总体思路、学校民主建设、教职工队伍建设、代表维护教职工合法权益、工会自身建设等方面工作取得新进展，工会干部素质和工会整体工作水平明显提高，为首都教育、科研事业的改革、发展与稳定做出新贡献。

(赵维香)

【表彰10名模范工会主席】 1月13日，市教育工会表彰10名模范工会主席。即：北京大学工会常务副主席陈淑敏、北京理工大学工会主席董兆钧、北京航空航天大学工会常务副主席沈建新、首都师范大学工会常务副主席康克强、北京联合大学电子自动化工程学院工会常务副主席王德芬、顺义县教育工会主席杨培荣、通县教育工会主席宋继尧、大兴县教育工会主席高振华、清华大学工会原常务副主席刘敏文、北京师范大学工会原常务副主席张锐。

(赵维香)

【6届3次委员(扩大)会议召开】 1月13至15日，市教育工会召开6届3次委员(扩大)会议。会议审议市教育工会《加强精神文明建设，团结动员广大教职工在首都教育改革和发展中做出新贡献》的工作报告。市教育工会委员到会。

(赵维香)

【慰问特困教师】 1月17日，市教育工会一行人赴平谷县深山区熊儿寨小学，慰问长期坚持在山区教学第一线的特困教师张瑞生、安有存，各送慰问金500元。县计生委和教育局带着1000元慰问金，慰问西沥津小学特困教师关彩华。峪口镇主要领导在春节前，向4位特困教师各送慰问金300元。

(岳广顺)

【为山区女教师体检】 3月1至2日，市教育工会女工委员会实施“烛光工程”，组织北京医科大学、中国协和医科大学、北京中医药大学、首都医科大学的医务专家、教授40余人，为密云县巨各庄乡600余名女教职工进行妇科和肿瘤普查。

(赵维香 项启江)

【制订教代会评估办法(试行)】 3月4日，市教育工会发布普教系统教代会评估办法(试行)。该办法共分4项22条。将教代会评估纳入学校总体评估之中，以推进学校民主建设。

(赵维香)

【19所学校被评为普教师德群体先进】 3月28日，市教育工会、市委教育工委、市教委联合下发《关于在普教系统教职工中积极开展“树师表形象，创文明校风，为实现跨世纪宏伟目标做贡献”的通知》，开展“树、创、献”活动。9月2日，在顺义县召开师德群体建设现场会，东城区丁香小学，崇文区宝华里小学，朝阳区左家庄第二小学，丰台区芳星园中学，门头沟区大峪第二小学，房山区良乡第二小学，顺义县师范附属小学，密云县第三小学，大兴县黄村第七中学，延庆县延庆中学，西城区二龙路中学，北京市第十四中学，北京十一学校，北京市第九中学，燕山向阳小学，通州区东方小学，怀柔县第二小学，昌平县城区镇中心六街小学，平谷县黄松峪中学等被评为师德群体建设先进单位。

(赵维香 姚转珍)

【建工学院工会升级】 6月13日，北京建筑工程学院“建家升级”工作通过考核验收，市教育工会批准该院工会为“先进教职工之家”。市教育工会专家组一行9人在建工学院听取该院工会题为《加强精神文明建设，创建先进教职工之家》的工作汇报。分别召开党、政、工中层干部和教职工座谈会，审看《工会工作录像剪辑》和图片展览。

(宋桂云)

【举办迎香港回归文艺汇演】 6月19日，市教育工会在电影学院举办“迎香港回归，颂伟大祖国”北京市大中小学校文艺汇演。本市大中小20多所学校参加演出。中宣部、国家教委、广电部、市委教育工委等部门领导及60多所学校师生观看演出。

(陈 炜)

【第2届女教职工代表会议召开】 7月2日，市教育工会召开第二届女教职工代表会议。代表们通过第一届委员会所作《团结广大女教职工，为首都教育改革和发展再做新贡献》报告，选举产生第二届女教职工委员会。陈大白出席会议，被聘为女教职工委员会名誉主任。教育工会系统女教职工代表200人参加大会。

(赵维香)

【召开“烛光工程”表彰会】 7月5日，市教育工会召开“烛光工程”总结表彰会，33个单位受到表彰。该工程系市教育工会1995年提出的“关于开展高校工会支援我市贫困山区中小学教育活动的倡议”的简称。高校工会及部分社会单位积极响应，33所高校、1所中学、2城区教育工会和4个社会单位先后向平谷、门头沟、密云、房山、怀柔、延庆等区县15所中小学捐款捐物，合计价值30万元，图书1万余册。其中中医药大学片组为房山区上万中学捐建"烛光化学实验室"和物理实验室。国际关系学院捐资5000元，为密云县石城中学解决饮水问题。

（赵维香）

【高校评选师德先进个人】　9月5日，市教育工会在高校开展评选师德先进个人活动，北京师范大学启功教授、北京大学王联等78名教师被授予北京高教系统师德先进个人，并在教师节期间召开表彰座谈会。

（赵维香）

【市领导会见高校10名先进党委书记校长】　11月12日，市教育工会召开表彰大会，表彰10名"依靠教职工办好学校的先进党委书记、校长"。全市70余所高校和市科研院的党政工领导200余人参加大会。会前，贾庆林、张福森、李志坚、陈广文等会见10名先进书记、校长。贾庆林说，办好高等学校，领导是关键，教职工是关键，依靠教职工办学，是全心全意依靠工人阶级的具体表现，是推进教育事业发展的重要一环。

北京市"依靠教职工办好学校的先进党委书记、校长一览表（共10人）

任彦申	北京大学党委书记
贺美英	清华大学党委书记
李文海	中国人民大学校长
袁贵仁	北京师范大学党委书记
焦文俊	北京理工大不党委书记
朱祥华	北京邮电大学校长
贺庆棠	北京林业大学校长
李保仁	中央财经大学党委书记
王德炳	北京医科大学党委书记 校长
屈　忠	国际关系学院党委书记

（赵维香）

【参加十佳医院等评选活动】　年内，市总工会、市卫生局开展以病人为中心，优质服务十佳医院等评选活动。中国协和医科大学协和医院、首都医科大学宣武医院被评为十佳医院，协和医科大学阜外医院工会被评为优秀组织单位。

（赵维香）

【民主评议学校领导干部】　年内，教代会民主评议学校领导干部工作有所进展。北京高校普遍开展教代会代表评议学校领导干部工作；本市15个区县普教系统制订评议学校领导干部办法。形成党政工合作，推动学校民主管理和民主监督工作的局面。

（赵维香）

【开展师德征文活动】　年内，市教育工会开展学模范人物，树师表形象有奖征文活动。共有61篇征文获奖。

（赵维香）

红十字会

【卫生学校获红十字学校称号】　1月，北京市红十字会授予北京卫生职业学校"北京市红十字学校"荣誉称号，以表彰该校师生多年来积极宣传、贯彻"红十字法"，用自己所掌握的知识技能服务于社会的成绩。该校是崇文区中等学校中第一所获该荣誉称号的学校。

（杨秉信）

【调整高校红十字工委】　4月10日，北京高等学校红十字会召开理事会，调整红十字学校工作委员会。该委员会调整后，力量有所加强。

（张立华）

【命名第二批红十字学校】　4月，北京市红十字会中小学工作委员会命名第二批红十字学校。第二批红十字学校共23所，其中中学13所：北京七十九中、五十六中、三十三中、北京财会学校、北京卫生职业学校、北京信息管理学校、北京古城旅游服务职业高中、北京市白家庄中学、大兴县师范学校、房山区卫生学校、怀柔一中、密云二中、平谷中学；小学11所：东西七条小学、上堂子小学、朝阳小学、二里沟中心小学、石景山六一小学、通县柴厂屯乡中心小学、延庆县团结小学、顺义县东风小学、昌平县城关小学、大峪第一小学、长辛店第七小学。

（张立川）

【首医大红十字会开展"希望工程"活动】　4至5月，首都医科大学红十字会先后两次组织学生会员110人，赴河北省涞源县开展"希望工程"和参观活动。该项活动共捐款2350元，衣服500多件，书籍1100余册和部分文具。期间，会员们结对资助17名贫困少儿，向4所小学捐赠衣物，慰问乡村教师。学生会员们参观白求恩手术室和抗日小英雄王二小牺牲纪念地。

（沈柳莺）

【赴唐山学习考察】　5月21至23日，北京高校红十字学会组织17所高校秘书赴唐山学习考察。

（张立华）

【燕山提倡中小学生终生不吸烟】　5月28日，燕山教育分局举行中小学生禁烟签名仪式暨禁烟工作总结表彰会。大会表彰前进中学、凤凰亭小学等7个先进单位及100余名先进个人；宣读中小学生禁烟倡议书。会议期间，由该分局所属各中小学校选出的各班学生代表在标有"提倡终生不吸烟，身心愉快保健康"5米长卷上签名。

（任正果）

【召开控烟工作表彰会】　5月31日，市教委、市爱卫会联合在东城区史家胡同小学召开北京市中小学控烟工作表彰会暨20万名中小学生反烟签名仪式大会。在表彰会上，1

万名中小学生被授予反烟行动积极分子称号；100名中小学校领导干部被评为反烟行动优秀组织者；1000所中小学校被命名为“无烟学校”。同时，在全市20万名中小学生中开展“21世纪，我们做不吸烟的新一代”反烟签名活动。签名的百米长卷献给在北京召开的第十届世界烟草或健康大会。

（张立川）

【矿务局中小学全部获无烟校称号】 5月31日，在纪念世界第十个无烟日颁奖签名大会上，北京矿务局中小学生呈上签有自己名字的长卷。该局中小学生有100人获禁烟小积极分子称号，在“我劝父母或亲友不吸烟”征文活动中获得一等奖2项，三等奖1项。长沟峪煤矿子弟学校和木城涧煤矿子弟小学获无烟学校匾牌。

（王树权）

【参加“我劝父母不吸烟”征文漫画活动】 5月31日，市教委德育处举办的中小学生“我劝父母不吸烟”征文、画漫画作品评选活动揭晓。门头沟区获得征文、漫画等多项奖励。其中大峪二小1名学生获征文一等奖，大峪二小、龙门小学各1名学生获征文二等奖，大峪二小3名学生、坡头中学1名学生、新桥路中学1名学生获征文三等奖；潭柘寺中学1名学生获漫画二等奖。

（张忠贤　陈显水　沈世伟）

【召开红十字青少年表彰会】 6月13日，东城区召开第四届红十字青少年表彰会。会议对1996年东城区教育系统68所戒烟先进校、82名“红十字青少年”、100名“健康红十字青少年”及1996年度23所献血先进单位进行表彰奖励，并向五十六中、七十九中、东总布小学、东四七条小学颁发“北京市红十字学校”的铜匾。本届红十字青少年代表大会向全区10万青少年发出“弘扬红十字精神，推进首都精神文明建设”倡议。

（张　华）

【黄村五中被评为无烟校】 6月，大兴县黄村五中被评为市级无烟学校。至此，大兴县普教系统已有17所学校被命名为市级无烟学校。

（窦长万）

【在世界烟草大会上介绍经验】 8月24日，第十届世界烟草或健康大会在北京召开。近百个国家1000多名代表参加会议。北京市中小学开展禁止吸烟工作的论文被推荐在大会上宣读。市教委德育处代表被破例吸收为北京市代表团成员，参加世界烟草或健康大会，并在大会上宣读《认真抓好青少年的禁烟教育工作，培养健康文明的新一代》论文，并在分组讨论中介绍中小学生开展禁止吸烟工作经验，得到与会代表称赞。

（张立川）

【举办红十字演讲会】 10月，市红十字会学校工委举办“我心中的红十字”表演、演讲大会，16个区县红十字青少年以朗诵、演讲、文艺表演等形式，宣传红十字的宗旨和任务，颂扬红十字青少年事迹。

（张立川）

【红十字会员开展尊老敬老活动】 10月，重阳节到来之际，密云县红十字青少年分别到当地敬老院为老人表演节目，帮助老人搞卫生，并为孤寡老人捐款捐物。据悉，全县共有70所中小学成立红十字委员会，会员发展到1万人，有两所学校经市红十字会验收成为“北京市红十字学校”。

（项启江）

【财经大学获红十字先进单位称号】 12月3日，中央财经大学红十字会工作通过北京市红十字会高校工作委员会检查验收，获得“红十字先进单位称号”。该校红十字会拥有会员640人。曾组织募捐6975.68元救助福建建阳一中生病学生；全年到清河敬老院服务11次，参加人数210人次。该红十字会同时注重对会员业务知识培训，全年上业务课10次，成立爱心救助服务队，还出版《中财红十字通讯》4期。

（陈惠茹）

【增加一名职教红十字会委员】 12月4至6日，市红十字会学校工委决定增加1名职业教育的红十字会委员。兰宏生向新增的委员颁发证书。

（李　敏）

【评选红十字十佳活动和优秀会员】 12月，市红十字会学校工作委员会评选出1997年十佳红十字青少年活动和百名优秀红十字青少年会员。十佳活动是：首都医科大学开展的“临终关怀献爱心”在松棠医院建立青年志愿者服务基地活动；北京医科大学“捐角膜、献爱心、送光明”校内登记活动；北京四十二中学的中韩红十字青少年联欢活动；北京第六十六中学的“捐角膜、献爱心、送光明”红十字班主题班会；北京八一中学的爱心服务交接班活动；北京卫生职业学校“爱心映夕阳”与松棠医院共建青年志愿者红十字实践基地的活动；昌平二一学校的敬老助残服务活动；顺义东风小学的“尊老敬老，弘扬美德”宣传动员会暨有奖征文活动；通县后南仓小学的“了解红十字，奉献红十字”知识竞赛主题班会；丰台长辛店一小的“一枝红杏出墙来”社会服务活动。百名优秀会员中大学生5人，中学生46人，小学生49人。

（李　京）

学术团体

北京市高等教育学会

【概　况】 1997年，北京市高等教育学会紧密结合高等教育改革和高校工作的实际，围绕转变教育思想和教育观念，全面提高教育质量和学生素质等问题开展学术理论研究和工作实际研究。全年共有会员单位54个，比上年增加2个。全年共举办各类研究活动近100次。

（张　炼）

【发展2个新会员单位】 上半年，经高教学会常务理事会讨论通过，成立北京高教学会引进国外智力研究会和北京高教学会高等职业教育研究会。

（张　炼）

【举办多种学术研究活动】 年内，高教学会举办不同规模的学术研讨会和专题报告会近100次；组织学会会员去兄弟省市和发达国家学习考察近10次；承担和完成大型或专项课题共10多项。并编辑出版论文集和专著。其中哲学研究会组织编写的《高等学校哲学研究文库》，已出版7本。

（张　炼）

【参加道德建设优秀论文评选】 年内，高教学会参加市社科联组织的北京'96道德建设论坛优秀文章评选活动。共报送论文82篇，占参评论文总数（197篇）的41.6%，获奖论文17篇，占获奖论文总数（50篇）的34%，该会获得优秀组织奖。

（张　炼）

【举办优秀论文评选】 年内，高教学会举办第四届优秀教育科研论文评奖活动。共收到论文452篇，经专家评审，评出一等奖论文11篇，二等奖29篇，三等奖54篇，成果奖55篇。在此基础上，选出9篇优秀论文报送到中国高教学会参评，有8篇论文获奖，其中，一等奖2篇，二等奖4篇，三等奖2篇。

（张　炼）

【举办多种业务培训班】 年内，高教学会所属研究会结合各自的业务工作，采取定期或不定期形式举办各种类型的培训班达20多次。其中实验室研究会立项研究建立大型仪器使用效益评价体系；技术物资研究会坚持举办教学仪器设备展示订货会；部分研究会结合教学工作编写教材、教学考试大纲及参考资料等。

（张　炼）

北京市教育学会

【概　况】 1997年，市教育学会在市委教育工委、市教委领导下，在中国教育学会、市社科联的指导下，围绕市教育工作会议精神，充分体现学术团体的特点，发挥自身的优势，积极配合教育行政部门，开展活动，在组织学术讨论和研究、普及教育科研知识、开展教育信息交流及组织建设等方面，取得一些成绩。该研究会组织各区县学会和学科专业研究会，围绕教育改革和发展中的问题，特别是关于素质教育的认识与实践，开展多项教育科研活动。据对46个学会研究会的统计，全年共召开学术年会27次，研讨会、座谈会394次，有1.3万人次参加讨论；抓重点科研课题386项，5800多人参加研究，撰写科研论文1.8万篇；组织科研培训166次，有6万多人参加；各种报告会1百多场，1.5万多人次出席。上述学术活动均围绕素质教育与学科教学、专业训练等问题，从各个不同的角度进行研讨。

（董素艳）

【举办素质教育专题系列讲座】 1月9日、4月24日、6月12日和7月3日，市教育学会与北京教育学院联合举办素质教育专题系列讲座，分别请国家教委、中央教科所、国家教育发展研究中心、市政府教育督导室等专家、学者就素质教育中若干热点问题作专题讲座，听众达1500多人次。

（董素艳）

【召开第二届“三友杯”表彰大会】 1月17日，市教育学会召开第二届北京市教育学会“三友杯”山区优秀教育成果表彰大会。会议对获得本届“三友杯”奖的怀柔县长哨营乡中心小学等7个单位和个人进行表彰。

（董素艳）

【召开第五届会员代表大会】 5月29日，市教育学会召开第五届会员代表大会。李晨、韩作黎、郭永福、陈大白、徐锡安、陶春辉及市教育学会第四届理事会的正副会长及第五届会员代表大会代表共230多人参加会议。会议由汤世雄主持。侯维城代表第四届理事会向大会作工作报告。大会对29个先进集体和52名先进工作者予以表彰。选举产生由127名理事组成的新一届理事会。这一届理事会体现群众性和学术性的特点。新当选的理事有72名来自教育教学和普教科研第一线，占理事总数的57%；新理事中，有108名具有大专以上学历和高级职务，均占理事总数的85%；其中45岁以下的19名，占15%；新一届理事中有46名连任理事，占36%；新一届理事会选举产生第五届常务理事会，陶西平当选理事会会长，侯维城、陶春辉、汤世雄等12人当选为副会长。新一届常务理事会由28名常务理事组成，其中，来自教育教学、教研科研第一线的19名，占68%；在职干部23名，占82%；45岁以下的常务理事4名，占14%；其中女性6名，占21%。与第四届常务理事会相比，从事教育教学科研实际工作的明显增加，队伍也更加年轻。

（董素艳）

【召开第五届常务理事会第一次会议】 6月12日，市教育学会第五届常务理事会召开第一次会议。会议讨论本届理事会的基本工作思路为：一个中心，一个原则，三个一点，四个特点，五个有影响。即要更好地围绕党和政府对教育的要求和任务目标这一中心开展工作；学会的工作安排要遵循少而精的原则；在少而精的原则指导下工作面要拓宽一点，研究的问题要相对集中一点，在基础性研究上要更扎实一点；学会开展研究要充分体现学术团体自身群众性、学术性、实践性、超前性的特点；学会要在以下五个方面形成较大影响：要有有影响的观点，要有有影响的活动，要造就有影响的团体，要培养树立有影响的典型，要对党和行政部门提供有影响的信息。

（董素艳）

【组织专题报告会】 6月23日，教育学会请吉林省教育科学研究院领导为各区县教育行政领导、中小学校长及学会干部就美国的教育现状与研究作专题报告。报告人以在美讲学、调查取得的大量第一手材料，向与会者介绍美国的基础教育情况。

（董素艳）

【开办第三期教育科研方法讲习班】 9月24日至12月24日，开办第三期教育科研方法讲习班，请中央教科所、北师大教科所和教科院基教所的科研专家学者分10讲系统讲授教育科研方法，有420多人参加学习并结业。

（董素艳）

【编辑出版《从这里起步》】 10月，李志坚提议编写，陶西平任主编，北京教育出版社出版的北京教育学会编辑的本市中小学优秀教师先进教学方法文集《从这里起步》一书，由北京教育出版社出版，共发行2万册。

（董素艳）

【召开教育现代化座谈会】 12月23日，市教育学会邀请十几位专家学者和部分重点学校的校长，就教育现代化的内涵、为什么要搞教育现代化、如何实现教育现代化、教育现代化与素质教育的关系等问题进行座谈。

（董素艳）

北京市老教育工作者协会

【概 况】 1997年，北京市老教育工作者协会组织进一步发展，已有会员32000人，建立分会1200个。主要工作是：组织会员学习宣传庆祝香港回归和党的十五大精神；宣传贯彻《老年人权益保障法》，维护老年人的合法权益；落实“五个老有”方针，组织全市书画展及重阳节游园活动，开展对特困户的调查；加强基层分会建设，学校普遍制订退休教师管理服务条例，使分会的工作规范化、制度化。

（陈浦琦）

【调查退休教师中特困户】 3月21日和4月30日，市老教协分别召开郊区及城区老教协负责人会议，听取各区县老教协汇报退休教师中高龄、孤寡、重病老人生活状况。对因病致困的写出专题报告，根据《老年人权益保障法》“有关部门在制定医疗保障办法，应当对老人给予照顾，实行老人老办法”的规定，提出几点意见：在医疗费负担比例上、就近医疗上、就医发放药量上，实行老人优惠；建议有条件的学校建立医疗周转金和帮困基金；组织学生和青年教师志愿为特困教师服务。

（陈浦琦）

【主办直辖市退休教师协作会】 5月21至23日，市老教协承办四个直辖市退休教师工作会议，共41人参加会议。全国教育工会、退休教师会、市教委等领导到会。重庆、上海、天津、北京退休教师协会分别介绍退休教师工作情况，北京市西城区、重庆市九龙坡区、上海市静安区介绍经验。代表们还到北京丰台区十二中参观座谈。会议研讨如何切实保障退休教工合法权益、加强基层分会建设、拓宽老有所为领域等专题。

（陈浦琦）

【举办老领导座谈会】 6月17至19日，市教委领导委托市老教协邀请各区五、六十年代担任区委文教书记、文教区长、教育部长、教育局长的老领导共39人召开座谈会。倪益琛、陶春辉向老同志通报本市普教工作情况，并听取老同志建议。

（陈浦琦）

【举办老教育工作者书画展】 6月23至25日，市老教协在北京市少年宫举办第四届老教育工作者书法绘画展，共展出作品253件。这次展览突出庆香港回归主题。其中新作者占50%。

（陈浦琦）

【举办庆香港回归活动】 6至7月，老教协会刊出专刊刊登《香港的沿革》、《香港的政治变迁》、《中英联合声明》、《香港基本法》等文章，回归后出第二个专辑刊登退休教师庆香港回归的诗词、文章。

（陈浦琦）

【举办重阳节登山游园活动】 10月7日，市老教协在景山公园少年宫举办第四届重阳节登山游园大会。有1.5万余名普教系统离退休教师参加活动。游园活动内容丰富，有67种游艺项目、有大型充气玩具，操场上有适合老年人活动的趣味运动会，有蒙妮坦美容美发学校和劲松职业高中60多名美发学生为教师义务理发，有健康咨询、服装裁剪、修理家电、修眼镜等，还设有购物区。大殿里有舞会、大殿前设茶座。不少老同志还到景山公园登山，参观秋实展览。

（陈浦琦）

【召开工作汇报研讨会】 10月13至15日，市老教协在昌平县召开工作汇报研讨会，17个区县老教协负责人参加会议。各区县老教协汇报两年来的工作，研讨在新形势下进一步加强老教协组织建设，落实两个待遇，共享社会发展成果、老有所为3个主要问题。

（陈浦琦）

区县（单位）教育

东 城 区

基础教育

【概 况】 1997年，东城区有托幼园86所，其中市立园16所，单位办园32所，街道办园22所；收托幼儿10944人；教职工2258人，其中专任教师837人；小学附设学前班3个，收幼儿80人。小学66所，1178个班，在校生44803人；教职工4113人，其中专任教师3718人。中学30所，其中初中校5所，高中校1所，完全中学24所；初中班739个，高中班295个；在校生45141人，其中初中生32277人，高中生12864人；教职工6507人，其中专任教师5040人。中等师范学校1所，8个班，在校生225人；教职工92人，其中专任教师49人。聋哑学校1所，18个班，在校生259人；教职工60人，其中专任教师37人。培智学校1所，10个班，在校生119人；教职工33人，其中专任教师26人。工读学校1所，14个班，在校生407人；教职工82人，其中专任教师31人。校外教育单位6个，教职工435人，其中专任教师224人。小学入学率100%，巩固率100%，毕业及格率99.8%。残疾儿童入学率100%，巩固率100%，毕业率100%。初中入学率99.8%，巩固率99%，毕业及格率97.82%，优秀率74.82%。高考上线率77.26%，录取率82.33%（其中应届毕业生高考上线率85.74%，录取率88.2%）。中小学教师学历合格率89.6%，其中小学教师合格率98%，初中教师合格率91.5%，高中教师合格率70.2%；中小学教师具有高级职务1588人，其中小学教师88人，初、高中教师1500人（包括职高）。年投入经费41359万元（其中包括国拨25948万元，学校预算外投入15411万元），改扩建教学设施总投资额913万元。

（叶安宁 孙晓丽）

【31人获市教学基本功竞赛奖】 1月22日，市教委召开北京市初中教师教学基本技能竞赛颁奖大会。东城区31名教师获市级奖，其中1人获市“讲课片段”和“业务知识笔答”全能奖。在推荐参加市级比赛过程中，通过层层选拔，有306人获区级奖。

（叶安宁）

【召开教科研工作会】 1月23日，东城区教育局召开第三届教科研工作会。会议提出“九五”科研目标，以高质量的教育科研工作促进素质教育进程。会议决定，成立局、校、教科所三级教科研领导小组，完善教科研网络，形成3000人教科研队伍，推出科研工作先进负责人及示范单位，每年拨10至20万元教科研专项经费。会议宣读主要科研课题有：《素质教育的研究与实践》、《优化资源配置提高办学效益》、《德育实效性》、《基础薄弱校研究》、《建立学校评价与社区评价的教育评价体系》和《校内结构工资始末》。

（叶安宁）

【幼儿脑潜能课题研究取得成果】 1月，东城区教育局在第一幼儿园举行幼儿健脑活动展示会，全区10余所幼儿园的100多名幼儿参加手指健脑操及爬行游戏表演。市教委、教科院、各区县及东城区的有关领导和教师200余人参加展示活动。该项研究注重幼儿早期开发，通过爬行运动促进幼儿大脑发育。9所幼儿园参加研究，先后完成幼儿手指健脑操及爬行游戏的创编，58名教师与北京电台儿童台合作创编的百余个爬行游戏先后获得“中华体育健身方法”入选证书，并纳入全民健身运动进行推广。东城区教科所与中国科学院、首都协和医院、天津教育学院、北京科教电影制片厂合作拍摄的科教电影《大脑潜能》于年初完成。

（叶安宁）

【推广琉璃寺小学口琴教学经验】 1月，教科院基教研中心在东城区琉璃寺小学召开口琴教学现场会，总结推广该校6年来开展口琴教学经验。国家教委、市音乐研究会、北师大音乐系及有关专家、各区县音乐教研员、全区音乐教师100余人参加现场会。东城区琉璃寺小学将口琴课列入必修课，自编教材，精心授课，实现课内普及、课外提高，学生已能演奏难度较大的四重奏。

（叶安宁）

【慰问特困教职工】 元旦1至2月春节期间，东城区教育工会对全区138个中小学、幼儿园及直属单位职工进行最低生活保障线、患重病或绝症、意外伤害事故情况调查，组成贴心人服务队，拨专款3.12万元，慰问特困职工82人。

（叶安宁）

【开展创建共青团卫生街活动】 3月5日和8日，东城区中学生志愿者开展创建共青团卫生街活动。20所中学4500名中学生志愿者在崇雍大街及东长安街、二环路等主要交通干道开展环境整治义务劳动。崇雍大街被命名为“东城区共青团卫生街”。

（叶安宁）

【推广一七一中学素质教育经验】 4月1日，东城区教育局在一七一中学召开课堂教学实施素质教育研讨会，推广该中学“教学目的多元化、教学内容科学化、教学要求层次化、教学过程合理化、教学手段多样化和现代化、教学个体特色化、教学行为规范化”七条课堂教学实施素质教育标准，以及将课堂作为实施素质教育的主战场，把教学与育人紧密结合起来的作法。会议围绕课堂教学中如何实施素质教育、教师在实施素质教育中应具备什么条件等问题进行研讨。200余名教师共听推荐课、展示课、公开课52节。

（叶安宁）

【颁发学科带头人证书】　4月11日，东城区教育局向134名教师及11个学科小组颁发“东城区中小学、幼儿园首批学科带头人”及“优秀学科指导组”证书。《东城区教师职业道德实施评价细则（试行）》也同时颁发，该细则对教师应履行的六项义务、六条职业道德标准及评价标准作出具体说明。

（叶安宁）

【市领导在东交民巷小学现场办公】　4月15日，胡昭广等市、区领导在东交民巷小学现场办公。在听取学校办学情况汇报后，胡昭广对该校在教学改革、实施快乐教育等方面取得的成绩给予肯定。现场会决定由市、区共同为该小学解决197万元办学经费。

（叶安宁）

【召开梁新儒卓立办学思想研讨会】　4月，东城区教育局分别召开北京二中校长梁新儒、史家胡同小学校长卓立办学思想研讨会。《托起明天的太阳——梁新儒办学思想文集》、《一切为了孩子，一切为了明天——卓立办学思想文集》同时出版发行。梁新儒办学思想的核心是“全面育人，发展特色”，注重发现和培养每个学生的长处，开发潜在人才，培养适应未来社会需要的多层次、多品种人才。卓立办学思想强调“三全三爱三服务”，即全面贯彻教育方针、面向全体学生、对学生全面负责；爱事业、爱学校、爱学生；为学生服务，为家长服务，为社会服务；坚持办学特色，实施和谐教育。

（叶安宁）

【抽查小学教学质量】　4至5月，东城区教育局对部分小学1至6年级进行教学质量抽测。抽查结果显示，毕业班语文、数学平均分为84.6和81.4分，不及格率分别为1%和4%；1至5年级语文、数学平均分分别为91.4和92.8分，不及格率为0.54%和1.16%；毕业年级命题考试语文和数学两科的优秀率分别为45.7%和50%；平均分分别为87.44和89.35分，双科不及格率为0.64%。

（叶安宁）

【评价中小学德育工作】　4至6月，东城区教育局组织党政工团、教研中心、教育学院、师范学校干部教师共40余人，分成14个小组，对全区中、小、幼、职德育工作开展调研。调研分校内、校外两部分。调研包括20所高校、10所职业高中用人单位、东城区20个街道及100多个居委会、100多所中小学及幼儿园，采用座谈访问、问卷调查、查阅资料等方式，对1995、1996年输送的1100名大学生及部分中小学生在校学习及校外表现情况进行反馈，对该区学校德育情况进行评价。调研中，各大学反映：在校大学生身体、心理健康状况不尽人意，适应、承受能力较弱，重点大学更为突出；各街道反映：不少中学生在校外的表现不及校内，应加强社区教育。

（叶安宁）

【开展“五四”表彰活动】　5月4日，东城区教育局对3645名中学生和202个集体给予表彰奖励。该区“五四”表彰活动开始于1987年，10年来，先后有2万多名中学生受到各种表彰奖励。

（叶安宁）

【制订下发特教“九五”发展规划】　5月23日，东城区教育局召开第三届特殊教育工作会议，会议下发《东城区特殊教育“九五”发展规划》。该规划提出加强特殊教育队伍建设，成立特殊教育研究室，完善特教学校督导工作制度，逐年增加特殊教育专项经费，设立特殊教育奖励基金等目标。会议表彰“八五”期间特殊教育工作中做出成绩的5个先进集体和23名先进工作者。

（叶安宁）

【举办“六一”爱国主义教育活动】　5月30日，东城区教育局在密云石城乡德育基地举行“六一”爱国主义教育活动。两区（县）400名师生共同种下命名“回归树”的97棵小树苗。东城区教育局向密云县100名少先队员赠送铅笔盒与水彩笔，密云县向东城区少先队员授“东城少年社会实践团”锦旗。东城区教育局还表彰奖励全区1265名三好学生、252个先进集体、115个礼仪小标兵、46个红十字少年。

（叶安宁）

【金帆音乐厅改建工程竣工】　5月，金帆音乐厅在东城少年厅建成。该音乐厅由市政府、市教委、东城区政府和东城教育局共同投资350万元，对原东城区少年厅进行改建装修而成。该音乐厅总面积600平方米，可容纳450名观众。

（叶安宁）

【召开德育工作会】　6月6日，东城区教育局召开中小学德育工作会议，总结“八五”期间学校德育工作经验，部署“九五”德育工作规划。二十二中、遂安伯小学、职教中心学校介绍德育工作经验。会议下发《东城区中小学德育工作规程》、《毕业班综合质量评价等级标准》、《进一步实施学校、社会、家庭三结合教育的意见》及《关于完善学校德育评价的意见》4个文件。

（叶安宁）

【为“幸福工程”捐款】　6月，东城区28所中学、40所小学、9所幼儿园、6个直属单位的5784名教师、6796名学生为“幸福工程”捐款3.83万元。“幸福工程”由王光美等人发起，旨在救助贫困母亲。

（叶安宁）

【新教师举行上岗宣誓】 7月5日，东城区教育局在区少年宫举行新教师上岗宣誓仪式。即将走上教师工作岗位的288名大、中专毕业生参加宣誓。该教育局向新教师每人赠送一套《光辉的事业》、《情系东城》及《教师职业道德规范实施细则》。

（叶安宁）

【首批教师资格认定完成】 7至11月，东城区教育局完成普教系统首批教师资格认定过渡工作。10627名教师（含辖区外系统1167人）通过高中、初中、小学、幼儿园、中专及实习指导教师的资格认定，领取教师资格证书。通过资格认定的教师占该区教职工总数88.6%。

（叶安宁）

【召开教师节表彰大会】 9月9日，东城区委、区政府召开教师节表彰大会，对10名区级优秀班主任、436名局级优秀教师和优秀教育工作者、113个局级先进集体给予表彰奖励。北京五中、史家胡同小学和二十二中教师在会上介绍经验。区五套班子领导和各委、办、局、公司、办事处的代表及各中小学教师代表近千人参加大会。

（叶安宁）

【表彰先进少年军校】 9月28日，东城区教育局召开1997年少年军校成果汇报表演大会。一六六中、西总布小学等10所中小学的少年军校被区政府命名为“先进少年军校”。北新桥、交道口街道获得少年军校优秀组织奖。近千名中小学生参加军校成果汇报表演。

（叶安宁）

【五中成立北京市网络学校】 9月，五中成立北京市网络学校。该网络学校在教科院教育信息中心指导下，由北京五中主办，北京华联信息科技发展有限公司协办。其任务是面对全市入网中学生通过计算机网络进行初中、高中学科教学和家教辅导。只要家庭备有计算机并与学校联网，即可获得教学信息和教学咨询服务。至年底，上网学生已达600人。

（叶安宁）

【少年宫通过全国首次评估】 10月9日，东城区少年宫，通过国家教委、团中央、全国妇联组织的全国首次校外教育机构试点评估，被评为国家一级一类校外教育机构。该少年宫组建于1956年，开展群众活动、艺术教育、兴趣培训有特色。近10年，开办声乐、器乐、舞蹈、京昆、木偶、绘画、书法、围棋等近30类项，220个班，固定组员3500人，参加活动少年儿童30万人次。在各类比赛中，获国际奖250人次，全国奖逾1000人次，市奖500余人次。美术、书法、京昆、舞蹈等班组员曾出访日本、俄罗斯、韩国、蒙古、荷兰、新加坡、印尼等国。

（叶安宁）

【内蒙古建北京东城区希望小学】 10月18日，东城区教育局派代表参加内蒙古自治区清水河县北堡乡“北京东城区希望小学”落成典礼。东城区教育局为该校赠送2万元开班费。该教育局先后向内蒙古自治区捐赠计算机及软盘等价值20余万元的教学物资，5.6万册图书及490套课桌椅。

（叶安宁）

【培训新任书记校长】 10月，东城区教育局党委举办新任党支部书记、校长专题培训班。1996年以来新任党支部书记、校长共37人参加培训。该班主要讲解书记、校长职责和应知应会的法律条文，并就校长负责制，中学党支部的地位和作用，教育法律法规，经济、财务、人事法律法规，学校行政工作等进行专题研讨。

（叶安宁）

【探索提高课堂教学效率新法】 11月，东城区教育局在五中召开主体参与课堂教学研讨会，探讨提高课堂教学效率的办法和途径。研讨会推出该校5名教师公开课，总结在课堂教学中“主体参与课堂教学模式”取得的初步经验，就学生在知识参与、能力参与、情感参与、道德参与上的参与度及进一步搞好教师与学生、知识与能力、教法与学法、课上教学与课下辅导有机结合等方面的问题进行研讨。

（叶安宁）

【小学德育常规4项检查完成】 11月，东城区教育局完成全区小学升旗仪式、小黄帽路队制、校园环境及“双规一则”德育常规4项检查。结果3所小学被评为特优校，31所学校被评为全优校。该教育局4项德育常规检查开始于1990年。

（叶安宁）

【教师体能测试86.9%合格】 12月，东城区教育工会组织136个单位的3402名教师进行体能测试，86.9%合格。测试内容包括身高、体重、肺活量、握力、纵跳、俯卧撑等十几个项目。经统计，体能达优秀标准76人，占测试总数的22.4%；达良好标准1054人，占30.98%；达合格标准1140人，占33.5%；达不到标准的446人，占13.1%。

（叶安宁）

【教育经费实现“三个增长”】 至年底，东城区普教事业拨款2.3亿元，比上年增长15.2%，高于区财政经常性收入增长15%的比例；生均教育经费2919元，比上年增加532元；生均公用经费1005元，比上年增加271元，实现北京市实施《义务教育法》规定的“三个增长”。

（叶安宁）

【学生卫生工作获奖】 年内，东城区学校卫生工作取得好成绩，一六五中等4所中小学获世界卫生组织与北京市东城合作发展中心授予的“健康促进学校”铜匾，东四七条小学等4所中小学获市级先进红十字学校称号。在全国13个省市学生常见病中期考评验收中，东城区获得省市第二名和区县第一名。

（叶安宁）

【兑现基础薄弱校岗位津贴】 年内，东城区教育局根据《东城区加强基础薄弱校建设规划》，对6所基础薄弱校兑现岗位津贴32.12万元，人均年增收568.67元，人均月增收47.39元。该项措施自1996年9月实施。1996年9至12月，人均月增收47.38元。

（叶安宁）

【在房山建立科教兴国教育基地】 年内，东城区教育局与中国原子能研究院联手在房山区建立东城区教育局关心下一代爱国主义和科教兴国教育基地。基地以中国原子能研究院为依托，包括原子城及附近的大型国有企业燕山石油化工公司、周口店北京人遗址、卢沟桥抗日纪念馆、韩村河等几处。中国核工业党组为教育基地拨款100万元，用于建展室，修复钱三强铜像，印制宣传材料，完善活动设施等。部分中小学生已开始到基地活动。

（叶安宁）

【制订加强劳技教育实施意见】 年内，东城区教育局制订《关于加强普通中学劳动技术教育工作的实施意见》。该实施意见要求各校严格按教学大纲设置劳技课，校开课率、年级开课率、开足课时率三项指标均达100%；开办劳技学科专业合格取证班，2000年劳技教师持证上岗；落实劳技经费，在年3万元基础上逐年增加专项拨款；成立区劳动技术教育领导小组，定期对学校及学生的劳技教育情况进行督导考评，劳技成绩不及格者不能评为三好学生和优秀学生。抓住小学生源减少的机遇，鼓励各校将腾出的教室改为劳动课、活动课教室，在15所小学新增设专用教室21个。

（叶安宁）

【1121篇教科研论文参加征评】 年内，东城区教科所、东城区教育学会联合举办教科研论文征评活动。共征集论文1121篇，302篇分获一、二、三等奖及表扬奖，获奖率为27%；37所中、小学被评为教育科研先进单位；北京五中、丁香小学、史家胡同小学获“教科研特别奖”及流动奖杯。

（叶安宁）

【174人获市和全国作文数学竞赛奖】 年内，东城区23名小学生在市十五届作文比赛中获一、二、三等奖，40人在全国“世纪杯”征文比赛中获一、二、三等奖；109人在市第十三届“迎春杯”数学竞赛中获一、二、三等奖，2人在全国“华罗庚金杯”赛中获一等奖。

（叶安宁）

【开展精神文明创建系列活动】 年内，东城区在中小学生中，开展精神文明创建系列活动。11个少先队大队获市星星火炬奖，60名少先队员获市“红领巾奖章”，23名少先队员评为全国手拉手好少年，东直门中学及职教中心校团委评为北京市青年志愿服务杰出集体，10人评为北京市青年志愿服务杰出个人和北京市青年社区志愿服务之星。

（叶安宁）

【中小学生犯罪率降到0.34‰】 年内，东城区各学校加强法制教育，校内外加强综合治理，中小学生犯罪率降到0.34‰，32校评为综合治理先进单位，117人评为综合治理先进个人，工读学校评为贯彻未成年人保护法全国先进单位。

（叶安宁）

【中学生违法犯罪性质加重】 年内，东城区教育局完成该区近年来中学生违法犯罪情况分析。该区中学生违法犯罪率1996年比1992年下降0.52‰，违法犯罪性质却有加重趋势。因“钱财”、使用暴力及低龄化犯罪人数1996年比1992年分别上升21%、24%、39%。分析显示犯罪原因主要有：受社会不良风气的影响；因单亲家庭上升趋势导致的家庭教育不得力；个别学校法制教育工作薄弱，常规管理不落实，评价学生片面化等。

（叶安宁）

【科技馆送科技进学校】 年内，东城区科技馆选编活动教材20多种，开展送科技到学校“大篷车”活动。108所中小学近9万人参加各种科技活动。在全市计算机比赛中，该区获一等奖25个，占全市一等奖总数80%，并获全市唯一的优秀组织奖。

（叶安宁）

【获市艺术节奖359个】 年内，东城区7484人次参加市区中小学生艺术节活动，参演1751个文艺节目，参赛2860幅美术作品，获得市级一等奖69个，二等奖138个，三等奖152个。

（叶安宁）

【中小学全部实现锅炉供暖】 年内，东城区政府投资700多万元，为东城区中、小学增添和更新26台锅炉设备，全区96所中小学全部实现锅炉供暖。

（叶安宁）

【320名干部接受计算机培训】 年内，东城区教育局组织普教系统干部进行计算机基础与应用培训。参加培训的有各中小学副校级以上的干部、东城教育分院的部分教师及局机关45岁以下的干部320人。学习采取半脱产形式，每期80学时，共8期。经考试，合格率达99%。

（叶安宁）

【中学家长学校办校率达98%】 年内，东城区各中学开办家长学校率达98%。二十二中、五中评为“指导家庭教育实验校”，五中、一六四中、分司厅中学评为“市级优秀家长学校”，6名中小学校长评为“北京市百名热心家教工作的好校长”。

（叶安宁）

【校企总利润增长11.5%】 年内，东城区校办工业园区完成收入1712万元，实现利润267万元。校办企业公司总利润额达5017万元，同比增长11.5%。

（叶安宁）

职业教育

【概　况】 1997年，东城区有职业高中14所，(其中独立设校5所，合设校9所)，设专业65个，303个班，在校生共10688人(其中独立设校在校生7736人，占72%)；招生3579人，毕业2518人；教职工1397人，其中专任教师738人。

（叶安宁）

【召开职业高中发展研讨会】 5月，东城区政府召开22个委、办、局主要负责人参加的职业高中发展研讨会。会议审议通过《东城区职业高中发展规划(1996—2000)》，研究制订并由区政府颁发《批转区职业教育委员会关于学习贯彻〈职教法〉，进一步促进职教发展的意见的通知》，要求全区各部门特别是领导努力提高对发展职业教育的认识；明确东城区职业教育委员会任务；落实职业教育执法责任和各项制度；保证职业教育投入；提高职业教育办学效益与质量；修改、完善职业高中"九五"发展规划；全面落实职业高中"九五"期间的"质量工程、形象工程、保障工程"。

（叶安宁）

【推进职业高中质量工程】 年内，东城区制订《关于加强职业高中教师队伍建设规划》、《关于加强职业高中骨干教师队伍建设的意见》、《关于职业高中专业教师考取〈技术等级证书〉的意见》；修订职业高中51个专业教学计划，编印《东城区职业高中(学校)教学计划汇编》；在职业高中69.5%的科目实行教考分离，有428科建立题库或试卷库；开展学生心理健康教育，对500名学生进行"心理健康状况"问卷调查，开展"东城区职业高中学生心理健康教育实践与研究"课题研究，课题组成员百余名，各校课题20个。

（叶安宁）

成人教育

【概　况】 1997年，东城区共有各级各类成人教育学校191所，其中成人高等校站2所，开设20个专业，在校生1054人，招生536人，毕业330人；教职工67人，其中专任教师34人。成人中等学校5所，开设24个专业，在校生5594人，招生1062人，毕业1631人；教职工75人，其中专任教师43人。各类职工学校12所，全年培训13528人次；教职工57人，其中专任教师35人。社会力量办学校162所，全年培训9万人次。本年度成教教师评出高级职务3名，中级职务2名，初级职务2名。

（耿　萍）

【职大召开班级管理工作会】 1月23日，东城职工大学召开班级管理工作研讨会。10名班主任介绍经验体会。会议围绕：班主任工作的职责和任务；如何规范班主任工作；怎样提高班主任的素质；怎样考核评估班主任；怎样建立班主任激励机制；学校各方面如何配合班主任的工作等问题开展研讨。

（张燕农）

【9666人报考成人高校】 3月9至16日，东城区成人高校考生共报名9666人，其中高中起点本、专科生7908人，专科起点本科生1758人。该区新增西医类、高中起点本科、专科升本科及第二学历免试生报考。

（张玉华）

【首次举行全国英语等级证书考试】 3月15日和29日，东城职工大学首次举办全国英语一级B类等级证书考试。216人参加15日口试，180人参加29日笔试。全国英语等级考试不受学历、年龄、职业限制。

（张燕农）

【召开推进成教培训工程大会】 5月27日，东城区委、区政府召开第三次推进成人教育培训工程大会。市委教育工委、市教委、区委、区人大、区政府、区政协负责人及各单位主管领导、科室校站负责人共200人参加会议。会议作《积极推进成人培训工程的深入开展》主报告。会议宣布区政府每年筹集20万元建立推进成人教育培训工程发展金，区政府投资为职工大学新建2000平方米教学楼。会议对实施成人培训工程10个先进单位、计算机应用技术培训2所先进学校、7个先进参训单位、5名先进教师进行表彰。区商委、北新桥街道介绍经验。

（耿　萍）

【举办香港回归专题报告】 6月9日，东城区成教局召开迎香港回归报告会。会议邀请对外经济贸易大学专家讲述邓小平"一国两制"构想的伟大意义、香港的国际经济地位、香港与内地的经济关系等问题。

（常广安）

【召开成人教育学会年会】 8月15日，东城区成人教育学会召开第六届年会暨学会成立十周年庆祝会。会议总结学会成立十年来在机构建设、开展成人教育理论研究及评优、讲座活动等方面取得的成绩，提出今后的任务和要求。会议有12人论文分获一等奖、二等奖、三等奖和特别奖，会上颁发了证书和奖金。会议要求深入研究面向21世纪成人教育的模式和布局、建立成人教育社会服务体系、成人教育队伍建设特别是师资队伍建设以及保证教育投入等课题。

（刘　丹）

【完成首批成教教师资格认定】 8月，东城区成教局首次对成教教师进行资格认定工作。成教系统首批150人被认定教师资格。其中，高中教师62人，初中教师23人，高校教师31人，职业学校教师27人，实习指导教师7人。

（蔡淑敏）

【进行成人教育专项督导】 10月21日、22日，东城区政府教育督导室对区成教局、区职工大学进行实施成人教育培训工程专项督导。18位专、兼职督学分头听取成教局、职工大学工作汇报，全面审阅有关材料，召开部分局处公司成教负责人、职工大学校长、教师、职员、学生座谈会，参加听课。12月5日，区督导室负责人到区成教局、职工大学进行督导反馈。

（刘　丹）

【完成社会力量办学年检】　10月27日至11月28日，东城区成教局对辖区内223所社会力量办学机构进行年检。在各校自检基础上，区成教局审核各校一年来的办学情况，根据国务院《社会力量办学条例》规定，对各类学校的校名进行规范。年检后，各校重新制订和申报“退费规定”，为维护学生和学校的合法权益提供保证。

（张　萍）

【被评为市成人教育培训工程先进】　10月28日，市教委成人教育培训工程检查组对东城区1994至1997年成人教育培训工程实施情况进行检查验收，经验收，东城区被评为北京市成人教育培训工程（1994至1997年）先进单位，东城职工大学、北新桥街道办事处、煤炭公司被评为市级先进单位。

（刘　丹）

【人才需求与培训课题完成】　至年底，东城区人才需求与培训调研课题完成。该课题1995年开题，由区成教局、商委、建委、街道办、人事局、劳动局共同组成课题组。调研采取问卷、统计、座谈、走访等形式，摸清党政机关、企业、外经外贸、科技4支干部职工队伍素质、培训渠道与方式、人才需求状况等情况。最后完成《东城区人才需求与培训》调研报告。报告分析了东城区在人才需求与培训方面的优势、特色、差距与问题，提出建议和措施。

（刘　丹）

【3万人接受各类成人教育培训】　至年底，东城区有30688人接受各类成人教育培训。参加中高层次紧缺人才培训10724人，其中岗位培训3238人，继续教育5813人，学历教育1673人；参加转岗及岗位培训16496人，其中岗位培训14797人，学历教育1699人；参加计算机等级考试3468人。

（刘　丹）

【高等教育自学考试毕业457人】　年内，东城区高等教育自学考试报名55972科次，考试38177科次，单科结业17916科次，全年毕业457人，累计毕业4838人。

（朱文玲）

东城区教育局

局　　长　侯守峰
党委书记　叶钟玮
督学室主任　侯守峰

东城区成人教育局

局　　长　赵志刚
党委书记　郑永钧

西　城　区

基础教育

【概　况】　1997年，西城区有托幼园所92所，其中市立园所11所，单位办园所79所，民办园所2所；在园幼儿14190人；教职工3025人，其中专任教师1301人；小学附设学前班2个，收幼儿25人。小学87所，1446个班，在校生51652人；教职工4929人，其中专任教师3929人。中学56所，其中初中校5所，高中校15所，完全中学36所；初中班1550个，高中班644个；在校生60111人，其中初中生35332人，高中生24779人；教职工7916人，其中专任教师4729人。中等师范学校1所，10个班，在校生239人，教职工93人，其中专任教师49人。聋哑学校2所，28个班，在校生382人；教职工192人，其中专任教师137人。培智学校1所，16个班，在校生208人；教职工74人，其中专任教师40人。工读学校1所，1个班，在校生18人；教职工74人，其中专任教师31人。校外教育单位8个，教职工179人，其中专任教师106人。小学入学率100%，巩固率100%，毕业及格率99.5%，残疾儿童入学率100%（指符合入学条件的），巩固率100%，毕业及格率低视和聋儿为100%，弱智儿童为55%。初中入学率100%，巩固率99.8%，毕业及格率96.6%，优秀率51.1%。高考上线率79.6%，录取率86.2%。中小学教师学历合格率92.3%，其中小学教师合格率99.3%，初中教师合格率95%，高中教师合格率83.2%；中小学教师具有高级技术职务1009人，其中小学教师51人，初中教师508人，高中教师450人。

（孙锡璈）

【成立老教育工作者活动中心】　1月6日，西城区老教育工作者活动中心成立。该中心设有健身房、多功能厅、台球室、乒乓球室、阅览室，为离退休教职工提供政治学习、文化学习、健身、娱乐、联谊、咨询等场所。

（孙锡璈）

【召开幼儿教育研究会年会】　1月13日，西城区幼儿教育研究会召开第四届年会，收到论文191篇，评出一等奖10篇，二等奖20篇，三等奖

40篇。此次收到的论文数量多，内容广，质量高。

（孙锡嘏）

【5所幼儿园列为课题实验园】 2月24日，西城区曙光幼儿园、西四北幼儿园、洁民幼儿园、绒线胡同回民幼儿园、棉花胡同幼儿园被列入北京市“九五”期间重点科研课题《幼儿园教育大纲与教材研究》的实验园。9月，曙光幼儿园被列为国家教委“九五”科研课题《教师素质研究》的实验园。

（孙锡嘏）

【召开普通高中工作会】 3月20日，西城区教育局召开普通高中教育工作会。会议总结近十年全区普通高中在教育、教学、管理等方面取得的成绩和存在的问题，提出五点意见：①全面推进素质教育，加大教育教学改革力度，推广高中课程设置改革，教材改革经验；②做好全区普高教育发展规划，调整普高办学规模，提高办学效益。“九五”期间，普高在校生要达到13500人，年招生4500人，公办普高校36所减为22至24所，办3至4所24个教学班纯高中，4至5所18个普高班完中校；③加强高中教师队伍建设，培养高水平骨干力量；④开展办学模式改革，适应经济建设需要，升学预备教育模式应成为普高主要模式，研究就业预备教育模式，探索普高与成人教育接轨新路；⑤努力改善薄弱环节。四中、四十四中和一六一中在会上介绍办学经验。

（刘建新）

【召开“迎香港回归”主题教育现场会】 3月27日，西城区教育局在实验二小召开全区小学“迎香港回归”主题教育现场会。实验二小、北礼士路一小、宏庙小学、育民小学、受水河小学交流经验。现场会还展示14所学校“迎香港回归”教育展板，以及由实验二小、育民小学、受水河小学、宏庙小学、北礼士路一小绘制的7幅各9.7米的画卷。

（李景怡）

【培训中学教学管理干部】 3月27至29日，西城区教育局举办中学教学管理干部培训班。各中学及师范学校共81名教学管理干部参训。参训干部学习实验中学、八中、十三中、鲁迅中学4校校长的教学管理经验，听取学习法规，落实三个教学文件，高三、初三教学管理，提高领导干部自身素质和全面实施素质教育等专题报告。

（刘建新）

【中日幼儿园共结友好】 3月28日，西城区洁民幼儿园举行与日本东京白鸟幼儿园结成中日友好幼儿园签约仪式。中日双方商定，共同促进中日友好，发展幼儿教育事业，在签约的三年之内加强友好交流。

（李景怡）

【实施素质教育成套评价方案】 3月31日至5月7日，西城区督学室选择各3所中小学进行实施素质教育成套评价方案试点。该套方案于1996年10月至1997年3月制订，包括《普通中小学办学水平评价方案》、《中小学校长考评方案》、《中小学党的建设工作评估方案》、《党支部书记考评方案》、《职业高中教育质量评估方案》、《职业高中办学水平评估方案》，内容全面，要素简明，重视形成性评价、学校基础性工作和全方位推进素质教育。

（刘建新）

【4校获世界卫生组织铜匾】 3月，实验中学、一六一中、复外一小、顺城街一小被世界卫生组织健康与教育促进合作中心和中国健康教育研究所联合授予健康促进学校铜匾。

（李景怡）

【获全国中学英语评优课一等奖】 4月11日，中国教育学会在洛阳举行全国首届中学英语优质课竞赛，北京八中青年教师汪艳获得一等奖。汪艳是北京市唯一参赛选手。

（刘建新）

【获市教学评优课奖】 4月11日，西城区自忠小学青年教师1人获市第二届小学语文教学评优课一等奖。4月18日，力学小学青年教师1人获市第三届小学数学教学评优课一等奖。4月，北礼士路一小教师1人、官园小学教师1人获市小学写字教学评优课一等奖。

（孙锡嘏）

【获市学科竞赛奖】 4月15日，西城区学生在市中学第十二届及小学第十三届“迎春杯”数学竞赛中，3人获重点中学组一等奖，1人获普通中学组一等奖，4人获小学组一等奖。在市第十二届初中物理知识竞赛中，3人获一等奖。在市第九届中学生英语竞赛中，2人获高中组一等奖，1人获初中组一等奖。

（孙锡嘏）

【五四表彰优秀青年教师】 5月4日，西城区教育局召开优秀青年教师表彰会，表彰优秀青年教师283人，其中85人获区希望杯奖，11人破格浮动一级工资，1人授予师德模范称号。

（李景怡）

【推广自忠小学培养青年教师经验】 5月9日，西城区教育局在自忠小学召开全区小学培养青年骨干教师现场会，推广自忠小学培养青年骨干教师的经验。与会者参观该校培养青年骨干教师工作展览，听取15名青年教师的汇报课。自忠小学利用“一学、二帮、三压、四奖”的培养方法调动青年教师的积极性，在该校31名青年教师中，3人入党，1人被评为市优秀青年知识分子，5人次被评为市先进工作者，15人次被评为区、局先进工作者，8人次获得区希望杯，5人破格晋升小学高级教师，9人成为市级教研员，200多人次获得学科、专业奖。

（李景怡）

【青少年国防教育学校成立】 5月17日，西城区青少年国防教育学校成立。该校是军地共建少年军校。全区共成立105所少年军校，有9个街道还创办了地区军校，中小学国防教育覆盖面达到100%。

（李景怡）

【研讨初中教学工作】 6月6日，西城区教育局在九十八中召开初中教学工作专题研讨会。区教育局主要领导、区教研中心、机关各科室有关人员及17所中学校长参加。会议主要研讨初中校布局调整、教师队伍建设、学生管理、初中校办学条件等问题。会议认为：初中必须有合格的教师队伍，应围绕素质教育制订办好初中的措施，要研究在就近入学的情况下，如何面对好、中、差生源改进教学。会议提出在财务和干部、教师配备上，向初中校倾斜。

（刘建新）

【研讨郑乃强自然教学经验】 6月13日，西城区教育局在大水车小学召开郑乃强自然课教学经验研讨会。与会者观摩郑乃强一节《昆虫》汇报课，听他介绍让学生在情境和活动中学习自然课的教学经验，研讨他的教学特色，对他的教学经验给予高度评价。

（李景怡）

【第四聋人学校试办普高班】 6月14日，第四聋人学校召开会议，汇报试办普高班教改工作。该校继1992年创办聋人职业高中后，又在全市率先试办普通高中班，普高班学制2年，目标是为聋生报考天津理工学院和其它高等院校做准备。

（李景怡）

【3所幼儿园评为一级一类园】 6月，西城区德外街道果子市幼儿园、二龙路街道新京畿道幼儿园和北京市邮局幼儿园，通过市教委组织的全市幼儿园分级分类验收，成为一级一类园。其中的两所街道办幼儿园为全市首批一级一类街道办幼儿园。

（孙锡嘏）

【“蒙泰梭利”教学方法实验起步】 7月，北海幼儿园开始进行“蒙泰梭利”教学方法实验。意大利幼儿教育家蒙泰梭利的幼儿教育理论对于幼儿智力开发、挖掘幼儿学习的潜能、培养幼儿良好的学习习惯和健全的人格具有特殊效果。北海幼儿园3名教师曾到美国蒙泰梭利培训中心接受培训。

（孙锡嘏）

【获华罗庚金杯奖】 7月，在全国第六届华罗庚金杯少年数学邀请赛北京赛区复赛中，西城区初中组8人获得一等奖（全市30人），19人获得二等奖（全市75人）；小学组8人获得一等奖（全市30人），18人获得二等奖（全市80人）。

（孙锡嘏）

【《信息学教程》编辑出版】 8月，西城区电教馆与人民教育出版社合编的初中、高中计算机教材《信息学教程》，正式出版发行。初中教程28.3万字，高中教程36.6万字。该教程根据国家教委1997年颁布的《中小学计算机课程指导纲要》编写，以计算机技术发展新成就“图形交互界面”为主要内容，具有先进性，实用性。

（孙锡嘏）

【小学教学软件通过国家教委鉴定】 8月，西城区教研中心、区电教馆与维美公司合作研制开发的《九年义务教育全日制小学多媒体教学软件系列·小学数学第一册》（光盘），通过国家教委全国中小学计算机教育研究中心鉴定委员会的鉴定，出版发行。

（孙锡嘏）

【调整中小学结构】 9月1日起，北京五十三中与一五七中合并，改校名为北京教育学院西城分院附中；一三二中合并到一五九中，撤消一三二中；弘善小学合并到刘海小学，撤消弘善小学；西四南小学合并到兵马司小学，撤消西四南小学；广宁伯街小学合并到按院胡同小学，撤消广宁伯街小学；宣武门小学合并到顺城街一小，撤消宣武门小学。另外，四十中停招初一新生；二十八中、二十九中、三十三中、四十六中停招高一新生；九十八中、北海中学停招职业高中新生；西四北三条小学、和平门小学停招新生。民办启蒙学校招职业高中新生。新建民办公助三帆中学、兴涛学校。

（刘建新）

【小学青年骨干教师培训班开学】 9月5日，西城区小学青年骨干教师培训班开班。首届15名学员是从该区1800多名青年教师中选拔出来的，平均年龄27岁，均为全国或市、区教学大赛一、二等奖获得者；学校教育、教学工作骨干。培训时间一年，半年脱产学习，半年跟踪培养。培训采用到选定的小学听课、做课，边学、边练、边提高的方法。

（李景怡）

【我心中的好老师评选揭晓】 9月5日，西城区教育局召开“我心中的好老师”评选表彰会。会议表彰“百名好老师”、“十杰好老师”和45名“十杰好老师”提名奖获得者。薄一波、雷洁琼等为好老师题词。该评选活动共收到全区中小学生和家长有效选票20余万张。

（李景怡）

【颁发《师德建设规划》】 9月24日，西城区教育局、区教育工会联合召开大会，下发《西城区普教系统师德建设规划》。该《规划》的近期目标是在1至2年内重点抓好树立人民教师良好形象工程，长远目标是在此基础上开展以爱岗敬业、无私奉献为主要内容的师德教育。《规划》要求加强师德管理建立表彰先进制度。该区170多所学校领导共400余人参加会议。

（刘建新）

【获全国中学生理化竞赛奖】 9月，在南昌举行的第14届全国中学生物理竞赛中，北师大实验中学王旭、师大二附中姜燕北获得二等奖，并分别被保送升入清华大学、北京大学。在此前进行的北京赛区选拔赛中，西城区4人获得一等奖，3人获得二等奖，7人获得三等奖。10月，在全国高中生化学竞赛北京赛区竞赛中，西城区1人获得一等奖，3人获得二等奖，4人获得三等奖。

（孙锡嘏）

【张仲民获惠普优秀教学管理奖】

9月，西四中学校长张仲民获市惠普优秀教学管理奖。张仲民抓基础薄弱学校教学管理，改变学校面貌，成绩突出。

（刘建新）

【西煤厂小学更名柳荫街小学】 10月8日，西煤厂小学更名柳荫街小学。杨尚昆、张爱萍为该校题词，杨成武题写校名。杨成武和西城区政府、区教育局、厂桥街道办事处及驻柳荫街部队负责人参加新校名挂牌仪式。柳荫街小学地处军民共建先进街区，多年来培养大量军队子女。

（李景怡）

【市教委视导西四中学】 10月10日，市教委视导组一行40余人视导西四中学。通过听汇报，视察校园，听课28节，与20多名干部、教师、职员座谈，视导组认为：西四中学干部、教师在几年时间内将一所生源、办学条件、管理水平均差的学校，改造成一所校园美，办学条件良好，干部教师和学生精神面貌振奋，教育质量明显提高的学校。

（刘建新）

【召开鲁迅作品教学研讨会】 10月22日，北京鲁迅中学和西城区教研中心联合召开中学语文鲁迅作品教学研讨会。北京鲁迅博物馆、绍兴鲁迅博物馆、上海鲁迅博物馆、上海鲁迅中学，在京部分鲁迅研究专家，各中学校长参加研讨会。北京鲁迅中学介绍“学习、宣传鲁迅精神”，形成语文教学特色，带动各科教学改革的体会；该校语文教研组介绍长期研究鲁迅作品和进行鲁迅作品教学的情况。与会者观摩该校所有语文教师1至2节鲁迅作品公开课，对该校作法给予好评。

（刘建新）

【首批“九五”科研经费到位】 10月26日，西城区教育局首次拨专款16万元，作为“九五”科研课题研究经费。其中，38项课题获重点资助，34项课题获一般性资助。

（孙锡嘏）

【教学软件开发列入国家重点课题】 10月，西城区教研中心参与的科研课题《计算机辅助教学软件的开发与利用》在国家教委攻关项目招标中中标，被列入国家“九五”重点科研课题。该中心承担小学数学、自然和英语三科软件开发任务。

（孙锡嘏）

【教师论文评优课获全国一等奖】 10月，在中国教育学会中学数学专业委员会第八届年会上，北京四中教师论文《中学全面数学教育的理论与实践》被评为一等奖。在中国教育学会小学自然教学专业委员会第三届会员代表大会上，西城区宏庙小学教师做的五年级《弹性》课，被评为优秀课一等奖。

（孙锡嘏，刘建新）

【首届幼教青年教师评优活动结束】 11月12日，西城区教育局召开区幼教系统首届“春华杯”青年教师教学评优活动总结表彰会。该评优活动历时7个月，近800名青年教师参加。评优内容有半日幼儿教育活动、生活活动、户外活动、区域活动，教师教学计划、笔记、观察记录。经过园内、街道、大组、区四级评选，评出一等奖2名，二等奖3名，三等奖5名。

（李景怡）

【召开贯彻幼教规程研讨会】 11月27日，西城区教育局召开深入学习贯彻《幼儿园工作规程》研讨会。全区各类园园长和骨干教师180人参加。北海幼儿园、北新华街幼儿园、棉花胡同幼儿园、曙光幼儿园4位教师就环境创设、幼儿动手能力培养、理解尊重幼儿发挥其主体作用和开展活动区活动等，介绍各自学习《规程》后，改变传统做法所取得的效果和经验。

（孙锡嘏）

【研讨高云仙历史教学经验】 11月28日，西城区教育局在实验二小召开高云仙历史教学经验研讨会。高云仙做观摩课，并以《在历史教学中以趣导学促进学生发展》为题介绍教学经验。高云仙在多年的小学历史教学中，从培养学生对历史兴趣入手，改革历史教学方法；重视上好导言课；采用讲故事的形式，把历史教育融入历史故事的讲述之中；改革考试方法，改笔试为口试，锻炼学生口头表达能力。

（李景怡）

【护国寺小学成为教育科研基地】 12月10日，西城区护国寺小学经中央教科所规划办审批，成为国家教委科研重点课题实验基地。该校长期坚持以科研为先导，促进教育教学改革有一定的科研基础。

（李景怡）

【召开区七届教科研论文表彰会】 12月11日，西城区教育学会召开第七届教育科研论文表彰会。共评出一等奖20篇，二等奖163篇，三等奖278篇。本次征集的论文大多针对教育教学实际情况进行选题、立项，在科研部门的参与下，经过较长时间调查研究，最后完成。

（孙锡嘏）

【3所中学摘掉基础薄弱校帽子】 12月12日，西城区教育局召开全区基础薄弱学校建设工作会。会上，区教育局宣布对西四中学、三十七中、三十八中今后不再视为基础薄弱校。会议以《整体规划，综合治理，在改革中寻求突破》为题，对基础薄弱校建设工作进行总结，西四中学介绍经验。

（刘建新）

【召开西城区教育工作会】 12月24日，西城区委、区政府召开教育工作会议。区属委、办、局有关负责人，全区10个街道的领导，驻区单位的有关负责人，普教系统各单位领导和成人教育系统各单位领导参加会议。会议作题为《高举邓小平理论伟大旗帜，加快教育改革和发展工作，积极推进西城区教育现代化》主报告，会上下发区委、区政府制订的《关于贯彻十五大精神，深化教育改革，加快教育发展，推进教育现代化的若干意见》以及有关部门制订的《关于实施〈社会力量办学条例〉

的意见》、《关于进一步贯彻实施〈西城区社区教育“九五”规划〉的意见》和《关于进一步推进中小学实施素质教育的意见》等文件。

（刘建新）

【召开张天伦办学思想研讨会】 12月25日，西城区教育局在培智中心学校举办张天伦办学思想研讨会。张天伦是培智中心学校校长，他在17年领导弱智教育中心学校的过程中，探索弱智教育新路，使培智中心学校成为全市、全国规模最大、具有先进水平的特教窗口校。研讨会认为，张天伦办学思想和办学经验具有开创意识、特色意识、人才意识，为了特殊教育事业一心扑在工作上的敬业精神、永不满足现状、不断给自己提出新问题、定出高目标的进取精神，及时抓住教师闪光点进行总结提高、上升到理论、寻找规律的科研精神。

（李景怡）

【八中受市教委表彰】 12月29日，市教委授予北京八中“全面育人、办有特色”奖牌，并召开现场表彰会，推广八中“着眼于未来，着力于素质”办学经验。八中把课堂教学作为实施素质教育主要途径，对学生的学习过程实行校级指导、年级指导、任课教师学科指导和个别指导。每年开展学生现状调查，进行学习适应性测验、提高学习能力因素测验、心理健康诊断测验、问题行为早期发现测验及亲子关系诊断测验，全面掌握学生认知能力和非认知的、家庭教育状况。该校十年来坚持不占用节假日上课，把假期留给学生；坚持开设有利于提高学生素质的非考试科目，开展丰富多彩的校园文化活动，发展学生特长。

（刘建新）

【召开小学生读书活动现场会】 12月29日，西城区教研中心在实验二小召开“开展读书活动，推进素质教育”现场会。实验二小开展读书活动的特点是：领导和教师重视，方法适当，效果好。学生激发求知欲，养成读课外读物习惯，受到师生和家长好评。西城区小学已有三分之一以上班级每周开设1至2节读书课，有三分之二以上班级经常组织学生开展课外阅读。

（李景怡）

【校办企业创收6亿元】 截至12月31日，西城区校办企业总公司所属104个校办企业完成工业总产值12616.33万元，完成区政府下达计划指标的91.49%；三产营业额47291.04万元，完成年计划的84.13%。实现利润总额5308.83万元，同比增长1.06%，完成区政府计划的98.11%，完成市教委校产处下达指标的100.8%。全年上缴税金1569.9万元，完成下达计划的102.88%，实现利税总额6877.73万元，为年计划的99.16%。为普教系统上缴统筹基金2337万元。

（孙锡嘏）

【心理和德育课题开题】 年内，西城区教研中心心理室承担的北京市“九五”重点教育科研课题《中学生心理素质档案建立与应用的初步研究》和《中小学心理健康档案的研究》通过专家论证，正式开题。心理室已在9所学校建立学生心理档案3000份。

（孙锡嘏）

【完成近2万小时教学声像制作】 年内，西城区电教馆完成录像资料310盘520小时，录像资料发行总数2889盘4900小时，存储资料及存版1500盘1800小时，合计4699盘7220小时。复制录像带563盘1229小时，复制录音带10814盘（小时）。

（孙锡嘏）

【教育经费实现“三个增长”】 年内，西城区财政局下达教育事业费预算指标为28650万元，比上年增加6144.8万元，增长27.3%。高于区财政经常性收入增长比例；生均教育经费3198元，比上年增加879元，增长37.9%；生均公用经费1253元，比上年增加593元，增长89.8%，达到《教育法》规定的“三个增长”。

（孙锡嘏）

【13家校办企业创利超100万元】 年内，西城区普教系统13家校办企业创利超100万元。其中校办直属企业银河实业总公司708万元，双同公司408.62万元，西城区黏合剂厂（一〇六中）404.3万元，兴盛实业有限公司（八中）400.1万元，宏运集团（宏庙小学）366万元。

（孙锡嘏）

职业教育

【概　况】 1997年，西城区共有职业高中15所，276个班，在校生10078人；招生3800人；毕业2900人。教职工1612人，其中专任教师733人。教师中合格学历占60.7%，具有高级职务的199人。

（孙锡嘏）

【召开职高德育工作现场会】 4月23日，西城区职业高中德育工作现场会在电子电器职业高中召开。市、区有关领导及全区各职高校主管校长、书记到会。电子电器职高校介绍德育工作作法。与会者观摩该校主题班会，观看该校学雷锋活动录像。现场会还有5所职业高中介绍各自开展德育工作的经验。

（刘建新）

【两名青年教师获市录像优秀课奖】 4月，在市职业高中青年教师录像课评比中，西城区实用美术学校的美容课和西城区商贸职业高中的语文课，被评为优秀课奖。

（孙锡嘏）

【举办《职教法》宣传活动】 5月14日，西城区在月坛公园内举办庆祝《职业教育法》颁布一周年宣传咨询活动。成人高、中等学校和部分社会力量办学校共30个单位参加。本次活动着重宣传发展职业教育，全面提高劳动者素质的重要性和紧迫性。共发放宣传材料14种2000份，展出各种宣传板42块，悬挂横幅25条，参观模拟演示1500人次，接待咨询3000人次。

（何韵华　韩桐利）

【开展“香港知多少”班刊展评】 6月，西城区职业高中开展“香港知多少”班刊展评活动。全区264个职业高中班、近万名学生参加。88份班刊入选参加区级评比，10份班刊获一等奖，20份班刊获二等奖，30份班刊获三等奖。

（刘建新）

【举办中美暑期英语强化培训班】 7月，西城区职教中心举办第二届中美暑期英语强化培训班，42名职业高中英语教师参加培训，并取得合格证书。

（刘建新）

【召开职高校教学工作会】 12月25至26日，西城区教育局召开职业高中校教学工作会，各职高校校长、主管教学的主任、文化课教研员参加。会议旨在加强职业高中教学管理工作，促进全区职高教改。会议作题为《全面实施素质教育，深化教学改革，提高教学质量》报告。会议下发三份文件：《西城区教育局对进一步加强及规范职业高中普通文化课教学工作的几项要求》、《西城区教育局关于职业高中校学生实习的有关规定》、《西城区教育局关于加强职业高中教学档案管理的规定》。

（刘建新）

成人教育

【概　况】 1997年，西城区共有各级各类成人学校265所，其中成人高校（站）3所，开设42个专业，在校生2776人，招生838人，毕业1015人；教职工144人，其中专任教师69人。成人中等学校6所，开设38个专业，在校生4723人，招生1557人，毕业957人；教职工114人，其中专任教师55人。各类职工学校12所，全年培训6319人次；教职工103人，其中专任教师57人。社会力量办学校244所，全年培训92138人；教职工2239人，其中专任教师1158人。在成教教师中有高级职务的28人，中级职务86人，初级职务48人。

（韩桐利）

【全国英语等级证书考试培训班开课】 1月6日，西城区职工大学承办“全国英语等级证书考试”一级B类脱产及业余两个培训班开班。该班由职工大学英语教师授课。西单购物中心、地安门百货商场、复兴商业城、区法制办、区回收公司、厂桥街道等13个单位选派学员参加培训。该项考试在北京和山东试点，西城区是北京市试点单位之一。考试具有标准统一，评分公正，参考人员广泛，教学教法鲜明实用等特点。

（王雅珍）

【慰问革命老区学校】 1月21日，西城区成教局领导带着机关及部分直属校站干部、教师捐赠的钱物到门头沟区清水中学进行慰问。向该校赠送1万元和价值近1万元的教学用品，包括2台彩色电视机、3台PC计算机，一台手摇速印机、两台中文打字机及一台投影仪等。

（李晓琳）

【召开社会力量办学工作会】 3月7日，西城区成教局召开西城区社会力量办学工作会，近200所民办学校校长参加。会议宣讲《北京市社会力量办学管理办法》实施细则的背景、意义、作用和具体内容，要求各校学习贯彻，以师德教育为重点，切实加强教师队伍建设，全面提高教育教学质量。

（余关关）

【召开“双培”工程工作会】 3月21日，西城区召开“双培”工程工作会议。会议作题为《再接再厉、携手奋进、继续大力实施“双培”工程》报告，并表彰25个先进集体、33名先进个人。西城区从1995年2月开始实施中高层次紧缺人才培训工程和转岗培训工程，共组织转岗培训59681人次，中高层次紧缺人才培训31182人次。

（李晓琳）

【报考西城职大人数居全市第一】 3月，西城区职工大学成人高考报名工作结束。全区共有1851人报考，居全市第一。其中第一学历考生1551人，第二学历300人。该校严格教学管理，注重教育质量，在社会上有较高知名度。

（李晓林）

【成教系统讨论师德建设】 3至5月，西城区成教系统开展师德建设讨论。本次讨论重点是在教师中明确职业道德内涵，树立正确职业道德观及教书育人、为人师表的良好形象，提高成人教育教师队伍政治、业务素质，促进教育教学水平提高。同时制订完善《西城区成教教师师德规范》等制度。

（何韵华）

【召开职工学校领导座谈会】 4月2日，西城区成教局召开12所职工学校校长座谈会。各校领导分别介绍情况，万方公司培训中心介绍主动找总经理汇报情况，主动找基层领导了解情况经验，粮食局职工学校介绍举办《立足连锁经营、进行现代化管理教育》系列讲座，把干部教育考核与年终兑现奖挂钩经验。

（侯百红）

【召开街道成教工作会】 4月4日，西城区成教局召开10个街道成教干部工作会。会议总结西城街道教育特点是：①成人教育工作在各街道力度逐年加大，已逐步走向规范化；②市民学校普遍建立，并开展本街道社区教育。

（李建英）

【国家及市教委领导检查高考考场】 5月10日，国家教委、市教委领导张天保、马叔平检查一五九中学成人高考考场。西城成教局向领导们汇报该区招生考试情况。西城确定18所统考考点校，组织1575场次考试，历时2天，动用监考及工作人员3750人次。在全市率先实现成教、普教生源共享。

（何韵华）

【成教系统举行科技日活动】 5月24日，西城区成教系统在什刹海街心公园举办科普宣传服务日活动。西城职大等12个单位80余名科技工作人员，围绕成人教育与提高人口质量的关系、心理健康、口腔保健、环境与建筑知识、电脑知识、美容美发、烹饪等内容，采取现场指导、演示、诊断、服务等方式开展宣传咨询服务。发放宣传资料1.1万余张，宣传手册400余册，展示画板15块，咨询服务3600余人次。

（邹士疆）

【职工中专通过计算机考点验收】 6月11日，国家教委专家组一行6人到西城职工中专检查申办全国计算机等级考试考点学校工作。专家组听取该校中专计算机专业教学、培训情况及管理制度的汇报，检查机房设备情况，认为该校具备条件，同意设考点，承担一级考试任务。

（段鸿杰）

【举办“庆七一、迎回归”文艺演出】 6月27日，西城区成教系统召开“庆七一、迎回归”文艺演出。700多名教职工参加，400人分别上台演出《祝愿香港》、《庆祝香港回归》、《我爱你，中国》等节目。

（李晓琳 段鸿杰）

【召开成教教学工作会】 8月4至6日，西城区召开成人教育教学工作会。全区各成人学校有关人员50人参加会议。会议作题为《加强管理、深化改革、全面提高教学质量》报告，总结教学工作经验，指出存在问题与差距，提出深化教学改革，全面提高教学质量采取的具体措施。

（何韵华）

【招收首批注册视听生】 8月8日，电大西城分校首批注册视听生招生工作完成。本次招生共录取视听生453人，其中英语专业237人，财会专业216人。该校是北京电大第一批“注册视听生”试点校。

（杨晓英）

【5所成人高中达标】 8月，市教委评估组对西城区申报5所成人高中学校进行验收、评估、审核，认为5所学校均符合“北京市成人高中（职高）学校设置标准”，正式批复作为市成人高中职业高中校。5所成人高中有在校生626人，毕业453人，单科结业120人。

（何韵华）

【成人高校录取新生2634人】 9月16日，西城区成人高校录取工作结束，全区44所成人高校共录取新生3634人。该区有10207人报考，其中，高中起点报考大专6619人，专科起点报考本科2191人，二学历1397人。参加考试8810人，其中，高中起点大专考生6618人，专升本考生2192人。超过上档分数线考生3418人，其中，高中起点报考大专2500人，专升本918人。

（何韵华）

【举办首届计算机应用知识赛】 9至12月，西城区举办首届“西城杯”计算机应用知识竞赛。竞赛内容为计算机基础知识、汉字输入、编辑排版和DOS命令等。初赛用答卷形式，48个单位上交781份答卷。复赛采用上机操作，每个单位4名选手参赛，取前6名单位进入决赛。12月10日举行决赛，共产生一等奖单位1名、二等奖2名、三等奖3名。西城区计委获得一等奖。

（李晓琳）

【王码电脑学校赞助抗日老区】 10月1日至11月18日，西城区民办王码电脑学校教师61人，在河北涞水县镇厂中学举办计算机讲座，并送去60台计算机、2万元，帮助装修两个现代化计算机房。该校教师赴太行山区达100多人次，培训60名教师，200名学生和10名待业青年。学员平均汉字录入速度达50字/分钟，最快者超过100字/分钟。涞水县是太行山抗日老区。

（李晓琳）

【市教委检查成人教育培训工程】 10月20日，市教委检查组检查西城区成人教育培训工程。检查组听取成教局领导汇报，查阅文件资料，认为：西城区成人教育培训工程取得全面发展，各级领导重视；坚持以点带面；企业教育与社会教育相结合；政府办学、社会力量办学、采取企业办学相结合；转岗培训与继续教育相结合。

（李晓琳）

【召开师德建设汇报会】 10月28日，西城区成教系统召开师德建设交流汇报会，市委教育工委及市区领导参加大会。该区职工大学、王码学校等5名教师汇报工作。会议总结师德建设情况，要求教职工把师德建设提高到新水平。该区各成人学校开展多种形式师德教育，经区人大代表评议，得到肯定。

（郑建国）

【座谈企业教育制度建设】 11月3日，西城区成教局举办建立现代企业教育制度座谈会，西单购物中心、复兴商业城和地安门百货商场等12家单位参加座谈。与会人员参观地安门百货商场成立股份有限公司三年教育成果汇报展，交流建立现代企业教育制度作法。

（侯百红）

【开展班主任课前会观摩活动】 11月，电大西城分校开展班主任课前会观摩活动，全校班主任互相观摩各自课前讲话的仪表、仪态、组织能力、表达能力。

（杨晓英）

【社会力量办学管理评估方案出台】 年内，西城社会力量办学管理水平评估实施方案出台。该方案分别对评估目的、评估对象、评估机构、评估指标体系、评估方法、步骤和进度作出详细规定。其中，评估指标体系遵循导向、全面、可操作、实效、统一和多样结合，定量与定性结合等原则。西城区是市教委社会力量办学评估工作三个试点区之一。

（余关关）

【扶植特色民办校】 年内，西城区成教局对45所办有特色、有规模、社会效益和经济效益较好的民办学校进行扶植和奖励，分别给各校购置电脑、复印机和快译通等设备。

（佘关关）

【街道开展“双培”工作】 年内，西城各街道落实“双培”工程计划，开展岗位培训。丰盛街道汇丰照相器材商店根据本行业特点，在企业46名职工中强化英语日常用语对话培训。二龙路街道聘请医生组成小组，在26个工地巡回对外地民工进行止血、包扎、固定、搬迁“四大救护”知识培训。西长安街街道聘请税务干部为机关干部及摊商举办税法讲座。

（李建英）

【职工中专免费培训下岗人员】 年内，西城职工中专承担市机械局下岗人员再就业工程免费培训任务，对45名下岗人员进行饭店客房服务培训。该培训所用教材、课酬、实习经费等均由学校承担。

（段鸿杰）

【查处违法办学41起】 年内，西城区成教局共查处违法办学问题41起。其中，3所民办校给予行政处罚，罚款5000元，对1所学校集资问题作出处理，查处2起外地打工人员无证开办电脑班的非法办学点，解决3起外区未经许可到西城设点办学问题。

（何韵华）

【高等教育自学考试呈新特点】 年内，西城区高等教育自学考试报名32785人，报考74379科次，共开设考场2599个。上半年取得单科合格证17474科次，284人取得大专毕业证，36人取得本科毕业证。报考特点一是中文、外语、财会、法律、计算机等专业仍是热门，二是考生年龄降低，三是外地考生增多。

（何韵华）

西城区教育局

局　　长 佟志袁
党委书记 杜洁美
督学室主任 佟志袁

西城区成人教育局

局　　长 杜文生
党委书记 张从蔚

崇　文　区

基础教育

【概　况】 1997年，崇文区有托幼园所46所，其中市立园所9所，单位办园所28所，街道办园所9所；在园（所）幼儿7704人；教职工1418人，其中专任教师466人；小学附设学前班19个，收幼儿615人。小学47所，759个班，在校生30815人；教职工2850人，其中专任教师2237人。中学24所，其中初中校6所，完全中学18所；初中班478个（含职高校初中班51个），高中班145个；在校生28543人，其中初中生21876人，高中生6667人；教职工2852人，其中专任教师1805人。培智学校1所，10个班，在校生114人；教职工31人，其中专任教师21人。校外教育单位4个，教职工129人，其中专任教师71人。小学入学率100%，巩固率99.98%，毕业及格率99.6%。残疾儿童入学率97%，巩固率100%。初中入学率99.81%，巩固率99.69%，毕业及格率97%，优秀率45%。在校生高考上线率79.5%，录取率82.8%。中小学教师学历合格率87%，其中小学教师合格率86%，初中教师合格率92%，高中教师合格率85%；中小学教师具有高级技术职务861人，其中小学教师46人，中学教师815人。

（祝世雯　阎以来　贾惠玉　张　玲）

【召开特殊教育工作会】 2月，崇文区教育局召开第四届特殊教育工作会。会议传达市第二次特教工作会精神，表彰14名论文获奖者，忠实里等3所小学交流特教工作经验。

（蒋静芬　沈桂红）

【命名2个青少年教育基地】 3月18日，崇文区教育局在汇文中学举行崇文区青少年教育基地命名大会，近2000名学生先后到该基地举办爱国主义教育活动。5月4日，在龙潭湖公园田继跃、高云涛烈士纪念碑前，再次举行崇文区青少年教育基地命名大会，1000名中小学生在烈士纪念碑前开展“向英雄学习”主题教育活动。

（许秀华　周秋云）

【印发加强写字教学文件】 3月，崇文区教育局印发《关于小学加强写字教学和开展书法活动的意见（试行）》。该文件要求各小学贯彻落实语文教学大纲中关于写字的具体要求，在各年级语文教学课时中，每周设一节写字课，同时把写字教学与开展书法活动结合起来。

（蒋静芬　沈桂红）

【举办第四届中小学生艺术节】 3至6月，崇文区教育局举办第四届中小学生艺术节。全区76所中小学校2619人、458个节目参加10大类20多项比赛。艺术节评选出18

个先进集体、21个优秀组织奖、110名优秀辅导教师。

（李 宏）

【举办评课示范讲座】 4月15日和11月19日，崇文区教育局两次组织区教研员为中学主管教学校长、主任作政治、生物、历史、地理评课示范。该评课示范活动是配合学习《北京市中小学学科课堂教学评价方案（试行）》举办的。

（许秀华）

【举办美育与素质教育报告会】 4月24日，崇文区教育局举办“美育与素质教育”专题报告会，请国家教委艺术教育委员会常务副主任、解放军艺术学院学术委员会常务副主任周荫昌教授作报告。各中学主管德育副校长、政教主任、政教人员、音美教师参加报告会。报告会主要研讨美育与素质教育的关系及美育对学生成长的影响等问题。

（许秀华）

【推出3项小学素质教育改革措施】 4月，崇文区教育局推出《崇文区小学语文教学改革方案》、《崇文区小学自然教学改革方案》、《崇文区小学青年教师教学常规达标工程》3项改革措施。以上3个方案于下半年正式启动，拟3年完成。

（赵景瑞）

【开展中小学体育教学评优活动】 4至6月，崇文区教育局组织学校、教学片、区三级进行中小学体育教学评优活动。全区共作课116次，评出一等奖16名，二等奖32名。其中5人参加北京市中小学体育教学评优，3人获一等奖、2人获二等奖。

（李松龄）

【开展素质教育调研】 4至7月，崇文区人大、区政府组织教育科研部门研究人员及部分中小学教师完成素质教育调查，共写出调查报告5篇。该调查内容涉及崇文区素质教育现状及校长、教师、学生、家长对素质教育的认识等问题。

（肖为先）

【开展教育执法自查】 5月14日和21日，崇文区分别召开全区中小学书记、校长会和区有关委、办、局、街道负责人会议，部署1997年教育执法检查工作。8月底，各单位、各部门经自查，分别向区政府教育督导室上交书面报告。

（卢宝生）

【成为首批实施素质教育实验区】 5月28日，市教委在汇文中学召开会议，宣布崇文区为北京市第一批推动实施素质教育实验联系区。陶春辉及崇文区、海淀区、顺义县的区县长、教育局（教委）及督学室领导参加会议。会议对构建全面提高学生素质的教育体系、完善中小学督导评价制度、建立基础教育质量监测制度等问题进行讨论。

（王君实）

【推出第三个目标管理责任制】 6月6日，崇文区教育局制订颁发第三个《崇文区校办企业经营管理目标责任制》。89个主办单位与所属企业签订目标责任书。该责任书下达利润总额1291万元，至年底，实际完成1546万元，超计划20%，占全区校办企业利润总额的70%。

（王双喜）

【成立国有民办文汇中学】 6月，北京市文汇中学在崇文区成立。该校由汇文中学校友会利用二〇九中的校舍、场地开办，实行国有民办体制，经费由校友会筹备。二〇九中自1997年秋季不再招收新生。

（舒永襄）

【召开三结合教育先进校表彰会】 6月，崇文区教育局召开小学“第二届学校、家庭、社会三结合教育先进校”表彰会。板厂小学、向新小学、光明小学等18所学校受到表彰，长巷四条小学、板厂小学、永生小学作经验介绍。

（蒋静芬 沈桂红）

【论证素质教育实验方案】 6月，崇文区教育局组织11人为《崇文区推进素质教育实验方案》进行可行性论证。论证主要采取分头组织调查研究，针对所涉及的问题，写出论证报告的形式进行。共写出7篇论证报告。

（肖为先）

【首批离任校长接受审计】 上半年，崇文区教育局完成10所学校校长离任经济责任审计，这是该区首批离任校长接受审计。审计对校长在职期间经济责任作出评价，对学校财产、财务管理以及内控制度方面存在问题提出审计意见。

（张文霞）

【在市声乐器乐文艺汇演中获奖】 8月13至17日，崇文区教育局选送12个节目参加北京市少年宫、少年之家组织的声乐、器乐专场文艺汇演。获1个一等奖、1个二等奖、6个三等奖。

（李 宏）

【区教委成立】 9月8日，崇文区委、区政府召开大会，宣布对原区委教育部、区政府文教办、区教育局、成教局4个部门进行机构重组，成立中共崇文区委教育工作委员会、崇文区教育委员会、崇文区人民政府教育督导室。有关部门领导、教育工作者1200余人出席大会。区委教育工委、区教委两机关共设26个科室（部），总人数123人。

（隋秀玲 王君实 钱 进）

【84名外地大学生落户崇文任教】 9月16日，崇文区教委召开会议，欢迎从外地招聘的84名97届大学毕业生到崇文任教、安家落户。区委、区人大、区政府、区政协及区委教育工委、区教委领导参加大会。

（于雅琴）

【夺得区艺术节6个金奖】 9月，崇文区教育系统参加全区第五届艺术节演出。17个参演节目全部获奖，其中6个获表演金奖。区教委获优秀组织奖。

（李 宏）

【开展“爱科学月”活动】 10月24日至11月24日，崇文区教委组织中小学生开展“爱科学月”活动。活动中，组织科技实践活动1400次，有12.3万人次参加；宣传科普知识

840次，接受教育10余万人次；组织竞赛10次，17970人参加。崇文门中学、培新小学等7所学校获科技活动流动杯，26所学校被评为先进单位，16所学校获环境教育先进单位环保杯，同时评出24名先进校长和61名先进个人。

（李 宏）

【接受市教育执法检查】 10月27日和28日，市教育执法检查组检查崇文区教育执法情况。检查组对计划统计学校、崇文门中学、定安里小学等8所学校进行抽查，召开区有关部门负责人座谈会，听取崇文区教育执法自查汇报。检查组认为：崇文区政府积极筹集资金，努力建设教师住宅；教育经费已在区财政预算中单独列项，预算编制与下达程序基本规范；职业高中布局和专业调整工作有力度，成效显著；对1996年教育执法检查时提出的建议解决较好。

（卢宝生）

【中小学校园环境100%达标】 10月，市、区教委对崇文区80所中小学校园环境进行检查验收。重点检查如何利用良好的校园环境达到环境育人的目的。经检查验收，崇文区中小学100%学校达标，其中计划统计学校、宝华里小学被授予市级校园环境示范校，15所中学、25所小学获区级“优美校园”称号。

（许秀华 蒋静芬 沈桂红）

【获市中小学生艺术节200项奖】 10至11月，崇文区教委组织663人、205个节目参加北京市第四届中小学生艺术节，共获200个奖项。在此次艺术节中该区教委还承担民乐比赛的组织工作。

（李 宏）

【召开课间操评优总结表彰会】 11月12日，崇文区教委在天坛南里小学召开1993至1997年小学课间操优秀校评选总结表彰会，27所小学获得优秀校称号。

（李松龄）

【学科带头人讲授公开课】 11月22日，崇文区教委组织中学语文、数学、物理、化学4学科区级学科带头人和骨干教师，为中青年教师讲授公开课。各中学中青年教师和主管教学领导干部300余人参加听课并进行研讨。

（许秀华）

【获市“瞭望杯”团体优胜奖】 11月，崇文区10所中学的40名学生参加北京市中学生第十六届“瞭望杯”时事知识竞赛获团体优胜奖。汇文中学、五十中学、九十六中学获学校团体总分一等奖；23名学生获一等奖，7名学生获小灵通奖。

（许秀华）

【正式使用《雏鹰奖章达标手册》】 11月，崇文区少工委开始在全区小学生中使用《雏鹰奖章达标手册》。该手册由区少先队组织自己设计，经过几年的实践，现正式推出使用。全区3万名小学生按年级分别使用高、中、低册。

（郭文伟）

【幼教“九五”课题开题论证】 12月24日，崇文区幼教研究中心完成《幼儿园目标与活动课程配套教具》开题论证。该课题是北京市教育科学“九五”规划的重点研究课题。

（高瑞清）

【举办首届“崇文杯”小学教学大赛】 12月，崇文区教委举行首届“崇文杯”小学各科教学大赛。历经初赛、复赛、决赛，评出一等奖25人，二等奖24人，三等奖123人，5人分获语文、数学、科任、科技、特教的“崇文杯”奖杯。

（蒋静芬 沈桂红 赵景瑞）

【22名田径裁判晋级】 12月，崇文区中小学体育教师田径协会22名田径裁判晋级，其中，1人考取国家级裁判员，21人考取一级裁判员。

（李松龄）

【市区政府向基础薄弱校投入资金723.2万元】 至年底，市政府和崇文区政府拨专项资金723.2万元(其中市政府563.2万元)，支持崇文区10所基础薄弱学校建设。崇文区教委从体改经费中拨出50万元用于提高基础薄弱校教职工结构工资，并拨专款用于薄弱校校长（书记）临时岗位津贴。

（杨文森 杨爱新）

【培训中小学干部教师908人】 至年底，崇文区教育分院完成中小学干部培训336人，其中：中学主管总务副校长培训班28人、小学校长研修班11人、中小学校长提高班249人、小学心理辅导员培训班48人。继续教育培训中学教师330人、小学教师242人。

（李宝祥）

【教研人员年度任务完成】 至年底，崇文区教学研究人员深入8所中学，听课1200节，开展教研活动286次，培训青年教师100人，并对初三、高三总复习进行指导。

（李朗光）

【新增教工住宅4万平方米】 至年底，崇文区完成教工住宅4万平方米，其中，自建1万平方米、购买3万平方米。共解决600余户教师住房困难。

（吕秀春）

【105名小学教师接受大专学历培训】 年内，崇文区教委选送56名小学骨干教师和49名第一师范学校毕业生，到崇文教育分院、第一师范学校参加脱产小自考学习班。区教委为他们的学习制定优惠政策。

（于雅琴）

【10校被评为市区级文明单位】 年内，崇文区广渠门中学被授予“首都文明单位标兵”称号；汇文中学、五十中学、光明小学、李村小学为“首都文明单位”称号；光明小学校长刘永胜为“首都精神文明建设奖章获得者”；花市小学、二一〇中学、第五幼儿园、电子技术职业教育中心、成人中等职业学校被授予“崇文区文明单位”称号。

（祝世雯）

【印发《校办企业管理制度》】 年内，崇文区校办企业总公司将近几年制订的有关企业经营、财务、人事、国有资产管理的28个文件汇编成册，印发给学校和企业，成为加强企业管理和检查工作的依据，使企业管理进一步制度化、规范化。

（王双喜）

【校办企业补充教育经费920万元】 年内，崇文区校办企业实现利润2072万元，上缴税金747万元，为学校补充教育经费920万元，分别比上年增长3%、3.6%和8%。

（王双喜）

【推广体育考试管理程序】 年内，崇文区“初中毕业生升学体育考试组织管理程序”，由市教委发文正式向全市各区县推广。

（李松龄）

【举办“喜迎香港回归”活动】 年内，崇文区教委分别组织中学、小学、职业高中、少先队、共青团、教职工举办文艺汇演、演讲比赛、与香港师生联欢、参加天安门广场晚会等“喜迎香港回归”活动。全区教育系统上万人参加以上活动。

（郭文伟　许秀华
郭加林　钱　进）

【组织干部学习素质教育评价方案】 年内，崇文区教委先后组织中小学、幼儿园校（园）长、书记及教工委、教委机关干部学习市颁中小学实施素质教育“三个评价方案”，邀请市有关专家作两次辅导。

（卢宝生）

【教育评价领导小组成立】 年内，崇文区政府教育评价领导小组成立，下设区教委自我评价组和区政府教育督导评价组。该区还制定教委及各学校每年进行一次自评、区教育督导评价组对学校每2至3年进行一次督导评价等制度。

（卢宝生）

职业教育

【概　况】 1997年，崇文区共有职业高中9所，190个班，在校生7679人，招生2451人，毕业1913人。教职工762人，其中专任教师474人。教师中学历合格率58.2%；具有高级职务176人。

（祝世雯　张　玲）

【首次评选十佳青年教师】 1月21日，崇文区教育局召开职业高中十佳青年教师表彰会。经过校、区两级评选，推出十名最佳青年教师。这是该区首次评选职业高中十佳青年教师。

（徐世强　刘秉华）

【成立职高教学研究会】 2月27日，崇文区教育局召开职业高中教学研究会成立大会。会议确定职高教学研究会性质、任务和工作计划，并对主要任务进行研讨。该研究会由九所职高主管教学校长和职教中心有关人员组成。

（徐世强　刘秉华）

【考核职高青年教师基本功】 12月6日，崇文区教委在一七九中，组织首届职业高中青年教师基本功考核。9所职业高中校30名青年教师，通过笔试、教学片段讲解和答辩，全部考核合格。其中，优秀率达10%。

（徐世强　刘秉华）

成人教育

【概　况】 1997年，崇文区共有各级各类成人学校129所，其中成人高等学校2所，开设12个专业，在校生1584人，招生614人，毕业243人；教职工69人，其中专任教师37人。成人中等学校3所，开设16个专业，在校生3200人，招生1015人，毕业619人；教职工64人，其中专任教师28人。各类职工学校7所，全年培训4946人次；教职工39人，其中专任教师21人。社会力量办学校117所，全年培训64804人次；教职工881人，其中专任教师375人。成教教师（不含社会力量办学教师）学历合格率81.4%；具有高级职务的398人，中级职务307人，初级职务134人。

（李秀兰　吕建国）

【成人高校报考人数增加】 3月9至16日，崇文区共有3106人报考各类成人高等学校，报名人数为上年的2.65倍。4月10至11日，该区成人教育招生办公室开设4个考点、107个考场进行考试，结果录取758人，占报名人数的24%，其中崇文区职工大学录取151人，完成招生计划的95%。

（李秀兰　吕建国）

【召开区成人教育工作会】 3月20日，崇文区召开成人教育工作会，65个区属局、处、公司主管领导和教育管理干部、各成人学校负责人共120余人参加会议。会议总结1996年成人教育工作，部署1997年成人教育任务，表彰奖励12个成人教育先进单位和24名先进个人。哈德门饭店、区园林局、成人中等职业学校介绍经验。

（李秀兰　吕建国）

【推出3所社会力量办学“窗口校”】 4月25日，崇文区成教局在中华商科学校召开社会力量办学现场会，推广该校办学管理经验。此后，崇文区成教局又推出文汇文化技术进修学校、玛丽美容美发技术学校为区社会力量办学“窗口校”。3个窗口校各自特色为：在封闭式管理中严格要求，在开放式办学中提高质量；以雄厚的师资力量，保证高水平的教学；适应市场需求，以不断的技术创新提高办学质量。

（樊玉存）

【产生首所社会力量办中专校】 9月，市教委批准北京中华商科学校为成人中等专业学校，批准该校颁发毕业证书，承认该校毕业生学历。这是崇文区社会力量办学（校）获准的第一所中专校。

（樊玉存）

【检查职工教育年度工作】 11月5日至12月10日，崇文区职工教育委员会对全区职工教育工作进行年度检查。委员会办公室分头抽查商委、经委、建委所属6个企业、事业单位，听取建筑工程公司、崇文门菜市场、大龙建设集团等单位工作汇报，收阅58个单位自查报告。检查结果表明：①该区职工教育计划执行情况良好，大、中专学历教育分别完成计划的109.3%和90%；工人技术等级培训完成计划的116.5%；继续教育完成计划的131.7%；岗位培训完成计划的157.7%，其中转岗培训约2500人，占转岗下岗职工的50%。②多数单位加强职工教育管理，明确主管领导和主管科室，配备专（兼）职教育干部，制订必要规章制度。③职工教育经费有保障，58个单位全年共支出教育经费3.94亿元，占职工工资总额的1.53%。

（李秀兰　吕建国）

【检查成教直属校（站）工作】 11月5日至12月26日，崇文区教委分阶段对成教直属校（站）进行年度检查。检查内容为：领导干部听课情况；学员入学把关情况；校（站）教育、教学质量和规章制度的建立和执行情况；德育工作情况；教育、教学专项资金提取和使用情况；职工大学、职工中专接受上级评估准备情况。检查组听取各成人校（站）的汇报、查看听课记录及教育教学档案等资料，检查后向各校（站）反馈检查意见。

（李秀兰　吕建国）

【举办推进成人教育团日活动】 11月，崇文区团工委组织开展"学习十五大，推进成人教育"为主题的团日评优活动。来自该区17所中学（职高）校的17个团委参加评优活动。其中，卫生职业学校95级医士班团支部、一〇九中高二（5）班团支部的主题团日获一等奖。

（郭加林）

【获市成人教育培训工程先进】 12月11日，市教委授予崇文区教委北京市实施成人教育培训工程先进集体称号。该区1994至1997年，共完成职工岗位培训71700人次，转岗（下岗）培训11400人次，中高层次紧缺人才培训6700人次。

（李秀兰　吕建国）

【举办免费下岗人员培训班】 12月18日，崇文区成人中等职业学校举办第四期下岗职工免费培训班，培训本区街道联社系统4家企业24名下岗人员。本期培训为计算机专业技能培训，主要传授计算机基础知识和文件录入、编排技能。

（吕建国）

【自学考试毕业679人】 至年底，崇文区自学考试毕业生679人。其中，本科毕业生32人、大专毕业生455人、中专毕业生182人。全年，崇文区高等教育自学考试报名54460科次，实考38797科次，合格16597科次，各科平均合格率43%；中等专业自学考试报名24752科次，实考21435科次，合格13173科次，各科平均合格率61%。

（孙业端）

崇文区教育局

局　　长　赵志洁
党组书记　赵志洁
督学室主任　赵志洁

崇文区成人教育局

局　　长　刘德山
党组书记　刘德山

9月8日，崇文区委、区政府决定，组建中共崇文区教育工委、区教委、区政府教育督导室。

中共崇文区委教育工委

书　　记　赵志洁

崇文区教委

主　　任　赵志洁

崇文区教育督导室

主　　任　赵志洁

宣　武　区

基础教育

【概　况】 1997年，宣武区有托幼园所56所，其中市立园15所，单位办园所26所，街道办园所15所；在园（所）幼儿8792人；市立园教职工476人，其中专任教师220人；小学附设学前班24个，收幼儿793人。小学62所，958个班，在校生35964人；教职工3196人，其中专任教师2408人。中学28所，其中初中校11所，完全中学17所（含民办公助校1所）；初中班594个，高中班149个；在校生31632人，其中初中生25216人，高中生6416人；教职工3938人，其中专任教师2332人。中等师范学校1所，2个班，在校生79人；教职工72人，其中专任教师39人。培智中心学校1所，15个班，在校生174人；教职工42人，其中专任教师33人。校外教育单位5个，教职工140人，其中专任教师80人。小学入学率100%，巩固率99.4%，毕业生合格率99%。残疾儿童入学率听残、视残100%，智残99%，巩固率100%。初中入学率99.8%，巩固率98.5%，中考及格率93.24%，优秀率58%，升学率95.50%。高考上线率72.99%，录取率76.30%。中小学教师学历合格率91%，其中小学教师98%，初中教师91.6%，高中教师71.9%；中小学教师具有高级职务1056人，其中小学教师48人，中学教师1008人。

（邢　安）

【宣武区教委成立】 3月15日，中共宣武区委、区政府召开中共宣武区委教育工委、宣武区教委和宣武区人民政府教育督导室成立大会。新组建的宣武区教委实行基教、职教和成教统一管理，原教育局、成教局同时撤销。

（邢　安　薛丁一）

【成立青少年天文活动站】 3月，宣武区青少年天文活动站成立。活动站由区青少年科技馆和北京小学联合组建，利用科技馆120毫米天文望远镜和北京小学天象厅科技优势，在全区青少年中普及天文知识。至年底，该活动站组成两个活动小组，学员21名，活动50次，参加1442人次。先后组织观测日偏食，观测海尔——波普慧星，首届中小学生天文知识竞赛，少年儿童宇宙科学幻想画小组等活动。参加各类天文天象活动的学生近2万人次。

（邢　安　潘　军）

【加强学校出租房屋管理】 3月，宣武区教委制订《关于教育系统非经营性用房转为经营用房的审批管理办法》，加强对基层学校出租房屋管理，防止国有资产流失。该管理办法规定企业不经校办企业总公司批准，不予办理用房手续；不出具产权证明。至年底，该区133所学校的29719平方米出租用房全部办理审批手续。

（邢　安　潘　军）

【调查基层单位银行开户情况】 3至6月，宣武区教委对各基层单位在银行开户情况进行审计调查。结果，多数单位能按照有关规定做到管理制度、控制制度健全。个别单位违反规定，在银行多头开户或将户头分散到处室，形成实质上的“小金库”。针对上述问题，各基层单位建立内审小组126个，加强建章建制和内部监督管理。7月，该区教委制订并下发《关于进一步加强财务管理和审计的通知》。

（薛丁一）

【南菜园小学发生重大伤亡事故】 4月2日11时30分许，宣武区南菜园小学发生一起校内人身伤亡事故。昌平县工业品批发公司旅行车到该校校园内的京泸食品批发部洽谈业务后，倒车准备离开，不慎将正在操场上文体课的二年级学生周皓宇撞倒轧伤，车的左前轮从该生头部辗过。12时20分，周经医院抢救无效死亡。7月8日，宣武区人民法院依法下达刑事附带民事调解书，判决由肇事司机、昌平县工业品批发公司、宣武区京泸食品批发部、宣武区南菜园小学共同赔偿死亡学生家属22.5万元。事故发生后，胡昭广及国家教委、北京市政府、市教委都做出指示。宣武区教委成立专门领导小组，召开全系统基层单位领导干部大会，制订并下发《进一步做好学校安全工作的意见》，要求对校内出租联营单位和学校各项安全工作进行检查，清理整顿校内停车场。

（潘　军）

【举办小学校长教育管理研修班】 4月15日，宣武区教委举办第一期小学校长教育管理研修班。该研修班培养对象是45岁以下，具有大专学历，已取得校长岗位培训合格证书，有一定研究能力的在职小学校长。研修方法采用课堂讲授与分散自学研修相结合，系统理论学习与社会调研、考察、专题讲座相结合，撰写结业论文与指导当前教改实践相结合。研修班开设学校管理研究、教育心理等6门课程，为期一年半，每周学习一天，共500学时，有13位小学校长参加本期培训。

（邢　安　潘　军）

【命名表彰3所中学特色校】 4月22日，宣武区教委召开中学系统“全面育人，办有特色”学校命名表彰大会。会议命名八十八中为科技特色校，财会学校为德育特色校，回民学校为民族和管理特色校。大会强调坚持全面贯彻教育方针，全面育人；坚持从校情出发，发挥各自的优势；坚持分类指导，总结不同类别学校的办学特色。

（邢　安）

【4名中学生获金银帆奖】 4月，北京六十六中学生刁为民获市中学生金帆奖，他在宋庆龄基金会和美国西北航空公司联合举办的中美友谊一线牵少年儿童绘画大赛中获一等奖。宣武区职业教育中心学校电子专业学生赵新民、那小宇、王悦获银帆奖。赵新民研制的单片机钢琴示波调律仪、那小宇研制的激光舞琴、王悦研制的力控电子竖琴，同获北京国际发明展览会银牌奖。

（杜静宾　薛丁一）

【开设心理咨询热线】 4月，宣武区教委与教育学会联合在一八二中设立开通心理咨询热线。该咨询热线向全区初、高三应届毕业生发放心理咨询卡，聘请教科院基教研中心、中国健康教育研究所、市教育行政学院、友谊医院等单位10位专家，开展应试心理咨询。有200多人次毕业生通过咨询解除或缓解复习、考试心理焦虑。

（邢　安　潘　军）

【举办中小学生艺术节】 4至5月，宣武区教委举办第四届中小学生艺术节。艺术节设绘画、工艺美术、书法、摄影、篆刻、舞蹈、钢琴、提琴、手风琴、电子琴、民乐、曲艺、京昆、小型声乐比赛等。3290名学生参加区级比赛，其中152名学生获一等奖，223名学生获二等奖，305名学生获三等奖。

（周洪国）

【培训小学青年教师】 5月2日，

宣武区第三期小学青年教师培训班开学。参加培训124人，年龄均在30岁以下。该培训班为期3年，采取讲座、自学、做课、研讨、参观、总结撰写论文等多种形式，在政治、业务两方面进行培训。

（薛丁一）

【首届少代会召开】 5月24日，宣武区少工委召开首届少代会。会议作《为培养和造就跨世纪的社会主义事业合格建设者和接班人而努力奋斗》工作报告。会议表彰宣武区第一届十佳少先队辅导员、第三届十佳少先队员，并向陶然亭办事处等8个协作单位和21名中小学校长、书记颁发关心少先队工作奖。

（薛丁一）

【推广四十三中教学工作】 5月，宣武区教委在北京四十三中召开教学工作现场会。四十三中向与会者介绍正确处理学校硬件建设与软件建设、教学规范管理与提高教学质量、课堂教学与德育工作几个关系，加强教师队伍建设，规范教学管理，教学中发挥德育功能等经验。会议要求各中学进一步加强教研组建设，坚持教学硬件软件两手抓，重点抓软件建设，全面提高教学质量。

（薛丁一）

【举办财产管理员培训班】 5月，宣武区教委举办教育系统财产管理员培训班，全区130个基层单位的财产管理员参加培训。培训内容包括：国有财产管理的有关法令法规、管理办法专题讲座；检查各单位财产管理帐目，逐一规范；组织参观活动等。经过书面考核，130名基层财产管理员全部取得上岗证书。

（邵瑞英　潘　军）

【举办小学素质教育研讨月活动】 5至7月，宣武区教委举办小学素质教育系列研讨活动。主题是素质教育中的队伍建设。5月，召开加强教师队伍建设经验交流会和青年教师“成功的背后”报告会。300名干部教师参加经验交流会，700多名教师参加报告会。沙土园小学、康里小学等6校大会发言，陶然亭小学等3校书面发言，分别从师德建设、青年教师培养、特教师资培训、制度建设、发挥科研在队伍建设中的作用等方面交流经验。10名优秀青年教师，讲述成长经历。7月，召开育才学校小学部队伍建设现场会，推广该校培养队伍凝聚力，不断提高群体素质经验。

（邢　安　潘　军）

【召开祁建新成长之路研讨会】 6月，宣武区教委召开祁建新成长之路研讨会。这是该区自1994年以来召开的第八个教师个人教学研讨会。祁建新是腊竹小学教师，1987年参加工作。他刻苦钻研业务，曾先后六次在市、区青年教师评优课中获奖；撰写论文《让学生在实践活动中获取知识》被《北京教育》杂志刊用；教学录像片在北京电视台播放。他是全国优秀教师和中学高级教师。

（邢　安　潘　军）

【举办师德风范演讲比赛】 6月，宣武区教委举办中小学教师塑教师形象，话师德风范演讲比赛。经过各基层单位初赛，推选出104名选手参加复赛。白纸坊西街小学、育才学校、北京十五中、北京十四中4名教师的演讲，获一等奖。

（邢　安　潘　军）

【教师年度职评工作完成】 7至10月，宣武区教委完成1997年度中小学教师职务评定工作。共评出中学高级教师95人，通过率70%；中学一级教师96人，通过率89%；小学中学高级教师10人，通过率71%；小学高级教师82人，通过率64%。

（薛丁一）

【第一所科技教育实验学校挂牌】 9月1日，北京八十八中举行北京市宣武区科技教育实验学校挂牌仪式，这是北京市第一所科技教育实验学校。该校通过科技教育和校内外科技活动，学生学习兴趣提高，知识面扩展，科普意识增强，学校总体教学质量提高，改变原基础薄弱学校面貌。挂牌后，该校将进一步开展航空航天、电工电子、生物工程、环境科学、创造发明等科技教育和科技活动，并成为宣武区中小学课外科技活动基地。

（邢　安　薛丁一）

【制订小学教师行为规范】 9月，宣武区教委制订下发《宣武区小学教师行为规范》。该规范共4项13条，规定教师在从教中要胜任“为榜样”、“做良师”、“胜父母”、“如朋友”四种角色。要求全区小学教师要以“一切为了学生，为了一切学生，为了学生的一切”作为自己教育思想、教育行为的座右铭。

（邢　安　薛丁一）

【总结初高三毕业班教学工作】 9月，宣武区教委召开1996至1997学年度初三高三毕业班教学工作总结会。会议认为，全区取得中考及格率97.92%，高考上线率92.99%的成绩，基本经验是：各校教育思想端正，全面贯彻教育方针，面向全体学生，狠抓教育教学质量，工作深入，抓的实；领导深入课堂，教师注重提高课堂教学质量；中教科、中教研对各校进行集中视导。主要问题有：在集中主要精力抓教育教学方面还有差距，教师队伍整体水平和素质需进一步提高，教育科研还应狠下功夫。会议交流二〇四中、六十二中做好毕业班工作的经验，一八二中校长通报中、高考期间，向1万多名毕业生开通“心理咨询热线”的情况。

（薛丁一）

【成立教育科学规划领导小组】 9月，宣武区教育科学规划领导小组成立。成员由教委领导、中小学校长代表和专家组成。该领导小组职责是：审批全区教育科学研究工作规划；审批区级立项及研究经费预算；审批区级课题的研究成果；审批对优秀成果的表彰、奖励；审批在全区推广成果的项目。

（邢　安　孙　政）

【承办全国中小学学术年会】 10月13至17日，宣武区教委承办全国中小学整体改革第九届学术年会。全国23个省、市、自治区500多位代表和特邀代表参加会议。本届年会主题是素质教育的课程与教学改革。宣武区教委分别以《完善教育管理体系，推动素质教育实验》、《关于素质教育的思考与实践》为题介绍该区实施素质教育的经验。与会代表参观宣武区19所中小学；对新世纪实验小学、康乐里小学教师队伍建设的经验、八十八中的科技教育特色、十五中现代化教学设备及学校领导、教师的科研意识与学法指导研究成果等给予肯定。

（邢　安　潘　军）

【完善教代会评议领导干部制度】 10月，宣武区教育工会制定下发《关于建立学校教代会民主评议领导干部制度的意见》。该意见从评议程序、评议原则和评议要求三方面提出具体要求和意见，进一步完善学校民主管理和监督制度。

（邢　安）

【编写第二册乡土教材】 10月，宣武区教委组织编写中小学乡土教材丛书第二册《英烈足迹遍宣武》出版。该书介绍林则徐、康有为、谭嗣同、孙中山、李大钊、毛泽东、鲁迅、聂耳等30余位中国近、现代史中的革命先驱、革命领袖、革命烈士、英雄人物在宣武区的生活和重大政治活动情况，是贴近中学生思想实际的政治课补充读物。该书共印发5万册。

（薛丁一）

【康乐里小学建立心理辅导室】 10月，康乐里小学建立学习与心理辅导室。建立“家长信箱”和“知心信箱”，每周六上午，开通“心理咨询热线”，接待学生和家长咨询。至年底，学生书面、口头咨询近90人次，家长热线咨询26人次。针对咨询中学生胆小不敢举手、做事注意力不集中等主要问题，心理辅导教师提出解决方法与建议。

（薛丁一）

【创建英雄中队】 10月，宣武区炭儿胡同小学四(2)中队被中华爱国工程基金会命名为“黄爰、庞大铨中队”。老将军李德生参加授旗仪式，并为该中队题写队名。黄爰、庞人铨是中国共产党建党后最先牺牲的两位革命烈士，在他们诞辰100周年之际，中华爱国工程联合会在全国少先队组织中选点开展创建英雄中队活动。炭儿胡同小学自年初即在校内开展学习、宣传黄爰、庞人铨革命先烈事迹活动。

（薛丁一）

【举办第十五届中小学生“爱科学月”活动】 10月22日至11月22日，宣武区教委举办第十五届中小学生“爱科学月”活动。有72600多名学生参加活动，项目有科技制作、科学实验、科学考察、科学调查、科技参观、天文观测、环境监测、科技知识竞赛、科技演讲比赛、科技征文、观看科普电影录像、听科普报告、办科普板报、开科技团队会等。

（周洪国）

【举办首届“秋实杯”教学评优】 10至12月，宣武区教委在全区35岁以上中老年小学教师中开展首届“秋实杯”课堂教学评优，在各校及分片评优的基础上，推选出165人参加区级评优，评出一等奖33人，二等奖52人，三等奖80人。

（薛丁一　邢　安）

【召开中学实施素质教育研讨会】 11月12日，宣武区教委召开中学实施素质教育研讨会。会议围绕对素质教育的理性思考，实施素质教育的具体方法与途径进行探讨。会议提出，不断加强对素质教育理论的学习，提高认识，努力把素质教育理论的内涵转化为学校的管理行为。会议推出实施素质教育两所学校教育模式：六十六中德智体美劳“五育并举”教育模式和回民学校的“素质结构”教育模式。

（邢　安　潘　军）

【召开社区教育双向服务现场会】 11月14日，宣武区社区教育委员会在白纸坊街道召开社区教育双向服务现场会，总结、交流街道与学校双向服务的经验。七十八中、小马厂小学、白纸坊街道、广内街道分别介绍经验。开展社区教育以来，两个街道办事处为学校提供财力、物力支持，定期表彰、奖励教师和学生，资助特困生，形成尊师重教的社会氛围；清理、整顿中小学门前的社会秩序，保证50米无摊商和垃圾站，创造良好教育环境；协调社会各单位，建立教育基地，兴办少年军校，雏鹰警校，为教育提供便利条件；在社区开辟专栏，宣传学校办学成绩。七十八中、小马厂小学为社区开放操场、教室、计算机房，参与街道组织的各种宣传、文艺体育活动，公益劳动；开展智力拥军，为武警、干警办各种文化补习班等。七十八中依托社区建立学校、家庭、社会三结合委员会，进行综合治理，1995年被评为全国青少年越轨与防治研究先进单位，近年来中考合格率已达到90%以上。

（薛丁一）

【召开中学素质教育总结表彰会】 11月27日，宣武区教委召开完成中学素质教育阶段性目标总结表彰会，对回民学校、六十三中、师大附中等7校给予表彰，对全区中学落实素质教育阶段性目标取得成绩进行总结。该区各中学干部教师重视转变教育观念，提高对素质教育的认识，开齐开足课程比上年进步，主科加课现象逐步减少，公休日集体补课上课得到有效控制；活动课选修课受到重视，有21所学校初中开设活动课。

（薛丁一）

【对中小学进行行政评价】 11月，宣武区督导室对六十三中、宣师一附小、白纸坊西街小学、成人中专等8所学校，按年度评价指标体系进行行政评价。该评价工作先由各校进行自评，写出自我评价报告。然后由督导人员到学校听取校长汇报，召开座谈会，查阅有关资料，与教师进行访谈。经过综合分析形成评价意见并反馈给各校。

（伍玉成 潘 军）

【培训中学心理辅导教师】 11月，宣武区教委开办中学心理辅导教师培训班。该培训班为期一年，对全区89位中学心理辅导教师进行心理咨询原则、应答技巧、心理测试、评价等心理学培训。教师接受培训后，将对学生进行中、高考应试指导。

（邢 安 潘 军）

【规范财务管理】 12月5日，宣武区教委召开依法治教，规范财务管理大会。会议通报系统内的财务管理不规范问题，传达上级有关财务管理文件精神，并对全体干部提出具体要求。会议下发《关于校长离任交接工作的规定》、《宣武区教委所属基层单位党政正职领导干部请假制度》、《宣武区教育委员会关于重申财务管理若干规定的意见》、《中共宣武区委教育工委、宣武区教育委员会贯彻中央、市、区关于党政机关厉行节约制止奢侈浪费行为的若干规定的实施意见》等文件。

（薛丁一）

【表彰“十佳中学生”和“特长生”】 12月22日，宣武区教委召开表彰会，表彰区级“十佳中学生”。受表彰的学生中，有努力学习，全面发展，学有所长，多次在市区学科竞赛中获奖的“多面手”；有勤奋学习，诚实做人，热心为同学和班集体服务的学生干部；有勇于向自己挑战，向大自然挑战，徒步穿越罗布泊荒漠的“小探险者”；有不顾危险，勇救落水儿童的“好青年”等。大会还表彰在全国和北京市各种学科竞赛中获奖的学生。

（薛丁一）

【区长办公会讨论贯彻市督导评价方案】 下半年，宣武区区长办公会讨论市教委与市政府教育督导室联合颁发的评价区县政府、区县教委、中小学素质教育的三个方案并提出贯彻意见。区教委、区政府教育督导室根据区长办公会意见，联合制订《宣武区督导评价程序》、《宣武区学校自评程序》及《1998—2000年评价规划》，并在区委、办、局会议上，中小学校长会议上，传达市三个方案和区贯彻意见。同时，选择回民学校与里仁街小学按程序和市三个方案进行试点评价。

（伍玉成）

【常规督导中小学84校次】 年内，宣武区政府教育督导室对中小学进行常规督导随访84校次。随访按中学、职高、小学三类学校进行，主要是根据市、区教委提出的素质教育年度目标，调查学校贯彻落实情况，学校主要领导对实施素质教育的认识与探索，不同类型学校课程计划执行情况。督导室就开齐课程、开足课时情况进行统计分析，向区政府及教委报送情况反映。

（伍玉成）

【完善随班就读教学方法】 年内，宣武区教委推出两项措施，完善特殊教育随班就读教学方法。设立残疾儿童随班就读教研组，完成《听残儿童随班就读教师培训教材》。在后孙公园小学建立特殊教育资源教室，设语言、肢体训练角和游戏活动角，弥补随班就读生课堂教学的不足。该区共有随班就读听残、视残和智残三类儿童260人，分布在64所学校、214个教学班。

（邢 安 潘 军）

【探索特殊教育新途径】 年内，宣武区教委将特殊教育与社会康复相结合，为本区不能入学的适龄重度残疾儿童提供上门无偿服务，主要服务内容是教育和生活能力的康复训练，以重度智残儿童和听残儿童为服务对象。在中学开始进行听残学生的中小学衔接研究，已有2名听残学生在梁家园中学随班就读。

（邢 安 潘 军）

【获546个市以上学科艺术竞赛奖】 年内，宣武区在全国和北京市举办的学科竞赛中，有54人获全国奖，123人获市级奖。在国际、全国和北京市举办的学生艺术类竞赛中，获5个国际奖，27个全国奖，337个市级奖。

（邢 安 周洪国）

【70%以上中小学校园达市标】 年内，宣武区校园环境建设达到市级标准有中学20所，占中学总数的71%；小学44所，占小学总数的71%。北京十四中、北京小学被评为市级校园环境示范校。

（邢 安）

职业教育

【概 况】 1997年，宣武区有职业高中11所，其中独立建制5所（含民办公助校1所），职普合一6所。共有215个班，在校生8077人，招生2728人，毕业1395人。教职工831人，其中专任教师443人。教师中学历合格率64.55%；具有高级职务88人。

（刘钟仁）

【利用寒假开展社会调查】 1月，宣武区印刷学校电工专业三年级学生利用寒假开展社会调查。学生5人一组，每个小组至少调查5个单位，主要调查单位管理体制、发展前景、专业人员素质、工资待遇和录用人员标准等。调查后每人写1篇调查报告，共完成调查报告97篇。

（薛丁一）

【聘请一级英模为校外辅导员】 3月27日，宣武区财会学校召开学习英模苏俊栓，争做合格理财人大会。该校聘请全国公安系统一级英模苏俊栓为校外辅导员，这是该校继朱伯儒、陈启鸿之后聘请的第三位英模人物。

（刘钟仁）

【市级无烟校达15所】 4月，宣武师范学校、阡儿路小学等5校再次被评为市级无烟校。北京一三三中、炭儿胡同小学等10校新评为市级无烟校，至此，宣武区已有15所市级无烟校。

（薛丁一）

【总结落实《职教法》情况】　10月6日，宣武区教委召开10所职高校长学习、落实《职教法》座谈会。与会者研究、讨论进一步落实市职教法实施办法的措施和途径。《职教法》实施一年来，宣武区职教的办学条件有较大改善，各校办学特色逐渐形成，社会声誉良好。

（刘钟仁）

【研讨职业高中教学工作】　10月16至18日，宣武区教委召开职业高中教学工作研讨会。全区职业学校主管教学工作的校长和教学主任共26人参加。会议就如何进一步加强学校教学工作的领导与管理进行交流研讨。会议要求各校认真贯彻落实区教委制订的《加强与改进职业学校教学工作意见》，提高文化课教学质量，进行科学、规范的管理。

（刘钟仁　潘　军）

【联办单位参与教学改革】　10月，印刷学校召开研讨会，邀请联办单位北京印刷集团总公司领导及工程技术人员30余人共同研讨职业学校教育问题。该职业学校面临的问题主要有电子制版专业培养目标和人才规格需调整；印刷技术专业的大纲、教材老化，内容陈旧，急需更新，技能训练有待加强；电子印刷专业对学生掌握技能要求不明确，专业教师不了解本专业的特点，教学针对性不强；印机维修专业面临设备更新速度快，缺少适用的教材和教参，学校无法得到素质合格的教师，专业招生困难；广告装璜专业的毕业生专业知识和技能不够全面，很难直接上岗等。联办单位厂长、技术人员对学校的培养目标、专业与课程设置、教学内容与方法、技能训练与实习管理等提出意见和建议，并提供印刷设备、工艺、生产管理等最新信息。

（薛丁一）

【职教学生现场教学】　10月，宣武印刷学校机电专业学生到总后勤部施工大队进行实习教学。专业课教师在施工现场，结合配管穿线，配电柜、配电箱、照明灯具、电源插座安装进行讲课，使学生一目了然，提高实际操作能力。

（薛丁一）

【举办职业学校青年教师说课比赛】

11至12月，宣武区教委举办职业学校青年教师说课比赛。全区10所职业学校经过初赛，推荐出30名青年教师参加区级比赛。比赛内容包括：教材确定及分析，学生情况分析，教学目的及重点把握，教学方法及电教手段使用等。北京中医药学校《论语七则》课和北京印刷学校《用万用表欧姆档测电阻》课获比赛一等奖。

（刘钟仁　潘　军）

【召开职业教育发展研讨会】　12月4日，宣武区教委召开职业教育发展研讨会。就职业教育如何实施素质教育，职业教育如何进一步适应经济发展的需求等问题进行研讨。六十中、一三四中和一四九中介绍经验。会议提出进一步加强学习，转变观念，练好内功，适应不断变化发展的社会要求，培养出符合社会需要的人才，推进职业教育发展。各职业学校有关人员25人参加会议。

（刘钟仁　潘　军）

【召开职业高中德育研讨会】　12月，宣武区教委召开职业高中德育工作研讨会，着重研讨普遍存在的问题。会议认为应制订符合职业学校学生特点的德育大纲，加强德育工作的针对性，加强择业观和职业道德教育和就业指导。10所职业学校有关人员参加会议。

（刘钟仁　潘　军）

【获全国中学生田径比赛第一名】

年内，宣武区职业教育中心学校崔浩代表北京市参加1997年全国中学生田径运动会，获男子5000米第一名。一四〇中女子手球队参加第三届国际中学生手球夏令营比赛，获中学女子A组第一名。中小学生代表队分别获市中小学生田径运动会团体总分第五名和第三名。

（邢　安　周洪国）

成人教育

【概　况】　1997年，宣武区共有各级各类成人学校148所，其中成人高等学校（站）2所，开设25个专业，在校生2518人，招生1517人，毕业590人；教职工108人，其中专任教师46人。成人中等学校3所，开设11个专业，在校生2616人，招生1053人，毕业540人；教职工62人，其中专任教师17人。各类职工学校25所，全年培训26728人次；教职工47人，其中专任教师31人。社会力量办学校119所，全年培训78032人次；教职工2676人，其中专任教师1918人。在职成教教师中学历合格率94%；有高级技术职务的879人，中级技术职务742人，初级技术职务144人。

（于学善、王博军）

【培训社会力量办学校长】　4月11至13日，宣武区教委举办社会力量办学校长（主任）培训班，学习市政府颁发的《北京市社会力量办学管理办法》及市教委制定的《北京市社会力量办学管理办法实施细则》。

（王博军）

【调整社区教育机构】　4月，宣武区调整区和街道两级社区教育机构。区社区教育工作委员会增加组成部门和单位，成立社区教育委员会办公室，承担组织、协调、统筹、指导全区社区教育的日常工作。各街道办事处也根据各自的实际调整充实社区教育委员会，由街道办事处文教卫生科负责社区教育日常工作。区、街两级机构已基本形成网络。

（薛丁一）

【首次招收电大注册视听生】　9月1日，北京电大宣武分校首批注册视听生举行开学典礼。招收电大注册视听生，是电视大学实施开放办学的新尝试。宣武分校是全市招收注册视听生首批试点校之一。本年度共录取新生476人，其中英语专业189人，财会专业287人。

（王茂义）

【举办职工教育管理干部培训班】10月14至17日，宣武区教委举办职工教育管理干部培训班，对全区各委、办、局、处、公司、街道、联社49名成人教育管理干部进行培训。该培训班主题是提高各级干部依法开展职工教育自觉性，使职工教育更好地适应社会主义市场经济的发展。国家教委、市成教科研所有关领导和专家应邀作辅导报告。

（于学善）

【注销7所社会力量办学校】10至12月，宣武区教委对社会力量办学单位进行年检，结果105校合格，7校注销，2校需规范校名，2校需规范办学主办单位，3校需提交整改措施。通过年检对教学点进行重新登记。

（王博军）

【依法检查评估职工教育】11月，宣武区人大、区政协、区教委组成两个联合检查评估组，对长城实业公司、椿树街道办事处、区地税局等23个单位的职工教育工作从机构设置、培训规模、成效以及教育经费执行情况等方面进行检查评估。受检单位职工总数20891人，接受不同类型培训26779人次，其中，有1241人接受成人高等学历教育；1614人接受资格性岗位培训。职工教育经费支出308.6万元，占职工工资总额的2.3%。

（于学善　潘　军）

【红旗业大实用美术专业获"特色专业"证书】12月，宣武红旗业余大学实用美术专业获市教委颁发的"成人高校特色专业"证书。该专业创建于1981年，现开设广告招贴、包装装璜、室内外设计、商标设计等23门课程。近5年，学校投资81.7万元，改善专业设施条件，装备专业教室2间，制作室1间，画室7间。现有专业教师15人，教师总体学术水平较高，近年承担省部级科研课题3项，公开出版论著4本，在国家级刊物发表论文4篇，省部级发表论文69篇，画作12幅，参展入选作品26件，获省部级以上奖励29项。17年共培养10届毕业生562人，非学历培训476人。

（杜　敏）

【举办统计分析提高班】年内，宣武区红旗业大为区统计局举办统计分析提高班，培训区属各单位统计负责人、主管领导、综合统计人员。参加提高班学习共40人。该培训班开设我国统计制度改革、国民经济核算体系、统计分析、新技术在统计工作中的应用等课程。

（曹绍蘅）

【计算机等级考试人员增加】年内，宣武区参加计算机等级考试的有9899人，比上年增长177%，其中参加一级B类考试的5490人，占55.5%。该区通过计算机协作网上的17所学校，面向机关、企事业单位开展计算机培训。

（于学善）

宣武区教育局

局　　长　王永新
党委书记　张春山
督学室主任　王永新

宣武区成人教育局

局　　长　王基伟
党委书记　王基伟

3月15日，宣武区委、区政府决定，组建中共宣武区委教育工委、区教委、区政府教育督导室。

中共宣武区委教育工委

书　　记　郭汝康

宣武区教委

主　　任　王永新

宣武区政府教育督导室

主　　任　王基伟

朝　阳　区

基础教育

【概　况】1997年，朝阳区有托幼园所257所，其中市立园所25所，单位办园125所，街道办园所25所，乡村办园所82所；在园幼儿32070人；教职工5304人；小学附设学前班94个，收幼儿2705人。小学229所，2957个班，在校生95819人；教职工7449人，其中专任教师6425人。中学76所，其中初中校50所，高中校5所，完全中学校21所；初中班1274个，高中班299个；在校生63101人，其中初中生50631人，高中生12470人；教职工6940人，其中专任教师4733人。中等师范学校1所，15个班，在校生551人；教职工108人，其中专任教师55人。培智学校1所，19个班，在校生199人；教职工34人，其中专任教师26人。工读学校1所，8个班，在校生160人；教职工80人，其中专任教师29人。校外教育单位3个，教职工152人。小学入学率

100%，巩固率100%，毕业及格率99.96%。残疾儿童入学率97.55%，巩固率100%。初中入学率92.48%，巩固率99.54%，毕业及格率97.93%，优秀率39.67%。高考上线率76.14%，录取率81.78%。小学教师学历合格率98%，中学教师学历合格率85.19%；中小学教师具有高级职务的821人，其中小学教师39人，中学教师782人。

（胡廷佑）

【1.6万名教师通过资格认定】 3月至10月，朝阳区教育局为16229名教师完成了资格认定工作。其中认定高级中学教师资格4471人，初级中学教师资格2407人，小学教师资格7000人，直属单位幼儿园教师资格478人，各类社会幼儿园、学校及成教系统教师资格1873人。

（胡廷佑）

【开展家庭教育义务咨询活动】 5月18日，朝阳区家庭教育中心学校开展家庭教育义务咨询活动。活动设5个家庭教育咨询专题：①子女习惯养成；②家庭德育；③心理健康教育；④青春期教育；⑤卫生保健。参加接待咨询的是多年从事家庭教育工作的专家、教授、优秀班主任，前来咨询的家长300余人，咨询中所提问题包括：孩子品德上出现问题怎么办？孩子学习没兴趣怎么办？孩子青春期萌动家长难以启齿怎么办？对肥胖孩子怎么办？等。家长们对教育部门的教育思想也提出一些意见和建议。

（胡廷佑）

【获市田径运动会团体第二名】 5月24至25日，朝阳区中学生田径代表队在市中学生田径运动会上，获得初中团体总分第二名，这是该区近8年来取得的最好成绩。

（胡廷佑）

【朝外地区雏鹰护绿总队成立】 5月27日，朝阳区教育局与朝外街道办事处组织朝外地区的6所小学500名少先队员，举行“朝外地区雏鹰护绿总队”成立大会，会上授予20个中队绿色“雏鹰护绿中队”队旗，500顶白色“朝外护绿卫士”小帽。会后，雏鹰护绿队队员在绿化工人的带领下参加种植草坪，清扫绿地的护绿活动。

（胡廷佑）

【陈桂芝教学录像课获全国一等奖】 5月，北京酒仙桥第二中学教师陈桂芝初三语文小说复习课录像，推荐参加全国目标教学录像课评比，被评为一等奖。陈桂芝该节语文复习课，通过复习《故乡》等3篇小说，使学生对课文增强理解，更系统地掌握知识。

（胡廷佑）

【成立范淑娟班主任经验研究会】 6月，朝阳区教育局成立范淑娟班主任经验研究会。范淑娟是北京八十中教师，市模范班主任，已退休。她的班主任工作经验和教育思想，在全区有广泛影响。该研究会将广泛深入研究推广范淑娟的班主任工作经验和教育思想。研究会成立后，召开了范淑娟教育思想、班主任工作专题研讨会；向全区征集班主任经验文章，辑成《塑造美好心灵》专集。

（胡廷佑）

【和平街幼儿园通过复验】 7月10日，朝阳区和平街幼儿园通过市教委分类验收组复验。该幼儿园于1989年评为全市首批一级一类幼儿园。本次复验，对该园的行政管理、教育教学、卫生保健、园容园貌、保教工作、师资培训等方面进行全面检查。验收组认为，该园巩固了已有成绩，有些工作有新发展，同意该园复验为一级一类幼儿园，并颁发证书。

（杨　青）

【获市幼教职业道德演讲一等奖】 7月，朝阳区劲松第一幼儿园教师卢德芹，参加市幼教系统职业道德演讲比赛，获一等奖。她的演讲主要讲述自己从一名普通售货员，变为市级骨干教师；从外行变成内行的经历和事迹。整个演讲充满对幼教事业的热爱。

（杨　青）

【港胞捐资500万元兴建玉溪小学】 7月，香港同胞、北京明达房地产开发有限公司总经理陈达文先生捐资500万元兴建朝阳区玉溪小学，以庆祝香港回归。玉溪小学建造在该公司正在兴建的“碧湖居”小区。

（胡廷佑）

【垂杨柳学区改革学生操行评语】 9月1日，朝阳区垂杨柳学区14所小学对学生操行评语进行改革。将以往结论性评语，改为具有鼓励性、针对性和可实践性的评语。将过去评语中的“该生”称谓，改为“你”第二人称，把教师对学生的爱，注入评语之中。这种做法受到家长和学生欢迎。区教育局向全区推广该学区改革评语做法，并从14所小学中，选出评语60篇，汇集成册，向全区小学介绍。

（胡廷佑）

【陈经纶中学天文台建成】 9月16日，北京陈经纶中学举行天文台揭幕仪式。天文台建成后，百名天文爱好师生观看我国本世纪最后一次日全食及2400年才回归一次的海尔——波普慧星。该天文台筹建过程中得到中国科学院院士、全国人大代表王绶馆等科学家的支持。

（胡廷佑）

【朝阳区教委成立】 9月25日，朝阳区教育委员会成立，同时成立中共朝阳区委教育工作委员会；原朝阳区教育局、教育局党委撤销。

（胡廷佑）

【教师学年度考核工作结束】 9月，朝阳区教育局1996至1997年度教师考核工作结束。该区普教系统有教职工17357人，参加考核16844人。考核结果，优秀2456人，占参加考核总人数的14.6%；合格14248人，占84.6%；基本合格135人，占0.8%；不合格4人。另有1人未确定等级。

（任　世）

【获市教职工乒乓球赛男团第二】 10月18至19日，首届市普教系统教职工乒乓球比赛在北京五中举行。朝阳区教育系统代表队夺得男子团体第二名，男子甲组单打第一名。

（龚 惠）

【乡村教师住宅楼竣工】 10月，朝阳区楼梓庄乡2幢教师住宅楼竣工。该教师住宅楼由原区教育局和乡政府集资500万元兴建。工期1年，建筑面积5000多平方米，单元住房80套。为近几年从外省市招聘来乡任教大学毕业生32人，每人分配两室一厅住房一套，其余48套（含三室一厅16套）分配给本地乡村中小学教师。至此，工作在该乡的教师住房困难已全部解决。

（胡廷佑）

【市长为教师发新居钥匙】 12月13日，朝阳区望京新区东湖南里2.2万平方米教师住宅楼举行交接仪式。贾庆林、李志坚、胡昭广等出席大会，并为教师发放钥匙，祝贺他们乔迁新居。

（胡廷佑）

【教育事业费保持“三个增长”】 至年底，朝阳区教育经费投入继续保持“三个增长”。教育事业费投入3.8亿元，比上年的3.04亿元，增加0.76亿元，增长25%；生均教育事业费2431元，比上年的1847元，增加584元，增长32%；生均公用经费953元，比上年的604元，增加349元，增长58%。

（胡廷佑）

【校办产业创利再超4000万元】 至年底，朝阳区校办产业年利润总额达4062万元，超过市下达计划指标2.42%，连续第二年创利超过4000万元。其中，年利润10万元以上的校办企业52个；年利润100万元以上的校办企业5个。

（宁长治）

【校办企业年检合格85%】 至年底，朝阳区校办企业总公司对所属企业进行认证年检工作。年检合格企业341家，占企业总数的84.8%。其中工业企业192家，三产企业149家。年检不合格企业61家，占企业总数的15.2%。其中47家长期亏损或管理混乱，给予注销；6家企业投资主体或负责人不合规定，脱离校办系统；8家企业未参加年检。

（宁长治）

【调整学校结构布局】 年内，朝阳区教育局，继续对中小学布局进行调整。垡头一中、垡头二中、八十一中学3校合并为垡头中学；大山子二中、高家园中学合并为高家园中学；长营民族小学扩建为北京市民族学校。

（胡廷佑）

【拨款100万元配备劳技课用具】 年内，朝阳区教育局拨专款100万元，为95所中学每校配备46套劳技课电子制作技术工具。

（胡廷佑）

【2057名教师职务评聘完成】 年内，朝阳区教育局为2057名中小学教师评定专业技术职务。其中，评定高级职务191人，中级职务687人，初级职务1179人。另有561名教师见习期满予以转正。

（任 世）

【评选文明校园示范校】 年内，朝阳区11所中学被评为区文明校园示范校。该评选工作是按照区教育局制订的《校园文明建设评价标准》，对全区中学检查验收基础上进行的。

（胡廷佑）

【395户教师住房解困】 年内，朝阳区教育局解决245户教师住房困难。至此，该区1994年度登记的395户人均居住面积5平方米以下教师住房困难户，住房困难已全部解决。

（胡廷佑）

【新源里小学少年科技军校成立】 年内，朝阳区新源里小学在国防科工委协助下，成立全市第一所少年科技军校朝阳区新源里小学少年科技军校。国防科工委政治部领导任名誉校长，科工委派人与学校组成教练班子，并帮助制订教学大纲、教学制度、教学计划，统一配制少年军校学员服装。军校学员以五年级为骨干，利用每天课后一小时，寒暑假适当集中进行政治、军事训练，主要学习队列动作，单兵动作等。

（胡廷佑）

【近半数基础薄弱校改变面貌】 年内，朝阳区近半数基础薄弱校已改变面貌。该区94所中学中，基础薄弱校有35所，占中学总数的37%。该区领导下决心，加大基础薄弱校资金投入，调整充实领导班子，补充培养教师队伍，加强教研科研，合理调整学校布局，第一批16所学校已改变面貌。在市教育工作会上，该区介绍因校制宜，综合治理，改变基础薄弱校面貌经验。

（胡廷佑）

【周长华荣立二等功】 年内，朝阳区教育局审计科周长华被市人事局批准荣立二等功。在审计工作中，周长华开展效益审计手拉手活动，组织管理较好、经济效益和办学效益较明显的53个单位，筹集资金56.4万元（其中1995年9.2万元，1996年32.5万元，1997年14.7万元）及钢琴、投影仪等一批教育教学设备与物资，帮助边远办学困难的学校整修操场、翻盖校舍、添置教育教学设备、安装暖气，使这些学校办学条件明显改善。这项活动在1996年全国中小学效益审计研讨会和1997年北京市教育系统效益审计现场会上，得到肯定。

（胡廷佑）

【新型地球运行仪研制成功】 年内，朝阳区电化教育馆教师方展江研制成新型地球运行仪。该地球运行仪运转灵敏度高，声光控并用，直观效果好。经北京八十中、朝阳区劲松第三小学课堂实验，教学效果良好。方展江已经退休6年，仍继续致力于电化教育器材的研制改进工作。他于1975年研制成功地球运行仪，曾获国家教委全国普教理科教学仪器优质研制成果一等奖。

（胡廷佑）

【颁发师德建设几点意见】 年内，朝阳区教委制订《加强中小学教师师德建设的几点意见》。该意见规定教师应重点学习《教育法》、《义务教育法》、《教师法》、《未成年人保护法》、《教师职业道德规范》等文件。同时提出建立制度、强化管理的要求。

（胡廷佑）

职业教育

【概　况】 1997年，朝阳区有职业高中32所，其中独立建制7所，职普合校25所。共有441个班，在校生15045人，招生5612人，毕业4071人。教职工2092人，其中专任教师1038人。

（胡廷佑）

【开展《职教法》颁布周年宣传活动】 10月11日，朝阳区教委组织全区28所职业高中师生开展"宣传《职教法》，我学知识为人民"宣传服务活动。各校向社会介绍办学成果，进行刀工、食雕、调酒、点钞、折花、插花等专业技能展示和美容美发、保健按摩、家电维修、裁剪包缝等社会义务服务。此次活动共发放宣传材料8600份，接待咨询10000人次，接受服务780人次。

（王燕玲）

【将台路中学举办再就业培训班】 12月17日，朝阳区将台路中学（职高校）举办第一期下岗职工再就业培训班。市机械局下岗职工41人接受初级财会培训，学习珠算、点钞、计算机、职业道德、礼仪等课程。

（王燕玲）

【20名职高生获中级技术证书】 年内，朝阳区教育局和劳动局联合举行职业高中学生餐厅服务专业能手大赛，50名选手参加决赛，经过理论和实际操作考试，前20名获得朝阳区劳动局颁发的服务专业中级技术等级证书。

（王燕玲）

【职业教育学生数增加】 年内，朝阳区职业高中在校生已有1.4万人，与普通高中的比例为1.25：1，毕业生分配率为93％。

（胡廷佑）

成人教育

【概　况】 1997年，朝阳区共有各级各类成人学校441所，其中成人高等学校（站）2所，开设13个专业，在校生1187人，招生383人，首次录取电大视听生260人，毕业341人；教职工78人，其中专任教师30人。直属成人中等专业学校3所，开设27个专业，在校生3868人，招生882人，毕业748人；教职工43人，其中专任教师18人。各类职工学校9所，全年培训14838人次；教职工112人，其中专任教师77人。社会力量办学校229所，全年培训62826人次；乡办成人校（站）24所，全年培训8578人次，教职工79人，其中专任教师17人。村办成人校（站）174所，全年培训5703人次，教职工174人。

（唐学明）

【高教自考报名人数持续上升】 3月7日，朝阳区上半年高等教育自学考试报名结束。共报考15193人，报考38130科次，新增考生6673人。与上年下半年相比，报名人数增长14％，科次增长17.3％。

（唐学明）

【报考成人高校人数增长45％】 3月16日，朝阳区报考成人高等学校10902人，比上年增加3396人，增长45％。其中文史类（含艺术类）6185人，理工类1184人，外语类963人。高中起点本科37人，"3＋2"文科844人，理科490人，资格生44人，二学历1155人。

（唐学明）

【成教中层干部接受审计法培训】 3月31日，朝阳区成教局邀请区审计局对成教系统21名中层以上干部进行《审计法》培训。内容包括世界各国审计发展的历程、我国《审计法》的基本内容、操作方法等。

（唐学明）

【金盏乡举办干部脱产培训班】 4月1日，朝阳区金盏乡举办干部脱产培训班，34名干部参加为期两个月学习。该培训班聘请市委党校教授讲课，学习的主要课程有：领导科学、社会主义市场经济、企业管理、党史、党建、公文写作等。

（唐学明）

【国家教委在朝阳区调研】 5月7日，黄尧、马叔平等国家教委、市教委领导在朝阳区调研。他们深入到区职工大学雅宝路及双龙办学点进行视察，听取朝阳区成教局关于开展社区教育、筹建社区学院的工作汇报。领导们肯定朝阳区成教工作，指示推进社区学院建设要坚持三个原则：①为本区域经济和社会发展服务，培养应用型人才；②开展多种形式办学；③政府统筹规划，职能部门通力合作。领导们还提出3个问题共同探讨：①在成人高等教育中，社区学院的作用和地位是什么？②如何体现区域性有效服务的特色？③需要国家哪些政策扶植？

（唐学明）

【召开社会力量办学工作会】 5月28日，朝阳区成教局召开社会力量办学工作会。180名社会力量办学机构负责人参加会议，学习《北京市社会力量办学管理办法》实施细则，听取成教局《关于贯彻落实〈北京市社会力量办学管理办法〉实施细则的部署与安排》。11月4日，再次召开社会力量办学工作会，190个办学单位的200人及执法队员33人参加会议，主要学习国务院颁布的226号令《社会力量办学条例》。

（唐学明）

【区领导到成教局调研】 6月25日，李凤玲等朝阳区领导到区成教局调研。区领导听取区成教工作全面汇报，考察阶梯教室、计算机房、语音室、资料室，询问学校发展变化和教学设施使用管理情况。该区成教局从理论学习、干部队伍建设、社会力量办学、成人三项培训工程、成人高等教育招生自学考试五个方面汇报成教工作。李凤玲强调，要树立大教育观、教育发展观，充分利用现有资源，从战略高度加大对各类人员的培训，努力建造2010年朝阳区教育体系。

（唐学明）

【取缔6个非法办学点】 8月8至13日，朝阳区成教局执法队检查166所社会力量办学校，其中团体办103所，民办63所。通过检查，依法清理跨区违法办学1所，取缔非法办学点6个。

（唐学明）

【市教委检查评估成人教育培训工程】 10月15日，市教委成人教育培训工程检查评估小组对朝阳区进行检查评估。在听取该区教委以《抓紧实施成人教育培训工程，努力开创朝阳区成人教育事业新局面》为题的汇报后，市检查评估小组查阅该区实施三项培训工程的有关材料，视察成教中心。检查小组认为：朝阳区各级领导重视培训工程的实施，投入大量的资金，效果显著，超额完成任务。

（唐学明）

【大屯乡设立优秀人才奖】 年内，朝阳区大屯乡党委、乡政府制订“九五”期间对优秀科技和管理人员奖励办法。该办法规定凡国内外科技人员或领导管理人员带技术、项目、资金、成果到大屯乡从事开发性生产，实施科技兴乡人才；凡该乡领导能力强、业务技术精、思想作风好、管理水平高、实干精神强，并能改变单位落后面貌的优秀人才，根据本人需要给予优先解决住房，安排适当的党、政、企领导职务，解决配偶工作，子女入托、入学问题，享受乡政府特殊津贴每月50至100元。

（唐学明）

【召开农村成教工作座谈会】 年内，朝阳区成教局分别在来广营乡、十八里店乡、东坝乡召开农村成人教育工作座谈会。14个乡主管成教工作的乡长、副乡长和成教干部参加座谈。会议介绍国家对成人教育的要求及管理形式，成人教育任务、朝阳区成人教育工作状况及发展趋势。

（唐学明）

【社会力量办学管理办法实施规划完成】 年内，朝阳区成教局完成《朝阳区社会力量办学管理办法实施细则总体规划》。该规划规定，1997年重点贯彻落实对各校和教育培训机构的财产与财务专项规范化管理的规定和要求。1998年重点贯彻落实对各校和教育培训机构的运行和行政管理的规定与要求。1999年重点落实对各校和教育培训机构的教学管理的规定，以及全面落实《细则》的检查验收。

（唐学明）

朝阳区教育局

局　　长　李观政
党委书记　杨轩荣

朝阳区成人教育局

局　　长　王　琳
党委书记　王　琳

9月25日，朝阳区委、区政府决定，组建中共朝阳区委教育工委、区教委、区政府教育督导室。

中共朝阳区委教育工委

书　　记　杨轩荣

朝阳区教委

主　　任　李观政

朝阳区政府教育督导室

主　　任　何凤珧

海　淀　区

基础教育

【概　况】 1997年，海淀区有托幼园所243所，其中市立园4所，单位办园所171所，街道办园所14所，乡村办园所54所；在园（所）幼儿42389人；教职工7189人，其中专任教师2934人。小学附设学前班156个，收幼儿5198人。小学153所（含民办小学5所），2788个班，在校生104599人；教职工7772人，其中专任教师6555人。中学84所（含民办中学8所），其中初中校29所，高中校1所，完全中学54所，初中班1340个，高中班682个，在校生84743人，其中初中生55881人，高中生28862人；教职工9305人，其中专任教师6155人。聋哑学校1所，24个班，在校生316人；教职工98人，其中专任教师48人。培智学校1所，14个班，在校生207人，教职工48人，其中专任教师37人。工读学校1所，13个班，在校生319人；教职工88人，其中专任教师59

人。校外教育单位10个，教职工147人，其中专任教师122人。小学入学率100%，巩固率100%，毕业及格率99.92%。残疾儿童入学率100%，巩固率100%。初中入学率100%，毕业及格率92.7%，优秀率38%。高考录取率69.6%。中小学教师学历合格率91.6%，其中小学教师学历合格率97.28%，初中教师学历合格率92.33%，高中教师学历合格率85.2%；中小学教师具有高级职务1781人，其中小学教师50人，初中教师833人，高中教师899人。

（宋亚甫）

【2名教师赴西藏工作】 2月，海淀信息管理学校2名教师赴西藏自治区，为拉萨市举办为期3个月的计算机培训班。该活动是根据《北京市在拉萨市培训干部十年规划》和市委组织部的要求安排的。

（宋亚甫）

【当选全国两基先进区】 2月，海淀区被评为全国“两基”先进区，受到国家教委表彰。1996年11月国家教委督导团对海淀区“两基”工作进行检查。通过听取区政府和区教委的工作汇报，对3所中小学的考察，督导团认为海淀区“两基”工作标准高，质量也高，小学和初中入学率100%，办学条件达市颁“九五”标准，教育经费接近政府财政支出的三分之一，教师学历合格率相当高，校长持证上岗100%，教育改革成绩比较显著，试验区思路清楚，对素质教育认识较早，有严格控制作业负担量、整顿奥校等6项措施，体育成绩明显，艺术教育走在全国前列，基础薄弱校建设投入5000万元，力度大。

（郭 涵）

【实行继续教育学分制】 3月，海淀区教委下发《海淀区中小学教师继续教育学分制具体实施办法》，规定参加继续教育的教师必须修完30个学分，才能获得合格证书。

（郭 涵）

【获市青年教师教学基本功赛奖】 3月，在市青年教师教学基本功大赛中，海淀区代表队获城近郊团体总分第一名，市第二名。4名教师获全能奖，7名教师获一等奖，音乐、体育二科获学科优胜奖，区教委获组织工作奖和团体优胜奖。年底，全区中学2000名青年教师参加14个学科基本功赛，65所学校400多名教师获奖，10所学校获团体优胜奖。

（郭 涵）

【开展迎香港回归活动】 3至6月，海淀区中小学广泛开展迎香港回归活动。各校利用图片，倒计时牌，主题班会等多种形式开展丰富多彩的教育活动。距回归100天时，全区中小学生举办“迎回归情系香港，盼统一壮我中华”大型演讲比赛，295名中小学生参加决赛。6月30日，6所职高的1200名学生参加在天安门广场举行的庆香港回归联欢晚会。

（宋亚甫）

【采取措施加强班主任建设】 3月，成立海淀区德育研究会，组织班主任就学校德育工作应有的位置、德育工作的指导思想、德育时效性等问题进行研讨。建立骨干班主任培训制度，请专家学者就班主任应具备的素质、班级管理的对策等问题举办系列讲座。建立班主任带头人评选制，年内首次评出中小学51名班主任带头人。

（宋亚甫）

【与司法机关共建法制教育】 3至6月，海淀区教委开展与司法机关共建法制教育活动。区法院与远大中学、一〇五中、西苑中学确立法制教育共建关系。区检察院与11所学校确立检学共建关系。共建关系确立后，区法院、检察院派人员到共建学校举办法制教育讲座百余次，并组织法制教育巡回展。

（郭 涵）

【调研中小学办学体制改革】 4月1至9日，中共海淀区委教工委、区教委领导到15所中小学，调研办学体制改革和布局调整。调研旨在了解这些学校办学体制改革的进展情况，布局调整后学校发展情况，办学经验及特点，现阶段办学的主要困难。

（郭 涵）

【树立中学教学管理先进典型】 4月，海淀区教委先后在二十中、八一中学、首都师大附中、十一学校、育英中学、一〇一中学6所中学召开教学管理现场会，树立中学教学管理典型。现场会转发育英中学、香山中学等校领导的教学工作报告或论文，总结推广二十中的“勤、严、细、恒”的办学管理原则；八一中学将教师的敬业精神引导到寻求规律，提高课堂教学效率的探索中；首都师大附中确定三级目标，抓青年教师队伍培养；十一学校对课程设置、教学组织形式、教学手段、教师工作评价机制方面的改革；育英中学在心理健康教育、创造教育领域的研究；一〇一中计算机远程网的建立等经验。

（宋亚甫）

【中学生绿色行动】 4月，海淀区教委团工委召开中学生绿色行动动员大会。会议请环保专家作专题报告，会后全区中学生开展“关注我们的家园”绿色行动，35所中学进行环保调查，评选出126篇优秀论文；全区85所中学分成10个协作组，组织绿化、清洁城市大型活动8次。

（郭 涵）

【教委机关开展效能监察】 5月，中共海淀区委教工委、区教委发出通知，在机关全体工作人员中开展效能监察，主要内容是监督检查机关是否廉洁，是否讲求效率，是否热情服务，以转变工作作风，规范办事行为，提高工作效率，促进廉政建设。机关各部门深入学习了解效能监察的各项规定，统一思想，加强环境建设，公布办事程序，强化考勤管理。

（宋亚甫）

【召开素质教育工作会】 6月5日、6日，中共海淀区委教工委、区教委召开素质教育工作会，重点研究海淀作为市素质教育联系实验区的规划。会议传达市教委关于建立北京市第一批实施素质教育联系区县的文件精神，研究素质教育实验联系区工作与教改试验区工作结合问题，强调坚决贯彻中央及市有关精神，全力推进素质教育；现阶段以抓好学校建设、招生改革和结构调整为突破口。

（郭 涵）

【国家教委检查海淀分院工作】 6月25日，国家教委师范司带领全国部分省市教育学院负责人组成的检查团，检查北京教育学院海淀分院工作。检查团听取学校汇报，观看培训工作展览，参观学校教育教学设施，肯定分院集教研、科研、培训为一体，以教科研为先导，教研为基础，培训为根本，协调发展的办学思路。

（郭 涵）

【获华罗庚金杯奖】 6月，海淀区中关村二小学生周清，在全国第三届“华罗庚金杯”少年数学邀请赛决赛中，获个人金牌。

（宋亚甫）

【高考录取率69.6%】 7月，海淀区高中毕业生参加高考人数为7923人，有5515人被各类高等学校录取，录取率占实际参考人数的69.6%。比上年报考人数增加1171人，增长17.3%；录取人数增加271人，录取率降低8.07个百分点。

（宋亚甫）

【开展幼教职业道德演讲活动】 7月，海淀区教委在全区幼教系统开展“把一切爱奉献给孩子”为主题的爱岗敬业职业道德演讲活动。此次活动共收到稿件210篇，100名教师登台演讲。3名优秀者在市教委组织的青年教师演讲中，获得奖励。

（宋亚甫）

【开展年度教育执法检查】 7月，海淀区人大代表、政协委员、专兼职督学组成联合检查组，开展教育执法检查。本年度检查，以实施素质教育年度阶段性目标落实情况以及上年市检查组给海淀区执法情况提出的3个问题为重点内容，以区教委为重点检查单位，对部分委、办、局的教育执法责任的落实情况进行专题检查。

（宋亚甫）

【小学成绩试行等级制评定】 9月1日，海淀区各小学，全部开始试行小学生学业成绩等级制评定。该项改革主要内容是取消考试成绩百分制，取消期中考试，取消统考，各学科学业成绩评定内容为知识能力、态度习惯、兴趣特长，评定结果采用等级制、描述性评定相结合，主科采用优、良、达标、待达标四级等级评定，其他学科分为两级，即达标、待达标。此项改革是经过较长时间的调查研究之后推出的。

（郭 涵）

【改革初中入学办法】 9月，海淀区教委推出初中入学办法改革：取消重点初中称号，小学毕业生就近升入初中校，毕业生可在片内填报一个志愿校，作为分配时的参考；取消对市级三好学生的保送，允许其多报一个志愿校；推进九年一贯制试验，立新学校、育英学校小学部毕业生直接升入本校初中学习。以上措施使学生二次流动量大为减少。

（郭 涵）

【表彰十佳少先队员】 10月10日，海淀区少工委召开《十月，我们集合在队旗下》主题队会，表彰海淀区十佳少先队员、雏鹰大队及关心支持少先队工作的书记校长。该区少工委发出号召，向十佳队员学习，少先队组织要以雏鹰大队为标准，开展多种少先队活动。

（宋亚甫）

【举办中小学艺术节】 10月28日至11月20日，在北京市中小学艺术节比赛中，海淀区17个节目获市一、二等奖，占市奖比例的70%。在暑期全市校外教育系统声乐、器乐比赛中，获全市第一。海淀区拥有金帆、银帆艺术团9个，艺术传统校41个。

（郭 涵）

【召开总务工作经验交流会】 10月，海淀区教委召开中小学校总务工作经验交流会。农大附中、前章村小学等校介绍经验。会议总结总务工作取得的成绩，指出总务工作处于重要地位，要树立正确指导思想，强化为教学服务，为师生服务的宗旨，最大限度发挥设施设备作用。

（郭 涵）

【培智中心建校10周年】 10月，海淀区培智中心学校举行10周年校庆。区委、区人大领导出席并讲话，希望学校为社会培养更多人才。10年来该校培养智残学生200余名，使其具备一定生活能力，走入社会，走上工作岗位。教师在各级报刊发表论文、研究报告40余篇。

（宋亚甫）

【首批农村完小通过达标验收】 10月，海淀区教委对农村完全小学进行达标验收。首批8所农村完全小学在依法治教、规范管理、办学条件、队伍建设、教育教学改革等方面达到《海淀区农村完全小学达标验收标准》，同意验收。验收中，各校对存在的问题进行了边查边改。

（宋亚甫）

【庆祝开展校外教育活动40周年】 11月6日，海淀区教委在新落成的区少年宫举行校外教育40周年庆祝大会，表彰校外教育先进个人和先进集体。经过40年建设，该区拥有校外教育宫、馆、家11所，青少年活动站547个，专职辅导员1200余人，兼职辅导员3000余人。中小学生100%参加活动，节假日活动和传统性活动形成系列，专业小组活动在各级竞赛中屡屡获奖。市教委、区委、区人大有关领导出席会议。

（宋亚甫）

【2篇电教论文参加全国交流】 11月8日，在广州召开的中国电化教

育协会中小学专业委员会第一届年会上，海淀区电教馆撰写的《电教说课活动与推广现代教育技术》一文在会上交流。27日，国家教委基教司在上海召开全国中小学实践教学与应用现代教育技术现场会，海淀区电教馆总结的《开展电教说课活动，推广现代教育技术，促进实施素质教育》一文，作为地区推广现代教育技术成功经验在会上交流。

（郭　涵）

【市教委领导到海淀调研】　11月11日，陶春辉等市政府督导室、市教委有关领导到海淀调研实施素质教育情况。陶春辉听取区招办"小升初"改革方案，中教办加强教学管理工作，小教办小学生学业成绩登记制改革情况汇报，对几项改革措施予以肯定，希望该区为全市总结出新经验。

（郭　涵）

【召开师德建设现场会】　11月，中共海淀区委教工委、区教委和教育工会联合在被评为市普教系统师德先进群体的十一学校召开现场会，推广该校经验。现场会要求各校加强思想政治工作和精神文明建设，深入持久地进行教师职业道德建设。年初，该区教育工会布置"树师表形象，创文明新风，为实现跨世纪宏伟目标作贡献"创建师德建设先进群体工作。至年底，共评选出10个区级师德建设先进群体。

（郭　涵）

【西柏坡乡东升中学落成】　12月20日，海淀区教委、东升乡人民政府与河北省平山县县委、县政府、西柏坡乡党委、乡政府在革命圣地西柏坡乡举行西柏坡东升中学落成典礼暨海淀区青少年革命传统教育基地挂牌仪式。1996年8月，河北省遭受特大洪水灾害，西柏坡中学教学楼倒塌。海淀区教委、东升乡政府分别捐款30万元和20万元帮助重建教学楼。为此，平山县政府决定将学校更名为西柏坡东升中学。海淀区教委与西柏坡乡政府结成手拉手联谊共建单位，并把西柏坡作为海淀区中小学生革命传统教育基地。

（郭　涵）

【召开贯彻《规程》现场会】　12月，市教委在海淀区召开贯彻《小学管理规程》现场会。现场会上，海淀区教委领导介绍全区小学自查、互查贯彻落实《规程》情况，中关村一小介绍贯彻落实《规程》经验。年初，海淀区教委下发贯彻《规程》通知和检查落实《规程》评价标准。各中心学区组织校长、教师开展"我是人民教师"、"爱生是教师的天职"等内容的教育思想讨论，进一步规范教师职业道德。在此基础上学校进行自查，片内组织抽查，教委小教办会同区政府督导室、小教研、农教办对31所农村完小、14所城口小学进行检查。

（宋亚甫）

【加强教学指导系统建设】　年内，海淀区教委决定加强全区教学指导系统建设，将教科所、电教馆与教师进修学校合并，建立四个中心和两个系统，即教研中心、教科研中心、培训中心、现代教育技术中心、后勤服务系统、资料保障系统。

（宋亚甫）

【基础薄弱校建设达一般标准】　年内，海淀区教委投资2300万元用于16所基础薄弱校建设，使16所基础薄弱校的教育教学设备均达一般标准，电教设备达到较高标准。区委、区政府及区教委建立了主要领导联系基础薄弱校制度，申办示范高中的学校与基础薄弱校建立手拉手制度。4月和11月，在双榆树二中和科兴中学召开基础薄弱校教学管理研讨会，在温泉中学召开市级课题和谐教育研究经验交流会。

（宋亚甫）

【学科竞赛获奖率占全市43.8%】　年内，在市教委举办的数、理、化、生、外语竞赛中，海淀区获奖率占全市获奖面的43.8%。

（宋亚甫）

【教育经费实支近4.6亿元】　年内，海淀区教育经费实际支出总额45888.9万元，比上年增长23.8%，其中区财政拨款34051.2万元。年生均经费2452元，比上年增长21.9%。海淀艺师专业楼等11个基建项目竣工，总建筑面积23758平方米，验收合格，全部交付使用。校办企业334个，产值2.91亿元，利润总额1935万元，补助教育经费1170万元。

（郭　涵）

【调整校级领导班子】　年内，中共海淀区委教工委对34所学校的领导班子进行调整。选拔8名青年干部担任校级正职干部，15名青年干部担任校级副职干部。调整后的干部队伍年龄有所下降。

（宋亚甫）

【加强教师队伍建设】　年内，海淀区新补充教师622名，其中山后农村校补充本科毕业生25人，研究生1人，新补充小学师资，除体育教师外，全部是大专生。完成18047名教师的资格认定工作。"五四"青年节评出优秀青年标兵10名，优秀青年教育工作者692名。教师节表彰优秀教师605名，先进教育工作者362名。评定高级职务251人，中级职务623人，初级职务850人。小学教师1600人、中学教师700人参加包括研究生主要课程班在内的学历培训，1500人次参加继续教育。

（郭　涵）

【颁发中学教学管理意见】　年内，海淀区教委制订《加强海淀区中学教学管理的意见》。该意见涉及6大方面，34项具体要求，使中学管理工作有章可循。

（郭　涵）

【23所幼儿园晋级达标】　年内，海淀区教委请市教委、教科院基教研中心有关人员结合验收标准及细则对幼儿园园长进行具体辅导，组织园长观摩一级一类园，加大对幼儿园所的投资。在各园所自查的基础上，区教委组织验收小组，依据市统一标准进行验收，认定2所一级一

类园，8所一级二类园，11所二级二类园，2所农村中心园达标。

（宋亚甫）

【竞技体育继续保持优势】 年内，海淀区中学生田径代表队在北京市中学生田径运动会上囊括初中组、高中组和团体总分第一名。区小学生田径代表队在北京市小学生田径运动会上囊括甲组、乙组和团体总分第一名。在市中学生金帆杯足球比赛中，人大附中、海淀代表队、八一中学分获前三名。在市第12届中学生友谊杯棒球及女子垒球比赛中，理工大学附中代表队夺得冠军。玉渊潭中学定向越野代表队，代表中国中学生参加世界中学生定向越野赛取得良好成绩，受到国家教委有关领导的表扬。

（宋亚甫）

【中小学连续7年体育达标】 年内，海淀区中小学普遍开展体育达标活动，连续第7年覆盖面达100%，达标率达到94.63%。应届高中毕业生体育会考，及格率99.68%。应届初中毕业生体育会考，及格率97.95%，优秀率62.76%。在该区中小学课间操评比中，84所中学、17所小学获奖。

（郭 涵）

【5校定为市科技示范校】 年内，经海淀区教委推荐，市教委审核认定，北大附中、清华二附中、钢院附中、交大二附中、石油附小为市首批科技示范校。该区教委成立爱科学领导小组，各中小学有1名校级领导负责此项工作，全区涌现出一批开展科普工作有特色、有成效的学校。

（郭 涵）

【表彰中学优秀教研组】 年内，海淀区教委评选出理工大学附中数学组、首师大附中语文组等14个学科的50个教研组为本年度海淀区优秀教研组。

（郭 涵）

【教师住房建设超计划完成】 年内，海淀区教委落实区政府一号工程，超额完成“八五”期间10.3万平方米教职工住房建设任务。“八五”期间共完成1500套教工住房的分配工作。

（郭 涵）

职业教育

【概 况】 1997年，海淀区共有职业高中22所，362个班，在校生12899人，招生5018人，毕业2614人。教职工1284人，其中专任教师763人。教师学历合格率71.51%，具有高级职务168人。

（宋亚甫）

【召开职业学校素质教育现场会】 6月，市教委在海淀区召开职业学校全面实施素质教育现场会。海淀区教委、一八九中、信息管理学校代表在会上发言，展示教改试验区职教成果。与会者认为：海淀区职业教育从区域经济发展需要出发，切实增强学校的综合办学能力，努力提高教育教学质量，对素质教育认识有深度，行动快。

（宋亚甫）

【修订职教“九五”规划】 年内，海淀区教委再次修订区职业教育“九五”规划。修订后该规划时间延至2005年；加入区经济发展规划的内容；对职业教育招生人数作出调整，将海淀区中等职业教育招生人数与普通高中招生人数比例定为2∶1；增加高等职业教育发展部分的内容；强调职业教育必须全面实施素质教育。

（郭 涵）

【调整职教布局】 年内，海淀区教委继续调整职业学校布局结构，青塔院中学职业高中与初中分离，在原青河二中建立海淀外事管理学校，海淀旅游职业高中与向群学校合并，成立海淀旅游服务学校。全区纯职业学校达9所。

（宋亚甫）

成人教育

【概 况】 1997年，海淀区共有各级各类成人教育学校403所，其中成人高等学校1所，开设11个专业，在校生795人，招生270人，毕业173人；教职工77人，其中专任教师27人。成人中等学校5所，开设12个专业，在校生6422人，招生2415人，毕业2312人；教职工221人，其中专任教师98人。各类职工学校6所，全年培训8087人次；教职工20人，其中专任教师11人。社会力量办学校391所，全年培训11万人次；教职工7000多人，其中专任教师400多人。乡办成人校（站）11所，全年培训38331人次，教职工104人，其中专任教师88人。村办成人校（站）90所，全年培训12000人次，教职工180人。成教教师学历合格率90%，有高级职务9人，中级职务56人，初级职务16人。

（宋亚甫）

【社会力量办学单位接受评估验收】 3月，海淀区教委和督导室制定社会力量办学校评估标准和实施方案，5月各培训机构依据该方案进行自评，6月起教委评估小组全面开展检查评估工作，至年底，共评估社会力量办学校100余所。海淀区共有社会力量办学校391所，其中新批准办学校45所。

（郭 涵）

【举办成教干部学习班】 4月，海淀区教委举办委、办、局、处、公司、街道、乡主管领导和成教科长计110人参加的理论学习班。学习班就经济发展与成人教育的紧迫性、加强依法治教、发挥成人培训工程的龙头作用等内容进行专题研讨。

（宋亚甫）

【成人教育培训工程被评为市级先进】 12月，海淀区被市教委评为1994至1997年成人教育培训工程先进单位。自1994年实施成人教育三项培训工程以来，该区采取各种措施，推动三项培训工程开展。截至年底，已培训各类中高层次人才32977人次，转岗人员培训51000人次，乡镇企业职工岗位培训45426人，技术人员培训6136人，大专以上学历教育1709人，中专学历教育5337人。

（郭　涵）

【自学考试人数增长21%】 年内，海淀区各种自学考试报考总人数达106686人，报考252671科次。分别比上年增长21%和16%。

（郭　涵）

【召开成人素质教育巡回现场会】 年内，海淀区教委成教办召开4次成人学校素质教育巡回现场会。海淀卫校、四季青中专校、职工中专、成人中专校分别就以科研促教学，实施德育量化管理，加强师资队伍建设等方面介绍经验。

（宋亚甫）

【提高社会力量办学的审批标准】 年内，海淀区教委社教办再次提高社会力量办学的审批标准。要求申报建立具有独立法人资格的培训机构必须建立董事会或理事会，各类培训机构必须设立教务、财务管理部门，个人办学启动资金须在10万元以上，单位办学须在30万元以上，办公室面积和教室面积不得少于10平方米和45平方米。社会力量办学机构数量盲目增长速度得到抑制。

（宋亚甫）

中共海淀区委教育工委

书　记　包天臻（9月免）
　　　　刘学明（9月任）

海淀区教委

主　任　赵建忠

海淀区政府教育督导室

主　任　何小威（5月免）
　　　　赵建忠（9月任）

丰　台　区

基础教育

【概　况】 1997年，丰台区有托幼园所144所，其中市立园所17所，单位办园所65所，街道办园所26所，乡村办园所36所；在园（所）幼儿17096人；教职工3157人，其中专任教师1291人；小学附设学前班195个，收幼儿6722人。小学128所，1847个班；在校生60837人；教职工5128人，其中专任教师4035人。小学设弱智辅读班6个，在班学生87人，专任教师11人。中学54所，其中初中校42所，高中校2所，完全中学10所；初中班751个，高中班160个；在校生35753人，其中初中生29067人，高中生6686人；教职工5597人，其中专任教师3289人。中等师范学校1所，13个班；在校生509人；教职工160人，其中专任教师70人。培智学校1所，7个班；在校生106人；教职工30人，其中专任教师22人。工读学校1所，3个班，在校生83人；教职工45人，其中专任教师23人。校外教育单位7个；教职工151人，其中专任教师89人。小学入学率100%，巩固率100%，毕业及格率99.91%。残疾儿童入学率97.3%，巩固率100%，毕业及格率100%。初中入学率99.27%，巩固率98.63%，毕业及格率97.73%，优秀率36.28%。高考上线率59.97%，录取率66.1%。中小学教师学历合格率88%，其中小学教师合格率91%，初中教师合格率90%，高中教师合格率69.4%；中小学教师具有高级职务805人，其中小学教师48人，初中教师506人，高中教师251人（含职高78人）。1997年，丰台区教育经费20800万元，比上年增加6400万元，增长44.45%，其中事业费18535万元，改、扩建教学设施总投资额2265万元。

（孙全来　刘文其）

【召开小学德育工作总结表彰会】 1月10日，丰台区教委召开1996年小学德育工作总结表彰会。会议观摩品德课、地理课、语文课三节教学研讨课，交流育人经验。东高地四小、槐房小学等10所小学获1996年“育人杯”，丰台五小等31个家长学校获先进单位表彰。长辛店二小、东罗园小学、东管头小学、丰台五小分别介绍管理育人、教育育人、环境育人和“三结合”育人经验。会议提出今后德育工作要求。

（张铁琦　张红旗）

【22所学校被评为精神文明单位】 1月14日，丰台区大红门中学被评为“首都精神文明单位标兵”。该校克服校舍设备陈旧、周边环境差等不利因素，坚持精神文明建设，创建优良校风，成绩显著。该区丰台三中、芳星园中学、长辛店七小、东高地青少年科技馆被评为首都精神文明单位。北京十二中、丰台二中等17校获区精神文明单位称号。

（张铁琦　张红旗）

【中小学生汉字录入赛获市奖】 1月15日，丰台区在北京市中小学生第一届汉字录入竞赛中，获总名次第二，31名学生分获一、二、三等奖和优胜奖；10名教师获优秀辅导员奖。

（张铁琦）

【3名犯罪生留校教育通过鉴定】1月，丰台区黄土岗中学3名违法犯罪留校教育学生，通过干部、师生鉴定。1996年上半年，3名违法犯罪学生，经公安部门同意，留校接受教育。学校利用主题班会、板报、团员一帮一、法制报告等形式，在全校开展遵纪守法教育。同时加强对3名学生的个别教育，政教主任每两周与他们谈话一次，选派班主任定期谈话、家访，家长定期到校汇报学生情况。经过强化教育，3名学生再无违纪、违法问题，学习上也有明显进步，并能主动做好事帮助别人。

（张铁琦　张红旗）

【1万中学生参加志愿者活动】3月1日和8日，丰台区1万多中学团员青年开展我与父母同奉献，携手创建文明城的志愿奉献日活动。团员、青年认真清扫街巷，擦洗隔离网和路标设施。洋桥学校、西罗园学校与地区团工委合作，把洋桥大街、凉水河畔、洋桥住宅小区几平方公里区域，清扫干净。从上年开始，丰台二中、北京十二中等不少中学开展志愿者服务和星期六义务劳动已形成制度，把这项活动做为“个人修养、行为规范、道德实践”的教育活动之一。实验学校、右安门二中、大灰厂中学等校还建立志愿服务基地，定期开展志愿服务活动。

（张铁琦）

【杨秀奇受聘校外辅导员】3月5日，丰台区西罗园、蒲黄榆2所学校举办学雷锋刻苦学习，做跨世纪新人报告会。1500余名师生参加大会。报告会上全国“五一”劳动奖章获得者、全国公安战线二级英模、西罗园派出所干警杨秀奇作《为人民服务是我一生追求》的报告，讲述真心、真情、实干的爱岗敬业精神和为居民服务，受到广大居民称赞的事迹。西罗园学校聘请杨秀奇担任校外辅导员，并颁发聘书。

（张铁琦　张红旗）

【5名机关干部到基础薄弱校挂职】3月7日，丰台区欢送5名机关干部到基础薄弱学校挂职。5名干部平均年龄38岁，有较强工作能力，他们将分别担任丰台路中学、东铁匠营二中、大灰厂中学、左安门中学4所学校校长、书记等领导职务。3月17日，5名干部全部到岗。

（张红旗）

【召开学校干部工作会】3月27日，中共丰台区委教育工委、区教委召开干部工作会。会议主题为面向二十一世纪抓好干部队伍建设。长辛店一中、丰台职大、东铁匠营二中、丰台一中介绍班子建设和培养年青干部经验，区委教育工委下发5个干部管理工作文件。会议强调加强领导干部和领导班子的考察、选拔、任用和管理，加强年青干部管理，实行领导干部诫免制度等。

（张爱民　张红旗）

【中小学生健身运动获多项成果】3月29日，在市中小学生跳绳比赛中，丰台区小学组获团体第一，中学组获团体第三。跳绳是该区中小学体育传统项目，每年有三、四万人参加这一活动。在全市比赛中，小学已获得团体“十连冠”、中学组成绩在前三名以内。长跑是该区优势项目，在1997年全市比赛中，小学取得个人和团体第一，中学获男子个人和基层队团体第一、区团体第二。在市中小学生田径运动会上，丰台区获高中组团体第六名；初中组团体第五名、个人三项第一名；小学甲组团体第三名、乙组团体第二名、小学区团体第二名；并打破初中男子400米栏市纪录。踢毽、独轮车、足球、篮球等，在中小学全民健身活动中也得到普及和发展。

（张铁琦）

【开展迎香港回归主题教育活动】3至10月，丰台区12万师生举行“忆百年史，激爱国情，立强国志”主题教育活动。该主题教育活动先后举办读书、征文、知识竞赛、演讲比赛、文艺表演、主题团队会、剪报贴报等多种活动。其中，有1000余名中小学生参加3月22日在中国人民抗日战争纪念馆举行的誓师大会；5名教师、5名学生在6月6日演讲比赛中同台演讲。

（张爱民　张红旗）

【师范毕业生全部参加大专进修】4月1日，丰台区教委决定应届师范毕业生带工资脱产参加大专学历进修。进修渠道有两条：一是参加成人高考，进入成人高等学校。丰台师范将与首都师大联合办学，鼓励学生报考音、体、美、英语专业；二是参加小学教师自学考试。凡未被成人高校录取的应届毕业生脱产两年参加小学教师自学考试，丰台区教委将举办脱产“小自考”大专班。至年底，已有180名应届毕业生报名参加。

（张爱民　张红旗）

【表彰31名先进特教工作者】4月3日，丰台区教委表彰31名先进特教工作者。特殊教育在丰台区起步较早，经过10余年的发展，已基本普及残疾儿童少年九年义务教育。全区智力残疾儿童的入学率已达97.9%；听力言语残疾和视力残疾儿童入学率达到100%。三类残疾儿童的入学率均超过“八五”规划所定95%的目标。该区已形成以特殊教育学校为骨干，以随班就读和特教班为主体的特殊教育格局。

（张爱民）

【采取措施加强学生安全工作】4月7日，丰台区教委向所属学校转发市教委《关于进一步加强中小学、幼儿园安全工作的紧急通知》，并召开全区校长会，通报南菜园小学一小学生在校园内被轧死的恶性事故和市教委对加强学生安全工作的要求。丰台区教委成立安全工作领导小组，要求各单位都成立安全工作领导小组，建立安全工作责任制；学校内部严禁开设停车场；已经开设的立即停办；严格学生郊游申报制度，郊游用车不要向单位或个人借用车辆，租用汽车公司的汽车要与汽车公司签定责任书，确保学生活动安全；认真检查校舍，发现问题及时解决；加强学校食堂和学生课间加餐管理，防止食物中毒；抓好小黄帽路队制工作，确保学生在校外的交通安全；即将开始的体育考试禁止有严重病症的学生参加，防止出现意外。

（张爱民）

【人寿保险教育活动基金启动】 5月5日，由中保人寿保险有限公司丰台公司出资建立的丰台区中保人寿教育活动基金正式启动，并举行签约仪式。该基金总额200万元，每年将从基金利息中拿出10万元用于支持丰台区的教育事业。在签约仪式上，丰台区首批20名特困学生每人从基金中得到300元资助，丰台保险公司还向10名丰台区优秀教师每人赠送一套《辞海》。

（张红旗）

【第一个红领巾环境监测站建立】 6月4日，丰台区第一个红领巾环境监测站在丰台五小成立。该监测站由区环保局、丰台区环境监测站提供仪器设备、建立实验室，并派出技术人员担任辅导员。

（张爱民）

【邀请外教培训英语教师】 6月12至25日，教育学院丰台分院举办英语口语强化训练班。该班邀请澳大利亚卧龙港大学教授担任主讲，开设英语教学法和专题性口语强化训练讲座。来自该区部分基础薄弱学校的英语骨干教师参加学习。

（张爱民）

【全部校舍安全渡汛】 6月，丰台区教委对全区校舍进行普查，发现54所学校校舍有漏雨问题，总面积达2.1万平方米。区教委紧急拨款100万元，对漏雨校舍进行抢修，漏雨楼房重做防水层，平房挑顶换瓦，保证该区学校安全渡过汛期。

（张爱民　张红旗）

【召开素质教育研讨会】 8月23至24日，丰台区教委召开中小学素质教育研讨会。会议作《巩固成绩、全面规划、狠抓落实，推进我区素质教育的全面实施》报告，5所学校介绍实施素质教育实践经验，讨论《丰台区中小学全面实施素质教育规划（草案）》。会议提出必须充分体现受教育者主体性；必须承认并尊重学生个体差异；同时强调受教育者全面、和谐、健康的发展。会议强调实施素质教育要以提高全体学生素质为目标，以学生全面发展为宗旨，以学生主动发展为目的。会议号召各学校研究领会素质教育理论，勇于进行素质教育实践。

（张铁琦）

【丰台一小获军民共建先进单位】 8月27日，丰台一小和总后勤部59997部队共同获得江泽民题写的《军民共建社会主义精神文明先进单位》牌匾。丰台一小和总后59997部队共建活动始于1983年，十几年来，部队帮助学校改善办学条件，进行国防教育，学校帮助部队解决子女入学及官兵文化课补习，多次获得市、区及部队军民共建先进单位称号。

（张铁琦）

【万余名教师获资格证书】 8月27日，丰台区10255名教师获得教师资格证书。该区共有299所学校和其他教育机构的在职教师提出资格认定申请，经考核、审批，共有10255名符合教师资格条件，获得幼儿园、小学、初中、高中、中专、大学教师的任职资格。

（张铁琦　刘文其）

【首次举办后进生普法夏令营】 8月，丰台区教委、区检察院、区司法局联合举办后进生普法夏令营。这种夏令营丰台区系首次举办。6所中学49名后进生成为普法夏令营首批营员。该夏令营设在武警十五支队，由部队派出优秀战士担任辅导员。营员们与武警战士生活在一起，参加军事训练，接受纪律严明的部队生活锻炼。5天中，夏令营还举办道德与法律讲座，由区检察院干警讲解刑法、刑事诉讼法等法律知识。

（张红旗）

【本市首所流动人口子弟学校成立】 9月2日，本市第一所专门接收外来流动人口子女入学的寄宿制学校——北京华康学校成立。该校位于丰台区永定门外时村，由丰台区教委与北京华康装饰工程有限公司合办，属民办公助性质。学校开设小学和初中课程，招收在京合法居住的外省市户口的适龄儿童、少年入校借读，首期招收小学一年级和初中一年级新生。丰台区是国家教委指定的解决流动人口中适龄儿童、少年入学问题的试点区。

（张爱民　张红旗）

【台资企业捐助农村小学】 9月3日，台商独资企业旺旺食品集团向丰台区王佐乡南宫中心小学捐赠30万元，建立教育奖励基金。该奖励基金将以利息每年奖励一批教育教学成绩优异的教师和品学兼优的学生。

（张红旗）

【请十五大代表作素质教育报告】 9月20日，丰台区教委、区教育学院、教科所举办报告会，邀请中共十五大代表、辽宁省盘锦市教委主任、特级教师魏书生为丰台区1000多名干部、班主任作素质教育报告。魏书生从加强学校管理和班集体建设两个方面介绍实施素质教育的体会和实践；从做人、为人等入手，在理论、实践上介绍独到的教育、管理思想。报告受到全体与会者热烈欢迎。

（张铁琦）

【基础薄弱校阶段性建设目标实现】 9月，丰台区政府完成加强基础薄弱校建设报告。该报告根据丰台14所基础薄弱学校中考成绩超过区平均水平，其中9所学校中考及格率90%；体育达标率均在90%以上；犯罪率为零，有4所学校退学率在1%以下等事实，认为丰台区基础薄弱学校阶段性建设目标已经实现。年初，丰台区确定基础薄弱学校14所，占中学总数的23%。该区成立基础薄弱学校建设领导小组，制订《丰台区加强基础薄弱学校建设规划》及分年度实施方案，建立主要领导联系薄弱校制度。在改善办学条件方面，市、区投入2400万元，南苑等4校2.3万平方米基建项目全部竣工，黄土岗等6校基建正在进行，教学设备、设施计划投入828.8万元，已投入223.4万元，5所学校可接受达标检查。在干部队伍建设方面，区教委选派5名机关干部到薄弱校任主要领导，从教师中选拔13人任校级领导，基础薄弱校108名干部完成岗位培训，14名校长全部参加市教委培训班。在教师队伍建设方面，区教委选派骨干教师加以充实，引进大学生优先充实薄弱校，14校共新增教师109人，调入19人。14所学校中有31人在大专学习，29人"续本"，7人读研究生。教师学历达标基本解决。在课堂教学基本功方面，该区采取"面上推，点上扶"的办法，采取"手拉手"、"拜师教徒"措施，使薄弱校一批教师提高课堂教学基本功。在结构调整上，将王庄、王佐、魏各庄3所基础薄弱校合并为一。

（张铁琦）

【82%的中学校园环境达标】 9至10月，丰台区教委对全区54所中学进行校园环境检查验收，82%的学校达标。其中，丰台二中、大红门中学被评为示范校；4校评为优秀校，9校为良好校，30校为达标校。近年来，丰台区校园建设由原来单一的"花园式学校"，发展到按法规文件要求进行校园环境全方位管理的学校；由原来一般常规建设发展到特色建设；由原来拓宽德育工作途径发展到优化育人环境，全面实施素质教育。

（张铁琦　张红旗）

【区少先队第三次代表大会召开】 10月9日，丰台区少先队第三次代表大会召开。出席代表197人。区委、区人大、区政府及市少工委领导到会祝贺。大会作题为《团结、奋进、求实、创新，再创丰台区少先队事业的新局面》工作报告。大会对11个雏鹰红旗大队、十佳辅导员、10名优秀校外辅导员、17名关心支持少先队工作的校长和社会知名人士予以表彰。大会期间，代表们举行"小主人论坛会"，就丰富少先队活动、减轻课业负担、保护少年儿童权益等问题展开讨论。有关领导也参与小主人论坛，并就大家关心的问题给予答复。

（张爱民）

【召开高中"三基"教学工作会】 10月13至14日，丰台区教委中教研、教育学院丰台分院联合召开高中"三基"教学工作会。会议主要内容是：总结分析九七届高考情况；研讨高中"三基"教学内容、途径和方法；提出加强高中"三基"教学要求。会议认为：提高高中教学质量，要从高一年级抓起，高中教学工作要狠抓基础，确保合格，优化会考，力争高考成绩有新的突破。

（张红旗）

【小学素质教育研讨会召开】 11月5日，丰台区小学素质教育研讨会在草桥小学召开。草桥小学介绍从培养学生特长入手、努力构建素质教育运行机制的经验。村、乡领导介绍协助学校实施素质教育进行管理的经验。与会人员参观草桥小学全面推进素质教育，多方面、多层次培养人才成果展。会议强调，实施素质教育要在实践中逐步建立、完善评估机制，进一步规范办学行为；各校发挥办学优势，形成特色。

（张红旗　刘文其）

【区政协委员视察基础薄弱校】 11月12至13日，丰台区部分政协委员视察区基础薄弱校建设工作。委员们先后视察大灰厂中学、长辛店二中、右安门二中和丰台路中学，听取校长的工作汇报、参观学校的基建工程，观摩学校实施素质教育的教学活动；听取区教委领导关于丰台区基础薄弱校建设工作的汇报。委员们肯定全区基础薄弱校建设工作取得的成绩，同时对基础薄弱校在建设中遇到的困难给予关注。

（张爱民　张红旗）

【召开初中工作会】 11月17至18日，丰台区教委召开本年度初中工作会。会议中心议题是：以提高教育质量为中心，强化管理，推进素质教育的实施。与会人员参观大红门中学、长辛店三中、丰台二中3校创设素质教育环境、落实素质教育阶段性目标所取得的成果。区教委将部分班主任、学科教师和部分学校实施素质教育的作法，汇总12份经验在会上进行交流。会议要求各校全面规划，强化管理，提高教育、教学质量，进一步推进素质教育实施。

（张铁琦　张红旗）

【大红门中学更名赵登禹中学】 12月9日，丰台区大红门中学更名为北京市赵登禹中学。市区有关领导，抗日烈士家属参加命名大会。大会宣读何鲁丽题词和陶西平贺信，抗日英雄赵登禹女儿赵学芬受聘为名誉校长。抗日英雄张自忠女儿张廉云到会讲话。1937年7月28日，抗日英雄赵登禹率部抗击日本侵略军，牺牲在大红门中学附近，年仅39岁。大红门中学始建于1951年，曾是北京十八中的一部分。近年来，该校以爱国主义教育为特色，努力创建优良校风，连续四年被评为首都精神文明单位，1996年被评为首都精神文明单位标兵。

（张铁琦）

【区教委拨专款捐助特困生】 12月30日，丰台区教委将本年最后一批款捐助特困生，至此丰台区教委共拨出款项8万余元。这次受到资助学生共436人，他们每人得到200元资助。根据区教委调查，丰台区有436名学生家庭人均生活费低于190元，属特困家庭。

（张铁琦）

【中小学一体化办学见成效】 至年

底，丰台区经过8年中小学九年制一体化办学试点，在实验学校、西罗园学校、洋桥学校、蒲黄榆学校4所试点校见到成效。一体化后，4校采取人、财、物资源共享共管，蒲黄榆学校拆除两校界墙，修建一座标准足球场。实验学校小学美术教师同时上中学美术课，解决中学美术师资。4校办学条件、干部教师队伍有改善，教学质量稳中有升。西罗园学校中考及格率达99.3%，优秀率40%，高于全区平均水平；实验学校初中毕业生英语口语出色，能与外籍教师直接对话。4校各有十几个课外兴趣小组，实验学校计算机、电子琴活跃，蒲黄榆学校小足球队训练正规，西罗园美术突出，学生美术作品获全国和市级20几个奖项。

（张铁琦　张红旗）

【一级一类园数列全市第二】　至年底，丰台区一级一类幼儿园已发展到12所，列全市第二。该区采取一系列措施加强幼教工作。3月，举办保育员100课时培训，58人获持证上岗；4月，组织37人参加幼儿园炊事员培训班；7月9日，参加市职业道德演讲会，3名教师获一、二、三等奖。参加市科协、市教委举办幼儿科幻画大赛，34幅作品获奖，占全市获奖作品的三分之一。9月，举办素质教育培训班，请中央教科所专家为全区幼儿园长及骨干教师讲课。12月9日，组织观摩素质教育试点园长辛店教工幼儿园的教育、教学活动；召开市验收园现场会，介绍一级园建设经验。全年通过市、区验收一级一类园3个；一级二类园4个，二级二类园1个。“双一”园总数达12个。

（张铁琦）

【获多项教研科研成果奖】　年内，教育学院丰台分院有28人次获国家、市级奖项或荣誉称号。丰台教科所单项论著获国家级三等奖3个，市级二、三等奖4个，在国家级刊物发表论文10篇，市级刊物发表论文8篇。教科所《利用微格教学培训教师掌握教学技巧》获全国微格教学研讨会一等奖，分院《幼儿体育活动及对策分析》获中国学前教育研究会论文三等奖，蒲黄榆一小和芳古园小学《中小学协同教育与心理发展》获国家教委“九五”重点课题一等奖，十八中《课堂教学与化学实验并进教学模式的探索与实践》获市东新杯优秀论文一等奖。

（张铁琦　张爱民）

【30所学校列市区电化教育优类校】　年内，丰台区30所学校电化教育跨入市区级优类校，其中市级18所。北京十二中为全国首批电教实验学校。区教委和教育学院丰台分院投资13万元为基础薄弱校购买计算机等电教设备。

（张爱民）

【中小学校结构布局有较大调整】　年内，丰台区教委对中小学结构布局作了较大调整。9月，撤销云岗一中、云岗二中，两校合并成立云岗中学，云岗中学设高、初中部；王庄、王佐、魏各庄3所基础薄弱校实行三校合一，成立新王佐中学；11月，撤销西罗园二中，原校初中合并到九年一体化的洋桥学校。9月，五里店一小学生分流至五里店二小；李家峪小学合并到吕村小学；11月，撤销大红门中心校，建立大红门一小等14所小学独立法人单位机制。11月，撤销丰台教师师资学历培训部，人员调整到丰台师范和教育学院分院。

（张铁琦）

职业教育

【概　况】　1997年，丰台区共有职业高中14所，有221个班，在校生7743人；招生3254人，毕业生2425人。教职工771人，其中专任教师508人。教师中学历合格率88%；具有高级职务78人。

（孙金来　刘文其）

【第七届职教工作会召开】　1月8日，丰台区第七届职业教育工作会召开。会议主题是实施《职教法》，促进全区职教工作进一步发展。会议要求进一步调整职业高中布局，扩大办学规模，增设经济发展急需专业。与会者到昌平农职校参观学习。

（张铁琦　张爱民）

【职业技术教育学会成立】　1月9日，丰台区职业技术教育学会成立，该学会是职教工作者群众性学术团体，主要宗旨是：强化职业教育的研究意识，探讨、总结职教各项工作的规律，研究学生的学习心理，提高其对专业的兴趣和学习积极性，发挥领导及教师在教学、管理上积极性。

（张爱民）

【举办职高招生咨询活动】　5月3日，丰台区教委举办第六届职业高中招生咨询、服务活动。全区14所职业高中校共700多名师生参加活动。在活动中，职业高中学生进行美容美发、餐饮刀工、面点等服务项目展示；丰台幼儿师范学生表演舞蹈。有2000多人次参加这次招生咨询、服务活动。

（张爱民）

【参加迎接香港回归联欢晚会】　6月30日，丰台区职业教育中心学校、丰台区幼儿师范学校师生共1000人，参加北京市人民迎接香港回归祖国联欢晚会活动。在联欢晚会上，幼儿师范学校200多人参加表演大型舞蹈《春满人间》；职业教育中心学校表演集体舞。

（张爱民）

【23名职高教师晋升职务】　10月31日，丰台区教委完成职业高中教师职务评定工作。4人被评为高级职务，19人被评为中级职务。

（张爱民）

【丰台职业学校形成新布局】　年内，丰台区教委对职业学校作较大调整，使职业学校形成新布局。5月，黄土岗中学职业高中部与郭公庄职业高中部合并，成立丰南职业高中学校；11月25日，在原西罗园二中，建立北京市洋桥职业学校，设立旅游英语等5个专业，撤销原洋桥学校职业高中；12月9日，撤销南顶中学职业高中部，人员合并到丰台职教中心校；将蒲黄榆学校职高部分合并到丰台职教中心校。

（张铁琦）

成人教育

【概　况】 1997年，丰台区共有各级各类成人学校264所，其中成人高等学校2所，开设10个专业，在校生915人，招生170人，毕业302人；教职工74人，其中专任教师28人。成人中等学校4所，开设16个专业，在校生8527人，招生1925人，毕业1567人；教职工130人，其中专任教师45人。各类职工学校18所，全年培训49353人次；教职工216人，其中专任教师187人。社会力量办学校186所，全年培训10万人次；教职工1476人，其中专任教师820人。乡办成人校5所，全年培训55738人次；教职工20人，其中专任教师3人。村办成人校49所，全年培训11581人次，教职工49人。在成教教师中学历合格率为67%；有高级职务的29人，中级技术职务57人，初级职务40人。

（孙金来　刘文其）

【取缔37家社会力量办学校】 1月15日，丰台区教委对社会力量办学机构进行年检。经检查，141所学校合格，换发办学许可证，4所学校暂缓登记，37所学校未通过年检，依法予以取缔。未通过年检的学校主要问题是：办学思想不端正，办学质量低劣，有的发布虚假广告，欺骗群众。

（张铁琦）

【职工中专被评为市级示范校】 3月6日，丰台区职工中专学校被评为北京市成人中等专业教育示范学校。该校发挥办学规模较大，专业设置较多的优势，逐步形成中专学历班为基础、各类短期岗位技术培训和联合举办大专自考班为发展方向的办学特色。该校在1992年市成人中专办学水平评估中曾获得优秀学校称号。

（张爱民）

【表彰实施“1515”工程先进】 4月10日，丰台区召开1996年度实施“1515”工程总表彰会。会议对6个先进单位、5名先进个人予以表彰。1996年丰台区全部超额完成市教委下达的“1515”工程指标，共计完成大专学历进修574人，中专学历进修3665人，专业技术人员培训1651人，各类岗位培训33709人。

（张铁琦）

【颁发社会力量办学管理规定】 8月18日，丰台区教委召开贯彻《北京市社会力量办学管理办法实施细则》会议。会议颁发《丰台区社会力量办学管理规定》。该规定对财务管理、教育教学管理、广告审批及管理、教学点管理、校长例会制度、奖惩制度、检查督导制度以及文明执法、廉洁自律等方面做出具体要求。

（张铁琦　张红旗）

【成人培训通过评估】 10月21日，市教委评估组对丰台区成人教育培训工程进行评估。在听取汇报，查看有关材料后，评估组认为：丰台区对成人培训工程认识程度高，有规划、计划和具体实施措施，有工作特点，已形成三级办学网络，完成市里下达的各项指标。

（张铁琦　张红旗）

中共丰台区委教育工委

书　记　徐国勋

丰台区教委

主　任　滕云奎

丰台区政府教育督导室

主　任　刘士俊

石　景　山　区

基础教育

【概　况】 1997年，石景山区有市立幼儿园8所，入园幼儿1559人；社会办园54所，入园幼儿8600人；小学学前班39个，收幼儿1147人。小学44所，学生20633人；培智学校1所，学生107人，共有小学生20740人。普通中学22所，初中生12179人，高中生2746人；师范学校1所，学生121人。教育行政部门办学的学生总数35786人。企业办小学1所，中学1所，学生3450人（小学生1868人，中学生1582人）；私立学校1所，学生25人。全区在校生总数44427人。学龄儿童入学率、小学毕业合格率为100%。初中毕业合格率98.5%，优秀率47.4%，高考录取率79.8%。全区教职工（教育部门办学）中学2010人，小学2164人，幼儿园156人，直属单位387人，共计4717人。专任教师小学1791人，初中997人，高中202人，师范25人，幼儿园123人，共计3138人。中小学教师（含职员）有高级职务403人，中级职务1941人（中教一级822人，小学高级1128人），初级职务2186人。教师学历合格率小学99%、初中95%、高中84%。

（曹艳玲）

【自制生物标本获市奖】 1月7日，石景山区教育局组织中小学教师自制生物标本展评活动，收集作品430件。其中15件作品送市级参展，6件作品获奖。

（穆晓林）

【开展迎香港回归系列活动】 3月23日至6月30日，石景山区普教系统开展迎香港回归系列活动。教育局团委、区少工委在石景山游乐园举行"高擎世纪之光，承接民族希望"迎香港回归倒计时百天纪念火炬传递启动仪式。72所中小学的5600余名共青团员、少先队员分6路开展火炬传递活动。6月24日各路火炬汇集到石景山体育场"世纪之光"大鼎中。5月30日，4500名中小学生在"迎香港回归"的5米绘画长卷上签名。5月31日，在雕塑公园举行4000人的"迎'回归'庆'六一'"游园活动，100名小学生代表戴上红领巾，2000名少年儿童参加"新队员"入队仪式。当日，全区师生举行"迎香港回归"文艺汇演，近千名师生观看演出。

（曹艳玲　王军辉）

【举办电影《刘胡兰》观后感征文活动】 年初，石景山区教育局与北京山姆电影院联合举办电影《刘胡兰》观后感征文比赛活动。收到征文290篇，48篇获奖。

（曹艳玲）

【举行中老年教师教学片段展示】 3至4月，石景山区教育局在20所中学内，举行提高中老年教师素质，改进教学方法教学片段展示活动。500名中老年教师献课，12个学科21人获优秀奖。

（曹艳玲）

【开展"爱鸟周"活动】 4月12日，石景山区教育局与区科学技术协会共同组织"爱鸟周"宣传活动。八大处中学、六一小学、先锋小学、五里坨小学等600名师生在八大处公园"青少年爱鸟基地"悬挂了100个人工鸟巢箱。

（李民江）

【4人破3项区田径运动会纪录】 4月18至19日，石景山区教育局、区体委联合举办中小学生田径运动会。79所中小学的964名运动员分6个组别进行64个项目的比赛，420人获单项奖，21所中小学获道德风尚奖。杨庄中学、石景山中学分别以8.56米和8.47米的成绩打破8.44米铅球(4公斤)少年女子乙组的区纪录。杨庄中学以1.64米的成绩打破1.61米跳高少年男子乙组的区纪录。六一小学以10.93米的成绩，打破10.88米铅球（3公斤）男子儿童组的区纪录。

（曹艳玲）

【第二期中小学校长研修班开学】 4月24日，石景山区第二期中小学校长教育管理研修班开学。研修班开设素质教育、学校管理、邓小平教育思想、学校心理健康教育、教育科研方法、21世纪教育、比较教育及学校办学特色等必修课程与教育思想专题、依法治校专题、校园文化建设专题等选修课程。学员为45岁左右的中小学校长，学制2年，期间将修满400学时。

（王　媛）

【调整初中招生方案】 4月，石景山区教育局调整初中招生方案。将小学升初中择优入学比例控制在13%以下，对推荐保送生的人数及择校范围由原计划8校550人压缩至3校410人。录取工作坚持名额公开、条件公开、办法公开、结果公开，接受局纪委及广大群众监督。

（刘丽荣）

【计算机国际互联网站点投人运行】 4月，石景山区计算机网络教育中心与国际互联网2M带宽通道信息高速公路接通，Bjsjs·go·cn计算机国际互联网站点开始运行。教育局机关、教师进修学校、北京九中、八大处中学、京源中学、古城中学及实验小学、永乐三小分别安装使用TY教学网络管理系统和计算机联机上网使用的校园网络"金教鞭"管理系统。教育局和教师进修学校各个网络工作站，都可以通过Bjsjs·go·cn利用无线电微波通讯设备联入国际互联网Internet。

（曹艳玲）

【举办第四届中小学生艺术节】 5月11至30日，石景山区举办第四届中小学生艺术节。63所学校万余名学生带着960个节目（作品）参加声乐、器乐、戏剧、舞蹈、曲艺、书法、绘画、篆刻、工艺、摄影等10大类25个项目的比赛，315个节目（作品）获一、二、三等奖。

（马　威）

【幼儿团体操获5项市奖】 5月，石景山区9个幼儿园参加"力迈杯"北京市幼儿团体操表演赛，获5项奖：区实验幼儿园获第一名和优秀创编奖；区一幼和首钢第八幼儿园获二等奖；北京军区司令部幼儿园获二等奖和优秀创作奖。

（李淑媛）

【六一小学教学楼竣工】 6月，由香港邵逸夫捐助50万元港币新建石景山区六一小学综合教学楼竣工，投入使用。该楼建筑面积2705平方米，建有电视演播厅、体操厅、语音教室、微格教学电化教室及自然、生物、音乐等15个专业教室。

（曹艳玲）

【组织"金寨行"系列活动】 7月16至22日，石景山区教育局团委、少工委组织中小学生"金寨行"夏令营活动。40名营员到安徽老区金寨县，参观革命烈士博物馆，瞻仰烈士陵园，走访老红军，看望希望小学。9月2日，组成"金寨行"希望工程报告团，向全区4万多中小学生和青年教师报告金寨见闻，讲述在老区受到革命传统教育的感受，并发出捐助老区希望小学倡仪。师生们为金寨老区捐款147853.48元，交由市"希望工程"捐助中心转赠。

（孙盈科）

【古城四中英文打字获四连冠】 7月18日，在市“长空杯”英文打字比赛中，石景山区古城四中连续4年蝉联冠军。该区13所普通中学组队参加比赛，32人分获初中组一、二、三等奖，10人分获高中组二、三等奖。古城四中获初中团体总分第一名，老山中学、区实验中学获第二名；金顶街二中、杨庄中学获第三名；苹果园中学获高中组团体总分第三名。

（宋　凯）

【举办中日学生互访活动】 7月21至26日，日本岛根县浜田市中小学生访问团一行26人到石景山区参观访问。日本中小学生访问团游览天安门、天坛、八达岭长城等名胜古迹，参观卢沟桥抗日战争纪念馆，访问区少年宫、古城二小、六一小学，在北京九中共同为“中日友谊之树”培土浇水。8月16至21日，石景山区中学生访问团一行11人访问日本岛根县浜田市，受到该市市政府、市教育委员会以及日方学生家长接待。中国中学生访问团参观日本中小学校，与日本学生在世界儿童美术馆开展创作交流，并种植日中友谊树。

（李柏林）

【5624名教师通过资格认定】 7月，石景山区5624名教师通过资格认定。其中，认定政府办学普教系统教师资格4860人，认定社会单位办学教师资格764人。

（曹艳玲）

【举办暑期干部培训班】 8月10至14日，石景山区教育局举办暑期干部培训班。160余名基层党政干部接受党风、党纪、党性教育和素质教育2个专题培训。培训班先后学习党风和廉政建设有关规定，关于素质教育贯彻意见和关于素质教育和督导评价问题报告。

（曹艳玲）

【市领导为312户教师颁发住房钥匙】 9月9日，胡昭广出席石景山区政府在鲁谷七星园小区举行向教师颁发住房钥匙仪式，并向312户教师代表颁发住房钥匙。61名从外省市调入该区任教的已婚青年教师首批购到32套两室住宅楼房。至年底，该区完成30100平方米(其中成教局1100平方米)教师住宅建设任务，市政府给予200万元奖励。

（曹艳玲　孙学民）

【62所少年军校举行汇报表演】 9月20日，石景山区举行第四届少年军校军训成果汇报。62所少年军校3286人进行班作战、军体拳、战地通讯、旗语等汇报表演。

（曹艳玲）

【接受市教育执法检查】 10月8日，北京市教育执法检查团完成对石景山区教育执法检查。该检查以教师住房、职业教育、素质教育阶段性目标完成情况为重点。在11月14日的检查回复意见中，检查组对该区提前完成市政府下达的教师住房建设任务，将职业教育发展纳入区国民经济和社会发展规划，职业技术学校布局调整，重点校建设等成绩给予肯定，对教工住房、基础薄弱校工作，提出建议。

（贺建华）

【举办教工运动会】 10月12日，石景山区教育局举办教工运动会。全区中小学、幼儿园、职业高中、局机关等75个单位运动队3903人次参加21个项目的竞赛。本届新增设拔河等集体项目和一些趣味性项目。12人次破6项区教工运动会纪录，18个单位运动队获精神文明奖。

（曹艳玲）

【举办中小学生“爱科学月”活动】 10月20日至11月20日，石景山区教育局、区科协共同举办中小学生“爱科学月”活动。该活动中，5000人次参加航空、航海、车模、英文录入、科技英语、叶画、“小发明”论文等多项竞赛，1700人听取“科学记忆法”讲座，参观“海洋生物标本及植物花卉展览”。活动结束召开总结表彰大会。学生中84人次在市级竞赛中获奖，541人次在区级竞赛中获奖。35所学校获优秀组织工作奖，37人获优秀辅导员称号。

（李民江）

【一助一帮困活动启动】 10月，石景山团区委协调31个委办局与团市委共同举行“一助一，帮困助学”活动启动仪式，61名特困生得到帮助。区教育局团委、少工委对全区中小学生家庭经济状况进行调查摸底，19所学校80名学生家庭人均收入在150元以下。

（王军辉）

【特殊教育工作会召开】 11月11日，石景山区特殊教育工作会在培智学校召开。会议总结“八五”期间全区特教工作，讨论通过《石景山区特殊教育事业“九五”发展规划》，宣布《石景山区随班就读的工作意见》。表彰96名先进特教工作者。该区有109名残疾儿童在培智中心校一至九年级学习，124名残疾儿童在普通小学随班就读。

（程伯静）

【召开小学实施素质教育现场会】 11月26至28日，石景山区教育局分别在实验小学、八角二小、古城二小召开实施素质教育现场会。会议通过成果展示、课堂观摩、交流研讨、总结回顾活动，就改革课程设置、搞好课内活动课、运用现代课堂监控系统、加强课堂教学管理力度、促进干部教师素质提高等问题进行探索。

（曹艳玲）

【为太行老区捐赠图书3.5万册】 12月2日，石景山区教育局团委为河北太行老区涞水县建希望书库捐赠图书35000册。在捐赠仪式上，河北涞水县副县长接受捐赠，并代表涞水县委、县政府回赠《无私支援情洒太行》锦旗。

（孙盈科）

【推广八角二小计算机教学经验】 12月3日，市教委在石景山区八角二小召开计算机改进课堂教学现场会，全市十几个区县校领导及教研员参加会议。会议认为，计算机辅助教学直观，易于突破教学难点。八角二小是首批北京市科技示范校。

（曹艳玲）

【5名教师享受区政府津贴】 12月5日，石景山区委、区政府授予5名教师优秀知识分子称号。该区政府决定自1998年1月至2000年底，为5位教师每人每月颁发100元特殊津贴。

（曹艳玲）

【取缔3个非法办学点】 12月12日，石景山区政府文教办、区督学室发出关于来京务农人员自发办学的处理意见，责令在向阳垂钓中心和麻峪地区的3个自发办学点在1998年2月16日前停止办学活动。该区一些外地来京务农人员将子女集中在一起，自请教师上课，形成若干个自发办学点，违反《教育法》第26、27条规定。

（曹艳玲）

【表彰先进教研组】 12月17日，石景山区教育局召开会议，表彰123个工作规范教研组，16个先进教研组，19名优秀教研组长。会议交流京源中学等5个单位的经验。会议要求加强教研组建设，推进素质教育，促进教学质量和教师业务素质稳步提高。

（刘春兰）

【召开师德建设表彰大会】 12月19日，石景山区教育工会召开师德建设表彰大会。10个师德建设先进单位和10名青年师德标兵受表彰。会议发出《关于开展向青年师德标兵、师德建设先进单位学习的决定》。

（曹艳玲）

【中小学校长研修班结业】 12月20日，石景山区中小学校长教育管理专题研修班结业。该班自1994年11月24日开办，参加学习的中小学校长25人。共开设《学校管理学》、《教育科研方法》、《计算机基础》、《21世纪教育》、《教育科学现状与发展》、《创办特色校》6个专题课程，总计300学时。期间，学员到外省市19所中小学进行实地考察。结业前，区教师进修学校师训处组织学员论文答辩，25名中小学校长获结业证书。

（王　媛）

【首钢12所中小学移交地方政府】

12月22日，首钢总公司与石景山区人民政府共同签订《首钢总公司在石景山区管辖行政区域内所办中小学移交石景山区人民政府协议书》。协议书根据国家五部委和北京市政府协商精神，首钢总公司将其在石景山区域内所办的首钢子弟附中、首钢子弟附小3所学校产权及其隶属关系以及首钢出资兴建地方政府管理的老山小学、石景山小学、石景山二小、杨庄小学、苹果园二小、老山中学、古城五中、石景山中学共9所中小学的产权等一并移交给石景山区人民政府。首钢自办的3所子弟中小学，有学生1507人，教职工165人，学校固定资产原产值3245.5万元，净产值2961万元。

（曹艳玲）

【陆勤明获育花奖】 12月24日，石景山区教育局授予科艺校航模辅导教师陆勤明3000元育花奖。陆勤明在第八届世界航海模型锦标赛中，获仿真古帆船C1级竞赛银牌。11月，在全国航海模型锦标赛中，他辅导的8名学生获无年龄差别组古帆仿真模型C1级二等奖。

（曹艳玲）

【召开学校体育工作会】 12月24日，石景山区教育局召开学校体育工作会。大会作《关于增强学生体质，加强中小职学校体育工作》的报告，4所中小学做体育工作经验交流。大会为全国体育达标先进个人、传统校、优秀教练员及体育评优课、足球、篮球赛的先进个人和集体颁发证书和奖品。

（曹艳玲）

【表彰“十佳”“百优”中小学生】

12月26日，石景山区教育局召开全区中小学生“十佳”、“百优”暨三好学生、优秀干部、先进班集体表彰大会。大会表彰202个先进班集体，中小职三好学生2729人，优秀中学生干部359人。并授予百名学生为“石景山区百名优秀学生”、10名学生为“石景山区十佳学生”称号。

（曹艳玲）

【举行中小学生冬季公路长跑赛】

12月27日，石景山区中小学生冬季公路长跑比赛举行。43所学校的500名运动员参加了6个组别的比赛。比赛结果，苹果园中学获高中男、女组第一名，五里坨中学获初中男子组第一名，杨庄中学获初中女子组第一名，老山小学获小学男子组第一名，古城二小获小学女子组第一名。

（曹艳玲）

【第一幼儿园向家长提出8项承诺】

年内，石景山区第一幼儿园制订8条服务措施，公开向幼儿家长承诺：①开展家访；②定期召开家长会；③成立家长委员会；④建立家长接待日；⑤评选“好家长”；⑥为幼儿体检；⑦备好同龄幼儿衣裤；⑧护理生病幼儿。

（曹艳玲）

【教师进修学校教学楼竣工】 年内，石景山区教师进修学校教学楼竣工。该教学楼建筑面积5220平方米，投资761万元，内有计算机房、计算机监控、微格教学演播室、多功能厅、理化生专业教室等设施。该工程被评为优良工程。

（李红艳）

【249名教师获小自考单科结业证书】 年内，石景山区286名小学教师参加小自考3门课程考试，249人获单科结业证书。其中，51人获《中外文献作品选读》结业证书，89人获《马列主义基本原理》结业证书，109人获《教育评价与统计》结业证书。

（穆晓林）

【蔡吉外语教学论文获全国和市奖】

年内，北京九中青年外语教师蔡

吉的教学论文《试论简笔画教学在JEFC的运用》，从教育学、心理学角度阐述简笔画在初中英语教学中发挥的优势，获首届全国中小学外语教学科研优秀论文三等奖；《新教材、新观念——高中阶段英语素质教育试探》一文，通过新旧教材对比和教学实例分析，阐述在外语教学中进行素质教育的途径和方法，在市教育学会外语教学研究会第九次学术年会上获论文一等奖。

（曹艳玲）

【为15所学校接通管道煤气】 年内，石景山区政府投资139.3万元，为鲁谷、八角等地区15所中小学、幼儿园接通管道煤气。

（李红艳）

【改善基础薄弱校办学条件】 年内，石景山区政府、区教育局投资399.2万元改善基础薄弱校办学条件，使5所基础薄弱校的教学设备达到市教委规定的一般标准。区教育局下拨2万元用于基础薄弱校外聘教师所需经费，并为在校工作教师每人每月补助30元，鼓励他们钻研教育教学。

（曹艳玲）

职业教育

【概　况】 1997年，石景山区有职业高中7所，其中独立建制5所，开设30个专业，135个班，在校生4856人。教职工562人，其中专任教师305人。教师学历合格率为66%；具有高级职务教师28人，中级职务99人，初级职务137人。

（曹艳玲）

【举办职高生军事夏令营】 7月27日至8月2日，石景山区教育局举办首届石景山区职业高中生暑期军事夏令营。100名营员前往河北51026部队驻地接受国防教育和军事训练。

（翟培新）

【区卫校承办护理岗位培训班】 9至12月，石景山区卫生学校受区继续教育委员会委托，承办第一期护理部主任及护士岗位培训班。该班开设现代护理管理、人际交往与沟通、现代整体护理及护士素质修养、护理论文写作等科目，40名学员通过培训，获石景山区人事局颁发的岗位培训证书。

（曹艳玲）

【召开职高素质教育研讨会】 12月25日，石景山区教育局召开全面推进素质教育，提高职教整体办学水平研讨会。会议研讨职业教育必须依据市场经济发展对人才素质要求，提高学生多方面素质水平；提高全体教职工干部为市场经济服务的教育质量意识；加强学校管理，搞好教育评估等问题。

（翟培新）

【中师生接受大专学历培训】 年内，石景山区教育局对区师范学校97届毕业生，进行大专学历脱产培训，结业合格后再回校任教。该决定规定：学习期间不计教龄，计工龄，不享受结构工资，第一年发见习工资；食宿费、书本费和资料费一律自理，学费由本人垫付，学员学习成绩与考核挂钩，凡未取得大专学历不得任小学教师。

（穆晓林）

成人教育

【概　况】 1997年，石景山区共有各级各类成人学校55所，其中成人高等学校（站）2所，开设11个专业，学历教育在校生1108人，招生546人，毕业273人，非学历教育招生2848人；教职工48人，其中专任教师23人，专任教师中有高级职务的6人，中级职务14人，初级职务3人。成人中等学校3所，开设6个专业，成人中专学历教育在校生942人，招生353人，毕业372人，成人高中招生481人次，毕业82人，非学历教育招生2120人次；教职工48人，其中专任教师18人，专任教师中有高级职务4人，中级职务4人，初级职务10人。企业办职工学校4所，教职工13人，其中专任教师4人。全区各企事业单位及4所职工学校开展各类岗位培训14570人次。社会力量办学校46所，全年培训28022人次，教职工586人，其中专任教师283人。乡办成人学校1所，全年培训1800人次，教职工4人，其中专任教师2人。

（袁成钧）

【职工中专被评为市成人中专示范校】 12月29日，石景山区职工中专校被市教委评为市成人中专示范校。该校1997年新建计算机教室一个（加原有共2个），共有计算机70台。新建48座位语音教室、财会模拟实验室、多功能教室各一个，学校现代化办学条件明显改善。该校实施成人培训三项工程，学历教育在校生达900人，各类培训达2100人次以上。

（袁成钧）

石景山区教育局

局　　长 于美云
党委书记 安源福
督学室主任 田贞静

石景山区成人教育局

局　　长 田印河
党总支书记 彭元中

房　山　区

基础教育

【概　况】 1997年，房山区有托幼园所162所（市立园3所，单位办园12所，街道办园3所，乡村办园144所）。在园幼儿7310人，教职工900人，其中，专任教师468人，小学附设学前班137个，收幼儿4517人。小学342所（厂矿办9所），共2705个教学班，在校生85689人，教职工5629人，其中专任教师4593人。入学率99.76%，辍学率为0.02%，毕业率100%，残疾儿童入学率为93.5%。中学58所（厂矿办7所），其中初中校41所，完全中学14所；初中班885个，高中班108个，在校生41175人（其中高生4656人）；教职工3935人，其中专任教师2802人。校外教育单位2个，教职工43人，其中专任教师32人。初中入学率100%，中考合格率96%，优秀率47%，升学率90.6%。高考上线率22.8%，录取率41.2%。小学教师学历合格率94.2%，初中教师学历合格率88.6%，高中教师学历合格率58.4%。小学教师高级职务12人，中学教师高级职务339人。

（李继宗）

【制订幼儿素质标准】 年初，房山幼儿园成立素质教育课题研究小组。该课题小组主要研究幼儿阶段应培养哪些素质。为此制订出3至6岁幼儿9条培养标准。其中包括体质发展、机能协调发展、良好生活习惯、兴趣培养、智力开发和能力培养等标准。

（李继宗）

【选派青年教师到蓝天幼儿园学习】 年初，房山区西潞园幼儿园选派青年教师7人到蓝天幼儿园跟班学习。同时，每周请蓝天幼儿园教师到该园授课两次。该园还利用暑假请幼教专家为教师集体辅导20天，使该园幼儿教师业务、政治素质有明显提高。

（李继宗）

【8万人参加艺术科技活动】 3至11月，房山区中小学生8万人参加艺术、科技活动。3至6月，该区少年宫组织中小学生开展书法、绘画、篆刻、摄影、工艺、舞蹈、器乐、戏剧、曲艺等比赛，选拔优秀作品参加市级比赛，获市级一等奖3个，二等奖12个，三等奖22个。11月，举办“爱科学月”活动，组织优秀选手参加小制作、小论文、小发明、英语、电子技术、航模等项市级比赛，获一等奖1个，二等奖8个，三等奖15个。

（李继宗）

【围绕素质教育开展活动】 4月8日，房山区教育局围绕素质教育开展活动。先后开展素质教育征文活动，共征集稿件230篇，举办素质教育讲座27讲，对20项区级重点研究课进行视导检查，举办研究课、公开课45节。

（李继宗）

【区教育局迁址】 5月5日，房山区教育局由房山城关北大寺街12号迁到良乡办事处西潞园大街9号新址。新址占地面积10亩，建五层楼房一座及一些附属房屋，总建筑面积为6055平方米。

（刘佩伍）

【召开电教工作会】 5月8日，房山区电教馆在良乡送变电子弟学校召开电教工作会。全区各中小学校长、电教教研组长110人参加。会议组织物理计算机辅助教学观摩课。演示计算机教学软件，为第三批认定的8所区级电教优类校颁发证书。

（李增祜）

【生物地理教学与环境教育研究开题】 5月15日，房山区教师进修学校召开市级“九五”课题《初中生物、地理教学与环境道德教育研究》开题论证会。该课题由教师进修学校主持，课题组成员先后召开5次研讨会，整理会议纪要5篇，联系实验学校5所，培训实验教师18人次，编写《环境与环境道德教育讲座》材料1册，问卷调查题1套，撰写调查报告和课题报告各1篇。

（李继宗）

【中心幼儿园和学前班通过验收】 5月和11月，房山区燕山、良乡、房山3所中心幼儿园和良乡一小、良乡二小、良乡三小学前班分别通过市教委检查验收。检查组分别检查园内设施和办学设施，同意3所幼儿园通过二级二类标准，并鼓励学前班以养成教育为主线，搞好幼儿园与小学的衔接。

（李继宗）

【举办计算机软件制作培训班】 5至6月，11至12月，房山区电教馆举办2期计算机软件（宏图软件）制作培训班，每期60课时。至年底，电教馆共培训中小学校长、教师、电教人员5205人次，上机操作共15615课时。

（李增祜）

【开展3项教学基本功评比】 7月，房山区教师进修学校开展全区中学录像课、教案、学生作业3项教师基本功评比活动。录像课由各校推荐，教案和学生作业采取抽签办法。全区共收到录像课79节；教案1000本；学生作业64个班3300本。共评出单项个人奖139个，其中高中19个，初中单项奖120个。集体综合奖27个，其中高中5个，初中22个。

（李继宗）

【召开教师节表彰会】 9月8日，房山区委、区政府召开教师节表彰会。会议表彰并奖励扎根山区、成绩突出的10名学校干部、10名班主任和10名教师。会议同时对26个捐资助学先进集体和28名捐资助学先进个人进行表彰奖励。

（刘佩伍）

【制订教育评价标准】 9月，房山区教育局和房山教师进修学校制订《房山区中学教案、课堂教学、学生作业评价标准》。并依据此标准，对直属中学进行视导，听课380节，检查教案490人，检查作业466个班。

（李继宗）

【良乡二小建小学生自律委员会】 10月16日，房山区良乡二小成立小学生自律委员会。该委员会设3个小队，即文明监督岗、巡查小队、护校小分队。其职责是定岗值勤，文明礼仪检查，课间巡视校园，维护校园环境，帮助有困难同学，保护花草树木等。

（李增祜）

【3所少年军校获得发展】 10月19日，房山区韩村河小学与解放军装甲兵工程学院教练团三营共建少年军校，在首都少年军校训练成果汇报表演上获优秀奖。同月，该少年军校获首都精神文明建设委员会颁发的首都先进少年军校称号。12月28日，房山区长育中心小学、篱笆房小学少年军校，在中国人民抗日战争纪念馆序厅“铜墙铁壁”前，隆重举行挂牌仪式，定点为德育基地。

（李增祜）

【十渡中心小学建希望实验室】 10月29日，房山区十渡中学“希望实验室”建成。该实验室由市教委教学仪器设备中心和房山区教育局装备站援建。两单位向希望实验室赠送录音机、录像机、彩电、投影仪、毛玻璃黑板等设备。

（李增祜）

【良乡一小确认为全国电化教育试点校】 10月，房山区良乡一小被确认为全国电化教育试验校。该校共有38个教学班，每班配备投影仪、电视机、录音机各一台，还有一个计算机房，配备30台电子计算机，一个语言教室。校内有闭路电视台，开展闭路电视教育教学。

（李继宗）

【召开完小达标验收总结会】 11月19日，房山区教育局召开督学、小教、计财、人事、干训、体卫、装备、教研及有关领导参加的完小验收达标总结会。3个验收组分别通报本组的验收情况。对未达标的完小，提出缺项补齐，并限期达标的要求。至年底参加达标验收的20个乡镇29所完小全部达标。

（李增祜）

【幼儿家长投票评选好教师】 12月25日，房山幼儿园设立投票箱，请家长自愿投票评选心中最喜爱的好教师。共收选票369张，3名教师被评为受家长喜爱好教师。

（李继宗）

【召开第四届目标教学研讨会】 12月25日，房山区教师进修学校召开第四届目标教学研讨会。研讨会采取做课、评课、典型发言、论文评选等形式。研讨会收到论文300篇，评出一等奖28篇，二等奖38篇，三等奖67篇。收到10所学校目标教学成果展板10块。

（李继宗）

【教育经费增长23.2%】 至年底，房山区用于普教事业财政拨款1.2亿元，比上年增长23.2%。小学生均教育事业费695元，比上年增加80元，增长12%；初中生均教育事业费1227元，比上年增加100元，增长8%。

（刘佩伍）

【史家营乡9个行政村配备班车】 至年底，房山区史家营乡9个行政村共出资132万元，为学校配备班车。该乡有12个行政村，其中，9个在百花山下，学生上学，教师上班都很困难。1990年，曹家坊村先购买中型面包车和56座“京通”大轿车各一辆，为师生配备班车。随后距中心校较远的另8个村均陆续为学校配备班车。

（李增祜）

【良乡二小建成劳动课基地】 年内，房山区良乡二小建成劳动教育课专用基地。该基地包括养殖基地、种植基地、专用教室。学生们在养殖基地养有鸡、兔、山鸡等10来种小动物；在300平方米种植基地种上菠菜、萝卜、葱等蔬菜。学校投资3万元，粉刷劳动课专用教室，购置专用桌椅、展柜、各种劳动工具。

（李增祜）

【3项措施迎接初中入学高峰】 年内，房山区教育局采取3项措施，迎接初中入学高峰到来：①在改造校舍过程中考虑入学高峰，合理规划；②对暂时闲置的校舍，加强维修保护；③加强小学优秀教师培训和学历进修，使他们在初中入学高峰到来时能晋升为中学教师。经预测从1999年至2002年的4年间，该区初中将增班340个。

（李增祜）

【活动课采用多种方式】 年内，房山区教育局采取措施拓宽活动课内容和形式。思想教育类，组织学生搞社会调查、参观访问进行“五爱”教育；学科类，组织兴趣小组，开发学生智力；科技类，组织小发明、小创造、种植、养殖、科学实验等活动；艺术类，组织声乐组、器乐组、舞蹈组、绘画组、摄影组等，培养学生特长；体卫类，组织各种体育锻炼小组，增强学生体质；实验类，组织学生接触大自然，参加生产劳动，搞科技实践等。活动课组织形式方面：采取统一的集体活动、群众性的社会活动、选择性的自愿活动、有目的的个体活动等多种形式。

（刘佩伍）

【500户教师解决住房困难】 年内，房山区教育局完成教师住宅建设1.6万平方米，解决213户教师

住房困难。近5年，该区教育局为教师在房良地区建筑、购买住房6处，总建筑面积3.6万平方米，解决500户教师住房问题。此外，乡镇也积极为教师解决住房困难。阎村镇投资730万元，兴建7800平方米住宅楼，入住教师66户，占入住总户数61.1%；张坊镇投资200万元，兴建2300平方米住宅楼，镇党委决定教师优先，并将好层次安排给教师，已有8户教师迁入新居。

（刘佩伍）

【进行中小幼职综合评价】 年内，房山区教育局对全区中小幼职学校工作进行综合评价。结果：中学15所学校获一等奖，10所学校获二等奖，6所学校获三等奖；小学15所学校获一等奖，4所学校获二等奖，5所学校获三等奖；1所幼儿园获一等奖，1所幼儿园获二等奖；职业高中1所学校获一等奖，1所学校获二等奖。

（刘佩伍）

【1110名教师参加学历进修】 年内，房山区教育局组织675名教师参加成人高考，其中193人被本科班录取；82人被大专班录取，录取率为41%；选派36名教师到首师大读硕士研究生；组织798名教师参加小学自学考试，其中《数学、汉语基础》、《计算机基础》、《小学教育心理学》三科及格率分别达85%、72%、82%，分别超出全市平均及格率的16.1%、16.2%和24.3%。

（刘佩伍）

【改善办学条件投资2714万元】 年内，房山区教委改善办学条件共投资2714万元。其中，投资1490.5万元用于36所中小学改造工程，改造总面积为2.15万平方米，其中小学1.5万平方米，中学0.63万平方米。投资308万元为学校购置教学仪器设备1.4万套（件），课桌椅1.2万套，交通工具16台。

（刘佩伍）

【采取各种措施资助贫困生】 年内，房山区采取各种措施资助贫困生。该区民政部门发给贫困生救济费每人每月16元；各乡镇启动扶贫工程，发展种植业、养殖业，脱贫致富；动员社会"献爱心"捐助贫困生；学校减免特困生学杂费。该区小学有贫困生1320人，占在校生总数的1.6%；初中贫困生1164人，占在校生总数的3.37%。

（刘佩伍）

【中小学竞相推动师资建设】 年内，房山区中小学推动师资建设采取许多办法。长育中心小学开展备课、讲课、批改作业3项比武活动；十渡中心小学完善考核制度，坚持每两周考核一次；房山师范附小、琉璃河中心小学要求教师能背诵默写《师德规范》、《师德公约》；豆各庄中心小学开展爱岗敬业、讲岗位职责、讲教师形象、讲职业道德活动；张坊中心小学、官道中心小学为学历进修教师报销学费、交通费。

（李继宗）

职业教育

【概　况】 1997年，房山区有职业高中9所，教学班104个，在校生3964人；开设32个专业；教职工282人，专任教师233人。专任教师中，文化课教师150名，专业课教师83名。教师学历合格率达48.2%，具有高级职务26人。全区职高校园占地面积45万平方米，教学设备总值352万元。

（刘佩伍）

【开展《职教法》实施一周年宣传活动】 10月16日，房山区教育局、成教局联合举行实施《职教法》一周年宣传活动。9所职业高中300多名师生，举行实物展示，技能表演，为群众修理家用电器、美容美发、量血压、测身高、电脑操作演示等。活动中挂出9条横幅，摆放50块展板，印发15000份宣传材料。

（刘佩伍）

【师范校开办大中专班】 年内，房山师范学校开办各种形式大中专班6个，其中，小学普教专业自学考试大专班，有学员64人，与北京皮革工业学校联办皮革设计与制造中专班，市场营销中专班、中技班，有学员共124人，与北京塑料工业学校联办塑料成型工艺中专班，有学员40人，对准备报考北京教育学院音乐大专班和美术大专班学员165人，举办文化与音乐、美术专业辅导班。

（刘佩伍）

成人教育

【概　况】 1997年，房山区共有各级各类成人学校526所。其中成人高等学校2所，开设11个专业，在校生2052人，招生1723人，毕业生426人，教职工22人，其中专任教师5人；成人中等学校7所，开设29个专业，在校生4536人，招生1801人，毕业1536人，教职工173人，其中专任教师63人；各类职工学校10所，全年培训37000人次，教职工170人，其中专任教师65人；社会力量办学学校70所，全年培训5780人次，教职工594人，其中专任教师271人；乡成人学校28所，全年培训78200人次，教职工44人，其中专任教师12人；村办成人学校409所，全年培训58800人次，兼职教职工409人。在成教教师中学历合格率66%，有高级职务的80人，中级职务150人，初级职务163人。

（刘廷阁）

【获成人三项培训工程先进称号】 3月6日，房山区成教局获市成人三项培训工程先进集体称号。该区自1994年实施成人三项培训工程以来，培训中高层次紧缺人才4741人，占全区机关和企事业单位管理和专业技术干部总数（14200人）的

33.3%；转岗人员培训57000人次，完成原计划的114%，其中12800人取得各类技术等级证书及特种行业资格证书，占转岗培训人员的22%；乡镇企业职工培训：培养大专生3020人，中专生13915人，新增技术人员2625人，岗位培训130000人次，分别完成原计划的151%、139%、131%、162%。10月31日，房山区政府召开成人三项培训工程表彰会。表彰市级先进集体区成教局和18个区级先进单位：韩建集团公司、崇民防伪印刷集团2个办学先进单位；蒲洼乡等13所乡镇先进成人学校；区农业机械化学校等3所社会力量办学先进学校。还表彰了11名先进个人。会议对1994年以来全区成人三项培训工程工作进行总结。区委办局和乡镇有关领导500人参加会议。

（张国都）

【首次举办领导干部研究生班】 3月10日，房山区委组织部、区成教局和北京市经济管理干部学院、中央党校函授学院联合举办领导干部研究生班。56名副处级以上党员领导干部报名，24人被录取，利用业余时间，参加中央党校函授学院研究生班学习经济管理专业，学制3年。

（杨守田）

【举办饲养肉鸡培训班】 3月17日，房山区窑上乡举办首期饲养肉鸡培训班。该培训班请北京农业科学院养鸡专家进行专题辅导。80名养鸡专业户人员参加学习，河北省涿州市和该区附近几个乡镇养鸡专业户也闻讯前来听课。房山窑上乡近几年出现一些饲养肉鸡专业户，截至1996年年底，全乡养肉鸡50万只。但大部分养鸡户不懂养肉鸡技术和疾病防疫。

（王新华）

【区艺术学校成立】 3月30日，房山区艺术学校开学。该校由区文化馆主办，面向中小学生招生。利用业余时间学习。首届招收200名学员，开设舞蹈、美术、武术、书法、音乐等班。

（姜绍让）

【首次举办建筑装饰装璜培训班】 4月16日，房山区成教局首次举办建筑装饰装璜培训班。该班由区成教局与北京市建筑工程学院联合举办，教师由市建筑工程学院派出，学习时间3个月，考试合格由建筑工程学院发结业证书。首期学习班学员38名。

（王怀启）

【国家教委视察房山自学考试】 4月26日，国家教委考试中心负责人到房山区视察高等教育自学考试考场。对房山自考工作成绩予以充分肯定，强调自学考试要加大服务力度，更多的选拔合格人才，为本地经济建设服务。

（王怀启）

【区商委举办领导干部培训班】 5月5至8日，房山区商委系统举办副科级以上干部、后备干部、团支部书记300多人参加的干部培训班。请专家讲授"首都零售业竞争态势与企业发展对策"、"商业发展与流通体制改革"、"企业经营战略和策略"、"企业形象与文化建设"、新经济法规等5个方面的内容。

（张素萍）

【举办首期猕猴桃绿色证书培训班】 5月29日，房山区张坊镇首期猕猴桃绿色证书培训班开学，该区猕猴桃服务中心技术人员讲第一课。张坊镇是房山区最大猕猴桃基地，猕猴桃的种植开始向庭院发展。该镇政府决定组织家庭妇女学习猕猴桃栽培和管理技术，成绩合格者，发给种植猕猴桃资格绿色证书。未获证书者，不准在家庭种植。

（王新华）

【首次举办建筑后备工长培训班】 5月，北京市电视中等专业学校房山工作站与房山区建工集团总公司合作，首次举办后备工长岗前培训班。鉴于房山区建筑业发展较快，房山区建工集团总公司决定从即将毕业的全日制中专班建筑专业毕业生中，挑选品学兼优学生40名，参加后备工长培训。

（马金荣）

【实施村干部中专化教育】 6月，房山区坨里镇开办中央农业广播电视学校中专班。20名村干部经考试进入中等专业学校学习。该镇党委、镇政府决定分期分批，对45岁以下、不具备中专学历的村干部进行学历补习，到本世纪末不具备中专学历者，不得担任村干部。

（王新华）

【区人大常委会召开成教专题主任会】 7月25日，房山区人大常委会召开成人教育专题主任办公会。会议听取区成教局关于成人中等专业学校发展情况汇报。主任办公会肯定成人中专校近年来取得的成绩，认为该校以经济建设为中心，开展联合办学，充分挖掘和利用社会教育资源，坚持经科教结合，岗前岗后沟通，这些经验应予发扬。会议分析该校存在的问题，对今后的改革发展提出意见。

（王怀启）

【召开气功学校负责人会议】 8月4日，房山区成人教育局召开气功学校负责人会议。会议学习《北京市社会力量办学管理办法》，发布区成教局制订的《关于对房山区气功培训学校加强管理的意见》。会议强调气功学校要严格按有关规定办学，认真贯彻国家教育方针，反对利用气功搞封建迷信活动，反对以盈利为目的，清除违背国家教育方针的条幅、标语等。房山区气功学校有3所，都是社会力量举办。

（王怀启）

【成教中心综合楼建成】 9月10日，房山区成人教育中心综合楼建成。该综合楼建筑总面积2700平方米。内有一个590座位阶梯教室，装备60台586的计算机房，10个教室，1个图书室，1个能容纳1000人就餐食堂。

（王怀启）

【召开乡企资格证书试点研讨会】 9月，房山区成教局召开乡镇企业资格证书试点工作研讨会。市教委、市乡镇企业局、市农委等部门领导参加研讨会。市有关领导听取试点工作汇报，对试点工作给予肯定，对下一步试点工作主要内容和应注意事项提出意见和建议。年初，该区经委、成教局在崇各庄乡防伪印刷集团进行乡镇企业职工资格证书培训上岗试点，目的在于使乡镇企业职工培训走上科学化、规范化、制度化的轨道，逐步建立起乡镇企业职工培训、考核、待遇、使用一体化运行机制。

（姜绍让）

【举办企管人员工商管理培训班】 年内，中共房山区委组织部、区经委、区成教局联合举办2期企业厂长、经理参加的工商管理培训班，每期授课190学时，学习《市场营销学》、《现代企业管理》等7门课程。185名厂长、经理参加培训，经结业考试，全部取得市经委颁发的《初级工商管理资格证书》。

（姜绍让）

房山区教育局

局　　长　傅　庚
党委书记　傅　庚
督学室主任　苏宝光

房山区成人教育局

局　　长　王福来
党组书记　王福来

门头沟区

基础教育

【概　况】 1997年，门头沟区有幼托园所58所，其中市立园所3所、单位办园所12所、街道办园所2所、乡村办园所4所；在园所幼儿4469人；教职工386人，其中专任教师158人，小学附设学前班103个，学龄前儿童2465人。小学92所，691个班，在校学生20285人，教职工2323人，其中专任教师1789人。中学22所，其中初中校17所，高中校1所，完全中学4所；初中班301个、高中班43个；在校学生13176人，其中初中生11357人，高中生1819人；教职工1900人，其中专任教师1204人。中等师范学校1所，在校生579人，教职工83人，其中专任教师41人。培智班6个，在校学生45人，教职工11人，其中专任教师11人。工读学校1所，5个班，在校生103人；教职工56人，其中专任教师21人。校外教育单位1个，教职工24人，其中专任教师13人。小学入学率100%，巩固率100%，毕业及格率100%。残疾儿童入学率94.1%，巩固率100%。初中入学率100%，毕业及格率98.42%，优秀率36%。高考上线率34%，录取率58.4%。中小学教师学历合格率90.7%，其中小学教师合格率98.4%，初中教师合格率88.5%，高中教师合格率80.3%。中小学教师具有高级职务73人，其中小学教师3人，初中教师34人，高中教师36人。年投入经费8821.8万元，改扩建教学设施总投资额1085.6万元。

（张忠贤　陈显水　沈世伟）

【举办书法美术工艺作品展览】 1月24日，门头沟区教委举办小学、幼儿教师、师范学校学生书法、美术、工艺作品展览。展出学生作品308件、教师作品103件。

（张忠贤　陈显水　沈世伟）

【参加市首届初中教学基本功竞赛】 1月27日，门头沟区教委推举38名40岁以下的初中教师参加北京市首届初中教师13个学科的教学基本功竞赛。共有31名教师获奖，获奖人数与东城区并列第四，获奖率为82%，与东城区并列第二名。其中新桥路中学教师郝晶、永定中学教师殷红涛获得个人“全能奖”。

（张忠贤　陈显水　沈世伟）

【制订小学教师基本功训练规划】 1月，门头沟区教委和教师进修学校联合制订《小学教师近几年基本功训练规划》。训练内容有：口语表达、写字、教学用简笔画、简易教具制作、校外教育活动的组织。这个以三字二画（话）一制作为主要内容的基本功训练规划已列入小学教师业务考核项目。

（张忠贤　陈显水　沈世伟）

【获自制生物标本展评二等奖】 1月，在’96北京普教系统自制生物标本展评中，大台中心小学教师自制生物标本狼鲫鱼化石获二等奖。

（张忠贤　陈显水　沈世伟）

【8名教工受到区委区政府表彰】 2月24日，门头沟区委区政府对门头沟区两个文明建设百颗星进行表彰。教育系统的教育工委、大峪二小被命名为先进集体；七棵树中学校长被命名为优秀干部；大峪中学、圈门中学、育园小学、斋堂中心小学4名教师被命名为优秀教育工作者；新桥路中学1名教师被命名为文化工作标兵。

（张忠贤　陈显水　沈世伟）

【加强机关形象建设】 3月5日，门头沟区教委加强机关形象建设采取四项措施：①印发《机关制度汇编》，规范机关工作秩序和工作人员行为。②印制《教委机关干部深入基层联系手册》，要求机关干部按深入基层事由、发现解决问题等六个项目认真填写，办公室每月进行一次检查并记入个人业绩档案。③教委领导与各科室签订《科室工作目标责任书》，考核结果与科室工作评优、公务员考核晋级相联系。④制订《教委机关形象建设若干规定》，提倡恪尽职守，反对拖拉扯皮。

（张忠贤 陈显水 沈世伟）

【小学教学检查验收完成】 3月7日，门头沟区教委召开对34所小学教学工作检查验收总结会，对最后一批被检查验收学校颁发合格证书。该检查验收工作是从1994年开始的，共听课1474人次，占任课教师总数的94.5%。其中优秀课459人，占讲课教师数的31.2%，达标总人数1466人，达标率99.9%。检查验收教研组176个，良好率为91.6%，其中优秀组47个，占总数的26.8%。

（张忠贤 陈显水 沈世伟）

【开展“红领巾文明街”活动】 3月8日，共青团门头沟区教工委组织新桥大街沿街10所学校少先队员开展“红领巾文明街”活动。内容有：擦拭护栏岗亭、拾捡废弃物品、向行人宣传首都文明公约等法律法规、监察学生校外行为、开展利民活动等。并制订出《红领巾文明街活动方案和管理条例》，规定每周六9至11时为红领巾文明街活动时间。

（张忠贤 陈显水 沈世伟）

【制订创建文明校园评选办法】 3月14日，门头沟区教委制订《门头沟区创建文明校园评选条件和评选办法》。该文件规定机构健全、领导有力，教师安心本职工作，学生德、智、体、美、劳协调发展，环境整洁、富有教育性，全面实施素质教育，教育质量稳中有升等为评选条件。评选工作每年一次，由基层写出自查报告年终交教委审定。

（张忠贤 陈显水 沈世伟）

【首家红领巾邮政储蓄所成立】 3月21日，门头沟区第一家红领巾邮政储蓄所在东辛房小学建立，区邮局、区妇联、团区委领导参加储蓄所挂牌仪式。156名学生成为红领巾邮政储蓄所的第一批储户，累计储蓄金额8870元。

（张忠贤 陈显水 沈世伟）

【召开第三届优秀中学生表彰会】 3月29日，门头沟区教委在大峪中学召开第三届优秀中学生表彰会。教委领导、各校负责人和师生代表共200人出席。表彰会上，6名优秀中学生代表介绍他们在逆境中顽强拼搏、助人为乐、拾金不昧、关心他人、助贫扶困、全面发展、立志成才的事迹。大会共表彰35名优秀中学生。

（张忠贤 陈显水 沈世伟）

【中小学生跳绳大赛获好成绩】 3月29日，门头沟区教委组织9所学校109名中小学生参加由市教委、市体协、市少年宫举办的中小学生跳绳比赛，取得好成绩：中学组获团体第一名，小学组获团体第二名。其中斋堂中学1名学生获得两项冠军，独得14分。全区涌现出一批跳绳先进学校和优秀学生，潭柘寺中小学具有跳绳特色和优势。

（张忠贤 陈显水 沈世伟）

【开展多种庆香港回归活动】 3至7月，门头沟区中小学生参加多种迎香港回归纪念活动。3至5月，区教育工委组织迎回归、精神文明建设知识竞赛，共有70个支部代表队230人参加比赛，经过6个赛区预赛、半决赛，有6个队参加总决赛，潭柘寺中心小学获一等奖。3至5月，区委宣传部、区教委和区文化局联合举办“圆梦在’97——门头沟区少年儿童迎香港回归读书竞赛”活动，有26所小学8所中学2万余学生参加竞赛，评出读书活动自编报比赛一等奖3名，知识竞赛一等奖1名。7月，在国务院港澳办公室、国家教委基教司、共青团中央少年部等单位举办的“我们爱祖国、我们爱香港——全国少年儿童迎’97香港回归知识角评比竞赛”活动中，门头沟区获一等奖10人，二等奖25人，三等奖40人。

（张忠贤 陈显水 沈世伟）

【斋堂中学举行学生成年仪式】 4月10日，门头沟区团工委在斋堂中学宛平抗战烈士纪念碑前举行18岁学生成年冠礼仪式。12所高中校团委书记出席仪式。69名18岁高中学生在团工委书记带领下宣誓，斋堂中学赠给69名学生《中华人民共和国宪法》。

（张忠贤 陈显水 沈世伟）

【国防教育基地落成】 4月15日，门头沟区教委在中门寺举行国防教育基地揭幕仪式。市教委、区政府、区武装部、区教委负责人到会。该基地对全区中小学生进行系列国防教育，训练周期为5至15天，教育内容主要有：队列训练、武器常识、三防教育、拳术练习、防空知识、射击投弹、野营拉练、战地救护等，并在晚间穿插政治学习和文娱活动。

（张忠贤 陈显水 沈世伟）

【召开教师基本功训练总结会】 4月18日，门头沟区教委召开教师基本功训练总结表彰大会，对7个先进集体和参加市区两级基本功比赛的83名先进教师进行表彰。会议要求，各级各类学校、各直属单位都要立足岗位实际，明确基本功训练的内容和要点，达到练以致用的目的。同时，注重全员参与，评估中要重集体轻个人；重普及轻选拔。

（张忠贤 陈显水 沈世伟）

【规范学前班教学】 4月24至26日，门头沟区教委对全区学前班教师进行培训，主要内容是：进行以绘画、折线为主要内容的技能培训，举办以《加强备课、提高学前班教学质量》为主题的讲座，对怎样进行常规教育、集体教育、游戏教育活动等进行指导。

（张忠贤 陈显水 沈世伟）

【向社会开放课堂教学】 4月，门头沟区部分中小学、幼儿园向社会开放课堂教学。大峪中学初一、初二语文、数学、英语课向社会开放28节，收回意见反馈表68份。城子幼儿园连续3天把大、中、小班共7个班的教育活动向家长进行半日开放，家长参加班上的环境创设、教育活动、课间操、游艺娱乐等项目，把意见和要求反馈给园领导和教师。

（张忠贤　陈显水　沈世伟）

【大峪中学建立学校教学研究室】 4月，门头沟区第一个校级教学研究室在大峪中学成立。该教研室由兼职教研员组成，定期开展活动。基本任务是：帮助学校指导开展教育教学活动；鉴定评选优秀教学论文和教改课题总结；参与对各级教师进行平时和年终教学工作的考核评估；对学校重大教学改革举措进行实效性论证并提出建议。

（张忠贤　陈显水　沈世伟）

【实施中小学综合评价方案】 4月，门头沟区教委制订并实施《中小学标准化建设、规范管理、实施素质教育工作综合评价方案》。该方案内容分5大方面、17个项目、52个子项、143个要素。方案强调学校在两支队伍建设、教育教学管理中实施素质教育检测指标。该指标分示范校、规范校和达标校三个等级，各校在与区教委确认目前等级后，制订1至3年工作目标及实施计划，签订《校长工作目标责任书》，区教委每年对各校达标情况进行考核。

（张忠贤　陈显水　沈世伟）

【5000名教育工作者获电影观摩卡】 5月20日，门头沟区委、区政府在影剧院举行向全区教育工作者赠送电影观摩卡仪式。区委、区政府、区政协、区教委负责人及千名师生代表出席仪式并观看电影。全区5000余名教育工作者得到电影观摩卡，凭该观摩卡可免费观看12场电影。

（张忠贤　陈显水　沈世伟）

【培训中学劳技课教师】 5月20日至6月22日，门头沟区教委举办中学劳技课师资培训班。来自各中学的25名劳技课教师通过教科院劳技教研室组织的英文打字基本知识和技能训练、打字机保养和维修、劳技大纲及有关法规和劳技课经验介绍等方面的培训。

（张忠贤　陈显水　沈世伟）

【创参加市田径运动会最好成绩】 5月25和26日，门头沟区教委组织60名中小学生参加北京市中小学生田径运动会，创出参赛以来最好成绩。其中小学田径代表队以261分的总成绩获团体总分第5名，小学乙组以241分的总成绩获该组总分第3名。

（张忠贤　陈显水　沈世伟）

【大台小学获市少年科技书库称号】 5月27日，北京市少年科技书库授牌仪式在门头沟区大台小学举行。市政协、市教委、市科协青少年科技部、区教委领导及7家新闻单位出席授牌仪式。接受此次授牌的还有密云县巨各庄小学、大兴县魏善庄小学、石景山区五里坨小学。

（张忠贤　陈显水　沈世伟）

【参加北京市青少年计算机竞赛】 6月1日，门头沟区7所小学和1所中学的59名学生参加北京市青少年计算机竞赛。24名学生获奖，其中2人获一等奖，5人获三等奖，17人获优秀奖。同时，2名教师被评为市优秀辅导教师。

（张忠贤　陈显水　沈世伟）

【市教委检查实验教学工作】 6月2至5日，市教委检查组对门头沟区中小学实验教学工作进行检查。检查组认为该区实验教学工作学校领导重视，仪器装备充足，教师队伍相对稳定，装备站和教研室配合较好。检查组同时指出在实验的规范性操作和自制教具等方面的不足。

（张忠贤　陈显水　沈世伟）

【大峪二小承办市级独立科研课题】 6月17日，门头沟区大峪二小举行《影响小学生主体性发挥的学校因素的分析及对策研究》开题论证会。市教育科学规划小组、教科院有关人员参加论证评审。会议认为大峪二小科研课题选题好，前期准备工作充分。确定大峪二小为承办市级独立科研课题研究五所学校之一。

（张忠贤　陈显水　沈世伟）

【举办幼儿教师技能比赛】 6月19日和12月10日，门头沟区教委组织两场幼儿教师基本技能比赛。第一场比赛是在6月19日举行的，内容是泥工、讲故事等，评出市立园一、二、三等奖各1名，其它类型园一、二、三等奖各1名。12月10日，组织7个幼儿园的22名教师进行第二场基本技能比赛。比赛内容为折纸、绘画、巧手制作。评出市立园和其它类型园一等奖各1名。

（张忠贤　陈显水　沈世伟）

【区幼儿园获一级一类园】 6月24至26日，门头沟区幼儿园通过市验收，被评为一级一类幼儿园。该幼儿园内外环境优美，设备玩具齐全，师资力量强，同时，推出由幼儿园出资准备部分棉衣、单衣，使幼儿能及时更换添加衣服；对有实际困难和特殊情况的家庭延长服务时间；幼儿患一般病症可由幼儿园护理，设反馈信箱，接受社会监督等管理办法。

（张忠贤　陈显水　沈世伟）

【粘贴画竞赛获特等奖】 6月，北京市第七届中小学粘贴画竞赛评选工作揭晓，门头沟区坡头中学获唯一团体特等奖，1名教师被评为优秀辅导教师；西辛房中学获团体三等奖。在个人奖中，坡头中学共获一等奖7名中的4名，另有2名学生分获二、三等奖。

（张忠贤　陈显水　沈世伟）

【学校领导干部研讨素质教育】 8月10至14日，门头沟区教委召开学校领导干部素质教育研讨会。会议听取对推进素质教育工作要点的动员，新桥路中学等5所学校就学生个性培养，加强教师队伍建设，深化课堂教学改革，利用教育资源发展学生能力等素质教育问题作典型发言。会议要求各学校要加强学习，真正实现教育思想的转变，加强基础薄弱校和山区学校建设，完善小学就近免试升学办法，全面实现升学制度改革。会议强调各学校要强化课堂教学主渠道作用，调整课程设置，全面落实新课时计划。

（张忠贤　陈显水　沈世伟）

【西辛房中学获“生物百项”优秀活动奖】 8月，门头沟区西辛房中学在国家教委、科委、科协举办的第四届“生物百项”活动评选中，获得生物百项优秀活动奖。该中学在6月参加市级评比，由于“植物栽培”活动成绩突出，被推荐参加全国评选。

（张忠贤　陈显水　沈世伟）

【参加中招录取工作】 8月，门头沟区参加统招统录考生3664人，及格率为98.42%，优秀率为36%，各类高级中学录取3609人，录取率为98.5%，高于全市录取率。其中市重点高中录取226人，普通高中录取279人，各类师范学校录取123人，中专学校录取1089人，技工学校录取548人，职业高中录取1067人，成人中专录取277人。

（张忠贤　陈显水　沈世伟）

【市教委领导到本区慰问教师】 9月5日，陈大白到门头沟区慰问教师，市教委、区政府、区政协、区委宣传部、区教委领导陪同。听取圈门中学办学情况汇报，与教师进行座谈，会后到教师家进行慰问。

（张忠贤　陈显水　沈世伟）

【召开教育工作会议】 9月9日，门头沟区委、区政府召开庆祝教师节暨教育工作会议。区委、区人大、区政府、区政协领导及各乡镇、办事处、有关委办局的负责人和各学校书记校长400多人参加。会上对195名优秀教师、教育工作者进行表彰，对其中6名成绩突出的教师给予重奖。会议作《深化改革、更新观念，进一步推进我区教育事业的发展》工作报告。会议强调全社会转变教育观念，把教育工作的目标尽快转移到素质教育上来。要做到抓队伍，以师德建设为龙头培养高素质的教师队伍；抓改革，深化校长负责制，强化考核评定优劣，逐步推进校长职级制，完善教师竞争上岗制；抓系列活动，推动教育教学活动开展；抓特色，各校都应形成自己的特色，提高学校知名度。

（张忠贤　陈显水　沈世伟）

【开展教育“手拉手”活动】 9月11日，门头沟区教委与西城区教委协商决定深入开展教育“手拉手”活动。该项活动内容有西城区对门头沟区中小学、幼儿园提供必要的物质援助；双方14对学校进行挂钩联谊活动，西城区挂钩学校对门头沟区提供教育信息和资料，开放大型教研活动，继续指导大峪中学高中教学工作；门头沟区接受西城区青年教师挂职锻炼，组织优秀教师报告团参与西城区青年教师革命传统教育活动，接受西城区中、小学生来开展革命传统和劳动教育活动。

（张忠贤　陈显水　沈世伟）

【教师资格认定完成】 9月，门头沟区教师资格认定工作完成。全区共认定教师3827名，占教职工总数的80.3%。其中由区教委审核、市教委认定的高等学校教师、高级中学教师、中等职业学校教师及实习指导教师资格共759名，由学校审核、区教委认定的初级中学教师、小学教师、幼儿园教师资格3068名。

（张忠贤　陈显水　沈世伟）

【组织普通高考招生工作】 9月，门头沟区高考报名538人，录取314人，录取率为58.4%，其中大专以上录取279人，录取率为51.9%。市重点大峪中学报名人数为200人，共录取176人，录取率为86%，其中第一批重点院校录取36人，录取率为18%。新建校育园中学报名141人，录取43人，录取率为30.5%，其中专科以上录取31人，录取率为22%。

（张忠贤　陈显水　沈世伟）

【大峪二小少年军校获好成绩】 10月19日，在北京市少年军校表彰会上，门头沟区大峪二小少年海军军校被首都精神文明建设委员会命名为首都先进少年军校，在训练成果表演中被评为第二届首都少年军校训练成果汇报表演优秀奖。该少年军校6月成立，为营级建制，共三个营，600多名学员，在海军38591部队帮助下进行军事训练。

（张忠贤　陈显水　沈世伟）

【组织“爱科学月”活动】 10月28日至11月28日，门头沟区教委、区科协、区科委等11家单位联合组织中小学生“爱科学月”活动。“爱科学月”共组织“绿化、美化、改善生态环境知识竞赛”，“少年电子技师等级证书认定活动”，“学科学、爱科学、爱家乡、科技致富征文”，“四驱车模竞赛”等14项活动。由大峪中学、大峪一小组成的中学队、小学队参加市中小学生生物知识竞赛，获小学组冠军和初中组、高中组亚军。90多名学生分获市级一、二、三等奖。

（张忠贤　陈显水　沈世伟）

【职评考核条例实施】 10月，门头沟区教师职称评定工作实施《门头沟区教育系统职评考核试行条例》。该条例明确职评考核的指导思想、评价内容、标准方法。业务部门配合条例制订《职评考核一览表》、《职评考核量化表》、《答辩提纲》等配套文件。职评中，评委会根据条例对参评者进行考核，突出听课、答辩、查教案等内容。

（张忠贤　陈显水　沈世伟）

【举办改善生态环境知识竞赛】 11月，北京市中小学生绿化、美化，改善生态环境知识竞赛门头沟区分赛场竞赛结束。该活动有14所学校3159名学生参加，竞赛结果为：东辛房小学获小学组一等奖，城子中学获中学组一等奖，职教中心校获高中组一等奖。他们代表区参加全市复赛。

（张忠贤　陈显水　沈世伟）

【开展青年体育教师评优活动】 11月，门头沟区教委组织中小学青年体育教师教学评优活动，评比内容有编写教案、教学论文、教学常规、课堂教学。在110节课次中评出一等奖4名，参加市级评优教师4名，1人获一等奖，3人获二等奖。

（张忠贤 陈显水 沈世伟）

【参加第六届“我爱北京我爱博物馆”征文活动】 12月19日，北京市第六届“我爱北京，我爱博物馆”征文活动评选结果揭晓，门头沟区中小学参评的28篇作品中获一等奖1名，二等奖4名，三等奖3名，中、小教科分获优秀组织奖。

（张忠贤 陈显水 沈世伟）

【举行“三防”知识演讲比赛】 12月20日，门头沟区教委在大峪中学阶梯教室举行第三届人民防空“三防”知识演讲比赛，市三防处、区三防领导小组、教委领导出席，10所中学的20名学生参加演讲。评选出一等奖3人，二等奖7人，三等奖5人，优秀奖5人。

（张忠贤 陈显水 沈世伟）

【推广大台中心小学科普教育经验】 12月24日，门头沟区教委召开现场会，推广大台中心小学科普教育经验。市教委有关科室负责人，各学校主管领导及教职工代表参加。大台中心小学从1987年开展科普教育10年来，学校学生、教师共147人次获国家、市、区的奖项72个，学校获奖15项。他们的经验是，坚持集中教育与全年活动、立足本地与外出活动相结合，使科普教育制度化、系列化，并持久开展。

（张忠贤 陈显水 沈世伟）

【基本建设投入超过500万元】 截至12月，门头沟区教委用于改善办学条件资金超过500万元。其中，年初投资11万元为职教中心校安装一套48座语言教学设备；投资21.8万元为大峪中学安装一套由27台“586”计算机组成的多媒体教学网络系统；投资18.04万元为育园中学装备一个24台“486”和1台“586”的计算机教室。6月，投资17.6万元为10所中学配备长空310DZ2型英文打字机250台；投资170万元建成河滩学校综合楼，建筑面积1741平方米，设实验室、专用教室、普通教室各4个；投资250万元建成城子小学综合楼，建筑面积2700平方米，内设20个普通教室和4个专用教室；投资40万元完成西辛房中学教学楼530平方米的建筑工程。

（张忠贤 陈显水 沈世伟）

【接收捐资助学68万元】 截至年底，门头沟普教系统共接收社会捐资助学68万余元。其中，6月，北京金银诚科工贸集团向潭柘寺中学捐资20万元，用于改善办学条件；冯村村委会捐资25万元，新建永定中学操场2万平方米；北京武警总队捐资20万元改建下苇甸小学教室。11月，清水镇张家庄村农民曹有茂出资2.2万元为齐家庄中心小学修建面积为448平方米的水泥篮球场。12月，永定镇石场村农民企业家石秀英向城子幼儿园捐款1万元，改善办学条件。

（张忠贤 陈显水 沈世伟）

职业教育

【概　况】 1997年，门头沟区共有职业中学6所，64个班，均为高中班。在校生1830人，招生698人，毕业476人。教职工389人，其中专任教师191人。教师中合格学历占40.3%，具有高级职务14人。

（张忠贤 陈显水 沈世伟）

【职教中心校学生开展校内实习】 5月，门头沟区职教中心学校结合各专业特点，在校内开展实习，提前让学生进入角色。具体做法是：服务专业学生每天负责办公室、楼道等处的卫生，做到窗明几净、清洁整齐；“服务小组”每天早晨身穿校服肩披绶带站立门口及楼道两侧鞠躬问候，迎接教职工上班；法律治安专业的学生一身戎装负责校门口和楼门口值勤。

（张忠贤 陈显水 沈世伟）

【召开区职业技术中心学校命名会】 9月26日，门头沟区职业技术中心学校命名大会在职教中心校召开。市教委、区人大、区政府及各营销单位负责人及各职业高中的领导参加大会。会议宣读市教委命名文件。

（张忠贤 陈显水 沈世伟）

【庆祝《职业教育法》颁布1周年】 10月16日，门头沟区教委组织职教类学校23所共1000多人，在新桥大街开展《中华人民共和国职业教育法》颁布一周年庆祝活动。共展出展板56块，张贴宣传标语37条，发放宣传物品2万多份。

（张忠贤 陈显水 沈世伟）

【举办文明礼仪比赛】 10月31日，门头沟区教委在职教中心校举办职高学生文明礼仪比赛。该比赛主要内容是礼仪规范动作和校园一日生活礼仪。各职高学校都组队参加，每队20人。经比赛，共评选一等奖1名，二等奖2名，三等奖3名，优秀教练员6名。

（张忠贤 陈显水 沈世伟）

【举办“我爱我的专业”征文赛】 11月28日，门头沟区教委组织职高学生举办“我爱我的专业”征文、演讲比赛。评出征文一等奖2名，二、三等奖各3名；演讲比赛一、二等奖各4名，三等奖6名。

（张忠贤 陈显水 沈世伟）

【举办青年教师教学评优活动】 12月1至5日，门头沟区教委在6所职高学校青年教师中，开展教学评优活动。共有12名青年教师参加区评优活动，其中，获一等奖6人，二等奖6人。该评优活动主要内容为编写教案、说课和讲课三项。

（张忠贤 陈显水 沈世伟）

【新增4个职高专业】 年内，门头沟区教委根据市场需求又开设商业礼仪与导购、市场营销、导游、艺术教育4个专业，至此，全区学生愿意报考的16个专业已基本固定。

（张忠贤 陈显水 沈世伟）

【职高普高在校生比例趋向合理】

年内，门头沟区6所职业高中共录取新生698人，与中专联办6个教学班录取265人，使职高与普高在校生比例更趋合理。该区职业教育经几年改革、调整，已经形成1所职教中心校带动4所独立设置校的格局，走出与中专联合办学的新路。

（张忠贤　陈显水　沈世伟）

成人教育

【概　况】 1997年，门头沟区共有各级各类成人教育学校87所，其中成人高等学校（站）1所，开设9个专业，在校生681人，招生389人，毕业164人；教职工11人，其中专任教师4人。成人中等学校5所，开设15个专业，在校生1360人，招生398人，毕业667人；教职工91人，其中专任教师31人。各类职工学校56所，全年培训2500人次；教职工41人，其中专任教师15人。社会力量办学校75所，全年培训10273人次；教职工566人，其中专任教师293人。乡办成人校（站）11所，全年培训27952人次，教职工22人。村办成人校（站）7所，全年培训5430人次；教职工3人。在成教教师中学历合格率35%；有高级技术职务的6人，中级技术职务的42人，初级技术职务的34人。年投入经费218.4万元，改扩建教学设施总投资额20万元。

（张忠贤　陈显水　沈世伟）

【举办门店经理岗位任职资格培训班】 6月，门头沟区商委举办门店经理岗位任职资格第一期培训班。该培训班宗旨是使商业企业管理人员政治素质、业务素质得到提高，成为懂经营、会管理的专门人才，达到持证上岗的目的。培训班开办三期，每期一个月，共培训80人。

（张忠贤　陈显水　沈世伟）

【市教委综合评价成教培训工程】 10月22日，市教委考察评价小组对门头沟区成人教育培训工程实施情况进行综合考察评价。评价小组听取该区成人教育培训工程实施情况汇报，视察区职教培训中心，对工程实施情况给予肯定，同时提出改进意见。

（张忠贤　陈显水　沈世伟）

【两企业投资职工培训】 10月，门头沟区部分企业克服困难开展职工培训。投资5200元购置设备建立厂内职工培训学校，对职工、干部、专业技术人员进行知识更新培训；百货公司得到区劳动局的15万元培训费，对385名职工进行转岗培训。

（张忠贤　陈显水　沈世伟）

【召开成教培训工程总结会】 12月22日，门头沟区教委召开1994至1997年度实施成人教育培训工程总结表彰大会。会议作成人教育培训工程总结报告，对10个先进集体和13个先进个人进行表彰。

（张忠贤　陈显水　沈世伟）

中共门头沟区委教育工委

书　记　张进增

门头沟区教委

主　任　张进增

门头沟区政府督学室

主　任　王家琦

通　州　区

基础教育

【概　况】 1997年，通州区有托幼园所217所，其中市立园4所，单位办园所26所，街道办5所，乡村办182所；在园幼儿24865人（3至6岁幼儿入园率73.23%）；教职工925人，其中专任教师517人；小学附设学前班97个，收幼儿3975人。小学192所，2109班，在校生68354人；教职工3903人，其中专任教师3389人。中学44所，其中高中校2所，完全中学7所，初中校35所；高中班102个，初中班765个；在校生35832人，其中初中生31131人，高中生4701人；教职工3107人，其中专任教师2266人。培智学校1所，教学班134个（含普校附设班和随读班），在校生481人；教职工47人，其中专任教师29人。校外教育单位1个，教职工53人，其中专任教师36人。小学入学率99.99%，巩固率100%，毕业及格率99.97%。残疾儿童入学率97%，巩固率100%，毕业及格率90%。初中生入学率96.46%，巩固率98.87%，毕业及格率98.31%，优秀率46.43%。高考上线率36.95%，录取率57.95%（其中大专以上录取率46.56%）。中小学教师学历合格率89.73%，其中小学教师96.49%，初中教师76.59%，高中教师99%；中小学教师具有高级技术职务211人，其中小学教师2人，初中教师114人，高中教师95人。

（刘　裕）

【次渠镇70名教师喜迁新居】 1月，通县次渠镇70名教师及家属迁入教师楼。该镇教师楼本着政府补贴，只收成本，教师受益的原则兴建，居室建筑面积为71至107平方米之间，教师按每平方米建筑面积632元交购房费。

（刘　裕）

【通县四中被评为全国优秀家长学校】　1月，通县四中家长学校被全国妇联、国家教委评为“全国优秀家长学校”。该校1991年成立，有健全的组织和明确的岗位责任制，有一支专兼职教师队伍，并有系统的授课计划。学校统一发放《家长必读》、《家教报》，定期召开家长座谈会，研究学生的学习及思想状况，配合学校做好学生的教育工作。

（刘　裕）

【孙玉华被授予全国家庭教育工作者园丁称号】　1月，通县潞河中学孙玉华以抓家庭教育，办好家长学校，使学校从1989年起连续9年学生犯罪率为零等先进事迹被全国妇联、国家教委授予全国家庭教育工作者园丁称号。

（刘　裕）

【潞河中学素质教育被摄制专辑】　1月，中央电视台《第二起跑线》摄制组到通县潞河中学摄制素质教育专辑，对该校实施素质教育、以体育为突破口、促进学生全面发展进行专题报道。该校几年来体育教学、群众体育、竞技体育取得显著成绩，为国家培养运动健将1人，一级运动员12人，在世界中学生田径运动会上获两块金牌。被国家教委、国家体委评为全国体育运动先进单位和全国培养体育后备人才先进集体。

（刘　裕）

【中小学生获得多项市级奖励】　1至10月，通州区中小学生获得多项市级奖励。在1月25日市第四届“乐百氏杯”小学生科技知识竞赛中，永顺小学1名学生获决赛一等奖。在市第九届中小学生“无线电爱好者杯”电子制作竞赛中，贡院小学2名学生获一等奖。4月20日，在初三数学竞赛中，潞河中学1名学生获一等奖、1名学生获二等奖，3名学生获三等奖。4月，在市第九届中学英语知识竞赛中，获远郊区县高中组二等奖1项、三等奖2项，初中组一等奖1项、二等奖3项、三等奖1项。在全国奥林匹克化学竞赛北京赛区比赛中，获远郊区县组二等奖2项，三等奖6项。在第16届“瞭望杯”时事知识竞赛中获团体优胜三等奖，2名学生获个人一等奖。5月2日，在初二年级数学竞赛复赛中，潞河中学1名学生获远郊区县重点校二等奖，大东各庄中学、通县四中和通县六中各1名学生获远郊区县普通校二等奖，5名学生获三等奖。5月22日，第六届华罗庚金杯少年数学邀请赛北京赛区复赛中，潞河中学2名学生、通县四中1名学生获二等奖，8名学生获三等奖。5月，第12届初中物理知识竞赛中，潞河中学1名学生获优胜奖和远郊区县组一等奖，3名学生获二等奖、2名学生获三等奖。9月，在第15届儿童城杯作文竞赛中，通州少年宫、大灰店小学、甘棠中心小学3名学生获二等奖，4名学生获三等奖。10月，市弱智儿童健身操比赛中，获远郊区县组一等奖。

（刘　裕）

【成立梨园中心校献爱心基金会】　3月5日，通县梨园中心校济贫助残献爱心基金会成立。该基金会旨在利用小学师生捐献的2万余元存款利息资助、奖励本镇小学贫困生、残疾儿童。

（刘　裕）

【召开初中教学基本技能竞赛表彰会】　3月29日，通县教育局召开初中教师教学基本技能竞赛总结表彰会，获奖教师、各中学校长参加会议。会上向参加市决赛获奖的38名教师颁发奖牌和证书，对138名教师进行表彰。

（刘　裕）

【调查初中留级生】　3月，通县督学室对39所中学1996至1997学年初中留级生情况进行调查，被调查的39所中学有32所有留级生，占82%，共有留级生369人。其中原初一留入现初一155人，原初二留入现初二214人，留级生占初一初二学生总数的1.56%。重点核查的12所学校共有留级生232人，占全县初中留级生总数的62.9%，其中189人坚持学习，占81.46%，有43人辍学，占18.5%。各学校对留级生工作比较重视，采取许多转化措施、防止学生流失。从12校坚持学习的189名留级生看，思想表现及学习成绩提高较快的51人，占27%，全科及格的43人，占23%，学习成绩略有提高的48人，占26%，没有提高的45人，占24%，由此可知76%的留级学生成绩有所提高。调查显示，学生留级即意味流失，学生流失给学生本人及家庭增加经济和精神负担。督学室在调查报告中提出：对留级生应严格控制，提倡和鼓励不留级。

（刘　裕）

【举办幼儿园半日活动示范观摩】　4月15至17日，通县教育局与教师进修学校共同组织厂矿园、农村园半日示范观摩活动。共有17所幼儿园100多名园长和教师参加观摩活动，先后观摩台湖中心园、梨园中心园和商业局幼儿园小、中、大三类班的半日活动。

（刘　裕）

【召开县教育工作会议】　4月28日，通县县委、政府召开教育工作会议，各委办局、各乡镇领导干部和部分中小学校长书记参加会议。会议的主要任务是贯彻市教育工作会议精神，总结1996年的教育工作，布署1997年教育工作任务。

（刘　裕）

【召开第六届教科研成果总结表彰会】　5月13日，通县教育局召开第六届教科研成果总结表彰会。县人大、县文教委、文教办和教育局领导、各中小学校长和获奖教师参加大会。本届获奖成果79项，其中一等奖5项，二等奖17项，三等奖57

项。会议总结本届教科研成果的特点，认为科研课题紧密联系教育教学实际；学校领导带头搞教科研；青年教师的教科研成果喜人。

（刘　裕）

【获市幼儿健身操表演奖】 5月，在市教委、体委联合举办的幼儿园团体健身操表演赛上，通县教工幼儿园的扇子操获一等奖，东里幼儿园的亮穗操获二等奖，通县幼儿园的徒手操获三等奖。教工幼儿园扇子操入选市庆祝“六一”节目。

（刘　裕）

【获全国读书征文活动奖】 5月，在全国第六届让心灵更美好读书征文活动中，通县教育局获组织金奖；小务中心校、中山街小学、觅子店中心校、后南仓小学获组织银奖；官园小学、玉桥中学获优秀图书馆奖；8名教师获园丁奖；学生中3人获金奖，4人获银奖，48人获优秀奖。5万余中小学生参加该读书活动。

（刘　裕）

【举办我为素质教育献一计活动】 5月，通县教育工会开展“我为素质教育献一计”活动。共有6444名教职工参加，提出建议4545条，采纳1701条，实施1054条，其中32条建议分别评为一、二等奖。

（刘　裕）

【进行中小学衔接调查】 5月，通县政府督学室对师姑庄中学与片内3所小学衔接工作情况进行调查。1991年以来，师姑庄片小学入学率、巩固率和毕业生合格率一直保持100%；中学教育教学质量保持较高水平，在校生巩固率均在99%以上，学生违法犯罪率为零，连续几年被评为先进学校。调查认为，搞好中小学衔接工作是减少留级生、防止流失的重要措施之一。

（刘　裕）

【5名教师获教学录像奖】 5至11月，通州区5名教师获市教学录像奖。其中，在5月北京市小学写字课教学录像评优活动中，1名教师获一等奖，1名教师获得二等奖；11月，在北京市推广马芯兰教改实验论文、录像评选中，3名教师获二等奖。

（刘　裕）

【举办庆“六一”迎回归风采展示活动】 6月1日，通县教育局、县关心下一代协会和县校外教育委员会举办以“童心盼香港回归，巧手绘祖国宏图”为主题的风采展示活动。全县各乡镇中小学的29个优秀文艺节目和42块展板参加展示，300多名特长生参加活动。

（刘　裕）

【开展完小验收工作】 6月12日，通县文教委和教育局联合验收复查农村完小工作结束，共检查验收23所农村完小，其中5所达到先进标准并受到表彰，18所为合格。至此，全县119所农村完小全部达到合格标准，17所为先进，在北京市远郊区县率先达到合格标准。该县制订出至2000年农村完小建设目标和任务，制定出合格学校、规范学校、特色学校和示范学校的办学标准，分类推进分步实施，实现完小100%合格，70%达到规范，10%达到特色，3至5校达到示范校标准。

（刘　裕）

【评选优秀教师】 7月，通县教育局评出市级优秀教师27人，优秀青年教师8人，优秀教育工作者3人；评选县级优秀教师158人、优秀青年教师70人、优秀教育工作者27人，另外评选上报1990年以来参加工作的县级优秀毕业生19人，优秀毕业生管理先进个人4人。

（刘　裕）

【马驹桥镇成立国防教育中心】 7月，通县马驹桥镇成立国防教育中心。该教育中心下设三个军校，聘请30名解放军优秀军官担任教师，每年对全镇中小学生进行1至2次军训。

（刘　裕）

【完成教师资格认定工作】 7月，通县教育局完成教师资格认定工作，共认定教师6312人，其中认定高级中学教师1105人，占17.5%；认定初级中学教师1584人，占25.10%；认定小学教师3454人，占54.72%；认定幼儿园教师169人，占2.68%。

（刘　裕）

【147户教师户口“农转非”】 8月12日，市公安局、人事局、县人事局到通县教育局联合现场办公，为1994年被评为中级以上技术职务的147户教师办理户口“农转非”审批和转入居民户口手续。

（刘　裕）

【觅子店乡利用暑期改造校舍】 8月，通县觅子店乡党委、政府投资200万元对全乡9所学校危旧校舍进行维修和翻建。其中，投资130万元新建边槐庄小学，可容纳15个教学班；投资70万元对觅子店、张庄、曹庄、定安等小学的202间危旧校舍分别进行维修，使全乡9所学校无一危房。

（刘　裕）

【张家湾村小学教学楼建成】 9月1日，通县张家湾村投资200万元兴建小学教学楼正式投入使用。该楼建筑面积2400平方米，可容纳18个教学班600多名学生并配有语音教室、计算机房和其他现代教学设备。

（刘　裕）

【东方小学乒乓球馆建成】 9月1日，通县东方小学筹资新建的乒乓球训练馆竣工并交付使用。该训练馆1996年7月动工，总投资170万元，建筑面积1651平方米，训练大厅可容8张国际标准球台，可供50人同时训练，还有低年级专用球台和场地。该馆有可供300人开会、娱乐的多功能厅、电脑学习厅等。

（刘　裕）

【徐辛庄镇优先办教育】 9月3日，通县徐辛庄镇政府召开庆教师节大会，命名表彰100名优秀教师和50名学科骨干教师。该镇出资7万元为全镇393名教师普查身体、入大病医疗保险。近3年，该镇政府共投资750万元，新建、翻建双埠头小学、草寺小学、小营小学，及时帮助学校解决教师工作、生活方面的实际困难。

（刘　裕）

【建立五类小学教改实验研究基地】　9月5日，通县教育局建立五类小学教改实验基地。即：中华传统美德教育实验研究基地、学科课堂教学改革实验基地、活动课教学实验研究基地、小学生知识能力评价实验研究基地和学习困难学生教育转化实验基地。5个教学改革实验基地共涉及28所小学。

（刘　裕）

【召开初中毕业班工作总结表彰会】　9月19日，通县教育局召开1997年初三毕业班工作总结表彰会，会上有10所达标校、12所工作成绩优秀校受到表彰；会上向初三教学效果显著、成绩优秀的108名教师颁发教学成绩优秀奖。

（刘　裕）

【次渠镇中心小学教学楼建成】　9月，通州区次渠镇中心小学教学楼竣工，并交付使用。该教学楼，3月动工，8月竣工，总投资200万元，建筑面积2000平方米，可容纳20个教学班。

（刘　裕）

【海户屯小学成立雏鹰法制学校】　9月，通州区马驹桥镇海户屯小学成立雏鹰法制学校。该法制学校聘请区、镇宣传、司法、公安等部门领导10余人为校外辅导员和法制学校义务教师，制订详细教学计划，每周授课或活动1次。采用举办讲座、中队会、知识竞赛、参观展览等活动，学习和宣传《交通法规》、《环境保护法》、《未成年人保护法》、《义务教育法》和《教师法》。

（刘　裕）

【胡各庄乡出资为教师办实事】　9月，通州区胡各庄乡政府拨款2万元为9所小学、2所中学、1所幼儿园食堂各配备一套燃气灶具，改善教师就餐条件。至年底，该乡政府先后投资80万元为教育办实事。为后屯小学、南刘各庄小学、胡各庄中学新建教室32间。完成成人教育学校搬迁，新建教室5间，购置6台计算机；为54户教师解决住房困难。为南刘各庄、胡各庄两所中学配备医务室，为全乡270名教师免费检查身体并建立医疗档案。

（刘　裕）

【3校获首都先进少年军校称号】　9月，通州六中、枣林庄小学和公园下坡小学在北京少年军校汇报表演暨总结大会上获首都先进少年军校称号。

（刘　裕）

【马桂君获全国物理录像课一等奖】　9月，通州区潞河中学青年物理教师马桂君的《电磁场强度》一课录像在全国第二届中学青年物理教师优秀录像大赛中获一等奖第一名。该录像课为概念课，马桂君在教学中能充分利用实验等教学手段并结合教学内容自行设计教学软件。此课调动学生积极思考和回答问题，质量高，获得好评。

（刘　裕）

【潞友体育馆落成】　10月18日，通州潞河中学举行建校130周年校庆暨潞友体育馆落成典礼。潞友体育馆建筑面积5305平方米，总投资1500万元，其中市区政府拨款900万元，台湾立青文教基金会捐款500万元，海内外校友和本校教职工捐款100万元。这座可容纳2000名观众的体育馆，可进行篮球、排球、手球、乒乓球、羽毛球等球类比赛和田径训练。

（刘　裕）

【召开素质教育报告会暨综合评价表彰会】　10月21日，通州区教育局召开素质教育报告会，请市教委领导作《关于推进素质教育》报告。会上公布1996至1997学年学校综合评价，县级特色校10所，一类校（先进校）43所，二类校30所。11月7日再次召开素质教育报告会，会上表彰通州六中等11所市县级特色校；运河中学等43所中小学及幼儿园一类校；还表彰连续两年评为特色校及连续三年评为一类校的18名校长。

（刘　裕）

【召开戴金泉语文教学改革研讨会】　10月28日，通州区教育局和张家湾中心校联合召开戴金泉语文教学改革研讨会。80多名与会者首先观看他的简介录像，听取他的实验情况介绍。戴金泉是张家湾镇枣林庄小学的青年教师，他从1992年参加工作以来在教学中进行学生主体性发展的研究实验，取得较好的教学效果，这次研讨会总结和探讨他改革实验的效果与经验。

（刘　裕）

【维联图书馆在甘棠中心校建成】　10月，维联图书馆在通州甘棠中心小学落成。该图书馆建筑面积528平方米，有书库、阅览室和管理人员办公室，有图书2万余册。11月开始接待小学师生阅览。维联图书馆由香港维多利亚联青社捐资10万元港币建成。

（刘　裕）

【举行杂技班毕业汇报演出】　11月12日，北京戏校通州区杂技班举行毕业演出，共演出《飞天》、《踢碗》、《滚灯》等19个节目。通州杂技班创建于1990年，隶属通州少年宫，1994年9月并入北京戏校。该校有450平方米练功厅，23名中专班学员。

（刘　裕）

【电教优类校普查结束】　11月21日，通州区教育局和区教师进修学校完成对13所市级电教优类校联合检查。13所市级电教优类校全部合格。其共同点是：电教资源配置、电教环境建设、软硬件投资比例趋于合理，自制与教学内容和统编教材相配套的电教教材品位高、数量大。

（刘　裕）

【召开幼儿伙食现场会】　11月21日，通州区教育局在新城东里幼儿园召开幼儿园所幼儿伙食工作现场会。各园所长、伙食管理员、炊事员和保健医生等70余人参加会议。东里幼儿园介绍了幼儿伙食管理经验，并展示18种主副食品。

（刘　裕）

【颁发助学金和奖学金】 12月23日，通州区教育局和中保人寿保险通州区公司举行运河雏鹰基金会助学金、奖学金发放仪式。有219名特困生、贫困生领到助学金，有25名优秀学生领到奖学金，共计发放助学金、奖学金83700元。助学金每人200至500元，奖学金300至500元，奖学金中有1名学生领到特殊奖1000元。运河雏鹰基金会设立于1996年，主要针对通州地区中小学特困生、贫困生，每年颁发一次。

（刘　裕）

【常见病防治达市中级标准】 年内，通州区教育局开展中小学生常见病检测与防治工作，对患贫血学生272人、患有不同程度沙眼学生4020人及患有肠道蠕虫感染的学生分别投药治疗。此项工作达到市中级考评合格标准。

（刘　裕）

【开展体育教学评优活动】 年内，通州区教育局开展中小学体育教学评优活动，做课教师353人，占体育教师总数的77%，其中小学245人，中学108人，共做课464节。评出区级优秀课一等奖18人，二等奖28人。推荐参加北京市体育教学评优，2人获一等奖，3人获二等奖。

（刘　裕）

【大杜社乡建起中心幼儿园】 年内，通州大杜社乡投资60万元建起乡中心幼儿园。该园建筑面积600平方米，可接纳150名幼儿入园。

（刘　裕）

【完成学生体检建卡工作】 年内，通州区教育局完成中小学生体检建卡工作。为小学一年级学生4500人进行健康检查，建立健康卡；为二至六年级学生17000人进行常规体检；为初一学生8400人、高一学生1200人进行体检并建立健康卡；为初二、初三及高二学生15000人进行常规体检。

（刘　裕）

【投入3811万元改善办学条件】 年内，通州区各乡镇党委、政府共投资3811.4万元，改善办学条件，新建改建小学7所，建教学楼5座，新建平房教室148间，翻修校舍702间，解决教师住房265户，修学校甬路3480平方米，建院墙1104米，建标准操场2个，建学校门楼3座，维修教学楼3座，建语音室3个、计算机房3个、液化气自管站1个，购置课桌椅1360套，添置图书8000册、摄像机2台、放像机11台、彩电10台、钢琴2架及投影仪、录音机等教学仪器设备。

（刘　裕）

【3259名教师参加继续教育进修】 至年底，通州区3259名教师参加各类继续教育进修，其中，中学数学研修班15人，中学中级职称电教教师培训14人，小学初级职称电教教师培训21人，中学电教教师岗前培训108人，中学各学科系列专题培训50人，进修学校高级研修班36人，小学教师基本功培训3015人。

（刘　裕）

【中小学干部参加岗位职务培训】 至年底，通州区中小学干部参加各类岗位职务培训共计212人。其中，中小学校长高级研修班2人，中小学校长岗前培训2人，中小学校长计算机培训班80人，中学后备干部培训班38人，小学校长研修班10人，中学副校长专题培训40人，中学总务副校长专题培训班40人。

（刘　裕）

【922名教师参加大专以上学历进修】 年内，通州区有922名中小学教师参加大专以上学历进修。其中，研究生水平班112人，大学本科260人，大学专科550人。另外，有参加高等学校自学考试学习的小学教师1068人。

（刘　裕）

【举办小学教师三笔字培训】 年内，通州区对小学教师进行毛笔字、钢笔字和粉笔字基本功培训，并进行第三次复核认定。三次申报复核的教师共有4084人次，三笔字总合格率为88.2%。其中，毛笔字合格率为89.03%，钢笔字91.14%，粉笔字84.43%。

（刘　裕）

职业教育

【概　况】 1997年，通州区有职业中学4所，72班（均为高中），在校生2574人；招生1032人；毕业762人。教职工178人，其中专任教师109人，具有高级技术职务10人。教师中合格学历94.49%。

（刘　裕）

【开展职高教学评优活动】 4至5月，通县职教中心开展职业高中教学评优活动。这次教学评优是分校内评优、县级评优和组织示范课三个阶段进行，共评出县级优秀课5节，另有6名教师的课获表扬。评优后组织优秀课示范观摩活动。

（刘　裕）

【职业教育中心新校舍建成】 9月1日，通县职业教育中心新校舍建成。新校舍占地66000平方米，总建筑面积2.34万平方米，总投资2600万元。北京工业大学通州分校，通州区第二、第三职业学校和通州区职业教育中心迁入新校舍分别办学。

（刘　裕）

【开展课外活动提高学生素质】 年内，通州区四中职业高中开设课外活动课，建立文学创作、书法绘画等课外小组，由有关专业教师担任课外辅导。文学创作组5名学生的作品在报刊杂志上发表。书法绘画组1幅作品选入《首届希望杯全国书法篆刻大赛作品选》、《中国青少年书画家作品精选》及《中国青少年书画人才辞典》。并在迎香港回归书法作品大赛中获优秀作品奖。

（刘　裕）

【1405名职校毕业生取得专业技术合格证】 年内，通州区教育局和各职业学校与市区劳动技术部门合作，对9个专业1508名毕业生进行专业技术考核，结果有1405人取得合格证书，合格率93.17%，其中，1273人获得初级证书，132人获得中级证书。

（刘　裕）

【实施中等职教与高等职教接轨】 年内，通州区四中职业高中在97届财会班进行中等职业技术教育与高等职业技术教育接轨的尝试。该校开设职业高等院校课程自学、辅导考试课程，利用双休日、寒暑假期间进行高考辅导与补习，并制订教学计划，开设与高职接轨相关专业的文化课、专业基础理论与专业技能课。该校97届高三财会班毕业生48人中，有11人考入职业高等院校，升学率为24%。

（刘　裕）

成人教育

【概　况】 1997年，通州区共有各级各类成人学校195所，其中成人高等学校（站）1所，开设7个专业，在校生582人，招生280人，毕业128人；教职工15人，其中专任教师3人。成人中等校（站）5所，开设15个专业，在校生1859人，招生818人，毕业1143人，教职工30人，其中专任教师9人。各类职工学校3所，全年培训2427人次。教职工45人，其中专任教师19人。社会力量办学52所，全年培训22477人次，教职工1033人，其中专任教师692人。乡办成人学校17所，全年培训34251人次，教职工115人。在成教教师中有高级技术职务的14人，中级技术职务63人，初级技术职务39人。

（吴鸿茹）

【组织自学考试】 3至9月，通县共有8865人报考自学考试，18048科次。3月报考4300人，其中新生1777人，比上年同期增加395人。9月报考4565人，达9148科次。全年毕业大专生140人，本科生14人。是年，该县首次举办中等教育自学考试。3至9月开考两个专业，7门课程，共有495人报考2071科次。

（吴鸿茹）

【成立县成人高考委员会】 4月18日，通县成人高考委员会成立。该委员会由县人大、县政府、县纪委、文教委、成教局、城管委、商委、财政局、公安局、卫生局等有关领导组成。下设招生考试办公室、高等教育自学考试办公室，负责日常及报名考试工作。

（吴鸿茹）

【3750人参加计算机等级考试】 4至10月，通县3750人报考计算机等级考试。4月参加一级考试800人，一级B类1200人。10月参加一级考试1000人，一级B类750人。

（吴鸿茹）

【成人教育中心成立】 8月15日，通县成人教育中心正式成立。该中心行政业务工作由通县成人教育局负责管理。中心设办公室、教研室、行政后勤处、财务装备处、大专部、中专部、培训部七个机构。同时，原通县教育中心所属通县农民科学技术学校、教育局所属的第三职业学校的不动产划归该中心。通县成人教育中心占地1万平方米，建筑面积1.45万平方米。

（吴鸿茹）

【马驹桥被定为成人教育示范学校】 9月18日，市教委检查组到马驹桥镇成人学校，对该校的各项工作进行评审，认为马驹桥镇成人学校达到北京市乡镇成人教育示范学校标准，被认定为北京市乡镇成人教育示范学校。该校成立于1986年，共开设8个专业，毕业学生572人，现有专兼职教师32人。

（吴鸿茹）

【获市成人教育培训工程先进单位】 10月27日，通州区成人教育培训工程通过市教委检查。检查组对该区中高层次紧缺人才培训、转岗人员培训和乡镇企业职工培训三项工程实施情况进行检查并给予较高评价。

（吴鸿茹）

【举办村级干部岗位资格培训班】 10月，通州区成教中心举办首期村级干部岗位资格培训班。该培训班学员是具有初中文化程度、有一定实践经验、身体健康、年龄35岁左右的现任村级干部及后备干部。培训班安排5门必修课程和3门讲座。

（吴鸿茹）

通州区教育局

局　　长　沈友实
党委书记　沈友实
督学室主任　沈友实

通州区成人教育局

局　　长　李德泉
党总支书记　李德泉

顺义县

基础教育

【概 况】 1997年，顺义县有托幼园所160所，其中市立园12所，单位办园所5所，乡村办园所143所；在园（所）幼儿9892人；教职工285人，其中专任教师188人。小学168所，其中中心校40所，完小42所，村小86所，在校生78568人；教职工4541人，其中专任教师3535人。中学37所，其中初中校28所，完全中学9所；初中班656个，高中班137个；在校生35309人，其中初中生28649人，高中生6660人；教职工3259人，其中专任教师2277人。中等师范学校1所，16个班，在校生640人；教职工119人，其中专任教师62人。聋哑班3个，在校生21人；教职工27人，其中专任教师12人。培智学校1所，8个班，在校生71人；教职工17人，其中专任教师12人。校外教育单位2个，教职工65人，其中专任教师53人。小学入学率100%，巩固率100%。初中入学率100%，巩固率99.4%，毕业率96.5%，优秀率29.2%，升学率94.9%。高考上线率51.2%，录取率60%。中小学教师学历合格率89.19%，其中小学教师合格率97.28%，初中教师合格率91.6%，高中教师合格率78.7%；中小学教师具有高级职务403人，其中小学教师18人，初中教师118人，高中教师267人。

（刘奎让）

【吴凤英获市惠普优秀教学管理奖】 1月8日，顺义县杨镇一中副校长吴凤英获市中学惠普优秀教学管理专项奖。

（杨国岐）

【56名青年教师获市基本技能赛奖】 1月22日，在市初中青年教师教学基本技能竞赛中，顺义县获团体总分第一名；3名青年教师获学科全能奖，19人分获学科一等奖，34人分获学科二等奖。比全市参赛获奖率高24个百分点。

（李国清）

【获读用《北京教育丛书》征文奖】 1月，在市第三次读用《北京教育丛书》征文活动评选中，顺义县5篇论文获优秀奖，10篇论文获纪念奖，并有2篇论文被收入获奖征文选集中。

（徐桂芸）

【召开老干部工作会】 2月8日，顺义县教育局召开老干部工作会。会上，表彰14个老教协先进集体，11名先进老干部工作者，7名老教协之友和42名老干部先进个人。会议要求贯彻落实市、县老干部工作会议精神，开创老干部工作新局面。

（刘廷安）

【召开教育工作会议】 2月13日，顺义县教育局召开教育工作会议。局、乡镇及各中小学领导共400余人参加会议。会议总结1996年工作，对1997年工作提出9项任务。会议强调全面贯彻教育方针，大力推进素质教育；进一步推进干部和教师队伍建设；积极推进高标准基础教育工程，全面提高九年义务教育水平；大力开展教科研，推行使用现代化教育技术；强化校园环境管理。

（杜桂霞）

【制订“九五”电化教育发展规划】 2月14日，顺义县教育局召开电教工作会。会议主要讨论《顺义县“九五”电化教育发展规划》。该规划总目标是：“九五”期间，顺义县实现教育手段、教育管理现代化，教育信息网络化，使电教工作进入全市先进行列。

（杜桂霞）

【“九五”科研规划实施】 2月15日，顺义县教育局召开科研工作会议，部署实施普教系统“九五”科研工作规划。该规划奋斗目标是：①全县中小学普遍建立有专职管理人员的科研机构，建立健全管理制度，形成教育行政、教育科研与教研紧密结合的运行机制；②全县中小学形成一支结构合理、素质较高的科研队伍，培养一批科研骨干和科研带头人；③创建3至5所县级科研示范校，1至2所市级科研示范校；④总结出具有顺义特色的适应素质教育需要的管理模式和现代教育管理体系；⑤全县科研经费投入力争突破50万元；⑥高质量完成规划内市县级科研课题任务。县教育局及中小学领导400余人参加工作会。

（杜桂霞）

【香港学生到牛栏山一中参观】 2月22日至3月1日，香港学生代表团一行25人到顺义县牛栏山一中参观交流。在交流期间，除进行学生间的座谈、联欢外，学校还邀请香港学生到教室听课、到教师家中作客。

（龚学伟）

【获“迎春杯”赛远郊区团体第一】 3月12至15日，顺义县在第12届“迎春杯”数学竞赛中取得远郊区县初一年级和小学生两个团体第一。3月12日，获初中一年级远郊区县团体总分第一名。其中，重点校组共有36人获奖，顺义县占25人，并包揽一、二等奖；普通校组共有58人获奖，顺义县占32人，并包揽一等奖。3月15日，获小学生远郊区县团体第一名，在获奖的270人中，顺义县占192人，占71%，比上年增加8

个百分点。其中一等奖22名，被顺义县包揽。

（段长连　史旭恩）

【召开完小验收总结表彰会】 3月21日，顺义县政府召开完小验收工作总结表彰大会。县、局、乡镇及各小学领导参加会议。会议宣布1996年农村完小验收达标的11个单位，并颁发合格证。北小营镇等4个单位介绍经验。11所达标校做到校舍配套化，教学设备标准化；管理日趋规范、科学，办学水平有较大提高。

（高荷莲）

【66人在"华罗庚杯"复赛中获奖】 3月29日，在第六届全国"华罗庚杯"少年数学邀请赛北京地区复赛中，顺义县8人获一等奖，15人获二等奖，43人获三等奖；8名辅导员老师获优秀教练员证书。在全国决赛中，顺义学生秦伯涛获金牌（第二名）。

（段长连）

【召开素质教育现场会】 4月10日，顺义县教育局在天竺中学召开以"七个一"活动为载体的中学素质教育现场会，教育局机关及全县中学领导120余人参加。会议听取天竺中学和杨镇一中经验介绍，参观全县中学"七个一"活动成果展览，观摩天竺中学主题班会、展示活动等。会议强调，学好素质教育理论，增强实施素质教育紧迫感；采取有力措施，把素质教育扩展到社会、家庭；发挥学生主体和班级主阵地作用；发挥投入导向和评价导向作用。

（张凤聚）

【首次评选"十佳"中小学生】 4月12日，顺义县召开首届"十佳"中小学生表彰大会，17名中小学生获"十佳"称号。其中有被评为第四届"希望之星"北京"十佳"中学生和曾获"北京市小歌手"称号、北京电视台七色光艺术团团员。

（张福海）

【英国皇家督导团到顺义县考察】 4月23日，英国皇家教育督导团到顺义县考察。英国客人就教育督导制度建立，教育督导队伍建设及教育督导评价开展情况，与县政府督学室成员进行交谈；考察牛栏山一中和牛栏山中心小学，到音乐室、美术室、劳动室和计算机室听课；参观两校校园。客人对两校教育教学取得的成绩给予高度评价。

（朱翠英）

【举办预防青少年犯罪报告会】 5月6日，顺义县政府邀请中国政法大学和中国青少年犯罪研究会有关学者作预防青少年犯罪报告。报告围绕青少年犯罪的特点、原因和中国现阶段青少年犯罪现状及如何有效地预防减少青少年犯罪现象的发生等问题，引用大量国内外青少年犯罪的事实、案例进行分析和论述。该县普教、成教和劳动局技校干部师生1500人参加报告会。

（张福海）

【德国客人参观顺义八中】 5月21日，德国客人一行30余人到顺义八中参观考察。德国客人与学校领导交谈，到初三听英语课，参观理化生实验室、计算机教室、多媒体语言教室、劳技作品展室和学校电视台的编播室。并向学校赠送纪念品。

（何树清）

【获市田径运动会中学组三连冠】 5月24至25日，在北京市中小学生田径运动会比赛中，顺义县中学生代表队高、初中组分别获得359.5分和242分，以总成绩601.5分列远郊区县中学组总分第一名；这是该县自1995年以来第三次夺得远郊区县中学组总分第一名。

（吴宗宝）

【成为首批素质教育实验联系县】 5月，顺义县被确定为市第一批实施素质教育实验联系县。承担的主要任务：①面向全体学生，全面提高学生素质，使学生生动活泼主动地发展，办好每一所学校并办出特色；②完善教育管理体制，优化资源配置，改革招生考试制度，构建以提高学生素质为目标的教育体系；③完善中小学督导评价制度，建立义务教育质量监测制度；④建立适应素质教育需要的教师队伍；⑤积极发展社区教育，创建良好社会环境。

（张福海）

【17名小学生获市计算机竞赛奖】 6月1日，在市第八届青少年计算机竞赛中，顺义县光明小学17名学生获奖。其中1名学生以满分成绩获四年级组一等奖，1名学生获三年级组一等奖。

（李长青）

【杨镇一中文学社成员拜访浩然】 6月3日，顺义县杨镇一中"毛毛草"文学社成员一行7人，到河北省三河市看望和拜访该校文学顾问、作家浩然，得到浩然热情关怀与鼓励。"毛毛草"文学社是1983年自发组织起来的一个群众文学社团组织，现有成员50人。成立十几年来，已在市级以上各种报刊杂志上发表文学作品近200篇。

（杨国岐）

【120名贫困地区校长参观顺义学校】 6月17日，由国家教委高级教育行政学院组织全国贫困地区校长培训班一行120人到顺义县仓上小学和牛栏山中心小学参观。参观团听取两校情况介绍，参观教学设施和校容校貌。对两校硬件建设和科学规范化管理以及推进素质教育取得的成绩给予高度评价。

（李卫东）

【举办喜迎香港回归活动】 6月，顺义县教育局在全县中学中举办喜迎香港回归优秀主题班会评选活动，评出一等奖8节，二等奖12节。该教育局还邀请老红军为3000多名师生作题为《雪百年耻辱，迎香港回归》报告。

（刘奎让）

【获京港澳BTV电视作文赛奖】 8月22日，在市教委、北京电视台联合举办的京港澳兆明杯BTV电视作文大赛中，顺义县有139名学生获奖，其中一等奖23人。双兴小学和沿河中心小学两名学生的作文被制作成电视节目，在《七色光》栏目中播出。县教育局小教科等4个单位获优秀组织工作奖。

（张朝相）

【召开中学素质教育工作会】 8月23至24日，顺义县教育局召开中学素质教育工作会。各中学副主任以上干部200余人参加会议。会议对实施素质教育提出10条意见：①继续深入开展“七个一”活动，逐步建立素质教育目标体系；②推进目标教学，解决好学科课实施素质教育问题；③总结活动课成果，提高活动课质量；④大力开发隐形课，充分发挥环境育人功能；⑤继续抓好两支队伍岗位培训，提高干部教师素质；⑥加强素质教育理论与实践的科学研究；⑦建立素质教育评估和监控机制；⑧加快升学制度改革步伐；⑨开展学生心理健康教育；⑩开展学生素质的评估工作。

（韩福军）

【在全国会议介绍素质教育经验】 9月2至4日，国家教委在山东烟台召开全国中小学素质教育经验交流会。顺义县教育局向大会作题为《适应素质教育需要，全面提高教师素质》经验介绍。着重介绍提高教师政治素质和业务素质培训体系，突出抓好青年教师素质教育，坚持“三项制度”（岗前培训制度，评优课制度，拜师学徒制度），开展“三级达标”活动（教师基本能力达标、骨干教师达标和学科带头人达标），制订激励政策。

（李琨）

【师范附小获师德建设市先进】 9月3日，北京市普教系统师德群体建设先进单位表彰会在顺义县召开。顺义县师范附小获市普教系统师德群体建设先进单位称号。会议重点推广顺义县创建先进师德群体工作经验；全国教育工会副主席、市委教育工委、市教委、市教育工会领导到会并讲话。

（张福海）

【教师节表彰373名优秀教师】 9月8日，顺义县召开庆祝教师节暨表彰先进集体、先进个人大会。会议表彰52个先进集体和373名优秀教师和教育工作者，向他们颁发证书和奖品。会议要求基础教育积极推进从“应试教育”向素质教育转变；加强和改进德育工作；加强教师职业道德建设，提高教师政治素质和职业道德修养。

（张福海）

【首届聋哑班开学】 9月29日，顺义县特殊教育学校首届聋哑班开学，学生21人。该班投资32万元，购置一套语言训练机和一套律动训练设备，装备一个律动室；配备一台投影仪。县领导在开学典礼上呼吁全社会关心和支持残疾儿童的学习和生活，关心他们健康成长。

（张福海）

【举办中学师生劳技课作品展览】 9月，顺义县教育局举办中学师生劳技课作品展览，展出作品200件。展品从参加县中学师生劳技课作品竞赛的6000多件作品中选出，包括毛线编织、服装、刺绣、缝制、木工制作、粘贴画、装饰带编结等。

（霍淑静）

【34名高中生获宏志奖学金】 9月，顺义县牛栏山一中等校34名高中新生获得宏志奖学金。从上年高一新生开始，对品学兼优、全面发展、家庭人均月生活费低于200元的高中学生，每人获宏志奖学金500元，并免交当年的学杂费。

（韩福军）

【国家教委调研顺义县幼教工作】 10月9日，国家教委到顺义县调研幼教工作。调研人员观看反映该县十年来幼教事业发展的《为了明天》电视专题片；听取全县幼教事业发展情况介绍及两镇幼教工作汇报；参观两个中心幼儿园和1个村办幼儿园。

（张玲）

【召开校园环境建设工作会】 10月10日，顺义县召开中小学及幼儿园校园环境建设工作会。县、局、乡镇领导及中小学、幼儿园校长（园长）参加会议。会议组织与会人员参观城关一中等6个单位校园环境，表彰城关二中等6个首都绿化美化花园式单位和2名首都绿化美化积极分子。城关一中和牛栏山中心小学介绍校园环境建设经验。该县中小学幼儿园基本实现三季有花，四季常青，有15个单位获市级花园式单位称号，教育局被评为全县绿化先进单位。会议要求进一步提高对校园环境建设的认识；多层次多渠道筹措经费，加大校园环境建设投入，提高建设标准，各乡镇政府及中小学幼儿园做到认识到位、工作到位、管理到位。

（张福海）

【市领导视察顺义县教育工作】 10月13日，胡昭广到顺义县视察教育工作。听取县、局领导汇报后，胡昭广强调加强教师队伍建设，继续推进课程结构、教材、教法改革，发展职业教育，与区域性经济发展结合，形成完整的框架。随后市领导参观牛栏山中心小学等校多媒体语言教室、计算机室、实验室及校内电视台。

（张福海）

【18个区县在顺义研讨计算机教学】 10月13至15日，北京教育科学研究院在顺义县召开计算机教学研讨会。18个区县计算机教研员参加。与会人员观摩4所学校计算机教学，并与校领导教师进行座谈。与会者认为顺义县在中小学计算机教学上认识高、起步早、肯投资、教学效果显著，对全县教改将产生深远影响。

（韩来）

【董晨获全国评优课一等奖】 10月19至24日，在山东泰安市举行的全国首届思想政治课评优课中，顺义县牛栏山一中教师董晨做课被评为优质课一等奖。本次评比以抽签形式定课题，然后进行现场做课。董晨以其良好的素质、扎实的基本功、娴熟的电教手段、精湛的讲授艺术、灵活的教学方法，赢得评委及各省市教师代表称赞。

（周凤锁）

【接受市教育执法检查】　10月21至22日，市政府教育执法检查组到顺义县进行教育执法检查。检查重点是教育经费使用情况、《职业教育法》落实情况、专业技术人员继续教育情况等。检查组对顺义县教育法律法规的落实情况给予充分肯定，对今后工作提出改进意见。

（朱翠英）

【重点校扶植边远地区校】　10月22日，顺义县牛栏山一中、城关一中和杨镇一中等3所市县重点校与县边远地区的北小营中学、木林中学和李各庄中学结成“一助一”对子。3所重点中学将分3个阶段，在学校干部队伍建设、提高教师业务素质、教育科研等方面对3所边远地区普通中学进行扶植。

（韩福军）

【74名骨干教师受表彰】　10月30日，顺义县教育局认定表彰74名中小学教学骨干教师，其中，中学12个学科51人，小学11个学科23人。本次认定采取个人申报、学校推荐、县学科评审小组评定的办法，通过看资料、听课、现场答辩等形式，进行等级评定和层层筛选。

（张福海）

【242名贫困生获“春雨工程”奖学金】　10月31日，顺义县77所中小学的242名贫困生获得“春雨工程”奖学金。此项奖学金用于奖励品学兼优、全面发展、家庭年人均收入低于600元的在校中小学生。“春雨工程”奖学金每年评选一次，由学校推荐，县教育局审核认定，每位学生可获奖学金200元，所在校免收书费、杂费。

（张福海）

【召开劳技课现场会】　10月31日，顺义县教育局在仓上小学召开劳技课教学现场会。市教科院、西城教研中心和本县有关人员80余人参加。与会者观看该校16个教学班650名学生的劳动技能展示，听取五年级一节劳技课“炒米饭”和经验介绍。仓上小学劳技课专用教室是全市唯一的一个功能齐全的劳技课专用教室。

（王大常）

【电教优类校标准普遍提高】　11月3至11日，顺义县电教馆对12所电教优类校进行视导。视导采用“听、查、看”三种形式，听取校领导电教工作汇报；查看学校电教设施、设备、电教教材、资料、电教工作计划及设备使用、管理等情况；抽查考核任课教师使用电教手段的基本技能。视导表明：该县电教优类校标准普遍提高，学校对电教投入大量资金，使优类校的软、硬件建设均达到或超过市级标准。

（韩　来）

【召开作文教学现场会】　11月11日，顺义县小学教研室在河南村中心小学召开作文教学现场会。各小学主管教学领导及作文辅导员参加。与会者观摩该校教师《写一件印象较深的事》的作文训练课，听取了该校领导和作文辅导员经验介绍，观看作文教学和各学科渗透写作能力培养的录像片，认为很受启发。

（刘秀萍）

【召开活动课现场会】　12月5日，顺义县教育局在沙岭中学召开活动课现场会。局机关及中学领导120余人出席现场会。会上，沙岭中学等4所学校介绍开展活动课经验。与会者观摩沙岭中学体育类球技与田径表演，艺术类京剧学唱与书画表演，科技类编织与手工制做，学科类笔试和口头表达等活动课。该县将活动课纳入学校工作计划，列入课表，全县100%的学生都参加自选类活动课。

（张凤聚）

【秦伯涛获国际数学邀请赛金牌】
12月14日，在’97汉城国际数学邀请赛上，顺义县牛栏山一中初二学生秦伯涛夺得金牌。该赛事共设奖两枚金牌、三枚银牌、四枚铜牌。

（段长连）

【获市田径传统校运动会第一名】
12月25日，顺义县城关一中在北京市中等学校田径传统校运动会上夺得团体总分第一名。该校派出24名运动员参赛，分别获得初中男女团体总分第一名、初中男子团体总分第一名和初、高中男女团体总积分第一名。比赛中，该校运动员还打破男子800米和1500米两项市田径传统校运动会纪录。

（刘文亮）

【中小学教师学历层次提高】　至年底，顺义县中学专任高中教师共410人，取得本科学籍326人，占78.7%；专任初中教师共1757人，取得本科学历556人，占32%，已取得本科学籍正在进修的523人，占29.8%。小学专任教师共3237人，取得大专学历489人，占5%，已取得大专学籍正在进修的1211人，占34.6%。高中、初中、小学教师获本专科学历分别比上年增长8%，7%，3%。

（王天洛）

【两项活动获市奖90个】　年内，顺义县少年宫组织中小学生艺术节活动，获市一等奖9个、二等奖13个、三等奖16个，组织奖2个。10月25至11月25日，组织爱科学月活动，获市一等奖9个，二等奖15个，三等奖15个，优秀奖11个。

（于淑英）

【获全国“两基”工作先进县】　年内，顺义县列全国150个“两基”工作先进县（市、区），获国家教委表彰奖励。

（李　琨）

【推进高标准基础教育工程】　年内，顺义县教育局对照市教委提出的中学规范化建设基本要求，按高标准为6所中学共投资1310万元，新装备物理、化学实验室27个、语音室5个、计算机房6个，为其中3所中学配备闭路电视演播系统、多功能电教室和音像阅览室；新购图书5万册。

（李　琨）

【投资3600万元改善办学条件】 年内，顺义县教育局投资3600万元改善办学条件。其中，基建项目总投入1620万元，总建筑面积19400平方米；修缮总投入1196.5万元，抢修危房2101平方米，翻建改建校舍2101平方米；设备购置费投入784万元，比上年增长93%。

（张胜贵）

职业教育

【概　况】 1997年，顺义县共有职业高中7所。其中，独立建制2所，职教普教共存5所，87个班，在校生3446人；招生1676人，毕业1040人。教职工173人，其中专任教师139人。教师中具有合格学历占48.2%，具有高级职务16人（不含职普共存校）。

（刘奎让）

【职校学生获全国作文大赛奖】 2月，在第二届全国中等职业学校学生作文大赛中，顺义县职业教育中心学校学生作文《外贸英语，我钟爱的专业》获优秀奖。该文曾获市中等职业学校作文竞赛二等奖。

（贯立新）

【五中职高创办奥星服装扶贫班】 3月，顺义县城关第五中学职业高中与北京十佳运动衣厂奥星服装厂达成协议，联合创办奥星服装扶贫班。该扶贫班从1997年暑假开始招收本县及平谷、怀柔、密云、昌平、延庆等远郊区县家境贫困、品学兼优的应届初中毕业生。本年共招生34人。北京奥星服装厂为该班每位学生每年资助学杂费1300元，学校依据学生的学习情况，每学期向优秀学生发放50至100元奖学金。学制两年，学生毕业后全部安排到北京奥星服装厂工作。

（王洪涛）

【获中专生技能比赛多项好成绩】 3月至4月，顺义县成教系统中专学生在县首届中等职业专业学校学生4项技能大赛中获多项好成绩。3月12至14日，获计算机、服装制作两项团体总分第一，计算机、烹饪、财会三项个人总分第一。职工中专获个人计算机操作第一、二名，财会珠算、点钞、数码三项全能第一、二名。4月4日，傻大方成人职业高中烹饪专业学生，囊括冷拼、规定菜、自选菜、一桌宴席前五名和个人第一名。4月14日，95级1学生将1.5斤面抻成8192根、约12.3公里长龙须面，95级1学生刻萝卜花“比翼齐飞，百鸟争春”，获得500参观者喝彩。4月15日，成教局对获得计算机、服装制作、烹饪比赛前六名、财会比赛前三名的15名选手予以表彰，奖品价值1万多元。

（程士才　史丛方　彭佩福）

【中央政策研究室视察职教中心】 5月21日，中央政策研究室领导视察顺义县职教中心校。视察中听取有关全县职业教育状况和职教中心校学校建设、教育教学工作情况汇报，参观学校计算机房和模拟财会实验室，和部分教师、学生座谈。中央政策研究室领导肯定顺义县职业教育取得的成绩。

（贯立新）

【国家重点课题组考察顺义】 5月21日，参加全国教育科学“九五”规划国家重点课题《小康后农村地区教育问题研究》开题会人员67人，到顺义县参观考察。先后参观县空港开发区、燕京啤酒厂、三高农业实验基地、师范学校、职教中心校、牛栏山一中、八中、牛栏山中心小学等处，听取有关介绍。考察人员对顺义县工农业和教育发展给予肯定。

（赵文增）

【师范校获市化学科普知识赛第一名】 5月，北京市举行中等师范学校化学科普知识竞赛。顺义县师范学校获团体总分第一名。

（周长亮）

【远距离教学试验室建成】 5月，顺义县远距离教学试验室建成。该实验室由北京师范大学教育信息工程研究中心提供技术、设备和师资，顺义县投资，并负责组织生源；利用交互式计算机（PC机）远距离教育系统，进行远距离教学试验。

（李树东）

【获市中专运动会团体三连冠】 10月10至11日，在市第25届中专田径运动会上，顺义县师范学校以229分的总成绩夺得冠军杯，获团体“三连冠”。有2人3项成绩达到国家二级运动员标准。

（周长亮）

【开展《职教法》颁布一周年宣传】 10月11日，顺义县开展《中华人民共和国职业教育法》颁布一周年宣传咨询活动。成教系统7所学校163人参加，共发放宣传材料9600份，展出成人教育成果展牌56块，傻大方成人高中烹饪专业学生当场做抻面、削萝卜花表演。

（史丛云　王　焱）

成人教育

【概　况】 1997年，顺义县共有各级各类成人学校511所，其中成人高等学校（站）5所，开设28个专业，在校生5104人，招生1574人，毕业453人；教职工179人，其中专任教师55人。成人中等学校9所，开设15个专业，在校生5245人，招生2302人，毕业1330人；教职工193人，其中专任教师67人。职工学校1所，全年培训325人次；教职工21人，其中专任教师11人。社会力量办学校48所，全年培训3.6万人次；教职工521人，其中专任教师250人。乡办成人校（站）21所，全年培训2.2万人次。村办成人校（站）427所，全年培训2.1万人次。在成教局直属学校教师中学历合格率31.6%；有高级职务的9人，中级职务42人，初级职务38人。

（程士才）

【小自考及格 2282 科次】 2 月 18 至 20 日，顺义县成教局考试办公室组织高等教育小学教育专业自学考试，实考 1895 科次，及格 1270 科次，及格率 67%。8 月 21 至 23 日，再次组考，实考 1700 科次，及格 1012 科次，及格率 60%。全年共实考 3595 科次，及格 2282 科次。

（姚俊英）

【召开成人教育工作会】 3 月 27 日，顺义县成教局召开成人教育工作会。各委办局公司领导、各乡镇长、成教专职干部 130 余人参加。会议作《自加压力，争创一流，把我县成人教育工作推上新台阶》工作报告。会议向市示范乡校张喜庄乡成人教育学校、尹家府乡成人教育学校授牌；向 1996 年度 2 个市级先进单位发 586 计算机奖品；向 6 个县级先进单位发 486 计算机奖品。一商局、尹家府乡、李桥绝热板厂分别介绍开展成人培训工程经验。

（史丛云）

【整理移交档案 307 卷】 3 至 6 月，顺义县成教局档案室完成档案整理移交 307 卷。3 月 15 日，该档案室收集整理 1996 年文书档案 164 卷入库。6 月 13 日，该档案室把 1980 至 1988 年文书档案 143 卷移交县档案馆。

（王 焱）

【成教局获技能比赛两项第一】 4 月 2 至 4 日，顺义县文教办、教育局、成教局和劳动局共同举办该县首届中等职业教育技能比赛。教育局、成教局和劳动局所属中等职业专业学校 80 名选手参赛。项目有计算机上机操作，烹饪热炒和冷拼，男西服上衣制作。成教局所属学校获两项第一，11 名选手获奖，占参赛选手的 37%。

（史丛云）

【1150 人获计算机一级证书】 4 月 6 至 11 日，顺义县成人教育中心组织全国计算机一级等级考试，参加笔试 1001 人，上机考试 852 人，568 人取得合格证书。9 月 21 至 26 日，再次组织考试，参加笔试 902 人，上机考试 842 人，582 人取得合格证书。全年 1150 人取得一级证书。

（姚俊英）

【自学高考 39 人获学历证书】 4 月 19 至 27 日，顺义县成教局组织第一次自学高考，实考 1950 科次，及格 722 科次，及格率 37%。10 月 18 至 26 日，组织第二次自学高考，实考 2125 科次，及格 887 科次，及格率 41.7%。36 人取得大专学历证书，3 人取得本科学历证书。

（姚俊英）

【调查外来从业人员文化素质】 4 月，顺义县成教局对外地来顺义县从业人员文化素质进行调查。经过走访公安、劳动、工商等 20 余个单位了解，顺义县外来总人口 26121 人，其中男 19301 人，占 73%。年龄结构：16 至 35 岁占总人口数的 76%，36 至 55 岁占 19%，15 岁以下占 5%。从事职业：建筑工占 46%，县、乡企业占 38%，个体户占 11%，其它占 5%。人口分布天竺（机场周边）占 36%，城关占 10%，顺义镇占 10%，其它分布在 20 个乡镇占 44%；文化素质状况为：初中生占 60%，小学生占 23%，文盲占 14%，高中占 2%，大专以上占 0.08%。

（史丛云）

【举办第二届成教系统学生运动会】 5 月 9 日，顺义县成教局举办第二届学生运动会。职工中专、成人中专、张喜庄乡校分获团体总分第一、二、三名。民办傻大方职高获精神文明奖。

（李桂秋）

【1000 余人被成人高校录取】 5 月 11 至 12 日，顺义县成教局组织成人高等学校全国统一招生考试，全县 1807 人参加考试，1101 人被录取，录取率 61%。

（姚俊英）

【331 人获计算机一级 B 类证书】 5 月 16 至 19 日，顺义县成教中心组织本年度第一次计算机一级 B 类考试，155 人参加考试，取证 140 人。10 月 6 至 7 日，组织第二次一级 B 类考试，204 人参加考试，取证 191 人。全年共有 331 人取得计算机一级 B 类证书，取证率 92%。

（姚俊英）

【83 人获海峡两岸珠算通信比赛奖】 5 月 18 日，顺义县 3 所成人中专校财会专业 793 名学生，参加中国珠算协会和台湾省商会共同组织的“97 海峡两岸珠算通信比赛”，69 人获优胜奖，14 人获升级奖。

（陈贵海 李长海）

【举办干部应用写作培训班】 5 月 25 日至 6 月 15 日，顺义县成教局举办管理与应用写作培训班。培训内容为《管理学一般知识及学习应用文的意义》、《机关应用文基础知识》、《几种机关应用文和日常应用文的写法》。该局直属单位 40 人参加学习，其中 36 人在培训班结束时完成工作总结报告。

（李桂秋）

【与农大商讨教务工作】 6 月 17 日，北京广播电视大学顺义分校与中国农业大学就教学和学生管理问题进行商讨。双方商定：课程安排、实验实习环节、调课、考试、教材发放由双方教务处协商统一安排；对实践生大专班实行多种证书制度，农大把国家认可证书列入教学计划，教材尽可能选用国家规定的证书考试指导用书；根据专业特点结合学生工作岗位情况，对学生进行技能培训。

（何心有）

【编写《实用英语一百句》手册】 6 月 30 日，顺义县成教局教研室组织编写《实用英语一百句》完成。该手册由 4 名英语教师，根据成人中专、职高教学需要编写，分礼貌用语、打电话用语、办公室用语、课堂用语、购物用语、旅游用语 6 部分，以对话形式编写。并配合录音带发至各学校，用于 97 级成人中专、职高学生课外必选补充教材。

（程士才）

【成教 114 名教师通过资格认定】 7 月 10 日，顺义县成教系统教师资格申请、审查、登记、颁证工作结束。114 名教师通过资格认定。其中高校 4 人，中等职业教师 62 人，高级中学教师 35 人，中等职业实习指导教师 13 人。

（王　焱）

【成人中专统考及格率 99%以上】 7 月 13 日，顺义县成人中专 96 级财经类 284 名学生参加市成人中等教育系统《建设有中国特色社会主义理论》学科统一考试，283 人及格，及格率 99.6%，优秀率为 85.1%；95 级财经类 182 名学生参加会计模拟考试，180 人及格，取得会计证书，及格率 99%。

（金克俭　郭敬红）

【电大分校毕业生获多种证书】 7 月 25 日，顺义电大分校 95 级财会和企管两个脱产班共毕业 68 人，100%取得会计证、会计电算化证、珠算通级证、毕业证；46 人取得计算机一级等级证，占 68%。

（何心有）

【傻大方职高与杨镇一中建联谊校】 8 月，顺义县民办傻大方职高校与杨镇一中建立联谊校。傻大方职高派 2 名烹饪教师和 20 多名烹饪专业学生到杨镇一中教师、学生食堂服务，杨镇一中派语文、数学、政治、英语、计算机 5 名教师到傻大方职高教课。双方联谊后既解决杨镇一中师生用餐问题，又解决了傻大方职高文化课程师资和烹饪专业学生实习基地问题。

（彭佩福）

【京华技校添置教学设备】 8 月，顺义县民办京华技校投资 35 万元，为汽修专业学生建实习用房 240 平方米，购买实习车 2 辆，大、中、小型发动机 10 台，使教学理论课时和实习课时达到1∶1。

（李　伶　马庆录）

【张喜庄乡校获准举办成人职高班】 9 月 1 日，顺义县张喜庄乡校获准举办成人职高班。此前，市教委示范乡校评估小组，对该校办学条件、校园设施、领导班子、师资队伍、管理能力、办学规划等进行评估，同意该校举办成人职高班。

（贾俊连　牟鸿厚）

【首批成人中专生免试升人大专】 9 月 1 日，顺义县成人中专学校 94 级财会专业 16 名毕业生，免试直接升入成人大专班，占该校毕业生的 19.5%。

（金克俭　郭敬红）

【4 乡校成为市级示范乡校】 9 月 6 日，市教委评估组到顺义县对天竺和李遂两镇成人学校进行评估，两校均以 93 分成绩达到市级示范乡校标准。至此，该县已有 4 个乡校成为市级示范乡校，是北京市示范乡校最多的区县。

（程士才）

【乡政府奖励全国教育劳模新居】 9 月 8 日，在庆祝教师节会上，顺义县张喜庄乡党委、乡政府决定，奖给全国教育系统劳动模范张喜庄乡校校长贾俊连一套三居室楼房。11 月 20 日，贾俊连一家迁入新居。

（牟鸿厚）

【42 户教师迁人新居】 9 月 30 日，顺义县成教教师住宅楼竣工，成教局直属单位 42 户教师迁入新居。该住宅楼，由市、县两级投资 68 万元，教师个人集资 212 万元兴建，总建筑面积 2828 平方米。

（王　焱）

【1067 名职高毕业生全部被录用】 9 月，顺义县成人职业高中学校，1067 名毕业生全部被空港开发区录用。其中 LG 电子公司录用 280 人，奥冠英公司录用 153 人，JVC 电子公司录用 320 人，松下电器公司录用 54 人，松下长城空调公司录用 40 人，乐金公司录用 220 人。该校与空港开发区合作，开设对口专业，学生实习由空港开发区安排，学生毕业由空港开发区根据实习和学习情况择优招聘录用。

（梁景全）

【县成人教育中心成立】 11 月 4 日，顺义县成人教育中心成立。该中心与成教局合署办公，一个机构两个名称，人员编制、资金来源不变。

（王　焱）

【京华技校获全市统考好成绩】 12 月 6 日，顺义县民办京华技校汽车修理专业 112 名学生，参加市劳动局组织的全市汽车维修工理论统一考试，及格率 100%，平均成绩 90.8 分。

（马庆录）

【电专学生技能比赛获三个第一】 12 月 9 日，北京市电视中专顺义工作站学生，参加全市电视中专系统技能比赛，获会计实务团体总分第一、计算机汉字录入团体总分第一和英语团体总分第一。

（李学明　李长海）

【被评为市成教三项培训工程先进】 12 月 11 日，市教委三项培训工程领导小组，授予顺义县成教局北京市实施成人教育培训工程先进集体称号；授予陈凤英、方绍英北京市实施成人教育培训工程优秀个人称号；授予顺义县成教中心市级先进成教中心称号。

（王　焱）

【社会力量办学年检完成】 12 月 15 日，顺义县社会力量办学年检工作结束。全县社会力量办学共 48 所，合格 43 所，不合格给予撤销 2 所，依法取缔 1 所，不合格限期改正 2 所。

（李　银）

【成教中心实验楼投人使用】 12 月 20 日，顺义县成教中心实验楼投入使用。该实验楼投资 65 万元购置设备，二层 3 个计算机房，安装 586 计算机 99 台；3 个语言实验室，其中 2 个是联网与切换一体的 84 座位多媒体语言室，一个是 42 座位 9700 语言室（鑫脑公司赠送）。一层设 1 个财会模拟室，一个电工电子实验室，1 个图书室，1 个 300 平方米的多功能厅。

（程士才）

【召开社会力量办学评估培训会】

12月29至31日，顺义县成教局召开顺义县社会力量办学评估培训会。会上学习国务院颁布的《社会力量办学条例》、《国家教育委员会关于实施〈社会力量办学条例〉若干问题的意见》及顺义县成教局制订的《顺义县社会力量办学管理水平评估实施方案》、《顺义县社会力量办学管理水平评估指标体系》等文件。该局领导及社会力量办学校长共70余人参加培训。

（李 银）

【减免特困户子女学费】 12月31日，中共顺义县成教局党委作出对“一助一”特困生减免学费的决定。对在局直属职工中专、成人中专、成人职业高中就读的900个特困户学生，适当减免当年的学费。为7个特困户子女减免学费共9100元。

（李桂秋）

【投资521万元改善成教办学条件】

至年底，顺义县成教育共投资521万元改善成人学校办学条件。其中投资296万元新建成教中心实验楼2837平方米，投资160万元，新建成教中心和成人中专平房、水冲式厕所、车库等辅助用房1650平方米，投资65万元，购置实验室语音设备、计算机、财会模拟设备等。

（徐福厚）

顺义县教育局

局　　长 线长久
党委书记 线长久
督学室主任 线长久

顺义县成人教育局

局　　长 方绍英
党组书记 方绍英（6月前）

怀柔县

基础教育

【概　况】 1997年，怀柔县有幼儿园132所，其中市立园2所，单位办园8所，街道办园4所，乡村办园118所；在园幼儿5513人；教职工600人，其中专任教师343人。小学128所，982个班，在校生26851人；教职工2708人，其中专任教师2223人。中学30所，其中初中校26所，完全中学4所；初中班342个，高中班56个；在校生16026人，其中初中生13217人，高中生2809人；教职工1975人，其中专任教师1493人。中等师范学校1所，7个班，在校生304人；教职工119人，其中专任教师53人。培智学校1所，5个班，在校生37人；教职工26人，其中专任教师23人。校外教育单位1个，教职工9人，其中专任教师8人。小学入学率100%，巩固率100%，毕业及格率99.5%。残疾儿童入学率95%，巩固率97%，毕业及格率98%。初中入学率100%，巩固率99%，中考及格率97.2%，优秀率28.6%，升学率95.13%。高考上线率37.91%，录取率56.53%。中小学专任教师学历合格率86.38%，其中小学教师合格率94.81%，初中教师合格率76.87%，高中教师合格率70.73%；中小学教师具有高级职务117人，其中小学教师6人，初中教师64人，高中教师47人。

（杜淑霞）

【2名校长获惠普优秀教学管理奖】

1月8日和9月25日，怀柔县李士才、张成义分别获市教委和中国惠普有限公司联合颁发的第一、第二届北京市中学惠普优秀教学管理专项奖。庙城中学校长李士才在教学管理上注重实效，组织教师进行目标教学、层次教学、中学生思维能力发展与培养、劳动教育与生物教学相结合等专项教改实验，成效显著；汤河口中学校长张成义从严治校，努力探索山区学校教学管理方法与途径，两次被县委、县政府评为教育先进工作者，所在校两次被县教育局评为教学工作先进校。

（于荣学 李录林）

【参加中师青年教师教学大赛获奖】

1月14日，在市教委召开的北京市中师青年教师教学大赛总结颁奖大会上，怀柔师范教师获全能一等奖2人，二等奖4人，三等奖3人；获单项奖27项；怀柔师范获团体第二名。此次活动中的3节获奖课选入《北京市中师青年教师优秀课》教学录像带中，6篇获奖教案选入《北京市中师青年教师优秀教案选》中。

（盖学文）

【确定5个少年科技试验项目】 3月7日，怀柔县庙城中学与建在该校的北京少年科技园有关领导、专家共同完成1997年科技园试验计划。该计划确立日光温室的高附加值栽培试验、冬小麦选种及试种试验及早熟玉米扩种试验、探索鹧鸪及红腹锦鸡的繁育和孵化试验、菌种制培试验5项重点试验项目。

（贺恩和 杜淑霞）

【培训完小业务干部】 3月24至26日，怀柔县教育局对小学主任进行培训。培训内容：观看中央科普研究所《迎接知识经济时代，加速教育改革》讲话录像；举办《如何听课评课》、《如何进行教育科研》专题讲座；怀柔县第三小学介绍《提高素质，办好学校》的经验。

（杜淑霞）

【举办课堂教学质量专题报告会】 3月27日，怀柔县教科所、教育学会举办课堂教学质量与素质教育报告会。各校主管教学校长及进修学校教研员百余人参加会议。会议听取北京师范大学教科所科研人员作的《如何评价我国基础教育质量》、《如何改进教学》、《国内外教学信息》和《课堂教学建议》4个专题报告。

（杜淑霞）

【课堂教学效益调研完成】 3月，怀柔县教育局《优化课堂教学过程，大面积提高农村中学教学效益的研究》课题组完成试点校调研活动。课题组成员分别在张各长中学、雁栖镇中学听课，并组织教师进行课堂教学研讨。调研总结会强调：课题试点校要深入开展课题研究；担任课题研究的教师要在精讲多练上下功夫，提高课堂教学效益。

（杜淑霞）

【获山区教育成果奖】 3月，怀柔县长哨营小学的环境教育研究报告《面向未来，面向世界，坚持开展环境教育》，在北京市“三友杯”山区教育成果颁奖大会上获一等奖。该奖由北京教育学会、北京三友公司联合颁发。

（刘宝玉）

【获化学实验奖】 3月，怀柔县3名教师在北京市化学实验改革汇演中获奖。其中，二等奖1人，三等奖2人。进修学校化学组获伯乐奖。

（孙明林）

【防治常见病】 3至11月，怀柔县中小学卫生保健所对全县中小学生血色素、营养不良、蛔虫病、龋齿进行检查防治。检查结果：全县中小学生的血色素异常率1.65%；营养不良患病率轻度16.93%，中度1.70%，重度18.63%；蛔虫感染率为零；龋齿患病率41.88%。保健所工作人员到各中小学为患龋齿学生治疗，下发驱蛔虫药，下发4期防治常见病专刊，向中小学生宣传防治常见病知识。

（兰秀芹）

【召开落实艺术教育规划总结会】 4月2日，怀柔县教育局召开落实艺术教育规划总结会。各校艺术教育负责人、教育局及进修学校有关领导参加会议。会上，表彰12所落实艺术教育规划先进学校；怀柔二中、二小和庙城中心小学介绍艺术教育经验；进修学校艺术教研室作实施规划工作报告；与会人员观摩二中、二小两节艺术教育课。会议要求：各校要把艺术教育作为全面推进素质教育的重要途径，突出专长，搞好特色门类。

（杜淑霞）

【赴延庆学习素质教育】 4月7至9日，怀柔县教育局组织小学校长到延庆县学习实施素质教育经验。学习内容包括：参观延庆小学、延庆实验小学艺术教育成果展，听取两校的艺术教育经验介绍，观看国家教委基础教育司《九年义务教育活动课程指导纲要》报告录像，并就活动课程、艺术教育与实施素质教育的关系进行研讨。

（彭晓瑞）

【参加全国电教培训】 4月7至15日，怀柔电教馆、怀柔一中、安各庄小学电教负责人参加国家教委在广东电教培训基地举办的电教培训班。主要学习关于现代教育技术、关于电教教材建设与应用、教育技术与教育现代化、现代化教育传播环境的建设等内容。怀柔一中和安各庄小学是全国电化教育实验校。

（常景春）

【举办三县小学校长研讨会】 4月28至29日，怀柔县教育局举办密云、怀柔、平谷3县小学校长研讨会。会上，来自3县的6名校长介绍加强学校管理，促进素质教育实施情况，并到怀柔师范附小听取关于学校管理的经验介绍。

（彭晓瑞）

【完成年度教育执法检查】 4至6月，怀柔县督学室对各乡镇开展年度教育执法检查工作。检查坚持查实情、说实话、报实数、办实事的指导思想。先各乡镇自查，然后督学室抽查。自查期间，县督学室组织各乡镇负责教育的领导学习教育法律法规；召开部分乡镇长汇报会，发现问题及时纠正。抽查期间，县督学室对10个乡镇及县城2所学校的教育经费、公费医疗、职业教育三方面情况进行重点抽查。查出并解决个别乡拖欠上年公用经费或未实现教育经费“三个增长”的问题。

（孙久恕）

【评估乡中心幼儿园】 5月7至17日，怀柔县教育局对14所乡中心幼儿园进行评估。评估组根据《怀柔县幼儿园办园质量综合评价方案》，围绕幼儿园管理、教育教学、儿童发展评价三方面进行。结果2所幼儿园被评为良上、7所为良、5所为中，分别占14%、50%、36%。

（彭兴蕊）

【举办中学素质教育培训班】 5月15至17日，怀柔县教育局举办中学素质教育培训班。各中学校长、教育学会各研究会秘书长、进修学校及教育局部分领导共50余人参加培训。培训班听取市教委基教一处《课堂教学与素质教育》专题报告，收看北京师范大学《课堂教学改革与素质教育》报告录像，围绕如何搞好素质教育，推进课堂教学改革进行研讨。

（李录林）

【举办幼儿教师基本功比赛】 5月18日，怀柔县教育局举办幼儿教师基本功比赛。比赛设有舞蹈、弹唱、讲述、美工和学前教育基础理论5项。12个单位31名教师参赛。评出一、二、三等奖各3名。

（彭兴蕊）

【召开小学课堂教学现场会】 5月22至25日，怀柔县教育局在怀柔一小、桥梓小学、汤河口小学召开落实学科意见，加强课堂教学常规管理，提高课堂教学效益，实施素质教育教学现场会。各小学教学副校长、教研室主任共60余人到会。与会人员参观3所学校的课堂教学常规展览，观看学生的计算机操作、书法绘画表演；听取教师观摩课及3校落实市教委下发的《课堂教学常规》，促进素质教育实施的经验介绍。进修学校小学教研室在现场会对教师备课讲课提出具体要求。

（彭晓瑞）

【召开中小学电教工作会】 5月30日，怀柔县教育局召开中小学电化教育工作总结表彰会。各校负责电教工作的校长、电教组长、电教先进教师近百人到会。会议表彰19个电教先进集体和49名电教先进教师。会上宣读该县教育局制订的《关于深化电化教育，推进素质教育实施的意见》。

（杜淑霞）

【调研学校办学条件】 5月，怀柔县督学室对105所中小学办学条件进行调研。调研工作以下发调查表格、与人事、计财部门座谈等形式展开。通过对所掌握情况的分析研究，写出《怀柔县中小学办学条件现状的调查报告》。

（孙久恕）

【开展迎香港回归活动】 5至6月，怀柔县普教系统开展迎香港回归系列活动。教育局、教育工会、进修学校联合举办迎香港回归教师书画展，教育工会举办迎香港回归文艺调演，教育局党委举办庆"七一"迎回归报告会，局团委举办"迎香港回归，百年沧桑知多少"知识竞赛；各中小学举办迎香港回归专题展览、讲座、联欢会、班队会、广播、演讲、征文及读书、编报等活动。

（杜淑霞）

【召开十佳小学生表彰会】 6月13日，怀柔县教育局召开第三届十佳小学生暨优秀小学生表彰会。表彰怀柔县十佳小学生、10名优秀小学生、230名市级三好小学生。

（彭晓瑞）

【制订实施素质教育相关文件】 8月，怀柔县教育局制订4个与实施素质教育相关的执行文件，即《关于加强中小学课外艺术教育推进素质教育的意见》、《关于怀柔县中小学实施素质教育的意见》、《关于〈北京市普通中小学教育质量综合评价方案〉的实施意见》、《关于加强两支队伍建设的意见》。四个文件的主要内容有课外艺术教育工作的指导思想、发展目标、主要任务及措施；学生素质目标体系、实施素质教育的途径、实施素质教育的内容与方法；对实施《评价方案》组织工作的要求、实施评价的程序及办法、与评价结果相关的奖惩办法、评价工作的规范管理；加强两支队伍建设的工作思路、预期工作目标、具体措施、评估标准。

（杜淑霞）

【邀请特级教师讲学评课】 9月24至28日，怀柔进修学校中学教研室邀请北京八十中学特级教师宁鸿彬到怀柔讲学，作评课指导。宁鸿彬分别到怀柔五中、龙各庄中学、驸马庄中学听拜他为师的3位青年教师的课，并逐一进行课评指导。同时，宁鸿彬为该县中学语文教师作《增强控制能力，优化课堂教学》的专题报告。

（孙明林）

【举办电教知识技能竞赛】 9月26日，怀柔电教馆举办小学教师电教基础知识、基本技能竞赛，35名在本校初赛中选拔出的中青年教师参赛。比赛评出一等奖3人，二等奖5人，三等奖7人；沙峪小学、碾子小学获组织奖。

（高海玲）

【二中获少年电子技师单位称号】 9月，怀柔二中被中国科学技术协会青少年工作部、《无线电》杂志编辑部认定为少年电子技师单位。经国家无线电电子委员会考核，该校3名物理教师被认定为高级导师，1名物理教师被认定为初级导师。

（杜淑霞）

【《校长工作手记》出版】 9月，怀柔一中校长田长福编著的《校长工作手记》一书由北京教育出版社出版。该书分上下两编，上编为办学治校思想，下编为办学治校实践经验。

（杜淑霞）

【举行捐赠豆奶机仪式】 10月7日，中保人寿保险有限公司向怀柔县中小学捐赠豆奶机。中保人寿保险有限公司配合该县中小学实施国务院批准的优化膳食结构，增强人民体质的"大豆行动计划"，向中小学捐赠10台豆奶机。

（盖学文）

【举办劳技教育成果展】 10月22日至11月5日，怀柔县教育局、进修学校联合举办中小学劳动技术教育成果展。参展学校17所，展出图片125张、粘贴作品272件、工艺作品143件、编织作品116件、手工刺绣27件、剪纸作品23件、实物标本40多种。庙城中学、怀柔一中获展览评比一等奖。

（李录林）

【素质教育评价工作小组成立】 10月31日，怀柔县教育局召开推进中小学素质教育专题研讨会。会议决定：成立学校素质教育评价工作领导小组。该小组负责将市教委、市督学室颁发的全面实施素质教育3个评价方案要素指标分解到相关科室，落实到人，并负责按《北京市普通中学、小学教育质量综合评价方案》对部分学校逐项进行评价。

（杜淑霞）

【2校获校园环境建设示范校称号】 10月，桥梓中学、怀柔师范附小通过市教委校园环境建设示范校验收，被授予市级校园环境建设示范校称号。

（李录林　曹清华）

【举办青年教师基本功比赛】 11月19日，怀柔县教育工会、进修学校联合举办中小学青年教师基本功比赛。有20名经初、复赛选拔的教师参赛。比赛项目有教材分析、课堂语言、板书设计、硬笔书法、计算机基本操作。比赛评出一等奖4人，二等奖6人，三等奖10人。

（赵小林）

【召开小学生质量综合评价现场会】 11月20日，怀柔县教育局在怀柔三小召开深化小学生质量综合评价，推动素质教育实施现场会。各小学正副校长、教研员共90人到会。与会者听取两节观摩课及该校作的《改革考试内容和办法，深化小学生质量综合评价》、《坚持改革实践，促进素质教育实施》经验介绍。现场会还总结全县小学生质量综合评价工作。

（杜淑霞）

【召开加强两支队伍建设研讨会】 11月21日，怀柔县教育局召开加强两支队伍建设，推进中小学素质教育研讨会。教育局及有关科室、部分学校的主要领导20人到会。会议决定，各校成立两支队伍建设领导小组，把队伍建设列入工作日程，按计划实施；落实对干部教师的考核评价工作；抓好教师学历达标、继续教育和青年教师教学基本功比赛、培养骨干教师及学科带头人工作。会议要求各单位要总结成功经验，制订出切实可行的方案，并加强单位之间的交流。

（杜淑霞）

【二中教师获奖】 11月，怀柔二中教师在中国化学教育学会举办的京、津、沪、渝、四川、海南四市二省化学实验研讨会上，获化学实验一等奖。该项化学实验具有科学性、实用性、推广性、可操作性。

（杜淑霞）

【开展劳技教育评优活动】 11月，怀柔县教育局开展中学劳动技术教育“三优”联评活动。“三优”包括优秀校、优秀课、优秀教师。评出劳动技术教育优秀校12所、优秀课8节、优秀教师7人。

（李录林）

【举办初级计算机培训班】 11月，怀柔电教馆举办中小学电教教师计算机初级能力培训班。培训计算机基础理论和基本操作能力，为期10天，有19位电教教师参加培训。

（高海玲）

【6所完小通过县级达标验收】 11月，怀柔县教育局组成验收小组，根据该县完小验收标准，对怀北镇东庄小学等6所小学进行检查验收，6所小学各项指标均达到验收标准，通过县级达标验收。

（彭晓瑞）

【举办辅导员技能技巧比赛】 12月4日，怀柔县教育局团委举办少先队辅导员技能技巧比赛。40名经校内初赛选拔的辅导员参加决赛。决赛项目有少先队基础知识、儿童歌舞表演、诗歌朗诵、故事演讲、特长展示、自制队报。评出一等奖4人，二等奖8人，三等奖28人。

（张　军）

【研讨优化课堂教学】 12月19日，怀柔进修学校召开优化课堂教学过程，大面积提高农村中学教学效益课题研讨会。各中学校长及教研员60多人到会。会议听取15节研究课，并进行研讨；8所参加该课题研究的学校介绍研究进度；教育局及进修学校领导对课题研究的深入开展作出部署。

（孙明林）

【214名教师获全国范文写作奖】 12月，怀柔县214名小学语文教师，在中国教育学会、小学语文教学研究会举办的全国语文教师范文写作比赛中获奖。其中，一等奖7人，二等奖36人，三等奖171人；进修学校小学教研室语文组获组织奖。

（乔仲田）

【教育经费实现“三个增长”】 至年底，怀柔县财政拨教育经费8930万元，比上年增长12.8%，超过县财政收入增长11.9%的比例；教育经费支出9767万元，比上年增长24.4%；生均教育经费和生均公用经费分别为2089元和662元，分别比上年增长19．7%和23%。

（贺恩和）

【发挥党员教职工作用】 年内，怀柔县教育局党委组织全系统党员开展“四个一”活动：联系一名特困学生（或教工），在推行素质教育中带头上一堂好课，为全县普教工作献一条好计策，为本校提一条好建议。在此项活动中，共帮助贫困学生（教工）900余人，捐资（物）6万余元，为教育局或学校提建议和献策近千条，在推行素质教育中带头上好课1000多节。

（贺恩和）

【举办基本功训练培训班】 年内，怀柔进修学校举办小学基本功训练培训班，有60多名负责本校基本功训练的辅导员参加培训。培训内容有毛笔字、钢笔字、粉笔字、简笔画，采取办辅导讲座与互教自练相结合的方式进行。

（杜淑霞）

【完成基建投资1749万元】 年内，怀柔县投资1312万元改善中小学办学条件，其中市县投资810万元，乡镇投资152万元，村级投资98万元，社会团体支援希望工程145万元，学校自筹107万元。修善、改建校舍37879平方米，共717间房屋；购置锅炉2台，土暖气炉8台；维修供暖管道1978米，电路9450米。该县中小学4项基建工程竣工，总建筑面积4221平方米，总投资437万元，它们是：怀柔第一职业高中综合楼，怀柔三中、四中的食堂饭厅，怀柔一小电教楼。

（张万钧）

【校办企业完成产值5244.06万元】 至年底，怀柔县校办企业完成产值5244.06万元，销售收入4545.30万元，实现年利润495.51万元，上缴税金102.56万元，补充教育经费342万元。

（贺恩和）

【督导评价5所学校】 年内，怀柔县督学室对5所中小学进行综合督导评价。上半年，依据《怀柔县中小学教育质量评价方案》对九渡河中学、三渡河中学和小学进行综合督导评价；下半年，依据《北京市普通中小学全面实施素质教育评价方案》对杨宋镇中学、怀柔镇中心小学进行试点督导评价。督导评价针对学校教育教学、办学条件、校容校貌等方面采用听取校长自评工作汇报、视察校园、听课、召开师生及家长座谈会、个别访谈、问卷调查、查阅档案资料等形式进行。

（孙久恕）

【培训骨干班主任】 年内，怀柔县教育局举办两期骨干班主任培训班，100多人参加培训。培训班邀请北京一八二中校长作《实用心理学在班主任工作中的应用》专题讲座，该县两名获“紫禁杯”优秀班主任奖的教师介绍班主任工作经验，并收看《丁榕、赵亚玲班主任工作事迹展》录像。

（彭晓瑞）

【加强干部队伍建设】 年内，怀柔县教育局及局党校组织多项活动加强干部队伍建设。组织学校干部及后备干部培训班6次，学习十四届六中全会《决议》、十五大文件、干部理论知识、党建知识及素质教育理论，共320人参加培训；组织30人参加小学教育专业自学考试大专班、39人参加学校管理续大学本科班学习；选派17名干部参加研究生主要课程进修班和高级研讨班学习；组织学校书记、校长外出参观及考察，学习教育管理经验。

（贺恩和　杜淑霞）

【县城学生参加社区服务】 年内，怀柔县教育局团委在县城10所中小学组建社区志愿服务队，开展社区服务活动。共组建10个大队，每大队500人，活动20次。活动包括负责10个居民小区的文明宣传、公共卫生、绿地管理等内容。

（贺恩和）

【桥梓中学建成阶梯电教室】 年内，桥梓中学投资20万元，建成怀柔县农村学校首座阶梯电教室。该电教室100平方米，有172个座位分20排呈阶梯式排列，最后一排比第一排高出1米。室内配有大屏幕彩电及投影仪等电教设备。

（杜淑霞）

【52名教师优秀论文获奖】 年内，怀柔县有52名中小学教师撰写的论文获市级以上奖。在市基教研究中心组织的论文评优活动中，1人获二等奖；在全国青年教师教育教学研究成果颁奖大会上，2人获论文一等奖，16人获二等奖，24人获三等奖；在全国中等学校生物教师优秀论文评选中，1人获二等奖；在华北地区化学教学研讨会上，1人获优秀论文二等奖；在市中学地理素质教育年会上1人获论文一等奖；在全国教育理论征文评选活动中，5人获二等奖，在市师德建设大家谈征文活动中，1人获一等奖。

（孙明林　刘宝玉）

职业教育

【概　况】 1997年，怀柔县有职业高中1所，中学附设职高班3个，67个教学班。在校生2615人，招生1216人，毕业575人；教职工363人，其中专任教师204人。专任教师中学历合格率30.88%；具有高级职务21人。

（贺恩和　杜淑霞）

【22名职高生考入大学】 7月，怀柔县职业高中部分应届毕业生参加高考，有22名被高等职业学校录取。其中怀柔三中12人，县第一职业高中6人，桥梓中学职高班4人。

（王广安）

【召开语文数学教研工作会】 9月17至18日，怀柔县职教中心分别召开职业高中语文、数学教研工作会。会议分析高一语文、数学统测试卷，对提高语文、数学教学水平提出具体意见。会议要求各校抓好各教学环节，加强课后辅导；改革教学方法。会议强调现阶段统测的必要性及与素质教育的关系。

（杜淑霞）

【市职教研究所到怀柔检查工作】 10月31日，市职业教育研究所一行4人到怀柔县杨宋镇中学职高部检查办学条件和财会专业教学工作。检查组肯定该校“稳中求发展，以质量求生存”的办学指导思想和各科教学大纲和教学计划。同时指出工作中存在的问题。

（贺恩和）

【研讨职高数学教学】 11月29日，怀柔县职教中心召开数学教学研讨会。全县职高一年级数学教师参加会议。会上观看一节优秀数学录像课，并由授课教师介绍提高数学教学质量的经验。与会教师研讨数学教学中存在的问题。

（杜淑霞）

【召开职教教学与管理评估会】 12月29日，怀柔县教育局召开职业高中教学与管理评估工作总结表彰会。会议表彰教学管理先进校1所，先进教职工25人；职业教育征文活动组织工作先进校2所，征文获奖者63名。怀柔三中、第一职业高中及两位教师代表介绍经验；会议作题为《立足根本，进一步加强职业高中的教学与教学管理工作》总结报告。会议指出，加强职高教学与教学管理，要认真研究教育观、质量观及创办特色。

（杜淑霞）

【4名职高师生获奖】 至年底，怀柔4名职高师生在市级比赛中获奖。在市职业高中首届英语演讲比赛中，怀柔3名学生参加，1人获三等奖，2人获表扬奖；在北京市职业高中电化教育教材教法展览中，怀柔三中职高教师制作的3套教学投影片，获三等奖。

（贺恩和）

【开展职教征文活动】 年内，怀柔县职教中心组织职教征文活动。共征集论文146篇，评出一等奖6篇，二等奖13篇，三等奖20篇，表扬奖24篇。怀柔第一职业高中、桥梓中学获组织工作先进奖。

（杜淑霞）

【评估职高教学与管理】 年内，怀柔县职教中心对1所职高校、3所中学附设职高班进行教学与管理评估。评估依据县职教中心制定的评估体系，从办学目标、管理体系、师资状况、教学情况几方面，以听汇报、查看资料、听课等形式进行。评出教学管理先进校1所，教学管理先进工作者8人，优秀教研组长5人，教学标兵12人。

（杜淑霞）

成人教育

【概　况】 1997年，怀柔县共有各级各类成人教育学校274所，其中成人高等学校1所，开设4个专业，在校生850人，招生290人，毕业生142人；教职工10人，其中专任教师6人。成人中等学校2所，开设12个专业，在校生1681人，招生378人，毕业生274人；教职工91人，其中专任教师36人。各类职工学校15所，全年培训18200人次；教职工273人，其中专任教师150人。社会力量办学校25所，全年培训6343人次；教职工346人，其中专任教师121人。乡办成人学校21所，全年培训11000人次，教职工188人，其中专任教师22人。村办成人学校210所，教职工210人。全年两次计算机等级考试中，295人获得一级证书。

（张华运）

【举办第三届春运会】 4月30日，怀柔县成教系统举办第三届春季运动会。教职工及学生170余人参加。30余人次打破12项县成教系统运动会纪录。职工中专、职工学校、成人中专分获总分前三名。职工学校获精神文明奖。

（张华运）

【举办第三期劳模大专班】 9月，怀柔县第三期劳模大专班开学，该大专班共招收学员89人。该县自开办劳模大专班以来共招生261人。

（张华运）

【电大分校招收首期视听生班】 9月，电大怀柔分校首期财会专业视听生班开课，学员共204人。这是该县首次举办视听生班，全县报名共226人。

（张华运）

【成人教育中心通过验收】 10月，怀柔县成人教育中心竣工，并通过教委验收。该中心占地18亩，建筑面积8000平方米，设有计算机房3个（教学用计算机80台），有财会模拟室、语音室、电教站各1个，教职工130人。

（张华运）

【怀柔镇乡校被评为市级示范校】 10月，市教委评估团对怀柔镇乡校进行评估验收。该校占地6600平方米，建筑面积1200平方米，由怀柔镇投资5万元补充教学设备，教学条件符合验收标准，被评为“市级示范校”，成为怀柔县第二所“市级示范校”。

（尹瑞英）

【市教委检查成教工作】 12月3日，徐锡安等市教委领导检查怀柔成教工作。在检查县成教中心的计算机房、财会模拟室、语音室和电教控制室等教学设备，听取近几年工作的汇报后，徐锡安指出，北京要实行三教统筹，优势互补，打破条块的限制，充分利用闲置的师资资源，解决成教师资短缺问题；社会力量办学一要大力扶植，二要加强管理，社会力量办学讲功利性，讲产业性，讲多劳多得。

（张华运）

【三项培训工程获奖】 年内，怀柔县有810人参加乡局级干部培训，结业700人；有1591人参加计算机等级培训，917人参加大中型企业领导任职资格培训；300人参加各个层次的乡镇企业干部职工培训；有近2万名职工进行了技术等级培训；有1万名农民取得“绿色证书”。怀柔县成教局获市教委颁发的实施成人教育培训工程先进集体奖，成人教育中心被评为优秀成人教育中心。怀柔车辆厂被市人事局、市教委评为三项培训工程先进单位。

（张华运）

【农业技术培训收到实效】 年内，怀柔成教系统开展的特色农业技术培训取得初步成果。怀柔县宝山寺乡养鸡业突破百万只，增收200万元。獭兔、蓝孔雀、梅花鹿等特色养殖项目分别在七道河、长哨营等乡得到发展。

（尹瑞英）

【组织教师到山区办学】 年内，怀柔县成人教育局组织教师到山区办学，先后到喇叭沟门乡、七道河乡、碾子乡等9个山区乡镇，为农村基层干部开设《市场营销》、《经济法》等课程，共有250多人参加培训。

（尹瑞英）

【开设农村经济管理班】 年内，怀柔县成教局与市农业学校联合，在庙城镇、雁栖镇、怀北镇、怀柔镇开设农村经济管理中专班，对农村在职和后备干部进行学历教育。该中专班系统学习市场经济理论和经济管理知识，共招收学员191人。

（张华运）

【成教职工扶贫助学】 年内，怀柔县成教局出资3万元，帮助宝山寺乡山嘴自然村完成打井和引水工程，出资4万元，帮助对石村建成一所成人学校。协助李宁公司向怀柔县汤河口镇、宝山寺乡、碾子乡捐赠学生书包3500个，鞋2200双，T恤衫4400件，价值65万元。该局团员青年还捐资1000余元，资助山区10名失学儿童。

（张华运）

【高教自考成人高考报名人数增加】 年内，怀柔县高等教育自学考试报名2494人，4779科次，分别比上年增加348人，1031科次。全年毕业42人。成人高考报名949人，比上年增加343人，共录取447人。该县重视考试工作，成立由文教办、成教局、公安局、监察局和供电局参加的联合工作委员会，保证高考顺利进行。

（张华运）

怀柔县教育局

局　　长　杜连顺
党委书记　杜连顺（3月免）
　　　　　贾永利（3月任）
督学室主任　杜连顺

怀柔县成人教育局

局　　长　柏启和
党委书记　柏启和

密　云　县

基础教育

【概　况】 1997年，密云县有托幼园所235所，其中市立园2所，单位办园所18所，街道办园所11所，乡村办园所204所；在园（所）幼儿9642人；教职工924人，其中专任教师629人；小学附设学前班10个，收幼儿9642人，幼儿入园率76.74%。小学185所，1571个班，在校生45741人；教职工3669人，其中专任教师3280人。中学40所，其中初中校32所，高中校4所，完全中学4所；初中班508个，高中班63个；在校生24092人，其中初中生21001人，高中生3091人；教职工2870人，其中专任教师2141人。中等师范学校1所，12个班，在校生490人；教职工119人，其中专任教师45人。聋哑学校1所，9个班，在校生157人；教职工41人，其中专任教师32人。校外教育单位1个，教职工10人，其中专任教师5人。小学入学率100%，巩固率100%，毕业及格率99.8%。残疾儿童入学率96.23%，巩固率100%，毕业率100%。初中入学率100%，巩固率98.4%，毕业及格率98.8%，高考录取率达40.5%。小学教师学历合格率为98%，初中教师学历合格率为78.36%，高中教师学历合格率为73.53%。

（杨大明）

【考核中学青年教师成才工程】 1月，密云县中学青年教师成才工程1996年度考核工作结束。经学校考核推荐，有29所中学、12学科共199名教师申报县级青年骨干教师和过关教师考核，其中，申报县级青年骨干教师考核51人，有16人通过考核，11人提前成为骨干教师；申报过关考核148人，过关122人，其中27人提前成为过关教师。

（项启江）

【召开教育工作会】 2月17日，密云县教育局召开教育工作会。会议要求1997年全面实施素质教育，进一步提高教育教学质量，以师德建设为重点，加强干部教师队伍建设，开创普教工作新局面。

（项启江）

【教师人均住房达12.83平方米】 2月，密云县134户教师迁新居，全县教师人均住房面积达12.83平方米。该县已全面完成市政府下达的2.7万平方米教师住房建设指标，实际完成30673平方米，超额13.6%，共计447户教师迁入新居。

（项启江）

【命名霍山生中队】 2月，密云县水库中学初一（1）班少先队被团市委、少工委命名为“霍山生中队”，并举行授旗仪式。该中队把设在密云水库大坝上的“霍山生哨位”作为教育基地，定期到哨位站岗执勤。

（项启江）

【严格中小学收费管理】 2月，密云县教育局召开中小学领导干部工作会。会议就1997年学校收费工作提出三点要求：①各校坚持依法收费，严格执行县政府、县物价局有关规定，不得增加收费项目，不得擅自提高标准；②进一步规范收费使用和管理，所收款项统一入帐，不得以班为政，更不能公款私存；③加强收费工作的透明度，收费项目、标准、使用结果，用文字向学生家长通知。教育局将依据有关规定，对各中小学进行收费监督检查。

（项启江）

【召开中学青年教师成才工程表彰会】 3月3日，密云县教育局召开中学青年教师成才工程表彰会。会议表彰35名骨干教师和参加市教学基本技能大赛获奖的21名教师。高岭中学、焦家坞中学教师介绍各自成长情况，塘子中学介绍实施成才工程、全面关心青年教师成长经验。县委、县人大、县政府领导为获奖教师颁奖。

（项启江）

【11篇树师表形象征文获市奖】 3月，在市教育工会组织的“学模范人物，树师表形象”征文比赛中，密云县共有11篇教师征文获奖，其中一等奖1篇，二等奖1篇。

（项启江）

【亚太大厦捐资10万元】 3月28日，北京亚太大厦有限公司为冯家峪中学捐款10万元。该捐款用于改善办学条件，添置教学设备，解决贫困生学习费用、设立优秀学生和有突出贡献教师奖学金。

（项启江）

【调研实施素质教育情况】 3月31日，密云县教育局、教研中心、青少年活动中心到密云二小调研实施素质教育情况。调研采取集中听取工作汇报和分组（学校管理、教学管理、科研、德育、艺术与科技教育）座谈形式进行，经过分析讨论，调研组对二小近几年实施素质教育取得的成绩给予肯定，对不足之处提出改进建议。

（项启江）

【下发关于师德建设几点意见】 3月，密云县教育局下发关于《加强师德建设的几点意见》。该意见要求各校要把贯彻师德规范作为一项长期任务，抓出实效，列入工作日程；制订《中小学职业道德规范》实施细则，提出对教师职业道德具体要求。意见强调师德建设重点是以铸造师魂、陶冶师德、提高师能为目标。

（项启江）

【召开学雷锋暨百优生表彰会】 3月，密云县教育局召开中小学学雷锋暨百优生表彰会。会议命名26个雷锋班，表彰8个学雷锋小组、21名学雷锋先进个人、200名优秀中小学生。会上，上甸子中学、四小、西田各庄小学及百优生代表分别介绍经验。至此，密云县共命名雷锋班94个，其中中学59个，小学35个；评选学雷锋先进小组55个，先进个人97人，优秀中小学生500名。

（郭宝山）

【获市冬季长跑赛团体奖杯6座】 3月，在市中小学生冬季长跑比赛中，密云县代表队共获团体奖杯6座。其中初中男女组、小学女子组，高中男女组均获团体冠军；小学男子组获团体第三名。

（项启江）

【举行第二届中小学生自制风筝赛】 4月20日，密云县第二届中小学生自制风筝比赛结束。26所学校的120多名中小学生带着自制风筝参加比赛。经评比，新农村中学、穆家峪中心小学分获中小学组团体总分第一名。

（项启江）

【评审中小学校长书记教育论文】 4月，密云县教育局开展征集评审中小学校长、书记教育论文活动结束。该活动共收到中心小学和中学校长、书记论文94篇，其中中心小学32篇、中学62篇。分别占校长、书记总数的100%和95%。经论文评审小组评定，获一等论文7篇，其中，中学4篇、小学3篇。

（项启江）

【举行师德报告会】 5月23日，密云县教育局、教育工会召开普教系统师德报告会，1200名中小学教师参加。番字牌中学、密云二中、上甸子中学、太师庄中学、石城寄宿小学教师在会上分别介绍热爱教育事业，全面关心学生进步成长的经验。

（项启江）

【获市运动会奖牌49枚】 5月24日、25日和31日，密云县普教系统80名运动员在市中小学生田径运动会上，共获得奖牌49枚，其中金牌13枚，银牌20枚，铜牌16枚；夺得远郊区县小学组团体总分第一名中学组团体总分第四名。

（杨大明）

【召开学前教育工作会】 5月，密云县教育局召开学前教育工作会，部署1997年全县学前教育工作。强调重点抓好6项工作：①积极开展调查研究，制定“九五”期间学前教育总体目标；②继续抓好挂靠改革试点工作，总结试点经验；③抓好幼教法规落实，强化内部管理；④加强队伍思想、业务建设，提高办园水平；⑤加强幼教科研工作，提高保教质量；⑥做好“迎六一、迎回归”活动的组织工作。

（项启江）

【社会各界慰问残疾儿童】 5月，密云县各界开展慰问残疾儿童活动。县领导和县妇联、残联等单位到聋哑学校看望残疾学生，并送去慰问品和慰问金；首都经贸大学密云分校学生多次到聋哑学校为残疾学生洗衣服、床单、被罩等，还为家庭困难的学生捐款。聋哑学校教师每人捐款100元为住宿学生每人购买一个柜子，为编织组学生捐毛线15斤，为缝纫组学生捐衣服238件。

（项启江）

【读《足迹》谈感想主题班会评优】 5月，密云县教育局与县关心下一代协会共同组织开展“读《足迹》谈感想”主题班会评选活动。18所学校32个班上报主题班会教案等材料，县评比小组深入各班参加班会复评，结果古北口中学初二（3）班、新农村中学初二（6）班、密云一中高一(7)班获本次评选活动一等奖。

（郭宝山）

【开展多种迎香港回归活动】 5至6月，密云县普教系统开展多种迎香港回归活动。5月，全县小学开展“迎回归，做当代好少年”主题中队会评优活动，评出一等奖4名，二等奖6名，三等奖10名。5月27日，教育工会组织“迎回归”五月鲜花文艺汇演，40个单位参加汇演，3人获特别奖，33个学校分获一二三等奖。5月30日，20所幼儿园1000名幼儿参加“庆六一，迎回归”体操比赛，3所幼儿园获一等奖。石城寄宿小学与东城部分小学师生举行“城乡手拉手，共种回归树”活动，种植97棵象征香港回归祖国的常青树。6月13日，27所小学举行“迎回归”知识竞赛，30名学生分获一二等奖。“七一”前夕，密云师范举行“庆七一、迎回归”歌咏比赛。

（孙维国 项启江 杜瑞侠 范燕生）

【县人大代表视察寄宿小学】 6月12至13日，密云县人大常委会组织部分常委会委员、人大代表对太师屯、不老屯、冯家峪、石城4所寄宿小学进行视察。代表们听取乡镇教育经费划拨使用情况及寄宿小学管理工作汇报，查看学校管理情况。代表们对4所学校硬件明显改善，教师队伍素质提高，住宿管理制度化、规范化，校园环境整洁予以充分肯定，对进一步办好寄宿小学提出意见和建议。

（李云柱）

【禁止向学生推销学习用品】 6月17日，密云县教育局下发《关于禁止学校向学生推销教育行政部门规定以外的书籍、学习资料和学习用品的通知》。通知要求各校严格执行收费卡规定收费项目和标准，一律不准为学生代办教育行政部门规定以外的书刊、学习资料和学习用品，禁止在学校向学生搞推销活动。

（项启江）

【召开中心园挂靠中心校现场会】 6月27日，密云县教育局在东邵渠中心小学召开乡镇中心园挂靠中心小学工作现场会。东邵渠、北庄中心小学和北庄乡教委分别介绍挂靠工作做法、体会及抓好挂靠改革、提高保教质量经验。全县19个乡镇主管教育的乡镇长、教委主任、幼教专职干部和中心小学校长参加会议。实行乡镇中心园挂靠中心小学工作，始于1996年，旨在将学前教育纳入大教育系列，由教育行政部门和学校统一管理。至年底已有7个乡镇完成中心园挂靠中心小学工作。

（杜瑞侠）

【小学自然课教学获市和全国奖】 6月，密云一小教师自然课《弹性》，获市评优课一等奖。10月，《把握教材内容特点，培养抽象概括能力》一文，获全国自然研究会优秀论文二等奖。

（李伟臣）

【下达辍学率控制指标】 上半年，密云县初中生23785人，辍学生386人，辍学率1.64%，比上年增0.78个百分点。为此，县政府采取拨专款15万元解决贫困生入学问题，对县城中学、乡镇中学和乡以下中学分别下达控制指标和表彰辍学率为零的学校等措施，扭转辍学率上升局面。至年底，该县中学辍学16人，辍学率0.08%，比上年下降0.78个百分点。该县小学生辍学率为零，与上年持平。

（杨大明）

【获首届全国规范汉字书写先进集体称号】 6至10月，在首届全国规范汉字书写大赛中，密云师范获先进集体称号，密云师范组织全校学生参加该项赛事，1人获一等奖、2人获二等奖、4人获三等奖。

（李亚荣）

【中小学生篮球赛举行】 7月10至15日，密云县中小学生篮球比赛举行。本届篮球赛由县教育局主办，二中承办，共有36支代表队参赛，其中小学男队9支、女队9支，初中男队10支、女队8支。经过88场比赛，河南寨中心小学男队、东邵渠中心小学女队、密云二中男、女队分别夺得小学男子组、小学女子组、初中男子组、初中女子组冠军。

（项启江）

【15所学校课间操升级】 7月，密云县1996至1997学年度课间操质量升级评定工作结束。45所学校参加评定，15所学校升级。新农村小学、回民小学2校升为标兵级单位；石城小学、塘子中学等8校升为优秀级单位；4所学校升为良好级单位；1所学校升为及格级单位。

（项启江）

【小学实现6周岁入学】 7月，密云县小学入学年龄由6岁零3个月改为6周岁，全县共招收新生6530人，完成小学入学年龄调整工作。该县1996年7月将小学招生年龄由6岁半调整为6岁零3个月。

（谷德贵）

【进行幼儿教师岗前岗位培训】 7至10月，密云县学前教育中心对全县130名新任幼儿教师进行岗前培训考核，120人领取合格证书。10至11月，对城镇幼儿园48名青年骨干教师进行幼儿游戏、社会性发展与教育、幼儿健康教育的岗位培训，对农村园骨干教师进行美术技能岗位培训。

（杜瑞侠）

【科研课题经国家教委评审获准立项】 8月27日，密云师范科研课题《中师语文教学方法改革研究》，经国家教委专家组评审通过获准立项。密云师范语文教学改革，经多年实验在培养学生自学能力，“教学”能力方面创造了一些经验。为使语文教改更深入开展，学校成立语文教改科研课题组，向国家教委师范教育司申报该项科研课题。国家教委师范教育司根据专家组意见，批准予以立项，并资助经费5000元。

（范燕生）

【第一个招标工程竣工】 8月，密云县职业学校教学楼竣工。该工程是密云教育系统第一个招标工程，建筑面积4100平方米，由密云振兴建筑工程公司施工，工期90天，是密云地区同类工程中质量较好、工期最短的工程。密云县教育局于5月10日首次向社会招标建筑工程，共有5项工程，总建筑面积10550平方米。

（项启江）

【表彰优秀教师】 9月9日，密云县委、县政府召开庆祝教师节暨表彰优秀教育工作者大会，30名教师受到表彰和奖励。县委、县人大、县政府、县政协有关领导及1000多名教师参加表彰会。职业学校、番字牌乡榆树下小学、兵马营中学、河南寨中心小学教师在会上介绍先进事迹。会议号召全县教师向他们学习。

（项启江）

【交流马芯兰教改实验经验】 9月18日，密云县教育局召开使用马芯兰数学实验教材经验交流会。中心小学、直属小学的领导和骨干教师80余人参加。十里堡中心小学、太师屯中心小学、密云一小分别介绍开展实验活动的经验体会。密云县从1995年开始在部分小学推广马芯兰教改实验，1996年在全县推广，小学1至3年级全部使用马芯兰数学实验教材，参加教改实验的学校185所，666个教学班，学生19016人。

（项启江）

【陈淑玲获惠普优秀教学管理奖】 9月25日，塘子中学校长陈淑玲获北京市第二届惠普优秀教学管理专项奖。近几年，塘子中学加大管理力度，注重两支队伍建设，教育教学质量保持较高水平。这是该县第二位获此奖项的校长。

（郭宝山）

【春蕾小学落成】 9月，密云县春蕾小学举行落成典礼。全国妇联及日本友人为学校落成剪彩。学校占地面积1.2万平方米，建筑面积1000平方米，拥有生物、音乐、计算机等专用教室。典礼仪式上，日本友人还为学校捐赠风琴等教学设备。该校前身是太师屯镇东田各庄小学。该校是全市首家春蕾小学。

（项启江）

【召开中小学生田径运动会】 10月11日，密云县教育局召开中小学生田径运动会。全县69所中小学（含职业学校）777名运动员参加92个项目竞赛，共有27人、2队打破12项县中小学生田径运动会纪录。密云一中、新农村中学、不老屯中心小学分获高中组、初中组和小学组团体总分冠军。密云二中高、初中和不老屯中心小学分别夺得高中组、初中组和小学组奖牌总数第一，五中一队获初中组团体总分和奖牌数两个并列第一名。

（项启江）

【两学校获校园环境示范校】 10月24日，市教委校园环境建设检查组对冯家峪中学、石城寄宿小学的校园环境建设进行检查，听取学校工作汇报，重点检查校园绿化美化情况，教室、专用教室的布置，观看升旗仪式、课间操，查阅有关资料。经检查验收，两校被授予“北京市中小学校园环境建设示范学校”。检查组对两校的环境建设给予肯定。

（项启江）

【进行小学教育教学工作检查】 10月28日至11月13日，密云县教育局和教研中心对全县中心小学及直属小学教育教学工作进行逐校检查。检查组依据《密云县小学素质教育质量综合评价方案（试行）》，每到一校，先听取校长工作汇报；然后听语文、数学、音乐、科技、思想品德课；看升旗仪式、课间操、档案资料、学生作业和教师备课笔记；分别召开教师、学生座谈会；对《小学生日常行为规范》等有关内容进行检测，抽查学生实验活动，观看40至60分钟学校特色展示。从检查情况看，多数学校都重视素质教育，把德育放在首位，重视学生特长培养。

（项启江）

【召开学校民主管理工作研讨会】 10月29日，密云县教育工会召开学校民主管理工作研讨会。会上，巨各庄中心校等7个单位，结合本单位民主管理的实际，从党支部加强对工会工作的领导，增强民主意识，坚持民主管理，正确处理校长负责制和民主管理的关系，民主评议干部，教代会规范化等方面作了经验介绍。

（项启江）

【学生家长接受家教教育面达90%】 10月，密云教育局组织中小学家教咨询员利用双休日上街进行家教咨询活动，100余名家长参加咨询，咨询内容有：学生心理健康、不良行为矫正、疑难问题解答、幼小衔接学习指导、家教艺术等。至年底，全县40所中学已有38所建立家长学校，小学全部建立家教委员会，学生家长接受家教教育面达90%。

（项启江）

【培训幼儿园园长】 10月，密云县学前教育中心对8所乡（镇）挂靠中心园园长进行8天学前教育专业知识和教材教法的培训，系统学习《幼儿园工作规程》和幼儿教育理论。11月，举办全县城镇幼儿园正副园长《规程》辅导和幼儿园分级分类验收细则标准讲座，并组织参观东四五条幼儿园。

（杜瑞侠）

【校园环境建设投资2118万元】 10月，密云县教育局抽调科室人员和中学校长，组成5个检查验收组，对全县中学进行校园环境检查验收。经评比，有24所中学被评为校园环境建设先进校，获得教育局颁发的奖金1万元。至年底，全县用于校园环境建设总投资达2118万元，学校面貌有了很大改观。

（郭宝山）

【在“爱科学月”活动中获奖51项】 10至11月，在市“爱科学月”活动中，密云县中小学生共获51项奖。其中，西田各庄中心校学生肖倩发明的“改革牌耘锄”在市青少年发明与制作电视大赛中获一等奖和“最佳创意杯”。在市中小学生绿化美化、改善生态环境知识竞赛中，51所完小、22所初中、3所高中的4000多名学生参加基层活动，340名学生参加县决赛，9人参加市比赛，获小学组团体二等奖、初中组团体一等奖、高中组团体三等奖。在远郊区县电子技术比赛中，获3个一等奖，3个二等奖，1个三等奖；英语科普知识与能力竞赛中，获3个一等奖，8个二等奖，14个三等奖和16个优秀奖，居远郊区县第二位。

（项启江）

【召开市级科研课题交流会】 11月14日，密云县教育局召开市级“九五”重点科研课题《农村初中素质教育途径研究》进展情况交流会。该课题组的9所中学领导出席会议。署地中学介绍开展课题研究情况和取得的初步成果，其余8校也分别就本校课题研究进展情况进行汇报。1996年12月，由该县教育局申报的关于“素质教育途径研究”课题，被市教育科学规划领导小组批准为“九五”重点科研课题。

（项启江）

【举行科技活动课教研观摩】 11月28日，密云县教研中心在巨各庄中心校组织科技活动课教研观摩活动。全县小学近百名科技课教师观摩巨各庄中心校《拼摆游戏》和檀营小学《平面魔方》两节科技活动课。

观摩课后，与会人员就正确把握科技活动课的特点进行评课和研究。

（项启江）

【1.2万名中小学生参观《正义的审判》展览】　11月，密云县1.2万名中小学生参观《正义的审判》展览。该展览是密云县教育局与中国人民抗日战争纪念馆在县科委科技馆共同举办的，展期10天。

（项启江）

【参加市艺术节活动获奖】　11月，在市第四届艺术节活动中，密云县中小学生共获得5个一等奖、21个二等奖、27个三等奖。集体舞蹈全部获奖，其中果园小学的《嬉蝶》，石城寄宿小学的《童趣》获二等奖，四小、三中的集体舞蹈获三等奖。

（项启江）

【召开教育工会第六次代表大会】　12月10日，密云县教育工会召开第六次代表大会。大会作《团结动员广大教职工，认真落实党的十五大精神，在密云县的改革和发展中做出新贡献》工作报告和财务报告。大会根据《工会章程》，选举产生第六届委员会和经费审查委员会，工会委员19人，经费审查委员7人。

（任学增）

【举办青年教师基本功大赛】　12月，密云县教育局和教研中心联合举办小学青年教师（40岁以下）基本功大赛。各中心校选拔、推荐49人参加语数两科决赛。通过笔试、备课、15分钟基本功展示3项内容综合评定，评出一等奖5人，二等奖20人。

（王喜明）

【筹资1241万元进行校舍改造】　年内，密云县教育局投资1241万元进行校舍改造。主要项目有：职业学校教学楼4078平方米；太师庄中学实验楼1812平方米；一中图书馆、阶梯教室1905平方米；二中学生宿舍楼2500平方米；师范食堂450平方米等。除二中学生宿舍楼外，其余已全部竣工投入使用。

（王维才）

【初高中体育考试成绩优良】　年内，密云县普通高中毕业会考和初中升学考试体育成绩优良。高中会考体育平均成绩273.33分，比上年提高14.02分，及格率100%、良好率99.68%、优秀率84.16%。良好率、优秀率分别比上年提高2.98和20.08个百分点。初中升学考试体育平均成绩29.15分，比上年提高0.62分，及格率99.96%，良好率99.46%，优秀率97.30%，分别比上年提高0.1、0.57和5.01个百分点。

（项启江）

【培训教师1710人次】　年内，密云县教育局实施青年教师“成才工程”，共培训教师1710人次。举办学历进修班20个，其中，大学本科班11个，培训学员549人；专科班9个，培训学员781人。小学自学考试班380人。此外，有94.7%校级干部通过计算机岗位培训。

（杨大明）

【获市科技艺术竞赛奖130个】　年内，在市教委组织的科技、艺术类竞赛中，密云县中小学生共获一等奖18个，二等奖41个，三等奖70个，其中包括科幻画一等奖2个，二等奖1个，三等奖2个，科技论文二等奖2篇，三等奖3篇，计算机比赛二等奖1个，三等奖2个。同时荣获小发明电视大赛一等奖和最佳创意奖，6所学校获团体奖。

（杨大明）

【撤并小学6所】　年内，密云县撤并西田各庄镇小水峪小学、北铁小学，冯家峪镇董宝峪小学，番字牌乡白马关小学，新城子乡山西小学和十里堡小学。全县小学总数由上年的191所减少到185所。

（杨大明）

【中考及格率达98.8%】　年内，密云县初中7827名应届毕业生参加全市统一升学考试，平均及格率达到98.80%，比上年提高0.17个百分点。有7411名考生被录取，录取率达到94.7%，有13所学校的及格率达到100%，边远山区21所中学平均及格率达到95%以上。

（杨大明）

【加强农村中小学建设】　年内，密云县教育局加强农村中小学建设。其中，筹集基建投资42万元，完成桑园中学、半城子中学改造任务。投资16万元，为5所10个班以上的农村完小，配备教学设备。10月对5所完全小学进行验收，有4所完小达标，1所完小未达标。

（杨大明）

【新建2处爱国主义教育基地】　年内，密云县新建雾灵山北麓抗日斗争记事碑和云蒙山地区抗战烈士纪念碑2处爱国主义教育基地。至此，该县爱国主义教育基地已达12个。雾灵山北麓抗日斗争记事碑碑基、碑座、碑体及望柱尺寸按37、77、45、815四组具有抗日纪念意义的数字设计。云蒙山地区抗战烈士纪念碑，主碑高6米，有8块副碑，分别记述抗日英雄白乙化、丰滦密联合县县长沈爽、张家坟七烈士、当代佘太君邓玉芬、臭水坑惨案、孟思郎峪惨案和抗日军民在两次伏击战中全歼日军的辉煌战绩。

（项启江）

职业教育

【概　况】　1997年，密云县共有职业高中7所，53个班，35个专业，在校生3427人，招生831人，毕业745人；教职工280人，其中专任教师181人。

（杨大明）

【30名职业学校教师通过考核】　5月，密云县职业学校28名教师通过县级“过关”考核，2名教师通过县级青年骨干教师考核。该项考核是按照县教育局制订的《密云县职业学校中青年教师成才工程骨干教师考核实施细则》进行的。

（王春生）

【职高师生宣传《职教法》】 10月11日，密云县职业高中师生走上街头，开展《职教法》颁布一周年宣传活动。师生们在县城西大街悬挂标语、发放材料，宣传贯彻职教法，开展职业教育对提高全民素质的重要意义，展示已取得的成果，开展"我学知识为人民"的服务活动。

（项启江）

【2所学校增设职业高中班】 年内，密云县2所学校增设职业高中班。其中，密云水库中学增设"导游"、"礼仪"两个职业高中班，招生97人。密云师范学校增设"幼师"职业高中班，招生84人。

（王春生）

【与10所市职业学校联合办学】 年内，密云县职业学校和普通中学与市10所职业学校开展联合办学。其中，密云职业学校与北京城乡建筑学校、北京塑料工业学校、北京八一农业机械学校、北京二轻技工学校、北京水利水电学校、北京无线电工业学校6校联办中专班，共招生11个专业，883名学生。统军庄中学与北京纺织工业学校、塘子中学与北京汽车工业学校、西田各庄中学与北京一轻工业学校、密云水库中学与北京实用美术技工学校联合办学，共开办32个班，招收1351名学生。

（王春生）

成人教育

【概　况】 1997年，密云县共有各级各类成人学校219所，其中成人高等学校（站）1所，开设4个专业，在校生1056人，招生828人，毕业166人；教职工29人，其中专任教师10人。成人中等学校6所，开设10个专业，在校生1688人，招生494人，毕业549人；教职工185人，其中专任教师74人。各类职工学校8所，全年培训2380人次；教职工75人，其中专任教师31人。社会力量办学校25所，全年培训9374人次；教职工368人，其中专任教师83人。乡办成人校（站）19所，全年培训20733人次，教职工31人，其中专任教师12人。村办成人校（站）160所，全年培训5267人次。至年底，该县成人教育局有教职工95人，下设北京电大密云分校、县职工教育中心和县成人中等专业学校3个办学单位。

（邹立江）

【召开农民教育工作会】 3月19日，密云县政府召开1997年农民教育工作会，总结部署工作。主管教育乡镇长（公司经理）、部分村校校长100多人参加会议。冯家峪镇政府、密云镇成人学校、新城子村成人学校发言。会议对获得市级成人培训先进单位的西田各庄镇成人学校、县级先进单位的密云镇等6所乡镇成人学校、十里堡镇庄禾屯村等5所村校及10名先进个人给予表彰和奖励。

（邹立江）

【溪翁庄成人校定为市级示范校】 9月，溪翁庄镇成人学校被市教委评审认定为市级乡镇成人示范学校。该校创建于1986年，1990年以来，镇政府对该校投资超过180万元。该校占地面积6000多平方米，校舍1100平方米，有5个标准教室，有计算机、彩电、录像机等教学设备20套。有实习基地30亩，形成比较完整的办公、教学、生产实验、技术推广相配套的办学体系。近几年来，该校先后举办成人大、中专学历班6个，培养学生近300人，对农民进行实用技术培训近4000人次。

（邹立江　邢朝利）

【密云县成人教育中心成立】 10月，密云县成人教育中心成立。密云成教局为该中心成立筹集基建投资150万元修缮教学楼和办公楼，投资100余万元添置教学设备。

（邹立江）

【召开社会力量办学工作会】 11月7日，密云县成教局召开社会力量办学工作会议。会议主要组织社会力量办学校长，认真学习贯彻《社会力量办学条例》，同时学习《教育法》、《教师法》和《行政诉讼法》等法律法规。至年底，该县社会力量办学校25所，比上年增加1所。全年共办班186个，各类培训结业9374人次，在校生2443人。

（邹立江）

【成教局机关扶贫到户】 12月14日，密云成教局机关一行10人，深入到扶贫村——西田各庄镇坟庄村5户贫困户家中。为5户贫困户送去个人集资款2500元，为幼儿园和贫困户解决8吨取暖用煤指标；与贫困户商讨脱贫之计，帮助5户贫困户落实种菜、电器修理、养殖和做豆腐等生产项目。

（邹立江）

【成人教育培训工程完成】 至年底，密云县成人教育培训工程全部完成。培训总数达54329人次。其中，学历教育大学本科225人，大专548人；各类职工培训27556人次；乡村两级农民培训26000人次。经市教委考核检查，密云县成教局、县乡镇企业局、穆家峪镇成人学校被评为成人教育培训工程先进集体，另有4人被评为优秀个人。

（邹立江）

【3964人获绿色证书】 至年底，密云县实施绿色证书培训工程，举办各类实用技术培训班520期，培训农民20733人次，1586人获绿色证书。至此，全县有3964名农民取得绿色证书。其中：农业186人，果树1642人，蔬菜1038人，畜牧139人，农机959人。

（刘　静）

【建成160所村级成人学校】 至年底，密云县有160所村级成人学校。村成人学校已成为农民科技之家。番字牌乡是小尾寒羊专业乡，通过乡、村成人校给农民传授饲养技术，小尾寒羊在全乡很快得到了发展。至年底，全乡养羊总收入100多万元，500多户摆脱贫困。穆家峪镇羊山村1农民，参加村成人校绿色证书培训，掌握养鸭新技术，养鸭由原来50天缩短到43天，年增收1.2万元。

（刘 静 姚海龙）

【560人被各类成人高校录取】 年内，密云县有560人被各类成人高校录取，录取率为38.4%。该县1462人报考各类成人高校，比上年增加554人。其中，高中起点报考本、专科1047人；二学历免试报名19人；专升本396人。被录取考生中，大学专科录取320人，大学本科录取1人；大学专科升本科录取220人；大学专科二学历录取19人。

（邹立江）

【密云电大学生首次突破千人】 年内，密云电大分校开设4个专业，在校生1056人，首次突破千人。其中，招收国民教育系列学员110人，大专毕业生166人。与中央党校函授学院联合举办非国民教育系列大专班和专升本班，共录取学员502人。其中，大专录取461人，专升本录取41人。首次招收注册视听生，录取189人。举办计算机、英语等各种短期培训班9期，培训725人。

（邹立江）

【自学高考报考8600科次】 年内，密云县高等教育自学考试开考21个专业，共报考8622科次。其中，报考大专5575科次，报考大学基础929科次，报考教育专科2118科次。在籍考生1977人。中专自考271科次，全国水利中专自学考试824科次。共培养大学本科毕业生4人，大专毕业43人。

（邹立江）

【农村基层干部进大专班学习】 年内，密云县304名乡村两级干部参加中央党校函授学院经济管理专业学习。学员遍及全县19个乡镇。西田各庄、太师屯、冯家峪等9个乡镇举办经济管理专业大专班，乡村两级干部361人参加学习。不老屯、溪翁庄等乡镇举办中专班，乡村两级干部150人参加学习。

（邢朝利 邹立江）

【6000学生参加绿色证书培训】 年内，密云县40所中学6000余名初三学生参加种植、蔬菜、果树、畜牧专业绿色证书培训。各乡镇政府为所属农村中学协调安排实习场所，挑选具有理论和实践经验的农艺师、工程师及农业技术人员任教。

（邹立江）

【冶金矿山公司培训业务骨干投资32万元】 年内，密云冶金矿山公司支付培训费32万元，选送业务生产骨干、技术尖子到东北客佐铁厂学习直接还原炼铁技术。学员学成回公司后，在该公司新建的直接还原铁厂参加生产。

（邹立江）

【培训乡镇企业职工2.5万人】 年内，密云县通过实施“5212”乡镇企业培训工程，共培训2.5万余人。其中，培养大专生546人，中专生2018人，培养新增专业技术人员1012人，完成职工岗位培训21600人，分别完成总任务的109%、101%、101.2%和108%。全县乡镇企业已拥有大专生960余人，占职工总数的2.2%，中专及高中以上学历15856人，占34.0%，有职称的专业技术人员1969人，占4.5%，分别比工程实施前增加2至10个百分点。

（邹立江）

【电大密云分校试办专升本教学班】 年内，北京广播电视大学密云分校首次举办国民教育系列法学专业专升本班，录取28人。

（邹立江）

【县级示范乡校建设标准出台】 年内，密云县政府出台县级示范乡校建设标准。对学校建制、校舍、经费、办学人员配备、培训指标规定应达到的标准，并要求到2000年全县有一半（10所）乡镇成人学校达到示范乡校标准。

（邢朝利）

【燕北针织厂实施培训工程】 年内，密云县冯家峪镇燕北针织厂实施乡镇企业职工培训工程。该厂举办岗前培训和适应性培训班12期，培训职工300人，骨干技术人员均经过北京专业服装厂和中、高等院校培训。职工素质提高，推动产品质量提高，在大连国际服装服饰博览会上，该厂“奥克斯特”品牌服装系列获得金奖。

（姚海龙）

【举办厂长业务员成本控制培训】 年内，密云县双龙水泥集团提取教育经费6.1万元，对各分厂厂长、车间和科室负责人及统计员、核算员进行成本核算控制知识培训。密云县企业局分5期对315名乡镇企业主管会计、80名厂长进行财务成本控制专业知识培训。

（邹立江）

【1500余人参加计算机培训考试】 年内，密云县有1524人报名参加全国计算机等级考试，884人取得一级B类证书。密云县职工教育中心与市农业管理干部学院首次举办3+2计算机专业高职班，录取21人。

（邹立江）

密云县教育局

局　　长 王春林
党委书记 侯振杰
督学室主任 王春林

密云县成人教育局

局　　长 陈天明（8月免）
赵长荣（8月任）
党委书记 陈天明（8月免）
赵长荣（8月任）

平 谷 县

基础教育

【概 况】 1997年，平谷县有幼儿园320所，其中市立园4所，乡村办园316所；3岁以上的幼儿班542个；在园幼儿11870人；教职工840人（正编286人），其中专任教师812人（正编188人）。小学198所，教学班1825个，在校生57660人；教职工4416人（正编3460人），其中专任教师3090人。中学30所，其中初中校21所，完中校9所；教学班613个，其中初中班506个，高中班107个；教职工3289人（正编3030人），其中专任教师2123人。中等师范学校1所，教学班11个，在校生432人；教职工110人（正编103人），其中专任教师40人。聋校1所，教学班8个，在校生97人，教职工64人（正编54人），其中专任教师22人；普通小学随班就读学生223人。培智学校1所，教学班5个，在校生48人，教职工10人，其中专任教师10人；小学附设弱智班3所，教学班3个，在校生37人，专任教师3人。其他教育单位12个，教职工411人。小学入学率和巩固率均为100%，毕业及格率99.8%；残疾儿童入学率、巩固率均为100%。初中入学率79.69%，巩固率96.3%，毕业及格率95.68%，优秀率38.98%；高考上线率28.72%，录取率（含中专）60.57%。中小学教师学历合格率88.72%，其中小学94.88%，初中84.72%，高中56.81%。教师中具有高级教师职务296人，其中小学8人，中学288人；具有中级职务2487人，其中小学1375人，中学1112人；具有初级职务3426人，其中小学2218人，中学1208人；未评技术职务的教师共758人。

（岳广顺）

【小学五项工程实施情况评估】 1月13至16日，平谷县教育局组织小教科、小教研、督学室等有关科室人员，依据《平谷县小学五项工程评价细则》，对26所中心校“五项工程”实施情况进行全面检查评估，城关五小、夏各庄中心校、门楼中心校、峪口中心校和山东庄中心校5所学校被评为县级优秀校。

（岳广顺）

【举办中小学生陶泥工艺品大赛】 1月，平谷县教育局举办中小学生陶泥工艺品大赛，全县40余所中小学的3万多名学生参加该项活动。共收到入选作品1000余件，评出一等奖43个、二等奖87个、三等奖200个；东高村中心校、华山中学等10所中小学获组织奖。

（岳广顺）

【成立红领巾储蓄站】 3月7日，平谷县城关一小与平谷邮政局储蓄所联合成立“红领巾储蓄站”，成立后的2天时间内，该校300余名学生将压岁钱、零用钱1万余元存入储蓄站。

（岳广顺）

【获市级体育竞赛奖27个】 3月9日，平谷县教育局组队参加市第八届中小学生冬季公路长跑比赛，分获高中男女代表队团体总分第一名，初中男女代表队团体总分第四和第二名。5月，组队参加市中小学生田径运动会，获金牌6块、银牌8块、铜牌7块，高中、初中组分获团体总分第四和第五名。

（岳广顺）

【获市跳绳比赛4个第一名】 3月22日，平谷县教育局举办跳绳比赛，全县58所中小学1900多名运动员参加比赛，黄松峪中学和刘店中心校分获中小学组团体总分第一名。29日，该县组队参加市首届全民健身节中小学生跳绳比赛，获远郊区县中学组团体总分第一名，小学组团体总分第二名，中学男子和小学男女个人单摇第一名。

（岳广顺）

【城乡合作办学】 3月23日，北京七中与平谷县华山中学开展合作办学，北京七中赠送华山中学计算机10台、课桌400张，并提供教学信息；华山中学向北京七中提供德育基地和学生夏令营活动场所。5月25日，北京七中8名骨干教师对华山中学高三学生进行考前辅导，并解答学生提出的问题。

（岳广顺）

【中小学乱收费现象仍较普遍】 3月25至27日，平谷县教育局组织有关人员30人，分5组检查全县58所中小学收费情况。检查内容有：年度各项费用的结算情况；“先审批后收费”制度的执行情况；票据使用情况；资金管理情况。检查结果：46所学校存在着多次性向学生收费和超范围收取班费现象，有问题学校占受检学校的79%。

（岳广顺）

【召开电教工作会】 3月27日，平谷县教育局召开中小学电教工作会议。会议总结上年中小学电教设备的管理和使用情况，表彰10所学校和21名先进个人，提出健全专用设施，配齐专用设备，管好电教用品，用好电教工具阶段性目标。

（岳广顺）

【投资150万元绿化美化校园】 3月，平谷县普教系统投资150万元绿化美化中小学校园。至年底，该县中小学设置宣传栏32个；栽种绿篱

2400米，植桧柏、云杉、银杏、木槿、月季等花木32种25万株。

（岳广顺）

【18人获市教学基本技能竞赛奖】 3月，平谷县教育局组织33名初中教师参加市教学基本技能竞赛，18人获奖，其中获全能奖1人，笔试一等奖1人、二等奖10人，教学片段演示二等奖6人。

（岳广顺）

【3所中学定为首批市级规范化学校】 3月，平谷县3所中学被认定为首批市级规范化学校。市教委“规范化学校”验收组对平谷县申报的3所市级规范化学校进行检查验收后认为，3所中学全部达到市教委规定标准。

（岳广顺）

【陈晓佳获心意卡设计一等奖】 4月20日，平谷县城关一小学生陈晓佳在由团中央、国家教委等8单位联合举办的“我们爱祖国，我们爱香港”心意卡设计活动中获一等奖。5月14日，陈晓佳与全国其他21位获奖者同赴香港，参加香港区旗、区徽传递活动。

（岳广顺）

【日本友人看望受资助学生】 4月21日，日本友人高木猛吉到平谷县熊尔寨中心校，看望他长年资助的5名学生，并再次捐款1500元解决这5名学生的生活困难。

（岳广顺）

【举办中小学生艺术节】 4月24至29日，平谷县教育局在青少年科技活动中心举办中小学生艺术节，全县58所中小学参加包括声乐、舞蹈、曲艺在内的12场演出活动，评选优秀节目251个。其中，7个节目参加市级调演，全部获得三等奖。

（岳广顺）

【举办中小学生田径运动会】 4月25至26日，平谷县教育局举办中小学生春季田径运动会。58所中小学的843名运动员参加88个项目比赛，有3项纪录被打破，大兴庄中心校、平谷二中和平谷中学分获小学、初中、完中组团体总分第一名。10月31日，举办中小学生秋季田径运动会，486名运动员参加48个项目比赛，城关五小、平谷二中和平谷中学分获小学、初中、完中组团体总分第一名。

（岳广顺）

【87名教师做基本功现场演示】 5月2日，平谷县教育局在峪口中心校召开小学青年教师培养工程现场会暨五项工程评价总结表彰会。会议推广峪口中心校青年教师教学基本功训练经验，该校87名青年教师做钢笔字、毛笔字、粉笔字和绘画基本功现场演示，受到与会者称赞。全县完小以上干部、县政协委员中教师代表及怀柔县部分小学干部共300人参加会议。

（岳广顺）

【举办首届六正杯科技知识竞赛】 5月28日，平谷县教育局在青少年科技活动中心举办第一届六正杯中学生人口、环境、资源科技知识竞赛。6人进入总决赛，评出一等奖1人、二等奖2人、三等奖3人。

（岳广顺）

【市级无烟校达17所】 5月29日，平谷二小、五小、六小及峪口中心校、韦山集中心校被市教委和市爱卫会命名为无烟学校。至此，全县被命名市级无烟学校达17所。

（岳广顺）

【评价小学教学工作】 6月2至6日，平谷县教育局组织有关人员对全县27所中心校、局直小学教学工作进行全面评价。评价内容包括学科质量、课堂教学、教学资料、教学成果四个方面11个要素，评出刘店中心校、东高村中心校等8所教学工作先进校。

（岳广顺）

【举办高考咨询活动】 6月7日，平谷县高招办举办高考咨询活动。期间，学生及家长观看各大专院校招生简章专栏，听取高招办负责人有关近3年招生情况介绍，回答学生及家长提出的各种问题。县人大、县政府、县政协有关领导及学生、家长近500人参加该活动。

（岳广顺）

【举办张思中外语教学法报告会】 6月25日，平谷县教育局在平谷中学举办“张思中外语教学法”报告会，上海师大附中特级教师张思中向全县200余名英语教师报告“适当集中，反复循环，阅读原著，因材施教”教学法基本经验。与会者听取上海张思中教学法研究会在平谷中学上的两节示范课。

（岳广顺）

【开展迎回归主题系列活动】 6至7月，平谷县教育局号召中小学师生开展“盼统一，迎回归”主题系列活动。全县7万余名师生分别参加绘画、摄影、文艺汇演、知识竞赛等活动23个，15个单位获组织奖。6月30日至7月1日，城关一小35名学生在丰台世界公园，为庆祝香港回归进行二胡、琵琶、扬琴等民族器乐表演。

（岳广顺）

【县政府提倡规模办园】 7月14日，平谷县政府在刘店乡中心幼儿园召开规模办园现场会。县委、县人大、县政府、县政协领导，各乡镇主管教育的乡镇长、教育助理，幼儿园园长，部分村党支部书记及幼儿家长共100余人参加会议。会议推广刘店乡规模办园经验。刘店乡作《结合实际，规模办园；加强管理，提高素质》发言；刘店乡寅洞村党支部书记及该村两名幼儿家长先后发言。会议强调：平谷县要坚持走乡统管幼教道路，坚持乡中心园与村办园一起抓，并进一步落实乡管责任制。

（岳广顺）

【中考录取率81.4%】 7月，平谷县有7652名初中毕业生参加中考，录取6230人，录取率81.4%。其中市重点高中录取112人，县重点高中录取810人，一般高中录取675人，市属中专录取1673人，外地中专录取65人，成人中专录取758人，技工学校录取1077人，职业高中录取1060人。

（岳广顺）

【台湾人士长期资助20名特困生】 9月28日，台湾人士邹永生、徐秀美长期资助20名特困生在平谷县大兴庄中心校签署协议。台湾人士当场为20名特困生每人赠款300元，并决定按此标准每学期赠款6000元直至20名学生完成学业。

（岳广顺）

【3个镇决定奖励优秀教师】 9月，平谷县东高村镇政府决定从本月起为非正编优秀教师每月增资50元，每学期末按总人数的15%奖励优秀教师；峪口镇政府决定每年奖励优秀教师20人，每人100元；大华山镇政府决定每年出资3万元奖励优秀教师。

（岳广顺）

【成立独生子女互助会】 10月19日，平谷县教育局成立独生子女互助会，该县普教系统的1350名独生子女全部入会。各校多方筹措资金补贴有子女入会的职工，使互助会的储蓄金达到83.6万元（学校补贴16.1万元，职工缴纳会费67.5万元），超额完成16.3万元。

（岳广顺）

【完小验收合格学校增至63所】 11月9至11日，平谷县教育局根据《平谷县完小验收工作条例》，组织有关科室人员，对胡辛庄、圪头、东双营、塔洼、纪太务、龙家务、张辛庄、杨家台8所完小进行全面检查，认定上述8所小学全部达到县规定标准。至此，全县完小验收合格校增至63所。

（岳广顺）

【召开教育工作会议】 11月12日，平谷县政府召开教育工作会议。各中小学、幼儿园干部教师近500人参加。会上，黄松峪中学、平谷四中介绍经验。会议宣读县委文化教育卫生工作委员会、县教育工会《关于学习黄松峪中学办学经验的决定》。黄松峪中学为深山区普通中学，自1991年以来，连续6年中考合格率100%，在同类校综合质量评比中成绩居全县首位；连续4年被评为首都精神文明建设先进单位和市级体育达标先进学校。

（岳广顺）

【召开中学生养成教育现场会】 11月25日，平谷县教育局中教科在平谷五中召开中学生养成教育现场会，全县28所中学主任以上干部100余人参加会议。与会者首先听取刘家河中学、黄松峪中学、平谷二中、平谷五中经验介绍，随后观摩平谷五中一节主题班会及该校举办的养成教育成果展览。

（岳广顺）

【对25所幼儿园进行全面检查】 11月26至30日，平谷县教育局抽调乡镇幼教主任20人，分5组检查21所乡镇中心幼儿园和4所县城幼儿园。通过听乡镇长汇报、查阅各种资料、观看幼儿半日活动，对乡管幼教情况、办园规模、行政管理、保教质量、卫生保健等工作进行评价打分，8个乡镇中心幼儿园获得优秀奖。

（岳广顺）

【1200名青年教师参加基本功赛】 12月6至10日，平谷县教育局组织小学青年教师开展基本功竞赛活动，全县1200名教师参加。竞赛内容包括备课、评课、板书、简笔画等7个方面。61名教师获优秀奖，城关五小、峪口中心校等6所学校获团体优秀奖。

（岳广顺）

【评选能读会讲好娃娃】 12月13至15日，平谷县教育局在幼儿中开展能读会讲好娃娃评选活动。活动分四片进行，共有58名幼儿被推荐参评。通过朗读课文和演讲故事两项评选，评出大、中班组一等奖各5名，二等奖各10名，有10名教师获优秀辅导奖。

（岳广顺）

【王辛庄中学组织学生评价老师】 12月，平谷县王辛庄中学组织全体学生按《评价标准》为每位任课教师打分。结果有79%任课教师在85分以上，平均为89分。

（岳广顺）

【村委会投资改善办学条件】 12月，平谷县一些村委会投资改善小学办学条件。峪口镇西凡各村投资万余元，更新小学用电线路，并为学校安装程控电话；兴隆庄村投资6000元为学校购置一台29英寸彩电，并安装一部程控电话；中桥村投资5000元改善教师办公条件。

（岳广顺）

【获各类竞赛奖727个】 至年底，平谷县普教系统参加市级以上各类竞赛，共获奖727个。其中，文艺类竞赛获奖57个，包括一等奖13个、二等奖21个、三等奖23个；科技知识竞赛获奖165个，包括一等奖5个、二等奖10个、三等奖150个，学科竞赛获奖229个，包括一等奖9个、二等奖24个、三等奖196个；参加做课、教学基本功竞赛、论文评选获奖276个，包括国家二三等奖各一个、市级特等奖2个、一等奖35个、二等奖94个、三等奖143个。

（岳广顺）

【497名教师接受高等教育】 至年底，平谷县普教系统共有497名中小学教师接受高等教育；有337人结业，其中本科生156人，专科生181人。

（岳广顺）

【教师获技术职务评定和资格认证】 至年底，平谷县普教系统1275名教师参加技术职务评定，846名教师获得职务等级证书。其中高级职务79人、中级职务417人、初级职务350人。在北京市首次教师资格认证工作中，该县5602名教师取得教师资格证书。其中，高级中学教师1021人，初级中学教师1551人，小学教师2821人，幼儿教师208人，实习指导教师1人。

（岳广顺）

【第二幼儿园幼儿身体素质提高】 至年底，平谷县第二幼儿园幼儿体检结果显示，幼儿体重合格率由79.3%上升到93.7%，身高合格率由98.4%上升到99.6%，幼儿平均血色素由11克上升到12.5克，营养不良幼儿比率由3.29%下降到1.38%。该园不断调整幼儿膳食结构，使各种营养更趋平衡。

（岳广顺）

【全年教育总投入1亿元】 至年底，平谷县普教系统全年教育总投入1.02亿元，其中基建投入1282万元，修缮投入720万元，设备投入754万元。完成平谷中学、第六小学、第一职业高中等7所学校的楼房基建工程2.8万平方米；新建、改建、翻建、迁建平房601间，挑顶、揭瓦775间，抢修危房156间；建围墙2500米。购置课桌椅3800套，办公桌、仪器柜等3000余件，投影设备200套，彩电和录像机各30台，录音机506台，各种教学仪器30余万件，图书近6万册。

（岳广顺）

【普教系统占地面积239万平方米】 至年底，平谷县普教系统校园占地面积239万平方米，其中幼儿园17万平方米，小学118.8万平方米，中学97.5万平方米，职高5.7万平方米，占地面积达到市教委规定标准的校数增至136所，占学校总数的24.7%。

（岳广顺）

【16家单位捐资35万元】 年内，水利电力部对外贸易公司、北京方庄购物中心和北京电视台等16家单位向平谷县黄松峪中学、西长峪小学、镇罗营小学等18所学校捐款6.8万元；捐赠面包车一辆，彩电、摄像机各一台，计算机、录音机各6台，桌椅380套，服装530件，文具240套，图书6200册；其他办公用品300余件。捐款捐物总价值35万元。

（岳广顺）

【332名残疾儿童接受检测认定】 年内，平谷县教育局对平谷聋校及其他随班就读的各类残疾儿童332人进行检测认定。并为其中12名低视力儿童配备助视器，17名生长不良儿童配置升降桌椅。

（岳广顺）

【开展多项爱国主义教育活动】 年内，平谷县教育局组织全县中小学生开展多项爱国主义教育活动。平谷六小、韩庄中心校、门楼中学组织师生到盘山革命烈士陵园、上宅和南张岱烈士墓地扫墓；韩庄中学、师范附小、峪口中心校组织师生参观焦庄户地道战遗址和卢沟桥抗日战争遗址、鱼子山抗日战争纪念馆；马昌营中心校等5所学校组织学生到天安门广场观看升旗仪式；黄松峪中心校邀请上甘岭战役参加者、战斗英雄金永才为师生做革命传统教育报告。

（岳广顺）

【6校冬季长跑合格率100%】 年内，平谷县教育局组织中小学生开展冬季长跑达标活动。全县19所学校达到市教委规定的合格标准，其中刘家河中学、平谷四中等6所学校的合格率达100%。

（岳广顺）

【96%的中小学生体育达标】 年内，平谷县234所中小学6.8万名学生积极参加体育达标活动，总达标率为96%，比上年提高0.75个百分点。

（岳广顺）

【免去48人县级骨干教师称号】 年内，平谷县教育局依据《关于县级骨干教师履行职责情况有关规定》，对中学现有的346名县级骨干教师履行职责情况进行考核，其中48人因调离普教系统或提干不再兼课，被免去“县级骨干教师”称号，占全县中学骨干教师总数的14%。

（岳广顺）

【校办企业完成产值8080万元】 年内，平谷县中小学校办企业完成产值8080万元，实现利润500万元，上缴税金120万元，分别比上年增长7.2%、2.1%、1.4%。

（岳广顺）

职业教育

【概　况】 1997年，平谷县有职业高中2所，中学附设职业高中班4所；教学班89个，其中职高班32个，非职高班57个；招生1618人，其中职高生686人，非职高生932人；在校生3421人，其中职高生1225人，中技生822人，中专生1264人，大专生110人；开设专业36个。教职工372人（正编339人），其中文化课教师129人，学历合格率32.6%；专业课教师116人，学历合格率13.8%；具有高级职务14人。

（岳广顺）

【举办职高篮球赛】 3月，平谷县教育局组织职业高中篮球比赛，6所职业高中代表队参加全部15场比赛，平谷农职校代表队获得冠军。7月12至15日，组织参加市教委体育协会主办的职业高中篮球赛，平谷农职校、韩庄中学代表队分列教工组第二和第四名；平谷第一职业高中男女学生代表队分列郊区组第四和第三名。

（岳广顺）

【74名职高生升学】 7月，平谷县职业高中6个专业170名毕业生参加提前招生考试，其中74人被各大专院校录取，比上年增加53人，录取率43.5%。

（岳广顺）

【开展《职教法》颁布一周年宣传活动】 10月11日，平谷县第一职业高中和农职校的100余名学生，开展《职教法》颁布一周年宣传活动。活动内容包括发放宣传材料、进行知识咨询、服装制作、美容美发等便民利民活动。活动期间，发放各种宣传材料2700份，接受义务服务的群众达1500人次。

（岳广顺）

【成立职业高中中心教研组】 10月，平谷县职业高中中心教研组举行成立大会，23名干部教师受聘成为首批教研员。会议还讨论通过《平谷县职业高中中心教研组工作意见》。

（岳广顺）

成人教育

【概　况】 1997年，平谷县共有各级各类成人学校261所，其中成人高等学校（站）1所，开设8个专业，在校生846人，招生200人，毕业198人；教职工15人，其中专任教师6人。成人中等学校3所，开设10个专业，在校生1200人，招生320人，毕业165人；教职工90人，其中专任教师76人。各类职工学校5所，全年培训3954人次；教职工181人，其中专任教师167人。社会力量办学23所，全年培训5415人次；教职工230人，其中专任教师162人。乡办成人校（站）21所，全年培训64966人次，教职工31人，其中专任教师10人。村办成人校（站）221所，全年培训149705人次，教职工221人。在成教教师中学历合格率48.5%；有高级职务29人，中级职务138人，初级职务154人。

（张京红）

【实施果树技术培训工程】 2至5月，平谷县果品办公室实施果树技术培训工程：完成100期村级果树技术培训班，接受培训2000人次；完成100次科技示范户巡回报告会，参加报告会600人次。

（张京红）

【举办民办校校长法制培训班】 3月12日，平谷成教局举办民办校校长法制培训班。17所民办学校校长参加培训。培训班主要学习讨论《北京市社会力量办学管理办法》及《实施细则》。培训班结束，根据校长们的意见和建议以及平谷县社会力量办学实际情况，县成教局制订《平谷县关于实施社会力量办学管理办法的实施意见》。

（张京红）

【举办乡镇成人学校校长培训班】 3月20至21日，平谷县成教局举办乡镇成人学校校长培训班。培训班学习国家教委制订的《乡镇农民文化技术学校暂行规定》、《示范性乡校规程》等8个文件。培训采取分组讨论、座谈、交流经验等方式，最后进行考试，及格率100%。

（许朝明）

【成立科学技术推广服务队】 3月，平谷县大华山镇成立科学技术推广服务队。该服务队由市林果所植保站的专家和该镇有关部门的专业技术人员及各村的技术干部等30人组成，根据农时季节，定期开展农、林、牧等方面的科学技术推广服务。

（张京红）

【熊尔寨乡成人办学经费纳入预算】 3月，平谷县熊尔寨乡成人学校办学经费纳入乡政府财政预算。至年底，该乡拨出4000元专门用于成人教育，超过市政府规定的农村劳力人均1元的标准。

（张京红）

【659人通过全国计算机等级考试】 4月6日和10月19日，平谷县659人通过全国计算机等级考试。4月6至9日，举行本年度第一次计算机等级考试，164人参加一级B类考试，148人合格，合格率为90%；6人参加一级A类考试，6人合格，合格率为100%。10月16至19日，举行本年度第二次计算机等级考试，478人参加一级B类考试，425人合格，合格率为89%；114人参加一级A类考试，80人合格，合格率为70%。

（张京红）

【自学高考实考3272科次】 4月20至28日，平谷县成教局组织本年度首次自学高考，实考1642科次，及格494科次，及格率30.08%。10月19至27日，组织本年度第二次自学高考，实考1630科次，及格606科次，及格率37.2%。

（张京红）

【568人被各类成人高校录取】 5月11至12日，平谷县成教局组织县内全国成人高等学校招生考试，1337人报考，568人被各类成人高等学校录取，录取率42.5%。

（张京红）

【举办妇女养猪技术培训班】 5月，平谷县马坊镇成人学校与计生办联合举办妇女养猪技术培训班。全乡120名妇女参加培训，其中88人通过“绿色证书”考试，合格率为73%。

（张京红）

【大华山乡校率先开展计算机培训】 6月，平谷县大华山镇成人学校在全县率先开展计算机培训。该校为开办计算机培训，配备一个有17台586计算机的机房。至年底，共举办计算机培训班2期，共培训40人，其中35人获计算机一级B类合格证书。

（张京红）

【123人获教师资格认定】 6至8月，平谷县成教系统123名教师获教师资格认定。其中高等学校教师3人；高级中学教师33人；中等职业学校教师72人；实习指导教师5人；初级中学教师10人。

（周　刚）

【16.6万人次接受各类培训】 至8月，平谷县职工、农民接受各类培训达16.6万人次。其中职工培训30643人次，农民培训135478人次，分别比上年同期增长8.4%和45.6%。

（许朝明）

【评选先进教育工作者19人】 8月，平谷成教局开展年度评优活动，评选出优秀教师及先进教育工作者19名，分别给予表彰，其中评选出市级优秀教师3名，县局级优秀教师及先进教育工作者16名。

（周　刚）

【熊尔寨乡校通过市级验收】 9月

24日，平谷县熊尔寨乡成人学校通过市教委检查验收。检查组认定该校达到市教委规定的示范性乡校标准。至此，该县示范性乡成人校增至2所。

（张京红）

【举办农村经济管理学习班】 10月8日，平谷县成教局农业广播电视学校与县委组织部联合举办农村经济管理学习班。全县各乡村干部45人参加为期二年半的学习。该项活动是为落实市委、市政府制订的“1515”培训工作举行的。

（张京红）

【举办预考公务员文化课培训班】 11月，平谷县成教局考试办公室举办为期9天的预考公务员文化课培训班，45名预考人员参加培训，培训内容主要有宪法、行政诉讼法、哲学、中国特色社会主义理论、应用文写作等。

（张京红）

【75名劳模被录取上大专预科班】 11月24日，平谷县75名劳动模范及生产骨干被录取参加为期一年的大专预科班学习。至年底，该县共有154名劳模及生产骨干接受乡镇企业管理大专学历教育。

（张京红）

【17所办学单位接受检查评估】 11至12月，平谷县成教局依法对社会力量办学单位进行检查和评估，认定17所社会力量办学单位符合上述标准，合格率为74%。

（张京红）

【召开职工教育工作会】 12月9日，平谷县成教局召开职工教育工作会议。会上，平谷化工总厂和建筑总公司介绍经验。会议强调：①加强领导，健全机构，进一步完善职工教育管理体系；②提高认识，加强职工教育；③加强“依法治教”；④落实职工教育经费；⑤扩大宣传，做好职工教育典型总结和推广工作。

（杨国伶）

【成人中专讨论21世纪如何生存】 12月，平谷县成人中专学校团委组织20个支部参加“21世纪如何生存”主题讨论会。该讨论会旨在树立学生的生存意识和社会意识，教育学生珍惜时间，提高素质，以适应社会发展的需要。

（张京红）

【三项培训工程超额完成】 至年底，平谷县“三项培训工程”完成。其中，中高层次紧缺人才培训5080人，完成任务的127%；国有企事业职工岗位培训80300人次，转岗培训9700人次，分别完成任务的100.4%和121.25%；乡镇企业培养大专生1519人，中专生5025人，新增专业技术人员1334人，岗位培训72402人，分别完成151.9%、100.5%、133.4%和144.8%。平谷县成教局、化工总厂和熊尔寨乡成人学校分别获市先进集体称号；4人被评为先进个人。

（张京红）

【初中毕业生2128人获绿色证书】 年内，平谷县成教局与有关部门配合，开展绿色证书培训，全县初中毕业生2128人经培训获绿色证书。另有农民361人取得绿色证书。

（张京红）

【成教系统获市级奖9个】 年内，平谷县成教系统获市级奖9个。其中，1名教师获教学基本功大赛二等奖，平谷成教局获集体组织奖；农广校平谷工作站2名学员获优秀学员奖，4篇论文获市级优秀论文奖；平谷电大工作站乡镇企业劳模预科班在全市13个郊区县综合评比中获一等奖。

（张京红）

平谷县教育局

局　　长　毕晓尘
党委书记　赵广福
督学室主任　毕晓尘

平谷县成人教育局

局　　长　赵秉嘉（7月免）
　　　　　张　兴（8月任）
党组书记　李洪利（5月免）
　　　　　赵秉嘉（8月任）

大　兴　县

基础教育

【概　况】 1997年，大兴县有幼儿园207所，其中市立园4所，单位办园96所，乡村办园107所；在园（所）幼儿9869人；教职工771人，其中专任教师499人；小学附设学前班104个，收幼儿4101人。小学222所，2190个班，在校生70422人；教职工4185人，其中专任教师3538人。中学46所，其中初中校37所，完全中学9所；初中698个班，高中99个班；在校生35470人，其中初中生31614人，高中生3866人；教职工2707人，其中专任老师2011人。中等师范学校1所21个班，在校生935人；教职工107人，其中专任教师49人。弱智班1个，在校生10人，教师2人；培智学校1所，3个班，在校生40人；教职工13人，其中专任教师13人。校外教育单位1个，教职工38人，其中专任教师26人。教师进修学校1所，教职工81人，其中专任教师76人。

电教馆1个，专任教师15人。教育行政干部培训学校1所，教职工18人，其中专任教师6人。小学入学率100%，巩固率100%，毕业及格率99.92%；残疾儿童入学率96%；初中入学率100%，巩固率98.74%，毕业及格率95.31%，优秀率27.77%；高考上线率36.42%，录取率56.99%。中学生犯罪率0.23‰。中小学教师学历合格率89.2%，其中小学教师合格率99.8%，初中教师合格率90%，高中教师合格率77.9%；中小学教师具有高级职务362人，其中小学教师18人，中学教师344人。

（窦长万）

【召开小学教育工作会】 1月16至17日，大兴县教育局召开小学教育工作会。会议作《奋力开拓、全面实施素质教育、全面推进小学各项工作》报告。对5所全面育人办有特色学校及10所全面贯彻教育方针提高教学质量先进校进行表彰和奖励。

（窦长万）

【小学教师自学考试结业】 2月18至20日，大兴县教育局举行第三次小学教师大专自学考试，考试计算机350人，汉语107人，教育心理586人，均获结业。

（窦长万）

【获市体育竞赛团体冠军】 3月9日，由8校71名男女运动员组成的大兴县中小学生体育代表队参加北京市第八届中小学生长跑比赛，小学男、女队双获团体冠军。4月5日，在市第五届中小学生踢毽比赛中，大兴县五小10名选手，获跳踢4个组别的冠亚军及小学组团体冠军。9月21日，在市首届全民健身体育节中小学生跳绳比赛中，大兴县魏善庄中心小学10名学生组队获男女混合10人8字跳第一名。

（窦长万）

【省市教委主任观看八小民乐演出】 3月23日，全国各省市教委主任20余人到黄村第八小学，观看八小学生民乐团出访新加坡展板、照片和扬琴、古筝、琵琶现场演奏。黄村八小是中国音乐学院业余音乐学校分校，1月组团赴新加坡演出，获得成功。

（窦长万）

【定福庄乡取消复式班】 3月，大兴县定福庄乡政府、乡教委、乡中心小学校经过努力，将韩家铺、南章客两村的44名小学生安排就近学校学习。至年底，全县彻底取消单人岗、复式班。

（窦长万）

【跨省市研讨素质教育】 4月1日，天津市滨江道中学、蓟县五中、沈阳市一八〇中和大兴县黄村一中、安定二中部分教师聚会大兴县黄村五中研讨素质教育。黄村五中校长介绍该校“提高认识，努力实践，推进素质教育”情况，滨江中学、蓟县五中、黄村五中6名教师做6节初中数学、语文公开课。会议围绕6名教师做课，就课堂教学实施素质教育广泛交流意见。

（窦长万）

【召开教育工作会】 4月2日，大兴县委、县政府召开教育工作会议。会议作认真落实“九五”规划，开创教育事业新局面报告。会议要求：①巩固九年义务教育成果，继续高标准实施基础教育工程；②大力发展职业教育，积极稳妥推进高中阶段教育工程，本世纪末普及高中阶段教育；③转变观念，抓好改革，全面实施素质教育；④努力建设一支具有良好政治、业务素质，数量适当，分布均衡，结构合理的教师队伍；⑤加强法制建设，依法治教，继续多渠道筹措教育经费。

（窦长万）

【出席全国目标教学研究会】 4月21至25日，大兴县教师进修学校路世康应邀参加全国目标教学研究十周年纪念会。他撰写的实验报告《目标教学是实施素质教育的重要途径》在大会上交流。他编著的《目标教学简论》（北京地质出版社1996年7月出版）一书，在会上被全国目标教学专业委员会评为目标教学专著二等奖，并列为该委员会编辑出版的《目标教学与素质教育》一书主要参文献之一。

（黄慧敏）

【培训代课教师】 4月，大兴县教育局对442名小学代课教师进行培训。培训内容包括教育政策法规、现代教育技术、教育心理学、教学基本技能等。

（窦长万）

【举行学用《丛书》征文评奖】 5月20日，大兴县教育局举行第六届学用《北京教育丛书》征文评奖，评出先进集体14个，个人一等奖29人、二等奖40人、三等奖89人。

（窦长万）

【高三体育会考】 5月，大兴县教育局组织本年度高三体育会考。744名高三学生全部参加会考，及格率100%，良好率84.01%，优秀率40.32%。

（窦长万）

【黄村一中建立兴华教育基金】 5月，黄村一中建立兴华教育基金。该基金由兴华建筑集团出资建立。该集团每年出资2万元用于资助品学兼优家境困难的学生。

（窦长万）

【获市“红烛杯”文艺汇演一等奖】 6月，大兴县教育局、教育工会获市教委、市教育工会普教系统教职工第六届“红烛杯”文艺汇演一等奖和优秀组织奖。

（窦长万）

【保证教师医药费无拖欠】 6月，大兴县教育局对教师公费医疗管理实行“一统一”、“三优先”，即教育局、公费医疗办对县、乡教师医疗费实行统一管理，调剂使用；优先报销教师门诊医疗费、大病、重病医药费；安排20万元建立教师公费医疗周转金，对学校负担部分再补贴50%；保证教师医药费无拖欠。

（窦长万）

【黄村八小教师10项要求】 6月，

大兴县黄村八小对教师提出深入开展素质教育10项要求：①不搞分数排队，面向全体学生；②不加重学生负担，改进教学方法；③按时下课和放学，提高课堂效率；④不乱征订学习材料，增强纲本意识；⑤真诚关心学生，因材施教；⑥不乱收费，加强监督自查；⑦严禁体罚，提倡诚心耐心；⑧不刻意打扮或语言粗俗，为人师表；⑨不向学生推销商品，净化环境；⑩及时和家长沟通情况，欢迎家长提意见和建议。

（窦长万）

【教职工年度考核完成】 7月16日，大兴县教育局完成教职工学年度考核。参加考核7370人，考核评优秀1049人，称职6283人，不称职4人，另有34人未确定等级。

（窦长万）

【举办军事夏令营活动】 8月，大兴县教育局团委举办为期4天军事夏令营活动，1100余名中小学生参加。营地设在57416部队营区。聘请10名军官为军事教官。营员实行军事化管理。参加军事训练，并参观平北烈士纪念碑、古涯居、水关长城、长城纪念馆、詹天佑纪念馆。

（窦长万）

【大皮营劳动基地建成】 9月22日，大兴县大皮营中心校劳动教育基地建成。该基地投资45.6万元，建有4个专用教室（烹饪洗涤、金木瓦工、自行车电器、缝纫小制作）、养殖场（猪圈、渔池）、果园、菜园、大田，总面积1.2万平方米，有柴油车1辆，喷药机械设备一套。

（窦长万）

【召开校办企业经济分析会】 9月24日，大兴县教育局召开校办企业经济分析会。会议组织参观辛店中学奥宇模板厂、大皮营中心校劳动技术教育基地、榆垡中心校京南喷涂厂、榆垡中学百亩果园。会议分析全县校办企业经济形势，动员继续解放思想、真抓实干、为全面完成今年的任务而努力。

（窦长万）

【完成职务评审工作】 9月，大兴县普教系统1997年职务评审工作结束，共有744人晋升职务。其中，获中学高级职务教师39人，中学一级职务教师89人，中学二级职务教师240人；小中高职务教师3人，小学高级职务教师150人，小学一级职务教师174人，小学二级职务教师289人。

（窦长万）

【召开宣传信息工作会】 10月4日，大兴县教育局召开普教系统宣传信息工作会。总结部署工作，表彰10名优秀通讯员、33名优秀信息员、12个先进集体。

（窦长万）

【召开体育卫生工作会】 10月30日，大兴县教育局召开普教系统体育卫生工作会，总结“八五”工作，部署“九五”规划。会议表彰10所体育工作先进校、10名体育工作先进校长、10名先进体育教师、10名卫生工作先进教师。

（窦长万）

【一中档案管理工作升级】 10月31日，大兴县黄村一中档案管理工作，通过档案局验收，晋升市二级。至此，大兴县有3所学校档案管理工作进入市二级管理行列。

（窦长万）

【黄村镇中心校教学楼落成】 11月4日，大兴县黄村镇中心校教学楼落成交付使用。该楼由大兴县政府投资1000万元兴建。建筑面积5600平方米，共有24个教室，另有语音、计算机、音乐、美术、书法、阅览、实验、仪器、健身、大小会议室、阶梯教室等专用教室。

（窦长万）

【开展“爱科学月”活动】 11月，大兴县各中小学开展“爱科学月”活动。18所学校300余名师生参观留民营生态农场，10所中小学学生相继参观北京科技馆、中国天文馆、恐龙展、“克隆”展，170名中小学生参加少年电子技师认证活动。

（王凤龙）

【成立贫困生志远班】 12月4日，大兴县师范学校为30名贫困学生成立志远班，并拨款8万元补助贫困学生。

（李秀亭）

【召开中学教育工作会】 12月25至26日，大兴县教育局召开中学教育工作会。会议表彰28所教育教学工作成绩突出学校，一中、二中、四中、定安中学、长子营中学等办有特色学校和3名市级骨干教师介绍经验。局领导就转变观念，全面实施素质教育提出要求。

（窦长万）

【开展多种形式家教工作】 年内，大兴县中小学开展多种形式家教工作，六中、三小、五小、滨河小学、青云店小学邀请市家教协会和《家庭教育报》举办家庭教育讲座，请家长介绍经验，开展家教咨询活动。金星小学请家长到校观摩教师授课，和教师交流座谈家教工作。

（王凤龙）

【加强幼儿素质教育学习】 年内，黄村四幼组织教师学习《学前教育》、《幼儿教育》等书刊中有关幼儿素质教育的论述，学习丰台区长辛店教工幼儿园和吉林省委机关幼儿园实施素质教育的经验，促进教学思想由选择适合教育的儿童到创造适合每个儿童的教育的转变。

（赵旭莹）

【青云店镇增加教育投入】 年内，大兴县青云店镇共投资180万元，翻建、新建教室103间，购置桌椅670套、投影仪140个、录音机140台，并配备一个电教语音室、6个实验室。

（窦长万）

【补充师资424人】 年内，大兴县普教师资增加424人。其中分配大学毕业生118人，中专毕业生241人，从外省市引进大学毕业生65人。

（李建国）

【开展教科研课题研究工作】 年内，大兴县54所中学开展教科研课题研究。二中、六中、七中、朱庄中学、半壁店中学、郭家务中学承担市级课题研究；一中、二中等13所中学参加“实施目标教学的艺术”课题研究；另有35所中学分别承担县级课题55个、校级课题58个。有教科研课题的学校占中学总数的83.3%。

（窦长万）

【加强中小学体音美劳教育】 年内，大兴县中小学实施《国家体育锻炼标准》，实测76828人，合格率96.40%；实施《北京市小学一、二年级锻炼标准》，实测23084人，合格率97.28%；中学生到部队军训8校2808人；在校军训19校6668人。全县90%的中学开设音乐课，92%的中学开设美术课，96%的中学开设劳技课。

（窦长万）

【800名中小学生获市奖】 年内，大兴县407名小学生、362名中学生被评为市级三好生，8名学生干部被评为市级优秀干部，34名高一学生获市宏志奖学金。黄村四小何滢获市“乐百氏”科技知识竞赛一等奖。小学13个班、中学8个班被评为市先进集体。

（窦长万）

【完成教师资格认定工作】 年内，大兴县教育局完成教师资格认定工作，共认定各类教师资格5895人，其中小学教师3401人，初中教师1275人，高中教师954人，中专教师84人，幼儿园教师181人。

（汪培成）

【幼儿园所（班）验收换证】 年内，大兴县教育局对104个小学学前班，按市《学前班管理办法》进行检查，81个学前班验发合格证书。完成207所幼儿园级类换证注册，对市级验收的乡中心园进行复验。

（窦长万）

【基建任务完成】 年内，大兴县普教系统基建任务按计划完成。其中，二中操场整修、2100平方米大兴师范风雨操场、1800平方米的五中接楼、160平方米的八小接楼、1200平方米的安定一中办公楼工程，均已交付使用。新建平房259间，翻改建平房170间，挑顶283间，砌围墙2963米，修甬路6359米，综合维修32128平方米，更新锅炉4台，17校电路维修，4校安装土暖气。共投资1947.5万元。

（窦长万）

【新增教学设备】 年内，大兴县为中小学新增课桌椅8000余套，办公桌椅300余套，教学仪器26514套件，语言设备4套，电教设备641套件。总投资952万元。有2所中学、1所小学办学条件达到较高标准，5所中学、9所中心校、17所完小达到一般标准。

（窦长万）

【完成本年“农转非”工作】 年内，大兴县普教系统共办理干部教师家属“农转非”81户168人，其中，包括9名青年干部家属。

（李建国）

【提高教师工资福利待遇】 年内，大兴县教育局为526人兑现职评工资，月增资7815元，补发4.85万元；为372人晋升工资，月增资7824元，补发3.91万元；为正式教职工7408人增加职务补贴，月增资44.45万元，补发267.24万元；为正式教职工7884人调整工资标准及提高目标责任制奖金，月增资29.9万元，补发247.7万元；为离退休、退职人员2407人次增加生活费，月增资10.59万元，补发24.8万元；办理29名劳动模范、先进工作者荣誉津贴，月增资2320元，补发2.02万元；核定103个事业单位编制9939人（实有9597人），审批体改费309.5万元。

（方桂东 靳振勇）

【进行离任校长经济责任审计】 年内，大兴县教育局对9名离任校长进行经济责任审计，提出审计建议24名。有3名校长向学校退回住宅电话安装费5568.50元。

（杨子仲）

【处理来信来访】 年内，大兴县教育局接到信访件28件，核实处理25件，其中，反映乱收费问题9件，共清退收费款6670.30元。

（杨子仲）

职业教育

【概　况】 1997年，大兴县有职业高中5所，128个班，在校生7782人，招生2471人，毕业1753人。专任教师468人，教师学历合格率100%，具有高级职务36人。

（窦长万）

【英国牛津大学考察大兴职业学校】 3月19日，英国牛津大学一行5人考察大兴第一职业学校。考察中，双方洽谈合作办学有关事宜，探索“国际合作办学”新路。

（窦长万）

【成立中国足球学校北京分校】 8月18日，经中国足协、市足协批准，在大兴县第一职业高中成立中国足球学校北京分校。该校有5块标准足球场。

（刘　民）

【宣传职教法】 10月11日，大兴县第一职业高中组织部分师生到黄村卫星城街头利用文艺演出、礼仪表演、插花表演、录音、录像、发放宣传材料、义务修车、测身高体重等形式，宣传《职教法》，展示职业教育成果。

（刘　民）

【开展青年教师录像课教研活动】 10月，大兴县第一职业高中开展青年教师录像课教研活动。每位青年教师任选一堂课进行课堂录像，在教研活动时间播放，进行自评、互评，提高授课水平。

（刘　民）

【表彰第一职业高中】 12月29日，大兴县教育局召开会议，表彰第一职业高中。该职业高中被市人事局评为1997年毕业生录用资格考试成绩优秀学校；94级园林艺术班获市级优秀班集体；1名教师获市级青年教师评优课优秀奖。

（窦长万）

成人教育

【概 况】 1997年，大兴县共有各级各类成人学校160所，其中成人高等学校分校1所，开设14个专业，在校生1704人，招生826人，毕业160人；教职工31人，其中专任教师9人。成人中等学校（站）4所，开设22个专业，在校生4126人，招生1896人，毕业824人；教职工69人，其中专任教师34人。各类职工学校（培训中心）7所，全年培训72206人次；教职工126人，其中专任教师41人。社会力量办学校96所，全年培训29369人次；教职工2026人，其中专任教师1139人。乡（镇）办成人学校25所，全年培训79474人次；教职工33人。村办成人学校27所，全年培训17012人次；教职工27人。在成教教师中学历合格率90%；有高级职务的221人，中级职务的584人，初级职务的464人。

（马玉明）

【开展论文评选活动】 1月2日，大兴县成人教育学会、成人教育研究室联合开展成人教育论文评选活动。共收到论文44篇，比上年增加9篇，增长25.7%，评出一等奖5篇，二等奖10篇，三等奖15篇。

（马玉明）

【17名教职工乔迁新居】 1月29日，大兴县成教局所属17名教职工乔迁新居。这批教职工住房共计1086.6平方米，全部享受教师优惠住房政策。

（马玉明）

【培训航天西甜瓜诱变育种农民】 2月27日，大兴农业技术推广中心举办培训班，培训10名参加航天西甜瓜诱变育种实验的农民。培训班讲授航天种子的种植、隔离、单株自交等育种技术。这10名瓜农共承担12亩（12个大棚）航天瓜种育苗任务，并首次结出果实，其中最大西瓜重11.2公斤，最大甜瓜重2.2公斤。航天诱变育种是新的育种领域，大兴县利用我国第17颗返回式卫星搭载5个品种西、甜瓜种747粒。

（马玉明）

【首次开展"民主日"活动】 3月6至10日，大兴县成人中专学校首次举办"民主日"活动。6日和7日分别召开学生教师"民主日"座谈会，共收集教学、行政、学生管理和生活服务等方面意见80条，制订改进措施62项。10日召开总结会，决定每月第一周星期四下午为学生"民主日"活动时间。

（马玉明）

【成人高考报名实现计算机管理】 3月9至16日，大兴县成人教育招生办公室对成人高等教育招生报名工作实现计算机管理。该室购置"586"计算机、打印机、光标阅读器等设备，专业人员培训上岗，提高了报考工作效率质量。大兴考区8天报名3460人，比上年同期增长45.4%。

（马玉明）

【成人中专与驻军联合办学】 3月18日，大兴县成人中专与解放军51425部队共建青年军校成立。该军校由双方本着互利互益，资源共享，优势互补的原则建立。部队帮助学校开展国防教育和爱国主义教育，每周一次对学生进行军训。学校为战士进行文化技术培训，开设计算机、企业管理培训班。

（马玉明）

【召开绿色证书培训领导小组会】 3月26日，大兴县绿色证书培训领导小组召开会议。会议总结1996年绿色证书培训工作，通过1997年绿色证书培训工作意见。会议要求农业基因工程要与实用技术培训相联系，基因西红柿要进入市场，太空工程庞各庄西瓜、南各庄的西甜瓜、青云店的柿椒要分别进入中试和推广阶段。会议决定：召开全县绿色证书培训工作会；制订奖励示范乡校、示范村校、示范户标准；两年经费20万元合并使用在改善办学条件和更新教学设备上。

（马玉明）

【共植香港回归纪念林】 3月31日，大兴县成人中专学校500多名师生参加种植"京港青年迎香港回归纪念林"活动。京港两地1000余名青年携手共同植下北京市花、市树、香港区花、区树以及松柏、垂柳、毛白杨等具有象征意义的1997棵纪念树。香港青年特意把从港岛带来的泥土撒播在纪念林中。该项活动获"首都绿化先锋杯"奖。

（马玉明）

【芦城乡成人校获市级示范校称号】 3月，大兴县芦城乡成人学校被评为市级示范乡成人学校。该校自1989年以来，为全乡菜果粮农举办绿色证书培训班17期，866人获绿色证书，6人获农民技术员、技师、助理技师职称。该校请市蔬菜研究中心专家培训菜农，使用生物农药防治病虫害，全乡万亩盖韭获农业部颁发的全国首家无公害绿色食品证书；请市畜牧局专家对全乡猪场管理人员进行培训，母猪产仔由平均4.5头提高到9头。

（马玉明）

【电大分校数据通讯网开通】 4月1日，电大大兴分校数据通讯网开通。该数据网由"486"计算机、解调器和专用电话组成，与北京电大及所属9所分校（工作站）实现点对点数据通讯。

（马玉明）

【评定农民技术职称】 4月10日，大兴县农业技术推广中心对499名获得绿色证书的农民进行技术职称等级培训。经培训考试考核，评定出初级农业助理技师45人，农业技术员85人，中级农业技师4人。

（马玉明）

【举办计算机培训班】 4月14日，大兴县成教局与县委组织部、县人事局联合举办县直机关领导干部计算机培训班，每期1个月，举办三期，共培训266人，通过一级B类考试合格265人，合格率99.6%。4月15至30日，县人事局与县电大分校联合培训党政机关公务人员443人，通过一级B类考试合格408人，合格率92%。4月14至27日，县教育行政学校培训乡镇副职以上干部28人，通过一级B类考试合格25人，合格率89%。

（马玉明）

【自学高考报考科次递增20%】 4月19至20日、26至27日，大兴县高等教育自学考试报考2957人，6302科次，新增考生1178人，三项指标分别比上年同期增长20.4%、27.6%和9.4%。参考4821科次，合格1607科次，合格率33.3%。报考科次自1992年以来，每年以20%递增。

（马玉明）

【举办现代企业管理培训班】 4月25至26日，大兴县科委举办现代企业管理培训班，民营科技企业、县乡镇企业经理和主管领导100余人参加。培训班请新加坡集成管理中心莫少崑讲授企业发展战略、营销策略及人力资源管理等。

（马玉明）

【举办科技培训班】 5月30日，大兴县农业技术推广中心举办农业技术培训班。全县4个中低产田开发方与1个丰产方的有关队干部、农场场长、各乡镇农业公司经理、站长等100多人参加。培训班重点讲授1997年夏播玉米高产、高效、高质的技术措施和新的栽培技术要点。

（马玉明）

【凤河营乡完成绿色证书培训】 至5月，大兴县凤河营乡12个猪场52名技术人员完成绿色证书培训，全部实现持证上岗。该培训采用听课、讨论和实习相结合的教学方法，由北大动物学院教授、市农科所种猪测定中心及大北农业饲料公司专业人员担任教师，先后讲授《解剖学》、《解剖生理学》、《杂交育种学》、《繁殖遗传育种学》、《传染病及微生物学》、《饲料营养学》和《饲养管理学》等8门课程。该乡1996年底，生猪存栏11356头，比年初增加5856头，增长106%，列全县之首；出栏商品猪13440头，比1995年增加7440头，增长124%，增加产值550多万元。

（马玉明）

【成人中专招生增加】 6月3日，大兴县成人中专学校与中央党校函授学院、北京市工业党校分校继续联合举办函授班、本科班和大专班，录取新生887人，其中副处级以上干部函授班29人，本科班98人，大专班760人，比上年同期招生增长51.1%。

（马玉明）

【召开绿色证书培训工作会】 6月6日，中共大兴县委、县人民政府召开绿色证书培训工作会。全县27个乡镇及县成教、农口主管领导参加。芦城乡、瀛海乡、凤河营乡介绍经验。会议要求明确任务，加大力度，把绿色证书培训工作落到实处。做到任务、经费、措施三落实，重点抓好农业基因工程与高新技术培训，抓好典型示范。

（马玉明）

【评选优秀教案】 6月20日，大兴县成人教育研究室对获得优秀教案的8名教师颁奖。该评选活动开始于3月，共收到参评教案39份，经评议均达到标准，其中，8份被评为优秀教案。

（马玉明）

【电大分校规范教学管理】 6月20日，电大大兴分校，采取3项措施规范教学管理：一是强化晚间教学考勤制度，杜绝任课教师和班主任晚来早走现象，学生出勤率由65%提高到83%；二是加强对教师备课教案的检查，讲课必须有新教案；三是开展学生对任课教师和班主任评议，及时反馈学生意见。

（马玉明）

【高教考前辅导班取得好成绩】 6月27日，大兴县成人教育考试指导中心举办成人高教考前辅导班6个，学员404人。经辅导参加成人高考进入录取线271人，上线率67%。

（马玉明）

【培训推广玉米新品种】 6月，大兴县农业技术推广中心在芦城、定福庄等5个乡镇举办示范性培训班，推广“中育五”和“BM—811”两个玉米新品种。10月，“中育五”比对照品种“唐抗五”早熟2至4天，每亩增产40至50公斤；“BM—811”比对照品种“唐抗五”早熟2至3天，每亩增产30至40公斤。

（马玉明）

【商委超额完成职工培训计划】 7月9日，大兴县商委召开职工教育工作会。上半年全系统完成岗位培训3629人，营业员等级培训400人，均完成全年任务70%以上。

（马玉明）

【联合国官员考察绿色证书培训】 7月11日和11月25日，联合国计划开发署、联合国粮农组织官员和美国宾切法尼亚大学教授一行7人，分别到大兴县芦城乡成人学校、长子营乡蔬菜科技中心和留民营生态农场，实地考察绿色证书培训工作。大兴县政府有关领导向联合国官员介绍了对全县农民实施绿色证书培训工作情况。

（马玉明）

【成人高考录取率比全市高17.6%】 7月17日，大兴考区参加成人高考考生3126人，被录取1808人，录取人数占参加考试人数的57.84%，比上年增加9.48个百分点，比全市录取率40.24%高出17.6个百分点。

（马玉明）

【89名教师获资格证书】 7月21日，大兴县成人教育系统89名教师经北京市教委师资处审核批准，首

获北京市教师资格证书。其中成教局直属校站33人，大兴县卫生学校21人，大兴县农机学校25人，大兴县商校10人。

（马玉明）

【提高学生自我管理能力】 9月1日，大兴县成人中专学校在学生中开展“自我教育、自我管理、自我服务”活动。该校制订《学生一日常规行为》，将学生的一天活动，分解成若干单项进行量化后，让学生自己管理，采用设立安全保卫岗、环境卫生岗、纪律检查岗等方法，由周值班学生干部负责检查、监督、记录，做到日检查、周总结公布、月评比，表扬先进督促后进。

（马玉明）

【成人中专校联合办学】 9月，大兴县成人中专校与市交通学校联办计算机、财务中专班招生207人；与县委组织部、7个乡镇党委联办农村经济管理专修班招生112人；与14个乡镇成人学校联办中专班招生112人；与51425部队联办中专班招生69人；与市监狱联办文化补习班招生87人。全年通过联办共招生587人，在校生2559人。

（马玉明）

【市教委评估大兴县成人教育】 10月17日，市教委一行4人，对大兴县成人教育实施“三项培训工程”进行检查评估。评估组认为，大兴县成人教育有发展，基地建设成果显著，管理进一步规范。评估组希望：进一步加强宣传，全面提高劳动者素质。

（马玉明）

【服刑人员参加自学考试】 10月18至19日、25至26日，大兴县自学考试办公室在市监狱设考场组织服刑人员参加高等教育自学考试。该考场1995年开设，每年组考2次，共有149人次参加7个专业424科次自学考试，取得单科结业证书198科次，合格率46.7%。已有2人考完全部专业课程，成绩合格，刑满释放后将获大专毕业证书。

（马玉明）

【首次举办计算机普及培训】 11月5日至12月10日，电大大兴分校首次举办两期普及计算机培训班。在11月5至17日举办的国家公务员计算机普及培训中，共有80人参加学习，考试及格率100%；在11月5日至12月10日首届机关干部计算机一级B类培训中，61人参加学习，56人考试合格，合格率91.8%。

（马玉明）

【评估社会力量办学校】 12月2至30日，大兴县成教局对30所社会力量办学校进行评估，29所合格，合格率96.7%。该县社会力量办学校已发展到96所，比上年增加16所，增加20%，专兼职教师和管理人员达到2353人，年培训2.9万多人次，比上年增加2000人次，增长7.4%。

（马玉明）

【档案管理晋升为二级单位】 12月11日，大兴县成教局档案管理工作，经考评达到北京市二级标准，晋升为北京市档案管理二级单位。

（马玉明）

【评审认定示范校示范户】 12月18至30日，大兴县绿色证书培训领导小组，按照县级标准，经过严格评审程序，评审认定3所县级示范乡成人学校，27所县级示范村成人学校，54户绿色证书培训示范户。

（马玉明）

【获市级示范校铜牌】 12月29日，大兴县成人中专学校获得北京市示范校铜牌。该校自1995年以来，共新建教学楼2栋，面积1713平方米，教师办公楼1栋，面积856平方米；新建计算机房2个，语言室、物理、化学、汽修模拟、会计模拟实验室、卡拉OK厅各1个。安装计算机120台、电视机35台。购置图书31000册，建成113米板报长廊，整修400米跑道操场。在校生达2559人。

（马玉明）

【建筑公司投资成教100万元】 至年底，大兴县建筑工程公司为成人教育投入经费100多万元。共培训项目经理44人，土建工长60人，质检员110人，试验员、安全员170余人，持证上岗率达96%。公司还派出2名高级工程师赴上海学习建筑应用软件技术，派7名大学生到北京建工学院学习工程监理，派2人学习档案管理。自学考试取得中专学历17人，大专学历5人，本科学历2人。公司重视成人教育，保证了承接工程质量。该公司是建筑二级企业，获全国质量管理“金屋奖”、北京市“长城杯”奖，创市优工程3个，市级文明工地3个。年产值达到1.5亿元。

（马玉明）

【培训畜牧禽渔专业人员】 年内，大兴县畜牧水产局对全县规模畜禽渔场饲管人员进行专业技术培训1500人次，进行高科技培训117人次，有86人取得专业技术职务。还对全县从事畜牧禽渔业的353名农民进行绿色证书培训。

（马玉明）

【公路分局开展岗位技术等级培训】 年内，大兴县公路分局对24名各工种工人进行技术等级培训，22人取得北京市劳动局颁发的技术等级证书和中华人民共和国人事部颁发的岗位证书。组织63名各工种职工送市有关机构培训，全部获结业证书，持证上岗。组织118名专业技术人员参加市科干局举办的《知识产权法》广播讲座，全部通过考试获结业证书。

（马玉明）

大兴县教育局

局　　长 张振芳
党委书记 张振芳
督学室主任 张振芳

大兴县成人教育局

局　　长 郭　奇
党组书记 郭　奇

昌平县

基础教育

【概　况】 1997年，昌平县有托幼园所173所，其中市立园1所，单位办园所27所，乡村办园所146所；在园（所）幼儿8954人；教职工747人，其中专任教师377人；小学附设学前班11个，收幼儿401人。小学156所，1320个班，在校生36723人；教职工3529人，其中专任教师2975人。中学40所，其中初中校30所，完全中学10所；初中班513个，高中班93个；在校生24353人，其中初中生20221人，高中生4132人；教职工2825人，其中专任教师2008人。中等师范学校1所，17个班，在校生836人；教职工163人，其中专任教师72人。校外教育单位2个，教职工38人，其中专任教师23人。小学入学率100%，巩固率100%，毕业及格率99.92%。残疾儿童入学率96.7%，巩固率100%，毕业及格率98.6%。初中入学率99.92%，巩固率99.81%，毕业及格率95%，优秀率48.7%。高考上线率26.8%，录取率44%。中小学教师学历合格率95%，其中小学教师合格率97%，初中教师合格率93%，高中教师合格率71%；中小学教师具有高级技术职务1271人，其中小学教师1084人，初中教师97人，高中教师90人。当年投入经费10823万元，改、扩建教学设施总投资额2515.6万元（均含职教）。

（时小明　苏凤兰）

【召开特殊教育工作会】 1月7日，昌平县教育局召开特殊教育工作会，会议作题为《贯彻北京市特殊教育工作会议精神，开创昌平县特殊教育工作新局面》的工作报告，总结“八五”期间全县特殊教育工作成果，部署“九五”期间的工作，并制订下发《昌平县特殊教育事业“九五”发展规划》。

（徐大生）

【完成小学教师基本功培训2263人】 2月，昌平县教育局开展小学教师学科教学基本功培训，2263人参加。培训包括理论和教学技能两部分，采取集中辅导与自学相结合的形式。年底对培训人员进行全面考核，合格率100%，优秀率达60%。

（刘黎明）

【中学生剪纸获国际比赛奖】 2月，昌平二中剪纸作品在国际比赛中获特别奖1名、金奖4名、银奖5名、铜奖15名、优秀奖12名；辅导教师获国际优秀园丁奖。

（李迎春）

【获全国艺术大赛奖】 2月，在“明星杯”全国视觉艺术大赛中，昌平县中学学生王婷婷获金奖，另有8人获银奖，4人获铜奖；教师进修学校教研员董智勇获特等园丁奖（辅导）和优秀园丁奖（组织）。7月，在全国“小百花杯”少年儿童书法、绘画、摄影大赛中，昌平县中学学生李晓静获一等奖；董智勇获三等园丁奖。

（邓志敏　董智勇）

【召开安全保卫工作会】 3月7日，昌平县教育局召开全县中小学安全保卫工作会。会议表彰37所安全保卫先进中小学校，布置迎香港回归和党的“十五大”召开期间安全保卫工作。县教育局长同各中小学校长签订《1997年社会治安综合治理目标管理责任书》。

（牛德俭）

【获市中学生英语竞赛奖】 3月15日，在市第九届中学生英语决赛中，昌平县2人获远郊区初三组一等奖，1人获高三组一等奖。

（赵守巨）

【千名学生举行成年仪式】 3月29日，昌平县教育局团委在十三陵水库举行中学生成年宣誓仪式。近千名高中、师范生，面向国旗宣誓成为中华人民共和国成年公民。

（韩文勇）

【196人获物理作文全国竞赛奖】 3月，在全国初中物理知识竞赛中，昌平县1403名初中生参赛，2人获一等奖、3人获二等奖、10人获三等奖。6月，在全国中学生第十一届作文竞赛中，昌平县有6人获一等奖、16人获二等奖、159人获三等奖。

（张国义　韩玉霞）

【4所学校教学楼竣工】 3至9月，昌平一中、昌平师范学校、北七家中学、白浮小学4校教学楼竣工，总建筑面积18623平方米，总投资3100万元。

（谢长全）

【少年宫在山区设分点】 4月4日，昌平县少年宫与下庄中心小学商定，每星期三下午派教师到该校为三至五年级学生上辅导课。少年宫无偿为该校培养书法、美术、舞蹈、合唱、无线电、计算机等课程的辅导教师和学生，无偿提供计算机4台，合唱队服装40套，钢琴1架（双方各投资50%）。

（李玉明）

【获“瞭望杯”时事竞赛奖】 4月5日，在市中学生第十六届“瞭望杯”时事知识竞赛中，昌平县二一学校学生张仕瓛获一等奖，陈晓、徐薇获小灵通奖。符书竹获优秀辅导教师奖。该校获“瞭望杯”学校三等奖。

（李玉荣　樊道一）

【培训幼儿体操教师198名】 4月

7日，昌平县教育局举办幼儿艺术体操及轻器械操培训班。198名幼儿教师参加姿态操、礼仪操、器械操、艺术体操等9套体操培训。

（王秉霞）

【举办优类校电教成果展】 4月20日至5月10日，昌平县电教馆举办县电教优类校电教成果展览。共展出展板14块，投影片60余框，录像带8盘。

（张全仲）

【举办春季田径运动会】 4月24、25日，昌平县教育局举办中小学生春季田径运动会。2400名中小学生表演广播操，1100名运动员参赛。

（张敬东）

【首次表彰优秀团员】 4月29日，昌平县教育局团委召开首次直属单位青年教师“五四”表彰会，表彰优秀团支部30个，优秀团干部50名，优秀团员100名。

（韩文勇）

【评选中学优秀教案】 4月，昌平县中学教研室在全县中学40岁以下教师中，开展优秀教案评选活动，评出各学科优秀教案100余份，编辑成《昌平县中学优秀教案选》。

（郑克瑜）

【体育特长生连续获取好成绩】 4至9月，昌平二中体育特长生组成的田径代表队共参加市级比赛5次，获团体第一名1次，个人第一名20人次，3人破4项市中学生田径运动会纪录。在全国中学生田径运动会上，1人获个人第二名。

（王宗树　张敬东）

【举办老教育工作者运动会】 5月15日，昌平县教育局举办老教育工作者运动会。运动会分4个组别、8个项目进行，850名运动员参加，其中年龄最大的85岁，最小的55岁。

（尹兆文）

【中滩中学武术队获全国奖】 5月中旬，昌平县中滩中学武术队在第二届全国形意拳交流大会上，获5项一等奖，奖牌15枚。

（贯立身）

【3项市重点科研课题通过论证】 5月，昌平县承担3个市级重点科研课题：《在深化农村教育综合改革中，全面实施素质教育》（县教育局负责）、《农村职业教育“模块”式办学的研究》（昌平农职校负责）、《新时期农村校长素质及其培养的研究》（昌平教师进修学校干训部负责），通过专家论证，进入实施阶段。

（王　耀　苏俊山）

【九年一贯制试点起步】 6月5日，昌平县教育局决定，将南口中学与南口镇二小合并为南口学校，北小营中学与北小营中心小学合并为亭子庄学校，燕丹中学与燕丹中心小学合并为燕丹学校，在3所新组建学校进行“九年一贯制”试点。

（孟学东）

【召开中小学校长会】 6月29日，昌平县教育局召开中小学校长会。会议考察沙河中学、巩华镇中心小学素质教育，各综合改革实验子课题分组交流。会议提出，今后工作重点：①继续抓好干部、教师队伍建设；②加强规范化管理；③深化课堂教学改革；④推进职业技术教育。

（王长军）

【孟晓诺获世界中学生跳高铜牌】 6月29日，昌平二中高三学生孟晓诺参加在法国瑟堡举行的世界中学生田径赛，取得选拔组（相当于专业队）女子跳高铜牌。该生自1992年考入昌平二中体育特长班，曾多次参加市中学生各类田径比赛。

（王宗树）

【韩国客人考察昌平师范】 6月，韩国议会代表团一行20余人到昌平师范学校参观考察。该代表团参观考察学校教育教学设施、学生作品及校园环境。

（刘文荣）

【开展迎香港回归活动】 上半年，昌平县普教系统广泛开展“迎香港回归”活动：年初，举行“迎香港回归”联欢会，开展读百部书、看百部影片活动，设香港回归倒计时牌，建回归友谊林，制作香港知识图片、图册，请退休老教师作报告，开展歌咏比赛、演讲比赛，组织幼儿绘制“喜迎香港回归”组合图画。5月8日，全县1.5万名中学生参加“迎香港回归”知识竞赛；5月11日，3000余名师生上街开展“迎香港回归”宣传活动；6月28至30日，800名师生参加5场大型文艺演出，观众5000人次。

（胡　杰　王长军　李顺成）

【实验班毕业体育优秀率100%】 7月，昌平县教育局实验班79名初中毕业生，以优异成绩通过市统一升学考试，7科总分平均572分。其中，体育考试成绩优秀率100%，满分率96.2%。

（东艳红）

【获市“长空杯”英文打字赛奖】 7月，在市中小学第四届“长空杯”英文打字竞赛中，昌平县回龙观中学、昌平四中获团体一、二名；有22名学生分获二、三等奖。

（邓志敏　董智勇）

【撤销农村小学15所】 7月，昌平县教育局进一步调整小学布局，共撤销慈悲峪、献陵、上口、老君堂、永陵、龙潭、郎儿峪、亭子庄、松兰堡、常兴庄、西官庄、湖门、海子、歇甲、海鹊落15所小学。

（孟学东）

【建立领导干部廉政档案】 7月，昌平县教育局监察科为机关科级干部和直属单位党政正副职领导干部建立廉政档案。该档案按个人基本情况，住房、住宅、电话、奖惩、个人生活重大事项、收入申报、礼品登记、民主评议等项目分类记录领导干部的基本情况。

（王久玉）

【培训电算化财会人员110名】 8月13至26日，昌平县教育局举办普教系统财会人员电算化培训班，共培训电算化财会人员110人。其中46人考试合格。

（赵守业）

【5801名教师通过资格认定】 8月28日，昌平县教育局完成全县中小

幼教师资格认定工作。共认定高级中学教师资格1184人，初级中学教师资格1264人，小学教师资格3027人，幼儿教师资格326人。

（杨　忠）

【私立汇英中学开学】 9月1日，北京市私立汇英中学在昌平县正式开学。该校占地3万平方米，已建成校舍4400平方米，投入资金720万元，是寄宿制私立完全中学，在全市招生。创办人王贵麟。

（孟学东）

【六街小学获师德建设先进】 9月3日，昌平县城区镇六街小学获市普教系统师德群体建设先进单位称号。17日，县教育工会召开会议，表彰六街小学等5个师德群体先进，同时表彰青年师德标兵、中老年师德标兵及爱岗敬业女标兵各10名，师德修养好师范生5名。

（姚淑惠）

【市县领导慰问山区教师】 9月5日，陶西平等市领导到昌平县下庄、长陵乡慰问教师，各赠送慰问品及慰问款5000元。同时，县领导带队分4路到流村、长陵、下庄、上苑参加教师节庆祝活动，为每乡送去2万元慰问款。

（王长军）

【表彰优秀教育工作者255人】 9月8日，昌平县政府召开庆祝教师节大会，表彰优秀教师及优秀教育工作者255人。教师节期间，县政府拨款23万元，用于表彰优秀教师和慰问山区教师。

（王长军）

【检查乡镇教育执法情况】 9月22至25日，昌平县督学室检查各乡镇教育执法情况。各乡镇重点汇报教育经费执行、改善办学条件、完小以上学校达标规划和贯彻落实《教师法》提高教师待遇等情况。

（郝　春）

【随班就读科研成果获全国优秀】 9月22至27日，昌平县弱智儿童随班就读课题组在中央教科所召开的中国一体化教育学术研讨会上，提交4篇论文和2节录像课，均被评为优秀。研讨会在上海召开，有25个省市代表及香港、台湾地区和美国的专家5人参加。

（周德林）

【952名教师晋升职务】 9月30日，昌平县教育局完成年度教师专业技术职务评定工作，共有952名教师晋升专业技术职务。其中，中学高级职务51人，中级职务243人，助理级职务393人，各级各类职务265人。

（杨　忠）

【1355名教师参加各种进修】 9月，昌平县1355名教师在县教师进修学校参加小学文科和中文大专班、中文和英语续本科班、研究生主要课程班及小学自考助学辅导班等20个学历进修班进修。年内该进修学校94级小学文科大专班72名学员全部毕业。

（景宝鑫）

【昌平师范83％毕业生继续深造】 9月，昌平师范毕业生249人中，206人继续深造，占毕业生总数的83％。其中，98人参加本校举办的小学教育专业自学考试大专班，30人保送高等学校学习，78人被成人大专录取。

（刘文荣）

【教职工为"送温暖工程"捐资】 9月，昌平县普教系统教职工7000余人，为"送温暖工程"基金会共捐款218968元。

（王长军）

【举办幼儿教师舞蹈培训班】 10月6至8日，昌平县教育局举办幼儿成品舞蹈培训班，34所园所的63名教师参加培训。该培训班教授藏族、新疆、印度等舞蹈。

（王秉霞）

【市检查组检查昌平教育执法】 10月9至10日，市执法检查组一行7人到昌平县进行教育执法检查，重点检查学校经费落实情况和《职教法》第六条贯彻实施情况。检查组听取县领导自查汇报，召开文教委、教育局、财政局、成教局等单位负责人座谈会，分组到马池口镇、北七家乡，听取乡镇长、中小学校长和师生意见。市检查组对昌平县两项工作取得的成效给予肯定。

（郝　春）

【提出贯彻十五大精神6条措施】 10月10日，昌平县教育局召开中小学校长及机关干部会，提出贯彻党的十五大精神6条措施：①加强理论学习，用邓小平理论和十五大报告有关教育的论述指导教学实践；②加强课堂教学研究，努力提高教育质量和办学效益；③加强教师队伍建设，着重提高青年教师政治和业务素质；④加强素质教育的研究与实践，正确处理素质教育与全面贯彻党的教育方针、与农村教育综合改革、与全面评价教育教学质量、与发挥教师主导作用和学生主体作用、与发挥课堂教学主渠道作用和开展课外教育活动、与因材施教培养特长生等关系；⑤继续农村教育综合改革实验，完成阶段成果；⑥加强重点工程建设，确保昌平一中校园建设三期工程顺利进行。

（王长军）

【验收11所完小】 10月15日至11月16日，昌平县教育局会同县督学室对古将完小等11所完小进行检查验收。结果10所完小达到标准，获得验收合格证。对1所未达标校提出改进意见。

（聂玉峰）

【数学课"圆的周长"获全国奖】 10月24日至11月6日，在全国第三届小学数学优化课堂教学观摩交流大会上，昌平县城区镇中心小学青年教师董立宏的六年级数学课"圆的周长"获一等奖。该数学课具有教学设计独特，教学手段先进，教学语言幽默风趣等特点。

（聂玉峰　刘黎明）

【获市环保知识赛个人第一】 11月1日和8日，昌平二中1名初二学生，在市中小学生改善生态环境知识竞赛中，获笔试、答辩和总分初中组个人成绩第一。

（潘春生）

【获市学生艺术节比赛奖】 11月18日，昌平县中小学生在市第四届学生艺术比赛中，27名学生获个人项目奖，其中3人获一等奖。昌平二中的舞蹈《雪中梅》与民乐合奏《节日序曲》获集体一等奖。

（李玉明　石国庆）

【获市级档案工作先进称号】 11月26日，昌平师范学校档案管理达到市科技事业单位先进标准，被授予市级先进称号。该校共整理1971至1996年底各类档案1692卷，并有完善的档案管理制度。

（刘文荣）

【召开中小学电教现场会】 11月27日，12月9日，昌平县教育局先后在昌师附小、昌平四中召开电教现场会，34所中小学校长分别参加。会议观摩1节小学电教课，听取两校电教发展情况介绍，参观两校电教设备设施。会议要求各校根据自身情况订出电教发展规划。

（张全仲　刘向颖）

【召开中学教学现场会】 12月4日，昌平县教育局在昌平五中召开中学教学工作现场会，50人参加。会议听取该校教学工作总结，观摩数学、物理、外语课，参观教案、教学制度。会议要求进一步抓好课堂教学管理和课堂教学改革，重点解决教法与学法有机地结合问题。

（母宗安　郑克瑜）

【教师进修学校培训干部492人次】 12月4日，在市干部培训工作会议上，昌平县教师进修学校介绍经验。该校3至9月，先后举办中学校长计算机培训班，小学校长讲座，小学总务校长、主任培训班，与市委党校协办思想政治与管理大专、大本班，共培训中小学干部492人次。

（吴士红）

【8273平方米教工宿舍楼竣工】 12月15日，昌平镇介山小区教工宿舍楼竣工，建筑面积8273平方米，投资878万元，解决90户教师住房困难。

（谢长全）

【德育子课题通过开题论证】 12月17至19日，昌平师范承担的《整体构建中专学校德育体系的研究与实验》课题举行开题论证会。13个省市33所中专的50多位代表参加论证会。该课题为中央教育科学研究所德育研究中心承担的科研课题《整体构建学校德育体系》的子课题，由4所中专承担，昌平师范为子课题组长。

（路全福）

【检查小学素质教育自评情况】 12月23至26日，昌平县督学室和县教育局分4片听取小学落实素质教育评价方案自评工作进展情况。经检查，各校均能分别制订素质评价方案和细则，并认真自评。其中，平西府、沙河、城区镇、流村等中心校自评工作做得有特色，有利提高学校管理的科学性和实效性。

（郝　春）

【6名教师获市级评优课一等奖】 截至年底，昌平县基教系统有6名教师获得市级优秀课评选一等奖。其中，1月，南口铁中教师获市思想政治课录像评选初中组一等奖。4月，城区镇中心小学教师、城关小学教师分获市小学课堂教学评优语文、数学、劳动学科一等奖；12月26日，昌平一中教师、城区镇教师获市体育教学评优一等奖。

（樊道一　刘黎明　张敬东）

【建立高崖口劳技教育基地】 年内，昌平师范校租赁高崖口乡荒山一座（约1000亩），建立劳动技术教育基地，租期50年。

（刘文荣）

【开展教育经费审计调查】 年内，昌平县教育局对全县1995、1996年教育经费投入、筹集、拨付、管理和使用情况开展审计调查。审计总金额2.9亿元。审计调查表明：全县教育经费以国家拨款为主，同时注意调动县、乡、村办学积极性，多渠道筹措教育经费，确保教育经费的三个增长和教育的可持续性发展。调查中针对发现的问题制订《关于加强财务管理和审计的几点意见》。

（田振华）

【校办企业总产过亿元】 年内，昌平县有校办企业165家（工业82家、三产83家）；完成总产值1.26亿元，同比增长28.1%（工业同比降低20.2%，三产同比增长57.8%）；总利润1682万元，同比增长44.9%（工业同比降低25.2%，三产同比增长81.5%）；上缴税金202万元（工业82万元，三产120万元）。

（孙玉枝）

职业教育

【概　况】 1997年，昌平县共有职业高中14所，149个班，在校生4847人，招生1662人，毕业1043人，教职工557人，其中专任教师345人。教师中合格学历43.19%，具有高级职务31人。

（时小明　苏凤兰）

【实施职高综合质量评价方案】 5月13日，昌平县教育局召开研讨会，结合该县职业高中特点制订《昌平县职业高中全面贯彻教育方针综合质量评价方案》。各职高校依据方案进行自查。县教育局抽查城镇、农村职高学校各1所。

（贺振兴）

【市教委领导视察农职校】 6月12日，徐锡安视察昌平农职校，充分肯定该校办学方向及办学经验，希望进一步上层次，出经验，出成果，引进大专院校和国外科研成果，利用学校人才设备，创造更高效益。

（曹福来）

【改革军训方式】 9月2日，昌平农职校改革军训方式，每天上午7时20分至8时20分的早读和下午3时40分至5时20分的课余时间安排校内军训。10日起，集中利用

4个下午请沙河机场部队官兵进行提高质量的方队训练。

（王秀海）

【积极宣传《职教法》】 10月11日，昌平县8所职高校师生上街宣传《职教法》。各校利用展板、散发宣传材料、专业技能展示等形式开展宣传咨询服务活动。

（支永慧）

【获“斗牛士”杯足球赛冠亚军】 11月15日，昌平农职校与南口学校在市教委、市职高体协举办的首届“斗牛士”杯足球赛中，分获冠亚军。

（曹福来）

【昌平旅游学校举行挂牌仪式】 12月3日，昌平三中与县旅游局联办昌平旅游学校举行挂牌仪式。至年底，该校共办3期培训班，培训旅游管理人员240名。

（黄玉琴）

成人教育

【概　况】 1997年，昌平县共有各级各类成人学校306所，其中成人高等学校（站）2所，开设8个专业，在校生1040人，招生199人，毕业124人；教职工6人，其中专任教师1人。成人中等学校5所，开设30个专业，在校生4257人，招生969人，毕业2180人；教职工66人，其中专任教师45人。各类职工学校3所，全年培训3500人次；教职工32人，其中专任教师15人。社会力量办学校57所，全年培训15980人次；教职工207人，其中专任教师69人。乡办成人校（站）34所，全年培训11580人次，教职工64人，其中专任教师6人。村办成人校（站）205所，全年培训6320人次。在成教教师中学历合格率82%；有高级技术职务8人，中级技术职务168人，初级技术职务133人。

（富志静）

【召开成人教育工作会】 1月16日，昌平县成人教育局召开成人教育工作会议，总结安排工作。会议确定，成教工作重点是：抓工程，全面完成成人教育培训工程任务指标；抓队伍，突出服务意识，提高成教教师队伍整体素质；抓网络，强化成人教育基地建设。会议对成教工作任务目标、工作项目、工作重点、实施措施做出具体安排。

（富志静）

【自学考试办公室受国家教委表彰】 2月27日，昌平县高等教育自学考试办公室被国家教育委员会授予全国高等教育自学考试先进集体荣誉称号并颁发铜牌。

（富志静）

【成人高考报名2646人】 3月9日，昌平县1997年度成人高考报名工作开始，至3月16日结束。报名人数达2646人，报考近1.4万科次，比上年增加400人，为该县历史最高纪录。

（富志静）

【举办社会力量办学法人培训班】 3月12日，昌平县成教局举办社会力量办学法人培训班。全县50余所社会力量办学实体的法人或法人代表参加培训。培训内容主要是市政府关于社会力量办学管理的有关文件。

（富志静）

【培训项目经理160人】 3月17日，昌平县建委举办项目经理培训班。全县各建筑公司、建筑队的项目经理、队长及管理干部160人参加培训。通过6周脱产培训，系统学习建筑识图、施工与设计、工程招标与设置、质量与安全、工程成本核算6门课程。经市建委统一考试，全部及格，获得项目经理资格证书。

（富志静）

【小康后农村地区教育研究课题开题】 4月7日，昌平县成教局承担“九五”国家重点科研课题《小康后农村地区教育问题研究》开题。该课题共设17个实验研究子课题。每个子课题均有专人承担，实行课题责任制，每半年对各实验课题进展情况进行一次检查。

（富志静）

【15家企业实验教育综合改革】 6月10日，昌平县成教局召开深化企业教育改革，建立现代企业教育制度工作会。会议总结推广保温瓶公司、平板玻璃公司等5个企业教育综合改革试点经验，决定继续扩大试点范围，确认昌建集团总公司、华都酿酒食品工业公司等10家企业为第二批企业教育综合改革实验单位，并颁发确认实验单位证书。至此，昌平县企业教育综合改革实验单位扩大到15家。

（富志静）

【被评为市成教培训工程先进集体】 10月，昌平县成人教育培训工程通过市教委检查评估，被评为北京市实施成人教育培训工程先进集体。该县1994至1997年度成人教育培训工程任务全部超额完成。

（富志静）

【召开三个经验交流会】 12月，昌平县成教局分别召开社会力量办学、企业教育综合改革、农民教育示范校建设三个经验交流会。110个单位、240余人分别参加三个经验交流会。首都财经文化技术学校，北京少林武术学校、沙河镇成人学校等8个单位分别介绍经验。

（富志静）

【上万人参加自学高考】 年内，昌平县参加自学高考人数超过1万人，报考科次达3.4万科次，比上年增加1.4万科次。继续保持本市远郊区县领先地位。至年底，自学高考毕业生173名。

（富志静）

【为武警战士举办高中班】 年内，昌平县职工学校为驻秦城武警部队举办高中班。该职工学校多年坚持到军营开办成人高中学历班，1996年曾分别为驻南口、黑山寨和长陵部队开办学历班。

（富志静）

【建成全国庭院经济高效示范村】 年内，昌平县高崖口乡小水峪村被国家有关部门定为全国庭院经济高效产业示范村，这是北京市唯一获此称号的村庄。该村与北京农学院合作，培训村民掌握科学技术，在庭院栽种优质葡萄。全村建成两个葡萄日光温室，盆栽葡萄1000余盆，育苗5万余株，沿进村公路有6000米葡萄长廊，户户有葡萄。

（富志静）

【建筑公司85%管理人员持证上岗】 年内，昌平县建筑公司通过岗位资格培训，公司300名管理人员，有256人持证上岗，持证上岗人员占管理人员总数的85%。该公司坚持持证上岗制度，实行管理人员进入企业内部职称评定，职工进入内部等级评定，管理水平不断提高。

（富志静）

【银事达集团科技扶贫】 年内，银事达高科技集团与北京市贫困乡之一昌平高崖口乡联合举办各类专业人才培训班，培训内容以营销、管理、种植、养殖技术为主。该集团赞助科技培训经费并派出2名科技干部协助教学。

（富志静）

【4000人参加计算机培训】 年内，昌平县参加各类计算机培训人数达4000人。其中，2047人参加全国计算机等级考试。

（富志静）

【创办县级成教示范校】 年内，昌平县成人教育局在全县各乡镇开展创办县级乡、镇、村、厂示范校活动。通过检查评估认定霍营乡成人学校等14所成人学校为昌平首批县级乡、镇、村、厂示范校。该县乡镇村厂成人校共242所。

（富志静）

昌平县教育局

局　　长　李　斌
党委书记　程宗学
督学室主任　李　斌

昌平县成人教育局

局　　长　王秉孝
党委书记　侯映霞（女）

延　庆　县

基础教育

【概　况】 1997年，延庆县有托幼园所67所，其中市立园3所，单位办园所7所，街道办园所7所，乡村办园所50所；在园所幼儿5108人；教职工308人，其中专任教师199人；小学附设学前班109个，收幼儿2266人。小学231所，1070个班，在校生34362人；教职工2979人，其中专任教师2229人。中学33所，其中初中校27所，完全中学6所；初中班328个，高中班58个；在校生15346人，其中初中生12713人，高中生2633人；教职工2295人，其中专任教师997人。培智学校1所，2个班，在校生28人，专任教师3人。小学入学率99.99%，巩固率99.98%，毕业及格率99.9%；初中入学率99.8%，巩固率98.74%，毕业及格率96.5%，优秀率47.86%。小学教师学历合格率98.1%，初中教师学历合格率88.95%，高中教师学历合格率63.70%；中小学教师具有高级技术职务29人，其中小学教师1人，初中教师17人，高中教师11人。

（赵岐森）

【6人获市教学基本功赛一等奖】 1月，延庆县选派13个学科38名初中教师参加市教学基本功赛。有12个学科21人获27块奖牌，其中6个学科6人获一等奖：二道河中学获思想政治笔试一等奖，南菜园中学获数学片段一等奖、外语笔试一等奖、生物笔试一等奖和音乐教学片断一等奖，新城中学获物理片断一等奖。

（孙惠艳）

【教育工会工作获奖】 3月，延庆县教育工会布署开展“树师表形象，创文明校风，为实现跨世纪宏伟目标做贡献”活动，教育局女教职工委员会被县总工会评为先进单位；5月，女教职工委员会评为市达标单位；10月，县教育工会被评为市信息工作先进单位；12月，教育工会被县工会评为先进集体。

（吴铁华）

【116人获市民间工艺制作赛奖】 3至5月，延庆县中小学生82幅工艺作品参加市第七届中小学生粘贴画作品竞赛，71幅获证书；235名中学生参加市第四届民间美术工艺制作竞赛，5人获二等奖，40人获三等奖，12名教师获辅导奖。

（孙惠艳）

【开展迎香港回归活动】 3至6月，延庆县幼儿园、中小学开展多种形式迎香港回归活动。全县幼儿园举行“迎香港回归”文艺汇演，200多名幼儿表演歌舞节目。全县小学组织“迎香港回归”主题班会评优，评出一等奖10个，二等奖10个。千名少年儿童在八达岭长城开展“迎回归”签名活动。中学开展“爱香港庆回归主题演讲”，评出高中组一等奖1名，初中组一等奖2名。

（孙惠艳）

【宣传先进事迹】 4月，延庆县教育局会同延庆电视台，分专集报导八达岭中心小学教师陈生云先进事迹，并邀请陈生云在全县中小学校长会上介绍经验，又将其事迹印成单行材料，教师人手一册。4月8日，《北京日报》以“大山为你喝彩”为题，报导陈生云安心山区教育38年，为山区人民培养出一批又一批建设人才的事迹。

（赵岐森）

【召开区县中专研讨会】 4月，昌平、密云、怀柔、平谷、门头沟、延庆6区县中考研讨会在延庆召开。研讨会按6大学科分组进行。会议提出，中考总复习让学生牢固掌握基础知识，灵活掌握知识点之间横向和纵向联系，着重培养学生分析问题和解决问题的能力。还提出以中考为契机，努力提高教研质量。

（孙惠艳）

【教师资格认定】 5月15日，延庆县教师资格认定工作开始。经过申报、审核、认定、填证、颁证等程序，8月31日结束。共有4088人认定了教师资格。其中，认定幼儿园教师资格117人，小学教师资格2388人，初级中学教师资格962人，高级中学教师资格569人，中等职业学校教师资格51人，中等实习指导教师资格1人。

（李晶华）

【开展幼教青年教师评优活动】 5月，延庆县教育局组织3所市立园青年教师半日活动评优。3位教师获优秀奖，4位教师获表扬奖。6月，组织学前班教师美术教育评优活动，19人参加，评出一等奖2人，二等奖3人，三等奖3人。

（李晶华）

【获市幼儿科幻画比赛奖】 5月，延庆县教育局选送17幅幼儿科幻画参加市教委和市科普协会联合举办的幼儿科幻画比赛，2幅画获二等奖，10幅画获三等奖。

（李晶华）

【获市中小学生运动会7枚金牌】 5月，在市中小学田径运动会上，延庆县共夺得7枚金牌，4名运动员破市田径运动会纪录，初中组获团体总分第三名，小学组团体总分第五名。该县获大会道德风尚奖。

（孙惠艳）

【获全国首届汉字书写大赛奖】 6月15日，延庆县师范学校598名学生参加“全国首届汉字书写大赛”，2人获一等奖，3人获二等奖，6人获三等奖。1名教师获优秀组织奖和指导奖，师范学校获先进集体奖。

（吴铁华）

【整顿校门口交通秩序】 上半年，延庆县教育局针对县城几所中小学放学时校门口交通秩序混乱问题，成立局党委书记和局长为组长的治安综合治理领导小组。制订《中小学治安秩序整治方案》，并与公安交通部门联系，互相配合，公安部门在学生放学时到校门口加强警力指挥疏导交通；学校加强学生管理，强化交通安全教育，组织学生排队有秩序离校，抽出教师协助民警维持秩序，使学校门口放学时交通秩序混乱状况得到改善。

（李晶华）

【中小学教师进修大专学历】 7月，延庆县中小学教师参加县教师进修学校大专学历班学习。其中88人参加中文大专班，另有51人随班就读；27人参加幼儿艺术教育大专班，19人随班就读；18人参加财会大专班，23人随班就读。157人中文大专毕业，57人数学大专毕业。此前，120名教师参加4期计算机一级B类培训。

（李晶华）

【46名校级干部接受多种培训】 7月，延庆县教育局选送中小学校级干部10人参加市干训中心、教育学院联办中高级研修班（2人）、研究生课程班（5人）、中学岗位职务培训班（2人）、总务校长管理培训班（1人）。15名校级干部，参加县教师进修学校计算机培训班，学习60课时，经北京教育学院统一考试全部合格。9月，7名校级干部参加县教师进修学校与北京教育学院联办教育管理本科班。年内，14名校级干部教育管理大专毕业。

（李晶华）

【举办幼儿教师职业道德演讲赛】 7月，延庆县教育局组织3所市立园及学前班教师职业道德演讲赛。幼儿园8名教师、学前班6名教师参赛。评出一等奖5名；二等奖6名；三等奖3名。9月，新城幼儿园1名教师代表延庆县参加市幼儿教师职业道德演讲比赛，获二等奖。

（李晶华）

【举办幼教技能技巧培训班】 7月，延庆县教育局举办幼儿园及学前班教师舞蹈培训班，42人参加学习舞蹈基本知识及民族舞蹈、幼儿舞蹈基本舞步。10月，举办幼儿教师美术培训班，50人参加学习绘画与小制作及美术教法。12月，举办木偶戏培训班，43人参加学习木偶制作和木偶戏基本表演功法。

（李晶华）

【实施系列教学研究与实践方案】 8月29日，延庆师范开始实施《十项教学系列研究与实践》方案。该方案包括：各教研组每个成员进行一个课型、一种知识题材、两种教学技能、一种教学手段、一种教学方法、一种题型的研究与实践；力争教会学生一套学习方法，写出一篇规范教案、一篇高质量的教学论文，讲一节高质量公开课。

（吴铁华）

【首次建立全县小学生花名册】 9月1日，新学年开学，延庆县教育局首次为全县在校小学生34362人，建立统一花名册，统一编号，有利于入学、转学、退学、升学的严格管理。

（赵岐森）

【县政府组织教育执法检查】 9月，延庆县政府组织对有关单位贯彻执行教育法律法规情况进行检查。检查内容包括：贯彻执行教育经费监测制度情况；教师住宅建设完成情况；实施素质教育年度阶段目标落实情况；《职业教育法》第六条贯彻实施情况；《北京市专业技术人员继续教育规定》第六条贯彻实施情况；公费医疗管理情况；学籍管理情况；控制中小学生辍学情况；资助贫困生情况；对上年市教育执法检查组对本县提出的问题解决情况。

（赵岐森）

【师范举办首届科技节】　10月16日，延庆师范举办首届科技节。内容有：科普知识演讲比赛，手抄报展览，黑板报评比，手工制作评比，科技小制作评比等。共评出优秀作品36件，团体一等奖1个，团体二等奖2个，三等奖3个。

（吴铁华）

【总结出十多种课堂教学导入法】　10月，延庆县师范学校各教研组根据本学科特点，探讨课堂教学导入法。经过探讨和实践，总结出实验导入法、教育现象导入法、寓言故事导入法、诗歌导入法、复习巩固导入法、唱歌导入法、古语导入法、心理趣谈导入法、图形导入法、事例导入法、联想导入法、设疑导入法等10多种课堂教学导入环节的方法。该项探索是延庆县实施“十项教学系列研究与实践活动”成果之一。

（吴铁华）

【规范管理寄宿制小学】　10月，延庆县教育局组织寄宿制小学管理工作检查，四海小学、珍珠泉小学、刘斌堡小学成为管理规范、形成规模的寄宿制小学。延庆县教育局制订下发《延庆县寄宿制小学管理条例》、《寄宿制小学达标验收标准》两个文件，为山区寄宿制小学提供规范化办学管理标准。

（赵岐森）

【举办“爱科学月”活动】　10至11月，延庆县教育局举办中小学生“爱科学月”活动。各校通过广播、板报、校会、班会、少先队会等形式，对学生进行科普教育。永宁中学与孔化营村建立学农基地，学习农业科学知识。学校拿出6万余元建成200平方米的花房，供科技小组培植花草及疏菜、果树等科技实验。活动月中，共收到科技小论文126篇，有36人获奖，其中一等奖5人，二等奖11人，三等奖20人。

（吴铁华）

【制订发放助学金和减免学杂费实施细则】　11月，延庆县教育局制定实行《北京市义务教育阶段人民助学金制度（试行）》和《北京市中小学学杂费减免办法（试行）》的两个细则。规定：城镇学生执行市规定标准，农村中小学生家庭人均年收入500元以下享受甲等助学金，人均年收入850元以下享受乙等助学金；烈士子女、孤残儿童均享受甲等助学金；农村地区学生由于特殊教育需要在城镇地区就读并寄宿的，按山区寄宿制学生对待，享受伙食补助。减免学杂费比例，城区控制在学生总数的5%，山区、川区8%；享受甲等助学金的学生基本上享受半免或全免学杂费，全免比例不超过减免比例的50%。两个实施细则均自1997年9月1日起实行。

（赵约林）

【举办小型体育竞赛】　11至12月，延庆县教育局举办中小学生小型体育竞赛。11月，足球比赛。26校290人参加，延庆中学分获高、初中组第一名，实验小学获小学组第一名。12月，乒乓球比赛。5所中学参加，永宁中学、南菜园中学分获中学男女团第一名；永宁小学、大榆树小学，分获小学男女团第一名。12月，跳绳比赛。全县中小学参加，井庄中学、永宁小学，分获中、小学第一名。年底，越野赛。高中、初中、小学共6个组700多名运动员参加，永宁中学、大榆树中学、永宁小学分获高中、初中、小学组第一名。

（孙惠艳）

【延庆师范举办第二届艺术节】　12月1至30日，延庆师范学校举办第二届艺术节。文艺类有：合唱、独唱、舞蹈、钢风琴、器乐、相声、小品比赛。美术类有：书法、绘画、手工、板报设计比赛。艺术节历时一个月，文艺演出124场，创编文艺作品247个，创制美术作品386件，学生参与率100%。文艺类有58个作品获奖，美术类有111件作品获奖。

（吴铁华）

【4名中学生获胡楚南奖】　12月10日，延庆县南菜园中学初二学生田艳艳、西屯中学初二学生许秀茹、康庄中学高二学生周娟娟、旧县中学高二学生程龙4人获市胡楚南优秀中学生奖。

（孙惠艳）

【举办语文电教评优课】　下半年，延庆县电教馆举办中学初二、小学二年级语文电教评优课活动。延中的“周总理你在哪里”、“藤野先生”，八达岭中学的“柔弱的人”3课获中学一等奖；永小的“美丽的公鸡”、团小的“落叶”、延小的“狼和小草”、姚家营小学的“聪明的华佗”4课获小学一等奖。

（吴铁华）

【校办企业总收入5900万元】　至年底，延庆县普教系统共有校办企业125家，其中工业企业34家，农企1家，三产90家，完成工农业总产值1027万元，三产营业额4889万元，两项合计共完成校办企业总收入5916万元。年创纯利润620万元，其中工农业82万元，三产334万元，其它勤工俭学204万元。上交国家税金126万元，补助教育经费248万元。校办企业拥有固定资产1340万元。

（赵约林）

【教育经费实现“三个增长”】　年内，延庆县教育经费拨款7461.8万元，比上年的6105.6万元增加1356.2万元，增长22%，剔除市拨专款1372.5万元，县财政实际拨款6089.3万元，比上年的4845.6万元增加1243.6万元，增长25.7%，均高于县财政经常性收入增长14.7%的比例。生均公用经费367元，比上年的269元增加98元，增长36.4%。教职工年人均收入9403元，比上年的8258元增加1145元，增长13.87%。

（赵约林）

【基建工程完成投资2110万元】 年内，延庆县普教系统基建工程累计完成投资2110万元，当年完成640万元。基建工程再建、新建项目4个，总建筑面积19730平方米。其中振兴小学教学楼8300平方米及配套工程354平方米，已交付使用；延庆中学科技楼（包括阶梯教室）4500平方米、体育运动学校教学楼2000平方米，已竣工验收；职业高中三期工程教学楼4300平方米，完成三层结构。基建计划投资2380万元，落实到位资金1470万元，资金缺口910万元。

（赵约林）

【修缮工程总投资847万元】 年内，延庆县普教系统修缮工程共抢修危房365间6538平方米；新建校舍楼房3栋6170平方米，平房85间1530平方米，总计7700平方米；翻改建旧房97间1710平方米；新建围墙580米，建学校大门4座，厕所39间，做防水工程600平方米，解决13校锅炉供暖等，总投资847.8万元，其中市、县投资519.3万元，乡（镇）投资75.9万元，村投资97万元，利用县教育基金66.6万元，希望工程捐助89万元。

（赵约林）

【教学仪器设备总值达2693万元】 年内，延庆县普教系统共有仪器设备固定资产（不含房屋建筑和校办企业设备）120.6万件，总价值2693.5万元。当年新增仪器设备73116件，价值467.2万元，比上年增加46.2万元，增长14%，占教育经费总支出的6.8%。新增仪器设备包括：电教设备1183件，153.8万元；汽车25辆，103.5万元；教学仪器12752件，31万元；一般设备11660件，122.3万元；图书46864册，20.1万元；医疗、音乐、美术、体育等设备1880件，24万元。

（赵约林）

【757名教师评定职务】 年内，有757名教师评定了新的教师职务。其中，评出中学高级教师职务29人；中级教师职务219人；初级教师职务317人；员级教师职务192人。

（李晶华）

【体育达标98%】 年内，延庆县71所中小学校全部开展国家体育锻炼标准达标活动，普及面为100%，优秀率为35.2%，良好率39.1%，达标率为98%。

（孙惠艳）

【获市级小学教学评优奖28个】 年内，延庆县小学参加市教研部7个学科课堂教学评优，获一等奖2个，二等奖6个。在学科教改论文评比中，获一等奖9篇，二等奖11篇。

（赵岐森）

【29人被评为骨干教师】 年内，延庆县教育局组织骨干教师评审工作，29人被评为县级骨干教师。至此，小学有骨干教师34人，学科带头人6人；中学有骨干教师34人，学科带头人6人。

（赵岐森）

【改善办园条件】 年内，延庆县新城幼儿园自筹资金10万元、县财政局等有关单位提供16万元，新建厨房175平方米，解决原来食品加工与操作交叉污染问题；购置炊事机械4部；新购课桌60个、椅子300把；新添5万余元玩教具；更新幼儿被褥470套，改善办园条件。

（李晶华）

【建立家园联系卡】 年内，延庆县新城幼儿园制发幼儿《行为规范》联系卡，每月一项重点，双休日印发给家长，卡中设有“家长是如何培养教育幼儿按《规范》去做的？”“家长的希望和建议”等。家长按卡填写月底交给本班教师，教师分析研究卡中反映幼儿在家表现和家长意见，再制定下一个月的联系卡内容。使家长和幼儿园对孩子在园在家的情况能经常沟通。

（李晶华）

【16所完小通过达标验收】 年内，延庆县教育局制订《农村完小管理细则》、《农村完小验收标准》。按照标准，对莲花池、辛庄堡、司家营等16所完小进行达标验收。16所完小均获通过。验收工作促进16所完小校容校貌、办学条件、学校管理、教师教学水平取得较大提高。

（赵岐森）

【中小学生近视眼发病率增高】 年内，延庆县教育局完成中小学生50180名建卡体检任务。体检结果：近视眼发病率高中生53.13%（上年为46.01%）；初中生39.81%（上年为35.26%）；小学生15.77%（上年为12.84%）。龋齿发病率中学生24.73%，小学生40.9%。初三近视眼发病率为44.96%（上年为41.43%），中考受限率为52.97%（上年为56.6%。）

（孙惠艳）

职业教育

【概　况】 1997年，延庆县共有职业高中7所，63个班，在校生594人，招生974人；毕业699人；教职工130人，其中专任教师52人，教师中学历合格率40.2%，具有高级专业技术职务5人。

（赵岐森）

【召开职教工作会】 2月28日，延庆县教育局召开职教工作会议。局机关和各职校有关人员参加。会议学习李岚清关于认真贯彻职业教育法，加快职业教育发展步伐的讲话，总结部署全县职业教育工作。对1997年职教工作，强调稳定规模、适度发展，加强建设。

（吴铁华）

【组织职高青年教师评优课】 年初，延庆县教育局组织全县职高青年教师评优课，评出一、二、三等奖各4名。推荐一等奖4名教师参加市教委组织的全市职业高中青年教师评优课，获优秀奖1名和提名奖3名。

（吴铁华）

【129名职高生参加毕业实习】　5月，延庆县129名职业高中毕业班学生，结合各自专业参加毕业实习。其中，25人到县幼儿园实习，25人到北京毛针织厂实习，30人到北京吉普车有限公司顶岗实习，49人到饭店实习。经实习27名毕业生已被北京北苑饭店、团结湖烤鸭店、东城金驼鸟美食城等单位录用。

（吴铁华）

【举办职高中层干部培训班】　6月，延庆县教育局和职教中心举办全县职业高中中层干部培训班，30人参加培训。培训班请市财经学校、外事职高校校长介绍教育教学管理经验，市职教中心培训部主任进行业务指导，到省级重点校大兴一职高、二职高参观学习。

（吴铁华）

【职高校际中心教研组成立】　10月，延庆县成立职业高中语文、数学、政治、英语4个校际中心教研组。每个教研组由职教中心一名教师牵头，从学校选一名学科骨干教师为教研组长，共同制定学科“教学纲要”，组织公开课、观摩课和备课评比等活动。

（吴铁华）

【综合视导职业高中学校】　12月，延庆县教育局组成视导小组，对各职业高中进行综合视导。每到一校，先听取校长介绍学校办学和教育教学基本情况、今后学校发展思路和当前存在问题，再听“推门课”，检查教师教案、教学进度和学生作业、教学计划的落实及专业教学设备，并召开教师座谈会。视导结束，向各校反馈了视导意见。

（吴铁华）

成人教育

【概　况】　1997年，延庆县共有各级各类成人学校378所，其中电大工作站1所，开设7个专业，在校生687人，招生169人，毕业104人；教职工13人，其中专任教师8人。有10个校（站）及办学机构与北京市大专院校联合办学，在校大学本科生685人，大学专科生885人，新招本科生330人，大专生170人，毕业大学本科生164人。成人中等专业学校6所，开设15个专业，在校中专生1175人，中技生260人，高中生99人，招中专生269人，中技生210人，毕业中专生230人，高中生525人；教职工110人，其中专任教师78人。各类职工学校8所，全年培训6300人；教职工70人，其中专任教师40人。社会力量办学15所（班），全年培训3615人；教职工147人，其中专任教师101人。乡（镇）办成人学校25所，全年培训2.31万人；教职工33人，其中专任教师28人。村成人学校323所，全年培训1.98万人；教职工352人，其中专任教师255人。直属校站教师中学历合格率52.6%；有高级技术职务4人，中级技术职务48人，初级技术职务24人。

（彭卫民）

【计算机等级考试人数倍增】　4至10月，全国计算机等级考试延庆县考区，举办两次计算机等级考试，共报名1167人，比上年报考人数增加1.15倍。实考1104人，合格876人，合格率为79%。其中一级A类报考615人，实考567人，合格367人，合格率为64.7%；一级B类报考552人，实考537人，合格509人，合格率94.7%。

（丁　燕　彭卫民）

【举办庆香港回归知识竞赛】　6月12日，延庆县农民科学技术学校与武警五中队举办“庆香港回归知识竞赛”，全校师生和五中队干部战士共500多人参加。36名选手组成12个参赛队，就有关香港历史、地理、人文、政策等200个赛题进行必答、选答和抢答竞赛，结果五中队获第一名，94级财电专业班获第二名，教师队获第三名。6月23日，职工中专校也举行此项活动，共开列120个赛题，结果95级财会班获第一名。

（吴赤宇　赵　钧）

【农科校开设计算机专业】　6月，延庆县农民科学技术学校中专班开设计算机专业。该校经市教委批准开设计算机培训点，为此新组建计算机教研组，由7名教师组成，其中本科学历4人，专科3人。有计算机80台，机房2个。

（吴赤宇　赵　钧）

【举办迎回归庆“七一”征文比赛】　6月，延庆县农民科学技术学校举办迎回归庆“七一”征文比赛活动。全校9个教学班340名学生应征。共评出获奖征文6篇。其中，94级财电专业班《得圆儿时梦》获一等奖；《情寄回归路》、《我爱家乡的山和水》2篇获二等奖；3篇获三等奖。

（吴赤宇　赵　钧）

【96名教师认定教师资格】　7月24日，延庆县成人教育系统175名教师中，有96名教师被认定了教师资格。其中高等学校教师资格13名，中等职业学校教师资格48名，高级中学教师资格35名。

（赵　钧）

【62名教师获得计算机等级证书】　7月，延庆县成教局利用暑假期间举办直属校站教师计算机等级考试培训班，5个校站教师44人参加，通过等级考试全部合格。专任教师62人获得计算机等级证书，其中一级A类34人，一级B类28人。45岁以下中青年教师全部合格。获得等级证书教师占教职工总数的82.6%。

（丁　燕　彭卫民）

【首批国贸专业本科生104人毕业】　7月，延庆县职工中等专业学校与北京工业大学联合举办的国际贸易专业本科班，104名本科生全部毕业。其中有县级干部4人，局级干部21人，科级干部28人；厂长公司经理17人，乡镇长书记7人，一般干部27人。

（时秀莉　赵　钧）

【成人高校报考人数增长1.3倍】 7月，延庆县各类成人高校招生报考1147人，比上年增长1.3倍。其中报考高中起点本（专）科考生966人（市属院校20所873人，部属院校19所93人）；报考专科升本科考生181人（市属院校3所师范类92人，非师范类89人）。共录取682人，其中高中起点本（专）科录取533人（市属院校19所录取484人，文史类418人、理工类66人；部属院校17所，录取49人，文史类44人，理工类5人）；专科升本科录取149人（市属院校3所师范类录取72人，非师范类录取77人），录取率为59.5%。今年是北京市各类成人高校招生考试实行统一管理的第一年，比上年成教、普教分别招生报考总人数505人（成教315人，普教190人）多642人，增加1.3倍，是该县历年成人高校招生考试报考人数最多的一年。

（刘瑞增　赵　钧）

【联合举办畜牧兽医大专班】 9月4日，市农业广播电视学校延庆县工作站与市成人教育学院联合举办畜牧兽医专业大专班开学，学员29人。学院负责教学计划、教材、考试等，工作站负责教学管理，任课教师根据教材由双方共同选聘。该班学员是参加全国成人高等教育统一考试被录取的，均来自畜牧兽医系统基层单位。

（陈庆祥　赵　钧）

【97级专升本财会班开学】 9月4日，延庆县职工中等专业学校与北京工业大学联合举办财会专业专升本班开学。学员72人，其中处级2人，科级15人，一般干部55人，来自银行、财政、税务系统人员占64%。学员均由全国成人高等教育统一考试录取。学制三年。教学计划、教材、授课教师及考试、发毕业证书等由北工大负责，办班管理等由中专校负责。这是该校与北工大联办的第二个专升本班。

（时秀莉　赵　钧）

【珍珠泉成人校被评为市级示范校】 9月18日，延庆县珍珠泉乡成人学校被评为市级示范乡镇成人学校。该县申报珍珠泉乡、延庆镇两所成人学校为市级校。市教委评审小组听取乡镇主管教育领导及学校负责人汇报，视察两校校舍、设备、资料及办学情况后，评定珍珠泉乡成人校为市级示范乡镇成人校。

（罗克鹏）

【捐书支援延庆监狱建图书室】 9月，延庆县电大工作站捐赠图书530册，为北京市延庆监狱建图书室。近几年，监狱八中队努力创建文明监狱，为改善改造环境，提高劳教人员政治文化素质，积极筹建图书室。电大工作站将法律、计算机、经济、财会、中文等专业教材和参考书赠给八中队，为劳教人员改造和参加自学高考提供条件。

（杨成慧　赵　钧）

【4所成人校开办职高班】 9月，延庆县职工学校、县成人中等专业学校高中部、延庆镇成人学校、县供销合作社职工学校等4所成人学校被市教委批准开办成人高中（职高）班。该县有5所成人学校申办成人高中（职高），经市教委评估小组实地检查验收后，批准其中4所成人学校开办成人高中（职高）班。

（彭卫民）

【乡镇企业2.7万职工接受培训】 至9月，延庆县乡镇企业培训职工2.7万人，超额完成各项指标。其中，培养大专生546人，中专生1599人，新增专业技术人员425人，各级各类岗位培训2.34万人，转岗培训1423人。成教局对职工培训工程的实施注重宣传，精心规划，认真组织，狠抓典型，基本改变了乡镇企业干部职工文化层次低，管理水平差，技术人员少的状况，促进了乡镇企业的发展。

（罗克鹏）

【农校教学楼落成】 10月18日，延庆县农民科学技术学校教学楼落成。该教学楼总面积2500平方米，有14个教室，5个专用教室，1个会议室和部分教师办公室。该楼从设计到交付使用仅用10个月。

（吴赤宇　赵　钧）

【乡镇成人校建设费专项审计】 10至11月，延庆县成教局对下拨给八达岭镇、四海镇、珍珠泉乡3所成人学校建设经费使用情况进行专项审计。审计结果，各乡镇都能按照建设计划使用经费。自1989年起，该县财政按农村每个劳力1元计，每年从县财政拨10万元资金扶植2至3所乡镇成人学校建设，专款专用。

（罗克鹏）

【乡镇企业专业人才预科班开学】 11月，北京市广播电视大学延庆工作站第四届乡镇管理专业预科班开学。各乡镇青年骨干75人入学。该班经县委组织部审核，市招办审批，为明年参加全国成人高等教育统一自学考试作准备。该站有在校管理专业3个班141人。乡镇企业管理专业班，由市委农工委、市教委、市企业局主管，由北京电大、市成教学院等3院校承办，目的为区县乡镇培养专业人才和管理人员。

（杨成慧　赵　钧）

【15所社会力量办学通过年检】 11月至12月，延庆县成教局对全县社会力量办学进行年度检查。在各办学单位自查自检的基础上，检查小组对18所办学单位进行全面检查，其中15所学校（班）给予认定、换发年检合格证；1所学校暂缓年检；2所学校注销办学资格。

（丁　燕　彭卫民）

【自学考试报考人次科次超上年】 年内，延庆县高等教育自学考试共报名2150人次，比上年增加305人次，增长16.5%；报考科目3940科次，比上年增加860科次，增长27.9%。本年，单科结业1010科次，大专毕业45人。

（李春丽　赵　钧）

【三项培训工程培训5万余人】 年内，延庆县实施成人教育三项培训工程共培训5万余人。紧缺人才培训工程招大中专生5585人，其中本科生928人，大专生2685人，中专生1972人。已毕业大学本科生244人，大专生1027人，中专生1160人。计算机培训1279人。外语培训2254人。乡镇企业岗位培训3.67万人次，新增技术人员425人；转岗培训6323人。

（彭卫民　赵　钧）

【与8所高校联合办学】 年内，延庆县10所成人学校实现与市属8所高等院校联合办学。有在校大学本科生685人（其中新招330人），大专生885人（其中新招170人），毕业大学本科生164人。各班均由市属高校负责教学计划、教材、考试、毕业发证等项工作；各类成人学校负责办学管理等。过去本县大学毕业生鉴于各种原因很少回本县工作，造成高层次专业人才和管理人员奇缺，制约该县社会和经济发展。

（彭卫民　赵　钧）

【753人获得绿色证书】 年内，延庆县各乡镇成人校和村成人校，注重资格证书培训，全年共有753人获得果树、蔬菜等专业绿色证书。各乡镇、村成人校还根据不同季节，举办农、林、菜等专业实用技术培训，全年培训2.31万人次。

（罗克鹏）

【推进一乡一品特色培训】 年内，延庆县成教局抓农村成人教育，从实际出发，推行“一乡一品”，“一村一品”特色培训，促进地区经济发展，社会效益经济效益显著。二道河乡成人学校重点举办养鸡技术培训，使该乡养鸡业迅速发展，全年销售肉鸡150万只，销售额达3000万元。小丰营村成人学校重点举办特种蔬菜种植技术培训，全村60%的户种植特种蔬菜，全年销售蔬菜1700万公斤，80%经香港销往东南亚各国，每户年增收2万元以上。

（罗克鹏）

【电大工作站在校生增9.8%】 年内，北京广播电视大学延庆工作站，在校生807人，比上年增长9.8%。该站本年开设7个专业、16个教学班。其中电大班有计算机应用、财务会计、现代秘书与办公自动化3个专业7个班238人；与市委党校联办经济管理、经济贸易、行政管理（本科）等3个专业6个班428人；与市成人教育学院联办乡镇企业管理1个专业3个班141人。新招5个专业5个班211人，其中计算机应用专业19人、财会专业46人、经贸专业61人，行政管理专业本科班39人，乡企管专业46人。毕业3个专业4个班103人，其中计算机应用1个专业1个班21人，财会1个专业1个班31人，大学基础班行政管理1个专业1个班35人，财务专业1个班16人。

（杨成慧　赵　钧）

【职工中专重视实践性教学活动】 年内，延庆县职工中等专业学校重视实践性教学活动，加强学员能力培养。一年级各班增加练习写字课，举行写字比赛；结合品德课，举行演讲比赛；英语课举行口语比赛等。在二年级开始记帐练习；旅游专业搞礼仪比赛等。

（朱云霏　赵　钧）

【联合办学培养专业人才】 年内，延庆县农民科学技术学校与有关单位联合办学，培养专业人才。共招收专业班5个，学员201人。其中与北京市农业学校联办农村青年干部专修班1个，学员70人；与延庆建雄建筑集团公司联办建筑电工、管技术班2个，学员76人；与中华律师函授中心联办律师大专班1个，学员26人；与市计算机培训中心联办计算机专业班1个，学员39人。

（赵　钧）

延庆县教育局

局　　长　周书塔
党委书记　耿华年
督学室主任　周书塔

延庆县成人教育局

局　　长　陈　良
党委书记　陈　良

北京铁路分局

【概　况】 1997年，北京铁路分局管内有小学16所、铁校4所，中学10所。教学班410个：小学257个，初中121个，职业高中班3个，高中班29个。在校生14826人：小学生9200人，初中生4250人，职高生128人，高中生1248人。教职工1632人，专职教师1096人。小学入学率100%，巩固率100%，毕业及格率100，优秀率60.7%。初中入学率100%，巩固率100%，毕业率99.9%，优秀率36.6%；高中生毕业率99.4%，高等院校录取率85.1%。教师学历合格率小学98.2%，初中89%，高中75%，教师职务小学高级303人，中学一级281人，中学高级112人。

（孟繁荣）

【获全国儿童棒球锦标赛第一名】 1月25日至2月2日，北京铁路分局铁路第十一小学棒球队参加在四川新都县举办的全国儿童棒球锦标赛，获第一名。铁路第十一小学棒球队自组队以来，连续8年为参加世界少年软式棒球比赛的北京队选送63名队员；连续十年参加全国儿童棒球冬季比赛，儿童棒球锦标赛，成绩均在前三名。

（赵四爱）

【铁七小获市电教优类学校】 2月5日，铁路第七小学获北京市电教优类校称号。该校电化教育工作起步于70年代，建有电化教研组，电教设备、设施、教材、资料配套，学校教育教学质量有明显提高。

（赵四爱）

【表彰师德先进】 2月，北京铁路分局党委在北京西客站召开师德先进表彰大会，表彰1名师德标兵、4名师德先进、10名职业道德标兵和100名职业道德先进，并颁发证书。

（阎立宪）

【开展香港你好主题系列活动】 3至6月，北京铁路分局中小学生开展“香港你好”主题系列活动。3月23日，举办“迎香港回归”知识竞赛，使中小学生进一步了解香港的历史和《基本法》主要内容。6月1日，举办“庆六一、迎回归”中小学生书法、绘画、摄影及手工作品展。6月19日，近百幅优秀作品在北京西客站展出。

（孟卫东）

【北京铁路局督导评价5所学校】 4月7至18日，北京铁路局对北京铁路分局张家口铁一中、北京铁二中等5所学校进行督导评价。5校先自查，检查推进素质教育近期目标落实情况，北京铁路局评价组进行检查评价。7月，北京铁路局下发文件认定北京铁二中、北京铁三中为北京铁路局教育质量“一类校”，张家口铁一中、下花园铁小为铁路沿线“示范校”，北京铁十一小巩固“一类校”水平。

（杜礼谦）

【中小学课间操评比】 4月14至18日，北京铁路分局对管内28所中小学课间操质量进行评比。评出优秀学校10所，占36%，优良学校11所，占39%，达标学校6所，占21%。1校未达标占4%。

（梁一山）

【老教师辅导团深入学校助教】 4月21至25日、5月5至9日、10月6至10日，北京铁路分局普教分处组织中小学高级教师、教学标兵、优秀班主任9人组成老教师辅导团，赴隆化铁小、承德铁中、洞庙河铁校进行助教，听课57节，做示范课32节，个别指导86人次，整体指导17次，办专题讲座7次，共辅导青年教师42人。

（王圣娥）

【培训学校领导干部】 4至5月，北京铁路分局聘请市教委、北京教育学院的专家从素质教育、教学管理、德育建设等方面对管内各校主管教学的校长和教导主任进行3期培训，每期2天，共培训104人次。

（梁一山）

【855名教师通过资格认定】 5至7月，北京铁路分局普教分处管内，855名教师通过资格认定。其中，小学教师资格496人，中学教师资格359人。

（梁献民）

【2所学校实验教学通过验收】 6月12日，北京铁路分局北京铁三中、北京铁十一小实验教学工作通过市教委检查验收。2校实验教学的仪器设备、房屋设施及供水、供电、排风系统完善，管理有序，规章制度健全，实验教学档案资料齐全，实验开出率达100%。学生实验测试小学自然优良率达100%，中学物理、生物优良率达75%。

（杜礼谦）

【开展消防安全检查】 6月12至24日、11月17至22日，北京铁路分局普教分处组织力量对张家口、承德及北京市区29所中小学人身、设备安全，消防器材、防火措施、电路等方面进行安全检查。同时播放防火录像3场，1700多人次受到教育；制定《消防安全工作标准》；统一下发防火档案盒及检查记录本，加强消防基础业务建设。

（赵启瑞）

【召开青年教学标兵表彰会】 6月25日，北京铁路分局普教分处召开第二届青年教学标兵表彰会，表彰18名青年教学标兵。2名获奖代表在会上发言。会议对教学标兵提出更高要求，下发《北京铁路分局青年教学标兵管理办法》。号召开展上好每一节课，做好一名后进生转化工作，钻研一个教改课题，写出一篇教改文章活动。

（缴丽晨）

【中学生论文获全国奖】 6月，北京铁路分局普教分处组织管内中学参加全国《我们的香港》读书及论文评选活动。北京铁二中1名学生获二等奖，张家口铁二中一名学生获三等奖，普教分处获优秀组织奖，北京铁二中、承德铁中获组织奖。

（王圣娥）

【举办实验教学培训班】 7月3日、9日和15日，北京铁路分局普教分处分别在北京、承德、张家口举办小学主抓教学工作的领导和自然教师“实验教学”培训班。参加培训43人。培训班主要贯彻市《中小学实验教学规范化要求》，有针对性地在实验操作、仪器药品摆放、帐目管理、实验统计等方面进行培训。

（李文瑞）

【召开首届优秀教研组长表彰会】 7月10日，北京铁路分局普教分处召开首届优秀教研组长表彰会，表彰29名优秀教研组长（其中中学11名，小学18名），并颁发奖金和荣誉证书。会议表彰他们在本学科的教学改革、教育科研、培养教师等方面作出突出成绩。

（缴丽晨）

【英文打字竞赛获市奖】 7月19日，在北京市第四届“长空杯”英文打字竞赛中，北京铁路分局普教分处代表队4名选手分获初中组二、三等奖。指导教师获优秀辅导奖，普教分处获优秀组织奖。

（缴丽晨）

【举办草原夏令营】　7月21至23日，北京铁路分局普教分处关工委与教育团委联合组织北京和张家口地区40名优秀学生赴张北县中都原始草原及中都游牧园举办夏令营。营员举行草原篝火晚会，瞻仰苏蒙烈士墓碑，请老战士讲解苏蒙将士与中国军民并肩抗日事迹；到贫困山区和尚庄小学走访、联欢，赠送书籍和学习用品。

（梁　捷）

【西直门铁路职校通过达标验收】8月6至8日，西直门铁路职校通过市教委达标评估验收。该校有职工高中班1个，在校生45人；“3+2”入学考试财会大专辅导班1个，在校生27人。

（林华玉）

【第四届中小学生艺术节获局和市奖】　9月17日，北京铁路分局举办第四届中小学生艺术节。26所学校500多名学生参加，5所小学、1所中学获西洋器乐、民族器乐、舞蹈分局一等奖。11月18日，9所学校244人参加市第四届中小学生艺术节10个项目比赛，3所小学、1所中学获西洋器乐、民族器乐、舞蹈比赛二、三等奖，木管项目一等奖。

（王雪容）

【举办中小学生运动会】　9月26日，北京铁路分局举办中小学生田径运动会。29所中小学的500余名运动员参加各项比赛。北京铁十一小和宣化铁校分获小学组团体总分和团体平均分第一名。北京铁二中获得高中组团体总分第一名，承德铁中获得高中团体平均分第一名。

（李宏军）

【顾祥军被评为全国优秀美术教师】　9月，张家口铁路职工子弟第二小学美术教师顾祥军被国家教委评为全国中小学优秀美术教师。顾祥军利用课外活动时间带领学生用吹塑纸制作版画，4年半时间创造百幅版画作品在中国美术馆、国际博览中心、中国艺术博览会展出，10幅作品被中国美术馆收藏。他和学生的版画以独特的肌理效果和灰度层次，打破传统画面单一刻板的局面，其作品刊登在《中国版画》及海外杂志上。

（姚京丽）

【调整离退休人员养老金】　9月，北京铁路分局普教分处管内，对1996年12月31日以前离、退休人员进行养老金提高调整工作。本次参加调整人员总数为989人，其中：离休人员106人，退休（职）人员883人。离休人员最高月纯增110元，最低70元，平均月增加离休金73.40元；退休（职）人员最高月纯增70元，最低20元，平均月增加退休金45.79元。至年底，全年共支出退休（职）人员养老金706.89万元，离休金120.64万元，与上年同期相比，退休（职）人员人均年收入增加762.20元，离休人员人均年收入增加1676.01元。

（张　琼）

【“九五”继续教育计划实施】　9月，北京铁路分局普教分处管内“九五”继续教育开始实施。该分处在张家口和承德两地区举办继续教育培训班，165人参加培训。培训班开设教育政策法规、现代教育原理、教育技术、新知识理论等8门课程；采取自学、开办讲座、看录像、基本功演练等学习形式。12月，教育政策法规和现代教育原理两门课程结业，及格率100%，优良率99%。

（何　勤）

【修订学科带头人职责】　10月10日，《北京铁路分局学科带头人职责》经讨论修订下发。该职责从学科带头人应具备的政治素质、业务素质、教研科研能力和应承担的义务等方面，提出具体要求。强调学科带头人定期对青年教学标兵的观摩课展开说课评课活动，定期查看青年教学标兵的教案，检查青年教师的备课情况，定期对教学标兵进行基本功培训。

（缴丽晨）

【修订素质教育评价方案】　10月，铁路分局普教分处重新修订《北京铁路分局中小学教育质量评价方案》。修订后的评价方案设办学方向、队伍建设、教育教学管理、学生素质4项一级指标和20项二级指标，并根据素质教育阶段性目标设置附加指标。

（杜礼谦）

【万名学生参加“科技月”活动】11月1日至12月1日，北京铁路分局1万多名中小学生参加“科技月”活动，观看科普电影9场，参观博物馆14800人次，举办科普板报400版，制作科技作品3400件，写小论文1600篇。评出3所中学、6所小学为“科技月”成绩优秀学校。

（常晓玲）

【隆化铁小定为田径传统校】　11月8日，北京铁路分局隆化铁小被承德市教委、体委命名为“田径传统项目学校”，隆化县教育局代表承德市教委向隆化铁小颁发田径项目传统学校铜牌。该校中长跑成绩突出，冬季越野赛连续3年获承德片小学组团体总分第一，连续9年保持北京铁路分局系统中小学生田径运动会800米、1500米小学女子纪录。跳高连续7年保持隆化县小学女子纪录。

（郑玉敏）

【考察领导班子和领导干部】　11月12日，北京铁路分局普教分处抽调16名干部，组成4个考察小组，对管内29个单位、79名领导干部、67名后备干部德、能、勤、绩进行考察；听取职工意见谈话661人次，占职工总数40.5%；民测1426人次，占总数87.3%，写出考察报告100份。经考察评出学习好、团结好、勤政好、廉政好的“四好”班子22个，占班子总数的75.86%。

（韩　静）

【开展学校目标管理评价工作】　11月18日至12月12日，北京铁路分局普教分处党政部门组成8个小组，对管内各校工作进行全面综合评价。评价内容包括领导班子建设、教师队伍建设、教育教学管理、校园环境、设备管理、安全管理、财务管理、校办企业等12个方面。经评价量化、综合分析，对达到要求的6所学校予以表彰。

（杜礼谦）

【105名教师受聘相应技术职务】 11月30日，北京铁路分局普教分处专业技术职务评聘工作结束。本年度，有139人参加职务评审，其中参加高级职务评审35人，有23人取得中学高级教师资格；参加中级评审70人，68人取得中级教师资格；参加初级评审34人，全部取得初级教师资格。按照定员编制，有105人被聘任相应技术职务。

（张 洁）

【2校被评为师德先进校】 11月，北京铁十小、张家口铁一小被北京铁路分局普教分处评为“师德先进校”。北京铁十小向教职工提出“十提倡”、“十反对”，要求领导率先垂范，教师敬业爱岗，在学生中开展争做“百名新星”活动，促进学生德、智、体、美、劳全面发展，本年有30.5%毕业生被择优录取。

（杜礼谦）

【内部聘任28名中学高级教师】 12月1日，北京铁路分局28名教师首次被内部聘任中学高级教师职务。该局在中学高级职务定编偏紧情况下，比照北京市普教系统同类校中学高级定编标准，每月自筹资金1700元，对学校中因受定编限制未聘高级教师实行内部聘任。

（张 洁）

【举办中小学生冬季越野赛】 12月12至26日，北京铁路分局分别在张家口片、承德片、北京片举办中小学生冬季越野赛，29所中小学和铁校的370名运动员参加3公里越野比赛。北京片北京铁十一小、北京铁二中，张家口片张家口铁二中小学部、张家口铁一中，承德片隆化铁小、承德铁中分获小学组、初中组第一名。

（李宏军）

【档案管理达二级标准】 12月，铁路分局教育分处综合档案工作，经分局档案室验收，确认达到北京铁路局档案管理二级标准。在达标验收准备中，档案室整理文书档案835卷，会计档案2026卷，科技档案49卷，照片15本。40余名专兼职档案员受到业务培训。

（姚京丽）

【开展小学计算机教学评优活动】 下半年，北京铁路分局普教分处在管内开展小学计算机学科教学评优活动。活动采取随堂听课的形式，重点从小学计算机学科教学的教学目标、内容、结构、方法及教师的教学能力、效果、教学特色等方面，对课堂教学进行评议。16名计算机教师全部参加评优活动。最后评选出3节优秀课和1篇优秀教案。

（石乐磊）

【教育经费总投入增长1.6%】 至年底，北京铁路分局教育经费总投入505万元，其中85.5万元是为8所学校治理校园环境，补充教学设备等特殊需要增加的经费。经费投入较上年增加8万元，增长1.6%。中学生均教育事业费503元，比上年增加18元，小学生均222元，比上年增加16元。

（刘淑琴）

【北京铁二中教学楼竣工】 至年底，北京铁二中教学综合楼竣工。该教学楼由北京铁路局拨款790万元新建，历时1年，建筑面积4177平方米。新教学楼增加多种专用教室及科研、办公用房。

（赵贵玉）

【改变基础薄弱校】 年内，北京铁路分局领导成员分工负责，采取分步实施，分类推进的方法，选派思想、业务较强的干部担任校领导，加强师资建设，外聘高水平教师，投资500万元改善办学条件。使5所基础薄弱校全部达到办学一般标准。

（梁一山）

【进行教职工职业道德全员培训】 年内，北京铁路分局普教系统对管内1700名教职工进行全员职业道德培训。共组织脱产办班37期，业余培训15校次，完成每人80课时。培训率实现100%，完成全员考核，合格率达到100%。提前一年完成培训任务。

（阎立宪）

【“小自考”取得较好成绩】 年内，北京铁路分局普教分处管内有204名小学教师参加高等教育自学考试。其中，139名小学教师参加北京小自考，110人获单科结业证。65人参加张家口地区小自考三门学科考试，语文及格33人，及格率50%，电教及格55人，及格率85%，法规及格61人，及格率94%。

（林华玉）

【13名计算机教师考核达标】 年内，北京铁路分局普教分处先后两批组织计算机教师参加全国计算机等级（一级B）考试的学习和考核。通过系统的培训学习，参加考试的人员 通过国家教委考试。至此，该普教分处15所配备计算机的中小学的16名计算机教师中，已有13人通过“全国计算机等级（一级B）考试”的考核，占81.3%。

（石乐磊）

北京铁路分局普教分处

处 长 陈 浦

北京矿务局

基础教育

【概　况】　1997年，北京矿务局有托幼园所10所，均为企业单位办园所；在园（所）幼儿830人；教职工125人，其中专任教师20人。小学4所，40班，在校生1172人；教职工102人，其中专任教师84人。中学2所，其中初中校1所，完全中学1所；初中班18个，高中班5个；在校学生932人，其中初中生698人，高中生234人；教职工138人，其中专任教师72人。小学入学率100%，巩固率100%，毕业率100%；初中入学率100%，巩固率100%，毕业及格100%，优秀率58.22%。高考上线率46.15%，录取率76%。中小学教师学历合格率82%，其中小学教师合格率80%，初中教师合格率86%，高中教师合格率86%；中小学教师具有高级职务27人，其中小学教师25人，初中教师1人，高中教师1人。

（王树权）

【进行教师资格认定】　7月，矿务局完成首次教师资格认定。共认定幼儿教师42人、小学教师70人，初级中学教师55人、高级中学教师36人，中等职业学校教师63人，中等职业学校实习指导教师16人。分别占教师数的33%、95%、40%、20%、36%和10%。该局组建教师资格认定领导小组，对有关人员特定条件、身份、知识和能力进行审核规范。幼儿园、小学、初级中学教师资格分别由门头沟区教委和房山区教育局认定（按其所在地区），高级中学教师、中等职业学校教师和实习指导教师由市教委认定。

（王树权）

【两校通过校园环境示范校检查】10月23日，矿务局中学和大安山矿子弟小学通过市校园环境建设示范校达标检查。检查团对学校的专业教室、图书馆、教室、宿舍、校园等部位进行巡检。听取两校领导汇报，观看校园环境建设录像，审阅校园环境建设方面的资料。认为大安山矿子弟小学校园洁净，环境优美、无烟矿区成绩突出。对矿务局中学创建的生日饭、德育厅、园中园和古槐史鉴等校园环境特色给予肯定。

（王树权）

【开展家教咨询活动】　10月25日，矿务局中小学在学校、居民区设立家庭教育咨询点，开展家教咨询活动。咨询过程中向群众讲解家庭教育的基本知识，发放宣传材料。

（王树权）

【长沟峪子弟中学音乐教学有特色】　12月23日，长沟峪煤矿子弟中学初二年级30名学生参加北京市中小学器乐教学汇报演出。其中，竖笛合奏《香港别来无恙》获优秀节目奖。该校在音乐课抓器乐教学，并举办业余电子琴、竖笛演奏训练班，探索音乐教学改革。

（王树权）

【普教师生获市级奖励19项】　至年底，矿务局普教师生共获得市级奖励19项。其中，在9月举行的新课程计划高中英语优秀命题评选中获“单项填空”和“完形填空”2个二等奖；同月，在“紫禁杯”优秀班主任评奖中2人获一等奖、2人获二等奖；在10月25日北京市第二届中小学健力操大赛上，小学获自编集体操二等奖，中学获团体操自选操二等奖，个人操二等奖和三等奖；同月，1人获北京市百名优秀体育教师称号；12月9日，1人获市优秀学生干部、19人（小学8人、中学11人）获市三好学生称号，12月19日，在第六届我爱北京、我爱博物馆征文活动中，获2个二等奖、3个三等奖和1个组织奖。12月26日，在北京市中小学牡丹杯武术比赛中，获“集体刀术比赛”和“集体拳术比赛”2个团体二等奖。

（王树权）

职业教育

【概　况】　1997年，北京矿务局共有职业中学3所，其中护校1所，技校1所，职工中专1所。共有22班，在校学生共1084人。招生541人，毕业373人。教职工262人，其中专任教师172人。教师学历合格率34%；具有高级职务13人。

（王树权）

【局技校毕业生完成试用期】　1至3月，矿务局技校89名毕业生在仟村百货购物中心完成试用期。其中，8人被评为先进个人，6人负责团委工作。部分表现突出的学生担任代经理、柜台组长和收银员等工作。

（王树权）

【参加迎香港回归作文演讲赛】　3至6月，矿务局技校500多名学生参加北京市技工学校系统迎“九七”香港回归优秀作文演讲比赛。该校推荐参加市劳动局评选的7篇作文中，有1篇获四等奖，在演讲比赛中获优秀奖和最佳组织奖。

（王树权）

【实施实习生调查汇报会制度】　5月，矿务局技校实施实习生调查汇报会制度，并派出3名教师深入矿区、工厂进行学生实习调查。该制度规定每周五召开实习学生汇报会，旨在及时掌握学生在实习期间的思想动态、工作状况、生活情况。矿务局技校有学生500多人，13个专业，实习生分散在各厂矿。

（王树权）

【技校毕业生获特殊工种操作证】 7月，矿务局教育处为局技工学校矿电维修班毕业生191人，电气焊专业毕业生78人办理特殊工种操作证。

（王树权）

【局技校通过评估验收】 12月3至4日，矿务局技工学校通过市劳动局重点技工学校评估验收。该验收内容包括：办学指导思想和组织领导机构、办学条件、教学状况、教师队伍、思想品德教育及学生工作、行政管理等方面。评估验收组认为：矿务局重视教育资金投入，技校办学条件较好。

（王树权）

【参加市技校公路长跑比赛】 12月26日，矿务局技工学校长跑队参加迎'98市技校系统公路长跑比赛。男队以总分40分获团体第三名；女队以总分29分获团体第五名。

（王树权）

成人教育

【概 况】 1997年，北京矿务局共有各级各类成人学校2所。其中成人高等学校（站）1所，开设2个专业，在校生55人；教职工27人，其中专任教师15人。成人中等专业学校1所，开设2个专业，在校生95人，招生56人，毕业生39人；教职工27人，其中专任教师15人。成人教师学历合格率100%，有高级职务4人，中级技术职务15人，初级技术职务7人。干部岗位职业技术培训504人次，短训班105人次；工人各级各类培训共计43787人次。

（王树权）

【召开局教育培训工作会】 3月18日，矿务局召开基层厂矿教育科长会，12个厂矿的教育科长参加会议。会议提出1997年工作主要目标是全年培训职工总数不低于4万人次，人均受训不少于30学时。其中企业领导干部培训不低于80%；中层干部不低于60%；一般干部不低于50%；专业技术人员参加培训不低于70%；生产工人参加培训不低于50%。

（王树权）

【大台煤矿中专班开学】 9月1日，矿务局职工中等专业学校与大台煤矿联合举办矿山机电中专班。该班采用业余学习，学制3年，学员56人全部是大台煤矿职工。

（王树权）

【九七届采煤中专班毕业】 10月14日，矿务局成人采煤中专班毕业。该班38名学员全部完成教学计划，取得中专毕业证书。15人分别担任采掘段队副段长、技术员、党支部书记等职务。

（王树权）

【开办高级采煤工培训班】 12月，矿务局组织第一期高级采煤工培训班，共30人参加培训。

（王树权）

【加强特殊工种培训】 至年底，矿务局完成特殊工种培训共2058人。其中，低压电工1059人、高压电工423人、电气焊456人、塔吊司机51人、桥吊司机69人。

（王树权）

【举办22期短训班】 至年底，矿务局共举办15个班次短训班，共计22期，培训各类人员991人次。其中3月24日至4月4日，举办两期地方煤矿小窑负责人安全培训班，共有40人。4月1日至5月9日举办6期煤矿安全监察员培训班，培训278人。5月12日至6月20日，举办6期通风、瓦斯监测员培训班，培训199人。12月22至26日，举办首期高级采煤工培训班，培训30人。

（王树权）

【技校教师获中级工等级证书】 年内，矿务局教育培训处为局技工学校专业课教师、实习指导教师举办中级工等级证书培训班，经考核，17人获证书。

（王树权）

【开展学历教育】 年内，矿务局在职干部参加学习的421人，其中大本159人，大专262人。成人高等学校报名考试149人，录取79人，其中局内专业干部59人。局教育培训处与中央党校、市经济管理干部学院联合办学，面向社会，招生713人，其中市经济管理干部学院招生32人，中央党校招生681人，局内干部39人被录取。

（王树权）

【职业教育师生获奖3项】 年内，矿务局职业教育师生共获得3项市级奖励。其中，北京市优秀教师1人，市经委中专论文评选一等奖1项，市中专做现代文明中专生演讲比赛二等奖1项。

（王树权）

北京矿务局教育培训处

处　长　李德茂

燕山地区

基础教育

【概　况】 1997年，燕山地区有托幼园所25所，其中教育部门办11所，非教育部门（燕化公司）办14所；在园（所）幼儿2972人；教职工610人，其中专任教师539人；小学附设学前班15个，收幼儿435人。小学10所，147个班，在校生4756人；教职工564人，其中专任教师434人。中学7所，其中初中校6所，高中校1所；初中班112个，高中班44个；在校生6336人，其中初中生4485人，高中生1851人；教职工723人，其中专任教师651人。培智学校1所，7个班，在校生58人；教职工17人，其中专任教师9人。校外教育单位1个，教职工19人，其中专任教师8人。小学入学率100%，巩固率100%，毕业及格率100%。残疾儿童入学率100%，巩固率100%，毕业及格率100%。初中入学率100%，巩固率99.67%，毕业及格率98.17%，优秀率56.69%。高考上线率90.5%，录取率88.64%。中小学教师学历合格率99.33%，其中小学教师合格率99.63%，初中教师合格率98.37%，高中教师合格率100%；中小学教师具有高级职务115人，其中小学教师2人，初中教师69人，高中教师44人。

（李景山）

【星城小学开办寄宿部】 2月24日，燕山地区星城小学开办寄宿部。第一批共招收94名学生，分编一至四年级各1个教学班。寄宿部对学生实行严格的一日生活管理制度。

（任正果）

【竞技体育取得好成绩】 2月，参加市中小学生乒乓球比赛获小学组女子单打第二名。3月29日，在市中小学生跳绳比赛中，燕山教育分局代表队获中学团体总分第二名，小学团体总分第三名。前进中学、向阳小学、机修小学分别获7个单项第一名。10月，参加市第二届“永林杯”121健力操大赛，中小学双双取得第二名。

（宋振成）

【举办小学活动课干部培训班】 3月17日，燕山教育分局举办燕山小学活动课干部培训班。各小学主管教学的校长、主任和部分教师60余人参加。培训班由国家基教司专家围绕“活动课的基本政策和指导纲要”，讲解活动课在贯彻教育方针和实施素质教育中的作用，活动课的概念、特征、内容和形式等。

（李　涛）

【举办校长专题研修班】 3月29日，燕山教育分局举办第二期小学校长听课评课研修班。校长们进课堂集体听课，按照评价标准填写评价表、写评语、打分。教科院基教研中心在对校长们的评课情况进行分析之后，作了《发挥评价功能，听好评好数学课》的专题讲座。

（李　涛）

【参加全国小学生“世纪杯”作文赛获奖】 3月，燕山教育分局参加全国“世纪杯”作文比赛，3人获一等奖，9人获二等奖，33人获三等奖。

（蔡玉芳）

【召开典型事例教学法现场会】 4月18日，市德育研究会在燕山召开思想政治课典型事例教学方法现场研讨会。会上燕山教育分局汇报在思想政治课教学中进行典型事例教学方法的研究过程和初步成果，东风中学运用该方法做初中二年级《资本主义生产关系萌芽的出现》研究课。中央、市教研部门学者及区县教研工作者80余人参加现场会。

（沈漪萍）

【召开第三次党员代表大会】 4月27至28日，中共燕山教育分局党委召开第三次代表大会。出席会议的正式代表90名，非正式代表25名。会议通过《进一步搞好党的建设，为实现“九五”规划目标而奋斗》党委工作报告、《发扬光荣传统，创建优良作风，确保燕山普教工作有序、健康发展》纪委工作报告。选举产生新一届党委和纪委。

（任正果）

【举办电教教师计算机培训班】 4至12月，燕山教育分局举办中小学电教教师培训班。该培训班使用大专班计算机教材，采取边授课边上机操作的教学方式，经半年学习，学员掌握计算机操作、文字编辑、制表等技能。通过理论和上机考核，有17名学员取得结业证书。

（周　江）

【燕山中小学普及实验教学达标】 5月29至30日，市教委普及实验教学检查验收工作小组到燕山进行中小学普及实验教学验收。验收组听取汇报后，对前进中学和羊耳峪小学按市颁6项标准进行检查，认为燕山中小学普及实验教学达标。

（任正果）

【东风小学机修小学两校合并】 5月，经燕山工委、办事处研究决定，机修小学与东风小学两校合并，取消机修小学。7月，合并工作完成。

（李景山）

【小学生质量评价征文获市奖】 5月，在市教委组织的小学生质量综合评价征文活动中，燕山教育分局小教科论文《浅谈知识能力评价的调节功能》获一等奖，另有4篇论文获三等奖，小教科获组织奖。

（李景山）

【东风中学获多项比赛奖】 5月，燕山地区东风中学参加北京市少年儿童科学幻想画展，2人获一等奖、3人获三等奖；参加市中学生绘画比赛，2人获一等奖，2人获三等奖。6月，参加北京市第八届中小学生计算机比赛获团体一等奖。7月，参加市中小学生第4届“长空杯”英文打字比赛，2人获三等奖；11月，参加市“我们爱祖国、爱科学、爱和平”征文比赛，1人获二等奖，1人获三等奖。12月，参加全国中学生英语能力竞赛，2人获一等奖。

（李景山）

【市教委检查“五四”学制改革实验】 7月24日，市教委一行5人在燕山地区检查“五四”学制改革实验工作。燕山中小教科、中小教研室、教育分局有关领导向市教委领导作了汇报。市教委对燕山地区“五四”学制改革实验6年来所作的工作给予肯定，并对改革中的一些具体问题进行了指导。

（李万增）

【教育分局机关办公楼竣工】 8月，燕山教育分局机关办公楼竣工。该办公楼于1996年8月破土动工，投资120万元，建筑面积1213平方米。它的建成结束燕山教育分局没有自己办公地点的历史。

（李景山）

【60户教师迁入新居】 9月，一栋总面积约5000平方米，总投资600万元的教师住宅楼竣工交付使用，60户教师迁入新居。该项工程由市政府、燕山办事处和个人三方集资完成。

（韩宗礼）

【弱智儿童获佳绩】 10月8日，燕山培智学校全体师生参加北京市首届培智学校健身操比赛，获远郊区县第一名，同时获得领操员优秀奖和创编奖。

（白秀兰）

【召开中学工作会】 10月10日，燕山教育分局召开中学工作会议。会议主要研究落实素质教育阶段性目标，毕业年级工作等问题，要求各校抓教学方法和手段改革，制订具体可行的目标和措施。会议还对补课收费等问题提出具体要求。

（于　勇）

【中小学生秋季田径运动会举行】 10月16至17日，燕山教育分局召开第五届中小学生秋季田径运动会。16所中小学450余名运动员参加49个项目比赛。共有47人次刷新19项燕山运动会纪录；前进中学获中学组团体总分第一名；前进二小获小学组第一名。8所学校进行了121健力操表演，16所学校进行了广播操比赛。

（于　勇）

【获市“爱科学月”活动多项奖】 10至11月，燕山地区中小学生在“爱科学月”活动中，获市多项奖。在计算机汉字输入竞赛中，东风中学获团体一等奖；在绿化美化知识竞赛中，迎风中学获团体三等奖，1人获个人二等奖；在科技英语竞赛中，8人获一等奖，9人获二等奖，7人获三等奖；在“无线电爱好者杯”电子制作竞赛中，获团体一等奖。

（李晓云）

【召开落实体卫工作条例现场会】 11月14日，燕山教育分局在前进中学、向阳小学召开贯彻落实体育卫生工作条例现场会。与会人员观摩三节体育课，观看向阳小学课外体育活动。会议表彰3所体育卫生工作规范校、4所课间操优胜校、4所眼保健操优胜校、2所食堂卫生管理先进校、8所体育器材管理好学校；表彰7名体育优秀课获奖者、9名体育专题论文获奖者、5名优秀健康教育课获奖者。会议要求提高对体育卫生工作的认识，改善学校体育卫生条件，提高学生身体素质。

（于　勇）

【30名教师获全国写作比赛奖】 11月，燕山小学教师参加全国第二届语文教师范文写作比赛，1人获一等奖，5人获二等奖，24人获三等奖，燕山小语教研室获优秀组织奖。

（蔡玉芳）

【开展中小学教学切磋研讨活动】 11月，燕山地区迎风中学和迎风小学开展中小学校际教学研究活动。迎风小学上1节五年级语文课，迎风中学上2节初一语文课，然后两校教师就中小学语文教学衔接点交换意见，并对素质教育进行深层次探讨。

（李景山）

【32人获市第四届艺术节奖】 11月，在市第四届中小学生艺术节活动中，燕山地区中小学生参加器乐、声乐、美术、工艺、书法等9个项目比赛，有32人获奖，其中一等奖3人，二等奖5人，三等奖24人。前进二小的舞蹈、前进中学的管乐合奏获集体项目二等奖；迎风中学、东风中学的舞蹈获三等奖。

（李晓云）

【首次进行教育科学规划课题立项】 12月26日，燕山教育分局召开燕山地区教育科学规划课题立项工作会议。宣布29项课题立项，这是该地区首次进行教育科学规划课题立项工作。各中小学领导和教育科研骨干100余人参加会议。会议对燕山地区“九五”教育科学规划课题申报审批立项工作进行总结，宣布立项课题名单，确定重点课题10项，一般课题19项。

（李万增）

【中小学德育获多项成绩】 年内，燕山地区中小学德育工作获多项成绩。1所中学、1所小学确定为实施德育工作纲要规范化学校；5所少先大队被评为房山区优秀少先大队，11个中队被评为房山区优秀少先中队，10个小队被评为房山区优秀雏鹰假日小队，18名辅导员被评为房山区优秀辅导员，20名少先队员获红领巾奖章。145名学生被评为市级三好生，向阳小学五（一）班获市级优秀班集体称号。

（李景山）

职业教育

【概　况】 1997年，燕山地区有职业高中1所，13个班，在校生344人，招生221人，毕业143人；教职工39人，其中专任教师22人，教师中合格学历100%，具有高级职务的5人。

（李景山）

【召开首届职教研讨会】 1月9日，燕山教育分局召开首届职业教育研讨会。会议研讨了燕山地区“九五”职业教育发展规划以及申报燕山职业高中为北京市职业教育骨干校有关事宜。与会人员对燕山职业高中今后的发展发表了各自意见。

（李　葳）

【173名职高生获技术等级证书】 3至10月，燕山职业高中烹任、餐厅、客房、服务员专业进行技术等级考核，173名学生获技术等级证书。其中，95级烹任班28名学生，考取烹调类初级技术证书；96级烹任班25名学生，考取面点类初级技术等级证书；95级外事服务专业120名学生，分别考取餐厅、客房、服务员的初级技术证书。

（李景山）

【首次参加海峡两岸珠算比赛】 5月，燕山职业高中生首次组队参加1997年海峡两岸珠算北京赛区比赛，3人获优胜奖。

（李景山）

成人教育

【概　况】 1997年，燕山地区共有各级各类成人学校17所，其中成人高等学校1所，开设3个专业，在校生256人，招生77人，毕业80人；教职工5人。成人中专学校1所，开设18个专业，在校生496人，招生417人，毕业377人；教职工23人，其中专任教师16人。社会力量办学15所，全年培训6878人次；教职工325人，其中专任教师78人。在成教教师中学历合格率57%，有高级职务的2人，中级职务的6人，初级职务的9人。

（李景山）

【承办中层干部计算机培训班】 6月14日，燕山成教中心承办燕山各机关中层领导干部计算机等级考试培训班。参加培训196人。经10月考试，176人取得合格证书。

（孙桂兰　李景山）

【成教中心教学楼加层工程竣工】 8月，燕山成教中心教学楼改造工程竣工。该项工程由燕山办事处投资80万元。工期4个月，新增了5间教室、1个多功能厅。

（孙桂兰　李景山）

【组织全日制职工中专班军训】 9月1至8日，燕山成教中心职工中专学校，组织全日制职工中专班军训。11个班405名中专生到云居寺驻军某部参加为期8天军营生活和军事训练活动。

（孙桂兰　李景山）

【与5院校联合办学】 年内，燕山成教中心与市计算机工业学校、市二轻工业学校、北京工业大学、市成教学院、燕化职工大学5所高等院校联合办学，开办计算机应用、市场营销、涉外会计等11个专业，在校生达695人，毕业143人。

（孙桂兰　李景山）

【自学高考报考3298科次】 年内，燕山地区参加成人高等教育自学考试，共报名1766人次，报考3334科次。上半年报名951人，报考1784科次，下半年报名815人，报考1550科次。单科结业2200科次，45人取得自学考试大专毕业证书。

（孙桂兰　李景山）

燕山教育分局

局　　长　线长安
党委书记　李秀敏
督学室主任　李振刚

燕山成人教育中心

主　　任　段长虹
党总支书记　赵桂芬

校园生活

风 尚

【音乐学院为病重教师捐资】 1月19日，中央音乐学院中国青年交响乐团在北京音乐厅举行义演音乐会，义演全部收入捐献给身患重病正在住院治疗的两位音乐教授。

（甘亚梅）

【潘德全累计献血18400毫升】 3月21日，中央工艺美术学院保卫干部潘德全同该院126名体检合格献血者一起无偿献血400毫升。潘德全是北京献血状元、全国无偿献血金杯奖获得者。至此，他已无偿献血91次，累计献血18200毫升。5月10日，潘德全又在广州献血200毫升，并捐款50元。

（孙建君）

【开展保护大雁活动】 3月30日，北京林业大学科学探险与生存协会（即“山诺会”）成员及志愿者约200人，开展“给生命以尊严，还大雁一个心愿”活动，在紫竹院公园日夜守候来此产卵孵化的斑头雁，同时向游人进行爱鸟及环境意识教育。经过28个不眠之夜，小雁终于破壳而出。此次活动在社会上引起很大反响，增强人们爱护动物、与动物和平相处的意识。

（戴如梅）

【一中学生将大额奖金捐赠贫困儿童】 4月1日，北京六十六中初二(3)班学生张坤，将参加国际少年儿童绘画大赛中获一等奖的5000美元奖金，全部捐赠给宁夏海固县中河乡贫困儿童。

（薛丁一）

【开展“爱鸟周”宣传咨询活动】 4月5日，首都师范大学生物系师生走上街头，连续第15年向社会开展爱鸟护鸟宣传咨询活动。共发放宣传材料9000余份，前来参观、咨询和参加竞猜的群众达5000多人次。

（王咏梅）

【开展义务劳动】 4月19日，大兴县教育局组织局机关、直属中小学干部师生3500余人，在黄村卫星城及周边地区开展以环境整治为内容的义务劳动。

（窦长万）

【两教师上交西周陶器】 4月24日，平谷县张各庄中学教师牛林、张占华在清理学校外排水沟过程中，发现两件古陶器，当即上交有关文物部门。经专家鉴定，两件古陶器产自西周时代，属国家一级文物，是迄今国内发掘出的最完整的西周时代陶器，具有很高的考古价值。

（岳广顺）

【为农村贫困儿童献爱心】 6月1日，大兴县教育局直属各学校、各单位教职工捐赠儿童衣物4167件、儿童读物2680册、儿童文具2817件、儿童玩具528件、现金645元。捐赠物品全部送给礼贤镇和长子营乡少年儿童。

（窦长万）

【向内蒙古中学赠机捐款】 6月3日，崇文电子技术职教中心（一七九中）一行3人第二次赴内蒙古向杭锦旗三中捐赠586计算机1台及配套配件、电教器材、维修校舍款，总计29349元。该校与杭锦旗三中是国家教委扶贫项目“手拉手”对口校，自1994年合计投入6万余元。

（皋树森）

【白宇将1万元奖金捐给学校】 6月17日，中央音乐学院管弦系白宇教授把院领导颁发的杨雪兰教育基金奖1万元分别奉献给萧友梅教育基金会和管弦系。

（索承禄）

【特快专递寄证书】 6月20日，大兴县自学考试办公室1名考生，在宁夏银川市收到发自北京的特快专递，里面装着北京市高等教育自学考试委员会颁发的大专毕业证书。该生在林业部三北局防护林建设局工作，工作往来于北京和宁夏，该县自学考试办公室在报名、邮购教材等方面予以帮助，经过3年的刻苦学习终于取得大专毕业证书。

（马玉明）

【清华教授捐献青铜镜】 6月26日，清华大学教授周春田、关冀华夫妇向该校捐赠父辈留传的19面青铜镜。这19面青铜镜，大小不一，风格各异，囊括秦、汉、唐、宋、辽、金、元、明、清9个朝代。

（孟祥辉）

【北大向希望工程捐赠百万元新药】 8月，北京大学发起向希望工程捐赠价值100万元的基因工程新药。这些基因工程干扰素将主要用于治疗山东、四川、河北一些地区得到希望工程资助、又因患肝病再度失学的孩子。

（张 华）

【胡斌华捐资助学】 10月，对外经济贸易大学阿拉伯语副教授胡斌华捐资1万元，在《经贸大学旬报》举办“我最敬佩的教师”征文活动。胡斌华从教30多年，1993年兼任校办企业中达公司副总经理，1996年曾捐资1万元在阿语教研室设立奖学金。

（吴兴旺）

【大兴第一职高救助特困生】 11月，大兴县第一职业高中师生自愿捐款4825元，帮助该校学生陈玉青和王艳妹。陈玉青父母长期生病，姐姐视力残疾，生活困难；王艳妹父母相继去世，使她成为孤儿。

（刘 民）

【师生捐款抢救重病学生】 11月，昌平县45个单位师生员工主动捐款 94653 元，救助昌平二中高三学生王迪。王迪身患格列巴利综合症，急需医疗费抢救生命。

（王长军）

【捐赠特殊团费近 15 万元】 12 月 22 日，石景山区教育局团委、少工委向北京市“希望工程”捐助中心捐赠“特殊团费”14.78 万元。石景山区教育局团委、少工委响应团市委“交纳特殊团费，献爱国之心”的号召，发动共青团员和少先队员开展“交纳特殊团费，为希望工程再做贡献”活动。该款项即为 4 万多名共青团员(含教工团员和学生团员)和少先队员的特殊捐赠。

（孙盈科）

【家访行程 650 公里】 至年底，大兴县成人中专学校教师许文红，利用平时和寒暑假休息时间，对全班家住本县 13 个乡镇村的 33 名学生进行家访，累计行程 650 公里。许文红辛勤努力得到回报，该班有 12 名学生被评为三好学生。

（马玉明）

【王树燕赠款 5 万元】 年内，北京市农校王树燕将自己获得的中华农业科技奖励基金 5 万元奖金全部捐赠给学校，用于表彰学校在教育教学改革和生产科研等方面表现突出的中青年教师。

（吴宁馨）

【电力大学获无偿献血金牌单位】 年内，华北电力大学（北京）被北京市公民义务献血委员会评为无偿献血金牌单位。该校本年度无偿献血人数超过规定献血人数的 70%。该校曾被评为 1996 年公民义务献血先进单位。

（梁立新）

好 人 好 事

【二轻工业学校学生勇救落水者】 1 月 4 日，北京市第二轻工业学校学生刘晓龙和刘云鹏在红领巾公园滑冰，发现一妇女和一孩子掉进冰窟窿。2 人遂奔向出事地点与随后赶来的人们共同救出落水母子。

（许书贤）

【西城 6 名中学生见义勇为】 1 月 10 日，西城区教育局授予北京实用美术职业学校 6 名学生“机智勇敢见义勇为好少年”称号，并通报表扬。1 月 2 日，在地铁木樨地站，一年近 70 老人钱包被窃，内有 1700 元现金和 2900 元存折。这 6 名学生闻讯，穷追作案嫌疑人，并协助公安人员将其抓获。

（马国良）

【于涛获见义勇为标兵称号】 1 月 28 日，北京商学院党委授予 93 贸易经济班学生于涛北京商学院见义勇为标兵称号。于涛为保护群众财产(28 万元)，临危不惧，挺身而出，勇擒持刀杀人抢劫犯。

（于 力 沈柳莺）

【平谷 3 名学生拾金不昧】 3 月 3 日，平谷五中 3 名学生在放学回家途中，拾到一个内有存折 10700 元、信用卡 3 张、现金 200 余元的皮包，在老师和民警的协助下，他们及时将物品送交失主手中。

（宋桂芬）

【大兴表彰见义勇为好少年】 4 月 21 日，大兴县庞各庄镇庆国寺小学 11 岁的侯勇和侯冬冬在 10 分钟内救出埋在沙坑里不足 5 岁的 5 个幼儿。共青团大兴县委、大兴县教育局授予他们“见义勇为好少年”称号。

（窦长万）

【刘中旭勇救落水儿童】 6 月 7 日，大兴县亦庄中学工人刘中旭回山东宁津县探亲，路遇落入 7 米深水塘中儿童。刘中旭不顾个人安危，跳入水中，将奄奄一息的 11 岁儿童张乐救出并实施抢救，使其苏醒后才离开现场。

（窦长万）

【警校学生擒获盗窃惯犯】 8 月 25 日，北京市第三人民警察学校学生周跃丰在回家途中与行窃后准备逃逸的罪犯万德朋相遇。面对持刀歹徒，他不顾个人安危，大喝：“站住！抓贼！”并奋勇追赶案犯，与闻讯赶来的村民一起将其抓获。当地公安机关顺藤摸瓜，一举破获 12 起盗窃悬案。

（海 南）

【五少年擒获窃贼】 10 月 26 日，房山区长育中心校后朱各庄小学 5 名学生，在村委会门前游戏，看见一个人抱着彩电从一条胡同出来，把彩电扔到地上就溜走了。5 名学生见到这种情况，立刻向村治保主任报告，并与治保主任一起分头堵截，将窃犯抓获，并将彩电送还失主。

（李增祜）

【两名中学生救助女青年】 11 月，平谷四中 2 名学生在放学回家路上，见一辆汽车撞倒一骑车女青年后逃逸，主动上前救助。他们多次拦车，终将伤者送至县医院抢救。

（岳广顺）

【北师大表彰见义勇为先进个人】 12 月 16 日，北京师范大学授予王树忠见义勇为先进个人荣誉称号，奖励 1 万元。该校号召全校师生员工向王树忠学习。王树忠是北师大产业总公司教师，12 月 12 日，他主动维护社会治安，与窃贼英勇斗争，被 3 名歹徒用凶器打伤多处，几乎丧失性命，对此，他无怨无悔，一再表示这是“一个普通教师应尽的一点义务”。

（蒋立红）

【大兴拾金不昧师生多】 年内，大兴县10名师生拾到6位失主现金、存折共37500元，通过各种途径交还失主。其中大兴第一职业高中1名学生拾到400元现金和2000元到期存折1个，交还失主。安定二中1名学生拾到1000元活期存款卡交还失主。大兴县四分场小学5名学生拾到内有现金27700元的两个存折及单位公章、个人私章、驾驶执照、营业执照的塑料袋，交到派出所交还失主。安定中学1名教师在某药店交费处拾到一个内有2000元现金及4000元单据的钱包，等候2小时交还失主。

（窦长万）

（宋璐）

校园文化

【建工学院一教师参加水彩画联展】 3月15至19日，北京建筑工程学院建筑系教师钟铃参加在中国美术馆展出的4名画家的水彩画联展。这次水彩画联展是由中国青年水彩画学会主办的。钟铃的水彩画强调“彩”的艺术特点，用浓重原色，饱和而凝重地表现出强烈的色彩层次，形成独有的艺术风格。

（宋桂云）

【铁路老年大学举办忘年交笔会】 5月28日，关工委与铁路老年大学联合举办迎回归、庆六一忘年交笔会。北京地区与张家口地区共40名书画特长生与老领导同堂挥毫泼墨。几十幅学生作品陆续悬挂在展厅，吸引了许多观众。

（王圣斌）

【举办五四文化节】 5月，中央音乐学院团委、学生会和大学生文学社在1997年“五四”文化节期间组织优秀影片观摩、讲座、展览、征文和足球比赛等一系列文化活动。

（甘亚梅）

【成立大学生文化社团联合会】 9月17日，北京航空航天大学团委成立大学生文化社团联合会。该联合会主要任务是负责组织和管理大学生文化社团的活动。至年底，北京航空航天大学设有29个大学生文化社团，涉及体育、医学、文学艺术、希望工程等领域。

（陈颖）

【孟庆堂山水画获国际特别奖】 9月，大兴县师范学校教师孟庆堂创作的山水画，在日本举行的第58届国际文化交流展上获特别奖。

（窦长万）

【大兴两学校举办采摘会】 10月，大兴县南各庄中心校40多棵山里红树结果1000多斤。半壁店中心校园的80多株柿子树和山里红树也获丰收。二校都举办采摘会，有1300多名学生品尝自己亲手采摘的果实。

（窦长万）

【举办第4届社团文化节】 11月24日至12月7日，外交学院团委举办第四届社团文化节。文化节表彰优秀社团和社团活动积极分子，文学、音乐、武术、摄影、戏剧、书画等12个社团均开展特色活动。其中，戏剧社推出独幕剧《和天使在一起20分钟》；演讲社与学生会学习部合作推出中文辩论赛；电影社、棋牌社、书画社也推出“电影回映周”、“第三届‘陈毅杯’棋牌大赛”和书画作品展等。

【协和医科大举办校园文化节】 12月，中国协和医科大学第六届“一二九”校园文化节在护理学院举行，医学系、护理系等200余名学生参加文化节活动。文化节期间，开展医大红十字会学生会成立仪式；院士讲坛；第二届“我是光荣协和人”英语演讲比赛；征文、摄影、书法大赛；礼仪讲座；“一二九”学生篮球赛等10余项活动。

（吴艳秋）

【化工大学开展校园文化活动】 年内，北京化工大学校团委、学生会组织开展各种文化娱乐活动，推动校园文化建设。该活动以“五四”科技文化节和“一二九”文化艺术节等形式，开展“溢彩青春”校园歌手大赛，“新世纪之光”新生文艺汇演、“化新技术公司足协杯”足球联赛，“迎香港回归演讲赛”、“迎回归联欢晚会”、“大型图片展”等活动。

（齐琴英）

【轻工学院举办校园文化活动】 年内，北京轻工业学院举办科技、文化、艺术讲座50多场，竞赛10多次，艺术团体和艺术家来院演出5次，举办’97艺术节和第8届科技文化节，首次举办学生计算机（网络）知识竞赛和计算机图文设计竞赛。活动中，该院发挥美育顾问作用，使卡拉OK比赛、迎新年晚会、管乐团、舞蹈队的水平有明显提高。5个先进学生社团受到表彰。

（陈威）

服 务 社 会

【中国音乐学院6名学生获表彰】 1月15日，在共青团中央、全国青联举办的中国青年志愿者扶贫服务团活动中，中国音乐学院6名学生参加分团的扶贫服务活动，并受到共青团中央、全国青联的表扬。

（郎耀全）

【市化校慰问企业职工】 1月30至31日，北京市化工学校领导到北京化工工程公司、北京化工机械厂、北京染料厂的10户特困职工家中，代表全校师生向他们表示节日的问候，并给每户送去大米50斤、油10斤、牛肉10斤、现金200元。

（荣铁耕）

【大兴举办扶贫活动】 1至11月，大兴县教育局开展扶贫活动。该活动共筹资9万余元帮助村里购置农机具、垫坑、修理拖拉机，给孙营小学翻建5间伙房，送办公桌椅、图书、衣服及1000多元的体育器材。

（杨子仲）

【通县三职校开展义务服务活动】 3月8日，通县第三职业学校青年志愿者走上街头，开展义务服务送温暖活动。美容美发班共青团支部在街上为过往行人义务理发达150多人，服装裁剪班共青团支部为群众裁剪裤子、锁边；中餐制作班团支部组织的咨询服务活动吸引众多行人。

（刘 裕）

【北语青年志愿者活动获奖】 3月，在团市委和北京青年志愿者协会举办的首届北京青年志愿者评奖活动中，北京语言文化大学志愿者协会获得北京杰出青年志愿服务集体奖；校团委获北京青年志愿者行动组织奖。

（董立均）

【清华举办学生志愿活动日】 4月5日，清华团委发起清华大学学生“志愿活动日”活动，来自该校23个院、系的1000余名志愿者在宿舍、教学等区及校内5条主干道，清除不文明张贴物、清理白色垃圾、清扫教学楼、重划自行车停车线。有关校领导及部处负责人参加志愿活动。

（左海峰）

【职工中专志愿者服务队受表彰】 4月，延庆职工中专学校40名优秀团员组成的志愿者服务队受到团县委表彰。该服务队长期坚持清扫妫水南街功德巷卫生，深受街道所辖单位干部和居民的好评。团县委决定表彰服务队的先进事迹，立标志命名妫水南街功德巷为“共青团文明卫生街”。该服务队还获市级“志愿服务者先进集体”称号。

（徐留纪 赵 钧）

【石景山区为新疆灾区捐款9万元】 6月10日，石景山区普教系统61个单位4万多名教职员工，为连续遭受地震灾害的新疆伽师地区群众捐款91328.80元。

（曹艳玲）

【中国青年政治学院资助宁夏百名学生】 7月，中国青年政治学院一助一结对捐助宁夏华西村100名贫困学生9年学费活动启动，院领导和教职工共捐款5000元，作为1997年的学费送到百名学生手中。该院赴宁夏华西村实习的15名师生也将500余元的实习补助捐出，为当地学生购买文具。

（王之伦）

【协和医大赴延庆义诊】 9月22日，中国协和医科大学的协和医院、阜外心血管病医院、肿瘤医院、整形医院的专家及青年医务工作者20余人赴延庆镇和大榆树乡义诊，共义诊病人300余人次，发放药品价值千余元。

（吴艳秋）

【工艺美院开展捐资助学活动】 10月9日，中央工艺美术学院在河北固安的全体新生聚集在一起，将自己节省下的10元、5元钱投到捐款箱内，以实际行动资助家庭困难的学生。开学伊始，一些家庭困难的学生交上几千元学费后日常生活发生困难，有的1天只能维持1元钱的生活费用。针对这种情况，该院基础部决定建立献爱心捐资助学基金会，帮助生活和学习中有困难的学生。

（孙建君）

【民族大学科教下乡扶贫】 10月24日，中央民族大学“科教扶贫团”，到国家民委扶贫点之一的内蒙古赤峰市巴林右旗大板三中赠送图书3500册、“486”计算机1台、打印机1台、广播音响设备1套，还派出数学教师执行支教任务。巴林右旗领导、大板三中师生800多人参加捐赠仪式。

（杨德勋）

【电影学院捐助希望工程】 11月12日，北京电影学院开展交特殊党费，助希望工程的拯救失学儿童活动。活动中观看《大山里的呼唤》专题录像片，并将所捐款项近万元全部送交北京市希望工程捐助中心。

（陆 花）

【向贫困地区教育事业献爱心】 11月28日，对外经济贸易大学总务处、出版社、图书馆等单位的领导，专程到河北省易县梁各庄镇中学送交捐赠的图书等物品。两年前，该校把河北贫困地区的梁各庄镇中学列为帮扶对象。在得知梁各庄镇中学图书馆藏书不足时，立即发动职工自愿捐献图书，并得到该校出版社、图书馆、国际工商学院等单位的支持。几家共捐赠图书2000余册，还有部分体育用品。

（吴兴旺）

【电力大学师生捐助希望工程】 年内，华北电力大学（北京）组织“交特殊团费，献爱国之心”捐助希望工程主题教育活动，学校领导、广大青年教工和学生献出爱心，将40740元的捐款全部送给希望工程。

（张紫娟）

人　　物

烈　　士

【杜丽丽】 7月3日，市政府第70次市长办公会议批准杜丽丽为革命烈士，追授“舍己救人优秀青年教师”荣誉称号。杜丽丽，女，1975年11月23日出生，共青团员，生前系北京市海淀区红旗村小学教师。5月19日17时20分，杜丽丽和几名师生在香山南路的红旗村318路公共汽车站候车，突然一辆失控的卡车径直向车站冲来，她迅速将身边的两个惊呆的学生奋力推开，她却因躲闪不及，被翻倒的汽车压住头部，当场牺牲。

（张长华　宋亚甫）

先　　进

【吕崇德获全国五一劳动奖章】 4月29日，在全国总工会庆祝“五一”国际劳动节大会上，清华大学教授吕崇德获得1997年全国“五一”劳动奖章。

（魏　强）

【司玉堂郭增获见义勇为积极分子】 4月29日，在市委、市政府召开的第六届见义勇为好市民表彰大会上，中央戏剧学院人保处司玉堂、郭增被评为见义勇为积极分子。1996年11月13日14时许，有两名东北籍犯罪嫌疑人在中央戏剧学院校门东侧，抢劫河北来京办事徐某的密码箱后逃走，司玉堂和郭增得知后，赶往现场协助失主追赶逃犯，这两名罪犯见他们紧追不舍，将密码箱丢在地上仓惶逃窜，约15分钟后被擒获。

（王新江）

【刘景明杨震获见义勇为积极分子】 4月29日，在北京市委、市政府召开的首都第六届见义勇为好市民表彰大会上，大兴县芦城乡狼垡中学教师刘景明、黄村六中学生杨震被评为见义勇为积极分子。

（窦长万）

【李建保获中国十大杰出青年称号】 9月，清华大学材料科学与工程系李建保教授获第八届中国十大杰出青年称号。李建保现年37岁，1988年从日本留学归国后在清华工作，先后主持10余项国家级科研项目，在高韧性高硬度陶瓷材料和智能材料等领域取得突出成果，曾于1996年入选第二届北京十大杰出青年。中国十大杰出青年是由全国青年联合会、中国青少年发展基金会及首都十大新闻单位联合主办的，每年评选1次。

（左海峰　崔　超）

【李翠兰参加全国见义勇为表彰会】 11月5日，延庆县八里店中心小学教师李翠兰参加第5次全国人民群众见义勇为与犯罪分子作斗争先进分子表彰大会，会后受到市委、市政府领导接见。李翠兰因面对歹徒，挺身而出，保护学生，曾获得第5届（1995年度）首都见义勇为好市民。

（陈　曦）

逝世人物

【裴家麟】 1月9日15时50分，中国共产党党员、全国先进教育工作者、中国古典文学专家、中央民族大学教授裴家麟因病逝世，终年64岁。裴家麟，笔名裴斐，四川省成都市人，1933年10月16日出生。1950年考入北京大学中文系，1954年毕业留校任教，1958年初离开教学岗位和学术工作，从事体力劳动。1979年调入中央民族学院，从事古典文学教学与研究工作。先后讲授10余门本科生、研究生课程。担任校学术委员会常委、中国李白研究会副会长、中国杜甫研究会副会长、中国唐代文学学会副会长、四川江油李白研究会名誉会长、《文学遗产》编委等职。1985年至1993年获北京市劳动模范、北京市教书育人先进工作者、北京市先进教育工作者称号、评为全国教育系统劳动模范，并获得“人民教师”奖章。1991年被国务院评定为有突出贡献的专家，享受政府特殊津贴。他是李白研究专家，发表上百篇论文，出版《李白十论》、《诗缘情辨》、《文学原理》、《看不透的人生》、《李白资料汇编》、《李白选集》等学术著作，主编《中国古代文学史》、《中国语言文学》。

（杨德勋）

【王治隆】 1月20日，中国小提琴教育家、中央音乐学院管弦系小提琴教授王治隆，因患肝硬化、医治无效，在北京逝世，终年71岁。王治隆1925年9月6日生于吉林省怀德县。1947年入北平艺专学习小提琴。1949年随北平艺专合并于中央音乐学院，1952年毕业留校任教。先后担任过少年班小提琴教研组长、附中管弦学科主任、附中副校长及学院管弦系教授。1988年被选为北京市第九届人大代表，是享受政府津贴的国家级专家。在长期教学生涯中他兼任几个院校教学工作，在全国很多地区、院校讲学，并担任全国小提琴考级委员会主任，为全国小提琴教育工作的普及与提高做出突出贡献。王治隆从教40余年，治学严谨，培养出一批人才。他的学生中有10余人先后在国际、国内比赛中获奖。

（甘亚梅）

【罗光达】 1月20日，北京电影学院前副院长（副部级）、摄影家、电影事业家、艺术教育家罗光达，因病在北京逝世，终年78岁。罗光达，1919年1月出生，浙江省吴兴县人，1938年投身革命，同年加入中国共产党。在晋察冀军区任摄影记者时，拍摄《朱德在马上》、《白求恩在前线抢救伤员》和《太行山上》等作品，保留珍贵革命史料。后历任晋察冀出版社社长、东北画报社社长、中国电影发行公司经理、文化企业管理局副局长，1957年至1965年，先后任中央戏剧学院、中央美术学院常务副院长兼党委副书记，1973至1975年，先后任国务院文化组电影口筹备组、文化部文学艺术研究所负责人，1979年任北京电影学院副院长，为重建电影学院作出突出贡献。1984年离休后，作为中国革命新闻摄影事业的创业者和奠基人，继续负出辛勤的劳动，陆续主编出版《沙飞摄影集》、《东北解放战争》、《华北解放战争》、《延安精神》、《丁玲》等大型摄影集，1995年8月，《罗光达摄影作品、论文选集》出版，给后代人留下中国革命年代珍贵资料和中国新闻摄影佳作。

（陆 花）

【李剑秋】 2月13日5时30分，中国新闻学院（原新华社干部进修学院）第一任党委书记、副院长李剑秋，因病医治无效在北京逝世，终年79岁。李剑秋，1918年9月出生于山东省寿光县，1938年1月参加八路军，同年5月加入中国共产党，任八路军山东纵队第8支队小队长，1941年12月任清东前哨报编辑，1942年任渤海日报社科长、副总编辑兼新华社渤海分社主任，1950年春任新华社山东分社社长，1953年任新华社安徽分社社长，1955年3月任新华社国内部分社管理组组长，1957年11月任新华社地方部主任，1972年作新华社政治部主任，1978年12月至1983年9月先后任新华社河北分社社长、新华社新闻研究所负责人，1983年4月任新华社干部进修学院党委书记、副院长，1986年1月离职休养。

（刘根娣）

【朱亚杰】 3月13日12时48分，石油大学（北京）教授、中国科学院院士朱亚杰因病逝世，终年83岁。朱亚杰，1914年生，江苏省人，中国共产党党员和中国民主同盟盟员，1938年毕业于清华大学，1949年毕业于英国曼彻斯特大学工学院，获硕士学位，1950年返回新中国，先后在清华大学任副教授、教授，1952年参加筹建北京石油学院（石油大学前身）。朱亚杰长期从事煤炭、油页岩、石油等化工综合利用方面的科研与教学工作，是国务院学位委员会第一届学科评议组成员、享受政府特殊津贴的科技专家，历任北京石油学院人造石油教研室主任、炼制系主任、副院长和华东石油学院副院长等职，曾当选为第三届全国人大代表，全国政协第六、七届委员，还兼任过中国能源研究会名誉理事长、中国化工学会常务理事、中国太阳能学会理事长、国际氢能源协会常务委员、联合国亚洲太平洋发展中心能源顾问。

（朱运民）

【王绍曾】 3月27日，北京航空航天大学王绍曾教授因心血管病突发逝世，终年85岁。王绍曾，1912年12月出生，河北高阳人。毕业于中法大学物理系。毕业后赴法国留学，先后获里昂大学理学院硕士学位和法国国立高等航空工程学校航空工程师学位，在法国期间，曾任里昂中国学生会主席和华侨抗日救国会副主席。1945年回国后，受聘在云南大学任教授，航空系主任。1951年参加北航组建工作，是北航创建人之一。历任北航二部副主任、航空发动机系副主任、飞机系系主任、院教务部副部长、副教务长、教务长等职。他曾获北京市先进工作者称号。享受副部级待遇。

（陈 颖）

【吴作人】 4月9日21时47分，中央美术学院前院长、艺术家、美术教育家吴作人因病逝世，终年89岁。吴作人，祖籍安徽文泾县，1908年11月出生于苏州，原名吴之寿，字作人。1921年入苏州工业专门学校预科，1926年，入该校建筑系就读，1927至1928年，先后在上海艺术大学和南国艺术学院美术系学习，同时参加南国社。1930年到法国，同年转入比利时布鲁塞尔皇家美术学院，在巴思天教授工作室研修5年，并先后赴德国、英国、意大利等国游学。1935年秋回国，任教于南京中央大学艺术系。抗日战争初期当选为中华全国美术界抗敌协会理事。1942年，受聘为终身教授和中国美术学院研究员。1946年，徐悲鸿接办北平艺校，吴作人任教务长。中华人民共和国成立后，吴作人历任第六届全国人大常委会委员，第七届全国政协常委会委员，中国民主同盟中央参议委员会副主任、第四届全国文联副主席、中国美术家协会主席，中央美术学院院长。吴作人代表作有《纤夫》、《趁热打铁》、《重庆廿九年八月廿日》、《齐白石像》、《黄河三门峡·中流砥柱》、《登珠穆朗玛峰》等油画及国画《熊猫》、《骆驼》等。

（岳洁琼）

【郝守本】 5月5日0时50分，全国政协委员，中国民主促进会中央常务委员、北京市人大常委会委员、北京劲松职业高中校长郝守本因心脏病突发，抢救无效逝世，终年60岁。郝守本，1936年4月29日出生，山东省莱州市人，汉族，大学毕业。曾任北京市沙板庄中学副校长，1983年郝守本创办本市第一所独立设校的职高劲松职业高中，并担任校长。在他带领下，该校多次获得各种荣誉，1996年被国家教委认定为“国家级重点职业高中”。郝守本曾任中华职业教育社常务理事、中国教育国际交流协会理事、中国教育高级中学校长委员会副理事长、北京市职教研究会副理事长等职务。先后获得全国教育系统劳动模范及人民教师奖章、市模范校长、北京市有突出贡献的科学技术管理专家、教育之星等称号，享受国务院颁发的特殊津贴。

（龚世朱玲）

【姚淑平】 5月21日3时40分，幼儿教育家、北京六一幼儿院名誉校长姚淑平因病逝世，终年79年。姚淑平，1938年投身革命在北京六一幼儿院前身延安保育院任教，担任班主任、副院长等职，总结出幼儿教育的26个环节等教学经验。1954至1986年任北京六一幼儿院院长。1988年离休后任北京六一幼儿院名誉院长。著作有《马背摇篮》和《幼儿一日活动常规》。姚淑平先后获得全国三八红旗手，北京市特级劳动模范称号。

（宋亚甫）

【俞宝传】 5月26日，北京理工大学俞宝传教授因病医治无效逝世，终年77岁。俞宝传，1920年9月20日出生，安徽省婺源县人，早年留学美国，学成回国后在武汉大学任教，1953年调入北京理工大学，历任中国宇航学会第一届理事、原高教部理工科教材编审委员会编委、原七机部一院四所技术顾问、《宇航学报》编委、《遥控遥测》名誉主编，是我国雷达遥控遥测专业的主要开拓者和雷达专家、遥控遥测专家，他一生为我国的国防教育事业作出重要贡献。他是中国共产党优秀党员，全国政协第五、六、七届委员。

（辛雪琴）

【张君秋】 5月27日12时20分，中国共产党优秀党员、我国京剧艺术大师、戏曲教育家、政协第八届全国委员会常委、政协全国委员会科教文卫体委员会副主任、中国文学艺术界联合会副主席、中国戏曲学院顾问张君秋，因病抢救无效在北京逝世，终年77岁。张君秋祖籍江苏丹徒，1920年10月11日生于北京。他自幼热爱戏曲艺术，1933年开始学习京剧青衣。1936年起先后与雷喜福、王又宸、孟小冬、谭富英、马连良等著名京剧演员合作演出，不到20岁就以其俊美的扮相、天赋的佳喉红遍大江南北。1942年，他自组“谦和社”，担任主演。从艺期间，先后得王瑶卿、尚小云，梅兰芳、程砚秋等名家的指点亲授，努力追求并逐步形成自己的艺术风格。1948年他同马连良、俞振飞至香港演出并拍摄戏曲影片，因战事紧张，困居香港。1951年，在周恩来的直接关怀下，张君秋回到内地，组建北京京剧三团，深入厂矿农村，并参加赴朝慰问。1956年，他与马连良、谭富英、裘盛戎组建北京京剧团（现北京京剧院）。在长期艺术实践中，他继承梅、尚、程、荀等大师艺术成就，博采众长，结合自身优势，创造风格独特的张派艺术。“文化大革命”期间，张君秋身心受到严重摧残。粉碎“四人帮”后，张君秋恢复舞台生活，参加社会政治活动，出任中国戏曲学院副院长。先后被选为第五届全国政协委员，第六、七、八届全国政协常务委员，第四、五届全国文联副主席，全国剧协副主席，中国京剧艺术基金会名誉会长。张君秋晚年，把主要精力放在培养青年京剧演员的戏曲教育事业上。1990年底，张君秋应邀赴美讲学，被授予“人文学”荣誉博士学位，并获得“终身艺术成就奖”。1994年，张君秋担负《中国京剧音配像精萃》工作直到逝世，共完成中国京剧各个流派剧目音配像20部。

（颜晓华）

【张玉文】 6月1日，中央财经大学教授，我国金融学专家、金融教育家张玉文因病医治无效，在北京逝世，终年77岁。张玉文，1920年5月出生，中国共产党党员，1943年7月毕业于北京辅仁大学，获经济学学士学位。曾先后在北京辅仁大学、中央财经学院、人民银行总行干校、厦门大学、中央财政金融学院、中央财经大学任教。她一生致力于科学研究事业和教育事业，在金融理论、经济学方面发表大量学术论文和专著，为该学科的建设和理论研究做出重要贡献。

（陈惠茹）

【廖山涛】 6月6日，我国数学家、中科院院士、第三世界科学院院士、北京大学数学学院教授廖山涛逝世，终年77岁。廖山涛1920年出生于湖南衡山，早年就读于西南联大数学系，1955年在美国芝加哥大学数学大师陈省身指导下获博士学位，1956年回国后在北大任教。廖山涛是国际知名的数学家，他在拓扑学与微分动力系统两个领域都做出卓越的贡献。

（谢宁）

【周林】 6月10日，北京大学原党委书记周林在北京逝世，终年85岁。周林1912年出生，贵州仁怀人，历任贵州省委副书记、副省长，贵州省委第一书记等职。“文化大革命”后任北大党委书记、国家教委高校古籍整理委员会主任等职。周林在北大期间，贯彻执行党的十一届三中全会精神，在北大进行拨乱反正工作，落实党的各项政策，积极推动教学及其各项工作。

（谢宁）

【艾知生】 7月20日，中国共产党的优秀党员、久经考验的忠诚的共产主义战士、杰出的党的教育和广播影视工作领导者、中共第十四届中央委员、中国人民政治协商会议第八届全国委员会常务委员、中共中央宣传思想工作领导小组原副组长、广播电影电视部原部长、党组书记、北京广播学院董事会名誉董事长艾知生，因患癌症医治无效，在北京逝世，终年68岁。艾知生出生于1928年12月，湖北汉阳人。他生前十分关心广播学院的教学、科研和建设工作，多次到该院视察、指导工作，并对学院的发展建设作过多次指示。1994年7月，他参加北京广播学院董事会成立大会，并任董事会名誉董事长。

（魏　宏）

【陈岱孙】　7月27日，经济学家、北京大学经济学院教授陈岱孙逝世，享年97岁。陈岱孙1900年生于福建闵候，1926年毕业于美国哈佛大学，获博士学位。1927年回国，先后在清华大学、西南联大、北京大学从教70年，为国家培养众多人才。陈岱孙对西方经济学有较深的研究，开创新中国经济学研究的先河，被誉为经济学界一代宗师。陈岱孙是全国政协第二至五届委员，第六、七届常委。

（谢　宁）

【闻家驷】　11月8日，民盟第八届中央名誉副主席、法国文学翻译家、北京大学西语系教授闻家驷逝世，终年93岁。闻家驷1905年出生，湖北浠水人，是闻一多的胞弟。闻家驷在法国文学的教学、研究方面均有很深的造诣，并翻译《雨果诗选》、《雨果诗抄》、《雨果诗歌精选》、《红与黑》、《十九世纪法国诗选》等法国文学作品，闻家驷还是一位社会活动家，担任过北京市七、八届人大常委副主任，北京市五届政协副主席，全国政协四、五、六、七届常委，民盟四、五届中央副主席等社会职务。

（谢　宁）

【宗　群】　11月23日20时10分，中国共产党优秀党员、老一辈民族工作者、中国少数民族教育家、原国家民委委员、中央民族学院代党委书记、代院长宗群，因心脏病突发逝世，终年87岁。宗群，原名钱万生、字一粟，河北蓟县人，出生于1910年12月25日。1932年考入天津北洋大学，参加荒火社读书会。1935年参加“一二九”学生救亡运动。1936年1月，任学生南下扩大宣传队副大队长。1937年12月加入中国共产党，任中共西安“临大”分支部副书记、平津“民先”区队长。1938年5月，由八路军办事处介绍到东北竞存中学兼课。历任西安教职工党的特支委员、书记，指导西北教盟等单位工作，并直接与陕西省委欧阳联系工作。1942年5月，任延安民族学院教育处副处长。1944年任定边三边公学教育处副处长。1945年春，在伊盟城川任延安民族学院教育长，随后兼秘书长。1946年暑期后，任中共伊盟工委秘书长。1947年秋，任中共三边地委副秘书长，分管民族工作，兼妇委书记。1949年春至1950年春，在延安中共中央西北局城工部兼管城市工作和民族工作。西安解放后，在西安任西北局统战部民族处处长，兼任西北大学副教授，西北民委委员兼处长，西北各民族赴京参观团副团长，后留京工作。1952年春正式调入中央民族学院任党组成员、研究部副主任，1953年夏，兼任副教务长，1955年，周恩来任命他为副院长，不久兼任院党组副书记，1957年夏，被选为院党委副书记、兼任中国科学院民族研究所副所长。“文化大革命”期间及以后历任中央民族学院党政负责人、国家民委委员、代院长、代党委书记及顾问。1987年离休后，仍担任中国民族理论学会副理事长、中国民族经济研究会顾问、北京民族研究会名誉理事长等职。还兼任国家民委五种丛书、国家民委当代中国的民族工作等多项学术研究机构和团体编委和顾问、《澄霞诗社》一至六届理事、主编、中华诗词学会会员，他创作诗词，现已部分出版。写出20余万字民族教育、民族理论、民族文化、民族经济学方面论文。

（杨德勋）

【胡　宁】　12月26日，中科院院士、北京大学物理系教授胡宁因病逝世，终年81岁。胡宁1916年出生，江苏宿迁人，1943年获美国加利福尼亚理工学院博士学位，1951年回国后任北大物理系教授。胡宁主要致力于广义相对论和粒子理论的研究工作，长期以来一直是我国理论物理和粒子物理的主要学科带头人之一，在我国理论物理、粒子物理的研究和队伍建设中发挥重要作用。

（谢　宁）

统 计 表

1997—1998 年度北京教育事业统计资料

一、综 合

1—1 全市各级普通学校基本情况

单位：人

	学校数（所）	毕业生数	招生数	在校学生数	教职工数	
					计	其中：专任教师
总 计	**6858**	**584120**	**581091**	**2361438**	**316460**	**179080**
一、研究生	(184)	10200	14273	40036		
1. 高等学校	(52)	8399	11934	33199		
2. 科研机构	(132)	1801	2339	6837		
二、普通高等学校本专科	65	49973	56884	195842	101206	36541
国家任务		36242	56603	177081		
委托培养		7525		9257		
自费生		6007		8695		
教师本专科		199	281	809		
三、普通中等学校	1181	266470	289719	887644	106426	64896
1. 中等专业学校	118	18759	36082	104135	14526	6442
中等技术学校	98	13717	33954	93769	12197	5322
中等师范学校	20	5042	2128	10366	2329	1120
2. 技工学校	148	14946	18357	48158	7773	3558
3. 普通中学	735	204727	193438	626208	71171	47613
高中	288	33010	49566	133461		10292
初中	447	171717	143872	492747		37321
4. 职业中学	174	27491	41318	108308	12582	7093
高中	174	27491	41158	108148		7093
初中			160	160		
5. 工读学校	6	547	524	835	374	190
四、小学	2696	146023	124231	977323	75125	62424
五、特殊教育学校	24	1109	844	7115	892	623
六、幼儿园	2892	110345	95140	253478	32811	14596

补充资料：外国留学生在校学生数为 8193 人。

注：本表内技工学校是 1996 年数字。

1—2 全市各级成人学校基本情况

单位：人

	学校数（所）	毕业生数	招生数	在校学生数	教职工数	
					计	其中：专任教师
总　计	**902**	**1247226**	**1380556**	**703397**	**38082**	**16010**
一、成人高等学校	84	71550	81776	210746	20074	8249
1. 广播电视大学	2	2943	4254	5066	979	363
2. 职工高等学校	46	22804	12091	32770	10235	4645
3. 管理干部学院	33	7366	11519	22893	7473	2645
4. 教育学院	1	1645	2311	6426	578	238
5. 独立函授学院	2	489	784	2756	809	358
6. 普通高等学校举办		36303	50817	140835		
函授部		21824	29642	85787		
夜大学		9525	15106	43322		
成人脱产班		4954	6069	11726		
二、成人中等学校	818	1175676	1298780	492651	18008	7761
1. 成人中等专业学校	110	30534	25200	81969	7664	3529
广播电视中等专业学校	1	11692	3847	12603	913	480
职工中等专业学校	66	11003	11152	40227	3354	1393
干部中等专业学校	8	1249	983	3451	441	138
农民中等专业学校	16	4496	5665	16583	910	424
函授中等专业学校	1	1473	2712	5808	204	97
教师进修学校	18	621	841	3297	1842	997
2. 成人中学	37	4939	4948	9063	1313	377
职工中学	33	4684	4338	8335	1223	345
农民中学	4	255	610	728	90	32
3. 成人技术培训学校	671	1140203	1268632	401619	9031	3855
职工技术培训学校	466	753962	1008914	331711	7242	3383
农民技术培训学校	205	386241	259718	69908	1789	472
三、成人初等学校						

1—2.1 社会力量办学基本情况

单位：人

		校数（所）	在校学生数	招生数	毕（结）业生数	教职工数			兼任教师
						计	专任教师	行政人员	
总计		**2082**	**870221**	**820922**	**897992**	**25245**	**12308**	**12937**	**50012**
中等专业学校		12	3034	1452	1068	207	111	96	206
高等教育学历文凭考试试点校		24	28221	14387	8475	2368	1040	1328	2982
不具有颁发国家学历文凭资格的高等学校	面授	46	24631	14147	10115	1085	339	746	2025
	函授	19	228928	214682	198346	432	102	330	30633
其他学校		1981	585407	576254	679988	21153	10716	10437	14166

1—2.2 社会力量办学条件情况（一）

单位：万元

	学校藏书（万册）	仪器设备	财产				
			计	固定资产	创办人投入	办学积累	捐赠
总计	**2067.60**	**35158.2**	**150488.3**	**49084.2**	**53254.1**	**39618.24**	**8531.68**
中等专业学校	8.80	459.87	2559.56	0.06	2259.00	256.50	44.00
高等教育学历文凭考试试点校	54.36	2613.17	15208.11	4138.03	1220.50	5610.86	4238.72
不具有颁发国家学历文凭资格的高等学校	408.46	1554.20	10756.30	1459.00	3238.55	5943.75	115.00
其他学校	1595.98	30530.9	121964.3	43487.1	46536.1	27807.13	4133.96

1—2.3 社会力量办学条件情况（二）

单位：平方米

	学校占地面积	校舍建筑面积		
		计	自有	租用
总计	**10048991**	**5017151**	**4001257**	**1015894**
中等专业学校	93402	25021	18931	6090
高等教育学历文凭考试试点校	471448	211272	72393	138879
不具有颁发国家学历文凭资格的高等学校	386407	134454	25504	108950
其他学校	9097734	4646404	3884429	761975

二、普通高等学校

2—1　研究生基本情况

单位：人

		合计	中央部委属			市属		
			计	国家教委	其他部委	计	教育部门	其他部门
毕业生数	计	10200	9718	3780	5938	482	372	110
	攻读博士学位	2242	2226	750	1476	16	2	14
	攻读硕士学位	7928	7462	3000	4462	466	370	96
	研究生班	30	30	30				
招生数	计	14273	13605	5761	7844	668	514	154
	攻读博士学位	3775	3720	1435	2285	55	31	24
	攻读硕士学位	10474	9861	4302	5559	613	483	130
	研究生班	24	24	24				
在学研究生数	计	40036	38105	15300	22805	1931	1519	412
	攻读博士学位	11470	11332	4250	7082	138	77	61
	攻读硕士学位	28509	26716	11019	15697	1793	1442	351
	研究生班	57	57	31	26			

2—2　普通高等学校基本情况

单位：人

	学校数（所）		本专科学生数			教职工数								
						合计	校本部教职工					科研机构人员	校办工厂农场人员	辅设机构人员
	计	其中：中央部委属	毕业生数	招生数	在校生数		计	专任教师	教辅人员	行政人员	工勤人员			
总　计	**65**	**53**	**49973**	**56884**	**195842**	**101206**	**77718**	**36541**	**12493**	**15104**	**13580**	**6385**	**5245**	**11858**
其中：女			18920	24016	80105	48072	36435	15758	7150	7658	5869	1985	1609	8043
市属	12		11603	14501	43576	15445	13756	5786	2020	2960	2990	119	840	730
综合大学	3	2	6839	7227	24505	13610	10718	4715	1982	1956	2065	1031	664	1197
理工院校	21	18	22270	24270	86437	38361	28843	13384	4644	5636	5179	4037	2532	2949
农业院校	2	1	2448	2534	8463	3666	3184	1391	583	693	517	102	218	162
林业院校	1	1	616	1013	3238	1297	803	415	96	214	78	153	73	268
医药院校	6	4	1904	2104	9119	15547	9436	5686	1519	1388	843	61	325	5725
师范院校	3	1	3838	4024	13067	7358	5654	2562	872	800	1420	550	915	239
语文院校	7	6	2246	3422	10590	5641	4914	2355	677	901	981	80	18	629
财经院校	6	5	4429	5194	17951	5809	5066	2217	630	1247	972	105	351	287
政法院校	5	5	2586	3100	10032	3871	3667	1290	675	1017	685	62	10	132
体育院校	1	1	497	571	2072	970	884	399	206	78	201	4		82
艺术院校	8	8	870	1188	3786	3438	3059	1304	488	850	417	123	139	117
民族院校	1	1	1035	1075	3995	1544	1396	760	120	302	214	77		71
短期职业大学	1		395	1162	2587	94	94	63	1	22	8			

三、中等专业学校

3—1 中等专业学校基本情况

单位：人

	学校数(所)	毕业生数	招生数	在校学生数	教职工数								
					合计	校本部教职工					校办厂场职工	附设机构人员	兼任教师
						计	专任教师	教辅人员	行政人员	工勤人员			
总　计	**118**	**18759**	**36082**	**104135**	**14526**	**13500**	**6442**	**1517**	**3051**	**2490**	**755**	**271**	**468**
其中：女		10794	19322	56700	7619	7228	3826	907	1454	1041	298	93	243
按部门分													
一、中央部委属	33	3971	5674	16125	3100	2781	1453	312	646	370	248	71	103
二、市属	85	14788	30408	88010	11426	10719	4989	1205	2405	2120	507	200	365
按类别分													
(一) 中等技术学校	98	13717	33954	93769	12197	11246	5322	1243	2584	2097	702	249	468
工业学校	32	8017	22957	59691	6154	5377	2488	633	1260	996	593	184	146
农业学校	1	437	900	2970	341	305	126	58	51	70	27	9	11
林业学校	1	191	139	537	92	92	36	12	26	18			
医药学校	37	2267	2809	10311	1942	1909	937	243	392	337	30	3	238
财经学校	9	1647	4443	11273	1382	1321	593	110	346	272	11	50	7
政法学校	4	283	936	3365	395	395	189	25	129	52			
体育学校	7	302	271	1027	686	686	261	11	199	215			8
艺术学校	6	437	1009	3247	1136	1092	637	149	169	137	41	3	58
其它学校	1	136	490	1348	69	69	55	2	12				
(二) 中等师范学校	20	5042	2128	10366	2329	2254	1120	274	467	393	53	22	
中师中：幼儿师范	1	228	200	687	144	144	66	12	36	30			

四、普通中学

4—1 普通中学分区、县基本情况

单位：人

	校数（所）		班数（个）			在校学生数			教职工数	
	合计	其中：高中及完中	合计	初中	高中	合计	初中	高中	合计	其中：专任教师
总　计	**735**	**288**	**15118**	**12033**	**3085**	**626208**	**492747**	**133461**	**71171**	**47613**
城近郊区小计	380	208	8929	6716	2213	368863	275097	93766	44661	28205
东城区	30	25	1034	739	295	45141	32277	12864	5349	3180
西城区	42	37	1248	880	368	50033	35332	14701	6304	3996
崇文区	25	20	623	478	145	28543	21876	6667	2852	1805
宣武区	30	19	750	601	149	31841	25425	6416	4004	2396
朝阳区	76	26	1573	1274	299	63101	50631	12470	6961	4752
海淀区	76	55	2022	1340	682	84743	55881	28862	9305	6155
丰台区	52	15	911	751	160	35753	29067	6686	5597	3289
石景山区	27	6	424	352	72	16532	13251	3281	2389	1428
门头沟区	22	5	344	301	43	13176	11357	1819	1900	1204

续表

	校数（所）		班　数（个）			在校学生数			教职工数	
	合　计	其中：高中及完中	合　计	初　中	高　中	合　计	初　中	高　中	合　计	其中：专任教师
远郊区县小计	355	80	6189	5317	872	257345	217650	39695	26510	19408
昌平县	33	10	606	513	93	24353	20221	4132	2825	2008
大兴县	46	10	797	698	99	31614	27748	3866	2707	2011
房山区	64	15	1149	997	152	47511	41006	6505	4658	3310
通州区	44	9	867	765	102	35832	31131	4701	3107	2266
顺义县	36	10	793	656	137	35309	28649	6660	3291	2624
怀柔县	28	5	407	346	61	16329	13392	2937	2043	1541
密云县	40	4	571	508	63	24092	21001	3091	2870	2141
平谷县	30	9	613	506	107	26959	21789	5170	3030	2123
延庆县	34	8	386	328	58	15346	12713	2633	1979	1384
总计中：燕山	7	1	156	112	44	6336	4485	1851	723	508

五、职业中学

5—1　职业中学分区、县基本情况

单位：人

	校数(所)	班数(个)	在校学生数																教职工数	
			合计	初中				高中											计	其中：专任教师
				计	一年级	二年级	三年级	计	二年制		三年制			四年制					
									一年级	二年级	一年级	二年级	三年级	一年级	二年级	三年级	四年级		
总　计	**174**	**3032**	**108308**	**160**	**160**			**108148**	**5709**	**5801**	**31262**	**25183**	**24025**	**4379**	**4256**	**4316**	**3217**	**12582**	**7093**
城近郊区	121	2212	79046	160	160			78886	2726	2993	22132	18285	17043	4297	4121	4144	3145	9710	5210
东城区	12	303	10688					10688	309	320	2296	2231	2160	978	805	843	746	1397	738
西城区	14	276	10078					10078	750	601	2828	2654	2319	236	220	213	257	1612	733
崇文区	9	190	7679					7679	177	183	1800	1677	1413	474	660	735	560	772	474
宣武区	11	215	8077					8077	176	133	1345	1146	1236	1207	1138	1074	622	831	445
朝阳区	28	446	15168	160	160			15008	280	494	4739	3680	3661	600	437	611	506	2092	1038
海淀区	22	362	12899					12899	107	121	4561	2938	2685	720	789	626	352	1284	763
丰台区	14	221	7743					7743	789	942	2222	2083	1659				48	771	513
石景山区	5	135	4884					4884	138	199	1642	1304	1351	82	72	42	54	562	315
门头沟区	6	64	1830					1830			699	572	559					389	191
远郊区县	53	820	29262					29262	2983	2808	9130	6898	6982	82	135	172	72	2872	1883
昌平县	9	149	4847					4847			1662	1361	1824					557	345
大兴县	5	172	5596					5596		90	2411	1591	1504					417	314
房山区	9	117	4309					4309	159	370	1554	1262	928	36				321	224
通州区	4	72	2574					2574	381	464	651	482	596					178	109
顺义县	5	86	3436					3436	1175	816	491	437	517					235	186
怀柔县	4	76	3009					3009	435	273	733	645	529	46	104	172	72	363	204
密云县	7	53	2181					2181	439	412	392	500	438					280	181
平谷县	2	32	1197					1197	316	307	362	189	23					339	188
延庆县	8	63	2113					2113	78	76	874	431	623		31			182	132
总计中：燕山	1	13	344					344		78	185		45	36				39	22

六、工读学校

6—1 工读学校基本情况

单位：人

	学校数（所）	班 数（个）	离校人数	入校人数	在校人数	教职工数	
						计	其中：专任教师
总 计	**6**	**38**	**547**	**524**	**835**	**374**	**190**
其中：女			45	16	61	128	53

七、小 学

7—1 小学分区、县基本情况

单位：人

	学校数（所）	班数（个）	在校学生数							教职工数	
			计	一年级	二年级	三年级	四年级	五年级	六年级	合 计	其中：专任教师
总 计	**2696**	**29551**	**977323**	**126642**	**158932**	**171189**	**187819**	**177914**	**154827**	**75125**	**62424**
城近郊区小计	918	13356	467917	57958	73027	81358	89765	87322	78487	40347	32683
东城区	66	1178	44803	5391	6705	7432	8538	8478	8259	4283	3311
西城区	87	1446	51652	5743	7589	8552	9918	10196	9654	4929	3929
崇文区	46	759	30815	3265	4480	5304	5985	6073	5708	2850	2237
宣武区	63	979	36606	3864	5435	6093	7031	7249	6934	3259	2466
朝阳区	229	2967	95819	12011	15409	17103	18453	17663	15180	7450	6415
海淀区	162	2788	104599	14378	17517	18920	19796	18194	15794	7772	6555
丰台区	125	1847	60837	8100	9644	10711	11866	11084	9432	5128	4035
石景山区	48	701	22501	2742	3409	4002	4308	4306	3734	2343	1946
门头沟区	92	691	20285	2464	2839	3241	3870	4079	3792	2333	1789
远郊区县小计	1778	16195	509406	68684	85905	89831	98054	90592	76340	34778	29741
昌平县	156	1320	36723	4170	5104	6168	7428	7125	6728	3529	2975
大兴县	213	2190	70422	9493	11624	12004	13372	13272	10657	4185	3538
房山区	347	2852	90445	11430	15453	17648	18757	14877	12280	6193	5027
通州区	190	2109	68354	10574	12629	12325	12397	11210	9219	3903	3389
顺义县	166	2194	78503	10031	13954	14533	15373	13520	11092	4376	3967
怀柔县	130	994	27244	3679	4468	4331	4852	5088	4826	2742	2253
密云县	186	1571	45741	6814	7712	7454	8431	8296	7034	3669	3280
平谷县	198	1825	57660	8402	8550	9450	11789	10902	8567	3460	3090
延庆县	192	1140	34314	4091	6411	5918	5655	6302	5937	2721	2222
总计中：燕山	10	147	4756	767	945	966	1037	1041		564	434

八、特殊教育学校

8—1 特殊教育学校基本情况

单位：人

	学校数（所）	班数（个）			毕业生数			招生数			在校学生数			教职工数	
		小学	初中	职业高中	小学	初中	职业高中	小学	初中	职业高中	小学	初中	职业高中	计	其中：专任教师
总　　计	**24**	**373**	**33**	**12**	**640**	**428**	**41**	**519**	**275**	**50**	**5955**	**1003**	**157**	**892**	**623**
一、盲聋哑学校合计	7	72	20	12	66	112	41	150	57	50	911	247	157	431	283
1. 聋哑学校	6	60	16	7	39	101	12	104	37	16	687	178	96	355	232
2. 盲　　校	1	5	4	5	17	10	29	14	18	34	62	64	61	75	50
3. 普校设班及随班就读		7			10	1		32	2		162	5		1	1
合计中：女生、女教职工					33	72	21	65	23	30	411	98	80	280	203
二、弱智儿童学校合计	17	301	13		574	316		369	218		5044	756		461	340
1. 弱智儿童校、班	17	148	6		125	26		220	7		1766	78		436	315
2. 普校附设及随班就读		153	7		449	290		149	211		3278	678		25	25
合计中：女生、女教职工					206	128		116	82		1906	287		384	298

九、幼儿园

9—1 幼儿教育基本情况

单位：人

	园数（所）		班数（个）		在园幼儿数		教职工数			
	计	其中：三班及以上	计	其中：学前班	计	其中：学前班	计	其中：园长	教师	保健员
总　　计	**2892**	**1507**	**9337**	**1079**	**253478**	**32023**	**32811**	**2300**	**14596**	**1198**
城　　市	876	700	4787	352	140401	11324	23851	1461	9959	882
县　　镇	360	183	1389	206	38442	5818	4872	373	2411	190
农　　村	1656	624	3161	521	74635	14881	4088	466	2226	126
总计中：女幼儿、女教职工					121006	11951	31246	2236	14029	1194
教育部门办	501	211	2130	1072	66905	31799	6393	338	3215	231
市　立　园	144	124	1024		33854		5572	291	2796	205

十、成人高等学校

10—1 成人高等学校基本情况

单位：人

	学校数(所)	本专科学生数			教职工数									
		毕业生数	招生数	在校学生数	合计	校本部教职工					科研机构人员	校办工厂农场人员	附设机构人员	兼任教师
						计	专任教师	教辅人员	行政人员	工勤人员				
总 计	**84**	**35247**	**30959**	**69911**	**20074**	**19362**	**8249**	**2932**	**5230**	**2951**	**125**	**333**	**254**	**2872**
其中：女		14961	13578	32922	8602	8327	3615	1481	2201	1030	41	121	113	582
市 属	42	12082	15915	37974	6247	6063	2552	795	1746	970	23	146	15	747
广播电视大学	2	2943	4254	5066	979	934	363	96	385	90	16	4	25	182
职工高等学校	46	22804	12091	32770	10235	9991	4645	1511	2458	1377	35	137	72	2348
管理干部学院	33	7366	11519	22893	7473	7216	2645	1176	2060	1335	42	126	89	318
教育学院	1	1645	2311	6426	578	538	238	76	162	62	7	29	4	
独立函授学院	2	489	784	2756	809	683	358	73	165	87	25	37	64	24

十一、成人中等专业学校

11—1 成人中等专业学校分类别情况

单位：人

	学校数(所)	分校(所)	工作站(所)	毕业生数	招生数			在校生数	教职工数					兼任教师数
					计	招高中毕业生数	招初中毕业生数		合计	专任教师	教辅人员	行政人员	工勤人员	
总 计	**110**	**66**	**63**	**30534**	**25200**	**3669**	**21531**	**81969**	**7664**	**3529**	**979**	**2008**	**1148**	**2274**
其中：女				19004	14568	2199	12369	47791	3667	1736	523	923	485	792
市 属	108	66	63	30364	25101	3669	21432	81723	7528	3481	959	1975	1113	2265
广播电视中专学校	1		47	11692	3847	443	3404	12603	913	480	123	261	49	746
职工中等专业学校	66	45		11003	11152	1206	9946	40227	3354	1393	395	917	649	766
干部中等专业学校	8			1249	983	139	844	3451	441	138	92	146	65	134
农民中等专业学校	16	2	16	4496	5665	447	5218	16583	910	424	123	215	148	614
函授中等专业学校	1	19		1473	2712	593	2119	5808	204	97	41	36	30	14
教师进修学校	18			621	841	841		3297	1842	997	205	433	207	

十二、成人技术培训学校

12—1　成人技术培训学校基本情况

单位：人

	学校数（所）	教学班（点）（个）	毕业生数		招生数		在校学生数		教职工数		兼任教师
			计	其中：长班	计	其中：长班	计	其中：长班	计	其中：专任教师	
成人技术培训学校	671	13594	1140203	90080	1268632	125831	401619	72834	9031	3855	11525
其中：教育部门办和集体办											
其他部门办	671	13594	1140203	90080	1268632	125831	401619	72834	9031	3855	11525
一、职工技术培训学校	466	6659	753962	63830	1008914	113600	331711	54081	7242	3383	6937
其中：教育部门办和集体办											
其他部门办	466	6659	753962	63830	1008914	113600	331711	54081	7242	3383	6937
二、农民技术培训学校	205	6935	386241	26250	259718	12231	69908	18753	1789	472	4588
其中：教育部门办和集体办											
其他部门办	205	6935	386241	26250	259718	12231	69908	18753	1789	472	4588
其中：1. 县办农技培训学校	1	318	22882	267	150	150	579	579	150	24	97
2. 乡办农技培训学校	204	2806	227930	23495	139146	11153	43035	15793	850	297	1536
3. 村办农技培训学校		3811	135429	2488	120422	928	26294	2381	789	151	2955

版权声明

编辑部地址：北京市前门西大街109号
市教委大楼809室
邮 政 编 码：100031
电　　　话：6607.4237
传　　　真：6607.4216